A LIBERDADE PROCRIATIVA

CONTRIBUTO PARA UMA REFLEXÃO ÉTICO JURÍDICA EM TORNO DO FUNDAMENTO E DOS LIMITES DO BIOCONTRATO DE GESTAÇÃO DE SUBSTITUIÇÃO

A LIBERDADE PROCRIATIVA

CONTRIBUTO PARA UMA REFLEXÃO ÉTICO JURÍDICA EM TORNO DO FUNDAMENTO E DOS LIMITES DO BIOCONTRATO DE GESTAÇÃO DE SUBSTITUIÇÃO

2023

Marisa Almeida Araújo

ALMEDINA

A LIBERDADE PROCRIATIVA
CONTRIBUTO PARA UMA REFLEXÃO ÉTICO JURÍDICA
EM TORNO DO FUNDAMENTO E DOS LIMITES
DO BIOCONTRATO DE GESTAÇÃO DE SUBSTITUIÇÃO

AUTORA
Marisa Almeida Araújo

EDITOR
EDIÇÕES ALMEDINA, S.A.
Avenida Emídio Navarro, 81, 3D
3000-151 Coimbra
Tel.: 239 851 904 · Fax: 239 851 901
www.almedina.net · editora@almedina.net

DESIGN DE CAPA
EDIÇÕES ALMEDINA, S.A.

PRÉ-IMPRESSÃO
Patrícia Boleto

IMPRESSÃO E ACABAMENTO
AAAAAAAAA

Março, 2023

ISBN
978-989-40-1052-4

DEPÓSITO LEGAL
000000/23

ALMEDINA | GRUPOALMEDINA

Para a minha filha, Sofia,
com o meu amor

NOTA PRÉVIA E AGRADECIMENTOS

O livro que agora se publica corresponde com ligeiras alterações à tese de doutoramento em Direito apresentada em novembro de 2021 – data a considerar na leitura deste trabalho – à Faculdade de Direito da Universidade Lusíada, no Porto. A tese foi discutida publicamente no dia 3 de novembro de 2022 perante o Júri presidido pelo Magnífico Reitor da Universidade Lusíada, Professor Doutor Afonso d'Oliveira Martins, e do qual fizeram ainda parte a Senhora Professora Doutora Vera Lúcia Raposo e o Senhor Professor Doutor André Dias Pereira, como Arguentes, os Senhores Professor Doutor Fernando Torrão, Professora Doutora Sandra Passinhas, Professor Doutor José González, na qualidade de Vogais, e o Senhor Professor Doutor Alberto Ribeiro de Almeida, também na qualidade de Orientador.

Concluída a obra é devida uma palavra de agradecimento. No Fado Pessoano diz-se que «Toda a canção é um poema ajudado/ Que diz o que a alma não tem». Também assim é este estudo, que se forma ao longo de um caminho árduo e solitário, mas que foi ajudado por todos/as aqueles/as de quem beneficiei, de quem aprendi, de quem ouvi palavras de incentivo e confiança. Por tudo isto, a todos/as estarei sempre penhoradamente grata.

Dificilmente conseguiria enumerar todas estas pessoas, e por isso me penitencio, mas não posso deixar de manifestar expressamente a minha profunda gratidão:

Ao Senhor Professor Doutor Alberto Ribeiro de Almeida, pela sua orientação, que tornou possível este estudo.

Ao Júri das minhas provas de doutoramento, pelas arguições e análise crítica. Deste momento ficar-me-á para sempre uma boa memória e, também por isso, tenho que agradecer.

À Universidade Lusíada, *alma mater.*

Ao CEJEA — Centro de Estudos Jurídicos, Económicos e Ambientais.

A todos/as os/as meus/minhas colegas e sobretudo aos/às meus/minhas Amigos/as pelas constantes manifestações de companheirismo e incentivo.

Aos/às meus/minhas estudantes — é também por eles/as que me realizo e cumpro a cada dia o que sinto ser a minha vocação.

Aos meus queridos pai, mãe e irmão pelo constante apoio e colo caloroso com que sempre posso contar.

À minha filha, à minha adorada filha, Sofia, a quem devo as muitas horas que este estudo consumiu, mas que, apesar das ausências, sempre me acolhe com um sorriso generoso.

A ti, Manuel Augusto, meu companheiro de vida, pelos valiosos ensinamentos, pela análise crítica, pela clarividência académica que me foi alumiando e pelo amor que me aconchega. A ti, deixo-te com as palavras de Vinicius de Moraes para que «Eu possa me dizer do amor (que tive)/ Que não seja imortal, posto que é chama/ Mas que seja infinito enquanto dure». ATTSLF

Porto, 29 de novembro de 2022

Marisa Almeida Araújo

ÍNDICE

ÍNDICE DE TABELAS

ÍNDICE DE FIGURAS

ÍNDICE DE APÊNDICES

ABREVIATURAS, SIGLAS E ACRÓNIMOS

Ac. – Acórdão
ADN – Ácido desoxirribonucleico
AFS – American Fertility Society (agora American Society for Reproductive Medicine)
AI – *Artificial Intelligence*
ART – *Assisted Reproductive Technologies*
Art(s). – Artigo(s)
ASRM – *American Society for Reproductive Medicine*
BGH – *Bundesgerichtshof*
CBRC – *Cross-border Reproductive Care*
CC – Código Civil
CCNE – *Comité Consultatif National d'Éthique*
CDC – Convenção sobre os Direitos da Criança
CDFUE – Carta de Direitos Fundamentais da União Europeia
CE – Comissão Europeia
CEDAW – Convenção sobre a Eliminação de Todas as Formas de Discriminação contra as Mulheres
CEDH – Convenção Europeia dos Direitos Humanos
CLIA – *Clinical Laboratory Improvement Act*
CNECV – Conselho Nacional de Ética para as Ciências da Vida
CNF – Certificado de nacionalidade francesa
CNPMA – Conselho Nacional de Procriação Medicamente Assistida
CRISPR – *Clustered Regulatory-Interspaced Short Palindromic Repeats*
CRP – Constituição da República Portuguesa de 1976
DDC – Declaração dos Direitos da Criança
DGPI – Diagnóstico genético pré-implantação (atualmente designados Testes Genéticos Pré-Implantação)

DUDH – Declaração Universal dos Direitos Humanos
ESHRE – *European Society of Human Reproduction and Embryology*
EUA – Estados Unidos da América
FIV – Fertilização *in vitro*
GGE – *Genetic Genome Editing*
HCCH – Conferência de Haia de Direito Internacional Privado
HFEA – *Human Fertilisation and Embryology Authority*
HFEAct – *Human Fertilisation and Embryology Act*
IA – Inseminação artificial
IBC – *International Bioethics Committee*
ICCS – *International Commission on Civil Status*
ICMR – *Indian Council of Medical Research*
ICSI – Injeção intracitoplasmática de espermatozoides
IFFS – International Federation of Fertility Societies
ILO – v. OIT
ISA – *International Surrogacy Arrangements*
IVG – Interrupção Voluntária da Gravidez
LPMA – Lei da Procriação Medicamente Assistida
MTR – Terapias de Substituição Mitocondrial
NAMS – *National Academy of Medical Sciences*
OIT – Organização Internacional do Trabalho
OMS – Organização Mundial da Saúde
ONU – Organização das Nações Unidas
p(p.) – página(s)
PACE – Assembleia Parlamentar do Conselho da Europa
PIDCP – Pacto Internacional sobre Direitos Civis e Políticos
PIDESC – Pacto Internacional dos Direitos Económicos, Sociais e Culturais
PMA – Procriação Medicamente Assistida
POR – *Parental Order Reporter*
RDLP – *Responsibility for Dependent Life*
ROPA – *Reception of oocytes from partner*
s(s.) – seguinte(s)
SAA – *Surrogacy Arrangements Act*
STJ – Supremo Tribunal de Justiça
TC – Tribunal Constitucional
TE – Transferência de embriões
TEDH – Tribunal Europeu dos Direitos Humanos
TJUE – Tribunal de Justiça da União Europeia
UE – União Europeia
UN – v. ONU
UNESCO – Organização das Nações Unidas para a Educação, a Ciência e a Cultura

UNFPA – *United Nations Population Fund*
UNHCR – *United Nations High Commissioner for Refugees*
UNODC – *United Nations Office on Drugs and Crime*
UPA – *Uniform Parentage Act*
V. – *vide*

«Fui criança, indo por um carreiro,
a caminho do mar, mão na outra mão,
entre árvores, pedras, insetos e aves.
Toda a Natureza me coube nas pupilas,
mestra de sentimentos, e eu discípula.
E, se fechava os olhos, ela punia-me
com silêncio cruel das ondas,
a mudez imerecida dos insetos,
e a distância das aves, que doía.
e os abria, tudo me rodeava,
apaziguado e meu,
mas a mão que me trazia a mão
puxava-me para a luz de cada dia.»
(Fiama Hasse Pais Brandão)

INTRODUÇÃO
ATUALIDADE E IMPORTÂNCIA DO TEMA

«[...] o que já foi verdade
deixou de o ser»
(John Stuart Mill)

1. (Re)produzir Vida

A temática relativa ao início da vida humana, bem como ao seu fim [1], sempre suscitou acesos debates éticos e jurídicos, entre outros. Nesta temática, o ser humano e a própria natureza humana são o objeto de análise, sendo árduo o caminho a percorrer [2].

No que tange a ter-se um(a) filho/a, anteriormente, a natureza (isto é, relações sexuais entre casais heterossexuais férteis) detinha o exclusivo e tudo passava pela álea associada ao coito. Contudo, a natureza perdeu o seu monopólio e gerar um(a) filho/a passou a ser também uma questão de laboratório. É um caminho sem retorno — a conceção tradicional de gerar um(a) filho/a nunca mais foi nem voltará a ser a mesma.

A reprodução assexuada não só se tornou possível, como passou a ganhar progressiva relevância. A ciência, no que se refere às diversas técnicas da Procriação Medicamente Assistida (PMA), tem feito com que muitas pessoas, casadas ou não, e independentemente do sexo, orientação sexual [3] ou género, consigam alcançar os objetivos que, de acordo com um projeto pessoal (e que agora pode ser também de exercício meramente individual), traçaram para a maternidade e/ou paternidade e para a constituição da *sua* [4] família [5]. Está em curso não apenas um processo de normalização das técnicas de PMA [6], mas também a sua verdadeira democratização.

[1] No momento em que fazemos a revisão deste texto, Portugal viu aprovada a despenalização da morte medicamente assistida. O diploma seguiu para o Tribunal Constitucional, que declarou a inconstitucionalidade considerando, em suma, a indeterminabilidade de alguns dos preceitos. (Acórdão do Tribunal Constitucional n.º 123/2021, de 12 de abril)

[2] A própria pesquisa em embriões humanos suscita importantes questões, mormente a *criação* de embriões para fins unicamente experimentais.

[3] E até da identidade de género com que se identificam.

[4] Bem longe dos cânones ditos tradicionais.

[5] Extravasando qualquer associação à chamada «família tradicional».

[6] Numa ideia de técnicas de «consumo» e de mercado.

Com os *human body shops* [7], as limitações da capacidade reprodutiva, como as derivadas de patologias relativas ao sistema reprodutivo [8], as impostas pelo sexo ou pela orientação sexual, mas também as ditadas por opções de natureza pessoal ou profissional [9] que procrastinam a constituição de uma família — o que, no caso das mulheres, face à emancipação laboral, se pode revelar *fatal* para este desiderato [10] —, deixam de ser um entrave [11]. A verdade é que, *graças* à ciência e às famílias criadas «no vidro», já não são necessárias duas pessoas (férteis) para criar descendência. Estes avanços científicos postos ao serviço do natural e inato desejo de qualquer animal de manter a própria espécie através da passagem dos seus genes à descendência

[7] *Shopping* de produtos do corpo humano ou da capacidade reprodutiva.

[8] A Organização Mundial de Saúde (OMS) define infertilidade como «*[...] a disease of the reproductive system defined by the failure to achieve a clinical pregnancy after 12 months or more of regular unprotected sexual intercourse*» (Zegers-Hochschild, *et al.*). Esta definição da OMS foi revista ao longo do tempo. Até 1975, o período considerado era de cinco anos; em 1975, este hiato temporal foi reduzido para dois anos; e, em 2005, para um ano, sendo a definição atual (N & Marwah, 2014, p. 2).

[9] Em grande parte associadas à emancipação feminina e à entrada no mercado de trabalho — sobretudo durante o período da idade fértil, as mulheres estão mais orientadas a singrar na vida profissional sem as «limitações» associadas à maternidade.

[10] Se a velha expressão de «homem velho e mulher nova, filhos até à cova» permitia assinalar que, para os homens, não havia entraves biológicos para ter um filho em qualquer idade, agora o mesmo é possível em relação às mulheres. Muitos questionam as consequências deste fosso geracional entre pais/mães e filhos quando aqueles estariam na idade de ser avós. Fukuyama (Our Posthuman Future, 2002) reflete sobre as consequências do «prolongamento da vida» e da existência simultânea de gerações que, até então, não coexistiam. As consequências intergeracionais desta «revolução geriátrica» vão mudando a relação das pessoas com a morte. Poderá ser agora uma questão de ciência e da qualidade de vida que aquela vai proporcionando a este prolongamento da existência.

[11] Por recurso a terceiros, como as doações de gâmetas ou embriões, ou ainda a gestação de substituição, e transplantes de útero. Em dezembro de 2018, foi publicado na *The Lancet* o artigo científico sobre o nascimento da primeira criança, em São Paulo, no Brasil, depois de a mãe ter sido transplantada com o útero de uma doadora falecida (Ejzenberg, *et al.*, 2018). A investigação relativa a transplante de úteros em mulheres remonta a 2014, com um grupo de investigadores na Suécia. Não obstante, só em 2018 foi reportado o primeiro nascimento nestas condições. Também os úteros artificiais são objeto de pesquisa, tendo já sido feita uma experiência em mamíferos. Em 25 de abril de 2017, a NewScientist noticiava que carneiros prematuros foram mantidos durante quatro semanas num útero artificial. Alan Flake, a cientista que liderou a investigação, explicava que havia sido desenvolvido um sistema que replicava o ambiente do útero e substituía a função da placenta. Os carneiros apresentavam desenvolvimento normal do cérebro e dos pulmões. Um dos animais não foi eutanasiado e, com um ano, apresentava desenvolvimento considerado normal. Prevê-se que, a curto prazo, o sistema possa ser usado em seres humanos, estando a equipa a trabalhar com a Food and Drug Administration dos EUA para o desenvolvimento de uma versão do sistema suscetível de ser usada em crianças. V. notícia em https://www.newscientist.com/article/2128851-artificial-womb-helps-premature-lamb-fetuses-grow-for-4-weeks/ (consultado em 17 de junho de 2019).

permitem o acesso à maternidade ou paternidade a quem, sem recurso a um laboratório, não teria qualquer possibilidade de concretizar tal anseio [12].

No entanto, quando os avanços da ciência fizeram com que o coito perdesse o monopólio da conceção, libertaram também a procriação do âmbito de uma esfera então puramente pessoal (eventualmente sacralizada e íntima) e passaram a permitir a sua integração na esfera pública e na agenda política, mais concretamente como um importante afloramento da atualmente denominada biopolítica.

2. Relevância Ético-Jurídica

Décadas volvidas desde os primórdios da inseminação artificial (IA) e da primeira fertilização *in vitro* (FIV) [13], têm vindo a ser implementadas [14] novas técnicas de procriação e de *(re)produção* de um(a) filho/a [15] em laboratório numa perspetiva de relação de consumo [16], [17] que se tem normalizado (e até liberalizado), constituindo cada vez mais uma opção para quem deseja descendência.

Esta concretização do desejo de ter um(a) filho/a com recurso a técnicas laboratoriais pode, para fornecimento do material genético, implicar intervenção de *terceiros* [18], [19]. Mas estes terceiros podem contribuir não só com um produto do seu corpo [20], mas também com a sua própria capacidade reprodutiva posta ao serviço de outrem — referimo-nos, *in casu*, ao negócio de *outsourcing* de gravidez. (Também)

[12] A infertilidade afeta entre 10% e 15% dos casais em idade reprodutiva (Ejzenberg, *et al.*, 2018). Em Portugal, representava cerca de 300 000 pessoas (Nunes & Melo, 2005).

[13] A primeira *bebé proveta* nasceu em Inglaterra, na década de 70.

[14] Ou outras que estão a ser desenvolvidas. Uma das mais controversas diz respeito à edição genética, tendo em vista permitir o *melhoramento* genético de características específicas. Teremos oportunidade de analisar *infra* (v. capítulo I), ainda que sumariamente, uma técnica de melhoramento genético, a CRISPR/Cas9, que já foi usada, ainda que à revelia da comunidade científica, em seres humanos em 2018.

[15] As características da criança podem ser determinadas e programadas no âmbito da engenharia genética, o que nos pode conduzir a uma moderna conceção de eugenia.

[16] Tornando-se num negócio altamente lucrativo, em muitos casos só ao alcance de alguns. Surge assim a problemática de novas formas de iniquidade e desigualdades sociais e entre sociedades, levando a que as assimetrias de oportunidades aumentem o fosso entre «ricos e pobres».

[17] Ao que acresce a própria assimetria legal sobre algumas destas técnicas, levando a uma fuga para Estados com legislações «amigáveis» face ao desejo «procriativo» de cada um. Também neste caso, e por maioria de razão, além de outras questões associados a esta «fuga», as oportunidades na concretização do projeto parental são assimétricas.

[18] Não nos referimos neste caso à equipa médica e de biólogos que contribuem com a *legis artis* da medicina e biologia.

[19] Estando por discutir se estes são, de facto, terceiros à relação parental que se vai constituir com os beneficiários da técnica ou uma das suas partes essenciais.

[20] Como é o caso da doação de ovócitos.

com esta técnica, uma nova natureza contratual emerge com os biocontratos, concretamente o contrato de gestação de substituição [21], que visa, por interposta pessoa e por conta de outrem [22], a *criação* de um novo ser de direito [23]. A verdade é que o século XX foi fértil nos avanços da tecnologia de reprodução, mas não é menos verdade que o século XXI apresenta novos e desafiantes afloramentos científicos nesta perspetiva de conceber uma criança em laboratório.

A Comissão Europeia, em *Uma Estratégia para a Europa*, identifica as ciências da vida e as biotecnologias [24] como uma nova vaga, impondo-se a salvaguarda, dentro do regime de participação democrática, dos valores fundamentais reconhecidos na Carta de Direitos Fundamentais, para garantir o desenvolvimento e a utilização das técnicas científicas [25]. Neste âmbito, a Comissão propõe o desenvolvimento de políticas sustentáveis e responsáveis. Partindo do pressuposto de que as ciências da vida e a biotecnologia proporcionam um meio para enfrentar novos desafios, assim como o desenvolvimento sustentável, a Comissão reconhece, por um lado, a necessidade de um vasto apoio público, considerando as implicações éticas, e, por outro, a consideração das elevadas assimetrias entre o Norte e o Sul do Globo — as novas oportunidades e desafios são uma realidade para todos os países, sejam ricos ou pobres (Comissão Europeia, 2002).

No que aos biocontratos diz respeito, e considerando o aludido enfoque da Comissão, suscita-se a questão das (eventuais) relações assimétricas entre os Estados e dentro da própria sociedade, resultando no agravamento das iniquidades entre países e *classes* sociais [26], numa técnica cada vez mais normalizada e democratizada

[21] Para a expressão inglesa *surrogacy*, em Portugal, a LPMA adota a expressão «gestação de substituição». Na opinião pública, é conhecida como «barriga de aluguer», mas podem ainda encontrar-se outros termos para referir esta realidade, nomeadamente «maternidade de substituição». Independentemente das opções que temos para a denominação deste concreto bionegócio, vamos usar preferencialmente a expressão «gestação de substituição» para a aproximar da opção do legislador na LPMA. Incluímos neste conceito realidades distintas, isto é, a gestação tradicional e a gestacional.

[22] Ainda que as expressões se relacionem com a típica relação de comissão, usamo-las aqui em sentido impróprio, não nos comprometendo, nesta altura, com qualquer classificação quanto à natureza ou ao tipo de negócio.

[23] Tal qual as técnicas de reprodução heteróloga em que o(s) gâmeta(s) ou o embrião são doados por *terceiros*.

[24] O âmbito do documento é amplo, incluindo organismos vivos e ecossistemas, a genómica e a bioinformática e também novas utilizações, como sejam os testes genéticos e a regeneração de órgãos ou tecidos humanos.

[25] Num impressionante estudo João Paulo Remédio Marques faz uma profunda análise desta matéria em relação à propriedade intelectual. (Remédio Marques, 2007).

[26] Ou até de castas. Referimo-nos à Índia, ainda que, neste momento, sirva exclusivamente para elucidar a *estratificação* em que as partes deste bionegócio podem estar colocadas numa relação assimétrica, não almejando discutir este sistema e a sua existência (ainda que meramente de facto).

no «mercado de consumo da reprodução», mormente a nível transfronteiriço, acessível a quem possa pagar por ele.

Ademais, ter um(a) filho/a deixou de ser um exclusivo de casais heterossexuais (férteis); além dos casais inférteis, também os/as solteiros(as), homossexuais, lésbicas, transexuais e outros/as podem agora ter um(a) filho/a passando por uma gravidez sem que a mulher precise de um parceiro, sem que o homem fique limitado às suas capacidades reprodutivas (ou à falta delas) e/ou a um(a) filho/a que carregue o material genético do pai e/ou da mãe para a geração seguinte.

A aceitação destas *modernas* formas de conceber famílias tem, também, colocado em debate a aceitação, ou não, e em que medida, das técnicas reprodutivas, trazendo o debate para a esfera pública e para as agendas políticas, arrastando consigo a discussão em torno da problemática das relações contratuais e dos seus efeitos nas relações de família. Debatem-se, assim, as fronteiras da autonomia privada e da intervenção do Estado nas relações pessoais, nomeadamente com a imposição de limites àquela autonomia e, aquele que é o busílis da questão, o fundamento para essa intervenção face ao desenvolvimento de novas formas de poder sobre a criação da vida, numa perspetiva de Foucault. Um fenómeno em que a abordagem da vida passa a incluir dimensões políticas, transformando a política em biopolítica e pondo o ser humano no centro da estratégia. Arendt analisa este processo em *A Condição Humana*, salientando o caráter servil do *animal laborans* (Arendt, 1998, p. 139), mas erigindo o *homo faber*, o destruidor da natureza, o senhor da terra, salientando, em qualquer caso, a potencial imortalidade do ser humano, embora sempre submetido à sua própria finitude. É a vida biológica que se coloca no centro da cena política (Arendt, 2007).

Por mais legítimo e defensável que seja o seu fim, a utilização das técnicas científicas ao nível da reprodução humana importa sempre várias ponderações: do meio para atingir esse fim, dos interesses e direitos em conflito e dos efeitos negativos que possam existir, ainda que externos ao negócio e às partes. O fim, *per se*, pode não justificar o meio.

Em suma, e neste momento, a questão fulcral é saber se as soluções oferecidas pelos cientistas para vencer as barreiras biológicas não implicam que sejam também ultrapassadas intransponíveis barreiras éticas e jurídicas [27]. Assim, e com maior acuidade, há que ponderar a *utilização* do ser humano e/ou das suas capacidades naturais, as reprodutivas *in casu*, para a *criação* de outro ser humano, trazendo ao centro da discussão a instrumentalização de uns em benefício de outros [28], por um lado, e/ou a produção de bens de consumo, por outro.

[27] Para além de barreiras morais, religiosas e culturais. A verdade é que a temática não é neutra e, de alguma forma, tem impacto nas conceções de cada um(a) sobre a vida, o ser humano, a humanidade e o devir.

[28] Fazendo uma referência com a expressão Kantiana.

No limite, acabamos a discutir a nossa humanidade, no que podemos permitir que nos tornemos, impondo-se a este nível uma reflexão não só egoísta e circunstanciada espacial e temporalmente, mas sobretudo solidária, coletiva e intergeracional [29]. Nos negócios em que se pretende contratar uma mulher como gestante de um(a) filho/a para outrem (de outrem?), deparamo-nos com uma flagrante fragmentação do critério tradicional em que se sustentava a determinação da maternidade, critério certo até que a ciência se intrometeu. Na verdade, com este negócio, desassocia-se a mãe da gestante [30], tornando ultrapassado o «velho» princípio de que mãe é *quam gestatio demonstrat*, e levando a que, como consequentemente se pode concluir, a gestante seja encarada como (mera) incubadora ao serviço de outrem que, neste *puzzle* reprodutivo, pode nem incluir uma mãe [31].

Se — numa leitura unidimensional, é certo — o fim deste bionegócio parece legítimo e defensável, a gestação de substituição como meio de o concretizar suscita um conjunto de questões que importa analisar. Por um lado, os direitos daquele/a(s) que querem um(a) filho/a [32], os direitos da gestante e da sua família [33] e do/a(s) que contribuem com os seus gâmetas [34] ou embriões. Por outro lado, as externalidades deste negócio, tais como os direitos da criança e os interesses sociais ou coletivos inerentes.

Não estão em causa juízos de valor, nem considerações acerca das opções pessoais, morais, religiosas ou outras de cada pessoa, embora se reconheça que o tema é idóneo a causar agitação e até comoção, sendo assumidamente delicado pela forma como transversalmente se coloca nas e às diversas ordens, das quais a jurídica será apenas uma delas e em relação à qual, inegavelmente, se vê influenciada pelas demais. Por isso e a isso, não podemos ser nem somos indiferentes; como escrevem Arthur Caplan e Robert Arp, temos a noção de que as questões objeto deste estudo estão, em muitas das suas vicissitudes, impregnadas de emoção, pelo que, para contribuirmos para a sua discussão, somos motivados pela razão (Caplan & Arp, 2014, p. 7).

Assim, quanto a nós, o debate impõe-se. O entendimento da parentalidade e da reprodução e sobretudo a dissociação destes dois conceitos reclamam uma análise sobre as eventuais *novas* opções que acompanham a evolução científica. E é para este debate que queremos contribuir com o estudo que aqui apresentamos.

[29] Se definirmos um aspeto social ou coletivo a tomar em consideração no exercício da autonomia privada.

[30] Neste momento, esta afirmação é feita do ponto de vista biotecnológico, não se estando para já a assumir posição ético-jurídica quanto à questão, sendo essa a temática em apreço neste trabalho.

[31] Não estamos a tomar posição, o que queremos aqui referir é que o projeto parental pode incluir um homem ou um casal de homens, sendo que a gestante, nesta perspetiva, não será a mãe da criança que gera.

[32] A expressão inglesa refere-se a «*intendend parents*» — o/a(s) que pretende(m) ser pai(s)/mãe(s) —, a que aqui nos referimos como «beneficiário/a(s)», de acordo com a LPMA.

[33] Do/a(s) filho/a(s) e, sendo casada, do seu marido.

[34] Doadores de espermatozoides e ovócitos.

3. Parâmetros da Exposição

Considerando a necessidade de delimitação do objeto deste trabalho, especificamente para que possamos dar por cumprido o escopo da sua análise e garantir o seu tratamento exaustivo (embora sem descurar os evidentes pontos de interseção a que está sujeito, numa intrincada teia relacional com outras áreas do saber, tornando-o, por isso, multidisciplinar, mas também multidimensional na própria ciência jurídica), como âmbito de análise estabelecemos uma reflexão acerca do fundamento ético e jurídico do bionegócio de gravidez e [d]a respetiva relevância jurídica. Para o efeito, elencaremos e analisaremos criticamente as várias questões que o negócio pode suscitar, considerando a perspetiva das partes, da criança e da própria sociedade, tendo em consideração o contributo que pretendemos dar para aquela reflexão. Percebemos, por isso, que, quanto à análise da relação jurídica propriamente dita, o raciocínio possa apresentar-se aparentemente fragmentado.

A reprodução artificial, agora assistida, por um lado, exigiu uma redefinição dos critérios que levam ao estabelecimento das relações familiares, do próprio conceito de família que transita de uma esfera puramente privada para o domínio público, colocando-se em eixos de debate relacionados com o poder, dominação, raça, etnia, sexo, género ou religião, numa noção «Foucaultiana» de biopoder, com a intervenção na vida das pessoas. Mas, por outro lado, coloca o ser humano, o seu corpo e as suas capacidades reprodutivas e até, para muitos/as, o seu ser em processos mercantis, expressão de uma visão liberal e capitalista associada à ideia de controlo, uma vez mais, da mulher e do seu corpo, que historicamente nos remetem para instituições e estereótipos patriarcais.

Além disso, subjacente à ideia do *direito* a ter um(a) filho/a biologicamente relacionado/a com a mãe e/ou o pai, a PMA, principalmente com recurso à gestação de substituição, não se traduz numa intervenção médica para *curar* a infertilidade, mas sim numa forma de a ultrapassar através e por conta de terceiros que, em determinados contextos, pode levar a uma marginalização da mulher e a uma *alienação em relação ao produto do seu trabalho.*

A inserção do tema no contexto geral da PMA levar-nos-á, por um lado, a abordar os diversos tipos de gestação de substituição e, por outro, considerando a multiplicidade e diversidade de soluções legais identificadas, a analisar os principais ordenamentos jurídicos e respetivas consagrações ao nível do bionegócio. Não se pretende fazer um estudo comparativo, mas antes proceder à deteção e identificação das diversas soluções jurídicas que quanto a este tema se podem adotar e que vão desde políticas permissivas a políticas restritivas, mas também passando por posições intermédias.

Se o contrato monolocalizado, por si só, já suscita diversas questões, os contratos plurilocalizados ou internacionais levam à sua hiperbolização, particularmente por efeito da «fuga dos turistas reprodutivos» a favor de ordenamentos jurídicos com legislações mais alinhadas com os seus objetivos. Trata-se do denominado «*biocrossing*», termo cunhado por Aditya Bharadwaj que, além de se referir tipicamente ao cruzamento (à passagem) de fronteiras entre Estados, diz também respeito ao cruzamento de outras fronteiras ficcionais que vão sendo ultrapassadas, tais como as fronteiras éticas, morais e comerciais.

Considerando esta realidade, resultante de fluxos transnacionais que põem em contacto posições jurídicas adotadas, muitas vezes em sentidos divergentes, faremos uma análise dos afloramentos internacionais a que o negócio transfronteiriço dá causa e do labor que tem sido empreendido nesta perspetiva.

A maternidade está, ela própria, também, no mercado global. Quanto à relação jurídica propriamente dita, temos de enfrentar as críticas que se levantam a propósito da «coisificação» jurídica de crianças e mulheres, mas também o problema da sua «coisificação» de facto, pois a exploração dos mais necessitados e o tráfico perseguem a gestação de substituição, e a grande questão — a que não fugimos — é, quanto a esta matéria, como pode e/ou deve o legislador posicionar-se.

Assim, dividimos o trabalho da seguinte forma: iniciamos com dois capítulos mais expositivos que visam, em primeiro lugar, o enquadramento da temática no âmbito das biotecnologias, da possibilidade — e consequências — da reprodução em laboratório e das técnicas existentes relativas à procriação assistida e com recurso a terceiros. Continuamos com esta análise expositiva, mas agora tendo em vista as soluções jurídicas de diferentes países no que tange concretamente ao bionegócio da gestação para outrem. Trata-se de um capítulo especialmente revelador, tendo em consideração a particular importância que têm para esta análise as fórmulas jurídicas consagradas pelos vários ordenamentos jurídicos e que dão causa a opiniões conflituantes e, eventualmente, fortemente contraditórias. Porém, estando em causa o apuramento e a identificação dos fundamentos ético-jurídicos do *direito* (termo aqui usado em sentido impróprio) a contratar a gravidez, e dos seus limites, o desenvolvimento da correspondente teoria pressupõe, além dessas posições nem sempre alinhadas, uma visão mais holística acerca de a suscetibilidade de uma teoria se impor relativamente a outras ou às outras. Nos capítulos subsequentes, exporemos o nosso raciocínio crítico sobre a legitimação da contratação de uma gravidez, dentro dos direitos da família, e sobre quem são ou legalmente devem ser tidos como os pais e/ou as mães da criança concebida no âmbito deste negócio. Estando o direito à constituição da família e à reserva da vida privada no centro nevrálgico desta discussão, novas controvérsias se nos deparam para cuja resolução a biologia não é suficiente (ou pode não ser nem suficiente nem adequada), como para determinar a favor de quem se deve fixar a parentalidade de determinada criança.

Assumindo expressamente a fragmentariedade que este estudo apresenta — ainda que com a delimitação do respetivo objeto e âmbito —, há, o que não negamos, afloramentos e vicissitudes, bem como fontes, que não se incluem nesta análise. Assumimos também que damos este estudo por terminado em 2021, embora, pontualmente durante a revisão, não tenhamos resistido a incluir fontes e matérias de que tivemos conhecimento após o eu termo e durante a respetiva revisão. A verdade é que o longo trabalho de revisão que este trabalho nos tomou implicou que, para efeitos de conteúdo, tenha sido estabelecido um termo final, embora não necessariamente coincidente com o momento em que o entregamos para o escopo que visa.

4. Considerações Metodológicas

Cada ciência, como afirma Larenz, lança mão de métodos e modos de proceder com o escopo de obter resposta às questões colocadas (Larenz, 1983, p. 1), sendo que o tratamento metodológico do Direito tem visto diferentes escolas dedicarem-se a esta análise. Assim, apresentados os objetivos e o objeto deste trabalho, resta-nos abordar a forma como *enfrentaremos* a matéria jurídica que nos propusemos analisar considerando a necessidade do tratamento jurídico deste bionegócio, no sentido de que, quanto a nós, há (ainda) questões por resolver. Atenta a complexidade do tema, cedo constatamos que este se nos apresenta numa dimensão multidisciplinar e multidimensional. Se no aspeto multidimensional a nossa análise se cingiu a temáticas específicas da ciência jurídica, nomeadamente os direitos humanos e o direito civil, já a pesquisa interdisciplinar se mostra — e neste caso em particular de forma premente — necessária para saciar as respostas às questões suscitadas, embora tenhamos a consciência de que, neste âmbito, não iremos além da referência a esses veios comunicantes que tantas vezes ligam o Direito a outras áreas do saber.

Começando pelo levantamento bibliográfico e documental, incluindo legislação e casos de estudo de origem jurisprudencial e respetivo tratamento, pretendemos detetar, analisar e correlacionar posições, vicissitudes, factos e motivações, passando depois para um momento de profunda reflexão crítica, a que se segue a construção de hipóteses, culminando na conclusão do nosso estudo.

Recorremos a um método qualitativo cientes de que é, quiçá, o mais falível e sujeito às contingências e às circunstâncias de tempo e lugar. Embora partamos de conceitos dos quais dependemos para sustentar o raciocínio jurídico que erigimos nesta tese, estes podem ser também o seu grande limite. Procurando a relação entre o problema e a resposta, introduzimos o peso da história e da concreta dimensão sociocultural que a temática suscita, numa intrincada teia de filigrana composta por posições doutrinárias, jurisprudenciais, opiniões, pontos de vista não unitários, entre outros, que se foram desenvolvendo ao longo do tempo e das latitudes, bem como das próprias interpretações da autora.

Procuramos depois aprofundar o conhecimento, num momento reflexivo e de análise crítica, voltados para as respostas às questões propostas, num exercício que nos aproxima de um raciocínio de equilíbrio reflexivo, sem pretender com isto dizer que recorremos *qua tale* à metodologia de Rwals, até porque nos seria impossível fazê-lo. O que nos importa com este método é, nessa aproximação a Rwals, estabelecer princípios que, quanto a nós, são os que melhor respondem ético-juridicamente à questão, isto é, quais as respostas que temos em relação à temática que aqui estudamos, e que devem ser afirmadas em detrimento de outras, apresentando as condições de exercício que respondem a um sentido de justiça, de justiça distributiva, em relação a todos os interesses conflituantes em causa. A tese que se apresenta é o resultado deste trabalho que, sendo da exclusiva responsabilidade da autora, é fruto de todos/as quantos/as para ele contribuíram até ao momento de o dar por terminado.

PARTE I
ENQUADRAMENTO E ANÁLISE COMPARATIVA

«Sozinha caminhei no labirinto
Aproximei meu rosto do silêncio e da treva
Para buscar a luz dum dia limpo.»
(Sophia de Mello Breyner Andresen)

CAPÍTULO I
CRIAR VIDA (HUMANA) EM LABORATÓRIO

> «Quem responde, já que a ciência não o faz, à questão sobre o que devemos fazer e como devemos orientar a nossa vida?»
> (Popper)

1. As Biotecnologias na Criação da Via Humana

A evolução científica é o espelho da necessidade de o ser humano se superar [35], [36], [37]. Na *teoria da duração* a que Levinas se referia, «[a] destruição da primazia do tempo

[35] Ainda que as evoluções científicas e tecnológicas se coloquem em muitos outros âmbitos e muitos deles com grande impacto sobre a dimensão do ser humano, o ser humano no mundo, da natureza humana e a própria dignidade humana. Podemos, por exemplo, ter em consideração os avanços ao nível do desenvolvimento da AI em que o ser humano, no seu atual estágio de evolução de *homo sapiens sapiens*, se vê confrontado pela primeira vez com uma inteligência superior capaz de *pensar* (pensamos singelamente na *Lei de Moore*) e de o substituir. Se a Revolução Industrial pôs a máquina ao serviço do ser humano, a verdade é que nesta nova revolução a máquina substitui o ser humano como nunca aconteceu. A inteligência deixa de ser dominada pela pessoa humana e, agora, a máquina também o é. O ser humano está seduzido pelas potencialidades da AI e humaniza-a num exercício de empatia com o *semelhante*. Paradigmaticamente, à robô humanoide Sophia, *condenada* como muitos afirmam à publicidade, foi concedida nacionalidade saudita (curiosamente, num país em que as disparidades em relação ao género são imensas e em que um dos géneros da espécie humana tem ainda muito que conquistar para vencer as disparidades). As mutações sociais que se vão sentindo, e sobretudo as que se avizinham, são imensas e o ser humano está no centro desta mutação.

[36] A Federação Europeia de Biotecnologia define biotecnologia como a aplicação integrada das ciências naturais e da engenharia com o objetivo de usar micro-organismos, células e seus componentes em produtos e serviços. V. http://www.efbiotechnology.org/ (consultado pela última vez em 30 de setembro de 2021).

[37] A liberdade de criação intelectual, artística e científica do cidadão é uma expressão da própria realização da personalidade. «Na Constituição Portuguesa, tal direito encontra-se consagrado no artigo 42.º (inelutavelmente ligado ao artigo 26.º/1), sendo também expressamente afirmado que o Estado incentiva e apoia a criação e a investigação científicas, "por forma a assegurar a respetiva liberdade e autonomia, o reforço da competitividade e a articulação entre as instituições científicas e as empresas" (artigo 73.º/4 da CRP). A aliança entre a criação e investigação científicas e o progresso económico está também bem patente na alínea j) do artigo 81.º da CRP, que incumbe o Estado, a título prioritário, de "assegurar uma política científica e tecnológica favorável ao desenvolvimento do país"» (Gomes, 2007, p. 285).

dos relógios» aflorava, o que reconhecia nas palavras de Bergson, como o «[...] terror de se encontrar num mundo sem novidades possíveis, sem futuro da esperança, mundo onde tudo é regulado antecipadamente». Bergson liberta «o "ser" [...] para um "diversamente de ser"» (Levinas, 2018, p. 16). Este diversamente de ser, a que aqui recorremos de forma rudimentar, é certo, no âmbito científico, marca o avanço da correlação do ser humano com a biotecnologia.

São várias as inovações que marcam uma dinâmica nova na nossa existência, como acontece nos melhoramentos terapêuticos capazes de debelar doenças, ou de mitigar sintomas, ou melhorar cuidados, ou até mesmo de prolongar a existência neste mundo [38]. No nosso «admirável mundo» [39], em que as novidades nos surpreendem numa vertigem cada vez mais acelerada, a ciência coloca ao nosso alcance novas possibilidades e novas perspetivas de vida. O compasso do tempo está, como nunca, cada vez mais próximo de ser derrotado.

Cada vez mais o ser humano toma em mãos o labor que até agora só Deus, ou a sorte, como se queira, comandava. Um verdadeiro e absoluto *self made man*, estendendo a (bio)tecnologia à criação humana. A forma como passamos a entender o ser, elevando-o a um dos mais significativos momentos da evolução do ser humano, mudou e continua em severa mutação para domínios nunca antes navegados. O problema deste «*[...] "playing God" is that humans act as if they control these matters [...]*» (Feinberg & Feinberg, 2010, p. 391), mas, *in extremis*, estes assuntos e muitos dos seus afloramentos podem não ser controlados ou, até o serem, o caminho a percorrer pode implicar a destruição do ser humano como o concebemos.

O processo e as consequências, muitas das quais absolutamente imprevisíveis, não deram ao ser humano o dom da criação (naquela alegoria divina), mas podem tornar-se numa nova forma de escravidão à ciência. O advento da era biotecnológica suscitou imediatos impactos e preocupações, considerando a ameaça à dignidade humana e aquilo que o ser humano é e representa e que é necessário proteger «*[e]mpowering and constraining perspectives on human dignity*» (Assche & Sterckx, 2014, p. 267) para assegurar o seu inerente e inalienável valor interno.

Numa alusão a Prometeu, que rouba aos deuses o fogo para o entregar aos homens, a engenharia genética [40] põe em causa a sacralização da natureza humana

[38] Na União Europeia (UE), a promoção da investigação tornou-se uma prioridade com a revisão do Código de Conduta Europeu para a Integridade da Investigação, visando promover o comportamento responsável na investigação científica (Moedas, 2018). O Grupo Europeu de Ética para as Ciências e as Novas Tecnologias dá conselhos à Comissão em questões éticas e de direitos humanos.

[39] Sem conexão, neste contexto, ao romance de Huxley, ainda que se pudesse fazer esta correlação com as fábricas de seres humanos. «Isto — disse o Diretor, abrindo a porta — é a Sala de Fecundação» (Huxley, 2001, p. 19).

[40] Vamos considerar quanto a isto a divisão geral em duas categorias amplas «*[...] (1) procedures involving manipulation of human reproduction and (2) procedures involving manipulation of genetic makeup of living beings*» (Feinberg & Feinberg, 2010, p. 388).

(que, enquanto direito a herdar um património genético intocado, se deve manter inalterada [41], [42]), através do recurso a um «shopping genético» [43], num denominado (neo)eugenismo positivo, em que o ser humano pode ter dificuldade em se percecionar a si mesmo e nas relações com os outros, bem como pode, por parte destes, passar a ser visto com um excluído. Vivemos no momento em que, mais do que nunca na história da Humanidade, a criatura deseja superar o criador [44] e também naquele em que está mais próxima de o conseguir [45]; um verdadeiro *homo faber* [46] que assume o destino nas suas mãos e, mais do que nunca, o domina. Na verdade, numa perspetiva transhumanista, «*Homo Sapiens Sapiens accède au gouvernement de sa propre constitution*» (Sève, 2006, p. 81), num próximo passo, atingindo o *Homo Artificialis* e a libertação da espécie humana, nas palavras de Nick Bostrom (Bostrom, 2003). Os transhumanistas acreditam que os seres humanos devem assumir e conduzir a evolução da espécie. Considerando a Declaração Transhumanista para a Humanidade [47], as escolhas pessoais e o recurso às tecnologias não devem ser limitados.

No entanto, a investigação e as soluções biotecnológicas ao nível da reprodução humana requerem uma análise cuidada. O risco de o ser humano deixar de ser apenas o fim e passar a ser também o seu *objeto* leva à subversão de uma ordem natural que até agora era a única forma de criação humana [48]. A produção do ser humano *à la carte* é hoje cientificamente possível [49], passando a criatura a criador do seu semelhante.

[41] Art. 13.º da Convenção sobre os Direitos Humanos e a Biomedicina. Art. 1.º da Declaração Universal sobre o Genoma Humano e os Direitos Humanos.

[42] No primeiro relatório da UE em matéria de Nonotecnologia, Biotecnologia, Tecnologia da Informação e Ciências Cognitivas (NBIC), *Converging Technologies — Shaping the Future of European Societies*, de 2004, foi adotada uma visão «bioconversadora», «[...] rejeitando a ideia transhumanista de melhoramento da espécie humana [...], em nome dos princípios da dignidade e da igualdade, que as novas tecnologias apenas sejam usadas para alterar as condições sociais de vida e não as biológicas» (Melo, 2019, p. 191).

[43] Na alusão de Nozick.

[44] Ou mata-o e toma-lhe o lugar, numa perspetiva de Nietzsche (2002).

[45] As experiências no *homo sapiens* colocam a espécie ao nível de ratos de laboratório, no sentido em que, tal qual os ratos, o ser humano é tão manipulável como qualquer animal.

[46] «*[C]onducts himself as lord and master of the whole earth*» (Arendt, The Human Condition, 1998, p. 139), que conduz, não obstante à noção de que este homem é um destruidor da natureza.

[47] O documento está disponível em https://humanityplus.org/transhumanism/transhumanist-declaration/ (consultado pela última vez em 21 de março de 2020).

[48] George Annas refere que a atuação genética pode produzir um «genocídio genético» e converter os futuros humanos em especificações genéticas dos pais. Annas disserta sobre uma nova tipologia de crimes contra a humanidade que inclua «*(1) all intentional actions that threaten the human species (humanity) with extinction, and (2) all species alterations that endanger the human species itself by radically changing the nature of what it means to be human*» (Annas, 2014, p. 115).

[49] Não só teoricamente possível. Questão diferente são os limites estabelecidos a essa possibilidade e à investigação destes.

O deslumbramento destas inovações científicas, que não deixam de nos maravilhar e, de alguma forma, seduzir, constitui uma corrida em que a sociedade e o legislador estão, quando muito, no encalço daquela. Neste âmbito, Terence, evocando o investigador de Harvard, Steven Pinker, assinala o seguinte:

> «*"[L]a procréation naturelle au rang de loterie injuste et mal dotée". Il insiste : Nous partons de truismes. Nous pensons que la vie est préférable à la mort, la santé à la maladie, la jeunesse à la vieillesse, le bonheur à la souffrance. Mais de tristes sires invoquent l'immaturité qu'il y aurait à vouloir vivre toujours ou bien fétichisent des clichés du genre "dignité", "intégrité", "équité", "justice". Ce faisant, ils consentent à l'extension de la mort et de la vieillesse.*» (Terence, 2016, pp. 52-53)

As novas tecnologias, mais concretamente a biotecnologia, põem à disposição do ser humano o poder da criação, desafiando-o constantemente, seja para o tratar ou melhorar, dando origem a novos fenómenos e exigências sociais a que o legislador vai dando enquadramento jurídico, ainda que neste esforço, quiçá inglório, de tentar acompanhar as novidades sem que, de facto, as consiga alcançar. E, neste âmbito, podemos ainda acrescentar os fenómenos e discussões associados às ferramentas da *artificial intelligence* (AI) [50], [51], [52], quer no âmbito do desenvolvimento

[50] No relatório de Thorbjørn Jagland, relativo à 129th Session of the Committee of Ministers, eram enfatizados novos desafios da Humanidade «*[...] for which Council of Europe legal standards are required. Three immediate challenges stand out: how to harness the benefits of the artificial intelligence revolution, while identifying and mitigating its threat to human rights, democracy and the rule of law*» (Jagland, 2019, p. 9).

[51] Ainda que noutro âmbito, as ferramentas de AI e os algoritmos criados são usados, cada vez mais, em ferramentas de «*decision making*», suscitando, também neste âmbito, questões associadas a direitos humanos. Entre outras posições assumidas, em 17 de março de 2021, o Comité de Ministros do Conselho da Europa adotou uma declaração para alertar os Estados-Membros sobre, entre o mais, os possíveis riscos para os direitos humanos que podem estar em causa na utilização de ferramentas de IA na tomada de decisão pelas autoridades públicas em matéria de serviços sociais. O texto da declaração pode ser consultado em: https://search.coe.int/cm/Pages/result_details.aspx?ObjectId=0900001680a1cb98 (consultado pela última vez em 21 de março de 2021).

[52] Também num outro âmbito, mas numa palpável demonstração dos riscos associados a ferramentas de tomada de decisão, a ProPublica analisou uma ferramenta de inteligência artificial da Northpointe, Inc. e testou o algoritmo usado por alguns tribunais nos EUA para «calcular» a probabilidade de reincidência, o *Correctional Offender Management Profiling for Alternative Sanctions* (COMPAS), e a sua eventual predisposição para catalogar certos grupos de pessoas com maior taxa de reincidência.

Da análise de 23 de maio de 2013, *How we analysed the COMPAS Recidivism Algorithm*, resulta que a ferramenta considerava os negros com maior probabilidade do que os brancos de voltar a cometer crimes (Larson, Mattu, Kirchner, & Angwin, 2016). O relatório conclui que «*In forecasting who would re-offend, the algorithm made mistakes with black and white defendants at roughly the same rate but in very different ways. The formula was particularly likely to falsely flag back defendants as future criminals, wrongly labelling them this way at almost twice the rate as white defendants. White defendants were mislabelled as low*

de novas tecnologias e inovações científicas, quer na melhoria das técnicas existentes [53]. Exemplificativamente, podemos falar da mais singela e comum utilização da AI no âmbito da cirurgia robótica [54] ou na realização de prognósticos, considerando o tratamento em larga escala de dados de pacientes e casos clínicos [55] (Buyers, 2018, p. 95) [56].

risk more often than black defendants» (Angwin, Larson, Mattu, & Kirchner, 2016). Estas ferramentas, dependentes dos dados que lhe são fornecidos, dependem também da dieta e, por isso, a cor da pele pode continuar a ser, neste âmbito, nova fonte de discriminação.

[53] Foi adotada pelo Comité de Ministros, em 13 de fevereiro de 2019, a *Declaration by the Committee of Ministers on the manipulative capabilities of algorithmic processes (adopted at the 1337th meeting of the Ministers' Deputies)*, chamando a atenção para «*[...] the growing threat to the right of human beings to form opinions and take decisions independently of automated systems, which emanates from advanced digital technologies. Attention should be paid particularly to their capacity to use personal and non-personal data to sort and micro-target people, to identify individual vulnerabilities and exploit accurate predictive knowledge, and to reconfigure social environments in order to meet specific goals and vested interests*». V. texto da declaração em https://search.coe.int/cm/pages/result_details.aspx?ObjectId=090000168092dd4b (consultada pela última vez em 3 de outubro de 2020).

[54] Ainda que, para já, os robôs autónomos nesta matéria (ainda) não tenham utilização, mas o conhecido Robô Cirúrgico Da Vinci está no mercado há mais de uma década.

[55] Pode definir-se *Big Data* como «[...] um conjunto de dados caracterizado pela elevada dimensão dos três V respetivos, volume, velocidade e variedade». Por sua vez, a «[...] decisão sobre que dados guardar e como proceder dependerá certamente da qualidade dos mesmos, da sua possível utilidade e utilização, o que nos conduz aos processos de manuseamento e tratamento desses mesmos dados, ou seja, Data Mining» (Nazaré, 2018, pp. 315-316). A recolha de dados em larga escala gerando a *Big Data* permite que, através de algoritmos, programas informáticos apresentem possíveis diagnósticos para pacientes. No artigo publicado por Sabyasachi Dash, Sushil Kumar Shakyawar, Mohit Sharma e Sandeep Kaushi, a «*International Data Corporation (IDC) estimated the approximate size of the digital universe in 2005 to be 130 exabytes (EB). The digital universe in 2017 expanded to about 16,000 EB or 16 zettabytes (ZB). IDC predicted that the digital universe would expand to 40,000 EB by the year 2020*» (Dash, Shakyawar, Sharma, & Kaushi, 2019). Harari disserta sobre o processo de transição da fonte de autoridade e da revolução tecnológica, afirmando que se pode avizinhar a institucionalização da «[...] autoridade dos algoritmos do *Big Data*, simultaneamente implodindo a ideia de liberdade individual» (Harari, 2018, p. 72). Conclui-se que, ainda que a necessidade de integração da informação e tratamento seja complexa, «*[t]he birth and integration of big data within the past few years has brought substantial advancements in the health care sector ranging from medical data management to drug discovery programs for complex human diseases including cancer and neurodegenerative disorders*» (Dash, Shakyawar, Sharma, & Kaushi, 2019). No relatório de 2019, Thorbjørn Jagland chamava a atenção para os benefícios dos instrumentos de AI, mas alertava sobretudo para o seguinte: «*[t]he risks that accompany these innovations should not be ignored. People are right to ask whether a society driven by statistical models and machine learning might remain human but stop being humane*» (Jagland, 2019, p. 31).

[56] John Buyers referia-se a um programa desenvolvido no Mount Sinai Hospital em Nova Iorque que, com informação de mais de 700 pessoas, com o escopo de prever doenças de pacientes, demonstrou ser muito preciso nos prognósticos.

Numa política denominada «Medicina P4» (personalizada, preditiva, preventiva e participativa), por exemplo, assente em dados genéticos e estudos de dados genómicos em larga escala [57], permite-se o recurso a dados e estudos genéticos em prol de uma medicina personalizada e preditiva e mais eficaz na deteção e tratamento de doenças.

O legislador tem um esforço acrescido na matéria da biotecnologia em geral [58]. A própria admissibilidade e regulamentação sobre a investigação enquanto tal, ao nível a que nos colocamos, são, *per se*, matéria sujeita a sério debate ético e jurídico, entre outros, desde logo considerando a utilização de células estaminais de seres humanos, gâmetas e embriões humanos e as consequências dessa investigação, ou seja, os seus limites investigatórios.

Certo que é as promessas biomédicas e as neurocientíficas ao nível do cérebro são aliciantes e é reconhecidamente difícil parar a vontade de superação, que é disso que se trata *in extremis*. E perante isto que resposta podemos dar? É que a resposta que hoje dermos e a posição que assumirmos serão essenciais ao caminho que a humanidade vai seguir, uma vez que estamos hoje na iminência de alterar/(re)criar a própria natureza humana (?).

Quais os limites à utilização das descobertas científicas? Sobretudo quando a utilização levante sérios problemas sobre a responsabilização do determinismo biológico que das técnicas pode resultar e que, até agora, estava nas mãos da álea.

Para a análise de questões bioéticas, foi criado em 2001 [59] nos EUA, por indicação do Presidente G. W. Bush, uma Comissão que apontou uma série de individualidades, num total de 18, com o escopo de aconselhar a administração Bush sobre matéria biomédica e tecnologia. Esta Comissão foi extinta por ordem do Presidente Barack Obama,

[57] O *Big Data*. «Nos EUA, as firmas 23andMe e Ancestry estão a gerir, desde há alguns anos, dados genéticos de milhões de pessoas» (Santos & Pereira, 2019, p. 48). Também a AstraZeneca com a colaboração com o Craig Venter. A verdade é que este é, entre outros, um dos afloramentos da denominada 4.a Revolução Industrial (por Klaus Schawab), sendo que, quanto à saúde, esta vai realizar-se «[...] através da genómica, da medicina digital, da nanotecnologia e da robótica» (Santos & Pereira, 2019, p. 50). Em 2018, Portugal assinou uma declaração de cooperação em matéria de investigação genómica. A Comissão de Ética da Sociedade Portuguesa de Genética Humana já recomendava o estrito cumprimento de regulamentação ética.

[58] Os programas e objetivos são variados. «*For example, while the United States and Japan seem to be focusing on complete mapping and sequencing, Germany, Italy, and the United Kingdom are emphasizing databases and data management. Denmark, in contrast, is concentrating funding on technology designed to fight genetic disease. The European Community (EC) is also playing a role in the Human Genome Project. In 1988, the EC introduced a proposal entitled the "Predictive Medicine Programme." A few EC countries, notably Germany and Denmark, claimed the proposal lacked ethical sensitivity; objections to the possible eugenic implications of the program were especially strong in Germany. The initial proposal was dropped but later modified and adopted in 1990 as the "Human Genome Analysis Programme". This program committed substantial resources to the study of ethical issues*» (Durfy & Grotevant, 1991, p. 349).

[59] Foram emanadas novas ordens executivas para renovação do conselho em 2003, 2005 e 2007.

em 2009, tendo sido constituída nessa data a *Presidential Commission for the Study of Bioethical Issues*[60] e, em 2013, criou a *BRAIN Initiative*, tendo aquela comissão ficado encarregada de avaliar as matérias bioéticas da temática. A Comissão elaborou diversos estudos em matéria de bioética constituindo um painel de conselheiros sobre problemas que as técnicas avançadas da biomedicina suscitam [61].

Ainda que não queiramos entrar nessa discussão, porque ultrapassa o âmbito e limites deste trabalho, a verdade é que a questão se afigura relevante, já que as políticas sobre embriões radicam, na sua essência, no aspeto da determinação do momento em que o embrião ou o feto têm o potencial da «sua humanidade» e o momento a partir do qual passa a ter proteção legal.

Se a questão relativa aos embriões excedentários próprios para aquele fim reveste já uma particularidade, pois há por parte dos Estados uma discricionariedade no que toca à autorização para a sua utilização, o assunto ganha uma nova dimensão quando se trata de embriões humanos predestinados, e para isso exclusivamente criados, à investigação científica [62]. A legislação portuguesa admite a possibilidade de utilização de embriões excedentários [63] para fins de investigação científica e sempre com o consentimento prévio, expresso, informado e consciente dos/as beneficiários/as a quem se destinavam [64], sendo, ao invés, expressamente proibida a criação deliberada de embriões para aquele escopo [65]. Todavia, embora assim seja, daquela investigação e dos seus objetivos tem de ser razoável esperar um benefício para a humanidade tendo, cada projeto, por isso, de ser sindicado pelo Conselho Nacional de Procriação Medicamente Assistida (CNPMA) [66].

[60] Foi nomeada para Presidente Amy Gutmann e como Vice-Presidente, James W. Wagner.

[61] A Comissão de Bioética considerou concluído o seu trabalho em 15 de janeiro de 2017 com a publicação de diversos estudos, publicações e recomendações. Para consulta dos trabalhos publicados, v. https://bioethicsarchive.georgetown.edu/pcsbi/studies.html (consultado em 21 de abril de 2020)

[62] Esta última opção está, desde logo, proibida pelo art. 18.º, n.º 2 da Convenção sobre os Direitos Humanos e a Biomedicina. A total instrumentalização do embrião humano para um fim que, ainda que altruísta e meritório ao nível da investigação científica, nunca almeja a possibilidade de aceder ao escopo para que existe, ou seja, um nascimento, não se coaduna com a proteção da potencial de «humanidade» que o mesmo tem.

[63] Nos termos da LPMA, no seu art. 9.º, a investigação com recurso a embriões só é permitida nos seguintes casos: «[...] 4 — [...] a) Embriões criopreservados, excedentários, em relação aos quais não exista nenhum projeto parental; b) Embriões cujo estado não permita a transferência ou a criopreservação com fins de procriação; c) Embriões que sejam portadores de anomalia genética grave, no quadro do diagnóstico genético pré-implantação; d) Embriões obtidos sem recurso à fecundação por espermatozoide.»

[64] N.º 5 do art. 9.º da LPMA.

[65] Nos termos do n.º 1 do art. 9.º da LPMA.

[66] E, assim sendo, só 10 anos depois da entrada em vigor da lei é que foi aprovado pelo CNPMA o primeiro projeto para investigação científica em embriões em Portugal.

A Ethics Advisory Board, nos EUA, constituída em 1978 [67], teve como grande contributo a determinação do limite de 14 dias para embriões em cultura *in vitro* (Hurlbut J. B., 2017, p. 34). À mesma conclusão chegaram no Reino Unido. O Relatório Warnock (Department of Health & Social Security , July) estabeleceu como termo inicial os 14 dias de desenvolvimento embrionário [68], [69], concluindo que até esse limite não há identificação de qualquer patamar de desenvolvimento.

A denominada «raia primitiva» marca o termo inicial do desenvolvimento individual do embrião, estádio em que é designado «pré-embrião». O Royal College of Obstetricians and Gynaecologists chamou a atenção para a possibilidade de desenvolvimento irregular do embrião *in vitro*, pelo que o embrião pode nunca chegar a ponto da gastrulação. Desta forma, foi considerado o desenvolvimento biológico e não a idade do embrião. Em 1990, a Human Fertilisation and Embryology Authority (HFEA) encontrou uma solução de compromisso «*[...] limiting culture to either the appearance of the primitive streak, or fourteen days, whichever came earlier*» (Hurlbut J. B., 2017, p. 92).

Contudo, a ciência evolui e as técnicas, sobretudo ao nível dos rDNAs [70], alargaram o domínio humano sobre a criação e edição da vida humana. Passamos de uma «[i]deia da vida como sujeita à evolução natural para uma visão da vida como potencialmente alterável de acordo com os propósitos e desejos dos técnicos-designers» (Hurlbut J. B., 2017, p. 4). Estes avanços tecnológicos, iniciados nas décadas de 70 e 80 do século passado, elevaram o debate bioético sobre a criação do ser humano e a forma artificial que permite, cada vez mais, produzir um ser (humano?) [71]. Desde que o primeiro mamífero foi clonado [72], em 1997 [73], a recriação narcísica estará no pensamento de muitos [74].

67 Dissolvida pouco tempo depois.

68 O relatório recomendava que a investigação, além de outras condicionantes, como o consentimento dos beneficiários, só podia ser feita «*[...] on any embryo resulting from in vitro fertilisation, whatever its provenance, up to the end of the fourteenth day after fertilisation, but subject to all other restrictions as may be imposed by the licensing body*» (Department of Health & Social Security , July, p. 69).

69 Sendo que, não obstante, se tem discutido hoje em dia a possibilidade de alteração deste termo considerando os avanços da biotecnologia, nomeadamente a investigação em células-tronco, biologia sintética e genética.

70 Recombinant DNA. V. Glossário.

71 Nos Estados Unidos, foi criada em 1974 a *National Commission for the Protection of the Human Subjects of Biomedical and Behavioral Research*.

72 A clonagem possibilita a produção em laboratório de uma cópia genética idêntica de seres vivos (President's Commission for the Study of Ethical Problems in Medicine, Biomedical and Behavioral Research, 1982, p. 9). As principais técnicas de clonagem são a duplicação embrionária, típica nos gémeos monozigóticos, e a transferência nuclear.

73 A ovelha Dolly em 1997.

74 A clonagem reprodutiva, por sua vez, é o processo em que «*[...] an animal with the nuclear somatic cell DNA of another animal is generated. The technique, called somatic cell nuclear transfer (SCNT), produces an almost identical twin that differs from being a true identical twin in that the clone has the mitochondrial*

Em relação a esta temática, a votação da Declaração das Nações Unidas sobre a Clonagem Humana de 2005 é sintomática da falta de consenso sobre o assunto [75]. Durante a 82.ª Assembleia Geral, 84 Estados-Membros votaram a favor da Declaração e 34 contra e houve 37 abstenções. O 2016 Surveillance «*[...] does show that therapeutic cloning, with significant potential clinical therapeutic benefits, is practiced where allowed under restriction in a limited number of the countries surveyed*» (The International Federation of Fertility Societies, 2016, pp. 86-89). Contudo, apesar de a clonagem reprodutiva humana ser proibida, o Uruguai admitia-a com restrições [76], [77].

A clonagem terapêutica, por sua vez, é tendencialmente proibida, mas admitida em alguns países com necessidade de aprovação específica: «*[s]pecific approval involving national ethics committees are reported to be required and involve oversight by various local and national bodies*» (The International Federation of Fertility Societies, 2016, pp. 86-89).

Por outro lado, em maio de 2010, o J. Craig Venter Institute anunciou a criação da primeira célula sintética «*self-replicanting*» de uma bactéria (*synthetic bacterial cell*) que foi chamada de *Mycoplasma mycoides JCVI-syn1*.0. Segundo a notícia, esta é a prova do princípio de que o genoma pode ser desenhado em computador, criado através de um processo químico em laboratório e transplantado para um recipiente celular para produzir uma nova célula autorreplicante controlada exclusivamente por um genoma sintético [78]. Já em 2018, o mesmo instituto, e em relação à biologia sintética,

DNA of the recipient (usually genetically unrelated) egg» (The International Federation of Fertility Societies, 2016, pp. 84-85). Diferente da clonagem terapêutica, trata-se de um processo «*[...] in which stem cells are harvested from the inner cell mass of blastocysts from embryonic clones generated for this purpose. These embryonic stem cells may be expanded in vitro with the intent of allowing them to undergo controlled differentiation to various developmental cell types for therapeutic purposes. Therefore, embryonic stem cell lines that could be of therapeutic value can be created by SCNT using a nucleus from a particular person or animal. This procedure offers the advantage of avoiding rejection since these generated therapeutic cells, tissues, or organs may be transplanted back into the same person or animal as they would be immunologically homologous*» (The International Federation of Fertility Societies, 2016, pp. 84-85).

[75] Esta matéria encontra também assento na Declaração Universal sobre o Genoma Humano e os Direitos Humanos, a Declaração Internacional sobre Dados Genéticos e a Declaração Universal sobre a Bioética e dos Direitos Humanos.

[76] Conforme resulta do relatório *Surveillance 2016* (The International Federation of Fertility Societies, 2016).

[77] «Os princípios enunciados no art. 3.º da Carta estão já consagrados na Convenção sobre os Direitos Humanos e a Biomedicina, adotada no âmbito do Conselho da Europa (STE 164 e Protocolo Adicional, STE 168). A presente Carta não visa derrogar essas disposições, pelo que proíbe apenas a clonagem reprodutiva. Não autoriza nem proíbe as outras formas de clonagem. Não impede, pois, de modo algum que o legislador proíba outras formas de clonagem» (Parlamento Europeu, Conselho da União Europeia, Comissão Europeia, 2007).

[78] Conforme anunciado no sítio da Internet do Instituto J. Craig Venter em 20 de maio de 2010, e consultado em 27 de novembro de 2017 em https://www.jcvi.org/first-self-replicating-synthetic-bacterial-cell-constructed-j%C2%A0craig-venter-institute-researchers

recebeu duas bolsas para os projetos do Dr. Glass e da sua equipa, *Building and Modeling Synthetic Bacterial Cell* e *First Minimal Synthetic Bacterial Cell*, que implica a possibilidade da criação de células e, combinando-as com partes não-vivas, de criar um organismo vivo [79]. Por seu turno, a gametogénese *in vitro* permite a criação de gâmetas *in vitro*. As «*primordial germ cells*» (PGC) são:

> «*[...] precursors of sperm and eggs, which generate a new organism that is capable of creating endless new generations through germ cells. PGCs are specified during early mammalian postimplantation development, and are uniquely programmed for transmission of genetic and epigenetic information to subsequent generations.*» (Magnúsdóttir & Surani, 2014, p. 245)

No dia 20 de setembro de 2018, foi publicado na *Science* um novo capítulo quanto a esta técnica (Chika, *et al.*, 2018). Cientistas japoneses publicaram um relatório em que anunciavam terem criado células de óvulos a partir de sangue humano, ainda que não tenham conseguido obter um óvulo maduro: «*Human in vitro gametogenesis may transform reproductive medicine. Human pluripotent stem cells (hPSCs) have been induced into primordial germ cell-like cells (hPGCLCs); however, further differentiation to a mature germ cell has not been achieved*» (Chika, *et al.*, 2018). Estas investigações podem vir a permitir suprir causas de infertilidade relacionadas com a ausência de gâmetas (Magnúsdóttir & Surani, 2014, p. 250).

Todavia, desde que Watson e Crick descobriram o ácido desoxirribonucleico (ADN) [80], [81], [82], [83], a comunidade científica identificou a caixa de Pandora dos segredos da vida. Desde então, o grande enfoque da comunidade científica foi decifrar a sequência de ADN humano e descobrir os segredos da vida. Assim, quando,

[79] *Idem*, no sítio da internet https://www.jcvi.org/blog/jcvi-team-awarded-two-grants-under-national-science-foundations-understanding-rules-life (consultado em 27 de novembro de 2017).

[80] V. Glossário.

[81] Em 25 de abril de 1953, com publicação sobre a estrutura em dupla hélice do ADN na revista *Lancet*. O ADN, a molécula constituinte do genoma — a totalidade do material genético — nesta dupla hélice encontra-se numa sequência de bases: adenina (A), citosina (C), guanina (G) e timina (T) (Santos & Pereira, 2019). O ADN humano consiste «[...] em cerca de 3000 milhões de bases [as quatro bases químicas A, T, C e G] e mais 99% são iguais em todas as pessoas» (Sales, Ferreira, & Reis, 2018, p. 52).

[82] No final do século XIX, já Mendel revelava os resultados dos cruzamentos entre ervilhas-de-cheiro, posteriormente intituladas Leis de Mendel, que regulam a transmissão de doenças monogénicas, 300 anos antes, Hook tinha descoberto as «células» e, «[e]m 1868, Haeckel [...] concluiu que é no núcleo das células que se processa a transmissão hereditária» (Santos & Pereira, 2019, p. 65).

[83] Que pode ser visto como o novo dualismo cartesiano, em que o ser humano é corpo e *alma*, podendo o ADN assumir este papel simbólico.

em 14 de abril de 2003, o consórcio internacional do Projeto Genoma Humano [84], [85], [86] anunciou a descodificação de 99,99% do genoma [87], estava finalmente aberto o *livro da vida* [88]. A descodificação do ADN levou a que se abrissem ainda mais as possibilidades de um *make-up* genético sobretudo muito aliciante, enquanto possibilidade a conferir, como uma escolha parental daqueles/as que decidem ter um(a) filho/a, mas querem garantir que não padece de patologias ou, ainda noutro âmbito, melhorar determinadas características da criança [89].

No âmbito do capítulo dedicado à investigação na área do genoma humano, estabelece a Declaração Universal sobre o Genoma Humano e os Direitos Humanos, no seu art. 10.º, que «nenhuma investigação na área do genoma humano ou respetivas aplicações [...] deve prevalecer sobre o respeito pelos direitos humanos, pelas liberdades fundamentais e pela dignidade das pessoas ou, se for caso disso, dos grupos de pessoas», proibindo, nos termos do seu art. 11.º, «as práticas que sejam contrárias à dignidade humana, como a clonagem de seres humanos para fins reprodutivos».

Por outro lado, foi aberta à assinatura dos Estados, em Oviedo, em 4 de abril de 1997, a Convenção sobre os Direitos Humanos e a Biomedicina [90], que entrou em vigor em 1 de dezembro de 1999 sob a égide do primado do ser humano, «o interesse

[84] O Projeto Genoma Humano, fundado em 1990, foi um consórcio internacional que em 2003 anunciou a sequenciação completa do genoma humano. A HUGO ajuda na coordenação internacional do projeto, em que se incluem vários países que, embora não fazendo parte do Projeto Genoma Humano, contribuíram com vários estudos.

[85] O Human Genome Project foi liderado por Francis Collins, médico geneticista.

[86] As implicações éticas dos programas de sequenciação do genoma levaram à criação do ELSI (Ethical, Legal and Social Implications).

[87] Mapeado o genoma humano, a Declaração Universal sobre o Genoma Humano e os Direitos Humanos estabelece um novo afloramento do princípio de não discriminação considerando agora as características genéticas «[...] que tenha como objetivo ou como efeito atentar contra os direitos humanos, as liberdades fundamentais e a dignidade humana».

[88] Paul Rabinow, com o início deste projeto, cunhou o termo *biosociality* no início dos anos de 1990 (*Artificiality and enlightenment: from sociobiology to biosociality*, 1992) para enquadrar as questões e a problematização da vida. A genética deixará de ser a metáfora biológica e a natureza refeita pela técnica, tornando-se artificial (Rabinow, 2008, p. 188).

[89] Ainda que a Declaração Universal sobre o Genoma Humano e os Direitos Humanos tenha sido adotada pela Conferência Geral da ONU para a Educação, Ciência e Cultura em 11 de novembro de 1997, proclamou que «o genoma humano tem subjacente a unidade fundamental de todos os membros da família humana, bem como o reconhecimento da sua inerente dignidade e diversidade», constituindo, simbolicamente, «o património da Humanidade» (art. 1.º).

[90] Com Protocolos Adicionais que a complementam como, por exemplo, o Protocolo Adicional que Proíbe a Clonagem de Seres Humanos, o Protocolo Adicional sobre a Transplantação de Órgãos, o Protocolo Adicional relativo à Investigação Biomédica e o Protocolo Adicional Relativo a Testes Genéticos para Fins Relacionados com a Saúde.

e o bem-estar do ser humano devem prevalecer sobre o interesse único da sociedade ou da ciência» [91], determinando o seguinte no art. 1.º:

> «As Partes na presente Convenção protegem o ser humano na sua dignidade e na sua identidade e garantem a toda a pessoa, sem discriminação, o respeito pela sua integridade e pelos seus outros direitos e liberdades fundamentais face às aplicações da biologia e da medicina.» [92]

Tal como a Convenção de Oviedo estabelece um princípio de não discriminação em virtude do património genético, considerando o seguinte relativamente à intervenção ao nível do genoma humano:

> «[...] não pode ser levada a efeito senão por razões preventivas, de diagnóstico ou terapêuticas e somente se não tiver por finalidade introduzir uma modificação no genoma da descendência, nem é possível a seleção de género [...] salvo para evitar graves doenças hereditárias ligadas ao sexo.» [93]

A Convenção admite, não obstante, o seguinte: «a investigação científica nos domínios da biologia e da medicina é livremente exercida sem prejuízo das disposições da presente Convenção e das outras disposições jurídicas que asseguram a proteção do ser humano» [94], [95].

Por sua vez, em 1998, foi aberto à assinatura, em Paris, o Protocolo Adicional à Convenção para a Proteção dos Direitos do Homem e da Dignidade do Ser Humano face às Aplicações da Biologia e da Medicina, que proíbe a Clonagem de Seres Humanos. O Segundo Protocolo Adicional à Convenção para a Proteção dos Direitos do

[91] Art. 2.º da Convenção de Oviedo.

[92] A resolução da Assembleia da República n.º 1/2001, de 3 de janeiro, publicada no Diário da República, Série I-A, entrou em vigor no ordenamento jurídico português em 1 de dezembro de 2001.

[93] Arts. 13.º e 14.º da Convenção de Oviedo.

[94] Mas condiciona, no seu art. 16.º, que «nenhuma investigação sobre uma pessoa pode ser levada a efeito a menos que estejam reunidas as seguintes condições: i) Inexistência de método alternativo à investigação sobre seres humanos, de eficácia comparável; ii) Os riscos em que a pessoa pode incorrer não sejam desproporcionados em relação aos potenciais benefícios da investigação; iii) O projeto de investigação tenha sido aprovado pela instância competente, após ter sido objeto de uma análise independente no plano da sua pertinência científica, incluindo uma avaliação da relevância do objetivo da investigação, bem como de uma análise pluridisciplinar da sua aceitabilidade no plano ético; iv) A pessoa que se preste a uma investigação seja informada dos seus direitos e garantias previstos na lei para a sua proteção; v) O consentimento referido no artigo 5.º tenha sido prestado de forma expressa, específica e esteja consignado por escrito. Este consentimento pode, em qualquer momento, ser livremente revogado».

[95] Do capítulo para a Proibição de Obtenção de Lucros e Utilização de Partes do Corpo Humano retira-se o mesmo princípio.

Homem e da Dignidade do Ser Humano face às Aplicações da Biologia e da Medicina, relativo ao Transplante de Órgãos e Tecidos de Origem Humana foi aberto à assinatura em Estrasburgo, em 24 de janeiro de 2002.

Nesta temática ambígua que nos causa tanto repulsa quanto nos fascina, é reconhecidamente tentadora a possibilidade de o cientista atuar ao nível dos genes humanos, num exercício de verdadeira criação e (re)programação do ser humano.

2. O Perfeito é Desumano

A pergunta é simples e a resposta parece clara: que pai ou mãe não sonha que os/as seus/suas filhos/as tenham uma boa vida? Que pai ou mãe não deseja melhorar a vida dos/as seus/uas filhos/as? (The President's Council on Bioethics, 2003). Como refere Fukuyama, é inegável a grande influência que pais e mães têm na formação dos seus/uas filhos/as e como tal influência é determinante em muitas das decisões e opções que tomam para estes/as e que os/as filhos/as tomam ao longo da sua vida. Contudo, assinala: «*[...] genetic modification is more like giving a tattoo that she can never subsequently remove and will have to hand down not just to her own children but to all subsequent descendants*» (Fukuyama, 2002, p. 94). Alimentamos e vestimos os/as nossos/as filhos/as, damos-lhes amor e educação e tentamos potenciar as suas capacidades. Mas devemos usar a tecnologia de edição [96] para os/as fazer melhor? Devemos fazê-lo? Temos obrigação de o fazer? Estamos efetivamente a contribuir para uma vida melhor?

Ajudamos os/as nossos/as filhos/as na luta pela sobrevivência dos mais aptos, na aceção de Malthus, numa ideia de seleção artificial [97] e nesta um novo patamar pode agora atingir-se através do denominado *Genetic Genome Editing* (GGE) [98], [99], que se

[96] «*We refer to "genome editing" as a set of technologies, including a new tool based on the CRISPR/Cas9 mechanism discovered in Streptococcus pyogenes. The system can be engineered to facilitate the targeted modification of specific DNA sequences in the genomes of living cells*» (Ormond, *et al.*, 2017, p. 168). A recomendação do Conselho da Europa de outubro de 2017 visa um debate público alargado, num sentido de democratização do diálogo para a regulamentação da matéria. A *biological citizenship* a que Rose e Novas se referem, que se centra na participação ativa dos cidadãos, individualmente e como sociedade, é uma forma de participação democrática numa nova dimensão biológica e, consequentemente, um novo afloramento de cidadania, trazendo o tema da nossa *genetics responsibility* (Rose & Novas, 2003).

[97] Em 1859, Charles Darwin publica a teoria da evolução e a descoberta dos cromossomas aparece em 1890 por Walther Flemming. Para Darwin, «[...] as variações surgem ao acaso nos organismos e as interações com o ambiente aparecem num segundo momento» (Feltz, 2015, p. 51). Ao contrário da posição anterior de Lamarck que defende uma tendência para a complexificação das espécies. Baseado na análise de fósseis, Lamarck remete para a capacidade de os seres vivos se adaptarem às novas condições do meio.

[98] Referindo a edição de ADN hereditário.

[99] V. Glossário.

encontra na ordem do dia já que a investigação pode conduzir à redução dos rácios de doenças genéticas fatais ou preveni-las com diagnósticos precoces, podendo ser uma forma de erradicar doenças e melhorar a saúde das gerações futuras (Gyngell, 2017). Mas o maior problema do GGE e que suscita sérias questões éticas, desde logo, prende-se com a tecnologia CRISPR/Cas9 [100] (ou similares), usada no sentido de proceder ao melhoramento genético.

O desenvolvimento das técnicas de ADN começou nos finais da década de 1990 e mais recentemente com a tesoura molecular [101]: «*a new genome editing tool called CRISPR, invented in 2009* [102], *has made it easier than ever to edit DNA. CRISPR is simpler, faster, cheaper, and more accurate than older genome editing methods. Many scientists who perform genome editing now use CRISPR*» [103] (National Human Genome Research Institute, 2017).

No entanto, se por um lado a investigação pode conduzir à redução dos rácios de doenças genéticas, ou preveni-las por outro, o maior problema do GGE e que suscita

[100] «*Mechanism discovered in Streptococcus pyogenes*» (Ormond, *et al.*, 2017, p. 168).

[101] Ainda que, anteriormente, já existissem outras técnicas de edição de ADN: *zinc-finger nucleases* (ZFNs); *transcription activator-like effector nucleases* (TALENs) e *RNA-guided engineered nucleases* (RGENs) (Kim & Kim, 2014).

[102] Em 2020, Emmanuelle Charpentier e Jennifer Doudna venceram o Nobel da Química pelo desenvolvimento do CRISPR-Cas9.

[103] Mais recentemente, uma nova ferramenta de edição do genoma denominada CRISPR, inventada em 2009, tornou mais fácil a edição do ADN. O CRISPR é simples, rápido, barato e mais preciso do que os métodos de edição anteriores. Muitos cientistas que realizam edição de genoma usam agora o CRISPR.

sérias questões, éticas desde logo, prende-se com a tecnologia CRISPR/Cas9 [104], [105] (ou similares), usada no sentido de proceder ao *melhoramento* [106] genético [107].

O desenvolvimento da tecnologia CRISPR apresenta-se como uma reconhecida e importante ferramenta na edição do genoma [108], [109]. No que tange a questões éticas, o GGE [110] usado em seres humanos integra duas categorias, uma relacionada com as consequências do seu insucesso e, no extremo oposto, outra relacionada com as consequências do seu sucesso (Ormond, *et al.*, 2017, p. 168). Quanto ao modo de intervenção, para qualquer um dos efeitos, o *melhoramento* pode ir desde a utilização de

[104] Do inglês *Clustered Regulatory-Interspaced Short Palindromic Repeats.*

[105] «*Mechanism discovered in* Streptococcus pyogenes» (Ormond, *et al.*, 2017, p. 168).

[106] Por *melhoramento, lato sensu*, entende-se a intervenção humana, por qualquer forma, que melhora qualquer capacidade ou característica que o ser humano possuiu ou, por outro lado, a mesma lhe é atribuída (Buchanan, 2017, p. 5). Existem diversos fármacos que podem potenciar este melhoramento. Por exemplo, podemos ter o melhoramento cognitivo, que inclui o aumento da capacidade de memória, atenção ou coordenação de várias operações mentais, podendo incluir-se neste a utilização de medicamentos, como é sobejamente conhecida a utilização de fármacos à base de cafeína ou mesmo a utilização de Ritalin, usado para tratar doenças como demência ou Alzheimer, e ainda défices de atenção, mas é conhecido por aumentar a capacidade de raciocínio, sendo, portanto, usado por pessoas que, sem qualquer patologia para o qual o medicamento está recomendado, o tomam para o fim colateral (Buchanan, 2017, p. 5). O mesmo se passa com o Prozac, que é usado por quem não tem qualquer depressão, mas o toma para melhorar os níveis de humor, e até a utilização de Viagra para aumento da energia sem que o utilizador tenha qualquer disfunção eréctil (Buchanan, 2017, p. 7). É, na realidade, uma forma de *enhancement* cognitivo, quando a utilização de Prozac, Ritalin ou Viagra serve para aumentar as *performances* de quem os ingere, elevando padrões de humor, *stamina*, energia ou raciocínio. Nesta matéria, para Fukuyama, coloca-se ainda outra questão particularmente pertinente. A utilização de drogas como o Prozac e o Ritalin são medicamentos prescritos para controlar impulsos comportamentais tidos como «anormais» ou patológicos. Muitos destes comportamentos são catalogados desta forma num exercício de comparação com os comportamentos da maioria, os «sãos», associado à questão de saúde mental e à necessidade de a abordar no sentido de controlo social para padronização de comportamentos. Assim, refere-se a Alexis Toqueville numa «*tyranny of the majority*» (referindo-se às democracias) «*in which popular opinions crowd out genuine diversity and difference*» (Fukuyama, 2002, p. 53).

[107] O fim do *Homo Sapiens* e, com recurso à tecnologia, a criação do *Homo Deus*, um modelo humano muito superior (Harari, 2015, p. 410).

[108] V. Glossário.

[109] Por edição, referimo-nos ao sistema CRISPR/Cas9, usado para introduzir alterações no ADN em localização específica do genoma.

[110] Aquando da revisão deste estudo, a OMS publicou as recomendações em matéria de edição do genoma em seres humanos no dia 12 de julho de 2021. O documento resulta do trabalho do Advisory Committee on Developing Global Standards for Governance and Oversight of Human Genome Editing. O comité aborda diversas questões, mormente transparência, inclusão, justiça social, não discriminação, respeito por todas as pessoas. O documento está disponível em https://www.who.int/news/item/12-07-2021-who-issues-new-recommendations-on-human-genome-editing-for-the-advancement-of-public-health (consultado em 12 de julho de 2021).

fármacos até à seleção embrionária [111], à implantação de tecido geneticamente alterado no corpo ou cérebro, ou ainda à utilização de tecnologia que permita a ligação entre o cérebro e um computador [112] e à alteração genética em embriões humanos [113] ou gâmetas [114]. Relativamente a esta distinção, Buchanan (2017, p. 5) sugere que, quanto ao tipo, o *melhoramento* biomédico pode conduzir ao aumento das funções cognitivas, incluindo as físicas, força, rapidez, energia, temperamento, humor e reações emocionais, além da longevidade, através da alteração do sistema imunológico ou até mutação do normal processo de longevidade das células para evitar que falhem na regeneração [115].

Contudo, seja qual for o afloramento, estamos perante um momento de rutura histórica. As relações entre a criatura e o criador podem passar a ser novas formas das relações entre pais/mães e filhos/as, já que aqueles/as tiveram nestes/as, por um princípio de autoridade, a possibilidade de lhes conformar um projeto de vida, mas sobretudo pela chegada de uma nova «entidade», produzida pelos seus semelhantes, que nas relações sociais se torna um ator distinto dos existentes e sem qualquer suscetibilidade de reversibilidade.

No dia 20 de setembro de 2017, foi publicado um artigo de cientistas britânicos do Human Embryo and Stem Cell Laboratory no The Francis Crick Institute, a que havia sido concedida autorização para a pesquisa em embriões humanos sobre a edição do genoma, tendo concluído que «*[...] CRISPR–Cas9-mediated genome editing is a powerful method for investigating gene function in the context of human development*» (Fogarty, *et al.*, 2017). Já em abril de 2018 foi divulgada a informação de que uma nova versão melhorada do CRISPR havia sido desenvolvida. Esta nova versão permite a edição simultânea de vários genes (Sadhu, Bloom, Day, Siegel, & Kosuri, 2018). E, em agosto do mesmo ano, foi anunciada uma nova abordagem da edição de genoma «*[...] in human cells achieved genetic correction in heterozygous human embryos*» (Zeng, *et al.*, 2018).

[111] Pelo mapeamento genético e escolha do embrião que mais provavelmente apresente as características pretendidas.

[112] Esta tecnologia já foi experimentada e é usada em situações de paraplégicos e cegos (Buchanan, 2017, p. 6).

[113] V. Glossário.

[114] V. Glossário.

[115] Se pensarmos que em matéria médica os problemas neurológicos são aqueles que revelam um sério interesse considerando as patologias a que dão causa, pelos seus efeitos devastadores na vida dos pacientes ou se pensarmos em doenças como Parkinson, Alzheimer ou ELA, que afetam milhões de pessoas em todo o mundo de forma devastadora e irreversível. Nas últimas duas décadas, a Federal Food and Drug Administration registou e aprovou mais de 10 terapias em matéria neurocientífica que permitiram o desenvolvimento do tratamento de doenças neurológicas, entre as quais a esclerose múltipla, que é a causa mais comum de patologia entre jovens adultos (Presidential Commission for the Study of Bioethical Issues, 2015).

Além da necessária utilização de embriões humanos, outra questão que se coloca é o impacto que a edição genética tem no próprio indivíduo que se vê *modificado* sem a sua autorização, bem como em quem decide sobre esta possibilidade ou quem a autoriza, mas também o impacto que tem e terá na sociedade enquanto tal e na forma como se vê a si própria, integrante destes indivíduos modificados. No caso destes indivíduos, é evidente a impossibilidade de obter o seu consentimento [116], mas, ainda que se pudesse falar de consentimento presumido, relativamente aos denominados *GenRich*, o que está em causa é a singularidade de cada um(a), definida desde a fertilização — isto é, o potencial do espécime humano, a individualidade inerente ao património genético único [117].

Não descuramos, não obstante, que a identidade pessoal de cada um(a) implica também uma historicidade dos seus ascendentes, a sua história de vida, a sua integração familiar e social, o seu contexto cultural, pelo que encarar o genoma como a caixa de Pandora é redutor daquilo que o ser humano é — será mais do que um genoma (Serrão, 2004) [118]. Todavia, se, de facto, o ser humano é uma intrincada complexidade de múltiplos fatores numa teia de filigrana, também é redutor desconsiderar o peso do fator genético nesta caracterização do todo. E é neste aspeto que reside o potencial da biotecnologia: desafetar o ser humano desta sua essência que o caracteriza e, como tal, o distingue dos demais, podendo conduzi-lo a uma descaracterização, a uma abolição do ser humano como o conhecemos. A temática do melhoramento genético sem fins médicos suscita, com este pano de fundo, um debate aceso. Por exemplo, Selgelid argumenta que, mesmo que o objetivo primeiro da medicina seja debelar e prevenir doenças, «*[...] it is not entirely clear why "medical" technologies should not be used for other worthwhile purposes as well*» (Selgelid, 2014, p. 8).

De facto, se há quem sustente que em qualquer caso não se pode recorrer a técnicas de GGE, a verdade é que não houve consenso quanto a serem banidas. No artigo publicado por Gyngell, Douglas e Savulescu, chama-se à atenção exatamente para isso mesmo:

> «*The US-based National Institutes of Health maintained that performing such research would cross "a line that should not be crossed". Other scientists have taken a more moderate view. In 2015, an international summit co-hosted by the US National Academy of Sciences and US National Academy of Medicine, the UK*

[116] O consentimento informado é o direito de cada indivíduo exercer uma escolha que lhe diga respeito, sendo que as primeiras referências datam de 1947 no Código de Nuremberga, de 1948 na Declaração Universal dos Direitos Humanos, de 1964 na Declaração de Helsínquia sobre experimentação em seres humanos e de 1981 na Declaração de Lisboa sobre os direitos dos doentes, da Associação Médica Mundial.

[117] Com exceção para os gémeos monozigóticos.

[118] Referindo-se a Alex Mauron na intervenção no Seminário na Assembleia da República em 2 de março de 2004.

Royal Society, and the Chinese Academy of Sciences rejected calls for a ban on GGE in research.» (Gyngell, Douglas & Savulescu, 2017, p. 499)

A linha vermelha referida está, de facto, associada aos riscos e inquantificáveis problemas, pelo que a National Institutes of Health rejeitou qualquer forma de GGE, embora os estudos para a terapia genética [119] devam continuar [120] (National Human Genome Research Institute, 2017). Em abono da verdade, a história não é abonatória quando se fala da seleção da perfeição; de má memória, foi a seleção de características *à la carte* que levou a um genocídio, perguntando-se agora se não caminharemos para uma moderna forma de eugenia [121].

Ademais, é palpável o risco associado às mutações *off-target* e às consequências indesejadas (Ormond, *et al.*, 2017, p. 173). A intervenção genética assenta num intrincado sistema de parâmetros éticos e legais (Ogunrin, Taiwo, & Frith, 2018) que pode conduzir a uma sociedade da produção onde não há limites para o possível, levando «[...] à ausência de crenças e convicções da era moderna, que não só afeta Deus e a transcendência como também a realidade enquanto tal, tornou a vida humana radicalmente efémera» (Han, 2014, p. 34). Embora a utilização destas técnicas para a edição genética esteja em *standby*, continuam a existir estudos sobre ela.

Mas há outra série de questões que se suscitam, nomeadamente o fundamento e a natureza da autoridade que pessoas em concreto (alegadamente) têm para tomar decisões sobre as gerações futuras. Independentemente da questão do consentimento, as modificações que estarão em causa no GGE poderão pôr em causa a identidade e autonomia dos *editados*, dado que, pela primeira vez, estaremos a introduzir deliberadamente uma influência na caracterização do indivíduo, de acordo com as preferências de outrem [122]. A seleção (genética) deixa(ria) de depender da sorte ou de Deus, como se prefira, e conduziria/conduzirá a uma estratificação do ser humano, com o novo criador.

Todavia, surge outra natureza de questões, principalmente as que suscitam dúvidas sobre a natureza da autoridade que pessoas em concreto têm para tomar decisões sobre as gerações futuras, editadas sem o seu consentimento. Além disso,

[119] Técnica experimental para tratar patologias através da alteração do material genético do paciente. A terapia funciona sobretudo através da introdução de uma cópia saudável do gene defeituoso nas células do paciente (National Human Genome Research Institute, 2017).

[120] Um esforço internacional para harmonizar a regulação da aplicação das tecnologias GGE foi oficialmente apresentado pelos EUA, Reino Unido e China com a International Summit on Human Gene Editing, que decorreu em Washington (National Human Genome Research Institute, 2017).

[121] Referindo-se à *socio-biology*, Gibbon e Novas referem que «*eugenicists sought to create more rational, healthy and economically efficient societies through acting upon human reproduction*» (Gibbon & Novas, 2008, p. 3).

[122] Pomos em causa a sua autonomia, que passa a estar também pré-influenciada não só pela álea ou pela natureza, mas também por fatores pessoais.

e independentemente da questão do consentimento, as modificações ao nível do GGE poderão pôr em causa a identidade e autonomia dos *editados*, dado que, pela primeira vez, estaremos a introduzir uma influência na caracterização do indivíduo de acordo com as preferências de outrem — a seleção deixa de ser (só) natural.

Os avanços tecnológicos são, de facto, uma *megatendência* e, além do mais, perspetivam-se a uma escala global [123]; se é difícil ao legislador acompanhar esta evolução, mais difícil será se o terreno em que gravitam for internacional [124]. A experimentação e atuação da ciência sobre a pessoa humana são cada vez mais palpáveis e os desafios são imensos — é imperativo que se estabeleça uma mediação entre a herança do passado, as prioridades do presente e os desafios do futuro (Innerarity, 2011, p. 11) [125]. Em 1999, cientistas alteraram o gene NR2B de ratos, o que terá levado a animais transgénicos com mais memória, e, em 2007, cientistas da Case Western University alteraram em ratos o gene PEPCK-A, resultando em ratos que corriam mais e durante mais tempo, além de conseguirem procriar até mais tarde em comparação com os ratos não transgénicos (Gyngell & Selgelid, 2017, p. 144) (Yang, *et al.*, 2013, p. 1370). Já em 2014, noticiou-se o nascimento, potenciado por cientistas chineses, do primeiro macaco (na verdade, foram dois gémeos) nascido com tecnologia CRISPR/CAS-9. Os macacos são importantes como modelos para o estudo da espécie humana e também para o seguinte:

> «*[...] for studying human diseases and developing therapeutic strategies, yet the application of monkeys in biomedical researches has been significantly hindered by the difficulties in producing animals genetically modified at the desired target sites.*» (Niu, *et al.*, 2014, p. 836)

No ano seguinte, em 2015, a técnica foi usada em embriões humanos. A experiência consta de um artigo publicado nesse mesmo ano e do qual se concluiu o seguinte:

> «*We found that CRISPR/Cas9 could effectively cleave the endogenous β-globin gene (HBB). [...] Taken together, our work highlights the pressing need to further improve the fidelity and specificity of the CRISPR/Cas9 platform, a prerequisite for any clinical applications of CRSIPR/Cas9-mediated editing.*» (Liang, *et al.*, 2015, p. 363)

[123] Alguns Estados lutam pela conquista de novas tecnologias, isoladamente ou em consórcios. Outros lutam (quando o fazem) por alimentar a população com parco acesso a cuidados de saúde. As iniquidades entre sociedades, neste âmbito, demonstram o fosso que existe entre elas.

[124] As Nações Unidas publicaram em 19 de outubro de 2017 um relatório sobre as três tendências de globalização, sendo uma delas as novas tecnologias (United Nations, 2017).

[125] V. *infra* «A Nova Eugenia».

Em 25 de novembro de 2018, uma equipa da «*[...] Southern University of Science and Technology, in Shenzhen, has been recruiting couples in an effort to create the first gene-edited babies. They planned to eliminate a gene called CCR5 in hopes of rendering the offspring resistant to HIV, smallpox, and cholera*» (Regalado, 2018). De acordo com o que, mesmo exemplificativamente expusemos, desde 2010, quando a engenharia genética começou o seu desenvolvimento para alterar ADN, até à presente data deu-se um verdadeiro salto de gigante. Em 2017, o Parlamento Europeu recomendava a realização de um debate [126] e a adoção de medidas éticas e legais por parte do Comité de Bioética do Conselho da Europa.

Contudo, a linha vermelha [127] foi ultrapassada em 2018, quando um cientista chinês anunciou o nascimento de crianças editadas geneticamente. O cientista He Jiankui liderou uma equipa que usou a tecnologia de edição genética CRISPR e anunciou o nascimento de gémeas [128] a quem havia sido aplicada a referida tecnologia. Dias mais tarde, He anunciou, na International Gene Editing Summit na Universidade de Hong Kong, que «*[t]here is another one, another potential pregnancy*» [129]. A comunidade científica, e não só, confrontada com a notícia, reagiu com grande criticismo (Cyranoski & Ledford, 2018). De facto, as soluções do tipo CRISPR, além de sedutoras — como He foi seduzido —, dão ao ser humano a possibilidade de se fazer passar por Deus. Se tomarmos como exemplo esta experiência de He, a situação é ainda mais complexa, já que a edição genética, no caso, tornou uma das crianças imune ao HIV, apesar de, no caso concreto, elas não apresentarem nenhum risco de contaminação. Mas, mesmo que a mãe fosse HIV-positivo, existia sempre a possibilidade de elas nascerem não contaminadas e, ainda que na vida o fossem, não só o risco é meramente hipotético, como existem agora opções terapêuticas para que tenham uma vida normal.

[126] A Resolução de 6 de março de 1989 sobre os problemas éticos e jurídicos da manipulação genética.

[127] Os conhecimentos genéticos serão bem-vindos, mas não podem instrumentalizar o ser humano, e muito menos concentrar o debate, a decisão e a informação nas mãos de alguns, sob pena de os seres humanos passarem a viver em «ditaduras digitais» (Harari, 2018). Não obstante, o apelo da genética é grande e suscita muito interesse em geral, sendo sintomático o aumento dos testes genéticos denominados *direct-to-consumer personal genetic tests*. Destaca-se a preocupação do Parlamento Europeu na Carta Europeia dos Direitos dos Pacientes, da qual resultam direitos com vista a proteger os pacientes. O Decreto-lei n.º 131/2014, de 29 de agosto veio dispor sobre o tratamento de informação genética com o escopo de criação de uma base de dados genética.

[128] «*Lulu and Nana, reportedly had their genes modified by deleting the CCR5 gene. The aim was to make them immune to HIV.*»

[129] Transcrição de parte da Cimeira consultada em 5 de dezembro de 2018 disponível em http://diyhpl.us/wiki/transcripts/human-genome-editing-summit/2018-hong-kong/jiankui-he-human-genome-editing/?utm_source=MIT+Technology+Review&utm_campaign=77014dd720-EMAIL_CAMPAIGN_2018_11_28_12_20&utm_medium=email&utm_term=0_997ed6f472-77014dd720-158367817

Quando houve intervenção nestas crianças, não havia qualquer doença a curar, pelo que, como defendem Hurlburt e Robert, falta algo neste processo: a priorização dos interesses das crianças, já que «*[...] bringing them into being would involve risks that are significantly higher than normal reproduction, taking their interests into account may mean that the experiment simply should not be done*» (Hurlbut & Robert, 2018). O Professor da Universidade de Oxford Julian Savulescu considerou que as crianças foram usadas como ratos de laboratório, num inadmissível jogo de «roleta russa» genética (Savulescu, 2018).

Porém, e apesar do alarme que estes factos causaram e das críticas que foram suscitadas, dias mais tarde, em 29 de novembro de 2018, cientistas de Harvard anunciavam que iriam começar a edição genética em espermatozoides. Na Stem Cell Institute, o médico Werner Neuhausser confirmou que planeava usar a tecnologia CRISPR em espermatozoides com o objetivo de reduzir o risco de Alzheimer (Regalado, 2018) [130]. Em outubro de 2018, cientistas japoneses já haviam também apresentado um pedido para a edição genética em embriões humanos:

> «*Japan has issued draft guidelines that allow the use of gene-editing tools in human embryos. The proposal was released by an expert panel representing the country's health and science ministries on 28 September. Although the country regulates the use of human embryos for research, there have been no specific guidelines on using tools such as CRISPR–Cas9 to make precise modifications in their DNA until now.*» (Cyranoski, Japan set to allow gene editing in human embryos, 2018)

A informação genética torna cada indivíduo infungível, pelo que qualquer alteração naquele nível e a possibilidade de a alterar importam, necessariamente, a reprogramação do ser humano, que há de ser o que, retirando à álea as características de cada ser, os torna predestinados produtos do seu ser criador. Como se constata, em termos científicos, nada impediria que esta terapia atuasse ao nível das células somáticas, não para um tratamento específico, mas para mutação destas com o escopo de dotar o indivíduo de uma característica (Conselho Nacional de Ética para as Ciências da Vida, 1994). Mas os termos são outros e, logo desde 1982, com a Recomendação 934 da Assembleia Parlamentar do Conselho da Europa (PACE, do inglês Parlamentary Assembly of the Council of Europe), refere-se que se encontra no âmbito dos direitos à vida e dignidade humana o direito a herdar o património genético que não tenha sido artificialmente alterado.

[130] Não introduzimos este exemplo como forma de comparação linear com a experiência de He, até porque não temos conhecimento científico que nos permita fazê-lo. O que aqui pretendemos enfatizar é o recurso à edição genética.

Os avanços científicos tornam o debate premente, sempre pecando por tardio por se mostrar incapaz de alcançar a velocidade da ciência, que, neste campo, vai avançando e colocando o ser humano não só como o criador mas também — sendo seduzido pela descoberta e pela ousadia de quem toma nas mãos o que antes apenas estava entregue ao destino e à álea (ou a Deus, como se quiser), no momento denominado *limiar da modernidade biológica* (Foucault, 1988) — como o seu objeto, em que a espécie humana se encontra nas estratégias *(bio)políticas* a definir.

2.1. A Nova Eugenia

O movimento transhumanista, com início na década de 1980 nos Estados Unidos da América (EUA) [131], sufraga a possibilidade de cada indivíduo ser livre para explorar todo o seu potencial, propondo «*[...] l'usage des sciences et des techniques pour "améliorer" nos performances physiques et mentales*» (Terence, 2016, p. 16). Este movimento visa, através da convergência das nanotecnologias, biotecnologias, informática e neurociências [132], prolongar a vida e alterar características individuais, como um produto em que «*[...] d'appel est l'immortalité*» (Terence, 2016, p. 16). Nesta busca pelo Santo Graal, a morte é para ser superada. Os tempos em que o «outro» existia passaram (Han, 2018, p. 9) e o limite do ser humano é artificial, apelando para uma ideia de transcendência dos limites da natureza humana, o H+ [133]. Nesta visão, que se sustenta na liberdade absoluta, «*[...] la dignité humaine consiste d'abord à éviter la souffrance, l'humiliation, la vieillesse et la mort*» (Terence, 2016, p. 54). Talvez não seja justo inserir este tema numa visão exclusivamente transhumanista, mas, de facto, este movimento conduz a revolução biomédica a uma nova aventura para um novo caminho da humanidade.

Mas a liberdade impõe-nos também a correlativa responsabilidade, e faz parte da nossa responsabilidade respeitar o ser humano que há de vir e o que queremos afinal para nós e para a humanidade — «*[c]ette question capitale, nous ne serons jamais trop nombreux à la poser*» (Sève, 2006, p. 85). As implicações da tecnologia CRISPR são imensas, sendo inegável e legítimo o anseio de *curar* os/as nossos/as filhos/as de eventuais doenças de que possam padecer ou ainda de os/as programar para atingirem determinadas características ou competências. A eugenia está no centro

[131] A primeira declaração transhumanista de Fereidoun Espandiary de 1978: «*Nous voulons accélérer l'avancée de l'humanité jusqu'à la prochaine étape de son évolution*» (Terence, 2016, p. 28).

[132] «*Les prothèses perceptives, la biologie de synthèse, les exosquelettes contrôlables par implants cérébraux, la numérisation de la mémoire, l'intelligence artificielle, les cellules-souches, les compléments chimiques visant à mieux "maîtriser" son vieillissement, ses humeurs, sa concentration, les nanorobots cérébraux, la bionique, autant de secteurs de recherche en plein essor qui vont dans le sens de la "civilisation" que le transhumanism appelle de ses vœux et s'emploie à favoriser*» (Terence, 2016, p. 19).

[133] Querendo referir-se ao «humano mais».

deste debate suscitando a memória de promoção de «purificação da espécie humana»[134], [135], [136], [137]. Como salientou a President's Commission for the Study of Ethical Problems in Medicine, Biomedical and Behavioral Research, em 1982 (p. 10), «*[...] genes*[138] *are perhaps the most tangible correlates of who a person is as an individual and as a member of a family, race, and species*» e um legado para as gerações futuras.

Estes processos biotecnológicos suscitam uma (certa) instrumentalização do ser humano, nomeadamente na criação da pessoa de acordo com requisitos de outrem, dando origem a um ser determinado, com características escolhidas, pondo nas mãos de outrem a conformação das características das gerações seguintes, o que implica uma assunção de responsabilização por isso. Sendo o consentimento informado um direito de cada indivíduo no exercício de uma escolha que lhe diga respeito, *in casu*, apresenta-se coartado[139], ainda que se admita que os melhores interesses dos/as filhos/as serão prosseguidos pelos pais e mães, que têm (uma certa) margem de liberdade na educação, atuando no seu (superior) interesse.

Contudo, independentemente disso, o paradigma do consentimento apresenta-se com nova coloração nesta matéria, que podemos levar ainda mais longe considerando novos paradigmas, como o «*procreative altruism*»[140] (Douglas & Devolder, 2013),

[134] O termo cunhado por Sir Francis Galton em 1883.

[135] Já tivemos oportunidade de escrever sobre este tema, pelo que o apresentamos com semelhanças, o que já assumimos (Almeida Araújo, 2018).

[136] A «eutanásia» Nazi que, mais do que matar com gás, matava as suas vítimas pelas crenças (Glover, 1998, p. 65). Ainda que a IIGM seja o exemplo mais marcante, ou pelo menos o mais difundido, a história da eugenia não se fica pela Alemanha Nazi. Na China, identificou-se um programa de eugenia com a Maternal and Infant Health Care Law de 1994, que implicava um exame físico para verificar se o casal poderia gerar um filho com sérios problemas de saúde, limitando o acesso ao casamento se aceitassem medidas contracetivas. Também nos EUA, com leis que forçavam a esterilização ou impunham limites a certas pessoas poderem casar para impedir que pudessem gerar filhos «imbecis» (como ficou conhecida a expressão no processo Buck v. Bell) (MacKellar & Bechtel, 2014).

[137] Numa perspetiva diferente, mas relacionada com programas de esterilização, faz-se notar, desde logo, a codificação do direito a constituir família, previsto na Declaração sobre Progresso e Desenvolvimento Social, proclamada pela resolução 2542 (XXIV) pela Assembleia Geral das Nações Unidas em 1969, no seu art. 4.º, que estabelece que «[...] Os pais têm o direito exclusivo de determinar de forma livre e responsável o número e o espaçamento dos seus filhos». Neste âmbito, o TEDH teve oportunidade de se pronunciar sobre a ilegalidade de processos de esterilização, como no caso VC v. Slovakia, em violação dos arts. 3.º e 8.º da CEDH, mas também nos casos NB v. Slovakia e IG and others v. Slovakia, entre outros. O texto do diploma está disponível em https://gddc.ministeriopublico.pt/sites/default/files/decl-progressodesenvsocial.pdf (consultado em 13 de maio de 2018).

[138] V. Glossário.

[139] Estando as primeiras referências no Código de Nuremberga, na Declaração Universal dos Direitos Humanos de 1948, na Declaração de Helsínquia sobre experimentação em seres humanos de 1964 e na Declaração de Lisboa sobre os Direitos do Doente, da Associação Médica Mundial de 1981.

[140] Altruísmo reprodutivo (tradução livre).

em que, a par de interesses individuais, outras ponderações altruístas se devem manifestar no momento da seleção em prol do bem-estar de outros. Douglas e Devolder propõem assim um novo princípio que ultrapasse esta seleção *egoísta*. De acordo com este princípio, o desejo dos pais tem «*[...] significant moral reason to select a child whose existence can be expected to contribute more to (or detract less from) the well-being of others than any alternative child they could have*» (Douglas & Devolder, 2013, p. 400). Para os autores, a conjugação deste modelo dual, de princípios individualistas e do «*Proactive Altruism*», permite que tanto a futura criança como os outros membros da sociedade sejam considerados na escolha (Douglas & Devolder, 2013, pp. 416-417) ou, numa outra conceção, uma «*procreative beneficence*», em que «*[...] couples (or single reproducers) should select the child, of the possible children they could have, who is expected to have the best life, or at least as good a life as the others, based on the relevant, available information*» (Savulescu, 2001, p. 414).

Em qualquer caso, e independentemente da autonomia e consentimento, logo outra questão que deve ser ponderada se levanta: a tolerância pela diferença, inclusão e solidariedade, aceitando de forma incondicional a diferença, numa sociedade civilizada empática (MacKellar & Bechtel, 2014, p. 193). A enfermidade pode passar a ser um problema, já que, podendo ser resolvida à partida, pode ter sérias repercussões na forma como é encarada. A matéria do *melhoramento* sem patologia *a priori* leva-nos para o debate do tema ao nível do consumo das tecnologias que nos *oferecem* filhos/as à medida da nossa vontade e desejo, egoisticamente determinados/as, ainda que com o fundamento nas melhores características de que os/as possamos dotar. A oportunidade científica e o direito à escolha podem ser levados a uma questão de verdadeira forma de justiça (Buchanan, Brock, Daniels, & Wilker, 2000), considerando as consequências entre quem tem deficiência e não tem e as oportunidades que, pelo menos em abstrato, se colocam.

Todavia, assim sendo, não será despiciendo considerar que, também neste campo, as assimetrias locais serão enormes. Mesmo não confrontando para já os países desenvolvidos com os países subdesenvolvidos ou em desenvolvimento, em que a clivagem será enorme, o acesso àquelas tecnologias depende não só do investimento que localmente se fizer, mas também das políticas sociais e de saúde que forem promovidas, impondo-se um trabalho para promover a distribuição da terapia genética, local e global, como explanam Hildebrandt e Marron no seu artigo *Justice in CRISPR/Cas9* (2018).

Se, por um lado, a *pressão* humanamente justificável de ter um(a) filho/a sem qualquer enfermidade se discute, no limite, ao nível da obrigação moral, por outro, temos o enquadramento político-económico que desta questão resulta. Na verdade, não podemos desconsiderar o investimento em tecnologia — em que o *biovalor* representa uma forte componente de interesses económicos —, bem como os encargos e o custo-benefício de *produzir* cidadãos sem deficiência, assim como o interesse em garantir políticas de sustentabilidade social comparando os sãos com os doentes, numa ideia de *eugenia orçamental*. E também não desconsideramos, além do investimento local que cada país decida ou possa realizar nesta matéria, o esforço estadual que levou à criação do consórcio do Projeto do Genoma Humano e, portanto, o reconhecido interesse que esta matéria levanta a vários níveis, podendo conduzir a uma *pressão* mediática com consequências ao nível da opinião pública, tão necessária ao processo de legitimação.

O progresso tecnológico apresenta uma relação não só na esfera privada, com os participantes que nele tomam parte, como também na própria sociedade (Habermas, 2015), não sendo esta uma dimensão de *mera* atitude pessoal ou *simples* liberdade reprodutiva, e também na dimensão política da compreensão desta dimensão pela sociedade, cuja permeabilidade ao discurso e esclarecimento fomentam as opções biopolíticas e as legitimam. Nas elucidativas palavras de Jürgen Habermas, «[...] o processo de tradução entre a ciência e a política refere-se em última instância à opinião pública» (2015, p. 121).

Se é certo que a ciência nos dá opções, enfatiza-se, na mesma proporção, a teorização de uma nova forma de responsabilidade — a responsabilidade genética, num exercício de (nova forma de) responsabilidade intergeracional. Retirada a álea à herança genética, tomamos em mãos a responsabilidade pela (re)programação genética que fizermos, ou não, dos/as nossos/as filhos/as, tornando-nos responsáveis pela perda de chance ou pela nova oportunidade não querida a que dermos causa [141], [142]. Os/as novos/as *bem-nascidos/as* serão/seriam o fruto do melhoramento da espécie humana, já não dependentes da aleatoriedade genética, antes resultados de um processo de *melhoramento* [143] em que é possível alterar o património hereditário de cada

[141] De acordo com a OMS, o eugenismo é uma política coerciva com a intenção de prosseguir um programa de reprodução contra os direitos, as liberdades e as opções dos indivíduos.

[142] Thomas Kuhn assinala que em todas as revoluções científicas há perdas e ganhos, mas há — referindo-se neste caso ao próprio cientista — a tendência para «[...] desenvolver uma particular cegueira relativamente ao que perdem» (Kuhn, 2009, p. 226).

[143] Agar distingue dois tipos de melhoramento: o radical e o moderado. No primeiro caso, a intervenção é incompatível com os valores associados ao ser humano. No segundo caso, o grau de melhoramento é moderado, num nível manifestamente inferior e, nesse caso, não deve ser considerado contrário àqueles valores (Agar, 2014, p. 349). Quanto ao primeiro, o autor aproxima-se do argumento do bioeticista Arthur Caplan, o argumento «yuck», expressão de repugnância e nojo (Schmidt, 2008). Esta expressão é usada por Kass que a descreve como o instinto de repugnância das pessoas em relação a ideias científicas radicais, como a clonagem. Mas que também é referida em relação à manipulação genética ou até a reprodução *posthumous*. V. (Kass, 1997). Contudo, numa visão mais «liberal», Agar, ainda que recusando a versão radical, no que tange a um melhoramento moderado, afirma que o interacionismo no material genético é possível, dissertando sobre o fator ambiental a concorrer com o genético, sendo que naquele também atuamos para melhorar as capacidades (Agar, 2014). Savulescu e Bostrom repudiam esta posição, considerando uma violação, em qualquer caso, da autonomia do «intervencionado» (Savulescu & Bostrom, 2009). Black, quanto a este aspeto, suscita a problemática da determinação da imposição do que é «*[...] biological or cultural measure is to be imposed upon the group is to be decided from within — not from above. That decision is not ours to make. Once we do, we begin to play God*» (Black, 2014, p. 361).

um evitando que problemas genéticos sejam herdados, mas também uma forma de permitir habilidosamente a criação de um novo ser humano, melhorado, quando comparado com a sua sorte genética.

Este *dever* de atuação, ou não, mormente ao nível da deteção e prevenção de doenças hereditárias, pode, como chama a atenção Judith Daar, levar-nos a equacionar se, à luz do atual estado da ciência, não haverá um *dever* de garantir aos nossos filhos a máxima saúde e/ou prevenir futuras maleitas (2017, p. 191). O bioeticista John Harris teoriza uma *obrigação moral* de melhoramento da herança genética que a biotecnologia permite (2009); defende que a oportunidade para criar pessoas mais saudáveis, com maior longevidade e «melhores» é razão moral para recorrer ao melhoramento: «*[t]he overwhelming moral imperative for both terapy and enhancement is to prevent harm and confer benefit*» (Harris, 2013, p. 154).

Por sua vez, Julian Savulescu, na sua *procreative beneficence*, assume a escolha pela não doença genética segundo um bem-estar «*morally required*» (2001, p. 425), defendendo que a nossa escolha se deve pautar pela redução das patologias, dando aos pais a oportunidade de selecionar o que se apresente como maiores perspetivas de bem-estar (Savulescu & Kahane, 2009, p. 290). O princípio deve regular as nossas escolhas reprodutivas: «*[...] articulates a prima facie reason or obligation rooted in common sense*» (Savulescu & Kahane, 2017, p. 618). Acusados de recorrer a critérios impessoais e, portanto, impositivos, os autores respondem com uma conceção munida de elementos subjetivos, sensíveis ao contexto, posição que leva a outras e novas questões.

No reverso desta medalha estará, se assim for, a censura (moral) e a responsabilidade pela escolha, se não considerada acertada, em que se colocariam os pais (Sparrow, 2007) ou a opção pela não escolha e manutenção da sorte no sorteio genético de cada um.

Não há caminhos fáceis. Tomando em mãos o destino genético, a responsabilidade por fazer ou não fazer ou a medida em que se faça passa a ser nossa e prestaremos contas disso aos/às nossos/as filhos/as, individualmente e à sociedade que lhes deixamos.

Da emergência dos valores que deste debate resultem e da *necessidade* que a sociedade sinta em se permeabilizar, mais ou menos, às soluções da engenharia genética, nascerá o caminho a seguir na encruzilhada em que hoje nos encontramos e a subsequente obrigação de o legislar em conformidade. Isto sem desconsiderar também que, no atual momento, a mudança de rumos é tão rápida quanto a sociedade da informação o permite e interesses económicos o possam ditar, criando uma (eventualmente) falsa convicção de necessidade quanto ao acesso a estas tecnologias [144], fomentando assim a sua admissibilidade. Fatores estranhos podem condicionar e direcionar o raciocínio, pelo que se impõe uma discussão séria, tanto quanto possível,

[144] Não é possível desconsiderar o *poder* do *marketing* na criação de convicções de necessidades de consumo.

afastando o escopo dos interesses económicos que a condicionem num determinado sentido, eventualmente não querido.

Contudo, relativamente à decisão sobre manter a aleatoriedade genética ou fazer uma escolha programática, as eventuais consequências de exclusão de oportunidades e competências que dessa escolha se faça poderão suscitar a eventual responsabilidade dos pais sobre a perda de chance ou da alteração genética (Christiansen, 2017). Se a autonomia reprodutiva e o direito à herança genética se apresentam em conflito, a verdade é que, desde logo, temos uma questão de delimitação daquela autonomia, já que, com as novas técnicas que se colocam e a respetiva intervenção médica, a *reprogenetics* [145], [146] (Green, 2007) ganha terreno e com limites distintos da própria natureza de reprodução humana (Kimbrell, 1997), tornando ainda menos estanque a fronteira entre os interesses em conflito e a conformação prática de ambos.

Por sua vez, a engenharia genética, e o *bem-estar* que ela promete, coloca sobre nós, individualmente e enquanto membros da sociedade, as consequências dos *maus genes* e da sua existência, quer pelas escolhas que fazemos (ou possamos vir a fazer), quer pela falta delas, em nome dos/as nossos/as filhos/as e da (bio)sociedade que construímos por essas escolhas, o que faz com que a própria cidadania, também ela, seja biológica (Rose & Novas, 2003).

Os nossos filhos vão pedir responsabilidades aos programadores genéticos desta engenharia genética que hoje permitirmos. Habermas refere-se a uma responsabilização dos produtores pelas consequências indesejadas do seu produto que existam como consequência da escolha orgânica feita para a sua vida e história de vida (Habermas, 2008, pp. 13-14), responsabilização dos produtores agora aplicável ao ser humano e à sua produção que deixa de ser a *mera* reprodução.

Mas estamos ainda no limiar absoluto da criação humana, irreversível e irrepetível, através de uma apropriação da identidade de outrem: a genética e a da historicidade que a integra. Habermas refere-se à apropriação da historicidade de cada um que faz com que este manipule, de forma irreversível, a vida de outrem sem que haja sinalagma de oportunidades — «*[...] for this poor soul there are only two alternatives, fatalism and resentment*» (Habermas, 2008, p. 14).

O ser humano enquanto referência primeira e fim último da atuação do Estado é o elemento primordial da sociedade [147] e, neste momento histórico em que nos encontramos, a tecnologia encontrou um novo *rato* de laboratório. Longe de ser

[145] Termo de Lee Silver.

[146] Há quem entenda que «*reprogenetics incorporates a seemingly benign form of eugenic thinking in its reliance on reproductive strategies to eliminate, genetic risk rather than social strategies to eliminate systemic inequities*» (Roberts D. E., 2009, p. 794).

[147] À Constituição Portuguesa chegou o princípio da dignidade da pessoa humana pela primeira vez com a revisão de 1951 à Constituição de 1933.

perfeita, a espécie humana tem forte atração pela possibilidade de, mormente na geração subsequente, a dotar — para além de a privar de doenças hereditárias — de características melhoradas, na possibilidade da emergência de *posthumans* que Allen Buchanan (2011b) e Fukuyama (2002) assinalam. Se assim é, estamos no limiar do risco de alterar a própria natureza humana e de a dignidade da pessoa humana passar a ser mensurável, podendo criar uma diferenciação da espécie — na visão de Lee Silver, fazendo dos nossos filhos os *GenRich*, distinguindo-os dos *Naturals* (2007). Isto pode contribuir para um fenómeno de *apartheid* genético, promovendo atitudes discriminatórias. Desta forma, importa evitar desde logo qualquer solução eugénica de «*genetic fitness*»:

> «[...] o qual parte de uma pretensão de categorização do perfil genético individual e coletivo com base em construções teoréticas subjetivas e perigosas (mormente destinadas a qualificar, de forma questionável, certo traço genético como "desejável" ou "não desejável") e, em regra, apoiadas pelas correntes que suportam o chamado determinismo genético (e a consequente "geneticização" do ser humano e da sociedade.» (Figueiredo, 2021, pp. 249-250) [148]

A engenharia genética e a intervenção ao nível do genoma humano, e as suas infindáveis opções, trazem-nos o ser humano para o epicentro do debate, porquanto é sobre este, ou sobre o embrião humano, que se atua o que suscita, ainda, nova querela quanto ao estatuto do embrião humano (Canotilho & Moreira, 2007, p. 449), com maior acuidade ao nível da investigação científica [149]. Na PACE, foi debatido o relatório Wolfgang Wodard [150]. Em matéria de investigação com células estaminais humanas, resulta a recomendação de assumir como prioritárias as preocupações

[148] Apesar de, neste caso, Eduardo Figueiredo se referir concretamente ao conhecimento do património genético individual e a atitudes discriminatórias tendo em conta a informação genética revelada. De qualquer forma, consideramos que o pensamento do autor pode ser usado neste enquadramento que aqui analisamos.

[149] Em Portugal, o CNECV já se pronunciou sobre esta temática com o relatório e parecer n.º 15/CNEV/95, sobre o estatuto jurídico do embrião humano. V. também os relatórios n.º 18/CNECV/97, sobre proteção jurídica das invenções biotecnológicas, n.º 21/CNECV/97, sobre clonagem, e n.º 22/CNECV/97, sobre dispositivos médicos para diagnóstico *in vitro*. No relatório n.º 25/CNECV/98, o CNECV pronuncia-se sobre a utilização terapêutica de produtos biológicos e, no n.º 31/CNECV/2000, sobre o genoma humano. Também a Associação Portuguesa de Bioética se pronunciou no Parecer n.º P/01/APB/05, sobre a Utilização de Embriões Humanos em Investigação Científica.

[150] O texto está disponível em https://assembly.coe.int/nw/xml/XRef/X2H-Xref-ViewHTML.asp?FileID=10259&lang=EN (consultado em 18 de maio de 2019).

éticas em detrimento de outras e que qualquer investigação que envolva embriões humanos tem de ser devidamente controlada.

Nesta temática, e de entre as diversas situações que podemos identificar, a problemática sobre a manipulação genética, ao nível da *germ-line* [151], e a alteração do património genético herdado levam-nos para um problema que reside na instrumentalização do ser humano, numa visão kantiana em que este se torna não um fim em si mesmo, mas um objeto ao serviço de outros (Beyleveld & Brownsword, 2001). É o que acontece quando, de acordo com a sua vontade egoísta, se predetermina o manipulado sem que este possa fazer qualquer coisa e sem a opção de reverter a escolha que por ele fizeram. Está também, e consequentemente, aberta a discussão entre o que é um paciente e o que é um consumidor; entre o que é um ser humano e o que é uma coisa; a fronteira que a dignidade da pessoa humana impõe estabelecendo o ser humano como um fim e não um meio.

Mas a engenharia genética teve o dom de esbater a linha da distinção. Bastará pensar em todas as situações de mutação genética sobre um *não paciente* (ou seja, sem existência de patologia), por exemplo, ao nível de características como a beleza e a inteligência, ou ainda em função do sexo [152]. Nesta altura, é inegável que já existe uma séria permeabilidade social quanto a este tema de *escolha* de características estéticas ou aptidões físicas ou intelectuais [153]. Peter Singer, no seu artigo *Parental Choice and Human Improvement*, chama a atenção, desde logo, para os anúncios em jornais americanos das mais prestigiadas universidades oferecendo avultadas somas para os estudantes doarem espermatozoides ou óvulos, conferindo aos futuros pais que recorrem a uma qualquer técnica de PMA com recurso a doação de gâmetas ou embriões a possibilidade de ter um filho com características do doador (Singer, 2009, p. 277). Ou seja, a frequência de uma prestigiada universidade oferece maiores probabilidades de serem mais inteligentes ou fisicamente mais dotados e, portanto, de passarem tais características aos seus descendentes, potenciando a *criação de filho com pedigree*.

Neste âmbito, nos EUA foi patenteada uma tecnologia chamada «*gamete donor selection based on genetic calculation*», da empresa 23andMe, que presta serviços a casais, ajudando-os na escolha de espermatozoides [154] ou ovócitos [155] de doadores [156]

[151] E a própria clonagem humana.

[152] O Genetic and IVF Institute oferece, no seu catálogo de serviços, a MicroSort, uma técnica de seleção de espermatozoides para escolha do sexo da futura criança. Não sendo caso único, nos EUA, um inquérito de 2006 realizado junto dos centros de PMA conduzido pelo Genetics and Public Policy Center determinou que 42% prestavam este serviço assumindo-o publicamente (Darnovsky & Norsigian, 2014, p. 157).

[153] Já para não falar das opções quanto ao género.

[154] V. Glossário.

[155] V. Glossário.

[156] V. Glossário.

que, baseados em previsões estatísticas, poderão, com maior probabilidade, resultar num(a) filho/a com determinadas características fenotípicas (Gyngell & Selgelid, 2017, p. 145). Por sua vez, a Abraham Center of Life LLC of San Antonio realiza e comercializa o seguinte:

> «*[...] procedures ready-made embryos that single women or infertile couples can order after they review the details about the race, education, appearance, personality, and other characteristics of the egg and sperm donors whose characteristics one finds agreeable, this seems to be the first time someone has started producing embryos as "of-the shelf" products.*» (Feinberg & Feinberg, 2010, p. 437)

Estes embriões *à la carte*, como muitos críticos referem, colocam-nos mais próximos da (re)produção de bebés por *design*. Embora o debate sobre a seleção de embriões se centre no bem-estar da futura criança e na sua maior capacidade de adaptação, as decisões que hoje tomamos podem produzir efeitos no bem-estar de outros e dar origem a efeitos colaterais impossíveis de antecipar. Significa isto que, em prol de um alegado bem-estar das crianças, os danos que podem resultar sobre si e sobre os outros são potencialmente significativos.

Além disso, as características de cada um(a) deixam de depender da sorte, ou do azar. E se é verdade que a intervenção pode potenciar a sorte e diminuir o azar, a complexidade do ser humano e o risco associado a estas intervenções são grandes, e os efeitos podem ocorrer em várias dimensões, muitas das quais não consideradas. Explica Habermas que a própria «[...] autocompreensão culturalmente determinada de um mundo social da vida é substituída pela autocoisificação dos homens, sob categorias da ação racional dirigida a fins do comportamento adaptativo» (Habermas, 2015, p. 74). Referindo-se a Arnold Gehlen, conclui:

> «[...] o homem não só pode já, enquanto *homo faber* objetivar-se integralmente pela primeira vez e enfrentar as realizações autonomizadas nos seus produtos, mas pode igualmente, enquanto *homo fabricatus*, integrar-se nos seus dispositivos técnicos, e conseguir reproduzir a estrutura da ação racional teleológica no campo dos sistemas sociais.» (Habermas, 2015, p. 75)

O processo de dominação da técnica cria uma tensão na própria sociabilização e nas estruturas em que o ser humano se insere, num exercício dialético entre o poder e a vontade. Habermas conclui que a «[...] força libertadora da reflexão não pode ser substituída pela difusão de um saber tecnicamente utilizável» (Habermas, 2015, p. 106).

Contudo, ainda que se estabeleça, com algum grau de certeza, esta destrinça, coloca-se uma nova questão: a de saber se estaremos dispostos, mesmo assim, a tornarmo-nos consumidores [157] desta biotecnologia.

Seja qual for a opção, o momento é de (re)posicionamento do ser humano. Esta comoção existencial é, para Kaufmann (2015, p. 40), o momento da *aflição*, o momento em que o ser humano se confronta com as situações-limite, em que a sua própria existência enquanto tal é questionada, como explica este autor citando Ernest Bloch (2015, p. 40). A *aflição* ensina a pensar. E, assim sendo, este é um momento de *aflição*, da mudança da natureza humana para a natureza pós-humana (Buchanan, 2011a), em que nos situamos. A questão ética da admissibilidade de alterar o património genético de forma artificial, embora com o escopo de melhorar um indivíduo, alterando a sua historicidade e, consequentemente, a sua identidade até ao limite do comportamento e do *melhoramento moral*, coloca-nos no limiar da fronteira entre os seres humanos e as coisas.

Em 2016, o Danish Council on Ethics, no seu relatório (2016) sobre o avanço da tecnologia CRISPR, recomendava, quanto à modificação genética para a eliminação de possíveis doenças em gâmetas ou zigotos, que devesse, *a priori*, garantir a segurança nas intervenções. Ainda assim, alguns membros do Conselho (Danish Council on Ethics, 2016, p. 11) identificam com grande pertinência não só os riscos como um problema a considerar, mas outras questões, nomeadamente as éticas. O primeiro argumento reside na inexistência de urgência terapêutica, efeitos secundários importantes, não só no momento da investigação, mas também aqueles que se possam manifestar tardiamente, já depois do nascimento [158] e que, por serem uma intervenção no genoma, se podem manifestar nas gerações seguintes. A questão da natureza humana é colocada em grande destaque, já que a intervenção, especificamente em não nascidos, sem o seu consentimento altera o seu genoma e o das gerações subsequentes a que der causa. Além desta linha argumentativa, as opções, ao nível quer do Diagnóstico Genético Pré-Implantação (DGPI), quer da doação de gâmetas, bem como a perceção de normalidade e tolerância, são suscitadas com grande acuidade.

Já noutra perspetiva, outros membros do conselho (Danish Council on Ethics, 2016, p. 13) refletem sobre os riscos/benefícios da manipulação genética, ainda que unicamente para eliminar doenças sérias (embora admitam que há zonas cinzentas a considerar), sob pena de a intervenção conduzir a um certo risco de controlo e de padronização de características desejáveis.

No mesmo ano, o Nuffield Council on Bioethics (2016), no que tange à alteração genética em embriões humanos com fins de reprodução humana, demonstrava a sua

[157] Basta analisar o *Nuffield Council report* de 2018 — v. *infra* o ponto 4 —, em que *heritable genome editing* não se refere concretamente a pacientes.

[158] O que só por si implicaria pesquisa em espécimes humanos para os poder identificar.

preocupação, nomeadamente quanto a questões éticas, reconhecendo a controvérsia existente sobre o que seria necessário para demonstrar a segurança e eficácia das respetivas técnicas, e lembrando a necessidade de um debate, seja antes de estas possibilidades se tornarem uma escolha real, seja porque o debate público influencia o desenvolvimento da tecnologia, permitindo distinguir o aceitável do não aceitável, reduzindo zonas ambíguas e de incerteza.

O mesmo Conselho inglês, no seu relatório *Genome Editing and Human Reproduction: Social and Ethical Issues* (Nuffield Council on Bioethics, 2018), acendeu o debate quando, referindo-se à questão da edição genética e embora enunciando uma série de princípios sobre a temática, não considerou não-éticos nem moralmente reprováveis os procedimentos sobre o genoma hereditável em algumas situações, com o pressuposto de um princípio: «*[t]he welfare of the future person*» (Nuffield Council on Bioethics, 2018, p. 75), além de, cumulativamente, avaliar outros interesses em conflito, como interesses de terceiros, da sociedade e da humanidade. Seja como for, o relatório estabelece uma série de princípios a considerar, recomendando que seja fomentado o debate público alargado da questão. Contudo, em nenhum momento se circunscreve às utilizações terapêuticas, parecendo ultrapassar essa barreira.

Na edição genética, há uma efetiva imposição das características das pessoas, impondo-se uma alteração à espontaneidade da perceção do *eu* e, por isso, eventual limitação da autonomia da sua vida, das suas ações e das consequências destas, podendo colocar-se uma ideia de responsabilidade, quer pelo determinismo a que se der causa, quer na partilha das ações praticadas pelo ser manipulado, atendendo a que estas podem ser condicionadas pelas características genéticas selecionadas. Não há qualquer razão para supor que haverá consentimento na mutação artificial, o que leva a que se imponha uma forma de vida absolutamente irrepetível e sem possibilidade de a reverter. Todavia, se por um lado é assim, por outro temos a possibilidade de melhorar as características de cada um em vista de uma maior adaptação do organismo às condições ambientais, garantindo uma vida (mais) sadia, longa, com maior qualidade e melhorada, potenciando as oportunidades a que possam, razoavelmente supondo, almejar.

A linha de fronteira é dúbia e as escolhas não se apresentam fáceis, sobretudo considerando as infindáveis opções que a ciência nos apresenta, a destrinça essencial no caminho da legitimação entre a autonomia reprodutiva e o direito à herança genética, entre *criar* uma pessoa e *criar* uma coisa. Em qualquer caso, e seja quais forem as opções que tomarmos, a responsabilidade do que retiramos ao destino (ou ao poder de Deus, como se queira) passa a ser nossa.

Estamos, a toda a velocidade, na era da biotecnologia e as possibilidades parecem ser infinitas; podemos ir até onde a nossa imaginação permitir, já que os avanços médicos se sucedem vertiginosamente e parece ser difícil, se não impossível, dizer simplesmente para parar. Não é sequer consentânea com a natureza humana a possibilidade de investigar, descobrir, alcançar e, simplesmente, impor uma castração ao desenvolvimento científico com receio de onde nos possa levar. Acreditamos que o caminho não é esse, ou seja, não estamos, desde já, a legitimar qualquer atuação científica pelo simples facto de ela existir ou ser possível; o que estamos a dizer é, simplesmente, que parar com ela é impossível. Nesta temática, Selgelid argumenta que «*[...] it is not entirely clear why "medical" technologies should not be used for other worthwhile purposes as well*» [159] (Selgelid, 2014, p. 8).

Mas, se o futuro é o tempo do outro (Han, 2014, p. 23), a análise das implicações das novas tecnologias implica uma responsabilidade não só coletiva, mas também intergeracional, num pressuposto de proximidade na distância, e que ganha uma nova dimensão dada pela ciência e pela tecnologia, sobretudo por aquilo a que estamos dispostos que o que dela resulte se integre na nossa sociedade. Estes afloramentos servem para guiar o desenvolvimento de uma responsabilidade ética que inclua todos os parâmetros que a questão suscita: maximizar os benefícios e reduzir os eventuais danos. Aqui impõe-se uma ponderação entre os benefícios e os riscos e um princípio de responsabilização que, neste âmbito, terá de ser colocado quer o nível interno, quer a nível internacional, quer para a atual sociedade, quer para as gerações futuras. A liberdade intelectual implica que seja sustentável, assegurando a justiça, a segurança e, sobretudo, a busca de um fim que constitua um benefício real.

Esta nova forma de responsabilidade, coletiva e intergeracional, assente em princípios de biossegurança (Presidential Commission for the Study of Bioethical Issues, 2010), implica uma análise ampla no sentido de ponderar e preparar o legado que deixamos às gerações vindouras e, por outro lado, que seja acautelada a distribuição justa dos benefícios e da imposição de sacrifícios. Por isso, a cada legislador impõe-se ainda uma perspetiva de solidariedade, na sociedade e entre sociedades (Presidential Commission for the Study of Bioethical Issues, 2010). Mas a resposta que hoje dermos e a posição que assumirmos serão essenciais ao caminho que a humanidade vai seguir, uma vez que estamos hoje na suscetibilidade de alterar/(re)criar a própria natureza humana. Os genes são, de facto, um verdadeiro legado para as gerações seguintes e um património da humanidade. Este *playing God* tem as suas consequências e estas novas técnicas revelam uma (nova) forma de poder, o *biopoder* [160]. Estamos perante o apelo da possibilidade da criação de seres (mais) perfeitos [161].

Especificamente na mutação de características [162], a engenharia genética corre o risco de se assumir como uma forma de «*deliberate quality control*» (Habermas, 2008, p. 30), criando-se a vida de acordo com preferências e desejos de terceiros face ao

159 Ficara, não obstante, por saber o que seria *worthy*.

160 Recorrendo a Foucault.

161 Tão humanamente compreensível, apesar da natural imperfeição do ser humano.

162 «*We've seen that "eugenics" can be neutrally defined as "attempts to improve the human gene pool", and that defining it in this way allows us to discuss whether any form of it can be morally acceptable*» (Wilkinson & Garrard, 2013, p. 8).

objeto da criação que viverá com elas, através da composição do genoma [163] segundo o bel-prazer do criador.

Como já anteriormente referimos, muitos momentos históricos, de má memória, como as atrocidades da Segunda Guerra Mundial e as conhecidas experiências em seres humanos nos campos de concentração Nazi com o escopo de apurar a raça ariana, justificaram a solução final, promovendo uma *higienização da espécie*, afastando os impuros, o que acabou num genocídio de quase 10 milhões de seres humanos. A experiência Nazi a que Coutts & MacCarrick se referem:

> «*By 1945, when the allies liberated those remaining in Nazi concentration camps, six million Jews, 750,000 Gypsies, and 70,000 German psychiatric patients had been killed by the Nazis. As a result of the German experience, eugenic thought dropped to its nadir, and to the present day, the term "eugenics" invokes a sense of horror in some people.*» (Coutts & MacCarrick, 1995, p. 164)

Mas se é verdade que não se trata(rá) de uma *eugenia Nazi*, também não é menos verdade que temos perante nós uma nova *eugenia*, com consequências difíceis de traçar e em que a linha de fronteira entre o tratamento e o melhoramento, entre a eugenia positiva e a negativa, entre o que é bom e o que é mau, ou simplesmente melhor, pode ter vários tons de cinzento para considerar e apartar.

Já Sir Francis Galton [164], antropologista e pioneiro nos estudos sobre a inteligência humana, que tinha na eugenia um dos seus principais interesses, defendia a ideia do melhoramento físico e mental da espécie humana através da seleção parental (The Editors of Encyclopaedia Britannica, 2018). Galton referiu-se em primeiro lugar à eugenia positiva:

> «*[...] the promotion of desirable traits in the population. Positive eugenics aimed at producing more high-quality individuals by increasing reproduction of the most gifted members of society. [...] Others, in contrast, primarily emphasized the importance of "negative eugenics". Just as desired traits were heritable, so (it was believed) were undesirable traits. Negative eugenics aimed at decreasing the frequency of undesirable traits in the population by decreasing the reproduction of defective individuals.*» (Selgelid, 2014, p. 4)

As restrições legais eugénicas nos EUA incluíam restrições matrimoniais, de imigração e legislação relativa a segregação e esterilização compulsiva (Selgelid, 2014, p. 5). Do processo Buck v. Bell (Buck v. Bell, 274 U.S. 200, 1927), sobre a esterilização obrigatória de pessoas com diminuída capacidade intelectual, ficou para a história

[163] V. Glossário.
[164] Um primo de Charles Darwin.

a ignóbil posição que defendeu a constitucionalidade da esterilização compulsiva [165], com Oliver Wendell Holmes [166] a defender nas suas alegações que «*[t]hree generations of imbeciles are enough*» (Buck v. Bell, 274 U.S. 200, 1927). Só 15 anos depois, no processo Skinner v. Oklahoma (Skinner v. Oklahoma 316 U.S. 535, 1942), a Oklahoma's Habitual Criminal Sterilization Act foi declarada inconstitucional [167].

De facto, não são necessários adultos com mínimo de competência para conseguir fazer um(a) filho/a, mas a esterilização compulsiva desclassifica o ser humano de um dos aspetos essenciais da sua qualidade humana, categorizando as pessoas, mais ou menos dignas de procriar e ter filhos/as. As políticas de eugenia vão desde as opções de controlo de reprodução até às políticas de higienização da espécie e implicaram esterilizações compulsivas; a eugenia é uma tentativa para melhorar «*[...] the human gene pool*» (Wilkinson & Garrard, 2013, p. 2).

Com os sucessivos avanços da ciência, aliados ao mapeamento do genoma humano, colocam-se várias questões em que as políticas eugénicas ganham nova coloração. Por um lado, a possibilidade de decifrar a identidade genética de um indivíduo traçando o seu perfil genético suscita, desde logo, problemas ao nível da privacidade e confidencialidade, bem como as condições, se possível, de acesso a essa informação e com que objetivos. Basta pensar nas bases de dados genéticas ao alcance de seguradoras que, pelo aludido mapeamento, poderão aceder ao perfil das possíveis doenças do segurado; por outro lado, questões éticas sobre o ser humano, a sua qualidade e essência humanas, sobre a aceitação da imperfeição, violação da igualdade e da desconsideração da deficiência e a tolerância (Fukuyama, 2002 e Sandel, 2007) [168].

Porém, estas novas técnicas podem ainda conduzir a um novo meio de discriminação de género. A seleção do sexo é possível e usada principalmente para evitar a transmissão de doenças hereditárias. No entanto, a seleção de sexo por motivos não médicos suscita um novo afloramento de discriminação, como suscitou a International Federation of Fertility Societies (IFFS):

[165] Considerando que «*sterilization may be effected in males by vasectomy and in females by salpingectomy, without serious pain or substantial danger to life*» (Buck v. Bell, 274 U.S. 200, 1927).

[166] Recorrendo a um paralelismo com a vacinação obrigatória, o princípio subjacente pode também sustentar a esterilização.

[167] O tribunal considerou que a aplicação da lei, independentemente do que pretende resolver, consubstancia uma forma de perpetuar a discriminação. «*But we will not endeavor to determine whether its application would solve the equal protection difficulty. The Supreme Court of Oklahoma sustained the Act without reference to the severability clause. We have therefore a situation where the Act as construed and applied to petitioner is allowed to perpetuate the discrimination which we have found to be fatal*» (Skinner v. Oklahoma 316 U.S. 535, 1942).

[168] Sandel, que escreveu mais tarde um capítulo no livro de Savulescu e Bostrom, afirmava que «*[i]t threatens to banish our appreciation of life as a gift, and to leave us with nothing to affirm or behold outside our own will*» (Sandel, 2013, p. 89).

> «*Sex selection and gender-biased sex selection for nonmedical reasons remains highly controversial. Normal sex ratio at birth should range from 102 to 106 males per 100 females, yet rates in some regions have been reported to be as high as 130. The bias to have a boy can be rooted in social, economic, and cultural values, with a concurrent lower bias against having a girl.*» (The International Federation of Fertility Societies, 2016, p. 99)

O Office of the United Nations High Commissioner for Human Rights, o UNFPA, a UNICEF e a OMS constituíram uma interagência da Organização das Nações Unidas (ONU) — a Preventing Gender-Biased Sex Selection — tendo em vista reafirmar o compromisso das agências da ONU, que consiste no seguinte:

> «*[...] encourage and support efforts by States, international and national organizations, civil society and communities to uphold the rights of girls and women and to address the multiple manifestations of gender discrimination including the problem of imbalanced sex ratios caused by sex selection. It thus seeks to highlight the public health and human rights dimensions and implications of the problem and to provide recommendations on how best to take effective action.*» (The International Federation of Fertility Societies, 2016, p. 99)

Por sua vez, a Comissão de Ética da American Society for Reproductive Medicine (ASRM) não chegou a um consenso quanto a esta temática, considerando o seguinte:

> «*Arguments regarding patient autonomy and reproductive liberty have been offered in support of the practice. Risks and burdens of the procedure, gender bias, sex stereotyping and no acceptance of offspring, efforts to guard against coercion, and issues of justice all raise concerns about the practice. Practitioners must take care to ensure that parents are fully informed.*» (The International Federation of Fertility Societies, 2016, p. 99)

Melhorar a hereditariedade não é, por princípio, uma coisa má [169], mas o que são boas decisões ou o que significa melhorar pode ser diferente a cada momento, e uma coisa é certa: a partir desse momento a responsabilidade é nossa, não podendo o fundamento bastar-se com a autonomia de cada um na conformação do próximo,

[169] No seu artigo *Eugenics Talk*, Wilkinson suscita que «*[...] eugenics talk per se is not wrong, but there is something wrong with using its emotive power as a means of circumventing people's critical–rational faculties. The Autonomy Argument does not, however, tell against eugenics talk when such language is used to shock people into critical–rational thought*» (Wilkinson, 2008, p. 467).

que, por sua vez, fica condenado às escolhas de alguns [170]. Diga-se o que se disser, a edição genética para fins de melhoramento equivale a recolocar a eugenia nas agendas políticas, uma «*[...] positive selection of "good" versions of the human genome and the weeding out of "bad" versions, not just for the health of an individual, but for the future of the species*» (Pollack, 2015). Apesar de se poder advogar uma nova eugenia liberal:

> «*[...] where individuals are free to choose whether or not to employ genetic technologies for reproductive purposes. Though genetic interventions aimed at the prevention of severe genetic disorders may be morally and socially acceptable, reproductive liberty in the context of enhancement may conflict with equality. Enhancement could also have adverse effects on utility. The enhancement debate requires a shift in focus. What the equality and/or utility costs of enhancement will be is an empirical question. Rather than philosophical speculation, more social science research is needed to address it. Philosophers, meanwhile, should address head-on the question of how to strike a balance between liberty, equality, and utility in cases of conflict (in the context of genetics).*» (Selgelid, 2014, p. 3)

A verdade é que «*[r]ational eugenics is still eugenics*» (Pollack, 2015). O poder de hoje na geração de amanhã, na determinação dos seus projetos de vida (em que a autoridade dos pais restringe geneticamente a liberdade dos filhos), e na sua autodeterminação ou forma de reverter o processo, leva à criação de uma ligação instrumental entre ambos figurativamente representados numa relação entre criador e criatura. A dialética hegeliana do amo e do servo desembocou, afinal, não no ser humano livre, mas, antes, conduziu à sociedade do trabalho em que «cada homem transporta às costas o seu próprio campo de trabalho forçado» (Han, 2014, p. 35); o ser que regressa à consciência, a tomada de consciência plena da vida do Espírito. Mas que consciência é esta?

As mutações genéticas constituem formas de instrumentalização dos servos, retirando-lhes a conceção natural de nascimento e, portanto, uma conceção ou pressuposto de igualdade entre os pares, criando assimetrias entre os servos e os naturais, condicionando a sua conduta e a sua autonomia, afetando-lhes o próprio conhecimento de si, sendo seres feitos, programados e determinados, impondo uma forma de existência de acordo com parâmetros, vontades e expetativas de terceiros. A natureza é sábia e esta sabedoria, mais do que se limitar a ser lugar-comum, pode

[170] Na anotação ao art. 3.º da CDFUE, «[a] referência às práticas eugénicas, nomeadamente às que têm por finalidade a selecção das pessoas, visa eventuais casos em que sejam organizados e implementados programas de selecção que incluam, designadamente, campanhas de esterilização, situações de gravidez forçada, casamentos étnicos compulsivos... em suma, actos considerados como crimes internacionais pelo Estatuto do Tribunal Criminal Internacional adoptado em Roma a 17 de Julho de 1998 (ver alínea g) do n.º 1 do artigo 7.º)» (Parlamento Europeu, Conselho da União Europeia, Comissão Europeia, 2007).

ajudar a informar as avaliações sobre as intervenções «melhoradas» que pretendemos fazer sobre ela na seleção dos/as nossos/as filhos/as (Bostrom & Sandberg, 2013).

O tema, como aqui singelamente se apresenta, suscita inúmeras questões e as decisões não são fáceis e não serão consensuais. No livro publicado depois da sua morte, em relação às biotecnologias de melhoramento genético, Hawking afirma que «*[o]ur future is a race between the growing power of our technology and the wisdom with which we use it. Let's make sure that wisdom wins*» (Hawking, 2018). Estamos a tomar a aleatoriedade nas mãos, num exercício de criação fazendo-nos passar por Deus.

Aceitar a criança e a sua inerente dignidade é aceitar a diferença, por um lado, e evitar a divisão, por outro, criando uma nova forma de hierarquia, assente no melhoramento genético e na subsequente responsabilidade das consequências da sua utilização ou, no seu extremo oposto, da opção de não o usar e das oportunidades (alegadamente) perdidas desenvolvendo uma elite genética [171] (Fukuyama, 2002), ou aquilo a que Mehlman chama «*post-geno-revolutionary society*» (Green, 2007, p. 139), que, sendo ciência, não progride por ajustamento progressivo, nas palavras de Feltz, mas «[...] com a substituição de um paradigma para outro paradigma» (Feltz, 2015, p. 41). Arriscando uma escravização do ser humano à ciência, no caminho trilhado por Habermas, o poder libertador da tecnologia acabará por se transformar na instrumentalização do ser humano (Habermas, 2015) [172].

3. A Procriação Medicamente Assistida

Integrado no âmbito da superação da natureza, e dos limites que esta traça, a PMA permitiu que a reprodução passasse do coito para um laboratório. Desde que, em 1978, a bebé Louise nasceu [173], a reprodução assexuada ganhou projeção até aí nunca

[171] Nozick, no seu *Anarquia, Estado e Utopia,* admite que um processo de filtragem para a construção de sociedades poderia ocorrer de criação de seres vivos, «[...] num sistema em que gerem um "supermercado genético", satisfazendo as especificações individuais (dentro de certos limites morais) dos futuros pais» (Nozick, 2009, p. 373). Para o autor, esta escolha teria a virtude de evitar uma escolha que apelida de «centralizada» que fixe os futuros seres humanos. Este sistema serviria também para manter uma macroproporção entre homens e mulheres.

[172] Seguindo Max Weber, que fala a este propósito numa nova alienação (Feltz, 2015, p. 130).

[173] Ainda que as primeiras referências à IA datem de finais do século XVIII, em Londres, pelo médico John Hunter. Em 1808, foi feita a primeira em França, na Faculdade de Medicina, e nos Estados Unidos, em 1884, atingiu-se com sucesso uma inseminação da qual resultou a gravidez de uma mulher. Os primeiros tratamentos de fertilização *no vidro* datam dos finais do século XIX, mas só em 1950 começaram a ser vistos os primeiros resultados. Por sua vez, os tratamentos com sémen crioconservado datam de 1953. Em 1984, nasce Zoe Leyland mediante um embrião crioconservado.

vista [174], e a memória do conto de Huxley [175] e da produção de famílias «no vidro» passou a ser uma realidade. Desde aí, a entrada no mercado de consumo nunca mais parou, e dados de 2018 revelam que mais de sete milhões de crianças nasceram com recurso a técnicas de FIV e similares (European Society of Human Reproduction and Embryology, 2018).

Ocorreram importantes mudanças, sendo a mais relevante a forma como encaramos as novas composições familiares [176], agora considerando as denominadas «tecnologias do sexo», como introduzido por Michel Foucault na «sua» *História sobre a Sexualidade* (Foucault, 1988). A reprodução normalizou-se numa componente assumidamente científica [177], fazendo aumentar de forma exponencial questões éticas e jurídicas que de um assunto (aparentemente) pessoal [178] e de escolha individual se converteu num contingente de opções biopolíticas e com tendência crescente de regulamentação [179].

A «entrada» de terceiros na reprodução desafia e problematiza as típicas noções de relações familiares, a relevância da contribuição biológica para as relações de parentalidade, a identidade pessoal e o *design* de bebés desejáveis, os riscos e os danos nas gerações futuras e as próprias noções de saúde e doença (Melo-Martín, 2021, p. 289). Os «negócios de bebés» passaram a estar, desde há pelo menos 40 anos, na ordem do dia, e reformularam a nossa conceção sobre a procriação e a reprodução humanas. Contudo, a PMA é dinâmica, evolutiva e tantas vezes sedutora para quem a desenvolve, conquista metas e contribui para o *avanço* científico, bem como para

[174] Segundo dados de 2016, em Portugal, o número de crianças originadas em tratamentos com PMA representou cerca de 3% do total de crianças nascidas no país. V. https://www.cnpma.org.pt/cidadaos (consultado pela última vez em 30 de setembro de 2021).

[175] V. Huxley, 2001.

[176] Com a denominada *bebé proveta*, com a técnica de FIV, foi desenvolvida com sucesso a IA com a possibilidade de fecundar um ovócito com um espermatozoide em laboratório, e criar um embrião humano para, depois, implantar no útero materno. Estavam assim lançados os dados para uma nova forma, moderna, de reprodução humana. Nos EUA, a primeira FIV é de 1981, com a qual nasceu Elizabeh Carr. Os investigadores Robert Edwards e Patrick Steptoe desenvolviam experiências neste campo que acabaram por implementar no ser humano, com sucesso. Mas já havia trabalhos neste campo desde, pelo menos, a década de 1930, com Gregory Pincus da Harvard Medical School a anunciar a fertilização de ovócitos de coelho *in vitro* e a obter uma gravidez, ainda que só no final da década de 1950 a experiência se tenha repetido com sucesso com M. C. Chang. Por sua vez, em 1944, John Rock, da Universidade de Harvard, anunciou a cultura *in vitro* de um ovócito humano (Hurlbut J. B., 2017, p. 42).

[177] Lori Andrews, da Amercian Bar Association, referia que, se os anos (19)60 trouxeram o sexo sem procriação, os anos (19)80 trouxeram a procriação sem sexo.

[178] Ainda que com fortes implicações sociais, morais, culturais e até religiosas.

[179] Singelamente, basta pensar na matéria relativa à IVG.

os consumidores, que, estando-lhes vedada a possibilidade de terem um(a) filho/a, ou de o/a terem como desejam, veem a concretização deste desejo ao seu alcance [180].

Em suma, a reprodução é encarada (também) como uma técnica laboratorial e o puramente natural e biológico deixa de ser uma barreira para lograr a possibilidade de ter um(a) filho/a. A reprodução aliou-se à ciência. Passamos a ter uma garantia científica de reprodução, sem aquelas contingências, para a qual os legisladores domésticos e supranacionais vão tomando posição, num exercício de constante disputa de argumentos a favor e contra, passando, no limite, a discutir-se um *novo* afloramento do direito à reprodução que as biotecnologias agora permitem.

A saúde reprodutiva é um fenómeno que ganhou e ganha importância, quer considerando as normais expectativas de qualquer pessoa ter um(a) filho/a, quer atendendo ao facto de problemas de infertilidade [181] e esterilidade se apresentarem como um crescente considerando, mormente a decisão de adiar o projeto de maternidade, fatores socioeconómicos, ambientais, entre outros. A OMS estima que, em cada 100 casais em idade fértil, 15% não conseguem ter um(a) filho/a devido a problemas de fertilidade; são cerca de 48 milhões de casais e 186 milhões de pessoas em todo o mundo que vivem com infertilidade, de acordo com os dados de 2020 daquela organização [182].

A criança fruto desta *produção* laboratorial, concebida sem relações sexuais, ou até com composição do património genético associado a três «pais» [183], coloca-se no limiar entre a reprodução e a técnica. E, nesta composição do genoma, podemos ir ainda mais longe se introduzirmos, além do ADN mitocondrial [184], a questão do já aludido genoma sintético. Certo é que a biotecnologia tem atingido níveis exuberantes e vai seduzindo o ser humano. Estas criaturas imperfeitas conseguem desafiar a álea, a natureza e Deus, atingindo patamares de intervencionismo em matérias que lhes eram vedadas e permitindo-lhes vencer obstáculos, aumentando opções e concedendo-as a quem antes não as conseguiria almejar, vencendo a sorte.

O sucesso da PMA é sintomático. Dados de 2016 da International Federation of Fertility Societies demonstram que, dos 74 países analisados, existem mais de 5300 clínicas que prestam serviços de PMA (The International Federation of Fertility Societies, 2016, pp. 142-143). O relatório conclui igualmente que há diferenças a assinalar quanto às práticas, acesso e frequência de aplicação, apontando questões legais,

[180] Ou podem passar a vê-lo quando quiserem. Especialmente no que tange às mulheres, cuja possibilidade de ter filhos gravita em torno da idade fértil, que, com estas técnicas — mormente colher e crioconservar os seus óvulos — lhes permite adiar uma gravidez que com as terapias hormonais lhes possibilita protelar esta idade fértil (Harris, Rights and Reproductive Choice, 1998).

[181] V. Glossário.

[182] V. https://www.who.int/health-topics/infertility#tab=tab_1 (consultado pela última vez em 30 de setembro de 2021).

[183] Com recurso às terapias MTR.

[184] V. Glossário.

éticas e religiosas para justificar as diferenças. Por exemplo, a injeção intracitoplasmática de espermatozoides (ICSI) tem uma aplicação generalizada, mas, por outro lado, o acesso e a utilização de doação de gâmetas, embriões ou gestação de substituição — embora utilizados de forma tendencialmente crescente — restringem-se a certos países. Neste âmbito, e por causa disto, conclui o relatório, há uma tendência crescente de procura de serviços reprodutivos para além das fronteiras dos Estados, procurando-se uma legislação mais «amigável» ao propósito dos/as beneficiários/as, não havendo ainda [185] recomendações universais ou padrões de atuação, o que torna a temática altamente controversa.

Igualmente controversos são outros aspetos da PMA como o estatuto do embrião [186], a avaliação do potencial bem-estar da futura criança, questões de anonimato dos intervenientes no processo, entre outros, ainda que nos últimos tempos se evidencie um escrutínio mais acentuado (The International Federation of Fertility Societies, 2016, pp. 142-143). Seja como for, e apesar das assimetrias legais, na Europa nasceram, em 2015, de acordo com a European Society of Human Reproduction and Embryology (ESHRE), 157 500 crianças com recurso a técnicas de PMA. De acordo com o relatório da The European IVF-Monitoring Consortium para a ESHRE, a tendência do recurso às técnicas de PMA na Europa, em comparação com os anos anteriores, era de crescimento; entre 2013 e 2014, o número de tratamentos subiu 13,1% (de 686 271 para 776 556) em 51 países (European Society of Human Reproduction and Embryology, 2018).

Mas se a procura é muita e as *simples* regras da economia liberal podem facilmente ditar qual o caminho a seguir face à elevada demanda, o busílis da questão está sempre em definir barreiras, em dizer não, em negar os avanços biotecnológicos e as opções que a ciência, sedutoramente, concede a este novo *homo sacer* (Agamben, 1998) não excluído, mas um *sacrum*. Há indubitavelmente uma alteração da ordem natural das coisas, mas também, em nosso entender, um ponto de não retorno para o estado de coisas meramente natural.

As técnicas de PMA têm garantido aos futuros pais e mães uma série de opções reprodutivas das quais dificilmente se poderia abdicar. É premente legislar sobre as condições de acesso e utilização destas técnicas a fim de assegurar a certeza jurídica e evitar ao máximo situações dúbias em relações que se pretendem estáveis. Aliás, a IFFS concluiu que «*[o]ver 80% of countries were reported to rely on legislation, guidelines, or a combination of both to promote the safety, efficacy, standardization, and access to ART*» (IFFS Surveillance 2016, 2016, pp. 142-143). À escala supranacional e internacional, diferentes instituições vão *tratando* a complexidade do direito da bioética,

[185] Se é que alguma vez haverá.

[186] Numa versão transhumanista de *baby-building*, o embrião pode ser desenhado por forma a tornar-se o «bebé medicamento» a partir de embriões compatíveis com a criança doente, mas também «*[...] pour mettre au point l'enfant idéal avec l'aide de "baby-designers"*» (Terence, 2016, p. 39).

mas as novidades das questões e a velocidade da inovação científica nem sempre são compatíveis com o tempo que é necessário para a harmonização de quadro legislativo plural (Blumberg-Mokri, Les Instruments Juridiques Européens en Matière de Bioétique, 1996).

Embora com algum esforço para apresentar uma tomada de posição que forneça as linhas de orientação para uma atuação concertada e homogénea, a tarefa é, se não impossível, hercúlea e assaz difícil, e a matéria da PMA continua a ser prerrogativa dos Estados. Num exercício de mera enunciação, na esfera internacional, a partir do final da década de 1970, no campo da biotecnologia, o Conselho da Europa assumiu um importante papel emitindo inúmeras recomendações, nomeadamente em matéria de engenharia genética, sobre a investigação em embriões humanos e pesquisa sobre o genoma humano.

Por sua vez, a Convenção sobre os Direitos Humanos e a Biomedicina, foi aberta à assinatura dos Estados-Membros do Conselho da Europa em Oviedo, em 4 de abril de 1997 [187]. Este instrumento constitui, no domínio das ciências biomédicas, uma proposta do Conselho da Europa, sob sugestão da Assembleia Parlamentar: «*a décidé de franchir une nouvelle étape en élaborant la première Convention internationale de bioéthique*» (Blumberg-Mokri, 1999, p. 64). A Convenção tem quatro protocolos adicionais: o Protocolo Adicional que Proíbe a Clonagem de Seres Humanos [188]; o Protocolo Adicional relativo à Transplantação de Órgãos e Tecidos de Origem Humana [189]; o Protocolo Adicional relativo à Investigação Biomédica [190]; e o Protocolo Adicional relativo a Testes Genéticos para Fins de Saúde [191].

Quanto à Declaração Universal sobre o Genoma Humano e os Humanos [192] e à Declaração Universal sobre Bioética e Direitos Humanos [193], estas apontam para o compromisso de os Estados respeitarem os princípios fundamentais de Bioética.

[187] Teve início de vigência na ordem internacional em 1 de dezembro de 1999. Foi aprovada para ratificação pela Resolução da Assembleia da República n.º 1/2001, de 03/01 e ratificada pelo Decreto do Presidente da República n.º 1/2001, de 03/01. Publicado no Diário da República I-A, n.º 2, de 03/01/2001, com início da sua vigência em Portugal em 01/12/2001.

[188] De 12/01/1998 (aprovado pela Resolução da Assembleia da República n.º 1/2001, DR I-A n.º 2, de 03/01/2001).

[189] De 24/01/2002 (aprovado pela Resolução da Assembleia da República n.º 24/2017, DR I, n.º 34, de 16/02/2017).

[190] De 25/01/2005 (aprovado pela Resolução da Assembleia da República n.º 29/2017, DR I, n.º 36, de 20/02/2017).

[191] De 27/11/2008 (aprovado pela Resolução da Assembleia da República n.º 272/2017, DR I, n.º 244, de 21/12/2017).

[192] Adotada pela Conferência Geral da ONU para a Educação, Ciência e Cultura (UNESCO) na sua 29.ª sessão, em 11 de novembro de 1997. Endossada pela Assembleia Geral das Nações Unidas na sua resolução 53/152, de 9 de dezembro de 1998.

[193] Adotada pela Conferência Geral da UNESCO. Os Estados-membros comprometeram-se a respeitar e aplicar os princípios fundamentais da bioética condensados na Declaração.

O Comité ad hoc d'experts sur les progrès des sciences biomédicales do Conselho da Europa, em 1989, enunciou a codificação dos princípios norteadores (Erny, 1995):

> *«[...] aux techniques de procréation artificielle des êtres humains, notamment à l'insémination artificielle, aux méthodes comportant le prélèvement d'ovules — en particulier la fécondation* in vitro *— ainsi qu'aux méthodes impliquant le don de sperme, d'ovules ou d'embryons.»* [194]

Ao nível da União Europeia, o art. 3.º da Carta dos Direitos Fundamentais da União Europeia (CDFUE) estabelece o direito ao respeito pela sua integridade física e mental e do consentimento, proibição de práticas eugénicas e da utilização do corpo humano para fins lucrativos, bem como a proibição da clonagem reprodutiva de seres humanos [195].

A título, encontram-se outros textos legais como, o Regulamento (CE) n.º 1567/2003 do Parlamento Europeu e do Conselho, de 15 de julho de 2003, relativo à ajuda para políticas e ações em matéria de saúde reprodutiva e sexual e direitos conexos em países em desenvolvimento.

Por sua vez, a Diretiva 2004/23/CE do Parlamento Europeu e do Conselho, de 31 de março de 2004 relativa ao estabelecimento de normas de qualidade e segurança em relação à dádiva, colheita, análise, processamento, preservação, armazenamento e distribuição de tecidos e células de origem humana.

Mas, sendo certa a existência de um pluralismo legislativo e de um conjunto de instrumentos que visam regulamentar diversos afloramentos relativos a biotecnologias, a verdade é que as assimetrias são diversas e da mais variadas ordem. Seja como for, pela pertinência, as mesmas se compadecem com uma postura de *laisser-faire.*

3.1. As Diferentes Técnicas de Procriação Medicamente Assistida

A PMA [196] constitui um processo segundo o qual são utilizadas técnicas médicas como formas de auxílio à reprodução humana, incluindo os tratamentos ou procedimentos.

[194] V. https://rm.coe.int/16803113e5 (consultado pela última vez em 30 de setembro de 2021).

[195] Também podemos indicar a Diretiva 98/44/CE, do Parlamento e do Conselho de 6 de Julho de 1998 relativa à proteção jurídica das invenções biotecnológicas e o Regulamento (UE) n.º 536/2014 do Parlamento Europeu e do Conselho de 16 de abril de 2014 relativo aos ensaios clínicos de medicamentos para uso humano (que revoga a Diretiva 2001/20/CE). Do Parlamento Europeu destacamos ainda a Resolução de 16 de Março de 1989 sobre os problemas éticos e jurídicos da manipulação genética e sobre fecundação artificial in vivo e in vitro, a Resolução de 28 de Outubro de 1993 sobre a clonagem do embrião humano, a Resolução de 12 de Março de 1997 sobre clonagem e a Resolução de 15 de Janeiro de 1998 sobre a clonagem de seres humanos.

[196] Que não confundimos com as técnicas associadas à engenharia genética, mormente de manipulação do património hereditável. Enquanto aquela tem como objeto manipular a informação

> «*[...] in vitro handling of both human oocytes and sperm, or embryos, for the purpose of establishing a pregnancy. This includes, but is not limited to, in vitro fertilization and embryo transfer, gamete intrafallopian transfer, zygote intrafallopian transfer, tubal embryo transfer, gamete and embryo cryopreservation, oocyte and embryo donation, and gestational surrogacy.*» (Zegers-Hochschild, *et al.*, 2009)

É indiscutível que as técnicas de PMA admissíveis em cada país, os seus destinatários, as condições e os limites são variáveis de Estado para Estado [197] e dependem da complexa interconexão de diversos fatores; além das causas médicas, há a considerar os fatores sociais, culturais, religiosos e biopolíticos. As técnicas de PMA são um método médico de procriação nas quais se identificam, nomeadamente [198], [199], a IA, a FIV, a ICSI, a transferência de embriões (TE), gâmetas ou zigotos, as terapias de substituição mitocondrial (MTR) e o Diagnóstico Genético Pré-Implantação (DGPI) [200].

3.1.1. IA, FIV, ICSI, TE e MTR

Os bebés-proveta provocaram uma revolução no tratamento da infertilidade, e as técnicas usadas desde 1978 são variadas consoantes a causa da esterilidade.

A IA consiste em promover a ocorrência da ovulação [201] num determinado momento (identificado ecograficamente) e, nessa altura, os espermatozoides — do parceiro ou de doador [202] — são introduzidos no útero através de um cateter [203]. Pode realizar-se em mulheres com trompas permeáveis, sendo:

genética, (re)compondo o património hereditário dando origem a um novo ser com um património genético alterado, as técnicas de PMA visam, genericamente, solucionar um problema de infertilidade ou de impossibilidade de conceber um filho.

197 V. Apêndice A, Tabela 5.

198 Utilizamos aqui a lista da LPMA.

199 A PMA permitiu também a vitrificação de ovócitos, a maternidade após a menopausa, o nascimento de um bebé após transplante de útero, bem como o nascimento de um bebé após transplante mitocondrial embrionário.

200 Bem como outras técnicas laboratoriais de manipulação genética ou embrionária equivalentes ou subsidiárias. Nesta matéria, sobre os problemas éticos e jurídicos da manipulação genética e fecundação artificial *in vivo* e *in vitro*, v. Resolução de 16 de março de 1989 do Parlamento Europeu.

201 V. Glossário.

202 V. Glossário.

203 Conforme resulta da informação constante do sítio da internet do CNPMA, em http://www.cnpma.org.pt/cidadaos/Paginas/tecnicas-de-pma.aspx (consultada em 22 de janeiro de 2019). De acordo com a informação que resulta daquela Comissão, a IA é usada sobretudo para problemas de ovulação, alterações ligeiras do número e motilidade dos espermatozoides, disfunções sexuais, infertilidade de causa inexplicada de curta duração (situação em que após o estudo do casal não se encontra explicação para a infertilidade), necessidade do recurso à doação de espermatozoides por ausência da sua produção (azoospermia secretora), inseminação com recurso a espermatozoides doados.

> «[a]s principais indicações para esta técnica [...] as alterações da qualidade do esperma, perturbações da ejaculação, patologias em que os espermatozoides são imobilizados pelo muco do colo uterino, as situações de esterilidade de causa imunológica ou desconhecida e ainda a ausência de gravidez após tratamento de indutores da ovulação.» (Almeida Santos & Moura Ramos, 2010, p. 80)

Trata-se de uma técnica laboratorial mecânica de introdução de espermatozoides no aparelho reprodutor de uma mulher. Enquanto técnica de inseminação, esta pode ser homóloga ou heteróloga. Uma inseminação diz-se homóloga quando se utilizam os espermatozoides do membro masculino do casal, sendo uma técnica usada, nomeadamente, em situações em que se verifica dificuldade de cópula ou baixa mobilidade dos espermatozoides. Será heteróloga quando se recorre a doadores de espermatozoides [204] e é indicada em casos de esterilidade masculina, para evitar doenças genéticas ou ainda em mulheres solteiras ou lésbicas (solteiras ou não).

A FIV implica o processo de estimulação ovárica por medicação injetável [205] tendo em vista obter um determinado número de ovócitos que serão colhidos [206] por punção folicular. Paralelamente, é feita a colheita de espermatozoides, que são colocados em incubação com os ovócitos. Após o período de desenvolvimento [207], um a dois embriões são transferidos [208], [209] para o útero da mulher por via vaginal [210]. Trata-se de uma reprodução no vidro da fecundação natural. Esta técnica pode ser homóloga ou heteróloga, consoante sejam usados gâmetas dos próprios ou de doadores [211].

[204] Com recurso a banco de gâmetas.

[205] A estimulação folicular múltipla, também designada por hiperestimulação controlada da ovulação, «[...] destina-se a aumentar a probabilidade de obtenção de óvulos maduros» (Almeida Santos & Moura Ramos, 2010, p. 83).

[206] Por técnica de laparoscopia.

[207] Entre dois e cinco dias.

[208] A fecundação é, portanto, extracorporal em ambiente laboratorial.

[209] O limite ao número de embriões transferidos visa evitar partos múltiplos.

[210] Conforme resulta da informação constante do sítio da internet do CNPMA, em http://www.cnpma.org.pt/cidadaos/Paginas/tecnicas-de-pma.aspx (consultada em 22 de janeiro de 2019). De acordo com a informação que resulta daquela Comissão, as indicações mais frequentes são a obstrução ou ausência bilateral das trompas uterinas, endometriose e verificação de insucesso de outros tratamentos como a indução da ovulação e a inseminação intrauterina.

[211] V. Glossário.

A ICSI é semelhante à FIV; a diferença encontra-se na técnica de fecundação — também em contexto laboratorial —, já que, ao contrário da FIV, na ICSI é selecionado um espermatozoide para injeção direta no ovócito [212], [213]. Esta técnica é utilizada quando se verifica «[...] degradação severa da espermatogénese, em que o número de espermatozoides produzidos, móveis ou morfologicamente normais, é muito reduzido» (Almeida Santos & Moura Ramos, 2010, p. 90), podendo ser necessário o recurso a uma técnica cirúrgica de obtenção de espermatozoides em situações de oligoastenoteratospermia grave ou azoospermia, de onde se destaca a «[...] aspiração percutânea de espermatozoides do epidídimo, dos canais deferentes ou mesmo dos testículos» (Almeida Santos & Moura Ramos, 2010, p. 94).

A TE visa transferir um embrião [ou um zigoto (ZIFT)] para a trompa de Falópio da mulher. Na transferência intratubar de gâmetas (GIFT), os óvulos e espermatozoides previamente selecionados são transferidos para a(s) trompa(s) (Almeida Santos & Moura Ramos, 2010, p. 92).

De acordo com o relatório da ESHRE [214] e uma análise feita a 43 países da Europa, as técnicas permitidas, incluindo com recurso a terceiros, não são homogéneas [215].

Outras tecnologias, como as MTR, são relativamente recentes. As MTR envolvem «*[...] transplantation of pronuclei, meiotic spindle, or polar bodies from the oocytes of a woman who has a mutant mitochondrial DNA into the cytoplasm of enucleated donor oocytes that have no identified mitochondrial mutation*» (Melo-Martín, 2021, pp. 220-291). Como as mitocôndrias têm o seu próprio ADN, estas crianças herdam material genético de três pessoas diferentes. O Reino Unido aprovou estas terapias em 2015 e estão a decorrer ensaios clínicos, sendo que, em 27 de setembro de 2016, nasceu no México, com a intervenção de médicos norte-americanos, aproveitando um «vazio legal» da legislação daquele país, uma criança com material genético de três pessoas distintas [216].

[212] Conforme resulta da informação constante do sítio da internet do CNPMA, em http://www.cnpma.org.pt/cidadaos/Paginas/tecnicas-de-pma.aspx (consultada em 22 de janeiro de 2019). Tem como principais indicações as situações de infertilidade masculina grave e casos de fecundação nula ou muito baixa numa FIV anterior.

[213] Podem ser heterólogas ou homólogas ou consoante se recorra ou não a banco de gâmetas ou, até, embriões.

[214] Com dados até 31 de dezembro de 2018.

[215] V. tabela 5, apêndice A.

[216] Usando-se uma técnica avançada de seleção de material genético e mutação cromossómica. V. notícia na *New Science* em https://www.newscientist.com/article/2107219-exclusive-worlds-first-baby-born-with-new-3-parent-technique/ (consultado em 22 de janeiro de 2019).

3.1.2 O Diagnóstico Genético Pré-Implantação

Outra técnica de PMA é o DGPI [217], [218], [219]. Consiste numa técnica de diagnóstico de doenças genéticas *in vitro* através de uma investigação genética e de separação de embriões não afetados para serem transferidos para o útero (Oliva Teles, 2011, p. 988) [220], [221]. As vantagens inegáveis desta tecnologia consistem na identificação precoce de doenças hereditárias, nomeadamente a Tay-Sachs e a fibrose quística, que se revelariam letais [222].

Estes diagnósticos [223] permitem aos pais tomar conhecimento das condições de saúde dos embriões [224] e fazer a seleção daqueles que se mostrem saudáveis. Muito se

[217] Diferente do diagnóstico genético pré-concecional e do diagnóstico pré-natal. V. Carlson & Vora, 2017.

[218] Atualmente designado por «Testes Genéticos Pré-Implantação».

[219] A Diretiva 2004/23/CE do Parlamento Europeu e do Conselho, de 31 de março de 2004, estabeleceu os padrões de qualidade para doação, testes, conservação, armazenamento e distribuição de células e tecidos humanos, que inclui também embriões transferidos após o DGPI. O Steering Committee on Bioethics (CDBI) do Conselho Europeu, em 22 de novembro de 2010 [CDBI/INF (2010) 6], elaborou um relatório sobre DGPI e abordou as questões legais e as respetivas assimetrias presentes em diversos países europeus (CDBI, 2010). Atualmente, é o Committee on Bioethics (DH-BIO). V. https://www.coe.int/t/dg3/healthbioethic/cdbi/

[220] O primeiro diagnóstico pré-natal foi realizado em 1969.

[221] A decisão de ter um filho saudável não constitui uma prática eugénica.

[222] Pensando em todas as questões que esta matéria suscita e a permeabilidade a esta, bastará considerar as questões relativas à *wrongful life* e *wrongful birth*, relativas à responsabilidade médica, por preterição da *legis artis* na identificação de patologia que poderia ter levado, caso identificada, ao termo da gravidez, que tem como consequência o nascimento de uma criança com deficiência e, consequentemente, o direito dos pais a serem indemnizados, colocando-se ainda em questão se a própria criança tem direito a uma indemnização também.

[223] «*Preimplantation genetic testing (PGT) is a test performed to analyze the DNA from oocytes (polar bodies) or embryos (cleavage stage or blastocyst) for human leukocyte antigen (HLA)- typing or for determining genetic abnormalities. These include: PGT for aneuploidy (PGT-A), PGT for monogenic/single gene defects (PGT-M), and PGT for chromosomal structural rearrangements (PGT-SR). This terminology now supplants the terminology preimplantation genetic diagnosis (PGD) and screening (PGS) [...] There are nine general categories for which PGT is currently used: 1. Autosomal single gene disorders 2. Some chromosomal rearrangements 3. X-linked diseases 4. HLA typing 5. Cancer predisposition genes 6. Mitochondrial DNA disorders 7. PGT-A for embryonic aneuploidy 8. Adult-onset disorders 9. Non-medical sex selection*» (The International Federation of Fertility Societies, 2016, p. 62).

[224] Nas situações de doenças hereditárias, os pacientes com maior risco deste tipo de doença podem passar pelo aconselhamento genético no sentido de serem informados das consequências e do risco de transmitirem a doença. Os pacientes podem fazer testes genómicos e ainda existem ainda os denominados testes Next Generation Sequencing, que, «[...] ao contrário dos clássicos, nos quais o estudo se baseia nas características individuais de cada gene, são analisados sequencialmente segmentos do genoma, quer levando-se a cabo uma análise global do mesmo, quer de alguns segmentos importantes para identificação ou confirmação do diagnóstico duma doença

evoluiu neste campo desde que, na década de 1950, se começou a falar na análise do líquido amniótico para determinar fatores genéticos e possíveis doenças hereditárias dos fetos. Constituem um diagnóstico pré-natal preciso — «*[...] study of chromocentres in amniotic fluid cells. In all normal cases there have been a sufficient number of diagnosable cells, and it has been shown that a diagnosis can be made in normal cases from the third month, and possibly even earlier*» (Sachs, Serr, & Danon, 1956, p. 798).

Porém, desde que, em 1955, Sachs, Serr e Danon publicaram o primeiro artigo sobre esta técnica, não demorou muito para que novas possibilidades se apresentassem. Em 1990, nasceu a primeira criança com recurso ao DGPI (Oliva Teles, 2011, p. 987), ou seja, com diagnóstico do embrião *in vitro*, fruto do desenvolvimento das técnicas de FIV e DGPI. Este último, ao lado dos testes pré-natais e da possibilidade de aborto seletivo, marcou um novo momento da história da reprodução. A possibilidade de criar embriões *in vitro* permitiu também diagnosticá-los. Se os DGPI têm sido aceites como forma de evitar descendentes com determinadas patologias genéticas, sendo até uma forma de evitar interrupções da gravidez no futuro, constituindo, de facto, um mal menor, também não podemos deixar de negar que esta possibilidade otimiza os «filhos desejáveis», criando zonas cinzentas. Por exemplo:

> «*[a] PGT-M for monogenic/single gene defects (PGT-M) has been used for detection of molecular defects linked with specific inherited diseases in embryos prior to uterine transfer. Nonaffected embryos are selected and transferred to the patient with the expectation of producing a child free of that disease.*»

Além do mais, a PGT-M pode ainda ser usada no seguinte:

> «*[...] generation of embryos followed by selection by HLA haplotype to produce a "savior sibling" for a family member afflicted with a potentially lethal disease that may be treated with hematopoietic stem cell transplantation or other cell or organ transplantation.*» (The International Federation of Fertility Societies, 2016, pp. 60-61)

Em 1991, Abby Lippman introduziu o conceito de *geneticisation*. No artigo publicado no *American Journal of Law and Medicine*, Lippman disserta sobre o fenómeno da saúde e da doença nos nossos dias e a construção social subjacente assente na escolha, controlo e segurança a que os testes alegadamente dão causa (Lippman, 1991).

genética» (Santos & Pereira, 2019, p. 27). Os testes genéticos serão realizados nos termos do DL n.º 131/2015, de 29 de agosto. V. Despacho 5411/97 (2.ª Série) do Gabinete da Ministra da Saúde sobre as orientações em relação a estes diagnósticos.

Quanto a esta questão, o Tribunal Europeu dos Direitos Humanos (TEDH) pronunciou-se, em 2012, num caso contra a Itália que proibia, entre outros, o DGPI [225]. O caso Costa and Pavan mostra um certo ativismo judicial em Estrasburgo, considerando as questões bioéticas que lhe estão associadas, mormente a alegada inconsistência legal em Itália que, apesar de não admitir a este casal o recurso ao DGPI, teria permitido a interrupção voluntária da gravidez (IVG), e as consequências...

> «*[...] of such legislation for the right to respect for the applicants' private and family life are self-evident. In order to protect their right to have a child unaffected by the disease of which they are healthy carriers, the only possibility available to them is to start a pregnancy by natural means and then terminate it if the prenatal test shows that the fœtus is unhealthy.*» (Case of Costa and Pavan v. Italy, 2012)

O Estado italiano invocava que o caso não se subsumia nos termos do art. 8.º da Convenção Europeia dos Direitos Humanos (CEDH), já que o preceito não inclui o «direito a ter uma criança saudável», enquanto os queixosos alegavam, sumariamente, que a decisão de ter ou não um filho era pessoal, incluindo neste âmbito o fator genético. Neste campo, o tribunal, com grande acuidade, disserta sobre a diferença entre um embrião e uma criança [226], concluindo que o Estado falha em demonstrar a alegada proteção a uma seleção eugénica quando torna depois possível a IVG do feto, cujo grau de desenvolvimento é evidentemente maior. O Tribunal acabou por concluir que «*[...] the interference with the applicants' right to respect for their private and family life, even if "prescribed by law" and in pursuit of a "legitimate aim" under Article 8 § 2, was disproportionate and thus exceeded the "necessary in a democratic society" test*» (Stefano, 2012).

Sem nos alongarmos mais com esta análise, relativamente a matéria que não faz parte, de facto, do âmago do nosso estudo, a principal vantagem do teste genético é a identificação precoce de uma patologia genética, evitando-se desta forma abortamentos no futuro e já no decurso da gravidez [227], [228], [229]. Neste sentido, o CDBI concluía que o uso do DGPI se destina sobretudo aos seguintes:

[225] No caso Costa and Pavan v. Italy, 2012.

[226] Numa resposta à alegada situação de seleção eugénica invocada pelo Estado.

[227] A autora identifica outras, como o facto de «perder um embrião deficiente é preferível a pedir a morte de um feto *in-utero*; e, ainda, poder haver um tempo mais curto entre cada tentativa de gravidez» (Oliva Teles, 2011, p. 988).

[228] Em Portugal, «[...] o grupo de trabalho com mais experiência em DGPI apresentou em 2009 os resultados de 100 ciclos clínicos de DGPI para polineuropatia amiloidótica familiar (PAF) em 58 casais, de que resultaram 20 gravidezes clínicas, das quais 15 corresponderam a gravidezes de termo» (Oliva Teles, 2011, p. 990).

[229] A Alemanha alterou a sua legislação sobre diagnósticos em embriões como um compromisso contra momentos históricos de má memória: «*[...] in 2011 Germany famously reversed this longstanding embryo protection policy in order to allow couples at risk of giving birth to offspring with severe genetic disease*

> «[...] *couples carrying genetic conditions linked to severe disorder or premature death of their offspring who wish to avoid initiation of a pregnancy that may not come to term or that may entail the difficult question of terminating the pregnancy in case of a detected particularly severe genetic defect.*» (CDBI, 2010, p. 15)

Em Portugal, estes testes remontam ao ano de 1998, tendo sido realizados pela primeira vez pelo Professor Alberto Barros, da Faculdade de Medicina do Porto [230], [231]. Nos termos da Lei da Procriação Medicamente Assistida (LPMA), têm como objetivo a identificação de embriões não portadores de anomalia grave antes da sua transferência para o útero materno [232], e destinam-se a pessoas descendentes de famílias com alterações genéticas que causem morte precoce ou doença grave e quando exista o risco de transmissão dessa à descendência [233], [234].

3.2. A Gestação para Outrem

A gestação para outrem [235] refere-se a um bionegócio em que uma mulher engravida com recurso a uma técnica de PMA [236] para, após o nascimento, entregar a criança a outrem, desta forma pondo à disposição de outra pessoa a sua capacidade reprodutiva. A imagem traz à memória os contos (negros) de Aldus Huxley [237]

to undergo preimplantation genetic diagnosis — a procedure that involves both manipulating and potentially discarding viable human embryos. Again, this legislative change was both pragmatic and expressive: it brought relief to German couples who would otherwise have had to travel outside Germany to seek treatment, but it also articulated a more nuanced interpretation of 'human dignity' and an altered relationship to the painful national memories linked to the national eugenic programme implemented under the Nazi racial hygiene policies» (Franklin, 2016).

[230] V. https://www.cnpma.org.pt/cidadaos (consultado pela última vez em 30 de setembro de 2021).

[231] O primeiro diagnóstico a um embrião antes da implantação no útero foi feito em 1991, tendo Chloe nascido em 1992 no Hammersmith Hospital em Londres.

[232] Art. 28.º, n.º 1.

[233] Art. 29.º.

[234] Admitindo-se, nestas situações, a seleção do embrião pelo sexo, considerando que há patologias genéticas que só se manifestam num dos sexos (CDBI, 2010).

[235] Também «maternidade de substituição», «barriga de aluguer» (numa versão mais popular) ou, na versão da LPMA, «gestação de substituição». Apesar de esta gestação não ser propriamente, ou necessariamente, uma técnica de PMA, hoje em dia esta solução para quem deseja ter um(a) filho/a é sobretudo científica e, portanto, haverá recurso a uma das técnicas descritas de PMA.

[236] Nomeadamente IA, FIV ou ICSI. Sendo que nos estamos a referir aqui exclusivamente à gestação de substituição gestacional (v. infra).

[237] No seu *Admirável Mundo Novo* (Huxley, 2001).

ou Margaret Atwood [238] e a produção, por incubadoras humanas [239], de crianças. E, se é verdade que a bebé Louise fez história, em 1978, como a primeira criança a nascer por FIV, é verdade também que não demorou muito para que nascesse nos EUA a primeira criança através de um contrato de gestação por interposta pessoa: um contrato de *surrogacy* [240].

Apesar das insipientes referências que já encontramos nos tempos bíblicos, a gestação de substituição foi projetada para a ribalta, nos EUA, nos anos 80 do século XX, através do seu caso mais notório: o caso Baby M [241] (Matter of Baby M., 1988). Este verdadeiro *puzzle* familiar que a questão suscita é sintomático no drama que o referido caso acaba por simbolizar: um acordo informal, mediado por uma clínica de fertilidade, de comercialização de capacidade reprodutiva de uma mulher. Bill Stern, mais tarde conhecido como Mr. Sperm [242], e Mary Beth Whitehead celebraram um acordo de *traditional surrogacy* (óvulos da gestante com espermatozoides de William), mediado pela Infertility Center of New York, através do seu diretor, Noel Keane. Mary Beth, mãe de duas crianças, recebeu pelos *serviços* uma contrapartida no valor de 10 000,00 $. A criança nasceu (Sara, para a gestante, e Melissa, para os Stern) em 27 de março de 1986 e a gestante acabou por se recusar entregá-la aos *intended parents*, tendo a menina acabado por ser levada pela (mãe) gestante [243] para a Flórida, apesar da ordem de custódia entretanto requerida e concedida a favor dos Stern. Mary Beth alegava que o contrato era inválido e que violava o seu direito (como mãe) em acompanhar a filha e esta ser criada pelos seus pais naturais. Quanto ao pedido de adoção apresentado pela *intended mother*, contra a vontade desta, violava o estatuto da adoção em vigor (Matter of Baby M., 1988).

Os Stern, por seu turno, alegavam que o contrato era válido e devia ser coercivamente imposto à contraente que, entretanto, recebeu um pecúlio pelos seus serviços.

[238] Em *The Handmaid's Tale*, «*Better never means better for everyone... It always means worse, for some*» (Atwood, 2010).

[239] Embora haja já estudos com mamíferos para a gestação fora do corpo humano. A ectogénese tem vindo a ser estudada e, em abril de 2017, investigadores do Children's Hospital de Filadélfia anunciaram o desenvolvimento de um útero artificial. O «biobag» visa ser uma alternativa a incubadoras para bebés prematuros e mostrou resultados viáveis em cordeiros. Do estudo conclui-se que «*fetal lambs that are developmentally equivalent to the extreme premature human infant can be physiologically supported in this extra-uterine device for up to 4 weeks*» (Partridge, et al., 2017).

[240] Em 1989, nasceu fora dos EUA a primeira criança por gestação de substituição, após proposta, em 1986 — com a oposição da BMA e da recomendação do relatório Warnock —, por Patrick Steptoe e Robert Edwards, os pioneiros da FIV, para que a gestação de substituição não tradicional fosse uma forma de tratamento (Brinsden, 2016, p. 1).

[241] Ainda que a técnica remonte a 1975, no Estado americano da Califórnia.

[242] Como a gestante chamava ao Sr. Stern (Whetstine & Beach, 2016, p. 33).

[243] A mãe ausentou-se sem revelar o paradeiro da criança que, com recurso a detetives privados, acabou por ser encontrada e entregue aos Stern (Sanger, 2007, pp. 67-68).

Nos idos anos de 1980, como ainda hoje, estava sumariamente em causa o confronto entre o exercício da liberdade contratual e a sua relação com os direitos reprodutivos. Tínhamos (temos) em discussão, *in extremis*, a liberdade reprodutiva transposta para uma categoria contratual e que se elevou ao mais alto nível da discussão, mercê do seu forte impacto social, considerando nomeadamente a novidade do tema, as inerentes repercussões de alarme quanto a matérias pouco conhecidas, o exercício de uma atividade ampliada pelos meios de comunicação social norte-americanos que exploraram as diferentes realidades sociais dos *intended parents* e da gestante e da sua família: aqueles, de classe média alta e letrados e estes, pelo contrário, com fraco grau de escolaridade e da classe trabalhadora indiferenciada.

A *ameaça* da comercialização de técnicas de reprodução foi um dos bastiões usados pelos que se opuseram (e opõem) à legalização da gestação de substituição, sobretudo por líderes religiosos e algumas alas feministas [244], criando-se um verdadeiro pânico moral em torno do caso (Scott, 2009, p. 111). De facto, o caso, com cobertura mundial, suscitou aceso debate jurídico, mas também social, religioso, filosófico, moral, ético e político, em torno da *mercantilização* das crianças, dos direitos reprodutivos e do próprio conceito de família (Sanger, 2007, p. 69).

O processo, sempre altamente mediatizado, acabou em tribunal, e o Juiz Harold Sorkow determinou, em primeira instância, a validade do contrato outorgado e que fosse reconhecido aos Stern a titularidade dos poderes parentais [245], cessando os da Sra. Whitehead, tendo aqueles também a custódia exclusiva da criança. Foi ainda concedida autorização para a Sra. Stern adotar Melissa. Porém, no âmbito do recurso apresentado perante o Supremo Tribunal de Nova Jersey, a decisão foi substancialmente alterada. Este tribunal superior concluiu que o contrato violava princípios de ordem pública, nomeadamente que o negócio consubstanciava uma «venda da criança», o que era proibido nos termos da própria lei da adoção, bem como a possibilidade de, antes do nascimento, a mãe renunciar aos direitos parentais. O contrato de *surrogacy* foi, assim, considerado ilegal [246] nos termos da aplicação da lei da adoção, em relação à qual não pode haver contrapartida económica e até, eventualmente, com repercussões criminais.

Mas o caso acabou numa configuração de direito de custódia. Numa decisão salomónica (Whetstine & Beach, 2016, p. 34), como foi apelidada, o tribunal superior manteve, não obstante, a custódia da criança com os Stern, considerando os interesses daquela e concedendo à mãe direitos de visitas [247]. Embora o pai da criança

[244] Não deixando de ser curioso que algumas fações feministas se associem quanto a esta matéria a líderes religiosos.

[245] Tradução literal dos «*parental rights*».

[246] V. na tabela 13, apêndice G, a atual situação no Estado de Nova Jersey.

[247] O caso caiu na opinião pública e fez juntar grupos tão díspares como feministas e católicos conservadores, fazendo dele um verdadeiro caso contra a *surrogacy*, o que levou vários Estados a desaprovar a técnica, incluindo Arizona, Louisiana, Nova Iorque, Utah e o distrito de Columbia (Storrow, 2016, pp. 196-197).

suscitasse a sua liberdade reprodutiva, o tribunal acabou por concluir que a decisão em nada afetava a sua liberdade, porquanto, no limite, ele tinha tido uma filha, só que tal desiderato cumpriu-se não com a sua mulher, mas com a *surrogate* (Storrow, 2016, p. 197). O Estado de Nova Jersey tratou a questão da *surrogacy* ao nível dos pressupostos da adoção (Storrow, 2016, p. 197), não admitindo, portanto, qualquer remuneração para além dos encargos e custos da gravidez [248]. Como defendeu o tribunal, numa sociedade civilizada, há coisas que o dinheiro não compra, aludindo à comodificação que considerou patente no caso.

O caso suscitou, e continua a suscitar, grande interesse, não só quanto à questão da problemática da gestação de substituição tradicional, como quanto ao papel da agência que mediou o casal e a gestante (mãe de facto e de direito, segundo o tribunal), já que se conclui pela existência de falhas no processo de recrutamento da gestante que um relatório psiquiátrico teria despistado, e, por outro lado, a Sra. Stern, médica doutorada, não era, de facto, infértil, mas, tendo esclerose múltipla, estaria preocupada com o impacto da gravidez.

Quando a criança atingiu a maioridade, acabou por formalizar a sua relação com a (outra) mãe, Elizabeth Stern, através de um processo de adoção [249], e cessou qualquer vínculo com a mãe Mary Beth Whitehead [250].

Mas o caso marcou e imprimiu as grandes questões associadas à gestação de substituição, mesmo para além dos EUA. Por exemplo, no Reino Unido, a Human Fertilisation and Embryology Act (HFEAct) de 1990 levou à discussão a matéria das técnicas de PMA com especial enfoque na gestação de substituição e, desde então, o debate alastrou-se [251].

O negócio, assente na liberdade contratual e reprodutiva, está claramente associado a uma prática reprodutiva que, com recurso a terceiros, através de um negócio jurídico, permite à gestante ter um(a) filho/a para e por conta de outrem, com o intuito de o/a entregar aquando do nascimento e sem intenção de assumir quaisquer direitos e obrigações relativos à criança, ao contrário do(s) comitente(s) que dá/dão

[248] Em Estados como a Florida, existe um estatuto contratual para uma adoção pré-planeada aplicável aos casos da *surrogacy* tradicional (Storrow, 2016, p. 199).

[249] Conforme notícia de 2012, «March 30. Kelly: 25 years after Baby M, surrogacy questions remain unanswered» (retirado de http://www.northjersey.com/columnists/kelly/033012_Kelly_25_years_after_Baby_M_surrogacy_questions_remain_unanswered.html em 16 de novembro de 2018).

[250] Como foi noticiado pelo *New York Times* sobre Melissa, que vive agora em Londres: «*But in 2007 she spoke to the magazine New Jersey Monthly and said of the Sterns: "I love my family very much and am very happy to be with them. I'm very happy I ended up with them. I love them, they're my best friends in the whole world, and that's all I have to say about it"*» [«Baby M and the Question of Surrogate Motherhood», *New York Times*, March 23, 2014, retirado de https://www.nytimes.com/2014/03/24/us/baby-m-and-the-question-of-surrogate-motherhood.html em 16 de novembro de 2018].

[251] De facto, talvez a melhor forma de introduzir a temática da gestação de substituição seja pela leitura do *Making Babies* pela mão de Mary Warnock (Warnock, 2002).

causa à gravidez e visa(m) ser legalmente reconhecido(s) como pai(s)/mãe(s) da criança. Este negócio coloca-se no centro do debate das denominadas *bodily transactions* [252], de que a gestação de substituição é *só* um exemplo [253].

Contudo, sendo verdade que está em causa a liberdade reprodutiva e a autonomia dos contraentes, é impossível olvidar que o negócio visa a criação de um ser de direito e, para além dos interesses dos futuros pais da criança e da gestante, haverá de se considerar — sendo quiçá o mais importante a acautelar — os direitos e interesses daquela criança. Os melhores interesses da criança serão, em nosso entendimento, e mostrando-se legítima a possibilidade de outorgar este negócio [254] e os seus termos, a pedra de toque de toda a regulamentação da gestação de substituição.

Os direitos reprodutivos e de acesso à parentalidade, genética ou não, gestacional ou não, até podem justificar o acesso às técnicas de reprodução medicamente assistida, incluindo gestação de substituição, considerando a autodeterminação de cada um(a) em se submeter ou contribuir para este processo, ainda que pondo à disposição o seu próprio corpo numa *bodily transaction*, refletindo um afloramento da liberdade reprodutiva, a liberdade de gerar um(a) filho/a para outrem e por conta de outrem. Não desconsideramos — algo que aqui vamos discutir — que essa será sempre uma leitura puramente individual dos direitos e interesses em apreço, restando saber se outros âmbitos, especificamente sociais e coletivos, são suscetíveis, por um lado, de integrar esses direitos e interesses e, por outro, de lhes erigir barreiras quanto ao seu livre exercício. É que, embora não querendo adiantar a discussão, não podemos deixar de considerar que este bionegócio, nos termos definidos, tem de facto como partes aqueles que querem um(a) filho/a e a mulher disposta a gerá-lo/a (com eventual contributo de gâmetas ou embriões de terceiros), mas a pelo menos aparente mercantilização da pessoa e das suas capacidades, quer da mulher gestante, quer do/a próprio/a filho/a, parece colocar o ser humano num «mercado» da reprodução, parecendo transformá-lo num objeto.

Não descuramos que a PMA deu uma nova esperança a casais inférteis ou àqueles a quem, por razão do género ou opções de sexualidade, estava vedada a possibilidade de um projeto parental, eventualmente com exceção da adoção [255], sendo a gestação de substituição uma nova opção deste novo paradigma de relações familiares bem afastadas de um conceito tradicional: a entrada de um terceiro (ou vários) que contribui para a produção de uma criança. E, assim, o paradigma da parentalidade, mas sobretudo da maternidade, parece ter-se tornado indeterminado quando antes era tão certo e evidente. E mais ambíguo se torna o conceito da maternidade se assumirmos a gestação de substituição como um negócio oneroso e deixarmos de lado

[252] De que noutros tempos a escravatura seria um exemplo.

[253] Mas que são tão rotineiros como o transplante de órgãos e outras técnicas de reprodução medicamente assistida, incluindo a doação de gâmetas ou embriões.

[254] É o que vamos analisar nos capítulos que se seguem.

[255] Quando possível para solteiros/as ou casais homossexuais.

o seu caráter altruísta que, pelo menos, eleva o contrato a um nível quase etéreo de atuação em favor de alguém, sem qualquer contrapartida que não seja a participação num projeto parental de outrem e/ou para outrem [256], [257], [258].

A situação ganha ainda uma nova particularidade quando os/as futuros/as pais/mães recorrem a tratamentos médicos fora do alcance da lei doméstica; uma fuga a uma proibição que encontram no seu Estado, que pode até censurar criminalmente o negócio. De facto, as assimetrias de oportunidades que cada lei doméstica confere implicam que, e apesar dos custos acrescidos, cada um planeie o seu projeto parental de acordo com um oportunismo legal que, tendo possibilidade, mormente financeira, de o obter, é concretizado. Esta posição consta das conclusões do relatório final da ESHRE em matéria de *Cross Border Reproductive Care* (CBRC), que encerra o relatório com a análise aos movimentos transfronteiriços, considerando-os uma forma de autonomia dos pacientes, mas só acessível a quem pode pagar por eles (European Society of Human Reproduction and Embryology, 2009, p. 86).

De acordo com a ESHRE, as razões para que os pacientes recorram a CBRC variam, mas o motivo predominante para a «saída» prende-se com razões legais [259], [260] (European Society of Human Reproduction and Embryology, 2009, p. 82), incluindo o fator da idade, técnicas proibidas [261] ou orientação sexual (European Society of Human Reproduction and Embryology, 2009, p. 83). Inegavelmente, esta fuga à lei para lograr um intento não permitido pela lei doméstica gera consequências na relação entre os pais [ou mãe(s) e/ou pai(s)] e a criança, *criada* através de uma técnica de gestação proibida pela lei doméstica dos que se assumem como seus pais, com forte impacto em terceiros, isto é, na própria criança: a criança gerada e nascida de um projeto parental de quem, nessas circunstâncias, poderá ser o que menos ligações biológicas e/ou genéticas [262] tem com a criança.

[256] Não estamos a dizer que é relevante para os efeitos do negócio nem a estereotipar o papel da mulher. O que nesta altura queremos enfatizar é que, se cada um dos intervenientes tem um papel — seja quem for legalmente reconhecido como pai e/ou mãe da criança — na produção daquela criança, a natureza onerosa do negócio parece desconsiderar o papel desses terceiros como titulares de pelo menos um dos critérios associados à maternidade, isto é, a ligação genética, a gestacional e a social. V. capítulo V.

[257] Além da discussão sobre o terreno fértil em que estes negócios se podem concretizar que pode propiciar a exploração do ser humano, dos mais indefesos, nomeadamente a nível económico e social, em favor dos mais favorecidos, agravando iniquidades e aumentando assimetrias, temas que vamos explorar nos capítulos subsequentes.

[258] V. Tabelas 15 e 16 do Apêndice I.

[259] «*Italy (70.6%), Germany (80.2%), France (64.5%), and Norway (71.6%).*»

[260] Outros motivos apresentados relacionam-se com a qualidade dos serviços, facilidade de acesso ou anteriores tratamentos falhados.

[261] Doação de gâmetas e/ou embriões, DGPI.

[262] Estamos a pensar na gestação de substituição com recurso a gâmetas de terceiros em que nenhum deles seja do pai e/ ou da mãe e ainda em situações de gestação tradicional, isto é, em que a doadora do óvulo é a própria gestante.

Não estamos a assumir que se justifiquem violações à lei e condutas fraudulentas de aplicabilidade do ordenamento doméstico para lograr o objetivo de uma maternidade e/ou paternidade à revelia das regras legais, mas a questão subjacente é delicada, pela existência de um terceiro alheio à situação e cujos melhores interesses, afinal, devem ser norteadores das soluções jurídicas que se desenhem. Coloca-se como uma questão-limite, com vicissitudes que, dentro do campo em que se desenvolve, se imiscui na mais delicada composição de filigrana dos princípios basilares dos ordenamentos jurídicos. Tanto assim é que, no próprio esforço de harmonização em relações plurilocalizadas, se evidencia esta delicada composição de interesses, pondo os pais numa situação de incerteza legal, ainda que se imponha um agravado esforço de harmonização, tanto quanto possível, se não das soluções materiais, pelo menos ao nível da lei aplicável a cada um dos comuns conflitos plurilocalizados.

Certo é que os avanços tecnológicos impõem uma verdadeira revolução jurídica e ética e, como *in casu*, desde logo, a redefinição de conceitos como a maternidade e, consequentemente, da própria família.

3.2.1. Tipos de Gestação de Substituição

Em 1984, o Relatório Warnock [263] (pp. 42-47) definiu «gestação de substituição» como «*[...] the practice whereby one woman carries a child for another with the intention that the child should be handed over after birth*» (p. 42). Também se pode definir como «*[...] "third party" reproductive practice in which the intending parent(s) and the surrogate mother agree that the surrogate mother will become pregnant, gestate, and give birth to a child*», de acordo com o *Report of the Special Rapporteur on the sale and sexual exploitation of children, including child prostitution, child pornography and other child sexual abuse material* (Human Rights Council, 2018, p. 3). A gestação de substituição pode ainda ser definida como «*[p]ractice whereby one woman carries a child for another with the intention that the child should be handed over after birth*» (Todorova, 2010).

Em Portugal, o art. 8.º da LPMA define gestação de substituição como «qualquer situação em que a mulher se disponha a suportar uma gravidez por conta de outrem e a entregar a criança após o parto, renunciando aos poderes e deveres próprios da maternidade».

Por sua vez, a gestante é a mulher que «*[...] carries a pregnancy with an agreement that she will give the offspring to the intended parent(s). Gametes can originate from the intended parent(s) and/or a third party (or parties)*» (Zegers-Hochschild, *et al.*, 2009). No glossário de Todorova (Todorova, 2010), «mãe gestante» (o glossário refere-se a *surrogate mother*) apresenta como definição «*[t]he woman that gestates and gives birth*».

263 Como ficou conhecido o *Report of the Committee of Inquiry into Human Fertilisation and Embryology*, publicado em maio de 1985 pela Wiley-Blackwell sob o título *Question of Life: The Warnock Report on Human Fertilisation and Embryology*. Dame Warnock considerava a existência de atuação legislativa nesta matéria necessária tendo em conta o interesse público que lhe estava subjacente.

Já a Conferência de Haia de Direito Internacional Privado (HCCH) define-a como se segue:

> *«The woman who agrees to carry a child (or children) for the intending parent(s) and relinquishes her parental rights following the birth. In this paper, this term is used to include a woman who has not provided her genetic material for the child. In some States, in these circumstances, surrogates are called "gestational carriers" or "gestational hosts".»* (Hague Conference on Private International Law, 2012)

Por sua vez, o(s)/a(s) *intending parent(s)* é/são a(s) pessoa(s) que *«[...] request another to carry a child for them, with the intention that they will take custody of the child following the birth and parent the child as their own. Such person(s) may, or may not be, genetically related to the child born as a result of the arrangement»* (Hague Conference on Private International Law, 2012). Estes pretendem, no âmbito deste bionegócio, ser reconhecidos legalmente como os pais/mães, isto é, o reconhecimento legal da parentalidade é considerado da seguinte forma:

> *«[...] considered to have acquired the legal status of being the "parents" of the child under the relevant law, and who will acquire all the rights and obligations which flow from this status under that law. In surrogacy situations, this may not (indeed, often will not) coincide with the genetic parentage of the child (i.e., those who have provided their genetic material).»* (Hague Conference on Private International Law, 2012)

Além da gestante e dos beneficiários, pode haver ainda outro(s) interveniente(s) — ainda que não diretamente no contrato de gestação de substituição — correspondente(s) ao(s) doador(es) de gâmetas ou embriões: os ascendentes genéticos, isto é, a parentalidade genética, que corresponde às pessoas que *«[...] have provided their genetic material for the conception of the child. In some languages, this is referred to as "biological parentage". In surrogacy situations, such person(s) may not be (and often will not be), the legal parent(s) of the child»* (Hague Conference on Private International Law, 2012).

Assim, considerando as definições que exemplificativamente apresentamos, extraem-se, quanto ao bionegócio, os seguintes elementos comuns:

(i) a existência de um acordo entre a gestante e as pessoas ou pessoa com intenção de ter(em) um(a) filho/a;
(ii) em que aquela engravida com o objetivo de entregar (legalmente) a criança a este/a(s), que passa(m) a assumir a relação parental e os respetivos e integrais efeitos jurídicos;
(iii) não mantendo a criança qualquer ligação, legal, com a gestante e a sua família;

(iv) sendo o embrião criado laboratorialmente com recurso, ou não, a doação de gâmetas ou embriões de terceiros.

Ainda que seja possível encontrar um denominador comum no âmbito deste biocontrato — isto é, uma gestante engravida com o escopo de entregar a criança após o nascimento à(s) contraparte(s), uma vez que aquela não tem (tinha?) intenção de assumir a maternidade da criança nem, por maioria de razão, os direitos e obrigações associados à filiação —, de entre as várias combinações que é possível estabelecer no âmbito relacional entre os outorgantes do biocontrato e a futura criança, é possível elencar tipos distintos de gestação de substituição. Optámos, sem ao mesmo tempo pretender dar conta de uma lista exaustiva das várias classificações que a doutrina vai apresentando, por distinguir a gestação de substituição e os diferentes tipos de acordo com as ligações genéticas da criança com qualquer um dos outorgantes do contrato ou a terceiros face ao negócio jurídico.

A gestação pode ocorrer através de IA ou FIV [264], [265], neste caso, com a respetiva TE para o útero da gestante. A gestação obtida através de FIV pode sê-lo com recurso aos óvulos da beneficiária [266] ou de uma doadora [267] e a respetiva TE para o útero da gestante. Quanto à contribuição masculina, o pai pode ser o doador dos gâmetas ou pode recorrer-se a um doador de espermatozoides.

Estes contratos de gravidez podem agrupar-se em diferentes tipos e há, de facto, uma multiplicidade de combinações considerando a contribuição de diversas pessoas para a conceção, o nascimento e a vida da criança, já que, seja qual for a combinação, a verdade é que esta técnica implica uma desassociação entre os diversos elementos que, tradicionalmente, identificariam a mãe [268].

3.2.1.1. A Gestação de Substituição Total ou Parcial

A primeira classificação que apresentamos é a gestação de substituição total ou parcial. Há gestação de substituição tradicional, parcial ou natural, quando a gestante tem uma relação genética com a criança, isto é, a gestante é a doadora do óvulo no caso em concreto. Isto significa que a gestante, além da relação gestacional, é ainda a ascendente genética da criança usando o seu próprio óvulo (Todorova, 2010) — a gestante apresenta «*[...] a genetic link by providing the oocyte*» (Shenfield, *et al.*, 2005). Quanto ao vínculo (genético) paterno, este tipo de gestação de substituição pode

[264] Usando os óvulos da gestante, neste caso.

[265] Também ICSI. Ainda que esta técnica seja usada para casos de infertilidade masculina, a verdade é que a sua utilização é crescente, considerando as taxas de sucesso de gravidez.

[266] Pode ser referida como «gestação de substituição genética».

[267] Não há, portanto, relação genética entre a gestante e a criança.

[268] *In casu*, o parto.

decorrer de uma doação de espermatozoides do beneficiário ou ainda com recurso a banco de gâmetas.

Esta ligação genética entre a gestante e a criança já não se identifica na gestação de substituição total. Assim, há gestação de substituição total, completa ou gestacional [269], quando a gestante é fecundada com um embrião cujo óvulo não era o seu (The International Federation of Fertility Societies, 2016, p. 70), ou seja, a gestação de substituição total ou gestacional é «*[a] surrogacy arrangement in which the surrogate does not provide her own genetic material and thus the child born is not genetically related to the surrogate*» (Hague Conference on Private International Law, 2012). Desta forma, os embriões são criados via FIV normalmente e transferidos para o útero da gestante (Bromfield & Rotabi, 2014, p. 124). Neste tipo de *surrogacy*, a gestante não apresenta qualquer vínculo genético com a criança e podem verificar-se diversas combinações: «*(i) the gametes of both commissioning parents are used; (ii) both gametes come from donors (donation of either supernumerary or de novo-created embryos); or (iii) one of the commissioning parents provides the gametes and a gamete donor the other.*» (Shenfield, *et al.*, 2005)

Quando, na gestação de substituição total, também existe relação genética com os *intended parents* ou *commissioning parents*, estes também são «*[...] the "genetic couple" [...]. The gestating mother may be known as "host mother" or "surrogate mother"*» (Brinsden, 2016). Quando se verifica esta coincidência, Wedeł-Domaradzka refere-se à gestação de substituição em sentido estrito, isto é, «*[...] the situation in which a woman and a man become parents of a child genetically derived from them, the embryo of which has been implemented in another woman, who then gives birth to the child and relinquishes it to its "genetic parents"*» (Wedeł-Domaradzka, 2019, p. 608) [270]. Considerando esta eventual relação genética entre a criança e, pelo menos, um dos beneficiários ou, pelo menos, a inexistência desta relação com a gestante, parece ser esta a opção mais procurada. De facto, a gestação (de substituição) tradicional será aquela que maior celeuma pode suscitar e, apesar de remontar a tempos bíblicos, nesta altura, encontra-se praticamente em desuso [271], não só por imperativos legais, já que são muitos os Estados

[269] O primeiro caso de uma gestante sem ligação genética com a criança ocorreu em 1986.

[270] Em contraposição com o sentido amplo de gestação de substituição, entendida como «*[...] the situation in which a woman and a man become parents of a child genetically derived from the woman (in which case the semen comes from a third party) or a man (in which case the egg cell comes from a third party), regardless of the fact that another woman was pregnant and gave birth to the child and that the child is genetically related (partly) to another (fourth) person*» (Wedeł-Domaradzka, 2019, p. 608). A autora distingue ainda o que apelida de *quasi* gestação de substituição, «*[...] the situation in which a woman and a man become parents of a child genetically related to another couple, regardless of the fact that another woman was pregnant and the child was born of her*», da pseudogestação de substituição, «*[...] a situation in which two persons acquire the legal status of a mother or parents*» (Wedeł-Domaradzka, 2019, p. 608).

[271] Conta-se que, nesta altura, a gestação de substituição natural ou tradicional será de 1% (Whetstine & Beach, 2016, p. 33).

que recusam a possibilidade da gestação tradicional [272], mas também pelo menor risco do incumprimento dos contratos.

Espera-se que, em princípio, pelo menos, a inexistência do vínculo genético diminua a possibilidade de criação de ligação afetiva entre a gestante e a criança, por um lado e, por outro, diminua a possibilidade de quebrar ao máximo as ligações típicas da maternidade com a gestante — com exceção da própria gestação —, parecendo, ao mesmo tempo imprimir um maior grau de, se não certeza, pelo menos de discussão sobre quem deve ser a mãe da criança.

Desde logo, de entre todas as querelas ou reservas que a técnica de PMA suscite, a gestação de substituição denominada tradicional [273] levanta acrescidos problemas, uma vez que a gestante é também mãe genética da criança. Neste caso, além da ligação biológica que a criança tem, a gestante também mantém com esta outro vínculo, o genético, o que faz com que, para os efeitos e o objetivo do contrato, esta mulher seja a que mais se confunde com uma mãe que tem um filho para outra/outrem, além da maior dificuldade em se conceber a ligação futura da *intended mother* e da criança.

3.2.1.2. A Gestação de Substituição Altruísta ou Onerosa

A gestação de substituição, seja tradicional ou gestacional [274], pode ainda ser categorizada como altruísta ou comercial [275], consoante, além do reembolso de despesas, tenha ou não compensação financeira (Report of the Committe of Inquiry into Human Fertilisation and Embryology, 1984, pp. 42-43). Um contrato de gestação de substituição diz-se comercial quando:

> «*[...] [the] intending parent(s) pay the surrogate financial remuneration which goes beyond her "reasonable expenses". This may be termed "compensation" for "pain and suffering" or may be simply the fee, which the surrogate mother charges for carrying the child. This may be a gestational or a traditional surrogacy arrangement.*» [276] (Hague Conference on Private International Law, 2012)

Estes contratos de natureza onerosa são muitas vezes *intermediados* por terceiros, apresentando-se, apesar de não haver números certos, como um negócio altamente

[272] Tendo tido um dos seus períodos mais negros com o caso da «Baby M», nos anos 80 nos Estados Unidos.

[273] Restando saber quem a mãe gestante está a substituir nesse caso.

[274] Podendo ainda classificar-se como intrafamiliar ou extrafamiliar, consoante haja, ou não, ligação familiar entre a gestante e a beneficiária.

[275] V. Tabelas 9, 10 e 11 do Apêndice E.

[276] Como chama à atenção a HCCH: «*N.B. It is often difficult to draw the line between what is an altruistic surrogacy arrangement and what is a commercial arrangement. For example, if a surrogate is unemployed prior to conception but can claim "reasonable expenses", including loss of earnings, for the arrangement, is this arrangement still "altruistic"?*» (Hague Conference on Private International Law, 2012).

lucrativo. Dados de 2012 sugerem que esta indústria tenha movimentado um valor estimado em seis mil milhões de dólares americanos (Deharo & Madanamoothoo, 2020, p. 347). No contrato em que não haja qualquer contrapartida económica:

> «*[...] where the intending parent(s) pay the surrogate nothing or, more usually, only for her "reasonable expenses" associated with the surrogacy. No financial remuneration beyond this is paid to the surrogate. This may be a gestational or a traditional surrogacy arrangement. Such arrangements often (but not always) take place between intending parent(s) and someone they may already know.*» (Hague Conference on Private International Law, 2012)

Considera-se que, por ser altruísta, haverá um nexo de ligação da decisão da gestante baseada exclusivamente num ato de amor (Deharo & Madanamoothoo, 2020, p. 347), ao contrário da comercial, em que é, ou pode ser, conduzida por valores de mero ganho pessoal, pelo que são poucos os países que admitem a gestação de substituição comercial [277].

4. Conclusões

I. O momento pós-Segunda Guerra Mundial e a razão que marca o período da emergência dos direitos humanos representam maioritariamente o escopo de preservar a humanidade — a humanidade de cada um(a) e de todos/as enquanto povos, num espírito de solidariedade fraterna. Esta humanidade é preservada principalmente dos excessos que marcaram este período; os excessos dos regimes totalitários. Mas estes excessos são agora também do individualismo que nos faz perder aquele sentido de reciprocidade que resulta da solidariedade dos povos das nações unidas. É nesta ponderação que estamos em crer que a discussão se coloca, e preservar os direitos humanos de cada um(a) e reconhecê-los no movimento dinâmico em que se encontram é um imperativo para a preservação da dignidade humana, incluindo de quem há de vir. Preservamos e reconhecemos os direitos humanos para lá de uma ideologia transhumanista. Na ligação entre a lei, a natureza e a ciência, não é esta que estabelece o limite, mas sim a natureza humana. Entendemos que nos encontramos no limite do possível; o possível é preservar a humanidade dos direitos humanos que lhe são inerentes e sem os quais perde o seu significado.

[277] Arménia, Geórgia, Israel, Cazaquistão, Rússia, Uganda, Ucrânia, Listenstaine e alguns Estados dos EUA.

II. A ciência, ao nível em que a apresentamos, tem conduzido de forma particularmente intensa a uma panóplia de oportunidades históricas de superação que se têm revelado como importantes desafios para o ser humano, para a humanidade, a existente e a que há de vir.
Onde é que a ciência nos leva? A verdade é que nos leva até onde quisermos ir, mas, e esse é o busílis, a questão que se impõe não é essa, não obstante. A questão que se impõe é: até onde devemos ir?

III. A responsabilidade perante o ser humano, perante o existente e o que há de vir, implica a manutenção da humanidade e da preservação do ser, da sua essência e da sua dignidade que se coloca, nesta matéria que sumariamente apresentamos neste capítulo, numa dialética palpável entre a natureza e a vontade (e o crescente poder) de a dominar e, sobretudo, a intrínseca compulsão da superação. Como refere Nietzsche «[u]m ser humano que luta por qualquer coisa considera praticamente todos que encontra pelo caminho como um meio [...].» (1990, p. 194). A ambivalência ética do *homo faber* e do *homo sapiens*, os *custos* do progresso científico e da criação de um novo ser humano, fabricado pelo seu semelhante. No limite o que está em causa é escolher e seguir *um* caminho entre o que deve-vir-a-ser e o que pode-vir-a-ser.

IV. As diversas teorias de responsabilidade que se impõem à sociedade preexistente e a cada um(a) de nós em relação aos que vão chegar implicam o respeito pela pessoa, pelo ser da pessoa a que damos causa, na sua individualidade, infungibilidade e humanidade. E seja onde for que a linha vermelha for traçada impõe-se que se reconheça o valor intrínseco da futura humanidade mantendo-se a sua espontaneidade o que significa que, seja qual for a fronteira do admissível (diferente do possível), a renovação geracional não se faz pelas mãos de um(a) artista para que a obra de arte seja, depois, contemplada. Entendemos que o sinal da modernidade não é este mas sim, tendo a oportunidade de se passar a criador e de se matar Deus, não o fazer e não produzindo filhos/as como as criaturas de uma empreitada *Prometiana.*

V. Nas suas conferências transcritas em *Les Temps et L'Autre*, Levinas assinala:

> «A paternidade é uma relação com um estranho que, sendo completamente outro é eu. A relação do eu com um eu-mesmo que, contudo me é estranho. Com efeito, o filho não é simplesmente obra minha [...]; nunca é minha propriedade. [...] Há [aqui] uma multiplicidade e uma transcendência no verbo existir [...]. A alteridade do filho não é a de um *alter ego*.» (Levinas, 2014, pp. 85-86) [278]

[278] Tradução livre do texto original em francês.

Como enfatiza Levinas, não existe uma renovação geracional, não há confusão entre ambos; há, isso sim, uma existência pluralista. Esta existência que se impõe, a cada um(a) e a todos/as nós, que se preserve.

V. Sendo que este capítulo tem como passar para o singular o enquadramento e inserção sistemática da matéria objeto do estudo que apresentamos o mesmo não se coaduna a mais do que a problematização de alguns dos novos desafios que a ciência nos vai colocando. Desafios éticos e jurídicos, mas também culturais, morais e religiosos que se projetam nas relações entre pais e mães e os seus filhos e as suas filhas e que representam um arquétipo de teias de responsabilidade singulares e complexas; relações únicas e tensas de *apropriação* do inapropriável, i.e., dos/as filhos/as e do seu ser. A responsabilidade de dar causa a um ser que renova a humanidade, aquela que é intrinsecamente sua, mas também a que renova o contínuo geracional num balanço simbiótico.

Sendo o objeto do nosso estudo integrado na matéria que apresentamos neste capítulo assumimos que a mesma comunga (de algumas) das preocupações que aqui sumariamente suscitamos. A isso não somos indiferentes e em causa estará a questão, ao nível da contratualização de uma gravidez, da maternidade e da transformação a mulher num meio de produção dos/as filhos/as, com *pedigree*, de outros/as e para outros. Os produtos alienados do seu trabalho.

CAPÍTULO II
A GESTAÇÃO DE SUBSTITUIÇAO NO DIREITO COMPARADO

«Sarai disse a Abraão: "Visto que o Senhor fez de mim uma estéril, peço-te que vás ter com a minha escrava. Talvez, por ela, eu consiga ter filhos." Abraão anuiu à proposta de Sarai.»
(Bíblia Sagrada, Gen. 16:2)

1. Considerações Introdutórias

Considerando as diferentes posições que os legisladores domésticos podem assumir em matéria de gestação de substituição, pretendemos neste capítulo fazer uma análise da visão particular do regime jurídico em quatro Estados distintos, com posições diferentes. Para isso, consideramos a legislação existente, ou a falta dela, a contribuição da jurisprudência em matéria de gestação de substituição e, por fim, a componente internacional, isto é, a forma como as autoridades nacionais lidam com casos de contratos internacionais de gestação de substituição.

Em matéria de gestação de substituição encontram-se as mais variadas soluções ao nível das legislações nacionais — desde Estados que a proíbem em qualquer uma das suas modalidades, como acontece na Alemanha, Áustria, França, Itália, Suíça, Suécia ou Japão, passando por Estados que a admitem com uma natureza altruísta. É o caso do Reino Unido ou Grécia. Os a admitem numa natureza mercantil, embora com limitações face à orientação sexual ou estado civil dos *intended parents*, como é o caso da Índia [279]. Há ainda aqueles que a admitem sem qualquer restrição, como o Estado Federado da Califórnia.

Por outro lado, os ordenamentos jurídicos que admitem a gestação de substituição podem impor condições à gestante, como a idade, saúde em geral ou filhos/as (ou gestações) anteriores, e/ou às beneficiárias, como a situação de uma patologia médica que as impossibilite de ter filhos/as ou em que a gestação seja desaconselhada por razões médicas. É o caso da Grécia ou Portugal. Existem ainda Estados em que o contrato não tem força vinculativa e não pode ser coercivamente exigido o seu cumprimento, como em Inglaterra e, pelo contrário, Estados em que, em caso

[279] Também era a posição de Israel, mas, já em 2021, foi noticiado que alterou a sua posição, admitindo-a a casais *gay*.

de inadimplência, o cumprimento pode ser judicialmente imposto, como na Grécia ou na Califórnia.

Há ainda países que impõem uma relação genética entre o/a(s) beneficiário/a(s) e a criança [280] e outros que admitem que o/a(s) *intended parent(s)* não apresente(m) qualquer conexão biológica [281]. Existem também Estados que admitem o acesso a este bionegócio sem impor quaisquer condições, como o Estado Federado da Califórnia, ou ainda Estados que não apresentam qualquer tipo de regulamentação específica sobre a matéria. São exemplo disso a Bélgica, os Países Baixos ou Malta.

Por último, e embora admitindo o contrato, há ainda questões de natureza formal e processual a considerar, existindo Estados com regras próprias neste campo adjetivo, tais como as *pre-birth parentage orders* e as *parental orders*, da Califórnia e da Inglaterra, respetivamente (Bobrzyńska, 2019, pp. 646-647).

A IFFS tem realizado diversos inquéritos em diferentes Estados a fim de, entre o mais, apresentar uma visão sobre a PMA pelo mundo, incluindo sobre o recurso à gestação de substituição. Segundo o inquérito de 2016 [282], foram comparadas as posições quanto a esta em 65 países [283] (The International Federation of Fertility Societies, 2016, pp. 70-75). Destes, 24 (38%) [284], [285] confirmaram que reconheciam os contratos de gestação de substituição [286] e 36 (56%) disseram que os contratos não são permitidos no seu direito interno [287]; os restantes países (cinco) não responderam.

O relatório de 2019 (International Federation of Fertility Societies' Surveillance, 2019), referindo-se também à gestação de substituição, contou com a participação de 89 países [288] e apresentou a visão global quanto à possibilidade de recurso, ou não, a este contrato [289]. Por sua vez, o Comité de Bioética do Conselho da Europa apresentou as conclusões quanto ao acesso à PMA nos diversos Estados [290], incluindo

[280] Como é o caso de Portugal.

[281] Como no Estado da Califórnia.

[282] Este inquérito seguiu-se a um outro de 2013.

[283] Com comparação de 2013.

[284] Em 2013, só 19 países admitiam o contrato (31%).

[285] Destes, oito países fizeram notar que a gestação tradicional não era admitida. Em relação a este tipo de gestação de substituição, 29 países confirmaram que tinham a questão regulamentada, mas 29 afirmaram que não havia regulamentação específica. Sete países não responderam.

[286] E 26 países dos 65 (40%) confirmaram que os contratos são, de facto, utilizados. Em 2013, este número não ultrapassava os 37%. Seis países não conseguiram responder.

[287] Em 2013, eram 24 países (39%).

[288] Em 2016, foram 65 e, em 2013, participaram 62.

[289] Os relatórios da IFSS (IFFS Surveillance 2016, p. 71) e *Global Trends in Reproductive Policy and Practice*, 2019, p. 113, dividem a análise entre a regulamentação da gestação de substituição tradicional ou total. Neste caso, não especificamos esta subdivisão.

[290] E ao conhecimento das origens por parte da criança.

a gestação de substituição, e, desde então, à medida que os Estados vão enviando as suas respostas, tem feito diversos aditamentos ao relatório inicial [291].

Compulsando os elementos constantes, sobretudo, destes documentos, extraímos alguns dados — sem curar que seja uma visão exaustiva e sem preocupação de análise e tratamentos dos dados empíricos — que, em nosso entender, permitem, sendo esse o escopo, apresentar um panorama geral sobre a admissibilidade, a regulamentação e movimentos transfronteiriços em matéria de gestação de substituição.

De acordo com os dados da IFFS (International Federation of Fertility Societies' Surveillance, 2019, p. 116) e do Comité de Bioética do Conselho da Europa (Committee on Bioethics, 2021, p. 10), a posição dos Estados quanto à admissibilidade da gestação de substituição [292] ou a sua verificação [293] é distinta [294]: a maior parte dos Estados proíbe a gestação de substituição. Os Estados que a admitem, normalmente, praticam a gestação de substituição total e altruísta, mas, e independentemente da proibição ou não da gestação de substituição, dos dados que se extraem do relatório, os Estados tendem a reconhecer que o recurso à gestação de substituição é pouco frequente [295].

Por seu turno, e em relação à regulamentação legal da gestação de substituição nos diversos países [296], as posições também são diferentes — se há Estados que as regulamentam, outros não o fazem especificamente [297]. Por outro lado, radica na natureza mercantil do negócio. Neste âmbito, em que a compensação da gestante ultrapassa o reembolso de despesas, os dados dos relatórios da IFFS de 2016 e 2019 revelam [298] que a maioria dos países proíbe qualquer forma de compensação, além do reembolso de despesas razoáveis que a gestante haja de suportar. Este impedimento

[291] A última adenda é de junho de 2021.

[292] O que apresentamos no quadro corresponde à proibição, ou não, da gestação de substituição não curando para este efeito recolher informação sobre formas específicas de gestação de substituição admitidas, como seja a sua vertente mercantil ou a forma tradicional ou gestacional da técnica. V. tabela 5, apêndice A.

[293] Atendendo a que a pergunta, para este efeito, formulada no aludido relatório de 2019 é «*is surrogacy permitted or practiced in your country?*» (International Federation of Fertility Societies' Surveillance, 2019, p. 115), consideramos aqui apenas a dicotomia entre «ser permitido» e «verificar-se», sendo certo que, o «ser permitido» pode levar à sua verificação; já a premissa inversa pode não ser verdadeira.

[294] V. tabela 5 e 6, apêndices A e B, respetivamente.

[295] V. tabela 7, apêndice C.

[296] Os Estados que aqui apresentamos nos diversos quadros não são coincidentes e a escolha prende-se com os dados que conseguimos recolher com base nas fontes indicadas. O objetivo é apresentar um panorama geral quanto às diferentes questões colocadas, mormente percorrendo os relatórios e os dados da IFFS, e não fazer uma análise exaustiva ou comparativa destes dados. V. tabela 6, apêndice B.

[297] V. tabela 8, apêndice D.

[298] V. tabela 6, apêndice E.

não só diminui significativamente o número de potenciais gestantes como acaba por circunscrevê-las a pessoas próximas do casal ou da pessoa que queira ter um(a) filho/a com recurso a este método.

Nos países identificados como autorizando um pagamento além do montante das despesas, a maior preocupação reside no facto de muitos deles, em desenvolvimento ou de baixos rendimentos, poderem estar a fomentar formas de exploração das potenciais gestantes. Alguns deles, inclusive, não fixam sequer limites a estes pagamentos [299]. O questionário de 2016 da IFFS tentou apurar o âmbito da compensação, mas os dados são limitados [300], incluindo a própria referência à moeda que consideravam para a indicação dos montantes, mínimos e máximos, apresentados [301].

Por seu lado, o relatório do Committee on Bioethics (Committee on Bioethics (DH-BIO), 2021) apresenta o resultado da consulta a diversos países com especificação mais detalhada do tipo de pagamentos admissíveis às gestantes, nos casos em que os países admitem esta forma de procriação [302]. Dos dados recolhidos podemos concluir que, dos países que admitem a gestação de substituição, a grande parte opta pela gestação de substituição total, em detrimento da tradicional e, destes países, uma larga maioria impõe a sua natureza não mercantil.

Esta combinação diversificada de soluções, associada à facilidade de as pessoas se deslocarem, leva a que muitos indivíduos não se conformem com as possibilidades oferecidas pelas suas leis domésticas, mas, antes, procurem a gestação de substituição no estrangeiro, buscando locais onde é permitida. Este movimento transfronteiriço de verdadeira fuga (fraude) à solução doméstica é agudizado, e até mesmo incentivado, pelo facto de não existir atualmente consenso a nível supranacional quanto a negócios internacionais de gestação de substituição.

Todavia, não é verdade que ao nível supranacional haja falta de interesse quanto a uma tomada de posição. Por exemplo, desde 2014 que a PACE se tem ocupado deste assunto. Em julho de 2014, deu início a um processo tendente à elaboração de uma resolução, *Human Rights and Ethical Issues Related to Surrogacy* [303]. O primeiro relatório, redigido por Petra De Sutter, foi rejeitado «*[...] (16 to 15 votes) in the meeting of the*

[299] V. tabelas 10 e 11, apêndice E.

[300] O relatório apresenta dados em relação a outros países, ainda que se refiram, nesse caso, aos limites de reembolso de despesas, já que, dos dados fornecidos, são Estados que não admitem ou não regulamentam a gestação de substituição. Por isso, considerando os dados que aqui queríamos apresentar, não incluímos tais referências na nossa tabela.

[301] V. tabela 10, apêndice E.

[302] Este relatório incluiu no inquérito quatro tópicos em matéria de reembolso, outras compensações ou remunerações, entre os quais: a) reembolso de despesas médicas; b) reembolso de outras despesas; c) compensação por perda de rendimentos; d) outras compensações, incluindo não pecuniárias; e) remuneração ou vantagem pecuniária similar. V. tabela 11, apêndice E.

[303] Parlamentary Assembly, 2014.

Council of Europe's Social Affairs and Health Committee, on 15 March 2016» (Aguirre, 2019, pp. 473-474). Na nova redação do relatório, com o nome *Children's Rights Related to Surrogacy*, a autora, enfatizando a posição das crianças, recomendava que fossem proibidas todas as formas de gestação de substituição em prol dos melhores interesses da criança e, com o mesmo princípio em vista, que os Estados-Membros tomassem em consideração os direitos das crianças quanto às medidas que adotassem. Ademais, instava à colaboração dos Estados-Membros e do Comité de Ministros com a HCCH tendo em vista estabelecer um instrumento internacional quanto à gestação de substituição. Contudo, as suas recomendações foram uma vez mais [304] recusadas [305].

Estes resultados mostram a divisão no seio da PACE — «*[...] neither the complete banning [...], nor a limited acceptance have found enough votes to prevail*» (Aguirre, 2019, pp. 476-477). A *No Maternity Traffic* enviou à PACE uma petição subscrita por mais de 100 000 cidadãos europeus [306]. A decisão do Comité de Assuntos Sociais, Saúde e Desenvolvimento Sustentável de 21 de setembro de 2016 não considerou a resolução proposta por de Sutter e acabou por recomendar o seguinte:

> «*[...] The Parliamentary Assembly recommends that the Committee of Ministers: 1.1. consider the desirability and feasibility of drawing up European guidelines to safeguard children's rights in relation to surrogacy arrangements;*
>
> *2.2. collaborate with the Hague Conference on Private International Law (HCCH) on private international law issues surrounding the status of children, including problems arising in relation to legal parentage resulting from international surrogacy agreements, with a view to ensuring that the views of the Council of Europe (including those of the Parliamentary Assembly and the European Court of Human Rights) are heard and taken into account in any multilateral instrument that may result from the work of the HCCH.*» (Aguirre, 2019, p. 476)

Em 2015, o Parlamento Europeu, no tópico sobre direitos das mulheres e meninas:

> «*115. Condemns the practice of surrogacy, which undermines the human dignity of the woman since her body and its reproductive functions are used as a commodity; considers that the practice of gestational surrogacy which involves reproductive exploitation and use of the human body for financial or other*

[304] A anterior versão já havia sido recusada em 2015 na reunião em Paris.

[305] V. http://assembly.coe.int/nw/xml/Votes/DB-VotesResults-EN.asp?VoteID=36189&DocID=16001&MemberID=. O relatório *Children's Rights Related to Surrogacy*, da PACE, foi rejeitado por 83 votos contra 77 (consultado em 2 de janeiro de 2018).

[306] A notícia consta do sítio da internet da organização: https://www.nomaternitytraffic.eu/communique-de-presse-remise-officielle-des-signature-contre-la-gpa-au-conseil-de-leurope/ (consultado em 2 de janeiro de 2018).

> *gain, in particular in the case of vulnerable women in developing countries, shall be prohibited and treated as a matter of urgency in human rights instruments.*» (European Parliament, 2015)

Esta resolução apresenta uma clara expressão quanto à proibição da gestação de substituição em todas as suas modalidades (Aguirre, 2019, pp. 473-474).

A ONU, por sua vez, clama por uma tomada de posição, preocupada com a crescente indústria em torno de situações que podem configurar uma verdadeira venda de crianças, com implicações evidentes ao nível dos direitos humanos. No âmbito da Resolução 7/13 [307], a Special Rapporteur para «*sale and sexual exploitation of children, including child prostitution, child pornography and other child sexual abuse material*» preparou um relatório para a Assembleia-Geral em matéria de gestação de substituição (A/HRC/37/60), apresentado em março de 2018 [308], sobre «*surrogacy and the sale of children*» durante a 37.ª sessão do United Nations Human Rights Council (UNHRC). (Boer-Buquicchio, 2018).

A Special Rapporteur Maud de Boer-Buquicchio [309] apresentou um relatório do qual resulta que a gestação de substituição na sua versão comercial [310] é, geralmente, uma forma de venda das crianças e, se é verdade que as gestantes são pagas para gerar e ter as crianças, também o são para entregar o(s)/a(s) filho(s)/a(s) aquando do nascimento. Boer-Buquicchio enfatizou esta posição nas suas declarações:

> «*[...] if the surrogate mother or a third party receives "remuneration or any other consideration" in exchange for transferring a child, the sale of a child occurs, as defined by the Optional Protocol to the Convention on the Rights of the Child on the sale of children, child prostitution and child pornography. While the surrogate mother is paid, in commercial surrogacy arrangements, for the services of gestating and giving birth to a child, she is also being paid for the transfer of the child.*» (Boer-Buquicchio, 2018)

[307] V. https://ap.ohchr.org/documents/E/HRC/resolutions/A_HRC_RES_7_13.pdf (consultado em 2 de janeiro de 2018).

[308] Nos termos da resolução adotada pela Assembleia Geral em 24 de dezembro de 2017 (A/RES/72/245), disponível em https://undocs.org/A/RES/72/245 (consultado em 2 de janeiro de 2018).

[309] «*The 37th session of the United Nations Human Rights Council (UNHRC) was held on 26 February — 23 March 2018, at the Palais des Nations, in Geneva, Switzerland. At the 19th meeting, on 6 March 2018, the Special Rapporteur on the sale and sexual exploitation of children, Maud de Boer-Buquicchio, presented her report*» (Boer-Buquicchio, 2018).

[310] Posição distinta da que assume para a gestação de substituição altruísta, ainda que enfatize a necessidade de controlar o reembolso de despesas para que não constitua uma forma encapotada de pagamento.

O relatório recomenda uma legislação clara sobre a técnica para o contrato na sua vertente comercial e altruísta e, não sendo proibida, a existência da versão comercial implicaria, na posição da Special Rapporteur, que à gestante fosse assegurada a sua autonomia e liberdade de remover qualquer componente de pagamento pela criança e, por isso, que o pagamento não estivesse dependente da entrega da criança. A gestante é a mãe da criança e não terá obrigação legal ou contratual de a entregar ou renunciar aos seus direitos. Nesta configuração, a gestante cumprirá a sua obrigação com a gestação e o nascimento da criança, ainda que mantenha a maternidade e as responsabilidades parentais. Desta forma, todos os pagamentos terão de ser feitos antes de qualquer momento de exercício da vontade da mãe em entregar ou não a criança e não serão reembolsáveis. Contudo:

> «*[i]f the surrogate mother chose to maintain parentage and parental responsibility, she may be legally obligated to share parentage and parental responsibility with others, including the intending parent(s). However, the surrogate mother would not be obligated to relinquish her own status by the surrogacy arrangement.*» (Boer-Buquicchio, 2018, p. 17)

Os melhores interesses da criança devem ser o guia de qualquer decisão, enfatizando que o que está em causa são os direitos da criança e não o direito à criança. Já em 2019, na 74.ª sessão da Assembleia-Geral, na tomada de posição, Maud de Boer-Buquicchio enfatizava: «*[...] for-profit overtone of increasing recourse to assisted reproductive technologies as a way of family formation. All have far-reaching implications for children's rights calling for rights' based responses at the global and national level*» (Boer-Buquicchio, 2019a).

Remetendo para o relatório de 2018, Boer-Buquicchio referia que a versão comercial, com a intermediação de agentes com vista ao lucro, recorre frequentemente a práticas abusivas e as crianças são tratadas como mercadorias, pelo que recomendava regulamentação com vista a prevenir a venda e exploração de crianças neste contexto. No relatório de 2019, como enfatizou nas suas declarações, é recomendado aos Estados que determinem o seguinte:

> «*[...] on a case-by-case basis, the substantive content with regard to the concept of the child's best interests through the interpretation and implementation of article 3, paragraph 1, of the Convention on the Rights of the Child, allowing legislators, judges, administrative, social and/or educational authorities to clarify the concept and to make concrete use thereof, according to the specific situation of the child concerned, taking into account the personal context, situation and needs of the child.*» (Boer-Buquicchio, 2019b, p. 20)

Por sua vez, a International Bioethics Committee (IBC) da UNESCO abordou a questão da «*modern parenthood, reflecting on the interactions between societal and technological developments that are leading to new concepts and forms of parenthood, including the impact on cross-border practices and reproductive justice»*. O relatório preliminar aborda as diversas técnicas de PMA e inclui a temática da gestação de substituição (International Bioethics Committee, 2018).

Também o Conselho da Europa, no art. 21.º da Convenção de Oviedo, estabelece que «o corpo humano e as suas partes não devem ser, enquanto tal, fonte de quaisquer lucros» [311]. O Comité de Bioética (DH-BIO) clarificou, tendo em vista a sua correta implementação, o princípio descrito no *Guide for the implementation of the principle of prohibition of financial gain with respect to the human body and its parts from living or deceased donors* de 2018 (Committee on Bioethics, 2018), esclarecendo que:

> «*Financial gain with respect to the human body and its parts, as such, includes payments or inducements in kind either directly to living donors, to the families of deceased donors or to another third party. It may have the effect of influencing the most vulnerable people in society, and expose them to exploitative actions.*» (Committee on Bioethics, 2018) [312]

Não se referindo diretamente à gestação de substituição, a verdade é que o princípio estabelecido pode constituir um elemento interpretativo quanto à admissibilidade, ou não, da gestação de substituição na sua vertente comercial.

Em 2014, realizou-se em Haia o *International Forum on Intercountry Adoption and Global Surrogacy* [313], sendo que dos sumários da reunião resultam conclusões nomeadamente sobre a necessidade de ponderação dos melhores interesses das crianças a considerar. Todavia, as posições, muito polarizadas, não permitiram consensos (Richards, S., 2015).

1.1. O Panorama Legal na União Europeia

Ao nível da UE, a Comissão Europeia constituiu um grupo de trabalho presidido por Jonathan Glover [314] para analisar a PMA, mais propriamente o impacto das técnicas de procriação assistida no ser humano. Em matéria de gestação de substituição,

[311] V. também Protocolo Adicional à Convenção sobre os Direitos Humanos e a Biomedicina, relativo à transplantação de órgãos e tecidos de origem humana.

[312] Não estando incluídos nesta proibição a compensação por perda de rendimentos e reembolso de despesas justificadas e a compensação de danos indevidos resultando da remoção de órgãos, tecidos ou células.

[313] As intervenções podem ser consultadas em: https://www.iss.nl/en/research/conferences-and-seminars/international-conferences-iss/international-forum-intercountry-adoption-global-surrogacy-0 (consultado em 2 de outubro de 2019).

[314] O relatório foi publicado em 1989.

o relatório adotou uma posição restrita quanto à admissibilidade desta técnica; a existir, devia ter natureza altruísta — ainda que admita o reembolso de despesas — e devem ser proibidas quaisquer formas de intermediários ou agências que, num escopo lucrativo, visem conduzir o negócio. Por outro lado, o contrato não deve ser coercivamente imposto, pelo que a gestante pode não cumprir as «obrigações» que dele resultam (Glover, 1989).

Mais recentemente, em 2013, *o Policy Department for European Legal and Parliamentary Affairs Committee* publicou um relatório (Brunet, *et al.*, 2013) de onde resulta um estudo sobre a situação nos diferentes Estados-Membros e a possibilidade de uma regulamentação transnacional. Em 2019, a *Policy Hub* investigou trabalhos em matéria de gestação de substituição levados a cabo a nível internacional [315].

O Parlamento Europeu, por sua vez, considerava ser de rejeitar qualquer forma de maternidade de substituição (Parlamento Europeu, 1989). Já na sua resolução de 5 de abril de 2011, sobre prioridades e definição de um novo quadro político comunitário em matéria de combate à violência contra as mulheres, o Parlamento:

> «20. Solicita aos Estados-Membros que reconheçam o grave problema das mães hospedeiras, que constitui uma exploração do corpo feminino e dos seus órgãos reprodutivos;
>
> 21. Salienta que mulheres e crianças estão sujeitas às mesmas formas de exploração, podendo ambas ser vistas como produtos no mercado reprodutivo internacional, e que estes novos métodos reprodutivos, como as mães hospedeiras, estão a fazer aumentar o tráfico de mulheres e crianças e a adoção ilegal através das fronteiras nacionais.» (Parlamento Europeu, 2011)

Em agosto de 2016, o Parlamento Europeu divulgou um *briefing* sobre as discussões havidas sobre a matéria em junho desse ano, durante o *Policy Hub* requerido pelo JURI Committee, sobre as questões legais suscitadas pelos *International Surrogacy Arrangements* (ISA) e possíveis caminhos a seguir (Parlamento Europeu, 2016). Não obstante, apesar das questões suscitadas, especificamente no referido *Policy Hub*, a ação da UE nesta matéria ainda não conduziu a uma regulamentação nem a qualquer outro instrumento, ainda que a *soft law* permita aos Estados gerir as questões que a gestação de substituição suscita, mormente em matéria do estado civil das crianças, responsabilidades parentais e sucessórias e ainda — apesar de alinhado com os esforços da HCCH — a matéria do reconhecimento de decisões que, num tema tão sensível como a gestação de substituição, implica um esforço e cooperação acrescidos.

[315] De acordo com o *Briefing of the European Parliament «Regulating international surrogacy arrangements — state of play»* (disponível em https://www.europarl.europa.eu/RegData/etudes/BRIE/2016/571368/IPOL_BRI(2016)571368_EN.pdf (consultado em 23 de julho de 2019).

Por outro lado, existe uma tendência quási-universal [316], dentro do espaço europeu, para estabelecer a maternidade de acordo com um princípio tradicional associado à gestação e ao parto, independentemente do estado civil ou da ligação genética da mãe à criança. No âmbito dos efeitos pretendidos para a gestação de substituição, este apego ao critério tradicional mostra-se um sério entrave aos intentos dos/as beneficiários/as e à consideração dos seus interesses no âmbito deste biocontrato.

A International Commission on Civil Status (ICCS) [317], no relatório sobre o estabelecimento da filiação no âmbito da gestação de substituição, «*[...] recalled that in all the ICCS States maternity is founded on birth by virtue of the principle Mater semper certa est, that the indication of the mother's name in the record of birth suffices to establish maternity*» (International Commission on Civil Status, 2014, p. 3). Ao contrário, a paternidade é estabelecida de acordo com a tradicional presunção de paternidade — quando há vínculo matrimonial com a mãe da criança ou outras relações não matrimoniais [318] — ou, quando o pai não é casado, «*[t]he legal techniques applied by the Member States to recognize the legal parenthood of the unmarried father are either by acknowledgment or by court order (if there is no voluntary acknowledgment)*» [319] (Todorova, 2010, p. 17). Esta distinção leva evidentemente a uma consequência importante que se tem revelado com particular acuidade em matéria de gestação de substituição: é que, ao contrário da maternidade, só a paternidade pode ser demonstrada, quando não existe o vínculo conjugal, pela ascendência genética [320].

Dos dados recolhidos e da informação descrita ao nível da UE [321], concluímos que o panorama legislativo não é consensual no que tange à gestação de substituição [322], apesar de, tendencialmente, a posição dos Estados ser de rejeição desta técnica de procriação [323] e, embora os Estados admitam o contrato de gestação de substituição, dão prevalência a uma natureza não mercantil.

[316] Com exceção da Grécia, que, com contratos de gestação de substituição, estabelece uma presunção de maternidade a favor da beneficiária do contrato.

[317] Comission Internationale de l'État Civil (CIEC), na expressão francesa.

[318] «*Some countries extend the presumption to informal unions, meaning that the consenting male cohabitant is considered to be the legal father (Austria, Denmark, France, Estonia, Netherlands, Norway Spain, Sweden and the United Kingdom)*» (Todorova, 2010, p. 17).

[319] Normalmente com o consentimento da mãe.

[320] Com exceção de tratamentos de PMA com recurso a gâmetas de doador em que, verificado e prestado o consentimento para o tratamento, o pai não pode depois impugnar a paternidade pela ausência de vínculo genético.

[321] V. tabela 12, apêndice F.

[322] A gestação de substituição não trata a infertilidade do casal, sendo tendencialmente rejeitada pelos Estados-Membros.

[323] Ainda que, se para aqui trouxermos as decisões do TEDH, haja certa mitigação das nulidades contratuais tipicamente decorrentes do não reconhecimento dos negócios — e da alegada ordem pública internacional, como aconteceu nos muito discutidos casos contra França ou Itália — em prol do superior interesse da criança. Não estamos com isto a dizer que o TEDH aceita a gestação de

1.2. O Panorama Legal nos Estados Unidos da América

Quanto aos EUA, o mercado da reprodução segue assente sobretudo nas regras de mercado, autorregulado, comercial e conduzido pelo lucro. Em matéria de gestação de substituição, os Estados vão-se alinhando nomeadamente consoante a tendência jurisprudencial (Darnovsky & Norsigian, 2014).

A nível federal, há algumas leis que regulam a PMA. A Clinical Laboratory Improvement Act (CLIA) de 1967 [324], as CLIA Amendments de 1988 [325], [326] e a Drugs and Devices usada para as FIV são regulamentadas pela Federal Food and Drug Administration [327] e a Fertility Clinic Success Rate and Certification Act de 1992 [328], [329]. Por outro lado, a Uniform Law Commission (National Conference of Commissioners on Unfirmo States Law), contribuiu com a A Uniform Status of Children of Assisted Conception Act de 1988 [330] e a subsequente Uniform

substituição. Na verdade, o tribunal decidiu casos em matéria de gestação de substituição, mas não se pronunciou quanto à sua admissibilidade, mas *unicamente* para a composição dos interesses em conflito, mormente da criança que já nasceu, e neste último concentra o âmago da questão, independentemente do que tenha a dizer sobre a validade ou não do negócio.

[324] O texto do documento está disponível em https://www.govinfo.gov/content/pkg/STATUTE-81/pdf/STATUTE-81-Pg533.pdf (consultado em 2 de janeiro de 2018).

[325] O texto do documento está disponível em https://www.govinfo.gov/content/pkg/STATUTE-102/pdf/STATUTE-102-Pg2903.pdf (consultado em 2 de janeiro de 2018).

[326] Apesar das emendas subsequentes, a lei continua a identificar-se como CLIA'88. Prevê um estatuto para a certificação e o controlo dos testes clínicos em laboratório e tem regulamentação específica, a CLIA Regulation de 1992. Teve emendas subsequentes e estabelece os *Standards and Certification: Laboratory Requirements*. Disponível em https://www.ecfr.gov/cgi-bin/text-idx?SID=1248e3189da5e5f936e55315402bc38b&node=pt42.5.493&rgn=div5 (consultado em 2 de janeiro de 2018).

[327] O texto do documento está disponível em https://www.govinfo.gov/content/pkg/PLAW-110publ85/html/PLAW-110publ85.htm (consultado em 2 de janeiro de 2018).

[328] O texto do documento está disponível em https://www.govinfo.gov/content/pkg/STATUTE-106/pdf/STATUTE-106-Pg3146.pdf (consultado em 2 de janeiro de 2018). Em causa está a obrigatoriedade de as clínicas de PMA reportarem dados ao governo federal.

[329] Além das linhas de orientação da ASRM, mas que não são obrigatórias.

[330] A legislação estabelece, no âmbito da PMA, que a maternidade é estabelecida em relação à mulher que dá à luz, com exceção dos Estados que reconheçam a gestação de substituição — «*Except for the surrogate provisions, the act makes (1) a woman who gives birth to a child the child's mother, and (2) the husband of a woman who bears a child through assisted conception the child's father notwithstanding any subsequent declaration of invalidity or annulment of the marriage. However, the husband can, within two years of learning of the child's birth begin a legal action (with the mother and child being parties) alleging that he did not consent to the assisted conception. If the court determines that he did not consent, he is not considered the father*». O sumário do texto do documento em matéria de gestação de substituição está disponível em https://www.cga.ct.gov/PS99/rpt%5Colr%5Chtm/99-R-0793.htm (consultado em 2 de janeiro de 2018).

Parentage Act (UPA) [331] que adotou uma posição segundo a qual a validade e coercibilidade dos contratos de gestação de substituição dependem da decisão judicial e a lei admitirem, ou não, a possibilidade do pagamento à gestante [332] (Wałachowska, 2019, p. 403). Com a UPA 2017, a gestação de substituição total liberalizou-se ainda mais, não sendo necessária autorização judicial prévia, ao contrário da versão tradicional. Das regras desta, a secção 802 do art. 8.º prevê que, em relação à gestante, seja uma gestação de substituição gestacional ou tradicional. Esta terá de:

> *«(1) have attained 21 years of age;*
> *(2) previously have given birth to at least one child;*
> *(3) complete a medical evaluation related to the surrogacy arrangement by a licensed medical doctor;*
> *(4) complete a mental-health consultation by a licensed mental-health professional; and*
> *(5) have independent legal representation of her choice throughout the surrogacy arrangement regarding the terms of the surrogacy agreement and the potential legal consequences of the agreement.»*

[331] Na sua versão mais recente, de 2017, considerando a decisão do Supremo Tribunal sobre o casamento entre casais do mesmo sexo e o seu efeito nacional com o caso Obergefell v. Hodges, que constitui uma atualização à UPA de 1973 revista em 2000 e emendada em 2002 considerando a matéria de PMA. A UPA estende o âmbito a solteiros e casais homossexuais. Quando um Estado norte-americano adota a recente UPA, o estabelecimento da parentalidade pode ser feito pelo parto, exceto nas situações de gestação de substituição total, adoção, ou através de um outro processo judicial e reconhecimento da paternidade (Heinig, 2019). De facto, a UPA 2017 estabelece de forma mais clara a matéria da gestação de substituição e, ao que nos parece, numa aproximação à solução do Estado da Califórnia, enfatizando a intenção como critério de estabelecimento da parentalidade. O texto da UPA 2017 está disponível em https://www.uniformlaws.org/HigherLogic/System/DownloadDocumentFile.ashx?DocumentFileKey=e4a82c2a-f7cc-b33e-ed68-47ba88c36d92&forceDialog=0 (consultado em 2 de janeiro de 2018).

[332] *«The ABA's Section on Family Law has proposed a model surrogacy act in 1988, which sets out extensive regulation of surrogacy contracts. The Model Act also specifies the terms of surrogacy contracts. For example, a surrogacy agreement must be in writing, state that the intended parents are responsible for all medical expenses and life insurance for the surrogate with minimum benefits of $100,000, and state the compensation, if any, to the providers of genetic materials and to the surrogate.173 The Model Act does, however, place some restrictions on compensation. Section 3(b) of the Model Act provides that the minimum and maximum fees permitted to be paid to a surrogate will be determined by an administrative surrogacy fee agency, consisting of three persons.»* Em 2008, a ABA apresentou uma proposta denominada Model Assisted Reproductive Technologies Act (MARTA). No extenso documento, apresenta-se a posição da ABA, estando nele incluídos os contratos de gestação de substituição e a definição de diferentes alternativas de soluções legais para o estabelecimento da parentalidade (American Bar Association, 2008).

Por sua vez, admitindo que o(s)/a(s) *intended parent(s)* não apresentem relação genética com a criança, têm individualmente de:

> «*(1) have attained 21 years of age;*
> *(2) complete a medical evaluation related to the surrogacy arrangement by a licensed medical doctor;*
> *(3) complete a mental-health consultation by a licensed mental health professional; and*
> *(4) have independent legal representation of the intended parent's choice throughout the surrogacy arrangement regarding the terms of the surrogacy agreement and the potential legal consequences of the agreement.*»

Quanto ao contrato, a UPA 2017 também prevê o cumprimento de determinados requisitos. Nos termos da secção 803, cada *intended parent*, a gestante e, se casada, o marido têm de ser partes no acordo e as assinaturas têm de ser reconhecidas em notário ou contrato abonado por testemunhas. A gestante e o(s)/a(s) *intended parent(s)* têm de estar representados por mandatário legal independente [333] durante todo o procedimento, tendo de ser identificados no contrato. O contrato tem de ser celebrado antes de se iniciar o procedimento médico de fertilização.

Do contrato resulta que a gestante concorda em tentar engravidar por meio de uma técnica de PMA, e esta, se casada, e o marido não tem qualquer direito sobre a criança [334], com exceção da gestação de substituição tradicional. Neste caso, a gestante tem 72 horas depois do nascimento para retirar o seu consentimento (Workman, 2019, p. 239).

Sendo uma gestação de substituição total, os beneficiários são declarados o(s) pai(s) e/ou mãe(s) da criança, ainda que qualquer um(a) deles/as venha a falecer entre a transferência de gâmetas ou embriões e o nascimento da criança. Fora destes casos [335], a alínea b) da secção 810 prevê o seguinte:

> «*[...] an intended parent is not a parent of a child conceived by assisted reproduction under a gestational surrogacy agreement if the intended parent dies before the transfer of a gamete or embryo unless:*
> *(1) the agreement provides otherwise; and*
> *(2) the transfer of a gamete or embryo occurs not later than [36] months after the death of the intended parent or birth of the child occurs not later than [45] months after the death of the intended parent.*»

[333] Ainda que os custos desta representação da gestante sejam responsabilidade dos beneficiários.

[334] As secções 811, 814 e 815 preveem exceções.

[335] Exceto nos termos da secção 812.

O contrato será então válido se:

> «*(1) the surrogate agrees to attempt to become pregnant by means of ART;*
> *(2) the surrogate (and spouse if applicable) agree to have no claim to parentage of the child conceived;*
> *(3) the intended parent(s) agree to be the exclusive parent(s) of the child or children;*
> *(4) how surrogacy-related expenses and medical expenses of the child will be covered; and*
> *(5) the surrogate is permitted to make all health and welfare decisions regarding herself and her pregnancy.*» (Workman, 2019, p. 239)

A UPA 2017 admite a compensação à gestante, mas este pagamento não pode constituir qualquer forma de limitação à autonomia e liberdade da gestante, incluindo tomada de decisões sobre a sua saúde e do feto.

A mesma lei dá continuidade à importância das relações entre pais/mães e filhos/as, apesar de não haver relação biológica [336], o que assume como um claro objetivo de «*[...] recognize and protect actual parent-child relationships, including relationships that are not biologically based*» (Joslin, 2018). Além disso, perante a uniformização de critérios, a UPA 2017 assume a neutralidade quanto ao género e permite que a parentalidade seja estabelecida independentemente de se ser homem ou mulher e, por isso, a nova lei unifica todos os métodos para o estabelecimento da maternidade e paternidade, mormente no que tange a crianças nascidas com recurso à PMA (art. 7.º) e à gestação de substituição (art. 8.º), incluindo os *intended parents*, sem curar do sexo, orientação sexual ou estado civil, promovendo-se, desta forma, um sentido de igualdade no acesso e nas soluções legais.

Apesar de apresentar uma solução uniforme, a UPA de 2017, com dados relativos a janeiro de 2020, foi adotada na Califórnia, Vermont e Washington, estando pendente no Maine, Massachusetts e Pensilvânia [337], [338].

[336] Incluindo o reconhecimento do *de facto parent*.

[337] A informação pode ser consultada em https://www.nclrights.org/our-work/legislation-policy/uniform-parentage-act-of-2017/ (consultado em 15 de março de 2019).

[338] Sendo de notar que, em matéria de gestação de substituição e a controvérsia que lhe está associada, já poucos Estados haviam adotado a UPA com a revisão de 2002 e a aplicabilidade da solução em matéria de contratos de gestação por conta de outrem.

A *coloração* legal e jurisprudencial [339] nos EUA em matéria de admissibilidade dos contratos de gestação de substituição [340] continua, assim, diferente e as soluções são, como em países diferentes, distintas [341].

1.2.1. *Full Faith and Credit Clause*

Nos EUA, enquanto sistema federal, cada Estado apresenta o seu próprio sistema de normas [342] em relação às quais legisla livremente e de forma autónoma. Em matérias como a gestação de substituição, este sistema revela a mesma polarização de posições e alcançar uma solução unitária é difícil.

Do ponto de vista constitucional, as interpretações, especificamente a leitura conjugada das Quinta e Décima Quarta Emendas da Constituição norte-americana, são feitas de acordo com as posições de princípio do intérprete. A verdade é que, como acontece em países diferentes com soluções legais distintas, a assimetria de posições que se identifica nos Estados Federados dos EUA pode suscitar problemas de reconhecimento de Estado para Estado de decisões sobre a parentalidade. Isto porque, se por um lado o direito à privacidade e à igual proteção perante a lei reclama a liberdade relativa a escolhas reprodutivas [343], por outro, a mutação do estereótipo da parentalidade e o eventual conflito entre os outorgantes e os direitos da criança ditam limites a essa liberdade.

Os EUA constituem assim um ordenamento jurídico plurilegislativo em que é possível encontrar diversas posições sobre este biocontrato [344]. Se existem Estados que não só proíbem qualquer forma de gestação de substituição como também criminalizam os outorgantes e intermediários nestes negócios, outros existem que admitem a celebração do negócio, procedendo à sua regulamentação, incluindo na sua perspetiva onerosa, podendo vir, ou não, a admitir a sua imposição coerciva, e Estados em que a temática não é objeto de qualquer regulamentação e em que nem

[339] Sem prejuízo da análise mais aprofundada do sistema legal e jurisprudencial do Estado da Califórnia. V. *infra*.

[340] Da declaração apresentada para o relatório de *follow-up* da Special Rapporteur Maud de Boer-Buquichhio *Special Rapporteur on the Sale and Sexual Exploitation of Children, Including Child Prostitution, Child Pornography, and Other Child Sex Abuse Material* consta: «*The United States takes seriously our obligations under the Optional Protocol to the Convention on the Rights of the Child on the Sale of Children, Child Prostitution and Child Pornography (OPSC).[1] As a threshold matter, the United States respectfully disagrees with the Special Rapporteur's assertion that the OPSC creates obligations related to surrogacy. Because surrogacy, as a practice, does not involve any of the forms of exploitation included in Article 3 of the OPSC,[2] it is the view of the United States that surrogacy falls outside the scope of the OPSC*» (The Permanent Mission of the United States of America to the United Nations and other international organizations in Geneva, 2019).

[341] V. tabela 10, apêndice F.

[342] Que concorrem com as normas federais.

[343] Bem como são usadas para o direito ao casamento entre casais homossexuais.

[344] V. tabela, apêndice G.

se encontram decisões jurisprudenciais que possam corroborar uma certa posição do Estado quanto a estes biocontratos.

Paralelamente, a possibilidade de existir compensação da gestante varia também de Estado para Estado, bem como quem pode aceder a este contrato, o que varia de acordo com o estado civil e a orientação sexual. Ademais, os outorgantes podem ser residentes em Estados diferentes, com soluções legais distintas, tornando-se difícil — neste aspeto, impossível — encontrar qualquer tipo de harmonização legal.

Não obstante, desde 1981, nos EUA, a procura pela PMA tem vindo sucessivamente a crescer, concluindo-se que cerca de 1,5% das crianças que nasceram nos EUA em 2013 foram concebidas com recurso a qualquer uma das técnicas de PMA. Nesse ano, o relatório da agência Centres for Disease Control and Prevention e o *Fertility Clinic Success Rates Report* concluíram que, em relação aos últimos 10 anos [345], houve um crescimento de 50% nos ciclos reprodutivos com recurso à PMA, isto é, mais de 190 000 ciclos (Thompson, 2016, p. 131).

Ante o crescimento e as distintas soluções legais intraestaduais, os EUA recorrem à *Full Faith and Credit Clause* em vista de uma tentativa de harmonização de soluções, de acordo com a cláusula prevista no *Article IV, Section 1* da Constituição americana [346]. Nos termos do referido preceito, a Constituição estabelece o seguinte: «*Full Faith and Credit shall be given in each State to the public Acts, Records, and judicial Proceedings of every other State. And the Congress may by general Laws prescribe the Manner in which such Acts, Records and Proceedings shall be proved, and the Effect thereof.*» [347]

A norma assegura que as decisões judiciais de um tribunal de um dos Estados Federados são reconhecidas e cumpridas em qualquer outro Estado (Snyder, 2013, p. 395). Assim, quando um tribunal competente decide sobre uma matéria, a decisão produz os mesmos efeitos em qualquer outro dos Estados [348]. Todavia, e apesar desta solução legal, há situações em que os Estados Federados omitem a sua aplicabilidade, podendo suscitar-se a exceção de ordem pública, mormente em questões de direito da família [349].

Nesta matéria, uma das situações mais emblemáticas dos últimos anos foi-nos dada pelo julgamento do Supremo Tribunal no caso Obergefell v. Hodges (2015). Este caso impõe que os Estados reconheçam aos casais homossexuais todos os direitos resultantes do casamento que reconhecem aos casais heterossexuais. O Tribunal considerou que as leis do Michigan, Kentucky, Ohio e Tenessee violavam

[345] Considerando o ano de 2013.

[346] V. https://constitutioncenter.org/interactive-constitution/article/article-iv (consultado em 3 de março de 2019).

[347] *Idem.*

[348] Imporia analisar, nomeadamente, a questão de eventual fraude à lei e consequências criminais, o que não desconsideramos. Contudo, esta matéria ultrapassa o âmbito do objeto do nosso estudo.

[349] Um dos exemplos refere-se ao reconhecimento do casamento entre primos (Stark, 2011-2012).

a Constituição [350], sob as cláusulas de *Due Process* e *Equal Protection* da Fourteenth Amendment [351], [352], excluindo casais homossexuais de aceder ao contrato (civil) de casamento e, além disso, o direito dos casais em contrair casamento em qualquer um dos Estados norte-americanos, já que o Estado em que este casamento não fosse admissível não reconhecia a sua legalidade quando contraído legalmente noutro Estado [353], [354].

Assim, da decisão do Supremo Tribunal resulta que qualquer decisão, independentemente da solução legal do Estado, emitida pela autoridade competente, tem efeitos à escala nacional (Sachs & Sanders, s.d.), reafirmando-se, desta forma, a *Full Faith and Credit Clause*. Com o panorama norte-americano e as soluções polarizadas que os Estados assumem, a afirmação da cláusula é, neste âmbito, particularmente relevante para o reconhecimento e a aplicabilidade das *Pre-birth Parental Orders* emitidas pelos tribunais dos Estados que admitem a gestação de substituição, constituindo um método que permite ultrapassar os conflitos das diferentes legislações interlocais (Farese, 2017).

2. Algumas Soluções Legais Adotadas para o Biocontrato de Gravidez

O debate contínuo em torno da gestação de substituição impõe que os Estados tomem uma posição [355] sobre como resolver as questões e os problemas que emergem

[350] O texto do documento está disponível em https://constitutioncenter.org/interactive-constitution/the-constitution (consultado em 3 de março de 2019).

[351] O texto da 14.ª emenda está disponível em https://constitutioncenter.org/interactive-constitution/amendment/amendment-xiv (consultado em 3 de março de 2019).

[352] «*The right to marry is a fundamental right inherent in the liberty of the person, and under the Due Process and Equal Protection Clauses of the Fourteenth Amendment couples of the same-sex may not be deprived of that right and that liberty. Same-sex couples may exercise the fundamental right to marry*» (Obergefell v. Hodges, 2015).

[353] Em cada processo, o tribunal considerou procedentes os argumentos dos queixosos, mas a posição foi revertida pelo U.S. Court of Appeals for the Sixth Circuit (Encyclopaedia Britannica, 2015).

[354] Esta foi a posição vencedora, ainda que não tenha sido maioritária. O juiz Anthony Kennedy, a que se juntaram outros, argumentou que as razões para casar, incluindo a liberdade individual para o fazer, se aplicam independentemente da orientação sexual e, por isso, que homossexuais podem exercer o seu direito individual a casar. Contudo, outros apresentaram declarações de voto assumindo que, independentemente da justiça da admissibilidade do casamento entre casais do mesmo sexo, a Constituição não o menciona e, por isso, uma decisão que vá nesse sentido ultrapassa o poder judicial e assume-se como «*judicial policymaking*», nas palavras do *Chief Justice* John G. Roberts, Jr., assumindo-se um verdadeiro poder político que deve estar reservado aos Estados. Isto é, os tribunais não criam direitos que não estão na Constituição. No mesmo sentido, destaca-se a declaração de voto do juiz Samuel A. Alito — a definição de casamento está reservada aos Estados, incluindo a decisão se querem manter ou não a versão tradicional (Oyez, s.d.).

[355] Ainda que seja não a assumir de todo, como os Estados que não apresentam posição expressa sobre a técnica, como é o caso da Bélgica ou dos Países Baixos.

deste biocontrato. Assim, apresentada que está uma visão global sobre as posições de alguns Estados em matéria de gestação de substituição, impõe-se nesta altura uma análise a diferentes soluções legais [356]. Considerando as diferenças apresentadas, optamos pelas que se seguem.

Por um lado, a solução adotada pelo Estado da Califórnia, que se apresenta numa ótica liberal, individual e capitalista e que, ao mesmo tempo, denota certa superioridade da ciência sobre a natureza das coisas. Com outra natureza e em contraste, Inglaterra e o País de Gales, embora permitindo a gestação de substituição, regulam-na por forma a impedir que a prática se torne numa empresa com fins lucrativos, mantendo a estrutura mais tradicional das relações, em que a gestante é tida como a mãe da criança, ainda que permita depois uma forma típica ou aproximada da adoção do/a filho/a desta mulher e, caso seja casada, do seu marido ou *civil partner*, pelos *intended parents*.

Outro ordenamento eleito é o grego, que admite a gestação de substituição e apresenta uma tramitação e solução legal inéditas, mormente no seio do espaço europeu. Por outro lado, e no polo oposto, analisa-se uma solução que proíbe a prática em absoluto, como é o caso francês [357]. Elucidativa será ainda a análise do percurso que o Estado indiano tem vindo a fazer em matéria de gestação de substituição. As razões desta escolha são, por um lado, a ausência de regulamentação [358] e, por outro, o facto de se tratar de campo fértil à germinação de alguns dos riscos associados a este contrato, considerando a assimetria entre os diferentes *backgrounds* dos outorgantes, particularmente ao nível socioeconómico e cultural.

2.1. Estado Federado da Califórnia (EUA)

A Califórnia é tida como um destino turístico de eleição para os que queiram recorrer à gestação de substituição e que possam pagar por isso. A legislação do Estado é altamente amigável quanto a estes biocontratos, liberalizando a técnica numa ótica de mercado. Admite-se a gestação de substituição a casais, heterossexuais ou homossexuais, ou solteiros/as, independentemente da orientação sexual ou causa para o recurso a uma gestante. Além disso, apresenta uma solução legal que protege em

[356] Não vamos fazer uma análise de Direito comparado nem uma exaustiva análise dos pressupostos e tramitação processual ou procedimental das diferentes soluções legais.

[357] Pelo menos neste capítulo, fica de fora desta análise das soluções legais o caso de Israel. A solução de não o incluir neste âmbito é propositada, já que, mais do que a solução jurídica deste Estado, o que queremos demonstrar pela análise deste ordenamento está, mais do que com a solução jurídica, relacionado com a perspetiva cultural e sobretudo religiosa que imprime características únicas a este contrato.

[358] E que fomentou um mercado de gestantes até ser proibida. Está pendente, nesta altura, proposta de regulamentação da gestação de substituição.

larga medida o/a(s) *intended parent(s)*, porquanto admite as denominadas *pre-order judgements*, em que aquele(s)/a(s), com o nascimento, é/são reconhecido(s)/a(s) imediatamente como o(s) pai(s) e/ou mãe(s) da criança, tenham ou não ligação genética com ela. Desta forma, os contratos são coercivamente impostos elevando o grau de confiança a todos quantos recorrem a uma gestação de substituição.

A *contractual ordering* permite, em larga medida, que as partes decidam os termos do negócio da gestação de substituição. A Califórnia marcou definitivamente a sua posição dando grande enfoque à autonomia da vontade e protegendo a posição dos beneficiários na determinação da parentalidade, sendo, portanto, altamente «*surrogacy friendly*».

O Estado desenvolveu um inovador «critério da intenção» para o estabelecimento da filiação, o que é determinante nesta matéria, já que o/a(s) *intended parent(s)* podem, além de recorrer a uma *surrogate*, recorrer a gâmetas ou embriões de terceiros. Não estando afastada a gestação de substituição tradicional [359], as crianças veem estabelecida a parentalidade *ab initio* sem curar da relação genética ou gestacional. Além disso, e consequentemente, o Estado da Califórnia reconhece a gestação de substituição e o acordo de reprodução assistida [360] subjacente entre o(s)/a(s) *intended parent(s)* e a gestante como fonte do estabelecimento legal da parentalidade entre a criança e o(s)/a(s) *intended parent(s)* [361].

Em 2013, com a California Assembly Bill 1217 [362], a Califórnia confirmou a legalidade do contrato e os pais, no caso de contratos de gestação de substituição, são o(s)/a(s) *intended parent(s)*, tenham ou não relação biológica com a criança [363]. Até essa

[359] Que, não obstante, apresenta regras próprias.

[360] Conforme definido no capítulo I da Parte 3 do Código da Família: «*[...] means a written contract that includes a person who intends to be the legal parent of a child or children born through assisted reproduction and that defines the terms of the relationship between the parties to the contract.*» Nos termos do mesmo preceito, a reprodução assistida constitui qualquer forma de reprodução que não implique uma relação sexual. O texto do diploma está disponível em https://leginfo.legislature.ca.gov/faces/codes_displaySection.xhtml?lawCode=FAM&sectionNum=7606.&highlight=true&keyword=Assisted%20reproduction%20agreement (consultado em 6 de março de 2019)

[361] «*Existing law provides that a party to an assisted reproduction agreement may bring an action under the Uniform Parentage Act at any time to establish a parent and child relationship consistent with the intent expressed in the agreement. Existing law also regulates the practice of surrogacy facilitators in assisted reproduction agreements, including surrogacy agreements.*»

[362] O texto integral do diploma está disponível em https://leginfo.legislature.ca.gov/faces/billNavClient.xhtml?bill_id=201120120AB1217 (consultado em 3 de agosto de 2018).

[363] Nos termos do art. 1.º, capítulo IV, parte 3 do Código da Família, a determinação da relação entre pais e filhos pode ser feita de acordo com a intenção versada no acordo de reprodução assistida: «*(f) A party to an assisted reproduction agreement may bring an action at any time to establish a parent and child relationship consistent with the intent expressed in that assisted reproduction agreement.*» V. https://leginfo.legislature.ca.gov/faces/codes_displaySection.xhtml?lawCode=FAM&sectionNum=7630.&article=1.&highlight=true&keyword=Assisted%20reproduction%20agreement (consultado em 3 de agosto de 2018).

data, no Estado, a solução para a gestação de substituição era ditada sobretudo pela jurisprudência. Os casos Calvert v. Johnson e Buzzanca v. Buzzanca, de 1993 e 1998, respetivamente, marcaram definitivamente o panorama da gestação de substituição no Estado da Califórnia [364]. Posteriormente, nos termos da secção 807 da UPA, o(s)/a(s) *intended parent(s)* será/serão os pais/mães da criança, sendo o contrato que lhes dá causa coercivamente exigível. No entanto, apesar da UPA 2017 e das regras a que já tivemos oportunidade de aludir, é o Código da Família californiano [365] que rege a técnica dentro do Estado.

2.1.2. A Orientação Jurisprudencial

2.1.2.1. Johnson v. Calvert

Depois do caso Baby M, a década de 1990 começou com o famoso caso Johnson v. Calvert. As relações contratuais do negócio de gestação de substituição outorgado entre o casal Calvert e a gestante deterioram-se quando esta decidiu que queria manter a criança após o nascimento e reclamar a sua qualidade de «mãe». Com o nascimento da criança, os Calvert peticionaram judicialmente os direitos parentais com base no contrato celebrado com a gestante, devidamente compensada pelos seus *serviços*. Neste caso de *gestational surrogacy* [366], julgado no Supremo Tribunal da Califórnia (Johnson v. Calvert, 1993), ao contrário do que se verificou com o Baby M (ainda que neste caso se tratasse de uma gestação de substituição tradicional [367]), o tribunal não o encarou como situação de adoção [368]. A verdade é que com este processo a situação era diferente do caso Baby M, já que a gestante não tinha ligação genética com a criança [369] e, por isso, esta decisão de 1993 do California Supreme Court assentou num facto diferente daquele que norteou os juízes de Nova Jersey — isto é, a criança era geneticamente ligada a ambos os beneficiários, tendo *unicamente* com a gestante a ligação gestacional. Mas quem devia ser considerada a mãe da criança?

[364] Os casos que apresentamos são meramente exemplificativos e aqueles que, em nosso entender, marcaram a solução legal do Estado da Califórnia.

[365] A secção 7962 do Código da Família californiano estabelece as condições inerentes ao contrato, incluindo a matéria dos *facilitadores*, na secção 7960.

[366] O casal Calvert pagou à gestante, Anna Johnson, cerca de 10 000,00 $ para que esta suportasse a gravidez de um embrião gerado por FIV com gâmetas do casal.

[367] O Estado da Califórnia julgou mais tarde um caso de gestação de substituição tradicional.

[368] Mas já o fez no contrato de gestação de substituição tradicional. Neste caso, o tribunal considerou que, ao contrário da gestação de substituição total, «*[...] enforcement of a traditional surrogacy contract by itself is incompatible with the parentage and adoption statutes*» (re Marriage of Moschetta, 1994).

[369] Discutiu-se também, na época, o facto de a gestante ser negra e a criança ser branca e o «peso» que a raça teve na decisão do tribunal. Este aspeto será discutido mais à frente neste trabalho. V. capítulo IV.

De acordo com o California's Law Code § 7601, o estabelecimento da maternidade pode ser feito recorrendo a três critérios: a gestação, a ascendência genética ou a adoção (Caballero, 2016). Perante estes critérios legais, tanto Anna como Crispina podiam arrogar-se mães da criança, mas, ao contrário de uma visão tradicional, o tribunal acabou por afastar-se do critério da gestação como critério determinante. Assumiu os critérios como concorrentes, isto é, o critério genético e o gestacional, e socorreu-se de um critério de desempate, de um terceiro fator: a «intenção», ou seja, sobre quem impendeu o esforço de dar causa ao processo de conceção da criança e percorreu o *iter* conducente à sua existência com o escopo de a assumir como *sua*.

Assim, o tribunal considerou que os beneficiários fizeram prova, sob o *California's Parentage Statute*, da maternidade e, embora a gestante argumentasse que tinha direito a manter a criança considerando o seu direito de *birth mother*, a gestação estava em concurso com a ascendência genética enquanto critério. Por isso, o fator de desempate foi a *intenção* vertida nas declarações de vontade das partes, e da qual resulta que a gestante não exerceu o seu direito a *procriar*, mas sim a *prestar um serviço* (Scott, 2009, p. 122). O Tribunal não aplicou, por isso, a doutrina do caso Baby M, concluindo ainda que não havia evidência de qualquer exploração da gestante ou de que a criança estava a ser tratada como mera mercadoria.

Na atualidade, o panorama legal norte-americano ganhou nova dimensão e marcou a solução californiana para sempre, acabando por mudar a perceção sobre a própria maternidade e a relevância da gestação no âmbito da procriação [370]. Embora considerando que tanto a contribuição genética como a gestacional seriam, *per se*, suficientes para atribuir a maternidade, em sentido legal, o tribunal considerou a intenção das partes, aquando da celebração do contrato de *surrogacy* e, face a este, a gestante não terá sido mais do que *facilitadora* da vontade dos pais genéticos (Storrow, 2016, p. 208), afastando qualquer direito à gestante enquanto mãe de nascimento, incluindo os direitos de visitas que lhe haviam sido concedidos na pendência do processo. Este processo levou a maternidade a um novo patamar e tornou-a mais neutra e mais próxima da paternidade, porquanto não deu preponderância ao critério da gestação por si só e, em conflito com outros elementos integrantes da procriação, o desempate estaria na combinação com o critério da intenção.

Estava mudada a perspetiva sacralizada da maternidade. Os/As beneficiários/as de contratos de gestação de substituição na Califórnia que fossem os/as ascendentes genéticos/as da criança podiam, de ora em diante, ver o critério preponderar, considerando a introdução da «intenção» [371] como determinante no «desempate» do fator genético e gestacional.

[370] Distinção que, para nós, é particularmente relevante na nossa tomada de posição. V. capítulos III e IV.

[371] Vertida no teor das declarações negociais ínsitas no contrato de gestação de substituição.

2.1.2.2. re Marriage of Moschetta

Não obstante, neste processo, o *California Court of Appeals* foi confrontado com uma *pre-birth parental order* no âmbito de um prévio contrato de gestação de substituição em que a beneficiária não era a ascendente genética da criança nem, evidentemente, a gestante. O tribunal norte-americano [372] partiu do mesmo princípio. Perante um contrato de gestação de substituição tradicional, a gestante é a mãe natural da criança. Trata-se de situação distinta da do processo Calvert, já que, neste caso, tanto a gestante como a *intended mother* representavam critérios concorrentes — o gestacional e o genético —, sendo necessário recorrer a outro critério para desempatar, situação que não acontece neste caso, já que a gestante mantém com a criança o laço genético. Isto permite concluir que, nestas circunstâncias, o critério da intenção é subsidiário quando em causa está a coincidência na mesma mulher do critério genético e gestacional (Payne, 2018, p. 69), assumindo expressamente o tribunal o que se segue:

> «*We thus decline to enforce the traditional surrogacy contract in this case because to do so would mean we would have to ignore both the analysis used by our Supreme Court in Johnson v. Calvert and the adoption statute that requires a formal consent to a child's adoption by his or her birth mother.*» (re Marriage of Moschetta, 1994)

O tribunal concluiu assim que nesta situação o contrato de gestação de substituição não poderia servir para estabelecer a maternidade, restando à *intended mother* adotar a criança (Wells-Greco, 2016, p. 202).

2.1.2.3. re Marriage of Buzzanca

Mas o caso que consolidou definitivamente o panorama dos contratos de gravidez foi decidido no California Court of Appeals no caso Buzzanca v. Buzzanca (re Marriage of Buzzanca, 1998). Neste caso, o casal Buzzanca recorreu a uma gestante no Estado da Califórnia para ter um(a) filho/a com o/a qual não teriam/têm qualquer relação genética. O embrião foi criado via FIV com recurso a gâmetas de terceiros e implantado no útero de uma gestante contratada para ter a criança. Durante o procedimento, e já a gestante estava grávida, o casal divorciou-se antes de a filha nascer e John, o beneficiário, informou, no processo de divórcio, que o casal não tinha filhos/as.

Mesmo depois de Jaycee nascer, o pai continuou a descartar a paternidade e qualquer responsabilidade parental associada (Caballero, 2016). A *intended mother*, entretanto divorciada, requereu que fosse reconhecida a filiação da criança. Porém, o Superior Court of Orange County, considerando que nem os *intended parents* nem

[372] O California Court of Appeals.

a gestante, nem o seu marido, tinham qualquer ligação genética com a criança, acabou por considerar a criança órfã.

Porém, no recurso, a tradição que havia sido iniciada com o processo dos Calvert voltou a ser aplicada e ampliada — recorrendo a uma aplicação analógica da lei da IA, o tribunal *ad quem* dissertou sobre o facto de, nos casos de IA, quando a mulher é inseminada com esperma de outro homem que não o seu marido, este ser considerado o pai da criança independentemente da inexistência da ascendência genética. Assim sendo, o mesmo raciocínio podia ser aplicado neste caso. Contudo, John argumentou que a analogia não era possível, já que não partiam de situações fáticas idênticas, uma vez que a ex-mulher não havia sido a gestante. Apesar disso, o tribunal desconsiderou o argumento, recorrendo uma vez mais à «intenção» como critério. Também neste caso, como acontece na IA, a determinação da parentalidade não está dependente, enquanto critério autónomo, da contribuição genética nem, assim sendo, da gestação.

O tribunal acabou por considerar que a contribuição de gâmetas é um dos critérios para a determinação da parentalidade, mas concorrente com a gestação e a referida intenção subjacente a qualquer procedimento de PMA. Quando estes critérios concorrem entre si, a tónica deve ser colocada na intenção vertida no facto que está subjacente e dá causa à existência da criança, isto é, no *iter* e esforço percorrido pelos beneficiários para terem um(a) filho/a [373], contratualmente estabelecida, e para estes deve ser, por isso, reconhecida a parentalidade (Storrow, 2016, p. 208).

O consentimento para o procedimento médico é, assim, o fator determinante para a existência daquela criança a que os beneficiários deram causa, apresentando-se como os únicos que, de entre todos os intervenientes, quiseram ter um(a) filho/a e, por isso, este critério é suficiente para determinar quem são os pais/mães, independentemente da relação biológica, genética e/ou gestacional que tenham com a criança ou que outros demonstrem ter. Com esta decisão, o Tribunal marcou definitivamente o critério. Quando os fatores típicos da procriação se repartirem por pessoas diferentes, o contrato de gestação de substituição estabelecerá a parentalidade associada ao critério da intenção, considerando-se a gestação *mero* serviço [374] prestado a outrem e, portanto, afastado do exercício do direito a procriar.

2.1.3. Regulamentação e Tramitação

Em 2013, a Califórnia adotou legislação específica em matéria de gestação de substituição para contratos celebrados neste Estado norte-americano em que, sendo válidos e sendo obtida, antes do nascimento da criança, uma *pre-birth parentage*,

[373] Ao contrário dos demais participantes neste processo, que nunca encetaram a sua atuação com esse fim em vista.

[374] Que se esgotou com o nascimento da criança.

os/as *intended parents/mothers*, incluindo solteiros/as, são considerados/as os/as pais/mães [375] da criança nascida no âmbito deste bionegócio.

Nos termos da Secção 7620 e da Secção 7962 do Family Code, o tribunal estabelecerá a filiação em relação a criança nascida no âmbito de um acordo de gestação de substituição [376] em relação aos *intended parents* ou *parents* que tenham submetido o respetivo pedido junto do tribunal competente.

Não obstante, o contrato tem requisitos a cumprir nos termos do Código de Direito da Família daquele Estado norte-americano. O procedimento não é admissível sem que previamente o contrato tenha sido outorgado, esteja devidamente autenticado e revisto por um «*separate counsel for the surrogate and the intended parent or parents*» (Caballero, 2016, p. 298) [377]. Do contrato terá de constar a origem dos gâmetas ou do embrião [378], [379], bem como toda a informação sobre como o(s) pai(s) e/ou mãe(s) vai/ão pagar as despesas médicas da gestante e da criança [380]. Nos termos da secção 7962 do Código da Família, o contrato tem de conter, no mínimo: «*(1) The date on which the assisted reproduction agreement for gestational carriers was executed. (2) The persons from which the gametes originated, unless anonymously donated. (3) The identity of the intended parent or parents.*» [381] Não pode ter-se iniciado qualquer procedimento de fertilização sem que os requisitos anteriores estejam verificados.

No que tange ao pagamento à gestante, a lei impõe que os montantes sejam depositados em contas geridas de forma independente numa *escrow account* [382], [383] ou num fundo gerido por um advogado que será libertado a favor da gestante nos termos fixados no contrato (Caballero, 2016, p. 298). Os valores, ainda que não oficiais, de montantes pagos a gestantes variam entre os 25 000,00 $ e os 50 000,00 $,

[375] Desde 1 de janeiro de 2016, pode figurar na certidão de nascimento o nome de ambos os membros do casal homossexual e é possível escolher a designação «pai», «mãe» ou «progenitor», sendo que «*[p]rior to 2016, the birth certificate was inflexible*» (Caballero, 2016, p. 299).

[376] Definido os termos da secção 7960.

[377] «*(f) (1) A notarized assisted reproduction agreement for gestational carriers signed by all the parties, with the attached declarations of independent attorneys, and lodged with the superior court*», Secção 7962 do Código da Família.

[378] Exceto nos casos em que os doadores de gâmetas ou embriões são anónimos.

[379] Ainda que os doadores de gâmetas ou embriões não sejam, para qualquer efeito, considerados os pais da criança.

[380] Incluindo, nos casos de recurso a seguros de saúde, a inclusão dos termos do contrato de seguro considerando a inclusão de cobertura da gestação de substituição.

[381] O texto integral está disponível em https://leginfo.legislature.ca.gov/faces/billNavClient.xhtml?bill_id=201120120AB1217 (consultado em 3 de agosto de 2018).

[382] Uma garantia sob custódia de um terceiro que será libertada mediante a verificação de uma condição.

[383] Conforme resulta do preceituado na parte 7, Divisão 12.ª do Código da Família, cujo texto está disponível em https://leginfo.legislature.ca.gov/faces/codes_displaySection.xhtml?lawCode=FAM&sectionNum=7961.&highlight=true&keyword=Assisted%20reproduction%20agreement (consultado em 3 de agosto de 2018).

sendo que a este valor acrescem os seguros e a assessoria jurídica, que rondam entre os 50 000,00 $ e os 125 000,00 $ (Wells-Greco, 2016, p. 208). São admitidos facilitadores e é permitida a publicidade de serviços de gestação de substituição [384].

2.1.3.1. *Pre-birth Parentage Order*

A Secção 7630 do Código do Direito da Família [385] marca de forma muito intensa o panorama do Estado da Califórnia, já que, além de fixar a intenção como critério determinante para estabelecer a paternidade e/ou maternidade, admite que o(s)/a(s) *intended parent(s)* veja(m) reconhecida a paternidade e/ou maternidade mesmo antes do nascimento da criança, assegurando a sua posição no processo e vendo o contrato não só reconhecido, como tornando qualquer posição em relação à gestante coercivamente exigível.

O processo está previsto na Secção 7962 (e) [386], que estabelece:

> «*An action to establish the parent-child relationship between the intended parent or parents and the child as to a child conceived pursuant to an assisted reproduction agreement for gestational carriers may be filed before the child's birth and may be filed in the county where the child is anticipated to be born, the county where the intended parent or intended parents reside, the county where the surrogate resides, the county where the assisted reproduction agreement for gestational carriers is executed, or the county where medical procedures pursuant to the agreement are to be performed. A copy of the assisted reproduction agreement for gestational carriers shall be lodged in the court action filed for the purpose of establishing the parent-child relationship. The parties to the assisted reproduction agreement for gestational carriers shall attest, under penalty of perjury, and to the best of their knowledge and belief, as to the parties' compliance with this section in entering into the assisted reproduction agreement for gestational carriers.*» [387]

O julgamento é conduzido sem outra prova, fixando a relação de filiação em relação à criança que vai nascer com o/a(s) *intended parent(s)* previsto/a(s) no contrato de gestação de substituição [388]. Há uma verdadeira execução específica do contrato no caso de a gestante impedir o(s)/a(s) pai(s)/mãe(s) de exercerem imediatamente os

[384] Secção 7960 do Código.

[385] V. https://leginfo.legislature.ca.gov/faces/codes_displaySection.xhtml?lawCode=FAM&sectionNum=7961.&highlight=true&keyword=Assisted%20reproduction%20agreement (consultado em 17 de junho de 2018).

[386] V. https://leginfo.legislature.ca.gov/faces/billNavClient.xhtml?bill_id=201120120AB1217

[387] V. https://codes.findlaw.com/ca/family-code/fam-sect-7962.html (consultado em 17 de junho de 2018).

[388] Secção 7962 (2): «*[...] the judgment or order shall establish the parent-child relationship of the intended parent or intended parents identified in the surrogacy agreement and shall establish that the surrogate, her spouse, or partner is not a parent of, and has no parental rights or duties with respect to, the child or children. The judgment or order shall terminate any parental rights of the surrogate and her spouse or partner without further hearing or evidence.*»

seus direitos aquando do nascimento da criança [389], bem como, no caso de algum/ns do/a(s) *intended parent(s)* não aceitar(em) imediatamente, com o nascimento da criança, os seus deveres e responsabilidades parentais. Esta situação fica, não obstante, excecionada nos casos de gestação de substituição tradicional, em que a gestante pode retirar o seu consentimento até 72 horas após o nascimento da criança. Nestes casos, as obrigações extinguem-se, não sendo a gestante, com exceção de situações de fraude, responsável pelos danos causados ou por revogar o acordo.

Observados os requisitos exigidos para o acordo, este não pode ser revogado ou resolvido [390] e presume-se válido e eficaz (alínea i) da secção 7960). A criança adquire, nos termos da Fourteenth Amendment, a nacionalidade norte-americana atendendo ao princípio do *jus soli*, e é efetuado o registo de nascimento e emitida a certidão de nascimento em nome dos/as *intended parent(s)*. De acordo com os dados recolhidos em 2013, a legislação deste Estado norte-americano atrai muitas pessoas, tornando-o muito popular enquanto destino reprodutivo. Se nos EUA em geral, em cerca de 1% das crianças nascidas, estiveram envolvidas técnicas de PMA com recurso a gestantes, na Califórnia a percentagem parece ser bem maior: quatro de 68 clínicas que, na Califórnia, divulgaram informação colocam a percentagem de recurso a gestantes de substituição nos ciclos de PMA que realizaram nos «dois dígitos» (Caballero, 2016, p. 300) [391].

2.2. Inglaterra e País de Gales

No Reino Unido, a gestação de substituição [392] foi aprovada pela primeira vez em 1985 com a Surrogacy Arrangements Act (SAA) [393], [394], [395], sendo que a *Human Fertilisation*

[389] A estas crianças, e independentemente do recurso à gestação de substituição e da nacionalidade do(s)/a(s) pai(s)/mãe(s), nos termos da 14.ª emenda aplicando-se o regime do *jus soli*, todas as crianças que nasçam em território americano adquirem a nacionalidade norte-americana.

[390] Com exceção do caso da gestação de substituição tradicional.

[391] Cerca de 50% das gestantes nos EUA são mulheres de militares.

[392] No Reino Unido, existem três sistemas legais: Inglaterra e País de Gales, Escócia e Irlanda do Norte. A HFEAct 2008 é um instrumento que se aplica a todo o Reino Unido. No entanto, existem diferenças que refletem autonomia das demais legislações que aqui não vamos tratar. «*The Scotland Act 1998, the Northern Ireland Act 1998, and the Government of Wales Act 1998 (which was later effectively superseded by the Government of Wales Act 2006) established the three devolved legislatures and transferred to them some powers that were previously held at Westminster. Further powers have been devolved since these original acts, most recently through the Scotland Act 2016 and Wales Act 2017*» (United Kingdom, 2019).

[393] Concretamente o *Chapter* 49, que entrou em vigor em 16 de julho de 1985.

[394] O texto do diploma está disponível em https://www.legislation.gov.uk/ukpga/1985/49 (consultado em 17 de junho de 2018).

[395] Este diploma define *surrogate mother* como «*a woman who carries a child in pursuance of an arrangement. (a) Made before she began to carry the child, and (b) Made with a view to any child carried in pursuance of it being handed over to, and parental responsibility being met (so far as practicable by, another person or other persons*».

and Embriology Act 1990 determinou que o acordo não é coercivamente exigível e introduziu o procedimento judicial da *parental order*[396]. Antes, em 1982, foi constituído o *Committee of Inquiry into Human Fertilisation and Embryology*, presidido pela Baronesa Warnock. Impunha-se analisar as implicações éticas e o enquadramento legal dos desenvolvimentos da reprodução humana, incluindo a matéria da gestação de substituição, e fazer as devidas recomendações. O chamado Relatório Warnock[397] foi divulgado dois anos depois e, em matéria de gestação de substituição, o Comité deparou-se com diversas questões, nomeadamente ao nível da possível exploração da gestante, e sublinhava que a separação forçada, caso a gestante mudasse de ideias depois do acordo, era difícil de aceitar e mais ainda que tal pudesse ser determinado por um tribunal.

O relatório enfatizava a relação entre a gestante e o feto *in utero*, e quebrar este vínculo podia ter consequências nefastas para a própria criança. Por isso, a posição do Comité nesta matéria não só foi genericamente de oposição à regulamentação do negócio, como propunha que o próprio negócio fosse declarado ilegal[398]. Porém, apesar das conclusões deste relatório, a SAA de 1985[399] foi apresentado ao Parlamento sob a pressão dos casos mediáticos que começavam a ser conhecidos e «*[...] passed in part as a reaction to the Warnock Report of 1984*[400]*, which came out against surrogacy (especially commercial surrogacy), in light of the "Baby Cotton" case*[401]» (Horsey, 2018, p. 11), e das notícias de negócios altamente rentáveis de agências que lucravam com a gestação de substituição.

Surpreendentemente, a SAA de 1985 acabou por admitir os contratos de gestação de substituição[402], embora defendendo que não deviam ser encorajados[403], [404],

[396] Está agora prevista na Secção 54 da HEFAct 2008.

[397] Warnock, HM; Committee of Inquiry into Human Fertilisation and Embryology, 1984.

[398] Com recomendações de criminalização mormente para todas as formas de recrutamento de mulheres para serem gestantes.

[399] O texto do documento está disponível em http://www.legislation.gov.uk/ukpga/1985/49

[400] Capítulo VIII. V. Warnock, HM; Committee of Inquiry into Human Fertilisation and Embryology, 1984.

[401] Re C (a minor) (Wardship: Surrogacy), 1985.

[402] Nos termos da Secção 2: «*No person shall on a commercial basis do any of the following acts in the United Kingdom, that is— (a) initiate any negotiations with a view to the making of a surrogacy arrangement, (aa) take part in any negotiations with a view to the making of a surrogacy arrangement, [aditado pelo HFEAct de 2008]; (b) offer or agree to negotiate the making of a surrogacy arrangement, or (c) compile any information with a view to its use in making, or negotiating the making of, surrogacy arrangements; and no person shall in the United Kingdom knowingly cause another to do any of those acts on a commercial basis.*»

[403] Proibindo qualquer forma de publicitação de *serviços*.

[404] No entanto, os *intended parents* também podem ser explorados ou enganados. Foi noticiado que Louise Pollard fingiu estar grávida, por diversas vezes, de diversos processos de *surrogacy*, alegando depois que sofria abortos, conseguindo com isto montantes pecuniários. *BBC News*, «*Fake surrogate mother Louise Pollard jailed*» (junho de 2014).

mas, mais importante, proibiu terminantemente quaisquer contratos comerciais de *surrogacy* no Reino Unido [405], incluindo a possibilidade de haver terceiros que lucrassem com eles [406], [407], como os intermediários. Ademais, proibiu a publicidade de quaisquer serviços associados a esta prática [408]. No entanto, na verdade, mesmo proibindo a natureza mercantil do acordo, a SAA admite possíveis pagamentos à gestante, desde que os montantes não sejam muito elevados, sob pena de pôr em causa a própria *parental order* [S54 (8)]. Isto é, terão de se traduzir num valor que razoavelmente possa ser entendido como pagamento de despesas.

Por outro lado, e respondendo a algumas das preocupações do Relatório Warnock, a SAA determinou que, para todos os efeitos, a mãe da criança seria (e é) a gestante, não havendo qualquer cominação contratual ou legal que se lhe possa opor caso opte por não cumprir o acordo. Este negócio conta exclusivamente com a possibilidade de, depois de a criança nascer e no âmbito de um procedimento judicial, a gestante, mãe para todos os efeitos legais, poder decidir se entrega ou não a criança e abdica dos correlativos direitos e deveres parentais. Desta forma, os pais da criança legalmente reconhecidos são a gestante e, caso esta seja casada ou viva numa *civil partnership*, o seu marido ou parceiro/a será considerado/a o *second parent at birth*, exceto se não tiver dado autorização para o procedimento. Todavia, a parentalidade pode depois do nascimento da criança ser transferida através de uma *parental order* [409].

Apesar de não poder haver envolvimento de terceiros com escopo lucrativo, a lei admite que organizações não-lucrativas possam ter intervenção e possam ser compensadas por algumas despesas [410]. Neste modelo, se a parentalidade começa por ser a resultante do certificado de nascimento, do qual consta a gestante e, eventualmente, o marido desta ou o/a *civil partner*, como pais da criança, ulteriormente ela é modificada através de um mecanismo posterior, num regime muito parecido ao da adoção [411].

[405] De facto, estando proibida a gestação comercial, verifica-se um turismo reprodutivo e cerca de mil crianças nasceram por ano através de contratos internacionais, mormente de gestantes naturais da Índia (Wilkinson, 2016).
Consultado em https://www.legislation.gov.uk/ukpga/1985/49 (consultado em 7 de fevereiro de 2018)

[406] Conforme Secção 1 (1).

[407] Condicionando-se, nos termos da Secção 3, as possibilidades de publicitar a gestação de substituição.

[408] Afastando-se da ótica de mercado que marca o panorama do Estado da Califórnia.

[409] Dos dados recolhidos, o número de *parental orders* é tendencialmente crescente ao longo dos anos. V. tabela 14, apêndice H.

[410] As três principais instituições sem fins lucrativos no Reino Unido são Brilliant Beginnings, Childlessness Overcome Through Surrogacy (COTS) and Surrogacy UK. COTS, de 1988, tem registo de 1050 crianças nascidas de gestação de substituição, numa média anual de 25 nascimentos (Horsey, 2018, p. 25).

[411] Por outro lado, e considerando um dos assuntos mais controversos, está relacionado com a recusa de os beneficiários receberem a criança ou quererem impor um aborto. Em 2014, uma gestante no Reino Unido ficou com a criança depois de os beneficiários a recusarem por ter nascido

Em suma, desde a SAA de 1985 que a Inglaterra admite a gestação de substituição altruísta [412], mas proíbe a gestação comercial, bem como qualquer forma de intervenção de terceiro [413] do qual resulte uma compensação ou pagamento [414], [415]. Seguindo a orientação do Relatório Warnock, a ilegalização da gestação comercial não foi acompanhada de uma tipificação penal contra os beneficiários e a gestante no caso de violarem a natureza gratuita do negócio [416].

Mais recentemente, a Law Commission of England & Wales and Scotland, após consulta pública — aberta em 6 de junho de 2019 e fechada em 11 de outubro de 2019 —, publicou um estudo que terminava com uma proposta de alteração [417] de vários aspetos da legislação em vigor, desde a criação de um regulador com o fim de supervisionar os acordos de gestação de substituição até à criação de um registo nacional que permita que quem nasça com recurso à gestação de substituição aceda à informação sobre as suas origens. Contudo, a maior novidade talvez seja a de dispensar a necessidade da ascendência genética relativamente a pelo menos um dos *commissioning parents*. Porém, sugere também alterações quanto à questão da parentalidade e à possibilidade de aqueles, com o nascimento, se tornarem pais, e não a gestante e, sendo esta casada[418], o marido. A Law Commission debruça-se também sobre um conjunto de questões relativamente aos pagamentos a favor da gestante. A revisão está na fase das consultas, prevendo-se que surja um projeto da nova legislação no final de 2022 [419].

com uma patologia. Os beneficiários recusaram a *Baby Amy*, mas ficaram com o irmão gémeo. V. «*I don't want a dribbling cabbage for a daughter*»: *What mother told her surrogate before rejecting disabled baby girl* (26 de agosto de 2014 [disponível em https://www.dailymail.co.uk/news/article-2734374/Surrogate-mother-twins-gave-birth-disabled-girl-told-woman-intended-child-didnt-want-dribbling-cabbage.html] e Olivia Rudgard, *Surrogate mother who changed her mind must hand baby to gay couple, court rules, in Telegraph* (novembro de 2017).

412 Secção 2 (3).

413 Incluindo a proibição de qualquer forma de publicitação dos serviços (Secção3).

414 São ilegais, portanto, as agências que promovem, como objeto comercial e com fim lucrativo, a mediação e contratos de gestação de substituição, mesmos sendo altruístas.

415 Escapando a este crivo terceiros sem fins lucrativos ou que cobrem despesas, por exemplo para manter listas de gestantes potenciais.

416 Secção 4.

417 V. https://consult.justice.gov.uk/law-commission/surrogacy/ (consultada em 8 de fevereiro de 2020)

418 Sendo que a maioria das pessoas questionadas, quer gestantes, quer os *commissioning parents*, entende que o sistema atual não estabelece a filiação corretamente em relação a quem devem ser os pais. A maioria entende que deve ser estabelecida em relação aos beneficiários (Horsey, 2018, p. 21).

419 V. https://www.lawcom.gov.uk/project/surrogacy/

2.2.1. Regulamentação e Tramitação

Na Inglaterra e no País de Gales, os principais textos legais de onde resulta o regime jurídico relativo à gestação de substituição são a SAA de 1985 [420], [421], a Adoption and Children Act 2002 [422], a HFEAct 1990 [423], HFEAct 2003 (Deceased Fathers), a HFEAct 2008 [424], [425] e Parental Order Regulations 2010 [426], [427].

Como já anteriormente exposto, os contratos de gestação de substituição são admissíveis desde que tenham natureza gratuita [428], ou seja, desde que a gestante não receba qualquer pagamento, com exceção do mero reembolso de despesas [429] razoáveis e autorizadas pelo tribunal. Há, assim, a marcada intenção de não fomentar o negócio — por um lado, dando ao acordo um cunho marcadamente altruísta e, por outro, proibindo a sua associação a qualquer prática comercial e atividades afins, como a proibição da publicitação, acompanhada da criminalização, do facto de alguém anunciar que se disponibiliza para ser gestante ou que procura os serviços de uma [430]. Houve ainda a preocupação de evitar que o país aparecesse nos roteiros internacionais do turismo reprodutivo, condicionando-se o acesso à gestação de substituição a residentes no Reino Unido, Channel Islands ou Isle of Man. Fica proibida qualquer intervenção de terceiros para mediar um contrato de gestação de substituição com fins comerciais ou divulgar qualquer publicidade neste sentido, sendo em ambos os casos a violação das proibições punida com pena de multa e/ou pena de prisão até três meses [431].

Em relação à parentalidade, desde a legislação de 1985 e da HEFAct de 2008 que, em matéria de gestação de substituição em Inglaterra e no País de Gales, o contrato

[420] Esta lei resulta de uma reação ao caso do «Baby Cotton».

[421] O texto integral, com as sucessivas alterações, está disponível em https://www.legislation.gov.uk/ukpga/1985/49 (consultado em 7 de fevereiro de 2018)

[422] Disponível em https://www.legislation.gov.uk/ukpga/2002/38/contents (consultado em 7 de fevereiro de 2018)

[423] V. https://www.legislation.gov.uk/ukpga/1990/37/contents (consultado em 7 de fevereiro de 2018)

[424] Disponível em https://www.legislation.gov.uk/ukpga/2008/22/contents (consultado em 7 de fevereiro de 2018)

[425] E a HEFAct Code of Practice, que pode ser consultada em https://www.hfea.gov.uk/media/2062/2017-10-02-code-of-practice-8th-edition-full-version-11th-revision-final-clean.pdf (consultado em 7 de fevereiro de 2018)

[426] Disponível em https://www.legislation.gov.uk/ukdsi/2010/9780111491355/contents (consultado em 7 de fevereiro de 2018)

[427] O tribunal, nestes processos, requer um relatório — o *Parental Order Report* (POR) —, a produzir por um *specialised guardian*, sendo as principais áreas a considerar «*welfare, consent, and commerciality*» (Wells-Greco, 2016, p. 158).

[428] Secção 2.

[429] Secção 2. Não sendo criminalmente responsáveis, caso se verifique um pagamento.

[430] Sendo aplicável pena de multa e/ou pena de prisão até três meses, nos termos da secção 4.

[431] Secção 4.

não é coercivamente exigível. Desta forma, a maternidade é necessariamente estabelecida em relação à gestante e, sendo esta casada, o seu marido presume-se o pai da criança [432], [433]. Mesmo no caso de relações homossexuais [434], é considerado, para todos os efeitos, o/a *second parent* da criança [435], [436]. Porém, assim não acontecerá quando o marido da gestante ou o/a civil *partner* não tenha autorizado o procedimento [437]. Por outro lado, se a gestante, nos termos da secção 45 da HEFA 2008, for lésbica, a companheira desta será a *female second legal parent* e a criança não terá um pai. Não sendo a gestante casada, o estatuto pode ser adquirido nos termos das secções 43 e 44 da HEFAct 2008 [438], [439], [440].

O negócio celebrado entre estes e os *intended parent(s)* não tem qualquer força vinculativa e, portanto, e independentemente de quem são os ascendentes genéticos [441] da criança, a gestante é sempre considerada mãe. O risco de esta se arrepender ou de os pais/mães intencionais se arrependerem existe até que a *parental order* seja

[432] Secção 35.

[433] Pode ser ilidida a presunção caso o marido demonstre que não teve conhecimento ou não consentiu no tratamento.

[434] A lei inglesa refere-se, neste caso, à «*civil partnership*».

[435] Pode ser ilidida a presunção caso a/o companheira/o demonstre que não teve conhecimento ou não consentiu no tratamento.

[436] Secção 42.

[437] Secções 35, 38 e 42.

[438] A inseminação ou implantação tem de ocorrer numa clínica certificada e a parceira tem de estar viva nesse momento.

[439] Se o marido ou a companheira da gestante falecer, nos termos das secções 40 e 46, pode constar como pai da criança ou segunda mãe. Se a gestante não for casada, nem tiver companheiro, ou estes não cumprirem os requisitos para ser atribuída a parentalidade, a HFEAct não apresenta solução. Nestas circunstâncias, só o pai biológico pode reclamar a paternidade, incluindo se o beneficiário do contrato for o doador de esperma. Com o caso R v Human Fertilisation and Embryology Authority, ex blood [1999] Fam 151, suscitou-se a questão de *posthumous reproduction* e, desde 2009, é possível a atribuição de estatuto de parentalidade por um marido falecido, mulher, parceiro ou *civil partner*, ainda que a criança não possa alterar direitos sucessórios adquiridos (Rao, 2018, p. 27). Se a mulher for casada ou estiver em *civil partnership*, as secções 40 e 46 da HFEAct preveem que o falecido possa ser o *second legal parent* se a mulher for implantada com o embrião antes da morte e este não pode ser biologicamente relacionado com a criança. Ademais, o embrião tem de ser criado durante o casamento ou a união civil e o falecido tem de ter consentido por escrito na implantação do embrião na gestante depois da sua morte e ser tratado como pai da criança. Se quem falecer for o pai biológico da criança, este adquire o estatuto mesmo que tenha falecido antes da conceção, nos termos da secção 39.

[440] Não pode resultar de relações sexuais com o comitente.

[441] Secção 33.

decretada. Os contratos não são, assim, coercivamente exigíveis [442], [443], sendo a gestante [444] e o marido, ou *civil partner*, considerados os pais da criança.

Tendo em conta a posição da legislação no que tange à determinação da parentalidade, que mantém o estereótipo tradicional e da unidade familiar [445], o pai comitente [446], ainda que seja o doador dos gâmetas, não tem em relação à criança qualquer estabelecimento da parentalidade por esse facto [447]. Caso a gestante não seja casada ou o marido ou *civil partner* não tenha consentido com o procedimento, o comitente do contrato de gestação de substituição pode ser declarado pai da criança caso seja aquele o seu ascendente genético. Contudo, só adquire responsabilidade parental (como acontece relativamente a outras crianças concebidas da forma tradicional) se a criança for registada nos termos do Births and Deaths Registration Act de 1953 por acordo com a mãe no âmbito de um *parental responsibility agreement* ou por ordem judicial (Rao, 2018). Há claramente uma assunção da intenção deste progenitor, além da ascendência genética, para determinar a filiação paterna, já que, no caso de recurso a um terceiro doador junto de clínica licenciada, este nunca será tratado como o pai da criança [448], [449].

2.2.1.1. *Parental Orders*

Considerando o estabelecimento da parentalidade em relação à gestante, e ao marido ou *civil partner* caso existam e tenham prestado o seu consentimento para o procedimento, a solução inglesa determina que a (eventual) transferência da parentalidade aconteça através de um processo judicial subsequente ao nascimento:

[442] Secção 1A (aditada pela HFEAct).

[443] Nos termos da secção 36 que aditou a Secção 1A ao *Act* de 1985 e determina que os contratos de gestação de substituição não podem ser coercivamente impostos, o que significa que, em qualquer situação de incumprimento, não se extrai qualquer consequência para a gestante nem, por maioria de razão, os beneficiários podem sequer pedir qualquer compensação pelo incumprimento (Brazier, Golombok, & Campbell, 1998).

[444] Além dos requisitos em relação à idade, nomeadamente, não existe regulamentação em relação a quem pode ser gestante, ou *commissioning parents*, e não existe regulamentação sobre os pagamentos (Cabeza, 2018b).

[445] Mantendo o *Pater is est quem nuptiae demonstrant*, mesmo no caso de os gâmetas resultarem de outrem e mesmo que sejam do pai comitente (HFEAct 2008, secção 35).

[446] Caso o haja. De acordo com a secção 53, é possível que os beneficiários sejam um casal homossexual ou de lésbicas, além de solteiros/as.

[447] *Idem*.

[448] Secções 43 e 36.

[449] Secção 41.

a *parental order* [450], [451]. Este procedimento, a requerer pelo(s) *commissioning parent(s)*, tem um efeito modificativo, com efeitos retroativos, no estatuto da criança caso o tribunal a defira, dando mesmo origem a um novo registo de nascimento em relação à criança. Para a *parental order* era necessário um casal [452] unido pelo matrimónio ou parceiros civis em união familiar [453], incluindo casais do mesmo sexo [454]. Com a The Human Fertilisation and Embriology Act 2008 (Remedial) Order 2018, que entrou em vigor em 3 de janeiro de 2019, foi introduzida a secção 54.ª, que permite a *parental order* a favor de uma única pessoa [455]. Por outro lado, e como forma de evitar que estes processos se transformem em casos de adoção, nenhum dos requerentes pode ser a gestante.

Em matéria de gestação de substituição, concretamente, a *Family Procedure Rules* (2010, p. Part. 13) regula o procedimento das *parental orders* [456], em que o tribunal afere o consentimento livre e esclarecido da gestante e do marido ou *civil partner*,

[450] Com formulário próprio a entregar para o tribunal de família competente. Disponível em https://assets.publishing.service.gov.uk/government/uploads/system/uploads/attachment_data/file/790489/c51-eng.pdf (consultado em 18 de janeiro de 2020).

[451] No contexto inglês, uma criança só pode ter dois pais, no máximo. Para as técnicas de PMA que impliquem terceiros, seja no caso da gestação de substituição, seja para as técnicas de FIV com recurso a doação de gâmetas ou embriões, a filiação é regulada pela HFEAct 2008 (Human Fertilisation and Embryology Act, 2008, p. Part. 2).

[452] Até à alteração legal de 2019.

[453] No processo Re Z (A Child: Human Fertilisation and Embryology Act: Parental Order), 2015, o tribunal recusou atribuir uma *parental order* a um único requerente, um homem que em 2014 contratou uma gestante no Estado americano do Minesota. O Presidente da Divisão de Família, Sir James Munby, foi questionado da seguinte forma: «*When section 54(1) of the Human Fertilisation and Embryology Act 2008 provides that in certain circumstances the court may make a parental order on the application of "two people", is it open to the court to make such an order on the application of one person? Can section 54(1) be 'read down' in accordance with section 3(1) of the Human Rights Act 1998 so as to enable that to be done? These are the questions raised for decision here. In my judgment the answer to each question is clear: No.*» Mas, na sequela do julgamento Z (A Child), 2016, o pai socorreu-se da Human Rights Act 1998 (cujo texto integral está disponível em https://www.legislation.gov.uk/ukpga/1998/42/contents, consultado em 7 de fevereiro de 2018) e, como resultado, foi considerado que a limitação de acesso às *parental orders* violava os arts. 8.º e 14.º da CEDH. Assim, em janeiro de 2019, depois do Human Rights Act 1998, foi presente ao Parlamento em novembro 2017 e passou a lei em janeiro 2019 e agora solteiros são elegíveis.

[454] Com a Embriology Act 2008 (Remedial), os pais solteiros podem recorrer à gestação de substituição desde 3 de janeiro de 2019.

[455] Quando apresentada ao tribunal a questão se só uma pessoa se podia candidatar a uma *parental order* ainda que a secção 54 só incluísse casais, foi alegado que a secção é incompatível com o art. 8.º e o art. 14.º da CEDH, algo com que o tribunal acabou por concordar (Flowers, 2018, p. 81).

[456] «*The surrogate is the legal mother of the child until parentage is transferred by the court to the intended parents. Social workers are responsible for assessing the intended parents' suitability to parent and scrutinising the arrangement. However, courts almost invariably transfer parentage, regardless of their recommendations, with the result that social workers experience a significant amount of role ambiguity*» (Walker & Zyl, 2020).

a existir, que prestarão consentimento livre e sem reservas na *parental order*. Este consentimento tem de ser contemporâneo da *parental order*, ou seja, tem de ser prestado depois de decorridas pelo menos seis semanas após o nascimento da criança [457] e, por isso, não é o mesmo nem pode ser substituído por aquele outro necessário para a contratação da gravidez.

Por outro lado, o tribunal sindica todos os montantes pagos e terá de concluir que não houve pagamentos além das despesas razoáveis ou das por si autorizadas (mesmo em situações de contratos internacionais) (Horsey, 2018, pp. 13-14). Esta avaliação feita pelo tribunal em relação aos montantes pagos afere-se em diversos afloramentos, incluindo para «*(a) the making of the parental order, (b) any agreement required, (c) the handing over of the child or (d) the making of any arrangements with a view to the making of the order, unless authorised by the court*» (Wells-Greco, Michael; Speechlys, Charles Russell; Maastricht University, 2019).

Por forma a lograr o objetivo do contrato de gestação de substituição — alterar a parentalidade legal da criança, extinguir a relação de filiação anteriormente estabelecida com a gestante e com o marido ou *civil partner* —, os/as beneficiários/as [458] que terão de propor a *parental order* [459], [460], [461] terão de ter mais de 18 anos, ser casados [462], *civil partners*, unidos de facto numa relação familiar duradoura [463] ou simplesmente ser solteiros/as [464]. Além disso, um(a) deles/as deve ter contribuído com os seus gâmetas, ou seja, pelo menos um(a) deles/as deve ter uma relação genética com a criança. Sindica-se a existência de laços com a «nova» família, uma vez que a criança já deverá viver com os/as pais/mães [465] no momento da propositura da *parental order*, que tem de dar entrada depois de decorridas seis semanas desde o nascimento da criança e nunca depois dos seis meses contados desde esta data [466].

Ao Tribunal será remetido um *Parental Order Reporter* (POR) e:

> «*[t]he guidance requires local authority social services to make enquiries when they are aware that a child has been, or is about to be, born as a result of a surrogacy*

[457] Termo inicial a partir do qual é possível requerer a *parental order*.

[458] Secção 54.

[459] Introduzida pela HFEAct de 1990.

[460] Secção 54.

[461] A propor no prazo máximo de seis meses depois do nascimento da criança, mas nunca antes das seis semanas posteriores ao parto. Secção 54.

[462] Incluindo casais do mesmo sexo.

[463] Só com a alteração introduzida em 2019 se passou a admitir que os solteiros propusessem as *parental orders*.

[464] Secção 54.

[465] Requerida — considerando que não há relação de filiação com os beneficiários — através de uma *residence order* ou *parental responsibility order* nos termos da Children Act de 1989.

[466] Secção 54 (3).

> *arrangement. The POR's primary areas of investigation appear to be in respect of welfare (best interests) and consent.»* (Wells-Greco, Michael; Speechlys, Charles Russell; Maastricht University, 2019)

Constatado o cumprimento destes requisitos, o tribunal determinará que os/as beneficiários/as passará/ão a figurar legalmente como os pais/ mães da criança, sem que haja necessidade de processo de adoção [467]. A Human Fertilisation and Embriology Regulations introduziu na secção 54 da HFEAct a secção 1 da Adoption and Child Act [468], pela qual as *parental orders* [469] passam a estar sujeitas aos requisitos substantivos da adoção, sobretudo a consideração pelo superior interesse da criança [470]. Sendo concedida:

> «*[a] parental order enables the child to be re-registered in a separate register of births held by the Registrar General, with the commissioning couple being entered as the child's parents. The original birth record will be annotated so as to mention the re-registration and the certified copies issued for all legal purposes must be based exclusively on the re-registered record.*» (International Commission on Civil Status, 2014, p. 14)

As *parental orders* são registadas e, nos termos do art. 13.16 da Family Procedure Rules 2010, pode a criança, quando perfizer 18 anos, requerer judicialmente uma cópia do processo, e tem direito a cópia do registo de nascimento original que, depois da *parental order*, foi substituído para nele passarem a figurar os *commissioning parents*. Caso haja recurso a doador de gâmetas, essa informação também pode ser revelada por ordem judicial (Wells-Greco, Michael; Speechlys, Charles Russell; Maastricht University, 2019).

2.2.2. A Orientação Jurisprudencial

Em 1985, o caso Baby Cotton 1985 (Re C (a minor) Wardship: Surrogacy, 1985) suscitou interesse e acesos debates na opinião pública inglesa. Neste caso, uma mulher inglesa, Kim Cotton, atuou como gestante de um filho de um casal sueco que vivia nos EUA. As partes celebraram um contrato de gestação de substituição comercial [471]. Este caso seguiu-se ao caso do Baby M nos EUA, mas, ao contrário deste, os outorgantes no contrato inglês não tinham ou apresentavam qualquer

[467] Ainda que outro processo que possa ser utilizado seja pela via da adoção.

[468] V. https://www.legislation.gov.uk/ukpga/2004/31/contents (consultado em 7 de fevereiro de 2018).

[469] *Parental order* regulada nos termos da parte 13 da Family Procedure Rules 2010.

[470] Princípio já considerado, por exemplo, numa gestação de caráter comercial.

[471] Que à data o Reino Unido ainda não havia excluído expressamente.

conflito de interesses e a gestante tinha todo o interesse e vontade de cumprir o acordo. Neste caso, os clamores foram sobretudo da opinião pública — ouviam-se acusações de *baby selling* e o jornal *The Guardian* questionava como é que a bebé Cotton se iria sentir quando soubesse que a mãe a tinha deixado por dinheiro num denominado *babysitting* de embriões por mulheres que engravidavam por conta de outrem e no final entregavam as crianças.

O processo terminou tendo a criança sido entregue aos beneficiários e não terá voltado a ter contacto com a gestante. Não houve ponderação sobre se os pagamentos em causa violavam a lei da adoção inglesa [472], uma vez que não foi apresentado um pedido de adoção e o tribunal considerou que o que estava em causa era a ponderação dos interesses da criança, acabando por considerar que os beneficiários cumpriam os requisitos para que a criança lhes fosse entregue [473].

Desde a SAA de 1985 que o panorama jurisprudencial tem contribuído de forma particularmente rica para esta matéria. Os tribunais têm feito interpretações da lei e adaptações desta como «fatos à medida» considerando a riqueza factual e as especiais vicissitudes de cada caso. A jurisprudência tem sido fértil na composição de novos arranjos familiares, mormente recorrendo à figura da custódia da criança para *ultrapassar* os limites legais das *parental orders*, sobretudo quando os melhores interesses das crianças o impõem.

Nos termos analisados anteriormente, a gestante é sempre tratada como a mãe da criança e tem direito a exercer todos os direitos (e deveres) correspondentes à maternidade, ainda que não tenha qualquer relação genética com ela ou, por outro lado, ainda que a criança seja geneticamente descendente dos *commissioning parents* [474]. Todavia, como aconteceu no caso AB v CD ETC [2018] EWHC 1590 (Fam) (2018), o tribunal, apesar de não ter alterado a filiação e de a gestante ter sido mantida como a mãe da criança [475], atribuiu a custódia da criança aos beneficiários: a mãe genética e o marido desta. Tratou-se de um caso de gémeos nascidos em 2010. Os beneficiários,

[472] Secção 57 da Adoption Act de 1976, atualmente secção 95 da Adoption and Children Act de 2002. O tribunal declarou que «*[i]t is inconceivable that leave ever will be given to publish the identities of Mr and Mrs A. That being so, it would be kind and compassionate to discontinue any inquiries which may be on foot and leave this couple to bring up their child in peace and quietness of mind. Whatever of this judgment may or may not be published. I hope that this appeal will be, and that it will not fall on deaf ears*».

[473] Dois anos mais tarde, em 1987, no processo Re an Adoption Application (Surrogacy), o tribunal acabou por ponderar o pagamento efetuado a uma gestante acabando por autorizar a adoção da criança pelo casal com quem a criança, aliás, já vivia há mais de dois anos. O tribunal concluiu que os pagamentos efetuados, de cerca de 5 000,00 £, não diziam respeito à aquisição da criança, mas sim à compensação da gestante pelos encargos suportados durante a gravidez (Re an Adoption Application (Surrogacy), 1987).

[474] *Home Office*, «*Surrogacy: legal rights of parents and surrogates*» (disponível em https://www.gov.uk/legal-rights-when-using-surrogates-and-donors consultado em 7 de fevereiro de 2018)

[475] E o marido desta, o pai.

que eram também os ascendentes genéticos, recorreram a uma gestante na Índia. Porém, como ao longo deste processo se divorciaram e a denominada *parental order* não foi apresentada a tempo após o nascimento da criança [476], o tribunal viu-se impedido de estabelecer a paternidade e a maternidade a favor dos beneficiários [477].

Já num outro caso, Re X (A Child), o tribunal acabou por concluir que, em prol do superior interesse da criança, esse hiato temporal pode ser ultrapassado (Burrell & Edozien, 2016, p. 14). Neste processo, resulta o seguinte sobre a Section 54(1)(c) da HFEAct 2008:

> «*[...] provides that in certain specified circumstances "the court may make an order providing for a child to be treated in law as the child of the applicants" — a parental order — "if ... the conditions in subsections (2) to (8) are satisfied." Subsection 54(3) provides: "the applicants must apply for the order during the period of 6 months beginning with the day on which the child is born.*»

Na situação, o tribunal acabou por considerar como se segue:

> «*Finally, to the question of X's welfare. The submission on his behalf is simple and compelling. It is, say Ms Isaacs and Mr Maynard, plainly in X's interests for the commissioning parents, with one or other of whom he has lived for almost all of his short life, to be recognised in law as his legal parents, now and for his entire life. It cannot, they say, be in his interests for the surrogate parents to retain any form of legal right or responsibility in relation to him. I agree. The guardian's report is very positive. X is much loved and well cared for, he is happy and settled in the care of the commissioning parents. The guardian has no concerns and recommends the making of a parental order. I agree*».

Conclui da seguinte forma: «*I shall therefore discharge the wardship and all the previous orders so far as they remain in force and make the parental order as sought*». Também no caso A & Anor v A & Anor o tribunal admitiu uma *parental order* mais de 12 anos depois de a criança nascer (Cabeza, 2018a, p. 52).

[476] Como opção, existe a adoção, uma *child arrangement order* em que os beneficiários adquirem a responsabilidade pela criança, mas não há extinção do vínculo parental nem constituição de um novo, e mantém-se enquanto durar a *order* e durante a menoridade da criança, tal como acontece na *special guardianship order* — fundamentalmente, em ambos os casos, uma «*live with*» *order* (Flowers, 2018).

[477] «*Keehan J considered the current law which did not recognise CD and EF as the mother and father of the twins to be absurd and noted that the losers were predominantly the children who do not have their biological parentage recognized in law. Keehan J found it extremely frustrating that he was prevented, without any obvious good, legal or policy reason from making orders which explicitly recognised CD and EF as the legal parents of the children. Instead, he was forced to construct a set of orders to secure the welfare of the children which fell very far short of the transformative effect of a parental order*» (AB v CD ETC, 2018).

No caso H v S (Surrogacy Agreement) [2015] EWFC 36 (2015), foi apreciado um contrato de gestação de substituição entre um casal homossexual que recorreu a uma gestante. Aquando do nascimento, a gestante recusou que o companheiro do pai tivesse um papel ativo na vida da criança. O casal deu entrada de uma *child arrangement order* e o tribunal, considerando a prova testemunhal, concluiu que a gestante sempre quis a criança e não mudou de ideias mais tarde, tendo feito tudo para minimizar o papel do companheiro do pai. Concluiu ainda que, neste caso, em que o casal recorreu a uma amiga para ter um filho, e apesar de esta ser a mãe da criança, o filho ficaria a viver com o casal, sem prejuízo do contacto com a gestante (Flowers, 2018, p. 88).

Num outro caso, W. and B. v. H. (Child Abduction: Surrogacy, 2002), a gestante, uma mulher inglesa que celebrou um contrato de gestação de substituição com os *intended parents* na Califórnia, arrependeu-se durante a gravidez e regressou ao Reino Unido. Os beneficiários, americanos com residência na Califórnia, viram reconhecida a parentalidade por decisão judicial, sendo que os pais eram também os ascendentes genéticos dos filhos. A gestante não queria cumprir o acordo e os beneficiários invocaram a Convenção de Haia e o rapto internacional. Ainda que sem este fundamento, o tribunal acabou por determinar o regresso das crianças à Califórnia, considerando que esta lei interestadual era a mais próxima e que o Reino Unido tinha uma ligação instrumental ao caso (INCADAT comment, 2002).

Por sua vez, no caso Re AB (Surrogacy: Consent), 2016, o tribunal, em prol do superior interesse da criança, acabou por atribuir a *parental responsibility* aos *commissioning parents*. Neste processo estavam verificados todos os requisitos da secção 54 da HFEAct; faltava, não obstante, nos termos do n.º 6, que a *respondent* tivesse «*[...]freely, and with full understanding of what is involved, agreed unconditionally to the making of the order*». Considerando que as relações entre as partes se deterioraram durante a gravidez, a *respondent* e o marido opuseram-se à *parental order* por falta de apoio durante a gravidez e, para garantir que o que se passou não seria esquecido, não davam o seu consentimento à *parental order* dos gémeos, filhos genéticos dos beneficiários. Porém, concordariam com uma *adoption order* [478], [479].

[478] «*The respondent, E, and her partner, F, had no interest in becoming involved in the twins' lives, and were not opposed to the court making an adoption order in respect of the twins in favour of the applicants. E (with F's support) did not however wish to consent to the parental order being made out of a sense of grievance that she had not been properly treated or acknowledged by the applicants. The parental order reporter reported how the relationship between the applicants and E had broken down during the pregnancy and not repaired itself*» (Re AB (Surrogacy: Consent), 2016).

[479] O tribunal considerou que, nos termos do acordo de gestação de substituição, a adoção não refletia a realidade biológica da relação genética entre as crianças e os beneficiários e da perspetiva das crianças e do seu bem-estar emocional e psicológico, o que só se pode refletir de forma adequada com a *parental order*.

Os tribunais, em casos de incumprimento, têm admitido a ordem de residência da criança com os beneficiários, ponderando caso a caso qual o «superior interesse da criança» e determinando nesses casos que a «custódia» da criança seja entregue aos pais (gestante e, sendo o caso, o seu marido) ou aos beneficiários (Sidhu, 2015, p. 47). Mas, por outro lado, têm também admitido as *parental orders*, mesmo em casos em que nem todos os requisitos formais estejam literalmente verificados, como a observância do prazo da sua proposição. Veja-se ainda o caso Re D and L (surrogacy), em que o tribunal, considerando o bem-estar e melhores interesses da criança, admitiu uma *parental order* sem o consentimento da gestante, que não foi, por qualquer forma, encontrada.

Já no caso X & Y (Foreign Surrogacy) [2008] EWHC 3030 (Fam) (2008), gerou-se um conflito entre as soluções legais da lei inglesa e da lei ucraniana que resultou em gémeos órfãos e apátridas. Neste processo, um casal inglês recorreu a uma gestante na Ucrânia com recurso a doação de óvulos. A lei inglesa considerava a gestante a mãe e a lei ucraniana considerava que a gestante não tinha qualquer direito sobre a criança. O pai acabou por demonstrar, com testes de ADN, que era o ascendente genético das crianças, tendo-lhe sido permitida a oportunidade de recorrer à *parental order* [480], ainda que não cumprisse todas as condições para o efeito. Porém, considerando os melhores interesses da criança e o seu bem-estar, o tribunal acabou por conceder provimento.

Em 2008, no Reino Unido, um casal recorreu a uma gestante na Ucrânia com esperma do marido e um óvulo de uma doadora quando requereram uma *parental order*. Esta foi negada, considerando que a secção 27 da HFEAct se aplica a contratos internacionais [481] e a mãe era a gestante. Apesar de os testes de ADN confirmarem que o pai era o ascendente genético, o casal não foi considerado pai e mãe das crianças, que ficaram órfãs e apátridas. O Tribunal Superior, não obstante, acabou por admitir a entrada das crianças, considerando a ligação genética com o pai, e autorizou o pagamento em prol dos melhores interesses das crianças (Darling, 2017, p. 197).

Num outro processo, Re A and B (surrogacy: domicilie), o tribunal superior acabou por considerar verificado o requisito do domicílio em Inglaterra de um casal *gay* (americano e polaco) que se havia mudado recentemente para o Reino Unido e que contratou uma gestante na Índia. O tribunal considerou que a ligação ao país era suficiente, apesar do recente caso Surrogacy: Re A and B (Parental Order: Domicile) [482].

[480] Situação parecida tratada no caso IJ (A Child) [2011], em que o tribunal acabou por conceder a *parental order* apesar da existência de pagamentos à gestante, admissíveis nos termos da lei ucraniana.

[481] Incluindo também o facto de os montantes pagos às gestantes serem superiores aos permitidos no Reino Unido.

[482] Já no caso Re G (Surrogacy: Foreign Domicile), um casal turco contratou uma gestante no Reino Unido. Neste caso, o casal não tinha residência no país e o tribunal não admitiu a *parental order*. O caso acabou por ser resolvido com recurso à lei internacional da adoção.

Já num outro caso, um casal em que a mulher era inglesa e o marido francês, ambos residentes em França, tendo contratado uma gestante nos EUA, deu entrada de uma *parental order* em Inglaterra. O tribunal inglês considerou que o motivo que ligava a mulher a França era unicamente o marido, e por isso mantinha o seu domicílio de origem no Reino Unido, já que tinha intenção de regressar, não sendo necessário estar no país para ver aplicada a respetiva legislação [CC v DD [2014] EWHC 1307 (Fam)]. Esta decisão é particularmente relevante para imigrantes ingleses que recorrem à gestação de substituição.

Noutra dimensão, no caso Re K (Minors), um par de gémeos ficou retido durante 18 meses na Índia até ser resolvida a sua situação [Re K (Minors) (Foreign Surrogacy), 2010]. As crianças nasceram em maio de 2009 e resultaram de um contrato de gestação comercial entre os beneficiários e um casal indiano, sendo a gestação não tradicional. O beneficiário era o doador dos gâmetas e a doadora de óvulos uma terceira, anónima, resultando os embriões através de uma FIV. A lei inglesa reconhecia a gestante e o marido como os pais das crianças, sendo que a posição da lei indiana era indefinida, considerando que a matéria da gestação de substituição, embora não sendo proibida, estava sob regulamentação no parlamento indiano. A problemática foi suscitada no âmbito da Secção 30 da HFEAct de 1990, «*Parental Order*», isto é, a entrada em tribunal da *parental order* no prazo de seis meses a contar do nascimento e que as crianças já se encontrem integradas nas famílias dos *commissioning parents*. Nesse âmbito, a possibilidade de entrada das crianças em Inglaterra, a ser autorizada, seria pela UK Border Agency, que, em relação às *Inter-Country Surrogacy and the Immigration Rules*, prevê uma das possibilidades no parágrafo 41:

> «*If either of the commissioning couple has a genetic connection with the child, entry outside the Rules at the discretion of the Secretary of State may be possible, but such entry clearance will only be granted on condition that a Section 30 Parental Order is applied for within 6 months of birth and where evidence suggests that such an order is likely to be granted.*» [Re K (Minors) (Foreign Surrogacy), 2010]

Esta situação de limbo jurídico, em que a própria nacionalidade estava em causa, em nada contribui para garantir os direitos das crianças e, nesta situação, como chamam a atenção Burrell e Edozien, a criança poderia ter criado laços com a gestante, a família desta, e vice-versa, bem como com a cultura. Ademais, esta ligação e estreitamento de laços poderiam ter sido justificadamente um entrave ao processo de reconhecimento que entretanto se fazia no Reino Unido considerando o superior interesse da criança e os laços que esta, numa altura crucial da sua existência, ganhava com a gestante (Burrell & Edozien, 2016, p. 13), ainda que, concretamente no caso referido, as crianças tenham permanecido na Índia, em casa dos avós, e os pais passassem todo o tempo possível com os filhos, como resulta da decisão Re K (Minors) (Foreign Surrogacy), 2010.

Em relação a pagamentos, os tribunais também têm feito uma leitura importante em matéria de reconhecimento dos contratos internacionais de gestação de substituição. Por exemplo, no caso Re L (A Minor), de 2010, o tribunal apreciou um contrato celebrado nos EUA. Neste caso, considerou o *welfare* da criança critério norteador, importado da PO 2010 Regulation, e considerou que os pagamentos, com exceção de casos de tráfico de crianças, não serão *per se* um fator para não conceder a *parental order* (Wells-Greco, 2016, p. 168). Veja-se ainda o caso Re S (Parental Order), em que o tribunal considerou que o relevante é demonstrar que a criança não foi objeto da compra ou que o pagamento não resulta de uma qualquer ilegalidade, considerando o contexto internacional do contrato.

Contudo, mesmo no contexto nacional inglês, no caso A and A v P, P and B, a soma total dos pagamentos entregues à gestante ultrapassou o valor das despesas razoáveis. Não obstante, o tribunal aprovou-as, assumindo que ficou demonstrada a total boa-fé dos comitentes e que o valor não contribui para a formação da vontade da gestante em relação a todo o procedimento (Wells-Greco, 2013, p. 378).

Como de forma exemplificativa se demonstra, os tribunais ingleses têm feito um trabalho de interpretação da lei e adaptação às concretas vicissitudes do caso concreto para, *in extremis*, assegurar os melhores interesses da criança. Ainda que possa levar a situações pouco claras, controversas ou contraditórias, a verdade é que a introdução expressa do critério do melhor interesse da criança na lei inglesa parece dar cobertura à jurisprudência *criativa* dos tribunais ingleses.

2.2.3. A Nacionalidade e a *Surrogacy Overseas*

Adquirir a nacionalidade britânica no âmbito dos contratos de gestação de substituição, mormente nos contratos internacionais de gestação de substituição [483], implica o estabelecimento da parentalidade em relação a pelo menos um dos ascendentes da criança.

Nos termos da British Nationality Act de 1981 [484], a mãe da criança é a gestante [485] e o pai o marido da mãe ou, não sendo casada, o/a *civil partner*. Não sendo o caso, poderá ser demonstrada a paternidade através da respetiva prova.

Com a entrada em vigor das emendas da The British Nationality (Proof of Paternity) Regulations 2006 [486] em 10 de setembro de 2015:

> «*The following requirements are prescribed as to proof of paternity for the purposes of section 50(9A)(c) of the British Nationality Act 1981*

[483] De acordo com a «*Nationality policy: surrogacy*».

[484] V. https://www.legislation.gov.uk/ukpga/1981/61/section/50 (consultado em 13 de agosto de 2020)

[485] Secção 50 (9)

[486] V. https://www.legislation.gov.uk/uksi/2006/1496/pdfs/uksi_20061496_en.pdf (consultado em 13 de agosto de 2020)

(a) the person must be named as the father of the child in a birth certificate issued within one year of the date of the child's birth; or

(b) the person must satisfy the Secretary of State that he is the father of the child.»

Note-se que pode ser apresentada outra prova de paternidade a partir dessa data «*including, but not limited to— (a) DNA test reports; and (b) court orders*».

Com a emissão da *parental order*, estabelecer-se-á também a cidadania britânica para a criança, já que «*a child born to a foreign national surrogate mother who is married will not be automatically eligible for British nationality*» (Wells-Greco, Michael; Speechlys, Charles Russell; Maastricht University, 2019). Nestes casos, os beneficiários terão de requerer junto do...

«*[...] Home Office registration of a child under 18 as a British citizen, before applying for a passport for the child. If the surrogate mother is single or widowed/divorced, no application for registration of the child is needed and application for a British passport for the child can be submitted provided the intending father is British, has a genetic link to the child, and is able to pass on his nationality (e.g., is a British national otherwise than by descent). In the alternative, the Parental Order Regulations 2010 ensure that where a parental order is made in the UK and one or both of the intending couple (including the intending mother with no genetic relationship with the child) are British citizens, the child — if not already so — will become a British citizen from the date of the parental order.*» (Wells-Greco, Michael; Speechlys, Charles Russell; Maastricht University, 2019)

2.3. Grécia

O legislador grego considerou que regular a gestação de substituição era a melhor opção para proteger os interesses da criança, particularmente considerando que a proibição absoluta era irrealista (Kipouridou & Milapidou, 2019) [487].

De facto, antes de 2005 já existiam evidências de contratos de gestação de substituição, que, não sendo regulada, não garantia aos beneficiários qualquer direito parental, tal como ficou patente no processo «*(31/5803/176/1999) of the multi-member Court of the First Order in Herakleion in Crete in 1999, which approved the application of a couple to adopt twins who had been born by a surrogate mother cut using their own genetic material, paved the way for a new law*» (Davaki, 2017, p. 144).

A legislação grega é particularmente interessante na medida em que, sendo um país da UE que regula a gestação de substituição e a permite, fixa a questão da

[487] Citando o *Explanatory Report of the Bill on «Medical assisted human reproduction»*.

maternidade por intermédio de um processo judicial anterior ao início do procedimento médico de PMA.

Atualmente, a Grécia admite a gestação de substituição total [488], altruísta [489], sob um regime legal consagrado desde 2005 através da Lei n.º 3089/2002 sobre a Procriação Medicamente Assistida, da Lei n.º 3305/2005 sobre a Aplicação da Procriação Medicamente Assistida, da Lei 4272/2014 [490] e dos arts. 1455.º e 1464.º do Código Civil (CC) grego. A Lei de 2002, nos termos do art. 1458.º do CC Grego, define *surrogacy* da seguinte forma:

> «*The transfer of fertilized eggs, which do not belong to the surrogate mother herself, into the body of another woman, so as to gestate them. This is allowed when there is a written agreement, without any financial benefit, between the parties involved, meaning the person(s) wishing to have a child and the surrogate mother, and her husband, if she has one. The court authorization is issued before the transfer and following an application of the woman who wants to have a child, provided that evidence is adduced proving that the intentional mother is unable (for medical reasons) to bear a child, and that the woman offering to become the surrogate is, with regards to her (physical and mental) health status, suitable for it.*» (Brunet, *et al.*, 2013, p. 282)

Nos termos da legislação aplicável, estabelece-se que o fundamento para recorrer à gestação de substituição terá de estar relacionado com uma razão médica — ou porque as mulheres não conseguem ter filhos, ou para evitar uma doença hereditária [491].

> «*1. congenital absence of uterus (Mayer-Rokitansky syndrome);*
> *2. congenital anomalies of the uterus;*
> *3. multiple uterus fibromyomas;*
> *4. certain medical diseases rendering pregnancy dangerous for a woman's life, such as congenital heart diseases;*
> *5. cases of multiple pregnancy losses;*
> *6. selected cases of multiple failures in previous IVF attempts.*
> *Moreover, it is now accepted that the method of surrogacy can be used in cases where there is an imminent danger for the transmission of a serious hereditary disease, for example if the intended mother suffers from HIV/AIDS, Hepatitis B*

[488] Podendo o óvulo ser da beneficiária ou de uma doadora.

[489] Ainda que possa haver pagamentos correspondentes com as despesas e danos, bem como lucros cessantes decorrentes, por exemplo, da perda de rendimentos por impossibilidade de trabalhar (Rokas, 2013).

[490] Esta lei abre a possibilidade de as mulheres terem residência permanente ou temporária na Grécia, não especificando a sua duração (Committee on Bioethics, 2021).

[491] Mas estas mulheres têm de estar em idade fértil.

> *and C or syphilis. The woman must attach to her application medical tests to prove this (article 13 para. 3 and article 4 paras. 2 and 3 of Law 3305/2005).*» (Brunet, *et al.*, 2013, p. 287)

De acordo com a lei, o tribunal, por sua vez, concederá autorização para o procedimento à mulher que queira ter um(a) filho/a, demonstrada a sua impossibilidade de engravidar e, por outro lado, perante a demonstração de que a gestante tem boa saúde para suportar a gravidez. Impõe-se um acordo escrito que inclui o marido da gestante, caso esta seja casada, e sem qualquer benefício financeiro. Por outro lado, a gestante ou a beneficiária tem de ter residência permanente ou temporária no país. A prática é acessível a casais, unidos de facto ou solteiras, sendo que, não obstante, a requerente tem de ser mulher, estando, por isso, os homens [492] afastados da lista de potenciais beneficiários [493].

As beneficiárias não podem ter mais de 50 anos. Na versão original, as partes tinham de ser residentes na Grécia. O requisito, tal como noutros ordenamentos jurídicos, destinava-se a evitar o turismo reprodutivo ou que o Estado se tornasse — como em tempos o Nepal [494] — num destino de gestantes vindas de outros países. No entanto, a lei foi alterada e a residência obrigatória para uma das partes passou a poder ser definitiva ou temporária.

O não cumprimento das regras legalmente previstas implica sanções, nomeadamente penais, e ficou consagrada — além da necessidade de uma autorização judicial prévia — a constituição de uma autoridade independente responsável pelo cumprimento da lei (Rokas, 2013).

Está ainda proibida a publicidade de serviços de gestação [495]. A gestação tem natureza altruísta, sendo admissível, contudo, que as despesas razoáveis sejam reembolsadas — em que se inclui despesas com o procedimento de FIV, gravidez e parto. Admite-se ainda que haja uma compensação por danos e lucros cessantes, como a perda de salário ou de rendimentos. O montante da compensação é regulado pela «*[...] National Independent Authority for Medically Assisted Reproduction and is currently set*

[492] Solteiros ou em união, legal ou de facto, homossexual.

[493] Apesar de em 2015 a Grécia ter passado a admitir o casamento entre pessoas do mesmo sexo, ainda que a adoção e o acesso à gestação de substituição não estejam ainda garantidos. «*According to law 3719/2008, the male partner in a heterosexual civil partnership is not allowed to adopt children* (Kipouridou & Milapidou, 2019). *If surrogacy is made available to single men through the Greek legislation or the case law, then homosexual men will also be able to give birth to children via this method. However, the contrasting views of the Greek courts on the matter renders recognition of this right of homosexual men rather ambiguous and controversial*» (Kipouridou & Milapidou, 2019).

[494] Depois de a Índia a ter proibido a estrangeiros, houve uma debandada de gestantes indianas para o Nepal.

[495] Sancionável com pena de pelo menos dois anos de prisão e pena de multa no mínimo de 1 500,00 € (Rokas, 2013).

at 10,000 euros, which symbolically includes ten month's salary (nine for gestation and one after birth) for the surrogate» (Davaki, 2017, p. 145). Apesar de tudo, Davaki informa que, em geral, isto apenas acontece na teoria, porquanto, na prática, o processo de pagamento é pouco transparente, com montantes informalmente pagos (Davaki, 2017, p. 154). Na verdade, a gestante pode receber até 50 000,00 $ e as razões e fundamentos deste montante não são geralmente fiscalizados (Twine, 2015, p. 74).

2.3.1. Regulamentação e Tramitação

Uma mulher que tenha uma das patologias legalmente previstas pode requerer ao tribunal uma permissão para recorrer a uma gestante com o escopo de ter um(a) filho/a. Este pedido tem de ser apresentado antes de iniciar o processo de implantação de embriões [496], [497]. De acordo com o art. 1458.º CC grego, o tribunal verifica a adequação da gestante, mormente «*[the] medical evidence which specifically indicate the surrogate's good physical health; the doctor's affidavit should state that the surrogate mother is strong and healthy enough to deal with the inherent difficulties and risks of pregnancy and childbirth*» (Brunet, *et al.*, 2013, p. 287).

O limite de idade está fixado nos 52 anos para a gestante, como resulta do seguinte:

> «*[...] Court of First Instance of Korinthos no. 224/2006, whereby the surrogate was the mother of the intended mother and was still physically able and healthy enough to gestate a child on her behalf. The surrogate was found to be of good health that would enable her to accomplish a pregnancy and bring it to term.*» [498] (Brunet, *et al.*, 2013, p. 288)

Além disso, a gestante, nos termos dos n.os 2 e 3 do art. 4.º da Lei 3305/2005, tem de passar por uma avaliação para aferir da sua estabilidade psicológica e emocional,

[496] «*One Member Court of First Instance of Thessaloniki (case no. 27035/2003) accepted that in the particular case there were exceptional reasons that compelled the parties involved in the surrogacy agreement and the medical professional who performed the IVF on the surrogate to act fast, and proceed without the permission of the court*» (Brunet, *et al.*, 2013, p. 283). «*In this case the Court contended that proportional application of article 255 of the Civil Code is possible. This article provides the suspension of the limitation period for as long as the person was prevented for reasons that have to do with force majeure. As a reason for force majeure, the Court accepted the limited age/time limits both of the applicant and her sister who carried the fetus (40 and 41 years respectively). The reason behind this judicial decision is obvious: the child's legal connection with the mother who wished it*» (Kipouridou & Milapidou, 2019).

[497] No caso referido, em causa estava a idade da gestante e da beneficiária, o que foi aceite como uma razão válida. «*This exception is now recognized by all national courts dealing with matters of surrogacy*» (Brunet, *et al.*, 2013, p. 283).

[498] Neste processo, foi autorizado que uma mãe com 52 anos fosse gestante de um filho para a sua filha que sofria de Rokitansky Syndrome. «*The surrogate mother who was granted the permit was certified to be healthy and could give birth to her daughter's child, despite the fact that she was over 50 years old and at the same time she fulfilled all the other criteria the law demanded*» (Kipouridou & Milapidou, 2019).

a comprovar, em qualquer caso, por meio de atestado médico (Kipouridou & Milapidou, 2019).

Com a implementação do Code of Ethics for Medically Assisted Reproduction [499] e nos termos do art. 9.º, as condições para se ser gestante são as seguintes: «*a) the surrogate mother should be over 25 years old, b) the surrogate mother should have delivered at least 1 child of her own, and c) the surrogate mother should not have been subjected to more than two caesarean sections.*»

A gestação de substituição é total e a beneficiária pode ser a doadora de óvulos ou recorrer a terceira; a gestante, tal como a beneficiária, não tem de ter a nacionalidade grega nem a de outro país da UE [500], mas exige-se que residam na Grécia.

A beneficiária terá de apresentar o pedido junto do tribunal competente com vista à obtenção da necessária autorização para celebrar o acordo de gestação, pedido que deverá ser instruído com a cópia do contrato a outorgar e com a proposta de compensação à gestante. Esta, por sua vez, terá de prestar consentimento para assinar o contrato com os/as beneficiários/as e, se casada, tem de obter o consentimento do respetivo marido (Davaki, 2017, pp. 145-146). O acordo é celebrado entre a gestante e a beneficiária e, se forem casadas ou tiverem um parceiro registado, estes também terão de assinar o acordo. Submetido o processo (de jurisdição voluntária) a tribunal, este verifica:

- «*That surrogacy will be altruistic and gestational.*
- *That the intended mother is unable to get pregnant for medical reasons.*
- *That the intended mother is not over 50 years old.*
- *That both the surrogate and the intended mother have undergone certain medical examinations to exclude infectious diseases.*
- *That the surrogate is medically and mentally fit and has undergone thorough psychological assessment.*
- *That the surrogate is between 25 and 45 years old and has already given birth to at least one child.*
- *That either the intended mother or the surrogate, resides or has her temporary residence in Greece.*» (Constandinidou-Stavropoulou & Stavropoulos, 2020)

Com a autorização judicial estabelece-se uma presunção de maternidade a favor da beneficiária, e o seu marido, ou parceiro registado, passa a presumir-se o pai da criança.

A Lei 4272/2014, no seu art. 17.º, alterou em parte o requisito da residência, passando a permitir que uma das partes tenha «mera» residência temporária desde que

[499] Ainda que a violação deste preceito constitua unicamente uma sanção disciplinar (Kipouridou & Milapidou, 2019).

[500] Ou residência temporária, se a contraparte tiver residência na Grécia.

a contraparte tenha residência na Grécia. Davaki entende que esta opção abre a porta ao turismo reprodutivo quer de *intended parents*, quer de gestantes e, consequentemente, à comercialização da gestação de substituição. Na verdade, segundo dados referentes ao período de 2003 a 2012, disponibilizados por Davaki, 54% das gestantes já eram estrangeiras e destas 35% eram da Europa de Leste e da ex-URSS e 21% dos Balcãs, sendo que grande parte destas mulheres estrangeiras tinha uma relação de trabalho com a beneficiária — tipicamente, eram suas empregadas domésticas (Davaki, 2017, p. 149). Ademais, o contexto socioeconómico grego, com taxas de desemprego a rondar os 50%, conduziu a que muitas mulheres se disponibilizassem para ser gestantes.

2.3.1.1. A declaração de maternidade

O processo de gestação de substituição depende, assim, de uma autorização judicial prévia, a conceder pelo tribunal de primeira instância competente, mediante requerimento da beneficiária, instruído com o contrato de gestação de substituição celebrado [501] por escrito [502], [503], [504] (art. 1458.º do CC grego) entre as partes (e com o consentimento do marido/companheiro registado da gestante, se existente) e, se não constar do contrato, com a proposta de compensação à gestante (Rokas, 2013), o que, afinal, permite que o negócio seja coercivamente exercido [505], [506].

[501] Caracteristicamente como contrato de prestação de serviços.

[502] Entre as mulheres e respetivos maridos, caso sejam casadas.

[503] «*If the male partners of the contracting mothers are not married to their female partners, they must turn to a notary and give their consent in writing. This is required because their signature on the notarial document of the surrogacy contract will not only function as the provision of their consent to the fertilization for surrogacy purposes, but also as a proof of a voluntary recognition of their paternal obligations towards the child (art. 1475 para. 2 GCC). If the woman proceeds to the fertilization without her husband's consent, then he is entitled to legal compensation due to the violation of his personal rights. Moreover, he also maintains a legal right to request a divorce to the disadvantage of his wife (art. 1439 GCC)*» (Brunet, *et al.*, 2013, p. 290).

[504] «*There must be a written and without any exchange agreement between the persons who wish to have a child and the woman who offers to gestate and her husband if she is married. If the surrogate has signed a cohabitation agreement, her partner's consent is also required. In these cases a private agreement document is sufficient. Consent certified by a notary public is required for unmarried persons, so that the child is recognized by the partner from his birth. Notarial consent is also required for the single unwed woman according to Civil Code article 1456*» (Kipouridou & Milapidou, 2019).

[505] «*Any clause that imposes extreme safety measures to be taken by the surrogate during her pregnancy is invalid, because they violate her right to selfdetermination and her private freedom. The legal basis for this rule is the general legal principle of fairness guaranteed by article 179 of the GCC. Also invalid as immoral and illegal is any clause that prohibits the surrogate's right to a lawful abortion.549 Such a clause would be unacceptable due to the fact that it infringes the surrogate's right to her bodily integrity. Whether the illegality of these clauses will influence the illegality of the surrogacy contract as a whole will be deemed on the basis of the article 181 of the GCC.550 The document of the agreement will be submitted to the court for review*» (Brunet, *et al.*, 2013, p. 290).

[506] Imediatamente com o nascimento, a beneficiária é considerada a mãe da criança.

No âmbito do processo, o juiz garante que as partes querem manter o contrato e os seus efeitos e, caso o mantenham, o tribunal autoriza a FIV e a gestante não terá direito ao arrependimento e será «*[...] forced to comply with the terms of the agreement and give the child to up the intended mother and her husband/partner, if she has one, or to the single man, who has been granted the judicial permission, immediately after the birth*» (Brunet, *et al.*, 2013, p. 290).

A decisão judicial cria, após o nascimento, uma presunção de maternidade a favor da beneficiária (art. 1464.º, n.º 1, do CC grego). Não obstante, esta presunção é ilidível no prazo de seis meses a contar do nascimento da criança, quando «*the child is genetically related to her and her partner/husband*» (Brunet, *et al.*, 2013, p. 291). A lei estabelece que o pai da criança será o marido da beneficiária e, tendo prestado consentimento no contrato de gestação de substituição, não pode posteriormente retratar-se, em prol dos melhores interesses da criança, decorrentes do art. 21.º, n.º 1, da Constituição grega que estabelece «*[...] an obligation on the state authorities to take reasonable measures to protect the rights of children, and ensure that the child will be raised under the best possible conditions, and this is thought to be impossible in the existence of a single parent*» (Brunet, *et al.*, 2013, p. 291).

A grande particularidade desta solução está no facto de, caso seja autorizada a gestação de substituição, e ainda que se mantenha o princípio tradicional da gestação como o determinante para estabelecer a maternidade, a lei grega consagrar uma exceção para abarcar as especificidades do bionegócio — nos termos do art. 1464 § 1 do CC grego, «*the woman who acquires the judicial authorization for a surrogacy is presumed to be the mother of the child in the birth certificate*» (Rokas, 2013, p. 148). Consequentemente, o marido, se a mãe for casada, é o presumido pai; caso não seja casada, o companheiro presta o seu consentimento, que passa a constituir o reconhecimento da paternidade (arts. 1456 § 1, 1463, 1475 § 2 do CC grego). A partir desse momento não há alterações, permitindo-se apenas a ilação da presunção no caso de gestação de substituição tradicional em que o óvulo usado é da gestante, tendo esta, para o efeito, um prazo de seis meses para propor a respetiva ação de impugnação da maternidade (art. 1464 § 2 do mesmo diploma).

A gestante não tem, portanto, direitos sobre a criança, quer os pais tenham ou não ligação genética com o filho, o que imprime o caráter coercivo ao acordo. A inexistência de autorização, além de implicar que a gestante seja considerada a mãe da criança, gera responsabilidade civil e criminal. A violação do art. 1458.º do CC grego e dos arts. 8.º ou 13.º da Lei n.º 3089/2002, consubstancia, nos termos do art. 26.º, n.º 8, da Lei n.º 3305/2005, um crime punível com uma pena de, no limite mínimo, dois anos de prisão para todos os intervenientes e uma multa no montante de pelo menos 1 500,00 € (Brunet, *et al.*, 2013, p. 293). A mesma sanção se aplica a quem:

- «*whoever publicly, with the circulation of documents, images or representations, introduces, draws attention to or advertises (even covertly), the procuration of a child through a surrogate mother*

- *or he/she provides professional services as a middleman for any kind of financial consideration*
- *or he/she offers, in the same way, his/her services or the services of another for the attainment of this goal.»* (Kipouridou & Milapidou, 2019)

2.3.2. A Orientação Jurisprudencial

Nos termos do art. 1458.º do CC grego, uma mulher [507] pode requerer o processo de gestação de substituição, o que significa, da interpretação do preceito, que casais homossexuais ou solteiros não podem candidatar-se, ficando desta forma a técnica limitada a casais heterossexuais ou a solteiras. Todavia, nos anos 2008 e 2009, há notícia de duas decisões judiciais em que homens solteiros foram autorizados a recorrer ao procedimento (Bobrzyńska, 2019, pp. 648-649) — os casos do «*[o]ne Member Court of First Instance of Athens no. 2827/2008 and of the One Member Court of First Instance of Thessaloniki no.13707/2009*» [508] (Brunet, *et al.*, 2013, p. 286). O *Legal Council of Sate*, na sua decisão n.º 261/2010, quando questionado sobre a possibilidade de homens solteiros poderem lograr obter decisão judicial para aceder à gestação de substituição, sublinhou que estava em causa a prerrogativa de os tribunais concederem a autorização a estes homens de serem os ascendentes genéticos, sendo a mãe a gestante — «*[i]n other words it is Article 1464, paragraph 1 of the Civil Code that applies for the man who asked for and obtained a surrogacy permit and as a result he is considered the father of the children that will be born*» (Kipouridou & Milapidou, 2019).

Por outro lado, numa decisão do Multi-member First Instance Court of Athens [509] resulta que, não estando verificados os requisitos do art. 1458.º do CC grego, este não produz o efeito do estabelecimento da paternidade relativamente ao marido da requerente (Kipouridou & Milapidou, 2019). No entanto, esta decisão mostra-se agora em sentido oposto à *opinion number* 261/2010 do Legal Council of State. De acordo com aquele Conselho de Estado, «*[...] even a future annulment of the surrogacy permit obtained via the legal route against the original permit does not alter the relationship*

[507] Os homens não podem requerer a autorização judicial, mas, prestando o seu consentimento no contrato, tornam-se pai da criança e não podem retirar o consentimento, presumindo-se — sendo casados — o pai da criança.

[508] «*The Legal Council of the State has opined on the matter of establishment of fatherhood in case a single unmarried man resorts to surrogacy (ruling 261/2010). The Legal Council of the State was requested to answer the question of how relationship is established in case a single unmarried man has obtained by judicial decision access to surrogacy via in vitro fertilization. This opinion postulates that since the single unmarried man has obtained a judicial decision to proceed with in vitro fertilization as a result of which children were born, then he should be considered the father. The woman giving birth to the children should be considered the mother and it is her name that should appear in the Register of Births. In other words it is Article 1464, paragraph 1 of the Civil Code that applies for the man who asked for and obtained a surrogacy permit and as a result he is considered the father of the children that will be born*» (Kipouridou & Milapidou, 2019).

[509] Processo n.º 431/2003.

between the father and the child, since the annulment is only valid after its issuance and does not affect the already established fatherhood» (Kipouridou & Milapidou, 2019). O Conselho é, assim, da opinião de que uma relação entre pai e filho/a já estabelecida só pode ser posta em causa através de uma ação para o reconhecimento da inexistência da relação «*irrespective of whether such an option would be chosen using the interest of the children as the primary criterion*» (Kipouridou & Milapidou, 2019).

Em matéria de conhecimento de sentenças estrangeiras, antes de 2002, atente-se num caso de gestação de substituição proveniente do Reino Unido, em relação a dois nacionais gregos que recorrem a uma gestante em Inglaterra:

> «*In an opinion delivered in 1998, the State Legal Council, on a reference from the Athens special office, had found firstly that, in accordance with Act 344/1976 on civil-status records, the civil registrar checked only the formal conditions of the foreign record, to the exclusion of the substance of the record in question and the law applied, within the limits imposed by compliance with Greek public order. Moreover, this solution of the Legal Council, which was later reaffirmed on several occasions, concerns any civil-status record, including birth records for children born through the intervention of a surrogate mother. In addition, the Legal Council noted that foreign laws allowing recourse to a human reproduction technique did not conflict with public order, even though in 1998 surrogacy had not yet been introduced into Greek law.*» (International Commission on Civil Status, 2014, p. 22)

Atualmente, a legislação grega regula a gestação de substituição a nível doméstico, sendo omissa quanto à questão do reconhecimento de contratos outorgados e executados no estrangeiro, das respetivas decisões ou, sequer, dos registos de nascimento. Não obstante, sendo a posição grega de admissibilidade à gestação de substituição — pelo menos dentro dos limites em que o é —, não parece ser difícil admitir o reconhecimento de tais registos e a respetiva transcrição.

2.4. França

A questão da gestação de substituição debate-se em França desde pelo menos os anos de 1980. A associação Les Cigognes pediu o registo dos estatutos cujo objeto consistia em pôr casais inférteis em contacto com mulheres dispostas a ter filhos por conta daqueles (Chaltiel, 2020) [510]. O Conseil d'Etat (Conseil d'Etat, 1988) rejeitou

[510] Também a associação Alma Mater, que, nos termos de uma decisão de 1989, foi declarada ilícita. Esta associação foi criada para facilitar o contacto entre casais e gestantes (Depadt-Sebag, 2012, p. 267).

este registo, considerando o objeto ilícito. O caso Lavisse v France acabou por chegar ao TEDH (Lavisse v France, 1991) e a Comissão concluiu que «*the interference with the right to freedom of association guaranteed by Article 11 ECHR had pursued the legitimate aim of preventing the offence of inciting the abandonment of babies at birth*» (Draghici, 2017, p. 147).

No seu parecer de 1984, o Comité Consultatif National d'Éthique (CCNE) considerou que a «barriga de aluguer» era um ato ilícito (Comité Consultatif National d'Éthique, 1984) [511], posição formalmente assumida no início dos anos 1990 [512] e que muito terá contribuído para que a figura fosse expressamente banida. A solução foi confirmada pela Lei da Bioética de 1994 [513] (Wells-Greco, 2016, p. 73) e categoricamente assumida pelo ordenamento jurídico francês no art. 16.º, n.º 7 [514], do CC francês [515]. O preceito prevê que qualquer acordo relativo à gestação a favor de outros é nulo e não produz qualquer efeito, elevando o problema a uma questão de ordem pública, à inviolabilidade do corpo humano e da indisponibilidade do estado da pessoa (Merchant & Parizer-Krief, 2018), e considerando que, nos casos dos contratos internacionais nesta matéria, se estaria numa verdadeira situação de fraude à lei.

[511] «*1. Le contrat passé entre le couple dont la femme est stérile, et la mère, est nul en ce qu'il porte sur un objet illicite. Réalisant une cession d'enfant ou ayant pour objet l'engagement de concevoir et de porter un enfant pour le compte d'autrui, un tel accord ne peut, en aucun cas, avoir une valeur juridique, donc être susceptible d'exécution forcée, qu'il soit conclu à titre gratuit ou à titre onéreux (article 1128 – Code civil). 2. L'intervention d'un tiers visant: a) à provoquer les parents ou l'un d'eux à abandonner leur enfant né ou à naître, b) à faire souscrire par les futurs parents ou l'un d'eux, un acte par lequel ils s'engagent à abandonner l'enfant à naitre, à détenir un tel acte ou à en faire usage, c) à apporter, dans un esprit de lucre, son entremise pour faire recueillir ou adopter un enfant, constitue un délit sanctionné par l'article 353-1 – Code pénal.*»

[512] Ainda que antes o negócio não fosse reconhecido (Comité Consultatif National d'Éthique, 1984, p. 14).

[513] Em 2019, foi apresentado um projeto para alteração da lei que se encontra, desde fevereiro de 2021, para discussão na Assembleia Nacional. Em matéria de PMA, entre as disposições do texto inclui-se matéria relativa ao conhecimento das origens genéticas em caso de reprodução heteróloga e o estabelecimento da filiação dos filhos nascidos com recurso à PMA por um casal de mulheres ou por uma mulher solteira. O texto do diploma está disponível para consulta em https://www.assemblee-nationale.fr/dyn/15/textes/l15b3833_projet-loi (consultado em 21 de abril de 2020)

[514] «*Toute convention portant sur la procréation ou la gestation pour le compte d'autrui est nulle*», constituindo esta questão, nos termos do n.º 9 do mesmo preceito, matéria de ordem pública internacional do Estado francês. V. https://www.legifrance.gouv.fr/codes/section_lc/LEGITEXT000006070721/LEGISCTA000006117610/#LEGISCTA000006117610 (consultado em 21 de abril de 2020)

[515] O preceito reflete a posição da Assemblée plénière, Cour de Cassation, no julgamento de 31 de maio de 1991 (Cour de Cassation, Assemblée plénière du 31 mai 1991).

2.4.1. O Enquadramento Legal

Nos termos do art. 311.º do CC francês, a mãe é a gestante [516], [517], pelo que qualquer ato que implique a alteração desse critério, incluindo através da gestação de substituição [518], é nulo e não produz qualquer efeito. A lei não reconhece qualquer negócio privado que implique uma alteração ao estatuto da pessoa, acrescentando o art. 322.º do CC francês que o estabelecimento da maternidade pode ser anulado caso se demonstre que a filiação foi inscrita a favor de uma mulher diferente da gestante, ainda que aquela seja a ascendente genética da criança, o que, para este efeito, é irrelevante. Quanto à paternidade, esta continua a ser estabelecida por presunção em favor do marido da mãe, por reconhecimento ou *possession d'état*. No que toca a casais de lésbicas, a criança só poderá ser adotada pela mulher da mãe (Wells-Greco, 2016). O ordenamento jurídico francês proíbe, assim, qualquer forma de gestação de substituição, nos termos da Loi du 29 juillet 1994 relative au respect du corps humain [519].

Não obstante, até 2010, foram apresentadas duas propostas em relação à gestação de substituição, mas nem chegaram a ser discutidas [520], [521]. Em 2011, a própria Loi de bioéthique de 1994 foi objeto de uma revisão [522], que não produziu quaisquer

[516] «*La filiation est établie, à l'égard de la mère, par la désignation de celle-ci dans l'acte de naissance de l'enfant.*» V. https://www.legifrance.gouv.fr/codes/id/LEGITEXT000006070721/ (consultado em 21 de abril de 2020)

[517] Não obstante, o estabelecimento da maternidade não depende unicamente do nascimento da criança, sendo necessário ainda o reconhecimento da criança pela mãe ou o denominado *posséssion d'état* (Wells-Greco, 2016, p. 76).

[518] Mesmo nos casos de maternidade anónima, admissível no ordenamento jurídico francês.

[519] Que nos termos do art. 3.º alterou o art. 16.º do CC francês, que prevê «*Toute convention portant sur la procréation ou la gestation pour le compte d'autrui est nulle*». V. https://www.legifrance.gouv.fr/loda/id/JORFTEXT000000549619/ (consultado em 21 de abril de 2020)

[520] *Propositions de loi no 233 et 234 (2009 e 2010)*. V. https://www.senat.fr/leg/ppl09-234.html (consultado em 21 de abril de 2020)

[521] Do relatório anexo *procès-verbal de la séance du 19 décembre 2007 N.º 145 (Sénat, Session Ordinaire de 2007-2008)*, em matéria de gestação de substituição, pediu-se uma reflexão sobre a posição legislativa considerando que «*entre 200 et 300 couples français se rendraient chaque année à l'étranger pour y recourir aux services d'une "mère porteuse", si l'on en croit les informations diffusées dans la presse écrite*» (Commission des Lois Constitutionnelles, 2007, p. 50).

[522] *Loi no 2011-814 du 7 juillet 2011*. V. https://www.legifrance.gouv.fr/loda/id/JORFTEXT000024323102/ (consultado em 21 de abril de 2020) (Título IX, arts. 46.º a 55.º). Em matéria de gestação de substituição, o Senado manifestou-se mais uma vez contra esta prática que abre caminho à mercantilização da mulher. Não obstante, foi apresentada uma proposta para alteração da lei que manifestava a séria preocupação com a criança, propondo-se uma alteração à lei no seguinte sentido: «*Art. 336-2. - Lorsque l'état civil de l'enfant a été établi par une autorité étrangère en conformité avec une décision de justice faisant suite à un protocole de gestation pour autrui, cet état civil est transcrit dans les registres français sans contestation possible aux conditions que la décision de justice soit conforme aux lois locales applicables, que le consentement libre et éclairé de la femme qui a porté l'enfant soit reconnu par cette décision et que les possibilités de recours contre cette décision soient épuisées*» (Sénat, 2012). O projeto de lei

alterações na matéria da gestação de substituição. O estudo do Conseil d'État para a revisão da lei [523] — alinhando-se com a posição do Cour de Cassation — manteve o princípio *mater semper certa est* [524], justificando-o sobretudo em preocupações éticas e morais. Os fundamentos suscitados, incluindo pelos tribunais, aproximam-se mais da proteção de princípios bioéticos, isto é, a indisponibilidade do corpo humano e do estado da pessoa, e menos da reprodução humana propriamente dita.

Quanto ao pai, este é determinado de acordo com uma presunção decorrente do casamento com a mãe da criança ou, não sendo casada, com o reconhecimento da paternidade do filho. No caso de tratamentos de fertilidade com recurso a doação de espermatozoides, o pai da criança será o homem que consentiu no tratamento [525], [526]. Porém:

visava a transcrição das certidões de nascimento de crianças nascidas no estrangeiro em virtude de contratos de gestação de substituição. A proposta enfatizava a posição mais dura quanto à recusa de emissão de passaportes para que estas crianças entrassem em território francês, colocando a criança e a família numa situação de alta fragilidade, incluindo serem apátridas nas situações em que não lhes é reconhecida a nacionalidade do país onde nascem, e privando-as de um conjunto de direitos associados ao reconhecimento da filiação em relação aos *intended parents*, o que, nos termos da exposição de motivos da proposta, consubstancia uma violação do art. 3.º da CRC. Esta proposta encabeçada por Jacques Mézard acabou por não vingar.

[523] *La révision des lois de bioéthique, étude du Conseil d'État parue à la Documentation française*. V. https://www.conseil-etat.fr/ressources/etudes-publications/rapports-etudes/etudes/revision-des-lois-de-bioethique (consultado em 23 de abril de 2020)

[524] Em França, é possível o nascimento anónimo. É reconhecido à mãe o direito ao anonimato, consagrado na Lei n.º 93/22, de 8 de janeiro de 1993, relativa ao estado civil, à família e aos direitos da criança.

[525] Art. 151.º, n.º 8, do CC francês.

[526] O ordenamento jurídico francês admite ainda a denominada *possession d'état* (art. 320.º do CC francês). Além da filiação natural, a criança pode ver a filiação estabelecida pela «posse de estado», isto é, «por um conjunto suficiente de factos que indiquem a relação de filiação e relação entre um indivíduo e a família a que ele pertence» (Sénat). Esta figura, que não depende assim de qualquer relação biológica com a criança, tem como pressuposto a qualificação de um padrão de comportamento análogo ao de um progenitor — a criança é tratada como se fosse sua. É principalmente uma questão de assumir e tratar uma criança como se fosse sua e ser por ela considerado um pai (*tractatus*), a reputação (*fama*) e o nome (*nomen*). Para produzir os seus efeitos, a posse do estado deve ser contínua, pacífica, pública e inequívoca (Sénat). A posse de estado tem de ser declarada em processo judicial ou por declaração, só podendo estabelecer-se se não existir uma filiação legal já constituída (*ex vi* arts. 310.º, 311.º, 317.º, 320.º e 330.º do CC francês e Portaria n.º 2005-759, de 4 de julho de 2005). Em matéria de gestação de substituição, colocou-se a questão de recorrer a esta figura para estabelecer a maternidade. No entanto, é considerado que a posse do Estado assim constituída em fraude da lei estaria viciada (Sénat). Em 2007, o Tribunal de Grande Instance de Lille pronunciou-se sobre esta questão. Neste caso, o casal francês, que recorreu a uma gestante, recebeu um certificado de notoriedade atestando a posse de estado da mulher, tendo o MP contestado tal atestado. O tribunal considerou que a posse de estatuto deve, para constituir uma presunção legal que permita estabelecer a filiação, ser isenta de vício. No caso concreto,

> *«[u]ne circulaire du 25 janvier 2013 a ainsi recommandé aux greffiers en chef des tribunaux d'instance, aux procureurs généraux et aux procureurs de la République de faciliter la délivrance de certificats de nationalité française aux enfants nés à l'étranger à l'issue d'une GPA de parents français en application de l'article 47 du code civil selon lequel «tout acte de l'état civil des Français et des étrangers fait en pays étranger et rédigé dans les formes usitées dans ce pays fait foi».»* (Vie Publique, 2018)

A aludida circular CIV/02/13 estabeleceu que as crianças que nascessem no estrangeiro filhos/as de pais/ mães franceses/as teriam acesso à nacionalidade francesa, assim pondo termo à tendência jurisprudencial de negar a cidadania a estas crianças [527]. Isto apesar de numa decisão de setembro de 2013 o Cour de Cassation ter reafirmado a doutrina *Mennesson* (Wells-Greco, 2016, p. 87) [528].

Em suma, para o ordenamento jurídico francês, é mãe quem dá à luz a criança, mesmo que a filiação materna não possa ser estabelecida em virtude de parto anónimo ou impossibilidade da sua identificação (arts. 326.º e 57.º do CC francês), recusando os tribunais [529] a adoção da criança pela mulher ou companheira do pai, na medida em que consideram uma situação de fraude à lei ao abrigo dos arts. 16.º, n.ºs 7 e 9, do mesmo diploma [530]. Quanto ao pai, este poderá atualmente ver reconhecida a filiação desde que seja o ascendente genético da criança, nos termos do art. 316.º do CC francês.

Qualquer acordo em matéria de gestação de substituição é contrário à lei e, considerando os valores de ordem pública que se visa proteger, a regra não pode ser afastada por vontade das partes. Ademais, para quem viole a norma, o ordenamento jurídico francês prevê, além da sanção civil, uma sanção penal [531]. Ainda que não

a posse de estado baseia-se num contrato relativo à gestação celebrado em aplicação dos artigos 16.º a 7.º e 16.º a 9.º do Código Civil, com nulidade absoluta que vincula as partes e terceiros. Nessas condições, tal posse de estatuto falha e não pode ter qualquer efeito no que diz respeito à filiação, entendeu o tribunal. O tribunal considerou que «Não pode ser validamente sustentado que esta falta de efeito viola o art. 1 da Declaração dos Direitos do Homem e do Cidadão no melhor interesse da criança, conforme protegido pelo Artigo 3 § 1 da Convenção de Nova York, enquanto os princípios da indisponibilidade do corpo humano e a indisponibilidade de *status* pessoal, bem como a natureza de ordem pública do Artigo 16-7 do Código Civil, impõem, sob a lei francesa, a exclusão de qualquer efeito de um acordo de barriga de aluguel, conhecido como mãe de aluguel acordo» (tradução livre) (Tribunal de Grande Instance de Lille, 22 mars 2007).

[527] Posição jurisprudencial apreciada no TEDH nos casos Mennesson e Labassee.

[528] *Arrêt n.°1091 du 13 septembre 2013 (12-30.138) — Cour de cassation — Première chambre civile.*

[529] Ainda que haja agora algumas manifestações de alteração sobre esta posição.

[530] Não se obsta, contudo, a que a mulher do pai possa adquirir responsabilidade parental ou custódia da criança nos termos dos arts. 337.º e n.º 3 do art. 373.º do CC francês (Wells-Greco, 2016, p. 77).

[531] V. https://www.legifrance.gouv.fr/codes/texte_lc/LEGITEXT000006070719/ (consultado em 24 de abril de 2020)

expressamente prevista, a *surrogacy* subsume-se na proibição prevista no art. 227.º, n.º 13 (Perreau-Saussine & Sauvage, 2013, p. 121) — «*La substitution volontaire, la simulation ou dissimulation ayant entraîné une atteinte à l'état civil d'un enfant est punie de trois ans d'emprisonnement et de 45 000 euros d'amende*», sendo a tentativa punível.

Em 1994 [532], foi criado um novo tipo de crime [533], previsto agora no n.º 12 do art. 227.º para todos os intermediários [534] (Perreau-Saussine & Sauvage, 2013, p. 121). O n.º 12 estabelece ainda que «*[l]e fait de provoquer soit dans un but lucratif, soit par don, promesse, menace ou abus d'autorité, les parents ou l'un d'entre eux à abandonner un enfant né ou à naître est puni de six mois d'emprisonnement et de 7 500 euros d'amende*».

Por sua vez, nos termos do §2, as penas são agravadas para um ano de prisão ou pena de multa de 15 000,00 € quando a instigação seja feita num âmbito lucrativo comercial. A mesma pena é aplicável, nos termos do §3, a quem seja intermediário entre o casal e a mãe, e eleva-se para o dobro caso seja feita numa vertente comercial. Também nestes casos (dos §2 e §3) a tentativa é punível. Além disso, está proibida qualquer atividade médica que não seja expressamente permitida nos termos do Código de Saúde Pública, cuja violação é punível com pena de prisão até cinco anos e pena de multa até 75 000,00 € (Perreau-Saussine & Sauvage, 2013, p. 121).

2.4.2. A Orientação Jurisprudencial

Mas a posição francesa é, de facto, mais polarizada, no sentido de que proíbe qualquer forma de solução de «diversão», mormente por processo de adoção decorrente da gestação de substituição, considerando a ordem pública subjacente ao facto de este acordo, oneroso ou não, estar, ao fim e ao cabo, a revelar que alguém aceita ter um(a) filho/a para depois o/a abandonar (Merchant & Parizer-Krief, 2018, pp. 131-132). Por contraposição com a adoção, diz-se: neste caso, alguém produz um(a) filho/a para, depois, o/a integrar numa família quando, na adoção, a criança já existe.

Num caso de 1991, o tribunal anulou a adoção de uma criança nascida de uma gestante na decorrência de um negócio de gestação, considerando o seguinte.

> «*[...] cette adoption n'était que l'ultime phase d'un processus d'ensemble destiné à permettre à un couple l'accueil à son foyer d'un enfant, conçu en exécution d'un contrat tendant à l'abandon à sa naissance par sa mère, et que, portant atteinte aux principes de l'indisponibilité du corps humain et de l'état des personnes, ce processus constituait un détournement de l'institution de l'adoption.*» (Vie Publique, 2018)

[532] Pela *Loi du 29 juillet 1994 relative au respect du corps humain.*

[533] Pela Lei de 1994 sobre Bioética.

[534] As partes não estão sujeitas a qualquer sanção de natureza criminal pela celebração do negócio enquanto tal, com exceção do referido no n.º 13 do art. 227.º.

Os juízes (Cour de Cassation, Assemblée Plénière, 90-20.105, 1991) concordaram com os fundamentos do Procurador, considerando que conceber uma criança para a abandonar não era o culminar de um processo encetado pelos pais — como a segunda instância havia considerado —, mas é contrário à natureza da própria adoção. A solução fica ainda mais alicerçada em matéria de ordem pública, inviolabilidade do corpo humano e indisponibilidade do estatuto da pessoa (Merchant & Parizer-Krief, 2018), e constitui uma forma de dissuadir outras pessoas de enveredarem por este caminho, ilegal em França, para obter um desiderato que o seu ordenamento não lhes permite.

Numa decisão de 6 de abril de 2011 do Cour de Cassation (Cour de Cassation, Chambre Civile 1, 09-66.486, 2011), o tribunal considerou que uma decisão americana era contrária à conceção francesa de ordem pública internacional, pelo que a transcrição nos registos do estado civil francês teve de ser retificada por supressão da menção da beneficiária como mãe. Esta retificação, que não priva o filho da sua filiação paterna nem da filiação materna que a lei do Estado de Minnesota nele reconhece, não o impede de viver com os beneficiários em França, concluindo que não afeta o direito ao respeito pela vida privada e familiar desta criança na aceção do art. 8.º da CEDH, nem o seu interesse superior garantido pelo art. 3.º, n.º 1, da CDC.

Da mesma data, na decisão do Cour de Cassation (Cour de Cassation, Chambre Civile 1, 10-19.053, 2011), estava em causa o cancelamento da transcrição das certidões de nascimento dos filhos só porque nasceram em execução de um acordo de gestação por conta de outrem. O tribunal de recurso penalizou estes filhos, privando-os da nacionalidade dos seus pais, por motivos que, no entanto, não eram imputáveis às crianças. Foi então suscitada a questão da violação do art. 14.º da CEDH, que proíbe o tratamento discriminatório, salvo justificação objetiva e razoável, de pessoas colocadas em situações comparáveis, em conjugação com o art. 8.º da Convenção. O tribunal, porém, justificou a recusa da transcrição da certidão de nascimento lavrada em execução de uma decisão estrangeira, considerando que estava em contradição com a ordem pública internacional francesa. A indisponibilidade do estado das pessoas, princípio essencial do direito francês, implica que o acordo relativo à gestação por conta de outrem, embora lícito no estrangeiro, seja nulo e sem efeito nos termos dos arts. 16.º, n.º 7, e 16.º, n.º 9, do CC francês.

Em 2013, nas decisões (Cour de Cassation, Civile, Chambre Civile 1, 12-30.138, 2013) e (Cour de cassation, civile, Chambre civile 1, 12-18.315, 2013), o tribunal abordou também a questão da fraude à lei, considerando que o processo global que compreende um acordo de gestação por conta de outrem, mesmo sendo legal no estrangeiro, é nulo e sem efeito em França nos termos dos arts. 16.º, n.º 7, e 16.º, n.º 9, do CC. Desta forma, o tribunal entendeu que as certidões de nascimento da criança emitidas pelas autoridades indianas não podiam ser transcritas no registo civil francês. Perante a situação de fraude à lei, nem o interesse superior da criança garantido pelo art. 3.º, n.º 1, da CDC, nem o respeito pela vida privada e familiar na aceção do art. 8.º da CEDH podem ser invocados.

Estes casos, conhecidos posteriormente como Mennesson v. France e Labassee v. France, foram julgados perante o TEDH [535] em 2014 [536]. O Tribunal de Estrasburgo, não pondo em causa a proibição da gestação de substituição em França nem o seu fundamento, impôs que a tónica fosse colocada nos direitos da criança e pelo respeito da sua vida privada e familiar. A verdade é que, depois destas decisões, «*[t]he French courts are therefore gradually developing case law intended to offer legal solutions to the situations of these children*» (Committee on Bioethics (DH-BIO), 2021), mormente e desde logo a sua filiação.

De facto, a ordem pública internacional que a questão suscita constituía um entrave à transcrição no registo da certidão emitida no estrangeiro por ferir princípios essenciais do direito interno [537], sendo aquele um mecanismo que obsta ao reconhecimento dos efeitos da decisão estrangeira. Contudo, o que está em causa é encontrar o equilíbrio entre os interesses subjacentes à aludida ordem pública, nomeadamente os interesses da comunidade que se refletem naqueles princípios e que são caracterizadores daquela sociedade e, por outro lado, os interesses de um terceiro ao negócio, mas cuja sanção se vai repercutir na sua esfera jurídica, impondo a ponderação dos seus melhores interesses da criança, a sua identidade e o respeito pela sua vida privada e familiar.

Neste sentido, em 2014 foi admitida a transcrição de uma certidão de nascimento estrangeira que cumpria os requisitos legais para o efeito exigidos pelo Estado francês [538] (Cour d'Appel de Rennes n.º 13/08461, 2014) [539] em relação ao pai, demonstrando a ascendência genética, e assim se foram sucedendo outras decisões.

Mas só em 2017 França passou a admitir a adoção pela mãe ou mulher do pai. Foi neste sentido que o Cour de Cassation publicou um comunicado no que tange à *gestation pour autrui* realizada no estrangeiro (Cour de Cassation, 2017) [540].

[535] V. capítulo III sobre a análise destas decisões que iniciaram a doutrina do TEDH em matéria de gestação de substituição.

[536] E depois, em conexão com estes casos, em julho de 2016, o TEDH voltou a analisar as soluções dos tribunais franceses nos processos Foulon e Bouvet v. França e, em 2017, Laborie v. França.

[537] Neste caso da indisponibilidade do estado das pessoas.

[538] Nos termos do art. 47.º do CC, é permitido transcrever para o estado civil francês os documentos estrangeiros cujas afirmações correspondem à realidade. Não é possível transcrever um ato que indique que a mulher é mãe, se não foi ela quem deu à luz, mas a designação do pai pode ser transcrita se o ato estrangeiro não for falsificado e se a realidade biológica da paternidade não for contestada. Segundo os juízes, a transcrição parcial não viola de forma desproporcional o direito da criança ao respeito pela vida privada e familiar, uma vez que as autoridades francesas não a impedem de viver com a família (Brusorio-Aillaud, 2019).

[539] «*Ordonne la transcription sur les registres du service central d'état civil de Nantes de l'acte de naissance établi à Moscou le 7 juin 2011.*»

[540] Na sequência de diversos julgamentos em matéria de transcrição e adoção [Arrêt n.º 824 du 05 juillet 2017 (15-28.597) — Cour de Cassation — Première Chambre Civile — ECLI:FR:CCASS:

Questionado sobre a transcrição do registo de nascimento, o tribunal explicava que, nos termos do art. 47.º do CC francês, só é permitida a transcrição de documentos estrangeiros que correspondam à verdade, pelo que é impossível transcrever a parte que declare como mãe a mulher que não deu à luz a criança, ao contrário do que acontece com o pai, em que a realidade biológica, correspondendo à verdade, pode ser transcrita. No que tange à mãe da criança, ou mulher do pai [541], a criança poderá, verificando o juiz que estão reunidas condições legais [542] e os melhores interesses da criança, recorrer à adoção.

Com estas novas orientações, os tribunais franceses alteraram o sentido da sua jurisprudência [543], passando a admitir-se que o pai, sendo o pai biológico da criança, possa ver transcrito o registo de nascimento. O mesmo não sucede com a mãe que, *in extremis*, poderá adotar a criança verificados os requisitos legais para o efeito.

Esta posição dos tribunais franceses foi confirmada pelo TEDH. Depois da entrada em vigor do Protocolo 16 à CEDH, a Assembleia Plenária do *Cour de Cassation* enviou ao Tribunal de Estrasburgo, em 2018, um pedido de parecer sobre a recusa de transcrição no que tange à *intended mother* e sobre a consideração do critério biológico em relação ao pai que, confirmando-se a ascendência, permite a transcrição. Perguntava-se ainda se a adoção podia ser uma forma de resolver a questão da linha materna. No parecer de abril de 2019, o TEDH (European Court of Human Rights, 2019) admitiu a solução francesa — em prol do respeito pela vida privada, nos termos do art. 8.º da CEDH, implica que se apresente uma solução para estabelecer a relação de parentalidade com a mãe legal, mas:

> «*[...] does not require such recognition to take the form of entry in the register of births, marriages and deaths of the details of the birth certificate legally established abroad; another means, such as adoption of the child by the intended mother, may be used provided that the procedure laid down by domestic law ensures that it can be implemented promptly and effectively, in accordance with the child's best interests.*»

2017:C100824, 2017, Arrêt n.º 825 (16-16.901 ; 16-50.025) — Cour de cassation — Première chambre civile — ECLI:FR:CCASS:2017:C100825, 2017, Arrêt n.º 826 (16-16.455) — Cour de cassation — Première chambre civile — ECLI:FR:CCASS:2017:C100826, 2017 e Arrêt n.º 827 (16-16.495) – Cour de cassation — Première chambre civile —ECLI:FR:CCASS:2017:C100827, 2017.

541 E neste caso o tribunal refere-se especificamente ao marido do pai, considerando a lei de 17 de maio de 2013 que passou a admitir o casamento entre pessoas do mesmo sexo.

542 Art. 353.º do CC francês.

543 V. Cour de Cassation Assemblée Plénière n.º 14-21323, 2015 e Cour de Cassation Assemblée Plénière n.º 15-50002, 2015.

2.4.2.1. O Registo de Nascimento e as Decisões Judiciais Estrangeiras

Considerando a posição do ordenamento jurídico francês e as decisões dos tribunais franceses em matéria de reconhecimento — ou falta dele — de efeitos decorrentes dos contratos de gestação de substituição, a filiação decorrente de decisões estrangeiras foi recusada em França. O reconhecimento de decisões estrangeiras pode ser recusado considerando três fundamentos: a incompetência internacional dos tribunais estrangeiros, em situações de fraude à lei e quando a decisão estrangeira é contrária à ordem pública internacional do Estado francês (quer material, quer processual) (Perreau-Saussine & Sauvage, 2013, p. 121). Este último fundamento tem sido invocado para o não reconhecimento de decisões estrangeiras em matéria de gestação de substituição, como aconteceu nos muitos publicitados processos do casal Mennesson e do casal Labassee, que acabaram por chegar ao TEDH.

A posição francesa constitui uma forma de manutenção de uma associação entre o estatuto da criança, mormente os efeitos decorrentes do estabelecimento da filiação e da nacionalidade, e a (i)legalidade do contrato. Cremos que o que está em causa é a manutenção de uma ligação por forma a desencorajar os Franceses de procurar soluções no estrangeiro e, posteriormente, considerando os melhores interesses da criança, se convencerem de que, ainda que por manobra de diversão, conseguem alcançar os seus objetivos.

Contudo, e como resulta das decisões do TEDH, esta associação faz perigar os melhores interesses da criança, fazendo também recair sobre ela efeitos punitivos de um negócio do qual não foi parte. Os pais franceses podem pedir um certificado de nascimento para o/a seu/sua filho/a junto dos serviços consulares franceses, que, considerando a existência de um contrato de gestação de substituição, podem recusar a sua emissão. Embora a aceitem, o Ministério Público pode requerer a sua nulidade e impedir qualquer produção de efeitos, nos mesmos termos invocados pelo Cour de Cassation. Considerando a presunção do art. 47.º do CC francês, muitos pedidos têm sido recusados pelos tribunais, suscitando o Ministério Público, nos termos do art. 423.º do CPC francês, a ordem pública internacional e que incluirá, com este fundamento, a nulidade do registo e da produção de efeitos.

Quanto ao reconhecimento da filiação e ao certificado de nascimento da criança nascida em país estrangeiro, as autoridades francesas não são obrigadas a transcrever estes documentos no registo civil francês e, no que tange aos tribunais, é aplicada a jurisprudência da aludida decisão de 1991, isto é, confirmando a inviolabilidade do corpo e do estatuto pessoal, bem como a inadmissibilidade da adoção, confirmam a recusa da transcrição (Merchant & Parizer-Krief, 2018, p. 133).

O Procurador de Nantes — o competente em matéria de estatuto civil de franceses no estrangeiro — pode suscitar a questão da gestação de substituição caso suspeite dela e, confirmando-se as suspeitas, pode recusar a transcrição no registo. Neste caso, os pais podem recorrer da decisão, ainda que a jurisprudência seja pacífica no entendimento de que os contratos são proibidos, nulos e não produzem quaisquer efeitos.

Além disso, no que tange ao reconhecimento de sentenças estrangeiras, em matéria de gestação de substituição, os tribunais recusam esse reconhecimento com recurso à exceção de ordem pública internacional do Estado francês. Esta posição foi confirmada pelo Cour de Cassation em 2008 [544] no caso Mennesson, em que também foi recusada a transcrição do registo de nascimento dos gémeos nascidos com recurso a uma gestante nos EUA (inseminada com esperma do beneficiário). O tribunal invocava que as crianças mantinham a filiação de acordo com o registo de nascimento emitido pelos EUA e tinham também nacionalidade norte-americana, considerando o princípio do *jus soli*. Todavia, a não transcrição no registo das certidões de nascimento das crianças acabou por condenar a França junto do TEDH [545], que, em 2017, em consequência, acabou por admitir a transcrição parcial por se demonstrar a ascendência genética do pai. Quanto à mulher, aceitou que se resolvesse a situação pela via da adoção [546]. Esta solução admitida pelo TEDH [547]:

> «*[...] se fonde sur l'article 47 du Code civil selon lequel l'acte étranger fait foi sauf s'il est «irrégulier, falsifié ou que les faits qui y sont déclarés ne correspondent pas à la réalité». En effet, la naissance se réalise par l'accouchement et en droit français, la mère est la femme qui accouche suivant le principe fondamental ancestral énoncé par l'adage mater semper certa est appliqué par les tribunaux lorsqu'ils traitent de la transcription de l'acte de naissance étranger. Ainsi, la mère étant la femme porteuse, un acte de naissance dressé à la suite d'une gestation par autrui et indiquant pour mère la femme commanditaire ne peut pas être transcrit, les faits déclarés ne correspondant pas à la réalité.*» (European Centre for Law and Justice, 2019)

Independentemente da validade ou não do negócio e dos seus efeitos no que tange à filiação, a questão administrativa associada à entrada em França das crianças nascidas no estrangeiro é resolvida pelos tribunais administrativos através de uma política de admissibilidade da circulação destas crianças. Para o efeito, com recurso ao decreto de 30 de setembro de 2004, é possível a emissão de um *laissez-passer*

[544] Ainda que em primeira instância e posteriormente o tribunal de recurso de Paris tivesse declarado que a não transcrição dos registos de nascimento teria consequências contrárias aos melhores interesses das crianças (Merchant & Parizer-Krief, 2018, p. 133).

[545] *Mennesson v. França*, n.º 65192/11, e *Labassee v. França*, n.º 65941/11, 26.06.2014.

[546] Por exemplo, entre outras, nas decisões «Cass. 1re civ., 5.07.2017 (15-28.597, 16-16.901, 16-50.025, 16-16.455 et 16-16.495 et 16-20.052), confirmé par Cass. 1re civ., 29.11.2017 (16-50.061) et Cass. 1re civ., 14.03.2018 (17-50.021)» (European Centre for Law and Justice, 2019).

[547] «*The child's right to respect for private life within the meaning of Article 8 of the Convention does not require such recognition to take the form of entry in the register of births, marriages and deaths of the details of the birth certificate legally established abroad; another means, such as adoption of the child by the intended mother, may be used provided that the procedure laid down by domestic law ensures that it can be implemented promptly and effectively, in accordance with the child's best interests*» (European Court of Human Rights, 2019).

(Merchant & Parizer-Krief, 2018, p. 135) para entrada e circulação dentro do território francês, apesar de esta autorização não consubstanciar qualquer forma de atribuição da nacionalidade. De facto, não obstante a jurisprudência do Cour de Cassation, na decisão do Conseil d'État [548] de 2011, foi concedido um *laissez-passer* a uma criança nascida na Índia como medida urgente para a emissão de documentos de viagem e entrada no país [549]. O Conseil d'État «*[...] applied Article 47 of the Civil Code and admitted that the Indian birth certificate was real and truthful, especially by stating that the French father was the biological father of the child, which was confirmed before the court by DNA testing*» (Perreau-Saussine & Sauvage, 2013, p. 123).

O tribunal não decidiu sobre o contrato e os seus efeitos (ou o não reconhecimento desses efeitos), mas, tendo em conta os melhores interesses da criança, considerou que devia ser autorizada a entrada em território francês de uma criança que se presume filha de um cidadão francês. Ou seja, com o fundamento de que a ordem pública não pode ser invocada para afastar a aplicabilidade do aludido art. 47.º, em 25 de janeiro de 2013, o *memorandum* da Ministra da Justiça [550] adotou esta perspetiva, considerando que não pode ser afastada a presunção de veracidade dos documentos que atribuem a filiação a um cidadão francês e, por isso, foi recusada a emissão de certificado de nacionalidade com base na suspeição de ter sido usado um contrato de gestação de substituição [551] (Perreau-Saussine & Sauvage, 2013, p. 123).

Esta questão foi suscitada num debate em matéria do casamento entre casais do mesmo sexo, e a ministra emitiu a circular [552] relativa à emissão dos certificados

[548] 4 de maio de 2011, *requête* n.º 348778.

[549] A atribuição desta autorização não é automática.

[550] Christiane Taubira, tendo ficado conhecida como «a circular Taubira».

[551] Isto em relação ao pai e desde que a ascendência genética seja comprovada por um teste de ADN.

[552] «*L'attention de la chancellerie a été appelée sur les conditions de délivrance des certificats de nationalité française (CNF) aux enfants nés à l'étranger de Français, lorsqu'il apparaît, avec suffisamment de vraisemblance, qu'il a été fait recours à une convention portant sur la procréation ou la gestation pour le compte d'autrui. Vous veillerez, dans l'hypothèse où de telles demandes seraient formées, et sous réserve que les autres conditions soient remplies, à ce qu'il soit fait droit à celles-ci dès lors que le lien de filiation avec un Français résulte d'un acte d'état civil étranger probant au regard de l'article 47 du Code civil selon lequel "tout acte de l'état civil des Français et des étrangers fait en pays étranger et rédigé dans les formes usitées dans ce pays fait foi, sauf si d'autres actes ou pièces détenus, des données extérieures ou des éléments tirés de l'acte lui-même établissent, le cas échéant après toutes vérifications utiles, que cet acte est irrégulier, falsifié ou que les faits qui y sont déclarés ne correspondent pas à la réalité". À l'inverse, face à un acte d'état civil étranger non probant, le greffier en chef du tribunal d'instance sera fondé, après consultation du bureau de la nationalité, à refuser la délivrance d'un CNF. J'appelle votre attention sur le fait que le seul soupçon du recours à une telle convention conclue à l'étranger ne peut suffire à opposer un refus aux demandes de CNF dès lors que les actes de l'état civil local attestant du lien de filiation avec un Français, légalisés ou apostillés sauf dispositions conventionnelles contraires, sont probants au sens de l'article 47 précité. Dans tous les cas, le bureau de la nationalité sera destinataire d'une copie du dossier et du certificat de nationalité française délivré ou du refus de délivrance opposé. Vous veillerez, par ailleurs, à informer le bureau de la nationalité de toutes difficultés liées à l'application de la présente circulaire*» (Chaltiel, 2020).

de nacionalidade francesa (CNF) no âmbito de acordos de gestação de substituição. A posição da ministra, ainda que circunscrita à atribuição da nacionalidade e não ao reconhecimento da filiação, é enfática na atribuição do CNF sempre que dos documentos estrangeiros resulte que a criança é filha de cidadão francês, posição que foi reconhecida pelo Conseil d'État na sua decisão de 12 de dezembro de 2014 (Merchant & Parizer-Krief, 2018, p. 135), dando assim assento à decisão do TEDH.

É evidente que não podemos dizer que a jurisprudência do Conseil d'État seja distinta da do Cour de Cassation — aquele trata de questões distintas, nomeadamente a entrada de pessoas em território francês e a atribuição da nacionalidade, e a verdade é que se pronunciou sobre uma questão concreta em que estava em causa a paternidade. Assim, de acordo com a (denominada) *circular Taubira*, como ficou conhecida a decisão do Conseil d'État, as crianças nascidas no estrangeiro com recurso a gestação de substituição têm direito ao CNF, sendo-lhes reconhecida a nacionalidade francesa e subsequente emissão do cartão de cidadão e passaporte, sendo que, caso não haja convenção entre o Estado francês e o país onde a criança nasceu, pode ter de ser emitido um *laissez-passer* (Merchant & Parizer-Krief, 2018, p. 137).

Não obstante, a situação em França é ainda complexa e confusa e a estas famílias não é emitido o *Livret de Famille* [553], e os pais só podem usar o certificado de nascimento estrangeiro. Algo, aliás, em conformidade com as decisões de 2013 do Cour de Cassation que consideraram que a transcrição dos certificados de nascimento estrangeiros nos casos de gestação de substituição constituiria uma verdadeira fraude, já que, e ainda que estes registos estrangeiros documentassem a verdade, havia sido cometida uma fraude à lei [554]. Esta posição foi confirmada, em 19 de março de 2014, pelo Tribunal Superior francês, que declarou que «*[...] regardless of the formal validity of the birth certificate, the certainty of dealing with surrogacy agreement "characterizing a fraudulent process which results in the child's birth" justifies the nontranscription of the birth certificate*» (Merchant & Parizer-Krief, 2018, pp. 134-135).

[553] Além das situações em que em França não se reconhece que dois homens possam figurar no mesmo Livrett, ainda que desde 2013 seja admissível o casamento entre homossexuais. Está vedado a estes casais o recurso a técnicas de PMA e só no caso das mulheres é possível que uma adote o/a filho/a da outra.

[554] V. Cour de cassation, civile, Chambre civile 1, 12-30.138, 2013, que justifica a recusa de transcrição de certidão de nascimento na fraude do direito francês. Nos termos da lei francesa, o contrato viola também princípios de ordem pública (Cour de cassation, civile, Chambre civile 1, 13-50.005, 2014). Desta forma, concluem no sentido da nulidade do contrato de gestação de substituição de acordo com o artigo 16.º, n.º 9 do Código Civil; que esta nulidade é exigida mesmo em relação a um ato do estado civil que respeite as disposições formais do art. 47.º do Código Civil; e que ao afastar esta nulidade com base na validade formal nos termos do art. 47.º do Código Civil o Tribunal de Recurso violou as disposições do artigo 16.º, n.º 9 do Código Civil.

Porém, em 3 de julho de 2015, a Assemblée Plénière do Cour de Cassation pronunciou-se sobre certificados de nascimento em que constavam a mãe gestante e o pai biológico e, portanto, também nestes casos os documentos declaravam a verdade, vindo o Tribunal a alinhar-se com as decisões do TEDH (Merchant & Parizer-Krief, 2018, p. 138).

2.4.3. Um Novo Caminho

Apesar das alterações à posição jurisprudencial dominante desde os casos Mennesson e Labassee, a ascendência biológica — no sentido de gestacional —mantém-se como o paradigma em França e, embora os tribunais passem a considerar os direitos das crianças no sentido interpretativo dado pelo TEDH [555], a *mater semper certa est* continua associada à conceção tradicional da gestação.

Contudo, em 2019, o Tribunal de *Grande Instance* de Nantes [556] parece ter aberto um novo caminho sem precedentes na posição jurisprudencial dominante (Tribunal de grande instance de Nantes, 2019).

> «*Un jugement du tribunal de grande instance de Nantes vient de reconnaître «mère d'intention» une femme commanditaire ayant fourni ses ovocytes à la mère porteuse* [557]. *Si ce jugement était confirmé, cela reviendrait à renoncer au principe* mater semper certa est *et à reconnaître la gestation par autrui, en lui donnant plein effet en violation de la loi. Cela contreviendrait aussi à l'interdiction de l'établissement de la filiation à l'égard de la donneuse d'ovocyte.*» (European Centre for Law and Justice, 2019)

O caso diz respeito a uma criança nascida nos EUA, na Flórida. O casal, franco-americano, recorreu a uma gestante para ter filhos/as, sendo que o marido foi o doador de esperma, não havendo dúvidas quanto à ascendência genética e, por isso, foi transcrita no registo de nascimento das crianças, em França, a filiação paterna. Quanto à *intended mother*, francesa, também ela contribuiu com os seus óvulos, sendo, portanto, a ascendente genética das crianças. No entanto, foi recusada a transcrição, tendo sido impugnada a veracidade do documento estrangeiro, porquanto a maternidade declarada não corresponde ao princípio *mater semper certa est*. O tribunal colocou a ênfase no interesse da criança e concluiu que a transcrição devia ser completada, sob pena de, além de privar a criança da nacionalidade francesa,

[555] Ainda que com recurso à adoção em relação à *intended mother* (European Court of Human Rights, 2019) — não sendo considerada a mãe natural por não ter sido a gestante das crianças —, sendo que o pai pode ser declarado no registo civil considerando a ascendência biológica.

[556] Única autoridade competente em França para transcrever os documentos do estado civil dos franceses nascidos no estrangeiro (Bot, 2019).

[557] «*Enfants nés par GPA : l'évolution de la justice*», *Le Monde*, 24.05.2019.

este reconhecimento permitir, em prol da igualdade, que a criança veja estabelecido e reconhecido o vínculo biológico que tem com a mãe, tal como tem com o pai [558].

Em outubro de 2019, o Cour de Cassation parece ter marcado definitivamente o novo caminho jurisprudencial, ainda que a decisão se refira especificamente às vicissitudes do caso. O processo arrastava-se há mais de 15 anos; as crianças nascidas nos EUA em 2000 viram finalmente os registos de nascimento transcritos com os nomes dos pais beneficiários, concluindo o tribunal da seguinte forma:

> «*19. Il résulte de ce qui précède, qu'en l'espèce, s'agissant d'un contentieux qui perdure depuis plus de quinze ans, en l'absence d'autre voie permettant de reconnaître la filiation dans des conditions qui ne porteraient pas une atteinte disproportionnée au droit au respect de la vie privée de Mmes E... et J... D... consacré par l'article 8 de la Convention de sauvegarde des droits de l'homme et des libertés fondamentales, et alors qu'il y a lieu de mettre fin à cette atteinte, la transcription sur les registres de l'état civil de Nantes des actes de naissance établis à l'étranger de E... et J... D... ne saurait être annulée.*» (Cour de Cassation, Assemblée plénière, 10-19.053, 2019)

Será este um novo momento de corte com a posição anterior? Se depois do TEDH se ter pronunciado nas decisões Mennesson e Labassee os tribunais franceses adotaram uma posição menos inflexível no que tange à assunção de encontrar meios para garantir os direitos da criança, mormente a transcrição parcial do registo no que tange ao pai e a possibilidade de adoção no que tange à mãe [559], esta nova decisão parece flexibilizar um pouco a posição dos juízes, mas o caminho é ainda incerto.

O estudo do Conselho de Estado de 2018 analisou afloramentos contemporâneos da cidadania e nacionalidade, assumindo que «*[l]a citoyenneté française ne répond pas à une définition stabilisée*» (Conseil d'Etat, 2018, p. 27), ainda que reconhecendo a existência de posições heterogéneas.

> «*Le dynamisme d'un pays, d'une économie, le rayonnement d'une culture reposent pour une part sur la cohésion de la population, telle qu'elle est vécue en interne et telle qu'elle se projette à l'extérieur. Le manque de cohésion et l'effritement des valeurs citoyennes ont un coût collectif important, y compris financier.*» (Conseil d'Etat, 2018, p. 116)

[558] Em 14 de dezembro de 2017, o Tribunal de Grande Instance de Nantes, em relação à transcrição de um registo de nascimento ucraniano, já havia decidido em sentido similar (Tribunal de Grande Instance Nantes, n.º 16/04096, 2017), mas a decisão foi revertida no recurso.

[559] Que na consulta do TEDH o Tribunal de Estrasburgo admitiu como possibilidade viável.

Mantendo, aparentemente, França, como qualquer outro país que seja contra a prática da gestação de substituição, os princípios da indisponibilidade do corpo e do estado das pessoas, da mercantilização da mulher e da criança, da dignidade da pessoa humana, que exprimem um entendimento específico alargado, as soluções que perturbem este entendimento parecem desafiar o modelo bioético francês. E este modelo, aparentemente, quanto à questão da gestação de substituição, apresenta-se sem alteração à vista. O Comité Consultatif National d' Éthique pour les Sciences de la Vie et de la Santé assumiu-se contra a legalização da gestação de substituição:

> «*[...] au-delà des objections éthiques déjà relevées, le CCNE estime aussi qu'il faut se garder d'accréditer l'idée que toute injustice, y compris physiologique, met en cause l'égalité devant la loi. Même si la détresse des femmes stériles suscite un sentiment d'émotion ou de révolte, elle ne saurait imposer à la société d'organiser l'égalisation par la correction de conditions compromises par la nature. Une telle conception conduirait à sommer la collectivité d'intervenir sans limites pour restaurer la justice au nom de l'égalité et correspond à l'affirmation d'un droit à l'enfant — alors que le désir ou le besoin d'enfant ne peut conduire à la reconnaissance d'un tel droit.*» (Comité Consultatif National d'Éthique pour les Sciences de la Vie et de la Santé, 2010, p. 16) [560]

Posição que reiterou no relatório apresentado em 2018 para a revisão da lei da Bioética:

> «*[...] le CCNE reste attaché aux principes qui justifient la prohibition de la GPA, principes invoqués par le législateur: respect de la personne humaine, refus de l'exploitation de la femme, refus de la réification de l'enfant, indisponibilité du corps humain et de la personne humaine. Estimant qu'il ne peut donc y avoir de GPA éthique, le CCNE souhaite le maintien et le renforcement de sa prohibition, quelles que soient les motivations, médicales ou sociétales, des demandeurs.*» (Comité consultatif national d'éthique, 2018, p. 124)

No relatório síntese, o comité enfatiza a opinião geral das pessoas consultadas segundo a qual a técnica é vista como uma mercantilização do corpo da mulher, da criança e da venda da própria criança que é criada para ser abandonada pela mãe (Comité Consultatif National d'Étique, 2018, pp. 108-109). Nesse sentido,

[560] No âmbito do *Avis* 126, o CCNE analisava o crescimento da gestação de substituição internacional e apresentava a preocupação de constituir uma forma de produção de crianças — «*En conclusion, le CCNE souhaite le maintien et le renforcement de sa prohibition, quelles que soient les motivations, médicales ou sociétales, des demandeurs*» (Comité Consultatif National d'Ethique pour les sciences de la vie et de la santé, 2017, p. 40).

o estudo do Conseil d'État do mesmo ano considera que a prática deve permanecer proibida em prol dos princípios da indisponibilidade do corpo humano, do estado das pessoas, sem prejuízo de garantir um equilíbrio quanto aos interesses em conflito no que tange a crianças nascidas no estrangeiro [561] (Conseil d'État, 2018). O Conselho analisa um conjunto de princípios para uma denominada «GPA [562] ética», nomeadamente:

> «*[...] l'existence d'une infertilité pathologique, hypothèse dans laquelle la GPA serait réservée aux couples hétérosexuels, — l'absence de lien biologique avec la mère porteuse, — la gratuité du service rendu, en dehors de la prise en charge des frais exposés, — la preuve du consentement libre et éclairé de la mère porteuse, — des conditions liées à son âge, son état de santé, sa situation de famille.*» (Conseil d'État, 2018, p. 80)

Já em 2008 o Senado francês divulgou um relatório do grupo de trabalho da Comissão Legislativa e Comissão dos Assuntos Sociais para a reflexão da gestação de substituição. Em matéria de regulamentação, o estudo mostra-se favorável à sua admissibilidade, em condições estritas:

> «*— Les conditions requises des bénéficiaires — obligation de former un couple composé de personnes de sexe différent, mariées ou en mesure de justifier d'une vie commune d'au moins deux années, en âge de procréer et domiciliées en France — obligation, pour la femme, d'être dans l'impossibilité de mener une grossesse à terme ou de la mener sans danger pour sa santé ou pour celle de l'enfant à naître — obligation, pour l'un des deux membres du couple au moins, d'être parent génétique de l'enfant.*
>
> *— Les conditions requises de la gestatrice — interdiction d'être la mère génétique de l'enfant — obligation d'avoir déjà eu au moins un enfant sans avoir rencontré de difficulté particulière pendant la grossesse — interdiction de mener plus de deux grossesses pour le compte d'autrui — interdiction, pour une mère, de porter un enfant pour le compte de sa fille — obligation d'être domiciliée en France.*
>
> *— L'exigence d'un agrément de l'ensemble des intervenants — obligation, pour les couples demandeurs et les femmes prêtes à leur venir en aide, d'obtenir un agrément, après examen de leur état de santé physique et psychique, délivré par une*

[561] «*Au vu de l'ensemble de ces éléments, il semble que le fait de devoir recourir à l'adoption pour le parent dépourvu de lien biologique, certes contraignant, n'est pas inadapté, qu'en outre les contrôles que cette procédure implique apparaissent nécessaires pour éviter de faire produire des effets aux pratiques de GPA les plus inacceptables183. Aussi, la solution actuelle semble respecter un équilibre entre l'intérêt de l'enfant et le souci du maintien de l'interdiction de la GPA*» (Conseil d'État, 2018, p. 87).

[562] «*Gestation par Autrui*».

> *commission pluridisciplinaire placée sous l'égide de l'Agence de la biomédecine — obligation, pour les praticiens et les centres de procréation médicalement assistée, d'obtenir une habilitation spécifique — interdiction, pour les praticiens concernés par une gestation pour autrui, de participer à la délivrance de ces agréments.»* (Commission des lois et de la commission des affaires sociales, 2008)

O regime apontado no estudo apresenta uma proposta não contratual, mas legal, isto é:

> *«subordination du transfert d'embryon à une autorisation judiciaire (le magistrat vérifierait les agréments, recueillerait les consentements écrits des intéressés, les informerait sur les conséquences de leur engagement sur la filiation de l'enfant, fixerait et, le cas échéant, réviserait le montant du dédommagement de la gestatrice).»* (Commission des lois et de la commission des affaires sociales, 2008)

Em matéria de filiação, estabelece o seguinte:

> *«[...] [la] possibilité, pour la gestatrice, de devenir la mère légale de l'enfant, à condition d'en exprimer la volonté dans les trois jours suivant l'accouchement et application du droit commun de la filiation — à défaut, inscription automatique des noms des parents intentionnels sur les registres de l'état civil en exécution de la décision judiciaire ayant autorisé le transfert d'embryon — pour l'avenir, maintien de l'interdiction d'établir la filiation maternelle des enfants nés à l'étranger en violation des règles d'ordre public édictées par la loi française — pour le passé, possibilité d'établir la filiation maternelle d'un enfant né d'une maternité pour autrui si ses parents intentionnels remplissent les conditions d'éligibilité précitées.»* (Commission des lois et de la commission des affaires sociales, 2008)

Desta forma, o projeto de alteração à lei da bioética, que está sob análise [563], sobre a matéria de gestação de substituição estabelece o que se segue no seu art. 4.º bis do projeto:

> *«Après l'article 47 du code civil, il est inséré un article 47-1 ainsi rédigé :*
>
> *Art. 47-1. — Tout acte de l'état civil ou jugement étranger, à l'exception des jugements d'adoption, établissant ou faisant apparaître la filiation d'un enfant né à l'issue d'une convention de gestation pour le compte d'autrui ne peut être transcrit sur les registres en ce qu'il mentionne comme mère une femme autre que celle qui a accouché ou lorsqu'il mentionne deux pères.*

[563] O projeto está para discussão na Assembleia Nacional desde 17 de fevereiro de 2021.

> *Les dispositions du premier alinéa ne font pas obstacle à la transcription partielle de cet acte ou de ce jugement, ni à l'établissement d'un second lien de filiation dans les conditions du titre VIII du présent livre si celles-ci sont réunies.»* [564]

2.5. Índia

A Índia [565] foi reconhecida durante vários anos como um dos locais mais atrativos para a gestação de substituição, atraindo muitas pessoas de todo o mundo [566] e sendo apelidada como o novo «berço do mundo».

Ainda que, em qualquer caso, se suscitem problemas de ordem ética e legal, a verdade é que é nesta conceção comercial de gestação de substituição que estes problemas se colocam com maior acuidade, mormente considerando que, se é verdade que a vertente altruísta é a mais usada nos países que admitem a técnica, a comercial permite que seja ampliado o espetro de potenciais gestantes dispostas a prestar serviços, o que leva a que muitos *intended parents* recorram a estes países para lograr os seus intentos. Isto não deixa de levantar alguns problemas, desde a problemática da mercantilização da gestante e do próprio filho à subjugação da condição feminina e à exploração da mulher, considerando especialmente os casos de debilidade social e financeira.

Na Índia, esta situação faz com que o custo associado a esta técnica seja mais baixo do que noutros países em que se admite a gestação de substituição, como é o caso dos EUA (Pande, 2014). Além do baixo custo, também o uso da língua inglesa, a qualidade dos serviços e a falta de regulação são atrativos para muitos *intended parents.*

Por outro lado, as gestantes, de parcos rendimentos e diminuta instrução, não suscitavam problemas no que tange ao cumprimento dos contratos e até ao cumprimento de muitas cláusulas de imposição de comportamentos, incluindo de imposição de IVG e até de permanência em *hostels* por forma a estarem sob constante vigilância.

Apesar da crescente manifestação da prática, a gestação de substituição comercial manteve-se praticamente sem regulação durante uma década (Gupta & Chaturvedi, 2020). Numa posição de *laissez-faire,* o mercado floresceu; a Índia tornou-se no *novo* «berço da humanidade». Este negócio rendeu, em 2012, cerca de 450 milhões de dólares americanos, de acordo com o Indian Council of Medical Research (ICMR), e a Confederation of Indian Industry estimou que o turismo médico na Índia

[564] O texto do diploma está disponível para consulta em https://www.assemblee-nationale.fr/dyn/15/textes/l15b3833_projet-loi#D_Article_4_bis (consultado em 2 de maio de 2021)

[565] Mas também países como o Nepal, Sri Lanka, Paquistão, Bangladesh, Tailândia ou Singapura.

[566] A primeira gestação de substituição total terá ocorrido em 1994 em Chennai, e em 1997 estima-se que terá sido a primeira na vertente comercial (Shahi, 2020, p. 18).

traria receitas de 2,3 mil milhões de dólares americanos por ano [567]. As estimativas apontavam para que em 2009 tivessem sido feitas cerca de 1500 gestações de substituição nas cerca de 350 clínicas especializadas na Índia e para que, destas, mais de um terço das gestações fosse de estrangeiros (Mohapatra, 2012, p. 194).

Na Índia, o preço de uma gestação de substituição ronda os 25 000,00 a 30 000,00 dólares americanos, sendo o valor pago à gestante de cerca de 2 500,00 a 7 000,00 [568] dólares americanos (Mohapatra, 2012, p. 194) [569], o que, mesmo assim, representa um elevado contributo para o rendimento global do agregado familiar. Isto não deixa de ser curioso, já que, na Índia, as mulheres são a força de trabalho mais representada no mercado informal [570] — cerca de 80% dos trabalhadores no mercado informal na Índia são mulheres — e, pelo contrário, só uma percentagem insignificante destas mulheres é que atua de forma independente ou como empregadoras, sendo maioritariamente empregadas domésticas (Carr & Chen, 2017, p. 151) ou trabalhadoras agrícolas ou manuais. O sistema laboral é caracterizado por diversas desigualdades [571] baseadas no género, mas também na casta e na religião [572] (Palriwala & Neetha, 2017).

As gestantes são tipicamente mulheres pobres, que vivem em zonas rurais, com pouca ou nenhuma literacia, casadas, e o rendimento de cada gestação corresponde a quatro ou cinco vezes o rendimento anual de todo o agregado familiar (Wells-Greco, 2016, p. 185).

Todos estes fatores ponderados tornaram a Índia num local atrativo para o mercado da gestação de substituição, florescendo clínicas, serviços e intermediários que potenciavam o método com lucros elevados.

[567] «*Obstetric care in India remains to this day among the most scant in the whole — even though India exports and offers obstetric medical care*» (Lewis, 2019, p. 6).

[568] Estes valores correspondem, para estas mulheres, cerca de quatro ou cinco vezes mais o seu rendimento familiar anual.

[569] A gestação de substituição rendeu entre 500 milhões e 2,3 mil milhões de dólares anualmente à economia indiana (Saravanan, 2016, p. 41).

[570] De acordo com o conceito da OIT proposto na International Labour Conference de 2002, como o «*employment without secure contrats, worker benefits, or social protection*».

[571] Trabalhadoras Anganwadi e ajudantes de centros da India's Integrated Child Development Scheme (ICDS), que se dedicam a atividades que prestam ajuda nutricional suplementar a crianças até aos 6 anos, grávidas e lactantes, não são classificadas como trabalhadoras, sendo que o seu trabalho social é visto como voluntariado do qual podem receber um honorário, sem qualquer direito ou benefício social, ao contrário de outros trabalhadores do Estado, o que pode ser visto como «*an illustration of the State's ability to violate its own labour regulatory Framework, particularly in na arena such as care, where women are predominant*» (Palriwala & Neetha, 2017, p. 499).

[572] Ainda que famílias de castas mais altas que contratam trabalhadoras domésticas já não coloquem entraves a que mulheres de determinadas castas inferiores e muçulmanas entrem nas suas cozinhas.

2.5.1. Os casos da Baby Manji Yamada e dos Gémeos Balaz

Em julho de 2009, nasceu Manji, uma menina fruto de um contrato de gestação de substituição entre um casal japonês e uma gestante indiana. A criança foi concebida com o esperma do beneficiário, Ikufumi Yamada, e um óvulo de uma doadora na clínica Akanksha Clinic de Nayna Patel e foi usada uma gestante (Smerdon, 2013, p. 197). Nasceu uma criança órfã e apátrida. Durante a gravidez, o casal divorciou-se, e a mulher, Yuki Yamada, rejeitou a criança, com a qual não tinha qualquer relação genética (Points, 2009). Um registo de nascimento provisório da criança foi emitido pelo Anand Municipal Office, unicamente com o nome do pai, Ikufumi Yamada.

Colocaram-se de imediato questões para o reconhecimento e atribuição da cidadania a Manji pelas autoridades japonesas. O pai foi informado pelo Ministério dos Negócios Estrangeiros japonês de que teria de adotar Manji nos termos da lei indiana e japonesa. No entanto, a lei indiana impõe que, para ser emitido passaporte à criança, ambos os pais o peçam, o que foi recusado pela mulher, bem como pela gestante, que não tinham qualquer intenção de estabelecer relação com a criança e, por outro lado, a Guardian Wards Act de 1890 não permite que homens solteiros adotem meninas na Índia (Pande, 2016, p. 144).

O processo decorreu perante um tribunal indiano — já que nem a lei indiana nem a lei japonesa tinham forma de resolver a situação estando em causa a nacionalidade da criança e o estabelecimento da filiação — para estabelecer a relação parental com o pai de Manji. Entretanto, a avó viajou para a Índia para se manter com a neta até à resolução da querela.

A embaixada japonesa recusou a emissão do passaporte, uma vez que só reconhece a gestante como mãe. Por outro lado, a Índia não emitiu o certificado a Manji, dado que pelo menos um dos pais teria de ser indiano. Manji era, portanto, órfã e apátrida. Com a avó, Emiko Yamada, em Jaipur [573], foi apresentada uma petição de uma ONG, a Satya, no Supremo Tribunal do Rajastão [574], em que alegava que, na ausência de uma lei da gestação de substituição, ninguém podia reclamar a custódia da criança, particularmente considerando que a clínica e o médico Nayna Patel atuavam ilegalmente e, por isso, se tratava de um caso de tráfico de crianças. Não obstante, o tribunal concedeu a custódia da criança à avó.

Após a decisão do tribunal, o Jaipur Passport Office emitiu um certificado de identidade e a Embaixada japonesa em Nova Deli emitiu-lhe um visto para viajar para o Japão por razões humanitárias (Smerdon, 2013, p. 198). Seis meses depois, Manji viajou com a avó para o Japão, onde chegaram em 2 de novembro de 2008.

O caso da Baby Manji é um dos que ilustram as situações que podem correr mal num contrato de gestação de substituição, mormente quando são transnacionais. A verdade é que a PMA se tornou num negócio e se industrializou, e o recurso

[573] Para onde se mudaram

[574] Satya v Union of India *et al.*, Habeas Corpus Petition 7829 de 2008.

a mercados como o indiano, pela facilidade — considerando a ausência de regulamentação e controlo — e pelo custo, mas sobretudo considerando os países e a proteção aos direitos humanos, ou a falta deles, banalizou as técnicas.

Depois do caso da Baby Manji, chegou outro processo ao Supremo Tribunal indiano [575]: o caso Jan Balaz v. Anand Municipality [576]. Jan Balaz, alemão, e a sua mulher, Susanne Ana Lolhe, celebraram um contrato de gestação de substituição [577] com a clínica do Dr. Patel do qual nasceram gémeos, Nikolas e Leonard Balaz, em janeiro de 2008, tendo sido emitido o certificado de nascimento em nome do casal. Contudo, a informação não coincidia com o registo do nascimento do hospital. O «*[...] Gujarat High Court, [decided] important questions about the legal status of surrogacy contracts and of the child born therefrom where raised*» (Srivastava, 2021, p. 145).

O processo manteve-se aberto, apesar de ter sido concedida autorização ao requerente para viajar com as crianças para fora da Índia, tendo a gestante, neste caso, prestado o seu consentimento para o efeito (Smerdon, 2013, p. 199). O Gujarat High Court mandou alterar o registo de nascimento das crianças excluindo a beneficiária e passando a incluir o nome da gestante — «*The court had highlighted the void in the regulatory regime in this regard and observed that "in India there is no law prohibiting artificial insemination, egg donation, lending a womb or surrogacy agreements"*» (Srivastava, 2021, p. 145).

O Indian Passport Office emitiu documentos de identificação para os gémeos, com identificação do pai e da gestante como mãe e foi-lhes concedido um visto pelo Governo britânico, já que o casal não podia seguir para a Alemanha, considerando a posição do governo alemão, que não os reconhecia como cidadãos alemães. No entanto, não emitiu passaportes indianos aos gémeos, apesar de o Tribunal Superior de Gujarat ter concluído que as crianças deviam ser consideradas cidadãs indianas nos termos da secção 3.ª, al. c) ii) da Citizenship Act de 1955, pelo que negar essa emissão constituiria violação do art. 21.º da Constituição indiana.

Não obstante, o Governo central recorreu da decisão do tribunal para o Supremo Tribunal, em novembro de 2009 [578], sobre a questão da maternidade e do respetivo estabelecimento em relação à gestante, sendo que aquele Tribunal Superior fez diversas consultas para evitar que as crianças fossem consideradas apátridas [579].

[575] Também é comummente referido na bibliografia o caso Van Buren. A criança foi concebida com os espermatozoides do pai, um jamaicano residente nos EUA, e com recurso a óvulos de uma doadora. A Jamaica não tinha consulado na Índia, o que aumentou a complexidade de obter documentos para que a criança pudesse de lá sair (Brokowski, Pollack, & Pollack, 2015, p. 129).

[576] *Jan Balaz v. Anand Municipality*, No 3020, Special Civil Application.

[577] Os embriões resultaram de esperma do beneficiário e óvulos de uma doadora.

[578] Union of India & ANR v Jan Balaz and others, Special Leave to Appeal (Civil) No 31639 de 2009, Supreme Court of India.

[579] O pai apresentou junto do Supremo Tribunal Administrativo de Berlim um pedido para que fosse autorizado um teste de ADN às crianças para provar que ele era o pai e, com isso, fosse admitida a concessão de vistos para entrada na Alemanha e subsequente adoção. Contudo,

A solução encontrada foi uma adoção internacional, sendo apresentado um pedido especial junto da Central Adoption Resource Authority para que o procedimento fosse célere, algo com que o Tribunal Superior concordou, porquanto as crianças permaneciam na Índia há dois anos. A Central Adoption Resource Authority emitiu um certificado de não objeção e, em maio de 2010, o Governo indiano emitiu documentos de identidade às crianças e o Ministro dos Assuntos Externos emitiu uma autorização de saída para que as crianças pudessem sair do país. Apesar de todas as reticências, o Governo alemão acabou por emitir vistos às crianças.

Estes casos representam simbolicamente o que, de entre o mais, pode correr mal nos contratos de gestação de substituição, sobretudo com a falta de regulamentação associada, que conduz a sérias repercussões, particularmente na própria criança.

2.5.2. *Made in* Índia

Desde que a Índia declarou, no ano de 2002, a gestação de substituição comercial legal [580], um novo nicho de negócio floresceu e começou o denominado turismo reprodutivo, em que se propagandeavam serviços altamente desejados a custo reduzido [581]. A Índia tornou-se numa fábrica de produção de bebés para países do primeiro mundo, a custo de mão de obra barato, tornando-se no fornecedor mundial de gestantes.

Porém, a primeira gestação de substituição ocorreu em 1994, e desde aí a Índia tornou-se [582] num dos mais conhecidos destinos de «turismo de reprodução», aliado a um generalizado interesse crescente em relação à técnica. Este facto deveu-se, segundo a Centre for Social Research, a inúmeros fatores, mormente a vontade em estimular a economia do país tornando-o num dos líderes mundiais em turismo de saúde e quando, em 2002, «*[...] the Confederation of Indian Industry (CII) published a study on the potential India has to develop a medical turism sector*» (The Centre for Social Research, 2017, p. 246). Apesar das sucessivas tentativas de regulamentação, a verdade é que o Governo apoiava esta lucrativa prática concedendo vantagens fiscais aos fornecedores destes serviços a estrangeiros (Hochschild, 2009).

Em 2002, o Secretary of Family Welfare emitiu uma proposta de diretivas para acreditação, supervisão e regulamentação das clínicas de PMA na Índia, redigidas pelo ICMR e pela NAMS (National Academy of Medical Sciences). Seguiram-se

de acordo com a lei alemã, sendo a gestante casada, o pai das crianças era o marido desta e, ainda que o cidadão alemão constasse do registo de nascimento das crianças, essa declaração não muda o facto de o pai ser o marido da gestante (Smerdon, 2013, p. 205).

580 Até 2015, quando a vedou a estrangeiros. «*Surrogates themselves have expressed dissatisfaction with India's 2015 ban on transnational surrogacy because they found it a meaningful source of income*» (Gupta & Chaturvedi, 2020).

581 Os custos na Índia podem chegar a 25 000 $,e as gestantes recebem entre 2000 $ e 10 000 $ pelos seus serviços (Alison, 2011).

582 Até banir a prática.

anos de discussão e debates e as *National Guidelines for Accreditation, Supervision and Regulation of ART Clinics in India*[583] acabaram por ser publicadas em 2005, ainda que não sejam vinculativas.

A Índia tornou-se num dos primeiros países a admitir e a promover a gestação de substituição comercial, tornando-a num destino turístico em matéria de reprodução. De acordo com estas linhas de orientação, «*[a] child born through surrogacy must be adopted by the genetic (biological) parents unless they can establish through genetic (DNA) fingerprinting (of which the records will be maintained in the clinic) that the child is theirs*» (Ministry of Health and Family Welfare Government of India, 2005, p. 68).

A gestante não podia ser a doadora dos óvulos e, aquando do registo na clínica para nascimento da criança, tem de indicar que é uma gestante, sendo o registo de nascimento emitido em nome dos *intended parents* (Ministry of Health and Family Welfare Government of India, 2005, p. 63). O documento considera ainda as causas que servem de fundamento a esta técnica, os pagamentos à gestante, a idade desta e o limite de gestações por que pode passar (não mais de três), bem como as eventuais ligações ao casal, admitindo que esta seja uma conhecida ou familiar dos beneficiários e a forma não comercial do envolvimento das clínicas de PMA, bem como a proibição de publicitação dos serviços (Ministry of Health and Family Welfare Government of India, 2005, p. 69).

Em 2006, o ICMR publicou as *Ethical Guidelines for Medical Research on Human Participants*, das quais constam as orientações[584] para acreditação, supervisão e regulamentação das clínicas de fertilidade na Índia[585], o *Statement of Specific Principles for ART*[586] (capítulo VIII). No âmbito dos princípios específicos em matéria de gestação de substituição, não se denotam novidades, concluindo que os *intended parents* devem ter direito de preferência na adoção da criança «*[...] subject to six week's postpartum delay for necessary maternal consent*», e os «*Genetic parents claim for the custody of the child in its best interest through adoption would be, to establish that the child is theirs through genetic (DNA) fingerprinting, of which the records will be maintained in the clinic*».

A gestação de substituição deve ser usada unicamente quando a *intended mother* não puder engravidar ou por outros motivos médicos, e o contrato de gestação de

[583] O texto do documento está disponível em https://main.icmr.nic.in/sites/default/files/art/ART_Pdf.pdf (consultado em 19 de agosto de 2018)

[584] Não vinculativas.

[585] As linhas de orientação incluíam testes de ADN para comprovar que os beneficiários tinham ligação genética com a criança; a gestação de substituição só devia ser uma opção em caso de problemas que impossibilitassem a gravidez ou se esta não fosse recomendada; os pagamentos deviam ser documentados; encontrar uma gestante devia ser responsabilidade dos beneficiários ou dos bancos de esperma e não das clinicas; a gestante não devia ter mais de 45 anos; as mulheres não deviam ser gestantes mais do que três vezes (The Centre for Social Research, 2017, pp. 247-248).

[586] O texto do documento está disponível em https://nischennai.org/uploaded/pdf/ICMR%20ethical_guidelines.pdf (consultado em 19 de agosto de 2018)

substituição é legalmente imposto e deve prever «*[...] for all expenses related to medical management during pregnancy, delivery, and immediate postpartum period till adoption and should be borne by the intending couple*», bem como os montantes a pagar à gestante (Indian Council of Medical Research, 2016, pp. 102-103). Contudo, apesar das linhas de orientação, o mercado cresceu sem controlo efetivo.

Durante um seminário em Paris em 2015, a All India Women's Conference (AIWC) apelava para que qualquer forma de gestação de substituição fosse abolida, considerando os efeitos nefastos nas gestantes e uma instrumentalização e comercialização da própria. Argumentavam que era notório que a gestação de substituição representava localmente uma forma de utilização da mulher, do seu corpo e das suas capacidades reprodutivas, em detrimento de si própria. As mulheres, nomeadamente na Índia, eram aliciadas por uma quantia pecuniária que igualava «*[...] ten years salary of her husband in rural India*» (Kohli, 2015), sendo compelidas a entrar no processo e exploradas física e emocionalmente.

Dois estudos levados a cabo na Índia pelo The Centre for Social Research [587] incluíram 100 gestantes e 50 beneficiários e as suas famílias, em Deli e Bombaim [588]. Em particular do segundo estudo resulta que as gestantes tinham maioritariamente entre 26 e 30 anos e eram casadas, com filhos e, embora estivessem empregadas, a maioria trabalhava como doméstica com rendimentos de aproximadamente 44,00 $/mês. A razão pela qual decidiram ser gestantes inclui como fator a pobreza (28% em Deli e 27% em Bombaim) e dizem que precisavam do dinheiro para manter a família, educação dos filhos, nova casa ou para custear o casamento das filhas.

A decisão era tomada pelas gestantes, apesar de admitirem que sob pressão dos maridos. Os montantes pagos variavam entre cerca de 4 000,00 $ e pouco mais de 6 000,00 $ em Deli, sendo mais baixo em Bombaim — entre 3 000,00 $ e pouco mais de 4 500,00 $ [589]. Ademais, 56% das gestantes em Deli e 36% em Bombaim admitiram que, caso houvesse algum problema com a gravidez, não receberiam qualquer montante [590] (The Centre for Social Research, 2017). Além disso, a gestação de substituição é altamente estigmatizante na Índia, enfrentando as mulheres um *veto* social.

[587] Que deu origem ao relatório *Surrogate Motherhood: Ethical or Commercial* (The Centre for Social Research, 2017). O relatório completo está disponível em https://www.csrindia.org/surrogate-motherhood/ (consultado em 19 de agosto de 2018)

[588] Integramos aqui resposta em inquérito, de forma parcial e sem especificação dos resultados entre as duas cidades, com exceção das situações em que se verifica disparidade nas respostas.

[589] Os centros de fertilidade ou agências têm uma visão, de acordo com a menção de um dos seus coordenadores, de trabalho humanitário em que todas as partes ganham e que o facto de as gestantes terem passado a residir em *hostels* aumentava a taxa de sucesso, considerando que as mulheres tinham mais assistência, incluindo comida e medicamentos (The Centre for Social Research, 2017).

[590] A saúde das mulheres é considerada na medida da saúde da criança e, caso os beneficiários não tivessem interesse em continuar com a gravidez, era realizado um aborto sem que fossem consultadas.

Na verdade, nesse país, as gestantes enfrentam o estigma do «trabalho sujo» a que se sujeitam, pelo que muitas delas aceitam manter-se em clínicas para esconder a gravidez das suas comunidades, ou alegam mais tarde que sofreram um aborto para esconder o processo (Pande, 2009, p. 154).

No estudo conduzido por Pande a gestantes na Índia, a autora introduz o conceito de «*sexualized care work*» para descrever este serviço prestado pelas mulheres, que, ainda que o considere similar a outras formas de trabalho, é altamente estigmatizado na sociedade indiana, vendo nele uma analogia com a prostituição. Esta nova forma de trabalho reprodutivo é similar a outras formas de trabalho que implicam cuidar de alguém (Pande, 2009, p. 142), mas é altamente estigmatizada. As mulheres são baratas, dóceis, cuidadosas e cumpridoras, o que se espera de uma trabalhadora.

Por sua vez, no estudo levado a cabo por Virginie Rozée, Sayeed Unisa e Elise de La Rochebrochard, e na entrevista que conduziram a 33 gestantes, as mulheres não se identificavam como vítimas, embora o trabalho fosse encarado como sujo; as gestantes usam-no como forma de aumentar a qualidade de vida. Nas suas conclusões, as autoras sustentam o que se segue:

> «*[...] women cannot be reduced to a "status of pure alienated victim": this would deny their resilience and their capacity to act and to decide, even in a context of power and domination. The social and especially the gender paradoxes that we have analyzed here with transnational and commercial surrogacy echo the social paradoxes of globalization related to migration, sex work and care activities. Globalization has created new social and economic opportunities for women, but at the same time it has strengthened global and local gender inequalities.*» (Rozée, Unisa, & Rochebrochard, 2020, p. 12)

Na verdade, o que se pode perspetivar é que a autonomia destas mulheres e a sua liberdade de decisão parecem estar subordinadas às suas condições socioeconómicas. A necessidade torna-as gestantes. Mas esta necessidade será uma limitação ao exercício dos seus direitos, mormente do controlo sobre o seu corpo? No contexto da Índia, Gomez e Unisa defendem que a resposta...

> «*[...] mainly lies in the way surrogacy is organized. Surrogates are permanently under control and domination. They may have entered freely in the surrogacy process, but once the agreement is signed, they remain without decision-making power, and without autonomy as women, as reproductive performers, and as workers.*» (Gomez & Unisa, 2014)

Por outro lado, os cuidados de saúde na Índia potenciam os riscos associados à gravidez e ao parto, bem como os contratos sem grandes preocupações para com a saúde da gestante. Num caso de 2009, uma gestante, ao dar à luz, teve uma hemorragia severa, acabando por morrer. A clínica em que a mulher teve a criança não estava preparada para lidar com as complicações do parto e deu indicação ao marido para pedir uma ambulância para transportar a mulher para o hospital (Pande, 2016). A mulher morreu e nem a clínica nem os beneficiários assumiram qualquer responsabilidade. Além disso, os casos de cesariana têm prevalência e parecem ser a norma na Índia (Bromfield & Rotabi, 2014, p. 127) para que o nascimento ocorra quando os futuros pais entram no país na altura do parto.

As gestantes aguardam o nascimento das crianças em *surrogacy hostels* [591], [592], garantindo-se um procedimento sem sobressaltos [593]. Nestes locais, as mulheres são «controladas», desde o que comem ao que bebem, com quem contactam e o que fazem, em prol de benefício de terceiros. Há um tratamento desumano associado a este «bordel reprodutivo», degradante para a mulher. Mais do que isso ainda, as mulheres são cotadas. Pande descreve esta «*disciplinary machinery*» também com a organização em...

> «*[...] ranks: the first rank is composed of surrogates in the clinic who are recovering from embryo transfer, are awaiting confirmation of pregnancy, or are in their first months of pregnancy. These women are usually kept in one (smaller) room at the clinic under close surveillance. They are actively disciplined to be docile workers—to rest, eat, and take injections and medicine on time. The surrogates in the second (bigger) room in the clinic have confirmed pregnancies and are*

[591] Podendo haver penalizações para as gestantes que optem por não ir para estes locais, como resulta do relato de Ásia no estudo conduzido por Pande (Pande, 2014).

[592] Além disso, a Our Bodies Ourselves identifica outras práticas e riscos que tem documentado na sua análise no terreno como, por exemplo, contratos que muitas mulheres não conseguem entender, o que limita o seu consentimento, táticas de recrutamento agressivas, restrição de movimentos fora dos *hostels* onde vivem para monitorização, são forçadas a não contactar as famílias, incluindo os filhos, recurso desnecessário a cesarinas, forçadas a abortos seletivos, sem ou com mínimo acompanhamento médico após o parto (Chatterjee, Whelan, & Our bodies, 2017, p. 223).

[593] «*[...] a perfect surrogate—cheap, docile, selfless, and nurturing—is produced in the fertility clinics and surrogacy hostels*» (Pande, 2010, p. 970). Foucault, no seu *Vigiar e Punir*, sublinhava a relevância de dormitórios para a disciplina. A disciplina exige clausura, dando como exemplo as casernas, colégios, pavilhões ou recintos — «[a] fábrica assemelha-se explicitamente ao convento», uma nova forma de controlo (Foucault, 2013, p. 165). A codificação de um espaço, deixando de ser (só) um espaço, para passar a um nível, uma classificação, uma classe, «[a] disciplina, arte do nível e técnica para a transformação das disposições. Individualiza os corpos por uma localização que não os implanta, mas distribui-os e fá-los circular numa rede de relações» (Foucault, 2013, p. 169). O nascimento de uma «anatomia política», que é também uma mecânica de poder «define como se pode ter domínio sobre o corpo dos outros, não é simplesmente para que façam o que se deseja, mas que funcionem como se quer» (Foucault, 2013, p. 160). A emergência do biopoder e da biopolítica que «*[...] exercise of power on life processes, uses the body as a main conduit of its operations. Subjects are made through the discipline and control of bodies*» (Douzinas, 2019, p. 56).

> *usually in their second or third trimester. The atmosphere is more relaxed, and the surrogates are allowed to roam around freely on that floor of the clinic.»* (Pande, 2010, p. 984)

Além disso, a Índia potenciava a possibilidade de a sua clientela proceder à escolha do sexo do/a futuro/a filho/a. Não sendo despiciendo que culturalmente a Índia tem preferência por filhos, a utilização (abusiva) da seleção do sexo era admissível — «*[...] genetic manipulation at the preimplantacion stage (manipulations that ensure a son) have been reported from many parts in India*» (Pande, 2016, p. 144). Apesar das restrições a esta utilização, muitas clínicas apelidavam-na de «*family balance*».

Na informação que apresentou à UN Special Rapporteur on Surrogacy Arrangements and the Sale and Sexual Exploitation of Children (2019), Sheela Saravanan, no estudo que fez na Índia, concluiu o seguinte:

> «*The selection of the desired characteristics of children begin even before birth. Sex selective abortions are commonly performed on surrogate mothers based on the whims and desires of the clinics and the commissioning parents. My follow-up study in 2019 confirmed that sex selective abortions was actually being performed in surrogacy clinics although it is illegal in India. Of the 45 surrogate mothers I interviewed, several surrogate mothers were forced into (sex) selective abortions.*» (2019) [594]

A gestação de substituição, na Índia, claramente virada para o mercado do hemisfério norte, prestava serviços de aluguer de úteros a baixo custo e submetendo as gestantes a condições que nos países dos clientes jamais seriam aceites. As mulheres sujeitam-se a estas práticas e aos riscos associados num país em que a maioria da população não tem acesso a cuidados de saúde básicos e recorrer a técnicas de PMA só está acessível a alguns (poucos), sobretudo considerando que só entre 8% e 10% da população indiana sofre de infertilidade [595], e nesta percentagem cerca de 98% se refere a problemas secundários que a causam, como infeções, malnutrição e cuidados pré-natais deficientes (Pande, 2016, p. 145).

O concreto contexto social e económico da Índia imprime grande ansiedade em matéria de gestação de substituição, como referido, sendo que a globalização e a banalização da prática o tornaram especialmente apetecível e, embora a banindo nesta altura, o mercado mutou-se e manteve algumas opções para a sua clientela. É exemplo disso o momento em que foi banida a gestação de substituição para solteiros ou casais homossexuais, que levou a uma deslocalização dos agentes e das

[594] O relatório e os diversos pareceres podem ser consultados em https://www.ohchr.org/EN/Issues/Children/Pages/ChildrenBornSurrogacyArrangements.aspx (consultado em 22 de junho de 2020)

[595] Muitos dos quais sem qualquer condição para aceder a tratamentos de PMA.

gestantes para o Nepal. Esta deslocalização foi amplamente noticiada [596], embora não por causa da gestação de substituição propriamente dita.

Na verdade, com o grande terramoto de 2015, em Katmandu, o governo de Israel enviou aviões militares para a zona afetada pela catástrofe natural. A comunicação social noticiava que um Boeing-747 voltara para Israel, vindo do Nepal, com 229 passageiros, dos quais 15 eram bebés nascidos de gestantes que se encontravam no Nepal [597], não tendo nenhuma destas mulheres obtido autorização para viajar com os/as bebés, ainda que muitas das crianças viessem acompanhadas por médicos e pessoal autorizado que havia viajado de Telavive. Estas crianças eram filhas de israelitas, sobretudo homossexuais [598], nascidas no Nepal, por contratos de gestação de substituição [599]. Esta operação contou com «*Government officials at the Ministries of Health, Foreign Affairs and Interior* [that] *held emergency consultations and decided to facilitate the speedy rescue of the parents and infants through relaxing normal immigration procedures*» (Shalev, Eyal, & Samama, 2017, p. 49). Israel integrou este esforço e incluiu na sua delegação que viajou até Katmandu médicos/as, enfermeiros/as e incubadoras. A retirada suscitou um aceso debate sobre a exploração das mulheres e a forma como foram tratadas.

A questão ética sobre o *baby selling* foi suscitada mormente considerando a situação precária e de grande debilidade social e económica, tendo em conta principalmente os beneficiários dos contratos e, ilustrando de forma lapidar a escolha seletiva de pessoas a salvar da zona de catástrofe, apresentava as vulnerabilidades de recurso a estes países e dos problemas éticos que a exploração da capacidade reprodutiva das mulheres evidencia [600] (Rotabi & Bromfield, 2017, p. 126). Estavam assim a descoberto as extremas desigualdades na relação de poder entre as partes, baseada em classe, raça e nacionalidade.

[596] Por exemplo, a *Time Magazine* dedicou um artigo a este assunto, colocando o enfoque na retirada de crianças de famílias israelitas que estavam no país em decurso de contratos de gestação de substituição: *Israel Evacuates Surrogate Babies From Nepal but Leaves the Mothers Behind*, de 28 de abril de 2015, pela repórter Debra Kamin, retirado de http://time.com/3838319/israel-nepal-surrogates/?# em 19 de novembro de 2018.

[597] E mulheres indianas que, através das agências de fertilidade, haviam viajado para o Nepal, uma vez que os beneficiários dos contratos eram casais *gays* e homens solteiros e que, no ano de 2013, na Índia havia sido proibida a *surrogacy* para estes beneficiários.

[598] Ao tempo da revisão deste estudo, foi noticiado em 10 de julho de 2021 que o Supremo Tribunal de Israel admitiu a adoção de crianças por casais do mesmo sexo que recorram à gestação de substituição.

[599] Esta retirada de cidadãos israelitas correu mundo e fez manchete em vários meios de comunicação social, por exemplo na *Time Magazine*, podendo ser consultada em https://time.com/3838319/israel-nepal-surrogates/ (consultado pela última vez em 1 de junho de 2020).

[600] O Nepal, tal como a Índia, acabou por proibir a gestação de substituição a estrangeiros.

2.5.2.1. Características da Regulamentação Legal

Até a gestação de substituição ser banida na Índia para estrangeiros, em 2015, este país consubstanciava um local altamente apetecível para quem desejava ter um(a) filho/a através deste método. Além de não ser uma técnica proibida, o Governo facilitava este turismo reprodutivo. A legalização da gestação de substituição em 2002 aumentou a procura do mercado indiano da reprodução, mas, num *volte-face* gerado por crescentes casos controversos, levou a uma vertente altruísta e exclusivamente para casais indianos.

As crianças nascidas na Índia em resultado da gestação de substituição por casais estrangeiros não eram consideradas nacionais indianas, conforme a Citizenship Act de 1955 [601], [602].

Antes de 2002 não havia qualquer orientação sobre a gestação de substituição até que, em 2005, o ICMR propôs um guia sobre o seguinte:

> «*[...] accreditation, supervision, and regulation of Artificial Reproductive Technology (ART) clinics in India. These guidelines received the approval of the Ministry of Health and Family Welfare in 2005. It must be highlighted that commercial arrangements were not prohibited under these guidelines.*» (Srivastava, 2021, p. 145)

Em 2005, o ICMR e a NAMS emitiram as *National Guidelines for Accreditation, Supervision, and Regulation of ART Clinics in India*, mas não tinham qualquer caráter vinculativo. Em 2008 foi elaborado o primeiro projeto de regulação, atualizado depois em 2010.

Em 2010, foi redigida uma proposta de lei sobre a Regulamentação da PMA, com a pressão do caso Balaz v. Anand Municipality e o Gujarat High Court referindo a urgência de regular a gestação de substituição. Todavia, esta proposta continuou pendente.

A proposta de lei de 2008 enumerava pela primeira vez os direitos e obrigações das partes, bem como dos doadores e das crianças nascidas pelas técnicas de PMA, e permitia o seguinte:

> «*[...] surrogate mother to receive monetary compensation from the intending parents for agreeing to act as a surrogate. The ART bill also allowed the commissioning parents to advertise seeking surrogacy arrangements and there was no*

[601] Legislação disponível para consulta em https://legislative.gov.in/actsofparliamentfromtheyear/citizenship-act-1955 (consultado em 1 de agosto de 2019)

[602] Para este efeito, considera-se que adquire a cidadania indiana quem, nos termos do art. 3.º, alínea c), reúna as seguintes condições: «*(i) both of his parents are citizens of India; or (ii) one of whose parents is a citizen of India and the other is not an illegal migrant at the time of his birth, shall be a citizen of India by birth.*»

> *requirement of the surrogate mother being a close relative. Although the bill has not been enacted the draft indicates that till 2008, the legislative intent was to regulate but not to prohibit commercial surrogacy.»* (Srivastava, 2021, p. 145)

A ART (Regulation) Bill de 2010 definia a gestação de substituição da seguinte forma:

> *«An arrangement in which a woman agrees to a pregnancy, achieved through assisted reproductive technology, in which neither of the gametes belong to her or her husband, with the intention of carrying it to term and handing over the child to the person or persons for whom she is acting as surrogate. A "surrogate mother" is a woman who agrees to have an embryo generated from the sperm of a man who is not her husband, and the oocyte from another woman implanted in her to carry the pregnancy to full term and deliver the child to its biological parent(s).»* (The Centre for Social Research, 2017, p. 248)

A Draft Bill de 2010 [603] previa algumas linhas de orientação, nomeadamente em relação ao facto de a criança ser considerada filha dos beneficiários ainda que se separassem. O documento, a partir do ponto 34, estabelece um conjunto de regras em matéria de gestação de substituição, legalizando a vertente comercial e o contrato coercivamente exigível, impondo limites quanto à idade da gestante — não inferior a 21 anos e não superior a 35 — e o limite de cinco gestações bem-sucedidas, incluindo as dos seus próprios filhos, não admitindo que esta seja tradicional, isto é, a gestante não pode ser a doadora dos gâmetas e terá de ser cidadã indiana. A gestante pode ser conhecida do casal, uma parente ou uma desconhecida. No caso de ser uma parente, deve pertencer à mesma geração da *intended mother.*

Para evitar situações de abandono, os *intended parents* — casal que mantenha uma relação legal nos termos da legislação indiana — terão de indicar um «*local guardian*», que será responsável pelo bem-estar da criança e por a entregar aos pais ou, caso estes não a aceitem, por tramitar o processo de adoção. Os pais terão ainda de obter uma carta da Embaixada do seu país na Índia. Quanto à criança, embora possa obter, assim que fizer 18 anos, informação sobre a gestante ou doadores de gâmetas, esta exclui a identificação destas pessoas.

A ART Regulatory Bill de 2010 (*draft*) [604] previa, assim, quanto às partes, os seguintes requisitos: para os doadores, homens com idade entre 21 e 45 anos, sem limites de vezes que podem fazer doações; as mulheres, entre 21 e 35 anos, e com limite de seis vezes e com intervalo de tempo não inferior a três meses; para as

[603] Texto do documento disponível para consulta aqui: https://main.icmr.nic.in/sites/default/files/art/ART_Regulation_bill.pdf (consultado em 1 de agosto de 2019)

[604] E o *draft ART (Regulation) Rules* de 2010.

gestantes, impunha-se a cidadania indiana entre os 21 e 35 anos, não podendo ser a doadora dos óvulos, nem o marido, sendo casada, pode ser o doador de esperma. Sendo casada, precisa de autorização do marido. A gestante pode ser familiar dos *intended parents*, mas, neste caso, tem de ser da mesma geração da beneficiária. Ademais, só pode, no limite, passar por cinco gestações (e incluem-se as dos seus próprios filhos) e não pode passar por mais do que três transferências de embriões para o mesmo casal. Além disso, passará por exame médico e obriga-se a não praticar qualquer ato que possa causar dano ao feto ou à criança depois de nascer. Regista-se no hospital em nome próprio, mas tem de informar que é uma gestante e informar a identificação e localização dos beneficiários.

Por fim, quanto aos beneficiários, estes não podem ser capazes de ter filhos. Os gâmetas não podem ser doados por um familiar ou amigo. A técnica está acessível a todas as pessoas, ainda que se refira a casal, é admitida para quem não esteja casado, mas, nos termos da lei do país de origem, viva legalmente numa união de facto. Os beneficiários não podem recorrer a mais do que uma gestante ao mesmo tempo, nem pode haver transferência simultânea de embriões entre a gestante e a beneficiária. Ademais, não é possível fazer a seleção do sexo da criança, sendo penalmente punida esta prática. Os beneficiários devem ainda garantir seguro de saúde e assistência à gestante até ter alta médica de qualquer complicação da gravidez e parto (Smerdon, 2013).

Quanto ao contrato, este é coercivamente exigível e pode contemplar o pagamento de compensação aos doadores e à gestante pelo ART Bank (Smerdon, 2013, p. 195).

Nos termos do Contract Act 1872 [605], art. 10.º, capítulo II:

> «*All agreements are contracts if they are made by the free consent of parties competent to contract, for a lawful consideration and with a lawful object, and are not hereby expressly declared to be void. Nothing herein contained shall affect any law in force in [India] and not hereby expressly repealed by which any contract is required to be made in writing or in the presence of witnesses, or any law relating to the registration of documents.*»

Entende-se que aqui se incluem os contratos de gestação de substituição, que, por isso, podem ser objeto de ação judicial, nos termos da secção 9.ª do Código de Processo indiano [606] (Witzleb & Chawla, 2016, p. 176).

[605] O texto do diploma está disponível em https://www.indiacode.nic.in/bitstream/123456789/2187/1/A1872-9.pdf (consultado em 1 de agosto de 2019)

[606] O texto do diploma está disponível em https://www.indiacode.nic.in/show-data?actid=AC_CEN_3_20_00051_190805_1523340333624&sectionId=33342&sectionno=9&orderno=9 (consultado em 1 de agosto de 2019)

Quanto à filiação, a criança nascida através da gestação de substituição é tida como filha do casal beneficiário, mesmo que estes se divorciem ou separem durante o procedimento. Não sendo o casal legalmente casado, a criança é filha de ambos e, se por um único beneficiário, é tida como filha deste, sendo em qualquer caso a certidão de nascimento emitida com esta informação.

Os estrangeiros têm de juntar carta do país de origem que admita a gestação de substituição e indicando que a entrada da criança será permitida como sendo filha biológica do casal. Terão também de indicar um guardião local que será responsável pela gestante até que a criança lhes seja entregue.

Em 2012, o Ministry of Home Affairs orientou o Ministry of External Affairs no sentido de estabelecer o procedimento para os pais que procuravam a gestação de substituição na Índia e a respetiva obtenção de visto por motivos médicos, e não um visto de turista. O visto [607] pode ser concedido se o casal for casado há mais de dois anos. É necessária uma carta da Embaixada do país de origem dos pais ou do Ministro dos Negócios Estrangeiros que inclua o reconhecimento da gestação de substituição e indicando que será permitida a entrada da criança no país, filha biológica dos beneficiários, que os pais declaram que assumem a criança e que o tratamento será efetuado numa clínica certificada pelo ICMR. As partes terão de reduzir a escrito e autenticar o contrato de gestação de substituição (Smerdon, 2013, p. 189). Os beneficiários ficam assim obrigados a assumir a criança após o nascimento, sendo crime se não o fizerem, mas a criança, caso não seja reclamada no mês posterior ao nascimento, pode ser entregue para adoção.

Os *ART Banks* podem fazer publicidade para doadores de gâmetas, desde que não contenha informação sobre castas ou identidade étnica, mas as clínicas [608] não podem fazer publicidade. Ademais, as crianças não terão acesso a informação sobre a identidade dos doadores ou gestante, que terão de renunciar a qualquer direito sobre a criança e entregá-la quando nascer. A gestante tem de concordar com a redução fetal e pode terminar a gravidez nos termos da Medical Termination of Pregnancy Act de 1971.

Em 2014, o Committee on the Rights of Child, considerando a realidade da gestação de substituição na Índia, publicou uma tomada de posição em 3 de junho manifestando a sua preocupação sobre a matéria clamando para que a Índia regulamentasse a técnica (Committee on the Rights of the Child , 2014). O Comité demonstrava preocupação em que as regras da adoção não estivessem a ser cumpridas no âmbito do Protocolo em análise, mormente pelo «*widespread commercial use of surrogacy, including international surrogacy, which is violating various rights of children and can lead to the sale of children*». Assim, recomendava o seguinte: «*Ensure that the Assisted Reproductive Technology Bill and other future legislation contain provisions which define,*

[607] *Surrogacy VISA Regulation* de 21 de agosto de 2012.

[608] Que têm de ser devidamente acreditadas. O recurso a intermediários para obter doadores ou gestantes é punível com pena de prisão até três anos e pena de multa.

regulate and monitor the extent of surrogacy arrangements and criminalizes the sale of children for the purpose of illegal adoption» (Committee on the Rights of the Child, 2014).

No entanto, a posição sobre a gestação de substituição comercial mudou:

> «*[...] the first regulatory intent for banning commercial surrogacy can be found in the Report 228 of the Law Commission of India, which was submitted to the Ministry of Law and Justice in August 2009. The Ministry of Home Affairs issued notifications in 2012 and 2014 that restricted the grant of medical visa for commissioning of surrogacy only to certain categories of "eligible" commissioning parents.*» (Srivastava, 2021, p. 145) (N, 2014)

Em 2013, o Directorate General of Health Services sugeriu que a gestação de substituição fosse banida como opção a casais homossexuais, solteiros e solteiras e a casais nos casos em que a gestação de substituição fosse proibida nos seus países de origem (Pande, 2016, p. 143).

Posteriormente, «*[...] the Ministry of Home Affairs issued another notification on 3rd November 2015, which banned the issue of visa to foreign nationals for commissioning surrogacy in India*». A Surrogacy Regulation Bill de 2016:

> «*[...] issued by the Lok Sabha, the lower house of the Indian parliament. [...] It prohibits foreign nationals from commissioning surrogacy in India and exclusively reserves surrogacy for Indian, heterosexual, sub-fertile couples with a minimum of five years of marriage who will engage in an altruistic arrangement.*» (Blazier & Janssens, 2020)

A lei visa proteger as mulheres e as crianças do risco de exploração por terceiros (Timms, 2018). A nova lei prevê agora o seguinte:

> «*[...] Indian women aged 25–35 years, with at least one existing child, and who are closely related to the intending couple are eligible to perform a surrogacy altruistically on their behalf. Any payment, reward or monetary incentive to the surrogate, her dependents or representatives is expressly forbidden; she may only receive medical expenses and insurance costs. Criminal penalties of 'not less than three years and fines which may extend to five lakh rupees [half a million USD]' for the doctor/clinic indicate the severity of the punishments for contravention.*» (Parry & Ghoshal, 2018, p. 141)

Com a Surrogacy Bill de 2019, o Governo indiano pretendeu regular a prática da gestação de substituição — bane a versão comercial, mas permite a altruísta [609]

[609] Sendo punível com pena de prisão qualquer pagamento além das despesas razoáveis.

para casais indianos que estejam casados há pelo menos cinco anos com diagnóstico de infertilidade [610], [611]. A Lei de 2019 foi apresentada ao Parlamento indiano, depois de a sua antecessora de 2016 não ter visto a luz do dia [612]. A nova lei define gestação de substituição como «*[...] a practice whereby one woman bears and gives birth to a child for an intending couple with the intention of handing over such child to the intending couple after the birth*» (Srivastava, 2021, p. 146). Proíbe a gestação de substituição comercial, mas permite a sua versão altruísta e o pagamento de despesas médicas ou seguro e os procedimentos só devem ocorrer em clínicas acreditadas. Também as regula:

> «*[...] through registration and prohibits taking services of unqualified professionals or inducing women to become surrogates through advertisements or other means. It bans these clinics from conducting abortions on surrogate mothers except with their consent and authorization of appropriate authority.*» (Srivastava, 2021, p. 146)

A gestante tem de obter um certificado e cumprir as seguintes condições:

> «*a) She should also be a married woman in the age bracket of 25 to 35 years and have a child of her own.*
> *b) A woman can become a surrogate only once in her lifetime.*
> *c) She must also possess a certificate of medical and psychological fitness for surrogacy.*
> *d) Further, the surrogate mother cannot provide her own gametes for surrogacy, hence providing for only gestational surrogacy.*» (Srivastava, 2021, p. 146)

Quanto aos beneficiários, têm de obter um «*certificate of essentiality*» e o seguinte:

> «*certificate of eligibility issued by the appropriate authority in order to be eligible to opt for the procedure. A certificate of essentiality will be issued only if infertility affects the intending couple and certain other conditions. The certificate of eligibility to the intending couple is issued to the couple if they are Indian citizens and married for at least five years, between 23 to 50 years old (wife) and 26 to 55 years old (husband), they cannot have any children excluding mentally or physically challenged children.*» (Srivastava, 2021, p. 146)

[610] Os casais homossexuais ou solteiros, ou ainda casais não unidos pelo matrimónio, estão afastados da lista de beneficiários. Há ainda limite de idade para a gestante e para os casais.

[611] Também estrangeiros estão fora desta lista.

[612] O texto do documento está disponível para consulta em http://164.100.47.5/committee_web/BillFile/Bill/70/137/156-C%20of%202019_2019_12_12.pdf (consultado em 28 de março de 2020)

A criança que nasça é tida como filha dos beneficiários — «*[...] SRB 2019 clearly states that the surrogacy procedure is permitted only for intending parents who are proven to be infertile and not for commercial purposes. Producing children for sale, prostitution, or other forms of exploitation are not permitted*» (Srivastava, 2021, p. 146). Num desenvolvimento subsequente, em 26 de fevereiro de 2020, a *Union Cabinet* aprovou a nova Surrogacy (Regulation) Bill 2020 com a incorporação de recomendações do *Report of the Selection Committee on The Surrogacy (Regulation) Bill, 2019 Presented to the Rajya Sabha on 5 February 2020* em relação à antecessora de 2019.

O *Report of the Select Committee on the Surrogacy (Regulation) Bill* (2020) excluiu a exigência de a gestante ser uma parente próxima, bem como o hiato temporal de cinco anos sem conseguir ter filhos/as, e ampliou o âmbito para mulheres que desejem ter filhos/as e que, sendo viúvas ou divorciadas, não consigam tê-los.

A Surrogacy (Regulation) Bill 2020 propõe a criação de uma *National Board* e a regulação da gestação de substituição será um dos seus grandes benefícios. A gestação de substituição será proibida na sua vertente mercantil; nenhuma gestante poderá sê-lo mais do que uma vez e não poderá ser esta a fornecer os seus óvulos. Só indianos, ou com ascendência indiana, poderão recorrer a esta técnica, ainda que não residentes. Terão de ter idades entre os 23 e os 50 anos, no caso da mulher [613], ou 26 a 55 no caso dos homens. Não poderão ter filhos [614]. Ademais, terá de ser constituído um seguro para a gestante que inclua eventuais complicações pós-parto.

Apesar das propostas de regulamentação, a verdade é que a Surrogacy (Regulation) Bill 2020 também ainda não foi aprovada, estando pendente.

2.5.3. *Fair Trade International Surrogacy*

Considerando a realidade do país, a insusceptibilidade de parar o negócio das «barrigas de aluguer», numa visão altamente pragmática sobre a impossibilidade de pôr um ponto final — neste caso, fronteiras — à gestação de substituição e à possibilidade de, embora ilegalmente, muitos recorrerem a paraísos legais onde conseguem pagar para cumprir o seu desejo, na esteira de Humbyrd, Pande desenvolve uma linha de orientação para um «*Fair Trade International Surrogacy*». A autora, com base no pressuposto de ser impossível erradicar a gestação de substituição, considera que a proibição não se mostra viável, propondo que se estabeleçam princípios que permitam minimizar os danos relativamente a todas as partes e assegurar uma compensação justa às gestantes considerando o contexto local (Humbyrd, 2009).

[613] Viúvas ou divorciadas podem, não obstante, recorrer à gestação de substituição.

[614] Exceto se tiver já falecido ou com alguma doença mental ou física, ou patologia sem cura que constitua risco para a sua vida.

Pande estabelece um modelo internacional que assenta em três princípios básicos: «*in the structure of payments, in the medical process, and in the relationship forged within surrogacy*» (Pande, 2016, p. 146). A velocidade de cruzeiro em que a revolução biotecnológica se encontra, da qual damos conta de alguns, poucos, exemplos, criou e vai continuar a criar muitas possibilidades ao ser humano, mas vai também colocar-lhe muitas questões sobre si mesmo, o seu lugar no mundo, seja natural seja social, a sua natureza, a sociedade que este novo conjunto humano vai criar, com os *naturais* e os outros, a sua dignidade e a *deles*. Estas questões, por aquilo que suscitam, importam a necessidade de um debate urgente, não meramente local, mas também internacional. Em causa está a humanidade. O principal objetivo é garantir que o ser humano não é instrumentalizado e fica à frente da ciência e a comanda, numa estrita proteção e garantia dos direitos humanos e da dignidade inerente e inalienável de cada ser humano.

Pande, que fez um estudo sobre a gestação de substituição na Índia, propõe um modelo internacional de gestação de substituição que assente nos aludidos princípios, isto é, a estruturação dos pagamentos, processo médico definido e a definição da teia relacional que resulta da gestação de substituição numa perspetiva de «*long overdue recognition of mutual dependencies, between sellers of reproductive labor and buyers of the same*» (Zehelein, 2018, p. 896). Não vamos desenvolver esta teoria da autora. Contudo, não deixa de ser curiosa a posição altamente pragmática que assume, mormente considerando que conhece a realidade indiana. Percebemos, e é de todo desejável, que seja qual for a posição, se assumam princípios orientadores, ainda que, como vamos analisar na nossa tomada de posição, tenhamos dúvidas de que a ótica de mercado seja a adequada para lidar com o assunto.

3. Análise Comparativa

A análise das diversas soluções jurídicas apresentadas revela que a legislação, mesmo nos Estados que admitem a gestação de substituição, continua em processo de construção. O que mais chama a atenção é o facto de, como acontece no caso francês, nos países que não admitem a gestação de substituição, a sua *mera* proibição não os afastar dos muitos problemas que a técnica suscita, nomeadamente no que tange à necessidade de eventual reconhecimento de efeitos decorrentes destes acordos celebrados à escala internacional.

Dos dados apresentados podem tecer-se três considerações prévias. Por um lado, a maioria dos Estados proíbe a gestação de substituição, particularmente na sua vertente comercial. Mesmo nos Estados que a admitem, há, em maior ou menor grau, a imposição de verificação de condições, seja em relação à beneficiária, à orientação sexual, ao estado civil ou à ligação genética com a criança. Por fim, a combinação destes fatores cria *hotspots* da gestação de substituição, mercados de gestantes que fomentam o denominado turismo da reprodução.

Dos exemplos das soluções legais adotadas pelas legislações que constam das secções precedentes podemos encontrar tipicamente dois modelos distintos: o altruísta e o comercial. A distinção, nem sempre tão fácil quanto possa parecer, resulta no facto de a gestante ser reembolsada além das despesas razoáveis (Millbank, 2015). O modelo altruísta é, para os Estados que admitem esta gestação em substituição de outrem, tendencialmente mais consensual e, com base na ausência de pagamento, tentam com isso afastar as críticas típicas a que o outro modelo está sujeito, isto é, a coisificação da mulher, exploração da gestante, venda da criança. Associar a técnica a razões de ordem altruísta parece «acalmar» tais críticas.

Das soluções legais sumariamente descritas nas secções precedentes apresentamos uma súmula em quadro comparativo:

Tabela 1: Quadro comparativo

	Califórnia (EUA)	**Inglaterra e País de Gales**	**Grécia**	**França**	**Índia**
Posição	Admite a gestação de substituição altruísta e comercial	Admite a gestação de substituição altruísta	Admite a gestação de substituição altruísta	Proíbe a gestação de substituição	Admite a gestação de substituição (atualmente altruísta)
Regulamentação	Sim	Sim	Sim	N/A	Pendente
Sanções	Sim	Sim	Sim	Sim	Desconhecido
Coercibilidade	Sim	Não	Sim	N/A	Sim
Estabelecimento da Parentalidade	*Pre-birth Parental Order*	*Parental Order*	Decisão judicial	N/A	Pendente
Relevância da relação genética para determinação da maternidade e/ou paternidade	Não é relevante, com exceção do caso da gestação de substituição tradicional.	Um dos beneficiários tem de ter relação genética com a criança.	Um dos beneficiários tem de ter relação genética com a criança.	Tem-se admitido o estabelecimento da paternidade caso o pai demonstre a ascendência genética com a criança. A mãe poderá adotar o/a filho/a do marido.	Um dos beneficiários tem de ter relação genética com a criança.
Solteiros ou casais *gay* podem ser beneficiários	Sim	Sim	Não	N/A	Não
Gestante considerada a mãe	Não	Sim	Não	Sim	Não

***Intended parents* são considerados pais**	Sim	Podem ser	Sim	Não	Sim
Pode figurar no registo o nome de dois homens ou duas mulheres	Sim	Sim	Sim, se forem duas mulheres	N/A	Não

Não pretendendo uma análise exaustiva, mas sim a apresentação de diversas soluções legais e do contributo que a jurisprudência tem conduzido na interpretação de conceitos e normas legais nesta matéria, consideramos, de entre as várias temáticas e questões que podiam ter sido objeto desta análise, a relativa ao estabelecimento da parentalidade.

De entre os ordenamentos jurídicos apresentados [615], tendencialmente todos mantêm a determinação da maternidade associada à gravidez e ao parto. O Estado americano da Califórnia admite outro critério concorrente com o gestacional, caso a gestante não seja, também ela, a ascendente genética.

O ordenamento jurídico grego admite que, pelo contrato, devidamente sindicado judicialmente, a maternidade seja transferida para a beneficiária antes do nascimento. Nestes dois casos, os contratos são coercivamente exigíveis em caso de incumprimento das partes — uma verdadeira execução específica do mesmo. O segundo progenitor é tipicamente determinado por presunção ou reconhecimento da paternidade [616].

No ordenamento jurídico inglês, a solução é a manutenção em grande medida da solução tradicional, a gestante é a mãe da criança — quer pela HFEAct 1990 e HFEAct 2008, secção 33 — e, sendo casada, presume-se o marido como pai.

Nos termos da parte II da HEFAct de 2008, no caso de tratamentos de fertilidade com doador de esperma, o pai é o marido da mãe, a não ser que demonstre que não prestou consentimento para o tratamento. A mesma solução se apresenta para o/a *civil partner* da mãe. Desta forma, embora nos contratos de gestação de substituição o *intended parent* seja o ascendente genético da criança, o reconhecimento da paternidade não é automático. Caso a mãe não seja casada ou não tenha um *civil*

[615] Considerando o estado em que o ordenamento jurídico indiano se encontra, não vamos incluí-lo nesta análise, fazendo-o relativamente a Portugal sem prejuízo das questões que pode legislar considerando a posição assumida pelo Tribunal Constitucional.

[616] Além da *possession d'état* no ordenamento jurídico francês e de, no caso de casais de lésbicas, a companheira da mãe só poder ver reconhecido o seu estatuto através de um processo de adoção.

partner, o *intended father* pode ser considerado o pai da criança caso tenham sido usados os seus espermatozoides [617].

A questão genética não se coloca em relação à *intended mother*, isto é, o ordenamento jurídico inglês não reconhece a ascendência genética em relação à beneficiária como forma de determinar a maternidade, o que significa que, em qualquer situação, mãe é sempre a gestante. Também o ordenamento jurídico francês mantém esta posição sem exceções.

Naquele ordenamento, os efeitos da gestação de substituição dependem do contrato celebrado entre todos os interessados, incluindo o marido da gestante, sendo esta casada, mas está unicamente dependente da vontade de as partes o cumprirem depois de a criança nascer.

O ordenamento inglês — nomeadamente considerando a produção jurisprudencial que citámos a título exemplificativo — tem baseado muitas das suas posições no princípio norteador do interesse da criança, o que dá origem a uma produção de tendência jurisprudencial rica.

Apesar de o Reino Unido manter uma posição — ainda que desencoraje a prática além-fronteiras — de grande amplitude no que tange a admitir soluções além das *parental orders* para acomodar a manutenção e o reconhecimento de vínculos com a criança, como seja através do processo de adoção, a verdade é que os tribunais estão cientes de que uma e outra soluções não são iguais, mormente tendo em consideração a identidade da criança. No caso CC v. DD de 2014, o tribunal conclui que a *parental order* cumpria os benefícios da criança de melhor forma do que a adoção:

> «*It is submitted on behalf of the applicants that a parental order meets Q's lifelong welfare needs in this case for the following reasons:*
>
> *(1) Mr C's status as Q's legal father is not recognised here as he is not the subject of the adoption order and by virtue of s 35 HFEA 2008 he is not Q's father under UK law as the surrogate mother was married (s 38 HFEA 2008). A parental order will confer legal parenthood on both applicants. This will also give Q a British birth certificate confirming his parentage, which better reflects his identity as a child of reproduction rather than an adopted child.*
>
> *(2) A parental order is the order most suited to surrogacy situations. It is merely a geographical accident that the applicants' legal parentage in the US was secured by way of adoption rather than a parentage order. The applicants wish for the same legal certainty as other parents through surrogacy in similar situations.*
>
> *(3) Even if the court were to make a declaration that the US adoption order was recognised in UK law, this would not make Q British. The applicants would then need to make a separate application to the Home Secretary to exercise his discretion*

[617] Situação que nunca se coloca em relação ao doador de esperma caso não seja o *intended parent*.

under s 3 of the British Nationality Act 1981 to give Q British citizenship. A parental order will make Q a British citizen automatically.» [CC v DD [2014] EWHC 1307 (Fam)]

Desta forma, os tribunais ingleses têm feito, como sublinhado na análise jurisprudencial, uma interpretação ciente dos interesses da criança, tendo em consideração a riqueza factual do caso concreto. Vimos exemplos em relação ao critério do domicílio, consentimento, prazo para a propositura da *parental order*, coercibilidade e pagamentos das despesas.

Na Grécia e na Califórnia, admite-se que, através de um procedimento judicial, seja o contrato «pré-aprovado» e, a partir de tal procedimento, é possível estabelecer a maternidade noutra pessoa que não a gestante (e o seu marido o pai) aquando do nascimento. No caso grego, com a aprovação do contrato, aquando do nascimento da criança, a *intended mother* presume-se a mãe da criança, independentemente da relação genética que tenha com esta, figurando imediatamente no registo de nascimento. Esta presunção é, não obstante, ilidível no caso de gestação de substituição tradicional. Esta aprovação judicial, a propor pela beneficiária, depende da verificação de um conjunto de requisitos, incluindo o próprio contrato e a inexistência de pagamentos além das despesas e a causa terá de estar relacionada com motivos médicos.

A Grécia autoriza assim a gestação de substituição [618]. A decisão sobre a utilização deste procedimento depende da celebração do respetivo negócio sindicada previamente pelo tribunal (art. 4.º da Lei 3089/2002). O início do procedimento de FIV depende também da autorização prévia do tribunal e não são admitidas quaisquer contrapartidas financeiras além do reembolso de despesas, pagamento de montantes, se aplicável, principalmente os relativos a perda de rendimentos ou salários, sendo o montante máximo avaliado por autoridade independente. Nos termos do art. 8.º da Lei 3089/20021458, a gestação de substituição só é admitida para mulheres com residência na Grécia, aplicando-se tanto à gestante como à beneficiária (art. 8.º da Lei de 19 de dezembro 2002). A nível penal, a Grécia sanciona a violação das regras previstas, bem como os respetivos intermediários. Os efeitos da autorização judicial estão previstos no art. 1464.º do CC, que estabelece que a beneficiária se presume a mãe estabelecendo uma verdadeira exceção ao princípio *mater semper certa est*.

Em Inglaterra, o procedimento é distinto, ainda que recorrendo ao tribunal não haja qualquer pré-aprovação do contrato — embora este tenha de existir —, mas a transferência da parentalidade, isto é, o ordenamento inglês mantém os critérios para a determinação da parentalidade legal associados aos critérios tradicionais, mas admite uma transferência deste estatuto por via da gestação de substituição.

[618] Nos termos da Lei 3089/2002, de 19 de dezembro de 2002 que aditou os arts. 1455.º a 1460.º do CC Grego e alterou os arts. 1461.º a 1484.º sobre filiação.

Apesar de estes Estados reconhecerem aos *intended parents* a filiação, nos casos de gestação de substituição internacional, é possível que todo o procedimento tenha de se reiniciar quando os Estados, nomeadamente os que proíbem estas práticas, não reconhecem as decisões judiciais estrangeiras ou se recusam a transcrever os registos de nascimento destas crianças. Ademais, considerando que a maioria dos países mantém o princípio da *mater semper certa est*, dificilmente reconhecem à *intended mother* a maternidade, mesmo que esta seja a ascendente genética da criança. Na mesma situação estarão os casais *gay* em que um dos homens não é o ascendente da criança.

Em França, a gestação de substituição foi assumida como matéria de ordem pública [619] e fraude à lei, os contratos são nulos e não produzem qualquer efeito e, além disso, têm relevância penal (art. 227.º, n.º 12, do Código Penal). São agentes a gestante, a beneficiária e, se casada, o seu marido, caso tenham alterado a relação de parentesco. Os intermediários também são punidos nos termos do art. 227.º, n.º 12. Contudo, embora se assuma com uma posição claramente antigestação de substituição, dos casos levados ao TEDH, França, bem como outros países que lhe sigam as pisadas, dificilmente conseguirá manter-se num polo tão extremado. Independentemente dos motivos que aleguem e dos objetivos que visem alcançar com tal posição, os interesses da criança implicam que se manifeste alguma flexibilidade. De facto, é o que se tem manifestado, especificamente em relação à aceitação do estabelecimento da filiação paterna quando o *intended father* seja o ascendente genético quando a gestante não é casada [620].

De todos os sistemas, a verdade é que qualquer um deles manifesta uma posição bem mais profunda do que a gestação de substituição por si. Isto é, em causa está não só a perceção da pessoa, de como é concebida, da sua identidade, como até que ponto se está disposto a deixar que a autonomia e a liberdade individual de cada um impliquem a disposição sobre o corpo de cada um e do estatuto da própria pessoa.

3.1. Posições (Demasiado) Díspares para Consensos? — Referência

O atual *status quo* — a ausência de uma regulamentação internacional — eleva a incerteza em que estas famílias estão e atitudes intolerantes em relação ao reconhecimento dos contratos de gestação de substituição geram mais danos do que aqueles que alegadamente acautela. Ademais, os pais são confrontados com ameaças de

[619] O art. 16.º, n.º 7, adota a posição da Assembleia Parlamentar do *Cour de Cassation* no seu julgamento de 31 de maio de 1991 de que qualquer forma de gestação de substituição em que alguém concebe, mantém uma gravidez e depois abandona o filho/a põe em causa os princípios tanto de ordem pública como da inalienabilidade do corpo humano e do estatuto das pessoas (Cass Ass. Plen., 31 May 1991, Bull. civ. n.º 4).

[620] É, não obstante, altamente duvidoso que se permita que aquela relação seja, por si só, suficiente para pôr em causa a presunção de paternidade em relação ao marido da mãe.

sanções, civis e penais, principalmente nos Estados proibicionistas. Esta matéria, isto é, a *perseguição* dos contratos celebrados para além das fronteiras dos Estados, não reconhecendo os seus efeitos ou até impondo sanções (Gös, 2015, p. 458), bem como as consequências de não se cumprirem os requisitos previstos para um contrato de gestação de substituição, é particularmente interessante. Além do mais, ainda que ficando fora do âmbito deste estudo, é talvez o afloramento que maior pressão coloca no que acabamos por defender.

A invalidade do negócio implica a perda de um(a) filho/a? Como afirma Oliveira Ascensão, «[a] maternidade não pode ser atribuída a título de sanção» (Ascensão J. d., 2007), assumindo a posição que entendia errada da LPMA [621] em considerar a gestante a mãe da criança [622]. E a questão penal? O que se criminaliza? Na LPMA, se está criminalizada a gestação de substituição comercial, que bem jurídico se está a proteger? Vera Lúcia Raposo assinala que a defesa penal de um modelo, quando em causa está um pagamento, é «[...] ressuscitar um direito penal ancorado na moralidade e nos bons costumes, ao arrepio do esforço desenvolvido nos últimos anos para extirpar do nosso ordenamento jurídico criminalizações desta índole» (Raposo, 2012). Também, ainda que se assuma contra a gestação de substituição, Hugo Cunha Lança afirma que não só não se compreende o bem jurídico violado, como fica em causa a intervenção em *ultima ratio* (Lança, 2016).

Guilherme de Oliveira também entende que em relação aos beneficiários e à gestante, mesmo movida por razões monetárias, quando atuam no âmbito da autonomia da vontade, não há razão para a intervenção penal. Além disso, origina a que a criança nasça com a marca criminosa, «[...] cabendo então, com maior propriedade, designá-lo por "filho ilegítimo" na mais extrema aceção da palavra» (Oliveira G. d., 1992, p. 83).

A criminalização da gestação de substituição viola os direitos à privacidade, família e autonomia quer da gestante, quer dos beneficiários/as, e aumenta o estigma em torno do nascimento das crianças. Por exemplo, a SAA 1985 e a HFEAct 1990 [secção 2(1)] preveem imputação criminal para terceiros que sejam mediadores de contratos de gestação de substituição mercantis, mas o alcance penal é unicamente doméstico [623].

Este alcance, ou não, além-fronteiras é particularmente relevante, porquanto a manta de retalhos em que as legislações nacionais colocam as relações de

[621] Antes da revisão no que tange à admissibilidade da gestação de substituição.

[622] Ainda que assumindo o caráter dissuasor da norma.

[623] A título exemplificativo — já que foi o exemplo que apresentamos —, em 2013, o Parlamento norueguês aprovou um aditamento à lei da biotecnologia (Biotechnology Act), seguindo o caminho oposto ao da criminalização de quem recorre a contratos internacionais (Stuvøy, 2019, p. 461).

parentalidade e a nacionalidade tornou-se um problema [624], principalmente para as crianças, assumindo a HCCH que os direitos das crianças devem assumir a dianteira.

A gestação de substituição e a falta de harmonização entre as diversas soluções jurídicas levam a que este muitas vezes denominado «aluguer da maternidade» tenha as soluções mais díspares. Isto tem impulsionado o turismo reprodutivo [625] com o escopo de ultrapassar as proibições domésticas, o que pode ser considerado uma forma de fraude à lei, dado que a procura do ordenamento com solução mais favorável aos objetivos dos beneficiários constitui uma forma de frustrar a aplicabilidade da solução doméstica. Nestes casos, a falta absoluta de harmonia das diferentes soluções jurídicas [626] dos ordenamentos jurídicos em conflito suscita o primeiro problema.

A solução que cada Estado der em termos de aplicabilidade das normas materiais, e mesmo concluindo que o elemento de conexão preponderante os leva para outra solução jurídica, sempre pode invocar, para evitar a sua aplicabilidade, a questão de fraude à lei, mas e sobretudo a exceção de ordem pública internacional.

De facto, os Estados que proíbem esta técnica de PMA ou a proíbem em alguma medida, principalmente considerando a gestação de substituição comercial, elevam a justificação à ordem pública do Estado. Eduardo Corral García [627] refere que a proibição da gestação de substituição tem como fundamento a salvaguarda da dignidade da pessoa humana, gestante e criança, evitando que se tornem «coisas» ao serviço de outrem, particularmente ao nível da perspetiva comercial da *surrogacy*, o que, tendo este objetivo em mente, não fica circunscrito às fronteiras do Estado (2016, p. 81). Mas se é assim, ou ainda o seja, que objetivos pretende cada Estado atingir? Evidentemente, salvaguardar a sua ordem pública implica aplicar a sua solução jurídica ao caso, o que dará causa à nulidade, ou até inexistência contratual e dos seus efeitos, além das consequências penais que daí podem advir.

Se é verdade que assim, pacificamente, temos uma solução que dará cumprimento à ordem pública do Estado além da efetiva censura da fraude à lei, por outro lado, que acontece com as partes envolvidas? Se nenhuma reserva parece surgir quanto aos beneficiários do contrato e para a gestante, não podemos olvidar que deste contrato há a *criação* de outro sujeito. Trata-se de um contrato que dá origem a um terceiro, estranho à relação jurídica fraudulenta ou *contra legem*. E quanto a este? A não produção dos efeitos típicos do contrato dará origem a que a mãe seja a gestante, considerando paradigmaticamente a natureza das coisas que, particularmente

[624] Para uma análise sobre a perspetiva internacional dos contratos de gestação de substituição, v. Ribeiro G. R., 2021 e Mota, 2017.

[625] Não só esta situação, mas também os valores associados a esta técnica e/ou a mais ou menos musculada regulamentação sobre esta técnica de PMA.

[626] Bem como das próprias normas de conflito.

[627] Analisando três decisões judiciais de Espanha, Itália e França.

num contrato plurilocalizado, pode nem sequer ver opostos quaisquer efeitos jurídicos que resultem daquela solução. À criança pode estar vedada não só o estabelecimento da filiação como a própria nacionalidade, além da total desproteção da família *de facto* e das eventuais relações afetivas que naturalmente se criam.

Como resulta da jurisprudência do TEDH, a questão relativa à ordem pública internacional [628] em matéria de gestação de substituição tem de ser apreciada casuisticamente, principalmente tendo em consideração os diferentes direitos em crise e as consequências da limitação à aplicabilidade de direito material estrangeiro. Como afirma Elsa Dias Oliveira, não parece existir razão «[...] para afastar *a priori* o reconhecimento da filiação aos pais beneficiários das crianças nascidas na sequência de gestação de substituição» (Oliveira E. D., 2019, p. 52), ainda que os Estados não admitam, de acordo com a lei doméstica, a prática.

Por outro lado, também não negamos que, nesta matéria, se colocam questões recorrentes como a exploração efetiva das mulheres e até situações de verdadeiro tráfico de seres humanos [629]. Mas significa isto que os Estados não estão desaconselhados ou impedidos de desencadear alguns procedimentos para verificação de requisitos, nomeadamente associados aos direitos humanos das partes, sobretudo os relacionados com a venda de crianças, exploração e o papel de intermediários nos processos (Boer-Buquicchio, 2019a). No entanto, entendemos que isso, sendo uma preocupação legítima, não serve como fundamento para os Estados adotarem um princípio preventivo associado a cautela desmesurada (Costa & Lima, 2012, p. 281), seja para proibir a gestação de substituição, seja para negar os efeitos de um contrato internacional de gestação de substituição, sob pena de, como resulta da jurisprudência do TEDH, se pôr em causa a própria família constituída.

A heterogeneidade de soluções no que tange à gestação de substituição pode impor-nos a impossibilidade de internacionalizar o problema e, ao invés de o tratar *ex ante*, podíamos ser levados a uma regulação *ex post* da situação internacional, particularmente considerando os contributos do TEDH. Todavia, corremos o risco não só de manter a situação de incerteza, como também de ter soluções jurisprudenciais *à la carte*.

A HCCH, perante as incertezas e sobretudo a assimetria de soluções de cada ordenamento e as tendências legislativas, evidencia estas variantes de composições familiares a que os ISA estão subjugados, colocando os sujeitos num nível de incerteza que não se coaduna com a matéria.

A Conferência de Haia, mandatada para o efeito, está a desenvolver um projeto sobre gestação de substituição [630]. Analisados a nota e o relatório preliminares

[628] V. capítulo III.

[629] Considerando o *mercado* indiano e a estrutura social conhecida à saciedade, pode seriamente duvidar-se da informação prestada para o consentimento ser livre e esclarecido. V. capítulo IV.

[630] Disponível em https://www.hcch.net/pt/projects/legislative-projects/parentage-surrogacy (consultado em 23 de abril de 2018).

percebe-se a problemática e a dificuldade da própria harmonização conflitual, o que eleva a incerteza e vulnerabilidade dos contraentes dos ISAs e, por maioria de razão, das crianças nascidas desta técnica de PMA. Ademais, coloca em evidência soluções que, mesmo sendo legais, e se impõem por isso, podem conflituar com o superior interesse da criança, pelo que agudizam o exercício de ponderação entre o comportamento, eventualmente até ilícito dos contraentes e digno de censura, e a sanção, com efeitos necessariamente em terceiros, da criança nascida da técnica de PMA (Aguirre, 2019, p. 478).

O relatório, entre o mais, centrou desde logo a sua atenção na análise comparatística das diversas legislações, sendo díspares as soluções de cada ordenamento que vão desde a proibição da gestação de substituição, até àquelas que a admitem e a aceitam na sua vertente comercial, bem como a tendência de regulamentação. Isto demonstra a séria dificuldade de harmonização e regulamentação unitária, incluindo ao nível do direito internacional privado, sendo também aqui os elementos de conexão elegíveis — considerando as relações familiares com crianças, de acordo com a análise — distintos, o que eleva a possibilidade de conflito e, por maioria de razão, de vulnerabilidade dos contraentes e da criança, quer quanto ao *enforcement* do contrato, quer quanto ao reconhecimento dos efeitos jurídicos pretendidos pelas partes.

Embora o relatório preliminar date de 2011, em 2015, o Conselho [631] determinou que fosse convocado um grupo de especialistas para desenvolver trabalho nesta matéria, tendo o grupo reunido até 2018 três vezes e tendo sido determinado que se fizessem pelo menos mais duas reuniões [632].

Da nota preliminar (Hague Conference on Private International Law, 2011) resulta que a reunião da Comissão Especial (Hague Conference on Private International Law, 2010) sobre a prática decorrente da Convenção de Haia sobre Adoção de 1993 (Hague Conference on Private International Law, 1993) — que colocou na agenda da reunião que se realizou em junho de 2010 a matéria relativa à gestação de substituição — demonstra a preocupação da comissão pelo número crescente de crianças nascidas na decorrência dos ISA. Ademais, a incerteza do respetivo estatuto desses acordos e resultante do uso inadequado da Convenção levou à recomendação, que o Conselho seguiu, de mais estudos sobre a temática, tendo ficado sob acompanhamento da Equipa do Secretariado Permanente [633].

Em 2012, o Relatório Preliminar (Hague Conference on Private International Law, 2012) concluía que o fenómeno global da gestação de substituição impunha uma solução homogénea particularmente em prol dos direitos e interesses das

[631] O Conselho de Assuntos Gerais e Políticos.

[632] Segundo informação recolhida em https://www.hcch.net/pt/projects/legislative-projects/parentage-surrogacy (consultado em 23 de abril de 2018).

[633] Como resulta das conclusões e recomendações do relatório anual de 2009 (Hague Conference on Private International Law, 2009, p. 3) sob a temática dos «novos tópicos».

crianças nascidas dos ISA. Cientes da regulamentação doméstica heterogénea entre os Estados que integram a Conferência, surgiu a necessidade de circular questionários com diversos objetivos que incluíam aferir a necessidade de cada membro regulamentar a matéria, fazer consultas a diversas entidades e de estudos comparatísticos entre as diferentes legislações para que, em abril de 2013, fosse produzido o relatório final (Hague Conference on Private International Law, 2012, p. 30).

Em março de 2019, os especialistas sublinharam a necessidade de um protocolo específico para a gestação de substituição, cuja data prevista para ser apresentada é março de 2022.

De facto, é importante harmonizar os instrumentos de Direito Internacional Privado (DIP) [634] em matéria de gestação de substituição, sendo vital «*[...] a more lenient approach in the private international law rules to recognition of a civil status acquired abroad*» (Groot, 2015, p. 31). É necessário um enquadramento que permita considerar os interesses de todas as partes, principalmente da criança (Peña-Guzmán & D., 2016, p. 49).

Katarina Trimmings e Paul Beaumont apresentaram no seu trabalho (Trimming & Beaumont, 2013) os principais objetivos desta futura convenção. Por um lado, desenvolver um sistema legal vinculativo em relação aos ISAs; por outro, o desenvolvimento de um sistema de supervisão para assegurar o cumprimento dessas regras e, por fim, estabelecer um protocolo de cooperação entre os Estados.

A Convenção assumiria a gestação de substituição como uma transação comercial, uma vez que, dentro de limites, aceitaria pagamentos à gestante. Em casos controvertidos, seriam as autoridades nacionais a determinar se o contrato era ou não coercivamente exigido em prol dos melhores interesses da criança.

Os autores expressamente reconhecem que só entidades acreditadas podem mediar os contratos e quaisquer pagamentos a outras entidades para o efeito devem ser considerados como tráfico de crianças, devendo nesse âmbito ser devidamente sancionadas. Por fim, deve ser mantido um registo sobre as origens da criança, incluindo informação sobre a gestante, para que aquela veja assegurado o direito ao conhecimento das suas origens.

A posição de Trimmings e Beaumont estabelece um enquadramento mínimo. Como a Convenção sobre a Adoção Internacional, esta convenção internacional estabelecerá os padrões mínimos. Deixará, por isso, a máxima flexibilidade aos Estados para adotarem as suas posições nacionais e entre acordos bilaterais, sem

[634] Moura Ramos, ainda que nos estudos do Professor relativos ao DIP da União Europeia, revela a «tradição universalista», nas palavras do Professor que vai salientando a «[...] emergência de um novo corpus de regras de direito internacional privado, cujo desenvolvimento se encontra em aberto, podendo vir a fazer-se em diversas direções [...]" (Moura Ramos, 2016b, p. 62). Sendo certo que o Professor se refere ao esforço de criação de regras de DIP uniformes ao nível da UE, o que aqui enfatizamos e queremos salientar é a necessidade de alcançar padrões uniformes.

se comprometerem com a forma comercial ou não da gestação de substituição, admitindo que a regulamentação, ainda que mínima, será melhor do que nenhuma regulamentação.

A proibição da gestação de substituição comercial sem qualquer regulamentação pode desenvolver mercados negros de exploração, onde as mulheres e as crianças fiquem ainda mais expostas a situações de risco. A forma de mitigação destas situações implica a máxima cooperação internacional — isto é, se os Estados mantiverem as posições heterogéneas, não será uma convenção internacional que resolverá a situação das questões que lhe estão subjacentes, nomeadamente a exploração das iniquidades e desigualdades existentes entre o mercado da oferta e da procura. Neste campo, cremos que a única forma será a limitação dos Estados que aceitam a gestação de substituição comercial a serem acessíveis a estrangeiros por forma a limitar a procura.

Tal como na adoção internacional:

> «*The recognition of an adoption may be refused in a Contracting State only if the adoption is manifestly contrary to its public policy, taking into account the best interests of the child. An adoption duly certified and sent to the central authority of the MS where recognition is required shall be presumed to confer automatic recognition of the adoption. In the event that the MS wishes to exercise its right to refuse recognition it must, within 12 weeks of being served with the certificate of adoption, notify the central authority in the issuing MS of its refusal to recognise the certified adoption. Such notification must include, in summary form, clear reasons why in the exceptional circumstances of the case, refusal is justified on the permitted grounds. It is suggested that the issuing MS then forwards this refusal notice to the adopters. This procedure has the advantage that the adopters will only ever have to liaise directly with the central authority in their own MS. It will also ensure that if a citizen wishes to bring a complaint against an EU MS for nonrecognition they have a clear evidential basis upon which to take legal advice, and if appropriate, issue their claim in either the national court of the refusing MS and/or the CJEU.*»
> (Cabeza, Fenton-Glynn, & Boiché, 2016)

Além destes afloramentos, em prol do melhor interesse da criança, deve fazer-se o seguinte: «*(a) ensuring the intended parents are suitable; and (b) preserving information about the identity of the surrogate mother (and an egg/sperm donor if involved*» (Trimming & Beaumont, 2013, p. 540).

Tal como na Convenção de 1993, qualquer interveniente tem de ser acreditado. As autoridades devem estabelecer as condições das mulheres que podem ser gestantes, matéria relativa ao consentimento e procedimentos a adotar, reembolso das despesas à gestante, e assegurar a saída da criança com todos os documentos e acompanhada pelos pais. Já as autoridades do Estado da residência dos pais devem estabelecer as condições de acesso a quem pode ser beneficiário, informação sobre os aspetos legais, reconhecimento dos efeitos do contrato e entrada da criança no país (Trimming & Beaumont, 2013). Trimmings e Beaumont estabelecem um parâmetro para estas despesas, que podiam ser calculadas:

> «*[...] through a reimbursement entitlement formula set by the Convention, for exemple, three times the minimum salary in the surrogate's country of habitual residence. It appears reasonable that the surrogate mother be compensated for at least 12 month's worth of lost wages/living expenses (nine month's pregnancy plus three month's post-birth recovery).*» (Trimming & Beaumont, 2013, p. 545)

Em matéria de coercibilidade, ao contrário de outras decisões, a gestação de substituição deve ser uma questão de direito interno (Trimming & Beaumont, 2013, p. 545), como na Convenção de Haia de 23 de novembro de 2007.

Reconhecemos que, apesar da dificuldade, é essencial encontrar um instrumento internacional que permita regular a gestação de substituição. Além de assegurar o estatuto da criança e os seus direitos, poderá ter o alcance de proteger as mulheres de situações de exploração, garantindo um exercício de autonomia assente na expressão de um consentimento livre, mas também esclarecido, informado e ponderado da parte de todos/as. Seja como for, a dificuldade em obter consensos parece evidente e, como ensina Moura Ramos:

> «[...] a fragmentação do universo tradicionalmente conhecido como girando em volta da noção de estatuto pessoal e ao aparecimento de novas realidades às quais se reconheceu uma natureza para-familiar tem vindo a corresponder um menor reconhecimento das conexões tradicionalmente consideradas como de carácter pessoal (como o domicílio, e, sobretudo, a nacionalidade), a crescente importância da residência habitual, entendida como centro dos interesses da pessoa ou pessoas consideradas, a diversidade de suportes a que tais conexões se referem e dos momentos caracterizadores da sua relevância, e a afirmação lenta e paulatina da possibilidade (ainda que limitada) de os indivíduos se manifestarem a propósito da determinação da lei aplicável às relações de carácter familiar que entre si constituam.» (Moura Ramos, 2016a, p. 420)

De facto, concordamos que um instrumento de DIP em matéria de gestação de substituição deve ser norteado pelos interesses da criança e garantir, como acontece na adoção internacional, o cumprimento de certas regras procedimentais, como o consentimento livre e esclarecido da gestante, regras sobre a eventual remuneração e, por outro lado, a constituição de autoridades locais que assegurassem o cumprimento das regras e o reconhecimento das decisões, como acontece no modelo da adoção internacional (Todorova, 2010, pp. 29-20).

4. Conclusões

I. Da análise comparativa às legislações dos Estados, mas sobretudo aos casos que têm sido julgados nesses países, a primeira conclusão que podemos tirar é o elevado grau de incerteza em que estas crianças, nascidas no decurso de um contrato de gestação de substituição, são colocadas — não só em razão de contratos internacionais de gestação de substituição, em que evidentemente a questão se agudiza ante as assimetrias das posições legais, mas também internamente. Sobretudo nos casos dos ordenamentos jurídicos ingleses e franceses, em que têm sido apresentadas muitas soluções *ad hoc* para responder a problemas concretos relativos à gestação de substituição e para garantir, de alguma forma, e muitas vezes não da forma mais conveniente, os melhores interesses da criança. Mesmo nos Estados proibicionistas — no caso apresentado, a França — não deixou, não obstante, de se garantir algumas diretivas para mitigar os riscos associados à nulidade do contrato e não produção de efeitos localmente. No caso, desde logo a mencionada Circular CIV/02/13 de 25 de janeiro de 2013 para garantir a entrada das crianças nascidas no estrangeiro e ainda que a certidão de nascimento não esteja transcrita em relação a qualquer um dos *intended parents* em território francês. Ou seja, apesar do não reconhecimento da filiação, é emitida a estas crianças o CNF.

II. Os Estados, em geral, mantêm a gestação e o parto como critério determinante para o estabelecimento da maternidade nos contratos de gestação de substituição, pelo que não reconhecem a *intended mother* como mãe da criança, embora demonstre a ascendência genética. Nestes casos, tipicamente, o estabelecimento da maternidade em relação à mãe intencional será feito através de um processo de adoção ou outro similar, como no caso das *parental orders* em Inglaterra.

III. A Grécia e a Califórnia, países que admitem a gestação de substituição, apesar de aquele princípio se manter, admitem uma exceção a este princípio ou um critério concorrente, respetivamente. Em Inglaterra e no País de Gales, não há qualquer introdução de um regime de exceção, porquanto, ainda que admita a gestação de substituição, a gestante é sempre a mãe da criança. Assim, a gestação continua a ser o critério determinante no estabelecimento da maternidade, pelo que, nos Estados que não admitem a gestação de substituição, a solução para as mães intencionais será a adoção.

IV. Quanto à filiação paterna, os Estados também mantêm o pressuposto de unidade familiar, sendo o pai o marido ou *civil partner* da mãe. Não obstante, não havendo ou não tendo prestado consentimento, é possível estabelecer a paternidade em relação ao *intended father* demonstrando a ascendência genética em relação à criança. O fundamento da paternidade é, assim, bem distinto em relação à maternidade. Mas a sua complexidade acaba por, no caso dos contratos de gestação de substituição, permitir uma maior flexibilidade, que pode garantir, em alguns casos, o reconhecimento da filiação paterna em relação ao *intended parent*, mesmo sem qualquer processo ou procedimento típicos da gestação de substituição. Desta forma, não se estabelecendo a presunção *pater is est quem nuptiae demonstrant* em relação ao marido da gestante, o pai pode ser reconhecido provando a ascendência genética em relação ao/à filho/a.

V. Nos Estados que admitem a gestação de substituição, a filiação em relação aos comitentes só é estabelecida, com exceção do caso indiano, se antes ou depois do nascimento da criança o contrato for autorizado, com efeitos retroativos, como é o caso de Inglaterra, ou prospetivos, como na Califórnia ou na Grécia.

VI. A relação gamética com pelo menos um(a) dos/as *intended parent(s)* é tendencialmente necessária como pressuposto para a celebração do negócio e, também tendencialmente, a gestante não pode ser a ascendente genética da criança.

VII. Os Estados, no âmbito dos contratos internacionais de gestação de substituição, aplicam a *lex fori* ou, ainda que admitissem a aplicabilidade da lei estrangeira de acordo com as regras internas de Direito Internacional Privado, no caso francês, foi suscitada a ordem pública internacional, bem como a fraude à lei, para obstar à aplicabilidade da solução material estrangeira.

PARTE II
A GESTAÇÃO DE SUBSTITUIÇÃO E A IDENTIDADE

«Sinto um eu em mim desigual,
Distinto de outro eu que em mim vejo.
Um eu que eu sinto,
Mas que,
O eu que eu vejo,
Teme seja real.
Um eu,
O que eu sinto,
Sempre espectador,
Sempre crítico,
Arremeda o eu que vejo,
Ri-se dele,
Ri-se de mim.
Quero fundi-los!
Não quero ninguém
Entre mim e eu!»
(Abel Magalhães)

CAPÍTULO III
O DIREITO À REPRODUÇÃO ASSEXUADA

«Se fossemos incapazes de sentir empatia — de nos colocarmos na posição dos outros e de ver que o seu sofrimento é como o nosso —, o raciocínio ético não nos levaria a lado nenhum. Se a emoção sem razão é cega, então a razão sem emoção é impotente.»

(Singer)

1. Considerações Introdutórias

O biocontrato de gestação de substituição tem subjacente, como é sintomático e se reflete nas diferentes posições jurídicas e soluções legais, uma severa influência sociocultural. A família [635] é uma instituição social e a forma como é perspetivada, a sua dinâmica e influência são sintomáticas de um reflexo coletivo próprio das circunstâncias de tempo e lugar em que se insere. Este reflexo e edificação social em que a instituição se subsume constituem um *prius* relativamente à dinâmica na própria ordem jurídica [636]. Aceitar, ou não, e em que termos a gestação de substituição é, desde logo, um problema (bio)ético-moral e, posteriormente, uma decisão política [637] e jurídica que dependerá em grande parte das vicissitudes dos contextos sociais, legais, religiosos e da própria maturidade da sociedade quanto à temática e às questões que lhe estão subjacentes e, por outro lado, às consequências que é necessário assumir numa composição ponderada dos interesses em apreço.

Esta influência social ou coletiva não é despicienda. A família, enquanto conceito tradicional [638], foi vertida em muitas legislações, sobretudo ocidentais, e, ainda que perdendo a hegemonia, continua tendencialmente a ser a preponderante.

[635] Prevista no art. 16.º, n.º 3 da DUDH (constituindo elemento interpretativo no ordenamento jurídico português operado pelo art. 16.º, n.º 2 da CRP).

[636] Ainda que, conforme vamos analisar mais à frente neste estudo, haja um caminho oposto que se deve percorrer tendo em consideração, numa vertente pedagógica junto da própria sociedade, as novas formas de famílias e de as criar, de afirmação efetiva de direitos humanos a que se deve reconhecer conteúdo.

[637] As comissões de ética, por exemplo, são sintomáticas da necessidade de responder, mormente ao poder político e ao legislador, a perguntas como a gestação de substituição e a sua regulação, tal como acontece na investigação clínica com sujeitos humanos, investigação em embriões, declaração de morte, etc.

[638] Numa vertente de família nuclear, heterossexual e matrimonializada.

A matéria relativa à família, ao direito a constituir família e, concretamente, em relação ao estabelecimento da parentalidade, pela relevância essencial que assume, quer ao ser humano [639], quer à sociedade [640], encontra-se balizada pela conformidade com princípios de natureza fundamental, de direitos fundamentais e direitos humanos. Como enfatiza Jorge Duarte Pinheiro, são esses princípios enformadores que condicionam a «[...] validade, a interpretação e a integração dos atos, negócios e contratos» (Pinheiro, 2018, p. 166).

Com o advento da PMA e, sobretudo, das técnicas de procriação heterólogas e do *outsourcing* da gravidez, o *status quo* sobre o qual as sociedades, mormente ocidentais, faziam assentar os pressupostos da *sua* visão de família sofreu um forte abalo. Além da elasticidade já introduzida pelas famílias LGBTI, a reprodução mantinha-se na dinâmica da família *natural*. Mas a ciência veio dar resposta a casais inférteis e dar-lhes a oportunidade de ter um(a) filho/a. Veio também afastar o sexo da reprodução (e o monopólio do coito para ter um(a) filho/a) e todos/as aqueles/as que não o podiam ou queriam praticar para esse fim passaram a ver uma oportunidade de produzir descendência com recurso à ciência. Mas, ainda que o que esteja em causa, nomeadamente na gestação de substituição, seja um negócio e, portanto, imperando para nós a autonomia pessoal de quem o outorga, importa que este se conforme com princípios de natureza fundamental, quer quanto ao fundamento que dá causa ao negócio, quer quanto aos limites [641] àquela autonomia na conformação da relação obrigacional.

Ademais, considerando a sua natureza multilateral e os efeitos que visa produzir que se repercutem além das esferas jurídicas das partes que o outorgam, isto é, além dos/as beneficiários/as e da gestante (e eventualmente do seu marido ou companheiro/a e filhos/as), as externalidades ao contrato não são despiciendas, bem pelo contrário. Por um lado, a criança a que com o negócio se visa dar causa e, por outro, a influência da e na própria sociedade, enquanto coletivo onde o indivíduo se insere e se projeta na sua dimensão social, o todo que o integra e acolhe.

Cremos que, quanto ao objeto deste estudo, é nesta natureza e nestes veios comunicantes que nos vamos centrar para refletir, por um lado, sobre o fundamento e, por outro, sobre os (eventuais) limites ao bionegócio de gestação de substituição. Se é verdade que a ciência dá a solução por um lado, por outro, erigem-se importantes argumentos contra a gestação de substituição. O fim nem sempre justifica o meio. Existem argumentos desde a violação da dignidade [642], tanto da criança como

[639] No dizer de Guilherme de Oliveira, «[a] velha sabedoria mostra com abundância a angústia da infertilidade, os esforços das mulheres para a suprir, a intervenção divina concedendo a prole desejada. Os novos métodos de reprodução humana assistida são apenas, e afinal, as novas mandrágoras, para satisfazer os mesmos velhos anseios que suscitam as eternas angústias» (Oliveira, 1993, p. 76).

[640] Com assento nas leis fundamentais e em textos de direitos humanos em geral.

[641] Desde logo, os típicos limites à autonomia da vontade. A boa-fé, os bons costumes e abuso de direito.

[642] Atentatória da dignidade humana, prevista, em Portugal, no art. 1.º da CRP.

da gestante, a sua coisificação, a mercantilização, instrumentalização e exploração da gestante, em que os agentes e beneficiários se aproveitam destas mulheres paradigmaticamente de contextos socioeconómicos depauperados que são aliciadas por montantes que, para o seu nível de vida, são elevados, e são postas em perigo, já que a gravidez não é isenta de riscos, sendo expostas até a eventuais situações de tráfico de seres humanos. Noutra dimensão, a dimensão relacional *in* útero entre a gestante e o feto parece ser desconsiderada. Além disso, a criança fica numa situação de incerteza, aumentando a sua natural vulnerabilidade e fazendo perigar aspetos essenciais da sua identidade e vida privada e familiar.

Contudo, por outro lado, quem recorre à gestação de substituição fá-lo considerando o impulso natural de querer ter filhos/as e transmitir-lhes a sua carga genética. O que o fundamenta pode estar relacionado com diversos fatores, desde a infertilidade médica, mas também pessoas ou casais que, ainda que não sendo inférteis naquele sentido, não podendo recorrer à gestação de substituição, não teriam hipóteses de ter um(a) filho/a *seu*, como é tipicamente o caso de casais homossexuais ou solteiros. Neste capítulo, analisamos a posição jurídica dos/as beneficiários/as na qual, em nosso entender, radica o fundamento da relação jurídica em apreço.

2. A Biopolítica

A reprodução de um(a) filho/a é a forma de sobrevivência da espécie, sendo um instinto natural inato ao ser humano — como aos animais em geral — o impulso de criação de descendência. Sem ideias romantizadas sobre o assunto e sendo verdade que há quem não queira ou deseje ter filhos/as, tendencialmente este é um desejo tipicamente presente, com elevada pressão e projeção sociais e forte impacto emocional sempre que (sobretudo) um casal não produz descendência. Nos seres humanos, a família tornou-se, também, um ato de amor e «[o] modo de ser específico da família, a sua génese e a sua justificação estão na capacidade de amor de todos os seus membros, amor que determina uma comunidade de vida» (Campos & Campos, 2016, pp. 10-11).

Mas reprodução não é só um impulso humano; também assume uma manifestação jurídica da liberdade de produzir descendentes. Os direitos reprodutivos apareceram pela primeira vez na Proclamação de Teerão [643], mas foi na Conferência

[643] Proclamada pela Conferência Internacional sobre Direitos Humanos, em Teerão, em 1968. Nos termos do considerando 16, consigna-se que «[a] proteção da família e da criança continua a ser uma preocupação da comunidade internacional. Os pais têm o direito humano básico de determinar de forma livre e responsável o número e o espaçamento dos seus filhos». O texto do documento está disponível em https://gddc.ministeriopublico.pt/sites/default/files/proclamacao_de_teerao.pdf (consultado em 12 de abril de 2019). A posição foi reforçada na Conferência Mundial sobre as Mulheres de 1975 (World Conference of the International Women's Year, 1975, p. 80 e ss.).

Internacional sobre População e Desenvolvimento de 1994, no Cairo [644], que os direitos reprodutivos emergiram de forma expressiva no panorama legal [645] (Wells--Greco, 2016, p. 303). No respeito pelo direito a constituir família, codificado na Declaração [646], [647], [648] e no programa de ação adotado na conferência internacional, assumia-se que o direito à reprodução [649] incluía o direito de uma pessoa escolher o número de filhos/as, quando e como os queria e com que espaçamento, assim como de tomar as suas decisões reprodutivas [650]. O UN Programme of Action of the International Conference on Population and Development [651] afirma, nomeadamente no seu princípio 8, que todas as pessoas têm o direito a viver dentro do mais elevado padrão de saúde física e mental e, para isso, os Estados devem encetar as medidas adequadas a assegurar cuidados de saúde universais, de acordo com um princípio de igualdade entre homens e mulheres. Nestas se incluem as medidas relativas a programas de cuidados de saúde (Programme of Action adopted at the International

[644] Além da conferência e do seu programa de ação desenvolvida desde a World Population Conference at Bucharest, em 1974, e a International Conference on Population at Mexico City, em 1984.

[645] Nenhum instrumento internacional se dedica aos direitos reprodutivos.

[646] A reprodução não é explicitamente um direito humano mas, considerando o direito a constituir uma família pode entender-se que resulta deste, desde logo do texto da DUDH, no seu art. 16.º.

[647] Mais tarde, na Beijing Declaration and Platform for Action, adotada em 1995 na Fourth World Conference on Women (Resolução A/RES/50/203). Em 2000, integrou os Objetivos do Milénio e, em 2005, a World Summit Outcome (Resolução A/RES/60/1); em 2010, a United Nations Summit on the Millennium Development Goals (Resolução A/RES/65/1); em 2012, a United Nations Conference on Sustainable Development, Rio+20 (UN Doc. A/CONF.216/16); e integram os Objetivos de Desenvolvimento Sustentável da ONU: «*[s]exual and Reproductive Health (SRH) targets have been included as part of the United Nations Sustainable Development Goals and indicators are important to monitor progress towards these targets*» (Fang, Tang, Tan, & Tolhurst, 2020).

[648] Nos termos do parágrafo 7.3. do Programme of Action da International Conference on Population and Development, «*reproductive rights are based on the right of couples and individuals to decide free from discrimination, coercion and violence whether to have children, how often and when to do so, having the necessary information and means to make such decisions. It is also connected with their right to the highest attainable standard of sexual and reproductive health*».

[649] O Programme of Action da ICPD foi adotado por consenso e integra a United Nations General Assembly Resolution A/RES/49/128.

[650] Estando implícita nesta condição o direito de «*[...] men and women to be informed and to have access to safe, effective, affordable and acceptable methods of family planning of their choice, as well as other methods of their choice for regulation of fertility which are not against the law, and the right of access to appropriate health--care services that will enable women to go safely through pregnancy and childbirth and provide couples with the best chance of having a healthy infant*» (International Conference on Population and Development, 5-13 September 1994, pp. 45-46). O sucesso dos programas de educação e planeamento familiar demonstram o seguinte: «*[...] informed individuals everywhere can and will act responsibly in the light of their own needs and those of their families and communities. The principle of informed free choice is essential to the long-term success of family planning programmes*» (International Conference on Population and Development, 5-13 September 1994, p. 49).

[651] Ampliado posteriormente em 2011 (United Nations General Assembly, 2011).

Conference on Population and Development Cairo, 5–13 September 1994, 1994) [652]. Os direitos reprodutivos, incluídos na agenda de direitos humanos [653], [654], são, assim, entendidos da seguinte forma:

> «*[...] a constellation of freedoms and entitlements that are already recognized in national laws, international human rights instruments and other consensus documents. Reproductive rights refer to a diversity of civil, political, economic, social and cultural rights affecting the sexual and reproductive life of individuals and couples.*» (United Nations Population Fund; The Danish Institute for Human Rights; United Nations High Commissioner for Human Rights, 2014, p. 21)

Estes direitos incluem o direito a constituir família [655], entendido como o direito à reprodução [656] e, assim sendo, a decidir livremente se se quer ter, ou não, filhos/as, o momento de os/as ter, e quantos/as, bem como, para o efeito, o direito a cuidados de saúde reprodutivos, à educação sexual e ao planeamento familiar. Se assim é, e como propugnado nos textos de direitos humanos, estes direitos devem ser exercidos livres de qualquer forma de coação, violência e discriminação.

As opções relativas à saúde reprodutiva devem ser tomadas numa perspetiva centrada sobretudo na mulher. De acordo com a Recomendação do Comité para a Eliminação de todas as Formas de Discriminação contras as Mulheres, o art. 12.º da Convenção sobre a Eliminação de Todas as Formas de Discriminação contra

[652] A OMS integra na saúde reprodutiva diversos vetores, como a escolha de métodos contracetivos, serviços de infertilidade, saúde materna e do recém-nascido, redução de DST, eliminar IVG não seguras e promover a saúde sexual, mormente entre adolescentes [UNFPA, Sexual and Reproductive Health for All. 2010 (Update 2016)].

[653] Arts. 23.º, n.º 1, al. b), e 25.º da Convenção Internacional para a proteção e promoção dos direitos de pessoas portadoras de deficiência de 2006, arts. 12.º e 16.º da CEDAW, PIDESC no seu art. 12.º, art. 6.º do PIDCP e art. 24.º da CDC.

[654] Além disso, «*The Committee on the Rights of the Child, the Human Rights Committee (that monitors implementation of the International Covenant on Civil and Political Rights), the Committee on Economic, Social and Cultural Rights and, to a lesser extent, the Committee against Torture and the Committee on the Elimination of Racial Discrimination have all made statements on various aspects of reproductive rights*» (United Nations Population Fund; The Danish Institute for Human Rights; United Nations High Commissioner for Human Rights, 2014, p. 22).

[655] No princípio 9, é afirmado o seguinte: «*[t]he family is the basic unit of society and as such should be strengthened. It is entitled to receive comprehensive protection and support. In different cultural, political and social systems, various forms of the family exist. Marriage must be entered into with the free consent of the intending spouses, and husband and wife should be equal partners*» (Programme of Action adopted at the International Conference on Population and Development Cairo, 5–13 September, 1994).

[656] Também assim entendemos. Bem como entendeu o legislador constitucional que, nos termos do art. 36.º da CRP, se inclui o direito ao matrimónio, mas também, e não dependente daquele, o direito a procriar.

as Mulheres (CEDAW) deve ser interpretado de forma «*gender based*», isto é, deve adotar uma perspetiva que considere o género no epicentro das políticas e programas que afetem a saúde das mulheres [657] (UN Committee on the Elimination of Discrimination against Women, 1999). Os direitos reprodutivos [658] — assumidos como direitos de liberdade — são assim entendidos como direitos exercidos livres de qualquer interferência, mormente pública, o que conduz a saúde reprodutiva a uma conceção de domínio pessoal e liberdade de escolha [659]. Este direito não é suscetível de ser limitado, nomeadamente por atuações do Estado ou de outras entidades públicas [660], [661] e, sobretudo no que tange às mulheres, refere-se à *sua* autonomia e à liberdade de controlar esta área específica da sua vida, isto é, se querem ter filhos/as e quando os/as querem ter [662], [663], além de verem garantida a sua saúde reprodutiva.

Os direitos reprodutivos estão colocados na dimensão individual de cada um(a), na sua esfera privada e familiar, e a forma como se concebem implica, no seu núcleo essencial, um direito a escolher. A escolha é desde logo marcada pela possibilidade de acesso a métodos contracetivos. Neste âmbito, a matéria é marcada pelo caso Griswold v. Connecticut, 381 U.S. 479 (1965), que decidiu que o Estado não podia banir os casais de aceder a métodos contracetivos. Quase uma década mais tarde, o caso Eisenstadt v. Baird, 405 U.S. 438 (1972) aplicou a doutrina que saiu de Griswold a solteiros/as. Trata-se da decisão que pôs termo à *Comstock Law* e às medidas de criminalização da contraceção, colocando a tónica na questão da «privacidade» [664]

[657] Além da implementação, planeamento e monitorização das políticas e programas, deve incluir representatividade feminina.

[658] Como um afloramento do direito a constituir família, nos termos do art. 36.º, n.º 1, da CRP (bem como o direito ao desenvolvimento da personalidade previsto no art. 26.º, n.º 1, da CRP). Neste sentido, acompanhamos Vera Lúcia Raposo (Raposo, 2014).

[659] A proteção dos direitos reprodutivos e da saúde reprodutiva tem sido uma preocupação ao nível das políticas de ação da UE (Sokołowski, 2019, pp. 596-597). «*In its 2017 Communication on the application of the Charter of Fundamental Rights in 2016, the European Commission highlighted measures to promote the right to family life (Article 7 of the Charter) and to protect the rights of the child in the context of immigration. In the introduction to the Communication (point No 1), the Commission also highlighted the promotion of women's rights and gender equality*» (Sokołowski, 2019, pp. 596-597).

[660] Como acontece em políticas de esterilização, a que já aludimos no caso norte-americano (Buck v. Bell, 274 U.S. 200, 1927).

[661] O TEDH também já teve oportunidade de se pronunciar quanto à violação de direitos reprodutivos, que inclui no âmbito do art. 8.º da CEDH, nos infames casos das mulheres esterilizadas na Eslováquia, por exemplo nos casos K.H. and Others v. Slovakia (2009), V.C. v. Slovakia (2011), N.B. v. Slovakia (2012) e I.G., M.K. and R.H. v. Slovakia (2012).

[662] As feministas defenderam o direito a controlar o corpo no contexto do aborto, por exemplo.

[663] Afloramento a que aludiremos no capítulo seguinte.

[664] Numa tradução de «*privacy*». Ao nível da CRP, o direito à privacidade tem uma amplitude distinta que inclui o direito a impedir que estranhos acedam à informação pessoal e familiar e a divulgação por terceiros dessa informação. Cf. (Pinto, 1993).

do casal. Noutra vertente do controlo e da escolha no que tange à reprodução, inclui-se a opção de fazer cessar uma gravidez não desejada [665]. Esta matéria foi objeto de análise no caso Roe v. Wade (1973) e, mais tarde, no caso Planned Parenthood of Southeastern Pennsylvania v. Casey [666]. Foi assumida como a «liberdade de procriar» e o direito da mulher a terminar a gravidez sem o *undue burden* imposto pelo Estado.

Em matéria de direitos reprodutivos, por sua vez, o TEDH assumiu-os no quadro do direito à vida privada e familiar previsto no art. 8.º da CEDH. No caso Evans v. UK, por exemplo, o Tribunal decidiu o conflito existente entre um ex-casal cujas decisões contraditórias — em proceder ou não à implantação dos embriões no útero da mulher — configuravam um conflito no direito à vida privada de ambos. No âmbito do art. 8.º, o tribunal inclui aspetos da identidade física e social, designadamente da autonomia pessoal, desenvolvimento pessoal e o direito a estabelecer e desenvolver relações com outros seres humanos, incorporando, nas palavras do Tribunal, o direito a ver respeitadas as decisões de se tornar, ou não, pai ou mãe, bem como no sacrifício que se impõe, nesta ponderação, àquele que não quer ser pai (no caso concreto). Além desse afloramento, o Tribunal de Estrasburgo pronunciou-se ainda, por exemplo, nos casos Tysiąc v. Poland (2007) [667], R.R. v. Poland (2011) [668], P. and S. v. Poland (2013) [669] e A, B, and C v. Ireland (2010), em relação à IVG. No caso irlandês, o tribunal apreciou os casos de mulheres grávidas [670] que tiveram de se deslocar ao Reino Unido para interromper a gravidez. O Tribunal considerou que o Estado, ao não ter garantido o acesso à IVG à mulher que estava em remissão de uma forma rara de cancro [671], [672], e quanto a esta exclusivamente, consubstanciava uma violação

[665] O Comité de Direitos Humanos das Nações Unidas condenou o Peru por negar o aborto a uma jovem de 17 anos, apesar de ser admissível a IVG no país por razões terapêuticas. A jovem estava grávida e o feto padecia de anencefalia. Na decisão de 2005, o UNHRC concluiu que negar a interrupção da gravidez naquele caso constituía uma forma de tratamento desumana e cruel, além, sendo a mulher menor de idade, da necessidade de proteção especial, e do direito a um tratamento que não fosse cruel, desumano e degradante, o que aconteceu, tendo-lhe sido negado, neste caso, o acesso à IVG (KL v. Peru, 2005).

[666] Um processo de 1992 em matéria de aborto.

[667] Em que uma mulher polaca viu negada a IVG numa situação em que a sua severa miopia seria agravada se levasse a gravidez até ao fim, o que acabou por acontecer de facto, considerando que não pôde interromper a gravidez. O TEDH considerou que a impossibilidade de fazer cessar legalmente a gravidez constitui uma violação do art. 8.º da CEDH.

[668] No caso, a impossibilidade de recorrer a diagnóstico ao feto, que se desconfiava que padecia de uma doença genética incurável, e a consequente IVG em caso positivo. A criança nasceu com síndrome de Turner.

[669] O caso diz respeito à IVG de uma adolescente violada por um colega quando tinha 14 anos.

[670] Uma delas em remissão de cancro.

[671] Mas não relativamente às outras.

[672] Na Conferência do Cairo de 1994, foi pela primeira vez reconhecida a necessidade de regulamentar o aborto para reduzir a mortalidade das mulheres (McGuinness & Widdows, 2017, p. 67).

ao art. 8.º da CEDH, já que, na ponderação dos interesses em causa, não se justificava uma proibição da IVG.

Se por um lado hodiernamente as pessoas são livres de ter ou não filhos/as, se e quando os quiserem, anteriormente só o conseguiam através do coito, o qual, em princípio, está livre de qualquer interferência [673], [674]. Por outro lado, a emergência das soluções científicas em matéria de reprodução fez emergir novas composições familiares e «trouxe para a rua» a discussão sobre a reprodução [675], incluindo o regime em *outsourcing* da gravidez [676].

Esta (bio)revolução — também adjetivada de industrializada e mercantil [677] — alterou nos últimos 40 anos a forma como as crianças são «produzidas» e vão integrando seios familiares compostos pela mão da ciência, que tem mudado

673 Ainda que não seja tendencialmente verdade. Basta recordar as situações de políticas que limitam a reprodução, como as situações de esterilização compulsiva, ou o número de filhos, como era é o caso da política do «filho-único» na China. Nesta dimensão, e colocando a reprodução também nesta dimensão, há um reflexo não só nas diferentes soluções que vão sendo apontadas como numa assimetria de oportunidades e, em situações plurilocalizadas, num variado leque de soluções.

674 Quanto a isto, Franklin referia de forma elucidativa que, no que tange à China, a política «*expresses both a practical national concern about population, the food supply and economic growth, but also a more complex message about the extent to which government can legitimately control the behaviour of its subjects (Wahlberg in press). The recent change in this policy is equally multi-faceted: on the one hand it signifies a more relaxed approach to population size, but beneath this confident general message is a more subtle suggestion concerning China's relationship to human rights and its role on the international political stage*» (Franklin, 2016). Este é um exemplo ao nível das políticas reprodutivas de uma dimensão sobre as opções de identidade nacional.

675 Tal como havia feito (faz) em relação à IVG.

676 Em 1985, no caso Sherwyn v. Department of Social Services, 1985, um conjunto de advogados apresentou ao tribunal um pedido para declarar inconstitucional a limitação de acesso à gestação de substituição como meio para procriar. «*They then challenge the statute (Civ. Code, § 7005) as being unconstitutionally applied to surrogate arrangements, alleging that: (1) the statute discriminates against couples who enter into a surrogate arrangement for the purpose of the biological father receiving custody; (2) the statute infringes on the biological father's right to procreate and forces him to adopt his own child through an independent adoption process; (3) the statute violates the equal protection provision of the 14th Amendment as to biological fathers in surrogate arrangements; (4) the statute violates the due process clause of the 14th Amendment as to biological fathers in that it denies them the opportunity to prove paternity; (5) the statute, by requiring an independent adoption, may invoke the application of the conclusive presumption of Evidence Code section 621 in violation of the 14th Amendment rights of the biological father; and (6) the statute as presently applied effectively forces couples to commit adultery in order to conceive a child.*» O tribunal não decidiu quanto ao mérito da ação, considerando que os «*[...] Plaintiffs, as individuals, have not alleged that they or either of them are now, or plan to be, a party to a surrogate parenting arrangement, which will be affected by the subject statutes or the adoption policy contained in the all-county letter No. 83-131. Plaintiffs have merely alleged that they, as attorneys, presently represent over 100 couples who are parties to such arrangements. Hence, it appears the complaint states a cause of action in someone, but not in the plaintiffs*».

677 Um novo «*baby boom*» para quem pode pagar por ele, mormente no que tange à gestação de substituição, na sua vertente comercial, que integra uma parte do turismo médico global.

substancialmente a forma de encarar a maternidade e a paternidade. Todavia, as técnicas de PMA como meios para a constituição da família põem em causa o papel altamente simbólico que é atribuído à maternidade. Trata-se de um verdadeiro teste ético e legal que promove que a legislação sobre a matéria nunca consiga um conteúdo neutro, acabando por refletir sempre um determinado paradigma moral. Isto porque tem um elevado conteúdo emocional, muitas vezes com elevado sentido de «crise moral» e como «fonte de conflitos sociais» (Franklin, 2016).

Mas a verdade é que as conceções de família mudaram e a típica família tradicional e natural [678] perdeu o monopólio. A instituição familiar está em mutação [679], ainda que, durante séculos, tenha obedecido a uma traça homogénea ligada pelo vínculo conjugal entre indivíduos de sexos opostos (Antunes Varela, 1999). Por um lado, as novas formas de família, com ou sem vínculo matrimonial, desde as paradigmáticas heterossexuais às homossexuais, às monoparentais, às famílias constituídas

[678] Pensamos numa versão da família tradicional, nuclear de uma perspetiva ocidentalizada. Mas, e considerando estas tradições, podemos ver a influência cultural, bastando pensar em princípios dominantes diferentes em culturas africanas, em que, além das mães de sangue, a família alargada e a comunidade desempenham um papel primordial, ou ainda numa tradição árabe e em famílias poligâmicas.

[679] Desde logo, com a alteração ao Código Civil de 1977 evidenciam-se alterações ao nível dessa estrutura. Com a Lei n.º 137/2015, de 7 de setembro, foi alterado, entre outras disposições legais, o Código Civil, passando o cônjuge ou unido de facto de qualquer um dos pais a ser o primeiro da ordem preferencial. O mesmo regime se aplica em caso de falecimento na designação de tutor para a criança. O aludido diploma estabeleceu ainda que, nas situações de filiação estabelecida quanto a um dos pais, as responsabilidades parentais podem também ser atribuídas ao padrasto ou madrasta, que as exercem em conjunto com aquele, aplicando-se neste caso o regime de alimentos devidos ao filho em caso de divórcio, separação judicial de pessoas e bens, declaração de nulidade ou anulação do casamento, bem como o regime do exercício das responsabilidades parentais nos mesmos caso. Isto é, quer o pai quer o seu cônjuge ou unido de facto, nessas circunstâncias, devem alimentos e exercem as responsabilidades parentais como se a filiação estivesse estabelecida em relação a ambos. Como resulta da exposição de motivos, deu-se enfoque ao critério do superior interesse da criança para estabelecer um reforço da proteção do menor. De facto, o legislador, com a alteração ao Código Civil pela aludida Lei de 2015, mantém inegavelmente as relações biológicas ou adotivas no exercício das responsabilidades parentais. Porém, atendendo à eleição da nova «categoria» de elegíveis preferenciais a esse exercício, em detrimento da família dos pais, ou seja, os padrastos ou madrastas, assume as relações afetivas como primordiais na escolha em caso de impossibilidade dos pais. Reconhece-se assim o *modus vivendi* da criança e as relações afetivas que esta cria com aqueles que assumem um papel tradicionalmente afeto aos pais como essencial à criança, atendendo à tónica que coloca no critério do seu superior interesse, e ao seu desenvolvimento. Um Tribunal americano, no caso Schaffer *versus* Schaffer, de um padrasto, sem vínculo de sangue com o enteado, concluiu pela possibilidade de este continuar a receber visitas daquele, após a separação da companheira e mãe da criança, atendendo a que foi em relação ao padrasto que se evidenciou a relação de cuidado e afeto nos primeiros anos de vida da criança (Court Of Appeals, 2009). V. a este respeito Almeida Araújo, 2019.

por irmãos/ãs, bem como as denominadas famílias recompostas, em que cada um ou um dos membros do casal tem os seus filhos, e eventualmente filhos comuns. Por outro lado, pelas técnicas de PMA, é possível a mulher engravidar com recurso a doadores de óvulos, espermatozoides ou até embriões [680]. Isto é, é possível engravidar através do recurso a diversas técnicas em que o material genético do feto não seja da gestante ou do marido ou companheiro desta ou de ambos [681], não sendo os doadores havidos como progenitores da criança [682].

Além do mais, é agora possível o recurso à maternidade de substituição [683], em que uma mulher se dispõe a suportar uma gravidez por conta de outrem. Os novos arranjos familiares vão compondo o panorama e alterando, muitas vezes numa vertente pedagógica, a perceção social sobre a instituição. As famílias monoparentais, homoparentais, recompostas e tantas outas composições, matrimonializadas ou não [684], agregam-se para uma comunidade de amor.

Associada a esta proliferação de composições familiares, muitas das quais insuscetíveis de gerar descendência, a ciência veio derrubar as barreiras que a biologia erigiu. O *poder* da (pro)criação medicamente assistida permite a procriação assexuada e desafiou definitivamente as noções de relação biológica [685], tradicionalmente assente numa noção heterogénea. Está, assim, irremediavelmente alterada a noção da reprodução e das relações familiares, particularmente quando a procriação envolve

[680] Lei n.º 32/2006, de 26 de julho.

[681] Não havendo material genético comum dos pais, necessariamente quando em causa estão mulheres ou casais de mulheres. Isto porque, com a segunda alteração à Lei n.º 32/2006, de 26 de julho, através da Lei 17/2016, de 20 de junho, qualquer mulher pode recorrer às técnicas de PMA independentemente do diagnóstico de infertilidade, referindo-se, neste caso, às mulheres solteiras ou que não vivam em condições análogas às dos cônjuges. Ademais, nos termos do art. 6.º, n.º 1, do diploma, com a redação dada pelo diploma legal, refere-se que «podem recorrer às técnicas de PMA os casais de sexo diferente ou os casais de mulheres, respetivamente casados ou casadas ou que vivam em condições análogas às dos cônjuges, bem como todas as mulheres independentemente do estado civil e da respetiva orientação sexual».

[682] Art. 10.º, n.º 2, da Lei 32/2006, de 26 de julho, *ex vi* arts. 21.º e 27.º do mesmo diploma.

[683] A Lei n.º 32/2006, de 26 de julho, com a alteração Lei 25/2016, de 22 de agosto, que, no seu art. 8.º estabelece os requisitos e pressupostos para o recurso à técnica.

[684] Salter Cid é um crítico quanto à equiparação das uniões de facto ao casamento, referindo que «o nosso legislador mostrou-se consciente de que o respeito pela liberdade do consentimento matrimonial, pelo "direito de não contrair casamento", impede se cometa a suma maldade de casar por decreto quem não manifesta a vontade de se casar: aquela vontade que "importa aceitação de todos os efeitos do matrimónio"; e, apercebeu-se certamente de que, além de atentado ao casamento-instituição, impor um qualquer casamento subalterno teria sido uma questão de máscara e de grau de violação do aludido direito» (2005, p. 786).

[685] Ainda que numa perspetiva de quase-, semi-, ou pseudobiologia (N, Mahajan, & Shenoi, 2014, p. 259).

terceiros, numa colaboração reprodutiva de *outsourcing*, dando causa a arranjos relacionais novos [686], [687].

A inter-relação entre a saúde, os direitos humanos, os sistemas de saúde, as relações e os objetivos individuais e sociais da reprodução de homens e mulheres apresenta variações entre as políticas globais e locais, entre visões culturais, religiosas, éticas e morais que influenciam as políticas. Baseando-se a política na pluralidade humana, ocupando-se da coexistência e da associação de seres humanos diferentes, que se associam de acordo com aspetos comuns (Arendt, 2007, p. 83), a verdade é que a gestação de substituição ainda não apresenta esse aspeto homogéneo (Thompson, 2005). Em causa está, de facto e quanto a nós, o exercício da liberdade individual de cada um(a) em procriar [688], ainda que com recurso a terceiros, mas os veios comunicantes, incluindo com a dimensão coletiva, impõem que as (bio)políticas a definir também incluam esta vertente social. Assim, a bioética tem :

> «*[...] responsabilité sociale et politique qui l'oblige à réfléchir sur un plan international, collectif et à long terme. Un des enjeux de la bioéthique actuelle est de définir ce rapport entre le général et le particulier : soit elle continuera à alimenter une dynamique constructive entre eux — alliant l'un et l'autre dans sa réflexion —, ou elle poussera leur tension jusqu'à la rupture, se scindant en une bioéthique du cas particulier (une bioéthique principalement médicale qui traitera les problèmes de manière pragmatique) et une bioéthique générale (l'environnement, les règlements internationaux.*» (Pinsart, 2009, p. 45)

Esta relação entre a sociedade e a ciência enfatiza a responsabilidade moral de dotar a sociedade e os membros que a compõem de informação [689] para potenciar o debate e, fatalmente «o acesso potencial ao conhecimento cria a obrigação» (Popper, 1999, p. 161), no sentido que extraímos de Kuhn, no seu posfácio em *A Estrutura das Revoluções Científicas*, sobre a relação entre «ser e dever ser», e também o «ter de ser»,

[686] Até podendo inverter o contínuo geracional das relações familiares. Por exemplo, pense-se nos casos em que as avós são as gestantes dos netos.

[687] E para além dele, considerando as técnicas médicas para assistir aos recém-nascidos; basta pensar no fenómeno dos partos prematuros e na suscetibilidade crescente de estas crianças sobreviverem fora do corpo da mãe.

[688] Paulo Otero, por seu turno, entende que o art. 36.º, n.º 1 da CRP abarca a procriação natural. (Otero, Personalidade e Identidade Pessoal e Genética do Ser Humano: Um Perfil Constitucional da Bioética, 1999).

[689] Ainda que distinga a opinião pública da discussão livre e crítica, «[...] que é (ou deveria ser) a regra em ciências, e que inclui a discussão de questões de justiça e outros problemas morais. A opinião pública sofre a influência, mas não é resultado, nem está sob o controle, de discussões deste tipo. A influência benéfica destas discussões será tanto maior quanto mais honesta, simples e claramente elas forem conduzidas» (Popper, 2003, p. 472).

e as consequências como os cientistas se devem comportar para «[...] a sua empresa ser bem-sucedida» (Kuhn, 2009, pp. 276-277). De facto, o conhecimento centrado na informação [690] com o envolvimento da sociedade é essencial para determinar que tipo de futuro queremos, sendo, para Popper, o caráter público da ciência e das suas instituições «[...] impõe uma disciplina mental ao cientista e que preserva a objetividade da ciência e a sua tradição de examinar criticamente novas ideias» (Popper, 2007, p. 144). O cientista está sempre submetido ao escrutínio público dos resultados que alcança e com a possibilidade de correção, cometer erros, reconhecê-los e aprender com eles [691] sem desconsiderar que, se a «pós-modernidade» nos encerra uma advertência, que não nos esqueçamos do ser humano e dos seus anseios fundamentais, de não levarmos tão longe a racionalidade técnica (Kaufmann, 2015, p. 46), na tal empresa bem-sucedida a que Kuhn se refere.

Trata-se de políticas sobre a vida e relacionam-se com a forma (também política) de pensar a procriação (Fassin, 2011), ainda que este processo possa não ser (e não é) diretamente governável, o que é um dilema (político) (Innerarity, O Futuro e os seus Inimigos: uma defesa da esperança política, 2011, p. 99) desta areia que tende a escapar pelas mãos. Mas este processo é inevitável e impõe-se. O «pessoal [também] é político», e esta é a mensagem da crítica feminista à dicotomia entre as esferas pública e privada (Okin, 1989, p. 124) e que foi, e é, particularmente relevante na assunção pelo Estado de um conjunto de garantias associadas aos direitos das mulheres. Também neste afloramento a ciência e a tecnologia são figuras centrais na política da moderna democracia, não estando desassociadas — bem pelo contrário — da sociedade, e dão causa a novas formas de participação social. São projetos de «democratização da ciência» (Hurlbut J. B., 2017, p. 16) que impelem o debate biopolítico num exercício efetivo de participação democrática e que conduzem a um novo afloramento da cidadania — a denominada biocidadania que democratiza o debate e as soluções adotadas refletindo uma «*[...] shift of responsibility for public welfare from the state to the private realms of market and family*» (Roberts D. E., 2009, p. 794).

A opinião pública confere o caráter democrático na bioética: «*[c]haque personne est en relation avec les technosciences en tant qui citoyen devant se prononcer sur la place que les programmes politiques leur accordent, en tant consommateur participant à la dynamique économique et en tant que professionnel en interaction avec elles*» (Pinsart, 2009, p. 63). Um fator de legitimação «*[...] lo constituirían los derechos humanos, con la participación de la ciudadanía en un discurso racional, en el que los participantes buscan covencerse reciprocamente*

[690] O desenvolvimento de princípios de educação e consciência pública.

[691] A aprendizagem por tentativa/erro num modelo que apresenta em três fases: «1. O problema; 2. As tentativas de solução; 3. A eliminação» (Popper, 2001, p. 18). O processo de eliminação depende, assim, da pluralidade das tentativas de solução e da eliminação do erro, e aqui agimos de maneira conscientemente crítica, o que Popper diz ser a diferença-chave entre uma amiba e um grande cientista (como Newton ou Einstein).

com argumentos para alcanzar uma opinión común» (Balaguer, 2017, p. 127). Trata-se da denominada vida prática de Sloterdijk, um misto entre a vida ativa e a vida contemplativa e que desenvolve o «sujeito-que-pode» e potencia o seu poder-fazer, sendo o «[...] protagonista da sua sequência de treino», a *askesis* (o treino dos atletas gregos) de manutenção ou de desenvolvimento (Sloterdijk, 2014, p. 17).

Esta democratização foi enfatizada em 2019. O Conselho da Europa, no *Guia para o Debate Público de Direitos Humanos e da Biomedicina* [692], assumia que, nos termos do art. 28.º da Convenção de Oviedo, o debate sobre os desenvolvimentos da biomedicina e a sua implementação não se cingem a especialistas e autoridades, mas a toda a sociedade como um todo. A resposta aos desafios da biomedicina e o seu potencial de moldar o futuro das sociedades têm impacto global, o que importa uma estratégia comum. Ainda que não seja o único elemento, o debate público é essencial para uma governança ética (Committe on Bioethics (DH-BIO), 2020). Também a Presidential Commission for the Study of Bioethical Issues exortava à promoção da deliberação democrática [693], sendo uma oportunidade para atores governamentais e não-governamentais trabalharem em conjunto, assegurarem o respeito por opiniões divergentes, mas assegurando o direito à informação, para evitar confusão, e que as escolhas políticas sejam pensadas. (Presidential Commission for the Study of Bioethical Issues, 2010). Há, de facto, um novo afloramento da nossa dimensão pública, da nossa cidadania e da nossa identidade que também é moldado pelas opções e políticas reprodutivas que aceitarmos [694]. Trata-se do *repronationalism*, a expressão cunhada [695] para manifestar como a ciência [696] «*[...] is part of a country's national identity and political economy, shaped through reproductive policies and practice*» (Merleau-Ponty, Vertommen, & Pucéat, 2018, p. 354).

Neste contexto, emergiu ainda a comercialização da vida íntima que deu origem a uma nova indústria: a indústria da reprodução e o negócio, dentro de regras de mercado, ou mesmo sem regras, que permite a erosão das barreiras tradicionais associadas à procriação e permite a livre circulação de pessoas, capital, bens e serviços em matéria de reprodução (Gupta J. A., 2014, p. 192). Também neste, como em qualquer outro mercado, as iniquidades, a falta de regulação, os incentivos e os custos vão ditando o caminho, levando a processos transnacionais de reprodução.

[692] Adotado pelo Committee on Bioethics (DH-BIO) na 16.ª reunião (19 a 21 de novembro de 2019).

[693] No caso em concreto, em relação aos avanços da biologia sintética.

[694] Não só para nós, mas também num afloramento de responsabilidade, para as gerações seguintes.

[695] Do texto de onde foi retirada a expressão, o âmbito está relacionado com a investigação científica em células estaminais humanas, concretamente em França, e o intercâmbio nesta temática com Israel. Empregamo-la aqui num sentido distinto, ainda que relacionado com as políticas domésticas ao nível das técnicas de reprodução e, como sublinhamos, as diferenças existentes nas diversas legislações sobre a matéria da gestação de substituição e da assimetria que essa diferença de tratamento reflete nas oportunidades que cada Estado confere para a concretização de um projeto parental.

[696] Concretamente, no contexto, refere-se à investigação sobre células estaminais.

Enquanto refletimos e tomamos posições, este fenómeno de passagem numa dinâmica global (Merleau-Ponty, Vertommen, & Pucéat, 2018, p. 355) implica que haja a necessidade de reconfiguração, o que significa a reprodução, tendo em consideração a nova transição demográfica [697] (Franklin, 2016); a globalização da reprodução impele a uma política reprodutiva transnacional para responder ao denominado *biocrossing*. Aditya Bharadwaj cunhou este termo [698] para descrever um fenómeno de passagem. Não se referindo, pelo menos unicamente, à tradicional passagem entre fronteiras dos Estados [699], mas também, e sobretudo, a fronteiras comerciais, éticas e morais e «*[...] therefore amounts to a contextual, contingent and temporal movement of the human body (itself a cultural, historic and political assemblage) across tangible, material, philosophical, historical, political, and many more "ficcional" borders of varying scale*» (Bharadwaj, 2008, p. 103).

A gestação de substituição e o discurso e o paradigma ético que suscita marcam a ferros a discussão em torno de a ciência contribuir — poder contribuir ou dever contribuir — para a temática da reprodução assistida e, apesar de o ideal ético da ciência poder ser visto de uma perspetiva objetiva [700] e despida de subjetivismo, neste caso, o objeto e/ou o sujeito em análise são marcadamente valorativos [701], sociais e culturais. Ademais, ainda que radicando na esfera pessoal de cada um, a configuração dos direitos reprodutivos tem, também, uma dimensão social, que tem contribuído para a emergência de uma «bioética política» que assenta no «*[...] clash of ideological values, which always have ethical ingredients, and on the "dirty hands" work of political compromise and the tailoring of ethical principles to political reality*» (Callahan, 2012, p. 165). Se a temática é, também ela, política, também não podemos deixar de a encarar como espácio-temporalmente definida. Como Kuhn explana, o conhecimento científico é a linguagem comum de um grupo e «[p]ara o compreender precisaremos

[697] A primeira identificada, especificamente no século XIX, na resposta à diminuição da mortalidade infantil e o aumento da esperança de vida, e a segunda, do final do século XX, associada à diversificação de composições familiares, aumento do divórcio, controlo da natalidade com acesso à IVG e métodos contracetivos e, também, o aumento da infertilidade.

[698] «*[B]ioavailable transfers of cellular and tissue based entities mediated by technical and biological processes that either facilitate or stifle the absorption/utilization by those parts of the body on which such transferred biogenetic entities are intended to have an effect*» (Bharadwaj, 2008, p. 102).

[699] Numa alusão aos contratos plurilocalizados.

[700] O denominado «*Value-Free Ideal of Science*», que tem sido altamente criticado, incluindo por feministas, considerando que a vertente objetiva que desconsidera quem aplica os métodos e, por isso, é irrelevante a quem são aplicados, é uma forma de desconsiderar as preocupações da falta de diversidade e inclusão na ciência (Intemann, 2021, p. 203).

[701] Por isso mais próximos de modelos como o «Value-Management», de Rolin ou, numa construção alternativa, o «Social Justice Standpoint», apresentado por Intemann, que «*[...] views science as a vehicle for correcting past and current injustices and providing us with the knowledge and tools for ensuring that historically marginalized communities also have the opportunity to be healthy and flourish*» (Intemann, 2021, p. 211). Esta visão impõe uma hierarquia valorativa.

de conhecer as características distintivas dos grupos que a criam e a usam» (Kuhn, 2009, p. 279). O que resta saber ainda é se essa definição e as fronteiras dos Estados e da biopolítica definida são suficientes e/ou idóneas a dar causa a um *apartheid* de famílias constituídas [702], mas também de famílias a constituir, com recurso a métodos ou meios que a ética-política local vetou.

A maneira como encaramos a família e a possibilidade de procriação assexuada cria novos desafios, mormente ao nível da definição dos direitos conforme os conhecíamos e interpretávamos. Como resulta dos escritos de Giovani Pico della Mirandola, no seu *Discurso sobre a Dignidade do Homem*, o ser humano possui não só uma, mas várias imagens de si, algumas das quais estranhas (1989) que se projetam no seu eu individual e social, e como vê o reflexo dos/as outros/as, nas instituições e nas relações. A gestação de substituição está, assim, no epicentro de um aceso debate ético-jurídico relacionado com a comercialização do corpo humano, os direitos da criança, a liberdade e a autonomia da mulher e os direitos reprodutivos, incluindo o direito à não discriminação, à constituição da família e à proteção de interferência injustificada na vida privada e familiar.

3. A Reprodução Assexuada

O que temos em causa, seja na reprodução sexuada e *natural*, seja com recurso ao mais avançado método de reprodução laboratorial [703], é, inegavelmente, a constituição de uma família e a produção de descendência. É neste terreno e com este pressuposto que partimos. Ter um(a) filho/a constitui um dos objetivos de grande parte das pessoas, sendo juridicamente tutelado como um fim legítimo que as soluções científicas permitem dar resposta aos problemas de infertilidade da mais variada ordem e mostra-se difícil compreender eventuais limites no acesso a estas soluções.

Em primeiro lugar, é necessário evidenciar o seguinte: um direito implica que se reconheça que a sua justificação resulta nos benefícios que a sua titularidade, e sobretudo o seu exercício, resultam para o próprio titular. O que significa que

[702] Por exemplo, o TJUE, numa decisão recente, determinou que todos os países da UE têm de reconhecer direitos de residência aos cônjuges de cidadãos de Estados-Membros, mesmo no caso de casais homossexuais e ainda que o Estado não reconheça o casamento. Numa decisão relativa à Roménia, o Tribunal determinou que o Estado-Membro tinha de reconhecer direito de residência ao cônjuge norte-americano de um homem de nacionalidade romena, ainda que o país não reconheça o casamento entre homossexuais (Tribunal de Justiça da União Europeia, 2018).

[703] O primeiro caso de que há dados sobre a doação de espermatozoides remonta a 1884 em França, quando uma mulher foi inseminada com espermatozoides por acordo entre o médico e o marido; a mulher não teve conhecimento. Mas só em 1984 foi concebida a primeira criança com doação de óvulos (Golombok S., 2015, p. 92), seguindo-se a doação de embriões. As possibilidades de combinação de critérios abrem horizontes a teias relacionais-familiares.

analisar o fundamento de um (putativo) direito implica(ria) identificar o fundamento neste sentido unidimensional. Mas, no âmbito da gestação de substituição, existem afloramentos em relação a interesses e até direitos de outras pessoas que não o seu próprio titular [704] e que importa ponderar. A moral e a ética desempenham um importante papel na configuração dos nossos direitos, moldando a forma como a sociedade encara alguns assuntos e se posiciona em relação a eles. Neste âmbito, esta visão multilateral é de extrema importância. Ser pai ou mãe de alguém importa mais do que conceber; importa criar a criança e fazê-la florescer ao seu máximo potencial. O que somos e que agentes, nomeadamente morais, somos, e as decisões que tomamos em relação à criança e ao exemplo que damos configuram não só o aspeto biológico da parentalidade, mas sobretudo o aspeto social que lhe está subjacente e que se protela desde o momento da conceção até ao fim da vida.

Assumimos que é, sobretudo, no direito a constituir família [705] que se inclui o direito à reprodução [706], [707] — ainda que não inclua o direito a ter uma criança

[704] Millum, no seu princípio do investimento, distingue neste âmbito os direitos parentais fundamentais, associados a «*realize goods of parenting*» e ao florescimento da criança (referindo-se o autor, no âmbito da sua teoria, ao «*parental work*»), e os direitos derivados, que encontram a sua fundamentação nas responsabilidades parentais, mas também a proteção dos interesses de outros, e que importam um limite ou constrangimento ao exercício dos direitos, como reclamar em nome da criança e a autoridade para decidir em nome da criança (Millum, 2018).

[705] Assumindo na vertente constitucional a pluralidade e diversidade das relações familiares, como sustentam Jorge Miranda e Rui Medeiros.

[706] Nos EUA, o direito foi reconhecido na década de 1940 com o já aludido caso Skinner v. Oklahoma, e consolidado, duas décadas mais tarde, no que tange às escolhas reprodutivas, no caso Griswold v. Connecticut, a que se seguiram, nos anos de 1970, os casos Eisenstadt v. Baird e Carey v. Population Services International, Inc.

[707] Guilherme de Oliveira inclui também o direito a procriar no direito à constituição da família. «O art. 36.º n.º 1 consagra o direito fundamental de "constituir família". Trata-se, sem dúvida, do direito fundamental de procriar e ver a prole juridicamente reconhecida [...]. [E] não está excluído, porém, que a norma venha a ganhar também o valor de conferir aos indivíduos um direito à utilização dos meios cientificamente comprovados e aptos para a procriação» (Oliveira, Aspectos Jurídicos da Procriação Assistida, 1989, p. 769). Todavia, «[...] isto não pode significar a atribuição de uma legitimidade indiscutível para usar um qualquer meio concreto, tecnicamente possível, mas que ainda não foi objeto de uma apreciação pela comunidade ou foi mesmo reprovado» (Oliveira, Mãe há só Uma (Duas): O Contrato de Gestação, 1992, p. 51). Admitindo o princípio *mater semper certa est*, o Professor entende ser aplicável o regime do art. 1982.º, n.º 3, do CC, sendo que o consentimento antecipado é nulo, ou seja, «[...] uma renúncia antecipada ao estado jurídico de mãe não é válida, não obriga civilmente o sujeito que a praticou» (Oliveira, Aspectos Jurídicos da Procriação Assistida, 1989, p. 789). A gestação de substituição é contrária «[...] ao princípio da taxatividade dos meios de regular o destino dos menores [...] o que implica que se deva afirmar [...] que é contrário aos princípios de ordem pública em matéria da família e, portanto, nulo nos termos do art. 280.º, n.º 1 do CC» (Oliveira, 1993 e Oliveira, 1992, pp. 63-64).

(Cohen B., 1984, p. 257) [708] ou a adotar uma criança — e o direito a estabelecer as respetivas relações de filiação com a descendência [709], [710] (Coelho & Oliveira, 2016) [711] estando, naquele âmbito, o acesso às técnicas de PMA [712] e às soluções científicas que permitem a criação de descendência, incluindo em regime de *outsourcing*, nos direitos reprodutivos, *in casu*, o recurso a uma gestante para conceber e dar à luz a prole de outrem. Mas se o direito a produzir descendentes e a autonomia individual de cada um(a) colocam pressão no âmbito da aceitação de técnicas de PMA, a *mercantilização* da mulher e das suas capacidades reprodutivas, bem como da criança *objeto* da técnica suscitam o problema da dignidade da pessoa humana, encarada como um objeto de satisfação de outrem.

A *liberdade procriativa* afirma a autonomia e liberdade que enformam as decisões que cada um toma em relação à reprodução [713]. O direito à autodeterminação pessoal [714] afirma não só aquela liberdade como a garantia de que alguém possa decidir se quer procriar, ou não, e quando o quer fazer, livre de qualquer limitação ou constrangimento. Este é o princípio que rege os direitos reprodutivos de cada um(a) e, em princípio, as obrigações que resultam para outros, mormente para o Estado.

A Constituição da República Portuguesa de 1976 (CRP), no que ao instituto da família tange, apresenta-o tanto no catálogo dos Direitos, Liberdades e Garantias [715], como nos Direitos Económicos, Sociais e Culturais, estabelecendo o art. 67.º, no seu n.º 1, que «[a] família, como elemento fundamental da sociedade, tem direito à proteção da sociedade e do Estado e à efetivação de todas as condições que permitam a realização pessoal dos seus membros». Desde a revisão de 1997 [716], passou a incumbir

[708] O direito a constituir família, conforme previsto no art. 12.º da CEDH, foi amplamente reconhecido pelo TEDH, e está assente nomeadamente no caso X and Y v. Switzerland, mas, e como também já tivemos oportunidade de referir, tal direito não garante o direito a ter filhos, isto é, o direito individual a ter filhos. A letra daquele preceito conduz ao sentido nuclear de família; diferente do que resulta do art. 8.º CEDH.

[709] Art. 36.º, n.º 1, da CRP.

[710] Além da constituição da filiação adotiva.

[711] V. também anotação ao art. 36.º da CRP de Miranda e Medeiros (Miranda & Medeiros, 2005).

[712] Vera Lúcia Raposo assume também o direito a procriar no âmbito do direito à constituição da família com a inclusão das técnicas de PMA, a que aderimos (v. Raposo, 2005a e Raposo, 2019). V. igualmente Pamplona Corte-Real (Corte-Real, 2002) em relação à inclusão da PMA no direito a procriar.

[713] Incluindo o parto. Por exemplo, quanto a este afloramento, a possibilidade de as gestantes decidirem se querem, ou não, um parto hospitalizado ou em contexto doméstico. O Tribunal pronunciou-se sobre este afloramento, entre outros, no caso Ternovsky v. Hungary, 2010 e mais recentemente no caso Kosaitė — Čypienė and Others v. Lithuania, 2019. Quanto a esta temática, que aqui não desenvolvemos, mas já tivemos a oportunidade de analisar v. Almeida Araújo, 2016.

[714] Uma expressão de desenvolvimento do ser humano que encontra respaldo no art. 26.º.

[715] Sobretudo no art. 36.º.

[716] Preceito alterado pelo art. 40.º da Lei Constitucional n.º 1/97 — Diário da República n.º 218/1997, Série I-A, de 1997-09-20, em vigor a partir de 1997-10-05.

ao Estado, para proteção da família, «[r]egulamentar a procriação assistida, em termos que salvaguardem a dignidade da pessoa humana» [*idem*, n.º 2, al. e)] [717]. A imposição de regulação das técnicas [718] ao nível constitucional implica que o direito que lhe está subjacente [719] haja de ser reconhecido como direito fundamental [720], isto é, o direito a constituir família inclui o direito a procriar, nomeadamente com recurso às técnicas de PMA, cuja regulação se impõe, porquanto, com a alteração constitucional, se positiva a liberdade de ter filhos/as através da procriação assistida, sendo esta «[...] a liberdade de procriação como liberdade negativa sem interferência do Estado» (Canotilho & Moreira, 2007, p. 859), excluindo-se *unicamente* as técnicas lesivas da dignidade da pessoa humana.

717 O art. 17.º do PIDCP.

718 Ainda que, como bem chama a atenção Jorge Duarte Pinheiro, a legislação geral sobre a PMA em Portugal só tenha sido publicada em 2006 (Pinheiro, 2018, p. 165) com a denominada LPMA (Lei n.º 32/2006, de 26 de julho).

719 Referem Gomes Canotilho e Vital Moreira que não há consagração do direito a procriar artificialmente como um direito positivo (Canotilho & Moreira, 2007, p. 860).

720 A fundamentalidade material referida por José de Melo Alexandrino (considerando a posição de Sérvulo Correia *in Direitos Fundamentais — Sumários*). Para apontar para este critério, o autor refere as seguintes linhas orientadoras: «i) Só pode ser fundamental aquele direito que descreva uma relação qualificada do homem e do Estado (numa dimensão básica da existência, da autonomia ou do poder das pessoas — por regra, individualmente consideradas); ii) Devido à necessária vinculação histórica, a fundamentalidade não pode ser entendida como uma grandeza fixa, mas antes suscitada e variável (existindo por isso distintos graus de fundamentalidade); iii) A noção de fundamentalidade tem necessariamente de descer ao esquema arquitetónico (à estrutura) da Constituição, razão, pela qual, na CRP, só podem ter-se como fundamentais os direitos que garantam um bem, um valor ou interesse implicado na combinação do princípio da dignidade da pessoa humana (ou Estado de Direito) com os princípios da liberdade e da igualdade (ou da solidariedade); iv) Estando portanto referida à decisão de conjunto subjacente à Constituição e podendo essa essência, na Constituição portuguesa, resumir-se pela ideia de "igual dignidade", a fundamentalidade tem de ser a expressão da igual dignidade de todas as pessoas; v) No caso dos direitos extraconstitucionais, esse critério, pressupõe não só a equivalência de fundo relativamente aos direitos fundamentais constitucionais como ainda a radicação comunitária (ou seja, pressupõe que se esteja perante um direito suficientemente radicado na consciência jurídica coletiva como elemento fundamental do ordenamento)» (Alexandrino, 2011, pp. 58-59). Nos termos do art. 16.º, n.º 1, da CRP, extrai-se uma compreensão material dos direitos fundamentais que implica, com maior ou menos intensidade, uma conexão com a dignidade humana.

A existência atual de várias formas de família [721] implica a necessidade da harmonização da coexistência de todas, sendo que em qualquer caso, a família [722]:

> «[...] representa um espaço privilegiado da revelação e desenvolvimento do amor e do afeto e, em consequência, o espaço central da construção da identidade de cada um, ou dito de outro modo, da formação e desenvolvimento da personalidade de cada um (quer da criança quer do adulto).» (Martins R. A., 2020, p. 51)

Este novo ciclo de aumento da diversidade de composições e arranjos familiares é acompanhado de aspirações parentais não só em termos de capacidade biológica e planeamento, mas também em termos biotecnológicos. A própria perceção de planeamento familiar está (agora) ligada não só à fertilidade, mas também à tecnologia, já que a ciência não só responde como redimensiona a forma como as pessoas encaram e aceitam a infertilidade. Também a reprodução, a parentalidade, *in extremis*, a própria família (Franklin, 2016), bem como o significado das relações que as conexões reprodutivas podem fazer dispersar por várias pessoas e a pressão associada ao desejo inato de produzir descendência impulsionam a biotecnologia a dar resposta a estes clamores. Por exemplo, ainda antes de considerarmos úteros artificiais, a ciência tem tornado possível os transplantes de útero como sendo uma solução que permite à mulher engravidar e ter os/as seus/uas filhos/as. Esta técnica é possível, tendo o primeiro caso ocorrido na Suécia em 2013 [723]. Mas foi dado mais um passo: em dezembro de 2018, foi anunciado o primeiro nascimento [724] após transplante de útero a partir de um cadáver. A Lancet anunciava que o procedimento já havia sido experimentado, mas sem sucesso. De acordo com os dados revelados, «*[...] there have been 10 other uterus transplants from deceased donors attempted in the USA, Czech Republic and Turkey, but this is the first to result in a livebirth*» (Ives, 2018). Em suma, as técnicas de reprodução em laboratório permitiram uma nova perspetiva sobre as relações biológicas, sociais e causais, e a tecnologia deu origem a novas formas de parentesco

[721] Numa noção que implica que os direitos reprodutivos se cingem àqueles que têm uma contribuição genética. Neste âmbito, Francisco Aguilar defende que o âmbito normativo do direito a procriar, inserido no contexto do direito à família previsto no art. 36.º da CRP — quanto a esta inserção estamos de acordo —, implica o direto a ter filhos seus, o direito à descendência biológica direta, já que a «[...] PA com recurso a doador não constitui forma de suprimento da insuficiência fisiológica reprodutiva. Daqui resulta [na perspetiva do autor] a inexistência de um direito fundamental à PMA com recurso a dador» (Aguilar, 2000, p. 710).

[722] E o casal. O estudo da autora versa sobre o casamento.

[723] Até agora nasceram 11 crianças com recurso a transplante de útero de doadoras vivas, num total de 39 procedimentos (Ives, 2018).

[724] Nasceu no Brasil, às 35 semanas e três dias, uma menina que não apresenta qualquer patologia (Ives, 2018).

(Franklin, 2013, p. 14) em que o critério biológico não só perdeu o monopólio, como está sob ataque.

Cabe determinar a admissibilidade da técnica e os seus limites [725], considerando que a autonomia de cada um(a) e o desenvolvimento de um projeto de familiar podem conduzir a efeitos noutros, o que impõe a regulação de alguns dos seus matizes. O recurso à PMA e as técnicas admissíveis estão intimamente ligados com princípios fundamentais que os norteiam e balizam. As pessoas que são confrontadas com a impossibilidade de ter filhos/as e a eventual impossibilidade de recorrer a uma das técnicas de PMA podem estar numa verdadeira privação de um cuidado de saúde (Daar, 2017a, p. 157), *in casu*, a saúde reprodutiva e, com ela, os direitos sexuais e reprodutivos. E a saúde é mais da ausência de doença, de acordo com a representação da OMS. A noção é bem mais ampla e constitui um estado de bem-estar completo ao nível físico, mental e de bem-estar social (World Health Organization, 1948). Note-se que esta definição foi acompanhada nos termos do *Programme of Action* da Conferência do Cairo, assumindo-se expressamente que «*[r]eproductive health is a state of complete physical, mental and social well-being and not merely the absence of disease or infirmity, in all matters relating to the reproductive system and to its functions and processes*» (International Conference on Population and Development, 1994, p. 59).

Ainda que a reprodução seja um direito negativo, não é menos verdade que o acesso à saúde e a cuidados médicos, num âmbito de justiça social, nos parece inegável e acontece. Vejamos, por exemplo, a questão dos métodos contracetivos [726] e o direito à IVG [727]. Pelo menos quanto a estes, devem ser afastadas as barreiras económicas de acesso a estes cuidados médicos. Por outro lado, em matéria de igualdade de género, temos por exemplo as necessárias políticas contra a discriminação em razão do género que muitas vezes se encontram em contexto laboral e que levam as mulheres a adiar a maternidade em prol da manutenção e ascensão profissionais.

Embora as técnicas de PMA não possam curar qualquer doença, o acesso a estas garante o direito a procriar e a constituir família, o que, numa interpretação atualista, inclui a reprodução, seja pelo método tradicional, seja por aqueles que a ciência põe ao nosso alcance. Assim, estamos em crer estar no âmbito dos direitos fundamentais [728]. Desta forma, só para proteção de outros direitos fundamentais deve ser

[725] Que, como referido, estão balizados pela dignidade humana, ao nível da CRP.

[726] Por exemplo, no âmbito da saúde sexual e reprodutiva, a OMS apresentou um guia que visa constituir uma fonte para a implementação de métodos contracetivos relevantes para o planeamento familiar. V. Organização Mundial da Saúde, 2018.

[727] Pelo menos na vertente mais consensual de situações em que a vida ou a saúde da mulher estão em causa, ou a criança sofra de alguma patologia incurável.

[728] Encontramo-nos no âmbito dos direitos fundamentais de personalidade. Enquanto direitos subjetivos fundamentais, representam posições jurídicas subjetivas, individuais, universais e fundamentais (Andrade, 2012, p. 114).

condicionado ou limitado o seu exercício pleno [729], nos termos do art. 18.º da CRP. Não é legítimo que se imponham aos cidadãos restrições aos seus direitos (fundamentais) individuais sem que desses limites resulte a necessidade de proteger outros direitos e interesses de igual ou superior valor e, em qualquer caso, essa limitação seja na exata medida do necessário.

Em relação ao acesso às técnicas de reprodução medicamente assistida, o TEDH tomou posição [730]. A matéria dos direitos reprodutivos [731] está incluída no art. 8.º da CEDH [732] e aí se inclui a PMA. O preceito prevê, no que tange à vida familiar, dois tipos de obrigações — reconhecer legalmente a família e, por outro lado, a preservação da vida familiar. A noção de família do art 8.º «[...] está em desenvolvimento contínuo devido às mudanças sociais e jurisprudência inovadora» (Hostmaelingen, 2016, p. 69), resultando, desde logo, obrigações de *non facere* ou de não ingerência pelas autoridades públicas, senão em casos justificados, conforme n.º 2 do art. 8.º [733]. O próprio Tribunal, no art. 8.º, assume uma noção elástica e, além da família baseada no casamento, admite outras formas de família, mormente relações familiares de facto [734], às quais garante o mesmo nível de reconhecimento. A sua combinação com o art. 14.º [735] impõe uma não discriminação em relação a qualquer direito em razão do sexo, raça, cor, língua, religião, entre outros.

Para Salter Cid, o TEDH já entendeu que «o conceito de "vida familiar" visado pelo artigo 8.º (da CEDH) não se cinge às famílias fundadas no casamento», podendo «englobar outras relações de facto», «outros "laços familiares" de facto», nomeadamente «quando as pessoas coabitam à margem do casamento». Contudo, entende também como se segue:

> «[...] o TEDH foi muito claro: as diferenças de tratamento prosseguem um fim legítimo e apoiam-se numa justificação objetiva e razoável:

[729] Em Portugal, nos termos do art. 18.º da CRP.

[730] No que tange a recurso a PMA, o tribunal tem deixado no âmbito da posição dos Estados o estabelecimento legal da parentalidade (Draghici, 2017, p. 219).

[731] Além da questão da decisão de ter filhos ou não os ter com recurso à IVG.

[732] A «família» prevista no art. 8.º inclui as relações entre duas pessoas, heterossexuais ou homossexuais e as relações entre pais/mães e filhos/as, ligados/as ou não por vínculos biológicos, incluindo relações familiares de facto. Ainda que seja necessário recorrer a critérios distintos, mormente nas relações familiares de facto em termos de duração e efetividade do laço familiar, bem como a aparência de uma família, a verdade é que o tribunal não dá primazia a um critério legal sobre o critério de facto.

[733] Embora também se equacionem obrigações positivas como resulta, desde logo, do caso Marckz.

[734] Ainda que, como resulta dos casos que apresentamos nas subsecções seguintes, para estas o Tribunal considere diversos fatores para avaliar se a relação encerra em si uma natureza familiar. Desde logo o hiato temporal por que perdura, o grau de compromisso, a expressão desse compromisso, por exemplo, a coabitação.

[735] Com o Protocolo n.º 12.

> a proteção da família tradicional; o casamento continua a caraterizar-se pela existência de direitos e deveres que o diferenciam marcadamente da união de facto.» (Salter Cid, 2005, p. 706)

No que diz respeito ao art. 8.º, a CEDH afirma:

> «O conceito de "família" utilizado da disposição concentra-se principalmente entre pais e filhos, pelo menos num contexto ocidental. O Comité de Direitos Humanos afirma que o termo "família" deve ser compreendido em sentido lato, e que não se refere apenas à família de casa durante o casamento ou coabitação, mas também para as relações em geral entre pais e filho. É irrelevante saber se as crianças nascem fora do casamento ou se elas são adotadas. Além disso, não existem requisitos formais para a criação de uma família e todos os relacionamentos entre avós/ netos, pais/ filhos adultos, e crianças/ crianças, podem constituir uma família.» (Hostmaelingen, 2016, p. 70)

Certo é que o direito ao respeito da vida familiar exige uma «família» ou, pelo menos, a potencialidade de uma, mas:

> «[...] definir esta noção de uma forma abrangente revela-se extremamente difícil numa sociedade em mutação, pelo que os órgãos da Convenção preferem uma aproximação prática baseada na exigência de laços biológicos e afetivos entre as pessoas que se apresentam como uma família, mesmo que se encontrem separadas.» (Barreto, 2010, p. 240).

Não se mostra possível definir vida familiar [736] ou vida privada no âmbito do art. 8.º nem traçar uma efetiva distinção entre ambas, já que depende da riqueza do caso concreto. Os juízes de Estrasburgo têm recorrido a este preceito em relação a diversos aspetos, incluído ao nível da reprodução. Por exemplo, no caso Evans v. The United Kingdom [737], ainda que o TEDH tenha concluído que não existia violação do

[736] Também com relevância para a perspetiva da «vida familiar» se encontra a própria posição da mulher no mercado de trabalho e com vista à concretização profissional que lhe impõe, a si sobretudo atendendo ao ainda carácter de principal «cuidadora do lar» (Tomé, 2004). «[...] tendo em vista a prossecução das respetivas atividades profissionais, a esmagadora maioria das mulheres apenas tem podido confiar no recurso à "grande família". Apesar da transição da "grande família" para a "família nuclear", a proximidade residencial de alguns parentes e afins continua a ser fundamental para o governo da vida familiar e o apoio às mulheres que desempenhem atividades profissionais» (Tomé, 2004, p. 51).

[737] Relativo a um tratamento de FIV e à alteração da posição de um dos progenitores dos embriões em relação à sua utilização.

art. 8.º, em causa estava um afloramento do direito a decidir se se quer ter filhos/as ou não, mas ao nível da PMA. Isto porque em causa estava o exercício do direito à procriação, depois de os futuros progenitores terem crioconservado embriões [738] e o marido ter acabado por recusar a sua utilização que era, no limite, a única forma de a mulher ter um(a) filho/a biológico/a [739]. O tribunal acabou por ponderar, de entre o conflito de interesses em causa, que a liberdade reprodutiva de quem não quer ter filhos/as deve prevalecer sobre quem os quer ter, já que a imposição da parentalidade a quem não a quer constitui um fardo mais penoso [740].

Contudo, numa vertente positiva, o caso Dickson v. The United Kingdom (2007) [741] marcou o panorama da temática. O Tribunal considerou que impedir alguém de aceder à PMA para procriação, neste caso em virtude de estar detido, constituía uma violação do art. 8.º. Seguindo a tradição, no caso Nedescu v. Romania (2018), o Tribunal considerou a existência de violação do art. 8.º quando o Estado impôs obstáculos a que o casal pudesse obter a custódia dos seus embriões que se encontravam crioconservados.

Mas talvez o caso que marca o art. 8.º em relação ao acesso à PMA seja o caso S. H. and others v. Austria [742]. O TEDH conclui que se subsume no âmbito do art. 8.º da CEDH o recurso a novas tecnologias para PMA, isto é, o direito de conceber uma criança de forma natural, bem como a recorrer a técnicas de procriação médica, faz parte da escolha individual da vida privada e familiar [743]. O caso foi levado ao Tribunal de Estrasburgo numa coligação ativa de quatro casais que pretendiam a técnica

[738] Considerando que a mulher teve cancro e recolheu os seus óvulos e que, com os gâmetas do marido, foram criados embriões *in vitro* e crioconservados. Anos mais tarde, e antes da implantação, o marido retirou o consentimento para a respetiva utilização.

[739] Nos Estados Unidos, na década de 1990, o Supremo Tribunal do Tennessee apreciou um recurso num caso similar. No caso Davis v. Davis (1992), Mary Sue queria doar os embriões crioconservados que tinha com o ex-marido, ao que este se opunha. O tribunal de recurso analisou a questão de os embriões não se tratarem nem de coisas nem de pessoas, e colocou a tónica na proteção da autonomia procriativa e no impacto que as decisões têm no indivíduo. Neste caso, considerando que o direito a procriar inclui, também, o direito a não procriar, o tribunal fez um juízo de ponderação sobre as consequências do exercício do direito para a contraparte. Neste caso, considerou que a consequência para Junior Davis era o *burden* de se saber pai não o querendo ser, pondo em causa a sua liberdade procriativa. Para além disso, qualquer contacto com as futuras crianças seria proibido, sendo que o interesse da mulher em doar os embriões se apresentava manifestamente superior.

[740] Em Portugal, nos termos do art. 14.º, n.º 4, da LPMA o consentimento é livremente revogável por qualquer um dos beneficiários até à transferência dos embriões, de acordo com a interpretação dada pelo CNPMA.

[741] Relativo à PMA para pessoas presas.

[742] Também no caso Dickson v. UK.

[743] O TEDH lançou, em fevereiro de 2021, uma informação sobre casos relacionados com os direitos reprodutivos, bem como o sentido e alcance destes em alguns afloramentos, como seja a PMA (Press Unit European Court of Human Rights, 2021).

de PMA, FIV com recurso gâmetas [744] de terceiros. A técnica é proibida na Áustria, que só admite procriação assistida com óvulos da beneficiária. O caso foi levado ao TEDH, depois de ser litigado na Áustria junto do Tribunal Constitucional (TC) [745], onde os autores alegaram violação da sua vida privada e familiar e o comportamento discriminatório do legislador doméstico, uma vez que havia técnicas admissíveis e outras não, nomeadamente o recurso a sémen de doador. No julgamento de 2010, concluiu o Tribunal que havia violação do art. 14.º em conjunto com o art. 8.º da CEDH (Case of S. H. and Others v. Austria, 2010), assumindo que o direito a recorrer a técnicas de PMA se encontra «*[...] within the ambit of Article 8, as an expression of private and family life (S.H. and Others v. Austria [GC], § 82)*» (European Court of Human Rights, 2020, p. 69).

No entanto, em 2011, a *Grand Chamber* acabou por reverter e concluir que a proibição austríaca não violava a Convenção, ainda que admitisse que o direito de um casal conceber um(a) filho/a e recorrer à PMA com esse fim era uma escolha privada do casal e essa escolha era uma manifestação da sua vida privada e familiar. Não obstante, a matéria altamente sensível e com questões éticas profundas levou os juízes, na sua maioria [746], a concluir que ainda não existe um terreno comum claro e tendencialmente homogéneo nesta matéria moralmente sensível, admitindo-se as preocupações do Estado em querer prevenir eventuais seleções eugénicas e exploração das mulheres doadoras (Case of S.H. and others v. Austria, 2011). Mas o que aqui releva, e independentemente da ampla margem de apreciação [747] que acabou por ser usada nos termos do n.º 2 do art. 8.º, é a posição do Tribunal em relação ao recurso à PMA. Esta posição voltou a ser reiterada em Estrasburgo. Por exemplo, no caso Kneecht v. Romania, o Tribunal considerou que, numa aceção ampla, se inclui na «vida privada» «*[...] the right of a couple to conceive a child and to make use of medically assisted procreation to that end, such a choice being clearly an expression of private and family life*» (2013).

Além disso, também no âmbito da PMA inclui-se ainda o DGPI. No caso Costa and Pavan v. Italy (2012), o TEDH considerou que a proibição do Estado italiano na realização de testes genéticos para impedir que fosse transmitida doença hereditária [748] constituía uma violação do art. 8.º por interferência não justificada na vida privada e familiar [749]. Assim sendo, o direito à reprodução como uma liberdade de ter filhos/as é um direito fundamental pelo imperativo natural que assume na

[744] Ovócitos, neste caso, já que para recurso a doadores de espermatozoides a legislação nacional não impunha qualquer limite.

[745] Em que os litigantes se insurgiam contra a *Artificial Procreation Act* de 1992.

[746] Um dos juízes afirmou ainda que banir estas práticas se podia justificar com base no inalienável e intrínseco valor da dignidade humana.

[747] Quanto a esta temática, v. Botelho (2011).

[748] No caso, ambos eram portadores do gene da fibrose quística.

[749] Para além da inconsistência legal, considerando que, caso o feto fosse portador da doença, a mãe poderia, posteriormente, interromper a gravidez.

vida de cada um(a), na sua natureza e na sua dignidade *in extremis*. Desta forma, concluímos que as técnicas de PMA permitem dar conteúdo efetivo ao direito à reprodução e à constituição da família, sendo que neste se inclui, além dos tradicionais direitos a decidir se se quer ter filhos/as, quando e com que espaçamento. Nestas dimensões tradicionais inclui-se também a reprodução assistida, incluindo o recurso ao DGPI [750]. Assume-se assim um novo modelo da procriação que prescinde agora do coito e da relação sexual entre duas pessoas de sexos diferentes. Não só implica que em relação à determinação da parentalidade haja novos critérios, como as teias familiares são agora mais complexas e intrincadas, mas, de qualquer forma, *legítimas* e protegidas.

4. A Reprodução Assexuada com Recurso à Capacidade Reprodutiva de Outrem

Um princípio essencial em matéria de direitos reprodutivos diz respeito à proteção da vida privada e familiar [751], [752]. Todavia, este direito não inclui o direito a ter um(a) filho/a, seja por via natural seja por recurso à PMA ou ainda o direito a adotar. Contudo, é inegável o direito a constituir família, incluindo o impulso inato de cada ser humano produzir a *sua* própria descendência. Partimos, como já apresentámos, do direito a procriar no sentido de um direito de liberdade garantido a todo o ser humano, livre de qualquer ingerência que não se justifique legalmente e que a ponderação dos interesses em conflito o justifique.

Fazemos a análise e reflexão deste fundamento, desde logo, através do art. 8.º da CEDH, considerando que neste preceito se inclui a liberdade de procriar como integrante da vida privada e familiar, nomeadamente a reprodução assexuada. Este é o pressuposto subjacente a este direito e que justifica, particularmente, a suscetibilidade de acesso à PMA dentro do contexto da vida privada e familiar de cada um(a). Mas se isto é para nós verdade, também não deixa de ser um facto que, ainda que os direitos reprodutivos se assumam numa interpretação ampla, como resultou desde logo da Conferência do Cairo, dificilmente podemos assumir que a gestação de substituição se possa incluir no seu âmbito sem pelo menos outras análises e considerações.

No que tange à reprodução com recurso às capacidades reprodutivas de outra pessoa no biocontrato de gravidez, começamos esta reflexão pela mão da Baronesa

[750] Uma manifestação do progresso científico de que as pessoas têm direito a beneficiar, conforme consagrado no art. 27.º da DUDH e no art. 15.º, n.º 1 do PIDCP.

[751] Desde logo previsto na DUDH, no art. 16.º; no PIDCP, no art. 23.º; no art. 8.º da CEDH; e no art. 7.º da CDFUE.

[752] Conforme se conclui da secção precedente da jurisprudência do TEDH.

Warnock. O Relatório Warnock de 1986 referia quão devastador pode ser não conseguir ter um(a) filho/a para quem o deseja — «*it can disrupt their picture of the whole of their future lives*» (p. 8) —, mostrando incapacidade de cumprir as suas expectativas e as que os outros e a própria sociedade esperam. Do mesmo relatório se extrai o inabalável argumento inerente à continuidade da espécie, o desejo de perpetuação da carga genética pelas gerações vindouras [753] (p. 9) e que não é cumprido pela adoção, abrindo-se espaço não só para as técnicas de PMA em geral, mas para a gestação de substituição em particular. A grande questão que a Baronesa Warnock suscitava era, apesar de reconhecer nos termos do art. 16.º da Declaração Universal dos Direitos Humanos (DUDH) e da própria CEDH que todas as pessoas têm direito a casar e constituir família, o que é diferente de as pessoas terem direito a assistência para ter filhos (Warnock, 2002, p. 29).

O relatório acabou por concluir que, em matéria de gestação de substituição, a posição quanto à sua admissibilidade devida é negativa. Entenderam os peritos que esta prática, mormente na sua versão comercial, era manifestamente degradante [754]. Contudo, como continua a acontecer em matéria de gestação de substituição, as posições nunca foram homogéneas. Ainda no Relatório Inglês de 1986, Wendy Greengross e David Davies, na sua declaração de voto, chamavam a atenção para o facto de a gestação de substituição ser, pelo menos em situações limite, uma efetiva opção para casais que não tinham como ter filhos/as de outra forma. Alertavam até para o facto de, não sendo admitida esta técnica como opção procriativa, os casais virem a ser levados a desistir do seu projeto parental ou continuarem o único caminho que conheciam, ou seja, manter tratamentos de fertilidade, aumentando os riscos para a saúde da mulher e eventuais abortos. Além disso, os casais seriam empurrados para acordos de gestação de substituição «*do-it-yourself*» (Report of the Committe of Inquiry into Human Fertilisation and Embryology, 1984, p. 88), com consequências insatisfatórias para todos. Os peritos eram pragmáticos na sua tomada de posição, concluindo que a demanda pela gestação de substituição vai continuar e até aumentar, ainda que a procura desta técnica «*[...] might well be frivolous or misplaced, but there are undoubtedly couples who, for the medical reasons* [...], *will seek surrogacy as a last resort*» (Report of the Committe of Inquiry into Human Fertilisation and Embryology, 1984, p. 88). Além disso, casais homossexuais ou solteiros não teriam, além da gestação de substituição, outra possibilidade de assegurar a procriação, funcionando como «*[...] a deviation from the 'natural' progression to childbirth after marriage, thus restoring gender roles to their 'rightful' format*» (N, Mahajan, & Shenoi, 2014, p. 258).

[753] A marca genética é uma assinatura indelével.

[754] Também, quanto a este aspeto, a New York State Task Force on Life and the Law de 1988 concluía que «*the exchange of money for possession or control of children [...] threatens to erode the way that society thinks about and values children, and by extension all human life*» (Allan, 2014).

O decurso do tempo deu-lhes razão [755]. O «mercado» da gestação de substituição cresceu e cresce, tornando-se numa opção procriativa para muitas pessoas que almejam um projeto parental que idealizaram para si. Em 2013, estimava-se que cerca de 20 mil crianças nasciam anualmente como consequência de um acordo de gestação de substituição (Wells-Greco, 2016, p. 40) e, em 2019, o relatório da IFFS concluía que 42% dos países que responderam [756] ao inquérito praticavam a gestação de substituição total ou gestacional.

Não obstante, uma visão puramente pragmática quanto a estes apelidados «mercados de bebés» não oferece qualquer resposta às dimensões éticas e políticas que lhe estão subjacentes. A vontade e o que as pessoas conseguem não é o fundamento; é o *posterius*, e não o *prius*. E é neste *prius* que reside o eventual fundamento que legitima, ou não, a contratação de uma gravidez. No entanto, a política que se define sobre o direito à reprodução gira sempre em torno de grande controvérsia. Se é verdade que o assunto se relaciona com a esfera privada das pessoas, no projeto parental que decidem para si e para a sua família, o impacto social que estas políticas têm e a tolerância destas suscitam questões com forte relevância coletiva.

Contratar uma gravidez tem, para além das partes, externalidades que não são de desconsiderar na configuração do bionegócio — mormente a criança gerada e a própria sociedade —, sendo que os melhores interesses do ser de direito a que o contrato dá causa o princípio basilar nas tomadas de decisão em relação aos efeitos, ou à falta deles, do negócio. A criança vê-se no centro de um contrato que muitos apelidam de compra e venda de bebés produzidos por uma incubadora humana contratada para o efeito, considerando a colocação no mercado de um útero uma violação da dignidade da mulher e da criança que é intolerável — a verdadeira demonstração, como muitos referem, da reificação da mulher e das suas capacidades reprodutivas, e a transformação da criança num objeto de consumo.

A exploração das gestantes é outro dos argumentos suscitados, considerando que muitas destas mulheres são tipicamente pessoas vulneráveis, de classes baixas e com baixos rendimentos que, em alguns casos, se sujeitam a uma gravidez e que não raras vezes o fazem para suprir necessidades familiares ou melhorar as suas condições de vida. Ademais, casos há em que por incumprimento contratual os outorgantes não honram as *obrigações* a que se vincularam, ou a gestante não quer entregar a criança ou os beneficiários não a querem receber. As questões associadas à IVG também não são despiciendas quando se trata, por exemplo, de gravidezes múltiplas ou de abortos seletivos quando um dos fetos apresenta malformações.

É neste terreno pantanoso que a gestação de substituição se coloca e o que importa quanto a nós nesta altura é refletir sobre as relações entre a ética e a política

[755] Aliás, anos mais tarde, a Baronesa Warnock acabou por considerar que talvez esta minoria tivesse razão (Warnock, 2002, p. 88)

[756] Ou seja, 31 dos 72 países questionados e que responderam.

e a solução legal que destas deriva. É uma reflexão dirigida não só para o presente, mas também para o futuro e para o caminho que decidamos ou não trilhar, consoante a resposta que dermos.

> «[o] caso das pessoas numa sociedade futura é o único caso em que podemos ter, ao mesmo tempo, uma confrontação puramente nocional com outro conjunto de valores e ainda alguma responsabilidade por eles — uma responsabilidade, pelo menos, até ao ponto em que podemos, ou não, tentar imprimir os nossos valores em gerações futuras.» (Williams, 2017, p. 207)

Sendo que a questão ética é «por excelência a questão das pessoas que agem» (Feltz, 2015, p. 144), só pode ser considerada como fundamento de ação social [757], que alarga os limites do futuro através dos limites que impõe no presente. Quando agem, «[...] as pessoas querem necessariamente, antes de mais, algum resultado: querem que o mundo seja de uma maneira e não de outra» (Williams, 2017, p. 77), e, nesta temática, há, inegavelmente, um reposicionamento de um estado de coisas por outro; uma nova dimensão e interpretação da parentalidade.

O que importará, nesse caso, é que se construa um equilíbrio da ação humana «[...] (entre o desejo e o interdito), [que] constitui princípios e ação, preceitos segundo os quais se definem o bem e o mal» (Reimão, 2018, p. 253). É a exigência

[757] Sendo de todo relevante a conceptualização da ação. Uma questão filosófica que, lamentavelmente nunca poderíamos abordar, mas que se encontra na *Ética a Nicómaco*, é a teoria da ação que Isabel Renaud e Michel Renaud consideram de pré-ética, no sentido «[...] em que precede uma análise ética do agir orientada para os valores e as virtudes» (Renaud & Renaud, 2018, p. 46). A prática, *praxis*, como um tipo de ação cujo resultado revertia, desde logo, em benefício de quem a praticava; a questão central da atividade em conformidade com a virtude. «Resta, então, que a sensatez seja uma disposição prática de acordo com o sentido orientador e verdadeiro em vista do bem e do mal para o Humano. O fim da produção é diferente da produção do fim; mas o fim da ação não poderá ser diferente da própria ação. Na verdade o próprio agir bem e um objetivo final» (Aristóteles, 2015, pp. 1140b 5-8). É esta ideia do valor intrínseco que Morujão entende visível em Immanuel Kant, na *Crítica da Razão Prática*, que «[...] trata dos princípios que devem reger a ação humana, ou seja, a legitimação das normas de conduta, para que a vontade seja pura e não determinada por motivos de carácter empírico» (Morujão, 2018, p. 65). Na verdade, trata-se de uma ótica de ética kantiana com a legitimação da ação, assente em princípios, sendo os princípios práticos as «[...] proposições que contêm uma determinação geral de vontade, a qual inclui em si várias regras práticas. São subjetivos, ou *máximas*, quando a condição é considerada pelo sujeito como válida unicamente para a sua vontade; mas são objetivos ou *leis* práticas, quando essa condição é reconhecida como objetiva, isto é, válida para a vontade de todo o ser racional» (Kant, 1994, p. 29). De facto, tanto para Aristóteles como para Kant, «[...] a justificação das proposições éticas virá apenas do seguinte: elas serão proposições aceites por quem age racionalmente ou leva uma tal vida» (Williams, 2017, p. 47).

ética, insaciável, que, nas palavras do filósofo francês, é uma exigência de santidade (Levinas, 2018, p. 87), de um dever nunca verdadeiramente cumprido.

A reprodução, citando Gail Kligman [758] (Brower & Sargent, 2011, p. 4), é o meio como os indivíduos e a coletividade asseguram a sua continuidade, identificando-a com a própria identidade e os interesses individuais e coletivos. Mapear este entendimento é essencial para que seja possível «*[...] strategize how to undo socially constituted arrangements that hurt people or impinge on people's reproductive choices*» (Erikson, 2011, pp. 36-37). Assim, neste contexto, as questões que se colocam e a que impõe responder, é: 1. Qual o fundamento ético-jurídico para justificar, e a quem, o recurso à gestação de substituição? 2. Qual a relevância da biologia em relação ao fundamento para aceder à capacidade reprodutiva da gestante? Para responder, vamos começar por apresentar e analisar as orientações que se podem extrair das decisões do TEDH, bem como do TJUE, em matéria de gestação de substituição.

4.1. As Orientações do TEDH

Para tomarmos posição e darmos resposta às primeiras questões a que nos propomos responder neste trabalho, consideramos a necessidade de ordenação da «sociedade internacional» em que, a par de acolher os/as cidadãos/ãs do mundo é, também, palco dos seus problemas, pelo que se impõe uma análise da temática que abarque as orientações que têm sido dadas nesta matéria pelo TEDH. Assumindo as assimetrias legais em matéria de gestação de substituição, ainda que assente em princípios comuns, o respeito pela diversidade local e a falta de consenso europeu, analisaremos decisões do TEDH com o escopo de extrair as orientações que do Tribunal de Estrasburgo vêm sendo dadas.

A matéria relativa à gestação de substituição coloca sérios desafios e *pressão* local sobre as opções tomadas, porquanto a deslocalização além-fronteiras de quem procura a concretização de um desejo *procriativo* é grande, designadamente sempre que num país seja adotada uma solução proibitiva ou restrita de uma prática que, noutro local, se admita.

Ao nível da CEDH, nesta matéria, está sob análise, sobretudo, o art. 8.º da Convenção, mas também ao art. 12.º e 14.º. De facto, «o TEDH teve influência decisiva na criação, construção e sedimentação de um acervo de valores que constituem hoje património comum de uma "sociedade europeia de tribunais"» (Gaspar, 2009, p. 38), constituindo uma fonte interpretativa, além das decisões concretas [759].

[758] No *Politics of Duplicity: Controlling Reproduction in Ceausescu's Romania*, de 1998.

[759] Em matéria de bioética, o art. 8.º tem permitido «[...] estender a sua proteção a novas realidades emergentes dos avanços científicos em matéria de procriação medicamente assistida» (Leão, 2017, p. 37).

No âmbito dos direitos reprodutivos e das novas fronteiras e afloramentos que aos mesmos vem sendo dado ênfase, o Tribunal tem dado alguns contributos de enorme valia para a sedimentação dos princípios que devem nortear o direito à vida, vida privada e vida familiar. Ademais, tem tido um papel ativo na própria (re)definição do conceito de família e, consequentemente das relações familiares e o que se deve entender por estas, ou melhor, a definição atualista do conceito em constante mutação. Se o TEDH foi anteriormente confrontado com situações relativas à reprodução, *in casu*, formas de a terminar, como nos casos de IVG, tem agora outro movimento entre mãos: formas de a constituir ou aumentar com recurso à PMA.

A aplicabilidade do art. 8.º da CEDH tem sido desafiada em matéria de gestação de substituição. Nesta concreta temática, o TEDH pronunciou-se expressamente em alguns casos. Cumpre desde já dar nota que o Tribunal não tomou qualquer posição sobre a admissibilidade ou não, e com que limites, da gestação de substituição. Em matéria de gestação de substituição, o TEDH assume que as posições altamente polarizadas e assentes em princípios éticos estruturantes para os Estados, e soluções legais díspares, conduzem a uma absoluta falta de consenso no que tange à gestação de substituição, o que radica na doutrina da ampla margem de apreciação.

Os casos levados ao Tribunal confrontam os juízes de Estrasburgo com situações de facto já constituídas, isto é, crianças nascidas no âmbito de um contrato de gestação de substituição que, no regresso a *casa*, são confrontadas com impedimentos de várias ordens [760], quer quanto ao reconhecimento dos beneficiários como pais/mães da criança e a custódia da criança, quer quanto ao reconhecimento da nacionalidade.

4.1.1. O estabelecimento da paternidade biológica

4.1.1.1 Os casos Mennesson v. França e Labassee v. França

O TEDH foi confrontado pela primeira vez com a gestação de substituição no caso *Les Cigognes* na década de 1990 [761] (Lavisse v. France, 1991), mas foi só anos mais tarde que o Tribunal decidiu os dois primeiros casos de contratos de gestação de substituição, também eles vindos de França, e que começaram a jurisprudência do TEDH em matéria de gestação de substituição. Os casais Mennesson e Labassee foram confrontados em França com a proibição de reconhecimento da filiação dos respetivos filhos quando regressaram do estrangeiro, onde as crianças nasceram,

[760] Nunca foi o TEDH confrontado com uma situação de conflito positivo entre beneficiários/as e gestante (e eventualmente o marido desta). Apesar de os casos em que tal se coloca terem consequências graves, sobretudo para a criança que se vê no meio de um conflito, a verdade é que estes casos são raros. Um relatório do «*Health Department of New York reported that between the early 1980s and 1990s, of the estimated 4,000 children born in that state to surrogates, "only twelve surrogacy-related cases had been field in the US courts, and in every case except one, custody was awarded to the intended parents*» (Feinberg & Feinberg, 2010, p. 436).

[761] V. capítulo II — A análise do ordenamento jurídico francês.

no âmbito de contratos de gestação de substituição. Os casos acabaram no Tribunal de Estrasburgo que, em 2014, tomou a sua primeira posição em matéria de gestação de substituição (Mennesson v. France, 2014 e Labassee v. France, 2014). Em ambos os casos, o Tribunal pronunciou-se sobre a recusa do Estado francês em reconhecer as relações de filiação entre pais e filhos que haviam sido estabelecidas nos EUA no âmbito de contratos de gestação de substituição, legalmente válidos naquele país.

No caso Mennesson, o casal deslocou-se e celebrou nos EUA um contrato de *surrogacy*, tendo a gestante sido inseminada com gâmetas do Sr. Mennesson. O contrato e a respetiva tramitação decorreram de acordo com a lei do Estado norte-americano da Califórnia e o tribunal local declarou o casal pai e mãe das crianças. No regresso a França, o certificado de nascimento estrangeiro não foi reconhecido, uma vez que não existia uma declaração do hospital a abonar a favor do parto em relação à (declarada) mãe. A questão acabou nos tribunais franceses e, apesar de a primeira instância concluir que a não transcriação da filiação ia contra os interesses da criança, o caso acabou em recurso no *Cour de Cassation* (Cour de Cassation, Chambre Civile 1, 10-19.053, 2011). O Tribunal conclui que, nos termos da lei francesa, os contratos de gestação de substituição são nulos e não produzem quaisquer efeitos, constituindo uma ofensa à ordem pública internacional, ainda que os pais houvessem suscitado perante o tribunal francês a violação do art. 8.º da CEDH (Merchant & Parizer-Krief, 2018).

A mesma linha de argumentação foi usada no caso dos Labassee. Tal como os Mennesson, a mulher do casal era infértil e, neste caso, recorrendo ao Estado do Minnesota, celebraram um contrato de gestação de substituição em que a gestante foi fertilizada com um embrião produzido com os gâmetas do beneficiário e óvulos de uma doadora. Também nos termos da lei norte-americana, os beneficiários foram declarados os pais da criança. A posição do Tribunal francês foi a mesma do caso precedente (Cour de Cassation, Chambre Civile 1, 6 avril 2011, 09-17.130). Foi ainda suscitada a *possession d'état*, considerando que as crianças de ambos os casais estavam com os beneficiários desde o nascimento, sendo tratados como filhos/as, mas, considerando o tribunal a fraude usada para o reconhecimento da filiação, nenhum princípio ou direito fundamental a poderia mitigar, o que justificava a não transcrição no registo da criança (Merchant & Parizer-Krief, 2018) [762], [763].

Os Mennesson e os Labassee levaram os casos perante o TEDH [764]. O tribunal de Estrasburgo considerou que, ainda que França visasse desencorajar os contratos

[762] Nestes casos, não se suscitava a questão de as crianças serem apátridas, uma vez que nasceram nos EUA. Ademais, vigorando o princípio do *ius soli*, ambas tinham nacionalidade norte-americana.

[763] «*Mais la possession d'état maternelle ne fait présumer que la femme qui se comporte comme la mère de l'enfant est bien celle qui l'a mis au monde. Aussi, se la maternité pour autrui est avérée, une telle possession d'état ne pourrait pas être constatée et, si elle l'était, l'acte de notoriété ne pourrait être transcrit en marge de l'acte de naissance de l'enfant*» (Mirkovic, 2013, p. 121).

[764] Mennesson v. France (2014) e Labassee v. France (2014).

de gestação de substituição, o que era legítimo — e na ponderação com os interesses dos/as beneficiários/as aqueles prevaleciam —, as consequências não podiam ferir o art. 8.º da CEDH em relação a cada uma das crianças visadas, o que acontecia de forma ostensiva quando o Estado recusava o reconhecimento da filiação já constituída nos casos em concreto.

Uma coisa, e o que foi enfatizado, é considerar a margem de apreciação sobre a admissibilidade ou não da gestação de substituição considerando a ausência total de consenso quanto a esta matéria, mas outra coisa, bem diferente, é a ponderação necessária que resulta, a jusante, do reconhecimento da parentalidade em relação às crianças, essencial para a identidade de cada pessoa e que o Estado tem o dever de garantir. Neste momento, o não reconhecimento e a transcrição dos certificados de nascimento estrangeiros têm como consequência deixar as crianças num estado de incerteza quanto ao reconhecimento da relação de facto com os beneficiários, o que põe diretamente em causa a sua identidade, bem como a própria nacionalidade. O tribunal concluiu assim que o reconhecimento da realidade biológica em relação ao pai — ascendente genético em ambos os casos — era o que garantia os melhores interesses das crianças, considerando as consequências na sua identidade e o respeito pela vida privada. Parece resultar evidente que as crianças não podem ser discriminadas por terem nascido em resultado de um contrato de gestação de substituição e simplesmente ver negado o seu estatuto e nacionalidade só porque o Estado que as recebe não aceita a gestação de substituição. Nesta decisão, ainda que assuma a falta de consenso entre os Estados do Conselho da Europa garantindo uma ampla margem de apreciação sobre a inclusão e admissibilidade desta técnica de PMA, especificamente ao nível do art. 8.º, esta margem estreita consideravelmente quando em causa se impõe a ponderação dos interesses das crianças. Quando as consequências se repercutem na esfera jurídica da criança, os seus interesses devem prevalecer (Cabeza, Fenton-Glynn, & Boiché, 2016).

Em ambos os casos, o tribunal considerou a existência da vida familiar e que esta foi posta em causa mediante a recusa do Estado francês em reconhecer cada um dos beneficiários como pais. Isto apesar de o Estado ter como objetivos a proteção da exploração das mulheres e a venda de crianças, o que pode justificar a interferência nos termos do art. 8.º, bem como justifica uma ampla margem de apreciação por parte dos Estados em matéria de gestação de substituição — considerando os problemas legais, éticos e morais que lhe estão associados —, o que permite que recusem a técnica de PMA, mormente na sua vertente comercial. Mas o problema agora é outro; é a relação de parentalidade e a necessidade de interpretação daquele art. 8.º com a própria Convenção sobre os Direitos da Criança (CDC). Nesta ótica, a posição do Estado tem reflexos diretos e necessários na vida da própria criança, enfatizando que a vida privada impõe, necessariamente, que todos possam estabelecer a sua identidade. Isto é, o tribunal coloca a tónica não nos direitos dos pais, mas sim no direito da criança, nomeadamente na sua identidade pessoal, também ela incluída no art. 8.º, tanto no aspeto da vida privada, como no afloramento da vida familiar que resulta do preceito. A relação existente entre pais e filhos era evidente desde o nascimento da criança; de forma palpável, demonstravam a existência de vida familiar.

Desta forma, o Tribunal considerou que a interferência na vida privada dos pais/mães era legítima, considerando os fins que visava, especificamente a indisponibilidade do corpo humano e outros direitos quer da gestante, quer da criança e, por isso, a sua posição de considerar os contratos nulos e sem efeitos visa desencorajar os seus nacionais a procurarem esta solução, pelo que a margem de apreciação é, nesse aspeto, ampla e considerada necessária numa sociedade democrática face às questões éticas que suscita e a absoluta ausência de consenso dentro do espaço do Conselho da Europa. Contudo, exatamente considerando os direitos de outros, máxime da criança nascida, o estabelecimento da paternidade e o reconhecimento da filiação impõem uma nova ponderação entre os interesses conflituantes e, agora, está também em causa a identidade da própria criança nos termos do mesmo art. 8.º. Neste confronto, estes interesses devem preponderar, estreitando a aludida margem de apreciação e impondo, portanto, o reconhecimento da filiação paterna em relação ao pai biológico.

4.1.1.2. Os casos Foulon v. France, Bouvet v. France e Laborie v. France

Depois das decisões Mennesson e Labassee, o TEDH parece ter fixado a doutrina no que tange ao reconhecimento dos pais biológicos no âmbito de contratos de gestação de substituição. Em 2016, o TEDH decidiu mais dois casos franceses. Em ambos os casos se tratava da omissão de reconhecimento da filiação paterna em relação à filha do Sr. Foulon e dos gémeos do Sr. Bouvet. Em ambos os casos, os beneficiários eram os pais biológicos das crianças, nascidas no âmbito de contratos de gestação de substituição outorgados na Índia. O TEDH seguiu a doutrina Mennesson e Labassee, considerando o art. 8.º da CEDH, isto é, a violação do direito à vida privada de cada uma das crianças.

No caso Laborie de 2017, o Estado francês voltou a ser condenado no Tribunal de Estrasburgo pelo não reconhecimento de dois certificados de nascimento de gémeos, nascidos na Ucrânia, fruto de um contrato de gestação de substituição seguindo a doutrina dos casos anteriormente julgados, considerando o art. 8.º da CEDH e as consequências da ausência de reconhecimento do direito à vida privada das crianças. Tal como aconteceu nos restantes casos, o TEDH colocou o acento tónico no direito à vida privada das crianças e não dos pais ou beneficiários.

Estas condenações do Estado francês tiveram como consequência a aceitação pelo *Cour de Cassation* do estabelecimento da filiação paterna, transcrevendo parcialmente no registo o certificado de nascimento estrangeiro em relação ao pai (biológico) [765].

[765] V. capítulo II.

4.1.2. A adoção de embriões no âmbito da gestação de substituição

4.1.2.1. O caso Paradiso e Campanelli v. Itália

Em Itália a gestação de substituição é legalmente proibida [766], [767]. A PMA italiana, na Lei n.º 40, de 19 de fevereiro de 2004, baniu a gestação de substituição, além de algumas outras técnicas de PMA [768].

> «*[The] Act n. 40 of 19/2/2004, entitled Rules about medically assisted reproduction, introduces a prohibition on employing gametes from donors, and specifically decrees: "Anyone who, in any form, realizes, organizes or commercializes gametes or embryos or surrogate motherhood is sentenced to 3 months to 2 years' imprisonment and to pay a 600,000 to 1,000,000 euro fine" (art. 12, par. 6).*» (Brunet, *et al.*, 2013, p. 294) [769]

O caso Paradiso e Campanelli [770] foi decidido nos Tribunais italianos de acordo com o panorama de proibição da gestação de substituição neste contexto legal, acabando por chegar ao TEDH. Neste caso, ao contrário dos casos Mennesson e Labassee, os queixosos não tinham qualquer relação genética com a criança.

[766] Exemplificativamente, o Tribunal Constitucional italiano, no processo n.º 96 de 5 de junho de 2015 «*[...] examined the ban on using heterologous reproduction techniques and held that the relevant provisions were unconstitutional with respect to couples that are fertile but are carriers of serious genetically transmitted diseases. In Judgement No. 272 of 2017, the Constitutional Court stated that "surrogacy motherhood offends in an insufferable way a woman's dignity and profoundly threatens human relationships", but held that every legal proceeding concerning status must take into account the best interests of the child even if it is applied to a false recognition of a child after surrogacy in a foreign country*» (Nicolussi, 2019, p. 294). A verdade é que «*[L]a Corte costituzionale ha espresso a chiare lettere il disvalore per la surrogazione di maternità quale pratica "che offende in modo intollerabile la dignità della donna e mina nel profondo le relazioni umane"*» (Cecchini, 2019, p. 18).

[767] A Comissão de Bioética italiana manifestou-se expressamente contra qualquer forma de gestação de substituição. Na Moção de 16 de março de 2016, assumiu que a «*surrogacy is a contract which damages the dignity of the woman and the child, who, like an object, is subjected to a deed of sale. The NBC believes that this hypothesis of commercialization and exploitation of the female body in its reproductive capacity, under any form of payment, explicit or surreptitious, is clearly contrary to fundamental bioethical principles also arising from the documents mentioned above*» (Nicolussi, 2019, pp. 295-296).

[768] «*The Italian Act 40/2004, forbidding the surrogacy totally, also provides very strict "subjective requisites" for access to the assisted reproduction technology: only adult and heterosexual couples, married or live-in partners, both potentially fertile-aged, both living, are eligible (art. 5)*» (Brunet, *et al.*, 2013, p. 296).

[769] A Lei n.º 218 de 31 de maio de 1995 é aplicável em matéria de contratos internacionais, uma vez que, na secção 16, prevê que as leis estrangeiras não são aplicáveis quando os efeitos sejam contrários à ordem pública internacional. Nos termos da secção 65, qualquer decisão estrangeira, incluindo quando relativa a relações familiares, só será aplicável quando não conflitue com a ordem pública ou direitos fundamentais (Nicolussi, 2019, pp. 296-297).

[770] O caso foi já objeto da nossa análise, ainda que num contexto distinto. V. Almeida Araújo, 2019.

Os beneficiários recorreram ao serviço de gestação de substituição [771] na Rússia e, aquando do regresso a Itália, o certificado não foi reconhecido, atendendo a que a concreta situação violava a lei doméstica. De facto, sobre o casal impendia uma suspeita sobre o procedimento que encetaram com as devidas consequências, nomeadamente criminais.

Neste caso, o Tribunal não analisou concretamente a matéria relativa à *surrogacy*, mas sim o facto de os Tribunais do Estado terem retirado a criança à família na pendência dos processos judiciais em curso no país. Este elemento é de primordial relevância, já que o caso italiano diz respeito às medidas do Estado que, confrontado com um caso de gestação de substituição outorgado na Rússia com recurso à adoção de embriões, decidiu retirar a criança de nove meses aos beneficiários e colocá-la numa família de acolhimento, com o escopo de ser adotada. Os Tribunais domésticos ponderaram que, ainda que houvesse qualquer sofrimento pela separação, a tenra idade da criança permitiria debelar a situação, que deveria cessar o quanto antes, para maior facilidade da separação, para ser colocada para adoção. De facto, o caso foi enquadrado como uma situação de abandono e da necessidade de proteção da criança.

No julgamento de 2015 (Paradiso and Campanelli v. Italy, 2015), o TEDH centrou, para efeitos do art. 8.º, a sua atenção na (in)existência de uma família de facto com os beneficiários e essa relação estaria incluída no âmbito do art. 8.º da CEDH. A remoção da criança aos beneficiários e a sua colocação numa *casa de famiglia*, em localidade desconhecida e sem contacto com o casal, constituiria uma interferência nos direitos previstos no aludido preceito. Mas, com o mesmo motivo, considerava agora que não era possível remover a criança desta família de acolhimento que aguardava há anos para concluir o processo de adoção. O Tribunal concluiu que houve violação do art. 8.º da CEDH, uma vez que as razões de ordem pública não podiam ser uma *carte blanche* para qualquer medida do Estado, que tinha obrigação de considerar os melhores interesses da criança, independentemente da relação genética com os pais. Todavia, atendendo a que a criança havia sido colocada numa família de acolhimento em 2013, já teria desenvolvido naturalmente laços de afetividade com aqueles que a acolheram e aguardavam a tramitação do processo de adoção. Este facto foi primordial para entender a decisão do Tribunal, dado que, apesar de considerar, como considerou, violado o art. 8.º da CEDH, não pôde extrair como consequência a devolução da criança aos queixosos.

[771] A situação não foi ponderada como uma possibilidade de adoção em Itália, considerando a decisão anterior que os afastava como elegíveis em razão da idade [Lei n.º 184/1983 (com alterações da Lei n.º 149 de 2001)], sendo que admitir a gestação de substituição seria uma forma, entre o mais, de ultrapassar os limites da lei da adoção (Nicolussi, 2019, p. 297).

A decisão é surpreendente [772], no sentido em que o casal ganhou a longa batalha legal, reconhecendo o TEDH a violação do art. 8.º no caso, mas, atendendo ao desenvolvimento da relação familiar da criança com o casal de acolhimento, o Estado acabou por não ser condenado a devolver a criança àqueles que, afinal de contas, teriam o direito a ser reconhecidos como pais da criança, apesar do contrato fraudulento de *surrogacy* a que deram causa. Compreende-se que os interesses da criança nesta altura imporiam que mantivesse o seu *status quo* familiar, prevalecendo o atual superior interesse da criança na manutenção das relações familiares que, agora, reconhece como únicas.

Não obstante, a decisão foi revertida e a posição que resulta parece, quanto a nós, ditar um importante critério em matéria de gestação de substituição. No julgamento de 2017 (Paradiso and Campanelli v. Italy, 2017), a *Grand Chamber* alterou a decisão tomada. Os juízes acabaram agora por concluir que não existia, neste caso, violação do art. 8.º em relação aos queixosos. A medida que culminou na separação da criança e dos beneficiários foi, de facto, uma interferência na vida privada e familiar, mas que se justificou. A manutenção da criança naquele contexto imporia a legalização de uma situação que a lei italiana não reconhecia e, nesta configuração, os interesses públicos eram prevalentes.

O Tribunal considerou — o que é particularmente relevante quanto à doutrina em matéria de gestação de substituição — a inexistência de qualquer relação biológica entre os beneficiários e a criança [773], bem como a curta relação que haviam desenvolvido [774] e a incerteza quanto a esta para o estabelecimento de laços de afetividade. Estes elementos foram relevantes para determinação do âmbito do art. 8.º, visto que o tribunal conclui que, no caso concreto, não existe vida familiar a salvaguardar. A inexistência de relação biológica, bem como uma situação de facto da qual não se podem extrair elementos que permitam concluir pela existência de laços familiares fortes, não permite desencadear a proteção do art. 8.º. Desta forma, as medidas encetadas pelo Estado italiano, considerando a posição legal assumida, foram consideradas meios adequados em prol do interesse legítimo que visava prosseguir. Para o TEDH, nesta ponderação o Estado não violou o art. 8.º.

Importa fazer notar que o âmbito e a questão que está a ser apreciada neste caso são diferentes dos casos franceses. É que, além da ausência de ligação genética com pelo menos um dos beneficiários, o tribunal, neste caso italiano, analisou as medidas

[772] Ainda que percetível face ao enquadramento que é dado à situação dos beneficiários em relação à criança. Se o Tribunal considerou que o Estado havia violado o art. 8.º por desconsiderar a existência de uma família no caso concreto, uma decisão que, nesta altura, revertesse a decisão doméstica teria, na prática, a mesma consequência em relação à criança.

[773] Além da inexistência de uma adoção legalmente válida e da impossibilidade de tal se poder verificar no caso concreto, uma vez que, de acordo com a lei italiana, este casal, em razão da idade, já não era elegível para um processo de adoção.

[774] O que, em caso de separação, não imporia um efeito negativo na criança.

tomadas pelas autoridades nacionais e que levaram a que a criança fosse colocada numa família de acolhimento na ótica da adoção. Já nos casos franceses o que estava em causa era o reconhecimento do certificado de nascimento estrangeiro e o reconhecimento legal da paternidade como elemento do direito à vida privada e familiar da criança, enquanto no caso italiano, por seu turno, a questão se centrou nos beneficiários.

4.1.2.2. O caso Valdís Fjölnisdóttir and Others v. Iceland

Este caso foi decidido em 2021 e parece consolidar a posição do TEDH em relação à ausência de ascendência genética em matéria de gestação de substituição (Valdís Fjölnisdóttir and Others v. Iceland, 2021). Neste processo, um casal de lésbicas viu recusada pelo Estado islandês a transcrição do registo de nascimento da filha de ambas, nascida nos EUA via gestação de substituição.

O país não reconhece a gestação de substituição, que considera ilegal, e nenhuma das beneficiárias apresentava qualquer relação de ascendência biológica com a criança. Neste caso, o Tribunal considerou a existência de relação familiar apesar da ausência da aludida ascendência [775], mas, considerando a lei doméstica, era de concluir que não existia uma violação ilegítima do art. 8.º ao não ser reconhecido o estabelecimento da filiação. A mãe é aquela que dá à luz a criança, pelo que a interferência do Estado está de acordo com a lei e, também, cumpre um objetivo legítimo, isto é, a proteção de direitos de outros, da gestante, mas sobretudo da criança em manter a sua ascendência natural.

4.1.3. O estabelecimento da maternidade com adoção de ovócitos

4.1.3.1. Os casos C. et E. c. France

Se os casos Mennesson e Labassee constituíram um caminho em relação ao reconhecimento da paternidade biológica, chegou o momento de o TEDH lidar com a maternidade. Os certificados de nascimento declaram a beneficiária como mãe, ainda que não tenha sido esta que teve a criança, o que, neste caso, põe em causa a relação gestacional, a única que os Estados reconhecem maioritariamente para reconhecer a maternidade.

O ano de 2019 terminou com a decisão de dois casos em Estrasburgo relacionados com a gestação de substituição, os casos C et E c. France, 2019. Nestes casos estava em causa a recusa do Estado francês em fazer a transcrição do certificado de nascimento estrangeiro de crianças nascidas no estrangeiro na parte relativa à beneficiária

[775] Tal como no caso italiano em 2017. Não obstante, ao contrário deste, no caso islandês, a duração da relação e os laços fortes criados entre as mães e a criança foram «*[...] reinforced by the foster care arrangement adopted by the national authorities and not contested by the Government before the Court*» (Valdís Fjölnisdóttir and Others v. Iceland, 2021).

e *intended mother*. O tribunal considerou que os casos omitiam o dever de fundamentação, mas fez notar que o Estado não tinha uma posição desproporcional — na ponderação dos interesses conflituantes —, uma vez que as beneficiárias podiam adotar os/as filhos/as do marido reconhecidos como pais da criança.

A posição do tribunal parece assumir que a transcrição parcial — em relação à paternidade biológica — não é desproporcional para acautelar os interesses em causa seja, por um lado o respeito pela vida privada e familiar da criança, seja, por outro, garantir a solução legal doméstica em manter o critério de determinação da maternidade associada ao parto.

4.1.4. O estabelecimento da maternidade genética

4.1.4.1. O caso D. c. France

O caso D c. France (2020) diz respeito a uma criança nascida na Ucrânia como resultado de um contrato de gestação de substituição. As autoridades ucranianas emitiram um documento de identificação em que declaravam que a beneficiária era a mãe da criança. Neste caso, ambos os beneficiários produziram *in vitro* um embrião com recurso aos gâmetas de cada um, sendo também a beneficiária a ascendente genética da criança. O pai viu a filiação reconhecida, mas o mesmo não aconteceu com a *intended mother*[776].

O casal recorreu ao TEDH invocando a violação do art. 8.º da CEDH, bem como do art. 14.º, considerando a discriminação de tratamento em relação ao pai, que viu reconhecida a paternidade, mas o mesmo não se verificou em relação à beneficiária. Mas a verdade biológica em relação à mãe não teve impacto junto dos juízes de Estrasburgo. O TEDH considerou que não havia violação do art. 8.º, considerando a margem de apreciação do Estado nem, considerando agora a diferença de critérios no que tange ao estabelecimento da maternidade e paternidade, violação do art. 14.º em conjugação com o art. 8.º. A criança via garantida a vida familiar, bem como a relação legal com a mãe, ainda que não fosse através do reconhecimento da filiação e a transcriação do respetivo registo no que tange à beneficiária, também mãe genética da criança. Na ponderação dos interesses e soluções legais domésticas, a possibilidade de adoção da criança pela mulher do pai constitui solução adequada, já que produz efeitos similares aos do registo de nascimento e permite manter o critério do parto em relação à maternidade.

De facto, desde julho de 2017, o *Cour de Cassation* admite que a filiação seja estabelecida — no âmbito dos contratos de gestação de substituição — em relação à companheira do pai por via da adoção. Haverá — conforme decisão de 2015 — transcrição

[776] Ainda que o TEDH tenha referido que durante os processos judiciais que decorreram em França não foram exibidos documentos que demonstrassem que a beneficiária era a mãe genética da criança.

parcial do certificado de nascimento estrangeiro no registo civil francês em relação ao pai biológico e a filiação materna estabelece-se por via da adoção. O Tribunal de Estrasburgo abonou esta decisão, não a considerando desproporcionada.

4.1.5. Outros Casos — Referência

Para além dos casos descritos, foram apresentados junto do TEDH outros em matéria de gestação de substituição. Em 2014, chegou a Tribunal o caso *D. and Others v. Belgium*. O tribunal considerou legítima a recusa das autoridades belgas até que os pais demonstrassem a relação familiar em prol da prevenção do tráfico de pessoas e, por isso, atuando nos termos da lei no âmbito da margem de apreciação.

Este caso tem o enfoque na recusa temporária das autoridades belgas da entrada de uma criança em território belga [777]. O Estado, de facto, não emitiu as devidas autorizações de entrada no país à criança, o que levou a que esta tivesse de se manter na Ucrânia e afastada dos beneficiários, uma vez que encetou um procedimento administrativo prévio para que os beneficiários demonstrassem um conjunto de pressupostos para que a relação familiar fosse evidenciada previamente, o que conduziu à consequência de a criança ter sido separada dos pais, uma vez que não foi emitida imediata autorização de entrada. Perante esta separação, os pais consideraram que a atuação das autoridades belgas implicou uma violação do art. 8.º da CEDH [778] e uma interferência ilegítima na vida privada e familiar.

Este caso, ao contrário dos anteriores, não se relaciona concretamente com o reconhecimento da parentalidade [779], mas com a recusa de entrada da criança na Bélgica até ser concluído um procedimento prévio de averiguações sobre a existência efetiva de vida familiar. Neste caso, o tribunal considerou que, apesar da separação, não se poderia impor ao Estado que recebesse a criança sem conduzir o aludido procedimento, que os beneficiários, de qualquer modo, podiam ter antecipado [780].

Foram ainda apresentados ao TEDH os casos Schlittner-Hay v. Poland, A.L. v. France, Pierre Anne Braun v. France (*No. 1462/18, lodged on 4 January 2018*), Saenz and Saenz Cortes v. France (*No. 11288/18, lodged on 2 March 2018*) e Martine Maillard and others v. France (*No. 17348/18, lodged on 10 April 2018*) (Kulczyk, 2019).

[777] Nascida na Ucrânia no âmbito de um contrato de gestação de substituição, filha de dois nacionais belgas.

[778] Foi ainda suscitada a violação do art. 3.º da Convenção enquadrando ainda a medida como forma de tratamento desumano ou degradante.

[779] Em abono da verdade, em última instância, também o caso Paradiso e Campanelli não versou sobre medidas de atuação procedimentais. Não obstante, demos assento autónomo a este processo considerando a relevância que a relação biológica com o pai — ou a ausência dela — teve para a tomada de decisão final do TEDH.

[780] Além de o procedimento se ter atrasado pela omissão de cumprimento do ónus da prova por parte dos beneficiários.

4.2. Análise Crítica

O já referido caso *Les Cigones* marcou o princípio da doutrina do TEDH em matéria de gestação de substituição. O tribunal considerou que a violação do art. 11.º da CEDH invocada pela queixosa tinha prosseguido um fim legítimo por parte do Estado francês [781]. Depois dessa data, chegaram a Estrasburgo casos relativos a contratos de gestação de substituição em que se colocava sobretudo em análise o estatuto das crianças nascidas com recurso a contratos internacionais de gestação de substituição. As posições dos Estados que estavam e estão veementemente contra esta prática, como é o caso francês, que marca o panorama jurisprudencial, mereceu uma posição musculada. Nenhum efeito devia ser reconhecido, incluindo em relação à criança. Os contratos, celebrados em fraude à lei, violavam a ordem pública internacional do Estado do foro.

A expectativa em relação às decisões de Estrasburgo era grande. O TEDH sempre assumiu influência «[...] na criação, construção e sedimentação de um acervo de valores que constituem hoje património comum de uma "sociedade europeia de tribunais"» (Gaspar, 2009, p. 38), constituindo uma fonte interpretativa, além das decisões concretas. Os casos subiram ao TEDH e evidenciou-se uma denominada ofensiva *pro-surrogacy* ao nível europeu (Kulczyk, 2019). A questão de saber se o TEDH condenaria a prática ou não e quais os efeitos e com que fundamento gerou grande expectativa. O assunto teria forte impacto nos Estados, designadamente nos que condenavam a prática, já que imporia sobre estes uma eventual obrigação de reconhecer a filiação relativa a uma criança com base num contrato que não reconheciam como válido, máxime no que tange à filiação materna, acabando por fazer tábua rasa da sua posição legal em relação a estes bionegócios.

A verdade é que o TEDH não tomou posição sobre a admissibilidade ou não da gestação de substituição *per se*, mas, o que não deixa de ser relevante, acabou por, e independentemente da posição sobre a gestação de substituição — a sua admissibilidade ou não de acordo com as leis domésticas —, liberalizá-la com a validação *a posteriori* de pelo menos alguns dos seus efeitos. O TEDH reconheceu uma ampla margem de apreciação na interpretação da CEDH, considerando legítima a proibição ou imposição de limites à gestação de substituição. Os interesses suscitados pelos Estados e a severa implicação ética encontram-se justificados e a falta de consenso abona a favor daquela margem de apreciação.

Contudo, a questão não é linear, apesar de se continuar a manter uma ampla margem de apreciação [782], considerando não só a novidade de algumas das técnicas, como

[781] V. capítulo II.

[782] Como reconhecido no caso Evans v. the United Kingdom, 2007, bem como no caso SH and Others v. Austria. Também no que tange à PMA, neste caso a IA com doação de espermatozoides. Nesta situação. a particularidade é que quem reclamava ser reconhecido como pai era um

a natureza sensível e o forte impacto social, o que leva a uma generalizada polarização de posições. De facto, a temática está amplamente inserida no âmbito daquela margem de apreciação [783]. A necessidade de ponderar as normas internacionais de direitos humanos e as particularidades dos contextos onde a sua aplicação se visa não é tarefa fácil no âmbito da missão de supervisão e manutenção da coerência do corpo de normas e interpretação — no âmbito de um princípio de interpretação autónoma dos direitos —, por um lado, e as obrigações locais no âmbito dos mesmos direitos considerando as suas escolhas e contextos particulares, por outro. Todavia, sob pena de ficar refém destas escolhas e contextos, a margem de apreciação não é total, sendo assumido o objetivo da medida e a necessidade desta (Fitzmaurice, 2013, p. 768). Além disso, o princípio do consenso permite ao tribunal procurar padrões comummente aceites para delinear esta margem de apreciação e garantir os direitos, mesmo que os Estados em causa ainda não tenham ratificado todos os instrumentos legais a que o TEDH recorre, como é feita menção, nomeadamente, no caso Demir and Baykara v. Turkey [784] ou Marckx v. Belgium [785].

transexual cuja mulher foi inseminada com gâmetas de um doador (X, Y and Z v. UK, 1997). A grande questão que aqui se colocava era a ausência de uma posição comum em relação aos direitos parentais dos transexuais.

783 Introduzida no caso de 1961 Lawless v. Ireland (Lawless v. Ireland, 1961), o primeiro do TEDH e relativo a um membro do IRA, e desenvolvida no caso Handyside v. United Kingdom, num caso de liberdade de expressão (Handyside v. United Kingdom, 1976).

784 O Tribunal concluiu que «*[...] the meaning of terms and notions in the text of the Convention, can and must take into account elements of international law other than the Convention, the interpretation of such elements by competent organs, and the practice of European States reflecting their common values. The consensus emerging from specialised international instruments and from the practice of Contracting States may constitute a relevant consideration for the Court when it interprets the provisions of the Convention in specific cases*». E acrescenta que não é necessário que o Estado tenha ratificado todos os instrumentos aplicáveis à matéria submetida ao TEDH: «*[i]t will be sufficient for the Court that the relevant international instruments denote a continuous evolution in the norms and principles applied in international law or in the domestic law of the majority of member States of the Council of Europe and show, in a precise area, that there is common ground in modern societies*» (Case of Demir and Baykara v. Turkey, 2008).

785 Em que o TEDH considerou instrumentos internacionais ainda não ratificados pela Bélgica. O Tribunal referiu o seguinte: «*[...] of the ten States that drew up the Brussels Convention, only eight have signed and only four have ratified it to date. The European Convention of 15 October 1975 on the Legal Status of Children born out of Wedlock has at present been signed by only ten and ratified by only four members of the Council of Europe. Furthermore, Article 14 (1) of the latter Convention permits any State to make, at the most, three reservations, one of which could theoretically concern precisely the manner of establishing the maternal affiliation of a child born out of wedlock (Article 2). However, this state of affairs cannot be relied on in opposition to the evolution noted above. Both the relevant Conventions are in force and there is no reason to attribute the currently small number of Contracting States to a refusal to admit equality between "illegitimate" and "legitimate" children on the point under consideration. In fact, the existence of these two treaties denotes that there is a clear measure of common ground in this area amongst modern societies*» (Marckx v. Belgium, 1979).

Os melhores interesses da criança ditam que, ainda que os pais/mães tenham violado a lei (doméstica), não seja aquela sancionada (Allan, 2014), desconsiderando a efetiva relação parental, isto é, a identidade da própria criança, sancionando-a a uma orfandade [786] por um ato imputável aos seus pais. A parentalidade não é uma sanção. No *Advisory Opinion* (com base no Protocolo 16 [787] em relação à *intended mother* no caso Mennesson [788]), o Tribunal francês questionou:

> «*1. By refusing to enter in the register of births, marriages and deaths the details of the birth certificate of a child born abroad as the result of a gestational surrogacy arrangement, in so far as the certificate designates the 'intended mother' as the 'legal mother', while accepting registration in so far as the certificate designates the 'intended father', who is the child's biological father, is a State Party overstepping its margin of appreciation under Article 8 of the European Convention for the Protection of Human Rights and Fundamental Freedoms? In this connection should a distinction be drawn according to whether or not the child was conceived using the eggs of the 'intended mother'?*
>
> *2. In the event of an answer in the affirmative to either of the two questions above, would the possibility for the intended mother to adopt the child of her spouse, the biological father, this being a means of establishing the legal mother-child relationship, ensure compliance with the requirements of Article 8 of the Convention?*» (European Court of Human Rights, 2019)

O tribunal conclui de forma unânime que, uma vez que a criança nasceu no estrangeiro fruto de uma gestação de substituição total e tendo relação genética só com o pai, tendo sido usado um gâmeta doado por uma terceira, a filiação deveria ser estabelecida para o pai de acordo com a lei doméstica.

Esta orientação resulta também do Comité dos Direitos da Criança, que reconhece que os direitos da criança podem estar em conflito com outros interesses, incluindo com interesse público, mas os melhores interesses da criança devem ser o farol norteador e assumir prioridade em todas as circunstâncias (Committee on the Rights of the Children, 2013).

[786] Os direitos da criança à cidadania e o direito a conhecer as suas origens e à identidade — como resulta da CDC — devem ser desde logo garantidos no âmbito da gestação de substituição (Rachels & Rachels, 2015).

[787] O Protocolo 16, que entrou em vigor em 1 de agosto de 2018, em relação aos Estados que o assinaram ou ratificaram permite aos tribunais dos Estados Partes que requeiram ao TEDH opiniões sobre a interpretação ou aplicação dos direitos e liberdades previstos na CEDH e protocolos adicionais. O texto do Protocolo e outras informações podem ser consultados em https://www.coe.int/en/web/conventions/full-list/-/conventions/treaty/214 (consultado pela última vez em 25 de fevereiro de 2021). Portugal ainda não assinou nem ratificou o Protocolo.

[788] O caso já apreciou a questão relativa ao *intended father*.

As crianças que nascem no âmbito de contratos de gestação de substituição podem estar sujeitas a vários riscos, sendo que a posição que os Estados adotam em relação a estes negócios podem eles próprios dar causa, ou agravar, esses riscos. É caso disso as crianças tornarem-se órfãs e apátridas, ficando mais expostas a situações de abuso e abandono, além de a sua identidade poder ser violada, o que implica repercussões negativas. Desta forma, a fórmula «os melhores interesses da criança» permite, ou melhor, impõe que os Estados recorram a métodos que mitiguem aqueles riscos (Committee on the Rights of the Children, 2013).

A matéria do reconhecimento mútuo dos contratos de gestação de substituição resulta do princípio da cooperação em matéria civil que se pode extrair dos Regulamentos de Bruxelas I e II *bis* que implementam o reconhecimento mútuo de decisões e de documentos [789]. O *Comparative Study on Authentic Instruments* (*Study for the European Parliament no. IP/C/JURI/IC/2008-019*) estabelece que o certificado de nascimento é um documento autêntico, pelo que sempre poderia incluir-se nos termos do art. 46.º do Bruxelas II *bis*. Contudo, o seu conteúdo é contrário às regras do Estado, pelo que a imposição do reconhecimento poderia acabar por ter um efeito proibido nos termos da lei desse Estado. E a verdade é que não podemos ir mais longe, neste âmbito, do que aquilo que os Regulamentos e a intenção dos Estados permitem. Ademais, não existe regulamentação sobre a constituição, reconhecimento ou termo daqueles estatutos familiares [790] que se mantenha no nível individual de controlo por parte dos Estados-Membros.

Se fizermos um exercício de comparação com a matéria de adoção internacional, a verdade é que os esforços de cooperação demonstram a sua relevância para evitar que estatutos diferentes ponham em causa os direitos e obrigações das partes, sobretudo das crianças (Romano, 2015, p. 18).

Resultam do *Explanatory Statement Draft Report* [791] recomendações sobre a adoção internacional [2015/2086(INL)]. São enunciadas três razões para que a UE tome

[789] Ainda que esteja excluída, nos termos do art. 3.º, a matéria relativa ao reconhecimento da parentalidade.

[790] Com exceção do divórcio e separação no Regulamento de Roma III e Regulamento de Bruxelas II-A. Este último substituído pelo Regulamento de Bruxelas II-B para ações intentadas a partir de 1 de agosto de 2022. O Regulamento II-A não inclui matéria relativa ao estabelecimento da filiação. Os Estados-Membros não estão vinculados ao reconhecimento da matéria de adoção (art. 8.º). Também a Convenção de Haia de 1996 relativa à competência, lei aplicável, reconhecimento, execução e cooperação em matéria de responsabilidades parentais e medidas para a proteção das crianças não se aplica ao estabelecimento ou reconhecimento da filiação (art. 4.º).

[791] Cujo conteúdo não vamos aqui analisar por ultrapassar o âmbito do nosso trabalho. De qualquer forma, nos termos da proposta, cumpre notar que resultam como princípio fundamental os melhores interesses da criança: «*Common minimum standards for adoptions: 1. Calls on the authorities of the Member States to take all decisions in adoption matters with the best interests of the child in mind, and taking into account the specific circumstances of the case; 2. Stresses that children who have been put up for adoption should not be seen as the property of a state, but as individuals; 3. Underlines that each adoption case is*

posição nesta matéria. Em primeiro lugar, os benefícios económicos de uma legislação ao nível da União que reduz custos tanto para os cidadãos como para o próprio Estado, desburocratizando procedimentos. Em segundo lugar, os benefícios sociais e o cumprimento de direitos fundamentais, sobretudo das crianças, reduzindo os graus de incerteza, e, em terceiro lugar, um reconhecimento automático de adoções ao nível da União contribui para a garantia dos direitos de cidadania europeia além do aumento da confiança mútua entre os Estados-Membros (Evas, 2016, p. 13) [792].

O Committee on Legal Affairs Rapporteur Tadeusz Zwiefka [793] defende que as linhas de orientação nesta matéria devem assumir que a adoção é feita em prol dos melhores interesses da criança e deve ser considerada em razão do mérito do caso concreto (Zwiefka, 2016). Considerando a circulação de famílias dentro do espaço da UE, não existe dentro do espaço da União, além da Convenção de Haia de 1993, um instrumento legal europeu que garanta o seguinte:

different and must be assessed on its individual merits; 4. Considers that in the context of adoption proceedings, the child should always be given the opportunity to be heard and express his or her view on the adoption process; considers, therefore, that whenever possible the child's consent to the adoption should be sought; 5. Considers that no decision on adoption should be taken before the biological parents have been heard and, where applicable, exhausted all legal remedies concerning their parental authority; 6. Points out that the relevant authorities should always first consider the possibility of placing the child within its biological family, even when members of that family live in another country, before giving the child up for adoption by strangers; considers that the habitual residence of family members who wish to take over responsibility for a child should not be considered as a deciding factor; 7. Stresses that where a child being considered for adoption is the citizen of another Member State, the consular authorities of that Member State and the child's family residing in that Member State should be informed and consulted prior to any decision being taken» (Zwiefka, 2016). Nos termos da proposta, os Estados-Membros reconheceriam automaticamente a adoção e só a poderiam recusar em casos de violação da ordem pública internacional ou se o Estado do processo não era competente (nos termos da proposta, a conexão é a residência habitual). A proposta inclui ainda, para facilitar o processo, na esteira do Regulamento das Sucessões, o Certificado de Adoção Europeu.

792 Em junho de 2016, Cabeza apresentou o relatório, redigido com Glynn e Boiché, ao Legal Affairs Committee no Parlamento Europeu. O relatório analisa «*[...] the extent to which the current framework of domestic, EU and international laws provide an effective mechanism for cross-border recognition of adoptions made in EU Member States*» (Cabeza, Fenton-Glynn, & Boiché, 2016). Do relatório conclui-se que o que resulta da análise dos Estados-Membros e da legislação em matéria de adoção é que são muito diferentes, o que significa que é possível que «*[...] citizens are wholly unaware of whether or not their status as adoptive parents will be recognised under the law of other MS*» (Cabeza, Fenton-Glynn, & Boiché, 2016, p. 49).

793 De acordo com o art. 225.º do TFUE, «*[...] a Conference of Presidents of the European Parliament autorizou o Committee on Legal Affairs (JURI) to draft a legislative initiative report on the cross-border recognition of adoptions. All European Parliament legislative initiative reports (INL) must automatically be accompanied by a detailed European Added Value Assessment (EAVA). Accordingly, the JURI Committee requested the Directorate-General for Parliamentary Research Services (EPRS) to prepare an EAVA to support the Legislative Initiative Report on Cross-border recognition of adoptions, 2015/2086(INL), prepared by Tadeusz Zwiefka*» (Evas, 2016, p. 13).

> «*The right to family life and to the free movement of European citizens requires a clear legal framework providing for the automatic and reciprocal recognition of domestic adoption orders across Europe*[794]. *The only grounds for refusal of recognition of an adoption order arise where jurisdiction rules have not been complied with or the adoption goes against the public order of a Member State.*» (Zwiefka, 2016)

Porém, todos os Estados da Convenção de Haia em Matéria de Adoção, incluindo todos os Estados da UE, beneficiam do reconhecimento automático das adoções internacionais que tenham feito entre si considerando que as garantias que justificam a convenção estão salvaguardas [795], [796], permitindo uma «*[r]ecognition which is faster, simple, lowcost and provides certainty that the parents of an adopted child are recognised as his/her parents in all other Contracting States*» (Martínez-Mora, 2015, p. 44).

Tanto nos casos de adoção — como é sintomático o caso Wagner — como nos aludidos casos de gestação de substituição julgados em Estrasburgo, o tribunal estabeleceu a linha de orientação. O reconhecimento do estatuto parental «*[...] that had been validly conferred abroad according to the substantive law of the country of origin resulted in violating the rights of the child and the parents to respect for their family life*» (Romano, 2015, p. 34).

É também nesta perspetiva que se evidencia um certo ativismo jurisprudencial em diversos domínios deste instrumento vivo que é a CEDH, que tem feito erigir novos afloramentos e direitos reconhecidos [797] e que tem sido um contrapeso à doutrina da margem de apreciação. As várias tensões que se colocam nos casos de gestação de substituição são palpáveis e o TEDH não as desconsiderou; independentemente da posição sobre a técnica, indicou um caminho de resolução, apesar da evidente falta de consenso europeu.

[794] Considerando que os instrumentos referidos não permitem o reconhecimento da adoção, «*[...] the mutual recognition and enforcement between Member States of judgments and of decisions in extra-judicial cases. It seeks to do this by way of a procedural recognition process. It does not seek to interfere with a MS right to legislate in relation to domestic adoption law in matters such as: the eligibility criteria for adopters; the conditions under which a child is approved as suitable and available for adoption including o the rules governing parental consent to adoption, and the conditions under which non-consensual adoptions can be made*» (Cabeza, Fenton-Glynn, & Boiché, 2016, p. 67).

[795] Tendo em conta os princípios da CDC e o protocolo opcional sobre a venda de crianças, prostituição e pornografia infantil. Estes princípios salvaguardam os riscos de rapto internacional e tráfico de crianças e previne situações de corrupção em matéria de eventuais intermediários.

[796] Também a Convenção Europeia sobre a Adoção (Revista) visa harmonizar as práticas em matéria de adoção tendo em conta princípios e práticas nesta matéria que permitam promover os direitos de todos, sobretudo das crianças, sendo estabelecida com o objetivo de complementar a Convenção de Haia de 1993.

[797] Por exemplo, o tribunal não tem feito referência ao conceito de maternidade ou paternidade, mas tem permitido desenvolver conceitos associados às relações entre as pessoas que podem integrar o conceito de vida privada e familiar.

Conforme resulta da doutrina Mennesson v. France, Labassee v. France, seguida depois nos casos Foulon and Bouvet v. France e Laborie v. France, é legítima a recusa do reconhecimento legal das relações de parentesco. Isto é, não consubstancia uma violação do direito à vida privada e familiar o não reconhecimento das relações de parentesco no que tange aos beneficiários. Na ponderação dos interesses em causa, a prevalência dos interesses legítimos que o Estado (francês nos casos em concreto) visa proteger são prevalentes, particularmente considerando que os beneficiários continuam a manter a vida familiar, ou seja, as crianças continuam com os pais, ainda que o vínculo não esteja legalmente reconhecido. Por outro lado, o caminho para o reconhecimento deste vínculo, mormente em Estados que não reconhecem o contrato de gestação de substituição, não é assumidamente fácil, sendo legítima a inclusão de tramitação procedimental prévia para aferição de requisitos antes da autorização de entrada da criança, como foi decidido no caso D. and Others v. Belgium.

Mas, e como parece resultar evidente, o grande problema com que o TEDH se viu confrontado foi com os efeitos que o contrato tinha em terceiros — os efeitos que extravasam do âmbito das esferas jurídicas dos sujeitos do contrato e que não são, bem pelo contrário, de desconsiderar. Os melhores interesses da criança devem nortear as soluções dadas considerando que estas têm repercussões diretas na identidade da criança, cidadania e herança e o seu direito à vida privada e familiar. Em suma, estes interesses implicam uma necessária compressão à aludida margem de apreciação. Quando o Tribunal foi confrontado com a recusa de reconhecimento das certidões de nascimento estrangeiras, ainda que com o *laissez-passer* e a inclusão, de facto, das crianças junto das suas famílias [798], estas não tinham a nacionalidade dos pais para além de outros efeitos como o direito à herança dos pais e outros direitos sociais, como foi suscitado nos casos Mennesson e Labassee. Com base neste estado de coisas, o Tribunal viu o efeito dominó que resulta do contrato e da omissão de reconhecimento dos efeitos do contrato em relação às crianças. Também para elas está em causa, com a posição dos Estados, o seu direito à vida privada e familiar e que os seus melhores interesses sejam acautelados. Desde logo, o tratamento diferenciado, neste caso em sentido negativo, destas crianças é palpável, considerando as aludidas consequências que resultam, para si próprias, numa discriminação efetiva considerando a forma e como nascem.

A determinação da parentalidade — ou a ausência dela, incluindo o reconhecimento — conduz a uma situação em que a criança seja, de facto, órfã e, eventualmente, apátrida. Apesar dos diversos pais e mães que, em abstrato, poderia ter, no fim, nenhum(a) o é. Se as regras de Direito Internacional Privado implicam a

[798] Estas crianças poderiam usar os certificados de nascimento estrangeiros e, para as crianças nascidas nos EUA, estava ainda garantido o direito à nacionalidade considerando a solução de *jus soli* em vigor nesse país.

aplicabilidade da lei doméstica, no que tange aos Estados que proíbem a gestação de substituição, como é o caso de França e Itália, entra-se, no que à criança diz respeito, numa montanha-russa que termina num efetivo vácuo jurídico. Quem são afinal os pais da criança? *In extremis*, não será ninguém.

Com este pano de fundo e nos efeitos reflexos, mas substantivos, na criança, o TEDH suscita a questão pelo lado desta [799]. O vácuo jurídico a que as soluções domésticas dão causa tem como consequência direta e imediata a discriminação da criança e a violação da identidade, incluída na vida privada, o que se mostra incompatível com os melhores interesses que se impõe salvaguardar. Estabelecer, manter e ver reconhecida as relações de parentesco [800] integram o núcleo essencial da identidade de cada um(a), além de a criança se manter com os seus pais/mães, integrada de facto e mantida na sua família [801], como aliás resulta da decisão (Mikulić v. Croatia, 2002) [802]. Neste caso, o tribunal enfatizou a importância de serem reveladas informações importantes relativas à identidade pessoal de cada um(a) — a determinação da paternidade, o que foi enfatizado no caso Odièvre v. France. O TEDH referiu que o nascimento e as circunstâncias em que a criança nasceu integram a vida privada dessa pessoa e estão no âmbito do art. 8.º da CEDH. É certo que o tribunal refere a particular necessidade de acautelar outros interesses, aludindo por exemplo ao nascimento anónimo, pelo que o direito da criança não se pode assumir como absoluto, mas pode e deve assumir-se nesta matéria uma particular atenção à ponderação dos interesses em conflito.

Considerando as decisões, podemos concluir que o tribunal deu manifesta prevalência aos melhores interesses da criança em detrimento da reconhecida política pública que é suscitada em matéria de gestação de substituição nos Estados que proíbem a prática em qualquer um dos seus afloramentos, e a compatibilidade com o respeito pela vida privada da criança. O Tribunal acaba por concluir que os melhores interesses devem conduzir esta ponderação dos interesses conflituantes, acabando por concluir pela necessidade do reconhecimento da paternidade biológica da criança, sob pena de violação do art. 8.º, como havia acontecido nos casos franceses.

[799] A proteção da identidade e da vida privada e familiar da criança que, em conflito, ainda que por motivos de ordem pública, impõe que os interesses da criança tenham prevalência.

[800] Bem como a nacionalidade e os efeitos que daqui decorrem, nomeadamente limitação da liberdade de circulação, direito à herança e ouros direitos fundamentais que são violados.

[801] Embora nos casos franceses esta questão não se tenha colocado. Ademais, no caso belga, em causa estava, como referido, a tramitação de um procedimento prévio, ainda que tenha implicado a separação da criança com os pais, o que foi assumido, por um lado, como uma curta separação sem consequências e, por outro, alguma inabilidade dos pais na condução do processo, já que, podendo contar com aquele procedimento, tiveram oportunidade de se preparar, o que não aconteceu.

[802] Relativa à ausência de formas legais que garantissem a obrigatoriedade da realização de testes de ADN em ações de investigação da paternidade e, em caso de incumprimento, das consequências da não realização desses testes.

Desta forma, considerando a doutrina que sai dos casos Mennesson e Labassee, e que é replicada nos casos subsequentes, o tribunal conclui pela imposição de o Estado garantir o estabelecimento da paternidade, biológica, reconhecendo a certidão de nascimento estrangeira no que tange à filiação paterna [803].

O Tribunal, numa matéria que está assumidamente no âmbito da margem de apreciação dos Estados, ampliada pela falta de consenso europeu, encontrou um equilíbrio que a posição dos Estados, neste caso o Estado francês e a sua solução legal, não permitia e que tinha impacto direto e imediato no estado civil das crianças e, em geral, na sua vivência no dia-a-dia. Se a ingerência é legítima, também não deixa de ser assumidamente desproporcional, dado que marca irremediavelmente o estatuto das crianças e as entrega a uma situação de incerteza legal com a recusa em reconhecer a paternidade biológica.

Os casos Mennesson e Labassee demonstram que o TEDH está particularmente interessado em que os Estados, independentemente da posição que assumam em matéria de gestação de substituição, mantenham a continuidade das relações familiares [804]. Trata-se de uma posição que implica o reconhecimento da família e evita conflito sobre estatutos pessoais (Romano, 2015, p. 41) [805]. Mas não foi o contrário do que se verificou no caso italiano? A questão da separação da criança dos beneficiários colocou-se no caso Paradiso and Campanelli v. Italy, em que o Estado decidiu retirar a criança aos beneficiários, onde se encontrava integrada, não reconhecendo a certidão de nascimento russa, uma vez que «*[...] concerned the separation and placement for adoption of a child conceived abroad through surrogacy and brought back to Italy in violation of Italian adoption laws*» (European Court of Human Rights, 2020, p. 70).

De facto, este caso apresentou-se ao tribunal de forma distinta quando comparado com os casos franceses. Na verdade, no caso italiano, o que estava em causa era a apreciação de uma adoção e não tanto uma gestação de substituição, já que, ao contrário dos casos franceses julgados anteriormente, o que se sindicava eram as medidas do Estado na remoção da criança dos beneficiários depois de entrarem em território italiano e não o estabelecimento da paternidade decorrente de um negócio de gestação de substituição. A criança não tinha qualquer relação biológica com qualquer um dos beneficiários [806], pelo que em causa estava a apreciação das medidas a que o Estado recorreu em consequência dos queixosos: «*[...] failure to comply with the procedure laid down by the legislation on international adoption and the breach of the*

[803] Posição esta que é reconhecida e tem assento legal, por exemplo, na solução inglesa que analisamos no capítulo anterior.

[804] Tal como resulta do caso Wagner ou no caso grego (Negrepontis-Giannisis v. Greece, 2011), em que foi negada a adoção de um sobrinho (adulto) pelo tio, um bispo da igreja ortodoxa grega.

[805] Embora se referindo ao modelo da adoção e ao processo de colaboração e cooperação dos Estados resultante da Convenção de Haia.

[806] Também, por outro lado, não era um caso de gestação de substituição tradicional, já que a gestante não tinha contribuído com o seu material genético.

prohibition on using donated gametes within the meaning of section 4 of the Medically Assisted Reproduction Act» (Paradiso and Campanelli v. Italy, 2017).

A questão está agora em saber se, apesar disso, a decisão do Estado viola o direito à vida privada e familiar dos queixosos (que não incluiu a criança). O tribunal admitiu que, nos termos do art. 8.º, além da família tradicional, estão outras relações familiares de facto. No caso Wagner and J.M.W.L. v. Luxembourg (2007), por exemplo, o Tribunal analisou esta questão em relação ao não reconhecimento da adoção de uma criança peruana pelas autoridades do Luxemburgo, uma vez que a adotante era uma mulher solteira. O Tribunal considerou que esta recusa violava a vida privada, considerando os laços familiares existentes entre a mãe e a criança uma realidade de facto, com relevância social efetiva e que, tal como no caso Paradiso, não havia relação genética. Mas o tribunal manifestou assim a necessidade de considerar «*[...] the quality of the ties, the role played by the applicants vis-à-vis the child and the duration of the cohabitation between them and the child*» (Paradiso and Campanelli v. Italy, 2017). Foi reconhecido que os queixosos haviam desenvolvido um projeto parental e assumiram o papel de pai e mãe em relação à criança [807], mas concluiu-se pela inexistência ou pelos parcos laços criados entre a criança e os beneficiários, já que a relação não teve duração suficiente para criar uma relação familiar de facto (Czubik, 2019, p. 516). Esta posição implica concluir que o «[...] TEDH afirma, implicitamente, que a gestação de substituição heteróloga praticada no estrangeiro não constitui fonte de relação familiar» (Pereira, 2017, p. 273).

A questão da família de facto e da família de direito tem sido apreciada pelo Tribunal e este tem, em determinadas situações, dado prevalência àquela em detrimento desta, ainda que com necessidade de quebrar outros vínculos pré-constituídos. Por exemplo, no caso Söderbäck v. Sweden (1998), o Tribunal pronunciou-se sobre a adoção de uma criança pelo marido da mãe sem o consentimento do pai biológico. O Tribunal centrou a sua atenção no art. 8.º da CEDH, avaliando se a adoção, sem o consentimento do pai, interferia no direito pelo respeito da vida familiar, já que implica, necessariamente, que o pai biológico fique totalmente privado do contacto com a filha. O pai argumentou que a criança tinha direito a conhecer o pai «natural» e os seus vínculos biológicos paternos. Mas sendo esse um facto, existiam outras vertentes nos quais o Tribunal considerou outras circunstâncias de facto do caso. Quando o pedido de adoção foi formulado, o pai da criança não teria

[807] O Estado italiano considerava que a situação ilegal que os queixosos tinham desencadeado não lhes permitia alegar uma relação familiar de facto, o que foi, aliás, o pressuposto para assumir uma medida drástica para que a criança, por estar no estado de «abandono», lhes fosse retirada. Não obstante, não foi este o caminho seguido pelo TEDH, acabando por reconhecer esse pressuposto, embora um dos requisitos dessa relação familiar, assente na relevância dos laços criados, não se verificasse — isto é, o hiato temporal em que a relação se manteve e as consequências (ou a falta delas) para a criança da separação por que havia passado, embora não negando que para os queixosos a situação é altamente dramática e emocional.

contacto com a filha e o que teve anteriormente era limitado e sem regularidade, pelo que a criança mantinha laços com a «família de facto», ou seja, com a mãe e o padrasto, com quem mantinha uma relação de afeto parental [808], o que não acontecia com o pai. Por isto, o Tribunal considerou que não havia qualquer violação do art. 8.º da CEDH ao ter sido permitida pelo Estado autorização de adoção de menor pelo marido da mãe sem autorização do progenitor, concluindo que a criança vivia, à data, há mais de seis anos com a mãe e o padrasto, e sem contactos regulares com o pai, e apresentava com o padrasto uma relação estável e afetuosa. Este homem tornou-se num «pai psicológico» com quem a criança criou uma relação de afeto e que tratava como se fosse sua filha biológica. E também a criança revia no padrasto a figura paterna. A autorização de adoção visou consolidar a família de facto

[808] O Tribunal do Arkansas analisou o caso de um casal do mesmo sexo que, tendo decidido ter um filho, recorreu à IA, tendo a progenitora biológica suportado a gravidez com recurso a doador de esperma anónimo. Após a separação do casal, a mãe biológica da criança acabou por proibir o contacto da filha com a ex-companheira, considerando que «*[...] the in loco parentis doctrine invaded the biological parent's fundamental right to make decisions for her child*» (Solomon, 2012, p. 698). O Tribunal analisou a prova relativa à relação e aos laços criados entre Jones (a ex-companheira da mãe) e a criança e considerou que aquela atuou, durante a convivência do casal, como mãe (aliás, como uma «*stay-at--home mom*»), sendo assim tratada pela criança. Isto resultou, aliás, da perspetiva de vida que ambas haviam delineado durante a convivência que mantiveram, fazendo disso o seu projeto de vida, que entretanto havia terminado, incluindo na decisão de Bethany (a mãe biológica) engravidar com recurso a técnica de doação de espermatozoides durante os três anos em que viveram todos juntos até à separação. Concluiu assim o Tribunal que «*[...] that it was in the best interest of the child for Jones to have visitation rights. In doing so, the court concentrated on the evidence regarding Jones's care for the child, the parent-child relationship formed between Jones and the child, and the child's relationship with Jones's family*» (Solomon, 2012, pp. 703-704). Já no caso Robinson v. Ford-Robinson, em que foi garantido o direito de visitas da madrasta ao enteado, após a separação do pai biológico e com a oposição deste, dando relevo à doutrina *in loco parentis* considerou-se que «*[...] focused on the fact that the stepmother was the only mother that the stepson had ever known, the stepson did not know she was not his birth mother until first grade, the stepmother served as the stepson's mother for six years, her stepson referred to her as mommy, and the stepmother referred to herself as the stepson's mother*» (Solomon, 2012, p. 713). Seguindo a decisão do United States Supreme Court no caso Troxel v. Granville, «*[t]he rules regarding third parties obtaining custody also place emphasis on the rights of parents, but have given increased rights to persons who have served as de facto parents or stood in loco parentis*» (Atkinson, 2013). No dizer de Parness, «*Surely, some state legislatures and courts, since Troxel, have gone beyond third party childcare by recognizing new parental child caretaking interests in nonbiological and nonadoptive caretakers, including grandparents and stepparents. Here, one-time third parties are deemed legal parents sometime after birth through new doctrines such as equitable estoppel, equitable adoption, and de facto parent age*» (Parness, 2016, p. 387). A este respeito, v. Almeida Araújo, 2019.

existente [809], na qual o pai biológico não assumia qualquer papel parental [810], [811], [812].

[809] Também no caso Keegan v. Ireland, 1994 se apreciou a relevância do critério biológico em relação à família de facto.

[810] É o reconhecimento dos afetos — «[...] como fonte de relações parentais, tem vindo de forma crescente a assumir uma forte predominância nas relações de parentalidade. O afeto não resulta da biologia genética, nasce da partilha da convivência familiar e da troca de sentimentos» (Campos, 2015, p. 41). Aliás, deste pressuposto e da suscetibilidade de ligação afetiva como a resultante das relações de parentalidade resulta a possibilidade de o legislador português permitir que um dos cônjuges ou companheiro adote o enteado. O art. 1979.º, n.º 2, e o art. 1980.º, n.º 1, alínea b), do Código Civil estabelecem especificamente a possibilidade de adoção do filho do cônjuge ou companheiro, pressupondo que da relação existente vínculos afetivos próprios da filiação, como resulta do requisito geral do art. 1974.º do Código Civil, se estabeleçam atendendo à situação concreta da criança, do progenitor e do companheiro desta — isto é, uma verdadeira família que, ante as circunstâncias, o legislador reconhece. V. a este respeito Almeida Araújo, 2019.

[811] Como já tivemos oportunidade de nos pronunciar (Almeida Araújo, 2019), das relações de parentalidade de facto é possível extrair ainda consequências típicas das relações familiares naturais. Pense-se, por exemplo, na matéria criminal ao nível dos tipos qualificados. «O critério generalizador do artigo 132.º integra um tipo de culpa fundamental que permite caracterizar de forma autónoma a atitude especialmente censurável ou perversa do agente. Mesmo na construção do *Leitbild* dos exemplos padrão, é a partir de cada uma das concretas circunstâncias agravantes exemplificadas que se retira não apenas o seu especial grau de gravidade, mas também a sua própria estrutura valorativa» (Serra, 2003, pp. 126-127). Nos termos do art. 312.º do CP, o legislador Penal usou um método de «[...] combinação de um critério generalizador, determinante de um especial tipo de culpa, com a técnica chamada dos exemplos-padrão [...] Como, inversamente, é legítimo qualificar um homicídio, por apelo a uma estrutura valorativa correspondente à da alínea a) do art. 132.º, n.º 2, no caso de morte dada pelo padrasto ao enteado, ou por este àquele (assim Teresa Serra, p. 74), ou em caso em que entre o agente e vítima intercede uma relação fáctica, embora não jurídica, de "adopção"» (Figueiredo Dias, 1999, pp. 25 e 30). Sobre a técnica do art. 132.º, adotando a teoria dos exemplos-padrão, «o critério generalizador consubstancia-se, neste caso, num *tipo de culpa*, descrito com recurso a conceitos indeterminados, assente numa cláusula geral extensiva, que pode ser revelado por circunstâncias enumeradas exemplificativamente no n.º 2 do artigo 132.º; estas, por sue turno, traduzem um aumento essencial da ilicitude e/ ou culpa — e, no último caso, consistem noutros tantos tipos de culpa —, descritos, por sua vez mediante largo recurso a cláusulas gerais e conceitos indeterminados» (Serra, 2003, pp. 10-11). «Com efeito, no artigo 132.º, combina-se um tipo de culpa constituído por uma cláusula geral com um catálogo meramente exemplificativo de circunstâncias cuja verificação nem sempre se revela qualificadora» (Serra, 2003, p. 60). Com a realização do homicídio, nos termos do art. 131.º, o art. 132.º, através do efeito padrão, o «[...] princípio da ponderação global do facto e do autor [...] o juiz antes de concluir pela existência de especial censurabilidade ou perversidade do agente, tem que verificar se mão existem circunstâncias especiais no facto ou na pessoa do agente que possam atenuar substancialmente o conteúdo da ilicitude ou da culpa do facto, de tal modo que imponha uma revogação do efeito de indício» (Serra, 2003, pp. 67-68). Da alínea a) do n.º 2 do art. 132.º do CP pode inferir-se um homicídio qualificado atípico atendendo a esta ideia condutora agravante que conduz o intérprete: «[...] o caso do enteado não adotado morto pelo padrasto ou vice-versa [...]. [...] é possível afirmar que tem estrutura valorativa correspondente — e, nessa medida, idêntica — ao *Leitbild* do exemplo-padrão previsto na alínea a) do n.º 2 do art. 132.º. Na verdade, aí estamos perante uma circunstância em que a ideia condutora agravante é idêntica à do parentesco na linha do ascendente ou descendente» (Serra, 2003, p. 74).

[812] Como refere Clara Sottomayor, «manter o estatuto de pai a um progenitor biológico que não

Similarmente, no caso Nazarenko v. Russia (2015) o tribunal considerou que a exclusão do pai da vida do filho — depois de anos de convivência, após ter terminado a relação de parentesco, por se ter provado que, afinal, aquele não era o pai biológico da criança — constituía uma violação ao art. 8.º por quebrar a relação familiar existente, ainda que se tenha demonstrado que o pai não era, de facto, o ascendente genético do filho.

Contudo, a relação familiar pode existir independentemente do reconhecimento legal, ou da relação genética. Assim, pode existir o seguinte:

> «*[...] follow up effect: the status of biological parent (DNA falls under private life) is not a legal status, but it might give access to family life. The durable use of this family life might require the state to confirm this again in a legal parent status, through which the family life rights would then be exercised.*» (Groot D. A., 2021, p. 6)

Ou seja, ainda que a família de facto se inclua no art. 8.º, é necessário demonstrar a existência de laços familiares que justifiquem a inclusão.

No aludido caso Wagner, por exemplo, a coabitação entre a mãe e a criança durava há uma década, mas no caso italiano o total da coabitação foi de nove meses. Mas também é verdade que no caso D. and Others v. Belgium a duração da coabitação foi menor do que no caso italiano.

Qual afinal a relevância do tempo e da efetividade das relações para demonstrar a existência de uma família ou da sua potencialidade? Quanto a esta questão, o TEDH introduz um outro elemento, do qual resulta outro importante afloramento da decisão, «*[i]n that case, however, there was a biological tie with at least one of the parents and cohabitation*» (Paradiso and Campanelli v. Italy, 2017). Quer isto dizer que a relação biológica, ainda que sem estatuto legal reconhecido entre pais/mães e filhos/as, permite demonstrar a vida familiar.

Assim sendo, no caso Paradiso e Campanelli, o Tribunal considerou que o que em causa estava era o desejo dos queixosos em ter filhos/as e constituir família com a descendência. Não existindo relação biológica, por um lado, nem a demonstração de laços familiares, por outro, não existia vida familiar, mas unicamente a intenção de a constituir, o que está neste *iter* arredado do art. 8.º [813]. Na realidade, o busílis

assumiu os seus deveres, com base no argumento biologista, é fazer prevalecer o interesse do adulto sobre o da criança, em sentido contrário à lei e à jurisprudência» (Sottomayor, 2016).

[813] O que permitiu à Grand Chamber concluir que a interferência do Estado era, nos termos da Convenção, admissível, já que tinha como escopo a prossecução de um objetivo legítimo e a interferência era necessária para atingir esse objetivo, não tendo, portanto, o Estado de reconhecer a certidão de nascimento e os seus efeitos, uma vez que, não tendo a criança qualquer vínculo biológico com os queixosos, estes não tinham forma legal de ver reconhecida a parentalidade, não cumpriram as regras de adoção e as medidas foram tomadas para salvaguardar uma criança «abandonada».

da questão está no facto de a criança não ter relação genética com os beneficiários e as medidas do Estado italiano serem em prol, segundo o entendimento destes, de uma criança abandonada e, portanto, da necessidade de desencadear mecanismos de proteção, incluindo a sua colocação numa casa de acolhimento tendo em vista a sua adoção. Os diferentes resultados nos casos Paradiso e Campanelli e Mennesson e Labassee «*[...] are primarily dependent on the nature — biological or merely social — of the father-tie at stake*» (Margaria, 2019, p. 156) [814].

Este aspeto é relevante porque, ainda que nos termos do art. 8.º não se garanta o direito a constituir família ou a adotar, a vida privada e familiar pressupõe a existência de uma família ou uma relação potencial, ainda que não totalmente estabelecida. A existência de um vínculo biológico não é essencial, nem de um reconhecimento legal, mas, nestes casos, mormente quando se conjugam, é necessário considerar, como refere o tribunal e depois avalia, «*[...] the quality of the ties, the role played by the applicants vis-à-vis the third applicant and the duration of both their cohabitation all together and the third applicant's subsequent cohabitation with the first two applicants individually*» (Paradiso and Campanelli v. Italy, 2017). Foi neste aspeto que a posição dos queixosos cedeu quanto à existência de uma relação familiar de facto.

Para o TEDH, ainda que considerando que na relação familiar de facto não é necessária a relação biológica com a criança, a sua proteção, não obstante, pressupõe a existência de uma, ainda que não integralmente constituída, como resulta do caso Abdulaziz, Cabales and Balkandali v. the United Kingdom (1985) [815], o que se demonstrou, segundo o TEDH, não existir no caso concreto.

Por outro lado, na ponderação dos interesses em causa, a vida privada e familiar dos queixosos — agora no aspeto do direito a procriar com recurso a técnicas de PMA [816] — e os interesses públicos particularmente relevantes que estão em causa, aqueles devem ceder. A situação em Itália implica uma violação das regras legais aplicáveis, incluindo do processo de adoção. Ademais, a ponderação que foi feita ao

[814] O Tribunal tem assumido que não há distinção entre família de facto e família de direito ou legalmente reconhecida, mas impõe um equilíbrio entre a biologia e a realidade de facto, nomeadamente, quanto a esta, a introdução de critérios de efetividade e hiatos temporais que permitam identificar os laços parentais necessários para perspetivar a existência destas famílias e a sua proteção.

[815] Em que o TEDH refere que a proteção do art. 8.º tem unicamente como pressuposto a existência de uma família mas «*[...] this does not mean that all intended family life falls entirely outside its ambit. Whatever else the word "family" may mean, it must at any rate include the relationship that arises from a lawful and genuine marriage, such as that contracted by Mr. and Mrs. Abdulaziz and Mr. and Mrs. Balkandali, even if a family life of the kind referred to by the Government has not yet been fully established. Those marriages must be considered sufficient to attract such respect as may be due under Article 8 (art. 8)*».

[816] Escolha que tem expressão no art. 8.º como reflexo do direito à vida privada e familiar.

nível interno em relação à criança quando retirada aos beneficiários [817] levou a que o tribunal acabasse por concluir que não houve qualquer violação do art. 8.º da CEDH.

Esta posição acabou por ser confirmada no recente caso islandês. O caso Valdís Fjölnisdóttir and Others assemelha-se ao caso italiano que o precedeu anos antes. Nenhuma das *intended mothers* tinha relação genética com a criança e o contrato era ilegal, mormente ao nível criminal, na Islândia. Porém, neste caso, o TEDH deparou-se, exatamente na mesma linha de raciocínio dos casos anteriores, com a existência, ou não, de uma família de facto que, nos termos do art. 8.º, inclui casais homossexuais [818]. Neste caso, e ao contrário do Paradiso e Campanelli, a relação entre o casal e as crianças manifestava os necessários laços afetivos estáveis e duradouros [819], ainda que sem relação biológica [820], para que se subsumisse no art. 8.º da CEDH.

Não obstante a existência de uma família de facto, no caso concreto, o TEDH voltou a centrar as atenções na ausência de relação biológica com as crianças. O Tribunal considerou a ingerência do Estado em não reconhecer a filiação como legítima tendo em conta os objetivos que visava prosseguir, ou seja, banir a gestação de substituição e proteger a gestante da sua eventual exploração, bem como o direito da criança em conhecer a sua filiação natural. Na necessidade da ingerência no contexto de uma sociedade democrática, o TEDH reiterou a posição sobre a ampla margem de apreciação *in casu*, considerando as elevadas questões morais e éticas que a temática suscita e a falta de consenso ao nível europeu no que tange à reprodução heteróloga em geral, e em particular no que tange à gestação de substituição. Na ponderação da composição dos interesses em causa, apesar da falta de reconhecimento legal da filiação, a relação manteve-se de forma alternativa, garantindo desta forma uma composição proporcional, considerando a proibição legal da gestação de substituição no país.

Quanto à maternidade, especificamente quando a beneficiária é a ascendente genética da criança, a solução não é a mesma quando comparada com a paternidade, já que a tenacidade com que os Estados se socorrem do princípio da *mater semper certa est* num consenso quase-universal para o estabelecimento da maternidade, no âmbito do reconhecimento dos direitos, ou melhor, no não reconhecimento dos direitos, concede a mesma ampla margem de apreciação, como no caso oposto da falta de consenso. O Tribunal sublinhou que, no que tange ao reconhecimento

[817] A tenra idade da criança e o pouco tempo que esteve com os beneficiários não permitiam concluir que aquele tivesse qualquer trauma com a separação.

[818] Como reconhecido nos casos Vallianatos and Others v. Greece (2013), ou Case of Oliari and Others v. Italy (2015), por exemplo.

[819] Ao contrário do caso italiano, as autoridades haviam autorizado que a criança se mantivesse com o casal e assim se manteve, mesmo depois de o casal se divorciar, tendo sido concedido um novo acordo de guarda da criança.

[820] Como se verificou no caso Wagner and J.M.W.L. v. Luxembourg (2007), e é citado nos casos Paradiso e Campanelli, Moretti and Benedetti v. Italy (2010) e Kopf and Liberda v. Austria (2012).

da parentalidade, as modalidades variam e o que está em causa não é tanto o meio como é estabelecida ou reconhecida, mas que se estabeleça ou reconheça, pelo que a solução dos Estados em ver estabelecida a maternidade, ou a paternidade, com recurso à adoção constitui um meio adequado para que se veja legalmente reconhecida a relação de parentesco. Isto é, não se impõe que em qualquer um dos casos essa parentalidade seja reconhecida pela transcrição da certidão de nascimento.

No caso francês, o Estado não reconhece a certidão de nascimento relativamente à mãe, seja esta a ascendente genética da criança ou não, pelo que não transcreve a filiação materna, mas admite a adoção. Resulta da jurisprudência do TEDH que a existência do vínculo genético não significa que o direito à vida privada e familiar da criança exija que a filiação se estabeleça, mesmo em relação ao pai biológico, através da transcrição da certidão de nascimento. Desta forma, também não encontra motivos para distinguir a existência da relação genética com a mãe e a imposição do estabelecimento do vínculo se faça unicamente por aquela forma.

Certo é que foi invocada a diferença de tratamento entre a mãe e o pai e, como consequência, a manifestação de uma discriminação do art. 14.º em combinação com o art. 8.º. No caso D. c. France, a questão prévia colocou-se com o facto de o tribunal considerar que a pretensão estava mal fundamentada, mormente a ausência de alegação e prova dessa relação genética, recusando-a. Já no que tange à discriminação da queixosa no seu direito à vida privada e familiar, o Tribunal considera que, no caso de filhos/as de franceses nascidos/as no estrangeiro e aqueles/as nascidos com recurso a gestação de substituição, a adoção é um mecanismo eficaz e suficientemente rápido, tal qual a transcrição, para o reconhecimento da filiação.

Seja como for, uma coisa é certa: o TEDH visa garantir a continuidade das relações familiares. Não impondo aos Estados que reconheçam a gestação de substituição, nem sequer o reconhecimento dos seus efeitos decorrentes do contrato *per se* e constantes de certidões de nascimento estrangeiras, visa que seja garantido o reconhecimento dessa filiação adotando o procedimento que entenderem para o efeito para garantir o direito à vida privada e familiar das crianças.

4.2.1. O Parecer Consultivo do TEDH em Matéria de Maternidade nos Contratos de Gestação de Substituição

França questionou o TEDH sobre a questão da maternidade no âmbito dos contratos de gestação de substituição [821]. Na sua *Advisory Opinion* emitida em 2019 a pedido do Estado francês, o Tribunal assumiu a doutrina dos casos que já havia decidido no sentido de que, no caso da maternidade, os Estados não têm de reconhecer a filiação

[821] Com a entrada em vigor, em 2 de agosto de 2018, do Protocolo n.º 16 da Convenção Europeia dos Direitos Humanos, ao qual França já se vinculou, prevê-se a possibilidade de os tribunais superiores dos Estados Partes dirigirem pedidos de parecer consultivo ao TEDH.

materna por transcrição da certidão de nascimento, como acontece com a paternidade biológica.

No que tange à maternidade, os Estados podem garantir o preenchimento da linha materna através do correspondente processo de adoção, não estando obrigados a alterar o princípio da *mater semper certa est*, considerando que o respeito pela vida privada e familiar da criança não impõe que os Estados sejam compelidos a transcrever no registo a declaração correspondente à maternidade constante da certidão de nascimento estrangeira, podendo esta ser garantida no âmbito da ponderação dos interesses em causa através do processo de adoção pela mulher do pai (European Court of Human Rights, 2019), haja, ou não, ascendência genética.

Neste aspeto, o Tribunal considera que, quer no caso da adoção de ovócitos, quer quando a beneficiária é a ascendente genética, a solução da adoção não é desproporcional em relação à *intended mother*. O reconhecimento da relação genética em relação à mãe não gestante «*[...] would mean overruling of the principle mater semper certa est and would introduce discrepancy with the assisted reproduction techniques (a woman who makes use of such a technique and becomes pregnant with a donor egg is considered to be a mother)*» (Bobrzyńska, 2019, p. 657).

Desta forma, tal como resulta da opinião do Tribunal, o reconhecimento da relação entre a criança e os *intended parents* subsume-se dentro da margem de apreciação e o art. 8.º não impõe o reconhecimento da mãe, nem pela transcrição do registo de nascimento, nem que a mesma se faça de imediato, justificando-se a diferença de tratamento pelas circunstâncias distintas em relação a outras crianças nascidas no estrangeiro.

4.2.2. Considerações Finais

Sendo verdade que o art. 8.º da CEDH não garante o direito a ter filhos/as ou o direito a adotar, o respeito pela vida privada e familiar, conforme resulta das decisões descritas, é imperativo. No âmbito da previsão normativa, inclui-se a família existente, de facto ou legalmente estabelecida, bem como as relações familiares potenciais, ainda que, neste caso, implique que no *iter* familiar haja mais do que a mera intenção [822]. A vida privada e familiar inclui os laços emocionais criados entre pais/mães e filhos/as e estas relações podem não incluir laços biológicos e, muito menos, reconhecimento legal [823]. A família existe independentemente disso e, nos termos do art. 8.º, está não

[822] No caso de 2018, o tribunal considerou a violação do art. 8.º (Lazoriva v. Ukraine, 2018), já que «*[...] the applicant's interest in maintaining and developing her relationship or link with her nephew arguably falls within the scope of "private life", which is a broader concept and encompasses, inter alia, the right to establish and develop relationships with other human beings (see E.B. v. France [GC] no.* 43546/02, *§ 43, 22 January 2008; Paradiso and Campanelli v. Italy [GC], no.* 25358/12, *§§ 161-65, ECHR 2017 (extracts); and A.H. and Others v. Russia, nos.* 6033/13 *and 15 others, § 383, 17 January 2017)*».

[823] Ainda que este reconhecimento integre as obrigações decorrentes do art. 8.º, bem como do art. 7.º da CRC.

só o direito a procriar como a subsequente da proteção da família constituída [824]. O direito a procriar e a usar técnicas de PMA está, assim, no âmbito do art. 8.º, uma vez que esta escolha integra indubitavelmente uma expressão da vida privada. Mas, mormente da doutrina Mennesson e Labassee, que marcam uma posição importante relativamente aos efeitos decorrentes da gestação de substituição, a verdade é que as decisões não podem ser extrapoladas e incluir o que, de facto, o TEDH não incluiu, nomeadamente que as pessoas têm direito a recorrer a uma gestação de substituição, isto é, «*[...] could not be held to go so far as creating an entitlement to enlist a reproductive capacity of another woman to enable a person to bear a child*» (Allan, 2017, p. 355). De facto, ainda que o Tribunal não se tenha pronunciado sobre a validade ou não da gestação de substituição deixando a competência entregue aos Estados [825], afirma, em qualquer caso, os melhores interesses da criança e o respeito pela sua vida privada e familiar, integrando a filiação um elemento essencial da sua identidade [826], pelo que privar a criança da relação com os pais biológicos não era concebível com aqueles interesses (Vega, 2019, p. 374).

Desta forma, não só não se pode concluir o que, de facto, não está nas decisões, como também não se pode concluir que o TEDH legitime a gestação de substituição. Em geral, a posição do TEDH mantém-se no que tange à PMA, designadamente heteróloga, reconhecendo a ampla margem de apreciação nesta matéria que, por maioria de razão, se estende à gestação de substituição.

Além disso, considerando os interesses conflituantes e os objetivos a salvaguardar no que tange aos beneficiários/as, o Tribunal entende que a ponderação necessária e o cumprimento dos objetivos do Estado na interferência na vida privada destes se pode mostrar justificada.

O enfoque relativamente à posição do TEDH está na criança, em garantir, em prol dos seus melhores interesses, a necessidade de constituição ou reconhecimento da filiação, elemento essencial à sua identidade pessoal. Ainda que, para o efeito, como resulta do caso belga, os Estados possam encetar as diligências que entendam necessárias para garantir o cumprimento de requisitos legais, mormente a prova da paternidade no âmbito da gestação de substituição antes de emitir autorização de entrada no país da criança e a transcrição do registo.

Não obstante, e depois disso, o respeito pela vida privada da criança impõe que a lei doméstica tenha um mecanismo legal que possibilite o reconhecimento da filiação paterna (biológica), como é sintomático dos casos Mennesson e Labassee,

[824] Sem prejuízo, evidentemente, mas não é disso que agora estamos a tratar, da justificação legítima da interferência do Estado nos termos do n.º 2 do mesmo preceito. Abordamos uma destas questões, por exemplo, relativamente ao parto, que também se inclui no âmbito do art. 8.º da Convenção e das barreiras que Estados erigem para se não proibir, pelo menos limitar ou tornar muito difícil os partos sem recurso a âmbito hospitalar. V. Almeida Araújo, 2016.

[825] Razão pela qual assume que os direitos dos pais cedem perante a ordem pública.

[826] Incluindo a nacionalidade da criança, sendo um elemento da sua identidade.

e depois replicados nos casos Foulon e Bouvet e no caso Laborie. No que tange à maternidade, com relação genética ou não com a criança, o Tribunal entende que as crianças mantêm, também, o direito a ver estabelecida a filiação materna com a beneficiária. O meio pelo qual se estabelece ou reconhece é, para o Tribunal, o menos relevante, caindo na margem de apreciação dos Estados, ainda que, não sendo um reconhecimento como o paterno, nada no art. 8.º impõe que este se faça de imediato, admitindo-se o hiato temporal necessário para que decorra, como foi decidido por exemplo no caso D. c. France e posteriormente assumido na *Advisory Opinion* emitida a pedido do Estado francês.

Por fim, como resulta dos casos Paradiso e Campanelli e Valdís Fjölnisdóttir and Others, na adoção de embriões, o TEDH tende a encarar a situação como uma situação de adoção. Estamos cientes de que, sobretudo do caso italiano, a situação chegou ao TEDH paradigmaticamente, como uma situação de medidas de guarda de uma criança «abandonada» em contexto que foi subsumido num caso de adoção. Contudo, como parece resultar das decisões, a análise da família de facto teve em consideração a ausência da relação biológica com qualquer um dos pais/mães intencionais, o que nos leva a concluir que a existência da relação genética assume relevância para o tribunal, mesmo que depois pareça «neutralizar» essa relação no que tange à maternidade.

Independentemente da forma distinta como encara a maternidade genética, das orientações do TEDH, a relação biológica com a criança, seja por laços genéticos ou gestacionais, revela-se *per se* para o Tribunal como uma relação familiar, ainda que potencial — a efetividade da relação familiar de facto que, em determinado momento, pode até prevalecer sobre a relação biológica.

Em nosso entender, o Tribunal tem dificuldade em manter alguma coerência no que tange a questões que para nós são essenciais [827], como é o caso da discrepância de tratamento entre a mãe genética e o pai genético. Mas compreendemos que o TEDH, como qualquer pessoa que aborde esta temática, tenha dificuldade em conciliar todos os interesses em conflito e, além de balizada nos termos do n.º 2 do art. 8.º a justificação da ingerência, designadamente considerando a reconhecida falta de consenso europeu, a ampla margem de apreciação, tem ainda um problema de consistência fundamental, aqui apresentado de um ponto de vista político. As contrações que o TEDH tem feito e faz nesta matéria à margem de apreciação dos Estados, particularmente em relação àqueles que proíbem a gestação de substituição, provoca a erosão da sua posição legal nesta matéria, altamente sensível e com forte impacto, sobretudo social.

O desenvolvimento do denominado turismo reprodutivo e da consequente indústria que lhe está subjacente aumenta de forma exponencial [828] e é impulsionado pelas

[827] E como abordaremos no capítulo V.

[828] Desde os anos 90 do século passado que a gestação de substituição se tem mostrado em franca expansão e com um crescente mercado global (Cherry, 2014).

vicissitudes da liberdade reprodutiva, *in extremis*, ainda que por interposta pessoa, com o inerente direito a procriar e constituir família. Trata-se daquilo que Nila Bala refere como os «custos escondidos» do trabalho criativo do TEDH (Bala, 2014), visto que as decisões terão impactos profundos e consequências vastas, como aconteceu no caso Wagner, já que, apesar de as decisões não extravasarem os efeitos no caso concreto, os Estados adaptam as suas posições às orientações do TEDH, considerando que a maior parte dos países proíbe a gestação de substituição. Estas decisões terão efeitos práticos em muitas legislações domésticas (Bala, 2014) que estarão sob a pressão das influências políticas liberais estrangeiras em matéria de reprodução.

Contudo, como resultou evidente nos contratos de gestação de substituição, as crianças correm o risco de nascer órfãs e apátridas, se considerarmos a dificuldade em reconhecer/estabelecer a filiação, particularmente nos negócios internacionais, já que os Estados muitas vezes querem enviar mensagens punitivas aos *intended parents* pelas opções tomadas, mormente em fraude à lei nacional. Porém, as consequências refletem-se sobretudo nas crianças. Este efeito reflexo, extracontratual, e para quem não é parte do negócio, é inadmissível.

Este problema resulta de outro em relação ao qual o TEDH já se pronunciou e que agrava esta tentativa de mensagem de prevenção geral negativa que os Estados querem emitir: a busca além-fronteiras de soluções de PMA. O turismo reprodutivo, como resultou desde logo dos casos S. H. and Others v. Austria e nos casos A, B and C. v. Ireland [829], não é impedido. As pessoas podem procurar as soluções que entendem como melhores onde sejam admissíveis. Este âmbito tem, de facto, um problema subjacente, que, aliás, resulta expressamente na opinião dissidente no caso austríaco. Esta fuga à solução doméstica não resolve qualquer problema — não só cria um relativo ao não reconhecimento dos efeitos no Estado do foro, como as questões éticas e morais que estão subjacentes às posições pouco consensuais dos Estados na gestação de substituição, dignidade da mulher, exploração da gestante, venda de crianças, entre outros argumentos que são apontados, não desaparecem em resultado da passagem das fronteiras. São apenas geograficamente limitados.

A questão sobre a admissibilidade dos efeitos e que podemos concluir da doutrina Mennesson e Labassee é que esta permite tacitamente que a lei doméstica seja ultrapassada apesar da proibição e da impunidade resultante da produção dos efeitos jurídicos. A falta de consenso e a ampla margem de apreciação na leitura e âmbito no preceito em matéria de gestação de substituição acabam por se ver altamente limitadas, já que outra solução que não liberalize os efeitos põe em causa um aspeto essencial da identidade das crianças decorrente das relações de parentesco. Há, de facto, como o TEDH faz, uma distinção importante entre a vida privada dos queixosos e a da criança. Quanto àqueles, o tribunal tem adotado, no exercício de ponderação, uma primazia dos interesses que o Estado visa prosseguir. Mas, em

[829] A proibição doméstica da PMA com recurso a adoção de gâmetas e IVG, respetivamente.

relação à criança esta fica numa situação de incerteza em relação a um dos aspetos essenciais da sua identidade. O Tribunal refere expressamente que aceita a posição dos Estados em relação à solução que adotam numa típica formulação de prevenção geral negativa, no entanto os efeitos que produz na criança e as consequências assumidamente negativas na construção da sua identidade erigem um novo momento de necessidade de ponderação dos interesses diretamente em causa e, neste âmbito, os melhores interesses da criança passam a nortear a posição. No que tange à gestação de substituição, impõe-se questionar qual o lugar destas crianças e a resposta a dar importa alguma flexibilidade. O momento não é de recriminar e sancionar, mas sim de dar uma resposta racional que acautele sobretudo os interesses da criança.

Lidar com estas questões é inultrapassável considerando que a riqueza das situações é tanta quanto as formas de família que se vão manifestando e as posições legais distintas, já que são socioculturalmente determinadas e, ao contrário destas, as fronteiras dos Estados não constituem ou destroem vínculos familiares. Ademais, a matéria da PMA é, assumidamente, um organismo vivo cuja maior ou menor permeabilidade e alargamento são dados de acordo com as soluções domésticas, bem como o que coloca sérios desafios e pressão local sobre as opções tomadas pelas soluções estrangeiras. Nesta perspetiva internacional, a deslocalização além-fronteiras de quem procura a concretização de um desejo de procriar é grande, sobretudo sempre que num país seja adotada uma solução proibitiva ou restrita de uma prática que noutro local se admita. Os casais e as pessoas singulares, em busca da concretização do seu desejo em ter um(a) filho/a, recorrem, muitas das vezes, a países que sejam permeáveis a uma solução que lhes permita cumprir o desiderato [830].

Com a liberalização da gestação de substituição em alguns países, os Estados, sobretudo os proibicionistas, são confrontados com contratos de gestação de substituição internacionais a que os seus nacionais deram causa, querendo agora ver os respetivos efeitos reconhecidos pela lei doméstica. Quanto a isto, e como referimos, o TEDH já se pronunciou e estabeleceu como princípio norteador acautelar em qualquer situação os melhores interesses da criança. As questões suscitadas perante o Tribunal envolvem «*[...] [a] transcription of the foreign civil status records that indicate as a parent one or both intended parents, confirmation that a child is a citizen of the home country based on the filiation with the intended parent established abroad and the issuance of a passport*» (Bobrzyńska, 2019, p. 653).

A questão não é fácil, de facto, mormente considerando que resolver estas questões acabando por lhes reconhecer efeitos não será mais do que uma legalização *ex post-facto* de uma proibição legal que acaba por minar a posição legal doméstica.

[830] Além de colocar problemas de ordem social, já que a possibilidade de recorrer a outro país, numa situação que em casa não se afigure possível por ordem legal, implica um esforço financeiro a que nem todos têm acesso.

Vendo-se os tribunais com a situação de facto, acabariam por permitir uma solução que de outra forma é contrária à solução legal doméstica.

Porém, no âmbito do DIP, não é nada que já não se tenha visto. É certo e não esquecemos que a ordem pública associada a esta questão imporia um limite à solução estrangeira, mas a alternativa é manter a posição e deixar a criança desprotegida, não integrada no seu ambiente familiar, e desconsiderar os seus interesses, também esta matéria de ordem pública. Priorizar os interesses da criança, incluindo o direito da criança à vida privada, familiar e à sua identidade — ainda que o tribunal não tenha ido tão longe —, parece, de entre todos os conflitos e tensões, o único caminho que se nos afigura aceitável.

Considerando as orientações do TEDH, bem como da CDC — nesta matéria e considerando as posições assimétricas e as viagens reprodutivas que muitos estão dispostos a fazer e fazem — seja qual for a posição dos Estados, lidar com relações familiares de facto implica que se adote uma posição centrada nos interesses da criança. É o que resulta, aliás, dos princípios europeus do direito da família em relação às responsabilidades parentais redigidos pela Commission on European Family Law.

Também à International Commission on Civil Status, que facilita a cooperação internacional, foi dirigido um questionário sobre gestação de substituição — *L'établissement de la filiation maternelle et les maternités de substituition dans les Etats de la CIEC* —, mas ainda não há recomendações em matéria de gestação de substituição.

De acordo com as regras de Direito Internacional Privado, é possível negar a aplicabilidade do direito material estrangeiro, bem como não reconhecer a decisão estrangeira ou documentos estrangeiros quando qualquer um deles violar princípios fundamentais da ordem jurídica do foro. Os diversos argumentos contra a gestação de substituição podem justificar a aplicabilidade da cláusula de exceção de ordem pública internacional para limitar a aplicabilidade do direito material estrangeiro ou o reconhecimento de sentenças estrangeiras ou documentos públicos que, neste caso, representam uma inconsistência com o princípio da parentalidade natural (Rodziewicz, 2019, p. 934).

Quanto a este assunto, o TEDH já assumiu posição e as suas linhas de orientação, como tivemos oportunidade de analisar [831]. Mesmo assumindo a questão como sendo de ordem pública internacional, o Estado não pode desfazer famílias por estas atravessarem as suas fronteiras, impondo-se o reconhecimento das respetivas relações filiais, mesmo não admitindo o contrato de gestação de substituição no seu ordenamento interno. Não obstante, e ainda que o próprio TEDH admita a subsunção dos contratos de gestação de substituição no âmbito da ordem pública internacional, também esse exercício pode não ser claro.

[831] V. capítulo II.

Por tudo isto, acreditamos que o TEDH tem tentado encontrar uma posição de equilíbrio que permita manter a coerência do sistema e da interpretação da CEDH, numa perspetiva atualista e numa jurisprudência ativista vinda de Estrasburgo e, por outro lado, manter nas esferas dos Estados a reconhecida margem de apreciação que a temática impõe[832]. Esta posição de equilíbrio tem sido seguida por alguns Estados ou pelo menos tentada. Por exemplo, em Espanha, a *Instrucción* de 5 de outubro de 2010 admite o registo de crianças nascidas por via de gestação de substituição no estrangeiro a favor dos *intended parents*, assumindo a necessidade de considerar os interesses da criança com os interesses do Estado subjacentes à proibição da gestação de substituição [833]. Esta *Instrucción* mantém a sua vigência conforme reconhecido pela recente *Instrucción* de 19 de fevereiro de 2019 [834], aplicável para a inscrição no registo civil da filiação a favor dos *intended parents* quando exista um contrato internacional de gestação de substituição que exige, em suma, «*[...] sentencia dotada de exequátur* [835] *o um expediente de jurisdicción voluntaria por el encargado del Registro Civil*» (Sánchez, 2019, p. 363).

Esta *instrucción* seguiu-se a outra de 2009, de 18 de fevereiro, emitida na sequência de um pedido de transcrição no registo civil espanhol de uma certidão de nascimento emitida nos EUA decorrente de um contrato de gestação de substituição outorgada naquele país. O registo foi recusado em primeiro lugar, mas, na reclamação apresentada, a decisão acabou por ser revogada. Considerando a situação de incerteza em que as crianças estavam colocadas e a necessidade de ponderação de todos os interesses, foram estabelecidas diretivas para atingir esse equilíbrio que será feito através da existência de uma decisão no Estado no contrato que reconheça a validade da certidão de nascimento e que o contrato foi, portanto, outorgado validamente [836] (Storrow, 2018, pp. 59-60). Neste caso, foi dada autorização de transcrição do registo de nascimento das crianças, filhas de um casal homossexual, mas o *Ministerio Fiscal* acabou por interpor recurso contra a resolução, tendo

[832] A *Draft recommendation on the rights and legal status of children and parental responsibilities*, no que tange ao estabelecimento da filiação materna, no seu princípio 17, estabelece o seguinte: «*1. The woman who gives birth to the child should be considered as the legal mother regardless of genetic connection. 2. States may qualify the general principle by having other rules on the establishment of maternal affiliation. 3. States having legislation governing surrogacy arrangements are free to provide for special rules for such cases*» (Council of Europe, 2011). Desta forma, o tribunal não pode impor uma interpretação distinta quanto à filiação materna ante o anunciado consenso europeu em matéria de filiação materna.

[833] O art. 10.º da Lei 14/2006, de 26 de março, considera nulo o contrato de gestação de substituição e a filiação destas crianças continua a ser estabelecida em relação à gestante (Meroño, 2016, p. 808).

[834] Boletín Oficial del Estado de 21 de fevereiro de 2019.

[835] Nos termos previstos na *Ley de Enjuiciamiento Civil* espanhola (Vicente, 2018, p. 51).

[836] V. Instrucción de 5 de octubre de 2010 da DGRN (Dirección General de los Registros y del Notariado) em Boletín Oficial del Estado de 7 de octubre de 2010. Quanto às diretrizes desta instrução, v. Aranzadi (2018). Sumariamente referem-se a situações de reconhecimento da filiação por tribunal competente quando em causa estejam contratos de gestação de substituição.

o tribunal confirmado a sua posição, ou seja, a impossibilidade da transcrição do registo de nascimento.

Por sentença de 2011 da 10.º Secção da *Audiencia Provincial de Valencia*, a decisão judicial anterior foi confirmada e as crianças continuavam sem acesso ao registo civil espanhol e que mais tarde foi confirmada pelo Supremo Tribunal em sentença de 2014 [837] (Meroño, 2016, pp. 810-811), que acabou por considerar que «*[...] it was a violation of Spanish law not to include the gestational mother as a parent in the registry because the primary and most important fact for this purpose was who gave birth*» (Storrow, 2018, p. 59). Também: «*[...] tanto el Auto Juzgado de Primera Instancia núm. 1 de Pozuelo de Alarcón, de 25 de junio de 2012, cuanto el Auto AP de Madrid núm. 1341/2012, de 3 de diciembre*» seguiram o sentido da violação da ordem pública internacional em matéria de gestação de substituição.

> «*El primero estima la demanda de reconocimiento de una sentencia en la que se determinaba la filiación de dos menores respecto de la solicitante (maternidad en ausencia de paternidad). Del razonamiento de la jueza lo único destacable es que señala de modo general que se cumplen los requisitos del art. 954 LEC y que "... en cuanto a ir en contra del orden público, estese al interés de mayor protección, en este caso son los menores, los cuales no se les puede privar del acceso al Registro Civil Español, siendo requisito previo para ese acceso la obtención del exequátur".*» (González, S. Á., 2014)

Na segunda decisão:

> «*[...] esta vez desestimatorio del reconocimiento, que ya había sido desestimado por el juzgador de instancia. En este caso también se trataba de un solicitante individual (paternidad en ausencia de maternidad) padre de dos niñas nacidas en Colorado. La respuesta negativa, también magra y decepcionante, viene a decir que la sentencia extranjera vulnera el orden público español "dados los términos del artículo 10 de la Ley 14/2006.*» (González, S. Á., 2014)

Já na Alemanha damos conta da decisão do Bundesgerichtshof (BGH de 10 de dezembro de 2014, no âmbito do processo XII ZB 463/13. A Alemanha não admite a gestação de substituição e os tribunais negavam o reconhecimento da paternidade por razões de ordem pública. Neste caso, o casal homossexual alemão celebrou na Califórnia um contrato de gestação de substituição e o tribunal daquele Estado declarou os homens como pais da criança (Gös, 2015, p. 449). O tribunal alemão,

[837] Posição confirmada em 2015 pelo Pleno do Supremo Tribunal quando confrontado com outro caso de gestação de substituição (Meroño, 2016, p. 814), ainda que, entretanto, o TEDH tivesse já emitido a sua posição nos casos de 2014 Mennesson e Labassee.

apesar de se opor a qualquer forma de gestação de substituição, entendeu que reconhecer a paternidade no caso concreto não violava de forma inaceitável qualquer princípio enformador do Estado. O tribunal colocou a tónica nos melhores interesses da criança (Gös, 2015, pp. 457-458), principalmente considerando a ligação biológica que a criança tinha com um dos seus pais.

A criança não deve ser considerada responsável por atos de outros, o que aconteceria se se impusessem na sua esfera jurídica efeitos que obstassem ao reconhecimento da paternidade do seu ascendente genético [838]. Em relação à gestante e à questão associada aos seus direitos humanos e dignidade, o BGH considerou como se segue:

> «*It could only be relevant in cases where she did not act voluntarily either at the undertaking of surrogacy or at the rejection of motherhood, or said rejection did not occur in a lawful way. Furthermore, the BGH did not regard the surrogate mother's right to be a parent (Art. 6 para. 2 Basic Law) as preponderant. The surrogate mother had given up her position voluntarily by her declaration against the Californian Court. The possibility to dissolve the special mother-child-relationship and the corresponding responsibility is known under German law in cases other than surrogacy (adoption and anonymous birth). So, the concept does not violate the German public policy* per se.» (Gös, 2015, p. 459)

Em relação à criança, o tribunal considerou que, embora entenda que a criança tenha direito à constituição da filiação materna, negar o reconhecimento da filiação paterna é negar a única relação que a criança tem e, ainda que fosse possível:

> «*[...] to establish the motherhood of the surrogate mother by German law, as one of the alternatives of Art. 19 EGBGB would have led to the application of German substantial law and the establishment of the motherhood of the person giving birth. Nevertheless, this motherhood would not be recognized under the Californian law that is the law of the mother herself. It therefore did not create a "whole" motherhood as required by the ECHR, but only a "limping" one. On the other hand, the recognition of the judgment would give the child two parents present and eager to serve as caring and responsible parents in a social and legal way.*» (Gös, 2015, p. 460)

[838] Sendo que, no caso, a gestante não era casada, pelo que nem sequer se colocava a questão de uma eventual presunção de paternidade.

A posição do tribunal alemão é particularmente relevante no sentido de não catalogar todos os casos de gestação de substituição como uma violação da ordem pública do Estado proibicionista. O Tribunal, analisando as concretas vicissitudes do caso, conclui que não podia assumir que houvesse, de facto, uma violação da dignidade, nem da gestante nem da criança.

Quanto ao elemento pecuniário associado ao contrato, não havia ligação com o Estado do foro, dado que o negócio ocorreu na Califórnia. Assim, impõe-se — sendo legítimo neste Estado o negócio na sua forma onerosa — a aceitação de uma significância de dignidade humana diferente e aceitável, neste caso, do ponto de vista da ordem pública (Gös, 2015, p. 460) [839].

Não obstante, e apesar de a jurisprudência alemã ter reconhecido decisões ou documentos estrangeiros em relação à filiação das crianças nascidas por gestação de substituição, em relação ao seu pai biológico, esta posição não é unânime. Por exemplo, numa decisão do Oberlandesgericht Braunschweig de 12 de abril de 2017, foi recusada a decisão de um tribunal do Colorado que estabeleceu a filiação em relação aos beneficiários. O Tribunal Braunschweig decidiu, pelo contrário, que o reconhecimento da decisão estrangeira, incluindo a filiação materna, viola princípios fundamentais da ordem jurídica alemã (Bobrzyńska, 2019, p. 654).

Como referimos, não vamos desenvolver este aspeto em particular, uma vez que o faremos noutro momento [840] mas, de acordo com a nossa posição, não entenderíamos, de qualquer forma, a violação da dignidade quer da gestante, quer da criança, no âmbito do contrato de gestação de substituição, considerando os efeitos que decorrem, para nós, da relação parental-filial que reconhecemos. Não podemos deixar de assumir que a questão do pagamento é altamente relevante para nós, no sentido em que a recusamos. Não obstante, ela não altera, como referimos, aquela identidade-parental. O princípio dos melhores interesses da criança impõe uma ponderação, como é ditado pelas decisões do TEDH e reforçado pelo *General Comment No. 14* (2013) [841], sobre o direito de a criança ter os seus melhores interesses considerados em primeiro lugar (art. 3.º, n.º 1), tal como acontece noutras situações

[839] Já em 2019 o BGH, no âmbito do processo Docket No. XII ZB 530/17, voltou a analisar o caso de um contrato de gestação de substituição outorgado na Ucrânia em que os beneficiários eram um casal alemão. Este caso analisa o elemento de conexão para determinação da lei aplicável. O Tribunal determinou que a residência habitual da criança era a Alemanha e não a Ucrânia, já que, apesar de ter nascido na Ucrânia, foi trazida imediatamente após o nascimento para a Alemanha. Assim, «*[t]he decisive connecting factor in this case was the habitual residence of the new born child that led BGH to German law. According to German substantive law — § 1591 BGB4 the mother is the woman who gave birth to a child — in this case surrogate mother and not the genetic mother*» (Figura-Góralczyk, 2019, p. 857) Neste caso, a criança acabou com uma filiação materna distinta nos dois países. A mulher do pai poderia, no entanto, adotar a filha do marido (Gesley, 2019).

[840] V. capítulo IV.

[841] Committee on the Rights of the Children, CRC/C/ GC/14, 29 de maio de 2013.

de relações familiares em que há disputas em relação à criança [842] ou em relações familiares atípicas, como no caso da homoparentalidade.

As relações familiares que se criam — assentes, quanto a nós, num fundamento ético do qual radica a própria identidade-parental — não podem ser negadas, tendo em conta sobretudo os interesses da criança, que justificam, mesmo nos casos em que os Estados negam a gestação de substituição e a sua admissibilidade, não só os efeitos jurídicos como a própria coercibilidade do negócio. Negar a parentalidade e as respetivas relações filiais é criar apátridas e órfãos. Impõe-se o respeito pela privacidade e pela vida familiar da criança e esta não pode ser objeto de qualquer interferência arbitrária. Crê-se que é uma solução que pondera o art. 3.º, n.º 1, da CDC e o Princípio 2 da Declaração sobre os Direitos da Criança de 1959, reconhecendo que, quando seja estabelecida uma relação familiar com uma criança, seja qual for a forma como foi concebida e porquê, os Estados devem atuar de forma a garantir e salvaguardar, sobretudo legalmente, essa relação desde o momento do nascimento até à integração da criança nessa família. Aos Estados impõe-se uma análise dos interesses em conflito — dos interesses privados e do interesse público na proteção da ordem pública e da instituição familiar considerando a interpretação tendencialmente homogénea de que a mãe da criança é a gestante. Esta posição é, assumimos, a posição tendencial dos Estados.

Nos termos do n.º 1 do art. 18.º, o interesse superior deve constituir a preocupação fundamental dos pais. Este princípio tornou-se um «lugar-comum contemporâneo no mundo do Direito e das conversas coloquiais» (Pinheiro, 2020, p. 31). Do *General Comment No 14* resulta que os melhores interesses das crianças são logrados quando se assegura às crianças tanto o total como o efetivo exercício dos direitos reconhecidos pela Convenção e no desenvolvimento da criança. O Comité determina neste âmbito que para os melhores interesses se devem evitar interpretações subjetivas, e procura que seja aplicado um processo para avaliar e determinar esses interesses, devendo conceber-se como um conceito flexível para acomodar as diferentes circunstâncias sociais e culturais dos contextos de cada criança.

Todavia, como refere Cantweel, esta avaliação é particularmente difícil no âmbito da adoção internacional [843] e que também se pode colocar na gestação de substituição no âmbito de acordos internacionais — ainda que de forma mais pálida —, já que é necessário ter em consideração os diferentes contextos: aquele em que a criança se

[842] Como é o caso de processos de divórcio, por exemplo. Os melhores interesses da criança devem prevalecer em relação a outros, mesmo — ou melhor, sobretudo — quando não há regulamentação sobre a matéria ou a que existe é conflituante com outras soluções, cujos efeitos acabam por se repercutir na esfera jurídica da criança. Mesmo quando estes podem estar em conflito com os interesses de outros, como no caso da gestação de substituição, em que pode haver conflitos entre os outorgantes (Wałachowska, 2019, p. 413).

[843] Como resulta, aliás, da Convenção sobre a Proteção de Menores e a Cooperação em matéria de Adoção Internacional e o subjacente princípio da subsidiariedade para acomodar tal preocupação.

insere no país de origem e o que vai integrar (Cantwell, 2017, p. 67). Tobin explana que há um conjunto de medidas para minorar tal características, como a posição da própria criança e dos seus pais e as suas circunstâncias concretas [844], [845], incluindo o papel das práticas sociais e culturais, bem como as suas necessidades concretas, mas também o papel das evidências empíricas ou presunções (Tobin, 2019). No entanto, nesta matéria, estes critérios apresentam-se com pouca relevância prática.

O Comité estabeleceu que o princípio dos melhores interesses da criança constitui um direito substantivo. Isto é, o direito da criança a que os seus melhores interesses sejam considerados em primeiro lugar dando causa a uma obrigação intrínseca para os Estados da sua aplicabilidade direta. Também como um princípio interpretativo fundamental, aberto a mais do que uma interpretação de acordo com aquela que sirva os melhores interesses e como regra de procedimento sempre que uma decisão é tomada para uma criança em particular. Ademais, a decisão deve demonstrar que considerou os melhores interesses. O mesmo se aplica a questões mais amplas de políticas relacionadas com crianças (Buck, 2014, pp. 138-139). Assim, de acordo com as orientações:

> «*[of the CRC] Committee, 'where a decision will have a major impact on a child or children, a greater level of protection and detailed procedures to consider their best interest is appropriate'. As such, the term 'concerning' must be informed by the circumstances of each case in order to be discern the impact of the action on a child.*» (Tobin, The UN Convention on the Rights of the Child: A Commentary, 2019, p. 78)

Isto com o princípio do melhor interesse da criança como padrão de justiça a considerar em qualquer decisão, que resulta da CDC, e do qual resulta o direito à cidadania, identidade e conhecimento das suas origens [846].

[844] O TEDH estabeleceu a regra Neulinger (Neulinger and Shuruk v. Switzerland), abrindo a avaliação a cada caso, e subordinou o art. 13.º, alínea b), da Convenção sobre os Aspetos Civis do Rapto Internacional de Crianças ao art. 8.º da CEDH: «*[...] recommended that the best intetests of the child ara to be considered in each individual case. This differed from the philosophy on which the Convention operates to protect the best interests of children in general and to assist them in maintaining relationships with both parents*» (Župan, 2017, p. 219). A posição alterou-se com o caso X v. Latvia — o Tribunal volta ao momento pré-Neulinger, determinando que no contexto do rapto de crianças o mecanismo do regresso é o determinante sem avaliação daqueles interesses *in casu*, e considerando unicamente as exceções previstas nos arts. 12.º, 13.º e 20.º da Convenção (Župan, 2017, p. 219).

[845] No âmbito do rapto parental, o Parlamento Europeu criou o Mediator for International Parental Child Abduction, que visa encontrar uma solução entre os pais em prol dos melhores interesses da criança.

[846] Os melhores interesses da criança já constavam da Declaração dos Direitos da Criança e da CEDAW (arts. 5.º e 16.º, respetivamente).

Sobre o conceito de melhores interesses da criança, este:

> «*[...] is aimed at ensuring both the full and effective enjoyment of all the rights recognized in the Convention and the holistic development of the child. The Committee has already pointed out3 that "an adult's judgment of a child's best interests cannot override the obligation to respect all the child's rights under the Convention." It recalls that there is no hierarchy of rights in the Convention; all the rights provided for therein are in the "child's best interests" and no right could be compromised by a negative interpretation of the child's best interests.*» (Committee on the Rights of the Children, 2013, p. 3)

E em nada parece resultar que o melhor interesse da criança reside na necessidade de ser criada por dois adultos ou que só estes, em conjunto, possam aceder às opções que as técnicas de reprodução colocam ao alcance das pessoas (Carroll, 2013, p. 1206). A questão coloca-se a montante, ou seja, até que ponto as possibilidades que a ciência coloca aos cidadãos são suscetíveis de ser usadas sem que se ponha em causa o núcleo essencial dos direitos e princípios eventualmente em conflito. Isto entendendo, como nós entendemos, que o direito à reprodução faz parte dos direitos fundamentais, pelo que o uso de métodos reprodutivos deve estar ao alcance de qualquer pessoa, independentemente do estado civil, sob pena de se limitar não só aquele direito como — o que é inaceitável face à Constituição — o acesso à criança de uma família considerando padrões de normalidade que, ante a inexistência de um conceito constitucional, se mostra inaceitável.

Por fim, não gostaríamos de deixar de considerar outro assunto que se suscita no âmbito das decisões do TEDH; ainda que não seja diretamente apreciada, tem emergido, mesmo que indiretamente. Em relação à paternidade, os Estados têm imposto a demonstração da ascendência genética em relação ao pai que consta do certificado de nascimento estrangeiro, tipicamente, com um teste de ADN. Por um lado, a família não precisa de ter um elemento biológico para existir [847] e, particularmente em relação à paternidade, essa relação, mesmo na conceção tradicional, não tem de ser verificada para se constituir, já que ela depende da combinação do fator social e da perspetiva sociocultural em relação à família [848].

Não negando que estamos para lá da perspetiva tradicional, evidentemente, a verdade é que a comprovação por teste de ADN nos parece ser problemática por constituir essa imposição também uma violação ao art. 8.º na noção de «vida privada». Não vamos desenvolver a temática, dado que esta questão em particular extravasa o âmbito e objeto do nosso estudo, mas, como noutras áreas do Direito, a obrigação de alguém se submeter a uma técnica para recolha de material biológico — sendo

[847] Conforme, aliás, jurisprudência do próprio TEDH.

[848] O que teremos oportunidade de aprofundar mais à frente neste estudo.

este unicamente um meio para prova do vínculo que os Estados possam admitir para o reconhecimento da filiação constante da certidão de nascimento estrangeira — é, no limite, obrigar alguém a submeter-se a uma recolha biológica que não lhe pode ser imposta [849]. É evidente que o ónus da prova da relação de ascendência é dos/as beneficiários/as, mas há o interesse da criança que os Estados também têm obrigação de garantir, além de se poderem colocar dúvidas quanto à guarda daquela criança em concreto, especificamente decorrente não de uma gestação de substituição, mas de um processo de adoção informal/ilegal ou ainda, num pior cenário, de tráfico de crianças [850], [851]. Estes casos são, sem dúvida, ainda que relevantes nesta sede, mas também noutras, especificamente penais.

Por outro lado, é possível configurar situações em que, por algum motivo, o pai ou a mãe não se queiram submeter ao teste de ADN porque, pura e simplesmente, agora não querem ver reconhecida a filiação [852]. Se, neste caso, os efeitos para o reconhecimento da filiação estão dependentes da submissão a este teste de ADN, o pai e/ou mãe biológicos recusarem-se a fazê-lo tem como consequência a não confirmação do vínculo e uma situação de orfandade em relação à criança.

Cremos que esta questão, que assumidamente não desenvolvemos, é pertinente no que tange à prova que tem de ser feita nos casos de gestação de substituição, especificamente quanto ao reconhecimento de sentenças ou documentos estrangeiros, até porque a inexistência deste vínculo biológico em relação ao pai implica — como é sintomático da comparação das soluções dos casos Mennesson e dos que viram aplicada esta doutrina e os casos Paradiso e Campanelli — uma alteração da realidade factual que pode conduzir a situações distintas, com impactos profundos nos/as beneficiários/as e nas crianças. Impacto este que o TEDH parece não reconhecer ou não o querer fazer. É que se o Tribunal tem vindo a assumir as relações familiares de facto, que dependem — não havendo ligação biológica — da qualidade e do tempo de duração dessa relação parece depois não perceber que esta combinação de fatores como é sintomático na diferença de tratamento nos casos Paradiso e Campanelli e no caso Valdís Fjölnisdóttir and Others. O que nos parece censurável

[849] Em Portugal, no Ac. n.º 616/98, de 17 de março de 1999, o TC considerou que impor a realização de testes de ADN para o estabelecimento da paternidade não era admissível por violação da integridade do demandado, ainda que fosse admissível fazer a valoração da recusa.

[850] Esta situação pode, desde logo, ter diversas configurações dependendo do estabelecimento da filiação. Posição que vamos analisar e assumir no capítulo V.

[851] Para nós, a demonstração da relação de ascendência genética com, pelo menos, um(a) dos/das beneficiários/as é essencial no âmbito da gestação de substituição, pelo que, para nós, estes terão de a demonstrar, estando na sua esfera o ónus de o fazer para verem reconhecida ou estabelecida a filiação. Ainda que não possa ser imposta a realização da recolha de material biológico e o respetivo teste de ADN, há consequências a extrair, quanto a nós, e que analisaremos na secção subsequente.

[852] Imagine-se em casos de litígio entre os *intended parents*, por exemplo.

em relação à posição do TEDH foi não reconhecer o impacto deste afloramento em relação à vida privada da própria criança. Estar ou não numa família de acolhimento é diferente de estar na *sua* família.

4.3. As Orientações do TJUE

O Programa de Estocolmo introduz a proteção das crianças como uma das prioridades no espaço europeu [853] e que o art. 24.º da CDFUE tipificou [854]. «Destinando-se a Carta de Direitos Europeia dos Fundamentais a reforçar a proteção destes direitos no quadro da União Europeia, parece indicado que a sua natureza jurídica deva ser a de um instrumento vinculativo», ainda que a verdade seja que a União «dispõe desde há muito de um sistema de tutela destes direitos, progressivamente desenvolvido pela jurisprudência do Tribunal de Justiça e hoje cristalizado no art. 6.º, n.º 2 do Tratado» (Moura Ramos, 2019, p. 365). O Tribunal já tinha avocado esta competência no acórdão Stauder. Do texto do acórdão resulta que o respeito pelos direitos fundamentais faz parte integrante dos princípios gerais de direito cuja observância é assegurada pelo Tribunal de Justiça, como cita Moura Ramos (Moura Ramos, 2019, pp. 74-75) Assim, os termos do art. 24.º, n.º 2, da CDFUE apontam que todas as decisões devem ter em consideração os melhores interesses da criança e, no n.º 3, que todas as crianças devem manter uma relação com os pais.

No contexto do TJUE, a gestação de substituição tem sido suscitada no âmbito de direitos sociais dos beneficiários, nomeadamente licença de maternidade ou paternidade.

Nos julgamentos dos casos C-167/12, de 18 de março de 2014 (Employment Tribunal, Newcastle upon Tyne — Reino Unido — C. D./S. T, 2014) e C-363/12, de 18 de março de 2014 (The Equality Tribunal — Irlanda — Z/A Government Department, the Board of Management of a Community School, 2014), discutiu-se se as beneficiárias tinham direito à proteção decorrente da Diretiva 92/85/CEE, de 19 de outubro de 1992 [855], e se a ausência de tratamento análogo constituía uma violação do princípio da igualdade e discriminação em razão do sexo [856].

O TJUE analisou a questão na ótica da discriminação em razão do sexo e concluiu que não se verifica tal discriminação nos termos dos arts. 4.º e 14.º da Diretiva

[853] O EUROCHILD emite relatórios sobre os casos de violação dos direitos das crianças.

[854] O Regulamento (CE) n.º 2201/2003 do Conselho, de 27 de novembro de 2003, relativo à competência, ao reconhecimento e à execução de decisões em matéria matrimonial e em matéria de responsabilidade parental, prevê os melhores interesses da criança como princípio. O Regulamento Bruxelas II *bis* prevê o critério dos melhores interesses da criança na competência para tomar medidas provisórias ou cautelares de acordo com o art. 15.º, n.º 2.

[855] Proteção da maternidade em contexto laboral, mormente das mulheres em amamentação.

[856] Diretiva do Parlamento e do Conselho 2006/54/CE, de 5 de julho de 2006.

respetiva. O Tribunal explana que a Diretiva 92/85 e a concessão da licença de maternidade prevista no referido art. 8.º têm por finalidade proteger a saúde da mãe da criança na situação específica de vulnerabilidade decorrente da gravidez.

A este propósito, embora o Tribunal de Justiça tenha declarado que a licença de maternidade visa também assegurar a proteção das relações especiais entre a mulher e o seu filho, esse objetivo só respeita ao período subsequente à gravidez e ao parto. Decorre daqui que a atribuição de uma licença de maternidade com base no art. 8.º da Diretiva 92/85 pressupõe que a trabalhadora que beneficia dessa licença tenha estado grávida e tenha dado à luz a criança (Employment Tribunal, Newcastle upon Tyne — Reino Unido — C. D./S. T, 2014). Em causa está a proteção da especial vulnerabilidade da mulher na decorrência da gravidez e parto e a relação entre a mulher e a criança no especial momento subsequente à gravidez e ao parto.

Desta forma, os Estados-Membros não estão obrigados a interpretar o art. 8.º e a conceder licença de maternidade a uma trabalhadora que teve a criança com recurso a gestação de substituição, mesmo que a amamente.

No que tange ao art. 14.º da Diretiva 2006/54, relativa à aplicação do princípio da igualdade de oportunidades e igualdade de tratamento entre homens e mulheres em domínios ligados ao emprego e à atividade profissional (reformulação), lido em conjugação com o art. 2.º, n.ºs 1, alíneas a) e b), e 2, alínea c), só constituiria discriminação em razão do sexo se a recusa fosse exclusivamente para trabalhadores/as de um dos sexos, o que não era o caso. Esta Diretiva deve ser interpretada no sentido de que o facto de um empregador recusar conceder uma licença de maternidade a uma mãe intencional que teve um(a) filho/a através de um contrato de maternidade de substituição não constitui uma discriminação em razão do sexo. O Tribunal conclui igualmente como se segue:

> «[...] por outro lado, não existe discriminação indireta na aceção do artigo 2.º, n.º 1, alínea b), da diretiva, na medida em que nenhum elemento permite demonstrar que a recusa da licença em causa prejudica em especial os trabalhadores do sexo feminino comparativamente aos trabalhadores do sexo masculino.» (Employment Tribunal, Newcastle upon Tyne — Reino Unido — C. D./S. T, 2014)

Desta decisão resulta o seguinte:

> *«[...] according to which: Council Directive 92/85/EEC of 19 October 1992 on the introduction of measures to encourage improvements in the safety and health at work of pregnant workers and workers who have recently given birth or are breastfeeding (tenth individual Directive within the meaning of Article 16(1) of Directive 89/391/EEC) must be interpreted as meaning that Member States are not required to provide maternity leave pursuant to Article 8 of that directive to a female worker*

> *who as a commissioning mother has had a baby through a surrogacy arrangement, even in circumstances where she may breastfeed the baby following the birth or where she does breastfeed the baby.»* (Rodziewicz, 2019, p. 934)

No segundo caso, o tribunal conclui que a recusa de pagamento de licença à beneficiária não era contrária à Diretiva, já que a concessão da licença de maternidade nos termos do art. 8.º tinha como pressuposto a gravidez e o parto, o que a beneficiária não cumpria, ainda que seja reconhecida legalmente como a mãe da criança, mesmo que seja esta que amamente a criança [857]. Foi ainda analisado o seguinte pelo Tribunal em relação à Diretiva 2000/78:

> «[...] [se] constitui uma discriminação em razão de uma deficiência o facto de se recusar a concessão de uma licença remunerada equiparada à licença de maternidade ou à licença por adoção a uma trabalhadora que sofre da incapacidade de levar uma gravidez a termo e que recorreu a um contrato de maternidade de substituição e, em caso de resposta negativa, se essa diretiva é válida à luz do artigo 10.º TFUE, dos artigos 21.º, 26.º e 34.º da Carta e da Convenção da ONU.» (The Equality Tribunal — Irlanda — Z/A Government Department, the Board of Management of a Community School, 2014)

O Tribunal, nesta questão, partiu do facto de os termos da definição de «deficiência» da diretiva pressuporem que a pessoa sofre de uma limitação quando, em interação com diferentes barreiras, possa impedir a sua participação plena e efetiva na vida profissional em condições de igualdade com os outros trabalhadores. Neste ponto, o Tribunal, recorrendo às conclusões do advogado-geral, conclui que a incapacidade de ter um filho não impede a mulher de aceder a uma atividade profissional, pelo que não sofre de qualquer deficiência que se possa incluir no âmbito da diretiva.

Nesta perspetiva:

> *«[...] the CJEU recognizes that social rights foreseen in EU legislative instruments are not applicable to beneficiaries (intended mothers) in the context of surrogacy. For the CJEU, the domestic laws of the States allowing surrogacy are the ones competent to rule this issue. The issue of social rights should therefore be*

[857] O Tribunal conclui que «a Diretiva 2006/54, nomeadamente os seus arts. 4.º e 14.º, deve ser interpretada no sentido de que não constitui uma discriminação em razão do sexo o facto de se recusar a concessão de uma licença remunerada equiparada à licença de maternidade ou à licença por adoção a uma trabalhadora, na sua qualidade de mãe intencional que teve um filho através de um contrato de maternidade de substituição, e a situação dessa mãe intencional no que respeita à atribuição de uma licença por adoção não se enquadra no âmbito de aplicação da referida diretiva.»

treated by the national law of each Member State and it is essential that those States authorizing surrogacy arrangements establish the respective parental rights.» (Coutinho, 2019)

O Tribunal considera assim que só as mulheres que dão à luz têm direito a beneficiar da licença de maternidade. De acordo com a diretiva da igualdade de tratamento, a não conceção de licença à beneficiária não implica nenhuma violação desta diretiva, uma vez que o pai também não tem esta licença, sendo que, nos termos da Diretiva 2006/54/CE, se considerou que a beneficiária está na mesma posição do pai, pelo que não está no âmbito desta diretiva da discriminação em razão do sexo.

Com esta posição, o tribunal aproximou-se da posição do advogado-geral Wahl (Wells-Greco, 2016, pp. 392-394). Mas outra posição erigiu-se nesta matéria [858]. A advogada-geral Kokott refere que uma mãe intencional, ainda que não tenha passado pelo parto, pode ser uma mãe cuidadora lactante [859] que se encontra na mesma situação de uma mãe gestante, também lactante, pelo que quer uma quer outra são subsumíveis, nos termos do objetivo da Diretiva 92/85, no conceito de trabalhadora lactante.

Quanto às mães intencionais, ainda que não lactantes, a advogada-geral enfatiza o facto de a gestante ter direito à licença de maternidade, mesmo que opte por não amamentar, pelo que o mesmo se deve aplicar à mãe intencional, já que:

> «[...] [o] objetivo de proteção, consagrado nos direitos fundamentais, de garantir um desenvolvimento sereno da relação mãe-filho, não é suficientemente tido em conta se a forma de alimentação da criança for determinante para a questão de saber se deve ser concedida uma licença de maternidade à mãe cuidadora após o parto.» (Kokott, 2013)

A advogada sugere uma repartição da licença entre as duas mulheres, tendo a mãe cuidadora, lactante ou não, direito a gozar da licença de maternidade após o nascimento da criança.

> «[...] nos termos dos artigos 2.º e 8.º da Diretiva 92/85, se tiver recebido a guarda da criança após o parto, desde que no Estado-Membro em questão a maternidade de substituição seja legal e os seus requisitos nacionais estiverem preenchidos, mesmo que a mãe cuidadora não amamente

[858] Em relação à discriminação e ao tratamento menos favorável, a advogada-geral entendeu não haver qualquer violação do art. 14.º da Diretiva 2006/54.

[859] No caso, a beneficiária amamentava a criança e fê-lo no final da primeira hora após o nascimento da criança.

> a criança após o parto; a licença deve ter uma duração mínima de duas semanas e deve ser-lhe descontada a licença eventualmente gozada pela mãe de substituição.» (Kokott, 2013)

Não foi, não obstante, a posição que saiu vencedora. Em contexto laboral, a maternidade e os direitos laborais subjacentes estão associados à gravidez da mulher trabalhadora. A Diretiva 2000/78/CE do Conselho, de 27 de novembro de 2000 afirma:

> «*[...] establishing a general framework for equal treatment in employment and occupation must be interpreted as meaning that a refusal to provide paid leave equivalent to maternity leave or adoptive leave to a female worker who is unable to bear a child and who has availed of a surrogacy arrangement does not constitute discrimination on the ground of disability.*» (Rodziewicz, 2019, p. 934)

O tribunal manteve o âmbito gestacional e aspetos fisiológicos da gravidez preservando uma posição relutante em relação a uma reflexão sobre a maternidade e paternidade (Weldon-Johns, 2020, p. 29). Em Portugal, não obstante, o Decreto Regulamentar n.º 6/2017, de 31 de julho de 2017 [860], estabelece um regime de proteção à parentalidade que inclui a gestante, mas também o casal beneficiário. No que respeita à gestante, o diploma prevê que o parto beneficia de um regime equivalente ao previsto para a IVG e que o regime de faltas e dispensas relativas à proteção da parentalidade lhe são aplicáveis. Também este regime de faltas e dispensas é aplicável ao casal beneficiário e, no que respeita a estes, o parto da gestante é considerado seu para efeitos de licença parental no âmbito do regime de proteção da parentalidade.

4.3.1. Análise Crítica

Até à data, o TJUE até à data não se pronunciou propriamente sobre a questão do estatuto das crianças nascidas por gestação de substituição e os seus julgamentos não estão relacionados com os direitos das crianças nascidas no âmbito de bionegócios de gestação de substituição. Foram submetidos ao TJUE afloramentos de direitos sociais relativos à maternidade. Em relação a estes, o Tribunal manteve-se fiel a uma conceção tradicional de maternidade. A posição do TJUE parece desconsiderar a realidade complexa da gestação de substituição e a desassociação dos elementos que a integram, bem como os efeitos, nomeadamente biológicos, que podem não estar

[860] Que regulamenta o acesso à gestação de substituição, embora, nesta altura, o diploma não seja aplicável, considerando as decisões do tribunal constitucional em matéria de gestação de substituição que implicam uma alteração à LPMA e ao próprio decreto que regulamenta a gestação de substituição.

exclusivamente associados à mulher que dá à luz, como é o caso da amamentação, em particular quando é assumida pela *intended mother*.

A Organização Internacional do Trabalho (OIT), no relatório de 2018, recomenda a extensão dos benefícios sociais a todos/as os/as trabalhadores/as e suas famílias, numa linguagem mais neutra, por forma a não deixar ninguém para trás:

> «*[e]nsuring broad coverage of employee categories, such as part-time workers and those in low-skilled and low-paid occupations, is very important, given that women are more prevalent in these job categories. [...] It is also essential to ensure that coverage supports all family types (single parents, parents who adopt or use surrogacy, same-sex couples and so on), so none is left behind.*» (International Labor Organization, 2020, p. 44)

No julgamento n.º 4250 da OIT, de 10 de fevereiro de 2020, foi analisado um caso sobre alegada discriminação em relação à concessão de licença de parentalidade que não incluía a gestação de substituição. Neste processo, o Tribunal, acabou por não considerar procedente a queixa, já que no caso lhe foi apresentada a licença por adoção, fazendo uma analogia com a ausência de relação biológica em relação ao filho.

> «*[L]e requérant ayant bénéficié d'un congé d'adoption rémunéré de huit semaines en application de la disposition pertinente du Statut du personnel relative au congé parental, ses allégations concernant la charge financière injuste supportée par sa famille et lui-même et le préjudice moral qu'il aurait subi pour avoir fait l'objet d'une discrimination dans son emploi et pour avoir dû rechercher une solution qui soit dans l'intérêt de toutes les parties sont sans fondement.*» (Judgment No. 4250, 2020)

O Conselho Nacional de Ética para as Ciências da Vida (CNECV), no seu parecer de 2012, referia-se, num dos seus princípios, à liberdade de acordo entre a gestante e a mãe quanto à amamentação por aquela. Neste caso, o que se coloca é, desde logo, se, ainda que se podendo reproduzir esta ligação, não deve esta estar garantida ao invés de a limitar e obstar a que a criança a tenha.

Por seu turno, a CEDAW no seu art. 11.º, estabelece as medidas que devem ser assumidas para prevenir discriminação em matéria, nomeadamente, de maternidade, em particular a proibição de despedimento em razão da gravidez, e assegurar o pagamento de licença de maternidade, direito que assegura a necessária compatibilização entre a vida familiar [861] e profissional, e as medidas para a eliminação da discriminação contra as mulheres relativas a relações familiares, nos termos do art. 16.º. Contudo, e sobretudo para além destas medidas previstas na Convenção,

[861] Também art. 12.º.

o art. 5.º prevê uma garantia mais ampla em relação à maternidade e à sua «função social». A verdade é que, ainda que se mantenha o enfoque na mulher grávida e no pós-parto desta, a nosso ver, também permite incluir uma vertente que ultrapassa a função biológica do parto, impondo que as medidas que são asseguradas às gestantes também sejam asseguradas à mãe intencional.

O reconhecimento e estabelecimento da filiação é matéria da competência interna dos Estados-Membros e, em questões como o direito da família e a parentalidade [862], [863], pode suscitar-se a questão da identidade nacional, prevista no n.º 2 do art. 4.º do TUE. No entanto, esta identidade, *in extremis*, não pode violar os direitos fundamentais e a conformidade com o Direito da União, mormente a CDFUE, que, no seu art. 7.º, também prevê a proteção do direito à vida privada e familiar. Assim, não é equacionável que, ao nível da União, se pudessem assumir direitos que, depois, os cidadãos não pudessem reclamar no Estado-Membro. Esta posição é assumida pelo TJUE desde, pelo menos, o caso Sociedade Fratelli Costanzo SpA contra Comuna de Milão (1989) e recentemente reafirmado [864] no caso Minister for Justice and Equality, Commissioner of An Garda Síochána contra Workplace Relations Commission (2018), em que o Tribunal afirma o seguinte:

> «[...] seria contraditório que os particulares tenham o direito de invocar as disposições do direito da União num domínio específico perante um órgão a que o direito nacional atribuiu a competência para dirimir litígios nesse domínio e que o referido órgão não tenha a obrigação de aplicar aquelas disposições, afastando as do direito nacional que as contrariem.»

Além disso, a matéria relativa à aceitação de documentos públicos de um Estado-Membro por outro Estado-Membro está prevista no Regulamento 2016/1191. Todavia, o Regulamento unicamente prevê o reconhecimento dos documentos e não dos seus efeitos [865] (Groot D. A., 2021, p. 10), mas, no caso destas relações parentais, um dos efeitos a considerar é a própria aquisição da nacionalidade, e consequentemente da cidadania europeia. A recusa da emissão de certificados de nascimento

[862] Bem como no casamento, como se coloca a questão em relação aos casais homossexuais. V. secção seguinte.

[863] O denominado Programa de Estocolmo, adotado pelo Conselho Europeu em dezembro de 2009, prevê um quadro de ação para a UE em matéria de cidadania, justiça, segurança, entre outros. «*In addition to the family living matters, the Stockholm program calls only for the protection of the rights of children. In the matter of family living, the program provides legal norms on the way of the development of judicial cross-border cooperation. However, both programs lack some clear indication of the legal competences of the EU for creating legislative acts in the matter of family law*» (Sokołowski, 2019, p. 594).

[864] Ainda que em matéria de direito laboral e igualdade de tratamento ao nível das relações de trabalho.

[865] Art. 2.º, n.º 4.

ou do seu reconhecimento pode implicar, na realidade, uma recusa quanto ao reconhecimento da nacionalidade, da cidadania europeia e dos direitos decorrentes do estatuto, incluindo da liberdade de circulação da criança com os seus/uas pais/mães. Como o Tribunal referiu no caso Zambrano, o art. 20.º do TFUE implica que os Estados adotem medidas por forma a garantir que os cidadãos da UE gozem de todos os seus direitos conferidos por esse estatuto.

Na Estratégia para a Igualdade da UE, enfatiza-se que, dentro do espaço da União, todas as pessoas devem estar seguras e ser livres para serem elas mesmas e que:

> «*Our social, political and economic strength comes from our unity in diversity: Equality and non-discrimination are core values and fundamental rights in the EU, enshrined in its Treaties and in the Charter of Fundamental Rights. The European Commission, the Parliament and the Council, together with Member States, all share a responsibility to protect fundamental rights and ensure equal treatment and equality for all.*» (European Commission, 2020)

No entanto, apesar de o TJUE ter analisado os efeitos da gestação de substituição do ponto de vista social, não tomou qualquer posição sobre a gestação de substituição propriamente dita e, mesmo nos casos referidos, não foi particularmente liberal. Na esteira do que aconteceu com o TEDH — e estando os Estados-Membros e a UE propriamente dita submetidos à CEDH, além da CDFUE —, os efeitos que têm sido reconhecidos por aquele tribunal enformarão o direito da união. Sendo a família uma instituição fundamental na sociedade, o seu reconhecimento e proteção são essenciais, em particular para os mais vulneráveis, como as crianças. Dentro do espaço da União, como em qualquer sítio, as novas formas de famílias existem, e devem ser reconhecidas assumindo uma interpretação ampla do termo que as inclua. Preservar a sua unidade e a separação, especificamente no que tange à criança, só se deve admitir quando tal se mostre de acordo com os seus melhores interesses (art. 9.º, n.º 1).

Tal como resultou no caso K. B. contra National Health Service Pensions Agency, Secretary of State for Health (2004) [866], uma legislação que impede alguém de preencher uma condição [867], em violação da CEDH, necessária para ver constituídos direitos [868], deve ser considerada, em princípio, incompatível com as exigências do art. 157.º do TFUE.

Ademais, tal como noutras situações de relações familiares, a questão da cidadania europeia, além da livre circulação, colocar-se-á também em relação às famílias resultantes da gestação de substituição, no que tange à liberdade de circulação

[866] Relativo a casamento entre pessoas do mesmo sexo e atribuição de pensão de sobrevivência em caso de falecimento.

[867] O casamento, neste caso.

[868] A pensão referida.

dentro do espaço da União. Neste âmbito, podemos ter uma situação que entronque diretamente na questão da cidadania europeia, pelo que o reconhecimento da filiação por parte de um Estado-Membro dificilmente, em nosso entender, pode ver obstado o reconhecimento por parte de outro Estado, mormente quanto à aquisição da nacionalidade e necessária livre circulação [869], [870].

A pandemia agravou os problemas com que muitas famílias se viram confrontadas quanto à sua mobilidade e unificação, além de colocar as crianças, e também as gestantes, em situação de maior risco e vulnerabilidade. Em 10 de junho de 2020, o *New York Times* [871] noticiava que, finalmente, os bebés retidos na Ucrânia começavam a chegar aos seus pais. Durante o período mais crítico da primeira vaga de pandemia da COVID-19 e com restrições de viagens por todo o mundo, mais de 100 estrangeiros, pais/mães de crianças nascidas por contrato de gestação de substituição naquele país, foram impedidos de ir buscar os/as seus/as filhos/as. O governo acabou por admitir algumas situações de entrada no país — depois de os/as pais/mães passarem por um período de quarentena obrigatória — desbloqueando a restrição imposta sem consideração por esta realidade. As autoridades previam que os bebés retidos podiam ascendem a cerca de mil.

De facto, em 17 de março de 2020, o Presidente ucraniano Volodymyr Zelensky, promulgou uma lei:

> «*[...] 'On Amending Certain Legislative Acts of Ukraine aimed at Preventing the Occurrence and Spread of Coronavirus Disease (COVID-19)'. Following this anti-coronavirus legislation, there was first a restriction for those people who had been travelling from Europe or stopping in Europe on route to entering Ukraine until 3 April, followed by a second temporary ban on 28 March affecting all foreigners from entering the country until 22 June. This situation left myriads of surrogate babies stranded in Ukrainian clinics. A video released by the Ukrainian fertility clinic Biotexcom on 30 April hit international headlines by showing forty surrogate-born babies being cared for at a hotel in Kyiv. According to Ukrainian clinics, on 26 May the number of surrogate babies still waiting to be collected by their intended parents from several countries such as the UK, US, Italy, China, Mexico, Germany and France, had increased to hundreds.*» (Deharo & Madanamoothoo, 2020, pp. 351-352)

[869] Como está assente em diversas decisões que expressamente preveem que a criança tem direito à cidadania europeia e, por esse facto, direito a residir e a circular no espaço da União. V., a título exemplificativo, os casos C-413/99; C-200/02; C-148/02; C-310/08, C-480/08.

[870] No caso de famílias homoparentais v. subsecção seguinte em relação ao reenvio prejudicial apresentado pelo Tribunal Búlgaro, ainda pendente no TJUE.

[871] Notícia consultada em https://www.nytimes.com/2020/06/10/world/europe/ukraine-corona virus-surrogate-babies.html (consultado em 13 de junho de 2020).

A necessidade de garantir a proteção da «família», independentemente de como foi constituída ou de quem integra o agregado familiar, e o direito da União em matéria de liberdade de circulação [872] impõe o reconhecimento a todos os cidadãos da União e das suas famílias que circulem livremente na UE. Isto inclui [873] o seguinte:

> «*[...] EU legislation on family law applies in cross-border cases or in case with cross border implications and it covers LGBTIQ people. This includes rules to facilitate Member States' recognition of each other's judgments on divorce, parental responsibilities and rights (including child custody and visiting rights), maintenance (for couples and children), property owned in the context of marriage and registered partnerships, and succession matters (for couples and children). The Commission will ensure the rigorous application of cross-border family law vis-à-vis rainbow families by strengthening its focus on this group in monitoring their implementation.*» (European Commission, 2020, p. 17)

Além do mais, existem outros afloramentos em que a temática suscita particular interesse. A título exemplificativo, veja-se o caso C-200/02, Kunqian Catherine Zhu and Man Lavette Chen v. Secretary of State for the Home Department, 2004 do TJUE, em que se discutiu o direito de residência do principal cuidador da criança, sendo esta cidadã da União Europeia, tal como no caso C-34/09, Gerardo Ruiz Zambrano v. Office National de l'Emploi (ONEm), 2011.

Como o TJUE referiu no caso Coman em relação ao reconhecimento de casamento entre casais do mesmo sexo, os Estados-Membros são livres para decidir se permitem ou não o casamento entre pessoas do mesmo sexo. Não obstante, estão obrigados a não limitar — pela sua decisão — o exercício de direitos, incluindo da liberdade de circulação, daquelas pessoas de acordo com a CDFUE, não sendo, por qualquer forma, uma forma de violação da ordem pública ou da identidade nacional nos termos do n.º 2 do art. 4.º do TUE.

[872] Diretiva 2004/38/CE do Parlamento Europeu e do Conselho, de 29 de abril de 2004, relativa ao direito de livre circulação e residência dos cidadãos da União e dos membros das suas famílias no território dos Estados-Membros, que altera o Regulamento (CEE) n.º 1612/68 e que revoga as Diretivas 64/221/CEE, 68/360/CEE, 72/194/CEE, 73/148/CEE, 75/34/CEE, 75/35/CEE, 90/364/CEE, 90/365/CEE e 93/96/CEE.

[873] Ainda que a matéria de Direito da Família seja da competência interna dos Estados-Membros.

5. Posição Adotada

O processo *Roe v. Wade* nos EUA na década de 1973 redefiniu o direito à *privacy* [874] e permitiu que as mulheres pudessem, daí em diante, controlar a reprodução, pondo termo a gravidezes indesejadas (Roe v. Wade, 1973). Estava garantido o direito à IVG [875] e à «escolha reprodutiva» de interromper, ou não, uma gravidez. Esta decisão [876] marca a história dos direitos reprodutivos das mulheres [877], bem como da *justiça reprodutiva* [878], termo que muito se deve às feministas negras e está relacionado com o empoderamento feminino [879], nomeadamente da comunidade negra. Ademais, move o epicentro dos direitos reprodutivos e da escolha para uma interseção entre a raça, sexualidade, nacionalidade e idade, e os recursos, nomeadamente públicos, canalizados para a saúde reprodutiva (Zehelein, 2018, p. 889). Curiosamente, na mesma década, nasceu o primeiro bebé proveta [880] e, pouco depois, gerar filhos/as fora do útero permitiu também que estes/as fossem gerados/as em regime de *outsourcing* [881]. Ao contrário do direito à IVG, as feministas não se uniram e continuam com posições altamente divergentes quanto à gestação de substituição [882].

[874] Em causa estava a legalização da IVG. Em Portugal, o TC enquadrou a questão, no âmbito do ac. n.º 288/98, de 18 de abril de 1998, como um direito ao livre desenvolvimento da personalidade nos termos do art. 26.º, n.º 1 da CRP: «47 — Neste contexto se perceberá que, para quem entenda que a vida humana intrauterina constitui um bem jurídico constitucionalmente protegido pelo artigo 24.º da Constituição da República Portuguesa, uma primeira questão consista em determinar em que casos e circunstâncias, efetuada uma adequada ponderação de interesses, se pode admitir a licitude da IVG, assim se resolvendo os eventuais conflitos entre aquele referido bem jurídico e os direitos da mulher, não só à vida, à saúde ou à dignidade, mas também a uma maternidade consciente — a que se refere o artigo 67.º, n.º 2, alínea d), da Constituição da República Portuguesa —, principalmente quando conjugado com o direito ao livre desenvolvimento da personalidade, recentemente consagrado no artigo 26.º da lei fundamental, com a última revisão constitucional.» O texto do acórdão está disponível em https://dre.pt/web/guest/pesquisa-avancada/-/asearch/666482/details/normal?emissor=Tribunal+Constitucional&perPage=100&types=JURISPRUDENCIA&search=Pesquisar (consultado em 25 de junho de 2019)

[875] Em 2021, o Estado do Texas voltou a restringir o acesso à IVG, o que suscitou e suscita elevada onda de contestação nacional.

[876] Também no caso referido Planned Parenthood of Southeastern Pennsylvania v. Casey.

[877] Também alterou a «cadeia de produção» de crianças para adoção, permitindo aos pais, sobretudo às mães, acederem a uma forma de interromper gravidezes não desejadas e fazendo, também, diminuir o número de crianças entregues para adoção.

[878] A justiça reprodutiva tem sido definida como «*[...] the normative concept that all women, regardless of their ethnic, racial, national, social, or economic backgrounds, should be able to make healthy decisions about their bodies and their families*» (Mohapatra, 2012, p. 191).

[879] Tema a desenvolver no capítulo III.

[880] Em 1978, em Inglaterra.

[881] O caso mais notório da década de 1980, o caso «Baby M».

[882] V. capítulo IV.

Apesar de no âmbito dos direitos reprodutivos a vertente negativa se ter afirmado com maior vigor, com o advento da PMA, estamos em crer que o recurso a técnicas de procriação assistida fez emergir um novo afloramento dos direitos reprodutivos. As inovações biotecnológicas respondem, assim, à infertilidade de muitas pessoas e permitem, por isso, manter a ligação biológica com a descendência. As pessoas parecem preferir ter filhos/as geneticamente relacionados/as consigo [883] e muitas mulheres preferem passar pela gestação dos/as *seus/as* filhos/as (Purdy, 2014, p. 442) [884].

A evolução da ciência coloca, assim, sob pressão os limites do direito e o alargamento das suas fronteiras vai-se continuamente colocando numa relação de dependência da própria evolução científica. Este alargamento, que sedutoramente a ciência vai desenvolvendo e as novas conceções que o direito vai assumindo, dando novos afloramentos, criam desafios quanto ao estabelecimento dos limites que devem estabelecer-se para a utilização dos avanços médicos. Para o direito reprodutivo e a autonomia reprodutiva, como identifica Alberto Barros, «um dos "novos desafios" é, claramente, saber e ter a coragem de dizer... não!» (2017). Mas a dificuldade, ou melhor, a opção de dizer sim ou não, além de todas as questões éticas, filosóficas, médicas ou jurídicas que aquele médico avisadamente suscita, vê-se ainda agravada pela dificuldade da delimitação de fronteiras, se considerarmos razões de ordem cultural, social, política, ética, moral e até religiosa, além de ser uma temática que suscita, junto da opinião pública, acesos debates e posições díspares. É que, se somos responsáveis pelo que fazemos, também nos será imputada responsabilidade pelo que impedimos de fazer (Singer, 2000, p. 11). No dizer de Carla Amado Gomes, «[...] a ciência — e a expressão de criatividade que o seu progresso traduz — deve estar ao serviço do desenvolvimento económico-social, concretizando-se em inovações técnicas na medida da aceitabilidade social dos riscos que estas implicarem» (Gomes, 2007, p. 286).

[883] Em 1984, foi iniciado o primeiro tratamento com vista a ser realizada a primeira gestação de substituição (não tradicional), o que aconteceu logo no ano seguinte. A mãe, de 37 anos, tinha tido uma histerectomia em 1982. Perante a insusceptibilidade de suportar uma gravidez, passou por colheita dos seus óvulos para FIV e implantação do embrião do útero da gestante (Utian W. H., Sheean, Goldfarb, & Kiwi, 1985), tendo nascido uma menina saudável. Depois de três anos de experiência, nos Estados Unidos, é feito o primeiro *follow-up* com os resultados de tratamentos da gestação de substituição (não tradicional) em 28 casais, selecionados de 178 candidaturas e 41 aceites, dos quais resultaram sete gravidezes (Utian W. H., *et al.*, 1989). Com este acompanhamento, uma das preocupações foi a demonstração do menor impacto, desde logo emocional, desta gestação em comparação com a tradicional, já que, ainda que se possa discutir de quem é a criança, pelo menos a gestante não tem qualquer ligação genética com ela.

[884] Não obstante, há quem considere que deve ser refreado o acesso às técnicas de PMA dando-se primazia à adoção de crianças, sufragando que os Estados «*[...] should do is to promote a significant degree of the practice of adoption*». Isto sendo a adoção a resposta para casais inférteis e, portanto, «*[...] limited case of embryo adoption*» (Tollefsen, 2014, p. 458).

Se uma perspetiva reacionista entre a ciência e a tecnologia e a sociedade dominou o panorama no discurso ético no século XX, a emergência de uma ética antecipatória evidencia que, mais do que descrever dilemas éticos e morais, visa também «*[...] intervening to influence the development of new technologies or the innovation trajectory*» (Knoppers & Özdemir, 2014, p. 241). A filósofa italiana Luisa Muraro, numa entrevista de 2016 [885], referia-se à conversão do direito a constituir família como um «desejo arrogante» que marca as famílias modernas nascidas da gestação de substituição que lembra a eugenia. Ademais, os riscos que apresenta — mormente contra um pagamento à gestante — são diversos e as injustiças são de variada ordem, marcando um ataque demolidor à relação materna. Também Paulo Otero se refere ao seguinte:

> «[...] o capricho pessoal, mesmo que expresse o desejo da maternidade, impossibilitado por razões de incapacidade procriativa de uma mulher, e até que se materialize numa "barriga de empréstimo", fruto da solidariedade de uma mãe ou irmã da mulher em causa, sem qualquer onerosidade, o certo é que se coloca problemas de relacionamento (alternativo ou concorrencial) face ao instituto da adoção.» (Otero, 2012, p. 88)

Neste tema, o âmbito é particularmente sensível, uma vez que se relaciona diretamente com a criação do ser humano e da concretização do desejo de se ter filhos/as, um dos elementos centrais da própria aspiração de um projeto de vida na *nossa passagem pela terra*. Mais de mil e seiscentos anos após o *Diálogo sobre a Felicidade de Santo Agostinho*, continuam atuais as suas palavras, naquela mesa de festejo, que se queria *sympósion*. É preciso «[...] evitar com cautela um enorme rochedo que se ergue na própria embocadura do porto e causa grandes embaraços aos que nele entram» (Santo Agostinho, 2018, p. 23). Este rochedo, tão enganador e se apresentando como a própria terra de felicidade, ludibria quem se seduz com a sua envergadura.

A fronteira entre o que se pode ou não fazer e o limite que deve ser estabelecido entre o que se deve ou não fazer é ténue e cada vez mais cinzento. Em *Ética a Nicómaco*, Aristóteles afirmava que os desejos «[...] têm que ser moderados e pequenos e nada por contrariar o sentido orientador. Um tal estado é obediente e está dominado — tal como a criança deve viver sob o comando do educador, também deve ser a dimensão do desejo de acordo com o sentido orientador» (Aristóteles, 2015, pp. 1119b 13-15). Mas a ciência coloca ao ser humano oportunidade e, a partir daí e da sedução dos resultados prometidos, a escolha e o *direito* que dela emerge. Em matéria de biotecnologia, concretamente nas opções de reprodução assistida e do que destas se pode criar, a problemática agudiza-se, visto que o direito, bem como

[885] Disponível em https://www.avvenire.it/vita/pagine/utero-in-affitto-desiderio-prepotente (consultado em 5 de fevereiro de 2020)

as considerações éticas que aprioristicamente se impõem, não conseguem — é uma evidência — acompanhar a sofreguidão com que a ciência e a técnica evoluem. Esta corrida desenfreada é acompanhada pelo entusiamo que as soluções da biotecnologia colocam ao dispor das pessoas, aliciando-as com novas oportunidades e, portanto, reclamando novas escolhas e novos direitos. É neste complicado terreno que exercitamos o estabelecimento de limites. Mas que limites? [886]

[886] A Associação Portuguesa de Bioética enunciou, no seu parecer, os seguintes princípios que devem nortear a PMA: «1. Respeito pela dignidade humana e o valor intrínseco não instrumental da pessoa, sobretudo quando se encontra vulnerável pela situação de doença; 2. Direito à autonomia reprodutiva designadamente no atinente ao exercício de uma sexualidade responsável no âmbito da procriação medicamente assistida; 3. Não obstante a existência deste direito, as técnicas de procriação medicamente assistida não devem ser em princípio consideradas um método alternativo, mas sim subsidiário à reprodução natural, embora este princípio comporte excepções, nomeadamente quando a sua utilização se revele imprescindível para impedir a transmissão de doença grave (infecciosa, genética) ao nascituro; 4. Consentimento informado, livre e esclarecido, que deve ser prestado, para todos os actos médicos, sempre que possível, também na forma escrita, devendo ser transmitidas aos casais as implicações destas técnicas para a sua saúde reprodutiva; 5. Direito inalienável à objecção de consciência por parte dos profissionais de saúde envolvidos nas técnicas de procriação medicamente assistida, devendo este direito ser claramente salvaguardado; 6. Direito a usufruir de uma estrutura de filiação biparental, pelo que, só devem poder recorrer aos estabelecimentos de saúde que praticam a procriação medicamente assistida casais com estabilidade de relação; 7. Utilização das técnicas de procriação medicamente assistida em estabelecimentos de saúde dotados das condições necessárias para o efeito, devendo estes ser alvo de processos de certificação e acreditação de qualidade por parte de entidades credíveis para o efeito, designadamente o Instituto da Qualidade em Saúde; 8. No limite dos recursos humanos, tecnológicos e materiais, disponibilização por parte do Serviço Nacional de Saúde, das técnicas de evidência científica claramente demonstrada; 9. Acesso em condições de equidade, aos casais a quem tenha sido efetuado o diagnóstico de infertilidade; 10. Direito à privacidade individual, que deve ser garantido a todas as pessoas envolvidas no processo de procriação assistida. A salvaguarda deste direito implica a confidencialidade dos dados pessoais e de saúde e o escrupuloso cumprimento do segredo profissional por parte de todos os agentes envolvidos nas técnicas de procriação medicamente assistida; 11. Garantia de anonimato do dador de gâmetas, exceto por razões de ordem médica devidamente fundamentadas; 12. Garantido o anonimato do dador, deve ser permitida a dádiva altruísta de células reprodutivas — espermatozoides e ovócitos – quando esta for a solução mais plausível de concretizar um projeto parental. Para a colheita e conservação de células reprodutivas deve promover-se a constituição de unidades licenciadas para o efeito, de modo a evitar situações de clandestinidade que possam conduzir à comercialização de produtos biológicos humanos; 13. Não-comercialização e não-patenteamento de produtos biológicos humanos, sobretudo gâmetas (masculino e feminino), embriões ou sequências nucleotídicas, quer tenham ou não sido objeto de dádiva, pelo que deverá ser punida a venda de esperma, ovócitos e embriões humanos; 14. Escolha e aplicação das técnicas de procriação medicamente assistida sempre por decisão clínica, competindo ao médico especialista a responsabilidade global pelo programa de tratamento da infertilidade. Compete-lhe, nomeadamente, a determinação do número de ovócitos a fertilizar em cada ciclo de fertilização *in vitro*, de acordo com as *leges artis* e as regras da medicina baseada na evidência; 15. Proteção da vida humana embrionária de forma adequada, não devendo

Em abono da verdade, o art. 8.º não integra o direito a ter filhos/as ou sequer o direito a adotar uma criança. O caso Fretté v. France (2002) refere expressamente que não existe, nos termos do art. 8.º, o direito a adotar, e que a proteção do preceito pressupõe a existência de uma família ou, pelo menos, da sua potencialidade, não tutelando o desejo ou a intenção de a constituir. No recente caso Petithory Lanzmann v. France (2019), o TEDH conclui ainda que o art. 8.º não garante o direito, neste caso, a ser avó [887] e, além disso, os direitos reprodutivos previstos no art. 8.º, incluindo o direito a ser pai (no caso, já que se tratava do filho falecido da queixosa) e a decidir quando vai ser não são transmissíveis.

Nesta linha de orientação, o Tribunal também não impõe aos Estados que legalizem qualquer forma de *outsourcing* de gravidez (European Court of Human Rights, 2020, p. 69) para cumprir o desejo de ter filhos/as. Mas, na noção de vida privada e familiar, inclui-se a liberdade de procriar [888]. Trata-se da liberdade de o ser humano

ser permitida a criação deliberada de embriões humanos para fins experimentais. A criação de embriões excedentários (aqueles que não serão utilizados pelo casal para fins reprodutivos), no âmbito da fertilização *in vitro*, deve ser reduzida ao mínimo permitido pelo estado atual do conhecimento científico neste domínio; 16. A possibilidade de recorrer a ovócitos ou esperma de dadores deve ser consentânea com as disposições constantes no Código Civil, nomeadamente no que se refere à maternidade e paternidade, bem como aos direitos e deveres das partes envolvidas; 17. Legitimidade da prática do diagnóstico pré-implantação (através da biópsia de globos polares, biópsia de blastómeros e biópsia de blastocistos) para detectar, no embrião in vitro antes da implantação no útero materno, doenças genéticas nos seguintes casos: a) casais inférteis em risco de transmitir uma doença genética ao nascituro, b) casais em risco de transmitir uma doença genética ou uma malformação grave ao nascituro; 18. No âmbito da aplicação das técnicas de procriação medicamente assistida devem ser consideradas finalidades proibidas: a) a inseminação *post-mortem*, b) o recurso à maternidade de substituição com fins comerciais, c) as intervenções que visem a escolha de sexo (exceto para prevenir a transmissão de doenças genéticas ligadas ao cromossoma X), d) as intervenções que visem a obtenção de determinadas características genéticas do nascituro, e) a clonagem reprodutiva, e f) a produção de quimeras ou a fecundação inter-espécies; 19. Compete ao Conselho Nacional de Ética para as Ciências da Vida promover a reflexão ética sobre as novas tecnologias de procriação medicamente assistida, bem como promover a informação da sociedade sobre os novos avanços tecnológicos neste domínio; 20. Compete ao Ministério da Saúde e demais autoridades sanitárias, nos termos da lei em vigor, garantir adequados padrões de qualidade e de segurança nos estabelecimentos de saúde que praticam a procriação medicamente assistida, bem como proceder ao respectivo registo público independentemente do regime jurídico aplicável (público, privado ou social); 21. Compete ainda às autoridades de saúde licenciar os estabelecimentos de saúde, públicos, privados ou sociais, que pratiquem a procriação medicamente assistida, e proceder à constituição de um registo nacional dos partos de gravidezes fruto de técnicas de reprodução assistida» (Nunes & Melo, 2005).

[887] No caso, a queixosa reclamava o direito a aceder ao esperma crioconservado do seu filho, falecido, para viajar para um país que admitisse a gestação de substituição e, assim, continuar a sua linha familiar (genética), como os EUA ou Israel.

[888] Mais de 160 milhões de cidadãos europeus não têm acesso a procedimentos de doação nos seus próprios países (Brunet, *et al.*, 2013).

se reproduzir, e também o direito a recorrer a técnicas de PMA, como tivemos oportunidade de analisar. Quanto a este ponto, não vamos repetir o que já dissemos nas secções anteriores quanto à inclusão da PMA nos termos do art. 8.º da CEDH.

O que interessa agora é saber se a gestação de substituição se pode incluir também no âmbito do art. 8.º, estando cientes de que, neste preceito, o *mero* elemento volitivo da procriação não é suficiente para integrar a sua proteção. A verdade é que a CEDH se apresenta como um texto vivo, como resulta da decisão Tyrer v. the United Kingdom [889], pelo que a evolução da ciência e as opções que vão sendo colocadas à disposição das pessoas no âmbito da sua (in)capacidade reprodutiva e que vai retirando ênfase à álea biológica na reprodução das espécies expandem as fronteiras do direito a procriar, incluindo o recurso à PMA. As pessoas, individualmente, aumentam as possibilidades e as opções para a concretização do acesso à maternidade ou paternidade, que pode passar a ser encarado como, também, um projeto individual [890], ainda que com a *solidariedade* de terceiros. Embora não se referindo a qualquer situação de gestação de substituição, Augusto Lopes Cardoso enfatizava o seguinte, no campo constitucional e nos termos do art. 36.º, n.º 1, da CRP: «[...] a proteger o caráter natural da família, mais deverá respeitar-se a sua autonomia, na qual cabe como particularmente íntimo e como direito de personalidade intocável, no que ao Estado não cabe nenhuma intervenção, a resolução do casal sobre o planeamento familiar» (Cardoso, 1991, p. 10).

Além disso, considerando que o próprio Tribunal entende que o conceito de vida privada e familiar deve ser interpretado de forma ampla, não estando esgotada a sua definição, o recurso à PMA, incluindo a gestação de substituição, é uma expressão da liberdade de cada um na *sua* vida privada e familiar, com reflexo nas dimensões da identidade de cada um(a), seja física, psicológica ou social [891] prevista no art. 8.º. Guilherme de Oliveira afirma que «[...] isto não pode significar a atribuição de uma legitimidade indiscutível para usar um qualquer meio concreto, tecnicamente

[889] Um caso que versava sobre penas corporais e a integração em tratamentos cruéis e degradantes. Discutiu-se a inclusão da pena aplicada na Isle of Man, tendo o Tribunal concluído que a Convenção é um «*living instrument which [...] must be interpreted in the light of present-day conditions*» (Tyrer v. the United Kingdom, 1978).

[890] Individualismo que Salter Cid refere como perigoso, no sentido de desvirtuar os direitos (Cid, 2005).

[891] Nesta expressão da vida privada, o TEDH inclui, até, uma certa teia relacional que extravasa o círculo da sua vida pessoal: «*[...] it would be too restrictive to limit the notion to an "inner circle" in which the individual may live his own personal life as he chooses and to exclude therefrom entirely the outside world not encompassed within that circle. Respect for private life must also comprise to a certain degree the right to establish and develop relationships with other human beings*» (Niemietz v. Germany, 1992). Este caso relacionou-se com uma busca a um escritório de um advogado, tendo o TEDH considerado que esta constituía uma ingerência no âmbito do art. 8.º.

possível, mas que ainda não foi objeto de uma apreciação pela comunidade ou foi mesmo reprovado» (Oliveira, 1992, p. 51).

Todavia, não há a demonstração da desvantagem da gestação de substituição e a gestão dos (alegados) sentimentos coletivos a que alude, em nosso entender, não são mais do que projeções morais, subjetivas e estereotipadas que constituem uma limitação à forma como cada um(a) constitui a sua família e exerce o seu direito a procriar, o que nos parece inadmissível. Na própria definição de PMA [892] que consta do glossário da OMS se inclui a gestação de substituição (total ou gestacional) (Zegers-Hochschild, *et al.*, 2009), pelo que não vemos razão para a excluir deste âmbito geral. O TEDH, no caso italiano Paradiso e Campanelli, assinala que, no que tange aos beneficiários do contrato de gestação de substituição, não estava em causa [893] a concretização de um projeto parental e do plano que foram desenvolvendo para ter e criar um(a) filho/a [894], tendo o genuíno interesse de se tornarem pais. De acordo com a doutrina extraída do caso, já citado, S.H. and Others v. Austria, «*[...] the Court concludes that the facts of the case fall within the scope of the applicants' private life*» (Paradiso and Campanelli v. Italy, 2017).

A verdade é que, tal qual outras técnicas de PMA, o que está em causa e é salvaguardado pelo art. 8.º é o desenvolvimento e a concretização pessoal que alguém tem em ser pai ou mãe, de concretizar um projeto parental, incluindo o recurso às capacidades reprodutivas de outra pessoa. A diversidade das estruturas familiares existe em «*different social, cultural, legal and political systems*» (International Conference on Population and Development, 5-13 September 1994, p. 30), sendo elas, em qualquer uma dessas perspetivas, a unidade básica da sociedade [895]. A instituição abriu-se, e é agora assumidamente elástica e evolutiva com novas e importantes reconfigurações, nomeadamente legais [896].

Não queremos com isto ir mais longe do que o texto das decisões permite, mas certo é que, como a concebemos, a gestação de substituição integra o direito a procriar e a liberdade de procriar uma solução, médica também, para ter um(a) filho/a, impondo-se uma interpretação atualista que o estado de coisas e da ciência permite, integrando «*[...] reproductive health care [...] defined as the constellation of methods, techniques and services that contribute to reproductive health and well-being by preventing and*

[892] V. capítulo I.

[893] Foi, aliás, com base neste argumento que o Tribunal considerou que a questão se integra, quanto aos queixosos, no art. 8.º da CEDH.

[894] Fizeram várias tentativas para conceber via FIV, para adotar e, finalmente, o recurso à gestação de substituição na Rússia.

[895] Pela mão de Friedrich Engels, que analisa o estudo de Morgan, encontramos diferentes épocas e, com elas, diferentes conceções de família (Engels, 2021).

[896] Incluindo, por exemplo, a filiação estabelecida em relação a mais do que dois/duas pais/mães.

solving reproductive health problems»[897] (International Conference on Population and Development, 5-13 September 1994, pp. 45-46).

A gestação de substituição permite resolver um problema que obsta a reprodução pelo método natural e concretizar, no âmbito do direito à autodeterminação pessoal, a identidade e integridade pessoais [898], o desejo de ter um(a) filho/a. Teremos agora uma conceção que permite dar cumprimento ao direito a procriar, ainda que, no que tange à mãe pelo menos, desafie a tradicional relação biológica, seja genética e/ou gestacional. Contudo, quanto a nós, a CEDAW, que refere diretamente o direito à proteção da maternidade [art. 4.º e art. 5.º, alínea b)], impõe também uma visão social da maternidade. Embora não se estabeleça qualquer direito a ter filhos/as e muito menos assuma a gestação de substituição, a convenção, neste aspeto, também não a proíbe, sendo a partir desta uma forma, como qualquer outra técnica de PMA heteróloga [899], de constituir família tão legítima como qualquer outra. Estabelecer barreiras de acesso à PMA é uma forma de hierarquizar a procriação, o que para nós é não só inaceitável como um retrocesso que dá causa a novas famílias *ilegítimas* [900]. Além do mais, no que diz respeito ao art. 8.º:

> «o conceito de "família" utilizado da disposição concentra-se principalmente entre pais/mães e filhos/as, pelo menos num contexto ocidental. O Comité de Direito Humanos afirma, por sua vez, que o termo "família" deve ser compreendido em sentido lato, e que não se refere apenas à família de casa durante o casamento ou coabitação, mas também para as relações em geral entre pais e filhos.» (Hostmaelingen, 2016, p. 70)

Sendo a CEDH um organismo vivo, não pode passar indiferente às novas realidades biotecnológicas no campo da PMA e ao reconhecimento do direito das pessoas

[897] Compreendemos e estamos cientes de que esta conclusão extravasa a citação que aqui fazemos, mas, na nossa conceção, a gestação de substituição, não curando a infertilidade, permite ultrapassar um obstáculo reprodutivo e dar conteúdo efetivo ao desenvolvimento pessoal, integrante do art. 8.º.

[898] Física, psicológica e sexual (X and Y v. the Netherlands, 1985).

[899] A American Fertility Society (AFS), atualmente ASRM, reconheceu a gestação de substituição não tradicional como uma técnica de PMA. Em 1985 é publicado um artigo sobre a transferência de embrião para uma gestante (Utian W. H., *et al.*, 1985).

[900] O que não é admissível. O Committee on the Rights of the Child, em *The Role of the Family the Promotion of the Rights of the Child*, 7th Session, 10 October 1994 CRC/C/24, at [2.1], explicava que, nos termos da CDC, família representa «*[...] different family structures arising from the various cultural patterns and emerging familial relationships. In this regard the Convention refers to the extended family and the community and applies to situations of nuclear family, separated parents, single parent family, common law family and adoptive family*».

em recorrerem a tais técnicas para terem um(a) filho/a [901], [902]. Ademais, impede que as mulheres, quando inférteis, consigam ter um(a) filho/a seu/sua, em particular quando são capazes de produzir óvulos, bem como em relação aos seus companheiros quando, sendo estes férteis, se vejam impossibilitados de se reproduzir em virtude da incapacidade da mulher. Proibir em absoluto a gestação de substituição constituiria uma ablação completa do direito à reprodução para pessoas ou casais inférteis sem qualquer causa que o justifique. [903]

Isso representa a negação absoluta — e que para nós é inconcebível — do que representa a procriação para a pessoa individualmente, mas também para a sua dimensão social e para a própria sociedade. A verdade é que a procriação tem uma relevância antropológica e sociológica inegáveis e que a eleva a direito fundamental — «*[a] constitutional right to procreate is in part a tacit acknowledgement of the internal and external pressures working on most individuals to that end*» (Stumpf, 1986, p. 199).

Se por um lado se reconhecem relações familiares em contextos fora do paradigma tradicional, o busílis da questão está, no nosso entender, em estabelecer a partir desse reconhecimento a extensão de direitos que integram esses novos paradigmas que, evidentemente, estão fora de um contexto natural e passam para um exercício racional de opção legal. Os direitos reprodutivos só são de facto protegidos quando se protegem igualmente as novas dimensões do direito e estas são ditadas, agora e também, pelo reconhecimento da construção de uma família, que tem uma infertilidade ou incapacidade de gerar um(a) filho/a e que, tendo a possibilidade de se reproduzir, tenha a liberdade de o fazer, ainda que por técnicas de PMA. Se isto implica uma aparente desconstrução da parentalidade como ela é entendida na sua forma tradicional, não negamos, mas isso não significa que não estejamos no campo deste direito fundamental e, como tal, merece a mesma proteção.

[901] O conteúdo exato das obrigações positivas a cargo do Estado nos termos do art. 8.º é bem mais difícil de determinar. Quanto às obrigações positivas, exemplificativamente, v. Marckx v. Belgium, o caso que marca as obrigações positivas a cargo dos Estados no âmbito do art. 8.º, em que mãe (solteira) e filha reclamaram junto do tribunal que, para a mãe ser legalmente reconhecida como tal, teria de iniciar procedimentos legais junto dos tribunais belgas, o que violava, na sua perspetiva, o art. 8.º em conjunto com o art. 14.º. O TEDH reconhece que não basta ao Estado abster-se de agir, mas, como neste caso, de garantir que a criança é integrada na sua família desde o momento do nascimento, o que implica que os Estados têm a obrigação de garantir a imediata determinação da parentalidade (Marckx v. Belgium, 1979).

[902] Recorrendo à análise do pensamento de S. Tomás de Aquino, ainda que relacionado com outra temática, mas onde o nosso tema também se pode subsumir: «O poder contribui para a perfeição da sociedade, quer na sua totalidade quer quanto a cada um dos seus membros, entendida a perfeição no sentido da realização do ser. Enquanto a perfeição de cada pessoa consiste no desenvolvimento de todas as suas faculdades expressas por atos, a perfeição da sociedade no desenvolvimento das suas diversidades» (Oliveira Martins, 2003, p. 46).

[903] Quando, havendo uma técnica que é suscetível de garantir aquele direito, esta é absolutamente proibida, o que, só por si, constituiria uma violação do art. 18.º, n.º 3, da CRP.

Por outro lado, não negamos que a linha é ténue quando tem de ser traçada entre a liberdade reprodutiva e a escolha do local onde se exerce, principalmente quando em causa poderá estar, de acordo com a amplitude das opções oferecidas, um objetivo de escapar e defraudar a lei doméstica, optando por locais de acordo com as opções legislativas existentes (Blyth & Farrand, 2005). O turismo reprodutivo, como é apelidado, tem subjacente, também, um turismo bioético que a ação transfronteiriça traz associada. Tal como se deparou, quanto a nós, o TEDH, neste momento, estamos a lidar *prima facie* não com a recriminação do exercício, quiçá abusivo [904], daquela liberdade, mas com a gestão de uma situação de facto em que, como é sintomático dos casos jugados no TEDH, o critério que agora preside são os melhores interesses da criança.

Lidaremos com esta questão mais tarde, mas, em abono da verdade, erigir uma fronteira (estadual) àquela liberdade — ainda que localmente haja um limite legal — mostra-se, a nosso ver, controverso, visto que a família não está sujeita a esses limites. Bem sabemos que fazer tábua rasa da «fraude à lei» ou desconsiderar o acervo valorativo, quiçá axiologicamente relevante, que presidiu à tomada de posição dos legisladores domésticos quanto às suas soluções legais, mormente proibicionistas e com eventual censura penal, é erradicar esta posição e dar à lei um caráter altamente simbólico. Estamos cientes disto e, talvez também por isso, em momento algum o TEDH reconheceu os efeitos decorrentes dos contratos de gestação de substituição — em qualquer um dos casos — em relação aos/às beneficiários/as, mas sim através da ótica da criança e os seus melhores interesses, que, tendo em consideração o art. 8.º da CEDH, se lhe juntam na ponderação dos conflitos de interesses em causa [905]. Também estamos cientes disto, mas, e voltando a chamar à atenção para o facto de estarmos a analisar o fundamento do recurso à gestação de substituição e não as eventuais condições de acesso — não havendo formas legítimas ou ilegítimas de constituir famílias — e, apesar das circunstâncias de tempo e lugar que enformam a instituição, bem como os conceções morais, éticas, políticas e até religiosas que contraem ou estendem a perceção que temos dela, para nós, o fundamento, enquanto tal, não está sujeito, nem se limita às fronteiras físicas de um Estado, seja para a reconhecer, seja, eventualmente, para a constituir e evitar a perda de chance. Aliás, os próprios elementos de conexão são elásticos.

Por exemplo, se considerarmos os casos [906] Surrogacy: Re A and B (Parental Order: Domicile) (2013) ou CC v DD (2014), os tribunais ingleses ponderaram

[904] Neste momento, e ainda que o TEDH se tenha concentrado em casos já constituídos e não em políticas quanto à admissibilidade ou não da gestação de substituição, o que estamos a analisar é o fundamento da gestação de substituição. Os eventuais limites e, sobretudo, a eventual censura da sua prática serão analisados mais tarde neste trabalho.

[905] Analisaremos estas decisões no capítulo V.

[906] V. capítulo II.

a questão do domicílio para conceder a *parental order* e, se no primeiro caso o casal tinha, ainda que há pouco tempo, residência no Reino Unido [907], no segundo caso, acabou por dar aos ingleses espalhados pelo mundo a possibilidade de, apesar de não residirem no Reino Unido [908], proporem a *parental order* no país. Também a Grécia, no âmbito da alteração legislativa, passou a distinguir entre residência permanente e temporária, ampliando assim o leque de potenciais gestantes [909], [910].

Seja como for, a gestação de substituição, no capítulo das técnicas de PMA, é o culminar de um cruzamento em que se colocam questões de ordem moral e legal, para além de científica e ética [911], e de como esta técnica nos põe a análise dos direitos humanos em perspetiva. A forma como estes, numa interpretação atualista, influenciam a regulamentação da procriação, tornando-se numa verdadeira moldura, mais ou menos estanque, sobretudo considerando que as leis domésticas são distintas nesta matéria, dando origem a uma assimetria de posições quanto ao núcleo duro dos direitos em causa e, com isso, a uma perda de oportunidades face a diferentes soluções legais. Negar o acesso às diferentes técnicas de PMA que permitem gerar um(a) filho/a, por si só, não se mostra, por isso e quanto a nós, justificado [912]. Vera Lúcia Raposo assume o seguinte:

> «[...] este contrato não se destina a satisfazer um capricho fútil, mas, pelo contrário, a concretizar direitos fundamentais que a todos nos cabem, o direito à saúde, o direito à reprodução e o direito a constituir

[907] O tribunal considerou que a mudança de domicílio não era fraudulenta.

[908] Embora haja uma diferença entre residência habitual e domicílio, para este efeito, não é relevante.

[909] V. capítulo II.

[910] Sendo um facto que estamos a falar de países que admitem, ainda que com limites, a gestação de substituição e estas interpretações não põem em causa as questões de fraude à lei ou das conexões em DIP eleitas pela lei do foro, quer para o contrato, quer para o estabelecimento da filiação, nem da exceção de ordem pública que podem invocar, nem, muito menos, da aplicação subsidiária da lei penal de cada Estado, a verdade é que, quanto a nós, sobretudo as decisões dos tribunais ingleses revelam que os próprios critérios que se estabelecem para os contratos de gestação de substituição não são estanques; são, também eles, permeáveis e elásticos a vicissitudes que a matéria impõe. Estamos cientes de que para muitos isto não é mais do que uma forma de gerar instabilidade e insegurança na aplicação da lei e quem a pode aplicar, mas, se a matéria é altamente sensível e ética e moralmente discutível, impor que as limitações de alguns impeçam outros — e neste caso não é de violar a lei, mas sim de se deslocalizar — para constituir família parece-nos pelo menos dúbio, ainda que, evidentemente, questões de fraude à lei e ordem pública possam justificar a proibição, total ou em parte, ou contração dos efeitos a reconhecer.

[911] Tal como ainda hoje é o discurso da IVG e da opção em não ter filhos/as e de impedir o seu nascimento que mantém uma forte componente de ligação com a moralidade. A verdade é que as tentativas de controlo da sexualidade feminina sempre foram conduzindo as políticas da saúde reprodutiva.

[912] Além do art. 8.º da CEDH, o art. 17.º do PIDCP estabelece que os Estados não podem fazer interferências arbitrárias, bem como o art. 10.º do PIDESC.

família. Estando em causa a realização de direitos fundamentais (artigo 18.º CRP), a sua limitação exige uma justificação acrescida, que não se basta com as meras alusões às conceções morais de cada um. Urge invocar um dano concreto a direitos de terceiros ou a valores essenciais da comunidade.» (Raposo, 2012)

Ora, como foi referido no caso S.H. and Others v. Austria, a separação entre os diferentes elementos da maternidade [913] é diferente da típica relação entre pais/mães e filhos/as [914]. Não o negamos, mas sendo diferente ou não, quanto ao fundamento de acesso à PMA, a proliferação de formas atípicas de família além da adoção existe, e isto demonstra um exercício de liberdade (ou de libertação) de cada um(a) em relação a pré-conceitos estereotipados. A nosso ver, a gestação de substituição é mais um novo afloramento do direito a procriar e cada um constituir a *sua* família. Tal como as FIV com doação de embriões ou gâmetas são formas não usuais que desviam a conceção típica da maternidade (e da paternidade), também o é a gestação de substituição, ainda que elevada a um novo expoente, já que divide a maternidade biológica do seu aspeto social. Mas o Tribunal tem reconhecido estas formas e famílias desde, pelo menos, o caso Marckx v. Belgium, pelo que agora considerar que há formas que podem prevenir a constituição de famílias, ainda que fora do comum, seria um efetivo retrocesso.

Por outro lado, também o acesso à gestação de substituição é uma expressão de uma liberdade que gera tendencialmente uma obrigação negativa, de não ingerência, embora não garanta a satisfação do direito. Se o direito a procriar, para quem o possa fazer naturalmente, é uma liberdade, livre de quaisquer constrangimentos ou ingerências, também o é a gestação de substituição. A verdade é que, conforme resulta das decisões analisadas, o art. 8.º não garante o direito a ter filhos/as, incluindo com recurso à PMA [915], [916], ou a adotar nem, como resulta expressamente do caso Paradiso

[913] No caso austríaco, estava em causa o acesso à doação de óvulos e, portanto, a separação entre o critério genético e gestacional.

[914] Constituindo o fundamento da análise à falta de consenso europeu no que tange a técnicas de PMA heterólogas.

[915] O que é, aliás, evidente, já que esta garantia não existe naturalmente.

[916] O Tribunal interamericano alinha-se também com esta posição. Por exemplo, no caso Artavia Murillo *et al.* v. Costa Rica, 2012, em que o tribunal refere: «*150. Finally, the right to private life and reproductive freedom is related to the right to have access to the medical technology necessary to exercise that right. [...] Therefore, and in keeping with Article 29(b) of the American Convention, the scope of the rights to private life, reproductive autonomy and to found a family, derived from Articles 11(2) and 17(2) of the Convention, extends to the right of everyone to benefit from scientific progress and its applications. The right to have access to scientific progress in order to exercise reproductive autonomy and the possibility to found a family gives rise to the right to have access to the best health care services in assisted reproduction techniques, and, consequently, the prohibition of disproportionate and unnecessary restrictions, de iure or de facto, to exercise the reproductive decisions that correspond to each individual.*»

and Campanelli v. Italy, o respeito pela vida privada e familiar salvaguarda o mero desejo de constituir família [917], pelo que, assumir neste âmbito um direito e não uma liberdade redundaria, no nosso entender, na conclusão de que o objeto deste direito a procriar seria a própria criança. Trata-se do resultado do exercício do direito e da obrigação de o satisfazer, que só estaria completa com a própria criança, tornando-a, assim, parte daquele direito, não como seu titular, mas como seu objeto, pondo em causa a sua dignidade. Desta forma, o direito a procriar é visto como um direito de liberdade e, se a procriação sem coito parece estar, a nosso ver, incluída nessa liberdade considerando a nova coloração que a ciência concede à procriação, a mesma eleva-se a um princípio ético de garantir essa liberdade, num pressuposto de justiça. Além disso, permite mitigar um efeito discriminatório. Se para casais inférteis em que a infertilidade é masculina é possível à mulher recorrer a um banco de gâmetas para ter um filho/a, o mesmo já não acontece no caso de a infertilidade ser feminina. Estamos bem cientes de que as mulheres poderão, também elas, recorrer a uma doadora de óvulos, mas a realidade feminina no que tange à infertilidade é mais extensa e pode estar associada à gestação em si. Neste caso, estaria a mulher impedida de ter filhos/as [918] quando a gestação de substituição permite, tal como na procriação heteróloga, que os pais/mães tenham um(a) filho/a seu/sua [919]. Impõe-se um imperativo de justiça, que se assume como um valor «*(derived from "equal dignity")* [that] *society must deal with them equally unless good reason is given for differential treatment*» (Newton, 2013, p. 25).

O recurso a uma gestante — e aqui acompanhamos John Robertson — faz parte de um projeto parental, tal como a reprodução sexual (Robertson, 1995). Quem não pode ter filhos/as tem tanto desejo de os ter como quem os pode conceber naturalmente. Não haverá maior afronta do que a lei proibir uma prática por considerar, *ab initio* e em absoluto, que esta forma não usual de constituição de família não é admissível. É uma afronta à dignidade das pessoas, ao desenvolvimento pessoal, à sua autonomia e autodeterminação, bem como ao sentido de família de cada um(a).

917 O pressuposto é que ela exista e, como foi analisado no caso Marckx, ainda que não integralmente constituída, resulte de um casamento ou de relações biológicas ou legalmente constituídas, como no caso da adoção ou, ainda, de uma relação familiar de facto que se protele criando laços familiares fortes (foi neste aspeto, não havendo qualquer outra causa, que o TEDH se baseou no caso italiano, tendo concluído pela ausência destes laços, que seriam a fonte da relação familiar).

918 E, se casada ou unida de facto, de o seu marido/companheiro ter filhos/as.

919 Diogo Leite de Campos entende que é necessário aceitar limites ao ser humano. Não sendo a PMA heteróloga realizada em prol do filho, estaria proibida nos termos do art. 2.º da Convenção dos Direitos Humanos e da Biomedicina. Entende que «[o] uso de gâmetas estranhos ao casal dos pais "legais" torna eticamente ilegítima e profissionalmente desajustada a intervenção médica», concluindo que a «transmissão da vida humana não pode ser desvinculada de um ato pessoal, livre consciente e natural de um homem e de uma mulher». Não obstante, admite a PMA homóloga (Campos, 2008).

Embora a técnica implique a separação da identidade da mãe social e gestacional, existem diversos arranjos familiares em que também acontece uma desassociação das componentes que antes se concentravam numa única pessoa que, no limite, podem existir mesmo sem uma mãe. O que é para nós artificial e desfasado da realidade é manter uma visão tradicional estanque em relação à qual se pretende ver-lhe subsumidas realidades para as quais não há possibilidade de reprodução mímica.

As famílias vêm agora de diferentes fontes e, apesar de não haver grandes estudos sobre estas formações familiares a partir da gestação de substituição, o único estudo [920] nesta matéria revela que não existem diferentes psicológicas expressivas entre as crianças nascidas através de gestação de substituição e as outras, nem quando a criança não tem qualquer relação genética com a mãe (Golombok, Ilioi, Blake, Roman, & Jadva, 2017). As relações familiares, desta forma, manifestam-se com a mesma expressão que têm em qualquer relação familiar tradicional.

Os direitos reprodutivos, enquanto direitos humanos, devem assim, quanto a nós, ser interpretados de forma ampla, incluindo o acesso à gestação de substituição, como um imperativo de justiça e não baseado em pré-conceitos e estereótipos categorizando as pessoas como «*[...] unworthy to procreate. [...] denying people access to the tools of procreation does more than simply keep them from being the parents that they would like to be; these access rules have an expressive outcome even if not an expressive intent*» (Mutherson, 2017, p. 171). As escolhas de cada um em relação à sua reprodução, seja *natural* ou medicamente assistida, e ainda que com recurso a capacidades reprodutivas de outrem, são uma expressão da vida privada e familiar de cada um e, por isso, protegidas no âmbito do art. 8.º da CEDH [921]. Uma proibição absoluta desta prática constituiria uma interferência inadmissível num aspeto importante da vida de cada pessoa, da sua própria identidade e autodeterminação, na sua expressão privada e familiar.

Concluímos que a gestação de substituição se inclui no âmbito do direito a procriar, e consequentemente do direito a criar o/a filho/a e ver estabelecida a respetiva relação filial. Trata-se de um direito fundamental de personalidade, previsto internamente, nomeadamente, no art. 36.º, n.º 1, da CRP [922], [923], [924]. A gestação

[920] O estudo seguiu 42 acordos de gestação de substituição, sendo 26 de gestação de substituição tradicional e 16 de gestação de substituição total, 13 haviam recorrido a família e amigos e, nos restantes casos, a gestante não era conhecida do casal.

[921] Arts. 2.º, 15.º, 16.º, 17.º, 23.º e 26.º do PIDCP, bem como arts.12.º e 15.º do PIDESC.

[922] Separado do direito a casar. V. Ac. do TC n.º 411/2003, de 10 de fevereiro de 2004.

[923] Também os arts. 24.º, 26.º, 67.º a 69.º da CRP se podem aduzir neste caso da gestação de substituição.

[924] Numa interpretação integrante da lei fundamental a que se refere Castanheira Neves (Neves, 2002). O direito a constituir família é também das pessoas e casais inférteis e, com o advento da PMA, incluindo os/as filhos/as biológicos/as é aspiração legítima e digna de tutela no âmbito daquele direito fundamental. Se uma mulher pode ficar grávida e ter um(a) filho/a sem ligação genética, quanto a nós nada justifica que quando o possa ter para garantir essa perpetuação genética

de substituição constitui, portanto, um meio legítimo que o assegura, e de que qualquer pessoa é titular [925]. Representa uma manifestação concreta da liberdade e do desenvolvimento da personalidade em relação à procriação em condições de plena igualdade [926], sendo uma expressão do reconhecimento da dignidade humana [927].

Desta forma, permitir duplicação subjetiva entre titulares, nomeadamente da gestante e dos/as beneficiários/as é eticamente aceitável; faz parte da natureza humana o desejo de procriar e ter filhos/as *seus/uas*, pelo que é humanamente compreensível. A conexão entre a ciência e a natureza implica a reflexão legal já que, *in extremis*, a lei encontra o seu fundamento no ser humano e na natureza humana. A liberdade de procriar encontra a sua racionalidade nessa mesma natureza humana e é a expressão dela que se reflete também na reprodução assexuada, incluindo o recurso a capacidades reprodutivas de outrem, que pode exercê-las com o escopo de não ter um filho. Como referimos, a resposta é afirmativa. Conceber uma criança não significa de forma alguma a obrigação de procriar. Tendo aqueles direitos uma afirmação negativa, nomeadamente no sentido da IVG, significa que se admite, quanto a nós, a separação entre conceber e procriar. Desta forma, se com a IVG se admite que a conceção não consubstancia a procriação, então entendemos que estes elementos são separáveis. Assim sendo, na gestação de substituição, a liberdade para conceber uma criança pode também significar a liberdade de não procriar. Trata-se de um efetivo afloramento de oportunidade, isto é, o recurso a técnicas de PMA, incluindo através de uma gestante, para procriar e, neste caso, não dependente da conceção da criança. Tal como na IVG a conceção é seguida da liberdade de procriar ou não, verifica-se o mesmo na gestação de substituição — ou seja, trata-se, no que tange aos beneficiários, do direito a procriar ainda que sem conceber a futura criança.

Entendemos, desta forma, que a racionalidade, ante a complexidade do processo, assenta na própria natureza do exercício destes direitos e, dessa forma, *homo sum:*

haja uma proibição absoluta. Jorge Miranda refere que a cláusula aberta de direitos fundamentais, decorrente do art. 16.º, n.º 1, da CRP, é uma manifestação do princípio da autonomia, como «[...] princípio da realização da pessoa humana como decorrência imediata da afirmação da sua dignidade» (Miranda, 1998, p. 152), que tem como homólogo no direito privado o princípio da tutela geral da personalidade (art. 70.º do CC).

[925] Independentemente do sexo, estado civil, orientação sexual ou idade, conforme vamos analisar nas subsecções seguintes, pelo que qualquer limitação legal ao exercício daquele direito tendo em consideração um entrave ao seu titular só pode ser entendido, quanto a nós, como uma restrição.

[926] É verdade que nem todos os meios justificam os fins e não desconsideramos que o membro masculino do casal, não sendo infértil, não está impedido de procriar, mas apenas «de o conseguir num certo enquadramento jurídico que pretende» (Oliveira, 1993, p. 69).

[927] Estamos cientes de que se impõe a explanação da justificação da natureza jurídica do contrato, considerando que esta liberdade procriativa dos/das pais/mães em aceder à gestação de substituição implica que alguém possa e queira dispor das suas capacidades reprodutivas a favor de outrem, impondo-se saber se pode e em que termos. Esta posição vamos assumir no capítulo subsequente.

humani nil a me alienum puto [928]. É neste âmbito que se manifesta a liberdade procriativa, isto é, a liberdade de ter filhos ou de não os ter (Robertson, 1994, p. 22), incluindo no afloramento da oportunidade procriativa, ou seja, com recurso a uma gestante.

5.1. A Gestação de Substituição e a Adoção — Delimitação a partir da Posição do/a(s) Beneficiário/a(s)

Tendo em consideração a posição que acabámos de assumir e a inclusão da gestação de substituição como um dos meios que permitem garantir o direito a procriar com recurso à capacidade reprodutiva de outrem, importa, nesta altura, fazer uma delimitação que, para nós, é particularmente relevante [929]: a distinção entre a gestação de substituição e a adoção. Quanto a nós, esta distinção e delimitação é essencial, sob pena de a gestação de substituição não ser *mais* do que uma adoção a pedido, a criação de um nado-órfão [930] que põe irremediavelmente em causa a dignidade da criança. Isto é, entendemos que a gestação de substituição, enquanto afloramento do direito à reprodução, tem, não obstante e desde logo, um importante limite [931].

[928] «Eu sou humano: nada do que é humano é estranho para mim» (na expressão que retiramos do livro de Appiah). A expressão é tida como a regra de ouro do Cosmopolitanismo (Appiah K. A., 2007a, p. 111). Usamos aqui esta frase considerando um pressuposto de solidariedade que lhe está subjacente. Talvez o mais apropriado seja ter empatia para com os conflitos de interesses descritos e a necessidade de tomar uma posição que, na melhor das hipóteses, será, ainda que com críticas, eventualmente a menos má.

[929] Não só delimita o fundamento e a *ratio* que acabamos de assumir para o recurso à gestação de substituição como, nos capítulos posteriormente, assume impacto prático na configuração nas conclusões a que chegámos, mormente no âmbito dos critérios de estabelecimento da maternidade e paternidade.

[930] Esta questão será tratada no último capítulo, especificamente no que tange ao estabelecimento da filiação. Nesta altura, e por razões de ordem, analisamos exclusivamente a questão da natureza da adoção e gestação de substituição e da distinção entre ambas que, pela conclusão a que chegarmos, terá consequências no regime da filiação como referido e tratado em local considerado próprio.

[931] Não entrando na discussão sobre os diferentes modelos teóricos quanto aos limites dos direitos fundamentais, nomeadamente a teoria interna, teoria externa ou a teoria da ampla previsão. Quanto a isto v. Alexandrino, 2011 e Andrade, 2012. Entendemos que, neste caso, se trata de um limite decorrente do âmbito do próprio direito, ou seja, não incluído no conteúdo do direito, uma interpretação que, à partida, permite restringir o âmbito de proteção da norma «excluindo os conteúdos que possam considerar-se de plano constitucionalmente inadmissíveis» (Andrade, 2012, p. 267). É o que entendemos neste caso concreto, que em todas as situações em que não há qualquer distinção entre a adoção e a gestação de substituição há um limite (imanente) implícito, como o coloca Vieira de Andrade, ao direito que reconhecemos. Isto é, entendemos que o exercício deste direito, quando em causa está um nado-órfão, «põe em causa o conteúdo essencial de outro direito, ou quando se atingem intoleravelmente valores comunitários básicos ou princípios

Colocam-se assim questões éticas, morais e jurídicas, principalmente considerando que a admissibilidade desta forma de *gerar* uma família implica a criação de um novo ser em cuja identidade e integridade pessoal as decisões a montante terão necessariamente impacto.

Os direitos em causa, direitos humanos, sofrem pressão para a adaptação a uma nova dimensão de natureza tecnológica que explora as necessidades dos seres humanos colocando-lhes opções novas para a concretização de desejos. Este *shopping* das capacidades biológicas de uns ao serviço de outros, a disponibilidade dos seres humanos e a exploração de uns e o servilismo em que corremos o risco de colocar a próxima geração, coisificando-a, como objeto de desejo da geração anterior, são os grandes problemas a debater — a necessidade de desenvolvimento de uma estrutura delineada por direitos humanos e pela proteção daqueles que neste exercício serão a parte mais fraca.

De facto, a gestação de substituição é um *outsourcing* de gravidez. Pragmaticamente, aquela pode ser encarada, quanto à sua natureza, como a adoção de uma criança encomendada especialmente para o efeito. Uma mulher engravida, tem um(a) filho/a e entrega-o/a a outrem. Tal como na adoção. Neste caso, como questionaram Cuthbert e Fronek, a gestação de substituição não seria mais do que uma nova forma de «*perfecting adoption?*» (Cuthbert & Fronek, 2014). Tal como aconteceu com o crescimento da adoção, incluindo a adoção internacional a partir dos anos de 1970, e de políticas desenvolvidas que a tornaram mais acessível:

> «*[...] the rise of commercial offshore surrogacy demonstrates the degree to which the market in children is continually driven and shaped by the needs and interests of those seeking children for family formation to which the needs and interests of other parties have historically been and continue to be subordinated.*» (Cuthbert & Fronek, 2014, p. 63)

Em suma, um novo mercado para famílias que procuram filhos/as. Para além disso, a gestação de substituição apresentaria *vantagens* de duas ordens — por um lado, resolveria o problema do menor número de crianças adotáveis (ou, pelo menos

fundamentais de ordem constitucional» (Andrade, 2012, p. 276). Um limite de conteúdo em que a adoção fica excluída no âmbito da gestação de substituição, já que entendemos que não é concebível, dentro do contexto constitucional, a concessão e garantia de exercício do direito incluírem esta situação. Na expressão de José de Melo Alexandrino, trata-se de um limite direto, ou seja, quando são imediatamente excluídas certas parcelas dos direitos. Os limites serão indiretos quando são fundamento de ulteriores restrições. O autor define, assim, limite (dos direitos fundamentais) como «[...] normas que, de forma duradoura, excluem diretamente âmbitos ou efeitos de proteção ou que só são fundamento suscetível de afetar as possibilidades de realização de normas jusfundamentais. [...] São normas que excluem a proteção ou afetam as possibilidades de realização de um direito fundamental» (Alexandrino, 2011, p. 122).

daquelas que são mais *procuradas*) e, por outro lado, a gestação de substituição é menos regulamentada. O *iter* procedimental, e o correspondente tempo para o percorrer, é menor e menos controlado. Ademais, a gestação de substituição permite, recorrendo a um modelo comercial de gestação de substituição [932], ultrapassar limites legais aplicáveis em matéria de adoção, já que permite pagar por ela numa ótica liberal de mercado.

De facto, as crianças que se encontram para adoção, além de questões de idade que reconhecidamente têm sido uma desvantagem para a sua adotabilidade, são, cada vez mais, em menor número. Foi estimado que, entre 2004 e 2012, houve uma redução de 60% na adoção internacional (Ballard, Goodno, Cochran, & Milbrandt, 2015). Para Ruth Cabeza [933], o menor número de crianças que se encontram para adoção tem subjacente três grandes fatores. Por um lado, as políticas e os métodos de planeamento familiar e, por outro, a diminuição do estigma social ou da vergonha de ter filhos/as «fora do casamento» ou por qualquer forma de gravidez não desejada e, por fim, o aumento dos apoios sociais para casais e, sobretudo, pais/mães solteiros/as, seja o nível das condições e direitos laborais, seja apoios sociais que *retiram* estas crianças de um risco de institucionalização e adoção (Cabeza, *et al.*, 2018, p. 3).

Além do mais, desde 2004, as adoções à escala internacional diminuíram. Por um lado, a preocupação internacional, mormente com a Convenção de Haia para a Adoção Internacional, balizou as decisões em prol dos melhores interesses da criança e, com o seu procedimento, adotou um livro de boas práticas para diminuir o risco de tráfico ou rapto, direcionando as decisões de acordo com um princípio de subsidiariedade [934], [935]. O princípio da subsidiariedade estabelecido na Convenção sobre a Proteção de Menores e a Cooperação em matéria de Adoção Internacional de 29 de maio de 1993 (Hague Conference on Private International Law, 1993) [936]

[932] Mas se a questão está associada a eventuais questões económicas e sociais que se colocam ao nível da gestação de substituição, a verdade é que, relativamente à adoção, estas também se colocam. Aqueles que têm uma vida mais estável estarão, tanto para a adoção como para a gestação de substituição, em melhores condições de o conseguir.

[933] Ainda que se referindo concretamente à realidade de Inglaterra e País de Gales.

[934] Reconhecendo-se que, na adoção, o interesse primeiro é o da criança, ou seja, garantir que o que na gestação de substituição não acontecerá é concretizado no direito à família e a ser criado pela família.

[935] Mas, por outro lado, a gestação de substituição, mormente ao nível comercial, sofreu, em sentido contrário, um aumento de popularidade e um crescimento.

[936] Conforme resulta do próprio preâmbulo da Convenção, § 2.º, «Recordando que cada país deveria tomar, com caráter prioritário, medidas adequadas para permitir a manutenção da criança em sua família de origem» e no seu art. 4.º, n.º, 1 alíneas a) e b): «quanto aos requisitos para as adoções abrangidas por esta Convenção só poderão ocorrer quando as autoridades competentes do Estado de origem: a) tiverem determinado que a criança é adotável; b) tiverem verificado, depois de haver examinado adequadamente as possibilidades de colocação da criança em seu Estado de origem, que uma adoção internacional atende ao interesse superior da criança».

impõe o caráter prioritário de os Estados-Parte garantirem a adoção de medidas que permitem a manutenção da criança com a sua família de origem [937], [938]. O princípio tem um grande impacto na configuração da convenção que se assume estrutural para o cumprimento desta. Resulta do próprio manual de boas práticas para a implementação da Convenção que os «*[...] States Party to the Convention recognise that a child should be raised by his or her birth family or extended family whenever possible. If that is not possible or practicable, other forms of permanent family care in the country of origin should be considered*» (Hague Conference on Private International Law, 2008, p. 29) [939]. O compromisso para com o princípio foi reforçado como meta na *2018 Brochure Celebrating 25 Years of Protecting Children in Intercountry Adoption* (Hague Conference on Private International Law, 2018, p. 15). A Comissão encoraja também a implementação deste princípio essencial, sendo que os Estados-Parte, nas suas leis, devem:

> «*[...] strengthen their domestic child protection systems, including the establishment and promotion of measures which support family preservation and reunification, as well as in-country alternative permanent family care, such as domestic adoption and other traditional forms of alternative care.*» [940] (Hague Conference on Private International Law, 2015)

Se a GS for (fosse) uma adoção, de facto há (haveria) uma questão a resolver. Que fundamento justifica(ria) contratar uma mãe para ter um(a) filho/a para depois abandonar para ser mais tarde adotado/a?

[937] Nos termos do art. 25.º da DUDH, bem como resulta especificamente do *Guidelines for the Alternative Care of Children* (United Nations, 2009), a família é um grupo social fundamental e o ambiente natural e desejável para o crescimento, proteção, bem-estar e segurança das nossas crianças e, por isso, impõe-se que os esforços sejam, em primeiro lugar, canalizados para que a criança fique ou regresse para junto dos seus pais ou, quando não seja possível, para que a mantenham dentro do seu meio familiar.

[938] Princípio este que é enfatizado pela Comissão especial para a aplicabilidade da Convenção de 1993. Esta comissão enfatiza o princípio nos seus diversos relatórios, sendo que do último, de 2015, com as conclusões e recomendações adotadas no quarto encontro da Comissão, resulta expressamente a reafirmação do princípio da subsidiariedade como elemento estrutural da convenção e essencial ao sucesso desta no cumprimento dos seus objetivos de existência de uma adoção internacional sempre no melhor interesse da criança e com salvaguarda dos seus direitos fundamentais (Hague Conference on Private International Law, 2015).

[939] A UNICEF assume ainda a sua preferência: «*foster care in-country is preferred to out-of-country adoption*» (Bartholet, 2010, p. 96).

[940] Sobretudo considerando que a própria comissão reconhece que «*[...] lack of resources in some States remains one of the most serious challenges to the implementation of the subsidiarity principle and encouraged States to provide support to other States to improve their domestic child protection systems*» (Hague Conference on Private International Law, 2015).

A Conferência de Haia iniciou consultas informais [941] sobre a *surrogacy* chegando a ser questionada [942] a utilização da Convenção de 1993. Está a ser recolhida informação sobre a *global surrogacy* e os resultados poderão ser os precursores da uma futura Convenção [943].

A organização produziu uma Convenção, com elevada adesão, em matéria de adoção. Para a adoção internacional da criança, a HCCH tem, nesta matéria, e com grande relevância, a Convenção de 1993, que, assente no princípio do melhor interesse da criança, regulamentou a matéria relativa à adoção internacional de crianças com o escopo de, através do respetivo manual de boas práticas, diminuir o risco de tráfico de crianças ou rapto [944]. A verdade é que, tal como agora se verifica em matéria de gestação de substituição, a falta de regulamentação internacional em matéria de adoção internacional potenciava riscos para as crianças:

> «*[...] Hague Convention was ratified in response to atrocious cases of illegal trafficking in Romanian children.40 When Romania's dictator Nicolae Ceausescu fell, families across the world witnessed the suffering that Romanian children in orphanages endured. Many families flocked to Romania hoping to adopt available and "desirable" children. With no international regulation, a black market developed in response to the increased demand.*» (Leibowitz-Dori, 1997, p. 336)

Uma das grandes lições que se podem extrair prende-se com os riscos associados à corrupção e abusos. A Convenção resulta, desde logo, como elemento norteador do princípio da subsidiariedade, seja na manutenção do vínculo com a família natural, seja, não sendo possível, a adoção nacional.

William Duncan [945] aponta quatro objetivos (ou esperanças, como se lhes refere). A Convenção devia contribuir para eliminar várias formas de abuso relacionadas com a adoção internacional de crianças, como qualquer forma de venda ou rapto de

[941] Israel apresentou um documento de trabalho (Working Document No 3 for the attention of the Council on General Affairs and Policy of the Hague Conference, 7-9 April 2010) em que enfatizava a necessidade de uma ação multilateral em matéria de ISA (Baker, 2013).

[942] Em particular, a Nova Zelândia estava preocupada com a utilização da Convenção em matéria de adoção e pediu indicações (Baker, 2013). A Comissão Especial concluiu, não obstante, que recorrer à Convenção de 1993 não era apropriado e recomendou à Conferência mais estudos sobre a matéria (Preleminary Doc No 11 of March 11).

[943] Uma convenção cumpriria um triplo efeito: promoveria a troca de informação e documentos por forma a facilitar o processo e mitigar efeitos nos direitos das crianças; reduziria as situações de limbo em ISA e não reconhecimento; e, por fim, seria também um instrumento para ajudar a combater o tráfico de mulheres e crianças (Trimming & Beaumont, 2013, pp. 534-535).

[944] Foi assinada por 80 países.

[945] Reconhecido pelo seu trabalho no âmbito do direito internacional privado, nomeadamente ao nível da proteção internacional da criança, o Professor Duncan juntou-se ao Permanent Bureau da HCCH, tendo sido um dos delegados para a Conferência de Haia.

crianças, coação sobre os pais biológicos, intermediários não qualificados ou subornos. Ademais, devia recentrar o objeto da adoção internacional na criança e nos seus interesses e melhorar procedimentos para evitar delongas nos procedimentos e o reconhecimento automático das adoções para evitar situações de vazio legal (Duncan, 2000, pp. 46-47).

Em qualquer caso, a Convenção impõe uma posição sobre a adoção de qualquer medida através do reconhecimento do princípio do melhor interesse da criança. O primeiro afloramento deste interesse é, como temos vindo a referir, a preservação da família natural como primeiro afloramento do princípio da subsidiariedade [946], impondo-se que os Estados tomem medidas para aquela preservação naquele contexto familiar. Requer-se uma cuidada e criteriosa diligência para manter a criança no *seu* concreto contexto familiar, preservando ao máximo a sua identidade com a historicidade familiar.

Impõe-se, assim, aos Estados, seja ao nível da adoção internacional, seja em qualquer contexto de decisão sobre a vida de uma criança, que a análise seja singular, de acordo com as concretas vicissitudes da criança, do seu contexto familiar e social para decidir que a adoção, principalmente internacional, que há de atuar em *ultima ratio*, seja a melhor decisão para cumprir o melhor interesse da criança. Este conceito estará por determinar e só será preenchido de acordo com aquela concreta vivência, o contexto de cada criança que se impõe pelo respeito da sua individualidade.

Indubitavelmente, a existência da HCCH nesta matéria providencia um importante quadro de atuação por parte dos Estados com o escopo de garantir que a adoção, principalmente internacional, cumpre o melhor interesse da criança e, se assim é, os Estados devem reconhecer os procedimentos e a adoção de forma célere, porquanto o tempo na vida destas crianças e das suas famílias que as aguardam é essencial.

Fomentam-se, assim, princípios de cooperação entre os Estados signatários da Convenção e, na medida do necessário, que os seus princípios enformadores sirvam de guião para as leis domésticas num esforço de harmonização para garantir a conformidade com a HCCA (como a US Intercountry Adoption Act of 2000 [947]). A adoção internacional tem um âmbito global e consegue abranger «*[...] larger systemic issues and cultural differences plaguing ICA, and a global perspective is necessary to understand both the scope and solutions* (Ballard, Goodno, Cochran, & Milbrandt, 2015)».

[946] Apesar de poder ter o seu lado negativo, como enfatizado por Elizabeth Bartholet: «*[...] a subsidiarity has been used to justify new requirements that children be held for significant periods of time while in-country homes are supposedly recruited, and other requirements making international adoption yet more of a last-last resort*» (Bartholet, 2015).

[947] «*The Intercountry Adoption Act of 2000 provides the domestic legislation to enable the United States to implement the provisions of the Hague Convention on Protection of Children and Co-operation in Respect of Intercountry Adoption (Intercountry Adoption Act, 2000). The Convention entered into force for the United States on April 1, 2008. The Hague Convention on Intercountry Adoption provided a Guide to Outgoing Cases from the United States*» (The Hague Conference on International Private Law, 2009).

Outra importante questão diz respeito a intermediários, que, não tendo de ser entidades públicas, terão de ser acreditados (arts. 6.º a 13.º), e à transparência nos custos e montantes pagos (art. 32.º), como resulta do *Implementation and Operation of the 1993 Intercountry Adoption Convention: Guide of Good Practice.*

No contexto dos casos de adoção internacional, segundo a Convenção de Haia, nos termos do preceituado nos arts. 23.º e 24.º e da Recomendação n.º 17 de 2005, às crianças que hajam passado por um processo de adoção deve ser reconhecida a nacionalidade dos pais adotivos sem necessidade de procedimentos especiais.

Segundo o Guia n.º 1 sobre a adoção internacional, e considerando que os ordenamentos jurídicos internos têm soluções distintas, é essencial que um conjunto de entidades e profissionais garantam o cumprimento de um conjunto de padrões e procedimentos.

Nos termos do art. 4.º, a Convenção prevê o consentimento e afasta qualquer forma de pagamento no âmbito da adoção, que está expressamente proibido, embora seja possível que as entidades que garantem os procedimentos recebam pagamentos adequados pelos seus serviços.

No início de 2014, o BASW's Project Group on Assisted Reproduction (PROGAR) reuniu-se em Londres para discutir exatamente a distinção entre a gestação de substituição e a adoção internacional:

> «*There is no requirement for ensuring commissioning parents are aware of the risks, for approving arrangements or for assessing the parties involved prior to leaving the country. Neither is there any parenting preparation required on how best to meet the particular needs of children created through surrogacy, for example in relation to birth identity and heritage, and no follow up or longer term support for families. Although the Foreign and Commonwealth Office has recently reissued a statement warning parents to seek legal advice prior to entering arrangements, much more is needed.*» (Crawshaw, Fronek, Blyth, & Elvin, 2014)

De facto, a grande questão é que a gestação de substituição não é igual a uma adoção. E as particularidades que suscita inviabilizam que, por si só, se estendesse o âmbito material desta convenção que parte de um pressuposto diferente da gestação de substituição. Encontrar uma família para a criança é diferente da integração na sua família natural. Ora, na gestação de substituição, o busílis da questão está em determinar quem é a família dessa criança.

Por outro lado, na adoção, o foco imediato é o cumprimento do direito da criança em ter uma família de forma permanente. Encara-se a temática como uma forma de salvaguarda dos direitos humanos dos mais vulneráveis — não podendo manter-se com a sua família natural, são desencadeados mecanismos que lhes permitam o são desenvolvimento dentro de um contexto familiar. A adoção é, assim, uma solução de recurso para quem não tem ou não pode estar com a família natural, impondo-se medidas para salvaguardar direitos fundamentais de uma criança que (já) se encontra numa situação de necessidade de tutela, sendo, por isso, encarada como uma dádiva quem, em primeira linha, se predispõe a constituir uma família para a receber.

A adoção [948] assenta no pressuposto de garantir às crianças mais vulneráveis o direito à infância e a respetiva proteção das crianças desfavorecidas [949], sendo uma das formas de relações familiares [950] a par com a filiação natural ou de sangue [951], mas, tal como na filiação de sangue, a adoção visa estabelecer um vínculo semelhante àquele que resulta do parentesco de sangue [952], [953], ainda que independente da ascendência biológica. É um parentesco *legal* [954], como explana Guilherme de Oliveira, mas, e seguindo o pensamento do Professor, não se trata de uma ficção jurídica (Oliveira, 2019, p. 18), mas de uma relação de parentesco assente num pressuposto diferente da verdade biológica [955]. Esta conclusão, para nós, é essencial. De facto, e acompanhando Guilherme de Oliveira, há um pressuposto distinto entre a filiação natural e a adoção. Ao contrário da filiação natural, na adoção a inexistência de verdade biológica conduz a que o fundamento em que o legislador assenta esta relação de parentesco seja a «verdade afetiva e sociológica» (Oliveira, 2019, p. 18) [956].

[948] Que ganhou relevância com os órfãos da I Guerra Mundial.

[949] Na adoção, importa proteger o interesse do adotando, mas este interesse é visto à luz do interesse geral que justifica, por exemplo, que nos termos dos arts.1980.º, n.º 2, e 1993.º, n.º 1 do CC, não possam ser adotados, em princípio, maiores de 15 anos. O pressuposto que aqui reside é que, a não ser que se demonstrem as reais vantagens e a constituição de uma relação semelhante à filiação, não haverá, para os maiores de 15 anos — ainda que haja interesse do adotando — o interesse geral da proteção da infância mais desfavorecida (Oliveira, 2019, p. 19).

[950] Além das relações matrimoniais, parentesco e afinidade.

[951] E das presunções de paternidade. Em 1977, passou a admitir-se a prova em contrário à *pater is est quem justae nupciae demonstrant*, através da impugnação da paternidade do marido da mãe.

[952] Art. 1974.º, n.º 1, do CC.

[953] Não se admitindo revogação. Sem prejuízo da revisão da sentença de adoção prevista nos arts. 1990.º e 1991.º do CC .

[954] Com o controlo dos candidatos através de um processo de seleção e condições para a emissão da «licença de parentalidade». O processo tem a sua razão de ser através da necessidade de o tribunal garantir que o superior interesse da criança é salvaguardado e que há razoável «garantia» de que se estabeleça uma relação análoga ao vínculo biológico. Este controlo, que não tem paralelo na procriação natural, tem como fundamento a necessidade de proteger as crianças e o seu interesse é salvaguardado. No que tange ao «controlo» da procriação, v. Parecer 35/CNECV/01 e ac. do TEDH de 16 de fevereiro de 2016 (n.º 72850/14).

[955] A adoção como ato complexo ou misto. Um ato de direito privado e um ato de direto público (sentença que a decreta), com interesses não só particulares, mas ainda à luz de interesse geral (Pereira Coelho & Oliveira, 2006, pp. 313-314).

[956] Neste âmbito, Guilherme de Oliveira suscita um tema interessante sobre a *adoção post mortem*, que se funda na verdade afetiva que é pressuposto da adoção, mas que o ordenamento não reconhece, já que, considerando o interesse do adotado em estabelecer um vínculo que justifica

Não encontramos elemento na gestação de substituição. A reprodução de uma vida através de recurso a meios tecnológicos tem, em primeira linha, como escopo a satisfação dos interesses dos/as beneficiários/as ou beneficiário/a, mas estes devem moldar-se de acordo com os melhores interesses da criança, ainda que esta não exista ainda. Tendo em conta que na adoção a criança está colocada numa situação de extrema vulnerabilidade, conceber um meio para uma orfandade programada seria, a nosso ver, inadmissível. Paulo Otero, analisando a dimensão ética em que a gestação de substituição se subsume [957], faz esta mesma pergunta de forma particularmente interessante e apresenta a resposta de forma lapidar [958]. Se assim for (fosse):

> «[...] a liberdade individual ou autonomia pessoal da mãe de substituição nunca pode ser exercida em sentido atentatório à dignidade do filho gerado (ou a gerar) no seu seio: o filho não pode ser visto como um simples fruto da mãe [...]. Num outro sentido, a reprovação ética da maternidade de substituição radica, igualmente, no postulado de que nunca se mostra legítimo criar uma vida humana com intenção de a abandonar. E é isso, precisamente, o que sucede na maternidade de substituição.» (Otero, 2012, p. 88)

É exatamente neste ponto [959], e na forma como o Professor coloca a tónica, que concordamos em absoluto. A maternidade, tradicionalmente entendida na sua dimensão gestacional, constitui e desenvolve a identidade social da mulher/mãe, perspetivando-se a mulher que entrega o/a filho/a como um abandono da prole; a autodeterminação do ser humano, as suas vontades e a própria perspetiva de colocar uma nova e futura geração ao serviço de outra, *explorando* a condição humana. Encarar a gestação de substituição como uma adoção e tratada como tal quanto aos seus efeitos implica concluir que ter um(a) filho/a com a intenção, contratualmente vertida, de o abandonar é uma forma atentatória da dignidade da própria criança, uma coisificação da criança, criada a pedido à mãe, para ser uma órfã. Tal posição mostra-se insustentável.

a proteção da criança e os interesses do adotando, com a morte deste ou do adotante, estes não ficariam garantidos e, por isso, não justificando o estabelecimento do parentesco. Admissível nos ordenamentos jurídicos alemão e brasileiro (Oliveira, 2019, p. 20).

957 O Professor fá-lo em três dimensões distintas: por um lado, a relação entre os interessados no serviço e a prestadora do serviço; por outro, a relação entre a prestadora do serviço e a criança gerada e, por fim, a relação entre os interessados no serviço e a criança gerada (Otero, 2012, p. 84).

958 Ainda que o Professor faça um exercício de comparação entre a gestação de substituição e a adoção que não corresponde à linha de pensamento que nós fazemos.

959 Sem prejuízo da análise das demais dimensões éticas que o Professor suscita e que, quanto a nós, são de primordial importância. Fá-la-emos no local próprio considerando a razão de ordem deste trabalho.

Mas a gestação de substituição é uma adoção ou confunde-se com ela? Se fosse ou não houvesse traços que permitissem distinguir estas realidades, teríamos de concordar com Paulo Otero e repudiar o bionegócio nos termos em que o Professor o faz. Contudo, também entendemos que, se pode haver zonas de sobreposição entre a gestação de substituição e a adoção, também há zonas em que as realidades não têm qualquer sobreposição. Como concluímos anteriormente, a gestação de substituição tem subjacente uma construção moderna e atualista do que é a família e de onde as novas formas de constituir uma família podem derivar, ou seja, incluindo da reprodução através do recurso a meios tecnológicos que estão hoje ao alcance das pessoas e que lhes permite abraçar um projeto parental. É certo que parece haver, ou há, zonas de sobreposição com a adoção, o que constituirá/constituiria uma barreira intransponível, um limite absoluto, quanto ao âmbito dos direitos reprodutivos através do acesso à gestação de substituição. Também é verdade que há âmbitos em que as realidades não são comparáveis e permitem atingir os desejos dos/as futuros pais/mães de acordo com âmbitos distintos, mas igualmente válidos. As realidades são, de facto, semelhantes como as descrevemos, e também são, o que não negamos, em alguns casos, sobrepostas, isto é, iguais quanto à sua natureza. Mas nem sempre. E, para nós, como referimos, o que está em causa é a diferente natureza de uma e outra que permite separar as águas e ultrapassar o problema — que é efetivo, como assumimos — da orfandade programada que a gestação de substituição pode consubstanciar.

Em primeiro lugar, a gestação de substituição, tal como a adoção, visa a concretização de um desejo de ter filhos/as e de um projeto parental (International Bioethics Committee, 2018), mas qualquer forma que implique ter filhos/as que não inclua pelo menos um elemento biológico numa necessária mímica, ainda que parcial, em relação à reprodução natural, redundará na realidade numa adoção. O fundamento da gestação de substituição está no desejo de criação de descendência no sentido transcendental, ou seja, de perpetuação dos/as pais/mães através da carga genética que os/as filhos/as herdam. A reprodução no âmbito da gestação de substituição implicará esse contacto biológico sob pena de a liberdade de procriação se sobrepor à adoção. O fundamento está nessa liberdade de procriar, mas terá de reproduzir, quanto a nós, um dos critérios biológicos típicos da reprodução natural.

Recorrendo a uma posição de Heidi Malm sobre políticas de prevalência da adoção em relação às técnicas de PMA e considerando que naquela opção a criança já existe e se visa encetar esforços, a vários níveis, para a inserir numa família, dando conteúdo a um dos seus mais elementares direitos, qual o fundamento de recorrer à PMA e não adotar uma criança já existente? Ou seja, ao invés de *produzir* uma criança para resolver um *problema*, porque não *ficar* com uma já existente e resolverem-se dois? [960] «*[F]ew of us would tolerate — much less advocate — a government*

[960] Quantas vezes não se ouvem comentários em relação a casais inférteis, mas sobretudo a casais homossexuais ou solteiros/as, que não conseguem ter filhos/as sem recurso a uma FIV, no caso

which could legitimately say to a fertile couple "I'm sorry, we cannot allow you to have and raise a child genetically related to at least one of you because there are too many other children who needs homes"» (Malm, 1989, p. 63) [961], [962], [963], [964]. Apesar de se referir a um âmbito distinto do que aqui estamos a tratar, esta resposta — ainda que aqui apresentada de forma simplista — permite apresentar o elemento que distingue a natureza entre a adoção e a gestação de substituição, a suscetibilidade de esta garantir a continuidade da herança genética.

A gestação de substituição terá uma natureza distinta da adoção quando, por aquela, se permita dar cumprimento a um dos afloramentos da reprodução que, na adoção, por regra [965], não existe — a ligação genética com os/as filhos/as, a replicação, pelo menos em parte e pelo menos para um dos/as beneficiários/as de um dos elementos da reprodução tradicional [966]. E isto é relevante? A gestante também tem um dos elementos típicos da procriação natural, a gestação, além de este fator ser, tradicionalmente, o preponderante. Estamos bem cientes disto, já que, quer num

das mulheres (com doação de espermatozoides), sendo que solteiros ou casais *gay* só mesmo com recurso à gestação de substituição podem adotar uma criança.

[961] Não queremos ser simplistas. Bem sabemos que sempre seria diferente relativamente à liberdade de procriar de forma natural e a diferença que existe em relação à PMA, mormente a gestação de substituição. O que aqui queremos enfatizar é que a imposição da adoção, seja para casais férteis ou inférteis, não é admissível como concretização de um desejo parental quando, pela adoção, não se garante um dos afloramentos daquele desejo que, não sendo essencial em abstrato para este efeito e para a sua concretização, é digno de ser tutelado quando, em concreto, se assuma como essencial.

[962] Citando no seu artigo o antropólogo Joan Bestard Camps, ter « "uma descendência própria", defendendo que "próprio" significa várias coisas, sendo que o contexto do tratamento define o significado desta relação: 1 — Relacionado geneticamente, 2 — Tê-lo dado à luz, 3 — Tê-lo gestado durante a gravidez. [...] "próprio" significa principalmente uma relação biológica de algum tipo» *apud* Xavier J. P., 2020, pp. 20-21.

[963] Tiago Duarte, referindo-se a Joaquim José Sousa Dinis (*in Procriação Assistida: Questões Jurídicas*), chama a atenção exatamente para os contínuos paralelismos entre a adoção e a gestação de substituição e a tendência para as regular da mesma forma, o que invariavelmente termina com a proibição desta. (Duarte, 2003, p. 91).

[964] Oliveira Ascensão entende que o anseio por um(a) filho/a não se resolve ou elimina criando outra anomalia. A monoparentalidade e homoparentalidade, além de situações de procriação heteróloga, serão essas anomalias, defendendo o Professor que «[e]ticamente não pode deixar de se acentuar o muito valor que tem a adoção» (Ascensão J. d., 2008, p. 19). Há, de facto, uma apreciação mais restritiva da amplitude do direito a procriar.

[965] Bem cientes estamos de que pode haver adoções intrafamiliares e que nas novas relações de parentesco pode existir ligação genética. Mas o que aqui queremos enfatizar é outra coisa. Na gestação de substituição o que se está a replicar — quando se o faz — é uma das ligações naturais entre pais/mães e filhos/as, a ligação genética que, na adoção, não existe, já que os pais não veem estabelecida a parentalidade pela reprodução.

[966] Além da intenção, um dos critérios comuns a cada projeto parental, seja qual for a causa ou meio a que se recorreu.

caso quer no outro, alguém assume um projeto parental em relação ao/à filho/a de outrem. Isto é, replicando ou não a gestação de substituição, aquela ligação genética com, pelo menos, um(a) dos/as beneficiários/as, a criança continua a ser concebida para ser abandonada pela gestante [967]. Se este estado de coisas é verdade — ou seja, a gestante, assumindo a gravidez e o parto da criança sem intenção de ter um(a) filho/a e de o/a entregar a outrem [968] abandonando-o/a —, a existência de uma relação genética com pelo menos um(a) dos/as beneficiários/as permite, quanto a nós, que esse estado de coisas se altere [969], [970], sobretudo se tivermos em consideração que só os/as beneficiários/as assumem a intenção de vir a estabelecer as correspondentes relações jurídicas com a criança.

Também estamos cientes de que podemos ser acusados de uma burla de etiquetas e, no limite, por uma questão de semântica, de dar uma classificação diferente ao que, por si só, não altera em nada o estado de coisas, e este é que é relevante, independentemente do *nome* que se lhe der. Mas se concordarmos com isso, ou seja, que o que importa é o estado de coisas, também estamos cientes de que, quanto a nós, a forma como se vê ou perspetiva esse estado de coisas é diferente. Como tivemos oportunidade de analisar no lugar próprio [971], os últimos anos viram reposicionar o conceito de família que antes era estanque, assente numa perspetiva tradicional de família, gerada por métodos naturais. A família manifesta-se agora de forma mais funcional do que a realidade tradicional permitia. Os fatores gestacional e genético perderam terreno para o mandato intencional como constitutivo de relações familiares, com relevância legal. Os tempos são indubitavelmente de desafio para

[967] Também Tiago Duarte — ainda que num pressuposto de uma FIV homóloga (com os gâmetas do casal beneficiário) — aceita a gestação de substituição e que a ligação é genética entre a mãe e o/a filho/a (Duarte, 2003, p. 88).

[968] Restando ainda saber se esta está no exercício da sua liberdade de procriação ou não, o que será analisado no capítulo subsequente.

[969] Uma das condições indicadas pelo CNECV para a gestação de substituição é exatamente esta ligação genética tendo o «embrião transferido para a gestante de substituição tem como progenitores gaméticos, pelo menos, um dos elementos do eventual casal beneficiário» (Conselho Nacional de Ética para as Ciências da Vida, 2012). Esta solução, que acabou por ser incluída no parecer referido, resultou da proposta de lei do PS — submetida à apreciação daquele Conselho — que estabeleceu aquelas condições, além da subsidiariedade da técnica.

[970] Sendo posteriormente relevante também que a criança não tenha relação genética com a gestante, o que será analisado no capítulo subsequente.

[971] Nas secções anteriores relativas à orientação do TEDH e análise crítica. Considerando a razão de ordem deste trabalho, este pressuposto de que partimos no que tange à distinção entre a adoção e gestação de substituição terá implicações, nomeadamente, nos critérios de determinação da maternidade e paternidade e, por isso, a conceção que se perspetiva permite concluir que não só não é a mãe, legalmente reconhecida pelo menos, que concebe, fica grávida e tem a criança, como o estabelecimento da filiação permitirá, em nosso entender, colocar a criança numa situação jurídica distinta da criança dada para adoção.

a parentalidade, nomeadamente com a separação biotecnológica dos critérios que determinavam pais e mães. A biologia, a genética e a intenção agregada à componente social estão em sujeitos diferentes e a forma como se reconhece a instituição e como se criam os laços entre pais/mães e filhos/as implica que se revisite a parentalidade. Mas chegamos a um paradoxo também: se a biologia perde terreno para um fator de ordem mais social, quem é que de «facto» assume o papel de pai/mãe [972], podendo reconhecer-se legalmente a parentalidade para quem não tem contribuição genética? Mas, se for assim, qual é e como se garante à criança a sua identidade, relativa à dimensão da sua historicidade e da verdade biológica?

Neste âmbito, Elizabeth Bartholet introduz o argumento de uma outra forma, que reconhecemos como particularmente pertinente. Analisando os custos das técnicas de procriação assistida, a autora refere que o próprio estigma associado à infertilidade e adoção é aumentado pelos próprios tratamentos de fertilidade, uma vez que conduzem a uma enfatização da parentalidade com a procriação, e menos com a adoção. Além do mais, existe uma considerável situação de perda de chance associada a esta situação, uma vez que «*[y]ears spent in the IVF pursuit obviously defer prospect for adoptive parenting, and for many, IVF is likely to eliminate such prospects altogether*» (Bartholet, 1999, pp. 206-207).

[972] Ainda que, como tivemos oportunidade de referir nas secções anteriores, a proteção da família de facto esteja inserida no art. 8.º da CEDH, a verdade é que no algo surpreendente caso julgado em 2017, o TEDH acabou por não dar uma margem tão ampla de proteção a estas famílias. Ainda que em causa estivessem crianças, o caso centrou-se no conflito entre um casal, unido pelo matrimónio, e a nova família, de facto, do marido e dos limites em obter o divórcio. O casal estava separado, sem qualquer probabilidade de reconciliação, desde que o marido saiu de casa para viver com outra pessoa com quem já tinha, aliás, filhos em comum. Apesar disso, na Polónia, o divórcio só pode ser admitido com o consentimento do cônjuge não culpado, neste caso a primeira mulher do queixoso, que se recusava a prestar esse consentimento. O Tribunal analisou a questão, em conjunto com o art. 12.º, e concluiu que, por um lado, nos termos da convenção, não se garantia o direito ao divórcio e, na verdade, este direito não estava excluído na lei doméstica. O que esta previa, em prol da proteção da «parte mais fraca», era um conjunto de regras materiais que não conflituam com a convenção. Na realidade, o caso tinha subjacente a posição polaca agregada a um conjunto de regras morais decorrentes da influência religiosa. Certo é que o tribunal acabou por concluir que «*[w]hile under Article 8, de facto families and relationships are protected, such protection does not mean that particular legal recognition has to be accorded to them. It has not been argued, let alone shown, that failure to obtain a divorce and the legal fiction of his continuing marriage prevented the applicant from recognising his paternity in respect of the child he had with A.H*» (Babiarz v. Poland, 2017). Como resulta de uma das posições vencidas do juiz Sajó, refere que pouco se compreende como a manutenção de uma efetiva relação de facto, representa uma ameaça a valores morais e, para além disso, dificilmente se pode compreender que, nos termos do art. 8.º, o direito à vida privada e familiar da primeira mulher do queixoso possa incluir o direito a manter uma relação com alguém que não a quer. Neste aspeto, o outro juiz que apresentou posição distinta da maioria, Pinto de Albuquerque assumiu posição convergente com o Juiz Sajó. Referindo expressamente que, apesar das crenças religiosas, a neutralidade e pluralismo religioso impõem que aquelas não influenciem as políticas do Estado.

Compreendemos o argumento e a forma de colocar é particularmente pertinente, mas o que entendemos é que, ainda que assim fosse — isto é, ainda que esse seja um custo associado à PMA em geral e à gestação de substituição em particular —, a verdade é que não pode ser mitigado erradicando a liberdade de alguém ter filhos/as. Seja como for, a parentalidade é, *in extremis*, um conceito jurídico que se desenvolve ao longo dos tempos, mais nos últimos tempos, por certo, mas, em qualquer caso, fruto de uma ponderação das teias relacionais que unem as pessoas. Até agora, podíamos dizer que a biologia ditava o critério que o legislador assumia [973], mas isto é só em parte verdade. Por exemplo, no que tange à paternidade, ainda que se presuma a relação genética entre pais e filhos/as, o critério tradicional do legislador não é (só) biológico; é, diríamos, sobretudo social.

Teremos oportunidade de analisar esta questão mais à frente, mas o que aqui queremos enfatizar é que a parentalidade e os critérios que determinam a sua vertente legal são fruto de uma escolha. Uma aceção tradicional de família permitia um único critério assente em pressupostos estanques, porque não separáveis, mas, com a possibilidade desta separação e da proliferação de famílias não tradicionais, aquele critério terá de, pelo menos, admitir que possa ter de ser revisto, ser complementado com outros ou concorrente com outros. Estamos cientes de que esta posição pode ser entendida como abolição da parentalidade, e colocá-la no âmbito puramente da intenção conduz, o que assumimos, a um patamar em que a filiação resulta de contratos privados e negociações assentes na autonomia subjacentes ao Direito das Obrigações e não a um estatuto decorrente da Família e do ramo de direito especial que o tutela. No entanto, não queremos determinar a intenção como critério exclusivo nem erradicar a natureza do estatuto familiar, que se deve manter, sob pena de passarmos para o mercado livre da reprodução. Não é isso que defendemos ou queremos.

Assim, numa visão esquemática, colocamos a PMA, incluindo a gestação de substituição, no âmbito, nomeadamente, do direito a constituir família, mas aquela visa a reprodução como forma de garantia de perpetuação da carga genética, pelo menos para um(a) dos/as beneficiários/as, sob pena de, noutro caso, ainda que seja o exercício do direito à constituição da família, o ser pela via da adoção e não das técnicas de procriação. Há, desta forma, para nós, um limite efetivo ao direito à reprodução quando em causa está o recurso às técnicas de PMA, a intenção de procriar

[973] Guilherme de Oliveira defende que o recurso a técnicas de PMA e gestação de substituição conduzirá à crise do parto como critério de determinação da maternidade. O Professore refere que o critério jurídico da maternidade assenta no parto, ao qual é atribuído um valor social e emocional, que tem como pressuposto que a mulher que gerou a criança e a dá à luz, ela própria, forneceu o óvulo mas, agora, esta presunção é relativa. «Assim, a preferência pelo parto como critério jurídico só poderá basear-se no seu valor sócio-afetivo e em razões de ordem prática, como a simplicidade da identificação da mãe nos casos mais frequentes» (Oliveira, 1992, p. 75). Acrescenta que as mães genéticas, quando não deram à luz, haverão de procurar o reconhecimento da sua ligação biológica e não aceitarão recorrer a um processo de adoção para constituir a filiação.

mantendo a ligação biológica — no caso da gestação de substituição, a carga genética — com o/a filho/a. Sendo que, nesta perspetiva e considerando que há disseminação da componente biológica, uma vez que a gestante também tem esta ligação com a criança, haverá a necessidade de combinar este fator com outro(s), mormente um elemento volitivo [974].

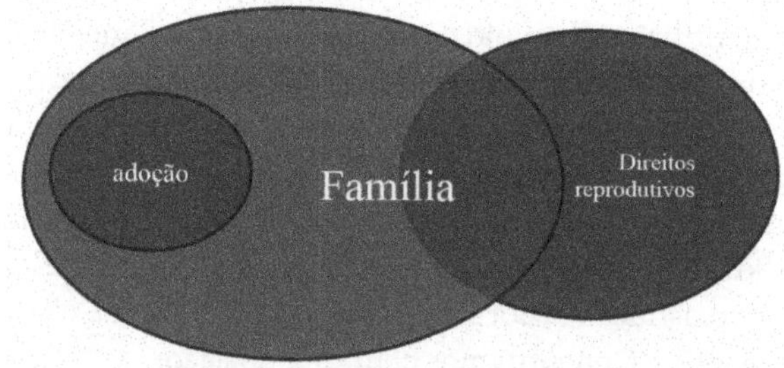

Figura 1: A família, a adoção e os direitos reprodutivos

O que aqui assumimos é que, ao contrário por exemplo do que acontece na solução legal do Estado da Califórnia, a gestação de substituição, quanto ao seu fundamento, terá de se distanciar da adoção e manter uma ligação típica à reprodução natural, além da mera intenção, assumindo que a reprodução, seja natural ou assexuada, haverá de manter, no que tange à gestação de substituição, um elemento comum, neste caso, o desejo de propagação da carga genética [975]. Entendemos, não obstante, que no direito reprodutivo esse elemento seja essencial, isto é, entendemos que, na gestação de substituição, não podendo a *intended mother*, havendo-a, passar pela gravidez [976], tem de ser reproduzido, pelo menos, o critério genético em relação a pelo menos um dos beneficiários [977]. Como resulta do esquema anterior, para nós a constituição da família como fundamento para o recurso à gestação de

[974] Como analisaremos de forma mais desenvolvida *infra* neste capítulo.

[975] O direito à reprodução como o direito a ter filhos biológicos é propugnado por Raposo, 2005, p. 315.

[976] Como acontece, por exemplo, nos casos de FIV ou ICSI com recurso à doação de embriões ou gâmetas.

[977] Acompanhamos Vera Lúcia Raposo quando defende que esta exigência dos laços biológicos (entendida, no que tange à gestação de substituição, como a ligação gamética) é essencial, uma vez que, não o havendo «[...] não existe hipótese de realizar o direito a ter filhos, uma vez que a criança nascida não será "filho" em termos biológicos, mas apenas puramente legais [e] [...] não existe qualquer vantagem face à adoção» (Raposo, 2005b, p. 129).

substituição [978] implica necessariamente um critério diferenciador da adoção [979], sob pena de se confundir com esta, e aquela não ser, de facto, uma forma de procriação, o que para nós é inadmissível e poderia gerar situações de orfandade como foi sintomático no caso Paradiso e Campanelli, bem como no julgamento de um processo que correu termos no Supremo Tribunal israelita — o caso Ora Mor Yosef [980], [981]. Neste processo, uma familiar de Ora aceitou ser gestante [982] num contrato altruísta de gestação de substituição [983], tendo nascido uma menina que Ora nunca chegou a conhecer. O Tribunal enfatizou a necessidade desta ligação genética entre a criança e os/as pais/mães, sem a qual não poderá ser declarada uma relação de pai/mãe e filho/a. No processo de Ora, uma das preocupações do tribunal foi que não desse causa a um mercado em que, agora, por contrato, privados pudessem passar a determinar a parentalidade, dando causa a crianças desenraizadas de qualquer ligação genética com os/as pais/mães e, portanto, sem uma identidade claramente definida (Dorfman, 2016, p. 408). Concordamos com esta posição.

Entendemos, assim, que não basta a vontade de procriar. O elemento volitivo *per se* é insuscetível de se subsumir no âmbito do fundamento da gestação de substituição como o concebemos, que, em caso algum, pode admitir uma orfandade programada. Dos elementos que extraímos das orientações do TEDH [984], o elemento volitivo dos/as pais/mães não só não prevalece, como não é suficiente [985] para se integrar no âmbito do art. 8.º da Convenção, sob pena de acabar por garantir o direito a ter filhos/as, o que claramente não é a orientação do Tribunal. É necessária a existência de uma família ou de pelo menos uma relação potencial em que, uma vez mais, a vontade não é suficiente para a identificar. Mesmo nas relações familiares de facto, é necessária a constância da relação por forma a identificar — para lá daquele

[978] O que também significa, como teremos oportunidade de analisar no capítulo subsequente, que nem todos os exercícios dos direitos reprodutivos implicam a constituição de uma família e, por outro lado, constituirão formas de famílias — aqui entendemos as relações entre pais/mães e filhos/as — outros grupos de pessoas que não têm relação biológica, nem de adoção, entre si, mormente as reconhecidas situações familiares de facto.

[979] E que, neste caso, não sendo a gestação, só poderá ser a componente genética.

[980] Onde se discutia a maternidade de uma criança em que a beneficiária, uma mulher quadraplégica, recorreu à gestação de substituição (a gestante era a sua sobrinha), com recurso à doação de óvulos e espermatozoides. No caso, nem a gestante nem a beneficiária tinham qualquer relação genética com a criança, acabando o tribunal por determinar que a gestante não poderia ser reconhecida como mãe. Ironicamente a criança foi dada para adoção a terceiros (Dorfman, 2016, p. 405).

[981] Ora, era solteira e, por isso, não era elegível para adotar uma criança.

[982] O tratamento incluía a utilização de óvulos de Ora, mas que nunca foram bem-sucedidos, tendo acabado qualquer possibilidade de utilização de material genético de Ora. Isto porque, considerando a patologia que tinha, não era capaz de produzir mais óvulos.

[983] O tratamento foi realizado primeiro nos EUA, no Estado da Califórnia, e depois na Índia.

[984] Talvez de forma extensiva, o que admitimos.

[985] Como resulta do caso italiano Paradiso e Campanelli.

elemento — laços familiares e, assim, integrar o âmbito e a tutela do art. 8.º da Convenção. Mas já é suficiente a relação biológica como elemento potencial. A decisão de alguém ter um(a) filho/a e de o/a ter com uma relação genética está incluída no art. 8.º da CEDH, integrando um afloramento da vida privada e familiar, como resultou expressamente do paradigmático caso Dickson v. United Kingdom. Assim, o recurso a técnicas de PMA que deem cumprimento àquele escopo integra o âmbito do art. 8.º, sendo também esta escolha um afloramento da vida privada e familiar.

Se é verdade que a expressão da biologia e da vontade pode ser separada num domínio absoluto da vontade sobre o corpo, o direito passaria a ser um puro conceito de dominação que nos levaria, *in extremis*, para uma visão transhumanista [986] da natureza do ser humano e da sua reprodução [987], posição extrema que não aceitamos. Entendemos que há necessidade de manter uma narrativa que respeite, livre de intervenções externas, o sentido de manter a coerência da história de vida da pessoa, no sentido de uma unidade infungível que a reconheça sempre como tal. O que dizemos e assumimos é que existe, no âmbito da gestação de substituição, a necessidade de uma ponderação entre esta constatação pragmática e a natureza simbólica que reside na instituição familiar. E, na questão que aqui estamos a tratar, a gestação de substituição importa, sob *pena* de ser uma adoção [988], a reprodução de um dos fatores da relação biológica, neste caso, a relação genética [989].

Este é o pressuposto e o fundamento para o contrato de gestação de substituição. É o reconhecimento de que os seres vivos visam, além da sua sobrevivência, a manutenção da espécie humana e, com esta, também, a sua perpetuação através da herança genética, o que é inerente à própria natureza do ser humano. Esta diferença é, a nosso ver, o elemento que permite distinguir as naturezas da adoção e gestação de substituição, permitindo que esta se erija como um meio concorrente com a adoção, ainda que comunguem de um critério comum — a intenção e a parentalidade

[986] A «*[...] Barcelona Declaration, unique as a philosophical and political agreement between experts in bioethics and biolaw from many different countries. What do we want humanity to be like?*» (Sève, 1994, p. 26).

[987] Neste âmbito, acompanhamos Vera Lúcia Raposo (Raposo, 2005), embora admitamos que, além da componente genética, o âmbito gestacional também é relevante, ainda que desacompanhado daquele outro.

[988] Também neste sentido Costa & Lima entendem que, neste caso, «se relativiza o interesse em dar vida a um novo ser humano» (Costa & Lima, 2013, p. 276).

[989] Dados que recolhemos permitem concluir que as crianças não apresentam qualquer desajustamento psicológico quando não apresentam relação biológica com os pais (Golombok, 2015, p. 200), o que nos permite concluir que as técnicas de PMA que não asseguram esta relação — que não se apresenta essencial — são uma forma de fazer nascer crianças que fiquem especialmente vulneráveis ou em risco. O estudo levado a cabo nos EUA por Helena Ragoné enfatizou que todos os participantes em acordos de gestação de substituição que foram entrevistados relativizaram a relação biológica com a criança e enfatizaram, por seu turno, a maternidade como a relação emocional (no texto original a autora refere-se a «*motherhood as nurturance*») e a incapacidade da beneficiária em gerar um filho é, nesse contexto, um fator pouco significativo (Ragoné, 2004, p. 354).

social decorrente do estabelecimento de vínculos jurídicos. A gestação de substituição [990] é, tal como a adoção, um meio para a constituição de uma família [991], sendo ambas admissíveis e legítimas no contexto em que as inserimos para a concretização da satisfação do instinto maternal ou paternal. Sendo verdade que as pessoas que decidem adotar uma criança são socialmente vistas com admiração, também o é que as motivações que impulsionam alguém a recorrer à gestação de substituição são altamente louváveis e, estamos em crer, justificáveis, sendo aquela razão uma das causas da emergência do fenómeno e o palpável crescimento que não só permite que as pessoas garantam o desejo de ter filhos/as, como garante o legítimo interesse da continuidade da sua carga genética [992].

Se é verdade que o direito a procriar, quando não é possível fazê-lo naturalmente, não pode ser satisfeito impondo a adoção em vez de admitir o acesso à PMA, também é verdade, quanto a nós, que o acesso a qualquer uma das técnicas — no caso, a gestação de substituição — só se justifica quando está em causa a perpetuação da herança genética [993], [994] para, pelo menos, um ou o *intended parent* [995]. A perpetuação dos genes para a geração seguinte tem relevância não só para o indivíduo, como para a sociedade, cuja relação genética com a prole é tendencial. Ademais, quanto a este desejo, não cremos que se suscitem impedimentos éticos e morais, mas esta opção tem impacto noutros e uma ponderação sobre as nossas ações e a responsabilidade por elas e pelas consequências é imperiosa. A responsabilidade para com a criança num novo paradigma de reprodução implica analisar os interesses desta e não unicamente satisfazer um desejo. Os novos dilemas, riscos e conflitos, pelo menos potenciais, estão incluídos naquela responsabilidade, mas que também impõem em prol da dignidade de todos os envolvidos e, sobretudo, da criança.

[990] Tal como a reprodução natural ou, subsidiariamente, outras técnicas de PMA.

[991] Apesar de, e como teremos oportunidade de analisar nas subsecções subsequentes, ao contrário da adoção, a gestação de substituição ser um meio subsidiário, ainda que, em algumas situações possam — a gestação de substituição e a adoção — ser meios concorrentes entre si.

[992] Não desconsideramos que, apesar de tudo, a influência da gestante na programação genética é feita *in utero*. Como é referido no parecer do CNECV, a gestante altera a expressão genética de cada embrião, e cada criança não é a mesma pessoa de acordo com o útero em que é gerado: «[...] o momento por excelência de ativa programação do epigenoma do embrião-feto, condicionando e definindo a expressão dos genes do embrião/feto, para sempre: a expressão dos genes (ativação e desativação) do embrião/ feto/criança é moldada pela gestação intra uterina, ativando uns genes, desativando outros, muito se jogando logo desde a própria implantação do embrião no útero. A implantação é um fenómeno cientificamente cada vez mais determinante no futuro do embrião-feto e que, obviamente, varia de útero para útero» (Conselho Nacional de Ética para as Ciências da Vida, 2012, pp. 29-30).

[993] Ou biológica, em sentido mais amplo, para incluir a gestação, tendo em consideração a inseminação heteróloga no âmbito da PMA.

[994] Quanto a isto e ao conteúdo do direito à reprodução, v. Raposo, 2014.

[995] Referimo-nos em relação à gestação de substituição.

Assim, a gestação de substituição tem necessariamente natureza distinta da adoção, o que a torna uma opção igualmente válida para a concretização do projeto parental e, por isso, legítima para se enquadrar como um elemento essencial ao direito a procriar e à constituição de uma família, sendo que, ainda que por interposta pessoa, os/as futuros pais/mães podem acompanhar a gravidez do *seu/sua* filho/a. Desta forma, e com este afloramento, a gestação de substituição é diferente da adoção, visando aquela, para quem o queira, através dos avanços tecnológicos e médicos, que uma pessoa, ou casal, passe pelo processo — ainda que em parte — de gerar um(a) filho/a que, não sendo pela reprodução sexual, mas que também não se confunde com a adoção, permite dar cumprimento ao legítimo interesse de propagação dos genes para a geração seguinte, mantendo-se uma relação genética entre pais/mães e os seus/uas filhos/as. A gestação de substituição, numa ótica de cooperação de terceiros e mantendo a solidariedade típica das relações, assegura que os/as beneficiários tenham e criem um(a) filho/a *seu* garantindo o legítimo interesse da perpetuação para a geração seguinte da sua carga genética. Um(a) filho/a que é *sangue do seu sangue*, o que para nós é legítimo e é o fundamento da contratação de uma gravidez.

Esta posição vai ao encontro, a nosso ver, à doutrina que saiu do caso Paradiso e Campanelli, que é particularmente relevante no sentido de garantir a proteção das crianças no caso de contratos de gestação de substituição, em que não há relação genética com os/as beneficiários/as, considerando a posição em relação às medidas do Estado italiano de proteção da criança [996], que foi, quanto a nós, objeto de processo informal de adoção. Aguirre afirma que o Tribunal, neste caso, teve a preocupação de proteger as crianças, e não aquela em concreto, não legitimando e prevenindo o tráfico de crianças, mesmo que no caso «*[...] the child "sold" is living in a loving, caring family (the child's "buyers"). In other words, the "this particular child" approach seems to be insufficient, because this could lead to situations in which children trafficking is allowed, through legally accepting the consequences of that trafficking*» (Aguirre, 2019, pp. 470-472).

Como referimos, para nós, o fundamento do recurso à gestação de substituição resulta da liberdade de procriação que inclui o acesso à PMA. Não fosse a manutenção da ligação genética com os/as descendentes, que outros motivos teriam os pais/as mães para recorrer à gestação de substituição? É que esta ligação permite-nos traçar não só a linha distintiva entre a adoção e a gestação de substituição — o que é essencial para nós, como aludido na secção precedente —, como balizar as motivações dos/as pais/mães para recorreram à gestação de substituição, que, não existindo na adoção, entendemos ser tutelável. Esta criança não seria fruto de um projeto parental desencadeado do direito a procriar; seria um produto, *a* criança e não *uma* criança, e aquela, porque selecionada, desejável em relação às demais. Um objeto de outrem, um meio para a concretização de um fim, e não um fim em si mesma, o que seria inaceitável.

[996] Ainda que no caso concreto até se possa concluir que a criança não estava abandonada.

Sem outros laços a considerar, teremos unicamente a intenção — a intenção de produzir um(a) órfão/ã. Não vamos desenvolver este tema, já que, além da colocação da problemática que fizemos [997], o objeto da nossa análise neste momento é a natureza da gestação de substituição e a sua distinção em relação à adoção [998]. Estamos cientes de que, considerando agora a natureza da gestação de substituição como forma de reprodução que garanta a ligação genética com os/as filhos/as, estará, quanto a isto, irremediavelmente afastada, quanto a nós, a casais ou pessoas solteiras que, (já) não sendo capazes de produzir gâmetas, não poderão recorrer à gestação de substituição se aquela ligação genética não estiver garantida. Neste campo, Walker e van Zyl entendem que tal imposição é uma forma de discriminação em relação a casais em que ambos os membros são inférteis (Walker & Zyl, 2017, p. 117).

Jorge Reis Novais, na sua declaração de voto ao parecer do CNEV de 2012 sobre as propostas de lei em Portugal em matéria de gestação de substituição suscita, de forma lapidar, «[...] dúvidas éticas [que] a exigência de que pelo menos um dos elementos do casal seja progenitor gamético do embrião transferido» (Novais, 2012). Dúvidas que, desta forma, nos são também dirigidas. Lido desta forma, não podemos deixar de dar razão aos professores, mas a relação contratual visa a produção de efeitos numa terceira pessoa — a criança — e, quanto a esta, impõe-se o limite, legítimo no nosso entendimento, ao acesso à técnica.

Não negamos que se pode suscitar um problema de discriminação relativamente aos casais em que ambos os elementos sejam inférteis, ou a pessoa que recorre é infértil, o que poderia conduzir a um problema de desigualdade de tratamento, uma vez que, na inseminação heteróloga na PMA, não se faz o mesmo tipo de exigência. Mas o que entendemos é que, apesar desta diferença de tratamento e da inexistência destes requisitos na inseminação heteróloga, as situações são, a nosso ver, substancialmente diferentes. Isto porque quem não pode ou não consegue suportar

[997] V. capítulo I.

[998] Estamos bem cientes de que existem técnicas de PMA heteróloga com recurso a doação de gâmetas, quer espermatozoides, quer óvulos, ou doação de embriões. Nestes casos, e como teremos oportunidade de aludir mais à frente neste trabalho — v. capítulo V —, tal como acontece com a gestação de substituição, o que as distingue da adoção, é o facto de o casal ou de a mulher estar a replicar outro critério da reprodução natural, isto é, a gestação. É que — e para nós é relevante, como já tivemos ensejo de referir — a PMA é um meio de concretização de um projeto parental, mas que não pode, em qualquer uma das suas variantes, sobrepor-se ou confundir-se com a adoção. Essa sobreposição, pelo que já aludimos, importa uma forma de violação da dignidade da criança, seja no que tange à gestação de substituição pela criação de um nado-órfão (nesta perspetiva considerando que a mãe o concebe para o abandonar), seja noutra perspetiva, e, à falta de motivos válidos, a criação de um(a) órfão/ã à medida dos desejos dos/as pais/mães. O mesmo não se diz da FIV com doação de gâmetas ou embriões, sendo verdade que o risco da escolha de material genético também existe, como aquela que acabamos de descrever, mas a intenção que lhe está subjacente, ao contrário do que pode acontecer na gestação de substituição, é recriar um outro laço, que, como a ligação genética, é igualmente válido, o gestacional. Voltaremos a este tópico mais tarde.

uma gravidez e, cumulativamente, não produz gâmetas e, sendo casada ou unida de facto, o seu parceiro também não, não tem qualquer critério que permita justificar o acesso à gestação de substituição para cumprir o seu projeto parental, já que, tal qual como na adoção, *só* tem na sua esfera pessoal a intenção de ter um(a) filho/a, com quem não terá qualquer relação genética ou gestacional. O que tem, *in extremis*, é uma adoção [999], e para esse desiderato o meio não é a gestação de substituição, como concluímos [1000]. Seria coisificar a criança num objeto de desejo, dado que a satisfação do projeto parental só se satisfaria com a criação de uma criança sem história, sem relações ou até laços, sem problemas eventualmente. É certo que o desejo a ter *uma* criança é legítimo e antropologicamente justificado, mas nem todos os desejos podem ser concretizados, nomeadamente para ter *a* criança. Transformaria a gestação num *mero* serviço que a gestante prestaria para outrem, convertendo a criança

[999] A adoção não constitui um afloramento de um direito à reprodução.

[1000] Entendemos, no entanto, que a mulher que fica grávida com doação de gâmetas está também ela a reproduzir-se. Vera Lúcia Raposo entende que o direito à reprodução tem dois requisitos. Por um lado, a ligação biológica com a prole. A reprodução implica ter filhos/as em sentido biológico do termo. Ou, pelo menos, a aparência dessa ligação, no caso de doação de gâmetas. Por outro lado, implica o desejo de criar a criança constituindo uma família com ela. Nestes termos, os dadores de gâmetas, ainda que se reproduzam, não exercem um direito reprodutivo (Raposo, 2019). Ao contrário, não obstante, o que entendemos é que o exercício de direitos reprodutivos se faz sempre que alguém tem uma componente biológica e a usa no sentido de nascer uma criança. Esta componente, no caso das mulheres, será a componente genética ou a componente gestacional, acompanhada do critério da intenção de ter um(a) filho/a. Para nós, o essencial é aquela relação biológica para se entender o exercício dos direitos reprodutivos, o que é diferente da determinação da parentalidade em que, neste âmbito, também nós entendemos que se possa impor a combinação de um critério biológico, que na gestação de substituição será a relação gamética com a componente intencional de criar uma família. Contudo, não entendemos que a relação gestacional, ainda que sem a ascendência genética, implica não só a aparência da reprodução, mas, considerando a complexidade do processo — que, aliás, é suscitada no âmbito da gestação de substituição — e a relação essencial da gestante, num processo físico que visa, mais do que dar conta da aparência de uma reprodução, passar pela experiência dela e pela conformação desse papel junto da criança que vai nascer. Como refere o CNECV, o meio uterino e o papel da gestante não são despiciendos em relação ao ser que se vai formar. Por outro lado, o que também admitimos, o critério social associado à constituição da família é, *per se*, insuficiente por constituir a tutela da mera intenção de constituir família, sem exercício de direitos reprodutivos. Estes requisitos, quando dispersos por várias pessoas, implicam quanto a nós a sua combinação para determinar quem exerceu, de facto, o direito à reprodução com vista à constituição de uma família, e de quem, por outro lado, se limitou a exercê-lo ao serviço de outrem. Explicaremos a relevância desta distinção no capítulo V, sendo que, neste momento, o que nos interessa ressalvar é que a relação genética com pelo menos um dos beneficiários é essencial, sob pena de, nessas circunstâncias, não existir qualquer laço biológico que permita desencadear o direito à reprodução e, quando muito, o que existe é uma adoção que, sendo uma forma de constituição de família, não é uma forma de reprodução, que é o que se visa com a gestação de substituição.

num objeto negocial para a satisfação de um desejo sem qualquer interesse legítimo. A criança seria objeto de um direito que os/as beneficiários/as poderiam reivindicar.

A pessoa, na sua individualidade e infungibilidade, com perspetiva de reciprocidade entre todos, é o fundamento e o fim último e é o Estado o meio para promover a dignidade e se abster de qualquer atuação que atente contra ela ou a limite, servindo de controlo de composição equilibrada dos direitos fundamentais [1001]. Neste ponto, há quanto a nós uma reprovação ética na criação da vida com a intenção de a abandonar. Exatamente como assume Paulo Otero (Otero, 2012, p. 88), embora o Professor o faça em relação à maternidade de substituição em geral e não, como aqui assumimos, como uma delimitação do próprio fundamento e âmbito da gestação de substituição, o que para nós, como referido, é admissível, ao contrário do distinto Professor.

O eticista Marcus Düwell analisa a dignidade humana das gerações futuras [1002]. Recorrendo ao princípio da precaução [1003], «*[...] should at the very least be able to explain when the respect for the dignity of future generations makes or obligatory for us to act in a precautionary manner*» [1004] (Düwell, 2014, p. 557). De facto, e como o Professor coloca a questão, está em causa saber como é que direitos — e quais direitos? — de gerações futuras podem permitir a restrição ao exercício dos nossos direitos ou se a sua futura existência pode alterar a forma como uma sociedade democrática configura dos direitos das pessoas (Düwell, 2014, p. 558). Esta proteção resulta noutros instrumentos do art. 1.º da Declaração sobre a Responsabilidade das Gerações Presentes em Relação às Gerações Futuras da UNESCO de 1997 que estabelece que «as gerações presentes têm a responsabilidade de garantir que as necessidades e os interesses das gerações presentes e futuras sejam plenamente salvaguardados».

Também a CDFUE tem como um dos seus pressupostos a mesma amplitude no sentido da inclusão das gerações futuras [1005], [1006], bem como o art. 191.º, n.º 2,

[1001] Entendemos a dignidade com a natureza jurídica de princípio. Ainda que se possa afigurar, como refere Jorge Novais (Novais, 2015, p. 84), como direito fundamental no sentido do direito à dignidade, consideramos que, de facto, ela lhe é antecedente e estruturante do Estado de Direito Democrático, algo que o antecede e o configura como um ditame de atuação do Estado e forma relacional deste com os indivíduos. Apesar de a Constituição a integrar formalmente, mais não faz do que dar conteúdo formal ao valor que norteia a constituição material, a dignidade da pessoa humana, que coloca o ser humano como fim último.

[1002] Em especial na temática do ambiente.

[1003] Sendo que a sociedade tecnológica é dominada pelo risco (Gomes, 2007, p. 280).

[1004] Na Constituição, o art. 36.º, n.º 5, estabelece os deveres de proteção dos/as filhos/as que recaem sobre os pais, mas pressupõem que estes já existam.

[1005] Consta do Preâmbulo que «O gozo destes direitos implica responsabilidades e deveres, tanto para com as outras pessoas individualmente consideradas, como para com a comunidade humana e as gerações futuras».

[1006] Um efetivo afloramento do princípio da precaução (ainda que enunciado normalmente em matéria ambiental, tal como resultou da Declaração do Rio de 1992 que, no Princípio 15, estabelece

do TFUE [1007]. A colocação do problema e a questão da precaução podem implicar que direitos (ainda que genéricos) e sem titular (ainda) possam ser protegidos no sentido de garantir o exercício destes com condições de vida que permitam aos seres humanos uma vida autónoma, independentemente do momento em que a vivam. «*Those rights [particularly environmental] are so fundamental that they directly affect their dignity as human beings, that is, the dignity of beings that should be enable to live a life of their own*» (Düwell, 2014, p. 556). A dignidade humana importa criar condições para que as pessoas vivam a sua vida de forma autónoma, independentemente do momento em que o fazem, o que dificilmente se concebe numa perspetiva em que a futura criança não faz parte de um projeto parental, mas de um catálogo. Trata-se de uma instrumentalização da criança ao serviço de outrem que é feita e nasce, quanto a nós, propositadamente num estado de vulnerabilidade que é difícil de conceber, já que está em causa a sua própria dignidade, assumindo-a aqui na expressão de Habermas como a «fonte moral da qual se alimentam os conteúdos de todos os direitos fundamentais» e um «papel catalisador [...] na composição dos direitos humanos a partir da moral da razão e da sua forma jurídica» (Habermas, 2012, p. 31).

Quanto às «*anticipatory socializations*» a que Habermas se refere, mesmo antes do nascimento e mesmo na sua forma «anónima», a vida humana possui dignidade e os respetivos imperativos de respeito a essa dignidade da vida manifestam-se [1008] (Habermas, 2008, p. 37). Embora se referindo à manipulação genética [1009], Habermas coloca o acento tónico na perspetiva do entendimento próprio das espécies,

que «De modo a proteger o meio ambiente, o princípio da precaução deve ser amplamente observado pelos Estados, de acordo com suas capacidades. Quando houver ameaça de danos sérios ou irreversíveis, a ausência de absoluta certeza científica não deve ser utilizada como razão para postergar medidas eficazes e economicamente viáveis para prevenir a degradação ambiental»).

1007 «Em 2002, o Tribunal Europeu de Primeira Instância, firmou expressamente esta ideia, no caso Artegodan: "o princípio da precaução pode ser definido como um princípio geral de Direito Comunitário que exige que as autoridades competentes tomem medidas para prevenir determinados riscos potenciais para a saúde pública, a segurança e o ambiente, dando precedente às exigências relacionadas com a protecção desses interesses em relação aos interesses económicos"» (Aragão, 2010, p. 254).

1008 Habermas afirma: «*if morality is situated in a linguistic structured form of life, the current dispute over the admissibility of research involving the destruction of embryos and PGD cannot be resolved by a single argument concluding that the fertilized egg cell possesses, in the strict sense, "human dignity" and has the status of a subject possessing human rights*» (Habermas, 2008, p. 37).

1009 A integridade do património genético — como Habermas refere — é entendida como as fundações do património biológico e integrante da identidade pessoal. Nessa ótica, «*a legal protection might come to be expressed in a "right to a genetic inheritance immune from artificial intervention". Such a right, which has already been requested by the Parliamentary Assembly of the European Council, would not pre-empt a ruling on the admissibility of medically based negative eugenics. Such a ruling might still lead, should such be the outcome of moral deliberation and democratic will formation, to restrictions on a fundamental right to unmanipulated hereditary factors*» (Habermas, 2008, p. 27).

fundamental para as conceções da própria moralidade que pode afetar a fundação da integração social (Habermas, 2008, p. 26).

Esta dimensão é particularmente revelante neste aspeto, já que, para nós, não traçar esta delimitação significaria admitir a gestação de substituição como uma forma de adoção, a pedido, uma clara violação da dignidade da criança. A linha vermelha tem de ser, ou pelo menos para nós deve ser, traçada em algum lugar e, para nós, e que no tange aos interesses dos/as beneficiários/as, o que importa considerar é se a natureza perduraria se este traço não fosse definido e se deixámos à medicina o que está entregue à heurística sagrada ou à álea, como se queira, numa altura em que vivemos uma era, como Kaufmann (2015, p. 43) refere, de «pós-modernismo» de transição e rutura. Esse é o conflito fundamental que Nietzsche postula para todo o futuro: a luta entre os que criam o ser humano para ser pequeno e os que o criam para ser grande — poder-se-ia também dizer entre os humanistas e os super-humanistas, amigos do homem e os amigos do «super-homem» (Sloterdijk, 2000, p. 41). Está tudo numa perspetiva de equilíbrio.

Nas lapidares palavras de Guilherme de Oliveira, «[s]e os juristas souberem encontrar o equilíbrio entre a utilidade do progresso das ciências e a dignidade do Homem, o Direito nunca será um obstáculo à investigação e à prática biomédicas» (Oliveira, 1993, p. 93). Há, quanto a nós, um equilíbrio no projeto parental que implique a gestação de substituição ou a adoção, e esse equilíbrio implica que não haja sobreposição entre ambas — é a distinção entre o que é um tratamento e um melhoramento do aludido projeto. Bem sabemos que esta distinção pode ser, em última instância, arbitrária (Selgelid, 2014, p. 9), mas, a nosso ver, é neste traço distintivo que residem o significado e o fundamento do acesso à gestação de substituição e se permite traçar a distinção sobre a própria natureza do negócio jurídico. Neste caso de adoção a pedido, a própria criança torna-se no objeto do negócio, uma *res intra comercium*, o que será inadmissível. A especial vulnerabilidade das crianças implica que os/as pais/mães (ainda que futuros/as) têm deveres para com elas na necessidade da especial proteção, sendo que o seu nascimento baseado em relações de consumo assume filhos/as «*à la carte*», uma forma de lhes aumentar o valor de acordo com um conjunto de preferências pessoais dos pais, o que parece uma forma de parentalidade inferior.

Por outras palavras, nunca duvidando que o fim é legítimo, e ter um(a) filho/a consubstancia um elemento essencial da vida de muitas pessoas, também é verdade que esta busca pela «felicidade, por muito importante que seja, não há de ser a única coisa que temos razões para valorizar» (Sen, 2012, p. 373), ainda que pareça ser «de uma completude plena e autossuficiente, sendo o fim último de todas as ações possíveis» (Aristóteles, 2015, p. 1097b20). Sendo verdade, e estando, como afirma o aludido Nobel da Economia, a busca da felicidade ligada, no reverso da medalha, a um processo de frustração quando não se atinge uma dimensão ética e consequencialista, liga as liberdades à necessidade de se aceitarem algumas obrigações, especificamente, como expõe Sen, na proteção das próprias liberdades [1010], [1011], já que, como menciona Oliveira Ascensão, os seres humanos sem deveres, «[...] o cidadão-cliente, não dão perspetiva de saída humana à sociedade tecnocrática em que nos encontramos» (Ascensão, 2008).

5.2. Preocupações Eugénicas

Na sua *Defesa Filosófica dos Limites*, Nicholas Agar analisa o melhoramento humano e os eventuais pós-humanos criados pelo potencial da transformação associado a técnicas científicas sobre as pessoas e as suas capacidades, dando origem inadvertidamente a uma sociedade mista, de seres humanos e seres pós-humanos [1012]. Agar apela para que a nossa relação com a tenologia seja moderada por forma a garantir, em qualquer caso, a nossa identidade humana. Apesar de Agar se referir concretamente ao «melhoramento radical», como se lhe refere, tal como naquele exercício na criação humana, também entendemos, neste âmbito, uma preocupação intervencionista que reclama atenção. O controlo sobre a natureza humana pode impor «*changes [in] the overall structure of our moral experience*» (Habermas, 2008, p. 28) — a transformação da própria espécie que pode alterar o entendimento de *si*.

A distinção entre a adoção e a gestação de substituição permite, além disso, ainda em nosso entender, responder, no que à gestação de substituição diz respeito, a algumas críticas em relação a novos afloramentos eugénicos [1013] que a PMA está (alegadamente) a permitir no sentido de selecionar os genes desejáveis [1014]. É verdade que o material genético sempre foi relevante na reprodução, como é sintomático e como assumimos considerando o fundamento que atribuímos à gestação de substituição.

1010 Aristóteles, em *Ética a Nicómaco*, tratando do «bem humano» afirma que «[o] bem que cada um obtém para si é suficiente para se dar a si próprio por satisfeito; mas o bem que um povo e os Estados obtêm e conservam é mais belo e mais próximo do que é divino» (Aristóteles, 2015, p. 1094b10).

1011 Margarida Salema d'Oliveira Martins faz uma extensa e profunda análise ao Pensamento Aristotélico. Cientes de que a área de investigação e objeto da análise é distinta, quanto ao nosso estudo, é relevante que para este filósofo «a sociedade consiste num conjunto de grupos, sucessivamente formados, em que cada um tem uma finalidade própria: família, aldeia e cidade», sendo a principal destas comunidades a família «ou a casa, existe para a satisfação das necessidades quotidianas» (Oliveira Martins, 2003, p. 41).

1012 Podendo estes eventualmente reclamar um estatuto moral mais elevado, porque melhorado e superior em relação ao antecessor humano (Agar, 2013, p. 189).

1013 Como já tivemos oportunidade de referir no capítulo I.

1014 No que tange ao DGPI e à seleção do sexo por motivos de doenças transmissíveis, remetemos para o capítulo I aquando da descrição desta técnica, bem como a sua inclusão no âmbito do art. 8.º da CEDH, como analisado nas secções anteriores, na esteira, por exemplo, do caso Costa and Pavan v. Italy (2012). Neste âmbito se inclui, também, a seleção do sexo da criança que, por motivos médicos de transmissão de doenças hereditárias por exemplo, entendemos admissíveis.

A manutenção das espécies está assumidamente ligada a características, nomeadamente, fenotípicas de reprodução de mais aptos [1015]. O mesmo se verifica nos seres humanos e na escolha de parceiros de acordo com determinadas características que, ainda que instintivamente, se consideram mais adequadas do que outras. A historicidade das pessoas também imprime um papel particularmente relevante e também ela assenta naquela carga genética [1016]. Não é incomum verificar, havendo estudos nesse sentido, que pessoas com determinadas características físicas criam um maior sentimento de aceitação ou de, em caso de conflito, escolha e discriminação positiva em detrimento de outras.

Além disso, muitos estereótipos são construídos em torno destas cargas genéticas e desta aptidão de uns/umas serem melhores do que outros/as. Um dos seus exemplos mais paradigmáticos é a malfadada Curva de Bell de Herrnstein e Murray, que, muito singelamente, concluía que os africanos-americanos tinham uma predisposição genética para terem tendencialmente um QI mais baixo do que os brancos. Sobretudo no capítulo relativo às «*Ethnic Differences in Cognitive Ability*» os autores referem que «[...] *the average white person tests higher than about 84 percent of the population of blacks and that the average black person tests higher than about 19 percent of the population of whites*» (Herrnsteins & Murray, 1994, p. 269).

Ainda que esta pseudoconclusão, baseada em pseudociência, não constitua mais do que uma análise simplista mascarada de racismo e preconceito com alegadas conclusões científicas, certo é que marca o pensamento de muitos (Ross & Solinger, 2017, p. 206) e, sobretudo, erige estereótipos que dão origem a assimetrias em diversos níveis como, por exemplo, mais de 30 anos depois da publicação do livro de Herrnsteins e Murray, numa infame posição do juiz do Supremo Tribunal americano Antonin Scalia, em 2015, no processo Fisher v. University of Texas. Neste processo, analisou-se a alteração da admissão na Universidade do Texas em 2004, já que uma das suas políticas de admissão [1017] *gender-neutral* não alcançava «*[...] the educational benefits of diversity to its undergraduate students*» (Fisher v. University of Texas at

[1015] No mundo animal, a escolha de parceiros pelas fêmeas é tendencialmente considerada uma escolha em relação ao mais forte e/ou o que *pavoneia* atributos que são, comparativamente, melhores do que os outros.

[1016] E que levou em muitos momentos da história a situações exatamente opostas às que se pretendiam, como nos conhecidos casos de hemofilia de casas reais europeias decorrentes da consanguinidade.

[1017] «*The University of Texas at Austin uses an undergraduate admissions system containing two components. First, as required by the State's Top Ten Percent Law, it offers admission to any students who graduate from a Texas high school in the top 10% of their class. It then fills the remainder of its incoming freshman class, some 25%, by combining an applicant's "Academic Index"—the student's SAT score and high school academic performance—with the applicant's "Personal Achievement Index," a holistic review containing numerous factors, including race*» (Fisher v. University of Texas at Austin *et al.*, 2013).

Austin et *al.*, 2013) [1018], tendo sido alterada para garantir a diversidade racial. A ação foi apresentada por uma estudante branca que ficou excluída da admissão àquela universidade. A ação voltou a subir ao Supremo Tribunal em 2016 (Fisher v. University of Texas at Austin, 2016). O objetivo não é analisar o objeto destas decisões, mas a posição do juiz Scalia nas suas alegações orais, que, reproduzindo os mesmos estereótipos raciais aludidos, dissertava sobre a vantagem de os/as negros/as não ingressarem em Universidades de primeira linha como a Universidade do Texas, onde não se destacam nem têm boas notas; ao invés, ingressando noutras universidades de menor *rating*, não sentem a pressão de ser melhores. Citando as suas palavras, o juiz assumiu o seguinte:

> «*There are... those who contend that it does not benefit African Americans to get them into the University of Texas where they do not do well, as opposed to having them go to a less-advanced school, ... a slower-track school where they do well.... One of the briefs pointed out that most of the Black scientists in this country don't come from schools like the University of Texas.... They come from lesser schools where they do not feel that they're that they're being pushed ahead in classes that are too fast for them.... I'm just not impressed by the fact that the University of Texas may have fewer [Blacks]. Maybe it ought to have fewer. And maybe some you know, when you take more, the number of Blacks, really competent Blacks admitted to lesser schools, turns out to be less.*» (Washington, 2015)

Muitas dessas assunções e pré-conceitos relativos à raça, o sexo ou outras características a gosto para os pais/mães perpassam para a reprodução e para a PMA no que muitos denominam de «*technology of racism*» [1019], [1020], [1021]. As escolhas de características dos/as filhos/as são obviamente mais palpáveis no âmbito da possibilidade de seleção de gâmetas, de acordo com as características dos respetivos doadores, mas, também, na gestação de substituição e mesmo com recurso aos gâmetas dos próprios beneficiários, se considerarmos, por exemplo, a gestação de substituição tradicional

[1018] Denominado Fisher I.

[1019] Termo apresentado no estudo de Michal Nahman em 2005. Nahman realizou uma investigação entre janeiro e setembro de 2002 e envolveu uma análise qualitativa do comércio de óvulos. Traduz uma ideia de como as israelitas escolhem as doadoras de óvulos considerando uma idealização de características fenotípicas dos filhos, evitando outras, mormente associadas a árabes.

[1020] O fenómeno não é único. Por exemplo, considerando a vontade de os *intended parents* terem um filho com semelhanças físicas com as suas são, por exemplo, preferíveis mulheres da Europa de Leste, considerando o seu tom de pele e características físicas tipicamente caucasianas. Gupta apresenta o exemplo de uma clínica de fertilidade em Barcelona que procurava doadoras de óvulos especificamente russas ou polacas (Gupta J. A., 2014, p. 191).

[1021] Materializar a nação israelita no conceito de «*mizug galuyot, or 'the blending or integration of the exiles', is a central element of Israeli nationalism and national policy*» (Nahman, 2006, p. 201).

em que, além da gestação, a escolha da gestante pode ter como *conditio* características desejáveis, como a beleza ou inteligência da gestante (Ethics Committee of the American Society for Reproductive Medicine, 2016a). Mesmo na gestação de substituição total, a escolha particular de gestante pode assumir-se como relevante considerando certas características físicas, raciais, étnicas ou, ainda, o enquadramento social (Ethics Committee of the American Society for Reproductive Medicine, 2013, pp. 1839-1840) [1022].

No estudo conduzido em 2002 por Nahman, dava-se nota dos formulários que os futuros pais recebiam numa clínica de Tel Aviv com a menção «*Preferred External Features*», que inclui sete campos distintos:

> «*[...] date, name of patient, skin colour, height, hair colour, eye colour, and comments. The date, name and comments fields were open. The rest of the fields had several choices with little boxes to be ticked. Under skin colour there were the options of: light, swarthy, dark and very dark; height: 1.6, 1.7, 1.8; hair colour: blonde, brown, black, ginger; eyes: blue/green, brown, dark. It may be that the traits women select are of those of a donor who is an idealized image of themselves, has a resemblance to their partner, or who represents an idealized, imagined partner.*» (Nahman, 2006, p. 203)

Dos formulários analisados, quase todas as mulheres tinham dado indicação «light skin», alguns dos quais enfatizados.

Este formulário das características é, nas palavras da autora, uma tecnologia racista [1023] que transporta para este nível questões sobre o que é aceitável e o que não é aceitável no corpo de um judeu israelita — uma escolha de consumidor, no âmbito das tecnologias da reprodução, que suscita ideias particulares. Trata-se de uma reinscrição de ideais de «pureza» e, como expõe a autora, ainda que as identidades estejam a mudar, certos ideais prevalecem e, por outro lado, constituem uma marginalização e *racialização* a israelitas «*non-normative*» (Nahman, 2006, p. 210) [1024].

Mas, embora com uma natureza muito particular, esta questão perpassa as questões históricas, religiosas e políticas de Israel. Por exemplo, Thomson descreve no seu artigo o caso de um casal japonês que se deslocou aos EUA para um tratamento de fertilidade com recurso a doação de óvulos. O casal escolheu a doadora [1025], mas, quando recolheram outras informações, acabaram por recusá-la. A razão prendeu-se

[1022] V. atualização de 2018.

[1023] A raça desempenha de facto um papel importante na PMA. Por exemplo, o «*U.S. sperm bank cater the racial preferences of prospective parents [...] by supplying color-coded catalogs and drop-down menus to help them isolate only white donors*» (Fox, 2019, p. 158).

[1024] V. capítulo III.

[1025] Sendo o tom de pele claro uma das características desejáveis.

com o facto de o pai e mãe da doadora serem de uma ex-província japonesa, a Coreia (Thomson C., 2009, p. 143). Noutra perspetiva, Thomson descreve o caso de um casal alemão que, numa clínica dos EUA, escolheu gâmetas de uma doadora do sul asiático. Isto porque o casal se havia convertido recentemente ao denominado *New Age Buddhism* [1026] (Thomson C., 2009, p. 144) e pretendia que o/a filho/a tivesse um ascendente daquela parte do globo. Neste caso, parece resultar uma ideia de uma certa hierarquia social associada à raça ou etnia [1027].

Além disso, considerando a prática nos EUA, existe uma classificação para os doadores [1028] de acordo com as suas qualificações [1029], existindo, no topo desta pirâmide, os «*premier donors*» (Thomson C., 2009, p. 138). Considerando a expressão de Thomson, esta estratificação dos doadores de acordo com determinadas características mais comercializáveis [1030] de acordo com a vontade dos pais revela uma «eugenia de calibração». Mas a questão da cor da pele, na prática, revela ainda outros fenómenos. Por exemplo, Thomson descreve o caso de uma mulher que, considerando-se demasiado pálida com uma pele que manifestará cedo os sinais da idade, queria uma «composição» quanto à cor do/a futuro/a filho/a — que este não tivesse a sua cor pálida, mas também não fosse demasiado escura, suscitando a dúvida de que fosse seu/sua filho/a. A mulher desejava evitar esta característica e queria, com a escolha de gâmetas, uma composição fenotípica que considerava melhor (Thomson C., 2009, p. 139).

É inegável que as novas circunstâncias da procriação e nascimento estão a perder cada vez mais, como refere Habermas, o elemento natural da incontrolabilidade, que até agora constituía um elemento essencial para o nosso próprio entendimento como pessoas (Habermas, 2008, p. 15) [1031]. Os desejos dos futuros pais/mães colocam-se no centro da atuação e, sem mais, só a consideração deste substrato subjetivo radica num problema, já que há:

[1026] Ainda que a probabilidade de a doadora ser budista fosse quase nula.

[1027] Roberts descreve duas situações, uma em Inglaterra e outra em Itália, em que duas mulheres negras que recorreram a uma clínica para tratamentos de fertilidade acabaram por escolher óvulos de mulheres brancas. Se na situação inglesa a mulher acabou por fazer essa escolha depois de quatro anos à espera de uma doadora negra, devido à escassez de «oferta», no caso italiano, a questão já se colocou de outra forma. A mulher optou pelo gâmeta da mulher branca — o seu marido também era branco, ao contrário do caso inglês em que o marido era «*mixed colour*» —, sendo que a criança seria de raça branca, tendo esta opção sido feita porque a mulher acreditava que «*the child would have a better future if it were White*» (Roberts D. E., 2017, p. 281).

[1028] Sendo que o valor da compensação pela doação é variável de acordo com essa escala.

[1029] As qualificações correspondem às «*qualities according to which donors are listed, and donors are paid more if they have qualities prospective parents turn out to want*» (Thomson C., 2009, p. 138).

[1030] Raça, etnia, idade, classe social, aparência física, formação.

[1031] No seu art. 3.º, a CDFUE garante a integridade física e mental, incluindo a proibição das práticas eugénicas, especialmente aquelas que visam uma seleção de pessoas, bem como a proibição da clonagem reprodutiva de seres humanos.

> «*[...] something missing in a process that fails to prioritize the interests of the resulting child(ren). Yet since bringing them into being would involve risks that are significantly higher than normal reproduction, taking their interests into account may mean that the experiment simply should not be done.*» (Hurlbut & Robert, 2018)

O recurso a gâmetas de terceiros acaba por levar a uma certa fantasia associada à escolha de filhos desejáveis [1032], sendo que a raça, etnia, religião e até fenómenos culturais e históricos formam a identidade que se manifesta no comportamento das pessoas e, no caso da PMA, levam a um processo de «*racialization of biology and the biologization of race*» (Thomson C., 2009, p. 147). Isto também está patente na escolha preferencial de doadores de gâmetas normalmente com determinado nível intelectual ou físico, não sendo despiciendo que, na recolha de espermatozoides e óvulos, os estudantes universitários sejam os doadores preferenciais. Nos EUA, os estudantes de qualquer universidade da *Ivy League* têm procura exponencial dos futuros pais/ mães [1033] que, como é evidente, selecionam tais candidatos. Desde logo, pela perspetiva de os/as filhos/as poderem ser, face ao contributo genético de um(a) doador/a em particular, ou com particulares características, potencialmente mais inteligentes. Esta seleção artificial contribui para controlar a aleatoriedade genética, ou melhor, expurgar a álea ao processo de fecundação quanto a determinadas características que os/as pais/mães consideram essenciais, desde logo características intelectuais que idealizam para os/as filhos/as. A mesma questão se coloca com a procura de doadores/as que sejam atletas ou, por outro lado, que tenham características físicas que os/as futuros pais/mães considerem mais apelativas, quer porque são as de que mais gostam, quer porque são as que consideram que potenciam mais o seu desenvolvimento pessoal e social. Ou ainda a tecnologia da empresa 23andMe [1034], que presta serviços a casais para a escolha de gâmetas, que, com base em previsões estatísticas, poderá, com maior probabilidade, resultar num(a) filho/a com as características pretendidas.

Mas há alguma razão para limitar as escolhas de características dos/as filhos/as? Na adoção, não há essa limitação de escolha inter-racial, por exemplo. Não poderá ser uma situação a considerar na escolha dos filhos de PMA, como John Harris coloca

[1032] Noutro caso, o *The New England Journal of Medicine* reportou que os *intended parents* rejeitaram uma criança por ter testado positivo para o VIH (Deharo & Madanamoothoo, 2020, pp. 362-364).

[1033] «*Advertisements for fifty thousand dollars or more for blonde, high-IQ, and Ivy League donors*» (Robertson, 2010, p. 198). É curioso que, no cenário do mercado da reprodução com recurso a terceiros, as mães gestacionais vêm sobretudo de países em desenvolvimento e as doadoras de óvulos de países de primeiro mundo, altamente educadas.

[1034] E que já tivemos oportunidade de referir no capítulo I com a colocação do problema em relação às questões eugénicas a que as biotecnologias podem dar causa.

«*[...] why do we assume that the desire for a different-race child is racially motivated in some discreditable way, whereas the desire for a same-race child is not?*» (Harris, 1998, p. 23).

De facto, não pode ser de estranhar a escolha que se faz de determinadas características dos/as filhos/as que se quer ter. A aleatoriedade genética, inegável como é evidente, está e sempre esteve sujeita a uma série de escolhas, mais ou menos ponderadas, dos progenitores. O parceiro que se escolhe e as características deste são determinantes nas opções pela parentalidade; os/as filhos não são só nossos/as, mas sim fruto de escolhas de seleção que os antepassados fizeram e que nós fazemos, mais ou menos racionais, em prol da própria sobrevivência da espécie humana. São o fruto da nossa autonomia, liberdade e, em muitos afloramentos, das nossas escolhas e das que fazemos por eles/as, mesmo antes de nascerem. A escolha dos/as filhos/as desejáveis está presente na própria seleção embrionária e no DGPI. Como explana Jacques Testard, trata-se de um eugenismo fundado na vontade de os pais aprimorarem a qualidade genética dos filhos (Testard, 2000).

Desejar um(a) filho/a saudável [1035], forte, inteligente, bonito/a não tem nada de moralmente reprovável, mas o que agora está em causa é outra coisa. A diferença está, agora, no melhoramento da escolha que a ciência põe ao nosso alcance de levar mais longe essa escolha e, sobretudo, de a termos de assumir como primordial no nosso ideal de filhos/as — transformarmos os/as filhos/as em objetos de desejo que só são satisfeitos se todos os pontos da lista estiverem verificados. Se é verdade que nos direitos reprodutivos a saúde do feto é relevante, incluindo a possibilidade de interromper a gravidez quando padeça de malformações, o que aqui está em causa é forjar a ferros a maximização de desejos pessoais, sem que se apresente qualquer causa e, muito menos no que à futura criança diz respeito — sendo ela o objeto dessa intervenção —, qualquer motivação; pelo contrário, é ignorar a sua dignidade e torná-la objeto de satisfação de desejos de outros que só se satisfazem se aquela corresponder a determinado padrão.

A questão não é de todo linear. Por exemplo, a ASRM, nas suas *guidelines* sobre a seleção do sexo por motivos não médicos, concluiu que não consegue tomar posição pela falta absoluta de consenso. Os médicos que aceitam fazê-lo, ou o recusam, assentam as suas posições em diferentes perspetivas éticas e legais. Por um lado, a autonomia do paciente e a sua liberdade reprodutiva são importantes argumentos a favor. Por outro, e numa perspetiva diametralmente oposta, estão argumentos relacionados com o preconceito, perpetuação de estereótipos em razão do sexo, escolha de filhos/as desejáveis e justiça social (Ethics Committee of the American Society for Reproductive Medicine, 2015).

Somos da opinião de que este segundo grupo de argumentos constitui um limite à liberdade reprodutiva. A ciência produziria filhos/as, mas só os/as desejáveis, com

[1035] Considera-se, por exemplo, a possibilidade do DGPI ou da despenalização IVG em virtude de malformações do feto.

pedigree. E o problema está na barreira da criação do novo ser, ou seja, no produto de uma escolha ponderada e racional em prol da exclusiva satisfação dos interesses dos futuros pais, sendo que estes, responsáveis pela sua conceção e nascimento com esta escolha organizada e complexa do projeto de ser humano a que podem dar causa, se refletem e que se haverá de se refletir na criança, no seu corpo, nas suas características e personalidade artificialmente criada que coloca os/as pais/mães nesta criação complexa do todo, do ser humano na sua plenitude, numa assunção de responsabilização, já que este produto passará a ser entendido como um objeto da propriedade dos pais, o que afetaria a dignidade da criança. Impõe-se a preservação da semelhança em relação às gerações vindouras. Recorrendo a Hans Jonas, impõe-se um princípio de responsabilidade em que a evolução não só implique uma diminuição da humanidade como vise «*[p]réserver l'héritage dans son intention que vise "l'image et la ressemblance", donc négativement le proteger également contre da dégradation, c'est là l'affaire de tout instante*» (Jonas, 1995, p. 424). Neste caso, o que estaria em causa era — e mesmo admitindo que a extensão da «escolha» dos/as pais/mães não teria, por regra, a extensão que acabamos de lhe dar — a criação de uma criança para ser adotada com a possibilidade de pelo menos definir algumas das suas características, controlando as probabilidades e aproximando-a mais do/a filho/a desejável.

6. A Legitimidade

Nesta altura, cumpre analisar outra questão associada à gestação de substituição. Estando esta, como vimos, numa ótica de (alguma) replicação de um dos laços típicos da reprodução, isto é, a relação genética com a prole, importa agora determinar quais os fatores, se existem, que podem dar causa ao recurso à gestação de substituição, ou seja, se há condições de elegibilidade para contratar uma gravidez em regime de *outsourcing*.

A infertilidade pode derivar de fatores médicos [1036], mas também de fatores sociais. Neste caso, a insusceptibilidade de ter filhos/as não resulta de qualquer patologia, mas de outros fatores que levam a que uma pessoa não tenha relações heterossexuais ou, ainda que as tenha, que esteja privada de ter filhos/as.

Assim, dividimos esta análise sobre o tema da «infertilidade» em dois afloramentos. Por um lado, a impossibilidade ou não recomendação de ter filhos/as, a que chamamos de fatores médicos. Neste caso, encontram-se os casais heterossexuais que, apesar de terem relações sexuais sem utilização de métodos contracetivos, por razões patológicas, não podem prever ou não lhes é aconselhada uma gravidez.

[1036] Muitas vezes sem aparente razão, isto é, o casal não consegue ter filhos/as mas, aparentemente, nenhum apresenta uma patologia que os impossibilite de os ter, mas a verdade é que passam anos e não conseguem conceber descendência.

Num segundo campo, os fatores de ordem social, isto é, os indivíduos que não podem ter filhos/as devido a fatores da sua vida que os impossibilitam biologicamente de gerar uma criança. Neste campo, incluímos os solteiros em geral, independentemente da orientação sexual [1037], [1038], mas também casais homossexuais ou transexuais [1039]. Mas há ainda outras causas que aqui se podem encontrar — por exemplo, as pessoas que ultrapassaram a sua idade fértil [1040]. Desta forma, neste campo, analisaremos a relevância do estado civil, sexo, orientação sexual e idade. Em ambos os campos das situações descritas, que analisaremos em separado, incluímos todas as situações na temática da infertilidade *lato sensu.*

Por outro lado, não descuramos que existe, quanto a nós, outra perspetiva: a *pura* conveniência como critério para recorrer à gestação de substituição. É certo que podem surgir dúvidas sobre a inclusão de alguns dos afloramentos descritos na infertilidade social que poderiam ser encarados como sendo de conveniência. Há causas de infertilidade que podem ser o resultado ou uma consequência de uma escolha. Por exemplo, opções de vida que levaram ao adiamento do projeto parental e que o tornou mais tarde impossível em razão da idade, por exemplo. Todavia, na nossa perspetiva, o que está em causa é o momento atual e a insusceptibilidade de, neste momento, conceber, engravidar ou passar pelo parto, independentemente das escolhas anteriores e das consequências dessas escolhas.

6.1. A Infertilidade

6.1.1. A Infertilidade Derivada de Fatores Médicos

Em 2017, a ASRM apresentou as *guidelines* em relação às causas médicas que admitem o recurso à gestação de substituição, assumindo que o recurso a uma gestante se justifica quando exista uma efetiva condição médica que impeça os *intended parents* de engravidar ou levar a termo uma gravidez ou quando esta constitua um risco significativo para a vida ou saúde da mulher. Qualquer um destes casos deve ser avaliado

1037 Incluindo pessoas que se divorciaram ou separaram e ainda viúvos/as.

1038 Não vamos aqui incluir as mulheres solteiras, já que estas, de duas uma, ou não têm qualquer problema em relação à sua capacidade reprodutiva e podem ficar grávidas com recurso a doação de espermatozoides ou, tendo qualquer causa que limite em absoluto a sua capacidade reprodutiva, inserem-se no âmbito da infertilidade por motivos médicos.

1039 Em geral, e sem desconsiderar as diversas manifestações em relação ao sexo e/ou orientação sexual, ou não binários, as pessoas da comunidade LGBTI que, independentemente da sua capacidade reprodutiva, em razão do sexo e orientação sexual não conseguem, *per se,* ter um(a) filho/a.

1040 Esta situação pode incluir até casais heterossexuais com filhos/as, mas que decidem ter mais filhos/as ou mudam de ideias e decidem tê-los/as.

medicamente e documentado [1041]. Além destas patologias, é ainda possível recorrer à gestação de substituição quando exista um fator no endométrio não identificado, como em pacientes com múltiplas e inexplicadas FIV sem sucesso, apesar da boa qualidade dos embriões transferidos [1042]. Quanto a este grupo, foram, de forma exemplificativa, enumeradas as seguintes patologias:

> «*i. Absence of uterus (congenital or acquired)*
> *ii. Significant uterine anomaly (e.g., irreparable Asherman syndrome; unicornuate uterus associated with recurrent pregnancy loss)*
> *iii. Absolute medical contraindication to pregnancy (e.g., pulmonary hypertension)*
> *iv. Serious medical condition that could be exacerbated by pregnancy or cause significant risk to the fetus*
> *v. Biologic inability to conceive or bear a child, such as single male or homosexual male couple.*» (Practice Committee of the American Society for Reproductive Medicine and Practice Committee of the Society for Assisted Reproductive Technology, 2017)

Em 2019, o relatório da IFFS [1043] apresentava também, quanto a motivos de ordem médica, as causas para o recurso à gestação de substituição:

> «*[...] in which the female intended parent: (a) Is without a uterus but has one or both ovaries functioning. This may include women with congenital absence of the uterus, and women who have had a hysterectomy for carcinoma or other reasons; (b) has had repeated miscarriages, and the potential for carrying a baby to term is remote. This may include women who have repeatedly failed to*

[1041] Em Portugal, a LPMA, no n.º 2 do art. 8.º (na parte não declarada inconstitucional), prevê como causas a ausência de útero, de lesão ou de doença deste órgão que impeça de forma absoluta e definitiva a gravidez da mulher ou em situações clínicas que o justifiquem.

[1042] A classificação é feita de acordo com parâmetros, sendo que a escala mais usada é o sistema de Gardner, que classifica, numa visão simplista, os blastocistos de acordo com o estado de desenvolvimento (de 1 a 6, sendo 5 o melhor. O estado 6 refere-se a blastocisto que rompeu a sua membrana exterior, o que acontecendo fora do útero o torna inviável). Para os estádios de desenvolvimento do embrião, desde o zigoto até ao blastocisto (no estádio intermédio tem a mórula) — v. glossário. Além disto, considera-se a escala da massa celular interna (classificada de A a C) — e que mais tarde se torna o feto — e a escala das células da trofectoderma (classificada de A a C). Em qualquer um destes fatores, A é o melhor. Desta forma, os blastocistos acima de 3AA e para além de 4AB serão os melhores. Para a consulta da escala de qualidade de embriões e taxa de sucesso, dependente, dessa qualidade, v., por exemplo (Zhao, Yu, & Zhang, 2018).

[1043] Em 2016, a mesma entidade apresentava idênticas indicações médicas, considerando que da IFFS resulta que «*(4) Requests for non-medical or social reasons are currently not considered to be reasonable indication*» (The International Federation of Fertility Societies, 2016, p. 70).

become pregnant after IVF treatment; (c) has a medical condition that may make pregnancy life threatening, but whose long-term health prospects are good.» (International Federation of Fertility Societies' Surveillance, 2019)

Para os motivos não relacionados com razões médicas, encontramos, no mesmo relatório, os casais homossexuais ou solteiros (International Federation of Fertility Societies' Surveillance, 2019). Assim, o que encontramos nestas linhas de orientação é não só a admissibilidade do recurso à gestação de substituição por casais homossexuais ou homens solteiros, como a sua inserção na infertilidade decorrente de «*[...] a true medical condition precludes the intended parent from carrying a pregnancy or would pose a significant risk of death or harm to the woman or the fetus*» (Practice Committee of the American Society for Reproductive Medicine and Practice Committee of the Society for Assisted Reproductive Technology, 2017) [1044].

Embora o leque de situações para as quais a gestação de substituição possa ser elegível como tratamento de infertilidade [1045] tenha vindo a aumentar, o certo é que as complicações médicas, além de casais homossexuais ou homens solteiros, integram esta lista, alinhando-se com demais causas de infertilidade tipicamente associadas ao sistema reprodutor feminino [1046]. Não vamos tirar conclusões quanto a esta inserção, designadamente porque estamos no âmbito de recomendações da ASRM e este tópico será abordado na secção seguinte. Seja como for, e no que tange a este tópico, a gestação de substituição torna-se uma solução admissível para a concretização do direito a procriar e constituir família sempre que se identifique uma patologia, no sentido médico, no sistema reprodutor feminino que impeça ou constitua um risco para a saúde ou vida da mulher engravidar, estar grávida ou ter um(a) filho/a.

Nos EUA, o Supremo Tribunal, no caso Bragdon v. Abbott [1047], considerou que a infertilidade, pela natureza central que tem na vida das pessoas, deve ser entendida como uma patologia e que, portanto, devida estar a coberto da *American With Disabilities Act* (ADA) de 1990. Não obstante, como Orentlicher refere, a proteção

[1044] Não obstante, vamos tratar desta «causa» em separado na subsecção seguinte.

[1045] Além de outras medidas para manutenção da capacidade reprodutiva, como a recolha e criopreservação de gâmetas e embriões por indicação médica. V. tabela 13, apêndice I, para uma visão geral sobre a posição de alguns Estados nesta matéria.

[1046] Por exemplo, num estudo levado a cabo no Canadá, resulta que as maiores causas para o recurso à gestação de substituição são, por um lado, o insucesso da FIV e, por outro, casais homossexuais (Dar, *et al.*, 2015, p. 348), não havendo, ainda que não haja relatórios *follow-up*, intercorrências nos processos, incluindo situações de conflito entre gestante e os *intended parents*, apesar de haver a indicação, de acordo com o relatório de uma criança que foi adotada por outro casal em decorrência de uma doença psiquiátrica da mãe, que a tornou incapaz de manter o filho (Dar, *et al.*, 2015, p. 351).

[1047] O caso refere-se a uma mulher com HIV que reclamava tratamento discriminatório tendo usado como paralelismo o facto de ter uma incapacidade, já que, por ser portadora do vírus, a sua reprodução estava afetada.

que esta lei confere a pessoas inférteis é meramente aparente [1048], já que, ainda que considerada uma deficiência, os seguros não violam a ADA no caso de não cobrirem tratamentos de infertilidade, uma vez que os tratamentos são negados a todos os segurados, sem exceção, não havendo, portanto, base para argumentação baseada em discriminação (Orentlicher, 2017, p. 371).

É certo que, nos casos da gestação de substituição, esta terapêutica não permite curar a doença ou tornar possível o que biologicamente não é, para já, admissível. No entanto, é inegável que, seja pela patologia existente ou pela impossibilidade relacionada de gerar um(a) filho/a, nomeadamente pelo género, conseguimos encontrar, neste âmbito, uma incapacidade. Embora a gestação de substituição não seja uma cura para qualquer doença, a ciência médica permite ultrapassar o obstáculo que impede alguém de procriar e, por isso e quanto a nós, o legislador não pode passar indiferente ao respeito por estas necessidades, legítimas, de ter um(a) filho/a e uma família.

Nesta perspetiva, e assumindo as condições médicas descritas como pressupostos de acesso à gestação de substituição, concluímos que estas constituem uma técnica de PMA em que as mulheres são as beneficiárias [1049]. Isto é, a técnica visa suprir uma causa de infertilidade exclusiva da mulher assumindo-se excecional e limitando o respetivo acesso a mulheres.

Não vamos desenvolver mais este tópico, considerando que as causas indicadas por motivos de ordem médica serão sobretudo da classe, não podendo sindicá-las, nem o seu diagnóstico. O que aqui temos de enfatizar é que da pré-existência destas causas concluímos não só que a gestação de substituição tem como beneficiárias as mulheres (ainda que casadas ou em relações similares às dos cônjuges com parceiros de outro sexo) como que a técnica é excecional e subsidiária.

6.1.2. A Infertilidade Social

Como tivemos oportunidade de referir quando introduzimos este tema, e ainda que a ASRM a inclua em infertilidade médica, resta saber se a gestação de substituição não pode ou deve ser alargada a outras causas de infertilidade, que denominamos social, em que também incluímos os solteiros e casais homossexuais ou transexuais, para além do fator idade.

[1048] Não desenvolvemos especificamente esta temática, mormente considerando o sistema de saúde americano. De facto esta decisão, e outras que citamos, tem projeção na relação com o contrato de seguro e a cobertura, ou a ausência dela, de tratamentos de infertilidade.

[1049] De acordo com a LPMA, nos termos do art. 6.º, independentemente do estado civil ou orientação sexual.

6.1.2.1. A Idade

A conhecida atriz Zsa Zsa Gabor e o novo namorado queriam ter um(a) filho/a. A atriz tinha 94 anos de idade quando foi noticiada a sua intenção. Clamores foram suscitados que uma mulher desta idade e com problemas de saúde «*[...] may adversely affect the abilities of such women to provide adequate care for their children. The same regards men in advanced age or with impairments, who would not be able to care for the children which they might decide to have with the use of surrogates*» (Soniewicka, 2019, pp. 84-85).

No entanto, com o aumento da esperança média de vida [1050], o percurso profissional, sobretudo das mulheres, com o inerente tempo que é necessário dedicar para obter estabilidade, quer financeira quer pessoal, para se poderem dedicar a um projeto parental, faz aumentar exponencialmente a necessidade de recurso a técnicas de PMA, incluindo da gestação de substituição. De facto, a PMA tem permitido uma autêntica revolução nas relações intergeracionais e uma efetiva mutação nas relações mais convencionais da parentalidade e da sua descendência (Habermas, 2008, p. 16).

A entrada das mulheres no mercado de trabalho implica uma oportunidade para a conquista de direitos e para a emancipação feminina, mas tem custos associados. Considerando que o momento de maior fulgor laboral se dá durante o período fértil das mulheres [1051], a dedicação ao trabalho pode implicar que muitos projetos parentais sejam adiados e, no caso das mulheres, de forma irremediável [1052]. Existe — mesmo que de forma diminuta — uma relação entre o nível de educação das

[1050] Além da questão do próprio «prolongamento da vida». Uma das promessas da biotecnologia é a denominada *gerontology*, que, nos países desenvolvidos, dará causa a uma população mais envelhecida, mas com qualidade de vida. Vencer a idade e o desenvolvimento de técnicas para o fazer pode enfatizar o estigma associado ao próprio envelhecimento. «*Ageism has entered the pantheon of proscribed prejudices, next to racism, sexism, and homophobia*» (Fukuyama, 2002, p. 65). Ao contrário, nos países menos desenvolvidos, o *status quo* manter-se-á, o que dará origem a uma clivagem geracional entre os dois hemisférios. Além do mais, o aumento da esperança média de vida com qualidade implica a alteração e o aumento da idade de reforma, o que é essencial para a sustentabilidade do sistema de segurança social atendendo à maior longevidade expectável. No entanto, também por isso se alteram posições sociais, já que «*[...] [a] natural tendency of one generation to get out of the way of the up-and-coming one will be replaced by the simultaneous existence of three, four, even five generations*» (Fukuyama, 2002, p. 65).

[1051] Em relação à recolha e conservação de óvulos, a ASRM recomendava estudos sobre «*[...] the experiences and motivations of women who cryopreserve oocytes, their experiences when attempting to use those oocytes, and the reflections of those who never use them. Recent research suggests that some women experience decisional regret over having cryopreserved oocytes, a development that needs to be better understood and addressed. Since lack of a partner is often offered as a reason for seeking planned OC, researchers should examine issues of male, as well as female, "procreative consciousness and decision-making". In that regard, the availability of planned OC also creates opportunities for health professionals to fill the "knowledge gap" by educating the public about the limits of female fertility*» (Ethics Committee of the American Society for Reproductive Medicine, 2018c).

[1052] Existe, ainda que de forma diminuta, uma relação entre o nível de educação das mulheres e o adiamento do projeto da maternidade (Balbo, *et al.*, 2013).

mulheres e o adiamento do projeto da maternidade (Balbo, *et al.*, 2013). A emancipação feminina cria uma tensão sobre a oportunidade procriativa, e a PMA em geral e a gestação de substituição em particular representam a esperança para que muitas tenham filhos/as.

Não são raras as situações em que, perante a perspetiva de vida e de evolução desta, em que se adia o projeto parental, muitas mulheres —além de situações de alguma patologia — recolhem e conservam os seus óvulos para, mais tarde, e ainda que com recurso a terceiros, possam ter filhos/as, numa antecipação clara de preservação biológica para um projeto adiado em que o relógio biológico não é meigo e não espera pela oportunidade. Mas se isto é assim, fruto da evolução e das contingências sociais e exigências profissionais e pessoais que se nos colocam a cada dia e da priorização que fazemos dos nossos objetivos ou que, de alguma forma, se nos vão impondo face a essas contingências, a verdade é que a PMA existe e serve para cumprir um fim e suprir um qualquer óbice à nossa capacidade reprodutiva.

Ante a constante evolução biotecnológica, as opções são muitas e seduzem qualquer um com opções antes vedadas que agora se abrem. Existem inúmeras empresas que, no âmbito dos serviços de fertilidade, garantem a capacidade reprodutiva prestando serviços para a punção de óvulos em mulheres em idade fértil para depois serem usados quando estas quiserem ou puderem ter filhos [1053], mantendo desta forma a sua capacidade de reprodução até mais tarde ou a possibilidade de, quando desejarem ter filhos, recorrerem a uma gestante usando os seus próprios óvulos. De facto, esta questão tem-se colocado de forma premente. Por exemplo, a Apple e o Facebook conferem um benefício de $ 20 000,00 a cada trabalhadora que aceite congelar óvulos para retardar a entrada na maternidade (Ross & Solinger, 2017, p. 211), preservando a sua fertilidade. A ASRM conclui no seu relatório que «*[...] planned oocyte cryopreservation may allow women who, in earlier times, would have faced infertility and childlessness to potentially have a child to whom they are genetically linked*» (Ethics Committee of the American Society for Reproductive Medicine, 2018c) [1054].

A questão não reside (só) na suscetibilidade de as técnicas de PMA, incluindo através do recurso à gestação de substituição, garantirem o desejo de alguém ter um(a) filho/a, mas na concretização do direito à reprodução. Passar de um mero desejo a um direito implica que as opções biotecnológicas se assumam eticamente válidas para, a partir daí, erigir um edifício jurídico que garanta a segurança da relação (jurídica) para todos os intervenientes, nomeadamente da criança.

A idade, de facto, não é só um problema da gestação de substituição em particular. A PMA tem permitido que muitas mulheres engravidem para lá da tradicional idade

[1053] Por exemplo, v. https://www.eggfreezing.com/why-freeze-your-eggs/ ou https://kindbody.com/egg-freezing/ (consultados em 12 de novembro de 2020).

[1054] V. apêndice J, tabela 18, sobre a posição dos Estados na recolha e criopreservação de gâmetas e embriões por motivos não médicos.

fértil, garantindo, para lá do termo que o relógio biológico apresentava, a possibilidade de engravidar e ter um(a) filho/a. É evidente que o recurso ao *outsourcing* da gravidez permite levar este projeto a um momento mais tardio da vida de cada um. E esta questão não se suscita exclusivamente para as mulheres que adiam a maternidade para lá da idade fértil, mas, também, para os homens, para os quais, podendo ser beneficiários da gestação de substituição, também a questão da idade se pode apresentar como uma condição de acesso.

Como tivemos oportunidade de analisar no capítulo II, os Estados tendencialmente fixam limites de idade para os/as beneficiários/as da gestação de substituição [1055]. O TEDH teve oportunidade de se pronunciar sobre esta questão [1056]. No caso Schwizgebel v. Switzerland (2010), uma mulher solteira com 47 anos não pôde adotar uma segunda criança considerando a diferença de idades em relação a esta. O Tribunal concluiu que a proibição visava a prossecução de um fim legítimo, protegendo os direitos e o bem-estar da criança. Considerou ainda a falta de consenso europeu em relação às idades dos adotantes ou das crianças, bem como a proteção dos melhores interesses da criança. Na ponderação dos interesses em conflito, acabou por concluir que não estava violado o princípio da proporcionalidade.

Em 2017, a Divisão de Informação Legislativa e Parlamentar apresentou um estudo sobre o processo de adoção em diferentes Estados e a respetiva análise comparativa. Dos elementos que pudemos recolher, ainda que haja soluções heterogéneas [1057], tendencialmente, há Estados que não estabelecem esse limite máximo de idade. Por exemplo, na Alemanha, em regra, a idade mínima do adotante é de 25 anos, mas não há idade máxima. Não obstante, há idades recomendadas, bem como diferença de idades que, não sendo vinculativas, são seguidas [1058]. Na Áustria, a idade mínima do adotante é de 18 anos e também não existe fixação da idade máxima, ainda que, também aqui, haja uma recomendação no sentido de que a diferença de idades proporcione a criação natural de laços similares aos da filiação natural [1059],

[1055] Além do sexo, estado civil ou orientação sexual.

[1056] Não em matéria de gestação de substituição, em casos de adoção considerando a diferença de idades entre adotando/a e adotante.

[1057] A Convenção Europeia em Matéria de Adoção (revista), considera a idade mínima para os adotantes e recomenda uma diferença de idades mínima entre adotante(s) e adotados/as. O texto do documento está disponível em https://rm.coe.int/1680084823 (consultado em 13 de outubro de 2020).

[1058] As *Guidelines* do *Working-Group of State Authorities* de 2005 serão revistas quanto a esta rúbrica, considerando o aumento de idade dos pais/mães na Alemanha, consubstanciando a revisão da idade uma forma de adaptação à nova realidade. V. http://www.adoptionpolicy.org/pdf/eu-germany.pdf (consultado em 13 de outubro de 2020).

[1059] Na Finlândia o limite mínimo também é de 25 anos, mas também não mais de 50 anos. Em Portugal existem limites. Nos termos dos arts. 1979.º e ss. do CC: duas pessoas casadas, ou a viverem em união de facto há mais de quatro anos e não separadas judicialmente de pessoas e bens ou de facto, se ambas tiverem mais de 25 anos, ou qualquer pessoa que tenha mais de 30 anos ou,

incluindo no que tange à idade, portanto [1060], [1061] (Divisão de Informação Legislativa e Parlamentar — DILP, 2017).

Quanto à PMA e concretamente à gestação de substituição, haverá necessidade de impor limites máximos de idades quanto ao acesso à gestação de substituição?

Temos dúvidas quanto a isto. Como já aludimos anteriormente [1062], em primeiro lugar, há que considerar a denominada «revolução geriátrica». A esperança média de vida aumenta, por um lado e, por outro, a qualidade de vida que se tem até mais tarde também parece resultar evidente. Estamos cientes de que, e como refletiu Fukuyama (2002), há que refletir sobre as consequências do «prolongamento da vida» e nas consequências intergeracionais. O processo de adoção, tal como a PMA, sobretudo a gestação de substituição, visa produzir relações entre pais/mães e filhos/as e não avôs/avós e netos/as. Esta questão é, para nós, pertinente. A emergência da parentalidade contratada faz parte de um processo de mudança social que não representa a parentalidade dominante e «*[...] the paths they pursue will likely represent reflexive and innovative models for the diversity of family arrangements and practices*» (Berkowitz & Marsiglio, 2007). Desta forma, a gestação de substituição tem o potencial de abrir o caminho a uma parentalidade com relação biológica com o/a filho/a para outras franjas da sociedade, com composições familiares distintas da conceção tradicional (Jacobson, 2018). Também aqui o fator idade é relevante, sendo, não obstante verdade que o que se pretende é que sejam estabelecidas relações típicas entre pais/mães e filhos/as [1063].

Em 2019, o CNPMA alterou a sua apreciação no que tange aos beneficiários masculinos da PMA, revogando o anterior limite máximo de idade que havia fixado para os homens [1064]. Nesta deliberação, foi considerado, desde logo, que a anterior

no caso de o/a adotado/a ser filho/a do cônjuge, mais de 25 anos. Quanto ao limite máximo de idade, só pode adotar quem não tiver mais de 60 anos à data em que o/a menor lhe tenha sido confiado/a, mediante confiança administrativa, confiança judicial ou medida de promoção e proteção de confiança da pessoa selecionada para a adoção, sendo que a partir dos 50 anos a diferença de idades entre o adotante e o adotando não poderá ser superior a 50 anos, salvo no caso de o adotando ser filho do cônjuge do adotante. Não obstante, a diferença de idades pode ser superior a 50 anos quando, a título excecional, motivos ponderosos o justifiquem, nomeadamente por se tratar de uma fratria em que apenas relativamente a algum ou alguns dos irmãos se verifique uma diferença de idades superior àquela.

[1060] Além do estado civil e orientação sexual.

[1061] No Reino Unido, a idade mínima para ser adotante é de 21 anos, mas não é estabelecida idade máxima. https://www.gov.uk/child-adoption (consultado em 13 de outubro de 2020).

[1062] V. capítulo I.

[1063] A ASRM conduziu um *webinar* em que discutiu as considerações éticas e medicas para impor um limite de idade no acesso à PMA. O vídeo pode ser visto em https://www.asrm.org/resources/videos/educational-webinars/ethics-webinars/webinars/ethics-webinar-how-old-is-too-old/ (consultado em 18 de outubro de 2020).

[1064] Sessenta anos de idade.

deliberação assumia que a infertilidade era uma doença do casal. Tendo em consideração a alteração à LPMA em 2016 que alargou o universo de beneficiários a todas as mulheres, independentemente do diagnóstico de infertilidade, seja qual for o estado civil ou orientação sexual [1065], não faria sentido impor um limite aos homens, já que, por um lado, as crianças podem nascer sem que tenham legalmente um pai (quer nas situações de solteiras ou casais de lésbicas, quer até na inseminação *post mortem*) ou, ainda que o venham a ter, a mulher pode sempre recorrer a um doador, seja qual for a idade do marido (Conselho Nacional de Procriação Medicamente Assistida, 2019).

Além disso, a manutenção de uma imposição de idade poderia, de acordo com aquela deliberação, conduzir a situações discriminatórias, apresentando o seguinte exemplo. Uma mulher infértil casada com um homem com mais de 60 anos não poderia recorrer à PMA usando os gâmetas do marido, mas uma mulher fértil, nas mesmas circunstâncias, conceberia a criança (Conselho Nacional de Procriação Medicamente Assistida, 2019).

Ora, as técnicas de PMA em geral, não obstante, estão sujeitas a uma condicionante prática: a mulher ser capaz de gerar e manter uma gravidez até termo, o que conseguirá até à menopausa, mas, a partir daí, só com recurso a uma das técnicas de PMA. O limite máximo de idade em Portugal para uma mulher ser submetida a um tratamento de fertilidade está fixado nos 50 anos [1066], [1067], mas o número de mulheres que engravidam e têm filhos depois dessa idade tem aumentado [1068]. Porém, no que tange à gestação de substituição, não é a beneficiária que vai engravidar, pelo que as motivações de ordem biológica da própria não constituem *per se* um entrave. Há algum motivo para fixar um limite de idade aos beneficiários?

No artigo publicado em 2019 resulta que, ainda que não havendo até à data estudos que examinem diretamente os efeitos na saúde psicológica das crianças que têm pais/mães com idade mais avançada, estudos de crianças concebidas com recurso à PMA com pais/mães mais velhos/as sugerem um aparente aumento de riscos para

[1065] Arts. 4.º e 6.º da LPMA.

[1066] Considerando, além da diminuição da taxa de sucesso, os riscos para a saúde e vida da mulher, bem como da criança.

[1067] Não obstante, o Serviço Nacional de Saúde só garante tratamentos até aos 40 anos para FIV e ICSI e 42 para IA e até ao limite de três ciclos completos, sem prejuízo das TEC, mas considerando o limite de idade da mulher. V. Circular Normativa n.º 18/2011/UOFC, disponível em http://www.acss.min-saude.pt/circulares/Circular_Normativa/2011/Circular_Normativa_18_2011.pdf (consultado em 13 de outubro de 2020). O CNPMA deliberou em 2020, em virtude da pandemia de COVID-19, prolongar em seis meses as faixas etárias em virtude da limitação de acesso aos tratamentos de fertilidade programados (Conselho Nacional de Procriação Medicamente Assistida, 2020).

[1068] Apesar do aumento do risco «*[...] for maternal hypertension, pre-eclampsia, and placental pathology associated with advanced maternal age can lead to fetal hypoxia which, in turn, has been associated with downstream health risks for children*» (Zweifel, Woodward, Rebar, & Sauer, 2019).

a saúde das crianças [1069], [1070]. Por outro lado, e além das razões médicas e sociais, designadamente em relação às crianças, a opinião pública também tem um amplo consenso relativamente ao estabelecimento destes limites [1071].

Entendemos, no entanto, que não devem ser estabelecidos limites quanto à idade dos/as beneficiários/as e que nem há motivo para os estabelecer quanto às mulheres. É verdade que, nesta altura, no que tange à maternidade, estamos a fazer uma comparação neutral num modelo androcêntrico, e a reprodução não é neutra quanto ao género. Aliás, discutir a capacidade reprodutiva das mulheres associada a um princípio de igualdade (comparando com a dos homens), ligando-a com um critério genético — e desconsiderando o papel decisivo da gestante — pode ser até encarado como desconsideração pela diferente capacidade reprodutiva de homens e mulheres e, no limite, uma forma de tratamento desigual. Um princípio que desconsidera as diferenças, dando-lhe igual tratamento, não é igualdade e culmina com a falta de proteção [1072]. Contudo, o que é evidente é que a ciência e a medicina contribuíram para uma normalização «*[...] 'monolithic' sex/ gender/ sexuality*» (Gupta & Rubin, 2021, p. 132) e não podemos, a nosso ver, assumir um enclave feminino «sacrossanto» e, nesta aceção, impor limites à liberdade reprodutiva da mulher é contribuir para o estereótipo do seu papel reprodutivo no sentido de manter um entendimento de servilidade de produção de herdeiros/as como papel essencial na sociedade.

Estamos cientes da questão relativa à relação intergeracional que se pretende replicar com a reprodução natural, mas, não estando aqui em causa um dos limites

[1069] Não estando os resultados ligados à forma como foram concebidas nem sendo assumida a dificuldade de o fazer, nos casos em que, apesar da idade dos beneficiários, estes recorrem a doação de gâmetas. É unicamente atendida a rubrica da idade.

[1070] Nomeadamente «*Children born to older parents are at increased risk for autistic spectrum disorders and pervasive developmental disorders. More specifically, children born to fathers 35 to 49 years of age are more likely to be diagnosed with autism. A recent review suggests a 21% increased risk of autism in children with each additional decade of paternal age. The same review suggests an 18% increased risk of autism for each additional decade of maternal age. Additional data suggest that children born to mothers 35 years old or more are at increased risk for Asperger's syndrome and children born to mothers 40 years of age or more are at increased risk for pervasive developmental disorder. Schizophrenia may also be more common amongst children of older parents. [...]. Furthermore, children born to older fathers are at increased risk for depression and anxiety, whereas children born to older mothers are at increased risk for hyperkinetic disorders*» (Zweifel, Woodward, Rebar, & Sauer, 2019).

[1071] De um estudo conduzido pela ASRM nos EUA conclui-se que «*Sixty-seven percent of respondents supported placing age limits on women, whereas 57% supported placing age limits on men seeking fertility treatments. Sixty-four percent agreed with current American Society for Reproductive Medicine guidelines that ET should not be undertaken beyond age 55 years. Whereas 55% of respondents supported placing age limits on both men and women, 12% supported age limits on women but not men, and 3% supported age limits on men but not women*» (Lee, Farland, Thomas, & Ginsburg, 2019).

[1072] Esta questão será analisada com mais profundidade, ainda que noutra perspetiva, em relação à gestante no próximo capítulo.

desta reprodução, a idade da mãe — diferente da gestante —, a proximidade geracional não se pode fazer, quanto a nós, a expensas da mulher, ainda que, de facto, esta será — pelo menos ela — a progenitora que garante essa proximidade na reprodução natural.

Ademais, pode ser sujeita a discussão mais alargada, designadamente no que tange aos efeitos nas crianças, como foi sumariamente referido *supra* nos estudos indicados. Porém, por um lado, não é líquido que as crianças tenham *só* desvantagens em terem pais/mães de idade mais avançada, podendo até ter vantagens que com progenitores/as mais novos/as não têm, como seja a maior experiência dos/as pais/mães, maturidade ou nível de vida (Zweifel, Woodward, Rebar, & Sauer, 2019). Nesta ponderação o fator relativo ao bem-estar da criança tem de ser preponderante, mas, reconhecidamente, em nada se perspetiva que a idade dos/as pais/mães possa contribuir para uma vida depauperada dos/as filhos/as. É certo que a esperança de vida destes/as pais/mães é menor, mas nunca sabemos o dia de amanhã para cada um de nós e, por outro lado, um argumento desses equivaleria a considerar que alguém que tem um fim de vida que se perspetiva mais próximo não devesse procriar. Pense-se, por exemplo, num doente terminal — sendo fértil, nada o impede de ter filhos/as.

Numa vertente liberal, Robertson defende que a autonomia reprodutiva corresponde à liberdade de escolher ter filhos/as ou não incluindo o recurso às técnicas de PMA (Robertson, 1983, p. 406). Essa liberdade reprodutiva deve ter o primado de que a idade não é fator determinante para a afetar. São os chamados «*children of choice*» [1073], [1074]. Na resposta aos críticos a esta «abertura» quanto ao acesso à PMA, Robertson afirma que as escolhas reprodutivas têm um enorme impacto na vida da pessoa, que só se verificando um «*great harm*» [1075] para outros essa escolha pode ser limitada (Robertson, 1995, p. 250) e «*[t]hus impact on others of a birth which is not itself wrongful to the born child will rarely be strong enough to justify infringing core procreative interests*» (Robertson, 1995, p. 252).

Admitimos que esta questão não se apresenta, a nosso ver, tão linear, mas, em primeira linha e como princípio, o que entendemos é que a idade para qualquer um dos/as beneficiários/as não pode apresentar-se como uma restrição aos direitos

[1073] Título do livro de John Robertson.

[1074] Bem compreendemos — e estamos cientes da crítica que nos pode ser apresentada — que, face à posição que assumimos, mormente nos capítulos seguintes, propugnamos exatamente um critério neutral em relação a mães e pais. No entanto, o que enfatizamos, principalmente aqui, é que nunca desconsideramos que a liberdade procriativa, como a defendemos, é relacional, no sentido de que a gestante, mesmo, para nós, não sendo a mãe nem se estando a reproduzir estando a procriar para outrem, tem, não obstante, uma ligação com os/as beneficiários/as e a criação que não pode nem deve ser desconsiderada neste sentido.

[1075] Que foi acusado de ser muito estreito.

reprodutivos. Há quem entenda que sim e que este fator [1076] deve permitir uma restrição quanto ao acesso à gestação de substituição (Soniewicka, 2019, pp. 84-85), posição a que não aderimos por qualquer forma. Os motivos que presidem à fixação de um limite de idades a mulheres na PMA [1077] são de ordem médica e deontológica, mas não vemos como se podem estender para a gestação de substituição. Desta forma, entendemos que estabelecer um limite de idade, especificamente às mulheres, é discriminatório, já que, tal qual o *intended father*, se o houver, também ela não passa pela gravidez. Desta forma, o que agora justifica a existência de um limite máximo quanto à idade das beneficiárias de tratamentos de PMA deve-se aos riscos associados a uma gravidez em idade mais avançada ou até à possibilidade de engravidar. Na gestação de substituição, estes fatores — que justificam o tratamento desigual nas restantes técnicas de PMA — tornam-se neutros.

Assim, estando a gestante dentro desses limites, nada parece obstar ao acesso à técnica, sobretudo porque, em relação aos homens, não há limite de idade [1078] estabelecido. No caso da gestação de substituição, enquanto tal, não há, quanto a nós, motivo para distinguir entre a idade das mulheres e a dos homens — nem um nem outro passarão pela gravidez.

Coisa diferente é se, casuisticamente, se pode recusar um tratamento de fertilidade e recurso a gestante a alguém em razão da idade. A posição a assumir [1079] é particularmente difícil. Uma resposta positiva consubstancia a introdução de um critério que nega o acesso à gestação de substituição. Uma resposta neste sentido só poderia ser equacionada, a nosso ver, se fosse demonstrado que os melhores interesses das crianças a ditavam, isto é, se assumíssemos, no caso concreto, que a(s) pessoa(s) beneficiária(s) não garantirá/ão a melhor parentalidade ou o melhor ambiente familiar para a criança que quer(em) ter. Mas, quanto a nós, é essa a ponderação que deve e tem de ser feita em cada caso concreto. Esta ponderação não se cinge à idade dos/as beneficiários/as, se a colocarmos nestes termos.

Não obstante, conforme identificado pela ASRM no seu relatório em 2017, existem outros fatores que podem justificar que um médico recuse um tratamento de PMA quando, e neste âmbito, a idade não está de todo incluída, recomendando políticas expressas sobre o seguinte:

[1076] Bem como as condições de saúde, estatuto socioeconómico e cadastro criminal. No nosso estudo e nesta altura, estamos a tratar exclusivamente da causa para aceder à gestação de substituição e não das condições que a pessoa ou casal terá de preencher no âmbito de um eventual contrato de gestação de substituição, como seriam estes casos, ainda que, *per se*, tenhamos dificuldade em perceber como se limitaria o acesso à gestação de substituição considerando o nível socioeconómico dos/as beneficiários/as, por exemplo.

[1077] E à falta desses limites para os homens.

[1078] Não só não são gestantes, como não ficam, tendencialmente, balizados a limites de idade fértil.

[1079] Como, em geral, nas causas que decidimos incluir nesta subsecção da infertilidade social.

> «*[...] information and evaluation that will be required of potential patients and what conditions would preclude medical treatment for infertility (for example, uncontrolled or untreated psychiatric illness, substance abuse, a history of or ongoing physical or emotional abuse, or a history of perpetrating physical or emotional abuse).*» (Daar, Benward, Collins, Westphal, & al, 2017) [1080]

Não estamos a comparar a idade com os fatores indicados pelo relatório [1081]. O que aqui queremos ressalvar é que os melhores interesses da criança devem ser ponderados por forma a garantir, pelo menos em abstrato, um parâmetro para, num juízo de prognose, configurar os laços relacionais que se vão criar com a futura criança que, sendo a parte mais vulnerável, é aquela que impõe que os seus interesses sejam prevalentes. O que aqui queremos deixar claro é que nem sempre é fácil alcançar soluções ótimas e que as crianças, no caso concreto, poderiam ter o melhor lar, ainda que aqui não haja qualquer doença, muito menos grave que nos permita concluir que as crianças estariam inseguras ou não teriam uma relação de parentalidade que cumpra os seus melhores interesses. A questão que aqui se coloca é se a idade mais avançada dos pais/mães e o afastamento da ligação intergeracional não estão a, ao invés de criar filhos/as, dar origem a netos/as. Mas é imperativo não fazer condições que sejam injustas ou que constituam uma ingerência ilegítima na liberdade de procriar — a verdade é que, ainda que se possam ver estabelecidos limites máximos em relação à idade para a adoção [1082], este fator não é consensual [1083]. Apesar de a Convenção Europeia sobre a Adoção (revista) estabelecer agora requisitos quanto à idade mínima do/a adotante e dever haver uma diferença de idades mínima entre adotante e adotado/a, tanto um como outro pode ser excecionado de acordo com os melhores interesses da criança [1084] quando se trate de adoção do/a filho/a do cônjuge ou em situações excecionais.

Por outro lado, a gestação de substituição não é uma adoção. Na gestação de substituição, não se estão a produzir crianças para serem adotadas, estando-se

[1080] Em 2015, Melissa Cook foi a gestante de um homem solteiro que acabou por engravidar de trigémeos. O pai não queria três filhos — alegando que só podia sustentar dois filhos — e pediu para que fosse interrompida a gravidez em relação a um deles. A gestante recusou, o que levou a que a relação entre ambos se fosse deteriorando. A gestante pediu para ser reconhecida como mãe das crianças, o que o tribunal da Califórnia recusou (Quinn, 2018, p. 812). As crianças foram concebidas com os gâmetas do *intended father* e de uma doadora anónima, aquele era surdo e mudo e vivia com os pais e era, na perspetiva da gestante, incapaz de criar as crianças. Não obstante, o tribunal da Califórnia manteve a aplicação da lei e considerou o *intended father* o único pai legal das crianças.

[1081] No Relatório ao Parecer 44/CNECV/04, o CNECV considerou que o recurso à PMA por quem fosse portador do vírus do HIV fosse não autorizado considerando a possível orfandade precoce da criança.

[1082] Como é o caso português.

[1083] Como tivemos oportunidade de aludir *supra*.

[1084] Art. 9.º.

sim, através da PMA, a garantir que a(s) pessoas(s) tenha(m) um(a) filho/a seu/sua, no sentido de estar(em) no exercício dos seus direitos reprodutivos, ainda que com assistência da ciência. Qual a relevância deste afloramento? A relevância está no facto de esta(s) pessoa(s), em concreto os homens, poder(em) ter filhos/as sem constrangimentos associados à idade e que impor limites implicaria uma discriminação em razão da idade. O mesmo fundamento, quanto a nós, levou à alteração da deliberação do CNPMA para retirar este limite no acesso à PMA pelos homens.

É verdade e não negamos que, *in extremis*, poderemos ter situações-limite em que a ligação intergeracional entre os/as beneficiários e a futura criança está de tal forma esbatida, ou a perspetiva relacional é tão diminuta, que permita suscitar a dúvida sobre a efetiva criação de laços, isto é, permita duvidar do projeto parental que os/as beneficiários/as assumiram. *In casu*, a ponderação dos riscos para a criança

Estamos cientes de que este critério, mormente formulado na sua vertente negativa, no sentido de obstar casuisticamente o acesso à gestação de substituição, pode ser classificado de abstrato e ser propenso a criar soluções díspares, mas todas as decisões devem ser tomadas, no limite, em relação à criança e aos seus interesses [1085], [1086] e, no que tange às crianças, o que se impõe é que se considere toda a riqueza da sua situação, ou futura situação, como é o caso. Ensina Maria Clara Sottomayor que o conceito de interesse da criança comporta diversos sentidos e até momentos, fruto das épocas e da evolução social e cultural [1087], da família e da diversidade de famílias, pelo que o conteúdo daqueles interesses pode ser distinto e, como refere a Professora, igualmente válidos. Estão dependentes da avaliação casuística que permite recolher a riqueza factual do caso concreto e adaptá-lo, assegurando os interesses do/a menor (Sottomayor, 2004). Estes interesses também estão subjacentes à própria PMA e, *in extremis*, devem constar dos parâmetros de avaliação, já que, desde logo, resultam do projeto parental que se quer ver concretizado e, sem aquele fundamento, não existe este projeto e os/as beneficiários/as não estão no exercício da sua liberdade de procriação por lhes faltar um dos elementos essenciais — a intenção do desenvolvimento de um projeto parental assim assumido que se cria e desenvolve com a criança, e perspetivado por outros/as, numa agregada componente social indissociável.

[1085] Como resulta dos arts. 3.º e 21.º da Convenção das Nações Unidas sobre os Direitos das Crianças.

[1086] O ordenamento jurídico português, por seu turno, além de prever os melhores interesses da criança, em particular ao nível constitucional (art. 69.º) e também em diferente dispersos por legislação ordinária (por exemplo, nos arts. 1905.º, 1906.º, 1919.º do Código Civil). Também no art. 4.º da Lei de Proteção de Crianças e Jovens em Perigo (Lei n.º 147/99, de 1 de setembro) na Lei Tutelar Educativa (Lei n.º 166/99, de 14 de setembro), no seu art. 6.º, a título exemplificativo.

[1087] Aliás, o próprio TEDH deu nota disto em relação ao caso Schalk and Koft v. Austria (2010), ainda que relativo à união entre casais homossexuais.

6.1.2.2. A Monoparentalidade, a Homoparentalidade e Transparentalidade

Que família merecem as crianças? É muitas vezes colocada nesta tónica a imperatividade da denominada «regra de dois» (diga-se, um pai e uma mãe) que a criança tem de ver garantida. Reconhecemos que as decisões dos/as pais/mães influenciam as crianças, mas temos séria dificuldade em perceber qual a relevância do sexo dos/as pais/mães na relação parental e ainda mais em entender por que razão as políticas e soluções legais assumem ou devem assumir «*[...] that a child's best interests are served by having both a mom and a dad*» (Kohm, 2014, pp. 490-491).

Em Portugal foi na «[...] Constituição de 1933 que a família apareceu pela primeira vez, não sem a influência de Weimar, no contexto de uma República corporativa baseada, designadamente, na interferência de todos os elementos estruturais da Nação na vida administrativa e na feitura das leis» (Miranda, 2016, p. 90). Com a Constituição de 76, foi retomada a «[...] matéria (da família) com orientações bem diversas, embora com alguns resultados convergentes. Orientações diversas, em face da mudança da ideia de direito e da impregnação democrática dada ao ordenamento» (Miranda, 2014, p. 81), tendo o legislador constitucional aplicado um tratamento dual à instituição «família», incluindo-a nos Direitos, Liberdades e Garantias e nos Direitos Económicos, Sociais e Culturais — «[...] por um lado, o art. 36.º (e o art. 26.º, n.º 2), no título dos direitos, liberdades e garantias, e, por outro lado, o art. 67.º», entre outros dispositivos legais (Miranda, 2014, p. 82) —, mas, e independentemente da opção descrita, certo é que nos diversos preceitos constitucionais em que a instituição se encontra assinalada não se identifica *um* conceito de família.

Na anotação que Gomes Canotilho e Vital Moreira fazem ao art. 36.º da CRP, concluem que «a Constituição não admite [...] a redução do conceito de família à união conjugal baseada no casamento, isto é, a família "matrimonializada"» (Gomes Canotilho & Moreira, 2007, p. 561), o que confere um carácter dinâmico e evolutivo, adaptável à concreta realidade social e às mutações que, a cada momento histórico, se podem evidenciar, apresentando o legislador constitucional uma opção por «[...] um conceito relativamente aberto, cuja "densificação" normativo-constitucional comporta alguma elasticidade» (Gomes Canotilho & Moreira, 2007, p. 856).

A clara delimitação do n.º 1 do art. 36.º da CRP: [1088]

> «[...] entre o direito a constituir família e o direito a celebrar casamento permite, desde logo, alargar a família a comunidades constitucionalmente protegidas ("famílias monoparentais", apenas com "mãe e filhos" ou com "pai e filhos", "comunidades familiares com filhos nascidos fora do casamento", "famílias formadas por irmãs ou irmãos", "uniões de facto").» (Gomes Canotilho & Moreira, 2007, p. 567)

[1088] «Todos têm direito de constituir família e de contrair casamento em condições de plena igualdade.»

Numa perspetiva de evolução das relações sociais, encontram-se evidências de *novas* famílias, por exemplo, as famílias recompostas, ou seja, famílias em que o agregado familiar é composto por filhos de um dos membros do casal, do outro e ainda de ambos, podendo ter irmãos, *meios-irmãos* ou *irmãos* sem qualquer relação biológica entre si. Há uma sucessão de relações familiares, umas que vão cessando, e cada membro do ex-casal dá origem a novas relações familiares ou afetivas, mutando o *status quo* e o *modus vivendi* dos elementos que vão transitando de «uma família para outra», dando origem a uma sequela de relações «familiares» que cada vez mais se evidenciam na sociedade.

Rui Medeiros, no seu comentário ao art. 36.º da CRP, expõe que «[...] num Estado democrático, o sentido da Constituição não se pode fechar à sociedade e não deve ignorar as conceções que, numa sociedade aberta e democrática, vão logrando impor-se ao longo dos tempos». Está em causa um entendimento dinâmico da Constituição e, no dizer do autor, «um sistema aberto de interpretação» (Miranda & Medeiros, 2005, p. 401) [1089]. Assim, o art. 36.º, n.º 1, não pode excluir, quanto a nós, outras realidades além da família conjugal, tradicional e natural, mas sim todos os agregados familiares constituídos e aqueles que, no exercício da sua liberdade procriativa, se possam constituir e, nessa medida, beneficiar do reconhecimento e proteção legal [1090].

Esta realidade, muito afastada da estrutura da chamada «família tradicional», importa que se criem novas relações, que designamos também como familiares entre todos os membros, os da nova família e os da antiga, com ou sem laços de sangue ou adoção. A verdade é que, juridicamente, «[...] as segundas núpcias continuam a implicar perdas que mais não significam do que o apagamento de vestígios do matrimónio anterior» (Figueiredo Marcos, 2014, p. 247). Porém, também não é menos verdade que a suscetibilidade de cessação de vínculos existentes e a criação de novos vínculos, jurídicos ou não, dão origem a uma complexa estrutura relacional que não se mostra suscetível de ser eliminada.

Se é assim de facto, ao plano legislativo não poderá passar indiferente a consagração destas *famílias* já que «[...] o respeito pelo pluralismo começou por justificar a neutralidade da intervenção estadual e acabou por dar origem à defesa do multifamilismo ou poliformismo» (Xavier, 2016c, pp. 105-106), impondo-se este reconhecimento de formas de estar e novo modus *vivendi* [1091]. Como bem chama a atenção Remédio Marques:

> «[...] o pluralismo das formas familiares — contribuíram para o nascimento ou desenvolvimento de novas *responsabilidades* e *solidariedades*

[1089] Ainda que o enfoque da temática se colocasse em relação às uniões de facto.

[1090] Esta evolução social no domínio das relações familiares motivou alterações legais e intervenções constitucionais em diversos aspetos, entre os quais a matéria relativa à procriação heteróloga e ao estabelecimento da filiação (Mariano, 2013, p. 29).

[1091] O texto que apresentamos resulta parcialmente, com as devidas adaptações, do artigo que publicámos anteriormente na Revista de Direito da Família, *Lex Familiae*. V. Almeida Araújo, 2020.

familiares [1092], dentro e fora do casamento, as quais oneram, que não o Estado, antes certos parentes (ou afins) — isto sem esquecer um tipo diverso, porque menos denso, de *solidariedades* resultante da convivência *more uxorio*: *v.g.*, a irrepetibilidade das prestações espontaneamente entregues ao outro para ocorrer aos encargos financeiros emergentes dessa convivência ou, havendo acordo quanto à disciplina das suas relações patrimoniais, durante a após a cessação da união de facto, a vinculação e a sujeição à execução dos pactos semelhante jaez.» (Remédio Marques, 2000, p. 14)

Além do mais, há desafios especiais no que tange às crianças das famílias denominadas «arco-íris», isto é, em que pelo menos um dos pais/mães se identifica como lésbica, homossexual, bissexual, transexual, intersexo [1093] ou *queer* (Cabral, 2021), e ao crescimento das famílias não tradicionais, considerando que a legislação ainda não é neutra, o que pode levar a condições desiguais de acesso à nacionalidade dos filhos destas pessoas (Darling, 2017). Um estudo publicado em março de 2021 revela que as «*Rainbow families still face major obstacles to their freedom of movement in the EU in 2021*» (European Parliament's Policy Department for Citizens' Rights and Constitutional Affairs, 2021).

Neste âmbito, e dentro desta temática da infertilidade social, além do estado civil, talvez o sexo e a orientação sexual sejam a questão que ainda hoje se assume como a mais delicada. Como tivemos oportunidade de referir, a ASRM, nas linhas

[1092] Ou até novas composições que implicam o reconhecimento legal de mais do que dois progenitores, como foi noticiado que no Estado do Massachusetts, nos EUA, foi emitido em agosto de 2021 o primeiro certificado de nascimento com indicação de três progenitores (Cook, 2021).

[1093] Um caso submetido em 2018 ao TEDH, com comunicações de 2020 (M. contre la France, Introduite le 4 septembre 2018) relativas aos procedimentos médicos a que pessoas que nascem com características de ambos os sexos são «sujeitas» para normalização dos corpos e condução ao estereótipo binário. Este é o primeiro caso submetido ao TEDH em que o tribunal terá a oportunidade de se pronunciar sobre a normalização destes procedimentos médicos em pessoas saudáveis, ainda que não binárias. O L'Equality Law Clinic de L'Université Libre de Bruxelles e o Human Rights Centre de l' Université de Gand, nas observações que apresentaram ao Tribunal no âmbito deste caso, qualificaram as intervenções médica de forma normalizada, como atos de verdadeira tortura, concluindo o seguinte: «*L'intégration, dans l'analyse, du caractère discriminatoire des traitements médicaux "normalisateurs" facilite ainsi la qualification d'actes de torture. Certains auteurs ont d'ailleurs abondé en ce sens et plusieurs soutiennent que ces traitements équivalent à des "mutilations génitales intersexuées". Ce qualificatif semble implicitement admis par les Comités onusiens qui élèvent les actes critiqués au rang de "pratiques préjudiciables" ("harmful practices") et placent dès lors les traitements litigieux au même niveau que les mutilations génitales féminines. Il serait souhaitable que votre Cour qualifie a minima les traitements médicaux "normalisateurs" de dégradants et d'inhumains et qu'elle s'interroge sérieusement sur la qualification d'actes de torture*» (L'Equality Law Clinic de L'Université Libre de Bruxelles; Human Rights Centre de l'Université de Gand, 2021).

de orientação que emitiu, previa não só a admissibilidade do recurso à gestação de substituição por casais homossexuais ou homens solteiros, como a sua inserção na infertilidade decorrente de «*[...] a true medical condition precludes the intended parent from carrying a pregnancy or would pose a significant risk of death or harm to the woman or the fetus*» (Practice Committee of the American Society for Reproductive Medicine and Practice Committee of the Society for Assisted Reproductive Technology, 2017). Aliás, a ASRM assume expressamente o seguinte:

> «*As a matter of ethics, this Committee believes that the ethical duty to treat persons with equal respect requires that fertility programs treat single individuals, unmarried couples, and DSG individuals and couples in the same manner as cisgender heterosexual married couples in determining which services to provide.*» (Ethics Committee of the American Society for Reproductive Medicine, 2021b)

Posição que, meses antes, assumia em relação a transexuais e pessoas não binárias. O Comité assumiu que qualquer recusa de tratamentos de fertilidade neste caso deve estar associada a factos e dados empíricos que o justifiquem, e não como forma de discriminação [1094] e preconceito (Ethics Committee of the American Society for Reproductive Medicine, 2021a).

O CNECV, no parecer de 2019, manteve [1095] que a legitimação da gestação de substituição não se deve fundar num simples desejo:

> «A aceitação pelo CNECV com condições da gestação de substituição assentou na falta de objeções éticas absolutas a certas situações excecionais que proporcionem a casais heterossexuais o benefício concreto e substancial de um filho gerado com, pelo menos, um dos respetivos gâmetas.» (CNECV, 2019)

Há a manutenção do princípio da subsidiariedade nesta posição, nos termos em que «[...] a PMA serve para remediar situações consideradas como doenças ou casos patológicos no processo de procriação humana» (Renaud, 2015), mas, como assinala o Conselheiro do CNECV [1096], há já derrogações [1097] a este princípio que, no seu

[1094] Discriminação direta e indireta, isto é,, não só a diferença de tratamento, como aquela que «[...] resulta do emprego de um critério neutro, mas que produz resultados análogos aos obtidos pela aplicação de um critério de distinção proibido, uma vez que afeta desproporcionalmente os membros de um grupo, em detrimento dos membros de outro» (Lopes, 2011, p. 55).

[1095] V. Parecer 63/CNECV/março 2012.

[1096] De forma crítica, referindo-se ao regime da LPMA no acesso às técnicas de PMA.

[1097] À data do artigo, as situações relativas a evitar a transmissão de doenças hereditárias.

entender, podem desvirtuar o princípio no sentido de que, abrindo-se exceções [1098], a PMA será vista como alternativa à procriação natural, um *slippery slope*, como lhe chama, que faz perigar o princípio da precaução.

Não podemos concordar com esta posição. Embora tipicamente o ser humano seja estrutural e antropologicamente percecionado numa dualidade, a masculina e a feminina, independentemente do género com que cada um(a) se identifica, a PMA permitiu desconstruir e ultrapassar a ligação entre a sexualidade e a procriação [1099]. Agora é possível que homens e mulheres tenham filhos/as sozinhos/as ou sem parceiro/a do sexo oposto. E há algum problema em que solteiros ou homossexuais recorram à tecnologia reprodutiva? Se a PMA permite a desassociação do sexo da reprodução, a manutenção de um discurso assente na heterossexualidade não será uma forma de despersonalização? De facto, nem todas as famílias felizes são iguais (Glover & al, 1989, p. 63) [1100].

Ao nível da UE [1101], o art. 7.º da CDFUE encerra o princípio geral da proteção da vida privada e familiar, impondo, lido em conjunto com o art. 33.º, que a família tem proteção legal, económica e social e, nos termos do art. 21.º, as crianças e os pais/mães não podem ser discriminados em razão da sua orientação sexual. O ano de 2020 terminou com o caso apresentado junto do TJUE V.M.A./Stolichna Obsthina, Rayon «Pancharevo» (C-490/20), que diz respeito a uma criança, nascida no dia 8 de dezembro de 2019, em Barcelona, Espanha [1102], filha de um casal de lésbicas, uma britânica e outra búlgara, que casaram no Reino Unido em 23 de fevereiro de 2018. A mãe búlgara requereu, no dia 29 de janeiro de 2020, a emissão de certificado de nascimento ao município de Sófia, distrito de «Pancharevo» [1103]. As autoridades búlgaras recusaram a emissão, após a mãe não ter apresentado provas de filiação

[1098] À data estava sob proposta o acesso às técnicas de PMA por mulheres solteiras ou casais homossexuais, o que entende que pode conduzir, com estas exceções, a tornar a subsidiariedade no seu oposto, fruto de uma estratégia política programada.

[1099] Neutralizando em parte este modelo como referimos anteriormente e vamos desenvolver, ainda que numa vertente distinta no capítulo subsequente.

[1100] Luísa Neto refere que a PMA surge como uma «ameaça» à biparentalidade. «Para além de famílias unilineares — como as resultantes de adoção, da legitimação unilateral por autoridade de justiça, do estabelecimento unilateral da filiação natural —, surgem-nos agora famílias unilineares e sem reciprocidade» (Neto, 2010, p. 171).

[1101] Por exemplo, nessa esteira, foi recomendado que, ao nível da UE, uma «*[...] Directive 2004/38 when referring to children and their parents, as well as the principles established in Zhu and Chen and in Baumbast, are inclusive of rainbow families. In this way, rainbow families will enjoy the same family reunification rights under EU law with families founded by opposite-sex couples*» (European Parliament's Policy Department for Citizens' Rights and Constitutional Affairs, 2021, p. 88).

[1102] Onde foi emitido o certificado de nascimento com referência às duas mulheres, mas sem que se fizesse referência a que qualquer uma delas fosse a mãe biológica.

[1103] Pedido instruído com tradução autenticada do extrato de registo civil de Barcelona e do assento de nascimento, com indicação das duas mães.

da filha relativamente à mãe biológica. As autoridades búlgaras alegaram que não havia indicação sobre quem era a mãe biológica e a emissão do certificado com duas mulheres ofendia a ordem pública [1104].

Perante a recusa, foi apresentado um recurso no *Administrativen sad — Sofia grad* (Tribunal Administrativo da Cidade de Sófia) contra a recusa do município de Sófia, distrito «Pancharevo», alegando que a recusa da emissão de um assento de nascimento para a filha [1105] é contrária...

> «[...] tanto ao direito material como ao direito processual e que há igualmente uma violação da Diretiva 2004/38, bem como uma contradição com a jurisprudência tanto do Tribunal de Justiça como do TEDH. Segundo a recorrente, nenhum ato jurídico de direito substantivo da República da Bulgária impõe à autoridade administrativa uma obrigação de estabelecer a filiação da criança antes de lhe emitir um assento de nascimento búlgaro. Além disso, a recorrente invoca a jurisprudência do Tribunal de Justiça, segundo a qual o Estado-Membro de acolhimento não pode impor condições suplementares para o respeito da existência de um casamento e dos direitos dos membros da família que dele decorrem (Acórdãos de 25 de julho de 2008, Metock e o., C-127/08, EU:C:2008:449 [1106]; de 8 de novembro de 2012, Iida, C-40/11, EU:C:2012:691 [1107]; e de 5 de junho

[1104] A Bulgária não permite o casamento entre pessoas do mesmo sexo.

[1105] Ainda que, no caso concreto, a falta de emissão de um assento de nascimento búlgaro não constitua uma recusa de nacionalidade búlgara. A criança é cidadã búlgara, independentemente de não ser emitido assento de nascimento búlgaro. Mas a falta de emissão do assento dificulta, na prática, o exercício dos seus direitos enquanto cidadã búlgara ou cidadã da União, porque não lhe pode ser emitido nenhum documento de identidade.

[1106] Sumariamente, neste caso (Metock e o., 2008), o que se aprecia é se um nacional de um Estado não Membro, mas residente num Estado da UE, que seja casado com um cidadão da União, pode – ou não – reunir-se com o cônjuge, independentemente do local do casamento ou das vicissitudes de entrada na União Europeia. I.e., se beneficia das disposições da Diretiva 2004/38.

[1107] Também neste caso (Y. Iida, 2012) está em causa a interpretação da aplicabilidade da Diretiva 2004/38. Neste caso suscita-se a questão de saber se o progenitor, cidadão de um Estado não Membro, sendo o titular das responsabilidades parentais do filho pode ser considerado como «membro da família» quando não está a cargo do filho. Também se coloca a questão de saber se o progenitor beneficia – nos termos da aludida Diretiva – direito de residência no Estado-Membro de que o filho é nacional.
Nesta discussão o caso suscitou a jurisprudência do acórdão Zhu e Chen. Ainda que os casos apreciem situações de facto distintas. No caso Zhu e Chen discutiu-se o facto de impedir um progenitor que tem à sua guarda uma criança – cidadã da UE – de se manter no Estado-Membro punha efetivamente em causa o conteúdo do direito de residência do filho. Neste caso a (tenra) idade da criança implicaria necessariamente que esta teria que estar acampanhada pelo progenitor e, portanto, a este teria que ser garantido o direito a residir no Estado-Membro de acolhimento (Zhu e Chen, 2004).

de 2018, Coman e o., C-673/16, EU:C:2018:385 [1108]).» (V.M.A./Stolichna Obsthina, Rayon «Pancharevo», 2020)

Suscita ainda, no âmbito do TEDH, o caso Mennesson v. France [1109]. A mãe alega ainda que a exigência de prova da filiação constitui uma ingerência no direito à vida privada e familiar, num contexto de discriminação direta.

O pedido de decisão prejudicial foi apresentado pelo *Administrativen sad Sofia-grad* (Bulgária) em 2 de outubro de 2020 e as questões prejudiciais a que o Tribunal terá de responder relacionam-se, por um lado, pela ponderação dos arts. 20.º e 21.º TFUE, bem como dos arts. 7.º, 24.º e 45.º da Carta dos Direitos Fundamentais da União Europeia e, por outro, se devem ser interpretados no sentido de que não permitem às autoridades administrativas búlgaras negar a emissão de um assento de nascimento búlgaro, com o fundamento de que a recorrente recusa indicar qual é a mãe biológica da criança.

Deve o art. 4.º, n.º 2 do TUE e o art. 9.º da CDFUE ser interpretado, tendo em conta o respeito pela identidade nacional e constitucional dos Estados-Membros, o monopólio do estabelecimento da filiação? O preceito, lido em conjugação com os arts. 7.º e 24.º da CDFUE, deve ser interpretado tendo em conta a ponderação com os melhores interesses da criança. Na verdade, não existe consenso sobre a possibilidade de registar como progenitores de uma criança duas pessoas do mesmo sexo. Ou fazê-lo sem especificar qual dela é o seu progenitor biológico? Mas se a resposta for positiva, como se obtém o equilíbrio com a identidade nacional e identidade constitucional para os Estados-Membros que não reconheçam esta composição familiar? Se for dada resposta afirmativa a esta pergunta, como pode esse equilíbrio de interesses ser concretamente alcançado?

É relevante ainda no caso concreto o Brexit [1110], na medida em que uma mãe, referida no assento de nascimento emitido noutro Estado-Membro, é nacional do Reino

[1108] Este processo está relacionado com o reconhecimento de um casamento entre pessoas do mesmo sexo contraído noutro Estado-Membro com vista à concessão de um direito de residência (Coman e o., 2018). Numa situação em que um cidadão da União fez uso da sua liberdade de circulação, ao deslocar-se e ao residir de forma efetiva, em conformidade com as condições previstas no art. 7.º, n.º 1, da Diretiva 2004/38, num Estado-Membro diferente daquele de que é nacional, e tendo desenvolvido ou consolidado, por essa ocasião, uma vida familiar com um nacional de um país terceiro do mesmo sexo, ao qual se uniu por um casamento legalmente celebrado no Estado-Membro de acolhimento, o art. 21.º, n.º 1, TFUE deve ser interpretado no sentido de que se opõe a que as autoridades competentes do Estado-Membro de que o cidadão da União é nacional se recusem a conceder um direito de residência no território desse Estado-Membro ao referido nacional de um país terceiro, pelo facto de o direito do referido Estado-Membro não prever o casamento entre pessoas do mesmo sexo.

[1109] Ainda que neste caso o problema suscitado pelo Tribunal de Estrasburgo se relacionasse com uma situação de gestação de substituição, o que não é o caso.

[1110] Ver Título V da CDFUE.

Unido e a outra mãe é nacional de um Estado-Membro da UE. Tendo em conta que a recusa de emissão de um assento de nascimento búlgaro constitui um obstáculo à emissão, por um Estado-Membro da UE, de um documento de identidade da criança, pode, por isso, dificultar o pleno exercício dos seus direitos como cidadã da União? Em caso de resposta afirmativa, a primeira pergunta que se impõe é se o direito da União, em especial o princípio da efetividade, impõe às autoridades nacionais competentes que derroguem o modelo de redação de um assento de nascimento, que faz parte integrante do direito nacional vigente (V.M.A./Stolichna Obsthina, Rayon «Pancharevo», 2020).

Nas conclusões da advogada-geral [1111], [1112], lê-se que o Estado-Membro é obrigado:

> «[...] nos termos do artigo 4.º, n.º 3, da Diretiva 2004/38 do Parlamento Europeu e do Conselho, de 29 de abril de 2004, relativa ao direito de livre circulação e residência dos cidadãos da União e dos membros das suas famílias no território dos Estados-Membros, que altera o Regulamento (CEE) n.º 1612/68 e que revoga as Diretivas 64/221/CEE, 68/360/CEE, 72/194/CEE, 73/148/CEE, 75/34/CEE, 75/35/CEE, 90/364/CEE, 90/365/CEE e 93/96/CEE, a emitir para um filho, nacional desse Estado-Membro, de um casal de duas mulheres que são designadas na certidão de nascimento que foi emitida pelo Estado-Membro de nascimento e de residência como mães dessa criança, um documento de identidade e os documentos de viagem necessários que mencionem essas duas mulheres como progenitoras da criança, mesmo que o direito do Estado-Membro de origem da criança não preveja nem a instituição do casamento entre pessoas do mesmo sexo nem a maternidade da esposa da mãe biológica de uma criança.» [1113]

[1111] Ainda pendente, mas com conclusões da advogada-geral Juliane Kokott apresentadas em 15 de abril de 2021.

[1112] Apesar de admitir que a questão da identidade nacional prevista no n.º 2 do art. 4.º do TUE, que, tal como a matéria do casamento é relevante, pode obstar ao reconhecimento.

[1113] E nessa esteira, «[o] artigo 21.º, n.º 1, TFUE deve ser interpretado no sentido de que este Estado-Membro também não pode recusar, por esses mesmos motivos, reconhecer os vínculos de parentesco entre essa criança e as duas mulheres designadas como sendo as suas progenitoras na certidão de nascimento emitida pelo Estado-Membro de residência para efeitos do exercício dos direitos conferidos a essa criança pelo direito derivado da União relativo à livre circulação dos cidadãos». Ademais, «[o] artigo 21.º, n.º 1, TFUE deve ser interpretado no sentido de que um Estado-Membro não pode recusar reconhecer os vínculos de parentesco, estabelecidos no assento de nascimento de outro Estado-Membro, entre uma das suas nacionais, a sua esposa e o filho destas para efeitos do exercício dos direitos conferidos a essa nacional pelo direito derivado da União relativo à livre circulação dos cidadãos pelo facto de o direito interno do Estado-Membro de origem dessa mulher não prever a instituição do casamento entre pessoas do mesmo sexo nem a maternidade do cônjuge da mãe biológica de uma criança. Isto é válido independentemente

A questão da filiação é uma matéria da competência interna dos Estados e em causa não estão questões administrativas de emissão de documentos. Por exemplo, no caso Carlos Garcia Avello contra Estado Belga (2003), o Tribunal considerou que, em casos de dupla nacionalidade em Estados-Membros:

> «[o]s artigos 12.º CE e 17.º CE devem ser interpretados no sentido de que se opõem a que, em circunstâncias como as do processo principal, a autoridade administrativa de um Estado-Membro recuse dar seguimento favorável a um pedido de alteração de apelido de crianças residentes nesse Estado-Membro e que disponham da dupla nacionalidade desse mesmo Estado e de outro Estado-Membro, quando o referido pedido tenha por objetivo que as crianças possam usar o apelido de que seriam titulares ao abrigo do direito e da tradição do segundo Estado-Membro.»

No caso Stefan Grunkin e Dorothee Regina Paul contra Alemanha (2008) [1114], o TJUE concluiu que «[...] considerações de ordem administrativa não bastam para justificar um entrave à livre circulação» (Stefan Grunkin e Dorothee Regina Paul contra Alemanha, 2008), referindo-se aos próprios direitos fundamentais dos cidadãos.

Em nosso entender, o reconhecimento da parentalidade e, no que aos casos em apreço diz respeito, a respetiva nacionalidade da criança não podem, por um lado, ver suscitados entraves administrativos e, por outro, implicam uma violação dos arts. 20.º e 21.º do TFUE e do n.º 3 do art. 4.º da Diretiva de 2004 em apreço que, *in extremis,* pode levar a uma situação de orfandade da União e a um entrave à livre circulação. A nosso ver, não há motivo que justifique a não aceitação e reconhecimento daquelas mulheres como mães da criança e, em consequência, a emissão do documento de identidade búlgaro e a respetiva nacionalidade.

Como afirma a Presidente von der Leyen «*if one is parent in one country, one is parent in every country*» [1115] e, como parte da estratégia para cumprir este desiderato, é imperativo que medidas de reconhecimento da parentalidade entre Estados-Membros sejam efetivas, incluindo para as famílias *rainbow* [1116], incluídas na CDFUE no âmbito

da questão de saber se a nacional desse Estado-Membro é ou não a mãe biológica ou legal dessa criança por força do direito do seu Estado-Membro de origem e da nacionalidade da criança». As conclusões estão disponíveis em https://curia.europa.eu/juris/document/document.jsf;jsessionid=CEB24485ABD9C161A47590CD69ED3AD3?text=&docid=239902&pageIndex=0&doclang=pt&mode=lst&dir=&occ=first&part=1&cid=5744175 (consultado em 18 de junho de 2021).

[1114] Relativos a apelidos familiares.

[1115] Estado da União, disponível em https://ec.europa.eu/commission/presscorner/detail/en/SPEECH_20_1655 (consultado em 18 de junho de 2021).

[1116] A Comissão comprometeu-se, no âmbito da Estratégia para a Igualdade, também descrita no *EU Citizen Report 2020*, a rever em 2022 as *2009 guidelines on free movement* para refletir a diversidade

do respeito pela vida privada e familiar, não cessando a relação familiar pela passagem de fronteiras dos Estados [1117]. Também o relatório da cidadania da UE indica que os Estados-Membros devem «*[a]ct to improve the social acceptance of LGBTI people across the EU by implementing the list of actions to advance LGBTI equality and actively support the conclusion of the negotiations on the proposed horizontal Anti-Discrimination Directive*» (European Commission, 2020, p. 53).

Também a *Recommendation CM/Rec(2010) of the Committee of Ministers to member States* sobre as medidas de combate à discriminação baseadas na orientação sexual, adotada em 31 de maio de 2010, inclui diversas áreas em que lésbicas, *gays*, bissexuais e pessoas transgénero podem ser alvo de discriminação. Por sua vez, de um estudo do Council of Europe Commissioner for Human Rights designado *Discrimination on grounds of sexual orientation and gender identity in Europe* (Council of Europe Publishing, June 2011) resulta que as pessoas LGBTI podem adotar crianças, seja uma adoção singular, a adoção de filho/a do cônjuge ou a adoção conjunta por casais do mesmo sexo. Em relação aos direitos LGBTI, o Parlamento Europeu considerava o seguinte:

> «*[...] EU should continue its efforts to enhance respect for the rights of lesbian, gay, bisexual, trans and intersex (LGBTI) people, in line with the EU Guidelines on the topic; recommends the implementation of the Guidelines, including through training of EU staff in third countries; regrets that 75 countries still criminalize homosexuality, including 8 which provide for the death penalty, and believes that practices and acts of violence against individuals on the basis of their sexual orientation should not go unpunished; supports the continuing work of the UN High Commissioner on Human Rights to combat these discriminatory laws, as well as the work of other UN bodies; is concerned over restrictions on the fundamental freedoms of LGBTI human rights defenders, and calls for the EU to increase its support for them; notes that the fundamental rights of LGBTI persons are more likely to be respected if they have access to legal institutions, possibly through registered partnership or marriage.*» (European Parliament, 2015)

Por seu turno, já em 2018, a PACE recomendava o seguinte aos Estados-Membros [1118]:

familiar. Também será publicada em 2021 uma estratégia da UE sobre direitos da criança e conterá medidas para a UE implementar, nomeadamente sobre «*the rights of the most vulnerable children, children's rights in the digital age, the prevention of and fight against violence, the promotion of child-friendly justice*» (European Commission, 2020).

[1117] Situação que, pela necessidade de fechar fronteiras durante a pandemia COVID-19, se agravou.

[1118] «*Recommendation 924 (1981) on discrimination against homosexuals, the Parliamentary Assembly of the Council of Europe (PACE) criticised the various forms of discrimination against homosexuals in certain member States of the Council of Europe. In Recommendation 1474 (2000) on the situation of lesbians and gays in Council of Europe member States, the PACE recommended that the Committee of Ministers call upon member States, among other things, "to adopt legislation making provision for registered partnerships".*

> «*align their constitutional, legislative and regulatory provisions and policies with respect to same-sex partners with the case law of the European Court of Human Rights in this field, and accordingly: 4.3.1. ensure that same-sex partners have available to them a specific legal framework providing for the recognition and protection of their unions; 4.3.2. grant equal rights to same-sex couples and heterosexual couples as regards succession to a tenancy; 4.3.3. ensure that cohabiting same-sex partners, whatever the legal status of their partnership, qualify as dependants for the purposes of health insurance cover; 4.3.4. when dealing with applications for residence permits for the purposes of family reunification, ensure that, if same-sex couples are not able to marry, there is some other way for a foreign same--sex partner to qualify for a residence permit.*» (Parliamentary Assembly, 2018)

As ações da UE nesta matéria visam a efetivação dos direitos das pessoas LGBTI e a eliminação de leis discriminatórias [1119]. Não obstante, e como referido, a matéria em relação à parentalidade continua a ser um problema interno dos Estados.

Furthermore, in Recommendation 1470 (2000) on the more specific subject of the situation of gays and lesbians and their partners in respect of asylum and immigration in the member States of the Council of Europe, it recommended to the Committee of Ministers that it urge member States, inter alia, "to review their policies in the field of social rights and protection of migrants in order to ensure that homosexual partnerships and families are treated on the same basis as heterosexual partnerships and families [...]" 58. PACE Resolution 1547 (2007) of 18 April 2007 entitled "State of human rights and democracy in Europe" called upon all member States of the CoE, and in particular their respective parliamentary bodies, to address all the issues raised in the reports and opinions underlying this resolution and in particular, to, inter alia, combat effectively all forms of discrimination based on gender or sexual orientation, introduce anti-discrimination legislation, partnership rights and awareness-raising programmes where these are not already in place;" (point 34.14.). 59. Resolution 1728 (2010) of the Parliamentary Assembly of the Council of Europe, adopted on 29 April 2010 and entitled "Discrimination on the basis of sexual orientation and gender identity", calls on member States to "ensure legal recognition of same-sex partnerships when national legislation envisages such recognition, as already recommended by the Assembly in 2000.» «Recommendation CM/Rec(2010)5 on measures to combat discrimination on grounds of sexual orientation or gender identity, the Committee of Ministers recommended that member States: "1. Examine existing legislative and other measures, keep them under review, and collect and analyse relevant data, in order to monitor and redress any direct or indirect discrimination on grounds of sexual orientation or gender identity; 2. Ensure that legislative and other measures are adopted and effectively implemented to combat discrimination on grounds of sexual orientation or gender identity, to ensure respect for the human rights of lesbian, gay, bisexual and transgender persons and to promote tolerance towards them» (European Union law 62. Articles 7, 9 and 21 of the Charter of Fundamental Rights of the European Union, which was signed on 7 December 2000 and entered into force on 1 December 2009).

[1119] «*Actions The Commission has supported every Council Presidency since 2008 in advancing the proposal for an Equal Treatment Directive. Nevertheless, the proposal remains stalled in the Council, where it requires unanimity. On 22 June 2018, the Commission adopted a Recommendation on standards for equality bodies, in order to ensure that national equality bodies are independent and effective. The Recommendation sets minimum standards for the mandate of equality bodies; their independence; their effectiveness, including sufficient resources and appropriate powers; and the national institutional architecture for equality. In April 2019, the*

Contudo, desde o caso Mata Estevez v Spain (2001), a orientação sexual e as relações homossexuais têm emergido e, no contexto social, assumido uma posição legalmente tutelada. Em 2010, o TEDH (Schalk and Koft v. Austria, 2010) [1120] acabou por considerar o que se segue, notando a profunda evolução quanto às relações homossexuais:

> *«[...] [it is] artificial to maintain the view that, in contrast to a different-sex couple, a same-sex couple cannot enjoy "family life" for the purposes of Article 8. Consequently the relationship of the applicants, a cohabiting same-sex couple living in a stable de facto partnership, falls within the notion of "family life", just as the relationship of a different-sex couple in the same situation would.»* [1121]

Desde este momento, o Tribunal conclui que as relações homossexuais se subsumem no art. 8.º não unicamente na vida privada [1122], mas também na vida familiar. Nesta matéria, o Tribunal, além desta questão relativa ao reconhecimento legal das relações homossexuais, também se pronunciou em relação a direitos parentais, no caso português Salgueiro da Silva Mouta v. Portugal (1999) [1123] ou no caso Karner v. Austria (2003), relativo à sucessão *mortis causa* de um casal homossexual.

Depois da integração das pessoas, casais e famílias homossexuais no âmbito do art. 8.º, concretamente também no âmbito da vida familiar que o preceito prevê, o reconhecimento de relações familiares com filhos/as das denominadas famílias arco-íris teria, quanto a nós, de se impor. Desde logo o reconhecimento destas famílias — como resulta, nomeadamente, do caso Wagner, bem como dos casos

Commission issued a Communication (COM(2019)186), which highlighted the gaps in protection and proposed ways of facilitating decision-making in the area of non-discrimination through enhanced qualified majority voting and the ordinary legislative procedure. In October 2019, the Commission published the Special Eurobarometer 493 – 'Discrimination in the EU' – which included detailed data from Member States on the social acceptance of LGBTI people and perceptions on discrimination based on sexual orientation, gender identity and sex characteristics. Overall, support for LGBTI relationships has grown in the EU, but it varies considerably between EU Member States. The Commission has also promoted equality through education, culture, youth and sport, including through the 2018 digital action plan, which includes a measure that supports girls (aged 12-18) with developing digital and entrepreneurial skills through dedicated educational workshops in cooperation with the EIT The measure will be continued and expanded in the new Action Plan (2021-2027). Also, as part of the Strategic Framework for European Cooperation in Education and Training (ET 2020), there is a dedicated working group on promoting common values and inclusive education that brings together experts from Member States to exchange best practice on topics including LGBTI rights, gender inequality and the integration of migrants and refugees» (European Commission, 2020, p. 53).

[1120] Também nos casos Vallianatos and Others v. Greece, 2013 X and Others v. Austria, 2013 ou P.B. and J.S. v. Austria, 2010.

[1121] V. também Oliari and Others v. Italy, 2015.

[1122] Como resulta, por exemplo, do caso B. v. UK, 1999 ou C. and L.M. v. UK, 1989.

[1123] A discriminação no âmbito das relações parentais resultante do facto de o pai ser homossexual.

franceses em matéria de gestação de substituição que saíram das decisões Mennesson e Labassee — está incluído necessariamente no art. 8.º e, estando ou não legalmente estabelecidas as relações familiares, elas deverão ser reconhecidas. No que tange a famílias homoparentais, o mesmo princípio se aplica, considerando a existência — que é o que está subjacente — pelo menos dos laços parentais de facto.

Embora se possa dizer que o TEDH tem contribuído para que a orientação sexual e a proteção da vida privada e familiar se subsumam no âmbito do art. 8.º, não podemos dizer que haja uma posição «*top to bottom*» que conduza de alguma forma às orientações dos Estados tão fortemente ligadas a estereótipos sociais [1124]. Porém, o Tribunal proíbe a distinção entre parceiros — não ligados pelo casamento — homossexuais e heterossexuais em relação à adoção pelo companheiro do filho do outro, mas, como resulta do caso X. and Others v. Austria, o tribunal não impõe aos Estados «*[...] to equalize the position of stable same-sex couples with that of married heterosexual couples in respect of second-parent adoption*» (Draghici, 2017, p. 223) [1125].

Neste caso, que é um marco em matéria de famílias homoparentais, estava em causa a adoção da criança pela segunda mulher sem autorização do pai biológico, o que foi negado pelo Estado, que, ainda que permitisse adoção pelo cônjuge, não o permitia a homossexuais, já que, segundo assumiu, a adoção teria como escopo a construção de uma relação análoga à relação biológica com o escopo de recriar a família tradicional.

O Tribunal considerou o seguinte:

> «*[...] the aim of protecting the family in the traditional sense is rather abstract and a broad variety of concrete measures may be used to implement it [...]. Also, given that the Convention is a living instrument, to be interpreted in present-day conditions, the State, in its choice of means designed to protect the family and secure respect for family life as required by Article 8, must necessarily take into account developments in society and changes in the perception of social, civil-status and relational issues, including the fact that there is not just one way or one choice when it comes to leading one's family or private life.*»

Atendendo à lei doméstica do Estado litigante que admite a adoção singular, incluindo por homossexuais, parece contraditória a posição de impedir a adoção por casais homossexuais, como conclui o TEDH. A falta de um argumento que justificasse a diferença de tratamento coloca o Estado em incumprimento do ónus para justificar que o limite legal era necessário «*[...] in order to achieve that aim, to exclude*

[1124] Incluindo a censura à criminalização de práticas homossexuais, por violação da vida privada. Esta posição foi assumida pelo tribunal no caso Dudgeon v. United Kingdom, 1981.

[1125] Admitindo ainda que o próprio tribunal no caso Rasmussen v. Denmark, 1984 considerou que o presumido pai pudesse pôr em causa a presunção de paternidade.

certain categories of people, in this instance persons living in a homosexual relationship, from the scope of application of the provisions at issue».

Relativamente ao argumento usado pelo casal da existência de uma família de facto, ainda que com casal do mesmo sexo, importa o seu reconhecimento e proteção, tendo o Tribunal observado que «*[...] in contrast to individual adoption or joint adoption, which are usually aimed at creating a relationship with a child previously unrelated to the adopter, second-parent adoption serves to confer rights vis-à-vis the child on the partner of one of the child's parents*». Por isto, considerou o TEDH que houve violação do art. 8.º da CEDH (*ex vi* art. 14.º), devendo a situação, no caso concreto, ser equiparada a casais heterossexuais e à possibilidade de adoção do padrasto (ou madrasta) do filho do cônjuge.

Não obstante, em matéria de adoção, o TEDH manifesta uma posição difícil de entender. Por exemplo, no caso *Fretté v. France*, o Tribunal acaba por concluir que não há tratamento discriminatório em relação a um homossexual que foi, por esse motivo, impedido de adotar em França, e isto apesar de a adoção por solteiros/as ser admissível. Todavia, no caso E.B. v. France (2008), o Tribunal acabou por considerar que a referência ao estilo de vida da adotante, uma enfermeira assumidamente lésbica, como entrave a um processo de adoção, violava o âmbito do art. 8.º [1126].

De qualquer forma, o Tribunal já decidiu situações relativas ao não reconhecimento da família [1127], reconhecida legalmente noutro Estado, como tivemos oportunidade de aludir, incluindo famílias monoparentais e homoparentais (European Parliament's Policy Department for Citizens' Rights and Constitutional Affairs, 2021, p. 81). Há, por isso, quanto a nós, uma normatividade homoparental em curso.

Mas a questão que se coloca agora é diferente. Mais uma vez, a de saber se estas pessoas — especificamente em contexto em que a gestação de substituição é admissível — podem reclamar a inclusão na lista de beneficiários/as considerando a sua «infertilidade social». Como coloca Daar, é necessário ponderar os limites e os fundamentos.

> «*As each barrier emerges — whether it be a provider refusing treatment to a single or same sex prospective parent, or a lawmaker attempting to limit the availability of a reproductive technology for reasons unrelated to human health — it is*

[1126] Como chama a atenção Dulce Lopes, neste caso o tribunal considerou a menção da orientação sexual como fundamento para a não adoção como discriminatória, chegando a uma solução distinta do julgamento do caso Fretté (Lopes, 2011, p. 70).

[1127] Por exemplo no caso Taddeucci and McCall v. Italy, 2016, em que o Tribunal considerou que havia violação do art. 14.º em conjunto com o art. 8.º relativa à não concessão de autorização de residência a um neozelandês que vivia com o companheiro, italiano, uma vez que só os casais poderiam pedir a autorização com base na família mas os homossexuais não podiam casar nos termos da lei italiana.

> *essential to evaluate these actions by the same standards we would evaluate barriers to natural conception.*» (Daar J. F., 2007, p. 79) [1128]

Quando se fala da PMA em relação a casais heterossexuais, embora se fale de técnicas de procriação não naturais, parte-se de um paradigma binário no qual assenta a família tradicional, «[d]*ifferently, within the domain of homosexuality, the chances to mimic the traditional family are significantly lower. [...] Biology as well as marriage can be rarely relied on as grounds to allocate parental status and parental rights to homosexual fathers and parents, more generally*» (Margaria, 2019, p. 151). De facto, a questão que temos vindo a tratar ganha uma particularidade nova quando temos perante nós outra situação — a suscetibilidade da gestação de substituição em que o(s) beneficiários(s) sejam solteiros, casais de *gays* ou transexuais (Daar, 2017a, p. 104) [1129]. Porém, é inegável que as «*[...] ARTs have, indeed, become normalized as an uncontroversial way to have children*» (Lie & Lykke, 2017, p. 17) desde o denominado «*lesbian boom*». A gestação de substituição a que os homossexuais ou solteiros recorrem é a única alternativa para terem um(a) filho/a biológico/a, tal como acontece com transexuais, especificamente no caso de mulheres que se identificam como homens e, neste caso, tenham dificuldade, ou mesmo lhes seja impossível, assumir uma gravidez considerando a forma como se assumem.

Há quem argumente que a inexistência de relação com uma mãe é potencialmente danosa para a criança.

> «*Then, a child might be raised by a homosexual or by a single father who wants a child but not marriage. It is one thing if a couple has a child and the mother dies; then the father must raise the baby. The problem with surrogacy arrangement for a single father to raise a child is that it is deliberate. Few think being raised by only one parent is in the child's best interests. If that need arises through the death of one parent, one has no control over that. But with surrogacy one does have control, and one chooses deliberately to do what is not in the child's best interests.*» (Feinberg & Feinberg, 2010, p. 439) [1130]

Apesar das diversas modernas formas de estruturar uma família, continua a considerar-se que a família tradicional é aquela que melhor cumpre os interesses

[1128] No seu artigo de 2017, Daar analisa a questão de tratamentos médicos negados no âmbito da «*physician autonomy, paternalism, contractual obligations, and antidiscrimination legal regimes*» (Daar J., 2017, p. 229).

[1129] Por exemplo, os Yogyakarta Principles estabelecem um conjunto de princípios relacionados com a orientação sexual e a identidade de género. Estes princípios estão disponíveis em https://tgeu.org/yogyakarta-principles/ (consultado em 12 de julho de 2019).

[1130] Ainda que, até agora, não haja estudos que demonstrem quaisquer efeitos negativos consideráveis nas relações familiares e no desenvolvimento das crianças (G. De Wert, 2014).

da criança. Considerando que o ambiente familiar é o que maior impacto pode ter numa criança, a ideia de esta ser criada por um pai e uma mãe é aquela que, tradicionalmente, se perspetiva como a ideal para o desenvolvimento da criança. Mas será assim?

Em Inglaterra, por exemplo, uma das últimas alterações à HFEAct foi admitir a possibilidade de solteiros passarem a requerer *parental orders* no âmbito de acordos de gestação de substituição, uma alteração que se impunha por constituir uma manifestação de uma discriminação dos solteiros contrária à vida privada e familiar prevista também no Human Rights Act de 1998 e que a HEFAct 2008 não atendia.

Dos dados que apurámos concluímos que as crianças que nasceram de técnicas de PMA, concretamente de gestação de substituição, não se deparam com maiores problemas do que as crianças nascidas e criadas em núcleos familiares ditos tradicionais. É verdade que o enquadramento social de algumas famílias, principalmente as monoparentais ou a de casais homossexuais, e até de famílias recompostas, pode implicar mais dificuldades considerando a maior adversidade e discriminação a que podem estar sujeitas, mas as crianças de lésbicas, homossexuais, de um único progenitor ou de PMA não se distinguem das demais em termos de bem-estar psicológico (Golombok S., 2015, p. 192). Como conclui Susan Golombok, ao contrário das expectativas, a única diferença digna de ser assinalada corresponde à qualidade da relação entre pais e filhos, que, nas referidas famílias não tradicionais, se apresenta de melhor qualidade quando comparada com as tradicionais. Segundo a Professora de Cambridge, a explicação mais provável é que esta diferença se justifique na maior motivação que estes pais têm para ter filhos em relação àqueles que integram o estereótipo tradicional, e são crianças planeadas e desejadas, já que não podem ser concebidas «acidentalmente» (Golombok S., 2015, pp. 192-193).

Evidentemente, não estamos em condições de desenvolver este estudo neste trabalho. No entanto, dos elementos que nos foi possível recolher e que teremos, como qualquer pessoa, perceção de compreender, o desenvolvimento saudável de uma criança depende de vários fatores, sendo que a família é, sem dúvida, a sua estrutura-base. O desenvolvimento de uma criança depende, em termos gerais, de três componentes interrelacionadas: o bem-estar psicológico dos pais [1131], a qualidade da relação pai/mãe-filho/a e as características psicológicas da criança. Estas três componentes, por sua vez, desenvolvem-se considerando o contexto social em que a família se insere (Golombok, 2015, p. 6). Não vamos, por extravasar o âmbito do nosso estudo, analisar estes fatores. Contudo, dos estudos desenvolvidos — e é esta conclusão que aqui nos interessa determinar —, a orientação sexual dos pais, a sua estrutura familiar e o recurso a técnicas de PMA implicam que estas crianças tenham ou manifestem algum problema quando comparadas com «as outras».

[1131] Este, por sua vez, inclui a qualidade do relacionamento entre os pais e o estado psicológico dos pais.

O recurso a dados que trabalharam estes fatores — além da verificação do crescimento de familiares «modernas» ou com estruturas não tradicionais — permite concluir que estas crianças não apresentam qualquer dificuldade ou problema quando em comparação com as outras de núcleos familiares tradicionais. As crianças crescem saudavelmente em ambientes familiares seguros, que prestam apoio e amor, independentemente da estrutura familiar em que tal se desenvolva (Golombok, 2015, p. 214) [1132]. A verdade é que não há qualquer evidência de que dois pais do mesmo sexo ou uma família monoparental não possam garantir de forma adequada os direitos da criança, sendo que o Committee on the Rights of the Child «*[...] has confirmed in one of its General Comments that children are entitled to the enjoyment of their rights 'regardless of the children's or their parents' [...] sexual orientation*» (European Parliament's Policy Department for Citizens' Rights and Constitutional Affairs, 2021, p. 85).

Nos estudos realizados a cujas conclusões tivemos acesso, demonstra-se que as crianças criadas por lésbicas [1133] não apresentam diferenças em relação às crianças criadas por casais heterossexuais. Já em relação a crianças criadas por *gays* parece não existir estudos suficientes que permitam extrair uma conclusão em definitivo sobre o impacto nas crianças da ausência de uma figura materna (Golombok, 2015, pp. 197-198) [1134]. Por exemplo, recorrendo à jurisprudência inglesa [1135], no aludido caso H v S (Surrogacy Arrangement) (2015) [1136], o Tribunal acabou por entregar a custódia da criança ao casal homossexual contra os desejos da gestante. Veja-se igualmente o caso H (A Child: Surrogacy Breakdown) (2017), em que a criança também ficou sob a custódia do casal homossexual contra os desejos dos pais.

A lógica da biparentalidade, que fomentava um normativo biologista é, sobretudo, ditada pela tradição (Pinheiro, 2016), não havendo, quanto a nós, razão para fazer cessar o princípio da igualdade [1137] perante uma nova normatividade (uma homonormatividade), que inclui a procriação [1138]. Em qualquer caso, o ónus da demonstração de qualquer dano, ainda que potencial para estas crianças, estará sempre na esfera de

[1132] Capelo de Sousa referia que, em sentido contrário, no interesse da criança «[..] esta necessita da imagem, temperamento, caráter e sensibilidade do homem e da mulher (enquanto portadores de específicas masculinidade e feminilidade complementares e solidárias)» (Sousa, R. C., 2016, p. 542).

[1133] Sobre a admissibilidade de técnicas de PMA para casais de lésbicas ou solteiras, v. tabela 5, apêndice A; tabelas 19 e 20, apêndice K; e figura 12, apêndice K.

[1134] «[...] é indispensável que a Lei faça prevalecer o respeito pelos direitos da criança que vier a nascer, onde radica de forma insuperável o de ser amada. Estes deverão ser, pois, observados em todas as circunstâncias em que haja alargamento das condições de acesso às Técnicas de PMA» (Conselho Nacional de Ética para as Ciências da Vida, 2016).

[1135] Que tivemos oportunidade de analisar no capítulo II.

[1136] Ainda que se discutisse se a natureza do negócio era, de facto, uma gestação de substituição.

[1137] Também nos arts. 2.º e 26.º do PIDCP.

[1138] A composição familiar das famílias com casais do mesmo sexo pode implicar um novo «*ménage familier*» com «*extended families*» e o «*parenting seems not to take into account these diferences, as it porpounds regulations based on conventional models*» (Venditti, 2019, p. 107).

quem quer ver limitado o acesso à gestação de substituição em razão do estado civil, orientação sexual ou outro fator. Sobretudo se considerarmos que, para estas pessoas, a gestação de substituição é o único meio para poderem ter um filho/a seu/sua. O Reino Unido, por exemplo, de 2014 a 2019, registou 348 pedidos de *parental orders* por casais do mesmo sexo, num total de 1268 pedidos (Horsey K. a., 2018, p. 23), o que parece sintomático da vontade de novos arranjos familiares e do potencial que a técnica tem associado para a transformação da parentalidade [1139].

Temos de lidar, nesta análise, com eventuais repercussões discriminatórias, ou seja, negar a gestação de substituição em geral é uma coisa, outra diferente é a sua aceitação, mas vedá-la a homossexuais ou transexuais pode levar (leva mesmo, quanto a nós) ao hastear das *bandeiras* da discriminação em função da orientação sexual. De facto, a limitação pode constituir não só uma forma de discriminação como, para estes grupos de pessoas, o acesso à gestação de substituição é a única forma que têm para garantir o legítimo interesse de terem filhos/as seus/uas, no sentido de produzir descendência biológica.

Não obstante, ao contrário do que acontece com os casais homossexuais, para casais heterossexuais existe um fundamento fisiológico que impede a mulher de engravidar, sendo a gestação de substituição a terapêutica médica que permite ultrapassar a patologia. Rita Lobo Xavier refere mesmo que o «[...] direito a procriar das pessoas com orientação sexual homossexual esbarra com a impossibilidade de, no plano dos factos, duas pessoas do mesmo sexo gerarem um filho em conjunto» (Xavier, 2016b, p. 844), acrescentando que o direito ao estabelecimento do vínculo jurídico da paternidade e da maternidade não se mostra compatível com a dupla maternidade ou dupla paternidade, isto é, o reconhecimento de direitos à autodeterminação das pessoas com orientação homossexual no âmbito parental (Xavier, 2016b, p. 855). Não podemos, também, concordar com esta posição. Por um lado, e seria o mais relevante, não encontramos qualquer sacrifício para as crianças ou discriminação quando vejam estabelecidas relações parentais com dois pais ou duas mães, ou um ou uma e, por outro lado, a nosso ver, a perceção da alegada não discriminação assenta no facto de se querer, a todo o custo, manter o logro da heteronormatividade em técnicas de PMA, o que não se mostra nem possível nem admissível. A biologia foi vencida e, se antes solteiros/as, homossexuais ou transexuais não podiam ter filhos/as, o que os impedia era uma razão biológica e não a sua incapacidade de criarem uma criança e de serem bons/oas pais/mães. Se é verdade que a procriação natural depende de um casal, de sexos distintos, férteis, isso não acontece na PMA, que, assistindo ao desejo de ter um(a) filho/a, permitiu que aquele limite da

[1139] Também os casais de lésbicas têm problemas associados. Ainda que possam gerar a criança e, portanto, o acesso à gestação de substituição não seja tão marcado, evidencia neste âmbito a partilha de óvulos ou a denominada comaternidade, em que uma é a doadora do óvulo e a outra a gestante, havendo doação de espermatozoides.

natureza deixasse de ser relevante e, não o sendo, qual a razão para o replicar numa técnica que não está dependente da natureza? Não encontramos qualquer razão para aplicar tal restrição.

Por outro lado, no caso dos homens, incluindo homens transexuais, e seja qual for a orientação sexual, a gestação de substituição é o único meio para terem um(a) filho/a *seu/sua*. Ainda que pela evidente diferença biológica que sempre se poderá apontar para um tratamento (justificadamente) diferenciado, não podemos deixar de nos questionar se será suficiente para justificar tal tratamento discriminatório o facto de alguém ser solteiro ou homossexual [1140] ou transexual [1141].

Porém, ainda que haja aparentes alargamentos no que tange à PMA, muitas vezes continuam a manifestar-se restrições que são, quanto a nós, injustificadas. Por exemplo, na LPMA:

> «Todos os projetos legislativos em análise supõem uma mudança do paradigma da utilização das técnicas de PMA, centrando as questões numa realidade: que a beneficiária das técnicas é a mulher, independentemente do facto de estar ou não acompanhada por um(a) parceiro/a. Nesta medida, as alterações previstas para a Lei n.º 32/2006, de 26 de junho, não implicam um verdadeiro alargamento dos beneficiários das técnicas da PMA, antes constituem o reconhecimento legal de que a beneficiária das técnicas é aquela em quem as técnicas são potencialmente aplicadas, ou seja, a mulher.» (Conselho Nacional de Ética para as Ciências da Vida, 2016)

Do nosso ponto de vista, estas limitações não parecem ser mais do que a continuação dos preconceitos em relação à orientação sexual. Libertado que foi o casamento entre pessoas do mesmo sexo, o próximo passo [1142] será o acesso à gestação de substituição (Schwartz, 2016).

[1140] Se em causa está, na admissibilidade de incluir casais de lésbicas ou solteiras entre os destinatários da PMA, a possibilidade de se ter um filho com recurso a doador de espermatozoides ou mesmo doadores de embriões, o que se garante, neste caso, onde está a pedra de toque inegavelmente, é que a gravidez continua a ser assegurada pela mãe (que é a gestante). A mesma situação já existia para casais heterossexuais, sempre se garantindo, independentemente da questão genética, que a gravidez era assumida pela mãe. Mantém-se, assim, o paradigma de que é mãe quem estiver grávida, independentemente de qualquer coincidência genética.

[1141] Podemos ainda questionar outra opção quanto a outras opções, por exemplo, um transexual masculino que, ainda que com sistema reprodutor feminino, não queira (e até nem consiga face à sua opção quanto ao género e orientação sexual) levar a cabo uma gravidez.

[1142] Depois da adoção.

Não desconsideramos que, na reprodução, em primeira linha, o que está em causa é a liberdade de alguém se reproduzir e, neste caso, a insusceptibilidade de alguém se imiscuir nessa liberdade. Outra coisa diferente — e como não desconsideramos que é neste afloramento que nos encontramos — é o direito de exigir de outrem que o nosso direito seja cumprido, neste caso, especificamente, exigir o direito a ter uma criança, o que é, evidentemente, diferente; não o negamos. Mas se é verdade que em relação a heterossexuais o cumprimento do seu direito se vai lograr pela não interferência de terceiros, o mesmo já não acontece quanto a solteiros, homossexuais ou transexuais. Estes ficam absolutamente impedidos de ter filhos/as, o que não se coaduna com a integração da PMA no direito à reprodução e que a permite, portanto, fora do estereótipo da relação sexual a todos/as que não possam ter filhos/as suas sem o recurso à ciência. E, se assim é, como entendemos que sim, eis a questão que se impõe: se está garantido o acesso a estas técnicas a casais heterossexuais, qual a razão para proibir ou impedir ao acesso a todas as outras pessoas que, não sendo heterossexuais, ou até sendo solteiras, querem ter um(a) filho/a?

No nosso entendimento, o direito à reprodução inclui agora, como referido, não só a liberdade de o fazer — através da relação sexual —, mas também um novo afloramento, o direito a aceder a todas as técnicas de PMA permitidas. De uma forma ou de outra, com ou sem intervenção de terceiros, este novo afloramento do direito à reprodução deve ser acessível a todos/as que, dentro dos limites estabelecidos para cada uma das técnicas — sem considerar estado civil, sexo ou orientação sexual —, desejem ter um(a) filho/a.

Se é verdade que as técnicas de PMA e a gestação de substituição em particular tiveram o mérito de aumentar as possibilidades de reprodução humana tirando-a do espectro metafísico do coito, também é inegável que dá cumprimento ao desiderato de, independentemente da orientação sexual, as *novas* famílias poderem almejar descendentes com os/as quais tenham — o que é legítimo — afinidade genética ou biológica, dando cumprimento ao princípio, desde logo ético e moral, de tratar cada um, independentemente da sua orientação sexual, sem qualquer mancha discriminatória, dando-lhes igual oportunidade.

No âmbito LGBTI, a PMA e a criação da família elevam a discussão face a padrões culturais enraizados. A redefinição da família e da sua construção não tem paralelo com o paradigma tradicional, o que a torna num desafio maior, designadamente na expansão da gestação de substituição. O poder simbólico da gestação de substituição está, também, em desafiar a natureza, a possibilidade de se ter filhos/as sem que o sexo ou a orientação sexual — além de patologias do sistema reprodutivo da mulher — sejam um limite. Mas o desejo de ter um(a) filho/a é universal, independentemente da orientação sexual, e o crescimento do mercado da PMA é sintomático desta vontade instintiva do ser humano. Existem, aliás, muitas empresas que exploram este mercado especialmente direcionado a homossexuais desenvolvendo um movimento denominado de «*neoliberal repropreneurs*» [1143] (Riggs & Due, 2017) [1144]. Nesta perspetiva neoliberal, se quisermos manter a expressão [1145], a gestação de substituição coloca-se como o meio último que derruba as limitações da biologia e enfatiza a liberdade individual de cada um quanto ao seu próprio projeto parental. A perceção da biologia, do corpo e da solidariedade está, indubitavelmente, mais marcada com uma dimensão individual. A reprodução é uma escolha orientada colocada, portanto, numa dimensão de responsabilidade pessoal (Kroløkke & Pant, 2012, p. 234) [1146].

Este é um facto inultrapassável, bem como o é o facto de a reprodução não ser só natural. A ciência mudou este paradigma e, com gestação de substituição ou não, não há um caminho de volta. Não obstante, a resistência em assumir as consequências desta mudança de paradigma, forçando a ligação da reprodução assistida a critérios tradicionais, não é mais do que dar causa a fricções, sobretudo jurídicas. Cremos que há uma incompletude, para recorrer a um eufemismo, quando a PMA se liga unicamente à infertilidade e tenta mimicar um estereótipo tradicional, nomeadamente quando, como é o caso na nossa LPMA, ainda que admita o acesso à PMA a mulheres, independentemente do estado civil ou orientação sexual [1147], continua a vedar a homens, casados ou solteiros, homossexuais ou não. Diga-se o que se disser, quanto a nós, há uma discriminação direta, sem qualquer causa que a justifique, que afeta gravemente a autonomia e a liberdade destas pessoas que são sancionadas em razão do sexo.

Além disso, se a PMA permitiu (e permite) alargar o âmbito das escolhas reprodutivas no sentido de que é possível que uma mulher, sem companheiro e com recurso a doação de espermatozoides tenha um filho seu, tal situação apresenta-se (ainda) inconcebível para um homem [1148], [1149] por evidentes razões biológicas, mas que é possível

[1143] Termo desenvolvido por Charlotte Halmø Kroløkke e Saumya Pant. No seu artigo *I only need her uterus: Neo-liberal Discourses on Transnational Surrogacy*, as autoras descrevem-no como uma visão neoliberal (Kroløkke & Pant, 2012).

[1144] Mais do que nos contratos de gestação de substituição com casais heterossexuais, poderão colocar-se mais questões considerando o papel da gestante nestes contratos, em que não existirá uma mãe declarada.

[1145] Suscitando a problemática de colocar a reprodução num ambiente de individualismo neoliberal e globalização e que o negócio com bebés prolifera.

[1146] É certo que nesta dogmática a solidariedade fica altamente diminuída — «*After all, if everyone is personally responsible for his or her own lot, there is little reason to respond with sympathy to those who are suffering or in need*» (Russell, 2015).

[1147] «[É] notória a dificuldade da nossa lei em superar o preconceito biologista, ou seja, a ideia perfeitamente ultrapassada de uma complementaridade heterossexual para um adequado exercício da função parental» (Real, 2016, pp. 128-129).

[1148] A não ser que se considerem hipóteses de úteros artificiais, mas não é disso que aqui tratamos nem temos nota que, no atual momento, a ciência esteja *capaz* de o fazer em seres humanos por forma a tornar-se outro elemento de pressão quanto à sua atual admissibilidade.

[1149] Estamos a referir-nos a um homem considerando o sexo do indivíduo e não a identidade de género, uma vez que um transexual ou a pessoa que assume um género masculino, apesar de ser do sexo feminino, que mantenha aparelho reprodutor pode gerar, evidentemente, uma criança.

ultrapassar, por exemplo, com recurso à gestação de substituição [1150], que garante o necessário útero da gestante (Brazier, 1998, p. 72). Em matéria de discriminação entre homens e mulheres, de facto, não recusamos a diferença biológica entre homens e mulheres, só estas podendo levar a cabo uma gravidez. É inegável, já que só as mulheres podem gerar filhos e o corpo da mulher é imprescindível para o nascimento de uma criança (Meroño, 2016, p. 818). Contudo, considerando a decomposição da relação da maternidade que é suscitada pela gestação de substituição e a forma como a concebemos, não conseguimos deixar de verificar discriminação injustificada.

Nesta perspetiva, do nosso ponto de vista, o princípio da igualdade [1151] ganha um novo afloramento que resulta de uma certa neutralidade que o direito à reprodução ganha com a gestação de substituição. Se as mulheres têm direito a reproduzir-se com recurso a uma gestante terceira, os homens também devem poder fazê-lo, não havendo qualquer razão para a exclusão, quanto a nós. Nesta nova dimensão, os homens, tal como as mulheres, não conseguem [1152] engravidar, recorrendo a uma terceira para o efeito. Há, neste aspeto, a necessidade de introduzir uma neutralização da reprodução quando se trata do recurso à gestação de substituição, e isso, com todas as críticas que se podem suscitar e que conhecemos, parece ser, quanto a nós, inegável e uma consequência que é necessário assumir.

Porém, admitimos, a situação não é clara ao nível do TEDH. Por exemplo, no caso de 2018, o TEDH não admitiu o caso Marie Charron et Ewenne Merle-Montet contre la France [1153] (2018), em que duas mulheres reclamavam o direito a um(a) filho/a sem um pai [1154]. Não obstante, já no caso Gas and Dubois v. France (2012) o Tribunal assumiu o seguinte:

> «*[...] the impossibility for single women or couples of women to receive an artificial insemination of semen is not discriminatory, because they are not in a similar situation than couples suffering from genuine pathological infertility. Therefore the practice of an artificial insemination of semen from an anonymous donor maintains its strictly medical purpose.*» (Kulczyk, 2018)

[1150] Nos países que a admitem e incluem estes destinatários.

[1151] Previsto no art. 13.º da CRP.

[1152] Além dos casos em que as mulheres são, por razões médicas, aconselhadas a não ter uma gravidez.

[1153] Por não terem sido esgotadas todas as instâncias internas.

[1154] «*In this case, two civilly married women wanted to "have a child". To this end, they asked in 2014 the Toulouse University Hospital to receive an artificial insemination of semen from an anonymous donor. However, French law allows this practice only to couples suffering from infertility "whose pathological nature has been medically diagnosed" (art. L. 2141-2 of the French Public Health Code). Since the infertility of these two women was not pathological, the hospital refused to satisfy their desire*» (Kulczyk, 2018).

A verdade é que os novos arranjos e composições familiares existem e emergem na nossa sociedade, impondo não só um alargamento da visão sobre a instituição, como uma certa pedagogia no sentido do coletivo, que, ainda que em mutação, é muitas vezes mais lento do que o que a realidade oferece para ser assimilado. Ademais, em países que admitem as técnicas além de situações de infertilidade [1155], é difícil perceber a limitação no acesso aos homens sendo, do nosso ponto de vista, uma verdadeira discriminação [1156] real e substantiva.

É verdade, também, e não negamos, que haja quem questione se o que aqui se trata é, de facto, de uma ode à igualdade ou à indiferenciação (Testart, 2014, p. 155). O que entendemos é que, pelo menos desde que o tribunal de Estrasburgo passou a incluir casais homossexuais como uma manifestação não só da vida privada, como também da vida familiar, sublinham-se as obrigações do Estado, incluindo na liberdade de acesso à PMA, de acordo com o dever geral de abstenção contra ingerências não justificadas ou arbitrárias. Além disso, e por outro lado, também exige que o próprio Estado dê assento ao respeito das relações dos indivíduos devendo «[...] adotar medidas que assegurem o respeito de vida privada e familiar na esfera de relações entre as pessoas» (Barreto, 2010, p. 231) e essa escolha impõe-se «[à] *partir du moment où la société est sollicitée pour réaliser le choix d'avoir um enfant san père, ce choix ne relève plus de la vie de l'intéressée mais de la responsabilité du législateur et, par consequente, de la société tout entière*» (Mirkovic, 2018).

Na sociedade contemporânea, as opções individuais de cada um(a) no campo da sexualidade constituem um afloramento da autodeterminação [1157] e desenvolvimento da personalidade. A Constituição, no seu art. 26.º, n.º 1 [1158], passa a incluir o direito ao desenvolvimento da personalidade [1159], [1160] bem como à reserva da intimidade da vida privada e familiar[1161], protegendo-os contra todas as formas de discriminação [1162], impondo ao legislador a incumbência de tomar as medidas para combater a discriminação. Nos termos do art. 13.º da CRP, no seu n.º 2, enuncia-se a orientação sexual como fator inadmissível de discriminação. Ao nível dos direitos humanos, impõe-se que um tratamento diferenciado só se mostre justificado quando há

1155 Como é o caso de Portugal.

1156 Com as suas diferentes variantes que podem ser analisadas em (Schutter, 2015, p. 703).

1157 Refere Orlando de Carvalho que, apesar de não ser um poder absoluto e, portanto, não ser a mesma coisa que autonomia da vontade, o poder da autodeterminação é o fundamento da composição dos interesses pessoais de cada um(a) (Carvalho, 2012, pp. 261-262).

1158 V. Miranda, 2017, p. 195.

1159 Uma decorrência da dignidade humana e entendido como um direito geral de liberdade (Pinto, 2018, p. 11).

1160 Refere Mota Pinto que a consagração do direito teve em vista a «tutela da individualidade, e, em particular, das suas diferenças e autonomia» (Pinto, 2018, p. 17).

1161 Desde a revisão constitucional de 1997.

1162 Art. 58.º, n.º 1, al. b), da CPR.

evidências objetivas de que o tratamento diferenciado se justifica para atingir um fim legítimo. Limitar o acesso a um direito por potenciais danos a terceiros, por exemplo, é uma inadmissível inversão de um ónus que cabe ao Estado demonstrar em qualquer situação de restrição. A querela, neste âmbito, prende-se com a compatibilização das escolhas individuais de cada um quanto às suas formas e opções de vida, nomeadamente relações homossexuais, com o correspetivo direito a constituir as relações familiares típicas, nomeadamente através da adoção e do acesso a técnicas de PMA. Esta posição tem de ser analisada considerando um outro fator, que é a bitola última e intransponível em relação à tomada de posição — o interesse da criança. Isto porque, seja da maneira que for, em relação a casais do mesmo sexo, ou até a solteiros, a admissibilidade da utilização de uma técnica de PMA que lhes permita ter um filho terá como consequência a omissão da linha da maternidade ou da paternidade.

Da forma como o assumimos, a gestação de substituição — mesmo com os limites que, quanto a nós, são intransponíveis — constitui uma técnica de procriação que, ainda que excecionalmente, garante o direito à procriação. Sendo verdade que o art. 69.º, n.º 2, da CRP se refere a um «ambiente familiar normal» [1163], parece-nos, nesta altura de desenvolvimento civilizacional, que se possa entender que o superior interesse da criança (só) fique garantido com uma família biparental. É neste sentido que entendemos que a própria LPMA [1164] caminha. Na primeira versão, o art. 6.º limitava ao acesso à PMA a pessoas que não integrassem casais. Com a alteração de 2016, as técnicas passaram a incluir todas as mulheres. Desta forma, todas as mulheres casadas ou em união de facto, homossexuais ou heterossexuais ou solteiras, podem aceder às técnicas de PMA, como se conclui da atual redação do art. 6.º [1165], continuando negado, e a nosso ver inexplicavelmente, o acesso às técnicas de PMA a casais de homens ou solteiros. No que tange à monoparentalidade, mas sobretudo à homoparentalidade, é necessário assumir, quanto a nós, a evidência de que a PMA acomoda uma neutralidade sexual que estende a função intencional e funcional da parentalidade. Como foi assumido, por exemplo, na Califórnia, desde o caso Johnson e, sobretudo, o Buzzanca. Além disso, aquela neutralidade foi acompanhada pela própria legislação, tendo «*[...] state legislature revised the family code to*

[1163] Francisco Aguilar entende por sua vez que, nos termos do art. 67.º, n.º 1, da CRP e art. 69.º, n.º 2, ao Estado e à sociedade cabe proteger unicamente a filiação natural e o ambiente familiar normal assegura, para a criança, a ideia de família normal. Este é o conceito de família que decorre, portanto, dos arts. 36.º e 37.º da lei fundamental. Ademais, o legislador ordinário não pode manipular o conceito constitucional de família (Aguilar, 2000, p. 664).

[1164] Apesar da justificação do CNECV supra referida.

[1165] «Podem recorrer às técnicas de PMA os casais de sexo diferente ou os casais de mulheres, respetivamente casados ou casadas ou que vivam em condições análogas às dos cônjuges, bem como todas as mulheres independentemente do estado civil e da respetiva orientação sexual». Quanto a beneficiários das técnicas de PMA, v. art. 6.º do Decreto-Regulamentar n.º 6/2016, de 29 de dezembro.

make both the marital presumption and the "holding out" presumption in section 7611 explicitly gender neutral» (Nejaime, 2016, p. 1263) [1166].

O fenómeno da PMA, e em particular da gestação de substituição, multiplica a fenomenologia familiar, sobretudo quando comparada ao modelo tradicional [1167]. Se com a gestação de substituição o que está em causa é a quebra entre a relação biológica entre a criança e o beneficiário, não se concebe que a capacidade reprodutiva da mulher seja o argumento que afasta os casais de homens ou os solteiros de recorrer a esta técnica. Ainda que com fundamento distintos, também este grupo de beneficiários nunca terá relação gestacional com a criança, é um facto, mas um casal de mulheres ou uma mulher solteira também não a terá se tiver de recorrer à gestação de substituição.

A Comissão de Ética da ASRM conclui que os tratamentos de fertilidade deviam ser prestados a qualquer pessoa independentemente da sua orientação sexual. No seu relatório de 2013, o Comité argumentava que, em termos éticos, o dever de tratar todas as pessoas com o mesmo respeito em matéria de fertilidade implicava tratar solteiros, lésbicas e homossexuais da mesma forma que se tratavam casais homossexuais. A conclusão radicou no facto de, considerando os dados e as evidências recolhidos, não se poder sustentar que os solteiros, lésbicas ou *gays* constituíam uma fonte de risco para as crianças, quando comparados com casais heterossexuais. As crianças de famílias monoparentais ou homossexuais não se apresentavam como vivências piores ou melhores em relação aos pais heterossexuais, concluindo que a atuação ética no acesso a técnicas de PMA para cumprir o desejo de ter um filho implica que estas sejam, sem discriminação, acessíveis a todos, independentemente do estado civil ou da orientação sexual (The Ethics Committee of the American Society for Reproductive Medicine, 2013).

Por outro lado, um estudo realizado em 2011 a 50 homens transexuais revelou que 64% destes homens tinham uma relação estável. Vinte e dois por cento afirmou

1166 Além de assumir, em consequência, a necessidade de acomodar todos os participantes (pais e mães) que contribuíram para a existência de cada criança e que, com ela, formem uma família, para além de um paradigma dual. «*[...] enacted a multipleparent law, thus moving parentage beyond the dyadic unit. [...] featured three individuals with claims to parental status: a biological mother, her same-sex spouse, and the biological father with whom the biological mother had a sexual relationship. After the appellate court in 2011 found that the child could have only two legal parents under the UPA, the legislature responded with a multipleparent bill, co-sponsored by NCLR. Now, a court can find more than two legal parents if not doing so would be detrimental to the child. The court would then allocate custody and visitation based on the child's best interests*» (Nejaime, 2016, p. 1263).

1167 Nos contratos de gestação de substituição, como o expusemos, temos assumido o critério do interesse da criança, garantido por quem assume o projeto parental. Ainda que se suscite que o que releva é o interesse em concreto e, nestas situações, a criança ainda não existe. Ademais, «não tem sentido uma presunção abstrata de satisfação do interesse de uma criança que não existe» (Oliveira, 1993, pp. 69-70).

ter filhos e cerca de 9% confirmaram que as companheiras haviam sido inseminadas com espermatozoides de doadores. Cinquenta e quatro por cento dos participantes confirmaram o seu desejo de ter filhos (Wierckx, 2012).

Embora os estudos demonstrem que as crianças não padecem de mais riscos ou estejam numa situação de particular diminuição ou vulnerabilidade, como conclui a ESHRE, o ónus da prova está nos críticos que limitam a grupos determinados de pessoas, seja qual for a catalogação que escolhem, o acesso à reprodução (G. De Wert, 2014). Contudo, os direitos reprodutivos dos homens não acompanharam os das mulheres e estes enfrentam barreiras sociais, culturais e legais que as mulheres não experimentaram com tanta ênfase. Os homens, os solteiros, sejam homossexuais ou não, enfrentam a sua condição como uma situação de infertilidade social para a qual não está desenvolvida uma «consciência procriativa». As possibilidades da parentalidade emergem, nomeadamente da gestação de substituição e da possibilidade de garantirem uma descendência que carregue os seus genes (Murphy, 2013) e os direitos previstos nos arts. 8.º, 12.º [1168] e 14.º [1169] da CEDH [1170] têm sido invocados (Xavier, 2016b). Por sua vez, a diretiva 2000/78/CE proíbe qualquer forma de discriminação baseada na orientação sexual [1171] tendo o TJUE, no caso Tadao Maruko contra Versorgungsanstalt der deutschen Bühnen (2008) [1172] considerado que, apesar de

[1168] Embora seja o art. 8.º aquele que o TEDH aplique à matéria que aqui estudamos. O art. 12.º aplica-se à família ligada pelo casamento. No caso X. v. Belgium and Netherland, 1975, o tribunal conclui que «*[t]he right to found a family implies the existence of a couple and does not include adoption by an unmarried person*».

[1169] Apesar de não especificar diretamente a questão da orientação sexual, o Tribunal assumiu expressamente a sua inclusão, por exemplo no caso S.L. v. Austria, em que o queixoso considerava discriminatória a criminalização de práticas homossexuais. De igual modo, no caso n E.B. and Others v. Austria, o tribunal analisou o art. 14.º em conjunto com o art. 8.º, relativo à manutenção de condenações no registo criminal relativas a práticas homossexuais consensuais (S.L. v. Austria, 2003, e E.B. and Other v. Austria, 2013).

[1170] Interpretada de acordo com critérios interpretativos internacionais.

[1171] Incluindo a interpretação em relação ao casamento que, no Tratado de Lisboa, não se compromete com qualquer indicação quanto ao sexo dos nubentes. Da mesma forma, em relação ao art. 12.º da CEDH, ainda que ligado a uma interpretação associada ao modelo tradicional heterossexual considerando o momento temporal da sua redação, o TEDH considerou que o direito a casar não tem agora aquele limite interpretativo. O tribunal apreciou esta questão, nomeadamente no caso de uma transexual que se viu impossibilitada de casar com o seu companheiro considerando que, na interpretação que era feita do art. 12.º, nada impunha ao Estado a obrigação de garantir o casamento entre estas pessoas, considerando a estrutura tradicional que resultava do preceito. Neste caso (Christine Goodwin v. the United Kingdom, 2002), o tribunal deu um novo sentido ao art. 12.º e com a adoção da CDFUE e do seu art. 9.º, cuja redação removeu a referência a homem e mulher, quer ver ultrapassada definitivamente o sexo em matéria de casamento. Também no caso Schalk and Koft v. Austria (2010) o tribunal voltou a pronunciar-se sobre este sentido interpretativo em relação ao casamento entre pessoas do mesmo sexo.

[1172] Relativo a uma pensão de sobrevivência.

o alcance do considerando 22 da Diretiva não prejudicar as legislações nacionais em matéria de estado civil, «[...] importa recordar que os Estados-Membros devem, no exercício dessa competência, respeitar o direito comunitário, nomeadamente as disposições relativas ao princípio da não discriminação».

Podemos, quando analisarmos a questão do sexo ou orientação sexual em matéria de gestação de substituição, ser criticados no sentido de levarmos exatamente esta visão, de superação do sexo, como uma visão também ela transhumanista de pura aceitação da dominação e da vontade sobre a realidade. No entanto, como teremos oportunidade de analisar, a questão aí é diferente, sendo que o sexo de cada um se pode superar para a reprodução [1173] nesse patamar. O que está em causa é o motivo para a distinção entre homens e mulheres — a biologia não é ultrapassada; o papel dos homens e das mulheres é que se torna, pelo menos tendencialmente, mais neutro. Ainda que reconheçamos que a questão não é unicamente unilateral, nem está somente no âmbito da esfera individual de cada um e no seu inalienável direito a constituir família. A questão é tridimensional e coloca-se a questão de saber da eventual instrumentalização do direito e da liberdade associada ao recurso aos progressos científicos em matéria de reprodução e se do mesmo é suscetível fundamentar-me um «direito a um filho». Mas, mais ainda, se a parentalidade «*[...] peut être totalement détachée de la réalité biologique sans préjudice pour l'être humain*» (Institut Thomas More, 2016, p. 81), o que é, para nós, o caso, tomando as palavras de Mireille Delmas-Martys e de uma certa «humanização do direito» que para aqui avocamos. Não havendo instrumentalização do ser humano e, portanto, da sua dignidade, não encontramos razão para a imposição de um limite quanto à legitimidade de acesso à gestação de substituição.

A tradicional família heterossexual é vista, ainda hoje, como o estereótipo da relação familiar ideal a que qualquer criança tem «direito». É ainda vista como «menor» uma relação familiar distinta desta e, por isso, é vedado a muitos casais ou solteiros terem um(a) filho/a, mas, do nosso ponto de vista, a orientação sexual ou o estado civil não pode ser o critério que determina que as pessoas sejam impedidas de ter um(a) filho/a, o que é, no mínimo, uma injustiça para com estas pessoas e para com as crianças que, podendo ter um lar, saudável e afetuoso, se veem dele impedidas. O movimento em matéria de direitos humanos e da eliminação de formas de discriminação numa sociedade baseada na igualdade implica a aceitação da diferença. Continuar a marcar diferenças em relação a questões biológicas é, quanto a nós, a mesma expressão de discriminação em razão da cor da pele ou do sexo, esta corresponde a uma discriminação sem qualquer causa que a justifique e que não pode ser aceite numa sociedade assente numa injustificada realidade monolítica de família. Impõe-se a pluralidade que se deve reconhecer numa sociedade democrática que

[1173] Ainda que seja necessário material genético de duas pessoas de sexos distintos e uma mulher para levar a cabo a gravidez e o parto.

continua a discriminar alguns cidadãos em razão da sua biologia [1174], muitas vezes fluida e decidida por terceiros.

Por exemplo, no *Chicago Consensus Statement* sobre o «tratamento» de crianças com «DSD» [1175], assume-se que deve ser feita a atribuição do sexo o mais cedo possível depois da avaliação multidisciplinar (Viau-Colindres, Axelrad, & Karaviti, 2017). Não obstante, esta solução apresenta-se controversa, e «*[...] a complex, dynamic, interactive, and socioculturally dependent nature of neurological development via which the "social phenomenon of gender is literally incorporated, shaping the brain and the endocrine system," to become "part of our cerebral biology"*» (Clune-Taylor, 2021, p. 193), sendo que as características físicas e biológicas são materialmente afetadas por práticas sociais, «*[...] shaping aspects of "sex, itself."*» (Clune-Taylor, 2021, p. 193). A fluidez e a não conformidade com as categorias binárias ganham mais permeabilidade e aceitação [1176].

No caso Christine Goodwin v. the United Kingdom [1177], o Tribunal considerou que, nos termos do art. 8.º da Convenção, a aceitação da condição da desordem quanto à identidade de género [1178] em matéria de transexualidade [1179], medicamente reconhecida [1180], implica a aceitação do género com que se identifica. Aliás, trata-se de uma posição nova em relação ao que anteriormente havia decidido, nomeadamente

[1174] Não podemos, desta forma, aceitar uma visão que considere que «*a men in a homosexual relationship should not adopt children, either from their partners or from strangers, as this would allow them to form a quasi-family. However, this would only be a "family substitute" while the (child's) right to live and be brought up by a traditional heterosexual family should be guaranteed in the Union. The rights of same-sex people should give way to the protection of children's rights in the most elementary area of family life*» (Sokołowski, 2019, p. 604).

[1175] Por exemplo, o modelo do tratamento de crianças com «*Disorders of Sex Development*» «*encompass a group of congenital conditions associated with atypical development of internal and external genital structures. These conditions can be associated with variations in genes, developmental programming, and hormones. Affected individuals may be recognized at birth due to ambiguity of the external genitalia. Others may present later with postnatal virilization, delayed/absent puberty, or infertility*» (Witchel, 2018). A denominação foi obtida em 2006 pela Pediatric Endocrine Society e a European Society of Pediatric Endocrinology e resultou de um consenso internacional sobre a determinação do sexo como uma questão complexa e não determinada por um único critério e que ficou conhecida como a «Chicago Consensus Statement» (Viau-Colindres, Axelrad, & Karaviti, 2017).

[1176] Podendo ser relevante a emissão de certificados de nascimento com opção distinta de feminino ou masculino, como acontece em Nova Iorque, que inclui a opção «intersexo» (Viau-Colindres, Axelrad, & Karaviti, 2017).

[1177] Confirmada no caso Grant v. United Kingdom de 2006.

[1178] Classificada como tal pela OMS.

[1179] Ainda que não relacionado com esta matéria, o Parlamento Europeu, no âmbito da resolução JO 1989 C256 e a PACE na recomendação 1117 de 29 de setembro de 1989, já havia pedido reconhecimento da identidade transexual.

[1180] E que implica que os Estados admitam e comparticipem as cirurgias respetivas para que a fisionomia da pessoa se assemelhe ao género com que se identifica.

no caso Sheffield and Horsham v. United Kingdom [1181], [1182]. O Tribunal assumiu uma posição no aludido caso X., Y. and Z. v. United Kingdom[1183] que o art. 8.º incluía: «[...] *now hold that the notion of respect for family and/or private life required States to recognise the present sexual identity of post-operative transsexuals for legal purposes, including parental rights*». No caso X, Y and Z v. UK (1997), um transexual (uma mulher que passou a ser homem) reclamava o reconhecimento da paternidade do filho. Ainda que admitindo a inclusão no art. 8.º, o TEDH acabou por concluir que não há consenso europeu sobre a concessão de direitos parentais a transexuais. O homem, que era o companheiro da mãe da criança e que engravidou com recurso a um doador de espermatozoides, pedia para ser legalmente reconhecido como o pai da criança. O Tribunal considerou que, neste caso, manteve o paradigma convencional e justificou a posição inglesa no sentido de que não havia relação biológica com a criança, apesar de, neste caso, aquele manter com ela uma relação de paternidade social [1184]. Contudo, como resulta do caso D.H. and Others v. the Czech Republic, nos termos do art. 14.º, um tratamento discriminatório não é justificado se não tiver uma justificação objetiva e razoável para o tratamento diferenciado. Mas, naquele caso, o Tribunal não foi ao ponto de reconhecer o pai, considerando a falta de consenso europeu.

O que se entende é que razões de ordem ética e jurídica e até moral podem estar subjacentes à decisão biopolítica de admitir, ou não, a gestação de substituição, mas, estando aceite nomeadamente o enquadramento legal, tem de se mostrar coerente com os interesses que estão subjacentes, quer públicos, quer privados, e de acordo com os direitos humanos em crise, nomeadamente no âmbito da CEDH.

Esta evolução de pensamento [1185] do TEDH é marcada por um ativismo jurisprudencial, ainda que balizada ou restringida (Dzehtsiarou, 2011) pela ausência de consenso europeu em muitas matérias, mas, também neste aspeto, a jurisprudência criativa do TEDH vai liderando, em muitos casos, os caminhos a seguir [1186].

1181 Além de manter ainda a tese neste caso que o art. 12.º apenas inclui o casamento entre pessoas do mesmo sexo.

1182 Relativo ao caso da alteração de documentos de identificação de um transexual.

1183 Numa evolução de pensamento em reação à jurisprudência até essa data, nomeadamente no caso Rees case and Cossey v. the United Kingdom, e B. v. France tendo em consideração que a desordem quanto à identidade de género não é um *mero* problema psicológico, mas sim decorrente de uma base neurofisiológica.

1184 Curiosamente bem diferente da posição que assumiu no caso Marckx v. Belgium (Marckx v. Belgium, 1979).

1185 No caso dos transexuais, acompanhando, nas palavras do tribunal, a tendência geral para o reconhecimento dos direitos dos transexuais.

1186 «*The proposition that the Convention is a "living instrument" is the banner under which the Strasbourg Court has assumed power to legislate what they consider to be required by "European public order"*» (Dzehtsiarou, 2011, p. 1737).

A ascensão das famílias modernas tem sido evidente ao longo dos anos. De acordo com o US Census Bureau, por exemplo, havia 13,6 milhões de famílias monoparentais nos EUA [1187], sendo que cerca de 40,6% correspondem a pais que se divorciaram ou separaram e 42,6% nunca se casaram (United States Census Bureau, 2015). Em Portugal, de dados do INE conclui-se que nos últimos 50 anos cresceu o número de famílias monoparentais — de 6% em 1960, para 9% em 2011 (Instituto Nacional de Estatística, 2013).

A mutação por que as formas familiares vão passando ao longo do tempo — sendo que, com o decréscimo dos casamentos e o aumento de divórcios [1188], a possibilidade de recomposição familiar é ainda maior —, com, além de famílias monoparentais, novas combinações familiares, com padrastos e madrastas e os filhos destes e eventuais filhos comuns, dá origem a novos rearranjos familiares. Além do mais, famílias que agora são compostas por homossexuais não só passaram a ser possíveis, como representam uma forma de contemporaneidade nos arranjos familiares no sentido de se apresentarem explicitamente e afastando, pelo menos em parte, a discriminação quanto à orientação sexual dos pais.

A justiça reprodutiva implica não só a gestante, mas também os beneficiários, os/as pais/mães da criança, impondo-se a inclusão, em nosso entender, a outros grupos por forma a mitigar as iniquidades. Referimo-nos, tal como o sufragamos *supra*, a solteiros/as e à comunidade LGBTI em geral (Stacey, 2018). Tratando-se de casais homossexuais ou solteiros/as, o princípio da igualdade impõe que o acesso à gestação de substituição se faça também por casais homossexuais ou solteiros, tal como é possível para casais heterossexuais ou solteiras, não havendo, quanto a nós, qualquer motivo que justifique a discriminação em razão do sexo e orientação sexual. Na ausência da demonstração da diferença de tratamento, assumimos que a gestação de substituição [1189] é uma forma de nivelar o tratamento entre homens e mulheres [1190]. No que tange à gestação de substituição, Hall disserta sobre a questão de a gestante ter, em qualquer caso, mais «trabalho» na produção da criança do que os pais genéticos. Porém, a questão não é a quantidade de trabalho. Hall enfatiza que, numa situação em que a gestante não tem relação genética com a criança, não há dúvidas que o pai — sendo quem contribui com o material genético — o é, sendo que a sua contribuição não é maior nem menor do que a da mãe genética (Hall, 1999, p. 76).

[1187] Os homens representam cerca de 19,6% deste número. Um aumento de 3,6% em comparação com 1996.

[1188] Embora, quanto a estes, se possa constatar que, mantendo-se o decréscimo de casamentos, o número de divórcios tem diminuído.

[1189] «*In the absence of a convincing demonstration that commercial surrogacy is socially harmful, I can see no basis for the claim that tolerance of commercial surrogacy obstructs progress toward equality between women and men*» (Arneson, 1992, p. 164).

[1190] Não querendo ser redutores com esta divisão binária, mas que se apresenta desta forma por simplicidade de redação.

É neste âmbito que assumimos a neutralidade reprodutiva no que tange à gestação de substituição relativamente aos potenciais beneficiários.

O mundo está em mudança constante, e há agora estranhos e pouco tradicionais métodos de criar a geração que se segue. Mas estes, ainda que estranhos, não são ou podem não ser menos que os *antigos*, e a gestação de substituição tem um importante papel no sentido de garantir o cumprimento de legítimas expectativas relativamente a quem não pode ter filhos/as biológicos/as. O Ministro Philip Dune referiu exatamente esse papel da gestação de substituição na sociedade e que o «*[...] UK Government recognises the value of this in the 21st century where family structures, attitudes and life-style are much more diverse*» (Horsey K., 2018, p. 23) [1191].

Não havendo, além desses argumentos, outro aspeto a apontar, a sua proibição não é mais do que uma repulsa pessoal indefensável. Desta forma, entendemos que qualquer pessoa é titular do direito a procriar, uma expressão do seu direito à família e da autonomia individual de cada um(a) — hodiernamente, com realidades familiares em que as crianças têm como referência, além de conceções tradicionais de dois progenitores de sexos distintos, famílias só com uma mãe ou pai, famílias com irmãos/ãs, padrastos ou madrastas, meios/as-irmãos/ãs. A parentalidade, mesmo num contexto fora da PMA, não existe só no contexto tradicional. Existem múltiplas proliferações de famílias, em sentido próprio, obviamente, em que mais do que uma pessoa se pode assumir e se assume como mãe e/ou pai da criança. E com isso a mãe agora não é certa, ou pelo menos não o é considerando o paradigma tradicional. No entanto, a ciência vem trazer esperança para muitas pessoas que, quanto a um determinado modelo de parentalidade, não tinham qualquer esperança de prosseguir. Agora, podem almejá-lo, considerando o que a ciência pode fazer por eles. E se podem, a constituição do projeto familiar, numa vertente moderna de encarar o instituto — como deve ser, aliás — terá subjacente a garantia de acesso a meios médicos e técnicos que o permitam.

6.2. A Conveniência

De entre os critérios associados à possibilidade de recorrer à gestação de substituição, um deles é a suscetibilidade de o fazer considerando razões de conveniência e gestão de oportunidades. Razões de ordem profissional, estética ou outras presidem à tomada de posição da mulher que decide não levar a cabo a gravidez.

Muitas das situações podem até estar associadas a termos comparativos com as opções de muitas celebridades que vão marcando posição quanto ao recurso à gestação e substituição e, seja por efetiva impossibilidade, seja por questões de ordem

[1191] Posição assumida pelo Ministro de 29 de novembro de 2017 em relação à Human Fertilisation and Embriology Act (2008): Remedial Order.

estética ou de conveniência, há muitas vezes associado a estas matérias um critério puramente egoísta para se socorrer da gestação de substituição, forma eletiva ou no movimento designado «*too posh to push*».

Não vamos centrar neste tópico as nossas atenções em motivos de impossibilidade em razão da idade da mulher que, pelas opções profissionais ou mesmo de contingências pessoais adia a maternidade até se colocar numa situação em que, pela idade, deixa de poder ou de lhe ser recomendado engravidar [1192]. De facto, seja por razões sociais, profissionais, quer pelo maior controlo em relação à gravidez não desejada, pelos métodos contracetivos, bem como políticas de planeamento familiar, e o próprio aumento da esperança média de vida [1193], é inegável a tendência para adiar a concretização do projeto parental.

No parecer de 2004, o CNECV considerou que as técnicas de PMA, em geral, não devem ser consideradas procedimentos alternativos à reprodução natural, mas, de acordo com o princípio da subsidiariedade, métodos subsidiários, decorrentes de razões médicas, considerando a necessária ponderação entre os interesses dos candidatos a pais, «[...] mas sobretudo dos interesses do futuro ser humano que vier a ser concebido através da PMA, na assunção do princípio da vulnerabilidade que obriga ao cuidado e proteção do outro, frágil e perecível» (Conselho Nacional de Ética para as Ciências da Vida, 2004). Em relação à gestação de substituição em concreto, o Conselho manifestou a mesma posição [1194].

O princípio da subsidiariedade funda-se na não instrumentalização do ser humano, bem como do princípio da precaução (Santos, Renaud, & Cabral, 2004, p. 42). Já no relatório de 1993, o CNECV [1195] referia que a «[...] existência de novas vidas, colide com o facto de originar seres humanos em função dos pais, eventualmente até para resolver problemas destes, quaisquer que eles sejam, e exige que a vida de cada indivíduo resulte de uma decisão de amor» (CNECV (3/CNE/93), 1993). Desta forma, as técnicas de PMA, em particular a gestação de substituição, não constituem um método alternativo à reprodução natural.

De facto, concordamos com a solução, ainda que, como tivemos oportunidade de referir, não com o fundamento que conduz a «este» caráter subsidiário da gestação de substituição. Não assumimos que há meios próprios ou menos próprios para a reprodução, sendo a PMA um método tão legítimo como a reprodução dita natural. Todavia, ainda que assim seja, há diferenças a considerar e estas, do nosso ponto de vista, justificam um tratamento diferenciado.

[1192] Recolha de óvulos de mulheres adultas para crio-conservação com o escopo de os utilizar mais tarde, o que já tivemos oportunidade de referir

[1193] Mas que não significa a manutenção da capacidade reprodutiva e da qualidade dos ovócitos.

[1194] Particularmente na apreciação crítica das propostas de lei que lhe foram submetidas em 2012 (Conselho Nacional de Ética para as Ciências da Vida, 2012).

[1195] Ainda que, nesta altura o Conselho não só afastasse a gestação de substituição, como só admitisse a PMA a casais heterossexuais com um vínculo de estabilidade.

Como vamos analisar mais à frente neste trabalho de forma mais detalhada [1196], mas também como parece ser evidente, a gestação de substituição tem um impacto não só nos outorgantes, mas também, e sobretudo, no ser de direito gerado e nascido no âmbito deste complexo projeto parental. Ainda que, quanto a nós, seja ética e legalmente possível — factualmente já o é — a contratação de uma gravidez para ter um(a) filho/a, a verdade é que este meio implica uma desassociação de pelo menos três elementos típicos da parentalidade, concretamente da maternidade, onde se veem com maior profundidade. A relação gestacional, genética e social [1197], [1198] do vínculo parental. Ainda que possível, e a nosso ver admissível, não podemos negar que esta separação implica uma alteração naquilo que é — pelo menos no atual estado de coisas — uma configuração da relação parental distinta daquela que resulta da natural, porquanto esta criança tem os seus pais e mães dispersos em até seis pessoas [1199]. Como referimos e teremos oportunidade de analisar com maior profundidade, o impacto — porque o tem — na identidade da própria criança, na sua história de vida, na sua dimensão pessoal e até social não é de desconsiderar. Não dizemos que seja pior, mas é, com toda a certeza, diferente. Quando partimos do princípio — como nós fazemos — de que a gestação de substituição visará, como meio, garantir um dos afloramentos da reprodução natural, assumimos como um desejo natural ao ser humano de produzir descendência, de constituir família, com relação genética com a prole. Este interesse pessoal na constituição da família, assente naquele desejo natural e legítimo, com um projeto parental que inclua a gestação de substituição satisfaz os interesses dos/as pais/mães e será bom para os/as filhos/as.

O risco associado a uma gravidez também não é de desconsiderar. Veja-se o exemplo de uma gestante que entrou em convulsões aos oito meses de gravidez e teve de passar por uma cesariana de emergência. A criança nasceu saudável e a gestante foi enviada para outro hospital, tendo vindo a falecer [1200]. Ou o de outra gestante que sofreu complicações pós-parto, mas a clínica recusou tratamento por ter terminado o contrato, acabando por falecer também (Pascoe, 2018, p. 464).

Significa que a saúde, sem uma ponderação dos interesses e futuros interesses em conflito, poderia até dar origem a uma interpretação enviesada que, além de uma necessidade clínica efetiva de recurso a uma técnica de PMA, nomeadamente

[1196] V. capítulo V.

[1197] Como acontece na adoção mas, como referimos, para nós, a eventual sobreposição entre ambas as realidades implica a confusão absoluta da gestação de substituição com adoção, o que, também para nós, não se mostra admissível.

[1198] Não estamos aqui a considerar outro elemento da ligação maternal, mas que é comummente referido — e que terá relevância no âmbito contratual (pelo menos foi nesse âmbito que decidimos tratá-lo, eventualmente pecando esta análise por defeito, mas, quanto a nós, e para o que aqui analisamos, não se mostra relevante) —, que é a amamentação.

[1199] Independentemente de quem seja legalmente reconhecido como pai e/ou mãe desta criança.

[1200] O caso ocorreu na Índia.

a gestação de substituição, o mero capricho individual poderia estar legitimado em prol de um pleno bem-estar a que todos têm direito. Admitir a gestação de substituição nestes casos será admitir a legalização dos riscos (Czubik, 2019, p. 519) sem causa que a justifique.

As técnicas de PMA, desenvolvidas para dar resposta a problemas de infertilidade, colocadas ao serviços de um projeto criacionista pessoal de procriação que não se enquadre naquele princípio suscita clara ponderação ética (Conselho Nacional de Ética para as Ciências da Vida, 2016). Na declaração de voto de Rita Lobo Xavier, no âmbito do parecer de 2016, afirma: «Considero não ser eticamente aceitável que as técnicas de PMA, desenvolvidas para dar resposta a um problema de saúde — infertilidade — possam ser aplicadas no contexto de um projeto de procriação que não enquadre naquele princípio beneficente» (Xavier, 2016a).

Em abono da verdade, no que à mulher tange, nada obsta, mas, por um lado, estando a tratar de um procedimento médico, a inexistência de um problema para a sua saúde e bem-estar, ou seja, não sendo uma intervenção em benefício do/a beneficiário/a, como se impõe aos atos médicos [1201], no sentido de satisfazer um interesse legítimo, a intervenção médica não seria, quanto a nós, justificada. Ainda que a CRP, a nosso ver, legitime o recurso à gestação de substituição, particularmente pelo art. 36.º (e art. 67.º), como refere Luísa Neto, nos termos do art. 13.º, a igualdade material implica tratar de forma diferente as situações que são distintas. Ora, neste caso a «[...] PMA deve ser garantida aos sujeitos para quem é a única forma de reprodução possível» (Neto, 2004, p. 582). Concordamos com a Professora. A PMA, e em particular para nós a gestação de substituição, deve ser deixada a quem não tem outra forma de procriar — «*[e]thicists fairly uniformly agree that resorting to surrogacy solely for convience sake is immoral. [...] Using it simply to avoid the pain and disruption of pregnancy and delivery is immoral*» (Feinberg & Feinberg, 2010, p. 438).

Além disso, e admitindo que não vamos aprofundar a posição quanto aos atos médicos [1202], o que aqui resulta é que a gestação de substituição não é unilateral nem unidirecional. Isto é, como temos vindo a fazer até agora sem curar as teias relacionais que do negócio resultam [1203], o que nos parece é que, ainda que a gestação de substituição permita a concretização do direito a procriar e constituir família, também, como é evidente, não só faz dispersar por várias pessoas os elementos

[1201] Discute-se se não será uma intervenção com maleficência em relação à gestante. V. secção subsequente.

[1202] Que são, por um lado, praticados sobre uma gestante que não tem qualquer problema de saúde (v. capítulo IV) e, por outro, também não serviriam para ultrapassar uma barreira que impede alguém de ter filhos/as.

[1203] Estamos unicamente a analisar o fundamento do recurso à gestação de substituição e este, quanto a nós, reside no interesse dos/as beneficiários/as assente no seu direito a procriar e constituir família. Não significa isto que, também quanto a nós, o acesso à PMA e, concretamente, à gestação de substituição não tenha limites e sejam admissíveis restrições.

típicos da reprodução, como implica que outrem assuma a gestação, o que pressupõe que esta mulher assuma, por mais diminutos que sejam, os riscos típicos de uma gravidez, quer para a sua saúde, como para a própria vida , bem como as eventuais consequências que da mesma resultam, como os impactos psicológicos resultantes da separação da criança.

Desta forma, entendemos que, se considerarmos os três parâmetros da IBC que aqui usamos nesta temática, há, em primeiro lugar, princípios universais, como a dignidade humana, que estão além de qualquer relativismo, mesmo cultural. Depois, há que garantir o primado do ser humano sobre a ciência, e este é o limite do possível, ainda que a ciência permita mais e, por fim, tratar alguém como mero meio, reificando a pessoa, não é conciliável com a dignidade humana (International Bioethics Committee, 2018), incluindo no aspeto relacional que impõe tratar os outros com dignidade.

Nesta ponderação, considerando que a gestação de substituição visa garantir pelo menos um dos elementos da reprodução natural, o que entendemos é que — e não o fazemos pela quantidade — se a mulher pode conceber, gerar, suportar a gravidez e parir, então tem, na sua esfera, sem necessidade de recurso a terceira pessoa, a suscetibilidade de aceder à reprodução natural e, portanto, sem necessidade de PMA [1204]. Ademais, na ponderação dos interesses da criança, entendemos que, nada justificando a dispersão, estes se devem manter o mais concentrados possível.

Além do mais, e neste aspeto, a utilização da gestante sem o motivo legítimo que, quanto a nós, admitirá, ética e legalmente, a contratação das capacidades reprodutivas de outra pessoa, a inexistência daquela motivação será, a nosso ver, uma verdadeira forma de instrumentalização da gestante, o que, atentando contra a sua dignidade, se mostra, quanto a nós, um limite intransponível.

A conveniência não se apresenta como justificação para associar um risco injustificado à gestante e apresenta-se como forma de hierarquização de uns sobre outros, levando a que a gestante se torne um objeto ao serviço de interesses de outrem que, num exercício de ponderação não encontra qualquer justificação [1205], [1206].

[1204] Entendemos, desta forma, que se verifica quanto a este fundamento uma restrição, já que os beneficiários não veem posto em causa o seu direito a procriar e a garantir a continuidade da sua carga genética para a geração seguinte, pelo que o núcleo essencial do direito se mantém intocado.

[1205] Esta questão chegou a ser tratada no Caso Baby M, em que a Sra. Stern, que padecia de esclerose múltipla, decidiu que não tinha interesse em passar por uma gravidez, mas, de facto, ainda que com aquele diagnóstico a gravidez não era inviável.

[1206] A questão pode não ser distante quanto a isso, basta pensar, como chamam a atenção Whetstine e Beach (2016, p. 37), nas situações de cesariana eletiva em que, sem fundamento médico, por razões de conveniência, as mulheres decidem que não querem passar pelo parto vaginal, referindo-se à percentagem de 21% da mulheres no Reino Unido que, no âmbito de seguros privados de saúde, decidem pela cesariana.

6.3. A Reprodução *Posthumous*

A biotecnologia constitui uma forma de criação de famílias modernas e, se suscita problemas e dúvidas sobre esta fronteira da criação da vida que ocorre em laboratório e é manipulada [1207], também problematiza as fronteiras do fim da vida e da procriação *post mortem*.

A possibilidade de criopreservação de gâmetas ou embriões para serem usados mais tarde tem aumentado para garantir que o relógio biológico, sobretudo no caso das mulheres, se atrasa e preservar a fertilidade para cumprimento de um projeto parental que é adiado. Também pessoas a quem é diagnosticada uma doença grave, como cancro, e a quem vai ser aplicada uma terapia que põe em causa a sua fertilidade, como a quimioterapia, têm recorrido a estas técnicas de conservação. Em muitos casos esta opção coloca-se em situações limite em «*[...] occasions in which a person may die unexpectedly and their partner may wish to proceed with fertility treatment using their cryopreserved biological material with or without previously obtained express written permission*» (The International Federation of Fertility Societies, 2016, p. 31). Estes casos são mais complicados quando a pessoa não conseguiu prestar o seu consentimento por escrito, por exemplo, para recolha e utilização do seu material biológico no sentido de ter um(a) filho/a após a sua morte ou, de todo, não prestou qualquer consentimento ou expressou o seu interesse em procriar *post mortem*.

A reprodução *post mortem* consiste na recolha e crioconservação de espermatozoides [*posthumous sperm procurement* (PSP)] [1208], [1209] e posterior utilização para FIV ou ICSI (Tremellen & Savulescu, 2015, p. 6). Esta recolha pode ocorrer por «*extraction of sperm, ova, or excision of reproductive tissue from a comatose person who is usually brain dead. Immediate testicular sperm extraction has also been performed on males following complete cessation of cardiac activity*» (The International Federation of Fertility Societies, 2016, p. 31) ou pela utilização de «*[...] gametes, reproductive tissue, or embryos that had*

[1207] Ou ainda para não criar o que quer que seja criando o debate sobre a utilização do material embrionário e dos embriões para fins exclusivamente científicos.

[1208] Os bioeticistas entendem que é eticamente aceitável a recolha e fertilização para posterior reprodução, mesmo sem o consentimento do falecido, por três ordens de razões. Por um lado, o mesmo fundamento da doação de órgãos; por outro lado, há um benefício para o próprio doador, já que se lhe garante a transmissão do seu legado genético; e, por fim, atender aos interesses da viúva (Tremellen & Savulescu, 2015, pp. 7-8). Neste pressuposto, os Professores defendem que os casos em que não é possível recorrer à reprodução *posthumous* se verificam quando o homem recusou essa utilização, nos casos de doenças graves, genéticas ou infecciosas que possam constituir um risco para a vida ou saúde da criança e só a companheira ou viúva a pode requerer (Tremellen & Savulescu, 2015, pp. 11-12).

[1209] Posição tendencial, mas a verdade é que poderá ser a recolha de óvulos para utilização posterior numa gestante, após a morte da mãe.

been cryopreserved before the individual died» (The International Federation of Fertility Societies, 2016, p. 31).

Curiosamente, nesta matéria, a *task force* da ESHRE não se refere à *posthumous motherhood* e não inclui neste tipo de reprodução as mulheres que se encontram em morte cerebral grávidas e são mantidas *vivas* até que o feto tenha viabilidade para nascer (Hashiloni-Dolev & Schicktanz, 2017, p. 27). Entende-se a exclusão no sentido em que esta reprodução não é medicamente assistida, mas, tal como referido, constitui uma vez mais uma pressão sobre as fronteiras da morte, da vida e da utilização do corpo da mulher falecida como incubadora para o/a seu/sua filho/a.

Quanto a esta matéria, amiúde se vão suscitando casos que se mediatizam. Por exemplo, nos EUA, no caso Hecht v. Superior Court, o tribunal enfatizou que o material gamético é um tipo único de propriedade cuja utilização e fim só podem ser decididos pelo seu titular. Este caso versou sobre o material gamético, crioconservado no California Cryobank, do advogado William Everett Kane, que se suicidou com 48 anos. O advogado tinha dois filhos com a ex-mulher e vivia com uma nova companheira, Deborah Ellen Hecht, há cerca de cinco anos. Kane recolheu o sémen e deixou a seguinte declaração: «*I, William Everett Kane, authorize the 'sperm bank' to release my semen specimens (vials) to Deborah Ellen Hecht. I am also authorizing my specimens to be released to recipient's physician Dr Kathryn Moyer*» (Hecht v. Superior Court, 1993, p. 3). Os filhos de Kane opuseram-se a qualquer utilização do sémen do pai, por constituir uma expressão de vontade egoísta e irresponsável. A mulher recorreu da decisão de destruição.

No continente europeu, em 1984, o caso que mais chamou a atenção veio de França. No caso Parpalaix c. CECOS (Centre d'Etude et de Conservation des Oeufs et du Sperme Humain), uma mulher requereu ao tribunal o acesso aos espermatozoides do marido para ser fertilizada com o escopo de ter um filho do marido falecido. Alain Parpalaix havia recolhido e crioconservado os seus gâmetas no CECOS antes de iniciar um tratamento a um cancro testicular com o objetivo de salvaguardar a sua fertilidade. Depois de falecer, a sua mulher, Corinne, quis ser inseminada com os espermatozoides do marido e o pedido foi negado pela clínica, uma vez que o falecido marido não havia dado qualquer indicação nesse sentido. Contudo, o CECOS não havia prestado informação a Alain Parpalaix sobre a custódia do material em caso de falecimento e, pelo contrário, ficou demonstrado que o falecido tinha intenção de ter um filho com a mulher.

Neste caso, o tribunal concluiu que «*considering Alain's intent, the court clearly separated the analysis of that intent from a world associated with market relations and embedded it firmly in a world of familial relations understood in traditional terms*» (Simpson, 2001, p. 9). O tribunal considerou que o material gamético não é um objeto da sucessão, mas uma expressão da liberdade de o ser humano procriar ou não procriar, pelo que só o titular é que tem o direito a decidir o destino que lhe dá. O tribunal considerou que foi demonstrado o interesse do falecido em que a sua mulher fosse mãe de um filho de ambos e que, aquando da recolha do sémen, estava implícito o seu consentimento para a reprodução *posthumous*. O Tribunal de Grande Instance de Creteil ordenou que o material fosse libertado e Corinne foi inseminada, ainda que sem sucesso.

Mas um dos casos que mediatizou a reprodução *post mortem* foi o de Diane Blood, a quem foi autorizada a utilização dos espermatozoides do marido, tendo o tribunal considerado que negar o acesso àquele material biológico por parte da mulher do seu *titular* era negar «*the free movement of "goods and services"*» (Landau, 2004, p. 1955). Na sequência deste processo, Diane Blood and the UK Human Fertilisation and Embryology Authority (HFEA), Diane foi autorizada a usar os gâmetas do marido falecido e teve um filho depois de um tratamento de fertilidade que levou a cabo numa clínica belga (Simpson, 2001, p. 3). A *posthumous reproduction* em Inglaterra, desde 2009, admite a possibilidade de atribuição de estatuto de parentalidade a um marido falecido, mulher, ou *civil partner*, mesmo que o nascimento da criança não possa vir a alterar direitos sucessórios adquiridos (Rao, 2018, p. 27) [1210]. A Human Fertilisation and Embryology (Deceased Fathers) Act 2003 permite que um homem seja declarado o pai da criança mesmo que esta tenha sido concebida depois da sua morte, desde que para isso tenha prestado consentimento.

Por regra, a reprodução após a morte só é possível se o falecido tiver, antes da sua morte, prestado o seu consentimento escrito, embora, como aconteceu no caso Blood, o tribunal tenha acabado por considerar que a proibição de utilização dos gâmetas constituiria uma violação a um dos princípios da UE e, ainda que a reprodução não fosse possível no Reino Unido, não poderia ser impedida de o fazer noutro lugar, como aconteceu no caso.

Quanto a isto colocam-se dois grupos de questões: por um lado, o fundamento ético e jurídico da reprodução *posthumous* — seja para homens como mulheres — e respetivos efeitos em relação ao estatuto da criança; por outro, a questão do consentimento da utilização do material reprodutivo após a morte com escopo reprodutivo.

Esta temática, embora constitua um afloramento do nosso estudo, não integra o seu âmbito da forma como o moldamos, pelo que a nossa análise se cinge exclusivamente a uma referência breve, mas, quanto a nós, indispensável. Nesta matéria, há diversas pessoas a considerar — o próprio falecido e os seus interesses e respeito pela sua vontade, a requisitante, a criança e a própria sociedade. A *task force on Ethics and Law of Posthumous Assisted Reproduction* da ESHRE apresentou quanto a esta matéria as seguintes recomendações:

[1210] O *Warnock Report* recomendava que uma criança concebida depois do falecimento do pai não deve concorrer à sucessão deste, posição que a Fertilisation and Embryology Act of 1990 (Section 28[6][b]) acolheu.

«• *Written consent should have been given by the deceased person before the use of the gametes or embryos. Consent should be obtained at the time of storage or before the start of the IVF cycle.*

• *Thorough counseling of the surviving partner during the decision-making period is necessary.*

• *A minimum waiting period of one year after the death should be imposed before treatment can be started.*»

A *task force* enfatiza ainda que «*[e]ven when consent is available, professionals have the moral obligation to consider the welfare of the resultant child. Such decisions are difficult to define and far from clear at the present moment*». Trata-se da denominada *medical fraternity*, que deve assegurar a existência do consentimento do falecido para a sua reprodução após a sua morte e cuja decisão de encetar o procedimento «*[...] should not lose focus of the welfare of the unborn child at any time*» (Ahluwalia & Arora, 2011).

Nesta esteira, já o relatório do President's Council on Bioethics (2004) [1211] chama a atenção para o facto de as biotecnologias que se relacionam com a reprodução humana terem de ter em conta a saúde e o bem-estar daqueles que são diretamente afetados. Isto é, não só as pessoas ou casal que se submetem às técnicas para ter filhos/as, mas também as próprias crianças. As famílias são meios sociais complexos em que a questão relacional é particularmente pertinente, já que nela se desenvolve o florescimento natural do grupo e dos seus membros e em particular das crianças. Assim, a reprodução *posthumous* tem implicações sociais e pessoais que não são despiciendas.

Nesta temática, a questão que se coloca é se é possível que o projeto parental se desenvolva — inicie neste caso — sendo um *intended parent* ou ambos pré-falecidos. Não incluímos, como é evidente, os casos em que um dos beneficiários, incluindo a mãe, morre antes do nascimento da criança, mas o processo já se iniciou. Neste caso, como acontece na reprodução sexual, a criança está concebida e, quando nascer, ainda que o pai e/ou a mãe tenham previamente falecido, serão estes, para todos os efeitos, os seus pais. A particularidade estará, para nós, no facto de também poder verificar-se esta situação em relação à mãe, uma vez que não é ela a gestante [1212].

[1211] V. President's Council on Bioethics (2004), *Reproduction and responsibility: the regulation of new biotechnologies*. O texto está disponível em http://www.bioethics.gov/reports/ reproductionand responsibility/exec_summary.html (consultado em 13 de outubro de 2018).

[1212] Ainda que haja casos em que a mulher, grávida e mãe da criança, é mantida viva exclusivamente para, dentro do possível, manter a gravidez até que seja viável o parto. É mantida viva no sentido de funcionamento dos órgãos, mas sem qualquer possibilidade de reversão neurológica, adiando-se a declaração de morte para que, sendo possível, a gravidez se mantenha, já que é assegurada essa atividade biológica necessária ao feto, que, de outra forma, não teria as hipóteses de sobrevivência com um parto prematuro, ou estas seriam diminutas.

Quanto a nós, a reprodução tem agora um afloramento de extra corporização e assexualidade e, neste afloramento, criam-se e desenvolvem-se laços familiares que, distintos da forma de criação decorrente das relações tradicionais, não deixam de ser legítimos. Até agora, ao longo do nosso trabalho, tem sido este o grande pano de fundo sobre o qual bordamos estas novas teias relacionais e, tal como fizemos em relação à questão da gestação de substituição, o que nos parece essencial é encontrar nestas novas relações a identidade-parental, a humanidade do procedimento que o legitima e fundamenta, ao contrário da *coisalidade*, que lhe atribui um caráter de apropriação e objetivação apropriável que gera a desumanização.

Da forma como o entendemos, assumindo a neutralização da reprodução assexuada, mormente com o recurso à gestação de substituição em primeiro lugar, justificar a reprodução *posthumous* tem de integrar a reprodução tanto de homens falecidos como de mulheres falecidas, neste último caso com recurso a uma gestante. Não vamos voltar a dissertar sobre este assunto. Porém, como referimos, o que existe para nós neste caso é a neutralização do sexo e, portanto, não sendo a gestação fator biológico único ou determinante para fixar a maternidade, nada obstará à reprodução *post mortem* para as mulheres. Pelo contrário, um imperativo de igualdade assim o determinará. Mas o que o fundamenta? Tal como assumimos em matéria de gestação de substituição, cremos que o que está em causa também nesta forma de reprodução assexuada é que não depende do sexo nem da existência da mãe e/ou pai no momento da conceção e/ou implantação. Desta forma, quanto a nós, mantendo a posição que assumimos em relação à homoparentalidade, monoparentalidade e transparentalidade, a solução a adotar para casais heterossexuais deverá ser a mesma em relação a solteiros, homossexuais e transsexuais, incluindo o respetivo estabelecimento da filiação. Manter um discurso que seja específico quanto ao género é manter um discurso discriminatório que não entendemos justificável.

Se em relação aos homens pode ser reconhecida a parentalidade *posthumous*, também o deve ser em relação à mãe ou à segunda mãe. Temos alguma dificuldade em perceber a razão para haver diferença de tratamento em relação, por exemplo, a matéria de herança. É certo que há questões práticas, mas, se o pai morre e a mãe já está grávida — ainda que com recurso a um doador de espermatozoides —, não há qualquer distinção no tratamento daquela criança. E se a mulher for inseminada com espermatozoides depois de o marido morrer? O marido não é o pai, mesmo tendo consentido no tratamento antes de morrer.

A HFEAct 2008 introduziu uma solução para casais homossexuais e estabelece o seguinte:

> «*A deceased non-birth mother is treated as a parent for all legal purposes where the birth mother is already pregnant when she dies.*

> *A deceased non-birth mother can be named on the birth certificate as a parent (but is not a parent for any other purpose) if an embryo was created with donor sperm before she died, and then transferred to her partner after her death.»*

Por sua vez, a UPA 2017 estabelece, na sua secção 810, concretamente em matéria de gestação de substituição, que a parentalidade é estabelecida em relação ao *intended parent* mesmo que tenha falecido entre o momento da transferência dos gâmetas ou embrião e o nascimento da criança. Caso o falecimento seja anterior àquela transferência, o *intended parent* não será considerado pai/mãe da criança, exceto se «*(1) the agreement provides otherwise; and (2) the transfer of a gamete or embryo occurs not later than [36] months after the death of the intended parent or birth of the child occurs not later than [45] months after the death of the intended parent*».

Estes casos acontecem em situações em que o projeto parental já existe, e o âmago da questão está em determinar o fundamento da manutenção deste projeto, mesmo depois do falecimento de um dos futuros pais. Seja como for, para nós, a reprodução *posthumous* só é aceitável nesse contexto, isto é, a continuação de um projeto parental comum que se desenvolveu entre os membros de um casal e que continua após a morte de um deles.

Desta forma, seguimos a seguinte posição, na esteira da maioria dos membros da *Task Force* da ESHRE [1213]: a admitir-se a reprodução *posthumous*, esta só é possível se:

> «*(i) The gametes or embryos can only be put at the disposal of the surviving partner. Parents of the deceased or other family members have no say in this matter.*
>
> *(ii) The partner can only use the gametes or embryos for his or her own reproduction. If he or she does not want to use the gametes or embryos for this purpose, they cannot be donated for the reproduction of others. The only options left are donation for scientific research and disposal.*
>
> *(iii) The gametes or embryos should be destroyed (possibly preceded by research) when both partners die.*» (Pennings, *et al.*, 2006, p. 3051)

Desta forma, admitimos a reprodução após a morte desde que integre a continuação de um projeto parental iniciado em vida. Esta posição projeta dois limites — por um lado, terceiros não podem continuar este projeto, já que depende do exercício de direitos reprodutivos, não sendo suscetíveis de se transmitir para outrem. Nesta matéria, no caso Petithory Lanzmann v. France (2019), o tribunal conclui

[1213] Alguns dos membros admitiam esta reprodução para lá de um projeto inicial, desde que «*posthumous reproduction outside the initial parental project to be justified on the conditions that donors consent to this broader use and that all safety measures usually applicable to gamete or embryo donation are respected*» (Pennings, *et al.*, 2006, p. 3051).

que o art. 8.º não garante o direito a ter filhos nem neste caso direito a ser avó [1214]. Por outro lado, o fundamento corresponde a um projeto inicial que foi iniciado em vida e em que o falecido ou falecida expressaram a sua vontade de que o projeto se desenvolvesse sem que eles estivessem presentes. O expresso consentimento é, quanto a nós, essencial, dado que representa o respeito pela autonomia da pessoa, o direito a procriar ou não procriar e a necessidade de «*[...] protect human dignity, including the dignity of the human body and its parts, the dignity of important human relationships and the humanity of human procreation*» (Landau, 2004, p. 1956).

Desta forma, tal como resulta das recomendações da *task force*, impõe-se o seguinte: «*written consent should have been given by the deceased person before the use of the gametes or embryos. Consent should be obtained at the time of storage or before the start of the IVF cycle*» (Pennings, *et al.*, 2006, pp. 3052-3053) [1215].

7. Conclusões

I. A procriação é fundamental para a continuação da espécie e, por regra, o instinto natural de cada um(a) é o de criar descendência. O aspeto pessoal está associado a instintos primários e naturais, mas os aspetos sociais não são menos relevantes. A instituição familiar é estrutural em qualquer sociedade, tal como os laços criados entre os seus membros, no seio dos quais se confia a geração seguinte e a renovação da espécie. A reprodução cumpre assim desejos pessoais e normas sociais.

II. A liberdade reprodutiva afirma a autonomia e liberdade que enformam as decisões que cada um(a) toma em relação à sua reprodução. O direito à autodeterminação pessoal afirma não só aquela liberdade como a garantia de que alguém possa decidir se quer procriar, ou não, e quando o quer fazer, e com que espaçamento. Em qualquer caso, livre de qualquer limitação ou constrangimento. Assume-se, agora também, no que tange à saúde reprodutiva, que o próprio planeamento familiar não está só ligado à fertilidade e à decisão sobre se e quando se quer filhos/as, mas também às opções biotecnológicas disponíveis para o efeito. No caso Dickson v. The United Kingdom (2007), o Tribunal considerou que impedir alguém de aceder à PMA para procriação constituía uma violação do art. 8.º da CEDH.

[1214] No caso, a queixosa reclamava o direito a aceder ao esperma crioconservado do seu filho, falecido, para viajar para um país que admitisse a gestação de substituição e, assim, continuar a sua linha familiar (genética), como os EUA ou Israel.

[1215] A *Task Force* recomenda ainda o seguinte: «*(ii) Thorough counselling of the surviving partner during the decision-making period is necessary. (iii) A minimum waiting period of 1 year after the death should be imposed before treatment can be started*» (Pennings, *et al.*, 2006, pp. 3052-3053).

III. As técnicas de PMA permitem dar conteúdo efetivo ao direito a ter filhos/as e à constituição da família e a novas dimensões familiares, todas incluídas no art. 36.º, n.º 1, da CRP. Podem, agora, existir irmãos genéticos, mas que estejam a ser criados por famílias diferentes, meios-irmãos que resultem do mesmo doador de gâmetas, irmãos que tenham nascido de gestantes diferentes com quem não têm relação genética ou, no caso da gestação de substituição tradicional, meios-irmãos dos filhos da gestante [1216]. O novo modelo da reprodução, que prescinde agora do coito e da relação sexual entre duas pessoas de sexos diferentes, implica que para a determinação da parentalidade haja novos critérios legais que a reconheçam assumindo que as teias familiares são agora diferentes, mais complexas e intrincadas.

IV. O direito a procriar está incluído no âmbito do art. 8.º da CEDH, incluindo o recurso a novas tecnologias para PMA, isto é, o direito de conceber uma criança de forma natural, bem como a recorrer a técnicas de procriação médica. O recurso a estas técnicas faz parte da escolha individual da vida privada e familiar, integrando os direitos reprodutivos, sendo esta uma expressão da liberdade de cada um(a) na *sua* vida privada e familiar, com reflexo nas dimensões da identidade de cada um(a), seja física, psicológica ou social. Tal como resulta do caso S. H. and Others v. Austria. Trata-se do desenvolvimento e da concretização pessoal que alguém tem em ser pai ou mãe, de concretizar um projeto parental, incluindo o recurso às capacidades reprodutivas de outra pessoa.

V. O TEDH reconhece no âmbito do art. 8.º que a «família» não está confinada a relações familiares baseadas no casamento ou na biologia, mas, também, em relações de facto, sendo que o reconhecimento dessas relações familiares implica que haja mecanismos de estabelecimento legais com o nascimento da criança, cessando qualquer forma de família ilegítima com o caso Marckx, impondo obrigações (positivas) aos Estados para garantir o normal desenvolvimento da vida familiar. O reconhecimento da realidade social de situações familiares cristalizadas foi admitido no caso Wagner.

VI. A gestação de substituição permite resolver um problema que obsta a reprodução pelo método natural e concretizar, no âmbito do direito à autodeterminação pessoal, a identidade e integridade pessoais o desejo de ter um(a) filho/a.

[1216] Com a possibilidade de transferência de ADN mitocondrial, estas composições podem aumentar, considerando que as crianças poderão ter material genético de três pessoas distintas, a mãe, o pai e a mulher que doa o ADN mitocondrial (Golombok, 2015, p. 216), ou até a noticiada possibilidade de recurso a úteros artificiais. Vera Lúcia Raposo entende que a referência a três pais genéticos é enganadora, considerando a percentagem irrisória de material genético do doador mitocondrial, não sendo suficiente para determinar as características da pessoa (Raposo, 2015).

VII. Não havendo formas legítimas ou ilegítimas de constituir famílias, a gestação de substituição, no capítulo das técnicas de PMA, é o culminar de um cruzamento onde se colocam questões de ordem moral e legal, além de científica e ética e de como esta técnica nos coloca a análise dos direitos humanos. A assimetria de posições quanto ao núcleo duro dos direitos em causa conduz não só a uma *fuga* para legislações mais favoráveis à gestação de substituição como, a quem não pode ou quer fazer, a uma perda de oportunidade. À perda da oportunidade de ter um(a) filho/a seu/sua.

VIII. O direito a procriar é visto como um direito de liberdade e a procriação sem coito parece ser, a nosso ver, incluída nessa liberdade, considerando a nova coloração que a ciência concede à procriação, elevando-se a um princípio ético a garantir essa liberdade, num pressuposto de justiça. Não há maior afronta do que a lei proibir uma prática por considerar, *ab initio* e em absoluto, que esta forma não usual de constituição de família não é admissível. É uma afronta à dignidade das pessoas e ao seu — pessoal e de cada um — sentido de família. É artificial e desfasado da realidade manter uma visão tradicional, mas também é artificial e não menos desfasado da realidade impor que outras formas de constituição familiar se subsumam numa mímica em relação àquela visão. Esta visão, assente numa injustificada teimosia da manutenção do *status quo*, não mais fará do que permitir soluções discriminatórias. Impõe-se um diálogo entre o que nos é oferecido, o que nos permite atingir e os eventuais riscos a que pode dar causa, é certo. No entanto, a existência potencial de riscos não permite justificar políticas que não são sequer de *step-by-step* e de avaliação, mas de uma posição catastrofista em relação à aceitação da mudança. Impõe-se uma concordância prática entre segurança e liberdade, como refere Carla Amado Gomes. A sociedade tecnológica é uma sociedade em que há riscos, sendo que não é o repúdio destes e a negação tecnológica, mas «[...] a convivência com a réstia de risco equivalente ao núcleo essencial de liberdade subjacente a qualquer sociedade de Estado de Direito democrático (risco residual ou risco tolerável)» (Gomes, 2007, p. 287).

IX. Admitindo a liberdade procriativa assexuada, importa estabelecer a diferença com as situações em que uma mulher e/ou um homem que recorrem à gestação de substituição e nenhum(a) tem qualquer relação genética com a criança. Na gestação de substituição, o fundamento radica na possibilidade científica de continuidade da herança genética de pelo menos um dos membros do casal ou do solteiro ou solteira. A intenção de ter um(a) filho/a sem que pelo menos o/a próprio/a ou o/a companheiro/a propague a sua continuidade genética não é uma reprodução a que se deva dedicar a PMA. Isto por constituir, isso sim, um filho(a) feito/a à medida por mero capricho dos/as beneficiários/as, que, de facto, não estariam a recorrer à PMA para suprir uma incapacidade de conceber ou gerar — ainda que tendo ou mantendo a possibilidade de propagar o seu material genético — um(a) filho/a que *adotam* numa orfandade programada, só o fazendo se este for feito à medida das suas vontades [1217].

X. A vontade e o desejo de ter um(a) filho/a — o que a adoção também permite — para fundamentar o recurso à gestação de substituição é insuficiente e inadmissível, constituindo uma forma de reificação da gestante e da criança. Ademais, não justifica o risco associado ao estado de grávida [1218], ao contrário da adoção, em que não se suscitam problemas, sempre vista como um ato benéfico para todos/as: para os adotantes que concretizam o seu desejo de ter um(a) filho/a, para a criança que vê integrado o seu direito a ser criada pela família — agora sua pelo vínculo da adoção — e para o próprio Estado, que garante o cumprimento destes direitos, principalmente da criança. Desta forma, entre as várias opções de garantir o projeto parental, deve garantir-se o menos danoso. Assim, sendo análogas as situações, deve sempre optar-se pela adoção em detrimento da PMA, principalmente da gestação de substituição. Este é o caso em que nenhum dos membros do casal ou o solteiro ou solteira contribui com material genético ou, ainda que não contribuindo, neste caso em relação às mulheres, não é a gestante. Para estas situações, ninguém se reproduz; o que haveria seria a criação em laboratório de uma criança, o que não deve ser admissível, por constituir, por um lado, a legitimação de um mero capricho do(s) beneficiário(s) e, por outro, a mercantilização do corpo da mulher, gestante, e das suas capacidades reprodutivas e dos gâmetas, sem qualquer causa que justifique o risco para a saúde de outrem e, por outro, a criança a conceber e gerar seria, de facto, um objeto e não um fim em si mesmo sendo uma mera *commodity*.

XI. Assim, a gestação de substituição não se deve confundir com a adoção. Esta última é uma solução para salvaguardar direitos fundamentais de uma

[1217] O que retira a legitimidade de recurso à PMA. Isto acontece pelas possibilidades de escolha do material genético e das características dos doadores, o que leva a que determinadas características da heritabilidade sejam o fator determinante. São-no quando há vontade de que um filho herde as nossas características genéticas ou as do nosso companheiro — é inegável. Mas essa possibilidade de fazer transitar para a geração seguinte a nossa herança genética ou a do nosso companheiro é legítima e é a escolha que fazemos das nossas próprias características. O que é diferente de, de entre um menu de candidatos com determinadas características que podemos selecionar, mandar fazer um(a) filho/a, numa perspetiva puramente criacionista sem qualquer escopo de reprodução de um espécime noutro que vai herdar de pelo menos um dos pais a herança genética que, por circunstâncias de uma patologia, lhe estão vedadas e que a ciência agora permite.

[1218] No que tange à gestação de substituição: «[...] *research currently available does not address all or even many of the potential issues in surrogacy. Nor does it, in and of itself, lead to clear conclusions that commercial gestational surrogacy is necessarily detrimental to, or positive for, the health of women and children*» (Besson & Lippman, 2017, p. 97).

criança que (já) se encontra numa situação de necessidade de tutela, sendo por isso encarada como uma dádiva que, em primeira linha, se predispõe a constituir uma família para a receber. Além do mais, assenta no pressuposto de garantir às crianças mais vulneráveis o direito à infância e a proteção das crianças desfavorecidas, sendo uma das formas de relações familiares a par da filiação natural ou de sangue. Tal como na filiação de sangue, a adoção visa estabelecer um vínculo semelhante àquele que resulta do parentesco de sangue, mesmo que independente da ascendência biológica. Fora dos critérios enunciados, teremos uma adoção a pedido, um tipo de «adoção personalizada» [1219] em que o candidato inicia a técnica de gestação de substituição — sem qualquer relação biológica e, portanto, com o mesmo fundamento da adoção —, mas sem o elemento altruísta de providenciar uma família a uma criança de que dela precisa, mas sim «mandar fazer uma» de acordo com uma catalogação de características a pedido.

XII. A gestação de substituição terá uma natureza distinta da adoção quando, por aquela, se permita dar cumprimento a um dos afloramentos da reprodução que, na adoção, por regra, não existe — a ligação genética com os/as filhos/as, a replicação, pelo menos em parte e pelo menos para um dos/as beneficiários/as de um dos elementos da reprodução tradicional. *In casu*, a sua perpetuação através da herança genética, o que é inerente à própria natureza do ser humano. Esta diferença é, a nosso ver, o elemento que permite distinguir as distintas naturezas da adoção e gestação de substituição, permitindo que esta se erija como meio concorrente com a adoção.

XIII. A barreira da criação do novo ser, ou seja, o produto de uma escolha ponderada e racional em prol da exclusiva satisfação dos interesses dos futuros pais, sendo estes responsáveis pela sua conceção e nascimento, com esta escolha organizada e complexa do projeto de ser humano a que podem dar causa e que haverá de se refletir na criança, no seu corpo, nas suas características e personalidade, artificialmente criada, coloca os/as pais/mães nesta criação complexa do todo, do ser humano na sua plenitude, numa assunção de responsabilização. Isto porque este produto passará a ser entendido como um objeto da propriedade dos pais, o que afetaria a dignidade da criança.

XIV. Há, quanto a nós, um equilíbrio no projeto parental que implique a gestação de substituição ou a adoção e esse equilíbrio implica que não haja sobreposição entre ambas. É a distinção entre o que é um tratamento e um melhoramento do aludido projeto.

[1219] Ao contrário da adoção com base em listas. Suscitam-se, com maior gravidade, as mesmas preocupações de uma adoção personalizada (Oliveira, 2019, pp. 25-28), embora se verifiquem situações em que determinada criança, pela integração familiar que já evidencia, pode ser adotada por um terceiro determinado.

XV. Torna-se, assim, uma solução admissível para a concretização do direito a procriar e constituir família sempre que se identifique uma patologia, no sentido médico, no sistema reprodutor feminino que obste à mulher, ou constitua um risco para a sua saúde ou vida, engravidar, estar grávida ou ter um(a) filho/a.

XVI. Não há, não obstante, limite quanto à idade dos/as beneficiários/as no acesso à gestação de substituição, pelo que a técnica está disponível a mulheres que, não tendo patologias, em virtude da idade já não possam ter filhos/as.

XVII. Não há motivos para negar a gestação de substituição a solteiros, homossexuais, casados ou não, transexuais e outros/as. A limitação constituiria uma forma de discriminação e, no nosso entendimento, o princípio da igualdade ganha um novo afloramento que resulta de uma certa neutralidade que o direito à reprodução ganha com a gestação de substituição. Se as mulheres têm direito a reproduzir, os homens também devem ter, incluindo, no caso de homens, com a possibilidade de recurso a uma gestante. Uma discriminação baseada no preconceito e na manutenção de pré-conceitos que, adequados a uma realidade monolítica, não o são na pluralidade que se deve reconhecer numa sociedade democrática.

XVIII. Nesta ponderação, considerando que a gestação de substituição visa garantir pelo menos um dos elementos da reprodução natural, o que entendemos é que — e não o fazemos pela quantidade — se a mulher pode conceber, gerar, suportar a gravidez e parir, então tem, na sua esfera, sem necessidade de recurso a terceira pessoa, a suscetibilidade de aceder à reprodução natural e, portanto, sem necessidade de PMA. Além disso, na ponderação dos interesses da criança, entendemos que nada justifica a dispersão.

XIX. Quanto à utilização da gestante sem o motivo legítimo que, a nosso ver, admitirá, ética e legalmente, a contratação das capacidades reprodutivas de outra pessoa, a inexistência daquela motivação será, quanto a nós, uma verdadeira forma de instrumentalização da gestante, o que, atentando contra a sua dignidade, se mostra um limite intransponível.

XX. Deste modo, entendemos que, ainda que se dispersem os elementos da maternidade, não se mutila a maternidade; pelo contrário: assegura-se o inato, natural, universal e profundo desejo de ter filhos/as seus/uas, ainda que depois da morte do pai ou da mãe, se tal desejo resultar de um projeto parental conjunto já iniciado que inclua esta possibilidade. A gestação de substituição deve ser um meio acessível a todos/as quanto queiram e não possam ter filhos/as, mas não uma forma de transpor uma perspetiva de gravidez como um fardo que não se quer suportar para outrem.

XXI. Os papéis de homens e mulheres na sociedade sofreram, neste âmbito, uma revolução. A família tradicional tipicamente heterossexual perdeu o domínio e, mormente desde a rebelião Stonewall, os direitos LGBTI estão, numa vertente positiva, nas agendas políticas, ainda que a várias velocidades. Por outro lado, as técnicas de PMA, nomeadamente com a utilização de técnicas que recorrem a terceiros, diminuíram a relevância da ligação genética com a descendência e têm mudado o panorama da família. A ideologia tradicional da família tem pouca comparação com a diversidade e a complexidade que o conceito agora abarca.

CAPÍTULO IV
A IDENTIDADE-MULHER-MÃE

«A família é pois uma arrumação
de móveis, soma de linhas, volumes, superfícies.
E são portas, chaves, pratos, camas, embrulhos
esquecidos, também um corredor, e o espaço entre o
armário e a parede onde se deposita certa porção
de silêncio, traças e poeira que de longe em longe
se remove... e insiste.»
(Carlos Drummond de Andrade)

1. Considerações Introdutórias

Para introduzirmos o tema, recorremos à música. Imagine o caso que se segue. Um talentoso violinista está inconsciente e a sua sobrevivência depende de uma ligação física a outra pessoa. O violinista padece de uma patologia fatal de insuficiência renal. Neste cenário, a Society of Music Lovers procurou todas as opções médicas e concluiu que só com a aludida ligação física é possível ao violinista sobreviver. Conclui ainda que essa ligação, devido ao tipo sanguíneo, só pode ser feita com *a* pessoa a quem foi ligado. Neste cenário, imagine que é sequestrado/a e o sistema circulatório do violinista foi ligado ao seu para que possam ser usados os seus rins. Desligar-se teria como consequência condenar à morte o violinista. Mas não tem com que se preocupar. Esta situação é meramente temporária, esta ligação *só* durará nove meses. Depois deste período, o violinista já terá recuperado e pode ser desligado sem qualquer risco (Thomson, 1971, pp. 48-49) [1220].

Parece estranho este exemplo, particularmente considerando a temática que estamos a analisar, mas o artigo em que Thomson apresenta este exemplo académico visa estabelecer um paralelismo em relação a direitos reprodutivos [1221] e parte do seguinte princípio:

> «*I propose, then, that we grant that the foetus is a person. From the moment of conception. How does the argument go from here? Something like this, I take it. Every person has a right to life. So the foetus has a right to life. No doubt the*

[1220] Famoso caso académico usado num artigo sobre o aborto por Judith Jarvis Thomson (Thomson, 1971).

[1221] Concretamente o direito à não reprodução.

> *mother has a right to decide what shall happen in and to her body; everyone would grant that. But surely a person's right to life is stronger and more stringent than the mother's right to decide what happens in and to her body, and so outweighs it. So the foetus may not be killed; an abortion may not be performed.»* (Thomson, 1971, p. 48)

Tal como o feto, o violinista não tem direito a usar os rins de outra pessoa contra a sua vontade, mas, se o permitir, nas palavras da autora, o que está em causa é um ato de bondade, ainda que nada lhe seja devido (Thomson, 1971, p. 56). Os críticos de Thomson entendem que não há uma efetiva analogia entre a IVG e o caso do violinista, seja na versão do consentimento tácito ou, noutra perspetiva, na versão da negligência (Boonin-Vail, 1997, p. 288). Contudo, como Harry Silverstein suscita, há casos em que a gravidez não desejada resulta de uma prática sexual não consentida [1222] (Silverstein, 1987, p. 108) e, mesmo em situações em que a mulher voluntariamente encetou uma relação sexual e ficou grávida, o que se pode concluir é que esta consentiu em ter uma relação sexual, mas não permite concluir que, com isso, consentiu nas consequências da sua relação sexual (Boonin-Vail, 1997, p. 291). Por sua vez, Richard Langer considera que a posição de Harry Silverstein é insustentável, dado que não considera, de forma clara, quando existe o dever de cuidar, concluindo aquele que os/as pais/mães são responsáveis pelos/as filhos/as e pelas suas necessidades, no âmbito de uma responsabilidade prospetiva (Langer, 1993, p. 357). Também crítico desta posição e defensor da objeção de responsabilidade está Gerald Lang, que, sumariamente, em relação a Silverstein questiona da relevância do que está «*[...] driving Silverstein's investment in the distinction between responsibility for existence and responsibility for neediness-given-existence?*» (Lang, 2008, p. 60).

Thomson responde aos críticos. Refere que o que está em causa é, tão-só, o facto de o direito de alguém viver não garantir o direito de usar outrem, ainda que aquele precise do corpo desta para sobreviver (Thomson, 1971, p. 56). E, assim, como a mulher grávida, por exemplo em resultado de uma violação, ainda que o feto precise do seu corpo para sobreviver, «*[...] we should not conclude that he has a right to do so; we should conclude that she is self-centered, callous, indecent, but not unjust, if she refuses*» (Thomson, 1971, p. 61).

Não vamos esgrimir, por extravasar o âmbito do nosso trabalho, os argumentos usados para a denominada «objeção de responsabilidade» que o exemplo suscita. O que aqui nos interessa é, sem dúvida, a questão relativa à utilização do corpo de outrem e a relevância (e o âmbito) do seu consentimento, que, *in casu*, parece apresentar-se, *prima facie* na suscetibilidade de se usar o livre arbítrio, não para impedir que uma gravidez prossiga, isto é, não o direito a não procriar [1223], mas sim para que ela

[1222] Casos de violação, por exemplo.

[1223] Aqui no sentido de interromper a gravidez.

exista e nasça uma criança — ainda que para e por conta de outrem, como acontece na gestação de substituição. Trata-se de um exercício de colaboração reprodutiva por parte da gestante. Esta exerce os seus direitos reprodutivos, mas sem visar ter filhos/as seus/uas e constituir família, um sentido negativo dos direitos reprodutivos [1224] neste aspeto. Esta mulher é participante essencial num projeto parental, mas que não é o seu. A gestante representa uma condição essencial não só para o ato de existência da criança, mas com reflexos subsequentes importantes, mormente em relação à identidade pessoal do novo ser de direito, incluindo a sua historicidade e identidade biológica, essenciais, por isso, à sua *persona*, única, singular e infungível [1225].

Este caso, e por isso o trouxemos para aqui, ilustra a criação de teias de responsabilidades — morais desde logo — numa relação multilateral solidária. Tal como na questão da IVG, as mulheres e a sua biologia, em geral, e a capacidade reprodutiva, em particular, têm, ao longo da história, servido outros. Foram (e são ainda em muitos afloramentos) instrumentalizadas e, numa aceção patriarcal em matéria de reprodução, assumidas como os vasos da semente do/a filho/a do marido [1226] onde a criança floresce. A grande questão que agora se coloca é ainda que, como assumimos, as pessoas tenham, no âmbito dos seus direitos reprodutivos, a liberdade de recorrer a técnicas de PMA, e em particular à gestação de substituição. O que importa agora responder é se alguém pode ser contratado para dispor do seu corpo e das suas capacidades reprodutivas ao serviço de outrem, procriando não para ter os/as seus/uas próprios/as filhos/as, mas para ter os/as filhos/as de outrem. Uma vez mais, e tal como na IVG, trata-se do direito a decidir e atuar sobre o seu corpo.

Porém, a questão não é assim tão linear. A reprodução humana — sem ingenuidade o assumimos — tornou-se num negócio altamente rentável. Há muitas pessoas dispostas a ter um(a) filho/a e dispostas a pagar por isso e a procura gera oportunidades de negócios para outros/as. Como já tivemos oportunidade de analisar, pelo destino que se criou e as concretas circunstâncias do país, a Índia tornou-se a capital da gestação de substituição, até ter sido proibida, gerando lucros consideráveis que se estimaram em mais de dois mil milhões de dólares (americanos) por ano. O negócio é, portanto, altamente rentável [1227] e a procura em larga escala levou a uma

[1224] Que entendemos que radica, sobretudo, no direito a constituir família, na esteira de Ascensão (Ascensão J. d., 2000).

[1225] Conforme resulta do art. 26.º, n.º 1, da CRP (Canotilho & Moreira, 2007).

[1226] Outros sítios da Internet publicitam o serviço apelando para o facto de nos EUA a criança ter sempre garantida a nacionalidade (*jus soli*), apoio aos beneficiários, mormente legal, e que «*[g]estacional mothers are special, generous, committed and compassionate*» (Chatterjee, Whelan, & Our bodies, 2017, p. 235).

[1227] Notícia de 10 de agosto de 2017 no *Hindustan Times* (disponível em https://www.hindustantimes.com/health/bring-forth-art-bill-before-surrogacy-bill-recommends-parliamentary-standing-committee-on-health/story-r7guRnLdslyJJenQk3IxsL.html, consultado em 9 de maio de 2018).

média anual de nascimentos, decorrentes de contratos de gestação de substituição, que foi estimada em mais de dois mil.

Neste âmbito, as diferentes soluções jurídicas adotadas pelos Estados em matéria dos biocontratos de gravidez suscitam diversas ordens de questões [1228]. Os direitos conformam-se espacialmente, de acordo com leituras culturais, sociais, morais e até religiosas (Ginsburg & Rapp, 1995). No mercado global em que a reprodução se insere, a diversidade das soluções legais imprime um elevado grau de incerteza aos outorgantes de biocontratos transfronteiriços e à regulamentação dos seus direitos. Esta situação agudiza-se pela ausência de uma regulamentação uniforme para os contratos internacionais de gestação de substituição. Por outro lado, não só a mercantilização suscita a problemática associada à iniquidade no acesso às novas soluções médicas em matéria de reprodução, como, considerando o mercado global, o turismo da reprodução leva a que muitas pessoas procurem não só legislações amigáveis, como as que oferecem menor custo [1229].

A aldeia global em que o mundo se transformou permite também que cidadãos de uma parte do mundo procurem soluções médicas noutro país. Se isto é verdade em muitas situações de ordem médica, é-o por maioria de razão no âmbito dos contratos de gestação de substituição, considerando as posições altamente assimétricas e contraditórias que existem em legislações domésticas e que, como se demonstra pelas secções anteriores, dão causa a um elevado nível de incerteza. Os *intended parents* procuram ainda a legislação que lhes permita atingir o seu objetivo numa situação que os parece colocar no âmbito de uma fraude à lei. Aihaw Ong refere-se a uma «*flexible citizenship*» (Ong, 1999), que pode ser considerada neste âmbito considerando as estratégias dos indivíduos que tiram proveito da flexibilidade do sistema para promover os seus objetivos através, nomeadamente, da evasão da condição legal do seu país, e aproveitar as condições oferecidas noutra parte do mundo.

O relatório de 2019 da IFFS inclui no seu questionário a matéria de CBRC no que à gestação de substituição diz respeito. Questionou-se se havia pessoas a viajar para obter tratamentos médicos — *in casu*, reprodução assistida através de gestação de substituição total ou parcial — noutro país diferente do seu país de origem. Dos 71 países que responderam se as pessoas viajam para o país para obter tratamento para

[1228] Coloca-se a questão da cooperação multilateral. O CIEC revelou que, por exemplo, «*[...] in this perspective the Consuls General of eight European States, nearly all ICCS members (Belgium, the Czech Republic, France, Germany, Italy, the Netherlands, Poland and Spain) sent in 2010 a joint letter to several clinics in India asking them no longer to offer possibilities of surrogacy to their nationals who had not previously consulted their Embassy*» (disponível em http://www.hindustantimes.com/Inde-news/Mumbai/IVFcentres-direct-foreigners-to-consulates-over-surrogacy-issue/Article1-572534.aspx) (International Commission on Civil Status, 2014, p. 13).

[1229] Em muitos casos, países em desenvolvimento ou de baixos rendimentos que, admitindo-se o pagamento às gestantes e serviços de intermediação, fazem florescer mercados de procriação para países do «primeiro mundo».

gestação de substituição total, 20 responderam afirmativamente. Quanto à gestação de substituição tradicional, responderam 68 dos países inquiridos e 13 responderam afirmativamente [1230].

O panorama é bastante diferente quanto à saída dos nacionais do seu país para procurar serviços de PMA relativos à gestação de substituição, quer total, quer parcial. Neste caso, dos 70 países que responderam, 57% (o equivalente a 40 países) confirmaram que os seus nacionais viajavam para o estrangeiro para obter serviços de PMA relativos à gestação de substituição total e 46% (32 países dos 69 que responderam a esta vertente da questão) confirmaram esta «saída» para a gestação de substituição tradicional. Este movimento parece refletir que as pessoas saem em busca de tratamentos que, por qualquer motivo, são proibidos ou lhes são vedados no seu país de origem. Não obstante, apesar dos dados, o relatório não apresenta o volume relativo quer às entradas, quer às saídas do país para CBRC [1231].

O relatório de 2019 da IFFS que temos vindo a seguir apresenta ainda dados relativos à regulamentação associada a estrangeiros que procuram o país para cuidados de saúde reprodutivos, incluindo a gestação de substituição. Das conclusões apresentadas, cerca de 64% dos países que responderam afirmaram a ausência de regulamentação quer para os estrangeiros que entravam no país, quer para os seus nacionais que saíam para o estrangeiro para CBRC.

Se considerarmos o fenómeno da globalização como um «*set of dynamics of transnationalisation of economic activities and structures*» (Deharo & Madanamoothoo, 2020, p. 346), teremos de concluir que a crescente intensidade do tráfego comercial transfronteiriço tem testado como eventualmente nunca antes a capacidade do Estado de impor a sua autoridade. As fronteiras do Estado deixam cada vez mais a tradicional delimitação territorial, e como Deharo e Madanamoothoo enfatizam, a globalização «*[...] has highlighted societal, economic, legal and cultural differences between legal orders while allowing legal subjects to transcend national boundaries*» (Deharo & Madanamoothoo, 2020, p. 346).

No que tange ao biocontrato de gestação de substituição, apesar das diferentes soluções legais que cada país oferece, este mercado, em crescente expansão [1232], apesar das muitas restrições, é sintomático do *forum shopping* que muitos com intenção de serem pais e/ou mães estão dispostos a fazer em busca de uma legislação favorável à concretização do seu desejo de ter um(a) filho/a.

1230 V. tabela 15, apêndice I.

1231 V. tabela 16, apêndice I.

1232 Esta tendência é crescente e a gestação de substituição foi reconhecida como um negócio cujo valor se estima «*to cross $27.5 billion by 2025*», de acordo com a Global Market Insights, Inc. (informação disponível em https://www.globenewswire.com/news-release/2019/12/16/1960684/0/en/Surrogacy-Market-revenue-to-cross-27-5-billion-by-2025-Global-Market-Insights-Inc.html, consultado em 21 de setembro de 2020).

É e será particularmente difícil alcançar uma harmonização, mesmo ao nível de normas de conflitos e DIP. Isto porque, mesmo que se chegue a uma solução de compromisso ao nível da conexão — o que sempre será difícil à escala mundial —, é possível que as normas de direito material estrangeiro não se apliquem, visto que, de acordo com a *lex fori*, podem chegar a uma solução material que se mostre, dentro das fronteiras deste Estado, inaceitável por violarem de forma manifesta os valores locais, isto é, a ordem pública internacional. Não querendo entrar no conteúdo e alcance da exceção de ordem pública, este conhecido instrumento de DIP visa garantir a proteção de valores [1233] que marcam a identidade [1234] do ordenamento jurídico local considerando as soluções de direito material estrangeiro que, no caso concreto, se ditem para a relação plurilocalizada. Para o conteúdo valorativo da exceção são relevantes os instrumentos de Direito internacional principalmente no campo dos direitos humanos [1235]. Por exemplo, o papel da CEDH também se mostra primordial nas direções a tomar em relação a este assunto, bem como a CDC e a CEDAW.

Embora os casos julgados pelo TEDH, de acordo com o art. 46.º, n.º 1, da Convenção só sejam vinculativos para as partes, a sua influência, mesmo que sem o efeito *erga omnes*, parece inegável de *lege ferenda* [1236].

Cada Estado decide nesta matéria de acordo com a sua opção biopolítica, e a tensão entre a interpretação e a margem de apreciação, nomeadamente em assuntos jurídicos e éticos tensos, torna difícil uma harmonização, considerando os diferentes padrões culturais. Por isso, é nestas matérias que o grau de influência de Estrasburgo é mais ténue [1237] (Mirocha, 2019, p. 527).

Associado à falta de coerência legal e à ausência de regulamentação para os turistas reprodutivos, o crescente «mercado» dos biocontratos transfronteiriços tem suscitado que se regulamentem os negócios internacionais de gestação de substituição, sendo um dos mais notáveis a HCCH. A organização intergovernamental tem conduzido um estudo tendo em vista uma convenção internacional em matéria de gestação de substituição, principalmente considerando

[1233] De ordem constitucional e infraconstitucional.

[1234] O conteúdo, além de ser ditado casuisticamente — isto é, não consubstanciando uma posição de valor em relação à norma de direito material em abstrato considerada. Não estando identificados os valores ínsitos na exceção de ordem pública, a interpretação casuísta dita a salvaguarda da identidade do ordenamento da *lex fori*.

[1235] Nesta matéria, particularmente instrumentos relativos aos direitos das crianças, relações familiares e estatuto pessoal.

[1236] Conforme será analisado nos capítulos subsequentes.

[1237] Como também é sintomática a questão da IVG e da eutanásia ou da morte medicamente assistida.

a preocupação associada à incerteza quanto à filiação da criança e nacionalidade. Sendo um trabalho em progresso, ainda se visa que sejam definidas regras uniformes de DIP sobre a jurisdição dos tribunais e outras autoridades competentes (como acontece na Convenção sobre a Proteção de Menores e a Cooperação em matéria de Adoção Internacional), a lei competente para regular os negócios plurilocalizados, o estabelecimento da paternidade e/ou maternidade e o reconhecimento de documentos (nomeadamente certificados de nascimento) e sentenças estrangeiras.

Em 2010, foi discutido o problema crescente da gestação de substituição do Council on General Affairs and the Policy of the Hague Conference. Em 2011, o Conselho convidou o Permanent Bureau a intensificar o trabalho em relação aos contratos internacionais de gestação de substituição, tendo, em 2014, apresentado o seu relatório com o resultado do questionário aos Estados. Em 2015, apresentou uma nota sobre os desenvolvimentos.

Em matéria de gestação de substituição, a questão coloca-se, por um lado, em relação ao reconhecimento de um documento — tipicamente um registo de nascimento — em que os beneficiários veem a filiação estabelecida a seu favor ou ainda em nome da gestante e do beneficiário ou ainda um procedimento de adoção. No âmbito da gestação de substituição, a determinação da filiação pode não ser feita *ex lege*, mas por reconhecimento ou transferência pela via judicial, como acontece nas *parental orders* ou *pre-birth parental orders*. Por outro lado, coloca-se a questão da escolha de lei para a determinação da filiação que poderá determinar os *intended parents* como os pais da criança.

A assimetria das posições dos Estados em matéria de filiação pode suscitar a exceção de ordem pública, considerando a solução inconciliável como as regras da *lex fori*, ultrapassando os limites da tolerância a solução legal distinta proveniente de direito material estrangeiro, constituindo um mecanismo contra a aplicabilidade da lei estrangeira ou do reconhecimento da decisão judicial. Ademais, como aconteceu no ordenamento jurídico francês, no caso dos ISA, os tribunais invocaram a fraude à lei. O recurso a um país estrangeiro teve como escopo escapar à solução material do ordenamento francês.

Mas para o contrato internacional aproveitam-se as zonas cinzentas e sobretudo as falhas das legislações e entre jurisdições, forçando uma decisão à medida apelando para a criança já existente. No entanto, muitos casais ou solteiros/as contratam a gravidez a mulheres de outros países onde a prática é admissível, especialmente na sua vertente comercial, sendo estas pessoas depois apanhadas na complicada teia de soluções legais (Henaghan, 2013). Além do mais, agravando estas situações, muitos destes negócios são celebrados entre pessoas com situações pessoais, económicas, culturais e sociais muito distintas, o que, incluindo a natureza mercantil do negócio, enfatiza as desigualdades entre os contraentes, colocando muitas das vezes a tónica na vertente da exploração das gestantes, agravada pelo facto de muitos agentes e intermediários serem atraídos pela natureza comercial e altamente lucrativa do negócio [1238] (Bromfield & Rotabi, 2014, p. 123).

Embora seja vista como uma situação em que todos ficam a ganhar, suscitam-se argumentos que comparam esta prática comercial à prostituição, escravatura e tráfico de pessoas, levando à conclusão de que é uma prática de reificação da mulher e de exploração, além da venda das próprias crianças, que tantas vezes ficam encurraladas em soluções legais que as deixam órfãs e apátridas. Na falta de regulamentação internacional, a Nova Zelândia tem um modelo que implica que todos os cidadãos — sejam ou não ascendentes genéticos da criança — que recorram a esta técnica, local ou internacionalmente, tenham de passar por um processo de adoção para se tornarem legalmente os pais da criança. Apesar de a gestação comercial não ser admitida no país e as crianças não serem cidadãs, pode ser concedido visto de entrada se foram garantidos alguns fatores, como ligação genética com a criança, consentimento dos intervenientes e preservação das origens genéticas e biológicas da criança e desde que sejam cumpridas as regras legais do país de nascimento [1239].

O fenómeno do turismo reprodutivo leva a movimentos transfronteiriços de pessoas relacionados com a necessidade de acesso a determinadas técnicas de PMA que, por algum motivo, não conseguem lograr atendendo, nomeadamente, à lei doméstica. Por outro lado, temos a «indústria da procriação assistida» (Gürtin & Inhorn, 2011, p. 535) levando aos denominados CBRC, que se vão desenvolvendo para dar resposta a estas necessidades reprodutivas.

Sendo certo que as diversas opções, nomeadamente jurídicas [1240], levam a uma heterogeneidade de oportunidades no que tange à concretização da liberdade reprodutiva, a procura de ordenamentos jurídicos mais favoráveis às opções e necessidades de cada um leva, por um lado, a esbater essa diferença de oportunidades e, por outro, ao desenvolvimento da indústria reprodutiva, resultando na promoção de CBRC.

Este fenómeno crescente de CBRC leva, como suscita Storrow (2011), a que os Estados tenham preocupações de controlo do turismo reprodutivo, levando-o a cabo em diversas frentes. Por um lado, a lei doméstica pode proibir e até criminalizar a técnica de PMA ou até criminalizar a *fraude* de recorrer a outro país com solução jurídica consentânea com a opção dos pacientes para lograr a execução da técnica de PMA; por outro, pode ainda recusar-se a reconhecer os pacientes como pais da criança nascida pela técnica ou ainda imputar responsabilidade civil a todos

1238 As clínicas que promovem estes serviços funcionam numa ótica de mercado, na lógica da oferta e da procura, sendo conduzidas pela criação de formas para garantir clientela, e não por preocupações sobre tratamentos e acompanhamento médico (Nadimpally & Majumdar, 2017).

1239 V. https://www.orangatamariki.govt.nz/adoption/surrogacy/ (consultado pela última vez em 2 de junho de 2020).

1240 Também o desenvolvimento técnico, custos, taxas de sucesso e tempos de espera são algumas das razões apontadas (Gürtin & Inhorn, 2011, p. 535).

os que colaborem para lograr o objetivo fraudulento, como médicos ou advogados (Storrow, 2011, p. 538).

A era é de globalização, e a esta fica sujeita a própria família e os seus novos arranjos ou composições, o que pode levar — e leva, com toda a certeza — a questões complexas, colocadas no limite, na instituição Família e na delicadíssima matéria do reconhecimento legal dos pais, a que todas as crianças têm direito. Os processos globais e as relações recíprocas no espaço e no tempo implicam o reconhecimento de que «*[...] the concepts of individual, global, state, and the global are mutually constituent forces that must be operationalized in relation to one another — and that these definitions are contingent on the specific topic, setting, and nature of the research in question*» (Brower & Sargent, 2011, p. 5). Assim, a gestação de substituição:

> «*[...] developed as a result of competition between legal systems on the subject. The question of the right 'to' the child and the legality of surrogate motherhood is, in fact, posed and resolved in very different ways in different States, so that couples wishing to have a child now reason on a global level, ignoring borders and therefore, the limits set by their national legal order.*» (Deharo & Madanamoothoo, 2020, p. 346)

O recurso ao «mercado internacional» pode estar associado a diversos fatores. Um deles será a «fuga» a uma solução legal doméstica que não satisfaz os interessados, verificando-se uma verdadeira evasão legal. Outro será a ausência de meios no país de origem, já que as técnicas de PMA podem não ser acessíveis em todos os países ou não haver em todos a possibilidade de a concretizar, ou poderá ainda ser a técnica mais facilitada e/ou mais barata noutro país. Seja qual for a razão, as assimetrias existentes à escala mundial, de país para país, ou dentro de cada país, levam ao fenómeno apelidado de «turismo reprodutivo» que, por sua vez, acarreta novos problemas — desde a fraude na seleção de uma legislação mais «amigável» à solução que cada um procura, ao facto de muitos destes tratamentos não serem comparticipados e só estarem acessíveis a quem possa pagar por eles, criando uma nova forma de assimetria. Ademais, muitos países mais «*friendly*» apresentaram pouca fiscalização e a possibilidade de situações de exploração é ainda mais palpável.

Por outro lado, esta assimetria de soluções legais pode levar — e leva — a que o grau de incerteza jurídica seja outro facto a considerar. A este nível, a ESHE recomenda que sejam implementados:

> «*Systems of control and verification [...]. A system of certification may be introduced in order to guarantee that all patients get safe and effective treatment wherever they go. This system should not only include the technical and medical side but also compliance with ethical standards, including the provision of psychological counselling.*» (Pennings, 2008)

Se os contratos a nível interno têm tratamento homogéneo, independentemente da solução propugnada por cada ordenamento, a possibilidade de celebração de contratos internacionais de gestação de substituição agudiza a problemática. As diferentes soluções domésticas, marcadas — considerando a zona de fronteira em que se colocam —, na sua génese, por pré-conceitos culturais, morais e até religiosos, tornam o debate mais exuberante. Isto porque a concreta solução jurídica tem forte impacto social e suscita acesas e controversas posições. Ademais, é fortemente marcada por convicções pessoais, em cada momento histórico e desenvolvimento social. Assim, convenções, legislação e orientações em matéria de «*[...] governing professional practice, laws regarding civil liability, contract laws, human rights law, and more, would likely be relevant in crossborder situation*» (The International Federation of Fertility Societies, 2016, p. 142).

No atual momento, não existe, incluindo na UE, qualquer regime de DIP em matéria de gestação de substituição [1241]. A Convenção de Haia de 1996 para a proteção das crianças que, não contendo matéria substantiva, exclui, nos termos da alínea a) do art. 4.º o estabelecimento das relações entre pais e filhos, não poderia ser aplicável à gestação de substituição, ainda que, nos termos do art. 16.º, n.º 3, se pudesse considerar a aplicabilidade da convenção.

Como ensina Moura Ramos:

> «[P]ara além da sua constitucionalização, reflexo afinal de uma diferente forma de conceber a unidade do direito estadual, o direito internacional privado da família sofreria também um acentuado processo de internacionalização, no sentido do aumento do número e importância das regras cuja sede própria se encontra na ordem jurídica especial que organiza a regulamentação das relações na sociedade internacional (maxime, ainda que de forma cada vez menos exclusiva, das relações entre os Estados)".» (Moura Ramos, 2016a, pp. 385-386)

Na verdade, o Tratado de Amesterdão:

> «*[...] introduced, for the first time, provisions relating to civil matters in Articles 61 and 65 insofar as harmonisation was necessary for the functioning of the Internal Market. These provisions were later modified by the Treaty on the Functioning of*

[1241] O Regulamento 2201/2003, de 27 de novembro de 2003, não se aplica ao estabelecimento das relações de filiação ou adoção, «*[b]ut Brussels II bis applies to all civil matters concerning the 'attribution, exercise, delegation, restriction or termination of parental responsibility.' (Art 1.1.b) By Art 1.2, the Regulation shall apply, in particular, to rights of custody and access (Art 1.2.a); guardianship, curatorship and similar institutions (Art 1.2.b); the designation and functions of any person or body having charge of the child's person or property, representing or assisting the child (Art 1.2.c); and measures for the protection of the child relating to the administration, conservation or disposal of the child's property (Art 1.2.d)*» (Brunet, *et al.*, 2013, p. 154).

the European Union, with Article 81(2) mentioning the functioning of the internal market as an aim of harmonisation without including it as a prerequisite for action of the European legislator in the field of Private International Law. In other words, there is a clear tendency to further harmonisation of Private International Law over the past years.» (Ballester, 2013, p. 5) [1242]

Com este enquadramento e considerando este pano de fundo em que a gestação de substituição se move, bem como o já analisado fundamento da gestação de substituição, neste capítulo vamos estudar a posição da (outra) outorgante no contrato de gestação de substituição — a gestante, a mulher que aceita, por conta de outrem e para outrem, ceder as suas capacidades reprodutivas e ter um(a) filho/a sem intenção de assumir a maternidade.

Como noutros domínios da PMA [1243], as questões que a gestação de substituição suscita entram no campo da ética, mas também da moralidade, da religião, da opinião pública, que influenciam indubitavelmente o sentido da solução legal que, a cada momento, o legislador adota. Neste âmbito, elegemos fazer uma análise da posição da gestante e da sua (eventual) liberdade de procriação para outrem, considerando, sobretudo, o contributo dos movimentos feministas assumindo um ponto de vista marcado por questões de género. Também as diferentes perspetivas religiosas, pela forte marca da moralidade também associada à gestação de substituição,

1242 Quanto à matéria do direito internacional privado da família as soluções «[...] contidas em atos aprovados pelo legislador da União, têm-se desenvolvido, a partir de 1999, a coberto da competência, atribuída à União pelo artigo 65.° do Tratado da União Europeia (introduzido pelo artigo 73°- M do Tratado de Amesterdão), de «na medida do necessário ao bom funcionamento do mercado interno [...] promover a compatibilidade das normas aplicáveis nos Estados-Membros em matéria de conflitos de leis e de jurisdição" [alínea b)] – hoje, artigo 81.° do Tratado sobre o Funcionamento da União Europeia. Aqueles actos abrangeram, até ao presente, quer a matéria dos conflitos de jurisdições quer a dos conflitos de leis. Em sede de relações familiares, devem mencionar-se, na atualidade, o Regulamento (CE) n.° 2201/2003 do Conselho, de 27 de Novembro de 2003 (Regulamento *Bruxelas II bis*) relativo ao reconhecimento e execução de decisões em matéria matrimonial e em matéria de responsabilidade parental (Moura Ramos, 2016a, 395-396) [...] âmbito temático, regras comuns em matéria de competência judicial e de reconhecimento das decisões, enquanto a questão dos conflitos de leis seria abordada, quanto ao divórcio, pelo Regulamento (UE) n.° 1259/2010, do Conselho, de 20 de Dezembro de 2010, que cria uma cooperação reforçada no domínio da lei aplicável em matéria de divórcio e separação judicial, no que diz respeito às obrigações de alimentos, pelo Regulamento (CE) n.° 4/2009 do Conselho, de 18 de Dezembro de 2008, relativo à competência, à lei aplicável, ao reconhecimento e execução das decisões e à cooperação em matéria de obrigações alimentares, que conteria uma regulação integral quer das questões de conflito de leis quer de conflitos de jurisdições, e, no que tange às medidas de protecção, pelo Regulamento (UE) n.° 606/2013, do Parlamento Europeu e do Conselho, de 12 de Junho de 2013, relativo ao reconhecimento mútuo de medidas de proteção em matéria civil» (Moura Ramos, 2016a, p. 397).

1243 Bem como noutras matérias como a despenalização da IVG ou da eutanásia. As questões que se colocam quanto ao início e ao fim da vida geram sempre acalorados debates.

apresentam posições veementes em relação a esta técnica de procriação. Embora com a laicização dos Estados a interpretação religiosa não seja diretamente marcada na ordem jurídica, a leitura social e política em relação ao caminho da reprodução pode ser feita também por essa lente. Assim sendo, entendemos que seria pertinente analisar também uma perspetiva religiosa. Elegemos, pela influência que têm na sociedade portuguesa, a doutrina social da Igreja e a do judaísmo, concretamente da posição judaico-político-israelita [1244].

Posteriormente, serão analisados os direitos humanos que, de forma mais premente, se suscitam em matéria de gestação de substituição em relação à gestante a partir da análise crítica daquelas posições, nomeadamente do contributo feminista, a que daremos mais enfoque. Ainda que muitos dos estudos apontem para a gestação de substituição como uma «*win–win situation*», ativistas de direitos humanos consideram que a técnica deve ser banida considerando a comparação com a prostituição, a escravidão e até o tráfico de seres humanos [1245]. Se por um lado há quem advogue a favor da liberdade e autonomia da mulher, muitos suscitam que a gestação de substituição dá causa a um novo sistema de subordinação e opressão, sobretudo através dos contratos internacionais em que podem ser exploradas as pessoas, mas também uma visão social de exploração considerando as assimetrias entre os diferentes Estados.

Noutra perspetiva diametralmente oposta, advogados da autonomia e liberdade procriativa da gestante ditam a sua tomada de decisão insindicável por políticas paternalistas que ditam o que as mulheres fazem ou deixam de fazer com os seus corpos e as suas vidas. Eventuais restrições a esta autonomia reprodutiva, como Starrow (2011, p. 540), refere por exemplo, têm de se mostrar, desde logo, necessárias e, caso assim seja, deve medir-se a restrição na exata medida com o objetivo que se visa alcançar, para que se torne legítima. Ou seja, a garantia da proporcionalidade na própria restrição caso esta se mostre, de facto, necessária.

Analisado que está o fundamento da gestação de substituição e os respetivos beneficiários, o escopo deste capítulo é fundamentalmente determinar se a gestação de substituição reifica ou não, ou em que afloramentos, a gestante; se a ciência, ao nível da gestação de substituição, deixou de ser um meio ao serviço do ser humano para passar a instrumentalizá-lo. Neste caso, tratar-se-ia de uma intolerável violação da dignidade humana que não se mostraria possível dentro de um Estado de direitos fundamentais que visa o desenvolvimento de um projeto humano, solidário e fraterno.

[1244] Esta construção composta da palavra é propositada considerando o âmbito que decidimos, neste trabalho, analisar em relação à doutrina Sionista.

[1245] Trimmings e Beaumont indicam ainda outras preocupações, como a deslocalização dos esforços da adoção, risco de fins escusos, como pedofilia e outras formas de abuso (Trimming & Beaumont, 2013, pp. 528-529).

É neste momento do estudo que nos encontramos, analisando a posição da gestante e os seus direitos, visando responder à questão sobre a existência de um afloramento da liberdade de procriação, dentro dos direitos reprodutivos, que inclua a procriação para outrem e eventuais limites e, consequentemente, sendo a resposta positiva, das possíveis restrições que se possam impor à autonomia da mulher-gestante em matéria de gestação de substituição.

2. O *Papel* da Mulher na Gestação

O debate em torno da gestação de substituição é altamente centrado no debate sobre o papel da mulher-mãe. Numa aceção (mais) tradicional, o papel da mulher na sociedade esteve (está ainda, em alguns casos) altamente ligado às suas capacidades reprodutivas e à capacidade de produzir os herdeiros do marido. As mulheres existiam para se tornarem companheiras e mães. As que não tinham filhos/as [1246] eram e/ou sentiam-se ostracizadas, incompletas, e sentiam a pressão social da ausência de produção de descendentes. Apesar das diferenças significativas decorrentes da emancipação feminina, muitas destas nuances continuam palpáveis nos dias de hoje, o que, em parte, se percebe. O instinto animal de ter filhos/as continua presente.

Contudo, e ao contrário do que tradicionalmente acontece com os homens, as próprias diferenças biológicas associadas ao «útero» levaram à diferenciação entre os papéis atribuídos a homens e mulheres e, em muitos afloramentos, esta diferenciação conduziu a estereótipos em relação à função da mulher na reprodução, na família e na sociedade e, consequentemente, a verdadeiras formas de discriminação em razão do sexo [1247].

Nesta visão tradicional e natural das relações entre pais/mães e filhos/as e da expectativa normal da reprodução, a gestação de substituição, tal como o aborto [1248], interrompem a tradicional expectativa da gravidez, social e culturalmente enraizada. No entanto, ao contrário da IVG e da emancipação feminina que a luta pelo controlo sobre o corpo da mulher trouxe, a gestação de substituição não granjeou, por um lado, nem a mesma simpatia nem, por outro lado, um movimento em uníssono quanto à posição a assumir sobre a sua admissibilidade ou não.

É comummente associada à gestação de substituição uma visão mercantilista e neoliberal de reprodução que apaga o papel da mãe e não é, nada mais, do que

[1246] Sendo «culpa» sua a falta de produção de descendência. Até à possibilidade de diagnóstico da infertilidade masculina, a falta de produção de descendentes era considerada um assunto das mulheres e da sua inabilidade para os produzir.

[1247] Mas também quanto às suas capacidades, objetivos de vida e perceções sobre o «lado feminino», tradicionalmente visto como mais afetuoso e emocional.

[1248] Se pensarmos que a própria IVG em Portugal foi legalizada em 2007 e menos de 10 anos depois é admitida a gestação de substituição.

a *venda* de crianças, tornando-as uma *mercadoria* [1249], através do *aluguer* do útero de uma (qualquer) gestante. A temática fica limitada, a nível quer ético quer jurídico, a conceções de exploração económica e mercantilização *de um útero*, de uma mulher [1250] para satisfazer desejos de consumo, de um(a) filho/a.

A indústria da gestação de substituição conduz, para alguns dos seus críticos, à manutenção do «*[...] privilege/property of commissioning parents that resides in their citizenship and depends on the exclusion of undesirable subjects, reproducing the capitalist relations of production as racialized gendered relations*» (Vora & Iyengar, 2019, p. 31). Uma apelidada nova forma de colonialismo em que cidadãs de países menos favorecidos produzem os/as descendentes, para outros/as, com um passaporte de «primeira classe». As mulheres têm filhos/as de um meio onde não podem aceder ante as substanciais assimetrias, económicas, sociais, culturais e geográficas, conduzindo a novas formas de «*[...] imbalanced power relations between parties, relating to global inequality, gender, and race*» (Førde, 2019, p. 37).

Além disso, a (alegada) insusceptibilidade de controlar o consentimento informado das gestantes [1251] e a grande debilidade económica e social destas, muitas vezes em países com fraco *enforcement* de direitos humanos, torna-as, às gestantes e às crianças, alvo de práticas próprias de verdadeira exploração comercial, com a ideia subjacente da *commodification* da mulher e da sua capacidade reprodutiva e da própria criança, vistas como um bem transacionável a todos/as os que possam pagar por elas.

Neste processo reprodutivo, visto como um negócio, dá-se alegadamente causa a uma nova forma de classismo ou casta. A denominada *breeder class* (Williams-Jones, 2002) inclui as mulheres, tipicamente depauperadas, com fraca instrução e sujeitas a exploração, que alugam o seu útero e cobram pelo serviço para satisfazer as suas necessidades primárias e as das suas famílias, produzindo os/as descendentes dos países de primeiro mundo — as novas incubadoras na produção da vida humana. Esta situação ganha particular acuidade quando neste contrato não existe, de facto, uma efetiva igualdade entre as partes e, por isso, uma delas tem manifestamente mais poder, seja económico ou social, levando não só à enfatização de argumentos de mercantilização do corpo, como também à exploração comercial da mulher.

[1249] Aqui no sentido de bem transacionável no mercado.

[1250] Questão particularmente relevante considerando as assimetrias existentes, desde logo, entre homens e mulheres, podendo a gestação de substituição constituir mais uma forma de aumentar o fosso das iniquidades entre os géneros, seja pela exploração da capacidade reprodutiva exclusiva das mulheres — colocando-as, potencialmente, expostas aos riscos que se associam a este contrato — seja pela posição de assimetria que, ainda, ocupam e, por isso, potencialmente mais sujeitas a exploração.

[1251] Como refere Anthony Wood, chamando a atenção exatamente para esta temática, revelando uma situação paradigmática em que um contrato de gestação de substituição foi celebrado entre um casal australiano e uma mulher tailandesa, iletrada, que o *assinou* por aposição de impressão digital num documento, escrito em inglês, com 29 páginas (Wood, 2016, p. 9).

Ademais, numa escala macro, a gestação de substituição manifesta-se como uma nova forma patriarcal de opressão do sexo (mais) fraco que não só não contribui para esbater iniquidades entre homens e mulheres, como enfatiza a ainda existente desigualdade. Indo ainda mais longe, estamos perante uma nova forma de erradicar da mulher a sua capacidade única de ser mãe, violando a sua identidade(-mulher-mãe) e a integridade associada à indivisibilidade daquela identidade. Neste âmbito, e como tivemos oportunidade de aludir *supra* [1252], a UE, por exemplo, tem assumido estas críticas, o que se reflete, por exemplo, no Relatório Anual de 30 de novembro de 2015 sobre Direitos Humanos e Democracia no Mundo de 2014 [2015/2229(INI)], em que apela para a condenação da gestação de substituição [1253]:

> «*[t]here was a special motion dedicated to surrogacy for European Parliament from 15.4.2016 for a resolution on the subject of condemnation of surrogacy motherhood too. The resolution, report and motion together draw attention to the danger of the exploitation of women and the threat to women from less developed countries through such exploitation, recommending at the same time a ban on surrogate motherhood.*» (Sokołowski, 2019, p. 600)

O mesmo se verifica na Resolução do Parlamento Europeu de 14 de março de 2017 sobre a igualdade entre homens e mulheres dentro do espaço da União Europeia, que apela para a tomada de posição dos Estados para assegurar a proteção das mulheres em matéria de exploração.

Sendo sintomáticos nesta matéria, *inter alia*, a comodificação do corpo humano, a exploração da gestante, a saúde e segurança da grávida, bem como o tratamento da relação entre a gestante-reprodutora e a gestante-mãe, revela-se uma tensão entre a mãe-identidade e a trabalhadora-identidade (Marwah, 2014). A mercantilização da reprodução conduz a um biocontrato em que o «trabalho» da gestante se realiza corporizando-o. É uma *reprodução-produção*, como nunca antes vista e sem paralelo.

2.1. O Contributo Feminista

Os movimentos feministas introduziram o sexo nos debates e agendas políticas tendo o seu ponto alto a partir de 1970 (Sloterdijk, 2014, p. 112), com a proclamação de uma epistemologia feminina explícita. Procurar mudanças nos papéis sociais das mulheres e atingir a plena igualdade de género sempre foi e é um dos bastiões

[1252] V. capítulo II.

[1253] Ponto 114.

destes movimentos [1254]. A matéria tem de facto uma dicotomia entre a esfera pública e privada dos direitos das mulheres [1255]. Tradicionalmente, colocá-la unicamente na esfera privada permitia ao Estado desresponsabilizar-se destes assuntos que eram manifestamente de natureza privada e, portanto, não podia nem devia intervir. Trazendo-os para a esfera pública como as feministas fizeram, e como é sintomático na IVG, a tónica no discurso dos direitos humanos permite, ainda que não resolva *per se* os problemas, expandir o discurso e os mecanismos de tutela, mormente para o campo dos «*[...] positive rights which contain government obligation to provide resources for people to access these rights*» (Luna, 2020, pp. 63-64).

Reconhecidamente, tal como a IVG, as técnicas de PMA, e em particular a gestação de substituição, desafiam as tradicionais conceções sobre a «função» da mulher na reprodução, mas, ao contrário daquela, no âmbito da gestação de substituição, os movimentos feministas enfrentam dificuldades em alcançar uma posição comum (Engeli & Allison, 2019, p. 97). Não podemos dizer, em abono da verdade, que as feministas se opõem tendencialmente às técnicas de procriação médica assistida; o que está em causa e gera posições altamente polarizadas diz respeito às manifestações destas técnicas que, para muitas destas feministas, representam uma nova e sofisticada forma de subordinação patriarcal. Isto é, tal como acontece na gestação de substituição, se o que está subjacente é uma renovada forma patriarcal de encarar aquela capacidade reprodutiva única e incomparável de a mulher ter filhos (Candal, 2018).

A escolha reprodutiva e o direito das mulheres a controlarem o seu corpo, incluindo, para nós, a assunção de um efetivo direito à não reprodução, como na IVG, também se colocam neste âmbito da gestação de substituição. Porém, não é menos verdade que os conceitos de escolha, liberdade e autonomia ganham *nuances* e uma nova coloração que não apresentam no contexto da interrupção da gravidez. É com esta nova dimensão que as feministas se debatem e acabam por polarizar as suas posições considerando as diferentes leituras que têm da mesma realidade e que conduzem a teias argumentativas substancialmente distintas.

Além disso, a tendencial liberalização do mercado da reprodução «*[...] partaking in the liberal construction of reproductive bodies and substances as though they were commodities in a global market*» (Ravn, 2019, p. 264) introduz a dimensão mercantil à reprodução que passa, agora, também a ser encarada de acordo com as regras de mercado e, *in extremis*, do lucro. O meio que se usa é a capacidade reprodutiva da mulher, avaliável e fungível, tendo em vista a produção de bens de consumo com elevada procura

[1254] Originalmente o que, no século XIX, se denominava *the woman movement* (Jaggar, 1983, p. 5), ou o movimento da mulher, nos EUA, tendo a palavra «feminismo», de origem francesa, sido introduzida nos Estados Unidos no início do século XX. Para uma história e as diversas correntes do feminismo, v. Alison Jaggar (Jaggar, 1983).

[1255] «Direitos das mulheres como direitos humanos».

— as crianças objeto deste mercado. Nesta visão, a mulher não é libertada; é reificada e transacionada, comodificada [1256], de acordo com o valor que o mercado lhe atribui. Há a erradicação do papel da mulher(-mãe-)gestante na reprodução, pela ideia da fungibilidade mercantil, que agrava aquela visão patriarcal. Aos homens, com a gestação de substituição, é garantida a descendência e o papel da mãe e da mulher é apagado ou, pelo menos, suscetível de ser determinado pela escolha egoísta do pai. Como refere Balaguer, há uma transposição da maternidade numa operação de redistribuição no mercado livre que importa reconhecer a passagem da «*[...] mujer madre y amante de la prole, dedicada a la función reproductora y cuidadora, a uma imagen de transposición de esa maternidade, "tou court", a outra madre o padres, que ahora irrumpen en el mercado com uma sed de paternidade próxima igualmente a la naturaleza*» (Balaguer, 2017, p. 146).

Traça-se neste âmbito uma divisão entre a ideia de exploração da mulher, por um lado e, por outro, a autonomia das mulheres sobre as suas capacidades reprodutivas e/ou a decisão sobre receber dinheiro para disponibilizá-las a terceiros. É neste enquadramento que se vão posicionando, em campos diametralmente opostos, diferentes movimentos feministas (Golombok, 2015, p. 121).

Por um lado, as feministas liberais que admitem a gestação de substituição. Nesta visão, a gestação de substituição, tal qual acontece no aborto, representa a manifestação da vontade da mulher, da decisão tomada de acordo com a autonomia da mulher, que assume o controlo sobre o seu corpo e das suas capacidades e decide sobre eles. Algumas destas feministas liberais admitem de esta manifestação da autonomia da mulher quanto à disponibilização do seu corpo se faça a troco de dinheiro e que o contrato de gestação de substituição seja até coercivamente exigível [1257]. Este é um movimento *mainstream* que tende a apoiar a gestação de substituição, uma vez que esta se apresenta como, uma vez mais, uma escolha reprodutiva da mulher.

Emma Maniere enfatiza a visão *libertarian approach* que resulta desta aceção liberal, já que o mercado livre não só facilitaria como impulsionaria as escolhas reprodutivas de cada um(a) (Maniere, 2017, p. 316). Nesta visão, a mulher é libertada dos grilhões paternalistas e visões estereotipadas sobre uma função de maternidade enraizada que acorrenta a mulher e a impede de tomar livre e autonomamente decisões sobre si, o seu corpo e a sua vida. Uma visão de «*transformative reproduction*» (Mutcherson, 2013) em que a PMA e em particular a gestação de substituição são

1256 A expressão inglesa «*commodification*» entende-se como «*[...] the legal and social norms by which it governs the production, exchange, and enjoyment of commodities. To say that something is properly regarded as a commodity is to claim that the norms of the market are appropriate for regulating its production, exchange, and enjoyment. To the extent that moral principles or ethical ideals preclude the application of market norms to a good, we may say that the good is not a (proper) commodity*» (Anderson, 1990, pp. 71-72).

1257 Como é o caso de Lori Andrews (Andrews, 1988). Considera que a igualdade entre homens e mulheres implica a escolha de outros fatores que não os biológicos, incluindo no âmbito das relações familiares.

vistas como fonte de oportunidades que se abre a todos/as aqueles/as que, de outra forma, não conseguiriam ter filhos/as. Há uma clara expansão de uma visão social «estreita» da conceção de família assente numa visão tradicional [1258]. Não obstante, enfatiza que o prisma em que se coloca não é na escolha individual dos consumidores e prestadores de serviços da PMA, mas sim na justiça de como a indústria oferece essas escolhas (Mutcherson, 2013, p. 233). E essa justiça pode implicar, o que não é desconsiderado, que se pense mais sobre «*[...] third parties who sell or rent parts of themselves in order to fulfil the familiy formation dreams of others*» (Mutcherson, 2013, p. 233).

As feministas liberais assumem, assim, que os acordos de reprodução aumentam a liberdade reprodutiva das mulheres (Tong, 2018) e a autonomia das mulheres sobre o seu próprio corpo. Entendem que, mais patriarcal do que qualquer outra coisa, é novamente impor às mulheres o que fazer, ou não fazer, com o seu corpo e impedi-las, mais uma vez, de decidir o rumo das suas vidas e de arcar as consequências pelas suas escolhas.

Numa outra perspetiva estão as denominadas Reformistas, que, não tendo uma visão liberal sobre a gestação de substituição, também não visam a sua proibição. No campo das Reformistas encontramos Pande e Grupta, por exemplo. Estas autoras têm contribuído em larga escala para compreender o fenómeno da gestação de substituição levando a cabo estudos no terreno, sobretudo na Índia. Para as Reformistas, o busílis da questão não estará nunca na proibição da gestação de substituição [1259]. Segundo a perspetivam, seria impossível e impraticável travar estes biocontratos, porquanto a levada procura demonstra que sempre existirão e negá-lo só contribuiria para fomentar mercados negros em que as gestantes e as crianças sobretudo estariam ainda mais desprotegidas. O que defendem é a sua regulamentação, nomeadamente no palco internacional. As autoras, que, como referido, têm extenso trabalho em matéria de gestação de substituição na Índia, refutam a ideia de uma «inerente imoralidade» da prática. Propõem um modelo transparente de «*Fair trade Surrogacy*» [1260] assente em princípios de transparência financeira, transparência médica e transparência nas relações [1261] (Pande, 2017). Neste enquadramento o foco da questão não está na proibição da gestação de substituição, mas na mitigação dos fatores que podem levar a situações de exploração das mulheres, sobretudo melhorar as condições de «trabalho» das gestantes e alterar as condições que geram as relações de exploração (Wilkinson, 2003). Trata-se de uma forma de assegurar o equilíbrio das relações e a proteção da parte mais débil do contrato (Obelar, 2014, p. 6).

[1258] Assumindo que muitas das questões que se colocam provêm de muitos dos consumidores serem casais heterossexuais brancos.

[1259] O que só levará a que o fenómeno se relocalize, como aconteceu quando a Índia proibiu casais homossexuais.

[1260] V. capítulo II.

[1261] Nesta última, Pande suscita a questão da afirmação da dignidade das mulheres.

A resposta que oferece não está em banir, mas controlar e estabelecer o seguinte:

> «*[...] standard pay and conditions arguments against international paid surrogacy by enforcing improved pay and conditions. This is something that the Indian government could do, aided and encouraged by the governments of those countries from which the majority of 'commissioners' come. Or an ethically defensible international paid surrogacy model could be built along voluntary lines, using a Fair Trade model — something which some 'commissioning' parents and healthcare professionals might welcome. Bringing this about will not be easy but, from a purely ethical perspective, this way forward has considerable merit.*» (Wilkinson, 2015)

Por outro lado, num campo diametralmente oposto situam-se as feministas radicais. Estas opõem-se à gestação de substituição erigindo os seus argumentos através de uma interpretação da técnica como uma forma de dominação patriarcal [1262], por um lado e, por outro lado, o risco do florescimento de um novo afloramento de eugenismo [1263], [1264] (Thompson, 2005, p. 57).

Estas feministas radicais repudiam a gestação de substituição, dado que a associam a um estereótipo patriarcal de perpetuação da carga genética masculina que, como nunca antes, erradica o papel da mulher na reprodução da descendência. Enfatizam que a reprodução está assente em diferenças entre homens e mulheres que são insuscetíveis de ser neutralizadas, sob pena de a mulher perder o que tem de caracteristicamente seu na reprodução e passar a ser mero contentor da semente do homem. Há, portanto, para esta visão, um novo momento de afloramento de instrumentalização do corpo da mulher (Balaguer, 2017, p. 157) e da própria mulher. Ainda que com o consentimento desta, o que a gestação de substituição acaba por conseguir atingir é a anulação da identidade-mulher-(também)-mãe [1265]. A capacidade

[1262] Relativamente aos corpos das mulheres, «*[...] the level of community and nation, women are held up as signifiers and repositories of honour, and at more individual levels, notions of good and bad behaviour constantly mediate the relationship women have with their bodies*» (Marwah, Venkatachalam, & Nayak, 2014, p. 218).

[1263] Por exemplo com o DGPI.

[1264] Um dos exemplos destes movimentos é a FINRRAGE (Feminist International Network of Resistance to Reproductive and Genetic Engineering), que organizou uma conferência em 1985, a «Women's Emergency Conference on the New Reproductive Technologies», que ocorreu em Vallinge, Suécia. A discussão conduziu a uma «*[...] clear perspective on the interrelationship between reproductive and genetic engineering, their harmful effects on women worldwide, and the need for feminist resistance strategies*». O movimento, com o passar dos anos, perdeu muitos dos seus adeptos e muita da sua força. V. https://www.finrrage.org/?page_id=25 (consultado em 12 de março de 2019).

[1265] Além disso e, independentemente de, *in casu*, haver ou não exploração da mulher, o negócio é particularmente problemático considerando o contexto e as especiais externalidades que do mesmo resultam. A gestação de substituição constitui um fator que aumenta a desigualdade entre homens e mulheres, potenciando relações de hierarquia em relação ao género, raça e classe social. Se voltarmos ao Relatório Warnock, a peça central da discussão encontra-se, desde logo, na dignidade da mulher.

reprodutiva de uma mulher tem tanto a ligação genética como a ligação gestacional (além da subsequente relação social) [1266], o que é diferente da ligação dos homens com os/as filhos/as e, nessa diferença, radica também a identidade da mulher, que, sendo única, é indivisível. Anular a identidade-mulher(-também)-gestante-mãe é anular a identidade da mulher [1267]. Mesmo que a ciência consiga agora separar todas as componentes que antes integravam uma única mulher, isso não significa que cada uma delas, ainda que em separado, não integre aquela única capacidade reprodutiva.

Recorrendo à teoria da assimetria de Debra Satz [1268], a especial natureza da relação entre as gestantes e os/as filhos/as é única e representa a identidade única e relacional entre ambos, incompatível, portanto, com as relações de mercado. Satz afirma que «*[c]hildren should be loved by their mothers, yet commercial surrogacy responds and promotes other motivations*» (Satz, 2010, p. 98). A autora considera que os contratos de gravidez introduzem aspetos comerciais, estranhos, portanto, a uma esfera e dimensão relacional que devem ser norteadas pelo amor, o que a leva a concluir que contratar uma gravidez «*[...] places women's bodies under the control of others and serves to perpetuate gender inequality. The asymmetries of gender, the fact of social relations of gender domination, provide the best foundation for the asymmetry thesis*» (Satz, 2010, p. 133).

Nesta visão, ao contrário de Carole Pateman [1269], a assimetria que Satz identifica não está propriamente na capacidade reprodutiva enquanto elemento da identidade da mulher e na alienação que a gestação de substituição introduz em relação ao *produto do trabalho* e eventualmente ao *estranhamento* do mesmo, mas num fator que agrava a tradicional divisão de trabalho que é feita em razão do sexo. O trabalho de

[1266] Não estamos com isto a dizer que as mulheres têm um instinto maternal padrão sobre o qual se devem pautar. Não é nada disso, bastando pensar, por exemplo, na matéria relativa à IVG ou na utilização de métodos contracetivos por mulheres que decidem que não querem ter filhos/as. Não concordamos é com a atribuição de um valor «sacrossanto» à gestação e à maternidade, que acaba por subalternizar as mulheres que não querem ou não desejam ter filhos/as, bem como o papel do próprio pai. O que aqui queremos enfatizar é que a relação entre mães e filhos tem diversas correspondências, cada uma delas essencial. Não obstante, de facto, as mulheres confrontam-se muitas vezes com a pressão de cumprirem um papel altamente enraizado através de construções sociais, familiares e institucionais, que, neste âmbito, operam como um bastião patriarcal de «família» em que, mais uma vez, o corpo da mulher é um objeto social disciplinado.

[1267] Ainda que, em parte, o facto de ser integral não admita a sua divisibilidade.

[1268] A Professora usa a sua perspetiva de «*Noxious Markets*», que justificam limites, considerando quatro parâmetros: «*harmful outcomes for individuals*», «*extremely harmful for society*», «*vulnerability*» e «*weak agency*». Então, o que faz um «*Noxious Market*»? Uma assimetria de conhecimento («*weak agency*») que tem subjacente uma informação incompleta ou desadequada sobre a natureza e/ou as consequências do mercado tem como consequência um dano para as partes («*extreme harms for individuals*»); com a vulnerabilidade, os mercados da pobreza aproveitam as necessidades desiguais dos participantes, tendo como consequência a promoção da servilidade e dependência («*extreme harms for society*») (Satz, 2010, p. 98).

[1269] No seu «contrato Sexual». V. *infra* neste capítulo.

homens e de mulheres que agrava, na expressão que a autora usa, o ainda existente «*female ghetto*» e a assunção de que há trabalhos tipicamente femininos. Esta visão agrava as iniquidades entre homens e mulheres e constitui um entrave a que se atinja a igualdade entre os sexos. Nesta perspetiva da teoria da assimetria, os contratos de gestação de substituição enquadram-se neste estereótipo do aludido gueto feminino (Satz, 2010, p. 128) [1270]. Neste âmbito, e numa análise cruzada entre sexo e raça, Pateman conclui mesmo que, sendo certo que a questão da raça e do sexo podem tornar-se meras curiosidades históricas e serm eliminados ou sofrerem uma alteração radical, porquanto estas construções são (também) políticas, a verdade é que, tanto o sexo como a raça estão «*[...] deeply embedded in social and political institutions, nacional and international, and in individuals' sense of themselves.*» (Pateman, 2017, p. 164).

Ainda que a gestação de substituição possa ser vista como um exercício de autonomia, como o é para as feministas liberais, as suas oponentes encaram-na como uma forma de exploração associada a condições patriarcais opressivas. As mulheres encontram um novo meio para serem subjugadas pela falta de opções ou pelas limitadas opções com que se veem confrontadas. Uma autonomia, portanto, altamente coartada, tal como acontece(rá) na prostituição, em que as mulheres estão colocadas numa «*[...] absence or lack of livelihood options*» (Marwah, 2014, p. 295) que também, embora de uma outra forma, viola a própria autonomia da mulher. Uma decisão autónoma, mas não empoderada. Há, neste caso, uma visão de «feminização da sobrevivência» [1271]. As mulheres que aceitam integrar negócios de gestação de substituição comerciais estão a exercer a sua autonomia, mas de tal forma limitada pelo seu estatuto social, pobreza ou pressões de variada ordem, designadamente familiares, que não se pode dizer que estejam, de facto, a atuar autonomamente (Cherry, 2014, p. 277).

Na verdade, muitas feministas argumentam que as novas técnicas de reprodução, e a gestação de substituição em particular, ao invés de serem libertadoras como defendem as feministas liberais, são, isso sim, novas formas de subjugação das mulheres. A fungibilidade da mulher infértil que é trocada por outra, fértil — e também esta dispensável no final do processo — que serve cumprir o desejo de o homem passar a sua carga genética [1272] aos/às filhos/as. Uma *nova* forma de desvalorização da mulher e da exaltação da figura paterna em relação aos/às filhos/as

[1270] Agravado pelo facto de o elemento gestacional ser desconsiderado, fazendo um exercício de comparação entre a determinação da maternidade e paternidade ao fator genético, isto é, o reconhecimento da capacidade reprodutiva se fazer de acordo com uma identidade masculina.

[1271] «*Feminization of survival*», no original.

[1272] Considerando que muitas das gestações de substituição recorrem a doadoras de gâmetas, mas o doador de esperma é o *intended father*. «*In the spermatic market of surrogacy contracts, the man becomes once more the active principle of procreation, the woman is reduced to a passive conduit, and the sperm donor's wife is cast as the rejuvenated maternal principle*» (Raymond, 1988).

e à família, sobretudo enquanto instituição social preponderante, o que pode contribuir para fomentar velhos e novos estereótipos de glorificação do homem.

A preocupação que se denota nesta visão feminista proibicionista é a existência de uma certa tradição, discurso e estereótipos associados à maternidade que se vão projetando subliminarmente nos discursos da gestação de substituição. Esta projeção, encapsulada num reconhecimento de autonomia das mulheres, terá como efeito alguma normalização do processo, mas que tem subjacente a cultura patriarcal da paternidade e maternidade.

De facto, é comummente suscitado em matéria de gestação de substituição um discurso de sororidade, uma irmandade feminina de mulheres a ajudarem outras mulheres no seu desejo de serem mães. Por exemplo, num estudo levado a cabo por Pande, é identificada uma certa narrativa da mulher incompleta que precisa de outra mulher para cumprir o seu sonho de ser mãe (ou o seu dever de garantir filhos/as ao marido?). Há uma certa ideia de irmandade entre estas mulheres que, no limite, serve também para esbater a vertente mercantil que os negócios assumem (Pande, 2011, p. 624). Esta questão, e independentemente da posição que venhamos a assumir, tem também associadas perspetivas sobre a forma, distinta, como os homens e mulheres pensam a reprodução e que tem servido, normalmente, para rebaixar a posição das mulheres (Rachels & Rachels, 2015, p. 147).

Há, aliás, quem analise a questão do pagamento nesta vertente, isto é, a associação da gestação de substituição a uma visão mercantil em que a gestante o faz a troco de dinheiro — ou só o faz por isso — traz vinculada uma suspeição moral sobre as gestantes. As mulheres que aceitam outorgar um biocontrato de gestação de substituição, mas que o fazem a troco de uma remuneração podem ver refletida «*[...] a gendered "hostile worlds view" and class bias. Selfish motivations are considered incompatible with the feminine project of surrogacy, and profiting off a child is seen as an affront to proper motherhood and womanhood*» (Hovav, 2019, pp. 292-293). Uma vez mais, uma reiteração de estereótipos de personalidade feminina mais ligada a um lado emocional e, necessariamente no que tange à maternidade, essa vertente (unicamente) emocional de amor materno é vista como totalmente incompatível com a função reprodutiva associada à mulher.

É, de facto, esta a retórica associada à maternidade. Por exemplo, no final da década de 1980, Janyce G. Raymond considerava que a realidade da maternidade «*[...] pervade every discussion of surrogacy. Motherhood gets framed as an instinct, a biological bond with a child, or as an unquestioned state of being that is the essence or pinnacle of female existence in the world*» (Raymond, 1988).

Desta forma, a gestação de substituição representa uma degradação da mulher, da identidade-(também)-mãe da mulher que passa para uma trabalhadora de uma fábrica biológica de produção de bebés. Carol Gilligan enfatiza que a tecnologia, apesar da aparente libertação, mais não faz do que reduzir a liberdade das mulheres (Gilligan, 1982). A desassociação do papel materno à gestação culmina na manipulação do próprio corpo da mulher.

Barbara Katz Rothman assume como pressuposto que as tecnologias da procriação se desenvolveram baseadas numa estrutura patriarcal que vai neutralizando o papel da mulher e da mãe, colocando-se a ênfase no material genético. Uma ideia moderna da figura do vaso onde a semente é posta para fertilizar, sendo este recetáculo isso mesmo — um vaso descartável e fungível. Passando a mãe a ser substituível, esta «*[...] losed its mystique. By their very existence, substitutes denigrate the original*» (Rothman, 2000, p. 23). Nesta perceção, a alegada ideologia patriarcal vai mais longe do que uma ideia de dominação; é uma verdadeira forma de encarar o mundo e de pensar as relações, particularmente as familiares. Elimina-se, segundo esta perceção, a solidariedade relacional tipicamente existente, porque necessária, entre as mães e os/as seus/uas filhos/as. O homem pode usar uma mulher, qualquer uma, para ter um(a) filho/a; pode substituir o aspeto biológico, social e psicológico da mãe e só há uma coisa que não é mutável: a «semente» do homem (Rothman, 2000, p. 25).

Barbara Katz Rothman defende que a maternidade biológica não é um serviço, mas uma relação, opondo-se, por isso, a qualquer possibilidade de gestação de substituição, sendo, no seu entender, nada menos do que uma forma de «*baby selling*». A gestação é uma significativa experiência tanto para a criança como para a mãe, uma relação física entre ambos, sendo relevante o meio em que o feto se insere e a relação que tem com o corpo da mãe. Mas também é uma relação social. Neste campo, a autora indica que a própria gravidez tem implicações e relevância sociais, uma vez que «*[t]he mother, as a social being, is responding socially to the experience of carrying her baby. [...] Women are not "flower-pots" in which babies are planted, but social beings, giving social meaning to their experiences*» (Rothman, 2000, p. 62).

Tal como muitas feministas radicais, a perceção de Rothman é a de que a maternidade é diferente da paternidade, e tornar a maternidade neutra é uma forma de lhe retirar relevância na aludida ideologia patriarcal. A paternidade está socialmente determinada pela perspetiva patriarcal da relação que o homem tem com a mãe, sendo que a maternidade está associada ao inquestionável facto do parto. A infertilidade, neste âmbito, também dita uma mudança social, isto é, a aludida relação já não é relevante e, portanto, desconsidera-se o que há de único na maternidade — «*A surrogate is a substitute. In some human relations, we can accept no substitutes*» (Rothman, 2000, p. 167) [1273], [1274].

[1273] Na sua obra *A Sujeição das Mulheres*, John Stuart Mill referia que já não existem escravos, com exceção das domésticas. Refere que a discriminação das mulheres, pelo simples facto de o serem, não tinha paralelo na ordem jurídica, sendo que, em mais nenhum caso «[...] que abrange metade da espécie humana, se encontram funções sociais de maior responsabilidade vedadas a alguém por uma fatalidade de nascimento que nenhum esforço ou mudança pode ultrapassar» (Mill, 2006, pp. 68-69). Isto ainda que Mill considere tolerável a «fornicação», mas não o proxenetismo (Mill, 1997, p. 100)

[1274] Não o comparando com um contrato de trabalho, «*[...] husband benefits directly from the exploitation and oppression of the wife*» (Pateman, 2018, p. 133), separando-se de Marx.

Para outros, a questão não é o contrato *per se*, mas a utilização do corpo da gestante e o que isso representa quando inserido numa vertente negocial, e sobretudo mercantil. Anne Phillips, por exemplo, conclui que há uma marca distinta no contrato de gestação de substituição quando comparado a qualquer outro contrato ou qualquer outra remuneração por trabalho ou serviços. Nos «*body-contracts*» a que Phillips se refere (Phillips, 2008, pp. 112-113) manifesta-se a absoluta impossibilidade de separar a trabalhadora dos seus serviços (Phillips, 2011). Phillips, considerando o trabalho de Pateman nesta matéria, conclui que, na gestação de substituição, «*[...] the body is not just incidental but the whole point of the deal*» (Phillips, 2008, p. 112), pelo que surge uma certa hierarquia cultural neste trabalho de mulheres, o que parece conduzir a uma nova exploração de género. O trabalho reprodutivo é perpetuado na gestação de substituição como uma relação de dominação e subordinação. Nestas perspetivas, as mulheres, gestante e *intended mother*, são as novas *homo sacer* [1275], [1276].

Considerando esta relação de dominação-subordinação, não podemos deixar de nos confrontar com uma história de subordinação em que as mulheres são o objeto do contrato. Recorrendo ao clássico «Contrato Sexual» de Carole Pateman, este contrato sexual que subordina as mulheres encontra-se e desenvolve-se na história a par com outro contrato, o contrato social (sobretudo de homens e para homens) (Pateman, 2018). As mulheres — referindo-se especificamente neste caso às mulheres casadas — não são «*wage slaves*» [1277] e, ainda que tanto o empregador como o marido tenham o direito de comandar o uso dos corpos dos trabalhadores e das mulheres, respetivamente, «*[...] although each husband has his own specific demands, the content of the labour of a housewife is determined by the fact that she is a woman*» (Pateman, 2018, p. 153). A gestação de substituição é mais uma destas formas de dominação das mulheres, pelo simples facto de serem mulheres.

Em suma, a gestação de substituição apresenta-se como disruptiva e, em muitas coisas, como uma escolha entre limites opostos e, no que tange aos feminismos, também não é diferente, desafiando a *praxis* feminista e polarizando-a.

2.1.1. Tecnologias racistas e classistas

Na década de 1990, Shellee Colen introduziu o conceito de «*stratified reproduction*» [1278]. Colen fez a sua análise em relação às emigrantes indianas que trabalhavam como

[1275] Comparação com o texto de Agamben que a autora faz.

[1276] Em 1985, em *The Mother Machine*, Corea «*[...] predicted that white women would hire surrogates of color in reproductive brothels to be implanted with their eggs and gestate their babies at low cost*» (Roberts D. E., 2009, p. 783).

[1277] Pateman defende que a análise da exploração capitalista de Marx pode ser aplicável às relações conjugais.

[1278] «*[...] physical and social reproductive tasks are accomplished differentially according to inequalities that are based on hierarchies of class, race, ethnicity, gender, place in a global economy, and migration status and that are structured by social, economic, and political forces*» (Colen, 1995, p. 78).

baby-sitters na cidade de Nova Iorque para empregadores/as brancos/as. O seu estudo revelou um efetivo trabalho reprodutivo ao nível tanto físico como mental e sobretudo emocional de criar e socializar uma criança. A crescente comodificação deste trabalho reproduz e reflete ainda as desigualdades materiais e sociais, bem como a forma como uns/umas e outros/as (empregadas e empregadores/as) constituem e encaram as suas próprias famílias e cumprem as suas tarefas — neste caso, como os/as empregadores/as pagam a outrem o labor reprodutivo para que os seus/uas próprios/as filhos/as sejam criados/as [1279]. Os padrões sociais diferenciados e a forma como a reprodução e assunção de responsabilidades é encarada — neste caso, para tomar conta de crianças [1280] — podem assumir-se como uma relação de poder [1281]. Isto é, enquanto algumas, assumindo esta posição, acabam por ser elevadas a determinadas categorias de empregos e responsabilidades, outros/as, aproveitando-as, desresponsabilizam-se deles.

A autora defende que esta forma distinta de encarar a família e os/as filhos/as mostra as complexidades contemporâneas de como uma construção cultural da parentalidade, com reflexo étnico/raça, de género, ou classe social, associada à economia global, permite compreender as perspetivas da parentalidade e as questões que lhe estão associadas [1282], mormente a uma escala planetária. Foi usada neste aspeto por Faye Ginsburg e Rayna Rapp a «*stratified reproduction*» [1283], [1284] para fazer a ligação entre racismo, reprodução e relação. As autoras demonstraram como a reprodução está intimamente ligada à própria conceção da cultura e não unicamente como reflexo dela (Ginsburg & Rapp, 1995). As ideias de classe, raça e género são centrais e, no âmbito da reprodução, são replicadas numa estrutura hierarquizada e estereotipada da posição da mulher, das suas capacidades, do seu papel e da sua

[1279] Fazendo recordar as designadas «amas de leite», as escravas ou criadas de famílias abastadas que, em conjunto com os seus próprios filhos, amamentavam os filhos dos «patrões» ou dos «donos».

[1280] E também dos mais velhos.

[1281] «*The conventions of sexual difference, sexual reproduction, and sexual identity, as well as sex roles and sexual practices, were all being debated during this period through the defamiliarizing lens of experimental embryology and its unusual tool kit. New possibilities of regeneration as well as recombination, in the form of chimeras, hybrids, and mosaics, as well as cloning, transhumanism, and ectogenesis, were in free play amid the questioning of traditional gender and kinship (and economic) orders in the mid-twentieth century*» (Franklin, 2013, p. 246).

[1282] Nomeadamente a questão da adoção internacional, IVG, políticas de controlo da natalidade ou as consequências das novas tecnologias reprodutivas.

[1283] O termo é de Shellee Colen (Colen, 1995), que aquelas autoras usaram e estenderam, e «*[...] represent some of the diverse types of power relations brought to bear in certain reproductive sector*» (Brower & Sargent, 2011, p. 3). Uma distribuição desigual em que algumas categorias de pessoas são incentivadas a procriar e outras, pelo contrário, não o são ou, pelo menos, não são empoderadas.

[1284] Mas o sentido pode ser tanto ascendente, como descendente, isto é, vendedores *premium* de gâmetas no topo desta hierarquia para corresponder à intenção de manter a aparência de relação de «sangue» e a legitimidade social na identificação de semelhanças com os pais e/ou mães.

dependência dentro da família patriarcal (Mullins, 1995, p. 131). O sistema de reprodução estratificada é um prolema complexo global altamente influenciado pela raça, cultura e classe social, bem como por políticas estaduais locais diversas (Colen, 1995, p. 98). Mais do que uma forma de eugenia, recorrendo ao termo de Lippman, Betsy Hartmann refere que o que está em causa é a *geneticização* [1285] que se manifesta de forma distinta de acordo com um conjunto de diferenças como se é «*[...] rich or poor, young or old, black or white, man or woman, from de global north, or from the global south*» (Hartmann, 2014, p. 23).

Trata-se de uma (alegada) estratificação deste exercício de direitos, através da projeção noutrem e da utilização de outrem, sendo estas, muitas das vezes, as mulheres mais marginalizadas da sociedade. A procriação fica garantida em casos de infertilidade:

> «[...] *through the bodies of egg and sperm donors, as well as commercial surrogates. Bodily integrity understood as opportunity, power, and rights must be problematised to factor in hierarchies of gender, race, caste, class, and ethnicity and those that arise from global politico-economic asymmetries.*» (Nadimpally, Banerjee, & Venkatachalam, 2016, p. 15)

As técnicas de PMA agravam as assimetrias, permitindo distinguir quem são os consumidores destas tecnologias, mormente porque em muitas situações depende de quem pode pagar por elas [1286] e de quem são os novos prestadores de serviços reprodutivos. As feministas recorrem a este exemplo para suscitar a questão da hierarquia na maternidade, de quem pode ser contratado para um trabalho reprodutivo verdadeiramente alineado (Thompson, 2005, p. 73), quem beneficia da gestação de substituição e quem é marginalizado. Esta temática é suscitada por Sir, que coloca a tónica e assume que a tendencial ligação genética ao pai acaba por enfatizar as «*[...] white supremacist heteropatriarchal ideologies*» (Sir, 2015, p. 2).

As feministas negras, que se opõem à gestação de substituição comercial, analisam aquilo que Dorothy Roberts refere como a liberdade reprodutiva que muitas mulheres, mormente negras, não têm. Estas mulheres acabam por ver, uma vez mais, os seus/uas filhos/as como forma de riqueza de outrem [1287], de filhos/as que não são,

[1285] Não se refere concretamente à questão da gestação de substituição. O termo cunhado por Lippman está relacionado com a análise da saúde e da doença e da ideia de controlo, segurança e escolha associados aos DGPI e outras formas de análise de ADN e a normalização das diferenças biológicas.

[1286] Nos EUA, revela Melo-Martín, as tecnologias da reprodução são usadas maioritariamente por mulheres brancas com recursos económicos (Melo-Martín, 2021, p. 294).

[1287] As mulheres negras escravas que tinham filhos que eram comercializados como uma forma de produto dos seus donos.

uma vez mais, considerados seus/uas e sobre os/as quais não tinham (e não têm, nesse aspeto) qualquer direito (Twine, 2015).

No capítulo sobre a «raça e a nova reprodução», há ainda outros afloramentos a tomar em consideração. Por exemplo, Roberts apresenta um estudo sobre a desvalorização da reprodução dos negros, seja por políticas de reprodução direcionadas para brancos e brancas, seja por novas e emergentes formas de subjugação das mulheres, em particular de mulheres negras (Roberts, 2017). Pensando no exemplo norte-americano que a autora tem como referência, basta pensar que o século XX começou com a legislação *Jim Crow*, as políticas de esterilização, a criminalização de casamento entre uma pessoa identificada como «branca» e outra identificada como «*colored*» [1288], ou ainda a Immigration Act de 1924.

Por outro lado, a valorização da reprodução por mulheres brancas. Theodore Roosevelt, por exemplo, exortava as mulheres brancas a reproduzirem-se para evitar o que chamava de um «*race suicide*», «*[...] a calamity that would befall the country if white women did not reproduce often to maintain the demographic advantage of "the race"*» (Ross & Solinger, 2017, p. 31). Também, no caso *Johnson v. Calvert*, a gestação de substituição reflete a questão da raça, considerando que a gestante era negra e a criança que teve, branca, o que levou a que muitos suscitassem a diferença racial para a posição que os juízes acabaram por tomar em negar a maternidade à gestante [1289].

Esta análise interseccional entre o sexo e a raça manifesta-se na reprodução de facto de forma palpável. Na perspetiva de Roberts, o acesso às novas técnicas de reprodução por mulheres negras — manifestamente inferior a mulheres caucasianas — é limitado por diversos fatores. Desde logo, questões de ordem económica são uma forte barreira, mas não a única. Não entrando em todos os afloramentos discutidos pela autora, a verdade é que a marca e a perpetuação genética são marcadamente distintas por razões de ordem cultural. Isto é, Roberts sugere que, ao contrário dos brancos, os negros resistem mais em definir a sua identidade pessoal em termos biológicos. Como classe *mais poderosa*, os brancos são «*[...] the guardians of the privileges accorded to biology and they have a greater stake in maintaining the importance of genetics*» (Roberts, 2017, p. 261). Os negros, por seu turno, para lá da sua herança biológica e dos constrangimentos de uma ideologia racista, construíram a consciência da raça no sentido político, associado aos direitos civis, nomeadamente unindo as pessoas em torno de uma solidariedade racial. Esta diferente forma de construção da identidade fez com que «*[b]lack family ties have traditionally reached beyond the bounds of the nuclear family to include extended kin and non-kin relationship*» (Roberts, 2017, p. 261).

[1288] A decisão do Supremo Tribunal Loving v. Virginia de 1967 terminou com a criminalização do casamento inter-racial nos Estados Unidos. Quanto a casais homossexuais, a criminalização, de facto, só termina com a decisão de 2003 Lawrence v. Texas.

[1289] A gestante era de raça negra e o casal beneficiário, branco.

Recorrendo à expressão de Shellee Colen, trata-se de uma nova forma de estratificação reprodutiva, considerando que o mercado das gestantes, em relação ao dos consumidores, permite fazer uma distinção associada a raça/ etnia, poder económico e nível de formação. De facto, como resulta do estudo de Twine, os consumidores, na procura por material genético, acabam por estruturar a indústria numa associação com a raça, concretamente com a raça branca, dando-se mais valor ao material genético de brancos, caucasianos e de europeus-americanos. Os consumidores «*[...] typically associate lighter skin, straight hair, light colored eyes, and other features associated with whiteness with desirability and aesthetic superiority*» (Twine, 2015, p. 37).

Estas características conduzem a um processo de racionalização dos/as filhos/as desejáveis, dando causa a uma nova estrutura de hierarquia racial em que a cor da pele ou a etnia são valoradas e passam a ser comercializadas. Uma alegada nova forma que aumenta as assimetrias impulsionada por uma economia de mercado, associada à medicina reprodutiva que pode levar a que as mulheres, e as suas capacidades reprodutivas, sejam assumidas como uma mercadoria fungível, comercializável e avaliável.

Hodiernamente, é possível selecionar gestantes e estudos mostram uma classificação racial associada a este mercado. Helena Ragoné identificou uma tendência para que os *intended parents* escolhessem gestantes de raça ou etnia distinta da sua para tentar minimizar possíveis conflitos e aparentes ligações entre a gestante a criança [1290]. Contudo, esta escolha [1291] pode, por outro lado, contribuir para agudizar as denominadas *conditions of uncertainty* a que Peña-Guzman e Crozier se referem, citando Frank Knight da Chicago School of Economics (2016, p. 48). Os autores assinalam que, no âmbito dos contratos de gestação de substituição, sobretudo quando se movem na arena global, além das eventuais situações de diferenças nas soluções das legislações domésticas da gestante e *intended parents*, as diferentes condições sociais e culturais dos outorgantes também imprimem um certo grau de incerteza que exponencia a incerteza quanto ao negócio (Peña-Guzmán & D., 2016, p. 49) [1292].

Tome-se como exemplo o altamente noticiado [1293] caso do *Baby Gammy*. Uma gestante tailandesa ficou grávida de gémeos e a um deles, Gammy, foi diagnosticado, *in utero*, síndrome de Down. A gestante recusou a IVG. A mulher era budista e o aborto ia contra as suas crenças religiosas e convicções. Depois do nascimento,

1290 Como aconteceu no caso Calvert.

1291 No caso Calvert, muitos críticos alegam que o facto de a gestante ser negra terá contribuído para a determinação do critério da parentalidade que acabou por beneficiar os *intended parents*.

1292 Os autores exemplificam com o caso do Planet Hospital, que, em 2014, foi altamente noticiado como uma clínica que ilicitamente implementava turismo reprodutivo, a troco de dinheiro, sobretudo na Índia e Tailândia, sem cumprimento de regras médicas e legais, mormente com consentimento da gestante.

1293 Por exemplo, na BBC News Asia. *Thai surrogate baby Gammy: Australian parents contacted* (disponível em https://www.bbc.com/news/world-asia-28686114, consultado em 13 de dezembro de 2018).

o casal australiano levou a irmã, Pipah e deixou, alegadamente [1294], Gammy com a gestante, abandonando-o em razão da sua patologia (Callaghan & Newson, 2014). As *versões* da gestante e dos beneficiários não são coincidentes quanto a este alegado abandono, mas o que aqui queremos ressalvar deste exemplo é que os diferentes *backgrounds* de cada um dos outorgantes são particularmente relevantes nesta matéria, já que ela é altamente pessoal e, por isso, extremamente permeável a convicções pessoais. Neste caso, diferenças culturais e religiosas conduziram a um conjunto de perceções, ideias e convicções distintas sobre a mesma realidade em relação a cada um dos polos da relação jurídica que agudizam as tais condições de incerteza.

Se a isto acrescentarmos a forma como, admitindo-se a gestação de substituição comercial, os tribunais resolvem as disputas ou o legislador «desconsidera» a gestante em relação ao/à filho/a, reconhecendo a parentalidade nos *intended parents*, é possível conceber uma nova forma de estranhamento [1295]. Dorothy Roberts recorre à experiência das mulheres negras que relatam diversas formas de opressão, numa interação entre raça, género e classe social, sendo que a própria experiência das mulheres é diferente considerando esses fatores e, em relação a eles, afirma que afirma que as variáveis demográficas têm influência na forma como os médicos tratam as pacientes representando iniquidades de poder na construção da relação médico-paciente (Roberts, 2009).

Numa outra vertente, também Alys Eve Wienbaum recorre à questão racial para apreciar a gestação de substituição num exercício que denomina «*surrogacy/slavery nexus*», recorrendo ao trabalho de feministas negras. A autora, partindo da teoria Marxista, teoriza uma ideia de «escravatura remunerada», considerando que o trabalho reprodutivo continua a gerar «*[...] forms of gendered and racialized exploitation of human reproductive labor as itself a commodity and as the source of human biological commodities and this value*» (Weinbaum, 2019, pp. 1-2) [1296]. Também Mills faz esta análise interseccional, referindo-se a um «*Racial Contract*» cujas assimetrias terão que ser corrigidas já que a perspetiva contratual reflete um ideal «branco». Um «*contract of breach*» em que a «*[...] domination contract (in the case of race) is founded on a breach of respect for persons of color, a refusal to recognize them as full persons in the first place [...]*» (Mills, 2007, p. 118).

[1294] Foi noticiado mais tarde que o casal não teria abandonado Gammy, filho biológico do casal. O casal Wendy Li e David Farnell contrataram Pattaramon Chanbua, uma gestante tailandesa, que recebeu cerca de 10 000,00 € pela gestação dos gémeos. De facto, a gestante recusou-se a abortar Gammy, mas o conflito não terá surgido pelo alegado abandono, mas por a gestante ter sabido, entretanto, que David já havia sido condenado por crimes sexuais (Photopoulos, 2016).

[1295] Considerando aqui a expressão de Marx.

[1296] A liberdade pessoal constitui uma «*blocked exchange*». Ou seja, a liberdade pessoal é exercida, mas representa uma «*exchange born of desperation*», conforme expõe Walzer, referindo-se a Okin, no seu *Spheres of Justice* (Walzer, 1983, p. 100).

Ainda que as gestantes não sejam unicamente negras, e não se possa dizer, por exemplo, que na Califórnia as mulheres estejam sujeitas à mesma forma de exploração, ou potencial exploração, em comparação com a Índia, por exemplo, a verdade é que as assimetrias são também reconhecidas. De acordo com o *Center for Surrogate Parenting*, o típico perfil das gestantes nos EUA é de mulheres casadas, entre 21 e 37 anos, 13 anos de formação, mãe de dois filhos, domésticas, sem ou com limitado rendimento pessoal. São, portanto, mulheres tipicamente dependentes do cônjuge e, quando têm uma atividade profissional, normalmente o salário não é suficiente para manter um estatuto de classe média ou não é suficiente para adquirir mais do que o básico ou essencial (Twine, 2015, p. 37).

Por outro lado, a *Office of Technology Assessment* concluiu que os intermediários de contratos de *surrogacy* têm como clientes pessoas com rendimentos elevados — mais de 50 000,00 $/ano —, e cerca de 80% têm estudos superiores, ao contrário das gestantes que selecionam, cujos rendimentos estão pouco acima da linha da pobreza, e mais de 40% estão desempregadas ou em situação de assistência financeira, e só cerca de 4% têm estudos superiores (Kimbrell, 1997, p. 127). Ademais, ainda que não seja comparável, a seleção de gestantes não é aleatória. Krimbell faz referência a este respeito citando Howard Aldeman da Surrogate Mothering, Ltd.: «*[...] women in financial need are the "safest" surrogate applicants. Their need for money makes them less likely to change their mind after signing a surrogate arrangement*» (Kimbrell, 1997, p. 127).

Esta aparente estratificação entre os/as beneficiários/as e a gestante revela-se na própria escolha do lugar em que o processo vai ser conduzido e a relação que por isso as partes mantêm entre si. Por exemplo, um estudo conduzido entre casais heterossexuais e homossexuais que recorreram à gestação de substituição permitiu concluir que o país a que os pais recorrerem tem relação com o contacto que aqueles têm ou mantêm com a gestante [1297] — os pais que recorreram a gestantes nos EUA ou no Reino Unido revelam maior contacto e relações positivas com as gestantes, em comparação com aqueles que recorreram a países como Tailândia ou Índia (Jadva, Gamble, Prosser, B.Comm., & Imrie, 2019, p. 562). Estas mulheres são desejadas pelas suas capacidades reprodutivas vendidas a baixo custo, mas já não são desejáveis pela sua contribuição genética. Pode manifestar-se uma certa hierarquização de tipos raciais ou étnicos que coloca as mulheres, com base nesses fatores, em posições hierárquicas distintas (Laufer-Ukeles, 2013, p. 51).

Numa perspetiva biocapitalista [1298], Wienbaum argumenta que a reprodução é hoje uma forma de produção, uma «*[...] form of (re)reproduction that (re)produces surplus value*» (Weinbaum, 2019, p. 42). O autor compreende a gestação de substituição como um processo desumano que torna fungível a gestante, a quem se

[1297] Uma das limitações é a representatividade da amostra.

[1298] De Kaushik Sunder Rajan, *Biocapital: The Construction of Postgenomic Life.*

impõe a alienação do produto que gera. Consequentemente, e tendo em consideração — nomeadamente nos contratos internacionais — a localização geográfica da gestante e dos beneficiários, entende que há um eco associado à escravatura nestes casos através da reprodução que refere como sendo «*[...] the colonial epistome or the emperial epistome*» (Weinbaum, 2019, p. 59). Tal como uma forma de capitalismo (racial), o biocapitalismo na questão da gestação de substituição implica a coisificação das capacidades reprodutivas, numa lógica semelhante a escravas, que não tinham direitos sobre os/as filhos/as. Aliás, recorrendo ao caso Calvert v. Johnson, que já analisámos, a professora da Universidade de Washington apela para a ideia de propriedade para determinação da maternidade e paternidade, já que os beneficiários — considerados o pai e a mãe da criança — eram os «donos» do material genético [1299].

Por sua vez, Susan Sherwin afirma mesmo que — numa perspetiva de ética feminista — não é suficiente calcular as utilidades da decisão a tomar ou seguir um conjunto de princípios morais (Sherwin, 1996). O cálculo da satisfação (ou as utilidades, ou a felicidade ou, ainda, numa perspetiva jurídica, a concretização dos direitos de alguém) pode ser insuficiente se, para isso, por um lado, a proteção destes direitos se circunscreve ao «grupo dominante», ou como esta concretização dos direitos de uns se faz a expensas de ou afeta o «grupo oprimido» [1300].

Desta forma, e seguindo a linha de raciocínio de Sherwin, a decisão ética tem de ter em consideração os efeitos e o padrão de opressão e domínio que a satisfação encerra. Há necessariamente um valor moral positivo que contribui para aliviar a opressão do grupo mais «desfavorecido». Pelo contrário, o efeito negativo da decisão é aquele que contribui para aumentar os fatores de opressão ou, pelo menos, não contribui para o diminuir (Sherwin, 1994), já que reforçam o papel da mulher através da sua função reprodutora e a manutenção de um certo estatuto que lhe está associado, mas já sem o elemento emocional. Esta desassociação implica a manipulação da mulher e do seu corpo, usável, transacionável e fungível.

1299 Um contrato de gestação de substituição total ou gestacional, em que ambos os beneficiários eram os ascendentes genéticos da criança. Aliás, a gestação de substituição não tradicional, refere a Professora, é problemática no sentido em que permite ainda — numa perspetiva bem diferente daquela com que normalmente é encarada — não só retirar a identidade genética associada à gestante, mas também a raça ou a etnia se tornam irrelevantes na (re)produção, permitindo alargar o espetro dentro do mercado das gestantes, mormente para o sul do globo, sem que os beneficiários, além de questões de disputa sobre a maternidade da criança, tenham de se preocupar com «preferências» sobre quem gera a criança.

1300 Concluindo que não é moralmente aceitável que a felicidade de uns, do grupo dominante, se faça através e a expensas do grupo oprimido (Sherwin, 1994).

2.1.2. O *Body Map*

Em Israel, as gestantes recorrem aos *body maps*, permitindo que se demarque o seu espaço de identidade, bem como caminhos de mobilidade entre ela e a *intended mother*. Estes caminhos incluem:

> «*[...] a route of special mobility for the woman that will result in making her into a mother and a route of financial mobility that she herself can pursue without harming her own social status as a mother. This process allows her body to serve as a conduit for the other woman's transformation to motherhood without beings permanently marked.*» (Teman, 2010, p. 71)

Há uma certa *colonização* do corpo da gestante para partilhar a identidade gravídica, mas com a marcação de fronteiras, que permite manter a integralidade do corpo e do ser da gestante. Ainda que para muitos críticos esta demarcação pareça conduzir à fragmentação da mulher e à alineação desta do seu corpo e dos/as filhos/as que produz, esta técnica é defendida no sentido em que permite às mulheres distanciarem-se dos fetos e demarcarem linhas vermelhas inacessíveis neste processo de *metamorfose*. Permite que mantenham o controlo do seu corpo e do seu ser, destacando, não obstante, partes de si para projetar uma identidade gravídica que a *intended mother* pode incorporar.

De acordo com Teman, estes *body maps* permitem distinguir partes do corpo que pretendem associar ao negócio e partes que não pretendem associar. Esta ligação física e emocional permite que se criem relações de conexão com a *intended mother* durante toda a gravidez. Por outro lado, e numa interpretação oposta, permite à gestante criar zonas inacessíveis. Permite distanciar partes do seu corpo e partes de si que são personalizadas e indissociáveis do todo.

Confessamos alguma estupefação com esta técnica de segmentação do corpo que não só parece complicada como, ao contrário do que visa, tem subjacente, quanto a nós, teorizações de separação do todo que é o ser humano, que passa a ser visto e percecionado pelos/as outros/as pelas partes que o integram. Esta segmentação importa, como o entendemos, um processo de despersonalização. Teman apresenta uma ilustração de uma gestante e das *peças* que a compõem, algumas das quais são mantidas personalizadas e distanciadas e outras não. Por exemplo, o útero pode ser seletivamente despersonalizado, ao contrário do coração, que, sendo o centro do amor, é separado do útero e do feto (Teman, 2010, p. 55).

Alegadamente, esta visão permite que a gestante assuma a gravidez como não natural, sendo uma forma artificial de reprodução através da injeção hormonal de fora do corpo e, ainda que o óvulo seja sempre personalizado, uma vez que suporta a pessoa, é da pessoa de onde vem e não da gestante, permitindo a separação nesta perspetiva de um modelo geneticista, trivializando a gestação.

Neste caso, há uma espécie de troca simbólica entre o corpo da gestante, grávida, e o corpo da mãe, não grávida, que pode incluir dormirem juntas, expressões de afeto público, administrarem injeções de hormonas quando necessário, permitindo uma assimilação entre a experiência da gestante com a da *intended mother* que se personifica naquela e assume parte da experiência da gravidez. Há uma construção de uma *pregnant identity* numa troca de corpos, «*[t]he intended mother's identity work envolves incorporating the pregnancy identity through vicarious embodiment*» (Teman, 2010, p. 177).

Esta metamorfose resultante da interação — e do contexto político e contratual subjacente — permite que a *intended mother* tenha uma denominada gravidez por procuradora. É, na realidade, um processo prostético de *pseudoprocriação* que lhe permite criar, alegadamente, esta identidade gravídica através da despersonalização do corpo, ou de partes do corpo, da gestante, quanto a nós. Os *body maps* visam fomentar a separação, por um lado, e a união, por outro, com uma metamorfose entre seres em que não deixa de se perspetivar uma certa apropriação do corpo e do ser.

No mercado indiano, o trabalho da gestação e do parto também apresenta, ainda que noutra dimensão completamente distinta, uma certa ideia de apropriação do corpo. Encontramos referências a situações em que as mulheres grávidas, a determinada altura da gestação, passaram a viver numa *guest house*, longe da família, para a gravidez ser monitorizada. Além disso, estas mulheres podem ser sujeitas a cesarianas eletivas para, entre outros motivos, que os/as beneficiários/as cheguem ao país no momento do parto e o possam acompanhar (Whetstine & Beach, 2016, p. 39).

Há neste âmbito uma certa desfragmentação da integridade [1301], [1302] não só do corpo, mas do ser e da identidade da mulher-grávida. Este «*[...] respect for integrity where a personal narrative expresses the life context of the individual. In this way, respect for integrity is recognition of the right to privacy and constitutes the virtues of the legal and medical systems*» (Rendtorff, 2002, p. 237).

Nesta relação entre propriedade e pessoa [1303], Radin refere-se ao corpo da mulher e à sua divisão em partes fungíveis apropriáveis por outrem. Admitindo esta separação em relação, por exemplo, a sangue, órgãos para transplante ou cabelo, Radin entende que há «partes» que, sendo demasiado pessoais, não são objeto de separação e de apropriação, já que:

[1301] Expressão e sentido que retiramos de Rendtorff e que usamos nesta perspetiva da gestação de substituição. «*On this basis, integrity has four meanings. 1) Integrity as a narrative totality, wholeness, completeness. 2) Integrity as a personal sphere of self-determination. 3) Integrity as a virtue of uncorrupted character, expressing uprightness, honesty and good character. 4) Integrity as a legal notion, where it expresses the moral coherence of the legal or medical system. In bioethics and biolaw the idea of integrity as an untouchable core, the personal sphere, which should not be subject to external intervention, is the most important*» (Rendtorff, 2002, p. 237).

[1302] «*In bioethics and biolaw the idea of integrity as an untouchable core, the personal sphere, which should not be subject to external intervention*» (Rendtorff, 2002, p. 237).

[1303] A expressão concreta usada é «*personhood*», cuja tradução exata não será «pessoa mas sim a pessoalidade ou os aspectos pessoais de alguém».

> «*[...] the general idea of property for personhood means that the boundary between person and thing cannot be a bright line, still the idea of property seems to require some perceptible boundary, at least insofar as property requires the notion of thing, and the notion of thing requires separation from self.*» (Radin, 1982, p. 966) [1304]

Nesta representação, há uma forma de alienação do produto do trabalho da mulher. Como defende Jocelynne Scutt, a gestação de substituição é um exemplo paradigmático de separação do corpo da mente [1305] (Scutt, 1991) [1306]. Um mercado de produção em que se identifica a desagregação da mulher e da maternidade corre o risco de a marginalizar e a alienar do seu trabalho produtivo, tornando-se «*[...] disembodied objects*» (Gupta, 2014, p. 193), não deixando de ser curioso atendendo a que, neste serviço, importa o sujeito, o seu corpo e o seu ser.

2.2. O Contributo da Religião

A tradição ocidental sobre a ética foi questionada e já não «*[...] recognizes God and immortality, because morality loses its traditional significance and force*» (H. Tristram Engelhardt, 2012, p. 110). Em matéria de bioética, com os princípios da ética biomédica de Beaucham e Childress (1979), foi proclamado o dogma da secularização. Há agora um entendimento ético assente em princípios de autonomia, beneficência, não maleficência e justiça que erradicam Deus (H. Tristram Engelhardt, 2012, p. 109). Defende-se uma razão moral para não maltratar. Ensina Pedro Galvão que «[o] traço mais distintivo da perspetiva deontológica é esta crença numa restrição geral contra maltratar, que coloca grandes limites àquilo que é permissível tanto na prossecução de fins pessoais como na promoção altruísta do bem.» (Galvão, 2018, p. 157).

O processo de desenvolvimento cultural afasta-se de uma leitura religiosa. Mas, numa outra perspetiva, colocamos a questão de saber qual o papel da religião no discurso dos direitos humanos. Inegavelmente, as religiões foram, em muitos casos, fontes de inspiração de *direitos humanos*. Isto ainda que a estrutura hierarquizada, patriarcal e inflexível, além das imposições de laicização, pareça impor uma purga

[1304] Radin refere-se a uma «*ironic self-deception*». Sob o aparente exercício de poder por parte das mulheres, sob uma justificação de ajuda a outras mulheres, o que existe na realidade, é uma nova forma de opressão patriarcal.

[1305] «*[...] mind and body cannot be separated, are not separable. I am my body. I am myself. Myself is my body*» (Scutt, 1991, p. 94).

[1306] Se as tecnologias da reprodução, por um lado, contribuem para o aspeto da escolha no âmbito da reprodução, por outro lado, não é de desconsiderar a relação com a culpa e a eventual omissão de não recorrer a estas tecnologias no sentido de garantir uma descendência desejável, condicionando, desta forma, a própria ideia da escolha no reverso da medalha.

à religião para fora das considerações sobre direitos humanos — o acontecimento principal do pensamento mais recente e que Sltoterdijk designa por «secularização do pensamento» (Sloterdijk, 2014, p. 106).

Contudo, ainda que fonte de forte divisão [1307], talvez a solução seja cultivar as suas virtudes e castigar os seus vícios «*[...] to confirm those religious teachings and practices that are most conducive to human rights, democracy, and the rule of law*» (Green & John Witte, 2013, p. 29).

Como Sergio Dellavalle refere, a própria dignidade humana foi desenvolvida a partir da imagem do *imago Dei* [1308], [1309] e «*[...] Thomas Aquinas* [1310] *made belief in man as in the image of God a central element of his moral theology*» (Dellavalle, 2013, p. 438). A posição de S. Tomás d'Aquino [1311] foi aceite pela Igreja e abriu caminho «*[...] for the strong support for human rights*» (Hollenbach, 2014, p. 251) [1312].

O Cardial Joseph Ratzinger ensina que o conceito de pessoa foi desenvolvido entre o «*[...] interplay* [of] *philosophy and the antecedent given of faith, especially Scripture. More specifically, the concept of person arose from two questions* [...] *"What is God?" (i.e., the God whom we encounter in Scripture); and, "Who is Christ?"*» (Cardinal Joseph Ratzinger, 1990, p. 439). A fórmula de «*[...] Trinitarian God: una substancia, tres personae*» (Hanvey, 2013, p. 217) dita, nesta evolução em que Deus é um ser em três pessoas, que, como «*[...] theologians argued, a person must be understood as relation*» (Cardinal Joseph Ratzinger, 1990, p. 444).

Esta questão é particularmente interessante no contexto dos direitos humanos. Jacques Maritain [1313], aquando da redação da DUDH e a inclusão da «dignidade humana» no seu texto, declarava que «*[n]o declaration of the rights of man can ever be exhaustive and final. It must always be expressed in terms of the state of the moral conscience and of civilization at any given moment of history*» (Maritain, 1947). Nesta dinâmica abordagem à dignidade humana, Hanvey reinforça a relevância do *diálogo* entre Maritain e Karol Wojtyła: «*[...] Maritain seeks to understand the uniqueness of the person in terms of*

[1307] Mas, por exemplo, no dizer de Tina Beattie: «*[...] Vatican II document on religious liberty, Dignitatis Humanae (Declaração Dignitatis Humanae sobre a Liberdade Religiosa, 1965)]. This revolutionary document in the Catholic theological tradition because for the first time it not only recognizes but also defends the right to religious freedom, and it does so in the context of human dignity*» (Beattie, 2013, p. 266).

[1308] Image of God. «*This signifies that every human being is endowed with intelligence, will and power which exist in this full perfection, free of contingency; only in God*» (Pontifical Commission «Iustitia et Pax», 2011, p. 37).

[1309] Também na tradição judaica, «*[t]he importante of Imago Dei within classical Judaism is due, not only to its centrality as a theological conception, but also to its normative-legal (i.e. halakhic) implications and ramifications, particularly in its formative stage of early Rabbinic literature*» (Lorberbaum, 2014, p. 136).

[1310] O Professor refere-se à *Summa theologica*.

[1311] *Imago Dei* do Génesis como *Imago Trinitatis*. Cf. Hanvey (2013).

[1312] V. Meireis & Almeida Araújo, 2019.

[1313] O filósofo francês refere-se concretamente à DUDH, mas é possível estender esta perspetiva a qualquer texto de direitos humanos.

community and the common good, while Wojtyla develops the notion of solidarity» (Hanvey, 2013, p. 222). Como assinala João Paulo II no *Evangelho da Vida*, a bioética favorece o diálogo e a reflexão ética sobre a própria vida entre crentes das diversas religiões e os não crentes (*Carta Encíclica Evangelium Vitae do Sumo Pontífice João Paulo II*, 1995). Como expõe Miguel Oliveira da Silva, a Bioética e as religiões situam-se e movem-se em planos distintos que não se sobrepõem, «[m]as isto não deve impedir contributos e interações mutuamente fecundantes e enriquecedores» (Silva M. O., 2012, p. 23).

Este diálogo e esta abordagem multilateral e viva da dignidade humana são essenciais ao discurso dos direitos humanos, existindo também em relação a estes uma leitura não secular. Ademais, a *Gaudium et Spes* influenciou a Igreja a manter a herança [1314] da «*[...] clear proof that throughout the universal Church concern with the nature of man, his dignity and his role in the world and in contemporary history has reached a new depth, a new maturity*» (Pontifical Commission «Iustitia et Pax», 2011, p. 22), dirigindo-se à «inteira família humana» (Constituição Pastoral Gaudium et Spes sobre a Igreja no Mundo Actual, 1965).

A religião tem um papel vital nas vidas de muitos seres humanos, podendo ter o condão de introduzir coerência à vida humana, nas suas dimensões individuais e coletivas, na comunidade e nas instituições. O seu contributo não é despiciendo, ainda que numa visão mais ortodoxa os direitos humanos derivem «simplesmente» do facto de se ser humano. Na realidade, embora possam apresentar-se como contraditórias, a ciência e a religião apresentam necessários pontos de contacto. Como enfatizou Allan J. Katz [1315] na sessão de abertura da Conferência CNECV/FLAD [1316] *Bioética e Religiões*, as convicções religiosas:

> «*[...] affect individual willingness to accept scientific theories and discoveries, as life-changing technology and engineering. When we approach Bioethics from many different religious perspectives we ask ourselves: "Do these perspectives affect the way we think and make policy on Bioethics? If so, are our core values so different? What are the meeting points?"*» (Katz, 2012, p. 14)

A verdade é que um debate democrático e plural pode incluir uma perspetiva religiosa e «*[...] permits synergies and resonances across diverse fundamental viewpoints*» (Sulmasy, 2012, p. 39). Não vamos fazer uma análise profunda sobre esta temática

[1314] A dignidade humana como imagem de Deus está também no Compêndio da Doutrina Social da Igreja (disponível em https://www.vatican.va/roman_curia/pontifical_councils/justpeace/documents/rc_pc_justpeace_doc_20060526_compendio-dott-soc_po.html#Criatura%20%C3%A0%20imagem%20de%20Deus, consultado em 13 de janeiro de 2019).

[1315] Em 2012, era Embaixador dos EUA em Portugal.

[1316] Fundação Luso-Americana para o Desenvolvimento.

e o contributo desta visão, mas pareceu-nos necessário dar-lhe o devido assento neste trabalho.

Um exemplo sintomático de um diálogo destes resulta da resposta de Sloterdijk a Heidegger. Aquele refere-se à seita dos alfabetizados produzida pela «mística gramatical ou literal, a cabala, que busca delirantemente obter um *insight* sobre o modo de escrever do Criador do mundo» (Sloterdijk, 2000, p. 11), tornando o humanismo também programático, e o poder fundava-se no conhecimento privilegiado dos autores «considerados como remetentes de escritos fundadores da comunidade» (Sloterdijk, 2000, p. 13).

A substituição de Deus pelo sábio a que Sloterdijk se refere mais de dois mil e quinhentos anos depois de Platão [1317] «[...] não é nada menos que o planejamento das características de uma elite que deve ser especificamente criada em benefício do todo, um verdadeiro pastor» (Sloterdijk, 2000, pp. 55-56). Neste exercício de pastoreio em que Deus é substituído por outro poder, mormente do Estado, este quer ser *superior non recognoscens*. Isto é, «*[s]overeign power only becomes imago Dei – the image of God – insofar as it is fostered through the subjects' recognition, in the same way as glory "creates" divinity*» (Tedesco, 2019, p. 39).

Desta forma, e assumindo que o fazemos de forma meramente sintética e incompleta, faremos referência ao papel da doutrina social da Igreja e aos ensinamentos e respetivas orientações que dirige aos seus fiéis. Por outro lado, abordaremos uma visão judaica(o-política) dentro do Estado de Israel, cujas concretas vicissitudes deram causa a uma relação entre religião e política particularmente interessante e relativamente à qual aqui queremos deixar a devida nota.

2.2.1. A Doutrina Social da Igreja

A primeira versão de gestação de substituição na história da Humanidade encontra-se no Antigo Testamento, no Livro do Génesis. A escrava que engravida do dono para entregar o filho à mulher deste é o primeiro relato de uma gestação para outrem (Gen. 16:1–16; 21:9–21). Não obstante, a Igreja Católica considera a gestação de substituição moralmente reprovável. Os/as filhos/as são dons de Deus, só para serem concebidos de forma natural por marido e mulher [1318].

Na passagem em que Deus comanda Adão e Eva a serem fecundos e multiplicarem-se (Gen. 1:28), mostra o seguinte:

> «*[...] procreative aspect of married love. The second passage shows the uniquely intimate relationship between man and woman as embodied creatures who belong together as one flesh, the unitive aspect of married love. Woman is made from man as the only companion who can truly be his equal partner; united together, the*

[1317] Em que Deus é o guardião e criador original dos seres humanos.

[1318] Ainda que admita a PMA homóloga.

> *two make up "one body" (Gn 2:24).*» (United States Conference of Catholic Bishops, 2009)

Na Carta Encíclica de Paulo VI, colocou-se o problema da natalidade e exortava-se a que, além de uma visão parcial — seja de ordem biológica, psicológica, demográfica ou sociológica — a mesma fosse vista como devia ser, na sua visão integral, do ser humano e da sua vocação, não só terrena, mas também sobrenatural e eterna apelando para a relação com Deus, num amor conjugal, um amor total, fiel e exclusivo e fecundo (Carta Encíclica Humanae Vitae de Sua Santidade Papa Paulo VI, 1968).

A unidade e a reprodução são inseparáveis e uma «paternidade responsável» implica uma relação também estabelecida com Deus e conformar o seu agir com a intenção criadora de Deus. O Papa afirma que «[...] a Igreja é a primeira a elogiar e a recomendar a intervenção da inteligência, numa obra que tão de perto associa a criatura racional com o seu Criador; mas, afirma também que isso se deve fazer respeitando sempre a ordem estabelecida por Deus» (Carta Encíclica Humanae Vitae de Sua Santidade Papa Paulo VI, 1968).

A procriação e a unidade do casal são aspetos do casamento e não podem ser separados, porquanto o matrimónio é também colocado na comunhão entre Deus e os homens. João Paulo II expõe o seguinte:

> «[...] "Deus ama o seu povo", é também pronunciada através das palavras vivas e concretas com que o homem e a mulher se declaram o seu amor conjugal. O seu vínculo de amor torna-se a imagem e o símbolo da Aliança que une Deus e o seu povo. E o mesmo pecado, que pode ferir o pacto conjugal, torna-se imagem da infidelidade do povo para com o seu Deus: a idolatria é prostituição, a infidelidade é adultério, a desobediência à lei é abandono do amor nupcial para com o Senhor. Mas a infidelidade de Israel não destrói a fidelidade eterna do Senhor e, portanto, o amor sempre fiel de Deus põe-se como exemplar das relações do amor fiel que devem existir entre os esposos.» (Exortação Apostólica Familiaris Consortio de Sua Santidade João Paulo II ao Episcopado, ao Clero e aos Fiéis de Toda a Igreja Católica sobre a Função da Família Cristã no Mundo de Hoje, 1981)

Num discurso associado ao contributo da religião, os argumentos contra a gestação de substituição radicam em dois grandes grupos de fatores. Por um lado, é um método não natural que vai contra a conceção e a natureza da mulher, em especial da mãe. Por outro lado, a gestação de substituição viola a santidade da família, é contrária à unidade do casamento e à dignidade da reprodução. O Secretariat of the Commission of the Bishops' Conferences of the European Community acrescentou ainda a instrumentalização da mulher, designadamente na gestação de substituição comercial. A Comissão conclui como se segue:

> «*[b]y the instrumentalisation of the body of the 'surrogate mother' that it causes, the intrusion into the personal life of the surrogate mother, the denial of the intra-uterine bond between the pregnant woman and the child she is carrying, the exploitation of vulnerable women from poverty-stricken populations for the benefit of couples — or persons — who have substantial financial resources, without prejudice to any other sources of harm, gestational surrogacy proves to be a practice that is severely detrimental to human dignity.*» (Secretariat of the Commission of the Bishops' Conferences of the European Community, 2015, p. 11)

Em 1987, a Congregação da Doutrina da Fé nas Instruções sobre o Respeito da Vida Humana na sua origem e a dignidade da procriação refere a tentação sobre a vontade de dominar a natureza. Uma vez mais, provar os frutos da árvore proibida e juntar-se a Deus na função da criação. Estas instruções seguiram-se como reação ao caso do *Baby M* nos EUA e, no que tange à gestação de substituição, a Igreja considera que ofende a dignidade e os direitos da criança. Uma forma de atentar contra a natureza sagrada da criação e interferência no processo natural. A gestação de substituição representa o incumprimento do dever do amor materno, da fidelidade conjugal e da responsabilidade, dividindo os elementos físico, psicológico e moral que integram uma família na sua unidade. A unidade, emocional e espiritual, e a reprodução (biológica), que, pela natureza, se mantêm unas e não se separam.

Questiona-se a própria dignidade da gestante, cujo corpo é utilizado para o ato de criação e forma de ofensa e exploração das mulheres mais vulneráveis, aliciadas por somas monetárias que mitigam a sua pobreza, além de mulheres que são sujeitas a «*[...] pressure, compulsion, abuse and sometimes violence in order to ensure that they resign to putting their bodies at the service of others in this way*» (Secretariat of the Commission of the Bishops' Conferences of the European Community, 2015, pp. 7-8). Por seu turno, a criança é tratada como um produto, vendida no mercado, sendo que tal «*[...] commodification of the child is in direct contradiction of the affirmation of human dignity, the keystone of the Charter of Fundamental Rights of the European Union and violates "the prohibition on making the human body and its parts as such a source of financial gain"*» (Secretariat of the Commission of the Bishops' Conferences of the European Community, 2015, p. 13).

O Vaticano considera, assim, que a gestação de substituição não é moralmente aceitável. Se por um lado põe em causa a unidade do casamento e a dignidade da reprodução, por outro ofende a dignidade da criança, concebida e gerada por uma pessoa que a abandona aquando do nascimento.

A Sagrada Congregação para a Doutrina da Fé, quanto a esta matéria, assumiu o seguinte:

> «[a] maternidade substitutiva representa uma falta objetiva contra as obrigações do amor materno, da fidelidade conjugal e da maternidade responsável; ofende a dignidade e o direito do filho a ser concebido, levado no seio, posto no mundo e educado pelos próprios pais; em prejuízo da família, instaura uma divisão entre os elementos físicos, psíquicos e morais que a constituem.» (Sagrada Congregação para a Doutrina da Fé, 1987) [1319]

Ademais, respeitar a dignidade do homem implica salvaguardar esta identidade do homem *corpore et anima unus* (Constituição Pastoral Gaudium et Spes sobre a Igrea no Mundo Actual, 1965).

A *Dignitas Personae* é inequívoca na oposição relativamente à PMA (McDonnell, 2019, p. 159), assumindo expressamente que:

> «[n]o que se refere à cura da infertilidade, as novas técnicas médicas devem respeitar três bens fundamentais: a) o direito à vida e à integridade física de cada ser humano, desde a conceção até à morte natural; b) a unidade do matrimónio, que comporta o recíproco respeito do direito dos cônjuges a tornarem-se pai e mãe somente um através do outro; c) os valores especificamente humanos da sexualidade, que "exigem que a procriação de uma pessoa humana deva ser buscada como o fruto do ato conjugal específico do amor entre os esposos".» (Congregação para a Doutrina da Fé — Instrução Dignitas Personae sobre Algumas Questões de Bioética, 2008)

De acordo com os ensinamentos da Igreja é condenada ao seguinte:

> «*[...] artificial insemination and embryo transfer, in vitro fertilization, and surrogate motherhood under all circumstances. It also opposed experimentation on embryos when such experiments were not of direct therapeutic benefit to the*

[1319] O documento refere-se a «mãe substitutiva», incluindo: «a) a mulher que mantém em gestação um embrião transplantado em seu útero e que lhe é geneticamente estranho, porque obtido mediante a união de gametas de «doadores», com o compromisso de entregar a criança, uma vez nascida, a quem encomendou ou contratou tal gestação; b) a mulher que mantém em gestação um embrião para cuja conceção contribuiu com a doação de seu próprio óvulo, fecundado mediante inseminação com o esperma de um homem diverso de seu próprio marido, com o compromisso de entregar o filho, uma vez nascido, a quem encomendou ou contratou a gestação» (Sagrada Congregação para a Doutrina da Fé, 1987).

fetus, and amniocentesis (a procedure used to detect fetal defects) when done for the purpose of deciding whether or not to abort the fetus.» (Cook M. L., s.d.)

O Papa João Paulo II, em *A dignidade das mulheres*, refere a capacidade das mulheres para cuidar de outros e da união com o homem — «[n]a "unidade dos dois", o homem e a mulher são chamados, desde o início, não só a existir "um ao lado do outro" ou "juntos", mas também a *existir reciprocamente "um para outro"*.» No que tange à maternidade, o Papa reitera que a maternidade é fruto dessa união, a « união dos dois numa só carne » (cf. *Gen* 2, 24) e «[...] deste modo, ela realiza — por parte da mulher — um especial "dom de si mesma" como expressão do amor conjugal, pelo qual os esposos se unem entre si de modo tão íntimo que constituem "uma só carne"» (Carta Apostólica Mulieris Dignitatem do Sumo Pontífice João Paulo II sobre a Dignidade e a Vocação da Mulher por Ocasião do Ano Mariano, 1988)

Este âmbito relacional que se expressa nesta posição é particularmente interessante e, independentemente de uma perspetiva religiosa, também esta questão é suscitada pela ala feminista que se opõe à gestação de substituição e que a aponta como uma criação patriarcal de separação do corpo e da mente. Como defende Scutt nesta perspetiva, não é só uma criança que se adquire, não é só um útero que se usa — «*[t]he woman's bloodstream, her oxygen system, her nutrient system, her whole physical self becomes a part of the transaction*» (Scutt, 1991, p. 94). Acrescenta ainda que, por isto, e por esta artificial separação do corpo da mente, se coloca a gestação num discurso típico de um proprietário que reclama direitos sobre a sua criança, desconsiderando o significado das relações e do que estas representam (Scutt, 1991, p. 98).

O Secretariat of the Commission of the Bishops' Conferences of the European Community, seguindo esta orientação, assumiu a gestação de substituição como:

> «*[c]ontrary to this unifed vision of the human being and human procreation, gestational surrogacy brings about a dualist vision of the human person and of maternity. The priority is on the initial undertaking of the gestational surrogate and the intention of the commissioning couple. The body is erased, or at least reduced to a simple function. No case is made for that which usually takes place between the child and its mother, within her body.*» (Secretariat of the Commission of the Bishops' Conferences of the European Community, 2015, p. 15)

De facto, independentemente de uma visão mais ou menos laicizada, os argumentos que se suscitam contra a gestação de substituição entroncam, tipicamente, na dignidade e destruição da relação entre mãe e filho/a. Isto leva o debate para o campo da mercantilização da capacidade reprodutiva da mulher e comércio reprodutivo, além da exploração da gestante. Uma discussão teológica em torno de um novo pecado de desobediência a Deus «comendo da árvore da ciência» e que culmina numa encruzilhada existencial que pode reduzir o ser humano à sua animalidade, parafraseando as ponderações de Paulo Otero (Otero, 1999, pp. 15-16).

O *Donum Vitae* considera que, como a gestação de substituição, há métodos que constituem uma violência à dignidade das pessoas, bem como à instituição do casamento, e que, portanto, não devem ser praticados e as pessoas devem ser protegidas. Ainda que compreendendo e tendo compaixão pela infertilidade a que muitos casais estão condenados, a substituição da unidade familiar é imoral e implica tratar vidas humanas inocentes como um produto manufaturado que é criado e abandonado pela mãe para satisfazer desejos de outros. «Os valores fundamentais conexos com as técnicas de procriação artificial humana são dois: a vida do ser humano chamado à existência e a originalidade da sua transmissão no matrimónio» (Sagrada Congregação para a Doutrina da Fé — Instrução sobre o Respeito à Vida Humana Nascente e a Dignidade da Procriação — Resposta a Algumas Questões Atuais, 1987).

Esta questão do abandono é particularmente relevante para nós. Ainda que não curando em considerar o fundamento, esta perceção da criação de um ser para o abandonar é, também para nós, o busílis da questão no que tange aos direitos da criança e à sua dignidade quando a gestação de substituição se coloca, por exemplo, em sobreposição com a adoção. Como referimos, na perceção de Paulo Otero, em relação à criança, o sentido atentatório à dignidade do filho radica «[...] no postulado de que nunca se mostra legítimo criar uma vida humana com intenção de a abandonar. E é isso, precisamente, o que sucede na maternidade de substituição» (Otero, 2012, p. 88).

Há uma perspetiva relacional ligada ao ato de criação, um ato de amor. Como o ato de criação de Deus que não criou as pessoas por causa dele, mas sim pelo seguinte:

> «[...] por causa do bem-estar e realização plena dos seres humanos: o critério da moralidade é esse mesmo: a realização plena e adequada dos seres humanos, de todos os seres humanos (foi isso que, à sua maneira, viu Kant, quando apresentou o imperativo categórico: trata a humanidade tanto na tua pessoa como na pessoa de todos os outros sempre como um fim, nunca como um simples meio).» (Borges, 2012, p. 124)

Imprime-se nesta leitura um espírito de solidariedade que é particularmente relevante.

Como mencionámos, é também neste ponto que concordamos com a aceção do Professor, apesar de, para nós, não haver o elemento concorrencial com a adoção em toda a gestação de substituição, já que podem apresentar naturezas distintas. Contudo, quando tal não aconteça, estamos de acordo com esta perspetiva — que resulta também dos ensinamentos da doutrina social da Igreja, ainda que com fundamentos e princípios bem distintos dos que nós assumimos — da afetação da dignidade da criança gerada para ser abandonada [1320]. Há, nesta visão, uma inultrapassável lesão dos direitos do/a filho/a, uma vez que o/a priva da relação filial com as suas origens parentais e obsta ao amadurecimento da sua identidade pessoal, tal como acontece nos casos de fecundação heteróloga em que:

> «[...] [se] realiza e manifesta uma rutura entre função parental genética, função parental de gestação e responsabilidade educativa. Tal alteração das relações pessoais dentro da família repercute na sociedade civil: aquilo que ameaça a unidade e a estabilidade da família é fonte de dissensão, de desordem e de injustiças em toda a vida social.» (Sagrada Congregação para a Doutrina da Fé, 1987)

A Igreja Católica perceciona o ato, ainda que benevolente na forma de atuar como gestante para outrem, como um meio que remove o ato de amor que está subjacente à criação de uma nova vida. Numa ótica mercantil, a mulher que dá à luz afasta a sua responsabilidade de conceber como um ato de amor e tem um(a) filho/a com o escopo de o/a abandonar — uma separação imoral entre as várias componentes que integram a unidade do matrimónio, incluindo a procriação.

É curioso o ponto de contacto que a doutrina da Igreja apresenta em relação a alguns dos movimentos feministas descritos ou com algumas das alas políticas denominadas de esquerda. Mesmo que com fundamentos diferentes, sem dúvida, a posição que apresentam é coincidente. Um exemplo é o caso português em que se percebe que a questão de uma posição de esquerda ou de direita nesta matéria não é absoluta. O Partido Comunista Português bateu-se contra a legalização da gestação de substituição em Portugal em qualquer um dos seus afloramentos. Na sua declaração de voto, este partido suscitou a sua preocupação com a instrumentalização da vida e do corpo humano, com o que significa a gravidez e a alteração que representa para a própria gestante, e com o efeito relacional, emocional e afetivo que representa ter um(a) filho/a [1321], [1322].

2.2.2. Uma Perspetiva (Político-)Judaica

Admitimos — o que assumimos expressamente — não só o enganador título desta subsecção, como a sua inserção sistemática. Sendo verdade que apresentaremos uma também visão judaica em relação à gestação de substituição, o que aqui decidimos incluir é uma política-demográfica-também-judaica. Referimo-nos, em concreto,

[1320] Uma orfandade programa que é contrária aos direitos da criança e à sua dignidade.

[1321] A súmula está disponível em https://www.pcp.pt/projeto-de-lei-gestacao-de-substituicao (consultado em 3 de fevereiro de 2018).

[1322] Posição que manteve na votação da alteração à lei da gestação de substituição em 2019. O texto da declaração está disponível em https://www.pcp.pt/sobre-votacao-do-projecto-que-altera-regime-juridico-da-gestacao-de-substituicao (consultado em 21 de dezembro de 2019).

à experiência israelita em matéria de procriação, e em especial em relação à gestação de substituição.

Como já tivemos oportunidade de analisar, Israel apresenta uma política pública enfática em relação à reprodução, que incentiva, fomenta e subsidia a PMA, incluindo o acesso à gestação de substituição, numa perspetiva, também ela, influenciada pela religião. Assumindo uma biopolítica que incentiva e financia as técnicas de PMA [1323], Israel tem uma das mais altas taxas de tratamentos de fertilidade [1324]. Neste país, esta questão é particularmente relevante, emergindo novas formas de relações não só entre indivíduos, mas também com o Estado. Como refere Nahman, «*[t]he notion of making nature artificial can be thought of in terms of IVF as a technology for making "artificial" kin relations. In a broader sense, one can think of larger collectivities as being founded "artificially"*» (Nahman, 2008, p. 117). Neste caso, uma expansão demográfica é feita também destas relações artificiais.

Referimo-nos à gestação de substituição nesta aceção, porquanto a questão demográfica em Israel suscita particular interesse e é particularmente sensível. O discurso sionista apresenta uma importante componente das políticas da reprodução, constituindo «*[...] active part in the national effort to establish a Jewish majority in Israel and ensure demographic superiority of the Jewish population over the Arab one in Israel*» (Eyal, 2014, pp. 123-124). As decisões biopolíticas sobre a reprodução estão enraizadas na própria ideia de nação judaica [1325], [1326] e da cidadania israelita, que depende, também, de a pessoa ser designada por «*Ashkenazi/European Jewish*» (Nahman, 2008, p. 122) [1327].

O contexto das políticas reprodutivas em Israel é particular. Desde a criação do Estado de Israel que foi estabelecida uma série de políticas e fundos [1328] para incentivar

[1323] O reembolso da gestante rondará os 25 000,00 $ (Teman, 2010).

[1324] De acordo com os dados recolhidos por Eyal entre 1996 e 2006, os tratamentos de FIV aumentaram de 16 396 para 25 552 (Eyal, 2014).

[1325] Em 1968, foi instituído o Demographic Center, que conduz a política de natalidade, vista como crucial e, portanto, estimulada, para o futuro do povo de Israel. Uma verdadeira «*demographic race*» ou «*demographic war*», sendo que uma das maiores ameaças é um Estado não exclusivamente judaico, sendo uma corrida contra a reprodução de palestinianos (Nahman, 2008, p. 124).

[1326] Não podemos ser redutores. Independentemente do contexto muito particular do Estado de Israel, os Estados em geral dependem da capacidade reprodutiva dos seus cidadãos ou de outrem que passem a residir no país, por forma a garantir a sustentabilidade laboral, social e até militar no que tange à renovação da população, o que conduz inevitavelmente a políticas de reprodução e natalidade considerando os seus próprios contextos. Também podemos ter o reverso desta medalha quando pensamos, por exemplo, nas denominadas políticas do «filho único».

[1327] No que tange à doação de óvulos, existe uma classificação entre judeu e não judeu; israelita e não israelita (Nahman, 2008, p. 122)

[1328] Como por exemplo o Heroine Award de 1949, que concedia um prémio à mulher quando tinha, pelo menos, o seu décimo filho (que acabou cerca de 10 anos depois, uma vez que era reclamado sobretudo por mulheres israelitas palestinianas), o Committee for Natality Problems de 1962, o Demographic Centre de 1968 com o Fund for Encouraging Birth e o Israel Council on Demography de 2002 (Vertommen, 2019, pp. 209-211).

a maternidade de israelitas, e as técnicas de PMA, incluindo a gestação de substituição, são incentivadas e estão normalizadas. A história associada ao facto de os/as palestinianos/as terem mais filhos/as e do (alegado) «*velvet holocaust*» ou «*demographic intifada*» (Vertommen, 2019, p. 210) condiciona a política sionista para criar uma maioria judia [1329].

A experiência israelita em matéria de gestação de substituição [1330] apresenta-se fortemente regulada [1331]. A *Surrogate Motherhood Agreements Law* de 1996 entrou em vigor impregnada sobretudo por conceções biopolíticas, religiosas e culturais. Verifica-se uma forte influência da comunidade judaica de Israel e do importante *Mitzvah*, «crescei e multiplicai-vos» [1332].

A intensidade da intervenção do Estado nesta matéria [1333] e das instituições religiosas confere não só a legalidade da prática, mas, e diríamos sobretudo, da ética religiosa que estrutura os termos da sua admissibilidade. De facto, a gestação de substituição pode representar uma ameaça às fronteiras nacionais e religiosas, visto que o judaísmo é conferido pela linhagem materna através do nascimento, sendo que, caso uma mulher não judia fosse a gestante de um(a) filho/a de um casal judeu, a criança poderia não ser considerada judia. Desta forma a solução foi alinhar uma posição compatível com a nação sionista e a ideologia para prevenir o estatuto *kosher* da criança. Desta forma, alinhando-se os legisladores seculares e religiosos, em março de 1996 [1334], foi aprovada a lei da gestação de substituição comercial [1335] (Teman, 2010).

O mercado da gestação de substituição [1336] em Israel aparece assim altamente regulado e é valorizado [1337]. Contudo, ao contrário de todos os restantes países que a admitem, as gestantes israelitas só podem contratar com cidadãos israelitas ou com residência permanente em Israel, evitando assumir-se como um destino turístico [1338]. Além disso, a religião impõe uma regulamentação muito própria no contexto israelita. Na lei judaica:

1329 O outro meio é através da «Law of Return», que garante aos judeus espalhados pelo mundo o direito à cidadania israelita (negando-a a refugiados palestinianos) (Vertommen, 2019, p. 210).

1330 «Pundekaut», termo hebreu que descreve a gestante como a que acolhe (a «innkeeper») para enfatizar o papel da *intended mother* e da genética em relação à gestação (Twine, 2015).

1331 Sendo os contratos sujeitos a uma pré-aprovação do Estado, e o pai terá de ser o doador de esperma.

1332 Ainda que haja ramos do judaísmo que se oponham ao uso das biotecnologias da reprodução (Eyal, 2014).

1333 Um vivo exemplo Foucaultniano.

1334 Em 1998, foi reportado o primeiro caso de bebés que nasceram em Israel com recurso a gestação de substituição.

1335 O Mor-Yosef Committee é um comité consultivo em matéria de reprodução em Israel.

1336 Disponível para casais heterossexuais ou mulheres, ficando de fora os homens ou casais *gay*.

1337 Ainda que, em sentido contrário, penalize as mulheres que têm filhos sem companheiro.

1338 Em Israel, as mulheres, ainda que tenham necessariamente de ter filhos para poderem ser gestantes, não podem ser casadas. No trabalho conduzido por Teman, foram identificadas gestantes de

> «*[...] regardless of who cares for the child, lineage has significant consequences. The establishment of parenthood relates to the fulfilment of halakhic obligations, issues of personal status and civil law. [...] The personal status of the child is relevant for determining the permissibility of certain marriages, i.e., laws against incest. In matters of civil law, parental status may be relevant for matters of inheritance and child maintenance laws.*» (Laufer-Ukeles, 2002, p. 104)

Israel conciliou a *Rabbinic Law — a Halakha —* com a PMA para que as crianças nascidas por estas técnicas possam ser consideradas também elas judias, sob pena de serem consideradas *mamzers*[1339], [1340].

Assim, a gestação de substituição é permitida em Israel só para cidadãos israelitas ou com residência permanente, sendo que os beneficiários só podem ser casais

três classes sociais — classe média e média-baixa, classe baixa e pobres —, ainda que, em qualquer caso, segundo a autora qualquer uma delas se debate para sustentar a casa e os filhos (Teman, 2010).

[1339] Um estigma social que coloca a PMA e a gestação de substituição em particular num patamar de uma certa segregação.

[1340] A relação da medicina, e da medicina de reprodução, com a religião também se apresenta fortemente presente no mundo islâmico. Não sendo uma temática para desenvolver aqui, apesar do seu forte interesse, a sharia, a lei islâmica, continua a ditar muitas das soluções em relação à família, incluindo o estatuto legal, regulando questões de intervenção de terceiros na reprodução, nomeadamente doação de gâmetas, embriões ou gestação de substituição, já que as técnicas podem destruir o *nasab* da criança, isto é, a linhagem, um ato imoral (Inhorn, 2011). O trabalho de Inhorn é particularmente interessante, fazendo a distinção entre as posições religiosas e as variações entre Sunitas e Xiitas em relação à doação de gâmetas, codificada em declarações islâmicas fatwa. A posição Sunita é favorável à FIV, mas repudia qualquer prática que implique a intervenção de terceiros, associada ao adultério, risco de futuras situações de incesto, confunde as relações, paternidade, descendência, herança, impondo-se, portanto, a preservação das «origens da criança» (Inhorn, 2011, p. 131). A posição Xiita, na década de 1990, levou — ainda que posteriormente acabasse desautorizada no Irão, que proibiu qualquer forma de doação de espermatozoides — o Ayatollah Khomeini a emitir uma fatwa a permitir a doação em determinadas condições. No Irão, só pessoas casadas podem recorrer a tratamentos de fertilidade com recurso a terceiros, sendo que se permite a doação de óvulos — mas não a de espermatozoides — desde que o marido case temporariamente com a doadora (o que a mulher não pode fazer em caso de doação de gâmetas masculinos e, por isso, proibida). Admite a doação de embriões de um casal, mesmo que a mulher não seja infértil, nunca podendo contribuir com o seu óvulo, sendo esta a forma de ultrapassar a infertilidade masculina (Inhorn, 2011). Num artigo anterior, Marcia Inhorn analisava a questão no Egipto e a desigualdade que as políticas criavam no acesso a tratamentos de fertilidade considerando o contexto religioso. Estas políticas, que marcam um estereótipo ligado à maternidade e ao papel da mulher como reprodutora, deixam as mulheres com poucas opções e altamente estigmatizadas pelo incumprimento do papel familiar e social que se espera delas. Além disso, considerando os elevados custos das FIV, as técnicas de PMA permitidas acabam por ser «*[...] extremely class-based and exclusionary, the arena of a handful of elite doctors and their upper-class patients*» (Inhorn, 2000, p. 163).

heterossexuais [1341] e o marido terá de ser o doador de esperma [1342]. Por sua vez, a gestante — ainda que já tenha de ter sido mãe — não pode ser casada, sob pena de ser considerado uma forma de adultério [1343].

Trata-se do desenvolvimento de uma construção de identidade materna através da gestação de substituição em que há uma certa corporização da gestação através do corpo da gestante. Esta cria uma zona de privacidade usando um *body map* [1344], [1345]. Aliás, este contexto social e religioso pode estruturar uma certa experiência emocional e algumas mulheres podem não experimentar um certo «estranhamento» em relação ao trabalho que levam a cabo para outrem (Twine, 2015, p. 19). Recorrendo ao estudo de Elly Teman e à experiência da gestação de substituição em Israel, as gestantes recorrem a um conjunto de metáforas para se afastarem emocionalmente da gravidez, nomeadamente o *body-as-machine*, numa forma de separação do corpo da mente, o que é, designadamente para as feministas radicais, uma verdadeira afronta ligada a sistemas patriarcais de controlo, uma vez mais, do corpo da mulher.

No seu estudo, Teman explica algumas estratégias das gestantes e das fronteiras que erigem em relação aos *empregadores* e para se distanciarem dos fetos, fazendo demarcações simbólicas do seu corpo, do que querem partilhar e do que querem demarcar. Teman afirma o seguinte sobre estas metáforas: «*[...] encapsulates the complex power structure of surrogacy: the surrogate may be structurally constrained and, as popular portrayals of surrogate in the media have highlighted, she may have become a surrogate to feed [her] children, but she sees herself as powerful*» (Teman, 2010, p. 37).

[1341] Refreando a solução de ampliação dos beneficiários para casos de adoção por casais do mesmo sexo, ou o recurso a técnicas de PMA a solteiras ou lésbicas.

[1342] Podendo, não obstante, haver recurso a doadora de óvulos que não seja a *intended mother*.

[1343] Há alguns ramos que proíbem a gestação de substituição intrafamiliar, sendo encarada como forma de incesto.

[1344] Este exercício de distanciamento encontra-se noutras manobras de «diversão». Por exemplo, no estudo apresentado por Heléna Ragoné, este disserta sobre o momento da história da reprodução em que, no contexto da gestação de substituição total, as características fenotípicas e o genótipo da gestante são irrelevantes (ao contrário da gestação de substituição tradicional, em que se «procurava» uma gestante parecida com a *intended mother*), mas a raça e a étnica também desempenham um papel importante numa outra dimensão não relacionada com a herança genética com que a criança será brindada. Mas dos resultados de Ragoné resulta que a maioria das gestantes não se importa de ter uma herança racial ou étnica dos *intended parents*, e até é preferível, já que as «*[...] racial or ethnic difference provides "more distance" between them, a degree of separation that the gestacional surrogate i sable to place between herself and the child (or children) she is producing for her couple through her manipulation of existing cultural ideation about racial difference*» (Ragoné, 2000, p. 70). Note-se que, no paradigmático caso Calvert v. Johnson, o tribunal norte-americano concluiu que ambas as mulheres eram simultaneamente as mães da criança — uma por ser gestante e outra por ser a doadora do óvulo —, tendo-se discutido o papel que a raça teve no caso, já que a gestante era negra (Dalton, 2000, p. 216).

[1345] V. secção anterior neste capítulo especificamente sobre esta matéria.

Ademais, a *Egg Donation Bill* permite que mulheres israelitas entre os 21 e 35 anos vendam os seus óvulos ao Estado de Israel [1346] em troca de uma considerável compensação, podendo estes ser usados no âmbito da *National Health Insurance* por mulheres israelitas entre os 18 e 54 anos. Numa das suas emendas, a lei condiciona esta utilização ao facto de ambas as mulheres terem a mesma religião, o que torna impossível que a doação seja feita a muçulmanas ou católicas (Vertommen, 2019, p. 211).

Além disso, há ainda outra particularidade. É que, além de certas características físicas e até intelectuais que os pais procuram, a autora questiona a possibilidade de as mulheres israelitas aceitarem, ou não, óvulos de uma mulher árabe e a resposta centrou-se na sua admissibilidade desde que a mulher fosse letrada. Porém, quando a questão se colocou em relação a óvulos de mulheres palestinianas, quase todas as mulheres recusaram a ideia.

Esta construção, associada a um discurso religioso e a objetivos políticos, transforma a gestação de substituição num ato de heroísmo e uma missão para o próprio interesse nacional da construção da nação sionista — um caso de procriação pós-moderna, claramente impregnada por lógicas religiosas, sociais e políticas.

Esta perspetiva reflete-se também nas políticas de reprodução *posthumous*. Em 2003, o advogado-geral do Governo de Israel publicou as linhas de orientação para a recolha de sémen *posthumous* (Landau, 2004, p. 1952) e, em 2012, o Mor-Yosef Committee recomendou também que a reprodução *posthumous* se estendesse às mulheres falecidas (Hashiloni-Dolev & Schicktanz, 2017, p. 25). No entanto, talvez digno de maior nota neste campo seja o estabelecimento de uma presunção legal para recolha e utilização de espermatozoides, com o escopo de procriação para depois da sua morte [1347]. Deste modo, é possível a reprodução após a morte do homem, sendo que existe uma verdadeira presunção de que o desejo do homem é procriar mesmo depois da sua morte. Nesta dimensão, a solução legal baseia-se na antiga preocupação masculina de não deixar este mundo sem um descendente que continue a linhagem da família. Além do mais, especialmente considerando se o marido que faleceu estava casado, existe o seguinte:

[1346] A reprodução é assumida como uma questão política.

[1347] A ASRM recomenda a existência de consentimento escrito quer para a recolha quer para a utilização de gâmetas após a morte, embora admita que, no caso de «*[...] cryopreserved gametes lacking a written directive for disposition after death raises a more difficult issue, since surviving partners do not have the same claim to another's gametes as they have to embryos they helped to create. However, in some cases the act of cryopreserving the gametes suggests a joint reproductive desire, which can be brought to fulfilment by the surviving partner. In other cases, gametes may have been cryopreserved outside of the partners' relationship with one another. After death, where there is evidence that the deceased would still have wanted reproduction to occur, or at least would not have objected, it seems reasonable to allow the survivor to proceed. Granted, practitioners' good-faith efforts to carefully consider such cases will likely be constrained by reliance on second hand information*» (Ethics Committee of the American Society for Reproductive Medicine, 2018d).

> «[...] *assumption is that couples who live together, whether in marriage or a common law union, naturally and almost invariably intend to have children at some time in the future. Thus, in the absence of an explicit objection, the assumption is that the deceased person would have wanted to have children with his partner, even after his death.*» (Landau, 2004, p. 1953)

A lei parte destas considerações para garantir que estas se concretizam, mesmo depois da morte do homem, desencadeando uma presunção de que seria esse o seu desejo (Hashiloni-Dolev & Schicktanz, 2017, p. 25).

Porém, a questão eleva-se a um novo patamar e eleva a gestação de substituição a uma nova natureza. Embora suscitando algum debate, mesmo na sociedade israelita, dos exemplos que fomos identificando, há uma tendência crescente em sufragar um novo afloramento das biopolíticas reprodutivas em Israel que liga a reprodução *posthumous* à gestação de substituição. Em causa não está a eventual situação da utilização de óvulos de uma mulher que entretanto faleceu, mas sim — e continuando na ideia da propagação da espécie através da linhagem masculina — as situações da denominada *posthumous grandparenthood*, isto é, os casos «[...] *where it is not the biological father or mother but the potential grandparents who request the use of gametes of their deceased adult child — whether or not he/she had a partner in life, and with or without the consent of that partner*» (Hashiloni-Dolev & Schicktanz, 2017, pp. 25-26). Neste caso, o recurso à gestação de substituição serve para criar não relações parentais, mas relações avós-parentais.

Hashiloni-Dolev e Schicktanz elencam um conjunto de casos em que os tribunais têm admitido a reprodução *post-mortem* para constituir relações avós-pais, admitindo que os pais recorram a uma gestante para terem um neto de um filho morto. O caso mais antigo relatado é de 2002, em que uma avó foi autorizada a usar o sémen do filho morto em combate para ter um neto — uma neta neste caso — e a que fosse inseminada uma mulher escolhida pela avó, o que aconteceu. Já em 2014 os avós requereram em tribunal autorização para que uma mulher que queria ter um filho fosse inseminada com o sémen do filho daqueles, que havia morrido entretanto.

Mas talvez o caso mais marcante seja o que foi apresentado junto de um tribunal israelita em 2016. Nesta situação, foi peticionado ao tribunal que fosse usado sémen do filho dos requerentes para fertilizar um óvulo de uma doadora e para que este fosse posteriormente implantado numa gestante para ser *produzido* um neto. Neste caso, ao contrário dos anteriores — ainda que todos coincidam no facto de estes pedidos terem sido desencadeados pelos avós e não por qualquer mulher ou companheira do falecido —, só se visa constituir relações-avó-parentais (Hashiloni-Dolev & Schicktanz, 2017, p. 26).

Assim, manifesta-se claramente uma biopolítica que é arrastada pela linhagem e pelas conceções, muitas religiosas, associadas a essa ligação, além da conexão com os fatores geopolíticos. A simpatia que é suscitada em muitos destes casos em relação às famílias que perderam os seus filhos em conflitos armados contribui para um desenvolvimento da constituição destas novas relações familiares.

3. *Volenti Non Fit Injuria*

Nesta secção vamos considerando as preocupações vertidas nomeadamente pelas abordagens feministas, mas também pela doutrina social da Igreja, destacar o argumento da exploração da gestante e da indissociável violação da dignidade da mulher nos contratos de gestação de substituição.

Contratar alguém para que leve a cabo uma gravidez por conta de outrem e para outrem consubstancia, ou pode consubstanciar, para alguns, uma forma de reificação da mulher e até uma forma de exploração [1348] do seu corpo e das suas capacidades reprodutivas — a mulher usada como se de uma coisa se tratasse [1349]. Esta expressão de reificação e exploração é mais intensa nos contratos onerosos, ainda que estes também existam na versão altruísta do negócio.

Numa versão extrema, há quem apresente a gestação de substituição como a exploração de uma mãe substituta que mantém quintas de criação de crianças em locais menos favorecidos. Uma visão que compara a gestação de substituição com aquela que «*[d]uring World War II, Europe was confronted with such situations as part of the racist policy of the Third Reich. Today, Europe cannot step on this way again*» (Sokołowski, 2019, p. 604).

Nesta discussão, muito levada a cabo por feministas (Ainsworth, 2014 e Markens, Fall 2010/Spring 2011) estamos também, uma vez mais, na contínua regulação e politização do corpo da mulher (Rotabi & Bromfield, 2017, p. 170) numa tentativa de a proteger, em primeira linha, de si própria e das consequências das decisões que toma. Estamos no fio da navalha entre a discussão sobre se estamos a falar do *enhancement* dos direitos da mulher ou de uma forma de comercialização para lá daquilo que é suscetível de ser objeto de apropriação mercantilista, tornando esta mulher num objeto ao serviço de outros e, portanto, para lá daquilo que é suscetível, de se lhe atribuir um valor. Uma forma de prostituição reprodutiva em que mulheres pobres se sujeitam a um trabalho que, noutras condições, não aceitariam. Na prostituição, as mulheres estão num estado de vulnerabilidade que não é só «*[...] physically at work when dealing with violent clients but every day and moment while enacting difficult strategies of separation of oneself during work*» (Bertolino, 2018, pp. 94-95).

[1348] «*Union is committed to combating all forms of exploitation of human beings, in particular slavery and trafficking in human beings (point 4.4.2 of the Stockholm Program), illegal immigration the Stockholm Program (point 1.6) and the Hague Program — (point 1.7.1) Border controls and the fight against illegal immigration, the Hague Program last paragraph, p. 7). In the area of external action, the EU has for years systematically taken action to reduce poverty.22 In 2010, the Union acted on the basis of the competences provided for in Article 21 TEU (EC Green Paper): Commission's Green Paper EU development policy in support of inclusive growth and sustainable development*» (Sokołowski, 2019, pp. 595-596).

[1349] A matéria da exploração das mulheres foi considerada num documento da UN Inter-Agency Committee on Bioethics (Women by the Permanent Delegation of Kingdom of the Netherlands to UNESCO, and the United Nations Educational, Scientific and Cultural Organization, 2012).

No entanto, quanto a nós, o que se deve questionar é se esta externalidade de potencial exploração implica que o negócio deva ser abandonado e proibido, negando o cabal exercício de direitos das pessoas [1350]. Ou tratar-se-á de um problema de regulamentação? Onde os Estados falham, no controlo, na regulamentação e na fiscalização, a resposta é limitar ou restringir direitos?

As objeções que aqui se suscitam podem radicar em duas ordens de razões. Por um lado, as posições assimétricas entre as partes, as iniquidades, bem como a própria assimetria de conhecimento e as desigualdades sociais e económicas. Por outro lado, há a considerar as práticas concorrenciais e de mercado, sobretudo se considerarmos as assimetrias que existem entre as diferentes soluções jurídicas, de fiscalização e aplicação efetiva de sanções que, como noutros mercados, são um foco de criminalidade organizada em sentido próprio que usa, entre outros, mecanismos corruptivos para explorar estas assimetrias e explorar os intervenientes, em particular as gestantes.

As mulheres são valorizadas pela sua capacidade de reprodução e o desejo dos homens de terem filhos/as e/ ou de lucrarem com a capacidade das mulheres que serão vistas como proletariado, sem necessidade de qualificações, de um negócio de reprodução à sua custa, aproveitando eventuais situações de fraca instrução e/ou debilidade económica e social que levam a mulher a suportar a situação de gestação de filhos/as para outrem [1351]. Os «*[...] risks of a compensation-based surrogacy agreements*» (Wałachowska, 2019, p. 417), sobretudo relativamente a mulheres pobres, colocam o foco na exploração destas mulheres, muitas das quais podem estar sujeitas a agentes ou intermediários que lucram às custas delas, tal como no proxenetismo.

Um dos grandes argumentos contra a gestação de substituição é que a técnica implica que uma pessoa — através da sua capacidade reprodutiva — se torne num meio a favor de outrem para alcançar um fim. Na gestação de substituição, não se usa uma parte *destacável* do corpo, mas todo o corpo, num processo contínuo que dura, pelo menos, nove meses e que não há forma de fazer cessar. A imagem traz

[1350] Como o direito à procriação que aqui admitimos.

[1351] A gestação de substituição forçada e a exploração das mulheres integram o documento do National Rapporteur on Trafficking in Human Beings, 2012, dos Países Baixos à Comissão Europeia sobre a exploração de mulheres. A Portuguese Platform for Women's Rights recommendations to the legislative initiative on preventing and combatting violence against women and domestic violence, no âmbito da gestação de substituição e considerando a problemática da exploração, recomendava neste âmbito que «*Surrogate motherhood is a form of trafficking of women's bodies and reproductive rights. It is mainly a global trade made with women's bodies and their reproductive organs, based on an unequal power-balance between purchasers and surrogates. Even in countries where altruistic surrogacy is legal (for instance, Portugal), it is based on the goodwill of other women, the self-sacrifice and disposition of their bodies and reproductive organs, with no regards to future chronical health concerns due to pregnancies*» (Portuguese Platform for Women's Rights recommendations to the legislative initiative on preventing and combatting violence against women and domestic violence).

à memória os contos de Aldus Huxley [1352] ou Margaret Atwood [1353] e a produção, por incubadoras humanas, de crianças.

Carole Pateman escreve exatamente sobre as implicações políticas da gestação de substituição como uma nova cláusula no contrato sexual, uma nova forma de os homens acederem ao corpo das mulheres num afloramento direto de subordinação em que os homens adquirem o comando do corpo da mulher. Ao contrário das partes do corpo que se destacam, neste caso há uma subordinação do todo, do que o corpo representa como vertente palpável da dignidade humana. É uma forma de coisificação da mulher no seu ser. Tal como a prostituta que não consegue destacar o seu corpo do seu ser para o exercício da sua liberdade sexual.

No entanto, esta posição parece-nos exagerada, para não dizer que a comparação ultrapassa os limites do compreensível. A gestação de substituição não é mais castradora da liberdade da mulher do que a gestação de um filho da própria gestante (Arneson, 1992, p. 161). Por outro lado, há outros negócios que também implicam esta ligação ao todo que é o corpo, às capacidades de alguém e nem por isso se colocam problemas da sua contratualização, mormente mercantil. É o caso, por exemplo, dos/as atletas [1354], um(a) bailarino/a que tal como a «*[...] surrogate mother might be expected to cede some control over her body by the terms of the contract she signs*» (Arneson, 1992, p. 161).

Ademais, como outros defendem, qualquer negócio pode constituir uma exploração, não sendo necessariamente um problema da gestação de substituição (Blazier & Janssens, 2020) [1355]. Estes autores acrescentam, ainda que, tendo em conta a vida de muitas destas mulheres, banir esta fonte de rendimento só tornaria a sua situação pior, pelo que, ao contrário, deviam era ser garantidas condições adequadas e opções laborais para que estas mulheres pudessem tomar as suas opções (Blazier & Janssens, 2020).

Há uma pergunta que muitas das feministas fazem. Alguma vez uma pessoa com elevada capacidade financeira e/ou profissionalmente integrada aceitaria ser gestante a favor de outrem? Desde logo, uma pergunta destas liga a gestação de substituição a contratos onerosos. Por outro lado, e ainda que a resposta fosse/seja negativa, isto não significa, quanto a nós, uma demonstração da degradação do papel da mulher-gestante e uma desconsideração pela colaboração reprodutiva, ainda que pudesse ser remunerada, nem, noutra perspetiva, que a aceitação em colaborar implica uma aceitação da desconsideração da identidade-mulher-mãe, mas sim, como em tantos outros afloramentos da vida de cada uma, das opções de vida que cada uma faz. Presumir outra coisa, sobretudo para dizimar a liberdade da mulher

[1352] No seu *Admirável Mundo Novo*.

[1353] No *Handmaid's Tale*.

[1354] Cujas capacidades são cotadas e avaliáveis no respetivo mercado.

[1355] Não sendo uma forma mais grave do que a exploração de trabalhadores numa fábrica sem condições de trabalho e remuneração digna.

afastando de si a tentação de aceitar o que não deveria, é *só*, isso sim, um exercício de desconsideração pela mulher — não só pela gestante, mas por todas. O que deve ser regulamentado é que as partes neste negócio estejam esclarecidas e cientes do que vão empreender, das obrigações a que ficarão adstritas e das consequências desta relação jurídica. Mais do que isso é extravasar aquilo que importa na configuração do negócio com elementos estranhos à conceção do negócio jurídico enquanto tal.

Não estamos a tomar posições nesta altura. Mas, como dissemos, partimos do princípio de que a mulher tem liberdade para ceder as suas capacidades reprodutivas a outrem. As eventuais limitações a este exercício só se justificam se, em conflito com outros direitos de igual ou valor superior, uma ponderação entre todos os direitos possa ditar uma contração dessa liberdade de procriar sem ter filhos/as.

3.1. Um *Pactum Turpe*

O desenvolvimento científico é um exercício de superação. De superação dos limites do ser humano. De superação dos limites dos conhecimentos adquiridos e das suas capacidades. De superação da criação divina do ser humano, ou da álea, como se entender, que foi expurgada do processo. Em matéria de gestação de substituição, um dos primeiros argumentos que se erigem é que a prática de superação se faz a expensas da mulher, de exploração da mulher e das suas capacidades reprodutivas, gerando lucro à sua custa [1356]. Ainda que a mulher decida tornar-se gestante, a situação social e económica em que se encontra introduz um fator de elevada fragilidade [1357] que conduz a um processo de tomada de decisão depauperado.

A questão laboral feminina continua a ser fonte de preocupação. A Organização Mundial do Trabalho informa que são as mulheres (71%) as principais vítimas das novas formas de escravatura. Dados de 2016 permitem concluir que há 5,4 pessoas

[1356] *«The Committee on the Elimination of Discrimination against Women (CEDAW) — the body of independent experts that monitors implementation of the Convention on the Elimination of All Forms of Discrimination against Women. The Human Rights Treaties Division (HRTD) — division responsible for implementing Subprogramme 2 of the Secretary-General's Strategic Framework entitled "Supporting human rights treaty bodies." The Office of the United Nations High Commissioner for Human Rights (OHCHR) — United Nations agency for promotion and protect the human rights. Established by the UN General Assembly on 20 December 1993. The Committee on the Elimination of Discrimination against Women, The Human Rights Treaties Division and The Office of the United Nations High Commissioner for Human have issued a common statement against surrogacy. In their opinion, surrogacy is a particular form of misappropriation of women's reproductive capacity, which consequently results in controlling their lives during pregnancy»* (Wedeł-Domaradzka, 2019, p. 615).

[1357] De acordo com os dados da ONU, não existe nenhum país do mundo em que exista total paridade entre géneros. As assimetrias que radicam em relação ao género continuam a ser um objetivo a cumprir — faz parte da Agenda para o Desenvolvimento Sustentável das Nações Unidas.

vítimas por cada mil adultos e, em relação às crianças, 4,4 crianças por cada mil (International Labor Organization, 2017) [1358], [1359]. Na ótica da gestação de substituição, trata-se de um mercado liberal sobre o qual as feministas que se lhe opõem alertam para o (alegado) sofisma de liberdade e autodeterminação, mas que, de facto, não é mais do que isso — um logro que encapsula uma nova forma de exploração da mulher, a mulher-objeto(-sexual).

Numa perceção de indivisibilidade dos direitos humanos (Habermas, 2012), mormente do direito a procriar, a sua ligação com a dignidade humana implica a assunção de deveres, nomeadamente para com o próprio. Citamos Lewis a propósito da mudança de paradigma:

> «*[...] does not constitute a qualitative transformation in the mode of biological reproduction that currently destroys [...] so many adult's lives. In fact, capitalist biotech does nothing at all to solve the problem of pregnancy per se, because that is not the problem it is addressing. It is responding exclusively to demand for genetic parenthood, to which it applies the logic of outsourcing.*» (Lewis, 2019, p. 4)

Numa perspetiva ética do dever, do agir racional (Feltz, 2015), o Comité Consultivo Nacional da Ética para as Ciências da Vida e da Saúde centra-se nas consequências da ação (Comité Consultif National d'Étique, 1986). E aqui radica a grande diferença em que «[o] conhecimento humano é uma coisa, [e] o bem-estar humano é outra» (Gray, 2017, p. 35), pelo que «*[f]raming it in terms of ideas regarding reproductive autonomy or feminist concepts of choice and agency does not take into account the surrogates' location vis-à-vis the state, medical practitioners, or within the social and family hierarchy and the power*» (Gupta, 2012, p. 46).

O momento essencial da ética é a aplicação à realidade. A decisão de agir, na esteira de Leviresarch nas, assenta na alteridade humana, «[...] o rosto do outro perante o qual estou sempre em dívida» [1360] (Renaud M., 2018, p. 140) e, ainda que possa ser difícil, senão impossível, um consenso universal [1361], a ética deve articular-se

[1358] Um total estimado de 40,3 milhões de pessoas em 2016. O relatório da OIT centra-se em formas de trabalho forçado e de casamento forçado.

[1359] A ILO, UN Women e a União Europeia promoveram os *Women's Empowerment Principles* e o guia para os padrões internacionais do trabalho. O livro que resultou destes esforço conjunto e que apresenta os princípios foi editado e publicado pela UN Women em 2020 e está disponível em https://www.weps.org/sites/default/files/2020-12/THE_POWER_OF_WORKING_TOGETHER_FINAL_0.pdf (consultado em 29 de dezembro de 2020).

[1360] Da qual Paul Ricoeur partiu para a sua ética da atestação e «[...] do reconhecimento do outro ser humano, do ser humano na sua alteridade» (Renaud M., 2018, p. 142).

[1361] Como a ética da discussão ligada a Habermas. «[...] [a] única coisa que se pode fazer, em primeiro lugar, é tentar encontrar um acordo sobre as condições de um diálogo, baseado numa argumentação universal» (Renaud M., 2018, p. 139).

em volta de direitos humanos com reconhecimento (tendencialmente) universais que constituam a sua direção, o seu sentido. «Uma obrigação prima facie é uma conclusão, apoiada em considerações morais, que é candidata a ser a nossa obrigação real» (Williams, 2017, p. 211).

Tomando o exemplo indiano, o Estado passou do controlo da natalidade e da necessidade de emancipação das mulheres (Pande, 2014) para o turismo reprodutivo. Para Pande:

> «*Existing scholarship has convincingly established that commercial surrogacy is culturally disruptive, morally ambiguous and potentially exploitative. With globalization, the spread of reproductive technology to the global south and a boom in medical tourism, matters become even more complicated. As transactions in reproductive services crossborders, the differences between the buyers and sellers, whether based on race, class or nationality, become glaring.*» (Pande, 2011, p. 623)

Além disso, a utilização deste biocapital no mercado e a natureza comercial a introduzir na reprodução implicam o desenvolvimento de estratégias na ideia do capital humano, camuflada numa alegada liberdade contratual, meramente formal [1362] (Twine, 2017) [1363]. Um capitalismo emocional no qual:

> «*[...] las prácticas y los discursos emocionales y económicos se configuran mutuamente y producen um amplio movimento en el que el afecto se convierte em um aspecto essencial del comportamento económico, y en el que la vida emocional sigue la lógica del intercambio y las relaciones económicas.*» (Balaguer, 2017, p. 159) [1364], [1365], [1366]

1362 Para uma visão da Doutrina Social da Igreja sobre Trabalho Digno, v. Moreira, 2021, que, sobretudo no capítulo 3.º, apresenta uma visão sobre a posição da Igreja em matéria de escravidão, servidão e trabalho forçado.

1363 Em 2015, Pande publicou uma extensa investigação sobre as estratégias e negociação, incluindo a perspetiva de carreira para as gestantes e a sua independência financeira (Pande, 2014).

1364 «*As feminists have analyzed how pimps procure women for the sexuality of prostitution, using a "seasoning" process based on traditional practices of romance and love, so too surrogate brokers capitalize on a seasoning technique that portrays women willing to become surrogates as "special ladies" who give their bodies and their babies to others who will truly love them for the sacrifice they make*» (Raymond, 1989, p. 63).

1365 «*[W]hat capitalism is proposing by alienating and globalizing gestational surrogacy in this way is, as usual, an option involving moving the problem around*» (Lewis, 2019, p. 5).

1366 Também a proibição da gestação de substituição ou o seu pagamento não minimiza a perceção social eventualmente negativa sobre esta prática (Brandel, 1995, p. 521), particularmente a manutenção de estereótipos ligados a que as mulheres são criaturas emocionais e definidas pela sua biologia (Brandel, 1995, p. 521).

A questão do pagamento é tipicamente associada a um ato comercial associado, por sua vez, à lei da oferta e procura. Um exercício mercantil que conduz, além de a (eventuais) situações de exploração [1367], a uma verdadeira mercantilização do corpo da mulher, seja por si ou através de terceiro, ou seja, a determinação de um preço pela produção de um novo bem no paradigma da pura conceção comercial [1368].

Existirá sempre, nesta perspetiva, uma verdadeira exploração da mulher criando-se um novo proletariado reprodutivo a favor de quem possa pagar por ele, suscitando-se uma nova forma iniquidade [1369] entre «ricos e pobres» [1370], [1371]. Além disso, as situações em que as mulheres prestam o seu trabalho no âmbito de relações que implicam cuidar são muitas vezes subvalorizadas, mal pagas ou não remuneradas de todo. Assentam em relações emocionais, familiares e de relacionamento interpessoal física altamente considerado sob o domínio feminino. Tradicionalmente ligada a relações familiares, cada vez mais, esta forma de trabalho saiu das relações familiares e se traduziu numa forma de trabalho em regime de *outsourcing*, mas que nem por isso passou a ser mais reconhecida e mais bem paga [1372].

[1367] Admitimos que, na gestação de substituição, a gestante, e com exceção de situações entre família e amigos, tem uma situação económica mais precária do que a dos beneficiários.

[1368] No seu modelo profissional, Walker e Zyl (2017, p. 78) referem que o critério deve assentar na «generosidade» e não no altruísmo. Significa isto que dar mais do que receber, mas não impondo um autossacrifício, não é incompatível com o pagamento à gestante, permitindo a reciprocidade e a confiança como base da relação criada entre os pais e a gestante.

[1369] O argumento, ao qual não somos indiferentes, implica a conceção da gestação de substituição encarando a gestante — e a sua capacidade reprodutiva — como meio para atingir um fim de outrem, «explorado» por um terceiro, com escopo lucrativo, explorando o negócio da reprodução, concluindo que «*[...] el cuerpo de la mujer pasa a ser utilizado por aquellas personas que pueden pagarlo y manipularlo como um mero instrumento para dar satisfacción a los interesses de la persona que paga*» (Meroño, 2016, pp. 817-818).

[1370] Ainda que fora dos quadros mais díspares de classes sociais, poderá identificar-se uma diferença de estatuto entre a gestante e a beneficiária. Esta diferença entre ambas pode conduzir a que a gestante, tipicamente num quadro socioeconómico mais depauperado, seja aliciada pelo pagamento, e que este vicie de alguma forma a sua tomada de posição e, portanto, o seu consentimento. Ora, ainda que «[a] tentação do dinheiro [vicie] o consentimento para o contrato [...] Este argumento não tem relevância jurídica» (Oliveira, 1993, p. 68).

[1371] Não obstante, há quem argumente que não. Desde logo porque «*(a) that some surrogates get the equivalent of ten years' salary and, against a backdrop of extreme poverty, that is liable to have a significant positive effect on welfare, one which — at least in many cases — may be sufficient to counterbalance the abovementioned emotional harm; (b) that presumably most of those surrogates who consent to paid surrogacy arrangements at least believe that they will be better off with than without the arrangement (although of course they might all be mistaken)*» (Wilkinson, 2015).

[1372] Naomi Lightman identifica três fatores para este fenómeno: por um lado, as características dos trabalhadores, incluindo o sexo, raça e estatuto nativo; as pessoas são selecionadas de forma negativa, isto é, baseadas em baixos níveis de literacia e outros fatores humanos que conduzem à baixa remuneração e, por fim, o trabalho é normalmente precário, em *part-time* e não subsidiado, no âmbito do setor privado (Lightman, 2017, p. 439).

Considerando os movimentos de imigração e as estruturas demográficas, particularmente a idade das pessoas, há nichos de mercado que procuram esta força de trabalho, que continua associada às mulheres, sobretudo em países desenvolvidos que as recrutam no hemisfério sul. Trata-se do *care work* definido por Englang, Budig e Folbre [1373], Razavi e Staab como se segue:

> «*occupations in which workers are supposed to provide a face-to-face service that develops the human capabilities of the recipient. By "human capabilities" we refer to health, skills, or proclivities that are useful to oneself or others. These include physical and mental health, physical skills, cognitive skills, and emotional skills, such as self-discipline, empathy, and care. Examples of caring labor include the work of teachers, nurses, childcare workers, and therapists.*» (Razavi & Staab, 2017, p. 405)

No denominado *lower-status care work*, altamente ligado a serviços prestados por mulheres, estes trabalhos, como tradicionalmente o trabalho doméstico, são uma porta de entrada para o mercado de trabalho de muitas mulheres que comodifica o altruísmo como desculpa para trabalho mal pago ou não remunerado e, as «*[...] global inequalities in pay and working conditions across countries triggered international migration of care workers*» (Razavi & Staab, 2017, p. 411), descrito como «*global care chains*». A dignidade humana é violada sobre o pretexto do sexo, a desvalorização da pessoa e do seu trabalho, e a discriminação que as mulheres sentem é palpável. A eliminação da discriminação não pode ser encarada unicamente de forma negativa, mas também como forma de empoderamento das mulheres, sendo que o contexto de cada uma é determinante.

O conceito de trabalho [1374] foi expandido na 19th International Conference of Labour Statisticians (ICLS), como referem Mark Lansky, Jayati Ghosh, Dominique Méda e Uma Rani: «*Work compromises any activity performed by persons of any sex and age to produce goods or to provide services for use by others or for own use*» (Lansky, Ghosh, Méda, & Rani, 2017, p. 22), definindo-o independentemente do seu caráter formal ou informal ou da legalidade da atividade, incluindo, portanto, a própria família. Uma boa ilustração é o próprio princípio da OIT — o trabalho é «*human flesh and blood*» (Lansky, Ghosh, Méda, & Rani, 2017, p. 51), insuscetível, por isso, de ser coisificado; é inerente ao ser humano e inseparável dele, integrante da sua dignidade. A Convenção n.º 111 da OIT, sobre a Discriminação em Matéria de Emprego e Profissão, no seu art. 2.º, prevê deveres positivos a cargo do Estado e o art. 5.º prevê medidas de especial proteção a certos grupos [1375].

1373 «Wages of virtue: The relative pay of care work», *in Social Problems*, Vol. 49, No. 4, pp. 455-473.

1374 Ao contrário do emprego.

1375 O *World Development Report* de 2000/2001 do Banco Mundial aponta para a importância da dimensão, entre outros, das desigualdades em razão do sexo e da pobreza.

Por outro lado, as mulheres são tratadas como meios para atingir um fim ao qual se inclui uma etiqueta com um preço, o que é claramente atentatório da sua dignidade humana e tem uma inerente situação de exploração (Wilkinson, 2015). Para Wilkinson, a exploração em causa refere-se à vantagem injusta da exploração, que pode ser vista em dois afloramentos «*(a) that the exploited person derives (or is at risk of deriving) an unfairly low level of benefit and/or suffers an unfairly high level of cost or harm; and (b) that the exploited person's consent to the arrangement is defective or invalid*» (Wilkinson, 2015).

Sonia Allan entende que a gestação de substituição comercial deve ser abolida (Allan, 2017), uma vez que se apresenta como uma expressão da exploração da mulher e da sua condição. As escolhas que as mulheres fazem são ditadas pelas circunstâncias e «*[s]uch choices and the circumstances that shape them are often the context of contests over social and economic rights, by which I refer loosely to the web of arrangements meant to secure decent living conditions and security of membership in a society.*» (Réaume, 2013, p. 539).

Temos de concordar que a expressão do contexto do sujeito não é despicienda. Se a gestação para outrem é decidida para garantir a subsistência, a liberdade reprodutiva pensada como um direito à autodeterminação é nula (Candal, 2018), já que:

> «*[...] [la] mercantilización del cuerpo de la mujer que transforma la subrogación en un trabajo de sobrevivencia frente a la crisis económica y el desempleo y la existencia de técnicas reproductivas que lo posibilitan desafían a nuestra sociedad a repensar sus usos en tanto trascienden el deseo individual de una mujer de ser madre. Nos obliga a instalar en el debate público el carácter de estas técnicas que al decir del Dr. Marcos Meeroff "no son ni humanas ni antihumanas, son producto de relaciones sociales profundamente marcadas por las condiciones sociales".*» (Candal, 2018)

Comparando com a venda de órgãos, Gupta assinala que a «*[s]urrogacy has to be seen in the context of increasing poverty and distress, where large sections of people, especially women, have no access to a means of livelihood, and are being pushed into selling or renting their body parts*» (Gupta, 2012, p. 46).

Na Declaração de Helsínquia, já se referia o especial cuidado nas situações de dependência ou coação (art. 23.º) ou o art. 12.º do Protocolo Adicional à Convenção sobre os Direitos Humanos e à Biomedicina, Relativo à Investigação Biomédica e enfatiza, no seu art. 12.º [1376], a obrigação imposta aos Estados de regulamentarem

[1376] «A Comissão de Ética tem de se certificar de que não será exercida nenhuma influência indevida sobre pessoas para que participem na investigação. A este respeito, tem de ser dada especial atenção às pessoas vulneráveis ou dependentes» (texto do Protocolo que está disponível em https://www.ministeriopublico.pt/instrumento/protocolo-adicional-convencao-sobre-os-direitos-humanos-e-biomedicina-relativo-0) (consultado em 3 de outubro de 2019)

as situações relativas a pessoas vulneráveis em matéria de investigação científica. O *Explanatory Report to the Additional Protocol to the Convention on Human Rights and Biomedicine, concerning Biomedical Research*[1377], no ponto 69 do art. 12.º, descreve as situações de vulnerabilidade, nomeadamente «[p]*ersons with situational vulnerability may have the capacity to make a decision, but are deprived of their ability to exercise their capacity by the situation at hand (for example during an emergency or due to a lack of fluency in the language being used to inform and request the consent)*».

Sobre a pobreza, leia-se Sedmak:

> «*[...] social exclusion will prevent access to identity-forming groups, undermining a sense of belonging; an existence hallmarked by poverty will be entrenched in acute shortages and insufficiency, which will exacerbate any chance of taking on responsibility of making, and of entering commitments — thus undermining the possibility of robust concern as a resource of identity.*» (Sedmak, 2013, p. 569)

A opacidade de situações impele para uma conceção de exploração multidimensional. Os intermediários olham para as gestantes como a incubadora dos/as filhos/as dos clientes e ela é controlada para cumprir esse fim — um exercício parasitário[1378] a vários níveis. Considerando a arena internacional em que a gestação de substituição se coloca[1379], a diversidade de contextos sociais e económicos pode conduzir a pressões sobre as mulheres no mercado de gestantes. Ainda que se possa dizer que as mulheres expressam o seu consentimento, «*[...] they impact upon the way in wich surrogacy agreements ("contracts") are negociated, and are reflected in the racial and cultural disparities rife in such transactions*» (Allan, 2016, p. 126).

Assim, uma outra conceção de exploração apresentada por Wertheimer assenta na distribuição injusta dos benefícios e custos da interação do *homo economicus* (Wertheimer, 1996). O ponto de distinção radica no facto de, ao invés de assentar na autonomia[1380], colocar o centro nevrálgico na ponderação dos benefícios e custos e quem os suporta, podendo, mesmo que as partes prestem o seu consentimento, manifestar-se a exploração como apresentada por Wertheimer (Emanuel, Wendler, & Grady, 2011). Um elemento que podemos apontar na análise do consentimento corresponde ao contexto, incluindo circunstâncias relacionadas com fatores

[1377] O texto integral está disponível em https://rm.coe.int/CoERMPublicCommonSearchServices/DisplayDCTMContent?documentId=09000016800d3810 (consultado em 14 de julho de 2018)

[1378] Que Patterson concebe na própria escravatura (Patterson, 1982, p. 334 e ss.).

[1379] Foi noticiado na Ucrânia que em 2011 cerca de metade das 120 gestações de substituição reportadas eram de estrangeiros. O acordo tem um custo de cerca de 30 a 40 mil dólares americanos, sendo que a gestante ganha cerca de 10 a 15 mil dólares (Mohapatra, 2012, p. 195).

[1380] No processo Planned Parenthood v. Casey de 1992, o Supremo Tribunal norte-americano refere que a liberdade é o direito a definir o nosso próprio conceito de existência, do sentido da vida, do universo e do mistério da vida humana.

económicos, opressão, falta de oportunidades ou necessidade. Ou seja, a exploração pode não consistir em forçar alguém a fazer alguma coisa mas, também, quando se apresenta como uma forma de tirar vantagem de alguém, ainda que essa pessoa aceite e ainda que lhe sejam apresentadas diversas opções (Goodin, 2008, p. 133).

A influência que pode ser exercida sobre o participante pode também ser externa, como uma:

> «*[...] severe illness or poverty may threaten voluntariness, but do not necessarily imply that participants cannot give voluntary informed consent in these situations. Research ethics committees must determine for each individual protocol if influences on voluntary consent cross the threshold of being undue, and if so, which safeguards are appropriate.*» [Council for International Organizations of Medical Sciences (CIOMS) in collaboration with the World Health Organization (WHO), 2016, p. 35]

A questão da exploração é particularmente relevante em particular em populações mais vulneráveis. E, ainda que não relacionada com o fator da exploração que aqui consideramos, a situação de contexto é ainda considerada na própria compreensão da informação transmitida. Existem fatores demográficos que apresentam influência na compreensão do consentimento informado associado, por exemplo, ao nível de educação é associada uma melhor compreensão (Flory, Wendler, & Emanuel, 2011, p. 652) [1381], [1382]. Goodin define neste âmbito da exploração, no que denomina como a «*self exploitation*», os denominados «*terms of exiting*», no sentido do que é que se pode levar quando se decide sair da relação (2008, p. 133) e, no caso das mulheres e dos trabalhos-de-mulheres, elas trazem pouco, mormente em comparação do que os homens retiram da relação, concluindo que, nestes casos, a mulher é alvo de exploração de género (Goodin, 2008, p. 134).

A Opinião 17 do Grupo Europeu de Ética para as Ciências e as Novas Tecnologias sobre «*ethical aspects of clinical research in developing countries*» considera os aspetos culturais próprios de cada país, que, sem adotar uma postura imperialista ou

[1381] Ainda que os autores refiram que um estudo comparativo sobre o consentimento informado na investigação em países mais pobres, tendencialmente com menor nível de educação, não revelou menor compreensão. Os autores referem que uma das explicações pode ser «*[...] more heavily monitored and effective consent processes than is the norm in industrialized countries*» (Flory, Wendler, & Emanuel, 2011, p. 652).

[1382] Não desconsideramos que, mesmo nas situações em que estamos a apesentar um paralelismo com investigação com espécimes humanos em que há pagamento e não há exploração, as recomendações apresentadas são, de facto, para mitigar este fator. Robertson defende, não obstante, que, se os riscos e benefícios para o paciente são positivos, o pagamento dado a alguém que prestou o seu consentimento informado e é capaz não é indevido — «*Nor is compensation coercive merely because it provides an incentive to person to donate*» (Robertson, 2010, p. 199).

paternalista, não se compadecem com um nivelar «por baixo» dos padrões europeus, o que imporia um duplo padrão. Ademais, a investigação deve ser encarada como um ato benevolente sem aliciamento financeiro que pode conduzir à exploração e acrescenta que programas de investigação da UE em países em desenvolvimento devem ser desenvolvidos em linha com a CDFUE, baseada em princípios indivisíveis e universais da dignidade humana, liberdade, igualdade e solidariedade.

> «*[...] research activities involving human subjetcts cannot exclusively be assimilate to an economic activity subject to market rules. On the contrary, in the context of solidarity, regarding health as a public good, rather than a commodity, it needs to be regulated according to fundamental principles.*» (European Group on Ethics in Science and New Technologies, 2003, p. 15)

De facto, a globalização da investigação pode prender-se com o *makeup* genético de determinada população ou o fator ambiental, mas há também questões económicas associadas ao menor custo que a investigação pode ter em países em desenvolvimento [1383]. A disponibilidade das pessoas e o estatuto socioeconómico mais depauperado podem levar a que as investigações sejam conduzidas nestes países em que o aliciamento da compensação pela participação nos respetivos ensaios pode corresponder a um rendimento considerável para si e para a sua família. Além disso, tipicamente, o menor nível de educação, bem como o menor acesso a cuidados de saúde, pode tornar estas pessoas mais manipuláveis, o que compromete os direitos dos pacientes [1384].

O Nuffield Council on Bioethics, no seu Relatório *The ethics of research related to healthcare in developing countries*, neste aspeto, apresenta considerações a ter em conta: «*[...] (i) the duty to alleviate suffering (ii) the duty to show respect for persons (iii) the duty to be sensitive to cultural differences and (iv) the duty not to exploit the vulnerable*» (Nuffield Council on Bioethics, 2002, p. 50). Os princípios gerais devem atender aos dilemas particulares que estes países colocam. Significa isto que, ainda que haja necessidade de adaptação a certos aspetos locais, os princípios são universais [1385], assegurando a integridade ética, com respeito aos direitos dos pacientes.

[1383] Sendo que a Declaração de Helsínquia expressa que aos pacientes deve ser assegurada a terapêutica em estudo, caso seja bem-sucedida, o que, sendo justo em alguns contextos empobrecidos no que tange a cuidados médicos, pode ser uma motivação indevida, no sentido de forçar a participação.

[1384] «*One motivation that may be offered to prospective participants is a benefit, such as a financial payment, or healthcare in the future, or for a period of time, for themselves or their families. Inducements which research ethics committees in developing countries have considered acceptable include money in the form of payments for travel, inconvenience or work lost, food, photographs or film, and healthcare for individuals and their families during research*» (Nuffield Council on Bioethics, 2002, p. 78).

[1385] Seria curiosa a discussão entre Fukuyama, e *O Fim da História e o Último Homem*, numa alusão hegeliana do Espírito que entra na plena posse de si, e Huntington com a resposta em *O Choque das Civilizações e a Mudança na Ordem Mundial* e a identidade cultural. A histórica recente parece ter

Vamos seguir o mesmo raciocínio para a investigação médica que aqui temos vindo a trilhar. Seguindo a linha de pensamento e a esquematização de Wertheimer (Wertheimer, 2011), a coloração da exploração é multidimensional [1386] e pode ser vista em vários tons de cinzento, ampliando o espetro do conceito:

1. A exploração implica alguém tirar um benefício indevido à custa de outrem;
2. A exploração pode implicar, não obstante, um benefício para aquele que é explorado. Neste caso, como explica Wertheimer, existe uma vantagem para ambas as partes, uma «*mutually advantageous exploitation*»;
3. A exploração pode envolver o consentimento daquele que é explorado, sendo uma exploração consensual (ao contrário daquela que é feita sem consentimento), neste caso aquele que é explorado presta o seu consentimento, ainda que as condições em que o faz não sejam as melhores, ou preferisse outras opções, a verdade é que aquele que é explorado emite a declaração de vontade;
4. A exploração pode conduzir a resultados injustos, independentemente de os procedimentos serem deficientes ou não éticos (Wertheimer, 2011, pp. 202-203) [1387].

No que tange à gestação de substituição — na sua vertente mercantil — é de todo relevante, no nosso entendimento, esta visão mais profunda de «exploração», já que, como tem sido descrito, não estamos a falar de exploração *tout court*, mas de uma perspetiva bem mais complexa, como a que Wertheimer apresenta em relação à investigação científica com participantes humanos.

dado razão a Huntington e ficou por cumprir a entrada triunfal de Napoleão, tendo cada vez mais importância os esforços do Ocidente para preservar a superioridade militar, promover valores e instituições políticas ocidentais, e pressionar os países não ocidentais a respeitar os direitos humanos como idealizados no Ocidente, além de proteger a integridade cultural, social e étnica das sociedades ocidentais, sendo provável que «[....] nestas três áreas o Ocidente continue a sentir dificuldades para defender os seus interesses contra as sociedades não ocidentais» (Huntington, 2009, p. 216).

[1386] Podemos recorrer aqui à expressão «*culture of poverty*», que, ainda que não exatamente no sentido que resulta do livro de Fukuyama — relativo a hábitos sociais disfuncionais ainda que persistam mesmo que haja oportunidades económicas — expressa o sentido de tirar proveito de uma sociedade, ou de uma mancha da sociedade que, por falta de outras oportunidades se vê consumida com desejos de primeiro mundo que perpetuam ciclos de pobreza (Fukuyama, 1996).

[1387] O Nuffield Council on Bioethics sugeria que, em países em desenvolvimento, devia ter-se particular atenção a: «*[...] harmfulness: whether there are potential risks to the participants' health from taking part in the research; proportionality: whether the inducement being offered is in proportion to the risks and costs to the participant involved in the research; vulnerability: whether guaranteeing substantial benefits for taking part in research is more likely to constitute an undue inducement because prospective participants are especially vulnerable, for example because they have a terminal or chronic illness*» (Nuffield Council on Bioethics, 2002, p. 80).

De facto, na gestação de substituição comercial, a gestante retira um benefício do serviço que presta, sendo ressarcida com o pagamento pelo seu «trabalho» e presta o seu consentimento, não podendo afirmar-se que o procedimento médico *qua tale* é deficiente ou contra as regras da *legis artis*, ou até não ético. Mas a liberdade de escolha, em determinados contextos, pode ser difícil de aferir e mais difícil se torna quando existe uma contrapartida que, *prima facie*, até poderia ser aceitável, mas, considerando o contexto em que é prestada, não se pode assumir como neutra. De facto, pode constituir uma forma de persuasão. Por exemplo, lê-se o seguinte no *Explanatory Report* do Protocolo Adicional à Convenção sobre os Direitos Humanos e a Biomedicina [1388], Relativo à Investigação Biomédica, ponto 64 do art. 12.º:

> «*[i]f any compensation to the research participants, and where appropriate their representatives, is provided, it would not be considered undue influence if it is appropriate to the burden and inconvenience. However, compensation should not be provided at a level that might encourage participants to take risks that they would not otherwise find acceptable. This should be evaluated by the ethics committee.*»

Mas, usando estas novas categorias, a grande dificuldade estará em determinar o critério para estabelecer o que é exploração e o que não é.

Pateman suscita, com interesse: «*[...] mutual autonomy of women and men, individual freedom must be limited by the structure of social relations in which freedom inheres*» (Pateman, 2018, p. 232). Neste aspeto, se considerarmos os contratos internacionais de gestação de substituição, é indicativo um novo fator de assimetria entre o Norte e o Sul, entre a clientela e quem presta o trabalho [1389]. Apesar de nos EUA haver Estados que admitem a gestação de substituição comercial, como tivemos oportunidade de analisar, paradigmaticamente, o mercado de gestantes encontra-se a sul do globo. Nestes locais, os contratos são como se segue:

> «*[p]redictably, distant, low-cost [...] preferable by consumers who find it difficult to pay equivalent but more highly priced arrangements in the United States, for those who would be legally prevented from pursuing surrogacy into their home country, and for those who are attracted by the distance, actual and psychological, of entering into and outsourced or transnational arrangement with a reproductive laborer [...] who lives a world away.*» (Weinbaum, 2019, p. 55)

[1388] A também designada Convenção de Oviedo dá precedência ao ser humano sobre qualquer interesse científico e o seu objetivo é proteger os direitos humanos, conforme enunciados na CEDH, e a dignidade.

[1389] O bem conhecido mercado indiano da gestação de substituição — ainda que, entretanto, limitado a estrangeiros —, que se relocalizou para o Nepal, também com subsequentes limitações, ou para a Tailândia ou o México.

Mas também pode ser mais fácil a gestão do contrato e, sobretudo, não suscitar entraves à entrega das crianças aquando do nascimento, nomeadamente considerando as assimetrias de proteção legal, bem como a maior carência económica e os fins, sobretudo financeiros e com vista a assegurar, muitas das vezes, necessidades primárias, que norteiam estas mulheres.

Desde logo, é necessário determinar se existe consentimento. O consentimento reflete uma dimensão ética, legal e de direitos humanos, tem de ser informado e prestado de forma voluntária por uma pessoa capaz [1390]. Passar uma linha vermelha sobre as práticas não consensuais é fácil, mas o grande problema estará, a nosso ver, na legitimidade e na razão pela qual se deve proibir uma relação, em que ambas as partes prestam o seu consentimento, que é mutuamente vantajosa, ainda que se possa considerar como sendo de «exploração».

Em primeiro lugar, quando é que se verifica uma relação de exploração, mas que é mutuamente vantajosa? Para determinar se existe exploração quando a prática é vantajosa para ambas as partes, é necessário considerar, mais do que os elementos da relação jurídica, o contexto dos negócios. Como defende Wertheimer, requer uma análise de «*all things considered*» (Wertheimer, 2011, p. 203), embora, de facto, não seja fácil estabelecer este critério, sendo necessário considerar todos os elementos do contexto do agente e a cadeia de efeitos que resultam do negócio.

O que entendemos é que, ainda que haja uma exploração que seja mutuamente vantajosa, incluindo para aquele que é alegadamente explorado e está numa situação de desvantagem, e ainda que considerando que, do negócio, o benefício que alcança seja superior ao custo que suporta, poderemos dizer que, para uma visão destas, há exploração quando os efeitos negativos se projetam para além dos típicos efeitos do negócio. É a isto que Wertheimer se refere com «*net effect*», isto é, o efeito de alguma coisa noutra que prova por sua vez efeitos nesta segunda coisa [1391].

Cremos que o paralelismo que aqui podemos criar pode ser ilustrado com o seguinte exemplo: analisando uma relação em que alguém empresta a força do seu trabalho ao serviço de outrem e é pago por isso. Bem, à primeira vista, em nada esta singela descrição de uma relação laboral ou de prestação de serviços se enquadra no

[1390] Para efeito de consentimento em seres humanos capazes de consentir, a Declaração de Helsínquia, por exemplo, impõe que: «[...] cada potencial sujeito tem de ser informado adequadamente das finalidades, métodos, fontes de financiamento e possíveis conflitos de interesse, ligações institucionais do investigador, benefícios expectáveis, potenciais riscos do estudo e incómodos que lhe possam estar associados, ajudas após o estudo, bem como outros aspetos relevantes do estudo. O potencial participante tem de ser informado do direito a recusar-se a participar no estudo ou de, em qualquer altura, revogar o consentimento de participar sem represálias». O texto da declaração em português está disponível em https://ispup.up.pt/docs/declaracao-de-helsinquia.pdf (consultado em 15 de abril de 2018)

[1391] O Professor defende que não é a vulnerabilidade ou sequer eventuais benefícios desiguais que são necessários ou suficientes para uma situação de exploração.

caso, mas, e se considerarmos, por exemplo, que o trabalhador é uma criança [1392]? Ora, nestes casos, ainda que se pudesse concluir que a criança auferia uma remuneração justa pelo seu trabalho, a pedra de toque para a avaliação da situação de exploração está, exatamente, nas consequências que do negócio resultam, para lá dos seus típicos efeitos.

Por outro lado, ainda que determinando a relação como tendo um elemento de «exploração», qual a legitimidade para a proibir quando ela se apresenta mutuamente vantajosa? Evidentemente, a questão tem de extravasar da pura esfera privada e passar para o domínio público. Evidentemente também, se estivermos no âmbito da coação, o consentimento não é válido. Mas a questão aqui é diferente do que tipicamente se considera coação, considerando as circunstâncias em causa que podem introduzir uma limitação na formação da vontade, isto é, um juízo de ponderação sobre a influência das circunstâncias de alguém e a pressão que estas resultam para a tomada de decisão. Estaremos num campo mais típico da usura.

Assim, e aqui chegados — e antes de continuarmos —, importa fazer um ponto de situação. A análise da situação de exploração pode resultar do facto de alguém, a gestante neste caso, prestar o seu consentimento para a prestação do serviço e auferir o respetivo pagamento, isto é, obter um benefício do negócio. Não obstante, independentemente do feixe relacional entre as partes e da eventual inexistência de qualquer efeito negativo, no sentido em que a contraprestação do seu serviço é paga, importa analisar o contexto da gestante e o aludido «*net effect*». Desta forma, poderemos ter uma situação de exploração ainda que aquele que é explorado obtenha um benefício. A vantagem para a contraparte é devida a uma injustiça e teremos, neste âmbito, uma situação de exploração [1393].

Ruth Sample, recorrendo a uma perspetiva de Rwals e do equilíbrio reflexivo, expõe a ideia básica de exploração associada à interação com outrem com o objetivo de retirar uma vantagem de forma que degrada ou falta ao respeito ao outro e ao seu valor inerente como ser. Quanto à ideia de exploração como degradação do outro,

[1392] Também no trabalho infantil há uma exploração de situações de extrema vulnerabilidade. Apesar de, no caso concreto, o seu trabalho até poder ser essencial para o sustento da família, não deixa de ser uma exploração e uma injustiça. Não somos indiferentes ao facto de idealmente a criança não poder sequer prestar o seu consentimento, mas a erradicação da exploração de mão de obra infantil é um caminho que ainda não está completo, podendo encontrar-se legislações que admitem o trabalho prestado por crianças. Evidentemente, nesta análise estaria sempre, desde logo — e não o desconsideramos —, se deve ou não ser o eventual consentimento da criança — quando necessário — válido, mas, para efeitos do raciocínio em causa, o que nos interessa é demonstrar a perspetiva do contexto. O trabalho por crianças aumenta o fator de uma sociedade desigual, assente na falta de educação dos adultos e subsequente menor participação social e aumento da servilidade, potenciando ciclos intergeracionais de pobreza.

[1393] Não somos os únicos; o próprio Wertheimer, ainda que o refute, refere Ruth J. Sample, que aqui seguimos de perto relativamente a este ponto.

«*[...] we fail to honor this value in our effort to improve our own situation*» (Sample, 2003, p. 57). Para a autora, o ponto comum em todas as formas de exploração e o que unifica as diferentes formas em que se pode manifestar está exatamente na falta de respeito pelo valor do outro. A exploração como degradação encontra-se mesmo nas relações de mercado em que a vítima preste o seu consentimento e não sinta a degradação.

Não é tarefa fácil determinar o âmbito deste valor, mas o julgamento destas relações pode ser extraído pelas situações em que se falha em melhorar as situações dos outros, em tirar vantagem de uma injustiça e as interações que comodificam os outros. (Sample, 2003, p. 73). Sample associa a esta ideia de degradação a vulnerabilidade e necessidades dos outros «*[w]hen a person interacts with another for the sake of further advantage in a way that degrades the other person in virtue of her vulnerability, exploitation has occurred*» (Sample, 2003, p. 88).

Dworkin, por seu turno, introduz a ideia do sagrado. A ideia de que alguma *coisa* é intrinsecamente valiosa, ao contrário da sua instrumentalidade e cujo valor depende da sua utilidade, se o seu «[...] *value is independent of what people happen to enjoy or want or need or what is good for them*» (Dworkin, 1993, p. 71).

Por outro lado, ainda que a relação, *in casu*, não demonstre qualquer forma de exploração, ainda se pode refletir nos efeitos que causa em relação a outras pessoas, ainda que não diretamente envolvidas no negócio, tendo «*[...] such a policy might have diffuse negative effects on the way in which we think about persons and their bodies*» [1394] (Wertheimer, 2011, p. 205).

Se uma relação tem subjacente uma situação de exploração, deve ser proibida. Seja em geral, seja no caso concreto. Nesta visão, a gestação de substituição comercial produz — em vários níveis e com diferentes intensidades, é certo — efeitos injustos, perpetua a opressão e introduz um novo fator de desigualdades e de assimetria entre países desenvolvidos e em desenvolvimento, aumentando o fosso de classes sociais.

Considerando, uma vez mais, os princípios éticos básicos [1395], encontramos a formulação de um conceito de justiça que nos parece útil. Vamos deter-nos neste ponto para cumprimento da contextualização da introdução deste princípio. Em 12 de julho de 1974, na *National Research Act* foi assinada e criada a National Commission for the Protection of Human Subjects of Biomedical and Behavioral Research com a tarefa, entre outras, de identificar os princípios éticos [1396] básicos no âmbito da comissão. O *Belmont Report, Ethical Principles and Guidelines for the Protection of Human Subjects of Research* de 18 de abril de 1979 (National Commission for the Protection

[1394] Ainda que aqui Wertheimer se esteja a referir concretamente à questão da venda de órgãos humanos.

[1395] Uma vez mais recorrendo a um raciocínio paralelo com a investigação com seres humanos.

[1396] Em Portugal, e considerando a atuação do CNECV, no que tange à densificação dos princípios da bioética, v., nomeadamente, Bessa, 2014.

of Human Subjects of Biomedical and Behavioral Research, 1979), sumariza os princípios identificados pela Comissão com o objetivo de estabelecer um quadro normativo que constituísse uma base analítica [1397] — ainda que possa não ser assumidamente capaz de resolver todas as questões específicas que se colocam ao nível ético em matéria de investigação com espécimes humanos — que guiem à resolução de problemas éticos que se coloquem.

Os princípios éticos básicos «*[...] refer to those general judgements that serve as a basic justification for the many particular ethical prescriptions and evaluations of human actions*» (Coleman, Menikoff, Goldner, & Parasidis, 2015, p. 411). Estes princípios são o respeito pelas pessoas, a beneficência e a justiça.

Por respeito pelas pessoas, o relatório indica diversos afloramentos. Por um lado, significa que as pessoas devem ser tratadas como agentes autónomos e, por outro, que as pessoas com autonomia diminuída devem ser protegidas. O princípio tem, assim, dois afloramentos morais: «*[...] the requirement to acknowledge autonomy and the requirement to protect those with diminished autonomy*» (National Commission for the Protection of Human Subjects of Biomedical and Behavioral Research, 1979).

Quanto à beneficência, o relatório também lhe dá uma dupla dimensão, positiva e negativa, isto é, não fazer mal e maximizar os possíveis benefícios e minimizar os possíveis danos (National Commission for the Protection of Human Subjects of Biomedical and Behavioral Research, 1979).

No que tange à justiça, o relatório refere-se a um sentido de justiça na distribuição ou o que é merecido, ocorrendo uma injustiça quando «*[...] some benefit to which a person is entitled is denied without a good reason or when some burden is imposed unduly*» (National Commission for the Protection of Human Subjects of Biomedical and Behavioral Research, 1979). Subjaz a ideia de que as pessoas devem ser tratadas de forma igual no sentido em que «*[...] (1) to each person an equal share, (2) to each according to individual need, (3) to each person according to societal contribution, and (4) to each person according to merit*» (National Commission for the Protection of Human Subjects of Biomedical and Behavioral Research, 1979).

Este princípio determinará, no que tange à escolha de espécimes humanos para investigação científica que, quando a escolha, por exemplo, se faça relativamente a pessoas de classes sociais mais baixas, se faça considerando o concreto problema a ser estudado e não pela maior disponibilidade destas pessoas pela sua posição mais comprometida ou deficitária, ou a maior manipulação a que podem estar sujeitos (Coleman, Menikoff, Goldner, & Parasidis, 2015, p. 442).

As pessoas têm a capacidade não só de seguir os seus impulsos, mas também de formar valores pelos quais se pautam e decidem as suas vidas numa conceção de *good life*, tomando decisões quando servem os seus interesses e valores. Assim, o peso

[1397] Considerando que o Código de Nuremberga não é capaz de resolver problemas complexos.

moral dos benefícios que resultam da transação não é, nem pode ser, neutro, como não o são as decisões pessoais que lhe estariam subjacentes.

É certo que o mundo não é perfeito e a ponderação ética tem de se basear no existente e em como as coisas devem ser num mundo imperfeito, mas a verdade é que também não pode contribuir para a imperfeição. Recorrer à gestação de substituição é um problema de Primeiro Mundo. As mulheres emanciparam-se, as novas composições familiares introduziram as famílias arco-íris e aspirar a ter um(a) filho/a passou a estar a estar na ordem do dia para casais ou solteiros que precisam de uma terceira pessoa para o/a incubar. A gestação de substituição nasce para suprir esta aspiração. Mas, muitos assemelham-na à prostituição, à exploração de mulheres, à venda de crianças. Se contratar a gravidez é um problema emergente no Hemisfério Norte, é uma fonte de subsistência do Sul. Mulheres pobres são recrutadas e recebem um montante, irrisório para os padrões dos beneficiários, que corresponde a vários anos de rendimento do agregado familiar e lhes permite subsistir (Pande, 2009, p. 144). Pode, assim, haver uma forma de coação associada às disparidades socioeconómicas entre a gestante e os beneficiários (Wilkinson, 2015).

Mas neste ponto temos dificuldade em perceber como é que se generaliza que alguém, ainda que com uma diminuída capacidade económica, que contrata com outrem com maior capacidade económica pode, de alguma forma, ver a sua capacidade limitada às suas circunstâncias pessoais. Isto ainda que — e como refere, em abono da verdade, Wilkinson — não seja só esse o elemento, estando associado à falta de cumprimento de deveres para com essa pessoa ou, por ação, a falta de oportunidades que lhe são concedidas. Pois é disso que se trata: a falta de alternativas invalida o consentimento prestado por esta pessoa, ainda que livre, esclarecido e ponderado.

Não desconsideramos aquelas condições pessoais ou até a consideração pelo eventual menor leque de opções de vida. Mas isto é uma coisa; outra diferente é, por isso ser assim, ser admissível erigir conceptualmente uma causa de limitação da sua liberdade e autonomia da mulher. Isto é inadmissível e uma forma de menosprezar a mulher e a sua autonomia. Sendo a mulher livre, capaz e estando devidamente informada, não conseguimos nem devemos comprimir a sua autonomia com o fundamento de, alegadamente, a proteger daquilo que quer.

Ademais, a gestação de substituição, mesmo em casos de grandes assimetrias entre os contraentes, parece estar num campo em que, ainda que se tratasse de exploração, era mutuamente vantajosa. Aceitar a situação pode ser o mal menor. Mas é esse o caminho a tomar? Tomemos como exemplo as situações em que os países do norte do globo se aproveitam do custo de mão de obra barata do Sul, isto é, aproveitam a disparidade absoluta que existe entre o custo de mão de obra para tornar as suas economias mais competitivas e permitir aos outros países que vivam melhor. Mas isso torna admissível a exploração? Não sendo uma situação evitável, as pessoas não podem, sem edificar alternativas para um desenvolvimento sustentável para todos, deixar de negociar com outros. A pobreza é, em muitas destas situações, crónica e a inexistência de alternativas pode condicionar as opções que as pessoas têm, mas isso não torna os pais cúmplices da injustiça social.

Mas como se estabelece o preço? Se para trabalho igual o salário deve ser igual, como se determina, por um lado e, por outro, como se homogeneíza este parâmetro à escala internacional? Wertheimer defende que, para prevenir a injustiça a montante, deve estabelecer-se o preço justo (Wertheimer, Exploitation, 1996). Porém, a pergunta mantém-se: como se estabelece?

De facto, um estudo conduzido em 2012 pelo Centre of Social Research (CSR) na Índia com 100 gestantes, as suas famílias, beneficiários, agentes e outros revelou que a maioria das mulheres prestou este serviço devido à «pobreza» e que a maioria das gestantes era iletrada e confiou nos intermediários, ainda que não tivesse qualquer forma de aconselhamento independente. Aliás, os contratos eram assinados por volta do 4.º mês de gravidez, o que significa que «*[...] surrogates would bear all risks and losses if the pregnancy miscarried or was aborted due to foetal abnormalities*» (Allan, 2016, p. 127).

Teremos oportunidade de expressar a nossa posição quanto à gestação de substituição comercial, mas temos de ser consequentes, entender a liberdade procriativa como direito humano, o mesmo implica igualdade e não a utilização daquele para aumentar as iniquidades sociais e económicas.

3.1.1. Uma Nova Cláusula do Contrato Sexual

A história do contrato sexual, segundo Pateman, está exatamente no fator da masculinidade do homem e como este a exibe, independentemente de o fazer ou de o poder fazer de outra forma, «*[...] contracting for use of a woman's body*» (Pateman, 2018, p. 199). A prostituição é um destes contratos «originais» em que os homens, satisfazendo os seus impulsos sexuais, exercem uma forma de patriarcado sobre as mulheres. Esta questão é relevante no sentido de entender como os contratos — relações de liberdade — se podem apresentar como uma relação de subordinação inaceitável.

No interessante *diálogo* do livro conjunto de Pateman e Mills[1398], Pateman explicava que contratualizar-se é conceder o direito de outros «*[t]o make the decision to rent out property in the person is an exercise of freedom, but the consequence of making the decision and entering into a contract is that the individual is subordinated*» (Pateman, 2007, p. 211). Mills entende que o contrato é unicamente a metáfora que não explica nada, uma vez que as sociedades recorrem a uma estrutura contractual que são de facto, «*[...] characterised by structures of domination of various kinds, so that in reality the will has not been a mythical general will but the will of powerful groups imposed on others, with most human beings not being recognised as full persons and liberal values realised only for a minority. A group domination contract registers this historical reality, [...]*» (Mills, 2000, p. 459). Do que precisamos é de «*[...] empirically informed sociopolitical theory about the actual causal of oppression*» (Mills, 2011, p. 101).

[1398] (Pateman & Mills, 2007)

Pateman assenta, em nosso entender, a capacidade reprodutiva da mulher como algo inerente à sua pessoa, no sentido de identidade e pessoalidade (*personhood*), o que difere em absoluto de outras capacidades que tem, incluindo qualquer outra capacidade produtiva. Na sua conceção, Pateman afirma que a ideia lockeana permite que a propriedade seja dividida em várias partes (trabalho, habilidades ou serviços) e que o contrato é a ficção que permite tornar objeto do contrato o trabalhador e o trabalho.

No que tange às mulheres, por sua vez, uma visão destas que se apresenta dual, quanto ao seu corpo, segmentando a reprodução do sexo, está historicamente enraizada numa visão de submissão feminina. Nesta:

> «*[...] el matrimonio y la prostitución, la mujer privada y la pública. Las primeras aseguran la descendencia del varón en el marco de la unión matrimonial y, por tanto, no pueden ser de acceso público, mientras las prostituidas son bienes de uso público que, al no ser de ninguno, pertenecen a todos.*» (Gómez, 2016, p. 686)

Neste plano simbólico a que Laura Gómez se refere, há a distinção entre a mulher-privada, que é boa, e a mulher-pública, que é má. A gestação de substituição «*[...] rompe con esta dicotomía o binarismo y la gestante para otros se construye simbólicamente como un nuevo modelo: la mujer pública-buena*» (Gómez, 2016, p. 686).

No caso da gestação de substituição, que implica usar as capacidades reprodutivas da gestante, o contrato tem necessariamente de incluir a sua capacidade física, mas também a sua capacidade emocional e criativa, ou seja, contratualiza-se a si própria. O seccionamento e a separação do corpo em partes fazem com que perca o seu valor ético e «*[...] mientras aumenta su valor técnico y comercial, su disponibilidad cientifico-técnica*» (Candal, 2018). Nesta visão, a gestação de substituição é associada a uma conceção liberal e capitalista aplicada, conduzindo a gestação a um processo mecânico que, quebrando artificialmente o princípio *mater semper certa est*, transforma a criança no produto daquele processo a ser vendido numa ótica de mercado a quem tem dinheiro para pagar por ele/a, a consumidores que se acham no direito a ter um(a) filho/a a expensas da utilização de outrem. Uma forma de *opressão reprodutiva* para «*[...] control and exploitation of women, girls, and individuals through our bodies, sexuality, [labor,] and reproduction. [...] It involves systems of oppression that are based on race, ability, class, gender, sexuality, age, and immigration status*» (Ross & Solinger, 2017, p. 90).

Esta visão é difundida de forma expressiva e com um caráter simbólico que a permite perspetivar como mercantil e, portanto, sem preocupações éticas associadas à maternidade. A título de exemplo, Kimbrell refere-se à *The Surrogacy Store* que publicitava *online* os seus serviços de barrigas de aluguer e usava um saco de compras como logótipo, permitindo a associação à compra de informações e assistência sobre contratos para fazer bebés (Kimbrell, 1997, p. 117).

Nesta visão, há uma espécie de retrocesso nos direitos das mulheres, pelo menos para algumas. A mulher é parte de uma polarização sexual «*[...] com la que se há construido la convencional división de género, estableciendo posiciones biológicas consideradas determinantes por el patriarcado*» (Balaguer, 2017, p. 161). Fazendo um paralelismo com a prostituição [1399] ou com a pornografia, a gestação de substituição suscita questões de iniquidades num mercado em que a indústria de gestantes é explorada pela falta de alternativas, tal como na prostituição [1400]. Porém, a indústria do sexo, em que normalmente são as mulheres trabalhadores, é um negócio tipicamente controlado por homens que assenta num cliché «*[...] of "the oldest profession" but also on the wildely held assumption that prostitution originates in men's natural sexual urge*» (Pateman, 2018, pp. 197-198) [1401]. Uma forma de coisificação da pessoa ao serviço de outra.

A prostituição implica a desagregação da pessoa, da separação daquilo que deve ser a unidade do ser. Trata-se de escravas com salário, ainda que «*[n]o form of labour can be separated from the body, but only through the prostitution contract does the buyer obtain unilateral right of direct sexual use of a woman's body*» (Pateman, 2018, p. 204). É uma forma de escravatura, a forma mais intensa de dominação de uma pessoa sobre a outra, transformada em *res* [1402]. Usando aqui a expressão de Patterson, uma forma de «*social death*», a devastação da humanidade na pessoa (Patterson, 1982).

Pode sempre argumentar-se que há diversas situações em que as pessoas usam o seu corpo não se colocando estas questões — o trabalho doméstico por exemplo, ou o mercado de compra e venda de desportistas, em que as suas qualidades são avaliadas e compradas e vendidas —, mas, ao contrário do que acontece na prostituição, neste caso contrata-se «*[...] for the use of human embodied selves*» (Pateman, 2018, p. 206). Trata-se de uma moderna forma de escravatura [1403] que poderia incluir-se no campo de *ius cogens* [1404], considerando a comparação com a escravatura e o tráfico de seres humanos (Ergas, 2013). A propriedade sobre a pessoa não é unicamente

[1399] «*Some scholars compare commercial surrogacy to prostitution and argue that women's sexuality or reproductive labour should not be commodified. However, many forms of labour are intensely intimate, so this objection to commercial surrogacy is therefore non-unique, like wet nursing and sperm donation. Many of the current objections to commercial surrogacy resemble historical objections to female dancers which arose from discomfort with female sexuality rather than the immorality of the transaction*» (Gupta & Chaturvedi, 2020).

[1400] Ainda que possa ser encarada como um trabalho, em que a mulher troca serviços sexuais por dinheiro, um verdadeiro afloramento de emancipação feminina.

[1401] *Lectures on Ethics*, citado por Pateman (2018, p. 204).

[1402] Um contrato que implica mais do que o serviço prestado; implica subordinação, como Mill refere em relação à subordinação das mulheres, em que os seus maridos querem mais do que os serviços. Trata-se de um mercado em que os homens, tipicamente, estão dispostos a pagar para aliviar o *hand relief*.

[1403] Os termos da Convenção de 1926 e o subsequente Suplemento definiram a escravatura como forma de reificação da pessoa. De facto, apesar de o âmbito do *ius cogens* não ser claramente definido, tratar uma pessoa como uma coisa e reduzi-la a um objeto de apropriação entrará no seu âmbito.

[1404] Art. 53.º, n.º 12, da Convenção de Viena sobre o Direito dos Tratados.

sobre o corpo, mas também sobre o ser dessa pessoa, os seus sentimentos, a sua lealdade, a sujeição, a disciplina, a sua obediência. Ainda que dependa de um pagamento e do consentimento da mulher [1405], a verdade é que tal assunção, como suscita Pateman, parte do pressuposto de que as mulheres são, em toda a aceção, donas das suas pessoas nas situações em que, paradigmaticamente, embarcam num contrato de prostituição. Ou o são, pelo menos, sem atendermos ao seu contexto, e ao contexto associado ao contrato de prostituição e ao que ele representa para mulheres e homens.

Patterson, neste âmbito e com o mesmo exemplo, explica que a relação de poder é diferente, já que, no caso dos atletas, não há uma alienação, nem a descorporização do trabalho, mantendo a sua honra, reconhecimento e reputação (Patterson, 1982, p. 26). No estudo sobre a escravidão e a morte social, o mesmo autor defende que o servo não tem existência para lá do dono; é dessocializado e despersonalizado. Trata-se de um processo de negação (Patterson, 1982, p. 38) [1406], tal como seria, numa visão como a de Pateman, a gestação de substituição.

Mas há uma complexa interação entre as partes, além da relevância do contexto, e das suas dimensões, que não deixa de ser relevante (Marway, 2012). É possível que, tal como na prostituição [1407], as mulheres assumam ser gestantes, e essa escolha, fruto da sua autonomia, deve ser considerada, mas uma questão se impõe:

> «*Should we encourage women to inflict such pain on themselves, and di it all under the guise of being a loving, kind and caring individual who wants to help? From early childhood, girls are encouraged to put others first, so acting out of "love" for others' unmet desires feeds right into the exploitative discourse of the pro-surrogacy lobby who fall over themselves praising women as "angels" who bestow the gift of life — a baby — to desperately sad couples.*» (Klein, 2017, p. 51)

Este assunto já é suscitado por Mill em *A Sujeição das Mulheres*, em que afirmava que «[...] nenhuma escravatura vai tão longe, e num sentido tão pleno da palavra, como a da mulher. Dificilmente um escravo, exceto aquele que esteja diretamente ligado à pessoa do seu proprietário, é escravo em todas as horas e minutos do dia» (Mill, 2006, p. 91). O autor acrescenta ainda que os grilhões a que a mulher está

[1405] Base de pensamento de feministas (Pateman, 2018, p. 209).

[1406] Recorrendo a Hegel, Patterson disserta sobre o «impasse existencial», como Kojève apelidou, do dilema entre o escravo e o amo — o escravo não pode negar o amo, mas o amo também está dependente do escravo.

[1407] Em 2010, por exemplo, a Noruega protagonizou um aceso debate em torno dos contratos plurilocalizados de gestação de substituição e da querela sobre a «migração reprodutiva», discutindo-se a criminalização da gestação de substituição, seguindo as políticas do «negócio do sexo» (Stuvøy, 2019, p. 461).

sujeita lhe impõem a pior degradação a que um ser humano está sujeito: «[...] servir de instrumento a uma função animal contrária às suas inclinações» (Mill, 2006, p. 91).

A mesma questão nos conduz para o contrato de gestação de substituição e em que medida este não é também uma moderna forma de patriarcado e de controlo e submissão das mulheres, vistas e catalogadas, uma vez mais, pelas suas capacidades reprodutivas. Ou seja, recorrendo a Pateman, estamos perante um novo «contrato sexual» em que, novamente, os corpos das mulheres [1408] são bens transacionáveis.

Pateman considera que, embora seja visto como uma questão de mulheres e de compaixão entre si — e, portanto, o papel dos homens é desconsiderado, mas não deixa, tal qual na prostituição, de ser relevante —, na gestação de substituição, o contrato também (ou sobretudo) é com o homem e a sua «*[...] property of the "surrogate", her uterus*» (Pateman, 2018, p. 214). O autor acrescenta que, embora a gestação de substituição se possa distinguir da prostituição, já que o homem não tem contacto sexual direto com a gestante, não deixa de usar o seu corpo, apesar de indiretamente, através da FIV, numa outra versão patriarcal [1409], ainda que retorcida, é certo, de ao homem ser concedido, através do uso de outra mulher, «[...] *the ultimate gift — a child*» (Pateman, 2018, p. 218). O autor assinala ainda que o ser da gestante é o que está em causa nestes contratos, a sua capacidade única, biológica, emocional e psicológica de ter um(a) filho/a — uma vez mais encarada como um vaso da semente do homem [1410] —, numa nova forma de subordinação patriarcal, sendo a maternidade meramente incidental.

Assim, a trabalhadora não tem qualquer poder sobre o produto do seu trabalho. Este produto não é seu, mas do capitalista que não só se apropria dele como, na gestação de substituição, acaba por negar a capacidade única da mulher de gerar. A trabalhadora perde a sua identidade-mulher-mãe, já que, sendo gestante e sendo este o seu trabalho, a sua identidade-trabalhadora lhe nega a dimensão materna, ou seja, nega a sua identidade, uma vez que «*[...] womanhood is deemed irrelevant and she is declared an "individual" performing a service. At the same time, she can be a "surrogate" mother only because she is a woman*» (Pateman, 2018, p. 217). Numa perspetiva contratualista, ser mãe e pai tornou-se de forma ostensiva sexualmente neutro (Pateman, 2018, p. 216).

[1408] Ao contrário, «*Feminist sex workers want to change the conditions and relationships of sex work sufficiently to make it a legitimate occupation that some people might genuinely choose. Their goal here is not only to decriminalize sex work, but also to recognize the legitimate social purposes it serves within a broad discourse about sexual rights. Do people have a right to seek and, if necessary, to purchase sexual pleasure? What about people with disabilities, or who are old, physically unattractive or socially awkward? Why should society stigmatize people without intimate partners who wish to be sexually active without exploiting others? Why should we stigmatize people (disproportionately women) who are willing to provide sexual services for remuneration?*» (Stacey, 2018, p. 6).

[1409] Aqui camuflado como direito «paternal».

[1410] Um contentor fungível e inerte onde a semente do homem frutifica.

Também Pateman já fazia menção a uma forma de exploração das mulheres — independentemente do pagamento e do seu consentimento — quando se referia à prostituição, expondo que — curiosamente, dizemos nós — tanto a Direita religiosa como a Esquerda alegam que a prostituição é errada porque consubstancia uma forma de degradação e exploração da mulher, forçada por circunstâncias económicas a entrar neste mercado, como muitos trabalhadores sob o capitalismo. Seguindo o pensamento de Marx, «*[p]rostitution then represents the economic coercion, exploitation and alienation of the wage labour*» (Pateman, 2018, p. 201).

Não sendo, não obstante, o contrato de prostituição um mero exemplo de contrato de trabalho, o empregador não quer o corpo do trabalhador, mas sim o resultado do seu trabalho, dos seus serviços, do lucro. Isto é, ainda que o «capitalista» controle a *persona* do trabalhador durante o horário de trabalho, aquele não tem interesse no trabalhador, na sua pessoa, no seu ser, e isto é para nós o busílis da questão. No contrato de prostituição, a mulher [1411] vende-se a si e ao seu corpo, uma escrava sexual, independentemente do pagamento, já que «*[...] the services of a prostitute cannot be provided unless she is present; property in the person, unlike material property, cannot be separated from its owner*» (Pateman, 2018, p. 203).

A apropriação do corpo e da capacidade reprodutiva das mulheres converte as gestantes em incubadoras, irrelevantes à procriação, porque fungíveis. Um contrato, seja ele qual for, que diminua, suprima ou neutralize a biologia «*[...] will necessarily decline to value a significant portion of the work, risk, and opportunity costs that women do in choosing to become mothers*» (Gallagher, 2010, p. 170). No que tange à maternidade, reconduzi-la a óvulos é fazer uma comparação neutral num modelo androcêntrico, e a reprodução não é neutra quanto ao género.

Discutir a capacidade reprodutiva das mulheres associada a um princípio de igualdade (comparando com a dos homens), ligando-a com um critério genético — e desconsiderando o papel decisivo da gestante — é uma desconsideração pela diferente capacidade reprodutiva de homens e mulheres e, no limite, uma forma de tratamento desigual. Um princípio que não atende às diferenças do objeto, dando-lhe igual tratamento, não é igualdade; é desconsideração.

4. O Tráfico de Seres Humanos

Suscitando-se a oportunidade de mercantilização e coisificação da criança e da mulher, suscita-se o risco de tráfico de seres humanos no âmbito da gestação de substituição. O tráfico de seres humanos [1412] é uma violação de direitos humanos

[1411] Ou o homem, nos casos, ainda que em menor número, de prostitutos.

[1412] «*According to the estimates of the International Labour Organization (ILO), in 2016 the number of victims of human trafficking in the world was 40.3 million people. The United Nations Office on Drugs and*

e os Estados estão obrigados a preveni-lo, nomeadamente pela Convenção das Nações Unidas contra a Criminalidade Organizada Transnacional, no seu art. 15.º, e Protocolo de Palermo (art. 3.º).

O Reino Unido dedicou-se a identificar formas de escravatura moderna que incluem «*[...] the offences of slavery, servitude and forced or compulsory labour and human trafficking, for both adults and minors*» (United Kingdom, 2019). Com o Modern Slavery Act 2015 [1413], o Reino Unido reconhece ainda que as crianças são vítimas destas formas de escravatura, e foi introduzido o Independent Child Trafficking Advocates, «*[...] who can act as an independent source of advice for trafficked children and can speak up on their behalf*» (United Kingdom, 2019). Além disso, o art. 35.º da CDC e do Protocolo Adicional sobre a Venda de Crianças [1414], [1415] inclui as situações em que a gestante:

> «*[...] handing over her child to other persons in return for a financial benefit is in fact the offence of human trafficking, in which the surrogate mother is in the role of the seller, the child is the commodity and the ordering party is the buyer. It does not matter if the subject of a surrogacy contract is a child, giving birth to a child or the service of a surrogate mother making her body available to carry a child during pregnancy and to give birth to it for the ordering party.*» (Lis, 2019, p. 809)

Os grupos criminosos organizados podem gerar um mercado negro de gestantes, explorando estas mulheres como incubadoras humanas. O tema foi abordado a grande escala numa conferência internacional em Nova Iorque em 1998, num dos painéis denominado *Women Used in Systems of Surrogacy* (Raymond J. G., 1989), que definia a gestação de substituição como a compra e venda de gestantes e aluguer de útero [1416] colocando a gestação de substituição no âmbito do tráfico de seres humanos. Sonia Allan (2016, pp. 122-124) chama a atenção para as situações reportadas na Guatemala, no Vietname e no Bangladeche. Neste último caso, menciona um

Crime (UNODC), 25–30% of victims of trafficking are children, of which 20% are girls and 8% boys.» O UNODC tem chamado a atenção para o facto de a exploração sexual poder incluir a gestação de substituição comercial, bem como para a noção de venda de crianças.

1413 V. http://www.legislation.gov.uk/ukpga/2015/30/contents/enacted (consultado em 5 de julho de 2019).

1414 Não encontramos estudos sobre tráfico de crianças em matéria de gestação de substituição

1415 «*According to the Palermo Protocol, the Warsaw Convention and Directive 2011/36/EU child means any person under eighteen years of age. There is one more international agreement which refers to trafficking in children, although it does not use the word "trafficking." It is Optional Protocol to the Convention on the Rights of the Child on the sale of children, child prostitution and child pornography adopted and opened for signature, ratification and accession by General Assembly resolution of 25 May 2000*» (*Optional Protocol to the Child's Rights Convention*).

1416 Bem como a compra e venda de bebés.

relatório oficial do Bangladeche para combate ao tráfico de seres humanos em que é referida a *surrogacy* como forma de tráfico naquele país.

No caso Baby 101, uma clínica na Tailândia (a Baby 101) traficou pelo menos 13 vietnamitas para a Tailândia, onde foram presas e engravidaram com embrião dos beneficiários ou até por violação do pai. Casos como este foram também reportados na Guatemala, na Polónia e no Mianmar (Pascoe, 2018, p. 462). Aliás, quanto à Guatemala, estudos referem que as mulheres e as crianças estão em risco de exploração e comercialização, a quem se pagava pouco (Rotabi & Bromfield, 2012). O próprio Parlamento Europeu expressou preocupação com esta realidade do país [1417].

Em 1995, foi notícia que jovens polacas [1418] eram levadas para a Holanda para serem gestantes para casais inférteis, sendo recrutadas com a promessa de boa remuneração, apesar de «*[...] surrogate motherhood for commercial gain has been banned in the Netherlands for two years and carries a prison sentence of up to one year*» (Leibowitz-Dori, 1997). Já em 2009 foi noticiado o caso em que mulheres do Mianmar eram vendidas para a China e vietnamitas eram levadas para a Tailândia, tendo algumas aí sido violadas para engravidarem (Allan, 2014).

Em 2011:

> «*[...] three individuals in the United States were convicted of criminal charges relating to paying "surrogate" mothers to be sent to the Ukraine for implantation with embryos, without any surrogacy arrangements in place. If the pregnancy continued into the second trimester, the unborn children were "sold" to prospective parents under false representations that they were the result of legitimate surrogacy arrangements in which the original commissioning person(s) had "backed out".*» (Allan, 2014)

A gestação de substituição tem sido ligada sobretudo ao tráfico de mulheres-gestantes, quando «*[a] woman who does not take a decision about being a surrogate freely but is forced to being a surrogate or who is held in a clinic or in another way "exploited" should be treated as a victim of human trafficking*» (Laber, 2019, p. 967). Se a gestante tiver menos de 18 anos, pode ela própria ser vítima de tráfico de crianças.

Raymond enquadra a questão considerando o exemplo das noivas por encomenda [1419] e como o mercado da prostituição, em países como a Coreia, Vietname,

[1417] V. Resolução do Parlamento Europeu sobre a Guatemala (P6_TA(2005)0304), disponível em https://eur-lex.europa.eu/LexUriServ/LexUriServ.do?uri=OJ:C:2006:157E:0494:0495:PT:PDF (consultado em 13 de março de 2019).

[1418] Para a Holanda, a Bélgica e a Alemanha.

[1419] «*In the international prostitution industry marriage catalogues display pictures of women for sale. In the United States, many surrogate agencies offer clients pictures of women willing to serve as surrogates, often along with children that they have produced, so the customer can see the kind of "stock" he is buying*» (Raymond J. G., 1989, p. 60).

Filipinas ou Tailândia, funcionaria como alavancagem para fornecimento de gestantes. Por outro lado, suscita a questão do tráfico reprodutivo já existente — a que se junta a gestação de substituição —, em que mulheres vendem as suas filhas, ainda em útero, para a prostituição, ou para serem adotadas no estrangeiro. Referindo-se a um estudo levado a cabo na Índia em 1986, Raymond refere que «*[...] some deals are made when fetuses are three months old, commanding a price of Rs 3,500. When born, most of these girl children are sold into prostitution*» (Raymond J. G., 1989, p. 61). Ademais, na Tailândia, as crianças são vendidas para entrar no mercado da prostituição por cerca de 100,00 $.

A gestação de substituição forçada pode ser comparada a uma forma de tráfico de seres humanos [1420]. De facto, o TEDH reconheceu que a interferência em matéria de gestação de substituição se pode justificar para combate ao tráfico de seres humanos, como resulta do caso D. and others v. Belgium.

5. Apreciação Crítica

Iniciamos esta análise recorrendo à técnica de Carol Gilligan. Para o seu artigo da década de 1980 [1421], Gilligan fez a diferentes grupos de pessoas diversas perguntas com dilemas ético-morais, e as respostas dadas variaram de forma expressiva [1422], [1423], incluindo quando dadas por rapazes ou raparigas. Sintomático da técnica de Gilligan, as respostas dependem, desde logo, das formas distintas da compreensão da ética e da moral, bem como das diferentes formas de abordar a questão, do abstrato ao concreto, do mediato ao imediato, do conflito e da escolha, e da forma como as hierarquizamos.

Estas respostas— seja quem for que as der — terão subsequente impacto nas decisões políticas e na opção legal a tomar em matérias que, como a gestação de substituição, suscitam, desde logo, severos problemas éticos. No que tange às decisões

[1420] V. *Dutch National Rapporteur on Trafficking in Human Beings and Sexual Violence against Children, Human trafficking for the purpose of the removal of organs and forced commercial surrogacy*, 2012, p. 17.

[1421] V. Gilligan, 1982.

[1422] Gilligan, uma precursora da «*ethics of care*». Concluindo com os seus estudos empíricos que as mulheres tendem a adotar uma abordagem considerando mais particularmente o contexto específico e as necessidades particulares do agente em concreto (a «*ethics of care*»), e os homens uma teoria mais ligada a princípios universais, associada a uma perspetiva mais tradicional de abordar as questões éticas. Assim, conclui que cada uma das posições é talhada para resolver problemas éticos, sem que uma exclua a outra.

[1423] A Professora americana refere-se à existência de dois padrões distintos de uma tomada de decisão moral. A ética da justiça, a ética tradicional, referindo-se estas a padrões universais e princípios gerais e abstratos. E uma ética alternativa. Esta última é uma ética de responsabilidade direcionada para a pessoa em concreto, com o seu contexto e especificidades.

legais, inegavelmente, o trabalho dos movimentos feministas mostra-se curial considerando as diversas tendências discriminatórias em relação às mulheres [1424] que os legisladores foram adotando, formas manifestas de preconceito com que as mulheres se foram deparando e que se manifestam também na construção legal. Está em causa a linguagem, também legal, que com a gestação de substituição se vai assumir sobre o corpo, a sexualidade e a reprodução, mas também a própria noção da separação do corpo em partes fungíveis, as iniquidades entre sexos, raças e/ou classes e a exploração das mais pobres. Está em causa a própria natureza humana.

Uma referência imediata no âmbito da gestação de substituição, seja o contrato mercantil ou altruísta, é a violação da dignidade da gestante. Esta posição resulta desde as feministas radicais à posição da doutrina social da Igreja, associada ainda a questões de exploração e risco de tráfico de seres humanos. Vozes se elevam quanto a esta técnica de procriação com recurso a uma «barriga de aluguer», suscitando críticas que assentam desde logo na violação da dignidade humana (Meroño, 2016, p. 817). O respeito da dignidade humana, que a gestação de substituição poria em causa, constitui um valor intransponível e um limite da ordem pública internacional (Lanzarot, 2016).

Quanto aos argumentos contra a gestação de substituição, lembrando os mencionados contos de Huxley ou Atwood, esta traz à memória incubadoras, incluindo através de servas, num mundo distópico de produção de crianças. O primeiro argumento contra a gestação de substituição está relacionado com a coisificação, em que a capacidade reprodutiva da mulher se mercantiliza e tem como resultado a venda do produto do seu trabalho, a própria criança. Esta ideia está associada a argumentos de exploração da gestante, mas também dos próprios beneficiários, que, com base num argumento emocional que os leva a optar por este meio para ter um(a) filho/a, também podem ser explorados financeiramente. Além do mais, os *intended parents*, fruto da sua motivação emocional, são também eles amiúde levados a tomar decisões mal informadas. Por exemplo, a HCCH manifestou preocupação em 2014 sobre a falta de informação ou a deficiente informação que as clínicas e agências prestam a estes futuros pais, condicionando a sua tomada de decisão.

Estamos em crer que a coisificação está maioritariamente relacionada com a autonomia e liberdade da mulher. Isto é, se, sendo a gestante de um contexto socioeconómico mais débil, é possível conceber que a prestação do seu consentimento de forma livre e esclarecida não está de tal forma afetada pelo apelo da contrapartida que vicia a sua declaração. A tomada de (qualquer) decisão está sujeita aos constrangimentos e oportunidades que cada um de nós encara a cada momento das nossas vidas, constrangimentos esses nos podem levar a fazer alguma coisa ou aceitar contrapartidas que noutras circunstâncias não aceitaríamos. Essa realidade virtual é assim para qualquer tomada de decisão.

[1424] Demonstrando, por outro lado, o papel de domínio que os homens assumiam/assumem.

A questão da dignidade humana foi assumida de forma particularmente expressiva no caso italiano Paradiso e Campanelli pelos juízes De Gaetano, Pinto de Albuquerque, Wojtyczka e Dedova. Este grupo de juízes concluiu, na sua declaração de voto, que a gestante é sujeita a um tratamento degradante. Questionam com acuidade: haverá algo mais atentatório da dignidade humana do que ser objeto de um contrato? Tornar-se um meio e não um fim em si mesmo?

É com este pressuposto que, de facto, há quem entenda o contrato de gestação de substituição, mormente muitas das feministas, bem como a doutrina da Igreja católica. A mulher é colocada, ou melhor coloca-se, ao serviço de outros. O seu corpo e as suas capacidades, no que tange à gestação, ainda que para outrem — coloca todo o seu ser. As motivações ou o fundamento que estão subjacentes a este bionegócio não eliminam ou mitigam a sua condição de se transformar no seguinte:

> «*[...] "medio" para un fin, que está asumiendo. Se instrumentaliza a la mujer al pagarle para que, mediante un "contrato" se ponga a disposición de los contratantes y al cumplimiento de las prestaciones exigidas, cuyos efectos inciden en su propio cuerpo. El riesgo que corre la mujer que alquila su vientre es grande e involucra su vida y su salud. ¿Qué tipo de resarcimiento sería suficiente si pierde la vida en el proceso?*» (Valdivieso-López, 2018)

Tal como na prostituição, com que muitos traçam paralelismo, a gestação de substituição implicaria a alienação do corpo e, sobretudo, do produto do trabalho da gestante, agravada pelo facto de este *trabalho* ser ininterrupto durante todo o tempo da gestação, numa comparação a uma servilidade absoluta ao adquirente do serviço (Feinberg & Feinberg, 2010, p. 438). A identidade da mulher-gestante não existe para além do contrato; está encerrada sob o poder de outrem. Ainda que não haja pagamento e o contrato seja altruísta, a gestação de substituição não deixa de ser uma forma degradante para a mulher que, em qualquer caso, é reduzida a uma trabalhadora numa *mera* produção biológica de bebés.

As visões sobre os papéis de cada sexo na estrutura familiar são inegavelmente abaladas neste controlo da biologia humana. Os corpos das mulheres [1425] sempre fizeram parte da história, uma história marcadamente patriarcal que foi ditando, ao longo do tempo, o destino das mulheres, reduzidas ao sexo e à reprodução, assumindo-se a materialidade corporal como sinónimo de relações de poder de homens sobre as mulheres. Esta relação de poder ia-se, e vai-se, ditando em função da perspetiva do grupo dominante e dos seus interesses «*[...] no ahorra esfuerzos en inocular o reprimir el deseo reproductor y en perseguir la libertad reproductiva de las mujeres si se aparta del proyecto social o, en su caso, del divino*» (Gómez, 2016, p. 685). Trata-se de um ponto de vista masculino que foi infiltrado como a quintessência do humano,

[1425] E o sexo. V., a este respeito, Butler, 2011.

nomeadamente através de «[...] ficções duma ciência hipoteticamente sem género, [mas] de facto quase exclusivamente masculina» (Sloterdijk, 2014, p. 112).

Uma abordagem feminista é essencial. Com isto concordamos; trazer uma *feminist theory standpoint*[1426], parafraseando Mary Mahowald (Mahowald, 1996, p. 95)[1427]. Mas as feministas estão divididas. A verdade é que, durante gerações, as feministas defendem a necessidade de as mulheres terem um «*[...] stronger sense of self in order to challenge the many constraints on their lives*» (Phillips, 2008, p. 99) e, quanto à gestação de substituição, o que para umas é uma nova forma de libertação, para outras é um novo afloramento de controlo — um novo afloramento que eleva a autoridade parental a um novo patamar da dominação.

A gestação de substituição é vista, incluindo para muitas feministas, como tivemos oportunidade de analisar, como um novo momento desta relação de poder por via de um negócio degradante para as mulheres, que as define e valoriza exclusivamente pelas suas capacidades reprodutivas e que só aquelas que estão em qualquer circunstância de exploração ou em situação de insusceptibilidade de perceber as consequências dos seus atos se vinculam a este negócio, pelo que deve ser proibido (Scott, 2009, p. 134). As mulheres pobres, tipicamente mais oprimidas e marginalizadas, são mais impotentes no exercício dos seus direitos, para além de situações de «*[...] violence against women is applicable—especially in low-resource countries where violence is often endemic and the social protection environment, including law enforcement, is best characterized by an absence of active legal and law enforcement protections consistent with impunity*» (Bromfield & Rotabi, 2014, p. 130).

Do ponto de vista ético, e considerando desde logo os princípios que nortearam a CEDAW, é legítimo que se coloquem dúvidas considerando as realidades distintas em que muitas vezes estes contratos se realizam. «*No es posible olvidar el hecho de que para percibir la categoría moral de la vida biológica humana es necesario reconocer la importancia que tiene esa vida para las personas como agentes morales*» (Blanco & Bernáldez, 2013, p. 61).

[1426] Que se refere «*[...] to the rationale that supports that standpoint [feminist standpoint] and strategies for implementing it*» (Mahowald, 1996, p. 95). V. Maholwald, citando Nancy Hartsock, no seu artigo *The Feminism Standpoint: Developing the Ground for a Specifically Feminist Historical Materialism*, *in* Sandra Harding, ed., *Feminism and Methodology: Social Science Issues*, 1987, para explicar este ponto de vista (feminista), que consiste nas seguintes reivindicações: «*1. Material life or social position "structures... [and] limits... [our] understanding of social relations". 2. When "material life is structured in fundamentally opposing ways for two different groups... the vision of each... represent[s] an inversion of the other," and both visions are partial. 3. "The vision of the ruling... [group] structures the material relations in which all parties... participate..." 4. "In consequence, the vision available to the... [dominated] group... represents an achievement that requires" the ability to see beneath the surface of the oppressive social relations and the education that drives from political struggle. 5."As an engaged vision, the ...[standpoint] of the oppressed exposes" the dehumanizing aspects of existing relations among human beings, "points beyond the present, and carries a historically liberatory role"*» (Mahowald, 1996, p. 100).

[1427] Uma perspetiva feminista associada ao próprio desenvolvimento da bioética, como refere Sherwin (2008).

Compreendemos o argumento. Há, nesta perspetiva, uma nova subtração patriarcal da individualidade da mulher, neste caso da maternidade, que neutraliza a própria identidade de género nos processos de individualização das mulheres. Neste caso, no que se refere à reprodução, marcadamente distinta da reprodução masculina.

De facto, contratar uma gravidez pode ser visto na literatura feminista como uma forma de coisificação e colonização tecnológica do corpo da mulher. Numa outra perspetiva, feminista e legal, o debate centra-se numa visão ética e moral desta prática ou ainda no significado cultural da *surrogacy* na maternidade (Pande, 2010).

As próprias feministas encontram dois problemas na gestação de substituição, desde a coação, já que as mulheres que aceitam estão sob pressão ou perante uma necessidade financeira [1428] que lhes impõe a gestação de substituição e, por outro lado, a exploração por intermediários que geram lucros à custa das mulheres (Scott, 2009, p. 132). Mas, com o mesmo quadro e estado de coisas, as feministas liberais perspetivam a gestação de substituição do ponto de vista da liberdade procriativa conquistada pelas mulheres a pulso. Trata-se da liberdade de a mulher tomar decisões sobre a sua vida reprodutiva, sobre o seu corpo e sobre a sua vida, sem uma proteção patriarcal que decide o que é melhor para si, protegendo-a de si própria.

No entanto, independentemente de questões colaterais que, reconhecidamente, é necessário acautelar, a problemática em torno da gestação de substituição estará ao nível daquela que o aborto assumiu/assume. Como duas faces da liberdade *procriativa* estão o direito à reprodução e o direito a fazer cessar a reprodução. Uma e outra apresentam-se como um verdadeiro estigma, associado a complexos dilemas morais, sociais e culturais relacionados com a noção da maternidade e da feminilidade associada a um lado emocional que é estranho na gestação de substituição e que parece ficar em causa. Uma mulher, interrompendo convenções e expectativas, assume uma gravidez, separando a gestação da maternidade, iniciando um arquétipo de *má mãe* pelo abandono do/a filho/a (Adams, 2015, p. 179). Já assumimos que esta questão é importante para nós e que, em algumas dimensões, adotamos inclusivamente este argumento que é particularmente impressivo, ainda que não seja na gestação de substituição, mas sim em situações de sobreposição que aquela pode assumir em relação à adoção [1429].

Desta forma, diversos argumentos se suscitam contra a gestação de substituição, mas sobretudo contra o pagamento à gestante no âmbito deste negócio. A violação da dignidade humana, a mercantilização do corpo e a possível exploração das mulheres e a venda de crianças são, em traços gerais, os argumentos que se suscitam no âmbito da gestação de substituição, designadamente a comercial.

[1428] A condição da mulher instrumentalizada como um meio para garantir a subsistência, nas palavras de Hugo Cunha Lança (Lança, 2018, p. 157).

[1429] V. capítulo II.

No que tange à violação da dignidade da gestante, elevam-se vozes, como tivemos oportunidade de analisar, que suscitam que a prática é antijurídica e que deve ser proibida e repudiada, a qualquer nível, pela ordem jurídica. Desta forma, a dignidade da pessoa humana, como fonte dos direitos fundamentais, é possível num Estado de Direito Democrático [1430], isto é, o desenvolvimento dos direitos humanos, com fonte na dignidade da pessoa humana que se desenvolvem sob a égide de respeito mútuo, numa organização de pessoas livres, autónomas e iguais em que a «[...] garantia destes direitos humanos confere o estatuto de cidadãos que, enquanto sujeitos de direitos iguais, têm o direito a ser respeitados na sua dignidade» (Habermas, 2012, p. 37).

Se uma das funções do direito é regular a convivência para obter a paz social, isto passa, nas palavras de Erika Valdivieso-López, necessariamente por respeitar a dignidade de todos, acrescentando que a empatia que sentimos por quem não pode ter filhos/as não pode justificar de forma alguma a violação da ordem pública (Valdivieso-López, 2018). Do princípio da dignidade resulta o afloramento da indisponibilidade e inviolabilidade do corpo humano e das suas partes, que é avesso, portanto, a qualquer forma de gestação de substituição. A noção de dignidade humana [1431] implica, além disso, que as partes do corpo sejam consideradas «*[...] essential aspects of our shared, embodied humanity*» (Campbell, 2014, p. 540) e não como bens transacionáveis.

A humanidade é um valor intrínseco ao ser humano que integra as suas características únicas, as de pertencer a essa humanidade e aquelas que o definem em concreto e à sua existência. Esta existência, entendida nas suas dimensões biológicas, mentais, éticas e sociais, é:

> «*[...] unique in the ontological world (among any other animate creatures and inanimate entities), and at the same time universal human features, which is universally inherent to every human being, regardless of external conditions, individual properties and the way of life or even the very awareness of having dignity.*» (Lis, 2019, p. 808)

[1430] Sob um Estado de Direito Democrático que nasceu do fim da Segunda Guerra Mundial, o princípio é configurado *ex novo* num Estado secular, pluralista, em que o ser humano é o seu fim último, valor absoluto kantiano.

[1431] Ainda que o conteúdo do conceito padeça de indeterminabilidade, preenchido também pela autonomia ética de cada um, de atuação na sua vida sem definição heterónoma de terceiros, como refere Jorge Novais, pode pelo menos extrair-se a ideia «[...] de um valor próprio, supremo e inalienável atribuído à pessoa só pelo facto de o ser, por simples facto da sua humanidade; a ideia de respeito, de igual consideração dos interesses de cada pessoa, da sua vida, da sua autonomia, liberdade e bem-estar; a ideia da pessoa como fim e não como mero meio ou instrumento de outros; a ideia de que a pessoa é individualmente considerada, e não qualquer realidade transpersonalista, que justifica a existência do Estado e do poder político organizado da comunidade» (Novais, 2015, pp. 58-59).

O ser humano é a referência primeira e fim último da atuação do Estado e o elemento primordial da sociedade [1432]. O princípio da dignidade da pessoa humana [1433] ocupa, assim, o topo dos princípios que norteiam esta temática [1434], sendo aliás, a bitola interpretativa pela qual a regulamentação da PMA se encontra constitucionalmente sujeita [1435]. Assume-se, de acordo com as notações do *Praesidum* da Convenção sobre o Futuro da Europa ao art. 1.º da CDFUE, «[a] dignidade do ser humano [...] não só [como] um direito fundamental em si mesma, mas também a base dos direitos fundamentais» (Martins, 2019, p. 79) [1436]. Ainda assim, sempre se pode dizer que mesmo que de forma implícita, já resultava dos direitos humanos, assumida na expressão de Habermas (2012, p. 31) como a «fonte moral da qual se alimentam os conteúdos de todos os direitos fundamentais» e um «papel catalisador [...] na composição dos direitos humanos a partir da moral da razão e da sua forma jurídica». A dignidade está, assim, associada à ideia de igualdade, independentemente da pessoa, da sua posição ou estatuto, seja de que natureza for — é, portanto, intrínseca e inalienável [1437]. A dignidade da pessoa humana é uma qualidade do ser humano, por o ser, que se determina de acordo com um pressuposto de liberdade, atua de acordo com a sua autonomia, sem influências ou limitações arbitrárias por parte do Estado, e de acordo com os seus padrões de comportamento.

Ainda que sem consenso quanto ao conteúdo, bem como quanto à natureza e função, a dignidade da pessoa humana [1438] é o crivo desta temática, o pressuposto

[1432] A dignidade da pessoa humana ganhou a projeção que hoje encontramos com o fim da Segunda Guerra Mundial, nomeadamente em textos internacionais, como a DUDH, adotada em 1948 pelas Nações Unidas, sendo conotada, por isso, com o contexto histórico do Nazismo. À Constituição portuguesa chegou o princípio da dignidade da pessoa humana pela primeira vez com a revisão de 1951 à Constituição de 1933. Ainda que não esteja na CEDH, o TEDH acabou por consagrar a sua essência no caso Pretty v. United Kingdom (2346/02), de 29 de abril de 2002. A OIT assume a dignidade humana na sua declaração sobre os objetivos e fins, no n.º 2-A.

[1433] «No que tange ao direito da União e com a entrada em vigor do Tratado de Lisboa [...] a dignidade humana é reconhecida, no direito originário, essencialmente, no artigo 2.º do TUE e no artigo 1.º da CDFUE» (Martins, 2019, p. 78), sendo que se assume como princípio norteador dos direitos fundamentais.

[1434] Que, aliás, além de se encontrar como princípio enformador no art. 1.º da CRP, encontramos expressamente aflorado nos arts. 36.º, n.º 1, 42.º e 67.º, n.º 2, al. e).

[1435] Art. 67.º, n.º 2, al. e), da CRP.

[1436] Ana Maria Guerra Martins referindo-se às anotações que orientam «[...] nos termos do art. 52.º, n.º 7, CDFUE, [...] os órgãos jurisdicionais da União e dos Estados-Membros na interpretação da Carta» (2019, p. 79).

[1437] Está, assim, atualmente afastada do princípio da dignidade da pessoa humana a perspetiva romana de *dignitas* que se encontrava ligada ao *status*, «[...] significando a honra e o especial respeito, deferência e consideração devidos a alguém por força do estatuto pessoal superior que lhe era socialmente reconhecido ou que lhe era circunstancialmente atribuído» (Novais, 2015, p. 34).

[1438] Ana Maria Guerra Martins chama, aliás, à atenção, para o facto de o Tribunal de Justiça ter confirmado, no acórdão de 9 de outubro de 2001, no processo C-377/98, que o direito fundamental à dignidade humana faz parte do direito da União (Martins, 2019, p. 79).

e o limite intransponível. O grande problema estará sempre em determinar quando, por um lado, há um constrangimento e, por outro, quando é que a dignidade da pessoa humana se pode tornar num limite ao exercício dos próprios direitos. E a situação é particularmente grave. Não estando determinado o conceito de dignidade, sendo esta temporal e não estanque, é fácil perceber que se pode tornar numa forma de instrumentalização de exercícios de restrição ilegítimos por parte dos Estados.

Será que restringimos o princípio da dignidade humana quando deixamos, alegadamente, a porta aberta para a instrumentalização da vida humana e, consequentemente, da erosão da nossa moralidade? Este âmbito contratual em que colocamos alguém, ou as suas concretas capacidades ao serviço de outrem, aproxima-se — nesta forma de pôr as coisas mais simplista, reconhecemos — de um contrato de escravização. Esta situação agudiza-se quando a escolha de uns tem subjacente fatores económicos, e a de outras a aceitação da sua própria subjugação e das suas capacidades em troco de uma contrapartida que, como era na Índia, importava que a mulher acedesse a uma compensação que dificilmente conseguiria de outra forma durante a sua vida.

Como refere Habermas:

> «[...] dignidade humana constitui [...] o portal através do qual o conteúdo igualitário e universalista da moral é importado para o direito. A noção de dignidade humana constitui a charneira conceptual que liga a moral do igual respeito por todos ao direito positivo e à legislação democrática de modo de modo a que a sua conjugação permita, em condições históricas favoráveis, o surgimento de uma ordem política baseada na dignidade da pessoa humana.» (Habermas, 2012, p. 37)

Há, inegavelmente, neste aspeto uma certa soberba moral quando se assume que «[o] homem será sempre sujeito último e irredutível ao número e à seriação» [1439] (Lobo Antunes, 2010, p. 97)

A abertura do conceito da dignidade da pessoa humana torna-se mais maleável a alterações atualistas conforme as sucessivas mutações sociais, funcionando como um critério material de interpretação dos direitos humanos já reconhecidos mas, também, de outros que vão emergindo e se impondo. Ainda que, como se percebe, a dignidade da pessoa humana venha a ter diferentes impactos nos direitos fundamentais

[1439] Como recorda que aconteceu no ignóbil ato de marcar no corpo das vítimas um número desafetando-o da sua humanidade. A descrição pungente de Primo Levi em *Se isto é um Homem*: «[...] Considerai se isto é um homem/ Quem trabalha na lama/ Quem não conhece paz/ Quem luta por meio pão/ Quem morre por um sim ou por um não./ Considerai se isto é uma mulher,/ Sem cabelos e sem nome/ Sem mais força para recordar/ Vazios os olhos e frio o regaço [...]» (Levi) «Cada um despediu-se da vida da forma que lhe era mais própria» (Levi, s.d., p. 13).

ou nas várias gerações de direitos fundamentais, mas, ainda assim, é a dignidade que tem, entre todos, o efeito aglutinador que lhes confere a sua identidade única e permite que seja um critério interpretativo em que é possível encontrar novos direitos [1440] ou novos afloramentos dos direitos conhecidos.

A dignidade e integridade, física e moral, das gestantes são valores intrínsecos e inalienáveis (Gómez, 2016, p. 693), sendo que qualquer projeção de vontade da gestante é eticamente relevante, já que converte estas mulheres num novo modo de produção humana a quem puder pagar por ela. Admitir que alguém pudesse consentir na exploração das suas capacidades reprodutivas seria tolerar um *baby business*, o que é inaceitável por constituir uma violação da dignidade humana (Gómez, 2016, p. 694).

A gestação de substituição apresenta-se como uma forma neocolonial de controlar o corpo das mulheres e de neutralizar o seu papel na reprodução, apagando a sua identidade biológica e o seu papel na produção de descendentes, assumindo, *in extremis*, a categoria de produção de filhos/as sem mãe, secundarizando ou neutralizando o papel da maternidade [1441]. Sendo a maternidade um elemento essencial para a vida das mulheres que decidam ser mães, a gestação terá, nesta necessária integridade, um caráter indissociável da maternidade. Dessa forma, a gestação de substituição não só é encarada como um reprocesso que banaliza a componente gestacional da mulher, como a coloca num novo momento de subordinação em relação a um dos elementos integrantes da sua pessoa e do seu ser. Ser privada da maternidade apesar de gerar a criança e de a dar à luz, privando esta mulher da relação com a criança e estendendo essa separação também em relação ao feto, consubstancia uma prática imoral que arrasa a sua dignidade.

Já em 1986, o Relatório Warnock enfatizava que «*[...] people should treat others as a means to their own ends, however desirable the consequences, must always be liable to moral objection*» (Report of the Committe of Inquiry into Human Fertilisation and Embryology, 1984, p. 46) [1442]. Em Portugal, em 1991, por ocasião do Colóquio interdisciplinar sobre Procriação Assistida, Guilherme de Oliveira apresentou uma comunicação sobre as «Mães hospedeiras» em que conclui que um contrato de gestação para outrem [1443] não tinha cabimento dentro do nosso quadro legal, sendo, portanto, nulo [1444], uma vez que era contrário ao princípio da taxatividade e à ordem pública em matéria do direito da família (Oliveira, 1993, p. 71).

[1440] Numa atipicidade que a CRP reconhece nos termos do art. 16.º.

[1441] Uma crítica que nos é também dirigida.

[1442] Naquela data, Wendy Greengross e David Davies apresentaram, nesta matéria, um voto de vencido, considerando que a gestação de substituição, ainda que raras vezes, se pode apresentar como um benefício e que a porta a esta opção deve ser deixada ligeiramente aberta para que a gestação de substituição possa ser avaliada com mais eficácia (Report of the Committe of Inquiry into Human Fertilisation and Embryology, 1984, p. 89).

[1443] Como se lhe referia.

[1444] Nos termos do art. 280.º do CC.

Tratando-se de matéria relativa aos direitos de personalidade e direitos fundamentais, portanto, a limitação destes direitos importa uma validação constitucional a esta limitação, ainda que seja a autolimitação [1445].

O Professor Paulo Otero, na resposta à dimensão ética da maternidade de substituição [1446], pergunta: «[...] somos livres de dispor da dignidade inerente ao nosso próprio corpo e, no caso da maternidade de substituição, envolvendo também efeitos dispositivos sobre a vida da criança a gerar?» (Otero, 2012, p. 85). Chamando o postulado kantiano, conclui que «[...] é o princípio da humanidade que funciona como «condição suprema que limita a liberdade das ações de cada homem» (referindo-se a Immanuel Kant, *Fundamentação da Metafísica dos Costumes*). O Professor coloca a gestação de substituição num exercício que jamais pode ser tutelado pela reserva da vida privada, porquanto traduz um atentado à dignidade da mulher (Otero, 2012, pp. 85-86).

A gestação de substituição só poderia ser vista «*[...] as a "right" in a liberal context which evades the whole issue of the indignity of surrogacy. The commodification of women's bodies in surrogate arrangements is directly comparable to the commodification of women's bodies in prostitution*» (Raymond, 1989, p. 63).

A liberdade procriativa é, nesta visão crítica, uma expressão de individualismo exacerbado que serve como forma de incubadora para a servilidade, como Raymond se lhe refere, e que, no limite, dará causa a uma nova classe de mulheres, descartáveis depois de cumprirem o seu papel de reprodutoras. Estas mulheres podem ser «*[b]ought and sold as reproductive commodities, a new version of motherhood as paid work (the amount varying depending on what country the woman comes from), and a new image of women as happy breeders for others*» (Raymond, 1989, p. 62).

Kalindi Vora assinalada, associando a questão biopolítica e o neoliberalismo a uma importante alteração no capitalismo global, a identificação da produção de trabalho afetivo e biológico, também este alienado à trabalhadora (Vora, 2009). Tem sido suscitada uma dicotomia sobre a relação afetiva que a gestação de substituição implica e a relação «de trabalho» de uma gravidez por conta de outrem, como uma típica relação de comissão. Como explica Zehelein, trata-se de uma estratégia que serve para limitar a possibilidade de negociação. Referindo-se ao mercado indiano, as clínicas criam uma «*[...] strategic "mother-worker-identity" that serves as a tool of discipline and control [...] creates: a "worker-producer" and a "mother-reproducer" [...] This duality of reproduction and production, mother and worker, turns out to be particularly repressive*» (Zehelein, 2018, p. 896).

As biotecnologias associadas à reprodução suscitam questões importantes relativas à identidade das pessoas, relações familiares e sociais e a forma como qualquer uma delas se altera perante os avanços médicos associados à reprodução.

[1445] Que, nos termos do art. 81.º, n.º 1, do CC, terá de respeitar os limites internos do direito em causa.

[1446] Que coloca a análise em três relações distintas: a relação com os beneficiários e a gestante, a relação desta com a criança e a relação daqueles com a criança (Otero, 2012, p. 84).

Se estes avanços permitem às pessoas cumprir o desejo de ter um filho, este fim — em si altamente defensável — pode não justificar o que se sacrifica para o atingir. Se considerarmos neste ponto o modelo de Intemann da «*Social Justice Standpoint*», que encara «*[...] science as a vehicle for correcting past and current injustices and providing us with the knowledge and tools for ensuring that historically marginalized communities also have the opportunity to be healthy and flourish*» (Intemann, 2021, p. 211), encontramo-nos numa visão de hierarquia valorativa crítica que analisa os sistemas de poder, opressão, injustiça numa condução para uma atuação científica mais justa. Isto é, um sistema que não conduza à manutenção ou agravamento de desigualdades, injustiça, marginalização, mantendo a integridade científica, ainda que impregnada com um teor valorativo.

O próprio conceito de justiça reprodutiva [1447] implica a proteção da saúde reprodutiva [1448] e dos direitos das mulheres, um direito humano de manter a autonomia pessoal, de ter filhos/as, ou não ter, e de exercer a maternidade num ambiente saudável. Esta dimensão social foi introduzida considerando as iniquidades estruturais que afetam as diferentes nações, quer globalmente, quer internamente, erigindo-se muitas barreiras no que tange ao exercício dos direitos reprodutivos, seja pela falta de meios, seja pelas restrições sociais e familiares, limites de acesso a cuidados de saúde ou recurso a técnicas de PMA. Quanto a estas, importa cuidados médicos adequados e recursos, não só económicos, mas também socioculturais. O conceito de justiça reprodutiva tem sido recorrentemente usado na gestação de substituição considerando-a um revivalismo pós-colonial entre o norte e o sul.

Ultrapassando a perspetiva do direito à reprodução [1449], a justiça reprodutiva [1450], [1451] centra-se numa análise interseccional «*[...] that recognizes the multiple factors that impact peoples lifes. It conceptualizes reproductive choices and decisions by including*

[1447] Termo introduzido depois da United Nations International Conference on Population and Development in Cairo, Egypt (UNFPA, 1994).

[1448] Por exemplo, em matéria de direitos reprodutivos, a General Recommendation n.º 24, no § 17, prevê que «*The duty to fulfil rights places an obligation on States parties to take appropriate legislative, judicial, administrative, budgetary, economic and other measures to the maximum extent of their available resources to ensure that women realize their rights to health care*» (UN Committee on the Elimination of Discrimination against Women, 1999).

[1449] Num modelo de direitos civis que prioriza a liberdade de escolha e, portanto, inclui o direito à IVG.

[1450] Que deu origem a um movimento promovido, desde logo, pela SisterSong, um grupo feminista de Atlanta, nos EUA, com o mote «*Doing collectively what we cannot do individually*». O grupo apresentou as suas ideias junto das conferências da ONU, como a Conferência de Nairobi de 1985, a Conferência sobre População e Desenvolvimento do Cairo de 1994 e a Quarta Conferência Mundial sobre Mulheres de Pequim de 1995 (Luna, 2020, p. 61). A missão do grupo e dos outros que atuaram e atuam neste âmbito é dar voz às mulheres indígenas e negras para alcançar a justiça reprodutiva assegurando os seus direitos humanos.

[1451] Cujo conceito resulta da equação «*reproductive rights + social justice = reproductive justice*» (Ross & Solinger, 2017, p. 65).

intersecting economic, social and political forces that shape the lives of women, their families and their communities» (Generations Ahead, 2017, p. 278). A Generations Ahead suscita o problema de as tecnologias da reprodução constituírem uma nova forma de agravar as iniquidades, sobretudo em relação às mulheres negras e indígenas que não só têm menos acesso às novas tecnologias da reprodução, como se veem em situações que potenciam alguma forma de exploração — são estas que estão no lado mais fraco por serem as mais vulneráveis [1452], [1453].

Esta perspetiva visa explicar como é que as pessoas exercem a sua capacidade reprodutiva considerando diversos fatores incluindo a raça e o género, atingindo-se a justiça reprodutiva quando as pessoas tenham os meios e os recursos para tomar decisões saudáveis sobre, nomeadamente, a sua reprodução. Esta visão permite que as decisões sejam tomadas com base não só na perspetiva da liberdade individual, mas também considerando os aspetos sociais que suscitam, direitos humanos em geral e a responsabilidade partilhada à qual estamos adstritos para com a geração futura e o legado que queremos deixar.

A justiça reprodutiva foi cunhada por Loretta Ross e Rickie Solinger foi reapresentado no livro de 2017, sendo um enquadramento para um certo ativismo feminista sobre a reprodução que inclui o direito a ter, ou não ter, filhos e o direito a criar um filho num ambiente seguro e sadio, isto é, um contexto digno para todas as pessoas exercerem um dos seus direitos mais fundamentais. Claramente associada aos direitos humanos, a justiça reprodutiva implica obrigações negativas e positivas a cargo do Estado no sentido não só de não se imiscuir na liberdade e autonomia individuais, mas também de assegurar os meios para que o direito humano seja integralmente atingido por todos (Ross & Solinger, 2017).

Considerando a interseccionalidade [1454] referida e a questão da raça e classe social associada à reprodução, além do género, as feministas negras que tivemos oportunidade de analisar cunharam o termo da *dignidade reprodutiva*, que não depende unicamente de fazer escolhas, ou boas escolhas. Esta escolha estava, pelas feministas brancas, maioritariamente associada a prevenir a maternidade, mas deve também ser vista na opção de ter uma criança num quadro de dignidade e segurança reprodutiva que depende «*[...] on having resources to get good medical care and decent housing, to have a job that paid a living wage, to live without police harassment, to live free of racism in a physically healthy environment*» (Ross & Solinger, 2017, p. 56) [1455].

[1452] Além do facto de, se introduzirmos a questão da *human enhancement*, podermos até colocar novas formas de racismo considerando que, se estas mulheres têm menos acesso a estas tecnologias, há uma certa forma de eliminação.

[1453] Fala-se nesta perspetiva do biocolonialismo.

[1454] Conceito importante, já que a justiça reprodutiva constitui a interseccionalidade entre as políticas reprodutivas por forma a alcançar direitos humanos.

[1455] Isto implica obrigações positivas a cargo do Estado nesta perspetiva para que os indivíduos possam, de facto, exercer a sua liberdade e escolher — a garantia da escolha. Os ativistas da justiça

Também no âmbito da bioética os movimentos feministas têm criticado esta corrente liberal de encarar a relação médico/a-paciente. Ainda que sendo o ser humano um fim em si mesmo e que a sua determinação e autonomia se possam revelar primordiais, a verdade é que, por um lado, os diferentes princípios associados à tomada de decisão médica [1456] podem entrar em conflito com a própria decisão individual, nomeadamente considerando pacientes mais vulneráveis. Por outro lado, há quem sustente que interesses comuns podem ter de ser considerados. As relações interpessoais não são suscetíveis de ser afastadas do debate sem «[...] algum processo comunitário e partilhado de compreensão» [1457], até porque há alguns afloramentos das questões que só poderão ter, ou terão, algum impacto, no todo ou em parte, numa visão do coletivo (Wolf, 1996, pp. 16-17), enquanto sociedade e o que esta visa, ou a forma como cada um(a) se revê, ou espera ser visto/a, pelos outros/as. Uma perspetiva feminista tem a vantagem de integrar na avaliação particulares estruturas de domínio que seja eticamente necessário valorar numa apreciação global e multidimensional da questão.

Ainda que o princípio norteador seja a autonomia e a autodeterminação, o direito de atuar sobre o próprio corpo e a liberdade de decisão, expurgada de qualquer coação, a decisão deve ser eticamente direcionada. Numa expressão muito em voga, a decisão tem de ser não só livre, mas também empoderada. Se é verdade que cada indivíduo é considerado um centro de decisão, não é despiciendo considerar que tem necessariamente uma interdependência com o seu contexto e os efeitos que da sua decisão resultam. Se a escolha e autonomia são elementos essenciais, é necessário que a decisão tomada tenha também subjacente o conhecimento e opções/escolhas que permitam decidir em sentido contrário. De facto, embora o que está em causa na ética médica seja a relação médico/a-paciente, há uma esfera que ultrapassa este domínio *privado*. Num domínio (também) público que inclua aspetos sociais em que uma perspetiva feminista — recorrendo às palavras de Dorothy Roberts — amplia a ética médica considerando políticas de relação entre a prática da medicina e a ordem social (Roberts, 1996, p. 121).

Além do mais, não podemos desconsiderar que o discurso ético encontra diferenças culturais, sociais, religiosas ou geográficas [1458]. Sem este domínio encontramos um individualismo possessivo desencontrado da relevância social dos efeitos das suas decisões, como refere Laura Purdy quando conclui que nesta matéria «*[...] people's*

reprodutiva recorrem inclusivamente à Convenção das Nações Unidas para a Prevenção e Punição do Genocídio, no sentido da «opressão reprodutiva» caracterizada pela imposição de medidas que impedem nascimentos ou transferem crianças de um grupo para outro (Ross & Solinger, 2017). Um sistema que envolve opressão reprodutiva baseada na raça, género, idade, classe, entre outros.

[1456] Princípios da beneficência, não maleficência e justiça.

[1457] «*[...] without some community process and shared understanding*», no texto original.

[1458] Que a globalização e os avanços tecnológicos impulsionaram para uma nova transição demográfica.

whole lives enter the picture» [1459] (Purdy, 1996, p. 164). Aceder à gestação de substituição não deve ser garantido sem assumir as externalidades do negócio, incluindo, na visão de muitas destas feministas, a perpetuação de estereótipos e uma nova forma de perceção patriarcal da família e da aceitação de que há úteros pobres à venda (Srivastava, 2021, p. 147).

Este processo de decisão individual depende do próprio processo de socialização, isto é, ainda que a análise da questão possa, tanto quanto possível, assentar em princípios (éticos) universais, a atuação e implementação implicam também uma valoração local, considerando que os parâmetros, necessidades, problemas e efeitos têm impactos distintos. Aqueles princípios, porque universais, podem conduzir a injustiças e fomentar desigualdades localmente. Se pensarmos num *feminist standpoint*, as decisões, sem que essas considerações sejam tomadas, podem fomentar o agravamento dos fatores de opressão de um dos grupos em relação ao outro, já *per se* dominante, promovendo as assimetrias e iniquidades, ainda que assente em decisões baseadas em princípios universais que, sendo homogéneos, podem não considerar ou admitir uma visão *down-top*.

A própria ideia de justiça é apreciada criticamente por feministas que sugerem que qualquer apelo que a bioética faça a imperativos de justiça, deve ter necessariamente em consideração o contexto e as formas possíveis de opressão. Deve, portanto, ser sensível ao contexto. Por exemplo, Susan Moller Okin invoca que os princípios de justiça [1460], considerados em abstrato, sem detalhes concretos, são desadequados e perpetuam as próprias injustiças.

Tomemos o exemplo suscitado por Okin, no caso decidido em 1976 no Supremo Tribunal dos EUA sobre a cobertura de seguro em relação a patologias decorrentes da gravidez (General Elec. Co. v. Gilbert, 1976). Neste caso, o tribunal superior considerou que os empregadores podiam excluir as patologias decorrentes da gravidez dos planos de seguros decorrentes de doenças e acidentes [1461] sem qualquer censura

[1459] Entendemos a ideia de que as pessoas podem alcançar uma vida produtiva, económica e socialmente.

[1460] Sendo um dos princípios bioéticos apresentados por Tom Beauchamp and James Childress, no seu *Principles of Biomedical Ethics* (além de autonomia, beneficência, não maleficência) e aplicável ao consentimento informado. Este princípio de justiça foi «emprestado» de John Rawls, a autonomia de Kant, a beneficência de Mill e não maleficência de Gert, conforme Rosemarie Tong invoca, recorrendo ao pensamento de K. Danner Clouser e Bernard Gert, que, no seu artigo publicado em 1990 no *Journal of Medicine and Philosophy*, «A Critique to Principlism», introduziram o termo «*principlism*» (Tong, 1996, p. 68). Aqueles autores são fortemente criticados por constituírem unicamente raciocínios *top-down*, sem curar perspetivas mais casuístas, de paradigmas particulares e de contextos concretos, como muitos *casuists* proclamam (Tong, 1996, p. 69).

[1461] Dois anos mais tarde, o Congresso, que não seguiu esta linha de orientação, aprovou o Pregnancy Discrimination Act de 1978 e em 1993 o Family and Medical Leave Act. A legislação pode ser consultada em https://www.dol.gov/agencies/oasam/civil-rights-center/internal/policies/pregnancy-discrimination e https://www.dol.gov/agencies/whd/fmla, respetivamente (consultados em 27 de março de 2018).

decorrente da discriminação pela exclusão. O Supremo Tribunal considerou que não era uma questão que punha homens e mulheres em campos opostos, pelo que não havia qualquer discriminação, já que, de facto, o que entendeu estar em causa era a distinção entre «*[...] pregnant women versus nonpregnant persons*» (Cohen, 1977, p. 223). Desta forma, não existiria nenhuma discriminação em razão do sexo, uma vez que, nos termos da conceção do tribunal, tal discriminação só aconteceria quando todas as desvantagens se impusessem em pessoas de um sexo e as vantagens em pessoas de outro sexo, o que não se verificava no caso em concreto.

Este caso ilustra os limites do possível. Mais do que uma igualdade legal formal, o que se impõe é que, em cada caso, seja feita justiça, suscitando Okin que os «*elderly male justices*» se colocaram, e colocaram a questão, numa posição de serem ou não «pessoas» grávidas, mas que é bem diferente de se colocarem, e colocarem a questão, na posição de «mulheres» grávidas (Okin, 1989, p. 102) [1462]. Tomar os participantes de forma neutra ou homogénea é desconsiderar as concretas vicissitudes, como o impacto das decisões num determinado contexto, que não é só da vida privada dos participantes; também tem repercussões públicas [1463], [1464].

[1462] Questão distinta é a tese, defendida por Okin, de uma «*genderless family*», no sentido de ser uma forma de conduzir à igualdade de oportunidades (Okin, 1989, p. 180 e ss.).

[1463] Se considerarmos, por exemplo, o impacto que a gestação de substituição tem na Índia no que tange às gestantes. Independentemente de podermos concluir que o consentimento é livre e esclarecido, e se até desconsiderássemos o contexto em que tal consentimento é prestado e o impacto dos efeitos de tal decisão num determinado grupo (de oprimidos), não seria despiciendo considerar, indo ao encontro desta perspetiva da esfera privada, que a gestação de substituição é considerada *dirty work* (trabalho sujo), encontrando um paralelo com a prostituição. Como analisámos no capítulo sobre a *surrogacy* na Índia, recorrendo ao estudo de Pande que introduziu o conceito de *sexualised care work* para descrever este novo tipo, no qual a gestação de substituição comercial se inclui, de trabalho de reprodução, que, embora numa perspetiva de trabalho de cuidador, é estigmatizado pela sociedade, segundo a autora, pelos paralelos que suscita na imaginação coletiva com a prostituição (Pande, 2009, p. 142), «*Indeed, being a surrogate mother in India is sometimes considered tantamount to rendering sexual services. Social stigmatization doubtlessly impacts the psychological health and social function of surrogate mothers. Intending mothers can be stigmatized as well, as the role of women is often strongly associated with motherhood. Not becoming a mother in general may therefore also result in stigmatization. The above concerns pertain to the physical and mental health of both surrogate and intending mothers*». (Czubik, 2019, p. 520). Não é, portanto, uma verdadeira *win-win situation*. Ainda que muitas vezes seja assim difundida pela comunicação social, a Our Bodies Ourselves recordava, a título de exemplo, um programa de Oprah Winfrey sobre a jornada de um casal americano em busca do seu filho na Índia e como era um exemplo de «*women helping women*» (Chatterjee, Whelan, & Our bodies, 2017, pp. 229-230).

[1464] Abolir a família era uma proposta de Platão (em *A República*) para uma proposta de igualdade (Walzer, 1983, p. 229). As crianças são criadas em comunidade, e as «*[...] women, freed from their roles as the reproducers of heirs, are able to participate equally in all the domains of social and political life*» (Weiner, 1995, p. 408).
«— O mais velho terá a incumbência de mandar em todos os mais novos e de os castigar.
— É evidente.

Esta visão multidimensional de expor o problema é, sem dúvida, apelativa e necessária e permite que a avaliação ética, mormente ao nível da gestação de substituição, tenha em consideração estes padrões de efeitos dos «grupos» que no negócio estão representados, não só a cada caso concreto, mas também numa visão coletiva, social e de verdadeira decisão de políticas de correção de assimetrias para a qual a prática pode não contribuir.

O controlo sobre a capacidade reprodutiva — se considerarmos esta perspetiva que inclui as desigualdades entre quem contrata e quem é contratado — revela que este é, no limite, um privilégio de alguns, de quem pode pagar por ele. A questão da liberdade e concretamente da liberdade reprodutiva nesta nova dimensão relaciona-se, tal qual a questão dos métodos contracetivos ou do aborto, com o acesso a serviços de fertilidade, que tem, também, o constrangimento dos meios, dos recursos e das oportunidades, o que pode implicar que muitos não consigam exercer a denominada *procreative agency* (Twine, 2015, p. 80).

A gestação de substituição suscita, como descrito, inúmeros problemas, incluindo aqueles decorrentes do estatuto socioeconómico, substancialmente distintos, entre a gestante e os beneficiários e, nomeadamente na vertente comercial, essa assimetria potencia situações de exploração e injustiça. Francis assume que não é errado ser compensada pela gestação, desde que ocorra «*[...] in a context in which she is adequately protected. Such sales need not interfere with her liberty, her integrity, or her ability to lead a meaningful life if they are structured in ways to protect her adequately*» (Francis, 2017, p. 402).

Todavia, críticos da compensação como Dickenson ou Margaret Jane Radin ou Elizabeth Anderson argumentam que as situações de exploração da mulher e a relação íntima associada são inconsistentes com a compensação, coisificando a mulher. Ou, como Radin, suscitam que a gestação de substituição é uma forma errada de vender o direito sobre a criança — ainda que possa não ser uma venda da criança, o direito sobre ela, a cuidar dela e a criá-la é errado (Dickenson, 2017; Radin, 1987; Anderson E., 1990).

Okin, por sua vez, coloca a ênfase nas consequências que o contrato de gravidez impõe às crianças (Okin, 1989) ou que estas nunca possam ser vistas como mera coisa objeto de qualquer negócio (Satz, 2010, p. 124). Como refere Ekman, além disso, parece ainda revelar-se a decomposição do todo em partes e que as partes fazem o todo que é o ser e algumas são fungíveis — «*[...] [a] division of the Self and the body, person and function, mother and child, soul and sexuality*» (Ekman, 2017, p. 303).

— É também manifesto que quem é mais novo não tentará, a menos que os chefes o ordenem, exercer violência em quem é mais velho, nem bater-lhe, como é natural. Sei que, de resto, não hão-de menosprezá-los, porquanto têm dois guardas suficientes para lhes pôr obstáculo, o temor e o respeito — o respeito, que os impede de tocar neles, como se fossem pais, e o temor que os outros venham em socorro da vítima, uns como filhos, outros como irmãos, outros como pais.» (Platão, p. 465a)

O que é certo é que, seja como for, o corpo da mulher e as suas capacidades reprodutivas, vendo a mulher em partes transacionáveis e não como um todo, tornaram-se, uma vez mais, numa forma de capital. A questão sobre a regulação não deixa de ser complicada, nomeadamente quando associada ao terreno pantanoso da ciência ao serviço do capital, isto é, quais os interesses e quem beneficia dessa regulação, podendo criar-se ainda o risco de o discurso dominante no hemisfério norte dar causa a novas formas de desigualdade e agravamento de estereótipos em relação ao hemisfério sul, sobretudo, ou de quem vem dessa geografia.

Não obstante, a necessidade de encontrar um compromisso entre os direitos das mulheres, a sua saúde e dignidade, mantendo um discurso que advogue a favor da autonomia efetiva, parece só encontrar lugar através de um processo estratégico de regulação. A regulação implica que o público reclame a sua voz no processo. E esta temática não pode ser afastada de uma visão social mais ampla. Contudo, como Sarah Sexton enfatiza, a verdade é que a reprodução e a biologia feminina «*[...] become highly desirable and valuable commodities, but it is essential to locate them in their embedded contexts*» (Sexton, 2014, p. 56).

Limitar acesso a técnicas de PMA porque estão mais acessíveis a ricos do que a pobres é uma política de inveja e que pauta as expectativas por baixo. O que pode e deve haver é a possibilidade de tornar as desigualdades esbatidas quando o argumento é (só) dinheiro. Se há necessidade de avaliar a equivalência das posições das partes, esta faz-se *ex ante* e nos mecanismos de regulamentação da lei que admita o contrato que tem, evidentemente, essa assunção como pressuposto. Ou seja, as partes estarem em igualdade de circunstâncias sem qualquer situação de fragilidade para qualquer uma delas é o pressuposto de qualquer negócio. Caso haja qualquer necessidade corretiva — como acontece em tantos outros casos, como em matéria laboral ou de consumo —, esta deve ser determinada na regulamentação da lei e não pode estar, em nosso entender, em processos de paternalismo exacerbado do legislador, protegendo as pessoas de si próprias, limitando a sua liberdade, numa perspetiva de quase inimputabilidade sobre os factos que praticam.

No denominado «modelo profissional» que defendem Ruth Walker e Liezl van Zyl, não é sustentado um modelo altruísta, nem um modelo comercial. As professoras admitem o pagamento, considerando que, tal como noutras profissões que implicam que sejam prestados cuidados e atos de carinho, como a enfermagem, ação social ou outras análogas, o valor que as mulheres recebem pelo seu trabalho não afasta as motivações «altruístas» que as levaram a escolher aquela profissão (Walker & Zyl, 2017). Defendem uma estrutura profissional em que as clínicas têm de ser licenciadas, os profissionais com atividade regulada e ligados a códigos de ética, as gestantes estão registadas e recebem pelo seu serviço, estando protegidas e mantendo a sua autonomia, ainda que, em qualquer caso, não sejam estas nunca consideradas as mães das crianças, mas sim os *intended parents* (Walker & Zyl, 2017).

O modelo avançado por Liezl van Zyl e Ruth Walker (2015) serve como alternativa a uma gestação altruísta, mas também sem entroncar numa vertente comercial desta técnica. Tal como as autoras defendem, este modelo profissional comporta a possibilidade de ser ajustado um pagamento de uma compensação à gestante que ultrapasse o valor das despesas; um efetivo pagamento do serviço prestado por esta, que suporta uma gravidez por conta de outrem. Configura-se, assim, um contrato complexo, que dura por um período de tempo, com uma obrigação de meios a cargo da gestante, tendo em vista o nascimento de uma criança de outrem. Este contrato tem de ser acompanhado por um grupo profissional e acreditado, sendo que a escolha da gestante tem de ser garantida pela prestação de toda a informação sobre direitos e responsabilidades para que seja dado um consentimento informado e livre com o escopo de afastar o risco de exploração.

O busílis da questão não está, para nós, no pagamento à gestante que, como assinalámos, ultrapassado o paradigma da adoção, nos pareceria aceitável se configurássemos a questão como uma forma de prestação de serviços ou de trabalho em que alguém disponibiliza o seu corpo para o prestar. No entanto, como referimos, para nós, a gestante está também ela a atuar ao nível dos direitos reprodutivos e, por isso, com uma significação ético-jurídica. Isto é, ainda que não esteja a exercer os direitos reprodutivos para procriar, está a usá-los para outros/as o fazerem. Porém, seja como for e seja qual for a sua intenção e independentemente de esta mulher ser ou não considerada legalmente a mãe da criança, o exercício desta liberdade tem influência direta na identidade da criança. Esta mulher, sendo ou não considerada mãe, tem para si, e principalmente para a criança, um dos elementos típicos da maternidade e, por isso, insuscetíveis de integrar o objeto do negócio. Desta forma, mesmo que não acompanhando o denominado modelo profissional de Liezl van Zyl e Ruth Walker [1465], reconhecemos que tem a vantagem de, com o nascimento, os beneficiários serem legalmente os pais da criança. Não se manifesta, assim, qualquer necessidade de transferência de direitos ou sequer a possibilidade de revogação do consentimento por parte da gestante.

Porém, encontrar a mãe e/ou o pai que legalmente devem ser reconhecidos como tal é uma coisa, mas outra diferente é que não podemos desconsiderar que a desconstrução dos diversos critérios que, numa perspetiva tradicional, se encontravam numa única pessoa, estão agora, com a gestação de substituição, dispersos por mais do que uma mulher, sendo que cada uma assume um papel determinante na existência e na própria identidade pessoal da criança. Por isso, o percurso que implica o desejo, a conceção, a gravidez, o nascimento e a vida de uma criança não é estático;

[1465] Afastamo-nos, portanto, do modelo proposto por Millbank (2014), que, embora se afaste do paradigma da adoção, comunga com este no exercício de manifestação de vontade por parte da gestante após o nascimento da criança para que se cumpra o contrato de gestação de substituição.

é, pelo contrário, dinâmico e implica principalmente a maleabilidade de a cada momento se dar maior ênfase a um ou outro critério.

Não sufragando um modelo profissional, ou sequer remunerado, a verdade é que esta visão permite aflorar um importante elemento em nosso entender de «ética relacional», em que:

> «*Each person is the centre of their own decision-making, but is at the same time related to others on different levels (family, social groups, society, etc.). This involvement in relationships influences individual decisions and embeds an understanding of justice in the context of human interaction.*» (Jenny Gunnarsson Payne, 2020, p. 2)

Assim, estamos em crer que não é despiciendo considerar que este bem-estar positivo de cada um também entronca, mais do que o ser humano no seu eu, um ser socialmente integrado [1466].

No âmbito que aqui analisamos, e trazendo este afloramento para a gestação de substituição, o que para nós é relevante é o desafio que esta matéria pode causar em relação aos seus efeitos nos próprios sujeitos —ainda que se possa afirmar que a sua decisão é livre e esclarecida —, mas também na perspetiva de grupo, num fator (mais um) que contribui, ou pelo menos não ajuda a esbater, para as assimetrias quanto a homens e mulheres, mormente, neste caso, a perpetuação da mulher como a «reprodutora». A mulher como aquela que serve para ter filhos/as, entroncando-se num estereótipo de função social tipicamente associada a mulheres «como os vasos da reprodução que recebem a semente do homem».

Estabelecer um enquadramento de justiça reprodutiva implica, desde logo, que se tenha em consideração o contexto das partes. A gestação de substituição não poderá — como muitos críticos sustentam — ser uma nova forma de discriminação e colonialismo. Este contexto implica que as partes atuem de forma livre, esclarecida e informada. Trata-se de assegurar os direitos reprodutivos de todos os intervenientes e o estabelecimento do *iter* contratual, que em momentos distintos, com vicissitudes e direitos diferentes, apresentam colorações distintas e, por fim, findo o contrato, a teia relacional que se pode e deve manter entre todos os intervenientes em prol dos direitos da criança e do seu superior interesse.

[1466] Do próprio preâmbulo da constituição da OMS radica a ideia de que da aceitação dos princípios descritos os Estados devem promover a saúde dos seus cidadãos, mas também dos outros povos, fomentando relações intergovernamentais entre os Estados. De facto, no preâmbulo refere-se que situações de desigualdade no acesso à saúde implicam um risco e, por outro lado, a saúde das pessoas é essencial para atingir paz e segurança, impondo-se um esforço de cooperação entre as pessoas e os Estados, sendo a opinião informada e a ativa cooperação do público da máxima importância para melhorar a saúde das pessoas (World Health Organization, 1948).

Em nosso entender, o que é essencial é que, quando gestação de substituição ocorra, se desenvolva num contexto em que seja garantido o efetivo livre exercício dos direitos da gestante. O contexto em que a gestação de substituição se desenvolve é, por isso, essencial para determinar que aquele livre exercício seja, em abstrato e em concreto, garantido [1467].

Um discurso que assente na dignidade da mulher e na proteção contra situações potenciais de exploração, de degradação, é para nós um discurso que assenta numa proteção das mulheres assente numa vitimização destas e da necessidade de as proteger contra si próprias. O que é não só perigoso, como um retrocesso nos direitos das mulheres. As decisões das mulheres e dos seus desejos são assuntos relevantes para si e sobre os quais, particularmente numa ótica de proteção de vítimas, mais ninguém do que a própria deve e pode opinar e decidir.

Centrada na dignidade, a autonomia individual implica o respeito por todos os seres humanos e pelas suas decisões, racionais; implica reconhecer-lhes liberdade e nada fazer sem o seu consentimento. As pessoas têm dignidade e valor intrínseco, não sendo meios para propósitos de outrem (Newton, 2013, p. 27). É um pressuposto «[...] *d'ordre éthico-juridique. Et c'est justement cette dimension normative qui fonde le caractère inconditionnel de sa dignité, autrement dit de l'obligation de la traiter en toute circonstance comme une fin en soi*» (Sève, 2006, p. 48).

Não negamos que o argumento associado à prostituição é intenso — a manipulação dos corpos e a respetiva alienação. Ser mulher e prostituta conduz a estereótipos de comodificação que tiveram respaldo na lei e decisões jurisprudenciais. Um dos casos indicados como marco deste discurso é o caso R v. Linekar, em que o tribunal analisou a situação de um homem que teve sexo com uma prostituta e não lhe pagou. A mulher exigia o pagamento adiantado e a utilização de preservativo. O tribunal considerou que neste caso havia fraude e não violação, já que, para esta, o que conta é a ausência de consentimento e não revogar o consentimento.

Mas talvez o caso mais sintomático seja o caso R v Gary Lee Cole and Stephen Kevin Barik. Neste, depois de a prostituta ter sexo com um cliente, foi raptada por este e um amigo e violada por ambos. O tribunal considerou que o sofrimento da prostituta em caso de violação é menor do que em relação a outra mulher já que aquela está preparada para ter sexo com qualquer homem a troco de dinheiro. O que queremos ilustrar com estes dois casos é que o discurso legal e jurisprudencial é, ele próprio, reflexo de um pré-conceito, e transmite efeitos e consequências que são, elas próprias, e isso sim, uma forma de reificação da mulher. Anne Cahill alega que usar o corpo pode não ser uma forma de reificação, mas sim redução do sujeito a um mero reflexo das necessidades e desejos de outros (Cahill, 2011, p. 117 e ss.).

[1467] Por exemplo, incluir a gestação de substituição forçada — comercial ou não — explicitamente como forma de tráfico de seres humanos (Rotabi & Bromfield, 2012, p. 137).

Além do mais, e sem falsos moralismos, tratamos de coisas distintas — a liberdade sexual é diferente da liberdade procriativa (Damelio & Sorensen, 2008, p. 270) e proibir ou limitar esta última implica liberdade, implica rejeitar o poder que a mulher tem para decidir sobre a sua vida privada e a conformação da sua vida familiar ou da sua contribuição para a vida familiar de outrem, protegendo-a dela própria.

Os direitos das mulheres evoluíram muito no último século e muito se deve ao trabalho das feministas. A evolução hoje, quanto a nós, está também em assumir que o reduto último da maternidade, a gestação, apesar de fazer parte da identidade da mulher, não é sacrossanta, não é exclusiva, nem deve ser usada para definir a mulher. O contexto da gestação de substituição é o elemento-chave em que se desenvolve a relação de exercício do direito reprodutivo e da liberdade de escolha, em que a mulher-gestante assume a sua identidade resistindo a qualquer manipulação do corpo e do seu ser, consciente de si e da sua pessoa.

Admitimos que as leituras que se podem fazer da gestação de substituição podem ir ao encontro do que muitas feministas assumem, isto é, uma forma de apropriação da dimensão (feminina) da maternidade. No entanto, não só a biologia não define a mulher, como a imposição dessa dimensão é, essa sim, quanto a nós, uma leitura patriarcal de proteção da mulher contra si própria. A era da PMA e o contexto específico da gestação de substituição e do que ela representa implicam necessariamente que o que agora é controlável pelo ser humano passe também a integrar a esfera de liberdade de cada uma, da liberdade de exercício do direito reprodutivo e da liberdade de escolha. Não é moralmente reprovável afastar a gestação da típica e tradicional conceção de maternidade nem, para nós, uma despersonalização da mulher e da sua identidade-também-mãe. Esta — é certo — erosão do conceito tradicional de maternidade faz-se pelo reconhecimento dos direitos reprodutivos, incluindo os da gestante, ainda que para esta sejam exercidos para não ter um(a) filho/a.

Ademais, a demanda para ter filhos/as geneticamente relacionados com os pais/mães não é uma preocupação masculina; é um instinto animal também de mulheres. A gestação de substituição permite que homens e mulheres, ou ainda quem não se identifica com esta divisão binária, e independentemente da sua orientação sexual, consigam — o que a ciência agora permite — ter um(a) filho/a seu/sua. A autonomia da mulher e o legítimo interesse de a espécie se reproduzir tendo filhos/as geneticamente relacionados/as consigo devem ser escutados, por serem legítimos e dignos de tutela na mais elevada expressão dos direitos das pessoas, nos seus direitos humanos. A gestação de substituição permite a diversidade funcional da derivação biológica estendendo o exercício dos direitos reprodutivos a mais pessoas. À margem de preocupações mercantilistas, a gestação de substituição permite manter a expressão de solidariedade relacional que na reprodução é característica, isto é, uma relação de cuidado que todos têm uns com os outros e, sobretudo, com a criança, ainda que não imponha a maternidade a quem não é, de facto, mãe, apesar de ser a gestante.

6. Posição Adotada

O nascimento, a morte ou a sexualidade sempre constituíram importantes factos inerentes à própria natureza humana com expressiva relevância cultural, social, moral, ética e política. A sociedade atribui-lhes um valor simbólico que as conforma(va) em categorias legais antropológicas. A biotecnologia, como tivemos oportunidade de aludir, imprimiu-lhes uma reconfiguração e um reposicionamento biotecnológico que pressiona a sociedade a alterar as suas estruturas valorativas em relação àqueles factos e respetivas categorias normativas.

Além disso, como descrito por Michel Foucault, o biopoder desenvolveu-se centrando-se sobre o corpo como máquina, as *disciplinas anátomo-políticas do corpo humano*, desde o crescimento das suas funções ao seu adestramento e exploração, integrando-as em sistemas de controlo económicos e, mais tarde, em intervenções e controlos reguladores de uma biopolítica da população. Há uma nova forma de poder sobre a vida das pessoas. O corpo como espécie, como suporte de processos biológicos, tendo em conta a sua vida, saúde e longevidade. O homem aristotélico, ou seja, um animal vivo, passou a ser um animal na política «[...] do qual a sua vida de ser vivo está em causa» (Foucault, 1994, pp. 141-145).

Ainda que não desconsiderando estes vetores, pelo contrário, a verdade é que a família é uma instituição nuclear da sociedade. Nela, pais, mães, filhos e filhas criam relações de interdependência que permitem o desenvolvimento de todos/as, mas em particular dos descendentes, da sua identidade pessoal e relacional e do seu valor enquanto seres humanos. Contudo, se a família é um elemento importante, para não dizer essencial, para o sadio desenvolvimento das crianças, também os/as pais/mães, de acordo com o projeto de vida de cada um(a) — com a constituição da sua família — se completam enquanto pessoas e membros da sociedade.

A definição de maternidade está/estava tradicionalmente ligada a um critério biológico associado à gestação e ao parto, mas a reprodução biológica perdeu o monopólio da reprodução e, agora, quando determinamos a maternidade, já não podemos/devemos reconduzir a maternidade a um critério gestacional — pelo menos sem outras análises —, porquanto pode não ter subjacente o que tradicionalmente integrava, a ligação genética e causal típicas da produção da descendência. Porém, se as diversas técnicas de procriação assistida permitem «vencer» a infertilidade e muitas das angústias de não poder ter filhos/as, há quem suscite a impossibilidade científica de recriar a relação entre uma mãe e o seu/sua filho/a já que é algo «*[...] de très particulier que la science et la technique ne pourront jamais recréer, en dépit d'une certaine tendance à traiter le corps féminin comme un simple récipient*» (Marzano, 2002, p. 110).

No que tange à maternidade, a gestação de substituição pressiona a própria noção *maternal* que lhe está associada para a neutralizar num conceito *geral* de parentalidade que pode nem incluir uma mãe. Este branqueamento da figura materna e a decomposição deste papel parece pôr em causa a própria identidade-mulher-também-como-mãe, como muitas das feministas aludem, e coloca-o de forma expressiva na doutrina social da Igreja que enfoca a necessária componente relacional. Nesta dimensão, a (alegada) divisão do ser da mulher e das suas funções biológicas únicas de conceber e dar à luz uma criança torna a mãe fungível e reifica-a. Como tem sido exposto pelos críticos em relação à gestação de substituição, um verdadeiro atentado à dignidade humana. Uma aparente liberdade para as mulheres que, *in extremis*, representaria mais um momento de servilidade [1468].

A temática ganha novo fôlego em todas as situações em que o contrato de gestação de substituição é oneroso. Mas será assim? Será a isto que a gestação de substituição dá causa? Na verdade, entendemos que não, pelo menos não em toda a extensão que o conceito pode assumir. Se, como já tivemos oportunidade de assumir, a gestação de substituição encontra o seu fundamento sobretudo no direito a constituir família, numa dimensão em que o direito a procriar encerra em si a possibilidade de recurso às capacidades reprodutivas de outrem [1469], entendemos, agora noutra perspetiva, que qualquer pessoa é livre para tomar as suas decisões, é autónoma, incluindo em matéria de procriação, ainda que seja para outrem. É o reconhecimento da pessoa humana como centro decisório, livre e autónomo que se autodetermina [1470].

Discutir eventuais direitos implica falar em dignidade (Raymond, 1989, p. 63). É inegável que a dignidade da pessoa humana, como se entende, enquanto princípio ou valor universal, intangível, inalienável, vincula o Estado a atuar para promover, numa aceção de garantia de liberdade, autonomia e bem-estar, ainda que se possa entender também numa vertente de solidariedade entre as pessoas, como as que resultam por exemplo no dever de respeito mútuo. O próprio conceito de humanidade «*[...] obliges us to take the we-perspective from which we perceive one another as members of an inclusive community no person is excluded from*» (Habermas, 2008, pp. 55-56).

Da dignidade resulta um princípio aglutinador no discurso dos direitos humanos. Como o filósofo francês Jacques Maritain comentava durante a redação da DUDH, todos concordavam com a lista de direitos a introduzir na Declaração Universal, mas com uma única condição: que ninguém perguntasse porquê. No porquê residia o início de todos os desentendimentos (Maritain, p. 9) [1471].

[1468] «*EU assistance actions are implemented on the basis of Articles 208 to 211 TFEU, of the principles of mutual cooperation between the Union and interested countries and international organizations. Examples of the European Union's commitment in international relations with regard to the protection of women are its efforts to reduce inequalities, promote gender equality and social protection (point 2.2 of the Commissions Green Paper of 2010 "Growth for human development") and its strategies for social inclusion (point 3.1 of the Commissions Green Paper of 2010)* (Sokołowski, 2019, pp. 595-596).

[1469] Conforme resulta do capítulo III.

[1470] Nos termos do reconhecimento do direito ao desenvolvimento da personalidade do art. 26.º, n.º 1, da CRP.

[1471] Não significa isto que os direitos humanos, como chama a atenção Niederberger, não possam ser usados estrategicamente ou usados de forma abusiva, mesmo constando de textos legais e com instituições que os protegem (Niderberger, 2014, p. 92).

O princípio da dignidade da pessoa humana permitiu que opositores de posições interpretativas mais díspares encontrassem um fundamento comum neste empreendimento dos direitos humanos, tendo aquele um papel mediador considerando as diferentes tradições. Além desta função, tem contribuído para uma função interpretativa e aplicação de direitos específicos [1472]. Sob um Estado de Direito democrático que nasceu do fim da Segunda Guerra Mundial, o princípio é configurado *ex novo* num Estado secular, pluralista, em que o ser humano é o seu fim último, valor absoluto kantiano.

Embora o conteúdo do conceito padeça de indeterminabilidade, preenchido também pela autonomia ética de cada um(a), de atuação na sua vida sem definição heterónoma de terceiros, conforme expõe Jorge Novais, existe ou pelo menos pode extrair-se a ideia do seguinte:

> «[...] de um valor próprio, supremo e inalienável atribuído à pessoa só pelo facto de o ser, por simples facto da sua humanidade; a ideia de respeito, de igual consideração dos interesses de cada pessoa, da sua vida, da sua autonomia, liberdade e bem-estar; a ideia da pessoa como fim e não como mero meio ou instrumento de outros; a ideia de que a pessoa é individualmente considerada, e não qualquer realidade transpersonalista, que justifica a existência do Estado e do poder político organizado da comunidade.» (Novais, 2015, pp. 58-59)

O busílis da questão coloca-se, agora, na dignidade da pessoa humana *voltada* para (contra) o/a próprio/a [1473]. Ou seja, o que cada um(a), na sua esfera de autonomia, enquanto direito à autonomia e atuação livre, recebe e como se vê vinculado ou se vê limitado em razão da sua própria dignidade [1474]. Fica, assim, a problemática

[1472] Como exemplo, Paolo Carozza indica a decisão de 1978 do TEDH, que introduziu o princípio pela primeira vez numa das suas decisões no âmbito da punição de uma criança na escola em violação do art. 3.º no processo Tyrer v United Kingdom (Carozza, 2013, p. 354).

[1473] Há uma contraposição entre a «[...] liberdade para o próprio e direito para os outros [o que], leva a equacionar definitivamente os direitos fundamentais nas relações privadas, ou seja, a validade das normas de direitos fundamentais nas relações entre particulares» (Neto, 2004, p. 525).

[1474] Princípio considerado essencial, por exemplo, por Pullman para edificar um entendimento comum, universal, considerando que reside na humanidade que partilhamos, e é considerado um imperativo moral para a construção de Princípios Éticos Universais que possam conduzir a atividade das decisões políticas, científicas e sociais associados aos desafios colocados pela biotecnologia, incluindo em matéria de reprodução. «*[S]omething like the principle of respect for human dignity. Without some such common understanding, we have no means of articulating a common moral vison as a social group, nation, or broader international community, no way to measure moral progress or regress [...]. [W]ithout such principles, we have no basis on which to sustain the ongoing conversation that defines and articulates our common humanity*» (Pullman, 2014, p. 25).

de saber se o indivíduo é também ele próprio um destinatário do respeito da sua dignidade contra a sua vontade [1475].

Não queremos com isto dizer que entendemos a gestação de substituição como uma violação da dignidade da gestante [1476]. Como regista Jorge Reis Novais, a dignidade encontra-se na natureza, mas também no conteúdo dos direitos humanos e nos limites que se lhe impõem, sendo um parâmetro de controlo (Novais, 2015, p. 168). Com isto concordamos. A dignidade, sob pena de ser um conceito oco, traduz a natureza dos direitos humanos, que, por sua vez, se assumem numa ordem política.

O dever meritório para com outrem implica que os fins de uns terão de ser dos outros, um princípio de humanidade e da natureza em geral como fim em si mesma, que é a «[...] condição que limita a liberdade das ações de cada homem» (Kant, 2005, p. 72), sendo uma regra objetiva, universal, tomada como lei. Daqui resulta um princípio prático da vontade como «[...] concordância desta vontade com a razão prática universal, quer dizer a ideia da vontade de todo o ser racional concebida como vontade legisladora universal» (Kant, 2005, p. 72). Deste modo, permite saber se a atuação é moralmente permitida ou não — isto é, não só a regra ser uma máxima de atuação para o próprio, mas se a máxima se pode tornar uma lei universal.

O nosso comportamento deve guiar-se por leis universais que são regras morais em qualquer circunstância. Na perspetiva de Kant, cada ser humano racional deve aceitar o Imperativo Categórico [1477], como expresso na *Fundamentação da Metafísica dos Costumes*. A realidade das coisas constitui a própria natureza, determinada por leis universais — este imperativo pode exprimir-se, segundo Kant, como «[a]ge como se a máxima da tua ação se devesse tornar, pela tua vontade, em lei universal da natureza » [1478], [1479] (Kant, 2005, p. 59). As pessoas têm dignidade e valor intrínseco, não sendo meios para propósitos de outrem (Newton, 2013, p. 27). É um pressuposto *«[...] d'ordre éthico-juridique. Et c'est justement cette dimension normative qui fonde le caractère*

[1475] Compreendemos ainda que não seja objeto a explorar neste trabalho que a liberdade de atuação do próprio, sobre o próprio, é diferente daquilo que se admite enquanto atuação com efeitos jurídicos. O típico caso da tolerância em relação à prostituição ou, outro afloramento distinto, efeitos jurídicos relativamente a essa tolerância da atuação da liberdade sexual de cada um(a).

[1476] Ao contrário, por exemplo, Paulo Otero, põe em questão a dignidade da disposição do corpo e da sua inerente dignidade, além dos efeitos dispositivos, como se lhe refere, em relação à criança a gerar (Otero, 2012, p. 85).

[1477] Se a ação for boa em si, com a forma e o princípio de que ela mesma deriva, seja qual for o resultado e não como meio para qualquer outra coisa, o que a distingue do imperativo hipotético (Kant, 2005). É um imperativo da moralidade.

[1478] A tese kantiana tem subjacente o seguinte: «[...] os fenómenos estão necessariamente submetidos às categorias [os conceitos *a priori*], de tal modo que, pelas categorias, somos os verdadeiros legisladores da Natureza» (Deleuze, 2017, p. 25).

[1479] Pensar a nossa máxima moral como legislação universal e a forma desta pertence à razão.

inconditionnel de sa dignité, autrement dit de l'obligation de la traiter en toute circonstance comme une fin en soi» (Sève, 2006, p. 48).

Mas está a dignidade da gestante em causa efetivamente? E, estando, pode esta ser impedida de atuar livre e autonomamente, mesmo admitindo que decide encetar uma empreitada com expressiva danosidade? Em 2004, Guilherme de Oliveira aludia a que o direito da família se tende a tornar fragmentário e a regulação da vida familiar passará para os aspetos essenciais ou de interesse público. Nas palavras do Professor, está em curso a «privatização crescente da vida familiar» (Oliveira, 2004, p. 779) [1480]. Até que limites?

Chegou o momento de tomarmos posição em relação ao fundamento de a gestante assumir uma gravidez para outrem e quais os limites ou restrições ao exercício da liberdade procriativa que lhe reconhecemos para dispor das suas capacidades a favor de outrem, num exercício de procriação sem a efetiva reprodução. Pode haver interferência e limites de acesso a estas tecnologias na criação da descendência? [1481]

Se a dignidade é pressuposto e limite intransponível dos direitos fundamentais, estes, quando exercidos, ainda que no âmbito da autonomia, podem ser impostos como um constrangimento à liberdade de atuação de cada um(a), particularmente quando consideramos os Estados num reconhecimento pluralista. Bem entendemos que a dignidade da pessoa humana tem um efeito aglutinador dos direitos humanos, constituindo, nas palavas de Habermas (2012, p. 32) um «[...] "consenso de sobreposição" entre partidos com diversas origens culturais, por exemplo, na fundação das Nações Unidas, e aliás na negociação de pacotes relativos a direitos humanos e convenções de direito internacional». No entanto, não pode constituir uma imposição de uma determinada conceção de dignidade de uns para outros quando estamos a falar em temas controversos em que se podem admitir várias leituras.

O aborto, a eutanásia, a investigação científica em embriões humanos, além da temática que aqui especificamente abordamos da PMA, concretamente da gestação de substituição, são áreas de profunda controvérsia em que a dignidade surge como argumento no reduto último de decisão num sentido ou noutro. Estas temáticas imprimem uma certa maleabilidade ao conceito e, consequentemente, à interpretação dos direitos, do seu núcleo e limites, numa necessária leitura atualista, bem como a emergência de novos direitos no reconhecido catálogo aberto que acompanha o desenvolvimento social. Para nós, o que é necessário reconhecer é a advertência «[...] no sentido de não levarmos tão longe a racionalidade técnica — e a jurisdicionalização do nosso mundo é parte dela — que nos esqueçamos do homem e dos seus anseios fundamentais» (Kaufmann, 2015, p. 46). Mantendo o ser humano e a sua humanidade na nova expressão de um direito, ou de um novo direito emergente,

[1480] Ainda que neste texto o Professor não aborde concretamente a questão da PMA.

[1481] Na utopia de Nozick, e o seu estado mínimo, refutaria esta intervenção, uma forma de denegrir a autonomia e responsabilidade fundamental de uma pessoa (Nozick, 2009).

a dignidade não pode servir para impor a alguém padrões de comportamento ou visões sobre como a vida deve ser e como deve ser vivida. Uma visão destas, no mínimo paternalista, como fundamento de limitação da liberdade de alguém em prol da conceção maioritária *protegendo* o titular dos direitos de si próprio parece-nos inaceitável.

6.1. A Liberdade de Procriar para Outrem

Nesta matéria, como noutras em que a biociência vai pressionando os limites do ser humano, a problemática está desde logo em delimitar o fenómeno, os seus limites e o seu fim — uma tensão entre a liberdade e a responsabilidade do que queremos, o que esperamos e qual o caminho. O debate ético e legal centra-se no que significa ser «humano». Que significa ser «livre»? O núcleo destas questões radica na própria natureza humana e no que fazemos e para onde nos conduzimos e conduzimos a nossa humanidade ou, *in extremis*, a abandonamos em prol da coisalidade em que nos transformamos, ainda que seja por admitir que outros se transformem em coisas. Ser implica ter uma existência, uma vivência com um destino que nos mantenha na humanidade — a nossa e a dos outros — enquanto indivíduos, membros de um grupo, e este grupo no seu todo.

Centrada na dignidade humana [1482], a autonomia individual implica o reconhecimento do respeito por todos os seres humanos e pelas suas decisões racionais; implica reconhecer a liberdade de cada um ser um centro de decisões para a sua vida. Contudo, recorrendo a uma perspetiva kantiana a que já tivemos oportunidade de aludir, a autonomia não é arbitrária e está dependente da capacidade da vontade de instituir as leis éticas universais [1483]. A vontade só é livre se for «uma vontade ética, [que] é aquela que decide submeter-se às leis universais que ela institui» (Feltz, 2015, p. 164). Há uma necessidade de considerar a dignidade não só porque alguém toma as suas decisões e pode tomá-las de forma racional, mas também numa vertente passiva, ou seja, como um dever de não tratar os outros como meios para os seus fins, o dever de respeitar a autonomia dos outros (Cherry, 2014, p. 278).

[1482] Desde logo prevista na DUDH e no PIDCP e PIDESC. Também a CDFUE, que logo no seu art. 1.º estabelece que a dignidade humana é inviolável e deve ser protegida e respeitada, tendo vários afloramentos, incluindo no direito à vida, integridade física. A CEDH não incluiu no seu texto a dignidade humana, que aparece, mais tarde, no Protocolo n.º 13, apesar de o TEDH ter recorrido a ela e considerado como enformadora dos direitos previstos na Convenção. Cf. Carozza, 2013, p. 354; Costa, 2013; Antoine Buyse, ECHR Blog, 2016, *Retrieved February 14, 2019, from The Role of Human Dignity in European Convention Case-Law*: http://echrblog.blogspot.com/2016/10/the-role-of-human-dignity-in-echr-case.html.

[1483] Estes imperativos que resultam das «obrigações perfeitas» (Sen, 2012, p. 492).

Ao nível das ciências da vida, a questão ganha particular acuidade, ou seja, até que limite, se é possível estabelecer um, a atuação de cada pessoa, dentro da sua esfera de liberdade e autonomia, é consentânea com a sua dignidade ou, se pelo contrário, é instrumentalizada, ainda que por vontade própria e de forma consentida ao serviço da ciência. Esta situação ganha particular acuidade considerando o negócio que pode estar em causa na gestação de substituição, em que, evidentemente, a gestante atua a título oneroso e sem — ou pelo menos não sendo esse o elemento preponderante do negócio — o caráter altruísta que se pretende imprimir em algumas legislações, como é o caso da nossa, o que leva à questão se, de facto, não se está perante uma *venda* em que a criança é o seu objeto.

Para Rui Nunes e Helena Mota:

> «Atenta a instrumentalização do corpo da mulher que assume a obrigação de gerar a criança para a entregar após o seu nascimento, parece-nos que o recurso à maternidade de substituição deverá ser sempre considerado nulo quer tenha sido celebrado a título gratuito, quer o tenha sido a título oneroso. Deverá sê-lo por ofender o referido princípio da eminente dignidade da pessoa humana.» (Nunes & Melo, 2005) [1484]

Ainda que na gestação de substituição comercial os clamores sejam mais audíveis, retirar o pagamento ao negócio não o afasta de críticas (Hellerström, Linn; Swedish Women's Loby, 2017) [1485]. Haja ou não pagamento, os críticos da gestação de substituição consideram que o que está em causa é o ato de disposição do corpo da mulher e das suas capacidades reprodutivas, ainda que sem remuneração, o que é inadmissível. Trata-se de uma repristinação de um certo estereótipo sobre o autossacrifício da mulher que, em qualquer caso, não deixa de constituir uma violação da integridade da mulher no seu ser.

[1484] Em 2015, o Parlamento Europeu condenou a prática reprodutiva, como tivemos oportunidade de ver, considerando, exatamente, que a gestação de substituição era uma forma de violação da dignidade da mulher, promovendo a instrumentalização do corpo e das suas funções reprodutivas que eram tratadas como mercadorias e tornando-a vulnerável a abusos e exploração.

[1485] A Swedish Women's Loby assumiu a posição de banir todas as formas de gestação de substituição nos *inputs* apresentados à *Special Rapporteur on the sale and sexual exploitation of children, including child prostitution, child pornography and other child sexual abuse material*. V. Swedish Women's Lobby, 2019.

Por outro lado, e em sentido distinto, está o reconhecimento da autonomia reprodutiva [1486], ainda que a autonomia não implique um direito a ter um(a) filho/a (Sidhu, 2015, p. 73) [1487].

A pergunta a que é importante, então, responder é se a gestação de substituição reifica a gestante [1488]. Respondemos fazendo uma nova pergunta proposta por Heidegger e que aqui trazemos para este contexto: «O que é uma coisa?» Tal como o filósofo alemão, não queremos saber, evidentemente, o que é a coisa em si, mas o que é uma coisa enquanto coisa (Heidegger, 2018, p. 19). O que procuramos é o que torna a coisa numa coisa, isto é, a coisalidade [1489] da «coisa» [1490], e que permite dizer que o ser humano se concebe como alguém que ultrapassa as coisas, na medida «[...] em que nos remetem para aquém de nós mesmos e da nossa superfície (Heidegger, 2018, p. 305). Onde radica na gestação de substituição a coisalidade da «coisa»?

Respondemos a esta pergunta, ou seja, a onde reside a coisalidade da gestante, recorrendo em primeiro lugar a Joel Feinberg. Feinberg estabelece, entre outros vetores, a autonomia [1491] como soberania pessoal, sendo o consentimento [1492] «*[...] necessary and suficient for its rightful treatment in those ways*» (Feinberg J., 1986, p. 53). No entanto, este poder soberano tem limites, designadamente quando implica a alienação da sua própria autonomia [1493], porquanto nesta alineação radica a perda da sua humanidade [1494]. Mas é o que acontece na gestação de substituição? Entendemos que não. Conforme a perspetivamos, não entendemos que haja qualquer violação da dignidade humana e, por outro lado, a autonomia da mulher impõe o reconhecimento desta como centro-de-decisão-autónomo. A afirmação da dignidade humana implica o reconhecimento desta autonomia individual, da autoafirmação de cada uma.

Compreendemos que a autonomia [1495] não pode implicar que o ser humano se mercantilize nem muito menos que venda o produto da sua gestação. Com isto concordamos em absoluto. A reificação da pessoa implica a desconsideração da sua

[1486] Além da própria liberdade reprodutiva, que tem uma aceção mais negativa no sentido de uma obrigação negativa do Estado de não se imiscuir nas opções da esfera privada de cada um, incluindo a opção de ter filhos/as, ou não, e quando.

[1487] Recorrendo ao princípio do dano de Stuart Mill e de que as ações de cada um só devem ser prevenidas e reprimidas quando são suscetíveis de criar danos para outrem.

[1488] Nos termos do art. 81.º, n.º 1, do CC, a limitação voluntária dos direitos de personalidade é possível, sendo nula se puser em causa princípios de ordem pública.

[1489] Ambas as expressões de Heidegger.

[1490] Porque afinal, «"O que é uma coisa?" é a questão "o que é um homem?"» (Heidegger, 2018, p. 305).

[1491] Art. 17.º do PIDCP.

[1492] Quanto a esta questão, v. Neto, 2004.

[1493] Por exemplo nos contratos de escravidão.

[1494] Como acontece em muitas posições associadas à eutanásia ou morte medicamente assistida, com um demérito moral intrínseco.

[1495] No contexto da reprodução, implica o direito de a mulher decidir o que quer fazer, ou não, do e com o seu corpo (Sifris, 2015, p. 369).

humanidade e do produto do seu trabalho, a «coisalidade da coisa». Não desconsideramos também que, ainda que se diga que o pagamento em causa é pelo serviço prestado pela gestante e não pela criança, existam argumentos que invocam que o que está em causa para os beneficiários é a criança e não o serviço (Oliveira, 1993, p. 67). A autonomia não serve para aniquilar a própria autonomia; o consentimento prestado nestas circunstâncias nunca seria autónomo, já que lhe faltaria, desde logo, o sentido crítico e racional que a humanidade lhe imprime, dado que estaria mediado pela subordinação própria de uma coisa. A instrumentalização de uns ao serviço dos outros continua a não ser admissível numa perspetiva recíproca da própria autonomia, como acontece na escravidão, em que aquela mesma autonomia é anulada e, portanto, se anula a pessoa. Como refere Pateman no seu diálogo com Mills, uma relação de subordinação pode apresentar-se como livre mas o entendimento desta relação como sendo de subordinação está na perceção da pessoa como dona de outra pessoa, ainda que os *«[i]ndividuals can then be seen as renting out a piece of property (a service), not their person»* (Pateman & Mills, 2017, p. 20).

Mas é isto que a gestante faz a si própria? A gestante reifica-se e anula-se tornando-se menos do que é? Reifica-se a outrem? A gestação de substituição representa a coisalidade da pessoa como pessoa-coisa?

Usemos como exemplo o caso Pretty v. the United Kingdom (2002) [1496]. Este caso, julgado no TEDH, apreciou o alegado direito à morte assistida [1497], [1498]. No âmbito da análise do art. 8.º da CEDH, o Tribunal admitiu que a autonomia pessoal é um princípio relevante para interpretar as garantias previstas no normativo legal e que, no âmbito daquela autonomia, está a possibilidade de alguém escolher atividades que incluam danos físicos e morais, ainda que a conduta implique um risco para a vida ou saúde da pessoa. Sendo certo que a essência da Convenção, como refere o próprio Tribunal, seja o respeito pela dignidade humana e pela liberdade, e sem negar, *in casu*, a santidade da vida:

> *«[...] it is under Article 8 that notions of the quality of life take on significance and it could not be excluded that preventing the applicant from exercising her choice*

[1496] V. Botelho, 2011, p. 373 e ss. quanto à questão do «direito a morrer».

[1497] O caso foi apreciado em diferentes previsões normativa da CEDH, nomeadamente no art. 8.º. Em todas o tribunal decidiu de forma unânime que não houve violação de qualquer um dos preceitos.

[1498] Como já havia decidido nos casos de recusa de tratamentos médicos, como aconteceu, por exemplo, nos casos Acmanne and others v. Belgium, 1984, Storck v. Germany, 2005 ou Jehovah's Witnesses of Moscow v. Russia, 2010. Situação diferente, que também foi apreciada em Estrasburgo, em relação a casos em que as pessoas não estavam capazes de expressar a sua vontade para decidir a não continuação de suporte de vida, no caso da eutanásia passiva ou não voluntária, sendo que, neste caso, o tribunal avaliou a não continuação dos tratamentos pelo art. 2.º, e que aqui não vamos considerar. Exemplos destes casos são, não obstante, Lambert v. France, 2015 e Gard and others v. UK, 2017.

to avoid an undignified and distressing end to her life constituted an interference with her right to respect for her private life. Article 8 was therefore applicable.» (Pretty v. the United Kingdom, 2002)

No caso Haas v Switzerland (2011), o tribunal, seguindo a doutrina Pretty, admitiu que, no âmbito da Convenção, quando alguém é capaz de tomar uma decisão e assumir as consequências da posição que assumiu, esta liberdade deve ser reconhecida. Ela é a expressão de um dos aspetos da vida privada que se encontra no âmbito do art. 8.º [1499], [1500].

Por sua vez, no caso Keenan v. the United Kingdom (2001) [1501], sendo este o afloramento que aqui nos interessa ressaltar, impôs-se a necessidade de discutir as especiais ponderações que se suscitam quando alguém decide pôr termo à sua vida. Devido ao princípio da dignidade e autonomia, deve obstar-se a práticas opressivas que impeçam a liberdade de escolha e de ação, concluindo o tribunal como se segue:

> *«[t]he prison authorities, similarly, must discharge their duties in a manner compatible with the rights and freedoms of the individual concerned. There are general measures and precautions which will be available to diminish the opportunities for self-harm, without infringing on personal autonomy. Whether any more stringent measures are necessary in respect of a prisoner and whether it is reasonable to apply them will depend on the circumstances of the case.»* [1502]

[1499] Já no caso Gross v. Switzerland o tribunal também analisou a perspetiva do termo da vida e do «direito a não viver», ainda que, neste caso, a conclusão pela violação do art. 8.º tivesse radicado na falta de regras claras do Estado. Neste caso, ao contrário dos outros, a queixosa queria terminar com a sua vida para evitar o sofrimento do declínio das suas capacidades físicas e intelectuais, invocando o direito a decidir que meios e quando devia terminar com a sua vida.

[1500] Situação que está em linha com as decisões do Tribunal em relação a outras condutas «danosas» para o próprio e que emergiu progressivamente da proteção dos indivíduos contra as suas próprias tentativas de suicídio. Além deste outro exemplo, refere-se às práticas sadomasoquistas, por exemplo como resulta dos casos Laskey, Jaggard and Brown v. the United Kingdom (1997), Modinos v. Cyprus, (1993) ou A.D.T. v. the United Kingdom (2000). As atividades sexuais incluem-se no art. 8.º da Convenção e integram a vida privada das pessoas.

[1501] A abordagem do caso foi relativamente à prevenção contra as tentativas de suicídio, em contexto prisional e, por isso, nos termos dos arts. 2.º e 3.º da Convenção.

[1502] Esta decisão seguia a obrigação *Osman* que saíu do caso Osman v. the United Kingdom (1998), em relação a medidas preventivas da polícia para proteger a vida nos termos do art. 2.º: *«For the Court, and having regard to the nature of the right protected by Article 2, a right fundamental in the scheme of the Convention, it is sufficient for an applicant to show that the authorities did not do all that could be reasonably expected of them to avoid a real and immediate risk to life of which they have or ought to have knowledge. This is a question which can only be answered in the light of all the circumstances of any particular case.»*

Também no caso, agora na perspetiva do art. 3.º da Convenção (Nevmerzhitsky v. Ukraine, 2005), o tribunal considerou que a imposição de medidas que obrigaram um detido a ser alimentado quando em greve de fome se assemelhou a tratamentos de tortura.

Não negamos que estamos a fazer uma análise sectorial das decisões [1503], uma vez que o tribunal suscita a falta de consenso europeu para, desde logo, imprimir uma ampla margem de apreciação em alguma destas decisões [1504]. Contudo, e é desse enfoque que aqui precisamos, a autonomia pessoal acaba por ser reconhecida como princípio enformador do próprio art. 8.º.

Ora, se isto é assim, o que entendemos é que a liberdade que resulta da autonomia da vontade só pode ser limitada caso se demonstre uma efetiva reificação da pessoa — neste caso, ser a gestante tratada como um mero meio ao serviço de outros. Entendemos que não é disto que se trata. Na gestação de substituição, o que se trata é da liberdade na esfera da autodeterminação [1505] da mulher na utilização do seu corpo e das suas capacidades reprodutivas [1506], incluindo a possibilidade de as partilhar com terceiros com o escopo de formar uma família, ainda que não seja a sua. Uma visão que rejeite este afloramento da liberdade de a mulher procriar é rejeitar que a mulher tem poder de decidir sobre a sua vida privada, protegendo-a dela própria. É o reconhecimento de que a mulher mantém a sua identidade como mulher, apesar de não ser mãe, ainda que procrie para outrem, já que não vê encerrados em si alguns dos critérios que permitem estabelecer a maternidade.

Entendemos que o exercício de autonomia é a expressão da própria liberdade e, ainda que no âmbito de direitos de personalidade [1507], estes não estão *extra commercium*,

[1503] E bem percebemos a diferença da visão dos arts. 2.º e 3.º, em que tratamos de obrigações positivas, e do art. 8.º, onde estão obrigações negativas. Por exemplo, considerando a matéria do suicídio nos termos do art. 2.º, o Tribunal considerou que há obrigação de o Estado o impedir quando coloca as pessoas em situação em que possa ser facilitado, como é o caso do serviço militar ou profissões, como guarda prisional, em que as pessoas ficam com acesso a armas de fogo. Estas posições resultam do caso Servet Gündüz and Others v. Turkey (2011).

[1504] Estando em causa o nível de tolerância que o Estado deve/pode admitir, ou seja, o nível de tolerância ao exercício da autonomia pessoal de cada um, em relação aos danos que lhe são infligidos.

[1505] Decorrente de um direito-fundante (recorrendo à expressão de Orlando de Carvalho usada por Mota Pinto) geral de personalidade que «[...] tem como objeto toda a personalidade humana em todas as suas manifestações, atuais e futuras, previsíveis e imprevisíveis, e tutela a sua livre realização e desenvolvimento, sendo o «princípio superior de constituição dos direitos que se referem a particulares modos de ser da personalidade — constitui o fundamento dos direitos especiais de personalidade, individualizados, e tem como objeto a personalidade humana para o direito, globalmente considerada» (Pinto, 2018, p. 337) e que passou a ter consagração constitucional no art. 26.º da CRP.

[1506] Enquanto exercício, hegeliano, em que o ser humano se autodetermina fazendo e reconhecendo a obra feita (Morujão, 1998).

[1507] V. Sousa R. V., 2011.

como expõe Menezes Cordeiro (Cordeiro, 2019, p. 125). Um sistema de direitos humanos depende necessariamente da autonomia individual sob pena de não haver «liberdade para»; a autonomia é um pré-conceito desse sistema. E, mesmo que a pessoa se integre no coletivo, isso não pode significar «*[...] the subject to be represented as "dissolved" in the collective (parties, associations, etc.), since there is no collective that does not start from individual autonomy*» (Tedesco, 2019, p. 134) Na sua tese, Capelo de Sousa menciona a indisponibilidade com limitações, havendo que ter em conta o ser humano, apesar da unidade, da pluralidade por vezes conflituante dos vários elementos da sua personalidade — uma unidade que se vai desenvolvendo e criando a si mesma, no dirimir dos conflitos, e assumindo as suas finalidades pessoais, constituindo-se terreno fértil para «[...] um especial papel [d]a liberdade, enquanto poder de autodeterminação não apenas face a cada um dos bens de personalidade mas também face àquela unidade» (Sousa R. V., 2011, p. 406).

Ser um fim em si mesmo, impondo que a todas as pessoas seja reconhecida a qualidade de pessoa, não pode, não obstante, ser considerado em abstrato, e não considerar o projeto de vida de cada pessoa e que cada pessoa gizou para si. Não operando a transformação do universalismo em relativismo e, muito menos, num processo de individuação moral, também não é menos verdade que se deva desconsiderar o sujeito colocando-o numa dimensão de pura abstração.

As críticas, que compreendemos, em assumir um discurso neutro também nos são dirigidas, já que também, pelo menos em parte, essa neutralidade tem de e deve ser assumida. Esta é a nossa posição. Assumimos esta atitude, desde logo, quando abrimos o leque de beneficiários a homens, sejam casais homossexuais, solteiros ou transexuais, e, tal como muitas das críticas que são agora erigidas, podem dirigir-se também para nós. Estamos cientes disto. No entanto, por um lado, também é um discurso neutro que permite a inclusão. Como Beauvoir o colocou, se não se nasce mulher, torna-se mulher, o que enfatiza uma ideia de processo. No seu livro *Gender Trouble*, Judith Butler perguntava: que é o sexo? É natural, anatómico, cromossómico ou hormonal? (Butler, 2007) [1508]. Uma leitura destas permite, quanto a nós, que a identidade-mulher seja ampliada, também em matéria de reprodução, para além do sexo para o género e identidade de género de cada uma. Uma teorista da desconstrução do sexo e do género como Butler permite que as estruturas em que essas categorizações estão assentes, sobretudo ditadas pela natureza e leitura social dicotómica,

[1508] Ensina Sofia Miguens que a tese de Butler acerca do género é que o «[...] género é performativo, isto é, o género é uma questão de produção de efeitos. [...] Segundo Butler, ser homem ou mulher não é algo interior, dado, um facto, mas sim algo que está a ser feito a cada momento. Nesse sentido, a identidade de género é um domínio de agência e liberdade.» (Miguens, 2019, p. 370). Há uma construção social associada, uma construção performativa em que o género é um fazer como explica a professora de filosofia.

tenham outras leituras que, não se querendo assumi-las como corretivas, permitirão uma elasticidade necessária numa sociedade que se quer plural.

Por outro lado, quanto a nós, ainda que reconhecer que a autonomia das mulheres e a libertação dos seus corpos as/nos faça perder o reduto que associa exclusivamente a gravidez à maternidade, isto é, tão-só, a consequência de uma tomada de posição assente num novo momento de libertação da mulher. É nesta libertação que radica o fundamento ético e jurídico inalienável de assumir as mulheres como centros de decisão das suas vidas. Não negamos que este afloramento da maternidade é importante e, quanto a nós, não o retiramos da mulher nem da sua identidade biológica de «gestante-mãe», mas o paradigma em que assenta a maternidade deixou de ser exclusivo e, nesse aspeto, de facto, neutro. É uma das consequências de tomarmos decisões e de assumirmos a autonomia para as tomar.

Quanto a nós, castrar *ab initio* a suscetibilidade de as mulheres tomarem uma decisão livre e esclarecida, devidamente informada, não é mais do que uma visão paternalista de as/nos proteger contra elas/nós próprias. Não negamos que o contexto da decisão é importante, bem como as ponderações interseccionais associadas à raça, classe, etnia, localização geográfica. O fenómeno da procriação assexuada, a exploração do corpo no mercado, as crianças enquanto desejos de consumo têm sido um teste. Os binómios exploração e oportunidade [1509], autonomia e contexto têm de ser encarados no sentido de perceber se a escolha feita é menos legítima.

Ao nível da gestação de substituição dita internacional, um dos fundamentos de recurso pode ser, além de a técnica ser acessível no estrangeiro e não na lei doméstica [1510], o tratamento e o valor a pagar — sendo possível pagar por isso — à gestante serem mais baratos. No entanto, o próprio binómio agente e vítima não parece muito linear nestes casos. Se usarmos uma perspetiva associada à prostituição, e ainda que concluindo que há uma comodificação do corpo e a mercantilização das capacidades reprodutivas da mulher, podemos questionar-nos quem é o agente neste caso e, por outro lado, quem é a vítima — a mulher cujo consentimento se desconsidera, ainda que num contexto de pobreza?

Esta mercantilização da vida íntima e o conceito do que é a mulher e a maternidade revelam a instabilidade destes conceitos. Não deixa de ser problemático, numa perspetiva global e homogénea, se considerarmos por exemplo o contexto indiano, ainda assente numa hierarquia de classes [1511] e género, em que mulheres indianas mais pobres estejam a produzir cidadãos de classe superior para os/as indianos/as ricos/as ou para cidadãos com passaportes dourados.

[1509] Este binómio não é nosso; foi introduzido por Hartmann (Hartmann, 2014).

[1510] No ano de 2012, o *Preliminary Report on the Issues Arising in Relation to International Surrogacy Arrangements*, que analisou este fenómeno pela primeira vez, sublinhou exatamente esta razão.

[1511] Além do sistema de castas.

Hartmann refere, com grande acuidade, que, numa altura em que «[...] *traditional rights and privileges of citizenship are increasingly denied to migrants, prisioners, and marginalized communities*» (Hartmann, 2014, p. 27), se evidencia um certo classismo na PMA. Porém, se isto é importante, é-o para impor regulamentação capaz de garantir os direitos, principalmente os humanos, de cada um dos intervenientes, e não como regra geral proibicionista para limitar a liberdade de decisão das mulheres. Neste âmbito, entendemos que:

> «Se quisermos acautelar um rigoroso cumprimento dos compromissos legais a que um contrato de GS obriga, assim como o respeito dos princípios éticos fundamentais por ele protegidos, não podemos perder a capacidade de controlo e monitorização de todo este complexo processo.» (Silvestre, 2018, p. 47)

A história das mulheres implica a conquista de passarem a ser donas de si, dos seus atributos e capacidades, e romperem com os grilhões paternalistas que ao longo de séculos as têm subordinado aos pais, maridos, família e sociedade; a serem seres inferiores que carecem de proteção e incapazes de decidir. O poder sobre o seu ser [1512] é um caminho ainda a trilhar e com conquistas assimétricas pelo mundo. A gestação de substituição poderia (poderá) ser vista como mais uma forma de conquista das mulheres sobre o que fazer sobre o seu corpo e a liberdade de decidirem o que fazer com ele.

A separação do sexo e da reprodução, e da reprodução da gestação e do parto significa assumir uma parentalidade para a criança e criá-la integrando-a na família. Implica a transformação da própria maternidade, é verdade, mas não significa, quanto a nós, comprometer a sua integridade nem a identidade da mulher-gestante. O que implica é tão-só reconhecer que as componentes da maternidade estão dispersas por várias pessoas, o que leva, a nosso ver, à necessidade de reinterpretação ou reformulação dos conceitos da maternidade e paternidade fora de um paradigma natural que, ainda que existindo, não é único. Implica assumir critérios mais consentâneos com a evolução médica, colocando-os ainda ao nível de uma relação jurídica negocial. Nesta relação, o que pressupõe é assumir uma natureza *distributiva* aos direitos e deveres associados à maternidade. Não é desconsiderar a gestante, nem muito menos a maternidade, mas assumir que a gestação perdeu o monopólio da maternidade.

Compreendemos que um negócio não dita a maternidade e esta não é um serviço que se compre e venda ou dê e não é dual, nas palavras de Guilherme Oliveira quando afirma que não se passa a ser mãe ou se deixa de o ser por força de um

[1512] Paradigmático nas lutas feministas associadas à IVG.

negócio privado (Oliveira, 2012) [1513]. Mas, quanto a nós, o que está em causa não é isso. Entendemos é que esta posição que mantém a gestação como único critério da maternidade, para nós, não se mostra aceitável. A mãe não o é nem deixa de o ser por contrato, isso é um facto, mas a questão também não é essa, a nosso ver. A questão está a montante e é a de saber se a gestante é ou não, sempre, a mãe.

Entendemos que a manutenção do princípio *mater semper certa est* [1514] como exclusivo critério de determinação da maternidade é, nesta matéria, puramente artificial e querer mantê-lo é partir do falso argumento que permite erigir algumas das críticas associadas à gestação de substituição como um processo de reificação da mulher. No nosso entender, a reprodução — com a elasticidade que a PMA agora permite — implica uma atualização não só da interpretação daquela liberdade fundamental de onde radica a autonomia da gestante, como também dos critérios de determinação da parentalidade, incluindo uma perspetiva de reprodução genética aliada à componente social do projeto parental [1515].

Constituindo um afloramento da liberdade de utilização dos seus direitos reprodutivos e a manifestação da sua liberdade decorrente do desenvolvimento da personalidade de onde avulta a sua liberdade contratual...

> «A autonomia privada, como possibilidade de os sujeitos jurídico-privados livremente governarem a sua esfera jurídica, conformando as suas relações jurídicas e exercendo as posições reconhecidas pela ordem jurídica, constitui um princípio jurídico fundamental inspirador do reconhecimento de várias faculdades jurídicas primárias — designadamente, da liberdade contratual.» (Pinto, 2018, pp. 82-83) [1516]

[1513] No sentido de a gestação ser a maternidade e não uma função e, além disso, esta maternidade não é instrumental. A mulher gera uma criança e gera-a para si, não havendo esta dualidade na posição.

[1514] Ainda que, quanto a nós, este critério de determinação da maternidade não seja para manter, como teremos oportunidade de analisar no capítulo V. Contudo, quanto a nós, a regra da «*mater semper certa est*» está irremediavelmente comprometida, ainda que haja ordenamentos jurídicos que não reconheçam o contrato que permita a uma mulher ter um filho de outrem e por conta de outrem e mantenha o critério biológico como o determinante para reconhecer a maternidade à mulher que «dá à luz». É evidente que na gestação de substituição a questão que se coloca é a razão pela qual o critério biológico se mantém como o determinante para estabelecer a maternidade em detrimento da relação genética e/ou causal em relação à própria existência da criança. Esta questão suscita-nos ainda mais dúvidas quando comparamos a situação com a paternidade.

[1515] Que desenvolveremos no capítulo V.

[1516] Paulo Mota Pinto afirma, por isso, que da consagração constitucional do direito ao desenvolvimento da personalidade se pode extrair a tutela da autonomia privada e da liberdade contratual (Pinto, 2018, p. 84).

Por outro lado, considerando a posição assumida, entendemos que não existe qualquer violação da ordem pública [1517] que exprime que os valores mais importantes da personalidade são indisponíveis [1518]. Estamos em crer que esta nossa posição pode resultar — ainda que não diretamente, como é evidente — do caso do TEDH Anayo v. Germany (2011). Este caso refere-se ao não reconhecimento ao pai biológico do direito a visitas aos filhos. Este homem teve uma relação extraconjugal com uma mulher, casada, da qual nasceram os gémeos. A paternidade foi estabelecida em relação ao marido da mulher, que, com esta, passou a assumir o papel de pai das crianças. O queixoso foi sucessivamente impedido de contactar com as crianças e o tribunal alemão, considerando a inexistência de contactos e de qualquer relação familiar de facto, acabou por negar as visitas às crianças. O TEDH conclui que negar este acesso aos filhos constituía uma violação do art. 8.º da Convenção. Mesmo que não houvesse qualquer relação entre eles que permitisse concluir pela existência de vida familiar, não só a vontade do pai mostrava essa intenção, como a inexistência desse contacto não se deveu a facto que lhe fosse imputável.

O que releva para nós neste caso e o que ele representa é a existência de um conflito efetivo entre a paternidade legal e a biológica [1519]. Cada uma delas está dispersa por dois homens diferentes, mas — e é esse o aspeto que neste caso queremos enfatizar — tanto um como o outro são classificados como pais daquelas crianças. Tal assunção levou a que o tribunal concluísse que «*[...] the applicant's intended relationship with his biological children attracts the protection of "family life" under Article 8*». E enfatiza que, embora entenda que o tribunal alemão estivesse a garantir a vida familiar existente entre o pai legalmente reconhecido e as crianças, em conjunto com a mãe, o Tribunal reconheceu a parentalidade biológica a concurso.

Bem sabemos que, por um lado, não estamos a tratar da paternidade [1520]. Ademais, esse caso suscita-nos outros problemas quanto à determinação da maternidade [1521]. Mas esse fator é aquele que aqui nos interessa ressaltar — é que neste caso, tal como

[1517] Art. 81.º, n.º 1, do CC português.

[1518] Quanto à matéria da ordem pública, mas também lei e bons costumes, aplicáveis pelo art. 280.º do CC, v. Vasconcelos & Vasconcelos, 2019, pp. 58-59.

[1519] Em termos de direito comparado o tribunal enfatiza que «*In a considerable number of States (comprising, in particular, Bosnia and Herzegovina, Estonia, France, Ireland, Portugal, Russia, Slovenia, Spain, the United Kingdom and Ukraine), where a child is born to a woman who is living with her husband, a biological father can ensure his contact rights by challenging, first, the paternity presumption in place, partly within a fixed time-limit. In these States, as indeed in all of the countries surveyed, a presumption exists in law to the effect that a child born of a married woman during the subsistence of the marriage is presumed also to be the child of her husband. Having been recognised as the (legal) father of the child concerned, the biological father then has a right to contact with his child like any other non-custodial parent, subject to the child's best interests*».

[1520] Ainda que, quanto a nós, em matéria de gestação de substituição haja uma neutralidade na determinação da maternidade, comparável aos critérios da paternidade.

[1521] V. capítulo V.

noutros que temos vindo a apresentar, a paternidade pode ser dispersa por várias pessoas.

Desta forma, o que entendemos é que a gestação de substituição não é castradora da dignidade da mulher. A gestante mantém a sua identidade e integridade como mulher, ainda que não como mãe, pela simples razão que não o é. O que seria uma violação desta dignidade era não reconhecer à mulher a sua autonomia e a liberdade de decidir por si o que fazer e o que quer para a sua vida. E isto representa, como nos parece evidente, a necessária assunção das responsabilidades e consequências que as tomadas de decisão implicam.

Se os homens passaram a poder ter *seus* filhos/as sem uma mãe, é verdade, mas daqui até chegar à conclusão que tal possibilidade conduz à erradicação da mulher em prol de desejos patriarcais é um silogismo que não compreendemos. Não sendo de facto as mães, as gestantes também não passaram a trabalhadoras, nem estão sujeitas a processo de alienação do produto do seu trabalho e até de estranhamento. O que assumimos é que, a gestação de substituição, tal como o aborto, a eutanásia, a clonagem, ou até o embrião humano e a respetiva investigação científica, é uma área de profunda controvérsia em que a dignidade surge colocada como o limite do possível, ainda que haja mais para além do possível. Mas não é no caso da gestação de substituição, definitivamente.

O biocontrato de gestação de substituição implica — tal como noutras situações, em que o aborto será o mais paradigmático — *tão-só* o reconhecimento do controlo da mulher sobre o seu corpo. É paternalista, para dizer o mínimo, considerar que uma gestante — ou uma doadora de gâmetas — não é capaz de tomar uma decisão racional, informada, livre e autónoma. Por outro lado, entender que a mulher só o fará por estar numa situação de elevada fragilidade, sendo explorada em qualquer caso, é, quanto a nós, mais uma vez partir do princípio que encara a mulher como um ser emocional e que jamais passaria por uma gestação de substituição sem que estivesse numa situação de elevada necessidade ou coagida. Evidentemente, a maternidade e a gestação são processos emocionais, mas isso não significa que a mulher não possa decidir passar por eles numa decisão racional e sem precisar de alguém que lhe diga o contrário.

Não se trata, quanto a nós, de reconhecer o direito a ter um(a) filho/a, sobretudo a quem possa pagar por ele/a, mas de valores intrínsecos à própria democracia de garantir que cada um é um centro de decisões, sem constrangimentos estaduais, muito menos de um Estado paternalista que insistiria em ver nas mulheres o sexo fraco e tratá-las como tal, naturalmente vulneráveis e carecidas de proteção. Uma legislação que assenta na igualdade e que, nos próprios termos da CEDAW, reclama que as mulheres tenham, sem discriminação, acesso a igual participação cívica implica que tenha de se lhes reconhecer que podem tomar as decisões sobre si e a sua vida.

O consentimento é, neste caso, eticamente relevante quando reconhece a autonomia das mulheres enquanto seres humanos, críticos e capazes, cientes de si e da sua dignidade. A decisão sobre o que uma mulher faz com o seu corpo e argumentos de algumas feministas sobre a exploração de género não são mais do que falácias. Em nosso entender, o que uma perspetiva dessas acaba por fazer é definir a identidade da mulher pela sua biologia, um fatalismo do qual não consegue escapar, e uma forma de limitação à liberdade de escolha de outras. A gestação de substituição desafia, tal como o aborto o fez, o controlo sobre a reprodução e, tal como este, também a procriação para outrem é, *in extremis,* uma decisão pessoal da mulher.

A escolha pode ser uma verdadeira armadilha de facto. E a escolha livre pode constituir um eufemismo para passar o fardo das consequências dessa escolha para quem a faz. Esta posição é assumida por Renate Klein usando a imagem da gestante — caso esta sofra pela perda do/a filho/a, ou sofra consequências na sua saúde, não terá ninguém para culpar, já que a escolha foi sua (Klein, 2014). Klein estabelece a comparação típica com a prostituição, estabelecendo a distinção unicamente no produto final, em que na prostituição é uma falsa experiência de namoro e na gestação de substituição é a criação de um novo ser humano (Klein, 2017).

Compreendemos a aflição, bem como o facto de o consentimento, a escolha, a autonomia, ou a falta dela, poder não ser tão simples como uma definição de existência ou falta dela, mas aferida num espetro de contexto. Mas também entendemos que essa aflição não se resolve a expensas da limitação da autonomia da mulher e de a proteger das consequências da sua decisão. As mulheres podem e devem tomar decisões independentes, livres e esclarecidas, decidindo o que é melhor para si e assumir as consequências dessa decisão, sejam elas boas ou más. Presumir qualquer outra coisa, por forma a limitar a gestação de substituição, porque se parte de um pressuposto diferente é, em nosso entender, no que às mulheres tange, inaceitável e, isso sim, uma verdadeira negação da dignidade da mulher.

Se isto neutraliza o papel da mulher na reprodução? Em parte sim, como assumimos, mas, por um lado, essa neutralização é a constatação de um facto, de o paradigma da reprodução se ter alterado e, por outro, não significa uma despersonalização da mulher até uma *simples* incubadora (Todorova, 2010, p. 13).

Entendemos que no âmbito da gestação de substituição a liberdade da gestante resulta fundamentalmente do direito a procriar; o reconhecimento do direito a procriar para outrem. O direito de as mulheres usarem livremente o seu corpo, incluindo no âmbito da liberdade reprodutiva, deriva, desde logo, do direito a tomar decisões íntimas sobre a sua reprodução: «*[a] strong commitment to procreative liberty ensures that womens' interests are protected. If a woman has a recognized right to procreate, that right should also encompass the woman's right to procreate for the benefit of others*» (Leibowitz-Dori, 1997, p. 346).

Para nós, a gestante atua no âmbito da sua liberdade reprodutiva, que inclui o direito a procriar, usando a sua capacidade reprodutiva, mas sem que com isso tenha um(a) filho/a. De facto, e reconhecidamente, seja da maneira ou no lugar que for, a gestante concebe não só a criança, mas também uma família. Existe uma efetiva liberdade relacional(-solidária) que se exprime neste âmbito que deve ser, tal como nas decisões de ter ou não filhos/as e quantos/as, expurgada de qualquer coação e «*[...] social and economic incentives and disincentives that affect individual decisions about child-bearing and family size*» (International Conference on Population and Development, 1994, p. 49).

Numa visão esquemática, tal como fizemos em relação aos/às beneficiários/as, reconhece-se que nem sempre o exercício de direitos reprodutivos implica necessariamente a constituição de uma família, como acontece em todas as situações do direito ao recurso a métodos contracetivos, a própria esterilização voluntária ou ainda o direito à IVG, o que entendemos ser um efetivo direito reprodutivo (McGuinness & Widdows, 2017, p. 73), como tivemos oportunidade de expor. Desta forma, para nós, os direitos reprodutivos incluem o direito à reprodução tendo em vista a constituição de uma família, como o direito à não reprodução, seja para obstar à constituição de uma, seja para que ela se constitua para outrem.

Como referimos, entendemos que há um novo afloramento dos direitos reprodutivos associados à oportunidade procriativa. Esta, tal como na IVG, traduz afloramentos negativos dos direitos reprodutivos, o que significa que a conceção implica, neste âmbito, o reconhecimento da liberdade de não procriar — no caso da IVG, no sentido de não continuar com a gravidez e, no caso da gestação de substituição, no sentido da liberdade de serem outros a procriar, ainda que haja colaboração da gestante.

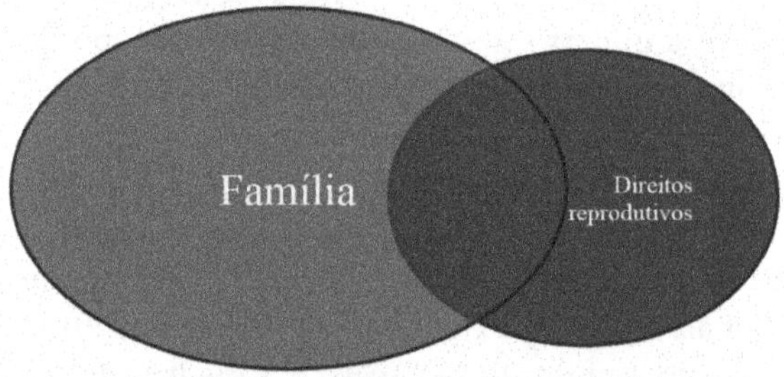

Figura 2: A Liberdade de Procriar para Outrem

Podemos agora considerar uma perspetiva mais *evoluída* da maternidade em que o facto evidente da gestação — e que durante tanto tempo constitui a *prova* da maternidade — constitui uma faceta, de muitas da maternidade, e nem sempre a mais relevante para efeitos de determinação da mãe [1522]. Na gestação de substituição, a gestante atua para outrem, que no limite pode nem sequer ser outra mulher. Basta considerar a situação de uma gestação a *favor* de um homem solteiro ou de um casal homossexual, ou seja, a *favor* de um projeto familiar delineado por quem nunca,

[1522] V. capítulo V.

de facto, poderia ser a mãe daquela criança que, no limite, pode nunca a vir a ter. No entanto, isto não significa que a gestante, que atua para outrem, é ela própria uma mãe para a criança, o que também não significa que seja uma verdadeira *faetus sitting* ou *womb to rent* (usando expressões que amiúde se encontram na literatura sobre o tema) sem qualquer vínculo, no que à maternidade diz respeito, com a criança.

Não estamos a confundir conceitos. Ou seja, o que aqui e neste momento nos interessa é delinear as facetas da maternidade que, pela decomposição científica, é possível fazer no atual momento histórico, e as repercussões que essa fragmentariedade implica em termos conceptuais. Isto é, se a divisão gestacional, genética e social da maternidade implica que cada uma destas pessoas, admitindo que todas elas são distintas, contribui com um fator da maternidade e todos os elementos são importantes e não são hierarquizáveis, o que é necessariamente diferente do reconhecimento jurídico da maternidade a uma dessas pessoas, considerando a técnica de PMA em concreto.

Independentemente da posição que assumirmos, a questão está em reconhecer a cada uma destas mulheres um elemento essencial do conceito próprio da maternidade, se não no interesse delas, pelo menos (expressão usada sem conteúdo de menosprezo ou inferioridade dos interesses) da criança. Esta, no que à sua identidade pessoal tange e independentemente das escolhas do projeto familiar que lhe deu causa, tem direito a conhecer todos os suportes subjetivos de todas as facetas da maternidade que, no seu caso, se encontram dispersos. Porém, e independentemente das diversas consequências que daí resultam, não nos parece aceitável branquear a posição da gestante nesse projeto, porquanto, embora atuando para outrem, tem um papel essencial no desenvolvimento da identidade da criança. Por isso, tendo ela uma das componentes da maternidade [1523], não pode atuar fora do âmbito dos direitos reprodutivos [1524], independentemente de a quem seja reconhecido juridicamente esse papel. A gestante está, de facto e quanto a nós, a exercer a sua liberdade procriativa, mas, tal como resultou do caso Johnson, sem a intenção de estabelecer uma relação filial com a criança e de a criar e, portanto, sem assumir a identidade-parental [1525].

O enfoque neste ponto a considerar é a estratégia jurídica que é necessário articular para regular a gestação de substituição que importa a assunção desta realidade, complexa e multifacetada. Por um lado, a proliferação de cada um dos elementos em pessoas diferentes. Por outro, se não o mais importante, o reconhecimento de que a criança tem direito a uma família, a sua, única e infungível, ainda que elementos

[1523] Ainda que não seja a mãe nem esta fragmentariedade implique, quanto a nós, uma multiplicação da figura materna.

[1524] Situação que ganha particular relevância na denominada *tradicional surrogacy*, em que a gestante é também doadora do óvulo e, portanto, aquela que tem ligação genética com a criança.

[1525] V. capítulo V.

típicos da parentalidade proliferem por mais do que uma pessoa. Cada uma delas, ainda que nem todas sendo pais e/ou mães, representam elementos integrantes do seu direito à identidade pessoal e, portanto, e independentemente de a quem seja reconhecida a maternidade e/ou a paternidade, todos/as são parte de um projeto parental. Trata-se da liberdade procriativa da gestante, que não-sendo-mãe, integra a historicidade da criança e mantém, neste afloramento, não só a necessária dimensão relacional, como a significância axiológica da gestação de substituição.

A criança nascida com recurso a uma gestante não pode ver-se desprovida de elementos e conhecimentos essenciais da sua identidade pessoal; A criança é um ser autónomo e único, dotado de direitos, independentemente do projeto parental que lhe deu causa.

Os/as pais/mães querem um(a) filho/a, mas, nas diversas técnicas de PMA que impliquem, como acontece com a gestação de substituição, os terceiros, pela sua intervenção, passam a ter relevância na identidade da criança, sendo esta e o seu superior interesse o critério e a premissa maior na ponderação de qualquer solução legal. Chame-se-lhe o que se quiser, mas a escolha da mãe *verdadeira* há de ser sempre uma questão de escolha de entre as várias opções possíveis — a escolha que agora a ciência coloca na oportunidade de alguém ser mãe ou, no caso de homens ou casais homossexuais, de serem pais, quando de outra forma poderiam não o conseguir. Da oportunidade vem a escolha, que antes estava predeterminada à aleatoriedade da natureza e que agora pode ser tão programática quanto as opções, mais ou menos abrangentes, que cada legislador conceba para a gestação e substituição.

Mesmo que todos os participantes concluam pelo estabelecimento da maternidade apenas a uma dessas mulheres, dando ênfase a uma dessas relações em detrimento das outras, a identidade da criança resulta também de todas essas ligações e da contribuição de cada uma delas para a sua identidade pessoal. O reconhecimento da mãe e o estabelecimento da relação, mormente jurídica, com a criança é um dos lados da moeda, mas no outro lado está a criança que vê a maternidade reconhecida em relação uma das intervenientes, mas da sua identidade e para a sua identidade outra(s) houve que contribuiu/íram, o que pode levar a uma situação pelo menos potencial de conflitos não só entre «as mães» (independentemente de quem venha a ser reconhecida como tal), como também entre a criança e os seus interesses, sobretudo o conhecimento completo da sua identidade pessoal.

A relevância de uma visão que inclua a gestação de substituição no âmbito do direito a procriar permite, quanto a nós, desde logo, o reconhecimento do vínculo relacional da gestante e do feto [1526] sem os desafetar da relação que se desenvolve

[1526] Em *Homo Deus*, Harari menciona o estudo conduzido no Rabin Medical Center em Tela-vive e um projeto sueco que abordou as mulheres e as memórias que tinham do parto e, ainda que recordassem, 90% descrevem a experiência como positiva ou muito positiva (Harari, 2015, p. 346). No entanto, em matéria de gestação de substituição, um estudo levado a cabo em 1994

in utero, bem como o reconhecimento da manutenção da relevância intrauterina e da gestante em relação à própria criança.

Bem se compreende que nos podem ser invocadas as múltiplas estratégias, incluindo legais, para que esta relação não se desenvolva [1527], tendo em conta a ligação que se pode gerar entre a gestante e a criança após o parto, principalmente. Todavia, qualquer uma delas, se for usada, constitui um exercício legítimo da gestante na ponderação dos efeitos da sua decisão [1528] e não a erradicação de princípio dessa ligação existente.

Compreendemos também que incluir no direito a procriar a própria procriação, mas sem querer ter filhos/as, é intrincado e tem consequências, que assumimos e que vamos abordar. No entanto, para nós, o que está em causa é o exercício de disposição do próprio corpo, é certo, mas com uma relevância ética associada à procriação que não nos permite desassociar, para o bem e para o mal, uma parte do corpo do seu sentido e significado. A possibilidade de contratar uma gestante, embora não seja uma forma convencional de parentalidade, é, de facto, uma oportunidade de almejar um projeto parental que de outra forma se veria coartado em absoluto.

As mulheres têm agora a possibilidade de se tornar parte de um projeto parental que não é o seu, mas para o qual aceitam dar o seu contributo essencial e, por outro lado, conceder a oportunidade de ser mãe sem passar pelo mais tradicional e natural fator associado à maternidade, o parto (Posne, 1989). Isto permite manter, o que para nós é essencial, a solidariedade típica existente num projeto parental, ainda que este seja só de uma pessoa e essa pessoa não seja a gestante necessariamente. Este aspeto da solidariedade relacional e de espírito de fraternidade resulta desde logo do art. 1.º da DUDH, que determina que a atuação para com os outros se deve fazer de acordo com um espírito fraterno, e da própria CRP, que determina que a sociedade se quer mais justa, solidária e fraterna. Como expõe Paulo Otero — e aqui também estamos de acordo com o Professor quanto ao princípio que deve nortear a matéria da PMA —, esta relação interpessoal exprime uma exigência de solidariedade (Otero, 1999, pp. 16-17) [1529].

por Helena Ragoné [*Surrogate Motherhood: Conception in the Heart* (1994), Westview Press, Boulder, CO, USA, 127] concluiu que as gestantes assumiam a sua posição como sendo de escolha pessoal e separavam a sua função — da conceção da criança, gravidez e parto — da função social associada à parentalidade; não se viam como as «verdadeiras mães» (Allan, 2014).

1527 Além disso, há situações em que essa relação não se desenvolve e não existe gestação de substituição, seja nas situações, por exemplo, de mulheres vítimas de violação que se querem distanciar do feto ou de mulheres que decidem que a criança será entregue para adoção e, nestes casos, há também uma desassociação emocional em relação à gravidez e ao próprio feto.

1528 A gestante ter passado anteriormente por uma gravidez pode ser altamente relevante para que entenda a dimensão deste vínculo emocional.

1529 Ainda que o professor não admita a gestação de substituição usando aquelas reflexões para, afinal, repudiar algumas das soluções da PMA, inclusive a que aqui discutimos. Contudo, se assim é,

A utilização do corpo da gestante é feita para um ato de criação que só é possível, quanto a nós, se se mantiver numa vertente de o assumir como um ato de procriar e não como um *mero* ato de dispor do seu corpo. Há um reflexo daquilo que a mulher faz, o seu corpo e o seu ser, que são indissociáveis e, por outro lado, o que a gestação representa para a criança que vai nascer. Uma derivação biológica do ato natural da criação do ser humano que, quanto a nós, nos termos referidos, mantém a compatibilidade com outros direitos fundamentais, nomeadamente da gestante e da sua dignidade e da criança que vai nascer.

Há, de facto, uma tensão entre a mãe-identidade e a trabalhadora-identidade (Marwah, 2014), mas as realidades não são suscetíveis de se confundir, sob pena de, aí sim, em nosso entender, haver violação da dignidade da mulher, já que a sua autonomia projeta a coisificação do ato de criação, o que é inadmissível. Dificilmente conseguimos olhar para estes contratos como uma forma de trabalho ou de prestação de serviços ou comodatos ou qualquer uma das figuras contratuais típicas que, ainda que com regulação, pudessem mitigar os eventuais efeitos danosos que decorrem para as partes e para terceiros. A relação do trabalhador com o produto do seu trabalho não é comparável com a que a gestante tem em relação à criança. A comparação não só degrada a mulher e a sua função reprodutiva, como neutraliza a função e a torna fungível. Além disso, ao contrário de qualquer relação laboral, a gestante não pode simplesmente deixar de prestar os seus serviços.

Há uma necessária atipicidade contratual na gestação de substituição, sob pena de negar a infungível e singular relação biológica que é necessária para se ter um(a) filho/a e, neste afloramento, neutralizá-la — e aqui estamos de acordo que não é possível fazê-lo — é desconsiderar esse fator das mulheres, é desprotegê-lo. É o limite do possível. Desconsiderar isso é, estamos de acordo, assumir a gestante como uma incubadora, uma máquina de «fazer bebés», contribuindo para o estereótipo do papel reprodutivo da mulher, a servilidade de produção de herdeiros como papel essencial na sociedade.

No entanto, não significa isto que não se deve reconhecer que, além desta relação gestacional, há outras que devem merecer igual dignidade e não o fazer é, *per se*, uma violação de direitos de outros em prol de uma visão sacrossanta da maternidade. A procriação da gestante em benefício de outros é um novo afloramento, quanto a nós, do direito a procriar sem que se tenha filhos/as para si, ainda que se inclua como determinante num projeto parental para o qual, não sendo seu e não querendo o fruto desse projeto, a sua contribuição é axiologicamente relevante — para o que a mulher, o seu corpo e as suas capacidades reprodutivas representam,

também é verdade que os argumentos do Professor são particularmente relevantes para o necessário escopo de estabelecer limites e restrições que se mostrem necessários para manter estas novas questões de natureza jurídico-privada compatíveis com os direitos fundamentais.

para si, como a corporização da sua dignidade, e para a criança que vai nascer, para a sua identidade e historicidade pessoal.

A compartimentação do corpo da mulher pelas suas diferentes partes é uma forma de seccionar a mulher nas suas partes, como tem acontecido ao longo da história, e que permite que a mulher não seja vista como um todo e, neste caso, e uma vez mais, a mulher, o seu útero, é encarada como o lugar da germinação da semente do homem. Mas a dignidade também implica exercer controlo sobre si, tem uma expressão, quanto a nós corpórea, e de inter-relação com os outros e a sua dignidade e autonomia que é «*[...] the moral responsibility of the human person. This idea of dignity must be respected in the intersubjective relations of the kingdom of ends-in-themselves*» (Rendtorff, 2002, p. 237).

Desta forma, considerando que a mulher está a exercer o seu direito a procriar — ainda que partilhado com outros [1530] —, assumimos que a gestante está, de facto, a assumir, também ela, um elemento da maternidade daquela criança, ainda que não seja a mãe daquela criança. O direito a procriar é suscetível de ser dividido pelos seus vários elementos [1531] e isto é inegável e, nesse caso, cada um deles disperso por diferentes pessoas conduz à concorrência destes fatores. Se a gestação — unicamente — faz da gestante uma mãe? Mormente na perspetiva da determinação da parentalidade legal, entendemos que não. A gestação de substituição não deve perspetivar-se como um fenómeno de perda, que muitas vezes conduz a órfãos/ãs (legais), mas de multiplicação de pessoas que, tendo elementos da paternidade e maternidade o assumem num projeto parental que, não sendo seu, são terceiros essenciais e de referência.

A gestante, ainda que não seja a ascendente genética da criança [1532], continua, também ela, a ter um elemento importante da maternidade, ainda que não seja a mãe daquela criança. Quando decide ter uma criança, não só para outrem, mas também de outrem, e leva a cabo uma gravidez e um parto, fá-lo assumindo-se a mesma perspetiva de que não vai ter um(a) filho/a, ainda que, agora, e nesta perspetiva, quando o faz não o assuma para se reproduzir, para constituir uma família sua com aquela criança, mas inserida num projeto parental complexo em que aquela qualidade, porque não é sua, também não lhe é imposta nem, por maioria de razão, quanto a nós, pode ser exigida.

E este aspeto é da máxima importância, já que, se assim pensarmos, podemos considerar que quer a gestante quer os doadores de gâmetas fazem parte do processo de gerar uma família, reconhecendo-se o aspeto genético e gestacional da parentalidade, por um lado e, por outro, o aspeto social. É que, se assim for, podemos afirmar que todos os que contribuem para este processo, apesar de na gestação

[1530] Não significa «disponível» ou ao dispor de outros.

[1531] Genético, gestacional e social.

[1532] Elemento que vamos analisar nas subsecções seguintes.

de substituição estes intervenientes serem múltiplos, fazem parte desta criação de uma família, tornando-os a todos num fim em si mesmo e não num meio para atingir um fim, retirando-lhes, quanto a nós, o caráter de alegada *coisificação* da pessoa humana que a gestação de substituição traz tipicamente associada.

Há uma assunção de que a gestante atua com um elemento da maternidade daquela criança que decide ter, engravidar e dar à luz, ainda que o faça com o escopo de não produzir os seus descendentes, mas os descendentes de outrem. Nesta perspetiva, entendemos que não há qualquer violação da dignidade da mulher. Haveria, isso sim, se negássemos às mulheres a autonomia para se tornarem indivíduos ativos da sua vida, do seu destino e do seu corpo. Seria a negação absoluta da sua própria dignidade enquanto seres centros das suas decisões. Para nós, o que está em causa não é um serviço reprodutivo. A gestante não está a dar/vender o acesso a partes do seu corpo ou da capacidade reprodutiva, nem à criança que resulta do negócio. O que está em causa, para nós, é o exercício da autonomia reprodutiva, do direito a procriar, ainda que por conta de outrem e para outrem [1533]. O direito a conceber e dar à luz uma criança, no âmbito dessa liberdade, mas assumindo que, fazendo parte de um projeto parental, este não é seu.

Esta questão da utilização do corpo e das decisões sobre o que se faz com o mesmo não é nova. Se ao nível da reprodução o grande problema se centrou (e centra) no aborto, a mais velha profissão do mundo relembra também este debate, como referimos, mas, quanto a nós, nada se compara com a prostituição. Se expurgarmos da discussão o pânico moral, o que sobra é uma mulher que, de acordo com o seu livre, esclarecido e informado consentimento, tomou uma decisão baseada na sua autonomia reprodutiva. E se o fez, e fez desta forma, quanto a nós, não há qualquer indignidade associada. Haveria, isso sim, se retirássemos à mulher a possibilidade de decidir o que faz com o seu corpo e as suas decisões protegendo-a dela própria.

Vera Lúcia Raposo frisa que, se as mulheres deram o seu consentimento de forma livre e esclarecida, deve prevalecer a liberdade e autodeterminação da pessoa. Concordamos com a autora neste aspeto. Ademais, assumimos que, para nós, a dignidade está associada à ideia de igualdade, independentemente da pessoa, da sua posição ou estatuto, seja de que natureza for — é, portanto, intrínseca e inalienável e, nessa esteira, a gestação de substituição assume-se como a manutenção da identidade-mãe. Se é confuso? Não negamos: até agora, a definição de mãe natural era necessariamente associada à biologia (Soniewicka, 2019, p. 67), mas a separação da componente genética, gestacional e social importa, ainda que não retirando *uma* identidade «materna» a qualquer uma destas mulheres, determinar a mãe

[1533] É também um projeto pessoal que desenvolve e leva a cabo que, ainda que tendo subjacente a utilização da sua capacidade reprodutiva, desenvolve para a procriação de descendentes de outrem. Neste aspeto, «*I shall often call them, projects, which help to constitute a character*» (Williams, 1981, p. 5).

— se existir — sendo *tão-só* necessário reorganizar os critérios [1534] que em coerência do fundamento da gestação de substituição permita estabelecer [1535].

O conceito de direitos humanos, que se assumem numa ordem política, deve-se, nas palavras de Habermas (2012, pp. 39-40), a uma síntese entre a moral e o direito coercivo. A passagem da moral da razão para o direito da razão. E este nexo *interno* entre dignidade humana e direitos humanos que liga a moral ao direito, mantendo intacta a fonte que lhes dá causa, permite um conceito tendencialmente universal, mas respeitador das diferenças interpretativas, locais, de cada um dos direitos que aquela inspira.

Esta projeção de autonomia é aquela que reconhece à mulher a sua capacidade não só de decidir e agir sem constrangimento, devidamente informada, mas, sobretudo, de estabelecer objetivos de vida, de se autodeterminar e de assumir as suas responsabilidades pessoais. Uma atriz ativa da sua vida. No dizer de Oliveira Ascensão:

> «O homem tem dignidade porque é pessoa. É um ser ético, porque é auto-consciente e dotado antes de mais de autodeterminação e consciência moral. Não é apenas um ser biológico ou um ser ao sabor do arbítrio: é um ser com fins de realização próprios. É responsável pela condução da sua vida. Nisso reside a sua dignidade.» (Ascensão J. O., 2008)

Compreendemos que a dignidade não se pode reduzir à autonomia e que aos desejos de cada um(a) não correspondem necessariamente uma legítima aspiração jurídica, mas é necessário também ter em consideração, no contexto da própria ordem jurídica, quando é que esses desejos têm também uma inegável capacidade socializadora (Gómez, 2016, p. 693). Se a dignidade é inerente ao ser humano, por o ser, implica o reconhecimento da capacidade de o ser humano tomar decisões autónomas, «*[...] the capacity for experiencing pain or pleasure, being human (in the biological sense) or being a living organism or even system*» (Rendtorff, 2002, p. 243).

Nesta articulação, há que concluir que autonomia não é permissão. Jorge Miranda explica que é o titular do direito quem tem o poder de definir as prioridades na realização da sua liberdade (Miranda, 2008). Isto conduz a um ideal de dignidade assente na densificação do poder de cada um e como cada um se perceciona a si e à sua vida, afastado de um ideal abstrato de ser humano kantiano. A limitação desta liberdade, em qualquer caso, não é admissível, mormente quando resulta da expressão de um novo momento de paternalismo. A ideia subjacente à gestação de substituição de exploração em qualquer caso e violação da dignidade da gestante é, uma vez mais, e tal como aconteceu na IVG, um exercício de controlo do corpo da mulher e da sua vontade, de proteger a mulher de si própria. Ainda que não se neguem situações em

[1534] Cientes de que corremos o risco da crítica relativa à criação de uma forma de hierarquia.
[1535] Faremos isto no capítulo V.

que tal possa acontecer, como noutros campos da vida das pessoas, a potencialidade de lesão não é suficiente para proibir a técnica, no seu todo e a todas, como forma de proteger situações eventuais de abuso.

Outra visão é, quanto a nós, uma inaceitável assunção de um estado permanente e inultrapassável de vulnerabilidade das mulheres. Esta posição, aliás, resulta do caso SH em Others v. Austria, em que o Tribunal refuta o argumento do Estado sobre as potenciais situações de exploração de mulheres em situações economicamente mais desfavorecidas para doação de ovócitos. Uma proibição absoluta da prática não é proporcional, ainda que se mostre imperativo ponderar os riscos e atuar para impedir a sua verificação. Sobretudo considerando, como se enfatiza na primeira decisão deste caso, que quem implementa esta técnica são profissionais médicos e de saúde em geral que, além de conhecimentos, têm deveres acrescidos de conduta para lidar com situações de potencial vulnerabilidade. A proibição da gestação de substituição não evita os abusos a que estas mulheres podem estar sujeitas e conduz os serviços para o tráfico ilegal, camuflado e sem controlo, o que aumenta o risco destas próprias mulheres (Leibowitz-Dori, 1997, p. 344).

Como tivemos oportunidade de referir, os potenciais riscos associados a esta técnica resolvem-se com uma regulação da sua utilização e salvaguarda relativamente a situações potencialmente abusivas, e não uma proibição absoluta que não só não acautela os interesses dos/as beneficiários/as, tutelados neste âmbito no art. 8.º da CEDH, como também não acautela os direitos da gestante — sob argumentos de dignidade humana, retira-lhe o poder decisório que a sua autonomia lhe concede.

A adoção, tal qual a gestação de substituição, também se debate com os problemas relativos à fraude e formas ilícitas que, em muitos casos, se revelam assentes num exercício de exploração da incapacidade de uns em criar os seus/uas filhos/as, tendo crianças para adoção num *mercado* sequioso de as obter e, em muitos casos, na disposição de pagar por isso [1536]. Por exemplo, foi noticiado, em 16 de novembro de 2018 [1537], que uma mulher de 33 anos, grávida, foi presa no Estado da Flórida, EUA, por vender, a dois casais distintos, pelo preço de 18 000,00 $ o seu filho. Foi acusada por fraude e adoção ilegal. Refira-se também, na Holanda, o caso do Baby J, que foi vendido pela Internet por 15 000,00 € a um casal belga. Ambos, a mãe da criança e o casal, foram acusados pela venda da criança (Rotabi & Bromfield, 2017, p. 156). Serve isto de exemplo para ilustrar que a questão relativa à exploração da vontade de ter filhos/as sempre foi e será um mercado a ter em consideração, que, pelas limitações que encerra, será sempre propício a comportamentos menos dignos e mesmo ilícitos.

[1536] A grande preocupação, aliás, da própria HCCH na Convenção para a Adoção Internacional com o escopo de evitar o rapto e o tráfico de crianças.

[1537] Conforme notícia do *The Daily Mail*, retirada de https://www.dailymail.co.uk/news/article-6398525/Pregnant-woman-conned-two-couples-promising-baby.html em 19 de novembro de 2018.

Mas o que temos de analisar, ainda que haja aqueles riscos, não são se as limitações ou restrições são exercício da autonomia e autodeterminação, mas reconhecer que a gestação de substituição se pode perspetivar como um meio legítimo que uma mulher escolhe de forma livre, autónoma, ponderada e que contribua para a sua realização pessoal. O que se impõe, quanto a nós, e em cumprimento da proporcionalidade dos interesses em causa, designadamente do interesse público que também se reconhece como referido, é uma solução de compromisso, de reflexão sobre os valores e princípios, sobre direitos, incluindo de quem ainda não existe, de políticas para pensar não só o presente, mas também o futuro.

Tal como na consequência do projeto matemático, tem de existir uma libertação face à revelação [1538], como primeira fonte da verdade, «[...] e do abandono da tradição, como mediação que dá a medida do saber» (Heidegger, 2018, pp. 127-128). A *epoché* é, nas palavras de Sloterdijk, «um corte gerador de distância, que tem como efeito que acontecimentos posteriores já não possam servir como a direta continuação dos anteriores» (Sloterdijk, 2014, p. 35).

É, quanto a nós, o momento de reconhecer a filosofia da existência que «exorta o homem a resistir ao impulso da fuga para o mero "vegetar" incaracterístico, na medida em que ele se decide pelas suas próprias possibilidades e, deste modo, atinge a realização de si próprio» (Kaufmann, 2015, p. 40), a autorrealização. É o reconhecimento da autonomia como liberdade no sentido de assumir a capacidade de alguém tomar uma decisão em relação à sua vida e as consequências das decisões que se tomam. Negar esta autonomia com alegadas justificações neoliberais de patriarcado moderno é, quanto a nós, uma forma de impedir as mulheres de se autodeterminarem e de se assumirem como centros de decisão e assumirem as consequências dos seus atos — a autonomia também implica reconhecer responsabilidade.

Desta forma, a gestação de substituição é uma manifestação da vontade de procriar com implícito reconhecimento na liberdade, autonomia e dignidade humana. Trata-se do desenvolvimento da personalidade [1539] de cada uma, ainda que não assente na tradicional vontade de reprodução, importando reconhecer, por isso, os respetivos efeitos jurídicos, mormente na celebração dos negócios jurídicos.

A moralidade convencional não serve de fundamento para limitar a autonomia de alguém e, nesta perspetiva, uma ausência de dano [1540] para a gestante implica uma

[1538] No sentido de que a procura do Ente acontecia das fontes da revelação, Escrituras e da tradição da Igreja.

[1539] Na CRP, o art. 26.º, n.º 1, prevê o direito ao desenvolvimento da personalidade que tem subjacente a liberdade pessoal.

[1540] Desde, pelo menos, a década de 1980 não existem muitos estudos sobre a experiência das gestantes e dos beneficiários. Estudos recentes concluíram que não há indícios de problemas relativos a esta experiência e concluíram que sobretudo as gestantes não apresentaram qualquer problema psicológico como resultado da sua participação no contrato (Ethics Committee of the American Society for Reproductive Medicine, 2013, pp. 1840-1841).

posição neutra. Suscitando a dignidade, esta é também a possibilidade de escolha. A autonomia de poder fazer escolhas sobre o que fazer de si e da sua vida:

> «*Dignity is closely related to an agent's capacity for making choices, and in so far as contract is seen as an arena of transactional and cooperative choices, then there is a close relationship between respecting "freedom of contract" in this background sense and respecting dignity. In principle, such contracting activities can take place in the absence of (or prior to) the development of an institution of contract law.*» (Beyleveld & Brownsword, 2001, p. 207)

Não há, também, exploração quando estamos no campo da decisão autónoma, livre e esclarecida. Assumir aquela ideia é subestimar a mulher uma vez mais e impedir a sua autodeterminação, imiscuindo-se injustificadamente na sua vida privada. Impõe-se o respeito pela integridade da pessoa, no sentido de esta viver a sua vida numa narrativa que é ditada por si, pela sua completude enquanto centro de decisório.

Compreendemos os próprios riscos do particular acordo que resulta da gestação de substituição, mas, quando se reconhecem os riscos, a questão está em saber o que é diferente, se há razões normativas para proibir a conduta (Parr & Slavny, 2019, p. 10). Uma visão que assume que é legítimo e admissível limitar a liberdade de alguém considerando o potencial de exploração é uma visão que aniquila qualquer reconhecimento à capacidade individual de cada um(a), de uma efetiva capacidade das pessoas de dizer «não», apesar das dificuldades, incluindo económicas, que alguém possa ter.

As pessoas não são atores passivos das suas vidas e da exigência de respeito quanto à sua vida, integridade e dignidade. Tal como acontece na doação de óvulos ou de espermatozoides, o risco de exploração pode existir tanto para homens como para mulheres e, sendo verdade que há países que não admitem técnicas heterólogas de PMA, a verdade é que, tal como na gestação de substituição, o material biológico pode ser rentável e pode também constituir uma forma de rendimento ou de exploração. Mas, ao contrário da gestação de substituição, e ao contrário do que acontece na doação de gâmetas masculinos, sobretudo, os argumentos da exploração não são comummente suscitados [1541]. Isto é, quanto a nós, o paradigmático exemplo de um estereótipo insidioso sobre a sexualidade e a reprodução das mulheres, que têm de ser protegidas, incluindo delas próprias, mas não a dos homens, que são atores ativos e com controlo das suas ações e emoções.

Estamos cientes, como não podia deixar de ser, que uma visão destas será, entre tantas outras coisas, acusada de ignorar a diferença social do género e, sob uma

[1541] No caso SH and Others, por exemplo, a legislação austríaca não permite o recurso à doação de óvulos, mas admite de espermatozoides, sendo que um dos argumentos do Estado radicava na possibilidade de exploração das mulheres.

aparente libertação, as mulheres acabam agrilhoadas e com muitos menos controlo das suas vidas. (Aparicio, 2017). Mas, quanto a nós, uma visão destas em nada reflete ou considera as diferenças biológicas; é puro exercício de paternalismo. Nesta perceção — em abono da verdade, inspiramo-nos em Schnably [1542] —, existe uma perceção sobre a (alegada) falta de capacidade de as pessoas resistirem «*[b]y portraying people as the passive beneficiaries of state protection of personhood interests or as the defenseless victims of legal regimes that disrespect personhood*» (Schnably, 1993, p. 396) [1543]. Qualquer outra interpretação, quanto a nós, constitui uma forma de aniquilar o direito de liberdade, decorrente do desenvolvimento da personalidade [1544], incluindo do seu espaço interno, no qual, no dizer de Mota Pinto, «o indivíduo pertence a si próprio (Pinto, 2018, p. 94)

Evidentemente, entendemos que há uma projeção do exercício da autonomia na esfera jurídica de outros e na própria dimensão pública, mas, e como também entendemos, a necessidade de impor limites adequados e proporcionais pode, no quadro constitucional, justificar-se. Contudo, também entendemos, quanto a nós, que isto é outra coisa diferente — é a necessidade de gerir esferas de liberdade, próprias e alheias, o que é diferente da proibição absoluta do exercício de uma liberdade de agir e de contratar [1545].

Não negamos e conhecemos as críticas à gestação de substituição, nomeadamente comercial, que temos vindo a indicar [(Radin, 1992), (Dickenson, 2017)], em particular ao nível do risco de exploração da mulher e da comodificação desta e da própria criança. Todavia, reconhecemos que, neste âmbito, o paradigma de base de que se parte é associado a um critério tradicional de maternidade que, ante as novas evidências biotecnológicas, se mostra inegavelmente ultrapassado. Ademais, tal como expusemos, aplicá-lo a estes novos paradigmas não só é errado, como evidencia sérios problemas que não abonam a favor de qualquer um dos intervenientes.

[1542] Aliás, numa apreciação crítica a Radin.

[1543] Recorrendo ao exemplo da IVG, Schnably refere o quanto as pessoas resistem em situações de leis antiaborto opressivas.

[1544] Quanto ao livre desenvolvimento da personalidade, e explicando o desenvolvimento jurisprudencial alemão que, em prol da dignidade humana e assumindo o ser humano como o fim absoluto da ordem jurídica, «[...] obrigou os tribunais a admitir o princípio de um "direito geral de personalidade"» (Carvalho, 2012, p. 235). Para uma análise do Direito geral de personalidade, v. Sousa R. V., 2011.

[1545] Com a projeção dos direitos fundamentais nos direitos de personalidade (art. 70.º e ss. do CC), que são aqueles que incidem «[...] sobre a vida da pessoa, a sua saúde física, a sua integridade física, a sua honra, a sua liberdade física e psicológica, o seu nome, a sua imagem ou a reserva sobre a intimidade da vida privada. É este um *círculo de direitos necessário; um conteúdo mínimo e imprescindível da esfera jurídica de cada pessoa* » (Monteiro & Pinto, 2005). Os direitos pessoais previstos no art. 26.º são «[a]queles direitos, que incidem sobre a personalidade humana globalmente considerada [...] têm tendencialmente como objeto dimensões essenciais à pessoa humana [...]» (Pinto, 2018, p. 325).

Há um mercado da procriação? Isto é evidente e inegável, mas, por causa disso, passarmos para uma retórica de coisificação mercantilizada de crianças e mulheres que aceitam ser gestantes por conta de outrem parece-nos não só errado, como uma forma de contornar a questão suscitando, de forma inaceitável, um pânico moral em torno do assunto.

Conceber uma criança pode ser um negócio? Pode [1546]. Este negócio diminui os outorgantes e a criança, coisifica-os ou torna-os nuns escravos modernos vítimas de um negócio em que aceitaram participar? No nosso entender, não, e não tem de ser assim. Crucial é, isso sim, que o negócio da gestação de substituição se celebre com a diligência devida para que a gestante preste o seu consentimento livre e informado, sendo esta a expressão da sua autonomia enquanto centro decisório da sua vida.

Como expõe Geraldo Ribeiro, «[a]s dimensões que incorporam o direito ao livre desenvolvimento da personalidade consagrado no artigo 26.º, n.º 1 da Constituição, pressupõem a tutela geral da personalidade e um direito geral de liberdade assente no reconhecimento e garantia da autonomia da pessoa» (Ribeiro G. R., 2021, p. 145). Esta implica o reconhecimento de a pessoa se definir na sua dignidade. Potenciais abusos não se combatem por posições estereotipadas em relação à família e não se podem manter enquanto os legisladores «*[...] struggle with redefining family in the 21st century*» (Preisler, 2015, p. 236). Neste momento, é mais premente regulamentar a gestação de substituição do que ceder a argumentos de exploração (Bromfield & Rotabi, 2014, p. 131) e banir esta prática que pode ser mais estigmatizante para a própria mulher e para as famílias que nascem da colaboração reprodutiva de outras mulheres.

6.1.1. O Consentimento

Está, quanto a nós, assumido que o princípio ético que determina a atuação da gestante e a aceitação da atuação sobre si no âmbito da gestação de substituição radica na sua autonomia [1547], [1548]. Trata-se de manter a mulher como o centro de decisão

[1546] Da análise feita resulta esta mesma questão. V. Pereira A. G., 2017. Numa conceção crítica em relação a um modelo contratual, Maria Raquel Guimarães considera que «[...] irão condicionar o regime jurídico aplicável, parece levantar mais problemas do que propriamente proporcionar um conjunto de soluções adequadas e eficientes para as questões debatidas. São, em muitos casos, evidentes os limites das normas contratuais e a sua desadequação neste campo, nomeadamente a ineficiência das regras da nulidade do negócio para todas as situações que a lei comina com tal consequência» (Guimarães, 2017, p. 126).

[1547] Nos termos do relatório, «*An autonomous person is an individual capable of deliberation about personal goals and of acting under the direction of such deliberation. To respect autonomy is to give weight to autonomous persons' considered opinions and choices while refraining from obstructing their actions unless they are clearly detrimental to others. To show lack of respect for an autonomous agent is to repudiate that person's considered judgments, to deny an individual the freedom to act on those considered judgments, or to withhold information necessary to make a considered judgment, when there are no compelling reasons to do so*» (The Belmont Report, 1978).

[1548] Densificado, desde logo, pelo Relatório de Belmont suprarreferido, que prevê as situações de proteção de pessoas vulnerável. Considerando que «*[...] the requirement to acknowledge autonomy and the requirement to protect those with diminished autonomy*» (The Belmont Report, 1978).

livre para projetar a sua vontade. Neste âmbito, quanto a nós, uma proibição da gestação de substituição não é proporcional, como referimos, para acautelar eventuais e alegados riscos, mormente quando os outorgantes são de partes distintas do globo, concretamente de hemisférios diferentes.

Não somos ingénuos — o valor [1549] e a facilidade de acesso ao mercado da reprodução, sobretudo da gestação de substituição, têm subjacente uma proteção pobre dos direitos das mulheres e das crianças, colocando em questão a efetiva participação daquelas num negócio desta natureza pelo exercício consciente, esclarecido e livre da sua autonomia reprodutiva, ao invés de uma efetiva exploração. Se a isto juntarmos os interesses dos *fertility brokers* e o papel do Estado e do legislador, parco nestas situações, estas formas de fazer famílias, em determinados países, podem ser, no mínimo, duvidosas, o que, em qualquer situação, aumenta o risco de vicissitudes de diversa ordem se imiscuírem e deixarem qualquer um dos intervenientes sem tutela efetiva. Além disso, muitos mercados da gestação de substituição estão associados a países com um fraco *enforcement* de direitos humanos, com sérias carências económicas e sociais, em que o valor associado a uma gestação constitui uma compensação, de qualquer forma, muito superior ao que muitas mulheres poderiam ganhar em anos de trabalho, fomenta o mercado da PMA.

Seja como for e seja qual for a causa, a verdade é que a existência destes mercados e do recurso a eles, na comummente designada «*IVF holidays*» aumenta exponencialmente a possibilidade de situações de exploração da vulnerabilidade de outros, neste caso das capacidades reprodutivas das mulheres. Com elevadas situações de assimetria económica, nomeadamente, pode assim haver o risco de exploração de situações de maior debilidade económica ou social da gestante [1550]. Se pensarmos, mormente, nos contratos internacionais de gestação de substituição, em que muitos dos consumidores são do norte do globo e as gestantes estão no hemisfério sul, as concretas circunstâncias da gestante implicam que tenham «*[...] little control over*

[1549] Um processo de *surrogacy* nos EUA custa entre 40 000,00 $ e 150 000,00 $, sendo que a gestante recebe entre 20 000,00 $ e 30 0000,00 $. Na Índia, os preços variam entre 12 000,00 $ e 25 000,00 $ e a gestante recebe entre 2 000,00 $ e 10 000,00 $ (Parks, 2016, p. 28).

[1550] Além de regulação, em geral, há quem defenda também técnicas de *soft law*, por exemplo, «*We want to suggest a new and additional answer to these worries — one that both protects the gestational surrogate and enhances her autonomy. We propose that states that allow paid surrogacy should require, as a minimum necessary requirement for the contract to be legal, that the surrogate participate in a short class on contract pregnancy. The content of this class, which we will discuss more below, would include information about the experience of other paid surrogates, what can and cannot legally be required of surrogates, and alternative forms of employment. The class will improve the surrogate's opportunity to make an autonomous decision and guard her right to make choices about reproduction and her body. Policies of this sort, sometimes called 'soft law', require an individual to be well-informed before pursuing activities that include some important risk. We will argue that a soft law policy in the case of paid surrogacy addresses central concerns about the gestational surrogate's vulnerability*» (Damelio & Sorensen, 2008).

the circumstances in which they live, circumstances that compel them to alienate in vivo reproductive laborand its living products» (Weinbaum, 2019, p. 21).

No relatório de 2018 *The Special Rapporteur on the sale and sexual exploitation of children*, é referido que os casos, em crescendo, da gestação de substituição se evidenciam em contratos internacionais, sendo que a maioria dos/as beneficiários/as provem de países como a Austrália, Canadá, França, Alemanha, Israel, Itália, Noruega, Espanha, Reino Unido, Irlanda do Norte, EUA e, mais recentemente, a China. As gestantes vêm de países como o Camboja, Índia, Laos, Nepal e Tailândia. Não obstante, recentemente, a Califórnia e demais Estados dos EUA admitem a gestação de substituição, bem como a Rússia e a Ucrânia (Czubik, 2019, p. 522).

O que agora está em causa é a determinação da decisão autónoma da mulher, baseando a posição da gestante na sua autonomia e reconhecendo-a em abstrato para as mulheres no âmbito da gestação de substituição. O que importará, quanto a nós, é aferir se a decisão foi ou não tomada de forma autónoma no caso em concreto — uma articulação entre a autonomia, enquanto princípio, e a decisão autónoma no caso concreto. Ou seja, importa garantir que a agente não está numa posição de vulnerabilidade. Esta vulnerabilidade integra dois sentidos:

> «*(a) It expresses the finitude and fragility of life which, in those capable of autonomy, grounds the possibility and necessity for all morality.*
>
> *(b) Vulnerability is the object of a moral principle requiring care for the vulnerable. The vulnerable are those whose autonomy or dignity or integrity are capable of being threatened.*» (Rendtorff, 2002, p. 243)

A gestante e a sua vulnerabilidade económica e educacional são, de facto, o centro de preocupações persistentes, em especial quando a gestação de substituição é remunerada já que, aqueles «*[...] who employ her, and those who broker and organize her services, usually have an advantage over her in resources and information. That asymmetry exposes her to the possibility of exploitation and abuse*» (Damelio & Sorensen, 2008, p. 269). Contudo, o direito de as pessoas consentirem ou não a atuação sobre si de ações de outros é o grande princípio ético que, em matéria científica, implica que o consentimento seja prestado de forma livre, apriorística e informada (Whyte, 2021, p. 117). De má memória, relembramos o escândalo do estudo da sífilis da *Tuskegee* que levou em 1972 à criação de um painel *ad hoc* para rever o estudo, e que incluía membros ligados à área da medicina, direito, religião, educação, administração da saúde, entre outros. Conclui que os homens que se voluntariaram para o estudo, e que tinham dado o seu consentimento, não foram devidamente esclarecidos do âmbito do estudo e, portanto, o consentimento prestado não era informado [1551].

[1551] Informação retirada do sítio da Internet da Centers for Disease Control and Prevention em: https://www.cdc.gov/tuskegee/timeline.htm (consultado em 28 de novembro de 2018)

Prestar consentimento implica que alguém capaz, munido de informação suficiente e com tempo de reflexão para ponderar as respetivas consequências, declare a sua vontade livremente, isto é, sem qualquer tipo de coação ou manipulação [1552] ou outras formas de vulnerabilidade [1553]. Se pensarmos que a bioética «corresponde predominantemente à proteção de pacientes vulneráveis» (Wolf, 1996, p. 10), estas condicionantes são particularmente relevantes para aferir da existência de um efetivo consentimento.

Embora afastando-se da teoria de Rousseau sobre a sociedade ser baseada em contrato, Mill conclui que «todos os que recebem a proteção da sociedade ficam a dever-lhe uma retribuição pelo benefício, e o facto de se viver em sociedade torna indispensável que cada indivíduo seja obrigado a seguir uma determinada linha de conduta em relação aos restantes» (Mill, 1997, p. 77). Em causa está exatamente o dever de não lesar os interesses dos outros, com base num princípio equitativo de distribuição de esforços e sacrifícios.

Numa perspetiva associada à interseccionalidade [1554], é verdade que «*[a]s bioethicists have debated the care of the poor and the aged, we have devoted too little attention to the fact that the poor are disproportionally women and children, and the aged disproportionally female*» (Wolf, 1996, p. 13). Esta visão é particularmente relevante se considerarmos que muitos dos assuntos com que a bioética se confronta têm coloração associada ao género e estão, também por isso, associados aos direitos das mulheres e também aos movimentos feministas, como é a gestação de substituição.

Ainda que não seja, *per se*, uma forma de limitação da autonomia, «*[...] the temptation to exploit is always present when the positions are unequal, and in some cases the strong*

[1552] Ainda que haja quem suscite que a incapacidade de antecipar a relação emocional que durante a gravidez e parto se pode gerar afeta, por absoluta insusceptibilidade de a antecipar, a capacidade de decisão a montante — uma decisão livre e esclarecida ficaria ou corre o risco de ficar viciada. A este limite que teria implicações a montante há autores que se referem como «*affective forecasting*», ou seja, a incapacidade de antecipar as reações emocionais futuras. Isto leva a que a formação da vontade e o consentimento sejam viciados à partida e, em qualquer caso, sempre levaria a que o contrato não pudesse ser, por isso, e ainda que celebrado, judicialmente exigido (Scott, 2009, p. 133).

[1553] Por exemplo, nos casos dos menores, mas também nos casos de doentes em estado terminal. V. Recomendação 1418 da PACE sobre a Proteção dos Direitos Humanos e a Dignidade dos Doentes Terminais ou Moribundos de 1999.

[1554] Não estamos a usar esta figura em sentido próprio. Não obstante, este termo apresentado por Kimberlé Crenshaw, no seu *Mapping the margins: intersectionality, identity politics, and violence against women of color* (Crenshaw, 1991), permite que a temática seja abordada de forma tridimensional e em camadas estruturadas, o que nos parece essencial neste âmbito. As múltiplas formas de desigualdade que afetam as pessoas e como têm sido tratadas para teorizar as formas como os indivíduos podem ser sujeitos a múltiplas formas de discriminação e as mesmas estão interrelacionadas. Crenshaw concebeu o termo consciente da necessidade de pensar e falar sobre a raça através do feminismo e usava a figura de que as mulheres negras estavam na intersecção das ruas da raça e do género, vulneráveis aos veículos que passavam nas duas vias.

party following his own self-interest, with no coercive intent, will make an offer that is coercive in effect because of the weak party's one-sided dependence» (Feinberg J., 1986, p. 249). A parte mais fraca não tem alternativas razoáveis, sendo forçada a fazer uma escolha. A maior ou menor voluntariedade depende das circunstâncias em que a escolha é feita. O elemento coercivo associado reduz este caráter voluntário [1555].

Assim, o ponto 7.3. do Programa de Ação da International Conference on Population and Development, na sua definição de direitos reprodutivos considera este elemento e estabelece os três principais vetores da reprodução. Se as pessoas querem ter filhos/as, quando os querem e com que espaçamento implica que a decisão seja tomada de forma livre e informada, o que requer acesso à necessária informação sobre saúde reprodutiva. Isto implica que «*Gender-based violence also has the potential to curtail the free choice of in particular women. Studies have shown a close link between domestic violence and lack of enjoyment of reproductive rights; this means that provisions should be in place to combat this scourge*» (United Nations Population Fund; The Danish Institute for Human Rights; United Nations High Commissioner for Human Rights, 2014, p. 23).

No âmbito da medicina, o consentimento — e a sua necessidade absoluta — tem raízes no Código de Nuremberga de 1946 [1556], [1557], [1558], nascido da negra experiência

[1555] Como no caso da usura por exemplo.

[1556] «*The voluntary consent of the human subject is absolutely essential. This means that the person involved should have legal capacity to give consent; should be situated as to be able to exercise free power of choice, without the intervention of any element of force, fraud, deceit, duress, over-reaching, or other ulterior form of constraint or coercion; and should have sufficient knowledge and comprehension of the elements of the subject matter involved as to enable him to make an understanding and enlightened decision*».

[1557] Como refere George Annas, o excerto anterior enfatiza, desde logo, a natureza voluntária do consentimento não sendo só um requisitos, mas sendo, também, absolutamente essencial. (Annas, 2018).

[1558] Mais tarde, a Declaração de Helsínquia de 1964, ambém o PIDCP, a Declaração de Lisboa sobre os Direitos do Paciente, Declaração Universal sobre Bioética e Direitos Humanos, entre outros textos. Em Portugal, a matéria está prevista na própria Constituição, mas também no Código Civil e Código Penal, entre outros diplomas legais. O consentimento pressupõe «[...] que se informe o sujeito: (1) do diagnóstico e do estado de saúde do paciente; (2) dos meios e fins do tratamento; (3) do prognóstico; (4) da natureza do tratamento proposto; (5) das consequências secundárias do tratamento proposto; (6) os riscos e benefícios do tratamento proposto, em especial dos riscos frequentes e dos riscos graves; (7) das alternativas ao tratamento bem como os riscos e consequências secundárias do tratamento alternativo; (8) dos riscos e consequências secundárias da recusa do tratamento; (9) dos aspetos económicos do tratamento» (Santos & Pereira, 2019, p. 127).

dos campos de concentração Nazi apelando para a autonomia e não maleficência [1559], [1560] (Miller, 2010, p. 375). Já nos anos de 1970, com o trabalho de investigação publicado pela National Commission for the Protection of Subjects [1561], se colocou a dimensão do consentimento como meio de proteção da dignidade individual [1562], sobretudo enfatizando a autonomia de cada um [1563] (Beauchamp, 2010, p. 59). É nesta dimensão, sobretudo ética, que o consentimento encontra o seu fundamento.

O biodireito coincide com a enunciação do Código de Nuremberga e o estabelecimento das orientações e princípios éticos em matéria de investigação com pessoas humanas [1564] (Beers, Corrias, & Werner, 2014). Por regra, a intervenção médica implica o consentimento informado do paciente, isto é, um consentimento informado, voluntário e prestado por alguém capaz, inerente a uma ideia de autonomia [1565],

[1559] O julgamento dos médicos Nazis que realizaram experiências em seres humanos. Do Código nasceram 10 princípios que devem ser verificados para satisfazer requisitos morais, éticos e legais. O Código teve também o mérito de trazer as questões sobre investigação científica em pacientes humanos para o campo internacional. O art. 5.º da DUDH e posteriormente o PIDCP estabeleceram que ninguém deve ser sujeito a tratamentos desumanos ou degradantes, e que ninguém deve ser sujeito a investigação médica ou científica sem prestar o seu consentimento.

[1560] Em *A morte de Ivan Ilitch*, retrata de forma crua a relação entre médico e paciente: «O doutor dizia: é isto assim, o senhor tem dentro do organismo uma coisa tal e tal; mas se a tal coisa não for confirmada pelas análises disto e daquilo, então o senhor tem supostamente esta ou aquela coisa. [...] Para Ivan Ilitch só tinha importância uma questão: o seu estado era grave ou não? Mas o doutor menosprezava esta despropositada pergunta. Do ponto de vista do doutor, era uma questão vã e insuscetível de discussão; existia apenas o cálculo de probabilidades» (Tolstói, 2007, p. 43).

[1561] Referimo-nos, nos termos da fonte citada, ao *The Belmont Report: Ethical Principles and Guidelines for the Protection of Human Subjects of Research* (Washington, DC: DHEW Publication OS 78-0012, 1978).

[1562] Também, além de outros documentos, os princípios enunciados na Declaração de Helsínquia, que resultou do trabalho da World Medical Association (WMA) e que foi adotada em 1964. A Associação foi formada logo após a segunda Grande Guerra Mundial e, em 1948, formulou um novo juramento de Hipócrates: «*the health and life of my patient will be my first consideration*» (Capron, 2011, p. 616), mais complexo do que o *simples «do no harm»*. A Declaração de Helsínquia é expressamente referida na Diretiva da União Europeia 2001/20/CE do Parlamento Europeu e do Conselho de 4 de abril de 2001.

[1563] O entendimento da autonomia que se alargou e que leva a ser designado por vezes por «individualismo expressivo». No dizer de Fukuyama, «[a] escolha individual em áreas fora da moral começou a alargar-se com a economia de mercado e a mobilidade social geral que requeria: as pessoas podiam escolher as suas ocupações, os seus parceiros de casamento, as suas casas e a marca da pasta de dentes. Parecia lógico que devessem ter também alguma escolha em matéria de valores morais» (Fukuyama, 2018, p. 76).

[1564] Havendo quem suscite ainda a questão da utilização de animais para fins de investigação científica. O bem-estar destes espécimes tem sido suscitado (Zoloth, 2012, p. 70) e muitas formas de tratamento cruel em relação aos animais têm sido contestadas e proibidas. Neste âmbito, a própria sensibilidade da opinião pública tem contribuído para esta posição.

[1565] Há uma valorização da autonomia pessoal em detrimento de um modelo anterior mais paternalista e assimétrico (Figueiredo, 2021, p. 205).

admitindo que o próprio é o melhor juiz dos seus interesses, numa perspetiva de autogovernança. Pode ser visto como uma escolha autónoma de entre diversas alternativas que se apresentam ao agente, numa perspetiva de justiça global, assente na igualdade, no sentido que Brock lhe confere «*[...] which means we must be vigilant for ways in which autonomy can be undermined by conditions conducive to domination.*» (Brock, 2011, p. 76). Desta forma, consideramos uma ação (positiva) prestar o consentimento informado que subjaz à aceitação da intervenção num contrato de gestação de substituição que pressupõe a existência de um sujeito capaz, livre de qualquer coação, dotado da informação e intencional. No campo da medicina, normalmente fala-se sobretudo no consentimento *informado*, podendo entender-se como «*[...] one is competent to act, receives a thorough disclosure, comprehends the disclosure, chooses voluntarily, and consents to the intervention*» (Beauchamp, 2010, p. 56) [1566]. A capacidade, a liberdade e o esclarecimento são as *conditio* essenciais para um consentimento médico [1567].

Neste âmbito, os bioteticistas Beauchamp e Childress identificam os seguintes elementos: os pressupostos, que incluem a capacidade de entender e decidir, e a voluntariedade em decidir; os elementos da informação, que incluem acesso à informação completa do material, a recomendação do plano e a compreensão de ambos e, por fim, os elementos do consentimento, a decisão e a autorização na execução do plano (Beauchamp & Childress, 2019, p. 122).

Tom Beauchamp e James Childress, na publicação de 1979 *Principles of Biomedical Ethics*, desenvolveram o *principlism* (Beauchamp & Childress, 2019). «*Le principlisme tire son nom de la priorité accordée à quatre principes dans la résolution des conflits éthiques : principe du respect de l'autonomie, principe de non-malfaisance, principe de bienfaisance, principe de justice*» (Pinsart, 2009, p. 37). Aqueles bioeticistas apresentam um modelo integrado «*reflective equilibrium*» [1568] que parte do topo (teorias, regras e princípios) para a base (casos, julgamentos, analogias), mas que também não deixa de ser influenciado pelas decisões, isto é, «*Method in ethics, in this account, begins with the considered judgements in which we have the highest confidence and believe to have the least bias*» (Beauchamp & Childress, 2019, p. 440). A condição reside em encontrar a convergência alcançada por pessoas qualificadas que assumiram determinada posição. Neste momento, há um julgamento moral no sentido em que a decisão foi alcançada livre de preconceitos, interesses próprios, tendo os «*[...] evaluators must exhibit absence of prejudice, relevant knowledge, and honesty, as well as attitudes of sympathy and compassion for the welfare of others*» (Beauchamp & Childress, 2019, p. 440).

[1566] Encontramos desta forma os seguintes elementos: «*[...] (1) competence, (2) disclosure, (3) understanding, (4) voluntariness, and (5) consent*» (Beauchamp, 2010, p. 56).

[1567] Sendo que, no âmbito da ponderação dos riscos envolvidos em matéria de gestação de substituição, o facto de a gestante já ter estado grávida pode contribuir para o esclarecimento.

[1568] Cujo termo tem a sua génese em John Rawls.

Desta forma, e numa visão tripartida, a prestação de consentimento, no exercício da autonomia de cada uma, implica informação, capacidade e vontade, ou seja, decisão tomada livre de qualquer constrangimento. Este pode aferir-se tendo em conta, no âmbito da gestação de substituição — caso seja comercial — se o pagamento é a *conditio sine qua non* para a mulher aceitar ser gestante ou, havendo ou não pagamento, se há relações de subordinação [1569] económica, jurídica ou familiar de entre os intervenientes do negócio, bem como dos respetivos familiares.

A questão, quanto a nós, não é a pobreza ou uma condição económica mais débil, mas sim a eventual falta de alternativas, que pode ter várias causas, incluindo a coação, em que a declaração de vontade é assente nessa condição, num regime idêntico, por exemplo, à usura. Mas é uma situação que só pode ser analisada no caso concreto, pelo que é necessário um «*[...] transparent process for consent to avoid coercion and manipulation of vulnerable women, as well as enhanced public information and awareness on details of the practices*» (Bandelli & Corradi, 2019).

Em matéria de PMA, e em particular em matéria de gestação de substituição, o consentimento sério, livre e esclarecido para a aplicação da técnica de PMA e gestação de substituição tem subjacente o respeito pela própria dignidade humana de todos os envolvidos [1570]. Os seres humanos, mais do que de matéria, têm necessidades que precisam de ser satisfeitas, sendo que, relativamente à implicação ética imediata na questão da beneficência:

> «*[...] if we have any reason to care about human beings, then the relief of the suffering and the satisfaction of those needs should be our first concern. [...] human need and vulnerability to harm give rise to duties of compassion (for suffering), non-maleficence (avoiding harm), and more generally, beneficence: working to satisfy human need, maximize human happiness, optimize human interests in all respects.*» (Newton, 2013, p. 25)

Este modelo compromete-se com princípios bioéticos de caráter universal, e o que deve ser aceitável, ou não, em todas e qualquer uma das sociedades, repudiando as regras locais ou culturais como forma de pôr em causa aqueles princípios, mas com um compromisso que, não mudando radicalmente para uma teoria *bottom/up*, garante «*[...] the need for particular moralities to be fashioned for groups with legitimate*

[1569] A lei portuguesa em matéria de gestação de substituição considera este elemento.

[1570] Nos termos do art. 12.º da LPMA, os beneficiários têm o direito a serem informados das implicações médicas, sociais e jurídicas. Assume-se que, neste caso, o consentimento escrito é particularmente relevante, embora não como *ad substancia*, mas como *ad probationem*, particularmente considerando os efeitos relativos à filiação.

reasons for having their own specific rules for research and practice in medicine, health care, and public health» (Beauchamp & Childress, 2019, p. 458) [1571].

No entanto, a maior ou menor dificuldade desta técnica não é o busílis da questão, mas sim se esta possibilidade médica, de implantar um embrião no útero de uma mulher, não estando esta incapaz de conceber naturalmente e gerar um filho, é admissível, mormente se, afinal, a criança for destinada a um(a) terceiro/a. A técnica médica é executada numa mulher que não tem qualquer patologia, por um lado e, por outro, esta técnica — que pode dar origem ao nascimento de uma criança, com recurso a um útero «alheio» — também não visa curar quem quer que seja. Quem é infértil ou estéril ou incapaz por qualquer outro motivo de conceber e gerar um(a) filho/a continuará incapaz de o fazer.

Os pressupostos que permitem o desenvolvimento das novas tecnologias implicam que as escolhas sejam feitas de maneira responsável. Mas que pressupostos são estes que podem servir como guia de orientação nas escolhas sobre a admissibilidade destas técnicas?

Recorremos à Comissão Presidencial para o Estudo de Questões Bioéticas e enunciamos cinco princípios para ponderar as implicações e a tomada de posição sobre a decisão responsável (Presidential Commission for the Study of Bioethical Issues, 2010). Em 2010 [1572], a comissão publicou um estudo relacionado com questões éticas sobre as biotecnologias nos quais se identificaram os cinco princípios éticos referidos. Nos termos da comissão e do relatório, a formulação destes princípios serve como uma guia para assegurar que o desenvolvimento biotecnológico se desenvolva de maneira ética. As implicações devem ter em conta o seguinte: *«(1) public beneficence* [1573], *(2) responsible stewardship* [1574], *(3) intellectual freedom and*

[1571] Em 1948, a World Medical Association (WMA) declarou que os médicos devem atuar no âmbito da sua atividade profissional *«with conscience and dignity»* (WMA, 1948). A OMS declarou que *«patients have the right to be treated with dignity»* (WHO, 1994, Article 5.8). O objetivo da UNESCO's Universal Declaration on Bioethics and Human Rights é *«to promote respect for human dignity and protect human rights, by ensuring respect for the life of human beings, and fundamental freedoms, consistent with international human rights law»* (UNESCO, 2005, Article 2[c]).

[1572] Esta Comissão manteve-se entre 2009 e 2017.

[1573] *«The ideal of public beneficence is to act to maximize public benefits and minimize public harm. This principle encompasses the duty of a society and its government to promote individual activities and institutional practices, including scientific and biomedical research, that have great potential to improve the public's well-being. Public beneficence requires that when seeking the benefits of synthetic biology, the public and its representatives be vigilant about risks and harms, standing ready to revise policies that pursue potential benefits with insufficient caution.»*

[1574] *«The principle of responsible stewardship reflects a shared obligation among members of the domestic and global communities to act in ways that demonstrate concern for those who are not in a position to represent themselves (e.g., children and future generations) and for the environment in which future generations will flourish or suffer. Responsible stewardship recognizes the importance of citizens and their representatives thinking and acting collectively for the betterment of all. Importantly, it calls for prudent vigilance, establishing*

responsibility[1575], *(4) democratic deliberation*[1576], *and (5) justice and fairness*[1577]» (Presidential Commission for the Study of Bioethical Issues, 2010).

Estes princípios orientadores permitem a ponderação sobre o desenvolvimento tecnológico e a sua utilização, bem como o posicionamento dos direitos humanos que a matéria suscita numa interpretação dos princípios de acordo com a ordem constitucional interna e internacional. Apesar da expressão de vontade, mormente através do consentimento, trata-se de consubstanciar a revelação do domínio do ser humano sobre si, o seu corpo e a sua vida, o ser humano como o «juiz final» em relação a si próprio (Mill, 1997, p. 79), mas a verdade é que existem fronteiras a esta soberania [1578], [1579]. A dignidade humana, intrínseca, infungível e inalienável torna-nos a todos, e a cada um de nós, iguais, sem hierarquias ou estratificações,

processes for assessing likely benefits along with assessing safety and security risks both before and after projects are undertaken. A responsible process will continue to assess safety and security as technologies develop and diffuse into public and private sectors. It will also include mechanisms for limiting their use when necessary.»

1575 *«Democracies depend on intellectual freedom coupled with the responsibility of individuals and institutions to use their creative potential in morally accountable ways. Sustained and dedicated creative intellectual exploration begets much of our scientific and technological progress. While many emerging technologies raise "dual use" concerns—when new technologies intended for good may be used to cause harm—these risks alone are generally insufficient to justify limits on intellectual freedom. As a corollary to the principle of intellectual freedom and responsibility, the Commission endorses a principle of regulatory parsimony, recommending only as much oversight as is truly necessary to ensure justice, fairness, security, and safety while pursuing the public good. This is particularly important in emerging technologies, which by their very definition are still in formation and are not well suited for sharply specified limitations. While clear guidelines to protect biosecurity and biosafety are imperative, undue restriction may not only inhibit the distribution of new benefits, but it also may be counterproductive to security and safety by preventing researchers from developing effective safeguards.»*

1576 *«The principle of democratic deliberation reflects an approach to collaborative decision making that embraces respectful debate of opposing views and active participation by citizens. It calls for individuals and their representatives to work toward agreement whenever possible and to maintain mutual respect when it is not. Public discussion and debate with open interchange among all stakeholders can promote the perceived legitimacy of outcomes, even if those outcomes are unlikely to satisfy all interested parties. An inclusive process of deliberation, informed by relevant facts and sensitive to ethical concerns, promotes an atmosphere for debate and decision making that looks for common ground wherever possible and seeks to cultivate mutual respect where irreconcilable differences remain. It encourages participants to adopt a societal perspective over individual interests.»*

1577 *«The principle of justice and fairness relates to the distribution of benefits and burdens across society. Biotechnology and emerging technologies such as synthetic biology, for good or ill, affect all persons. Emerging technologies like synthetic biology will have global impacts. For this reason, every nation has a responsibility to champion fair and just systems to promote wide availability of information and fairly distribute the burdens and benefits of new technologies»* (Presidential Commission for the Study of Bioethical Issues, 2010).

1578 Este *indivíduo soberano* no seu máximo apogeu que, para Nietzsche, «[...] não se assemelha a ninguém a não ser a si próprio, que se afastou uma vez mais da moral do costume, o indivíduo supramoral autónomo [...], o homem com a sua vontade durável e independente, o homem que *pode fazer promessas*» (Nietzsche F., 2002, p. 61).

1579 Como o próprio Mill assume, aliás.

e é-nos devido *equal concern and respect* (Dworkin, 1997). Mas a autonomia pessoal faz parte da dignidade. É a possibilidade de conduzirmos a nossa vida, de a vivermos da forma como a perspetivamos. Contudo, uma atitude crítica em relação ao paternalismo médico está presente nas Declarações de Helsínquia em relação à investigação — «*It establishes self-esteem and self-respect as the foundation of informed consent. Informed consent should be extended to include patients' rights and patient democracy*» (Rendtorff, 2002, p. 238).

No campo do Direito Penal, tal expressão é mais intensa. Trata-se de direitos individuais que o próprio titular *pode violar*, num dano autoinfligido, mas, quando existe a intromissão de um terceiro, mesmo com o consentimento do titular do direito, é colocada uma barreira para os efeitos típicos decorrentes do consentimento. Sendo, não obstante, muitas vezes difícil determinar onde deve ser colocada a barreira dos típicos efeitos decorrentes do consentimento. A proteção do indivíduo em relação às suas decisões e o impacto ético-jurídico que projeta na sociedade pode, em alguns casos, ser vista como uma visão paternalista do Estado. Mas a influência exacerbada das posições de género, mas também raça, classistas, institucionais reforçam, também, por seu turno, uma nova bioeconomia que mantém os estereótipos.

John Stuart Mill refere-se a um «dever consigo próprio» que significa «respeito por si próprio e desenvolvimento individual» (Mill, 1997, p. 81), sendo que, sempre que do comportamento do ser humano há um dano ou um risco para si ou para outros, haverá uma limitação da sua liberdade individual, justificando-se a interferência. De facto, ter um direito significa também um certo estatuto que lhe está associado. Se é verdade que o consentimento transfere para outrem algum poder sobre esse estatuto, também não deixa de ser verdade que existem diferenças importantes sobre como é que o consentimento pode dar causa a mais do que esse poder sobre o direito do declarante em alguns cenários. Isto porque prestar o consentimento não é moralmente neutro e este não pode ser sempre a justificação para qualquer ação indevida. Causar dor ou sofrimento, ou matar alguém, por exemplo, causa repulsa e desculpar o comportamento do agente, considerando o inerente erro ou mal, requer uma justificação.

De facto, prestar consentimento é criar uma justificação especial moral aos outros, para que atuem perante nós e em nós, num comportamento que de outra forma seria normalmente injustificado (Simmons, 2010). Segundo Vera Bergelson, só seria possível admitir a justificação do comportamento do agente se se pudessem estabelecer os seguintes requisitos cumulativos: «*1. [T]he basis for the defense (valid consent of the victim); 2. [A]n objectively preferable outcome (a positive balance of harms and evils); and 3. [T]he subjective awareness of the victim's consent and belief in the necessity to hurt the victim in order to achieve the preferable outcome*» (Bergelson, 2010, p. 174).

Seja como for, o que nos interessa discutir agora é se o consentimento prestado nestas circunstâncias é válido ou não. Isto é, a malha em que nos encontramos e as suas diversas nuances importa uma análise estruturada. Uma coisa é admitir que o consentimento foi validamente prestado — mormente no que tange a um ato médico, devidamente informado — ainda que não possa produzir os efeitos pretendidos, ou seja, justificar ou desculpar o comportamento do agente. Coisa diferente é considerar que o consentimento não integra todos os elementos que permitissem concluir que foi validamente prestado e é, portanto, inválido.

Ainda que possamos admitir que quanto à gestação de substituição o consentimento da gestante, desde que cumpra todos os requisitos do consentimento informado, é válido e eficaz, será que se pode tirar a mesma conclusão se introduzirmos o fator «contrapartida»? E se não pudermos, que nuance introduz o pagamento? Apesar de as teorias e posições abundarem, a verdade é que o tema continua complexo e, se introduzirmos outro fator, a questão torna-se ainda mais complexa: o fator monetário. O exemplo típico diz respeito à doação de órgãos — como o é também, agora, no que tange à gestação de substituição —, que, podendo ser admissível ou concebível o negócio gratuito, quando se envolve dinheiro o caso muda imediatamente de figura.

O grande desafio estará em encontrar o argumento que nos permita colocar ambas as situações no mesmo prato da balança e, portanto, admitir que em ambas as variantes o consentimento pode ser prestado de forma válida e eficaz ou, pelo contrário, o sinalagma introduz uma nova argumentação que resultará na necessidade de estabelecer um critério de distinção.

Admitindo que temos uma gestante capaz, a pedra de toque, no nosso entender, está na liberdade de motivação, inexistência de qualquer coação ou limitação da sua escolha. Ainda que possamos afirmar que a gestante não está sob nenhuma das típicas formas de coação, não podemos desconsiderar quão apelativo o fator «dinheiro» se pode apresentar. Citando Robert Sells e Janet Richards [1580], «*[...] the financial benefits have such an impact on the life of the donor and his family as to be irresistible: the element of voluntariness of donation must be at least compromised, or, in extreme cases abolished*» (Richards, 2010, p. 289).

Se usarmos o mesmo princípio de facto, temos de considerar a assimetria típica que se apresenta — nos mercados de gestação de substituição comercial — entre a gestante e os *intended parents*, o que pode representar, face ao apelo do pagamento por um trabalho razoavelmente fácil de suportar, uma proposta irrecusável.

Na coação pela pobreza, as circunstâncias envolvem uma situação em que o consentimento para fazer algo que é intrinsecamente indesejável considerando o limitado leque de opções que se afiguram ao agente, e as consequências que do ato podem advir, pesadas as circunstâncias, podem ser vistas como altamente atraentes (Richards, 2010, p. 291). Tudo visto é ponderado, a gestante aceita suportar uma

[1580] Richards escreve sobre a doação de órgãos ou a venda de órgãos, bem como Sells, no seu artigo aí referido, *Voluntarism of Consent.*

gravidez por conta de outrem considerando que o pecúlio que recebe lhe permite aceder a um conjunto de oportunidades a que, de outra forma, dificilmente — ou pelo menos ponderando as suas circunstâncias — conseguiria aceder, quer para si, quer para a sua família.

Voltando ao princípio e colocando o problema sobre a admissibilidade ou não da gestação de substituição, esta é, de facto, a raiz do problema, mas, ainda que se conceba a sua admissibilidade — e aqui considerando unicamente a posição da gestante —, os termos do negócio e um eventual sinalagma que permita o pagamento à gestante do serviços que presta, entre outros fatores, implicam, face ao paradigma dos casos de gestação de substituição comercial, uma verdadeira exploração da assimetria económica das partes deste negócio, numa nova forma de opressão. Os compromissos recíprocos, subjacentes a um princípio de liberdade e autonomia, não incluem a liberdade de deixar de se ser livre. No dizer de Mill, «[p]oder alienar a liberdade não é liberdade» (Mill, 1997, p. 103).

Temos de concluir que o pagamento torna, também neste aspeto, uma relação privada com interesse público tendo em consideração a amplitude dos danos e efeitos que cria ou, pelo menos, potencia, em relação a terceiros [1581], mesmo que pudéssemos considerar que o consentimento é válido. Se voltarmos a fazer uma analogia com Richards no que tange à doação de órgãos, «*[...] the harm and risk to the donor are being accepted because kidney is the only thing that will meet the need. But if you sell your kidney, it has become simply a means of getting money, and anything else might in principle fulfil the same function*» (Richards, 2010, p. 300).

Subsistir ou viver à custa de um comportamento que implica um dano ou sofrimento ao próprio é degradante e envolve um reflexo social desse desespero que não é axiologicamente neutro, já que causa repulsa admitir que alguém viva ou ascenda na vida à custa de um comportamento degradante. Desta forma, o que entendemos é que ao nível da gestação de substituição a autonomia necessária para prestar o consentimento terá de ser uma autonomia melhorada [1582] que aborde os problemas e interesses públicos umbilicalmente subjacentes a esta relação.

É difícil ver em que é que a gestante, fértil, que aceita passar por tratamentos de fertilidade beneficia quando engravida e tem um(a) filho/a de outrem e para outrem (Scutt, 1991). Porém quanto a nós, o que aqui está em causa é o confronto com os poderes da gestante que ditam as «*[...] decisions regarding the surrogate's control over her*

[1581] Numa perspetiva em que o ser humano não se pode libertar da multidão de que faz parte, ao contrário de um processo de emancipação de Nietzsche, e do seu super-homem niilista, o «[...] o Super-humano. O homem só existe para ser superado. [...] Noutros tempos, blasfemar de Deus era a maior das blasfémias, mas Deus morreu e com ele morreram esses blasfemadores.» (Nietzsche, 2000, pp. 26-27).

[1582] Hanoch Dagan e Michael Heller, no seu *The Choice Theory of Contracts*, referem-se a uma «*autonomy-enhancing surrogate contract types*», comparando com as situações dos contratos de trabalho ou de consumo, dentro de um quadro de regulação (Dagan & Heller, 2017, p. 120).

body» (Swerdlow & Chavkin, 2017, p. 27), que tem uma relevância ética atendível. A gestante está a exercer os seus direitos reprodutivos recusando a procriação natural e para si. Esta é a dimensão ética e a fonte da autonomia da mulher. Mas é também a sua forma de poder e controlo sobre si própria e sobre o seu corpo, assumindo as devidas consequências [1583], sendo que, como faz notar Petra De Sutter, a maioria das gestantes em acordos comerciais, sobretudo em países em desenvolvimento, é relativamente pobre e com baixa instrução, assumindo todos os riscos de uma gravidez e parto induzidos e vulneráveis. Isto porque, na maioria das vezes, o pagamento integral depende da entrega da criança, o que acrescenta riscos psicológicos, mormente na gestação de substituição tradicional (Committee on Social Affairs, Health and Sustainable Development, 2016) [1584].

Garantir a autonomia implica que o terreno em que ela é exercida seja expurgado de práticas que obstaculizem decisões informadas e ponderadas. Os próprios profissionais de saúde «*[...] who invent new models of ART that make it more available help advance equality among women and contribute to narrow social gaps between women*» (International Bioethics Committee, 2018) A PMA é, desde logo — e assim deve ser assumida —, uma matéria de política social, sendo a solução para este intrincado conflito de interesses que sejam adotadas «*guidelines to standardize procedures*» (Carbone & Miller, 2018, p. 51).

Por mais estudos que se encontrem sobre este tema, jamais, no nosso entender, ultrapassaremos a evidência que é a morfologia contratual e a sua admissibilidade enquanto negócio jurídico. Mas que tipo de contrato é a gestação de substituição? Contrato de compra e venda ou doação de uma criança? Contrato de aluguer ou comodato do útero e capacidade reprodutiva da gestante? Contrato de prestação de

1583 «*[...] genetic and gestational surrogates' experiences following the birth of the baby has shown feelings of sadness and loss are not uncommonly experienced, particularly in traditional surrogates, suggesting their long term (mental) health also needs to be given due attention. Rushing this deeply personal process through, particularly if decisions need to be made pre-conception when surrogates will not yet have any idea how much they have attached to the foetus, will not be in the interests of the surrogates*» (Crawshaw, 2019).

1584 Enquanto a maior parte dos países desenvolvidos do mundo proíbe a forma comercial da gestação de substituição, há, no outro hemisfério do globo, países que a promovem. Como Pande refere, relativamente à concreta situação que se vivia na Índia, «[...] *transnational commercial surrogacy in India is shaped by profound inequities in power. How might the narratives of sellers and buyers of reproductive services in India challenge these inequities? How might they provoke new and/or reinvoke existing inequities? Surrogates in the global north often justify their decision with narratives of altruism and by portraying their act as an ultimate gift to an infertile couple. Given the outright commercial nature of surrogacy in India, the surrogates could be expected to be more emphatic about their altruism and gift-giving. But as the narratives of the surrogates analysed in this paper indicate, the surrogates in India seldom gave altruism and gift-giving as their motivation. What is found instead are narratives of surrogacy as 'God's gift to needy but not greedy mothers', a God-given opportunity for poor Indian mothers to serve their family. An unintended consequence of such narratives is to reinforce the primary identity of these women as selfless mothers rather than as wage--earning workers*» (Pande, 2011, p. 623).

serviços atípico? [1585] Seja qual for, nem a criança é um objeto sobre o qual pudesse recair qualquer direito real da titularidade de alguém e transacionável, nem sobre esta se pode conceber, nos contratos onerosos, que da sua «transmissão» pudesse resultar qualquer pagamento. Quanto ao contrato de aluguer ou comodato, teríamos de conceber que a capacidade reprodutiva em geral e o útero em particular eram objetos que podiam ser cedidos a outrem, o que nos parece inaceitável [1586]. Jorge Duarte Pinheiro qualifica-o como uma prestação de serviços atípica (2018, p. 182). Não vamos dissertar sobre cada um dos tipos contratuais. Para nós, atendendo à natureza da identidade-mulher-gestante que aqui está em causa, entendemos que é necessariamente um negócio jurídico com natureza *sui generis*.

Uma coisa é a regulamentação, outra é o controlo, e a eventual falta de controlo não altera a natureza do negócio suscetível de ser admitido e regulamentado, o que é, quanto a nós, a melhor forma de estabelecer as barreiras que diminuam riscos de eventual utilização abusiva. Há uma palpável tensão entre a autonomia e o paternalismo nesta matéria, mas estamos em crer que a solução não é resolver eventuais problemas de exploração com a limitação da liberdade de as mulheres decidirem o que querem fazer com o seu corpo. Por exemplo, no âmbito da reforma da lei inglesa, a Law Commission refere mesmo que as preocupações em torno da exploração e comodificação da gestante, em particular no âmbito dos contratos comerciais, «*[...] can alleviate, if not eliminate, these concerns by providing more effective regulation of surrogacy arrangements, and revised eligibility requirements and safeguards*» (Law Commission, 2019, p. 40). No entanto, isto não pode significar por qualquer forma, quanto a nós, que as mulheres sejam encaradas enquanto grupo especialmente vulnerável em relação ao qual se imponha uma proteção, principalmente delas próprias e das suas próprias decisões.

De facto, o que é relevante é garantir que os contratos de gestação de substituição, sejam comerciais ou altruístas, garantam que as crianças não são objeto de compra e venda (*Report of the United Nations Special Rapporteur on the sale and sexual exploitation of children, including child prostitution, child pornography and other child sexual abuse material*, 2018), não se limitando que as mulheres decidam o que querem fazer com os seus corpos. O que se deve garantir é que, tal como os/as beneficiários/as, não são alvo de exploração.

Se a temática se movimenta em areias movediças, o negócio que implique gestação para outrem não é ética nem juridicamente reprovável, como já assumimos; é negócio jurídico atípico e com natureza *sui generis*, e eventuais e casuísticos vícios e patologias colocam-se ao nível dos efeitos e não do fundamento.

Não podemos concordar com argumentos relativos à eventual perspetiva de que a gestação de substituição pode ser opressiva, nomeadamente em razão do género,

[1585] V. Pinheiro, 2018, p. 182.

[1586] V. *idem*, *ibidem*, p. 182.

e de que se trata de uma forma de controlo patriarcal sob uma aparência de liberdade. De facto, a própria CEDAW estabelece que os Estados devem proteger o grupo mais oprimido a que, num mercado global, as gestantes de países com menos recursos, sobretudo, se podem ver mais afetas (Bromfield & Rotabi, 2014, p. 130). Contudo, o posicionamento enquanto controlo da reprodução, que é o que significa a gestação de substituição, não implica, a nosso ver, uma limitação à sua autonomia, mas, isso sim, um procedimento garantístico que permita que a autonomia da mulher se manifeste livremente, e de forma esclarecida, através do seu consentimento (Blanco & Bernáldez, 2013, p. 62).

O princípio de não maleficência é particularmente relevante. Por exemplo, no que tange à doação em que o doador está vivo, também existe um potencial dano que terá sobre si aquela dádiva. A Convenção de Oviedo e o Protocolo de 2001 em matéria de transplante de órgãos e tecidos neste âmbito estabeleceram requisitos estritos para a remoção de órgãos de doador vivo, considerando que «it *may be carried out solely for the therapeutic benefit of the recipient and where there is no suitable organ or tissue available from a deceased person and no other alternative therapeutic method of comparable effectiveness*» (Art. 9.º) [1587]. No entanto, e tal como na doação de órgãos [1588], o valor moral da ação de uma pessoa é visto com o correlativo benefício que tem para outra «*[...] without regard to the consequences on the individual herself, the individual's actions are regarded as "Altruistic"*» (Dalal, 2015).

A autonomia reprodutiva como é definida por Ronald Dworkin inclui o direito da mulher em controlar o seu próprio papel na procriação (Dworkin, 1993). Nessa esteira, podemos ir mais longe, no sentido em que esta liberdade deixa de ter só uma dimensão positiva — de procriar para si, de controlar a sua infertilidade —, mas também a vertente negativa, de controlar a sua fertilidade e de procriar em colaboração com outros/as para dar à luz filhos/as que não são seus. Desta forma, quanto a nós, é possível estabelecer aqui uma métrica, considerando que esse exercício expresso no consentimento da mulher implica o respeito associado pela narrativa da própria titular e do seu código de conduta, circunstanciado e ligado às próprias experiências pessoais.

[1587] V. Declaração de Istambul sobre «Organ Trafficking and Transplant Tourism». «*A World Health Assembly updated WHO's guiding principles on human cell, tissue and organ transplantation to add principles aimed at vigilance and safety in transplantation and at ensuring transparency in organ procurement and allocation. World Health Assembly. Human organ and tissue transplantation*» (disponível em http://apps.who.int/gb/ebwha/pdf_files/WHA63/A63_R22-en.pdf).

[1588] O TEDH analisou casos relativos à doação de órgãos após a morte, Petrova v. Latvia e Elberte v. Latvia. «*The fundamental issue focused on by the European Court in both cases was whether there was provision for a mechanism enabling close relatives of the donor to express their consent to or refusal of organ removal and, if so, what kind of mechanism this was. Concluding that the applicants' rights guaranteed by Article 8 of the Convention had been violated*» (Maradudina, 2016).

6.1.1.1. Os/as Filhos/as da Gestante

Uma mulher decidir que vai assumir uma gravidez de um(a) filho/a de outrem é uma decisão que tem impacto na sua própria família. Este impacto, caso a mulher seja casada, pode significar até, como acontece na solução inglesa [1589], que o marido da gestante possa ser considerado o pai desta criança caso consinta no tratamento. Para nós, este afloramento não se coloca — consideramos a posição que adotamos em matéria de filiação [1590] e, no que tange ao consentimento da mulher, estando em causa a sua autonomia, não poderá estar ela dependente do consentimento de terceiros, considerando que em causa está o exercício de direitos reprodutivos que só o próprio pode exercer, pessoalmente.

Não obstante, a questão que agora entendemos que se deve suscitar é se pelo facto de a gestante ter, ela própria, filhos/as, estes/as devem ser considerados/as para a tomada de decisão da gestante ou, por alguma forma, se podem assumir-se como uma restrição à liberdade procriativa da mãe ou, pelo menos, deve ser avaliado o impacto nestas crianças para efeitos do exercício daquela liberdade.

Incluímos esta temática nesta subsecção do consentimento no sentido de apelar para o facto de, tendo a gestante filhos/as, serem ponderáveis, para uma formação da vontade devidamente esclarecida, os efeitos potenciais que a gestação poderá ter nos/as seus/uas próprios/as filhos/as. Por outro lado, e concluindo-se que há efeitos potencialmente negativos em relação aos/às filhos/as da gestante, se esta avaliação pode constituir um requisito negativo na ponderação de interesses a salvaguardar, como um critério ou requisito negativo. O mesmo já se assume de forma distinta em relação ao companheiro ou companheira desta gestante, já que, pela natureza das coisas, a sua posição sobre a decisão é, no mínimo, irrelevante, cabendo unicamente à gestante a ponderação de alguma tomada de posição não favorável do seu companheiro ou companheira sobre o assunto.

Não se pode concluir, por ausência de dados, os efeitos que a gestação de substituição tem nas crianças e nas famílias envolvidas. De facto, existem poucos dados

[1589] A HFEAct de 1990 (bem como a de 2008) adotou a presunção de paternidade decorrente do casamento, que fez estender para a matéria da *surrogacy*, uma vez que os/as companheiros(as) da gestante são os primeiros a assumir um estatuto parental sobre a criança (Oultram, Jones, & Frith, 2016, p. 21). Considerando a posição legal, o companheiro ou companheira da gestante é, em primeiro lugar, o/a pai/mãe da criança, ainda que haja um direito de «veto» destas pessoas de ver estendida a presunção de paternidade (ou de maternidade, em casais homossexuais). Embora muito se diga sobre a matéria das crianças com «três pais», resultado da engenharia genética, o que neste ponto tratamos é uma (eventual) consequência das modernas formas de família que, podendo sê-lo, com acesso à capacidade reprodutiva que a ciência coloca à sua disposição, será a possibilidade de concretos terceiros — os *pais* genéticos e a gestante —, em prol do superior interesse da criança, fazerem parte da *sua* vida. A HFEA (Code of Practice, 2013) permite que a gestante e a beneficiária constem do registo de nascimento (Burrell & Edozien, 2016, p. 14).

[1590] V. capítulo V.

e poucos estudos que permitam, nesta altura, tecer com exatidão uma conclusão geral sobre esta técnica e respetivos impactos nos intervenientes, particularmente na criança. É que não só são praticamente inexistentes relatórios de *follow-up* de crianças nascidas de gestação de substituição, como o são menos ainda em relação ao impacto na família da gestante, concretamente nos filhos menores desta, o que aqui nos interessa. O primeiro de dois estudos conduzidos sobre o impacto nos filhos da gestante inclui 32 gestantes com filhos. Todas afirmaram que discutiram o assunto com estes e que a maioria revela sentimentos positivos em relação à gestação (Jadva, Murray, Lycett, MacCallum, & Golombok, 2003). No segundo estudo, 36 crianças (algumas já maiores de idade) relevaram posições positivas em relação ao acordo e quase metade tinha contacto com o «irmão» ou a «irmã» (Jadva & Murray, 2014).

Por sua vez, a autora Mary Riddle conduziu um estudo, ao longo de quase três anos, com 59 membros de 16 famílias de gestantes de substituição (num total de 28 gravidezes) que incluía as relações familiares, o bem-estar psicológico da criança e as experiências familiares em relação à gestação de substituição (Riddle, 2020). No que tange às crianças, o estudo conclui que só um pequeno grupo apresentou emoções negativas sobre a gestação de substituição [1591] — em geral, as crianças veem um impacto positivo, revelando orgulho e excitação sobre o facto de a mãe ser uma gestante por conta de outrem (Riddle, 2020). Conclui a autora que, de forma geral, se pode concluir que as famílias funcionam bem, mesmo que com perspetivas diferentes sobre a experiência, sem prejuízo dos dados e de a amostra ser limitada (Riddle, 2020).

Wade, referindo-se a um sistema de pré-aprovação da gestação de substituição, entende que se deve considerar:

- «*Any existing children of the surrogate and of the intending parents should be involved in the discussions during the pre-approval of the agreement in line with their evolving capacities.*
- *Such children could have their views taken into account about contact with children born through surrogacy, which, for example, in traditional surrogacy, will be their half-siblings.*
- *Any existing children should also be involved in counselling arrangements in line with their age and maturity in order to*
  - *provide them with information about the process*
  - *address any possible concerns the child may have on experiencing their mother carrying and then relinquishing a child.*» (Wade, 2019)

[1591] A investigadora revela que são necessários mais estudos que permitam identificar estes grupos de crianças e que, por isso, podem estar expostas a algum risco psicológico.

Há várias soluções legais que condicionam a gestação de substituição ao facto de a gestante ter sido mãe ou ter estado grávida pelo menos uma vez [1592]. Não nos vamos pronunciar sobre a regulamentação do contrato em particular nem sobre este fundamento, já que representa uma avaliação que extravasa o âmbito jurídico. Percebemos que uma mulher já ter passado por uma gravidez, considerando o forte impacto emocional e psicológico e o efeito hormonal, permita concluir, caso a gestante aceite sê-lo para outrem, que entende todos os efeitos da gravidez do qual se permita extrair um consentimento informado. Neste caso, pode mostrar-se necessária esta vivência efetiva, já que, não tendo comparação com qualquer outra, não é suscetível de, com explicação médica, concluir que a mulher teve de facto perceção das consequências da sua tomada de decisão. Por outro lado, não podemos desconsiderar a existência de filho/a(s) da gestante e da consequente gravidez, à vista de todos, com a comum associação que as crianças fazem do/a *irmão/ã* que vai nascer, mas que, de todo, não o será.

Essa associação e a maior ou menor explicação que se dê à criança sobre o procedimento — o que dependerá da idade e maturidade desta, não só para a perceber como para interiorizar as consequências em relação àquela concreta gravidez da mãe — deve ser um fator a considerar no consentimento informado da gestante. Ademais, essa avaliação deve ser feita não só por si, mas por especialista capaz de avaliar, tanto quanto possível, esse impacto.

Embora se conceba que, ao nível da gestação de substituição altruísta, a ligação entre gestante e beneficiários/as seja próxima — o que pode criar um ambiente em que de forma mais natural essa possibilidade se coloque e o impacto nos seus membros seja menos artificial —, a verdade é que pode não ser assim. Uma vez mais, não estamos a desconsiderar a família a que a gestação de substituição permite dar causa, pelo contrário; é uma forma que aceitamos, mas, ante as nuances e implicações que dela resultam, não podemos ser simplistas na análise e, sendo possível que a gestação cause impactos negativos nos filhos da gestante, para quem esta tem obrigações de zelar pela sua saúde e bem-estar, o seu superior interesse deve ser também um elemento a integrar no consentimento informado.

A gestante pode querer assumir o risco, ou seja, estar cabalmente informada do possível impacto negativo da gestação no(s) seu(s) filho(s), mas, considerando os destinatários, impõe-se que saiba da potencial existência desses riscos. Isto porque, para uma formação de vontade esclarecida, é relevante o impacto e as consequências que a gestação de substituição tem em relação não só à criança objeto desta técnica, como a crianças já existentes.

Qual o impacto casuístico? Apesar de entendermos a relevância e o impacto da gestação de substituição em relação aos/às filhos/as da gestante, somos da opinião

[1592] Exemplificativamente, além da lei portuguesa em matéria de gestação de substituição, v. também Dar, *et al.*, 2015.

de que esta deve ser informada desses eventuais efeitos em relação aos seus/uas próprios/as filhos/as. Outra coisa distinta é que estas crianças sejam, por alguma forma, avaliadas ou a sua opinião seja aferida, nomeadamente como *conditio* em relação ao consentimento prestado pela gestante. Quanto a isto, entendemos que não, reconhecendo que poderá haver reações menos positivas [1593].

Compreendemos, como Wade entende, que se impõe que as crianças sejam informadas e a sua opinião seja tomada em consideração, já que pode afetar a sua vida. No entanto, parece-nos inaceitável não só fazer passar esta criança por qualquer avaliação como sindicar a sua opinião. Por este motivo, não entendemos nem conseguimos conceber que essa posição seja imposta pelo art. 12.º da CDC, que protege o direito de as crianças manifestarem, de acordo com a sua idade e maturidade, a sua posição em matérias e decisões que as afetem (Wade, 2019).

O exercício dos direitos da gestante, bem como dos/as beneficiários/as, está dependente exclusivamente da sua vontade, não tendo, neste caso, os/as seus/uas filhos/as qualquer participação na tomada de decisão da mãe sobre aquela decisão, nem têm de passar por qualquer processo de avaliação. A decisão sobre a conformação do núcleo familiar, incluindo os direitos reprodutivos, não é dos/as filhos/as nascidos/as. A decisão da mulher de, por exemplo, interromper a gravidez de um(a) filho/a seu/ua ou de que a criança deve ser entregue para adoção, ou de que deve ficar aos cuidados de terceiros constitui um exercício pessoal em relação ao qual a avaliação de posições de terceiros constituiria um limite que extravasa o âmbito do consentimento, que se quer informado, mas pessoal e livre.

Outra posição que não esta é, para nós, uma forma de subalternizar a gestação de substituição e o que ela representa, configurando-a como um processo potencialmente traumático, o que não se pode admitir. Além do mais, no que à família tange, seja da gestante, seja dos/as beneficiários, resulta, especificamente do art. 8.º da CEDH, reconhecer a liberdade procriativa e o direito a fazer escolhas relativas à reprodução. Este direito é da gestante e dos/as beneficiários/as, não havendo em relação ao/à(s) filho/a(s) de qualquer um destes outorgantes qualquer direito ou interesse que se possa opor por forma a impor um limite ou restrição ao exercício daquela liberdade.

6.1.1.2. O Marido da Gestante

Como aludimos na subsecção anterior, a autonomia da gestante é exercida pessoal e livremente e não pode estar sujeita aos constrangimentos ou autorização de terceiros. Sem prejuízo das soluções legais que consideram a gestante a mãe da criança e, portanto, se casada, o seu marido presume-se o pai [1594]. No caso inglês, por exemplo

[1593] O que estamos a colocar por hipóteses de raciocínio, já que não encontramos estudos sobre isto e os que existem não relevam efeitos negativos na sua generalidade.

[1594] Embora este a possa ilidir.

— que afasta qualquer relevância da relação genética com a criança e entende que a gestante é sempre a mãe, tratando da questão como se de uma verdadeira adoção se tratasse —, entende-se que os efeitos do negócio, repercutindo-se na esfera jurídica do marido desta, impliquem que o negócio, ante a produção dos efeitos [1595] seja outorgado também pelo marido da gestante. No âmbito das *parental orders*, a Family Procedure Rules (2010, Part. 13) estabelece que o tribunal afere do consentimento livre e esclarecido da gestante do e marido ou *civil partner*, a existir, prestado depois de decorridas pelo menos seis semanas após o nascimento da criança [1596]. Posteriormente, há um efeito modificativo da filiação da criança, pelo que se entende que o marido da mãe seja uma das partes do negócio.

Mas, a nosso ver, esta solução é admissível para as situações em que o marido da gestante se presume o pai da criança, já que se mantém o mesmo critério de determinação da maternidade e paternidade. Numa analogia com o caso a que já tivemos oportunidade de aludir (Davis v. Davis, 1992) [1597] o tribunal colocou a tónica na proteção da autonomia procriativa e no impacto que as decisões têm no indivíduo, incluindo o direito a não procriar. Ora, neste caso, a não integração do marido da gestante, ainda que este não seja o ascendente genético da criança, nos sujeitos da relação jurídica, daria origem a um ónus, a um terceiro estranho à relação jurídica, e a uma efetiva violação dos seus direitos reprodutivos [1598], uma vez que em relação a si se projetariam os efeitos da presunção de paternidade.

Também no caso Evans v. The United Kingdom [1599] o TEDH ponderou o conflito entre o direito a decidir se se quer ou não ter filhos/as ao nível da PMA. O tribunal acabou por concluir que, de entre o conflito de interesses em causa, a liberdade reprodutiva de quem não quer ter filhos/as deve prevalecer sobre quem os quer ter, porquanto a imposição da parentalidade a quem não a quer constitui um fardo mais penoso. Também neste âmbito, um afamado caso é o da atriz Sofía Vergara. O ex-companheiro apresentou uma ação em 2015 para que os embriões do casal fossem implantados numa gestante em prol do seu direito a viver e que, pela separação do casal nunca foram usados. O tribunal considerou que não se pode impor a uma

[1595] Apesar de só se produzirem posteriormente nas *parental orders*, no âmbito das quais os pais, a gestante e o marido terão de prestar o seu consentimento.

[1596] Termo inicial a partir do qual é possível requerer a *parental order*.

[1597] Em que a ex-mulher de um casal que havia crioconservado embriões os queria doar para adoção por um casal infértil à revelia da vontade do ex-marido.

[1598] Bem entendemos que, neste caso, não sendo o marido o ascendente genético da criança, a situação é distinta, no sentido em que ele, de facto, não está a reproduzir-se. Não obstante, vê na construção social associada também a presunção de paternidade, a constituição de uma putativa família, a sua, na qual não lhe foi permitido ter qualquer tipo de intervenção e, apesar disso, ver estabelecida a paternidade.

[1599] Relativo a um tratamento de FIV e à alteração da posição de um dos progenitores dos embriões em relação à sua utilização.

mulher ser mãe contra a sua vontade, ainda que através da gestante, sendo uma forma de violação (Ross & Solinger, 2017, p. 209).

Teremos oportunidade de expor esta situação com mais detalhe *infra*, mas, tal como acontece na doação de espermatozoides numa FIV heteróloga, também aqui o marido só tem como critério a intenção para ver estabelecida a paternidade a seu favor. O que poderia mudar em relação à gestação de substituição?

Somos da opinião de que um acordo de gestação de substituição faz cessar a parentalidade em relação à gestante e ao seu marido, sendo esta casada. Neste caso, há efeitos relevantes que se projetam na esfera jurídica deste, visto que, apesar de a mulher estar grávida, a criança que nascer não se presumirá seu/sua filho/a. Este facto importa que este homem passe a figurar no contrato de gestação de substituição como outorgante, prestando o seu consentimento?

Entendemos que, na forma como a configuramos, na gestação de substituição, a intervenção do marido da gestante, mesmo esta sendo casada, não é relevante nem deve configurar uma *conditio*. A gestação de substituição fará cessar a presunção de parentalidade em relação a este homem e, portanto, impedir a produção destes efeitos jurídicos pode constituir causa para que este tome posição e o autorize, na realidade. Por um lado, este homem não está nem a exercer positiva ou negativamente os seus direitos reprodutivos, nem esta realidade se integra no âmbito da sua vida familiar. Como o concebemos, a mulher, ainda que exerça a sua liberdade procriativa, fá-lo com o escopo não de constituir ou integrar um(a) filho/a na sua família, mas de contribuir para a constituição da família de outrem tendo filho/a(s) não só para outrem, como de outrem. Deste modo, o exercício desta liberdade, na forma como a configuramos, está fora do âmbito do direito a constituir família e, portanto, sem qualquer ponto de contacto com os eventuais direitos do marido, isto é, da presunção de paternidade que resultaria do facto de a sua mulher estar grávida.

Teremos oportunidade de voltar a este assunto. O que nos interessa aqui ressaltar é que, no caso do marido, ainda que tivesse qualquer elemento volitivo a ser ponderado, por um lado, a presunção de paternidade decorre de um pressuposto de verdade biológica que aqui não existe. Por outro lado, embora se admita que mesmo que não exista essa realidade nada obsta a que a presunção funcione, isso é assim tendo em consideração, quanto a nós, um pressuposto de normalidade familiar tradicional. A presunção permite que, na família matrimonializada, a integridade e unidade familiar se mantenham, apesar de, *in extremis*, a verdade biológica não se repercutir na leitura social. Ora, neste caso, não é isso que acontece — não há nem o pressuposto biológico no qual assentam as presunções, nem a integridade e unidade familiares que a presunção mantém.

Por outro lado, sendo verdade que há casos na PMA heteróloga em que o marido ou o companheiro da gestante não tem relação biológica com o/a filho/a e o elemento volitivo — ou seja, o seu consentimento é suficiente para ver a paternidade estabelecida e para não poder ser impugnada —, neste caso, ao contrário do que se verifica na gestação de substituição, a gestante é a mãe. Nesta, a gestante não tem intenção de ser mãe e usa as suas capacidades reprodutivas para ter um(a) filho/a de outrem, o que não acontece, por exemplo, na FIV heteróloga. A mera intenção do marido da gestante de ter ou não ter um(a) filho/a não é suficiente para desencadear algum mecanismo de proteção nos termos do art. 8.º da CEDH, como resulta, por exemplo, do caso Fretté v. France, 2002. Não se tutela o mero desejo de ter um(a) filho/a nem, por maioria de razão, o mero desejo de constituir ou ver constituída com a futura criança a filiação paterna. Desta forma, entendemos que, como o configuramos, o consentimento ou qualquer condição em que aquele consentimento se revelasse para constituir a relação jurídica gestacional em causa não só não é revelante, como admiti-lo constituiria uma forma de limitação ao exercício da liberdade dos direitos que são exclusivamente da gestante [1600], já que se incluem na sua identidade-mulher-gestante.

6.1.2. A Gestação de Substituição Intrafamiliar

Encontrar uma mulher com disponibilidade para aceitar ser gestante para outrem não é tarefa fácil, sobretudo nos casos de gestação de substituição altruísta. A disponibilidade radica, ou deve radicar, em conceções altruístas típicas de alguém que, ainda que não procriando para si, atua em colaboração reprodutiva no exercício de direitos reprodutivos. Deste modo, muitas vezes, a gestante acaba por ser alguém da família dos/as *intended parents* — uma mãe ou uma irmã, por exemplo. Em muitos destes casos, quebra-se o contínuo geracional entre as diferentes gerações da mesma família, isto é, intrageracional ou intergeracional [1601], [1602].

No entanto, se estas relações próximas resolvem alguns problemas, provocam outros. Por exemplo, em 2004, na Índia, uma mulher de 43 anos foi a gestante do seu neto, um filho da sua filha para quem aceitou ser gestante (Majumdar, 2018). Noutra situação paradigmática, em Inglaterra, no caso B v. C (Surrogacy: Adoption), um homem solteiro recorreu à mãe para ser gestante de um filho seu com recurso a uma

[1600] Em termos similares à IVG. Mesmo que a mulher seja casada, a IVG não é punível, nos termos da lei, mediante o consentimento da mulher grávida e ainda que, neste caso, o nascituro seja biologicamente do marido dela e a questão se integre no âmbito da vida privada e familiar de ambos. Em causa está, não obstante, uma natureza de direitos associada à identidade gravídica da mulher.

[1601] A doação de órgãos intrafamiliar poderia constitui um paralelo sobre a doação da capacidade reprodutiva ou até de gâmetas.

[1602] Esta ligação pode até ser legalmente imposta. Por exemplo, na Índia, a proposta de legislação (Surrogacy Regulation Bill), aprovada em 2018 pelo Lok Sabha inclui que os contratos de gestação de substituição que casais heterossexuais poderão outorgar implicarão que a gestante seja um «familiar próximo», num aparente paralelismo com o Transplantation of Human Organs Act (THOA) de 1994, em que a doação por estranhos à família só pode ser feita se autorizada, pelo que, fora dessa situação excecional, só o cônjuge, filho, filhas, pai, mãe, irmão ou irmã são elegíveis (Majumdar, 2018).

doadora de óvulos. Neste caso, a mãe teve um neto de que foi considerada mãe e o marido desta, o presumido pai. O seu filho, pai da criança, acabou por adotar aquele que, nos termos da lei, era para todos os efeitos o seu irmão, filho da sua mãe e do padrasto. Uma vez mais, uma situação aparente de relações incestuosas.

O incesto refere-se a relações sexuais entre parentes próximos que pode levar a que o casal se reproduza suscitando problemas de consanguinidade considerando a proximidade genética entre ambos. Esta preocupação foi manifestada na declaração conjunta subscrita pelos conselheiros Michel Renaud, Ana Sofia Carvalho, Agostinho Almeida Santos, Francisco Carvalho Guerra, José Germano de Sousa e Maria do Céu Patrão Neves ao CNECV (2012) [1603]. Os conselheiros suscitam que, na gestação de substituição realizada com recurso a uma familiar próxima, é previsível um choque geracional, por exemplo, nos casos em que a gestante é a avó, ou pode dar azo a «[...] uma confusão na imagem da maternidade que se cria no ser humano nascido mediante GDS» (Michel Renaud *et al.*, 2012).

Na realidade, a gestação de substituição introduz uma certa plasticidade nas relações familiares, mas casos há em que a ligação que se gera é particularmente delicada, concretamente nos casos de gestação de substituição tradicional. Recusamos esta opção que, nesta situação entre parentes, pode dar causa aos mesmos problemas de consanguinidade que tem a reprodução [1604].

A Comissão de Ética da ASRM «*[...] finds that there is nothing unethical per se with many instances of familial collaboration, including both intragenerational and intergenerational arrangements*» (The Ethics Committee of the American Society for Reproductive Medicine, 2004). Porém, ainda que se possa concluir dessa forma, a gestação de substituição intrafamilial suscita algumas questões considerando as relações, algumas das quais em determinadas soluções, mesmo legais, que se criam entre a gestante e a criança. A Comissão (2004) afirmava:

> «*[...] donors or surrogates may have difficulty detaching themselves from the children, especially when they have a genetic link to the offspring of the arrangement. Yet if the parties have been careful in drafting and signing the necessary documents to clarify legal parenting relationships, the familial donor or surrogate will have no more legal parenting or visitation rights than would an unrelated known or anonymous donor. If conflict among family members develops, the situation could be especially painful for familial donors and surrogates who may no longer be allowed to contact or visit a genetically related child.*» (The Ethics Committee of the American Society for Reproductive Medicine, 2004)

[1603] O Conselho debruçou-se sobre o tema da gestação de substituição em 1997 (Conselho Nacional de Ética para as Ciências da Vida, 1997), mas foi neste relatório de 2012 que o fez com profundidade e versando sobre o tema em particular.

[1604] V. no Apêndice L, Tabelas 21 e 22 sobre eventuais combinações.

Quanto a nós, considerando que a gestante não pode ser a ascendente genética da criança [1605] e, portanto, afastamos qualquer forma de gestação de substituição tradicional, concebemos que a união entre os dois critérios daria causa a uma mãe na vertente tradicional, se quisermos chamar-lhe. Qualquer um destes afloramentos são para nós de repudiar.

Não obstante, também compreendemos que — e teremos de ser consequentes — a gestante, mesmo na gestação de substituição total, também tem uma relação com a criança associada à sua identidade pessoal, e as relações familiares mais próximas podem dar causa a relações mais sensíveis e de alguma confusão, particularmente na relação e dinâmica familiares no seu todo. Compreendemos o risco, mas, quanto a nós, a motivação dos acordos de gestação de substituição para cada um dos intervenientes, bem como o reconhecimento do papel de cada um(a), nomeadamente a nível legal, não se deve confundir com situações de efetiva consanguinidade, pelo que, não havendo aquele risco, entendemos que não deve constituir impedimento.

O que ressalvamos é outro aspeto que é comummente suscitado neste âmbito: a pressão familiar. «*Coercion within the context of the family may be even more onerous than coercion by contract or Money*» (Brandel, 1995, p. 522), o que poderá colocar estas pessoas também num estado de vulnerabilidade que pode ser relevante ao nível do consentimento. Além do mais, em situações de conflito, a proximidade das relações pode ser mais desgastante, o que deve ser acautelado.

6.2. A Gestação de Substituição e a Adoção — Delimitação a partir da Posição da Gestante

A OMS entende que nas técnicas de PMA se inclui a «*gestational surrogacy*». Concordamos com esta posição que limita a gestação de substituição à sua aceção total ou gestacional. Isto é, uma denominada gestação de substituição tradicional é a reprodução de um(a) filho/a (só) da gestante que aceita tê-lo para dar/vender a outrem.

Tal como fizemos em relação aos beneficiários, para nós, a gestação de substituição está numa posição necessariamente concorrente com a adoção. Partimos do pressuposto de que a gestação de substituição implica a liberdade de ceder a capacidade reprodutiva no sentido de assumir um dos elementos da maternidade, neste caso, a componente gestacional. Assumindo que o fundamento da gestação de substituição implica o legítimo interesse de ter um(a) filho/a geneticamente relacionado com os/as beneficiários/as, por um lado, não se pode admitir que, por qualquer forma, a gestante tenha também esta ligação genética. Isto é o que acontece com a gestação de substituição tradicional, que é, para nós, quanto ao que assumimos, uma verdadeira forma de adoção, o que se mostra inadmissível.

[1605] V. secção seguinte.

Os conselheiros Michel Renaud, Ana Sofia Carvalho, Agostinho Almeida Santos, Francisco Carvalho Guerra, José Germano de Sousa e Maria do Céu Patrão Neves suscitavam a preocupação no caso de a gestante ser também a mãe genética, uma vez que tal implica «[...] dissociar, intencional e voluntariamente, as funções da maternidade biológica completa e da maternidade social, o que, *a fortiori*, não é do interesse do nascituro» (Conselho Nacional de Ética para as Ciências da Vida, 2012). Representaria, como referem os conselheiros — e neste aspeto concordamos — uma adoção de uma orfandade programada de um ser ainda não concebido.

Em nosso entender, neste caso, a situação não é concretamente de gestação de substituição — substituição de quê? —, mas de uma verdadeira produção de um órfão para posteriormente ser adotado por outrem. E, quanto a isto, colocamos as mesmas objeções de quando traçamos o critério de distinção, que para nós é necessário, em relação à gestação de substituição e ao seu fundamento. Sendo verdade que, por exemplo, o beneficiário possa ser, ele próprio, o doador de gâmetas e, portanto, manter a relação genética com a criança, por outro lado, a gestante, sendo ela a ascendente genética da criança, será em qualquer caso a mãe dessa criança exatamente por partilhar a componente biológica.

Teremos oportunidade de analisar as situações em que não há coincidência genética com um *intended parent* (ou com *o/a intended parent*, no caso de ser singular) [1606], mas o que aqui queremos analisar é a perspetiva da gestante, mormente em relação à criança. Se para os/as beneficiários/as entendemos que o que está em causa é o legítimo interesse de, pelo menos para um(a) deles/as, passar a herança genética aos/às descendentes, em relação à gestante entendemos que o que está em causa é a liberdade de usar as suas capacidades reprodutivas, o seu direito a procriar para outrem, os/as filhos/as de outrem. Isto não pode significar, quanto a nós, que a gestante assuma o direito procriativo com o objetivo de procriar, ou seja, de ter um(a) filho/a sua, mas ter um(a) filho/a de outrem. Só neste segundo caso temos uma relevância ética distinta da adoção.

Uma mulher que, neste caso, sendo a sua gestante, tem um(a) filho/a em relação ao/à qual é ascendente genética direta, passa a ver integrada no exercício do seu direito reprodutivo a dimensão biológica em que radica o próprio fundamento da gestação de substituição. Isto é, tal como acontece com os/as beneficiários, a gestante tem um(a) filho/a seu/sua. Ainda que o conceba, mantenha a gravidez e o/a dê à luz sem intenção de o criar. Este é o caso paradigmático da adoção e, como enfatizamos oportunamente, qualquer terreno de sobreposição com a adoção no que tange à amplitude da gestação de substituição é, para nós, inaceitável. Um exercício artificial de autêntica burla de etiquetas de uma orfandade programada que, para nós, não é concebível, como tivemos oportunidade de expor, particularmente por consubstanciar uma negação deliberada de uma família, colocando-a num estado

[1606] V. capítulo V.

de vulnerabilidade para mais tarde ser adotada. Isto seria uma violação da tutela da maternidade e paternidade, como se impõe pelo art. 68.º da CRP.

Quanto a esta sobreposição e à sua inadmissibilidade em razão dos direitos da criança, opomos as mesmas reservas que traçamos para distinguir a gestação de substituição da adoção e a relevância desta separação. Não sendo assim, como acontece, por exemplo, na solução inglesa, estaremos novamente num caminho que nos leva a processos de adoção, de uma orfandade programada.

O art. 8.º da CEDH não inclui, como tivemos oportunidade de referir, a intenção de constituir uma família. O preceito importa que haja um mínimo de relação que se possa perspetivar como laço familiar. Conforme resultou do caso Paradiso e Campanelli [1607], o tribunal enfatizou que, ainda que na ausência de um laço biológico ou vínculo legal prévio, as situações de facto em que se evidenciam laços familiares fortes estão incluídas no art. 8.º. Não obstante, neste último caso, estes laços familiares têm de ser constituídos e revelar-se ao longo do tempo.

Ora, neste caso, a ausência de laços genéticos, e também gestacionais, com os *intended parents* significa, quanto a nós, a ausência de fundamento para determinar a existência de uma vida familiar em relação a estes, sob pena de, assim não sendo, estarmos perante uma verdadeira ficção. Isto é, a determinação da parentalidade na ausência de qualquer laço, seja biológico ou legal prévio em detrimento daquela que apresenta o laço biológico com a criança, significaria tutelar uma família que ainda há de vir. E a expectativa deste devir não só não encontra assento no art. 8.º, como deixa a criança órfã a aguardar uma família.

De acordo com o TEDH, não é possível confirmar a existência de uma família na ausência daqueles laços biológicos ou legais sem que tenha havido manifestação efetiva de uma relação familiar. Neste caso, ainda que o tribunal reconheça os laços emocionais criados entre adultos e crianças, podem configurar-se como verdadeiras relações familiares, dignas de proteção e até, sendo o caso, prevalecentes sobre as relações biológicas. Sem aquela relação biológica ou vínculo legal, a verdade é que não podem ser estabelecidas num quadro de incerteza ou de *mera* intenção. Uma verdadeira situação de *in loco parentis* [1608], [1609], mas que implica que a relação se estabeleça

[1607] Este caso é ainda mais sintomático, já que a gestante também não tinha relação genética com a criança.

[1608] «In loco parentis — *"in place of a parent", is a doctrine in common law, and some civil law jurisdictions may recognize an adult who had assumed a daily role of caregiving for a child for a substantial period of time as a "de facto parent" who is entitled to some parental rights over the child*» (International Bioethics Committee, 2018).

[1609] Por exemplo, a UPA 2017 reconhece «*de facto parents*» quando o adulto «*resided with the child as a regular member of the child's household for a significant period, engaged in the consistent caretaking of the child, took on the responsibilities of a full and permanent parent of the child, without the expectation of financial compensation (in other words, the individual wasn't a paid foster parent), treated the child as a biological child and presented the relationship as a parent-child relationship, established a bonded and dependent parent-child relationship, with at least one legal parent's approval, and can demonstrate that continuing the relationship with the child is in the child's best interest*» (Heinig, 2019).

e se projete no tempo por forma a ser reconhecível. Neste caso, a parentalidade biológica, a única, assume-se considerando a presunção da parentalidade natural, implicando que seja sobre os beneficiários que recaia o ónus de ver reconhecida a sua qualidade (International Bioethics Committee, 2018).

Desta forma, na ausência de qualquer critério biológico em relação a qualquer um dos *intended parents*, a gestante é a única que mantém uma relação (biológica) na qual se pode perspetivar um elemento da relação familiar [1610] e, portanto, em relação à qual se deve estabelecer a maternidade. Por maioria de razão, se a gestante é também a mãe genética da criança, a maternidade terá de se estabelecer em relação a ela.

Uma perspetiva destas é a que resultou do caso re Marriage of Moschetta [1611], em que o tribunal norte-americano negou o *enforcement* de um contrato de gestação de substituição num caso em que a gestante era também a ascendente genética da criança, levando a que o tribunal considerasse, mesmo com a doutrina Calvert já assente, que o caso era de efetiva adoção e que, portanto, o regime aplicável era este e não da gestação de substituição — isto é, com necessidade de consentimento formal da mãe da criança após o seu nascimento (re Marriage of Moschetta, 1994). Este sentido foi seguido pela UPA 2017, que prevê que a gestante e o marido não têm qualquer direito sobre a criança nascida no âmbito da gestação de substituição [1612], com exceção dos casos de gestação de substituição tradicional. Neste caso, ainda que admitindo a gestação de substituição, o regime é típico da adoção, já que a gestante tem 72 horas depois do nascimento para retirar o seu consentimento (Workman, 2019, p. 239) [1613].

Também a Grécia adota posição similar, no sentido em que impõe que a gestação de substituição seja total, podendo a beneficiária ser a doadora de óvulos ou recorrer a terceira (Constandinidou-Stavropoulou & Stavropoulos, 2020).

Desta forma, entendemos que, nos casos em que coincidam os elementos biológicos da maternidade na gestante, estes fatores de conexão, típicos nos casos de adoção, estão fora do âmbito da gestação de substituição, sendo que, neste caso, a gestante deve ser reconhecida como a mãe da criança e, caso o beneficiário seja o ascendente genético, deverá ser considerado o pai. E nada há a substituir neste caso.

[1610] Mesmo que a gestante não tenha a ascendência genética. É o ocaso paradigmático da FIV com recurso a doação de óvulos ou de embriões. Prevalece a relação biológica derivada da gestação, sendo a gestante a mãe e, sendo casada, o marido presume-se o pai, ou quem consentiu no tratamento, ainda que com recurso a doação de espermatozoides. Em Portugal, esta solução resulta da LPMA e dos arts. 1796.º, n.º 1, do CC e 1839.º, n.º 3, do mesmo diploma.

[1611] A que aludimos no capítulo II.

[1612] As secções 811, 814 e 815 preveem exceções.

[1613] Numa técnica que o Tribunal Constitucional português pareceu acompanhar. Isto é, a gestante pode revogar o consentimento passando a ser a mãe da criança. V. a este respeito o capítulo V.

6.3. O Altruísmo

A venda de gâmetas para FIV ou pesquisa, bancos com células de cordão umbilical e o aumento da gestação de substituição, nomeadamente comercial, colocam a preocupação sobre a comercialização da reprodução. Numa perspetiva Kantiana, não é mais do que retirar o homem do mundo dos fins e, portanto, expurgar-lhe a essência humana, a sua dignidade [1614]. Além disso, ao contrário dos órgãos, os gâmetas [1615] não implicam uma situação de risco para a vida, nem uma situação de a vida de outrem estar em perigo [1616].

A possibilidade que hoje em dia a ciência conferiu de parte do corpo ou tecidos humanos, ou as capacidades destes, serem autonomizáveis e manterem-se vivos alterou em absoluto a forma como nos vemos e como vemos partes de nós que, agora, se podem autonomizar para um fim diverso do que a sua capacidade biológica infungível. Coloca-se a questão de saber se essas partes do corpo, porque autonomizáveis, podem ser objeto da nossa apropriação, ou de outrem, e entrar no âmbito de uma atividade comercial e mercantil. Seja como for, para nós, não é o que se trata no caso concreto. Há uma insusceptibilidade de separar a mulher do seu corpo, do seu ser, e, como refere Donna Dickenson:

> «*[t]he essential dilemma underlying both questions — whether is it wrong to commodify individual extracted tissues, and whether we can properly distinguish between person as subject and person as object in modern medicine — has been neatly summarized as this: We both have and are our bodies.*» (Dickenson, 2017, p. 121)

De facto, o corpo é uma coisa *sui generis* que ganha uma nova dimensão, no que tange à eventual capacidade de disposição, ao nível da ciência reprodutiva. A possibilidade de entregar alguma coisa pode ser admissível, o que é diferente de ter o direito de dispor sobre ela em caso de pagamento (Dickenson, 2017, p. 122).

Ainda que o pagamento possa ser um fator aliciante, nos EUA, por exemplo, as gestantes, mesmo nos casos em que auferiram uma contrapartida comercial, invocavam sobretudo motivações altruístas para se tornarem gestantes. O que as norteava era um sentido de «*"self-fulfilment"; "wanted to help others"; "love being pregnant"; and "payment"*» (Jadva, Murray, Lycett, MacCallum, & Golombok, 2003).

[1614] «[O] homem não é uma coisa; não é portanto um objeto que possa ser utilizado simplesmente como um meio, mas pelo contrário deve ser considerado sempre em todas as suas ações como fim em si mesmo» (Kant, Fundamentação da Metafísica dos Costumes, 2005, p. 70).

[1615] A US National Organ Transplant Act de 1984 — os gâmetas estão excluídos da proibição de venda de órgãos.

[1616] Ainda que, na situação das mulheres, haja o risco de hiperestimulação ovárica.

Em *The Baby Business*, Spar refere que as pessoas que usam estas técnicas têm dificuldade em admitir que se trata de uma transação mercantil (Spar, 2006).

Na análise efetuada por Marcin Smietana, da Universidade de Cambridge, durante 18 meses, de 2014 a 2016 [1617], à comunidade de gestação de substituição nos EUA, foram identificadas duas narrativas:

> «[...] *through which the surrogates and intended gay fathers made sense of their mutual arrangements. One of these narratives can be characterized as affective. It was underpinned by emotions such as empathy and affection, which made part of the surrogates' altruistic motivations, as well as of a feeling of relatedness between them and the intended fathers. This way, emotions appeared to decommodify and kin the relationships between the surrogates, the intended fathers, and the surrogacy children. Framing surrogacy as a gift set it apart from commercial aspects of the process and from its perceptions as merely a commodity exchange. Paradoxically, these processes of affective de-commodifying and kinning also facilitated commercial surrogacy in the US context of a liberal commodity market in reproductive technologies. Therefore it can be said there is an affective aspect to commodification.*» (Smietana, 2017, p. 21) [1618]

A gestação de substituição, particularmente na sua vertente comercial, tem sido aceite considerando quatro razões fundamentais. Por um lado, com o decréscimo de crianças para adoção, a gestação de substituição permite satisfazer um bem humanamente defensável; depois, temos a realização da autonomia e o direito a procriar; ainda que remunerada, a gestante contribui com sentimentos altruístas, um ato de amor, independentemente do pagamento; e, por fim, a gestação de substituição não é diferente de outras técnicas de PMA com recurso a terceiros ou da adoção ou de outros trabalhos que implicam a utilização do corpo (Anderson, 1990).

No âmbito da gestação de substituição, sendo esta onerosa, a questão fulcral é: a que contraprestação corresponde o pagamento? O resultado do contrato de gestação de substituição ou o serviço prestado pela gestante? Ou outra coisa diferente? Esta é a resposta que muito procuramos e, com toda a franqueza, o enfoque sobre o qual se coloca a contrapartida há de ser o busílis da questão, quanto a nós; o facto de poder haver montantes pecuniários pagos, ainda que «[...] *emphasise the undesirability of linking payment to outcomes, recommending that any compensation be simply linked with the surrogate mother's time, effort and risk*» (Fawcett, Shúilleabháin, & Shah, 2016, p. 812).

[1617] Foram entrevistados 37 pais homossexuais (17 casais e três solteiros), 10 eram da Europa, dois da Nova Zelândia e Austrália e oito americanos, e gestantes respetivas.

[1618] Em 2014, estima-se que nasceram nos EUA mais de 2000 crianças em resultado de gestação de substituição e, no total, estima-se que, só na Índia, por ano, nasçam cerca de 10 000 crianças com recurso à gestação de substituição (Quinn, 2018, p. 823).

Ainda assim, um dos argumentos suscitados na avaliação da compensação da gestante pode, desde logo, transmitir a ideia de que o âmbito de todo o serviço da gestante é comercializável, como seja a «*[...] willingness to engage in procedures such as prenatal testing, termination, multifetal pregnancy reduction (MFPR) or selective reduction, can have a monetary value attributed to them*» (Ethics Committee of the American Society for Reproductive Medicine, 2013, p. 1839).

Seja como for, com uma vertente mercantil, a gestação de substituição é fundamentalmente uma questão de economia política. Embora a tendência na Europa e nos EUA seja de proibir a sua prática, a procura é de tal forma intensa, que, mesmo conhecendo as eventuais consequências, as pessoas não se inibem de procurar soluções no estrangeiro (Spar, 2012).

A suscetibilidade de um acordo comercial importa que seja negada a ideia associada de um valor altruísta, e a vertente económica passa a ser o critério de determinação dos interesses que determinam as partes, sobretudo a gestante, a fazer parte do projeto reprodutivo. Neste, por isso, gera-se pelo menos a dúvida do pressuposto que levou as partes a contratar, neste caso a gestante, mais uma vez — se foi o compromisso que assume por outra pessoa num dos elementos da maternidade ou se foi o *vil* metal (Strathern, 2002, p. 989). Se o controlo passa por garantir que a gestante é movida por razões de amor, altruísmo, mantendo o contrato como gratuito? Entendemos que não. O serviço que a gestante presta, independentemente do que a move, é e sempre será a admissibilidade de dispor das suas capacidades reprodutivas ao serviço de outrem. Isto é, quanto a nós, admissível. Se sim, como o entendemos de facto, se a gestante espera ser paga ou não por isso, é um elemento estranho ao negócio e não lhe retira nem põe nada que importe à perspetiva da sua admissibilidade. Se haverá mulheres que, sendo pagas, se possam mover pelo desejo financeiro e, por isso, admitam ser gestantes? Parece inegável que sim. Mas o que para nós parece inadmissível — e uma vez mais é uma questão relativa à patologia contratual e não à sua morfologia — é, em qualquer caso, que a gestante esteja numa situação de dependência, seja emocional, seja económica, o que, aí sim, pode ser um elemento estranho que vicia a vontade da mulher, quando o faça.

Mas que há de especial no contrato de gestação de substituição oneroso?

Em 2016, a *Special Rapporteur* [1619] referia-se à situação em que crianças nascidas por via de gestação de substituição em contratos internacionais eram colocadas numa situação de adotabilidade ilegal para satisfazer o desejo de ter um(a) filho/a. A Recomendação 1443(2000) da PACE proíbe quaisquer práticas mercantis em relação à adoção que se aplicam também à gestação de substituição (European Centre for Law and Justice, 2019) [1620], retirando o conceito de venda da criança do protocolo

[1619] *Rapport de la Rapporteuse spéciale sur la vente d'enfants, la prostitution des enfants et la pornographie mettant en scène des enfants*, «Étude sur les adoptions illégales», 22.12.2016, A/HRC/34/55, § 52.

[1620] Também a Convenção de Haia, em matéria de adoção internacional, exclui qualquer troca de valores para evitar situações de tráfico de crianças.

facultativo à Convenção dos Direitos da Criança Relativo à venda de crianças, prostituição infantil e pornografia infantil (art. 2.º, al. a)) (Points, 2009).

No relatório de 2018 *The Special Rapporteur on the sale and sexual exploitation of children*, chamava-se à atenção para o facto de muitas violações de direitos humanos das mulheres e crianças resultarem de acordos comerciais que «*[...] usually involve sale of the child as defined in international human rights law, call for more specific international solutions*» (Czubik, 2019, p. 523). Não obstante, por exemplo, num estudo realizado nos EUA, as conclusões apresentadas indicam que, ainda que dos contratos de gestação de substituição altruísta se esperem resultados mais positivos, pelo menos no contexto norte-americano, «*the findings of the present study suggest that the commercial basis of the US system may also be conducive to positive and successful surrogacy arrangements*» (Blake *et al.*, 2016, p. 1508).

Além dos problemas que pode suscitar a natureza comercial, sobretudo se considerarmos a existência de intermediários, esta natureza [1621] coloca-nos, mais uma vez, na perspetiva em que a gestante e a criança se tornam meios para um fim alheio.

Nesta perspetiva, para Sonia Suter, há o problema de este mercado de bebés [1622] produzir um dano ao florescimento humano [1623], [1624]. Uma visão orientada para o mercado implica a ideia de que as «coisas» são comensuráveis, a comodificação associada e, por fim a coação, formação da vontade distorcida e assimetria nas relações de poder [1625]. A aludida autora está ciente de que, ainda que a questão radique no consentimento informado, há efeitos no mercado em que este não é suficiente, mormente a coação, decisões distorcidas e assimetria de poder, em particular num mercado — e aqui refere-se ao norte-americano — direcionado para o lucro e essencialmente não regulado. Seria preciso repensar essa «liberdade» no sentido em que «a minha liberdade sempre termina onde começa a minha necessidade». Sempre que houvesse dinheiro envolvido e as opções fossem limitadas, haveria uma efetiva omissão da *livre escolha*.

[1621] O art. 35.º da CDC é suscitado neste âmbito, considerando que o pagamento é a contraprestação pela entrega da criança e, portanto, uma forma de venda desta, o que é proibido. A este respeito, v., por exemplo, Tobin, 2014.

[1622] Não se referindo exclusivamente à gestação de substituição.

[1623] «*Human flourishing*», no original.

[1624] Ainda que, neste artigo, com contra-argumentos, a autora admita um «*Giving in to baby markets*», aceitando os danos intrínsecos, mas só na condição de tentar minimizar — apresentando recomendações para tal — esses danos potenciados pela desigualdade (Suter, 2010, p. 289).

[1625] Para Patterson, estas relações apresentam três facetas: a social, que envolve o uso ou ameaça de violência no controlo de outra pessoa; a psicológica, representando a capacidade de persuadir outrem, mormente na forma como esta encara os seus interesses e circunstâncias; e uma faceta cultural, a autoridade que implica a forma como se transforma a força em Direito e a obediência em dever (Patterson, 1982).

De facto, como já apontámos, em lugares como a Inglaterra, onde essa prática é legalizada sem compensação financeira e sem privar a mãe biológica do seu direito ao aborto ou ao arrependimento, a gestação de substituição é menos expressiva, já que há poucas mulheres, se compararmos com os países que admitem a vertente comercial, que estejam dispostas a ser gestantes por conta de outrem (Fumero, 2016) [1626]. Contudo, seja qual for a motivação efetiva de cada mulher, o essencial é que preste o seu consentimento de forma livre e esclarecida. Assim sendo, em primeiro lugar, a informação que é revelada tem de ser ampla o suficiente, incluindo potenciais riscos, implicações psicológicas, e ainda mecanismos de controlo de potencial coação, por exemplo, no que tange a intermediários e processos de recrutamento incluírem a divulgação de riscos associados e não só do valor a pagar. Em segundo lugar, consentimento informado deve incluir especialistas, como advogados ou psicólogos, que dessem aconselhamento técnico, permitindo que a gestante entendesse todas as repercussões da sua tomada de decisão.

A solução não é perfeita, mas teria potencial para nos aproximar de um mundo ideal, nas palavras de Suter (2010, pp. 288-289). Trata-se de reduzir os riscos no mercado da reprodução e conceder a quem não pode ter filhos, seja por patologia, seja pela orientação sexual, a oportunidade de constituir uma família, já que, para a autora, «*[...] being unable to engage in such commerce would be much more degrading than commodification itself*» (Suter, 2010, p. 282).

Não obstante, e ainda que considerando a posição de Suter — que, confessamos, nos deixa em reflexão —, para nós, o caminho não é esse e não conseguimos vencer o que a compensação representa ao nível da reprodução. Dificilmente conseguimos ultrapassar o visceral repúdio à comodificação da capacidade reprodutiva da mulher e, consequentemente, à degradação que, em nosso entender, tem como consequência integrar esta capacidade intrínseca no mercado de cujo âmbito contratos onerosos de gravidez devem estar fora.

Quanto a nós, a questão ou o problema do pagamento não está na perspetiva de comprar a criança ou de uma forma de prostituição reprodutiva, prendendo-se com outro afloramento, que, esse sim, é díspar em relação à natureza onerosa do negócio. Perspetivando a gestação de substituição, por parte da gestante, como um exercício da liberdade de procriar para outrem, não deixamos de ter, quanto a nós, o exercício do direito a procriar. O que torna esta mulher, ainda que não seja seu, parte de um projeto parental do qual é não só uma *conditio* como um elemento que se mantém mesmo depois de qualquer negócio, mormente para a vida da criança. Nos termos do art. 26.º, n.º 1, da CRP, a identidade pessoal é a expressão de cada ser humano, de cada pessoa infungível, singular e única, e comporta também uma vertente relacional que inclui a sua historicidade pessoal. Ademais, toda a criança tem direito

[1626] Não obstante, de acordo com dados recolhidos, as *parental orders* têm apresentado anualmente uma tendência crescente. V. tabela 14, apêndice H.

a ter uma mãe de ventre e uma mãe de genética, ainda que em relação a nenhuma delas venha a ser estabelecida a filiação materna. Mas isto é outro problema; é uma opção, nomeadamente legal, que não implica um processo de erosão daquelas figuras, também elas, na sua dimensão, maternas. A gestante não é fungível e, considerando que, no que toca à criança, esta identidade gestacional é relevante — como a perspetivamos —, pode levar a uma impressão de fungibilidade desta mulher, não no que a si diz respeito, mas no que toca à sua existência enquanto parte integrante da identidade pessoal da criança.

O que entendemos não é que a mulher não tenha liberdade para vender o seu corpo e as suas capacidades reprodutivas e até de ver estabelecido um valor [1627], bem como entendemos que não é a insusceptibilidade de a mulher receber pelos seus serviços e pelos riscos que corre (Brandel, 1995, p. 521) que mitiga as eventuais situações de exploração a que poderá estar sujeita.

Do ponto de vista da criança, como refere Kate Galloway na análise desta perspetiva do *deconstructed role of parent* (2016, p. 25), o assunto ganha novo fôlego em todas as situações em que o contrato de gestação de substituição é oneroso. Isto, por um lado, parece retirar o caráter altruísta que deve estar subjacente a qualquer projeto de parentalidade e, por outro, parece mercantilizar o processo em que a criança é o seu objeto colocando-nos, mais uma vez, na perspetiva em que a criança se torna um meio para um fim, alheio. Colocando o enfoque, uma vez mais, na dignidade da pessoa humana, para a gestante, como refere Galloway, o que está em causa é a sua liberdade reprodutiva e o direito de celebrar um contrato de gestação de substituição, sendo este uma expressão das suas escolhas e autonomia. Todavia, como a autora refere, o que a este discurso dos direitos individuais parece faltar é a personificação da maternidade biológica, da gestante, e o contexto social da maternidade (Galloway, 2016, p. 27).

[1627] Como se faz em todas as situações de danos não patrimoniais, por exemplo, em que há a fixação de uma compensação pecuniária ao respetivo titular do direito violado, ainda que, admitimos, sempre seria difícil este estabelecimento de valor. Como refere Wilkinson, «*What counts as a fair minimum wage? What does it take for a contractual condition to be unduly onerous? What level of healthcare is 'decent'?* [...] *Can we get countries with divergent systems of family law to sign up to and then operationalize an international convention on international surrogacy?*» (Wilkinson, 2016, p. 142). É verdade que quantificar uma parte do corpo ou uma capacidade reprodutiva — para nos referirmos aos exemplos indicados — é, desde logo, o hastear de uma bandeira da mercantilização do corpo e das suas partes, o que pode constituir um verdadeiro atentado à dignidade humana. Contudo, se nos centrarmos no cerne da questão — entregarmos parte de nós a outrem e esse consentimento ser relevante —, qual é o problema em estabelecer um preço? Em compensar a disponibilidade? Ainda que fosse tabelada para que não existissem assimetrias ou mercantilização. Se considerarmos legislações *friendly* como era o caso da Índia, Nepal ou Ucrânia, encontramos colorações de assimetrias. Por exemplo, na Índia, o custo da gestação de substituição rondava os 50 000,00 $, enquanto nos EUA ultrapassa os 200 000,00 $, sendo que naquele país a gestante recebia cerca de 15% a 25% do montante global (Saravanan, 2016).

A CDC estabelece, partindo da especial necessidade de proteção destes seres humanos — pela vulnerabilidade da idade e dependência para um crescimento harmonioso e desenvolvimento da sua personalidade, enquanto ser infungível, individual e autónomo, socialmente integrado na sua dimensão de animal social — uma série de direitos em que, de facto, não se identificam particularmente para as crianças nascidas de acordo com técnicas de PMA (Gerber & O'Byrne, 2016a).

Contudo, quer da Convenção quer do Protocolo Facultativo sobre a venda de crianças, prostituição infantil e pornografia infantil, é possível estabelecer uma série de afloramentos que são suscetíveis de, no âmbito da gestação de substituição, estabelecer traves mestras na regulamentação desta matéria, incluindo, neste aspeto, a natureza necessariamente altruísta associada a este negócio.

O que para nós está em causa é a natureza da gestação e a natureza do trabalho [1628], que são conflituantes entre si e particularmente este papel da gestante em relação à criança — uma necessária relação essencial ao desenvolvimento da criança e também à construção da sua identidade e o que representa para esta. A liberdade procriativa é, para nós, necessariamente relacional. É neste âmbito que, no nosso entender, se subtrai qualquer natureza patrimonial que possa estar associada à gestação [1629]. Em nosso entender, de facto, este fator do pagamento da contrapartida pelo serviço prestado pela gestante importa uma nova coloração e, portanto, clama uma diferente solução.

Como defende Elizabeth Bartholet, a parentalidade não tem nem lhe pode ser atribuído um valor. Se permitirmos às pessoas vender e comprar a parentalidade [1630], põe-se em causa a própria *qualidade* das relações parentais «*[...] because that quality has to do with an understanding that parenting is or should be about relationship, about holding and nurturing those to whom we are connected rather than letting go and spinning of*» (Bartholet, 1999, p. 227). É verdade que não podemos usar este argumento sem mais, já que, no que tange à gestante – já o assumimos –, não está em causa a maternidade desta, mas, também como o assumimos, embora esta não seja a mãe, há uma vinculação relacional com os/as beneficiários/as e destes para com esta e, *in extremis*, de todos/as para com a criança. Nesta teia relacional, que comunga de exercício de direitos procriativos, a mercantilização do negócio seria uma forma de assumir a parentalidade decorrente da gestação de substituição como uma parentalidade inferior que trata as pessoas como seres descartáveis, como se lhe refere a autora, o que radica também num dano para a própria criança, para a sua identidade e, em geral, para as relações parentais.

[1628] Neste aspeto, v. Savio & Cavaliere, 2016.

[1629] Ainda que a motivação deva ser altruísta, a verdade é que, como coloca (Novais, 2012), esta motivação é, na realidade, insuscetível de ser avaliada, mormente por qualquer comissão.

[1630] A autora, em relação à gestação de substituição, parece encarar a gestante como a mãe da criança, não sendo essa a nossa conceção. Não obstante, o elemento argumentativo parece-nos aqui aplicável.

Neste negócio, de facto, e apesar dos níveis de ansiedade que se admite que os/as pais/mães da criança têm, a verdade é que é a gestante que tem uma situação mais onerosa. O sacrifício por que passa, associada ao risco da gestação, ainda que controlado, parece, de facto, ultrapassar em muito o nível de custo por que os/as pais/mães passam, tornando-se o ato de altruísmo da gestante num autossacrifício sem o equivalente de reciprocidade (Walker & Zyl, 2017, p. 167) [1631], [1632], [1633] caso não se admita uma compensação para além do reembolso de despesas.

Compreendemos o argumento, mas reconhecer a gestação de substituição como uma atividade comercial é dar causa a uma nova atividade a que as mulheres podem recorrer para ganhar dinheiro e, por outro lado, aumentar a oferta destes serviços, o que seria encarar a gestação de substituição como uma forma de trabalho ou prestação de serviços. Esta natureza põe em causa a identidade da mulher-gestante, voltando a um conflito com a identidade-trabalhadora. Sé é justo que a gestante receba uma contrapartida pelo seu serviço considerando o trabalho e desconforto a que está sujeita e se constitui uma forma de melhorar a sua própria autonomia

[1631] Na gestação comercial nos EUA, os outorgantes assumem que «*[b]oth parties are assumed to be motivated by personal gain to enter an agreement, which stipulates that the surrogate mother is to bear a child for the intended (or 'commissioning') parents in exchange for a fee. The contract typically includes a detailed list of gestational services. The list provided by a prominent US agency includes baseline compensation of US$3000 per month, plus a number of 'variable expenses':*

Multiple birth compensation (beginning at week 18)	*$5000*
Experienced surrogate—additional compensation	*$5000*
Caesarean section (if directed by a physician)	*$2500*
Invasive procedure compensation, per occurrence	*$500*
Foetal reduction	*$750*
Labour induction due to no heartbeat or abnormalities	*$2000*
Loss of uterus	*$2500*
Loss of one or more tubes	*$1000*
Ectopic pregnancy surgery	*$1000*»

(Walker & Zyl, 2017, p. 170)
Valores retirados pelas autoras de https://www.conceiveabilities.com/parents/surrogacy-cost. No mesmo sítio, também consultado por nós em 14 de janeiro de 2018, conclui-se que, através daquela empresa, o custo total para um serviço de gestação de substituição variava entre os 138 500,00 $ e os 240 000,00 $, ao qual podem acrescer outros custos dependendo da situação concreta e dos serviços a prestar.

[1632] Um FIV, por ciclo, com gâmetas do casal custa entre 8000 $ e 15 000 $, a ICSI mais 1000-1500 $. A doação de óvulos implica um custo de cerca de 20 000 $. DGPI acresce cerca de 4000-7500 $ ao tratamento por cada ciclo (Thompson, 2016).

[1633] No relatório de 2012 do The Centre for Social Research, foi relatado que muitos beneficiários (cerca de 60%) optam por contratar duas gestantes (ainda que a Bill de 2010 o proíba), o que, além de aumentar a taxa de sucesso, fica mais em conta, isto é, numa gestação, os futuros pais podem gastar cerca de 20 000,00 $, mas, caso contratem duas, o preço será pouco mais do que 26 000,00 $ (The Centre for Social Research, 2017, pp. 256-257).

(Leibowitz-Dori, 1997, p. 342)? Sem dúvida, mas a gestação, seja para si ou para outrem, não é um trabalho ou uma prestação de serviços. Um dos argumentos suscitados na avaliação da compensação da gestante radica no facto de o pagamento ser visto como uma mercantilização de características biológicas, tal como o foi, em tempos, a própria raça (Ethics Committee of the American Society for Reproductive Medicine, 2013, p. 1839) [1634].

Neste sentido, a própria Convenção de Oviedo, no seu art. 21.º, proíbe qualquer forma de ganho em relação ao corpo humano ou qualquer uma das suas partes. O Protocolo, em relação à doação de órgãos ou tecido, replica aquele normativo legal. Por sua vez, em relação à European Parliament's Resolution on the Trade of Human Egg Cells (the European Resolution):

> «*The European Resolution affirmed that payment for ova should be prohibited, recognizing that (a) the harvesting of egg cells constitutes a high medical risk for the life and health of women; (b) the planned egg cell trade would exploit the economic situation of women who lived in impoverished regions; and (c) despite the possibility of serious effects on women's life and health, the high price paid for egg cells incites and encourages donation, given the relative poverty of the donors.*» (Allan, 2014)

O art. 12.º da Diretiva 2004/23/CE torna claro que, além da compensação das despesas, o pagamento pela dádiva de células e tecidos é inaceitável na Europa, e que as células e os tecidos, enquanto tais, não podem ser objeto de comercialização.

De acordo com a Convenção para a Proteção dos Direitos Humanos e da Dignidade do Ser Humano no âmbito da Aplicação da Biologia e Medicina de 1997, estão proibidas as práticas com vista ao lucro e à utilização de partes do corpo humano, o que pode ser estendido à gestação de substituição. Está em causa a integridade do corpo, nas suas partes e no seu conjunto. A obrigação de respeitar o ser humano na sua individualidade e como membros da espécie humana implica assegurar essa integridade, como resulta do art. 3.º da CDFUE, que prevê a integridade e, em matéria de medicina e biologia, a proibição de obter ganhos financeiro com o corpo ou as suas partes.

Se a gestação de substituição se converte numa relação laboral, a liberdade reprodutiva, pensada como um direito à autodeterminação, é nula. A liberdade reprodutiva e o direito a procriar — ainda que seja para não ter filhos/as — como direito humano implicam que a gestante se assuma como parte da reprodução, ainda que o projeto parental não seja seu. Isto tem como consequência que a gestante não se desassocia do seu papel de mãe-identidade e se converte numa trabalhadora ou prestadora de serviços. Para nós, isto seria desafetar esta mulher de um dos essenciais

[1634] Com atualização de 2018.

papéis que a gestação tem e o necessário âmbito relacional que esta ligação tem para com a criança que vai dar à luz, para a sua identidade pessoal.

Há uma repartição do direito a procriar por vários sujeitos e cada um detém parte desse direito nenhum. Esta repartição não significa a erosão destes afloramentos, isto é, os intervenientes, ainda que não venham a ser pais ou mães daquela criança, não deixam de exercer aqueles direitos e, se assim for, exercem-nos considerando a *ratio* que lhes dá causa. A gestação de substituição não pode, quanto a nós, ser encarada de forma desassociada da maternidade, ainda que a gestante não seja, ela própria, a mãe daquela criança e, como tal, a sua autodeterminação na utilização do seu corpo e das suas capacidades reprodutivas tem de ser encarada tendo em consideração o fundamento que lhe dá causa. Uma mulher vai ter uma criança que decidiu ter no âmbito da sua liberdade reprodutiva, tendo tomado uma decisão reprodutiva de acordo com a sua autodeterminação pessoal. Estas mulheres não perdem a sua qualidade de participantes essenciais no projeto parental, mas esta qualidade é também um produto das relações sociais e das novas relações familiares.

O ser humano e o seu corpo não são peças e, numa sociedade que coloca o ser humano em primeiro lugar, há coisas que não se vendem, não se comercializam, não se publicitam e não se regateiam preços e condições. Uma gestante que o assume ser, ainda que por contrato, para produzir uma criança para outrem, assume uma gestação sua que dura nove meses [1635], 24 horas por dia [1636]. Isto não é nem pode ser um trabalho ou uma prestação de serviços ou até qualquer forma contratual em que a gestação, a troco de dinheiro, ou mesmo sem ele, se transforma numa forma de produção, num trabalho. Estas mulheres têm, e ainda que não desenvolvem uma ligação emocional com o feto durante a gravidez, uma posição ativa numa relação com aquele feto e com a criança que vai nascer; fazem parte da história daquela criança e da sua identidade. Se assim é, qualquer forma de encarar a gestação de substituição, designadamente a comercialização da gravidez, torna estas mulheres em laboratórios, que prestam serviços fungíveis, numa ótica de servilismo, desumanizando a máquina de produção e criando uma hierarquia biológica em que a gestante e o seu corpo se mercantilizam ao serviço de outrem. As mulheres como coisas, corpos servis, fragmentadas na sua capacidade reprodutiva considerando unicamente a sua função, o que suscita questões éticas e morais.

Anderson defende que a gestação de substituição comercial transforma a capacidade reprodutiva da mulher numa coisa, substituindo as normas da parentalidade por regras económicas baseadas em processos de produção comuns. Tal «redução»

[1635] Além de todo o processo prévio necessário para induzir a gravidez, incluindo o tratamento hormonal necessário para que o corpo receba o embrião.

[1636] A Office of Technology Assessment (OTA) indicava que nenhum dos intermediários em contratos de gestação de substituição fazia qualquer avaliação dos candidatos e das suas condições para terem um filho, e só metade pedia exames físicos (Kimbrell, 1997, p. 127).

transforma as mães [1637], dignas de respeito e consideração, em objetos usáveis ao serviço de outrem (Anderson, 1990, p. 80). Esta redução pode ser assimilada em três afloramentos distintos: por um lado, a desconsideração da relação emocional inerente à gravidez, alienando-a do «trabalho» e do «produto do seu trabalho», depois, nega-lhe a maternidade desconsiderando a gestação e, por fim, coloca as suas motivações numa esfera de mercado de oferta e procura.

Não negamos que muitas destas considerações radicam em normas sociais e sobre a perspetiva que as pessoas podem ter das mulheres e da gravidez (Blazier & Janssens, 2020), mas são exatamente essas normas e conceções que fundamentam o direito a procriar e, no limite, o acesso à PMA. Isto é, não podemos conceber que, se por um lado perspetivar o direito a procriar e a vontade de ter um(a) filho/a constitui um imperativo que se mostra defensável e inserido num direito, depois, não se possam negar esses mesmos argumentos para traçar a vermelho os limites de acesso a essas práticas.

Na gestação de substituição mercantil há uma alienação desses fatores [1638] — da mesma natureza dos que legitimam, também, em nosso entender, o recurso à PMA — em relação à gestante, e tratá-los de forma comercial é reduzi-las a uma vertente que, em nosso entender, é indefensável. Uma forma de exploração de valores — como o amor, a emoção — que não pode ser simplesmente comprada e, numa ótica de bilateralidade associada à solidariedade relacional entre as pessoas e a responsabilidade inerente à própria autonomia, «[n]inguém pode ser feliz se não tiver o que quer, mas também não pode ser feliz quem tem tudo o que quer». «Existe uma justa medida ou proporção onde nada está a mais ou a menos. Essa é a plenitude [...]» (Santo Agostinho, 2018, p. 43; 85).

Também a ESHE concebe que a gestação de substituição é um procedimento aceitável se for altruísta (Shenfield, 2005), ainda que considere aceitável o reembolso de despesas e compensação por parte da gestante. Quanto ao pagamento à gestante, a doutrina é tendencial relativamente à recusa de qualquer pagamento, traduzindo-se numa forma degradante de tratar a gestante e a criança, violando frontalmente a dignidade humana de ambos.

[1637] Já assumimos que, para nós, a gestante não é a mãe. Não obstante, a sua existência não é fungível considerando sobretudo o impacto na identidade da própria criança.

[1638] «*Alienated and fragmented maternities*», expressão de Angela Davis para estender a compreensão dos esforços das mulheres para resistir. Trata-se de projetos de maternidade que «*[...] problematize hegemonic ideologies that posit unquestioned existence of racial matching, exclusively heterosexual family formations, unassisted or "natural" reproduction, unequal economic privilege, and the idea of "perfect" babies*» (Ragoné & Twine, 2000, p. 1).

Nos *Princípios Orientadores do Conselho da Europa*, o ponto VI, sobre «mães de substituição» [1639], estabelece o seguinte no seu princípio 15.º:

> «*1. Aucun médecin ou établissement ne doit utiliser les techniques de procréation artificielle pour la conception d'un enfant qui sera porté par une mère de substitution.*
> *2. Aucun contrat ou accord entre une mère de substitution et la personne ou le couple pour le compte de laquelle ou duquel un enfant est porté ne pourra être invoqué en droit.*
> *3. Toute activité d'intermédiaire à l'intention des personnes concernées par une maternité de substitution doit être interdite, de même que toute forme de publicité qui y est relative.*
> *4. Toutefois, les Etats peuvent, dans des cas exceptionnels fixés par leur droit national, prévoir, sans faire exception au paragraphe 2 du présent Principe, qu'un médecin ou un établissement pourra procéder à la fécondation d'une mère de substitution en utilisant des techniques de procréation artificielle, à condition:*
> *a. que la mère de substitution ne retire aucun avantage matériel de l'opération; et*
> *b. que la mère de substitution puisse à la naissance choisir de garder l'enfant.*» [1640]

O *Parentage/Surrogacy Project: An Update* foi publicado e, em relação à Índia, conclui-se que «*[c]ommercial use of surrogacy, which is not properly regulated, is widespread, leading to the sale of children and the violation of children's rights*». Sobretudo os contratos internacionais de gestação de substituição [1641] são vistos como um negócio [1642] num mercado em que não se projeta qualquer forma de altruísmo e solidariedade. O *UN Special Rapporteur Report* faz notar, de acordo com a American Bar Association que «*it is undeniable that the commissioning of children through surrogacy — for money — represents a market*» [1643].

[1639] Tradução conforme o original, «*Mères de substitution*».

[1640] Documento disponível em https://rm.coe.int/16803113e5

[1641] Espera-se que haja o maior consenso em princípios que permitam um tratamento homogéneo de situações plurilocalizadas que acautelem os direitos das partes. Uma regulamentação que seja baseada nos direitos dos intervenientes e da criança parece-nos essencial como forma para combater a exploração. «*[C]lear recommendations for counseling and other services oriented to improving practices on behalf of surrogates in a global setting, including full and informed consent processes with the inclusion of health education on medical risks*» (Rotabi, Bromfield, & Fronek, 2015, p. 3).

[1642] Mas, e independentemente dos custos, pode haver justificação para recurso a uma gestação transnacional. Sejam as opções legais nos países, seja, ainda que não seja prática proibida, a discriminação ou questões de ordem social ou cultural podem mover as pessoas para um comércio não caseiro da gestação de substituição.

[1643] V. PACE *Report on Children's Rights Related to Surrogacy*.

Permitir a formação de famílias tem, neste caso, custos éticos sérios que não podemos desconsiderar, e a biotecnologia pode ter como consequência a desconstrução da experiência holística das mulheres como pessoas «*[...] who are active reproductive agents and breaks them down into parts that can be tweaked and controlled and transferred across borders*» (Shalev, Eyal, & Samama, 2017, p. 61). As mulheres e as crianças são demasiado importantes para que qualquer solução seja mantida numa zona cinzenta e duvidosa, sobretudo controlada por fundamentos lucrativos.

Para nós, já o assumimos, nesta temática a autonomia da vontade [1644] tem fronteiras ao nível dos princípios constitucionais que se erigem e, por isso, a liberdade contratual confronta-se com a ordem pública ou os bons costumes fazendo cominar com a nulidade os negócios jurídicos (art. 280.º, n.º 1, do CC) [1645] (Pinheiro, 2018, pp. 185-186). Contudo, no equilíbrio que entendemos ser aplicável ao caso concreto, a questão coloca-se, neste âmbito, na versão onerosa do contrato. A gestação de substituição envolve, para a gestante, um esforço físico e emocional, além de relacional, que não é possível distinguir de qualquer outra gestação, pelo que, neste âmbito, a gestante é aquela que assegura a relação materna com a criança. Assim, é insuscetível de se perspetivar na sua vertente onerosa num Estado de direitos fundamentais, um Estado assente num projeto solidário em que a pessoa humana é colocada em primeiro lugar.

6.3.1. O *Baby-Selling*

Para muitos, o contrato de gestação de substituição consiste, na prática «*[...]en la "contratación o alquiler de una mujer para gestar y parir una criatura que será entregada a su nacimiento a las personas contratantes", a cambio de una compensación económica, que varía según países, agencias intermediarias, etc.*» (Aparicio, 2017). Esta visão, como já tivemos oportunidade de afirmar, constitui uma das críticas que se fazem à gestação de substituição, a de que a técnica dá causa a um negócio em que, chame-se-lhe o que se entender, no final o que satisfaz as pretensões de quem o *encomenda* é a própria criança. Esta seria, na realidade, o objeto do próprio negócio, situação que mais se agudiza quando se trata de um negócio oneroso.

A UN Special Rapporteur on the Sale and Sexual Exploitation of Children conclui que os Estados devem assegurar os direitos da criança, mas também da gestante, e prevenir situações que constituam a venda de crianças. A Rapporteur insta também à cooperação entre instituições que lidam com a proteção dos direitos humanos, nomeadamente:

> «*[...] the Committee on the Rights of the Child and the Committee on the Elimination of Discrimination against Women, in conducting further research*

[1644] Que a CRP assegura no âmbito do direito ao desenvolvimento da personalidade (art. 26.º, n.º 1).

[1645] Também Tiago Duarte entende que os contratos de gestação de substituição devem ser gratuitos no sentido de serem contrários aos bons costumes nos termos do art. 280.º do CC (Duarte, p. 87).

on surrogacy and its impact on the rights of surrogate mothers and other interested parties. The development of norms and standards for human rights will help prevent abuses and violations in this area.» (Czubik, 2019, p. 524)

A UN Special Rapporteur afirma que qualquer mecanismo em relação à gestação de substituição implica que a gestante seja considerada a mãe da criança e que o eventual pagamento não está dependente da sua entrega, sob pena de termos, de facto, a venda da criança. Porém, enfatiza que os Estados, em prol dos melhores interesses da criança, devem assegurar o mecanismo de transferência legal da criança após o nascimento, caso a gestante assim o deseje — «*[a]ll States are responsible for establishing such a mechanism in surrogacy arrangements, for the post-birth transfer of the child, even if they otherwise do not permit parents to relinquish children or transfer parentage*» [1646].

Mas a compensação constitui um limite à gestação de substituição? Não é possível configurar que alguém que suporte uma gravidez para terceiros seja compensada e mantenha como pressuposto da sua atuação um fundamento de ajuda ao próximo? É possível ponderar uma situação em que a gestante possa ser paga pelo seu serviço? Evidentemente, neste campo — muito popular em países como a Índia [1647] —, podemos acabar por especular se a gestante tem ou mantém como pressuposto o altruísmo ou se tem um negócio lucrativo em mente, o que se torna impossível determinar nestas situações.

Já assumimos a nossa posição quanto à necessidade de a gestação de substituição se configurar como um biocontrato gratuito, argumentos que aqui reiteramos. Como aludimos, nada nos parece obstar a um entendimento em que a gestante estabeleça um valor pelo trabalho ou serviço que presta, mas, considerando o fundamento no qual assenta essa liberdade, entendemos que se vê erigido um verdadeiro limite à mercantilização do corpo, neste caso — não só para a gestante, mas sobretudo pela criança.

No caso Baby M, que se tornou célebre nos EUA e que já referimos, o Supremo Tribunal do Estado de Nova Jersey centrou-se exatamente neste ponto, isto é, na ideia de que a transação, comercial *in casu*, «*[...]is the sale of a child, or, at the very least,*

[1646] V. https://undocs.org/A/HRC/37/60 (consultado em 12 de setembro de 2019)

[1647] O mercado existe e está em défice de gestantes. Isto leva à existência de mercados como o caso indiano em que mulheres — dificilmente aqui encontrando o espírito de ajuda ao próximo que as mova face ao precário nível de vida — vendem a sua capacidade reprodutiva, podendo até equacionar se não é mesmo explorada, e com isso garantem um rendimento equivalente a um período médio de 10 anos de trabalho (Whetstine & Beach, 2016, p. 36). A questão em torno da comercialização da gestante e da própria criança, sobretudo na gestação de substituição comercial, é o grande argumento, e leva às soluções legais mais díspares de Estado para Estado, o que, como já tivemos ensejo de referir, leva a uma debandada de pessoas ou casais em busca de jurisdições denominadas *surrogacy-friendly* (Rotabi & Bromfield, 2017, p. 122).

the sale of a mother's right to her child [...]. Almost every evil that prompted the prohibition on the payment of money in connection with adoptions exists here» (Matter of Baby M., 1988).

Os negócios com crianças sempre foram alvo de grande preocupação (Rotabi, Mapp, Cheney, Fong, & McRoy, 2017, p. 69). A elevada demanda conduz a que o *mercado* reaja considerando o negócio lucrativo que pode estar em causa. A adoção internacional e a sua regulamentação foram altamente impulsionadas pela necessidade de colocar um travão a muitas situações de claro abuso. A gestação de substituição não é exceção e existem verdadeiras situações de fraude [1648], sendo uma das mais conhecidas um caso de «adoção» publicitado em 2009 na plataforma Baby Crowd [1649], onde se encontrava o seguinte:

> «*Caucasian Infant, as embryos used where [sic] caucasian, however gestational carrier is of colour. Carrier is in Nebraska however birth will occur in California! ... names of new parents names [sic] will be put on the birth certificate, no adoption necessary, [sic] no home study needed! The minute the baby is born, parents will have 100% custody!*»

Em 9 de agosto de 2011, a divisão de San Diego do FBI emitiu uma *press release* sobre um caso de *baby selling* (Federal Bureau of Investigation, 2011) em que estavam envolvidas as proeminentes advogadas Theresa Erickson e Hilary Neiman, que, muito por causa da sua reputação, levaram a cabo o seu plano fraudulento de negócio. Theresa Erickson e Hilary Neiman foram acusadas pelo United States District Court (2011): «*[...] Conspiracy to Commit Wire Fraud—statutory maximum sentence of five years' custody, a maximum fine of $250,000, $100 special assessment, forfeiture of any proceeds, and restitution*». Por sua vez, Carla Chambers foi acusada por «[...] *Conspiracy to Engage in Monetary Transactions in Property Derived from Specified Unlawful Activity—statutory maximum sentence of five years' custody, a maximum fine of $250,000, $100 special assessment, forfeiture of any proceeds, and restitution*» (Federal Bureau of Investigation, 2011).

O esquema para a «produção» e «venda» de bebés consistia no seguinte: na plataforma Baby Crowd, a advogada submetia documentos falsos perante o Tribunal Superior da Califórnia, em San Diego, para obter autorização para estabelecer

[1648] Por outro lado, há o risco de venda de crianças com o fundamento em alegados contratos pré-existentes de gestação de substituição. Por exemplo, em 2017, foi presa uma mulher que comprava crianças a famílias pobres na Índia e as vendia. A mulher trabalhava com clínicas de fertilidade que identificavam os potenciais e interessados pais (Pascoe, 2018, p. 469).

[1649] O denominado Baby Crowd é um fórum americano com vários tópicos relacionados com a parentalidade. Numa das secções, era publicitada a «adoção» de crianças. Atualmente, o *site* não tem a referida secção (e a página onde se encontrava a publicidade, https://www.babycrowd.com/forums/adoption/caucasian_baby_USA_Updated_Information_/, foi desativada, como expressamente resulta da própria plataforma), mas continua ativo e está disponível em https://www.babycrowd.com/forums/ (consultados em 12 de novembro de 2018).

a filiação para os beneficiários do alegado contrato de gestação de substituição. Estando proibida qualquer forma de venda ou negócio sobre o direito a estabelecer a filiação, este Estado americano permite, não obstante, contratos de *surrogacy*, desde que anteriores à transferência do embrião. Caso não se verifique esta *conditio*, a gestante fica impedida de ceder os seus direitos e obrigações parentais, sendo estabelecida a filiação e qualquer alteração subsequente passará por um procedimento de adoção.

O esquema de venda, no qual a advogada foi apanhada, implicava um negócio com um lucro de cerca de 400 000,00 $ e consistia em transferir embriões para mulheres que eram fraudulentamente convencidas de que eram gestantes, em clínicas no estrangeiro, nomeadamente Ucrânia. Após concluírem o segundo trimestre de gravidez, a advogada e cúmplices angariavam clientes no aludido *site*, convencendo-os de que era um contrato de gestação de substituição, mas que os primitivos contraentes haviam desistido. Como já havia sido submetida uma *pre-birth order*, estes adotantes seriam registados como os pais da criança (Federal Bureau of Investigation, 2011). Com este esquema, Erickson e as cúmplices vendiam, por contratos de gestação de substituição já em curso, as crianças já concebidas e em fase de gestação, que eram depois publicitadas na secção de «adoção», mas como sendo um caso de gestação de substituição.

A comercialização da criança [1650] é, de facto, um importante argumento (Cordiano, 2016). A ideia de um comércio de crianças feitas a pedido traduz-se na «coisificação» da criança. O ato de receber dinheiro para conceber e dar à luz uma criança [1651] é tão contranatura como inadmissível. A relação entre a gestante e o feto representa uma projeção idílica da maternidade que se deve manter e assumir como condição, independentemente de a gestante, no caso, o fazer ou não e ainda que não seja ela a mãe da criança [1652].

Proibir a gestação de substituição na sua vertente comercial parece estar em linha com as orientações da CDC [1653] e o protocolo que proíbe a venda de crianças. Nos termos do art. 2.º do Protocolo Opcional sobre a venda de crianças, prostituição infantil e pornografia infantil, a gestação de substituição, na sua vertente comercial, parece cair no âmbito da sua previsão normativa do aludido. Neste sentido vai também o relatório de 15 de janeiro de 2018 da United Nations Special Rapporteur on the sale and sexual exploitation of children, including child prostitution, child

1650 Com particular acuidade nos contratos onerosos, ou seja, mediante pagamento à gestante de uma contrapartida superior ao reembolso das despesas.

1651 Esta versão do *baby-selling* é agravada pelo facto de, tendencialmente, «*[...] the power differential between the customer and the service provider, which is particularly pronounced with the vast majority of global surrogacy arrangements occurring in impoverished social environments, as discussed previously*» (Bromfield & Rotabi, 2014, p. 128), situação a que aludimos no capítulo IV.

1652 V. capítulo V.

1653 *Ex vi* arts. 2.º, 3.º, 7.º, 8.º, 9.º e 18.º.

pornography and other child sexual abuse material (A/HRC/37/60). De igual modo, considerando a própria convenção sobre a adoção internacional, afastou-se a questão do pagamento. Em 2013:

> «*[The] Committee on the Rights of the Child response to the second periodic report submitted by the United States, referred to ambiguous definitions and legal loopholes persist[ing in a] new [adoption] accreditation act, such as for example the fact that payments before birth and other expenses to birth mothers, including surrogate mothers, continue to be allowed, thus impeding effective elimination of the sale of children for adoption; [and] [b] the absence of federal legislation with regard to surrogacy, which if not clearly regulated, amounts to sale of children. This indicates the view of the international committee that commercial surrogacy falls within the ambit of CRC, the OPCC, and may amount to the sale of children.*» (Allan, 2014)

O *Report on the Disposition of Embryos Produced by In Vitro Fertilization* considera que «*[...] the surrogate mother arrangements where fees are paid, in reality, agreements for the purchase of the child, and should not be countenanced*» [1654] (The Committee to Consider the Social, Ethical and Legal Issues Arising from In Vitro Fertilization, 1984, p. 50). Por sua vez, a Special Rapporteur, no âmbito do relatório sobre gestação de substituição (A/HRC/37/60) e proteção das crianças em relação à venda, abuso e exploração, dirigiu aos Estados um apelo para:

> «*(a) Ensure that laws and policies prohibiting the sale, trafficking, abuse and exploitation of children, as well as general safeguards against the sale and trafficking of children, apply in the context of surrogacy;*
> *(b) Where intermediaries are operating, register and closely regulate their operation in order to ensure that the commodification of children and ultimately the sale of children do not occur.*» (Boer-Buquicchio, 2019a, p. 21)

Sonia Allan, na carta dirigida a Boer-Buquicchio para a preparação do relatório para a Assembleia Geral das Nações Unidas (de outubro de 2019) pedia:

[1654] O Comité fez, aliás, uma comparação com a compra e venda de gâmetas. Alegou que, sendo aqueles ilegais, por maioria de razão, a gestação de substituição comercial também teria de o ser, colocando a tónica na criança. Ademais, afirmou que aqueles negócios não eram mais do que a compra da criança e que, mesmo que os contratos fizessem referência à adoção pela beneficiária, seriam uma forma de «contornar» a lei da adoção de Vitória. Assim, tais práticas deviam ser condenáveis em qualquer caso (The Committee to Consider the Social, Ethical and Legal Issues Arising from In Vitro Fertilization, 1984, p. 52).

> «*recognising that Article 2 of the OPCC further defines the sale of children as 'any act or transaction whereby a child is transferred by any person or group of persons to another for remuneration or any other consideration'. Commercial surrogacy thus has been seen to fall within the definition of sale of a child as it is an act or transaction whereby a child is transferred by any person or group of persons (the surrogate, the clinics, the brokers) to another (the commissioning person(s)) for remuneration or any other consideration it would be unacceptable to change the focus of payment as being for a woman's services and trying creatively to avoid the connection of the payment being 'for the child'. This is something agents or those people wanting to procure a child in such a manner call for. In fact, if a particular practice constitutes the 'sale of a child' under international law, State Parties to such law cannot escape their obligations by simply decreeing under their domestic law that they do not regard those practices as such, or by re-defining essential terms under domestic law contrary to how those terms are understood under international law.*» (Allan, 2019)

Por sua vez, na mesma consulta para o relatório, concluía-se:

> «*Children were commodified in the surrogacy arrangements in India. Surrogate mothers mentioned that; the payment they received for twins was higher as compared to single babies, birth of boys meant a higher payment as compared to single girl babies. Even the skin colour of the babies*[1655] *has determined the payment of surrogate mothers.*»[1656]

Da aludida recomendação da UN Special Rapporteur (7 a 78) em matéria de gestação de substituição resulta que, para evitar dificuldades de separação entre a gestação de substituição altruísta e a comercial:

> «*a safe harbour, in a simple premise: all States are obligated to prohibit, and to create safeguards to prevent, the sale of children. While the imperative to prohibit and prevent the sale of children does not provide answers to all policy debates over surrogacy, it does narrow the scope of permissible approaches.*» (n.º 22)

[1655] A questão da escolha da criança e das suas características tem outras particularidades e pode ser movida por outros fatores. As escolhas reprodutivas dos pais/mães em relação a características específicas dos/as filhos/as podem estar ligadas ao denominado «gémeo-salvador», em que uma criança é concebida e nasce com características de compatibilidade específicas para doar tecidos para um(a) irmão/ã que está doente e precisa de um doador compatível.

[1656] V. informação de Sheela Saravanan, disponível em https://www.ohchr.org/EN/Issues/Children/Pages/ChildrenBornSurrogacyArrangements.aspx (consultada em 30 de agosto de 2020)

O relatório, de facto, dedica uma parte importante à gestação de substituição comercial, afirmando que a sua prática é normalmente uma forma de venda de crianças nos termos do direito internacional dos direitos humanos:

> «*[...] because the three elements in the definition of sale of children according to Article 2.a of the Optional Protocol to the Convention on the Rights of the Child on the Sale of Children, Child Prostitution and Child Pornography, concur in commercial surrogacy arrangements: there is remuneration or any other consideration (payment), there is transfer of a child, and there is exchange of payment for transfer of the child.*» (Aguirre, 2019, pp. 480-482) [1657]

Em matéria de gestação de substituição, o Committee on the Rights of the Child enfatizou a necessidade de garantir que esta não se torne num mercado de vendas de crianças (E/2002/68/Add.1) [1658], tendo preocupações com a elevada demanda [1659] e a forma como se pode apresentar como alternativa à adoção por bebés altamente desejáveis.

Esta preocupação com a matéria do tráfico de pessoas [1660] e a venda de crianças sempre esteve patente no âmbito da Convenção em matéria de Adoção Internacional. O relatório Van Loon de 1990 fazia referência ao seguinte:

> «*[...] methods for obtaining children [...] are the sale of children, consent obtained through fraud or duress and Child abduction. Combinations are possible (e.g. selling of a Child under pressure) and, in addition, it may be difficult in some cases to say whether the Child was abducted or whether the biological parents gave their consent.*» (Van Loon Report, 1990, p. 51)

[1657] «*[T]there is a large body of literature related to concerns about child sales into adoption – especially across international boundaries*» (Bromfield & Rotabi, 2014, p. 129).

[1658] Preocupação que também resulta nos casos de adoção e que se extrai, desde logo, da Convenção de Haia em matéria de adoção internacional.

[1659] Recorrendo ao exemplo dos EUA, houve cerca de 25 mil crianças nascidas com esta técnica de PMA (Keen, 2007).

[1660] O tráfico de crianças significa qualquer forma de «*[...] profit making by intermediaries at the expense literally of the biological parents and the adopters (to the extent that they act in good faith), and in a broader sense also of the Child, Although the principle is clear enough, drawing the line between such practices and legal and regular intermediary services is in practice not always easy. We have seen that in the context of legal and regular intercountry adoption intermediary agencies have become increasingly more important in particular in receiving countries but also in countries from which children are adopted abroad. Such agencies (except where they are entirely government subsidized) can only function if they demand payment for their services*» (Van Loon Report, 1990, p. 53).

Deste relatório [1661] resulta uma clara preocupação relativa ao tráfico e venda de crianças, incluindo neste caso também sobre as gestantes em matéria de *surrogacy* e a possível exploração subjacente à prática. Mas a matéria da adoção, como enfatiza Baker, estava rodeava de consenso, o que não acontece com a gestação de substituição. Por outro lado, também ao contrário da adoção, aquelas crianças não estão órfãs (Baker, 2013). De facto, para os Estados que não admitem a gestação de substituição, particularmente na sua vertente remunerada, questões associadas à venda do corpo e das suas capacidades no âmbito comercial, ao caráter inalienável do estatuto pessoal, à coisificação da mulher e da criança, à venda da criança, entre outros aspetos, apresentam-se como bandeiras vermelhas.

As pessoas são o que são, na sua individualidade única e singularidade, em virtude também do seu passado e da integração deste na sua história de vida, mas também no seu futuro (Radin, 1982, p. 964). Assim, como coloca Debra Satz, os contratos não permitem que os/as pais/mães, sejam eles/as quem forem, adquiram «*[...] full onwership over children. Even where there has been financial payment for conceiving a child, the child cannot be viewed as a mere commodity*» (Satz, 2010, p. 124). Na relação com o outro, a filialidade é distinta de qualquer outra; representa a saída para fora do ser que Levinas define como «[...] uma relação com outrem em que outrem é radicalmente outro, e em que apesar de tudo é, de alguma maneira, eu; o eu do pai tem de haver-se com uma alteridade que é sua, sem ser possessão nem propriedade» (Levinas, 2018, p. 55). A transação que assuma uma perceção destas, de facto, constitui uma degradação da criança (Feinberg & Feinberg, 2010, p. 438), já que a trata como uma coisa objeto de apropriação.

6.4. As Condições de Comportamento da Gestante

Em 2013, foi noticiado pela CNN que Crystal Kelly, uma gestante, foi aliciada com o pagamento de 10 000,00 $ para interromper a gravidez [1662]. A gestante recebeu cerca de 20 000,00 $ no âmbito de um acordo de gestação de substituição comercial. No entanto, ao fim do quinto mês de gravidez, foi diagnosticada uma série de malformações no feto. Este teria cerca de 25% de hipóteses de ter uma vida normal e teria sempre de passar por um conjunto prolongado de tratamentos e cirurgias. A gestante mudou de ideias e nunca abortou a criança, que acabou por nascer, tendo intenção de ficar com ela, já que os *intended parents* haviam assumido que seria entregue a uma família de acolhimento depois do nascimento. A gestante, não podendo impedir que a criança fosse entregue, mudou-se para o Estado do Michigan,

[1661] *Report on Intercountry Adoption de JHA Van Loon (Prel Doc No 1 of April 1990 — Proceedings of the Seventeenth Session, Tome II)* (Baker, 2013).

[1662] A gestante negociou o montante tendo apresentado uma contraproposta de 15 000,00 $.

onde a gestação de substituição não é reconhecida, para poder manter a criança. Os outorgantes acabaram por chegar a acordo e a criança foi adotada (Deharo & Madanamoothoo, 2020, pp. 362-364).

Este exemplo é sintomático de uma das questões que se suscitam em matéria de gestação de substituição. Além de a gestante assumir a gestação para outrem, pode ainda vincular-se contratualmente a outras obrigações durante o período da conceção ou gravidez. Temos, por exemplo, obrigações relacionadas com dietas alimentares, hábitos de consumo de álcool, drogas, atividades de risco, relações sexuais, viagens, etc. O contrato é, neste caso, um ser vivo em desenvolvimento [1663], nomeadamente durante a gravidez e após o nascimento da criança. Aspetos como IVG ou mesmo testes pré-natais, redução seletiva, entre outros, e independentemente de quem tenha o direito ao seu exercício, devem ser considerados no âmbito da boa-fé contratual deste negócio complexo [1664].

Considerando o que acabamos por assumir, cumpre incluir neste capítulo uma tomada de posição em relação às denominadas condições de comportamento da gestante. Não sendo nosso objetivo de estudo a classificação ou análise do contrato enquanto tal, importa tomar posição quanto a estas cláusulas, considerando que integram o âmbito da autonomia da vontade e do consentimento para o ato em concreto. Estando no âmbito dos direitos de personalidade, a sua limitação voluntária é revogável, conforme previsto no n.º 2 do art. 81.º do CC.

Além do mais — e concretamente considerando por exemplo a matéria da IVG —, o objetivo do legislador penal foi despenalizar o aborto até às 10 semanas, considerando que está em causa a integridade e vontade da grávida, sendo, portanto, uma decisão que é só de quem está grávida, seja a que título for. O exercício deste direito ou dos direitos de personalidade em geral nunca poderia consubstanciar qualquer forma de incumprimento, em particular se considerarmos que a gestante está, como assumimos, a atuar ao nível dos seus próprios direitos reprodutivos, ainda que não com o escopo de procriar para si.

Uma das questões que se suscitam são as eventuais «obrigações» a que a gestante se vincula contratualmente durante o período da conceção ou gravidez. Quanto a isto, estamos em crer que o estabelecimento de um tipo de padrão de vida para a gestante durante a gravidez de acordo com os parâmetros ditados pelos beneficiários não se mostra aceitável.

[1663] Não é uma referência à criança, mas aos próprios efeitos da relação jurídica.

[1664] V. Raposo, 2017. A autora é crítica em relação à aplicação das regras contratuais nesta matéria, sobretudo considerando os melhores interesses da criança.

Para Jorge Reis Novais, numa expressiva tomada de posição em relação a esta temática:

> «[...] [é] eticamente inadmissível e até absurda a proibição de o contrato de gestação de substituição incluir restrições de comportamento à gestante. Ou seja, e considerando que se trata de restrições voluntariamente contratadas pela gestante de substituição de forma livre e esclarecida, não se percebe como e porque é que o CNECV admite que alguém consinta altruisticamente em suportar uma gravidez em favor de outrem, mas já considera eticamente inaceitável que a mesma pessoa consinta, por exemplo, em não fumar ou não beber ou não praticar desportos ou atividades de risco durante a mesma gravidez. Obviamente, podem imaginar-se eventuais, ainda que improváveis, restrições contratuais de natureza degradante ou violadoras da dignidade, mas não são essas que estão em causa na proibição defendida pelo CNECV, uma vez que essas já são proibidas pela lei geral.» (Novais, 2012)

Esta tomada de posição, que, confessamos, nos faz pensar, é-nos dirigida, já que não seguimos esta orientação.

A intromissão na vida pessoal da gestante e na sua liberdade individual assume-se neste âmbito no que respeita a condições de comportamento. Integra uma esfera que, quanto a nós, instrumentaliza a mulher, que deixa dominar a sua pessoa e a sua vida. Estas cláusulas relativas a dieta, atividade sexual, desporto, viagens, visitas e, até, a IVG em determinadas situações, principalmente em casos de patologias do feto, implicam um exercício que conduz a uma forma de alienação da própria gestante, de si própria e da sua vida e do qual não consegue escapar durante o período de gravidez.

Perspetivando a gestação de substituição, no que à gestante diz respeito, como exercício da liberdade procriativa e que se subsume no âmbito dos direitos reprodutivos, ainda que não procriando para si, também ela mantém e exerce um dos elementos típicos da maternidade daquela criança. Esta posição é essencial para a própria criança, já que esta mulher tem simbolicamente associada a identidade da criança, o que para a própria gestante implica necessariamente, quanto a nós, reconhecer que mantém todos os direitos associados ao seu estado, nomeadamente durante a gravidez. Sendo a gestação o momento de revelação deste elemento da maternidade, e sendo exclusivo da gestante — já que não pode dissociar-se a identidade gravídica desta mulher —, todos os direitos e deveres decorrentes deste estado são exclusivamente seus e só por ela podem ser exercidos, sem intervenção de terceiros, mesmo que seja em relação a estes terceiros que se revele a relação filial.

De entre os três critérios — genético, gestacional e social —, a relação gestacional que se perspetiva neste período sobrepõe-se a qualquer outra. A integridade física e moral da gestante implica que esta mantenha todos os direitos decorrentes do seu estado, incluindo a IVG, se assim o entender. A partir do momento em que o embrião é implantado, entendemos que os direitos e obrigações associados à decisão sobre vicissitudes da gravidez continuam, pela sua natureza, ligados à gestante, evitando situações de conflito em caso de divergência de vontade com os/as beneficiários/as ou de alteração superveniente das circunstâncias no decurso da relação.

Todavia, mesmo quanto a isto, é preciso determinar o que é a utilização do corpo de uma pessoa por outrem e o que é a utilização do corpo pelo próprio, ainda que sirva também os propósitos de outra pessoa. Quanto a este argumento, Heidi Malm afirma que:

> «*The costumer does not acquire a space over which he then has a control. [T]he woman is not being paid for her to use her body in a way that benefits him — she is being compensated for her services. But this does not treat her body as an object of commerce — as something that can be bought, sold or rented [...].*» (Malm, 1989, p. 60)

Evidentemente, quando consideramos este tipo contratual, há um conjunto de «obrigações» a que a gestante se «vincula» decorrentes de uma gravidez. Todavia, o padrão deste comportamento durante a gravidez — e até na conceção — deve pautar-se por um critério de normalidade e não com especiais vicissitudes que os/as beneficiários/as, *in casu* a beneficiária [1665], assumiria para si se estivesse grávida.

Neste âmbito, entramos, além daquilo que é o paradigma de normalidade decorrente para qualquer gravidez, no puramente subjetivo e, portanto, verdadeiramente arbitrário quando resulta na imposição de um padrão de comportamento que outrem teria se estivesse grávida. Mas não é esse o busílis da questão. Ainda que a gravidez se possa assumir em substituição ou por conta de outrem, tudo o que esteja além de um padrão de comportamento médio associado a qualquer gravidez se encontra num domínio puramente subjetivo, logo, insuscetível de se impor seja de que forma for, devendo recusar-se.

Numa perspetiva de comportamento, e porque subjetivo, o padrão a observar é aquele que a gestante assume para si e não o dos/as beneficiários/as. A gestante é, durante a gravidez, a única que exerce, de facto, um dos elementos da maternidade e, nesse âmbito, este exercício não pode ser limitado ou direcionado, já que se perspetiva na sua identidade-mulher-gestante [1666]. Desta forma, qualquer comportamento

[1665] Se existir uma beneficiária no caso concreto.

[1666] Ainda que seja a única mulher no caso de gestação de substituição para um casal de *gays* ou um homem solteiro.

a que a gestante se pudesse vincular não só não é admissível como, ainda que previsto, nunca, quanto a nós, poderia ser coercivamente imposto [1667].

Compreendemos que esta posição, considerando as próprias palavras do Conselheiro do CNECV, possa parecer inadmissível, mormente quanto a nós, que consideramos que o biocontrato é coercivamente imposto quanto ao estabelecimento da parentalidade [1668]. No entanto, como a perspetivamos, a gestante, assumindo um elemento típico da maternidade, é a única que, durante a gestação, está em condições para o exercício cabal e livre das típicas decorrências daquele período, nomeadamente do seu comportamento.

Assim, se durante a gravidez há um desacordo entre a gestante e os/as beneficiários/as — e ainda que a temática esteja expressamente abordada no contrato —, a prestação de serviços impõe que a gestante tenha autonomia em tudo o que se relacione com o seu corpo e procedimentos que sobre ele se podem impor durante a gravidez, tendo ou mantendo a gestante toda a autonomia na tomada de decisões relativas a si e à criança durante a gravidez.

Estes factos — e independentemente da natureza jurídica — estão associados a estar-se grávida, pelo que, neste contexto, a decisão só pode ser tomada pela gestante.

Somos da opinião de que o essencial é que cada um tenha a possibilidade de avaliar os riscos e direitos associados à sua posição contratual e, sendo o caso, assumir e gerir as consequências da sua posição. A relação entre os contraentes tem de ser clara, esclarecida e de mútuo respeito em relação à condição de cada um, principalmente num contrato em que o *iter* relacional está em constante evolução e os efeitos jurídicos, as expectativas e os riscos vão variando ao longo do tempo, impondo-se que a congruência entre esses diferentes momentos e dos interesses em causa seja ela também evolutiva.

7. Conclusões

I. Na década de 1970, Shulamith Firestone, com uma visão feminista, erigia-se pela necessidade de a ciência libertar as mulheres da reprodução (Lie & Lykke, 2017). Não sendo uma visão aceite na generalidade, mesmo que numa outra perspetiva, a ciência tem permitido uma certa *democratização* da possibilidade de se ter um(a) filho/a. No entanto, o fenómeno da globalização também enfatizou as iniquidades entre nações, principalmente entre o norte e o sul do globo, que, em matéria de gestação de substituição, muito

[1667] Seja através de uma imposição de conduta ou através da compensação pelos danos causados, por exemplo (Deharo & Madanamoothoo, 2020, pp. 362-364).

[1668] O que teremos oportunidade de explicar no capítulo V.

invocam que os denominados *repro-tourists* enfatizam e que, para além disso: «*[...] people have been caught between various nations' regulations, while lack of international regulation can encourage exploitive situations*» (Henaghan, 2013). Não será de desconsiderar que aqueles turistas procuram legislações amigáveis para atingir os seus objetivos reprodutivos, o que aumenta o fenómeno dos contratos internacionais de gestação de substituição e promove a existência dos países que os permitem a preços mais baixos, sendo que, como chama a atenção Pande, «*[...] surrogacy cannot merely be seen through the lenses of ethics or morality but is a structural reality, with real actors and real consequences*» (Pande, 2009, p. 144).

II. Neste âmbito, algumas feministas opõem-se à gestação de substituição comparando-a à prostituição. Porém, ainda que admitíssemos uma natureza mercantil do contrato, «*[...] even though both are services performed for money, the analogy is not solid — it is hard to compare prostitution and surrogacy when their purposes are so different*» (Damelio & Sorensen, 2008, p. 270).

III. Numa vertente liberal, as feministas erguem a bandeira da autonomia da mulher, ainda que outras respondam com a limitação dessa mesma autonomia considerando o seu estatuto social, situações de necessidade, entre outras pressões a que estas mulheres podem estar sujeitas (Cherry, 2014, p. 277).

IV. O argumento da venda de crianças também é comummente suscitado (Bromfield & Rotabi, 2014, p. 128), arrastando os afamados argumentos relativos à coisificação dos seres humanos e à intrínseca violação da dignidade humana a que estes negócios, principalmente os comerciais, estão associados.

V. Como o enquadramento anterior sugere, no que tange à gestante, a gestação de substituição suscita inúmeras questões relativas aos direitos humanos. A CEDAW é um instrumento particularmente relevante no sentido de enfatizar a necessidade da proteção de direitos humanos das mulheres, fazendo uma ligação entre esses direitos e a igualdade de género. Em matéria de direitos reprodutivos, a Convenção estabelece no seu art. 12.º o acesso a cuidados de saúde e a remoção de obstáculos para a eliminação de discriminação em matéria de saúde. Também o art. 14.º, n.º a, al. h) e o art. 16.º, n.º 1 al. e), reconhecem o direito de a mulher ter os/as filhos/as que entender e com o espaçamento que achar por bem, além do acesso a informação, educação e planeamento familiar [também no art. 14.º, n.º 2, al. b)]. Ademais, os Estados devem tomar medidas de proteção à maternidade (art. 4.º), reconhecida na sua função social (al. b) do art. 5.º).

VI. Tal como a questão do aborto, o que aqui está em causa é a possibilidade de a mulher controlar as suas decisões reprodutivas e, tal como neste, a imposição de soluções por parte dos Estados implica uma ingerência nessa decisão pessoal. As proibições relativas às decisões procriativas das mulheres, tal qual aconteceu na IVG, mostram-se paternalistas e castradoras da liberdade das mulheres. Controlar os fatores que podem levar à exploração das mulheres é uma coisa; limitar sem mais a sua liberdade é outra. A gestação de substituição constitui um meio para concretizar direitos procriativos com o escopo de, por interposta pessoa, concretizar o desejo de constituir uma família para outrem. Numa elasticidade que se imprime aos direitos reprodutivos da mulher, mormente na sua aceção de negativa, isto é, de controlar a reprodução, entendemos que também na gestação de substituição a mulher pode decidir não ter um(a) filho/a, ainda que, ao contrário do que acontece na IVG, procrie para outrem o/a filho/a de outrem.

VII. Esta elasticidade resulta de uma série de mudanças sociais, desde o declínio do casamento [1669] até à emancipação feminina. Os papéis de homens e mulheres na sociedade sofreram, neste âmbito, uma revolução. A família tradicional tipicamente heterossexual perdeu o domínio e, mormente desde a rebelião Stonewall, os direitos LGBTI estão, numa vertente positiva, nas agendas políticas, ainda que a várias velocidades. Por outro lado, as técnicas de PMA, nomeadamente com a utilização de técnicas que recorrem a terceiros, diminuíram a relevância da ligação genética com a descendência e têm mudado o panorama da família. A ideologia tradicional da família tem pouca comparação com a diversidade e a complexidade que o conceito agora abarca.

VIII. A gestação passa para um conceito relativo do qual se extraem consequências dependendo da conceção social de maternidade em análise, como no caso de conflito com a existência de novos paradigmas reprodutivos em que a gestação não implica a maternidade. A escolha de uma mulher usar as suas capacidades é um exercício da sua autodeterminação e liberdade, incluindo a escolha de usar a sua liberdade reprodutiva para ter filhos/as de outros/as para outros/as. Não negamos que o exercício desta liberdade procriativa implica limites que, como referido, estão associados à criança que vai ser gerada e, por outro lado, garantir que a gestante não é explorada e exprime a sua declaração de consentimento de forma livre e esclarecida. Contudo, em vez de encarar o fenómeno como — em parte da sua extensão, pelo menos — um fenómeno de abuso, é desconsiderar uma fonte importa de relações familiares, diferentes das tradicionais, é certo, mas uma família. Estamos cientes das críticas que este tipo de argumentação suscita. Por exemplo, Dickenson alega que expandir as escolhas reprodutivas para terrenos como a gestação de substituição (ainda que se refira concretamente à vertente comercial do negócio) não pode ser um argumento único e que devemos estar particularmente atentos «*[...] of it when it also camouflages the*

[1669] V. Martins, 2016.

interest of increasingly dominant comercial interests» (Dickenson, 2017, p. 131). A autora refere que estes exercícios de camuflagem vêm agregados a discursos de altruísmo do trabalho destas mulheres que ajudam outras a cumprir o sonho de serem mães. Que o seu serviço é um dom e não um bem, o que permite erigir um discurso que, para a autora, aparentemente está fora do *ratio* mercantil. Mas é um logro. Quando todos estão a fazer dinheiro à custa deste trabalho, o altruísmo numa única direção é exploração, suportando num conceito marxista de exploração «*[...] as disparity of compensation: the imbalance, extracted under conditions of subordination, between the labor value invested in producing na objet by the worker and the price the worker is paid for his labor*» (Dickenson, 2017, p. 130). A questão da gestação de substituição comercial, ainda que facilite a gestação de substituição aumentando o número gestantes disponíveis, suscita preocupações éticas, desde logo, sobre a comercialização da mulher, o que tem levado a discussões extremadas entre as feministas.

IX. A cidadania sexual — isto é, «*the ways that the government and other authorities grant or deny sexual rights to various social groups*» (Ross & Solinger, 2017, p. 178) — coloca a própria maternidade como conceito político. Os direitos humanos baseados numa conceção binária de masculino e feminino falham, em algumas das suas perspetivas, para todos aqueles que não se incluem num sistema binário que lhes é opressivo. Por outro lado, as questões dos transgéneros marcam também novos domínios numa conceção, social, do que é ser homem ou mulher (ou não binário). A identidade inclui também o direito à definição própria da sexualidade, da identidade sexual e da identidade de género.

X. Desta forma, os direitos baseados numa determinada identidade sexual — que pode ser distinta da identidade sexual que cada um reconhece e com que se identifica — implica que se erijam novos problemas que comprometem a cidadania sexual. Camuflar, através de políticas, limites ao exercício dos direitos reprodutivos construídos por conceitos sociais constitui uma forma de limitação inadmissível à liberdade de cada um de nós. Talvez uma ideologia que seja *color-blind* ou *gender-blind*, insistindo num paradigma universalista, possa conduzir à repetição de categorias pré-construídas que não se adequem com a realidade. A assimetria na garantia dos direitos humanos pode constituir que o que uns têm ou aquilo a que acedem se faça às custas do que outros não têm.

XI. O dilema, como em muitas outras situações, coloca-se entre proibir em absoluto ou admitir, mas, quanto a nós, a fronteira está no momento da determinação em que a mulher e o seu corpo deixam de ser parte do ser completo para integrarem o mercado e serem transacionados como uma coisa, fungível, avaliável e dispensável. E, por outro lado, a gestação de substituição não

ser mais uma forma de criar e/ou aumentar uma nova forma de iniquidades e desigualdades, assente em posições patriarcais, dominadas pelo mercado. A resposta, ainda que se clame por uma solução homogénea, depende, em muito, de onde nos situamos. O contexto é tudo. Quando a gestação de substituição não é regulamentada e os participantes em geral, e a gestante em particular, não prestam o seu consentimento informado, a gestação é um dano à mulher, à sua fertilidade, à sua saúde.

XII. Se há consenso internacional sobre a venda de crianças dever ser proibida, a verdade é que na gestação de substituição total a mulher não vende ou dá o/a seu/sua filho/a; a gestação de substituição não é «só» um mero trabalho. Sendo verdade que há quem suscite que nada é mais justo do que a mulher receber pelo trabalho que faz, como Ragoné enfatiza os elementos da escolha e a disposição do seu corpo de acordo com esta escolha autónoma, também não nos parece verdade; basta pensar nos casos de crianças que são deixadas para trás, como no caso do Baby Manji.

XIII. Não podemos percecionar a fertilidade e a maternidade unicamente num contexto individual, mas também no contexto social em que ocorre. Um modelo associado exclusivamente à ligação genética parece falhar em vários aspetos. Por um lado, desconsidera em absoluto o elemento relacional de que as relações que se constituem se determinam como essenciais e, por outro lado, desvaloriza o papel da mulher. Produz efeitos em relação não só a terceiros, mas também às próprias partes e ao reconhecimento da identidade-parental. Seja como for, importa assumir —além da vontade de cada outorgante — os direitos e obrigações de cada um(a). O consentimento expresso, livre, informado e ponderado é, por isso, essencial e garante a integridade pessoal de cada um(a) e das posições e expectativas que assumem e podem esperar.

XIV. Trata-se de uma abordagem utilitária, em que os interesses de todos são tidos em consideração numa convergência com a dignidade. Mas o impacto na sociedade deve ser considerado? A possibilidade de separar a parentalidade biológica e social permite a criação de novas composições familiares. A dignidade da procriação da Igreja Católica, por exemplo, refere que a rutura entre as várias manifestações implica uma lesão das relações familiares, mas que tem impacto social, uma vez que ameaça a unidade e estabilidade familiares.

XV. Mas, tal como os métodos contracetivos mudaram a forma como a família era composta, o mesmo aconteceu com a emancipação feminina. As mudanças sociais permitiram alteração na forma como a família é encarada. Se a família é uma manifestação de relações, deixar de encará-la como biológica implica termos de encarar o nosso corpo e a nossa sexualidade num novo paradigma, como resultado desta forma mais flexível de encarar a paternidade e a maternidade.

XVI. A gestação de substituição suscita problemas éticos e jurídicos assentando em paradigmas de estereótipos sociais, paradigmas culturais e assimetrias económica. Fomentou e deu origem, no panorama global, a desigualdades raciais, culturais e até religiosas, e expôs o risco da coisificação das crianças, das mulheres, da exploração e do tráfico de seres humanos. Por outro lado, é também ela um exercício de autonomia, escolha e controlo da mulher sobre o seu corpo e as suas capacidades. Ainda que se reconheça que a dignidade implica a imposição de barreiras, incluindo ao próprio, a verdade é que não é admissível reconhecer como fundamento dessas, eventuais, limitações estereótipos patriarcais que limitam a liberdade individual das mulheres.

XVII. No que tange ao corpo humano e à sua utilização, estão subjacentes princípios da necessidade do consentimento, a gratuitidade. Toda a temática da gestação de substituição gira em torno da dignidade, a dignidade da gestante, que se entrega a si e às suas capacidades reprodutivas para produzir uma criança para outrem, muitas das vezes entrando num negócio mercantil, e a dignidade da criança que é o resultado desta produção, objeto do negócio.

XVIII. A gestação de substituição é a quintessência da reprodução. É física e psicologicamente intrusivo e, ao contrário de todos os restantes atos, ter um(a) filho/a, ainda que para outrem, é particularmente significativo. Uma visão mercantilista tem implicações não só na própria mulher, mas também na identidade da criança. A questão é saber se esta alienação também não se encontra na gestação de substituição não comercial. Em geral, a gestação de substituição é uma forma errada de usar as capacidades reprodutivas, além de constituir uma forma de *baby selling*, tornando as crianças bens de consumo.

XIX. A coação a que as mulheres podem estar sujeitas em relação à sua autonomia que violem a sua autonomia e integridade está plasmada na Recomendação n.º 24 e prevê que a autonomia é uma liberdade no sentido de lhe ser reconhecida a capacidade para exercer livremente as suas escolhas em relação à sua vida. O princípio que guia esta matéria é o consentimento da mulher [art. 4.º, al. b)], que, sendo mais do que uma permissão, implica a informação completa sobre o procedimento médico e as suas consequências e que seja prestado de forma livre.

XX. Sob pena de se tratar de uma situação de venda de crianças e comodificação da mulher e das suas capacidades reprodutivas, a gestação de substituição deve ser altruísta, mas, e independentemente de a aceitar, proibir ou tolerar, o mais importante é determinar a parentalidade nestas situações. Insistir em tradições para novas realidades vai conduzir inevitavelmente a situações de incerteza, mormente no que tange às crianças. A gestação de substituição altruísta permite que a mulher contribua para um projeto parental em benefício de outros e, expurgando qualquer vertente mercantil, permite demonstrar a essencialidade da gestante e do seu papel essencial para o projeto parental e para a vida da criança. Ademais, permite garantir a necessária teia relacional solidária essencial não só à comunidade humana, mas particularmente à relação entre todos os intervenientes nesta relação pessoal que inclui a própria criança — «*[...] [an] altruistic surrogacy supports the view that gestation is an indispensable process that can't be bought or sold but can be donated to and shared with others*» (Feinberg & Feinberg, 2010, p. 440).

XXI. A natureza perdeu o monopólio da criação da vida e a tecnologia, que replica o processo natural, legitimada quebra um conjunto de fronteiras que a natureza erigiu em relação à reprodução que esta pode derrubar em prol da herança genética que as pessoas querem passar a outrem. A reprodução separou-se da sexualidade e um novo mundo da procriação abriu-se a um futuro em que o lugar da mulher é, ao mesmo tempo, neutralizado como dominado, num novo paradoxo sobre a mulher, o seu corpo e o domínio sobre ele.

XXII. Na nossa opinião, a eventual disparidade económica ou social entre os clientes e a gestante não é razão para entender o contrato de gestação de substituição como uma forma de exploração. A decisão da gestante em aceitar tal acordo implica um exercício de liberdade e autodeterminação, na ponderação de todos os prós e contras associados. A grande questão, essa sim, no nosso entender, é aquilo em que a mulher se torna ou tornar-se num bem, objeto de mercado, coisificando a mulher e, em particular, a sua capacidade reprodutiva, por um lado e, por outro, a venda da criança. Este aspeto constitui um dano sobre si própria — com que a mulher consente —, mas que, pelo que está associado, viola a sua pessoa, a sua dignidade e consideração. A gestação de substituição trata as mulheres como objetos e aliena-as da sua produção — são elas próprias a fábrica e o produto do seu trabalho, produzindo uma nova *commodity*, a criança, em que o dono não é ela, pelo que não controla nenhum dos aspetos da produção. As mulheres e as mães passam a ser fungíveis.

XXIII. Neste caso, este exercício da liberdade e autonomias reprodutivas é um exercício não só da individualidade, mas também da identidade de cada um(a) e do ser de direito a que vai dar causa, impondo esse reconhecimento, que não é despiciendo. As nossas circunstâncias têm de ser alocadas na nossa vida e muitas delas definem-nos enquanto seres infungíveis e a nossa identidade, num processo sinalagmático social.

XXIV. Neste aspeto, impõe-se a distinção entre a reprodução e a produção. Se admitíssemos que a mulher pode produzir filhos/as e até vender a sua capacidade reprodutiva e, nesse aspeto, vender a suscetibilidade de produzir uma criança, entraríamos no campo da produção e, aqui sim, de efetivas formas de alineação do trabalho e sobretudo do produto do trabalho. Se a mulher pode vender o seu trabalho, não pode vender o âmbito relacional que a liga à parentalidade, ainda que não seja a mãe. E esse elemento da maternidade projeta-se na identidade da criança impondo a distinção entre a reprodução, ainda que para outrem, e a produção. Esse aspeto da maternidade, da reprodução *versus* a produção, é para nós o busílis da questão em torno da admissibilidade da gestação de substituição na sua vertente mercantil e é, por isso e para nós, de rejeitar. Essa sim seria a colocação de uma etiqueta com um preço sobre a maternidade, o que é, nesse aspeto, atentatório da dignidade.

XXV. Quanto ao argumento da exploração da gestante, geralmente, há uma assimetria entre a prestadora do serviço e os beneficiários, uma chamada de atenção que é feita nos diversos relatórios relativos à gestação de substituição, como aconteceu em 2011, na resolução do Parlamento Europeu em relação às prioridades da UE no combate à violência contra mulheres. Este documento exaltava os Estados-Membros a considerar os problemas sérios que a gestação de substituição suscita em relação à exploração do corpo da mulher e que tanto ela como a criança podem ser encaradas como mercadorias no mercado global da reprodução, no qual incluía a gestação de substituição.

XXVI. A vulnerabilidade das gestantes pode evidenciar-se principalmente quando o mercado destas mulheres se situa em países de baixos rendimentos, o que suscita acrescidas preocupações em relação à sua exploração. Por exemplo, o UNODC, no seu *Model Law against Trafficking in Persons*, insta os Estados a considerarem «outras formas de exploração» em que incluem «*forced pregnancy*» e «*the use of women as surrogate mothers*» (United Nations Office on Drugs and Crime, 2003, p. 28). Não é difícil conceber a existência de situações de exploração, e as notícias, de tempos em tempos, vão-nos relembrando desta palpável possibilidade. Mas a questão é: esta possibilidade, estes factos são suficientes e legítimos para limitar a autonomia das mulheres? Em nosso entender, não. O processo de emancipação está em deixar a mulher decidir o que fazer com o seu corpo. As situações de exploração — tanto neste campo como noutros — devem ser exemplarmente punidas e tratadas como tal, a jusante e não como fundamento paternalista de alegada proteção das mulheres. Este é o mesmo argumento que temos para as situações de estigma a que muitas destas mulheres podem estar sujeitas. Como referimos, na Índia, este trabalho é visto como forma de prostituição, sendo que as mulheres se escondem. Também aqui relatos relativos a *hostels* onde as mulheres eram mantidas e controladas até ao nascimento são, de facto, perturbadores, mas, no nosso entender, não para limitar a liberdade da mulher, mas sim, e uma vez mais, para regulamentar a prática e sancionar quem não a cumpre.

XXVII. Os riscos para a vida e saúde da mulher gestante são de considerar. Em nosso entender, não para limitar a sua escolha, mas, na ponderação dos interesses, limitar o acesso à técnica. Isto é, se é verdade que a gestante se expõe a algum risco, quer para a sua vida quer para a saúde durante a gravidez e parto, sendo uma mulher saudável, de duas uma, ou é medicamente desaconselhada a engravidar ou o risco que corre é igual como se a gravidez fosse própria. Se for este o caso, tal qual a mulher, qualquer uma, apesar desses riscos, decide ter um(a) filho/a, também o deve decidir em relação a uma gestação para terceiros.

XXVIII. O respeito pela vida privada é um princípio de primordial importância que a UDBHR estabelece no seu art. 9.º. Em relação às mulheres, o controlo sobre o seu corpo e o respeito pelas suas decisões, incluindo as escolhas reprodutivas, não podem ser objeto de interferência arbitrária, como é garantido pelo art. 12.º da DUDH. Não sendo direito absoluto, a discussão em torno da limitação da decisão da mulher continua a demonstrar não um conflito de interesses, mas sim a manutenção da falta de controlo que as mulheres ainda têm de si e do seu corpo.

XXIX. Na tensão ética entre a autonomia e o controlo, o que se impõe é, quanto a nós, reconhecer que a liberdade de escolher. Reconhecer essa liberdade corresponde a uma expressão de respeito pela autonomia e dignidade da própria mulher. É uma imposição que se deve reconhecer a todo o ser humano, não se admitindo visões paternalistas de proteção das mulheres delas próprias.

CAPÍTULO V
A IDENTIDADE-FILIO-PARENTAL

«Vejamos, continuou o rei, trazei-me uma espada". Trouxeram ao rei uma espada.

E disse: "Cortai ao meio o menino vivo e dai metade a cada uma!" Mas a mulher, mãe do filho vivo, comovida nas suas entranhas, disse ai rei: "Rogo-te meu senhor, que lhe dês o menino vivo; não o mateis"; mas a outra dizia: "Ele não será meu nem teu; que o dividam!" Então o rei pronunciou o seu julgamento: "Dai, disse ele, o menino vivo a esta mulher; não o mateis, pois é ela a sua mãe.»

Bíblia Sagrada, I Reis 3:24-27

1. Considerações Introdutórias

A questão ética que às crianças diz respeito assenta na assunção da perspetiva de que a vida da pessoa é estruturada de acordo com o seu próprio contexto e a possibilidade de esta se entender como um todo completo, na sua essência, na sua humanidade, igual aos/às demais. O ser-pessoa. A nível sociológico, a consciencialização de que as crianças não são *miniadultos* [1670] e de que têm particularidades e especiais necessidades impõe uma visão centrada na criança. Trata-se de um processo de *descolonização da infância*, referido pela socióloga Catarina Tomás, que significa não só libertar as crianças «com vista à sua formação e reconhecimento como grupo social independente e isolado, mas [...] pretende-se combater a ideia da não racionalidade

[1670] Há uma mudança da representação social da criança (Martins & Vítor, 2010, p. 60). À criança é reconhecido um «estatuto de "cidadania social" que radica na sua nova condição de pessoa e de sujeito de direitos. A criança é agora perspetivada como verdadeiro titular de direitos fundamentais que devem ser respeitados não só pelos pais e outros familiares mas também pela Sociedade e pelo Estado» (Martins & Vítor, 2010, p. 61). Como refere Rosa Cândido Martins, a «Carta dos Direitos Fundamentais da União Europeia veio afirmar, no seu Preâmbulo, a centralidade "do ser humano" no âmbito da sua ação». E «ao dedicar um artigo aos "*direitos da criança*" (artigo 24.º), a Carta acompanha a evolução da sociedade que tem vindo a reconhecer à criança, desde os inícios do século XX, um estatuto de cidadania social, em virtude da consciência crescente das características e especificidades próprias da infância» (Martins, 2013, p. 298). «A Carta acolheu um *novo entendimento da criança* como ser humano em desenvolvimento, especial vulnerável mas dotado de uma capacidade progressiva, carecido de especial proteção mas também sujeito ativo na construção do seu futuro ao qual devem ser reconhecidos direitos específicos [...]. Adotou também uma perspetiva dos direitos da criança *centrada* na própria criança ao erigir como critério orientador fundamental o melhor interesse da criança» (Martins, 2013, p. 305).

das crianças perspetivando a infância como um grupo social específico, mas não isolado e separado do todo social» (Tomás, 2011, p. 35).

A verdade é que uma perceção das crianças sem uma racionalidade que as percepcione como pequenos adultos conduziu, entre o mais, a que textos legais lhes sejam especialmente dedicados e, sobretudo, tenham em consideração as especificidades e especial vulnerabilidade das crianças. A Declaração de 1924 relativo aos Direitos das Crianças, conhecida como Declaração de Genebra, foi adotada em 26 de setembro de 1924 pela Quinta Assembleia da Liga das Nações e baseou-se largamente no *draft* de Eglantyne Jebb, o fundador da Save the Children UK (Tobin, 2019, p. 3). De acordo com o «*[...] historian of the UN Children's Fund (UNICEF) the adoption of the Declaration marked "the formal establishment of an international movement for children's rights"*» [1671] (Tobin, 2019, p. 4). Por sua vez, a Declaração de 1959 [1672] teve enorme impacto e manteve a inclusão do tradicional conceito de direitos civis e políticos das crianças, além da proteção contra a discriminação, centrada em preocupações de bem-estar «*[...] with an emphasis on the protection rather than the empowerment of children*» (Tobin, 2019, p. 4).

Já a Convenção de 1989, apesar do longo percurso por que passou até à sua conclusão [1673], acabou por ser adotada em 20 de novembro de 1989 (CDC) [1674] e marcou o panorama dos direitos das crianças definitivamente. A CDC é um instrumento internacional com elevada adesão que se tem mostrado essencial no discurso dos direitos das crianças. Há, aliás, quem admita que este acervo de direitos pode constituir uma forma especial de direito internacional com um efetivo estatuto fundamental

[1671] A Declaração não contém direitos civis ou políticos, mas considera-se que constitui uma inspiração para os documentos que se seguiram.

[1672] Que se seguiu ao pós-Segunda Guerra Mundial e à DUDH. Foi adotada na Assembleia Geral das Nações Unidas em 20 de novembro de 1959.

[1673] Foi proclamado o ano de 1979 pela Assembleia Geral das Nações Unidas como o Ano Internacional da Criança. O governo polaco submeteu à Comissão de Direitos Humanos das Nações Unidas um *draft* da Convenção, mas a ratificação só aconteceu uma década depois. Adam Lopatka explicou que a tensão entre os EUA e a ex-União Soviética e o enorme número de propostas e táticas de obstrução acabaram por constituir manobras dilatórias. Nigel Cantwell, o coordenador para o grupo Ad Hoc das ONG, também explicou que muitos países se queixaram de que a redação não era a adequada e omitia muitos direitos. Além disso, algumas ONG, como a UNICEF, estavam relutantes quanto à utilidade deste instrumento internacional, posição que acabou por se alterar depois de James Grant, Diretor-Executivo, ter acabado por reconhecer a influência que o diploma teria, sendo, por isso, essencial uma participação ativa e substancial da UNICEF. Outras ONG como a ILO (International Labour Organization), a UNESCO e a ICRC (International Committee of the Red Cross) também tomaram posição ativa na redação do documento (Tobin, 2019, pp. 5-6).

[1674] Ratificada por Portugal em 21 de setembro de 1990.

de *jus cogens*[1675], [1676] (Buck, 2014, p. 35), que, nos termos do art. 53.º da Convenção de Viena sobre a Interpretação dos Tratados, determina que estas regras sejam obrigatórias[1677] independentemente da vontade dos Estados e dos legisladores, não podendo ser derrogadas por qualquer norma local[1678].

Também a nível europeu a proteção dos direitos das crianças é refletida na Convenção Europeia de 25 de janeiro de 1996 sobre o Exercício dos Direitos da Criança e pelo art. 24.º da CDFUE[1679]. A verdade é que os direitos legais positivados que resultam daquela Convenção quase-universal dos direitos das crianças[1680] incluem não só direitos civis, mas também direitos políticos e sociais, económicos e culturais. Em resposta a diversos desafios que a globalização suscita, a CDC constitui um importante instrumento para dar resposta aos problemas que a diversidade de soluções legais domésticas coloca.

Uma destas situações é a gestação de substituição, mormente em contexto transnacional. Nascendo crianças por esta *via contratual*, o seu estatuto é incerto em muitos casos e os vários problemas legais também deixam muitas destas crianças em risco efetivo (Loon, 2017, p. 45). Uma criança sem registo, sem a filiação determinada, sem estar aos cuidados dos/as pais/mães, sem nacionalidade e até sem nome é uma criança em risco, mais exposta a situações de rapto e exploração[1681], agravando o seu estado natural de especial vulnerabilidade.

[1675] Por exemplo, Bueren argumenta que a exploração sexual e económica de crianças, equiparável à escravatura, é um exemplo de uma norma com esta natureza (Bueren, 1994).

[1676] Os mais comummente referidos são a proibição do uso da força, direito à autodefesa, proibição de genocídio, proibição da tortura, crimes contra a humanidade, proibição da escravatura e comércio de escravos, proibição da pirataria, proibição da discriminação racial e apartheid e proibição de tratamento hostil contra população civil (regras básicas do direito humanitário internacional) (Wet, 2013, p. 543).

[1677] Nos termos do art. 64.º da Convenção de Viena sobre a Interpretação dos Tratados, qualquer norma que se lhe oponha é nula e não produz qualquer efeito.
Sobre a esta matéria Luís Barbosa Rodrigues apresenta uma importante análise (Rodrigues, 2002).

[1678] A identificação das regras de *jus cogens*, nos termos do aludido art. 53.º, depende do reconhecimento da comunidade internacional como um todo. Não se impõe que seja necessário um consenso de todos os Estados, mas de uma larga maioria (Wet, 2013, pp. 542-543).

[1679] Com a entrada em vigor do Tratado de Lisboa, a CDFUE tem o mesmo estatuto dos Tratados da UE e obriga a UE e os Estados-Membros a protegê-los na implementação legal (European Union Agency for Fundamental Rights and Council of Europe, 2015, p. 20).

[1680] A Convenção foi precedida da Declaração sobre os Direitos das Crianças de 1924, emanada da Liga das Nações. Não sendo instrumento vinculativo, foi reafirmada em 1934. A Assembleia Geral das Nações Unidas aprovou o novo texto da Declaração sobre os Direitos das Crianças em 1959.

[1681] Além disso, questões como o tráfico de seres humanos, a venda de crianças ou adoções informais têm sido amplamente suscitadas no âmbito da gestação de substituição, mormente transfronteiriça. «*For example, the UN Convention on the Rights of a Child (CRC) prohibits certain transfers of children abroad (see Art. 11 and Art. 35). Moreover, the Hague Adoption Convention aims at preventing, i.e., sale or trafficking of children (Art. 1). Since it is prohibited to obtain children for adoption or any other purpose*

Os direitos das crianças devem ser assegurados, portanto, em relação a todas as crianças, incluindo as que nasceram por gestação de substituição, sob pena de uma efetiva discriminação em relação à forma como foram concebidas e como nasceram. Nos termos da CDC [1682], é reconhecido à criança o direito a ser protegida de qualquer forma de discriminação [1683], baseada quer nas características da própria criança [1684], incluindo a origem social, nascimento ou outro estatuto, quer nas características dos pais, incluindo o sexo e/ou orientação sexual [1685], e de qualquer forma de violência [1686]. A criança tem direito à identidade, que inclui direito a ser registada imediatamente após o nascimento, tem o direito à nacionalidade, o direito ao nome [1687] e a ter e manter as suas relações familiares [1688], bem como a ser criada pelos pais/mães e não ser separada destes/as [1689] a não ser por motivos em que os seus melhores interesses o imponham. Aos Estados impõe-se a obrigação de garantir estes direitos, providenciar pelo bem-estar das crianças e pelo seu reconhecimento legal [1690] sempre em prol dos melhores interesses da criança, na medida do possível, e respeitando as suas opiniões [1691].

Aos/às pais/mães, a todos nós individualmente e como sociedade, impõe-se o reconhecimento de um ser de direito, altamente vulnerável, titular de direitos e da necessidade de especial proteção. Trata-se do reconhecimento da responsabilidade de todos/as e de cada um(a) pelas futuras gerações.

Como temos vindo a assumir, a gestação de substituição constitui uma forma de PMA que pode consubstanciar que uma criança tenha seis pais e mães [1692], dependendo da leitura que se faz sobre a essência da maternidade e da paternidade. Mas também, como temos vindo a enfatizar, em muitas das situações não está um fator de multiplicação de progenitores, mas sim de exclusão destes, podendo nascer uma

illegally, one can argue that transnational surrogacy can be interpreted as a violation of the right of children. For example, we could imagine a situation that the surrogacy contract did not provide a solution in a situation where the child is born impaired. If the intended parents and the surrogate do not wish to take responsibility of a child, he/she can face many other legal problems such as no parental rights, no identity, nationality, etc.» (Wałachowska, 2019, p. 413).

1682 A jurisdição da CDC não se limita aos cidadãos do Estado, pelo que as crianças que não sejam cidadãs dentro do território daquela jurisdição, ou as crianças que nasçam fora do Estado, mas entrem no seu território gozam da proteção da CDC.

1683 Art. 2.º.

1684 A lista não é exaustiva, mas identifica especificamente o «nascimento» como uma das causas.

1685 O fundamento é similar ao que se encontra previsto no PIDCP e no PIDESC.

1686 Arts. 19.º e 33.º e ss.

1687 Art. 7.º.

1688 A CDC, que reconhece, logo no preâmbulo, a família como grupo fundamental da sociedade.

1689 Art. 9.º.

1690 Arts. 4.º, 6.º e 24.º e ss., e arts. 7.º e 8.º.

1691 Arts. 3.º e 18.º e arts. 12.º e ss.

1692 Sem prejuízo das situações de ADN mitocondrial, que pode implicar que um gâmeta tenha material genético de mais do que uma pessoa.

criança órfã — uma abolição da família [1693] — e uma nova forma de perspetivar famílias ilegítimas censurando opções pessoais. Uma qualquer solução que implique isto ou se desenvolva com este pressuposto censório é inadmissível e intolerável, mas também, e quanto a nós, uma solução que não permita, *ab initio*, determinar a família da criança é de repudiar, porque arbitrária. A vida da criança e as suas vicissitudes poderem implicar que ela transite de família para família ou veja a sua família metamorfosear-se é uma coisa; é a vida na sua complexidade. Outra coisa, bem diferente, é admitir que uma criança exista sem que o legislador lhe garanta uma relação filial e que esta seja determinada por critérios que permitam reconhecer, de facto, uma relação familiar sobre quem acolhe esta criança.

A criança tem direito a ver garantidos todos os seus direitos e tem ainda a garantia a um *open future*. Ou seja, num exercício de prognose, à criança deve ser garantido um acervo de direitos até que seja adulta e possa exercê-los. Desta forma, e até que esta criança seja um adulto que possa exercer os seus direitos, estes devem ser conservados — «*[...] while he is still a child is to have these future options kept open until he is fully formed self-determining adult capable of deciding among them.*» (Feinberg J., 1980, pp. 125-126). Há, por isso, uma imposição de garantir, em qualquer posição que assumamos, o mínimo dano em relação à criança, cujos interesses apresentam prevalência em relação a outros, incluindo os direitos dos/as pais/mães ou dos putativos/as pais/mães. Este é, quanto a nós, o ponto essencial para qualquer modelo de gestação de substituição e é — e isto podemos afirmar — o que resulta das próprias orientações da doutrina emanada pelo TEDH que tivemos oportunidade de analisar.

Delimitado que está, para nós, o fundamento da gestação de substituição em relação aos beneficiários/as e à liberdade de a gestante procriar para outrem, os/as filhos/as de outrem, como expressão do reconhecimento da sua autonomia pessoal, cumpre, nesta altura, assumir as consequências do exercício dessas liberdades e da eventual necessidade de as restringir considerando os direitos das crianças. Mas se este comando consubstancia um exercício de ponderação dos interesses em conflito e que, *in extremis*, impõe que os direitos das crianças tenham primazia, também é dirigido aos Estados e, concretamente, aos legisladores. É também nesta relação vertical que o modelo centrado nos direitos das crianças se revela — isto é, o estatuto da criança e os seus direitos e interesses são, quanto a nós, a fonte primordial

[1693] Não no sentido da ideia de abolição de família na sociedade imaginada por Platão: «— E agora os guardiões da tua cidade? É possível que haja algum que pense ou diga que algum dos seus colegas lhe é estranho?
— De modo algum. Efectivamente, quando encontrar qualquer deles, julgará que se lhe depara um irmão ou irmã, pai ou mãe, filho ou filha, ou descendentes ou ascendentes desses. [...]
— [...] De onde resulta que eles não conhecerão dissensões, daquelas que surgem entre os homens, devido à posse de riquezas, filhos e parentes?
— É absolutamente forçoso que sejam libertados desses aborrecimentos» (Platão, pp. 463c-464e).

de restrições à liberdade e autonomia dos outorgantes (Soniewicka, 2019, p. 81) [1694] —, mas também são um comando que se impõe ao legislador para que as soluções legais revelem esses direitos, acima dos outros, incluindo de razões de ordem pública que possa ter a tentação de invocar.

Assim, assumimos um modelo de gestação de substituição que garanta os direitos da criança e se desenvolva assumindo que nasce e é integrada na *sua* família, não sendo esta uma escolha de uma panóplia de opções familiares hierarquizadas. Uma solução destas é a expressão de modernas formas de famílias ilegítimas em que umas, sendo melhores do que outras, têm preferência em relação às demais, que, por sua vez, vão sendo chamadas se a preferência do núcleo familiar anterior não for exercida. Este modelo — que, como já temos vindo a apresentar, culmina desde logo nas limitações à liberdade procriativa — implica que os melhores interesses das crianças sejam considerados nas nossas escolhas reprodutivas e nas opções e soluções legais que são oferecidas, porquanto está em causa uma decisão com potencial significado para toda a vida da criança, principalmente na sua identidade pessoal e relações familiares. Decisões para o ser-pessoa-criança.

Os juízes De Gaetano, Pinto de Albuquerque, Wojtyczka e Dedova, na sua declaração de voto no caso Paradiso e Campanelli (2017) a que já aludimos anteriormente, concluíram que não só a gestante é sujeita a um tratamento degradante e inadmissível considerando a dignidade humana, como também o negócio desconsidera a prova (científica) da relevância do período da gravidez tanto para a gestante como para a criança e a influência desta relação no próprio desenvolvimento da criança ao longo da sua vida. A criança é gerada e mantida até ao parto numa incubadora, privada do amor materno; não é tratada como um valor em si, mas como um meio para a satisfação dos desejos de outros/as. O perigo que pode resultar de uma prática artificial como a descrita pode ter como consequência, para alguns dos seus críticos, problemas psicológicos quando a criança conhecer as suas origens decorrentes de um «*[...] surrogacy arrangement but can never contact the genetic mother. Likewise, it might be devastating to learn that one's genetic mother saw paid to conceive and bear him or her; [...] this might also cut the child off from an important source of medical information*» (Feinberg & Feinberg, 2010, p. 439). Tal como acontece em relação à gestante, a dignidade da criança é imediatamente suscitada em matéria de gestação de substituição.

Já tivemos oportunidade de nos pronunciar quanto a isto, mas, agora, a questão que se coloca é outra, ou pelo menos noutro nível. E para nós esta temática revela-se particularmente enfática, já que colocamos o fundamento da liberdade de a gestante usar o seu corpo e gerar um(a) filho/a não só para outrem, mas também o/a filho/a de outrem, no âmbito também dos seus direitos reprodutivos. O que significa que,

[1694] Como resulta, desde já, da delimitação que fizemos nos capítulos anteriores entre a gestação de substituição e a adoção, que constitui, para nós, um efetivo limite ao âmbito da liberdade procriativa e autonomia que assumimos como fundamento da gestação de substituição.

como assumimos, concebemos a liberdade da gestante ao nível da sua autonomia reprodutiva e, portanto, com a relevância ética como uma interveniente necessária no processo de procriação e não como uma trabalhadora ou prestadora de serviços ou até como comodatária, sob pena de concebermos o nascimento de uma criança depauperada na sua própria identidade, já que lhe falta a identidade-gestante(-ainda-que-não-seja-a-mãe).

Contudo, como fomos referindo, esta visão coloca-nos agora outro problema. Se assim é, e para nós é necessariamente, esta quebra relacional com a gestante pode ser entendida, em qualquer caso, como atentatória da dignidade da criança. Paulo Otero coloca o enfoque de forma particularmente pertinente:

> «[...] a liberdade individual ou autonomia pessoal da mãe de substituição nunca pode ser exercida em sentido atentatório à dignidade do filho gerado (ou a gerar) no seu seio: o filho não pode ser visto como um simples fruto da mãe [...]. Num outro sentido, a reprovação ética da maternidade de substituição radica, igualmente, no postulado de que nunca se mostra legítimo criar uma vida humana com intenção de a abandonar. E é isso, precisamente, o que sucede na maternidade de substituição.» (Otero, 2012, p. 88)

A criança é vista como uma mercadoria que satisfaz desejos de consumo, muitas vezes a troco de um preço [1695]. Para nós, esta é, de facto, uma questão importante com que, em parte, concordamos em absoluto. Isto é, a gestação de substituição não pode — e seja qual for o resultado *in casu* — constituir um meio para o nascimento de crianças órfãs.

Ademais, a dignidade impõe-se também num âmbito relacional que não pode ser desconsiderado quanto a nós. Habermas coloca-a no âmbito relacional simétrico entre pessoas, indicando o seguinte «*"inviolability" [...] comes to have a significance only in interpersonal relations of mutual respect, in the egalitarian dealings among persons*» (Habermas, 2008, p. 33). Esta projeção faz-se também para o próprio feto num exercício de *anticipatory socialization* a que também Habemas se refere — nas suas palavras —, através da projeção da figura humana que, ainda que não haja vida humana, possui dignidade e os respetivos imperativos de respeito a essa mesma dignidade da vida projetada (Habermas, 2008, p. 37) [1696].

[1695] Não o sendo — já que admitimos a gestação de substituição total —, concordamos que existe, de facto, uma reificação da criança quando o negócio não seja altruísta. A este respeito, v. capítulo IV.

[1696] Claro que a «*[...] current dispute over the admissibility of research involving the destruction of embryos and PGD cannot be resolved by a single argument concluding that the fertilized egg cell possesses, in the strict sense, "human dignity" and has the status of a subject possessing human rights*» (Habermas, 2008, p. 37). Contudo, a necessária ponderação «*[...] of goods which would leave the door open a crack for an instrumentalization of human life and for the erosion of the categorical sense of moral inhibitions*» (Habermas, 2008, p. 38).

Quanto a nós, a questão ética primordial é o entendimento do valor da história de vida das pessoas e o reflexo necessário que projeta na sua própria identidade — não só no «eu», mas também no «ser-pessoa». Quanto às crianças nascidas por esta técnica de PMA, a matéria relativa à gestação de substituição deve ser analisada com o escopo de garantir os direitos das crianças e os seus melhores interesses, sob pena de se normalizarem práticas que violam direitos humanos, mormente dos sujeitos assumidamente mais vulneráveis e que clamam maior proteção. Por isso, desde logo entendemos que a gestação de substituição não pode ser uma forma de fuga às regras da adoção [1697] e, portanto, não só não deve haver zonas de sobreposição entre as duas figuras [1698], como deve ser garantido, no quadro da gestação de substituição, o direito à identidade, o direito de as crianças serem criadas pelos/as pais/mães, e a absoluta proibição de serem objeto de qualquer negócio jurídico (Gerber & O'Byrne, 2016b, p. 3).

Neste âmbito, em 2016, o Comité dos Assuntos Sociais, Saúde e Desenvolvimento Sustentável analisou a gestação de substituição do ponto de vista dos direitos das crianças, embora o *preliminar draft resolution and amended preliminar draft recommendation* tenha sido rejeitado [1699], [1700]. Petra De Sutter [1701], no seu *Explanatory Memorandum*, recomendava a proibição de qualquer acordo de gestação de substituição com fins lucrativos [1702] e que os melhores interesses da criança fossem colocados em primeiro lugar (Committee on Social Affairs, Health and Sustainable Development, 2016). Com esta dimensão, pelas razões que apontamos, concordamos em absoluto.

Assim, na gestação de substituição importa que se assuma um modelo centrado nas crianças, seja a jusante, como o TEDH teve oportunidade de se pronunciar [1703], mas também a montante no estabelecimento de restrições ao exercício dos direitos reprodutivos [1704] e nas soluções legais aplicáveis nesta matéria, de acordo com um *child welfare paramountcy principle* em matéria de liberdade reprodutiva. Por outras palavras, impõe-se um dever moral e ético, em primeiro lugar, mas também jurídico, para assegurar o bem-estar da criança criada pelas técnicas de PMA, mormente

[1697] A gestação de substituição não pode nem deve legitimar o que na adoção é considerado ilícito, mormente o pagamento pela criança e a intermediários e agentes que fomentem e se alimentem de um negócio de bebés.

[1698] Como já tivemos oportunidade de referir nos capítulos anteriores. V. Figuras 1 e 2.

[1699] Na reunião em Paris, em 14 de março de 2015.

[1700] A explicação apresentada está relacionada com a provável falta de consenso entre os membros, bem como da Assembleia Parlamentar.

[1701] A *Rapporteur* nomeada pelo Comité.

[1702] Embora tenha concluído que a questão da gestação de substituição altruísta e da sua proibição já não é consensual.

[1703] Colocando o acento tónico da vida privada das crianças nos termos do art. 8.º da CEDH. V. capítulo III.

[1704] Além dos limites que determinaram o âmbito destes direitos.

as técnicas de PMA heterólogas (Adams D. H., 2013). Concluiu-se que os direitos reprodutivos incluem o acesso à gestação de substituição. Ainda que o âmbito desta implique o estabelecimento de limites, importa agora analisar se o exercício desses direitos, como os configuramos e delimitamos, violam ou em que circunstâncias podem violar direitos das crianças. Neste eventual conflituo, havendo-o, importa que os melhores interesses da criança e os seus direitos tenham primazia absoluta.

Ante o exposto e considerando a posição que assumimos em relação à gestação de substituição, com os limites que traçámos e que descrevemos nos capítulos anteriores, cumpre, nesta altura, retirar as consequências e assumi-las num modelo centrado na criança. Assim sendo, o que agora visamos é determinar se do exercício da liberdade procriativa de cada um(a) dos/as outorgantes é possível, ou não, conceber um modelo em que os direitos das crianças sejam garantidos. Impõe-se, quanto a nós, neste pressuposto, estabelecer, desde logo, o critério para o estabelecimento da filiação [1705]. É quanto a esta matéria que centramos agora a nossa atenção.

A ciência reprodutiva vai imprimindo novos desafios e as escolhas (reprodutivas) que fazemos têm impacto no ser de direito criado. Como aconteceu nos casos já referidos de Ora Mor Yosef, em Israel, e Buzzanca, nos EUA, nem sempre é fácil manter um discurso racional e objetivo sobre um critério de determinação da maternidade que ultrapasse o princípio *mater semper certa est*. E, tal qual vemos na adoção e noutras técnicas de PMA, com recurso a doação de óvulos e espermatozoides ou de embriões ou, até, na posição que assumimos no que tange à *wrongful surrogacy* [1706], nem sempre a biologia dita quem é (bom) pai ou (boa) mãe, nem que a família natural é a que está (mais) apta a criar uma criança num ambiente de amor e sadio ao seu desenvolvimento ou, sequer, se é ou deve ser esta *a* família da criança.

Como referido por Paula Gerber e Katie O'Byrne (2016b, p. 3) e tendo em consideração a CDC, qualquer posição tem de ser construída considerando um princípio de não discriminação, e os melhores interesses da criança têm de ser assumidos como prioritários, tal como o seu direito à identidade, aliados à absoluta proibição de ser tratada como instrumento ao serviço dos desejos de adultos.

Neste âmbito, e com um modelo assente nos direitos das crianças, o que cumpre estudar e responder é: quais são os critérios que permitem identificar a parentalidade e consequentemente estabelecer a relação filial?

[1705] Se houver, *in casu*, uma mãe. Estamos cientes do que assumimos e do que concluímos nos capítulos precedentes, mormente no que diz respeito à liberdade procriativa individual com acesso às capacidades reprodutivas de outrem. Referimo-nos concretamente a casais homossexuais ou a solteiros, independentemente da orientação sexual. V. capítulo III.

[1706] V. *infra*.

2. Revisitar a Maternidade, em busca da Parentalidade

Desde os anos de 1970 que a sociedade ocidental implementou um processo de mutação das relações familiares. Por um lado, a crise do casamento, decrescendo a família matrimonializada, quer pelo menor número de casamentos, quer pelo aumento do número de divórcios que introduziu novas dinâmicas familiares associadas a famílias denominadas «recompostas» e à pluriparentalidade. O fenómeno da monoparentalidade também cresceu, seja pela assunção de um projeto parental a solo, seja pela evolução social que deixa de censurar estas dinâmicas familiares. Por outro lado, a emancipação da mulher e o controlo da sua reprodução, e ainda a tendencial aceitação das famílias homoparentais. Todos estes fenómenos imprimiram elasticidade à perceção da família fora das fronteiras tradicionais e destabilizou os típicos laços familiares, dando origem a outras fontes de relações familiares provenientes sobretudo de laços afetivos. Estas mudanças foram acompanhadas com o desenvolvimento das técnicas de PMA e uma nova dimensão do elemento volitivo na criação de descendência, agora também assexuada e individual, que reclama a sua posição na criação da parentalidade e, consequentemente, da filiação.

Nesta nova dimensão, a verdade é que a gestação de substituição «*defies mainstream assumptions that identify pregnancy with the birthmother's commitment to the project of subsequent lifelong social mothering and threatens dominant ideologies in many cultures that assume an indissoluble mother-child bond*» (Teman, 2008, p. 1105). Há, de facto, como nunca se tinha visto, um *deconstructed role of parents* (Galloway, 2016, p. 25). Se considerarmos que a parentalidade engloba tipicamente três elementos [1707] — a parentalidade biológica, associada a uma relação genética direta entre ascendente e descendente [1708]; uma parentalidade social, associada ao ato de criar uma criança; e a parentalidade legal, associada ao estabelecimento legal da filiação —, na gestação de substituição, estas componentes não são consequência evolutiva contínua em relação aos mesmos atores dos atos de gerar, conceber e criar um(a) descendente com quem se tem ligação genética. Cumpre interrogar-nos como se estabelece a parentalidade legal quando existem quebras relacionais em relação às dimensões anteriores, sendo que aquela, neste caso, pode ter o seu fundamento «*[...] in biological or social parenthood, but does not necessarily have it in both*» (Groot D. A., 2021, p. 3).

[1707] Em 1982, Esther Goody decompunha já a parentalidade em vários elementos, sendo a gestação um deles, a par do elemento filial, associado à vertente jurídica que compunha a identidade da criança — criar a criança e garantir que chegava à idade adulta. A eventual dispersão destes elementos suscitou a reflexão sobre a natureza das funções parentais (Goody, 2007).

[1708] No caso da maternidade, esta dimensão tem ainda a vertente gestacional, embora, numa perspetiva natural, a gestante seja a ascendente genética da criança.

Se é verdade que, tradicionalmente, estes fatores estavam concentrados numa unidade relacional que se projetava no tempo desde o momento da conceção, isso já não é, pelo menos unicamente, assim. A tradicional expressão de um projeto de família, assente em duas pessoas, de sexos diferentes, heterossexuais e casadas entre si já não é nem a única forma de identificar uma família, nem muito menos a única fonte de onde provêm as relações familiares que a sociedade reconhece. A verdade é que, por imperativos da natureza, não dominada até há pouco tempo, a maternidade e paternidade sempre foram concebidas, numa estrutura tradicional, como um facto de ligação biológica com os/as filhos/as, sendo que, neste caso, a filiação jurídica não consubstanciava mais do que o reconhecimento daquela ligação através da linha materna. O facto biológico da gestação e do parto da criança [1709], [1710] permite/permitia ao legislador associar aquela mulher à mãe da criança.

Nesta perspetiva tradicional, não há dúvidas sobre quem é a mãe e, por isso, *mater semper certa est*. Não era possível conflitos ou concurso real entre mulheres que se assumiam como mães, já que a maternidade era assumida pelo carácter ostensivo da gestação e do parto. E podia, de facto, ser assim, já que a gestação e o parto tinham como pressuposto que esta mulher tinha também a ligação biológica associada à ascendência genética. E neste pressuposto sempre atuou o legislador. Evidentemente, num sistema jurídico que estabelece que a maternidade é estabelecida para quem dá à luz, a gestação de substituição é um desafio a este paradigma, podendo levar-nos a questionar-nos, afinal, qual a *mais mãe* [1711]. Ou serão as duas ou as três [1712]?

Quanto ao pai, considerando a tradicional família matrimonializada e a dimensão e projeção sociais e culturais associadas ao casamento, a presunção de paternidade para o marido da mãe decorre de um princípio de normalidade reconhecido pelo legislador em que, na maioria das vezes, o pai é, de facto, o marido da mãe. Assente neste aspeto social, ainda que partindo de um pressuposto de coincidência biológica, o legislador evitava a proliferação de procedimentos para aferir da certeza biológica quando a mesma, por aquele critério de normalidade, ficaria reconhecida *ab initio* (Pereira Coelho & Oliveira, 2006, p. 93).

No entanto, a normalidade, ainda que não tendo deixado de o ser, não mais é exclusiva na formação da família. Se com a inovação a ciência pôs à disposição das

[1709] A ciência deu-nos algo que naturalmente seria impossível almejar: a tripartição da parentalidade genética, gestacional e social (Galloway, 2016, p. 15). A gestação de substituição contratualiza a um novo nível esta desconstrução — ou construção, noutra perspetiva — e revela a mulher, gestante, e o/a(s) beneficiário/a(s) numa relação contratual íntima.

[1710] John Hill (1991) esquematizou os vários critérios para determinação legal da maternidade, que a moderna tecnologia separou, ou seja, as conceções convencionais e legal de parentalidade.

[1711] Expressão usada por Guilherme de Oliveira em *O Sangue, os Afectos e a Imitação da Natureza* (Oliveira, G. d., 2008).

[1712] Bastará pensar na gestação de substituição com recurso à doação de óvulos de uma terceira mulher além da gestante e da beneficiária.

pessoas novas oportunidades reprodutivas e novas dimensões da sua liberdade procriativa, a verdade é que, tendo permitido dominar a natureza, trouxe a possibilidade de separar as suas várias componentes da parentalidade por diversas pessoas. Se o processo natural da família criada por relações sexuais importa que se criem os/as filhos/as com os quais os/as pais/mães têm relações biológicas, o paradigma já não é só esse. Com as técnicas de PMA heteróloga, a mulher que dá à luz pode não ser a ascendente genética da criança e, com a gestação de substituição, esta mulher, para além disso, pode dar à luz um(a) filho/a que não é seu nem para si. Como assinalam Marta Costa e Catarina Saraiva Lima, a gestação de substituição «[...] coloca em perspetiva o critério de estabelecimento da filiação, obrigando a perguntar se a maternidade biológica, isto é, aquela que se estabelece pelo nascimento, é mais relevante do que qualquer outra» (Costa & Lima, 2012, p. 243).

Neste novo quadro, que ultrapassou as barreiras impostas pela biologia, a pergunta que se impõe é se faz sentido manter o princípio *mater semper est quam gestatio demonstrat*. Mas, se assim não for e se abandonarmos este princípio, faz sentido ou podemos sequer discutir o peso específico de cada uma das demais componentes? Não só a tarefa é difícil como, porventura, estaremos a dar causa a uma hierarquia materna que não será desejável nem admissível como, aliás, já o assumimos, dado que, quanto a nós, revela hierarquias de núcleos familiares, distribuídos entre famílias legítimas e ilegítimas. O CNECV, em 2012, no seu parecer, referia-se a isto quando dissertava sobre o *nomem* a atribuir ao caso de gestação de substituição. *In casu*, referia que tratar esta técnica como sendo a maternidade de substituição suporia o seguinte:

> «[...] [a] aceitação da fragmentação do conceito de maternidade e a subalternização do papel da grávida, e implica a possibilidade de haver mais que uma progenitora biológica (genética, gestacional e até na amamentação) o que fere em definitivo o conceito de maternidade e é, em si mesmo e a todos os títulos (antropológico, ontológico, emocional), distinto da mera doação de gâmetas. Doar gâmetas, doar células reprodutoras, não é doar uma criança que se gerou e se pariu.» (Conselho Nacional de Ética para as Ciências da Vida, 2012)

Há um afloramento com que concordamos nesta posição no sentido da necessidade de, dê-se o nome que se lhe der, encontrar aqueles/as com identidade-parental e, embora haja várias pessoas com elementos típicos da parentalidade, isso não significa uma multiplicação de progenitores cuja hierarquização se imporia para o estabelecimento da filiação. Nesse aspeto concordamos: a escolha de entre vários/as pais e mães seria uma forma de subalternização de uns/umas em detrimento de outros/as e que iam sendo chamados, por ordem decrescente, para exercer a preferência para o estabelecimento da relação filial. A criança ia sendo chamada a integrar, por aquela ordem, núcleos familiares; em a rejeitando, ia percorrendo em sentido decrescente esta escadaria até uma família que a acolhesse. Uma perspetiva destas é, quanto a nós, inadmissível já que desconsidera em absoluto a identidade o ser-pessoa da criança, para além de dar causa a famílias ilegítimas.

Seja como for, e ainda que entendamos que não é disso que se trata — nem poderia ser em prol dos direitos da criança —, como teremos oportunidade de expor *infra*, as diversas técnicas de PMA contribuíram para que conceitos estáveis sofressem uma verdadeira revolução e passassem a apresentar-se relativos e até ambíguos. Assim, o que nos parece menos desejável é manter — pelo menos sem outras considerações — critérios associados à reprodução sexual. Em matéria de PMA, em particular em matéria de gestação de substituição, erige-se, quanto a nós, uma nova dimensão dos direitos reprodutivos associada à liberdade de procriação assexuada.

A matéria ganha ainda particular acuidade considerando que o que está em causa é o fenómeno da maternidade e a desarticulação do termo em suportes subjetivos distintos, alguns dos quais não desejam, sequer, o projeto parental em que participam, apesar de assumirem uma das componentes típicas da maternidade.

Se na visão mais tradicional da maternidade, como referimos, a mãe da criança é em qualquer caso a mulher que a dá à luz — sendo este, na realidade, o critério adotado pela maioria pelos Estados [1713] —, as técnicas de reprodução heteróloga têm associada a fragmentariedade das componentes que integram tradicionalmente a parentalidade unitária como a conhecemos, e muitas das pessoas que colaboram neste projeto reprodutivo, ainda que tenham um papel primordial, fazem-no, mas não para procriar. Mas sendo isto verdade, não significa, quanto a nós, fragmentar a essência da parentalidade. O que significa então?

A ciência e o desenvolvimento tecnológico conduzem, em nosso entender, a um movimento de expansão dos direitos fundamentais, a possibilidade de garantir um projeto parental a quem, de outra forma, não conseguiria alcançá-lo. Eis a grande questão: além dos limites a estabelecer para fixar o âmbito do direito a montante, impõe-se agora, a jusante, o balanço e a ponderação entre os diferentes interesses em jogo, balanceado com o superior interesse da criança, que deverá ser sempre o derradeiro escopo a atingir, repudiando-se qualquer forma de discriminação considerando o método de conceção ou gestação. Quem é ou deve ser a mãe e/ou o pai num contrato de gestação de substituição significa preencher um importante elemento da identidade da criança [1714], com um profundo impacto na sua vida e que, quanto a nós, não se coaduna com a possibilidade de o tornar fungível. Uma coisa é certa: a reprodução deixou o seu contexto metafísico, e o ato de procriar deixa o contexto sexual e passa para um campo argumentativo de opção racional e legislativa que

[1713] V. apêndice M, tabela 23, em relação à determinação da maternidade nos casos de PMA.

[1714] Está também em causa a nacionalidade da criança — que decorre na maior parte dos casos da nacionalidade dos ascendentes pelo critério *ius sanguinis* —, a sua proteção e integração social e cultural.

implica a ponderação das soluções e das preocupações éticas e jurídicas sobre o ato de criação da família moderna, fora daquele contexto sexual, passando para um novo modelo já apelidado de «*lego-kit model family life*» (McCandless & Sheldon, 2010).

Em nosso entender, e sendo certo que a reprodução deixa o contexto puramente sexual, a reprodução passou também a ser fruto do que a ciência põe à disposição das pessoas e do exercício da sua liberdade reprodutiva sem os grilhões da biologia. Há, quanto a nós, a necessidade de, mantendo a essência relacional familiar, passar também a filiação para um contexto racional de determinação da parentalidade por critérios que não estão, ou podem não estar, relacionados com a conceção, gravidez ou nascimento ou, pelo menos, com a conjugação de todos os critérios num par de pessoas de sexos diferentes e heterossexuais. Numa perspetiva popular, como se lhe refere Marilyn Strathern, a mãe *verdadeira* é, de duas uma, a biológica ou aquela a quem socialmente foi reconhecida essa ligação. Portanto, a mãe tradicionalmente reconhecida como verdadeira é aquela que tem, mais uma vez nas palavras da autora, a natureza do seu lado ou a sociedade (2002, p. 989). Impõe-se agora um exercício racional de ponderação de todos os direitos em causa e sobretudo dos direitos da criança para determinar a identidade-parental que será, quanto a nós, o pressuposto e o requisito para estabelecer a relação filial.

É verdade que o paradigma é outro, mas nem por isso estamos noutro âmbito que não seja a família, ainda que numa conceção mais ampla de reconhecimento de relações familiares fora do paradigma tradicional, mas nem por isso menos legítimas. Embora seja tentador levar a relação de família criada pelo contexto sexual para esta matéria, no nosso entender não é este o critério nem deve ser, *per se*, o que preside à determinação da parentalidade. Só poderemos saber se este regime legal deve reproduzir, tanto quanto possível, o contexto sexual se esse decalque se justificar considerando não só todos os diferentes interesses e expectativas em conflito, como também a distinta natureza. O que nos parece é que, por si só, esse mimetismo, além de continuar a ser artificial, não serve para dar cumprimento a todas as garantias a salvaguardar.

Entendemos e não desconsideramos que o estabelecimento da filiação tem subjacente uma taxatividade de meios previstos normalmente de forma imperativa [1715], o que se percebe tendo em conta que, nesta relação jurídica, está em causa a garantia do direito a constituir família e dos seus diversos afloramentos, como a proteção e da maternidade e paternidade, bem como a proteção da infância [1716]. Contudo, qualquer um deles se baseia nos princípios de verdade biológica que têm como pressuposto. Por exemplo, no caso da presunção de paternidade, o legislador admite que o marido

[1715] Como acontece no caso do CC português. Quanto à mãe, a filiação é estabelecida pelo parto, nos termos do art. 1796.º, n.º 1, do CC.

[1716] Arts. 68.º e 69.º da CRP.

não é o pai da criança [1717] ou, ainda que a mesma seja aplicável, nos casos em que há perfilhação por homem diferente do marido da mãe. Isto é, se se procura uma coincidência entre a realidade biológica e a realidade jurídica, dando aquela causa a esta para o estabelecimento da filiação, esta tem de ser ou deve corresponder a uma tradução daquela. Assim sendo, nada mais lógico do que a autonomia da vontade dos adultos ser irrelevante, porque, neste paradigma, a causa não está sujeita à disponibilidade das partes, logo, a consequência e os efeitos (filiais) terão/teriam de estar subtraídos a essa liberdade.

Todavia, a questão da parentalidade e da interpretação do conceito é agora diferente, porquanto importa, agora e sobretudo com as técnicas de PMA heterólogas, mormente ao nível da gestação de substituição, uma reconfiguração para abarcar outras realidades além daquelas que tradicionalmente se assumiam, sem grandes preocupações, ante o carácter natural associado. O que fazer quando, agora, a autonomia da vontade se imiscui na reprodução e permite baralhar os elementos naturais e fazê-los dispersar por vários sujeitos? Aquilo que a natureza das coisas podia fazer imprimir e tornar certo para o estabelecimento da parentalidade a ciência tornou ambíguo ou, pelo menos, plurissubjetivo, já que a gestação se neutralizou como elemento da reprodução. Com a gestação de substituição, o parto deixa de ser o pressuposto natural da filiação. Ainda que o legislador o mantenha como critério nos casos das técnicas de PMA heterólogas com doação de gâmetas ou embriões [1718], [1719], uma coisa temos de reconhecer: o legislador fá-lo de forma absolutamente artificial e tentando ver subsumida uma realidade que em nada representa a coincidência biológica que procura na dimensão tradicional.

Ainda que o legislador parta de um reflexo social da gestação e do parto, a relação biológica e a coincidência com esta não têm projeção no conceito jurídico. Na realidade, o que o legislador fez até agora foi não decidir, não alterar o que radica,

[1717] Por exemplo, quando o/a filho/a nasce dentro dos 180 dias após o casamento ou, pelo contrário, nasce 300 dias depois da cessação do casamento nos termos do art. 1829.º CC. Nos termos do art. 1832.º, n.º 1, do CC a mãe pode fazer cessar a presunção se declarar que o marido não é o pai da criança.

[1718] Ainda que seja mais verdade na questão de doação de esperma do que de óvulos, mormente pela facilidade de produção e recolha daqueles sem qualquer procedimento médico associado. A verdade é que esta possibilidade se *banalizou* ao ponto de se lhe referir como o *beer money*.

[1719] Daniel Callahan, oponente da doação de gâmetas ou embriões no âmbito da PMA, considera que os doadores se desresponsabilizam do processo e de qualquer responsabilidade parental. Considera, portanto, que estas técnicas constituem uma forma errada do exercício da liberdade reprodutiva. Ainda que admitindo que não é a relação biológica que determina se se é bom pai ou boa mãe, os doadores não são irrelevantes, mormente para a criança e, por isso, o branqueamento do seu contributo é eticamente errado. Usando um paralelismo com a adoção, é a natural vontade de as crianças virem a conhecer ou pelo menos ter informações sobre a sua família biológica (Callahan, 2012).

de facto e quanto à natureza, no resultado de uma relação sexual de duas pessoas heterossexuais, ainda que, por exemplo, em causa estejam mulheres solteiras ou casais de lésbicas.

Quanto a nós, impõe-se reconhecer que a cada contexto histórico-social há a necessidade de admitir e regulamentar o que se apresenta como novo ou se mutou. É o caso da PMA e da gestação de substituição e o que elas representam e as consequências a que dão causa, fazendo um exercício de conformação prática dos interesses a salvaguardar que se apresente consentâneo com os princípios enformadores que norteiam a matéria. Se é certo que a oportunidade científica leva à escolha e se abre um novo leque de opções, pelos interesses em análise, sobretudo da criança que vai nascer desta concreta técnica de PMA, os direitos desta devem ser ponderados e assegurados. Impõe-se uma análise crítica, sem pré-conceitos, que não seja um mero exercício de teimosia em relação a realidades que se alteraram ou que têm novas dimensões, diferentes, mas também elas legítimas e, por isso, merecem ser tratadas com as particulares nuances que as caracterizam. Desta forma, e cientes que estamos de que o estabelecimento da filiação representa meios taxativos para o reconhecimento de quem é o pai e a mãe, a questão que se impõe é se a manutenção de um critério assente no parto como a determinação da maternidade é aquele que assegura os direitos da criança.

E esta questão impõe-se porque aquele critério — e até podemos admitir que, afinal, mantém a sua relevância mesmo no caso da gestação de substituição e deve ser replicado — assenta em pressupostos naturais, como referimos, da imposição das circunstâncias biológicas de cada um(a), mas também das convenções sociais que são particularmente relevantes na determinação do que significa assumir a parentalidade. A tradição, assente naquelas convenções, dita um enquadramento normativo marcado pela biologia e pela biparentalidade heterossexual (Pinheiro, 2016, p. 364). Isto é, continua a impor-se, nas relações da família, uma heteronormatividade. Contudo, esta normalidade heterossexual está ultrapassada e não pode almejar continuar a ditar critérios que assentam em realidades substancialmente diferentes. Perante as novas técnicas de PMA, a criação da família e da base familiar sai do seu paradigma tradicional — ou seja, um casal heterossexual ligado por vínculo matrimonial — para se tornar *artificial* (sem qualquer conotação pejorativa), pelo que os institutos ligados a uma perspetiva tradicional, incluindo a presunção de paternidade, terão de ser adaptados a estas novas formas de criação da família.

Não obstante, entendemos que, por mais modernas que as realidades sejam, isto não significa nem pode significar que a mãe nem sempre é certa. A mãe (e/ou o pai), no que tange à reprodução biológica, é, de facto, necessariamente certa(o). Desde logo e como seu pressuposto, a gestação de substituição não é uma forma de adoção, aquela implica necessariamente a mímica em relação a um dos elementos da relação biológica sob pena de, uma vez mais, voltarmos ao início e de estarmos a sobrepor realidades» que, para nós, não só são distintas, como a aludida sobreposição implica uma forma de violação dos mais elementares direitos das crianças [1720].

Entendemos, como tem sido orientação do TEDH, que qualquer solução tem não só de ponderar os direitos das crianças nascida por via de contrato de gestação de substituição, como, em situação de conflito, lhe dar preponderância. A filiação, sucessão ou nacionalidade dependem do critério usado para estabelecer a maternidade e paternidade, mas também pode suscitar questões independentemente do nascimento da própria criança, como a IVG, ou pretensões compensatórias por ações, por exemplo, de *wrongful death* pré-natais.

Entendemos que um dos fatores determinantes que cumpre os interesses — os melhores interesses — da criança radica na relação entre pais/mães e filhos/as. Neste caso, quem devem ser os pais agudiza a velha questão de «o que faz um(a) (bom) pai/mãe?». De entre todos os critérios, aquele que, em nosso entendimento, e considerando as variantes envolvidas, melhor representa este critério é aquele que está em melhores condições de desenvolver a ligação que se espera de um(a) «pai/mãe», ou seja, quem é que está em melhores condições de dar cumprimento à teoria da vinculação, indicadora da qualidade da relação entre pais/mães e filhos/as. Por outras palavras, como perspetivado pelo psiquiatra John Bowlby com a colaboração da psicóloga Mary Ainsworth:

> «A ligação emocional forte a pelo menos um cuidador primário é crítica para o desenvolvimento social e emocional saudável da criança. Problemas no estabelecimento desta ligação, nos primeiros anos de vida, resultam potencialmente em padrões de comportamentos anormais e em dificuldades na regulação emocional da criança.» (Silva N. F., 2012/2013, p. 4)

As crianças têm a tendência inata para recorrer aos/às pais/mães como o seu porto seguro, de onde partem para explorar o mundo, e para onde voltam em momentos

[1720] A nível internacional, a Declaração dos Direitos da Criança proclama «[...] uma infância feliz e ao gozo, para bem da criança e da sociedade, dos direitos e liberdades aqui estabelecidos e com vista a chamar a atenção dos pais, enquanto homens e mulheres, das organizações voluntárias, autoridades locais e Governos nacionais, para o reconhecimento dos direitos e para a necessidade de se empenharem na respetiva aplicação [...]». Por sua vez, a CDC, no seu preâmbulo, estipula que a criança, «[...] para o desenvolvimento harmonioso da sua personalidade, deve crescer num ambiente familiar, em clima de felicidade, amor e compreensão». A Convenção acolheu, como resulta, desde logo, do seu art. 3.º, n.º 1, o interesse superior da criança como princípio norteador na tomada de decisões relativas à sua vida, mas sem nunca o definir. E, no mesmo sentido, atente-se na Convenção de Haia relativa à Competência, à Lei aplicável, ao Reconhecimento, à Execução e à Cooperação em matéria de responsabilidades parentais, que prevê como critério de salvaguarda a considerar os «interesses da criança». Também a Convenção Europeia sobre o Exercício dos Direitos das Crianças, assume este princípio, ainda que também apresente uma definição.

de dificuldade (Golombok, 2015, pp. 10-11). Trata-se de um dos elementos centrais do denominado «*internal working model*» das relações de vinculação, de onde resulta a ideia de que, de experiências precoces com as mães e outras figuras de vinculação, as crianças constroem representações mentais destas relações (Golombok, 2015, p. 14). Não queremos nem podíamos fazer uma análise desta e de outras teorias, mas o que daqui resulta e que nos é relevante é a demonstração da necessidade de determinar a figura parental (que pode não ser uma figura do sexo feminino) que possa determinar este relacionamento para o reconhecimento da parentalidade.

De forma tradicional, os/as pais/mães não-biológicos/as viam reconhecida a paternidade e/ou maternidade através de um processo de adoção, mas os procedimentos médicos de fertilização no vidro e a gestação de substituição permitiram separar e dispersar por diversas pessoas os contributos gestacionais, genéticos e sociais. Se a mãe era a gestante, o pai era a pessoa com quem a mãe estava casada, presunção que assenta unicamente numa construção associada à conceção típica da reprodução humana, entre um homem e uma mulher que têm relações sexuais. No entanto, a atual disrupção desta conceção biológica marca uma reprodução social e, no atual *status quo*, parece não haver limites quanto ao número de pessoas que se podem assumir como pais da criança [1721].

Definir uma mãe, tradicionalmente, assenta num facto até agora indiscutível. Porém, ao invés de uma perspetiva monista, o que entendemos é que a mãe é sempre certa, ainda que implique a necessidade de *revisitar* o critério da respetiva determinação. Alterar esta visão monista e estanque não significa, para nós, deixar de determinar a parentalidade, mas sim conferir a elasticidade de que o critério precisa para não ser aplicado artificialmente e, sobretudo, neste exercício inglório se ponham em causa direitos elementares, principalmente das crianças.

Francisco Aguilar entende que o elemento biológico, e só ele, é competente para estabelecer a filiação natural, a «garantia da maternidade e da paternidade real de cada cidadão», como expõe, citando Antunes Varela [1722]. O autor afirma que a introdução do elemento volitivo a que a maternidade ou paternidade estariam sujeitas conduziria, ao nível da PMA, a resultados inaceitáveis (Aguilar, 2000, p. 665), entendendo que o art. 36.º da CRP não consagrou outro tipo de filiação além da filiação natural, «[...] afirmando-se, deste modo, um verdadeiro *numerus clausus* filial» (Aguilar, 2000, p. 666).

Compreendemos este ponto de vista e já o assumimos a relação biológica, no sentido de gamética, como pressuposto da gestação de substituição, mas não

[1721] Em 2007, o Court of Appeals for Ontario determinou que uma criança teria duas mães — o casal de lésbicas — e um pai, considerando o tribunal que a relação próxima da criança com o pai e com a mãe não biológica e esta assunção formal eram o que melhor servia os interesses da criança.

[1722] *In A Inseminação Artificial.*

podemos concordar que não possa, ou melhor, não deva ser revisto de modo a tutelar outras formas, todas legítimas, de famílias. Sim, a gestante é/era a mãe, incluindo para o legislador, porque este parte de um pressuposto biologista monopolista que tem, além do mais, a vantagem de ser facilmente determinável. O caráter ostensivo da gravidez e sobretudo do parto imprime a certeza da verdade biológica que tem como pressuposto [1723].

De facto, é inegável que o art. 2.º da Convenção Europeia sobre o Estatuto Jurídico das Crianças Nascidas fora do Casamento determina que a filiação materna de qualquer criança nascida fora do casamento se estabelece pelo simples facto do seu nascimento. O mesmo princípio parece resultar da Declaração dos Direitos da Criança de 1959, porquanto, no seu princípio 3.º, estabelece que a criança tem direito, desde o nascimento, a um nome e a uma nacionalidade. Isto é consentâneo com o art. 5.º, n.º 4, da Convenção Europeia em Matéria de Adoção de Crianças, que estabelece que o consentimento da mãe para adoção do/a seu/sua filho/a só é aceite se for dado após o nascimento e no termo do prazo prescrito pela lei, o qual não deve ser inferior a seis semanas ou, não havendo prazo estipulado, a partir do momento em que, na opinião da autoridade competente, a mãe tenha podido restabelecer-se suficientemente das consequências do parto.

Contudo, este pressuposto, embora exista, perdeu o monopólio. Insistir neste critério não é manter a segurança e os direitos, principalmente das crianças; é fixar relações — parentais, sobretudo — que não existem na realidade. *In extremis*, é aplicar uma sanção, isto é, estabelecer a parentalidade em relação a quem não só não a quis, como não exerceu os direitos reprodutivos com o escopo de constituir a *sua* família.

Não obstante, reconhecemos que, mesmo nos países que admitem a gestação de substituição, o critério da gestação e do parto é aquele que tradicionalmente é encarado como o que determina o princípio quase-universal de determinação da maternidade [1724]. O princípio *mater semper certa est* enraizou-se e foi assumido pelo legislador como o critério — tradicionalmente, o único critério — que permite demonstrar quem é a mãe. Ademais, nas técnicas de PMA que não envolvam *outsourcing* da gestação, este critério mantém a total coerência e resolve todas as situações de conflito em relação à maternidade e, sendo o caso, também em relação à paternidade.

Com raras exceções [1725], em matéria de gestação de substituição, este critério continua a ser determinante para estabelecer a maternidade. Se pensarmos em soluções como a inglesa, em que a *parental order* é subsequente ao nascimento da criança

[1723] Uma visão claramente distinta da adoção, em que a filiação adotiva nasce da vontade de assumir um vínculo semelhante ao biológico (Oliveira, 2016, p. 273).

[1724] V. apêndice M, tabela 23.

[1725] A que nos referimos concretamente no capítulo II, no caso Grego e Estado da Califórnia, nos EUA.

e em que, até ser concedida, a gestante e o seu marido, sendo casada, são considerados os pais da criança, nenhum destes dois terá qualquer vínculo caso nenhum deles seja o doador dos gâmetas e não é por isso que deixam de ser considerados os pais. Especificamente no que tange à mãe, esta continua a ser a mulher que dá à luz.

No Reino Unido, com a HFEAct de 1990, a atribuição do estatuto legal de mãe é da gestante — «*[...] excluding the case of adoption, the birth mother and no other is to be treated as the legal mother of the child. This remains true whether or not the egg used to conceive the pregnancy was the woman's own and regardless of whether a surrogacy agreement was in existence*» (McCandless & Sheldon, 2010, p. 183). Esta posição manteve-se com a alteração do HFEAct em 2008, ou seja, a gestante é a mãe da criança, sendo o critério genético autonomamente irrelevante para estabelecer a maternidade [1726], [1727]. Continua a ser dada primazia a esta ligação ao paradigma da família criada por ato sexual, tal qual no paradigma tradicional, também no que tange à paternidade, mantendo-se a presunção *pater est quem nuptiae demonstrant* como critério para estabelecer esta linha filial paterna, quer com recurso a clínicas licenciadas, quer em situações de *self-arranged artificial insemination*.

De qualquer forma, no Reino Unido, perante a manutenção do paradigma *mater est quem gestatio demonstrate*, a gestante é a mãe (legal) da criança, e o marido o presumido pai. Este estado de coisas cessa posteriormente: «*[...] [the] parental order can be sought following the child's birth, which, if granted, ends the surrogate's (and if there is one, her spouse or civil partner's) legal parental status and makes the commissioning couple the child's legal parents*» (Oultram, Jones, & Frith, 2016, p. 19). A gestante, por seu turno, mantém a ligação biológica e emocional com a criança, ainda que sem a *blood line* (Oultram, Jones, & Frith, 2016, p. 19), o que continua a ser determinante para fixar a maternidade de acordo com o parto [1728]. Por um lado, temos a ligação física e emocional que une a gestante à criança, o complexo processo de uma gravidez, em que a natureza atuou, num sublime esforço de garantir a propagação da espécie, e que

[1726] V. capítulo II.

[1727] Quanto ao pai, evidentemente por razões de impossibilidade biológica, o critério terá, necessariamente, de ser outro. Nesse caso, ainda que não haja ligação genética, com o consentimento do processo de tratamento de fertilidade, o marido da mulher é o pai da criança ou, não sendo aquela casada, pai será o homem que consentir, com a mãe da criança, no tratamento ainda que com recurso a gâmetas masculinos.

[1728] No Reino Unido, está em curso um projeto legislativo para avaliar a gestação de substituição e os problemas que suscita. O período de consultas terminou em outubro de 2019 e uma das questões está exatamente na alteração à lei em relação ao critério de determinação da maternidade. Neste aspeto, as vozes contra a alteração do critério são várias. Por exemplo, Crawshaw defende que, ainda que considerando a vontade e intenção das partes e toda a simpatia que se tenha por elas, o critério não deve ser alterado (Crawshaw, 2019). O relatório final com as recomendações para a alteração da lei é esperado no final de 2022. V. https://www.lawcom.gov.uk/project/surrogacy/ (consultado pela última vez em 22 de março de 2020).

faz, por sucessivas alterações hormonais e processos químicos [1729] um natural elo entre ambos, cuja razão terá alguma dificuldade em quebrar. Por um lado, a conceção cultural e convencional da ideia de gestação e da mulher grávida faz com que esta ligação possa ser vista como um facto não só determinante, mas também ativo, protelado no tempo.

Mas, num cenário descrito pela tripartição dos elementos da maternidade por diversas mulheres, o elemento gestacional será, de facto, o mais determinante para o estabelecimento da relação filial? Isto é, é neste elemento que radica necessariamente a essência materna? É que a gestação de substituição conduz a um processo atípico e, em princípio, a gestante não tem o investimento emocional que teria noutras circunstâncias em relação à criança. Esta relação emocional, ainda que não gravídica, não deve ser, em nosso entender, desconsiderada em relação à beneficiária, dado que representa também um elemento da identidade-materna [1730]. Pode sempre argumentar-se que, caso a mulher engravide e decida que quer dar a criança para adoção, também não deixa de ser considerada a mãe da criança, mas, ao contrário da gestação de substituição, a causa associada àquela gestação é diferente num caso e noutro. E esta diferença, entendemos nós, não pode ser desconsiderada.

Compreendemos que o legislador tente manter único o critério do estabelecimento da maternidade, associando-o, neste caso, ao parto, mas fica-se com a clara sensação de que, neste estado de coisas, a realidade não admite, quanto a nós, um juízo de analogia que permita a subsunção num único critério tradicional, já que este não parece talhado para dar solução aos novos afloramentos dos direitos reprodutivos, mormente da liberdade procriativa assexuada, seja no sentido de procriar, seja no sentido de ser participante no projeto procriativo de outrem.

Considerar que a gestante é a mãe da criança ou, como na posição do TC português [1731], que a gestante pode revogar o consentimento de ver determinada a maternidade na sua pessoa é, no nosso entendimento, profundamente antiético, visto que trata os pais da criança como meros doadores de gâmetas. Iniciar um procedimento para ser doador de gâmetas ou celebrar um contrato de gestação de substituição é diferente. Se o fundamento do negócio é a constituição de uma família, o/a beneficiário/a, quando prestou o seu consentimento para a utilização dos seus gâmetas, fê-lo com esse pressuposto e esse fim. Admitir a utilização para outro fim é, aqui sim, instrumentalizar a potencial utilização do seu material genético à revelia do seu consentimento.

[1729] Cuja explicação extravasa, em muito, a nossa capacidade de análise, por constituir área de ciência distinta daquela a que nos dedicamos. Por isso, propositadamente, não a exploramos, sob pena de se tornar mero exercício copista de bibliografia sobre o tema sem sentido crítico.

[1730] E/Ou em relação ao beneficiário. Assumindo a posição parental-neutral (V. capítulo III) pode não existir, no caso em concreto, qualquer mãe.

[1731] V. *infra*.

Tal como os doadores, aqui em sentido próprio, a gestante contribui para a constituição de uma família, mas, de acordo com as intenções de cada um(a), em nenhum caso foi para a constituição da *sua* família, mas de outrem. Alterar o sentido da sua vontade é tão arbitrário num caso como no outro e, tal como naquele caso, não devia ser considerado.

Compreendemos o que significa determinar a maternidade de acordo com o critério gestacional e também não estamos a desconsiderar as diferenças entre doar gâmetas ou gerar uma criança. Contudo, não podemos deixar de ser consequentes em relação ao fundamento que permite recorrer à gestação de substituição, no nosso entendimento. A diferença está nas circunstâncias em que uma criança que é dada para adoção e outra que nasceu tendo em vista uma gestação de substituição. Uma gestante fica grávida tendo como motivo e intenção passar por uma gravidez por conta de outras pessoas com quem — pelo menos com uma delas — a criança terá ligação genética. No contexto da PMA, o que se tem em vista é que uma criança seja concebida para os/as pais/mães e não para que os/as beneficiários/as a adotem. O modelo de PMA visa, em qualquer um dos casos, contornar uma incapacidade de gerar um(a) filho/a, suprindo a maleita ou a impossibilidade. No que tange à maternidade, a determinação desta na PMA em geral está em conceber uma criança para uma pessoa ou casal que não poderia fazê-lo sem o recurso à ciência, e não em fazer filhos/as para serem adotados/as [1732].

É inegável que na gestação de substituição a gestante tem um importante, no sentido de essencial, e infungível papel e também, inegavelmente, estabelece uma relação importante com o nascituro. Esta relação implica o desenvolvimento de teias emocionais significativas que são essenciais para o feto e o seu desenvolvimento. Também não negamos que esta relação com a gestante é, durante esse período, primordial e encerra em si componentes típicas da maternidade [1733], mas reconhecer isto — como o fizemos e assumimos essencial — não significa necessariamente, quanto a nós, afirmar que a gestante é a mãe. Ao contrário do que acontece, por exemplo, com a adoção, entendemos que na gestação de substituição há um contínuo relacional entre os/as beneficiários/as e o nascituro [1734]. Em nosso entender,

[1732] Cabeza propõe um modelo tipo *pre-order births*, em que a primeira estaria no acordo celebrado entre as partes, com o seu consentimento atestado, incluindo que não existe qualquer situação de exploração, com referência à sua situação financeira, e que não existe qualquer circunstância que possa causar qualquer dano à criança decorrente do acordo. Numa segunda etapa, os *intended parents*, após a inseminação ou implantação, recorreriam a tribunal para que a parentalidade fosse imediatamente atribuída após o nascimento da criança (Cabeza, 2018a).

[1733] Crawshaw chama a atenção para o facto de existir «*[...] a growing body of evidence of the potential significance of the foetal environment for the child as well as the surrogate and our understanding of the significance of an immediate separation between infant and carrying mother remains limited*» (Crawshaw, 2019).

[1734] Como se assume que existe em relação ao pai ainda que este, pelas limitações biológicas, não engravide nem dê à luz.

os legisladores associaram o parto a uma evidência fática ostensiva que, *noutros tempos*, tinha todo o cabimento porque era único. O parto de uma criança anunciava a mãe porque esta mulher não tinha concorrência, já que era a única que podia reclamar a ascendência biológica da criança. No entanto, este pressuposto já não existe, e manter o critério é, quanto a nós, uma forma artificial de determinar quem é a mãe, já que o pressuposto de que o critério parte já não existe ou pelo menos não é o único. Quem se quer salvaguardar mantendo o critério? No limite, ninguém, dado que se cria um falso estabelecimento da maternidade em relação a quem, de facto, não o é, com severas consequências na identidade da criança.

Mas haverá outra solução? Como se pode determinar então a maternidade [1735]?

Teorias relacionais têm sido suscitadas e têm revelado a vantagem de promover uma abordagem inovadora sobre a forma como encarar o estabelecimento da maternidade e paternidade (Shanley, 2018, p. 305). Porém, seja a componente genética, gestacional ou a causal, como reconhecemos, qualquer uma delas cria teias relacionais relevantes para os/as outorgantes, mas sobretudo para com a criança, importando perceber qual ou quais indicam a quem deve ser reconhecida legalmente a parentalidade. Seja como for, o que entendemos é que a parentalidade e o seu estabelecimento legal têm de ser *revisitados*.

É evidente que compreendemos, nomeadamente na ordem jurídica portuguesa, que o estabelecimento da maternidade e paternidade estão legalmente fixados e que um negócio jurídico, *per se*, não a deve determinar, já que não é a autonomia da vontade que pode fixar quem é mãe ou pai ou deixa de ser. Reconhecemos é outra coisa. A autonomia da vontade consubstancia, dentro dos limites que para nós balizam a gestação de substituição, o exercício da liberdade procriativa, nas suas diferentes leituras, quer dos/as beneficiários/as, quer da gestante. O estabelecimento da filiação depende da determinação de quem tem, de entre todos os/as intervenientes, a identidade-parental devendo, posteriormente, ser revelada na relação filial.

Se o negócio não pode determinar, quanto a nós, quem é pai ou mãe, permite estabelecer os elementos dos quais se extrai essa identidade-parental que permitirá, no nosso entender, encontrar a relação filial, única e infungível que a criança, sobretudo, tem direito a ver estabelecida, com o seu nascimento e sem alterações arbitrárias, essas sim sujeitas à vontade egoísta dos/as interessados/as. Voltaremos a isto na subsecção seguinte; o que aqui queremos enfatizar é que reconhecemos que a vontade individual projetada no contrato de gestação de substituição permite determinar o estatuto filial da criança porque aquela representa a identidade-parental. A autonomia da vontade tem relevância e permite, quanto a nós, o efeito constitutivo da filiação, porque, da forma como a concebemos, na gestação de substituição são os/as beneficiários/as — sob pena de ser inadmissível o próprio negócio por representar

[1735] Se a houver, considerando que admitimos a gestação de substituição para homens solteiros e casais homossexuais.

uma adoção *à la carte* — que, também nas suas dimensões pessoais, desenvolvem a identidade-parental. Desta forma, parece-nos inadmissível reiterar a todo o custo a gestação e o parto como o critério de determinação da maternidade [1736] quando este elemento se tornou, para este efeito — e é impossível não o afirmar —, mais um de entre os vários que a maternidade natural integra [1737].

Como referimos *supra* [1738], da forma como concebemos a gestação de substituição, o seu âmbito, fundamento e limites, a gestação foi neutralizada a uma dimensão biológica que, mesmo que infungível, não é determinante. Ademais, também como o concebemos, o fundamento da gestação de substituição radica no legítimo desejo de as pessoas procriarem filhos/as que carreguem também a sua herança genética. Este é, sem dúvida, quanto a nós, o fundamento da gestação de substituição. Mas será fixar a parentalidade, incluindo a maternidade, através da ligação genética com a criança o seu requisito para o estabelecimento da relação filial?

De facto, o apelo genético é, sem dúvida, a forma mais *natural* de ligação com os/as filhos/as. A ligação de *sangue* entre pais/mães e filhos/as sempre teve o apelo que a procriação, antes de (poder) ser medicamente assistida, lhe conferia, ou seja, a mãe era quem concebia e gerava a criança, sendo a sua ascendente genética. Quanto ao pai, a presunção radica no mesmo pressuposto, ainda que decorrente de uma leitura social do casamento. Ter uma ligação genética com a criança é, para nós e como assumimos, o fundamento do exercício dos direitos reprodutivos dos/as beneficiários/as. Seguimos aqui Vera Lúcia Raposo no sentido de que o que está em causa é o reconhecimento da criação de descendentes com que se tem uma ligação biológica. Na sua tese, Vera Lúcia Raposo apresenta a questão com elevada lucidez: «[...] a figura do direito reprodutivo implica, cumulativamente, a intenção de transmitir material

[1736] E paternidade, caso a mulher seja casada e/ou o companheiro tenha prestado consentimento em relação ao procedimento.

[1737] Compreendemos que esta afirmação possa ser entendida como um argumento que se vira contra a posição que estamos a tomar em relação à consideração da essencialidade da gestante para a criança e, portanto, da sua infungibilidade no que tange à identidade desta. Mas se isso é assim, como entendemos que é, outra coisa diferente, quanto a nós, é assumir que a gestante, por o ser, mantém a essencialidade da maternidade. Como tivemos oportunidade de assumir, para nós a maternidade está na gestação de substituição neutralizada quando há várias mulheres, pelo menos duas, que se podem assumir como biologicamente relacionadas com a criança, isto é, a gestante e a ascendente genética, sendo que, como defendemos, pode nem existir — no caso concreto, e apesar daquelas ligações biológicas — qualquer vínculo materno efetivo, como no caso de casais homossexuais ou homens solteiros que recorram à gestação de substituição.

[1738] V. capítulo III.

genético e de estabelecer com a criança um laço jurídico de filiação, de forma a assumir os respetivos encargos» (Raposo, 2014, p. 162) [1739], [1740].

Esta perpetuação da carga genética é, sem dúvida, como o assumimos, o fundamento da gestação de substituição, no qual se desenvolve a *ratio* do modelo da gestação de substituição — isto é ponto assente e esta ligação é primordial [1741]. Esta necessária relação genética com a criança por qualquer um(a) dos/as beneficiários/as foi enfatizada nos diversos processos do TEDH, nomeadamente em matéria de gestação de substituição [1742], [1743]. A clara diferença de tratamento entre os casos franceses e a doutrina Mennesson e Labassee e o caso Paradiso e Campanelli assentam — deem-se as voltas que se der — nesta relação genética, ou na falta dela [1744].

Mas será este fundamento critério suficiente para reconhecer a identidade-parental? Como referimos, é dele que se extrai o fundamento da gestação de substituição, quanto a nós, mas num processo complexo, em que há repartição dos elementos da parentalidade por diversas pessoas, incluindo aquele/a que doa o seu material genético em prol de outrem. Esta teia relacional complexa implica ponderação entre o que é o pressuposto da gestação de substituição e o que são os requisitos para o estabelecimento da relação filial. Desta forma, assumimos, como já o fizemos, que o pressuposto que torna legítima a aspiração de recurso à gestação de substituição é a continuidade da identidade genética entre pais/mães e filhos/as. Contudo, isso não significa, quanto a nós, que o pressuposto legitimador se confunda com o requisito para o estabelecimento da filiação.

Sendo certo que aquele pressuposto haverá de estar verificado, pelo menos quanto a um dos/as beneficiários/as, havendo mais do que um(a), sob pena de não estarmos, quanto a nós, numa gestação de substituição, a verdade é que pode haver

[1739] Ainda que admitamos que, quanto a nós, a transmissão da carga genética ou a gestação, ainda que sem intenção de assumir a relação filial com a criança e sem intenção de procriar, consubstancia um exercício de direitos reprodutivos.

[1740] Neste âmbito, Vera Lúcia Raposo refere que, quando a mulher não contribui com a sua carga genética e, no caso da gestação de substituição, nem sequer é a gestante, não está a exercer os seus direitos reprodutivos — estamos «em presença do direito a constituir família» (Raposo, 2014, p. 162).

[1741] Estamos cientes de que, como referimos, esta ligação genética com a criança tem de existir em relação aos/às beneficiários/as, mas, sendo um casal, a relação gamética poderá ser feita apenas com uma destas pessoas. Significa isto que a beneficiária pode não ter, também, esta relação biológica com a criança. Isto é, só a gestante e a doadora terão, neste caso, essa relação.

[1742] Sobretudo seguindo a doutrina Mennesson e Labassee.

[1743] Cientes que estamos que o tribunal faz uma especial referência nos casos dos pais. Não desconsiderando a ligação genética em relação à *intended mother*, admite que, no caso da maternidade, a mesma seja estabelecida em relação àquela por outro procedimento que não seja o da confirmação da relação genética.

[1744] Ainda que, como o reconhecemos, o TEDH não foi tão longe no que tange à maternidade mantendo o critério do parto intocado.

transmissão da herança genética, mas não haver relação parental. Consideramos o caso paradigmático dos/as doadores/as de gâmetas. Para estes/as há um exercício de direitos reprodutivos, no sentido que temos vindo a sufragar, isto é, o exercício de uma colaboração reprodutiva, mas sem a intenção de se reproduzirem. Estes/as não têm nem querem ter qualquer expectativa legítima de ver estabelecida a filiação, uma vez que não quiseram procriar, pelo que não desenvolveram qualquer projeto parental. A verdade é que, num concreto projeto parentalidade, infungível e complexo, principalmente a nível emocional, a *mera* ligação genética não pode ser, quanto a nós, *per se*, o critério para estabelecer a filiação da criança, já que ela pode não representar a aludida — e que para nós é essencial determinar — identidade-parental.

São os gâmetas que, em primeira linha, estabelecem todas as características do futuro ser, mas a ligação relacional com este novo ser é, sem mais, insuficiente, quanto a nós. A criança não se confunde com o material genético. Note-se que não o desconsideramos, mormente no sentido dado pelo próprio TEDH, já que ele encerra em si a potencialidade de uma relação familiar, mas não podemos desconsiderar o fundamento do exercício dos direitos reprodutivos de cada um(a) dos/as intervenientes. Além disso, nas diferentes técnicas de PMA em que há doação de gâmetas ou embriões, os/as pais/mães não têm qualquer vínculo genético com o/a filho/a e continuam a ser considerados os/as pais/mães da criança — e bem, em nosso entender —, assim como nas situações de doação de gâmetas os doadores também não são os/as pais/mães da criança [1745] — também bem, em nosso entender.

Embora pudéssemos dissertar quanto ao facto de os doadores serem os/as *proprietários/as* das células e destes tecidos biológicos, sendo *seus/uas* e sendo estes/as que determinam a sua utilização, jamais o resultado dessa utilização seria suscetível de *apropriação*. Uma perspetiva destas reproduz uma natureza real, própria de uma visão que coloca a criança como o objeto do negócio, o que é naturalmente inaceitável.

Noutra perspetiva, consideramos a posição de John Hill. O autor organiza os argumentos de forma a dar prioridade ao critério, a que chamamos intencional, dos beneficiários [1746] (Hill, 1991, p. 415). Desde logo, e como temos vindo a aflorar, é dos/as beneficiários/as o projeto parental sem o qual a criança não existiria. Os/as beneficiários/as, a que damos esta ligação social da parentalidade, desenvolvem a ideia da conceção da criança com um projeto familiar que a integra, assumindo desde logo a ligação moral com a criança e as obrigações de a criar e, por isso, assumem-se perante a sociedade e nessa esteira são reconhecidos como os/as pais/mães da criança (Roberts, 1993, p. 292). Pelo que, ainda que falhe a relação biológica com

[1745] Como acontece na LPMA.

[1746] Embora, como assumimos, este critério seja determinante para o estabelecimento da filiação e, portanto, de todos os direitos associados, ainda que, para nós, se imponha um requisito negativo: a nenhum dos pais pode falhar pelo menos uma ligação genética com a criança.

a criança, a idealização de um(a) filho/a e a preparação para o/a mesmo/a são inegáveis, colocando-se estes/as na melhor posição para salvaguardar os melhores interesses da criança, o que, no limite, é a bitola que nos guia em qualquer posição.

Por mais que, quanto a nós, a intenção não seja o pressuposto que permite aceder à gestação de substituição como requisito, entendemos que este critério é essencial para ver estabelecida a relação filial porquanto, como o entendemos, revela a identidade-parental. A verdade é que ele representa uma resposta moderna aos desafios colocados pelas técnicas de reprodução (assistida) assexuada em que diversas pessoas estão envolvidas no projeto parental, mas em que a comparticipação de cada um(a) é distinta, além de permitir dar resposta às situações que impliquem as modernas técnicas de «*[m]itochondrial replacement therapy [which] is a new form of reproductive in vitro fertilization (IVF) which works on the principle of replacing a women's abnormal mitochondrial DNA (mt-DNA) with the donor's healthy one*» (Sharma, *et al.*, 2020). Neste caso, a criança terá três progenitores genéticos, uma vez que, além do pai, terá duas ascendentes genéticas — a que contribuiu com o ADN nuclear e a doadora de óvulo que contribuiu com o ADN mitocondrial [1747]. Esta composição poderá ser mais intricada se, nesta situação, se incluírem doadores de sémen e/ou um caso de gestação de substituição.

Não obstante, apesar de a questão da intenção ser muito marcada pelas decisões do Tribunal da Califórnia, cujo *case law* passou a reconhecer este critério na determinação da parentalidade, este critério, *per se*, parece arredado de qualquer direito reprodutivo, nomeadamente considerando a jurisprudência do TEDH. É assumido que a intenção não está abrangida pelo art. 8.º da CEDH, o que, de facto, implicaria o reconhecimento do direito a ter um(a) filho/a, o que não é concebível nem encontra respaldo nas decisões de Estrasburgo. Por outro lado, este critério só permite o desenvolvimento de um direito coberto pelo aludido preceito se representar, pelo decurso das relações assumidas, um laço familiar forte que se possa reconhecer. Desta forma, entendemos que o critério é importante, mas se for usado como elemento de conexão em relação ao fundamento. Isoladamente é, quanto a nós, marcadamente insuficiente para qualquer pretensão filial, já que dele, *per se*, não encontramos a identidade-parental.

Tentando ultrapassar a *mera* intenção, encontramos o princípio do investimento de Joseph Millum. O autor parte da parentalidade moral, que:

> «*[...] constituted, at least in part, by the moral rights and responsibilities of parents. This is distinct from natural parenthood, forms of which include genetic, gestational, and rearing parents, and from social or legal parenthood, forms of which include adoptive, surrogate, and foster parents.*» (Millum, 2010, p. 112)

[1747] V. Glossário.

O autor define, então, o que chama de princípio do investimento: «*Ceteris paribus, the extent of an agent's stake in an entity is proportional to the amount of appropriate work he or she has put into that entity*» (Millum, 2018, p. 25).

Aplicada neste âmbito, segundo Millum, a cláusula *ceteris paribus* permite explicar quem adquire os direitos parentais considerando o trabalho parental que investiu. A pessoa adquire os direitos medindo o investimento, sendo que:

> «*[...] [the] nature of these rights will be determined by the nature of the object. The appropriate work for producing any object of type O is (morally permissible) work that leads to a good O. This work may vary across environments and there may be more than one way to produce a good O. Finally, all this applies ceteris paribus since there could be other moral principles whose rulings conflict with those of the investment principle and may outweigh them.*» (Millum, 2010, p. 114)

O autor estabelece este princípio como um corolário para dar cumprimento útil a um fim de justiça que se mostra, segundo o próprio, imperativo para o reconhecimento da recompensa que é devida ao investidor, e que deve ser proporcional perante um trabalho que esse alguém desenvolve. Para determinar a *quantidade* de trabalho que cada um emprega, Millum estabelece dois fatores essenciais — por um lado, o esforço empreendido e, por outro, o resultado obtido. Estes, aplicados à parentalidade, dirão quem é titular dos direitos parentais.

Embora Millum o recuse, afastando da sua conceção qualquer resquício *Lockeano* de direito de aquisição da propriedade, a verdade é que dificilmente não resultará essa coincidência. De facto, a questão do investimento aparece-nos aqui como forma de recompensa por um trabalho cujo resultado merecemos, por imperativos de justiça, considerando o trabalho que levámos a cabo para conseguir o resultado. Aliás, tanto assim parece ser, que o autor disserta sobre a cláusula *ceteris paribus*, permitindo que outros princípios morais se mostrem relevantes para *transmitir* direitos parentais, mas não para os adquirir (Millum, 2010, p. 118).

Considerações sobre o bem-estar da criança podem justificar que a criança seja entregue a outrem, por exemplo em casos de negligência por parte dos pais. Contudo, isso não altera o facto de quem são os pais por terem sido os que mais investiram para a existência da criança. Em caso de adoção, por exemplo, os pais permitem que, daí em diante, terceiros cumpram o investimento, não continuando aqueles a exercer os direitos que já adquiriram, podendo assim ser transmitidos.

Desta forma, para Millum, a parentalidade implica o objetivo de conceber uma criança e também uma ideia de continuidade ao longo da vida da criança, sendo este trabalho contínuo e, portanto, parecendo que a parentalidade é mutável, consoante o trabalho que se leva a cabo e quando se faz. Desta forma, o autor destaca:

> *«[...] at least two types of parental responsibility. The first type simply involves ensuring that certain things are done for one's child; for example, ensuring that the child is fed, clothed, comforted, and the like. These responsibilities can be fulfilled by proxy parents, like babysitters. The other type, however, necessarily involves actions by the parent herself. For example, children deserve an intimate relationship with their parent or parents, which suggests that parents have the duty to make a good faith attempt to form a loving bond with their child. Such a duty cannot be satisfied by employing someone else to bond: the intimate relationship is intrinsic to parenthood.»* (Millum, 2010, p. 122)

Em relação à gestação de substituição, a teoria do investimento de Millum desenvolve-se no sentido de atribuir a parentalidade a quem tenha o maior *parental work*. Se, numa situação natural, quem parece ter maior trabalho é a gestante, no caso da gestação de substituição, este trabalho da gestante é, não obstante, realizado a pedido e por conta de outros/as que o adquirem para si. Os/as beneficiários/as teriam, ainda que por interposta pessoa — uma procuradora —, o maior investimento parental (Millum, 2010, p. 122). Desta forma, o trabalho que a gestante desenvolve é considerado o negócio que lhe está subjacente, realizado a favor e por conta dos *intended parents* que o contabilizam no seu interesse de acordo com esta teoria (Millum, 2018, p. 34).

Millum desenvolve a teoria da *moral parenthood* assente na ideia de que os direitos parentais são adquiridos através de uma atividade laboral. O trabalho parental que é dirigido diretamente para a criança, para esta existir e para que possa crescer e desenvolver-se num ambiente sadio.

Compreendemos a ideia, bem como a dimensão em que coloca a relação parental como uma relação que se protela no tempo, tendo a vantagem de permitir demonstrar o impacto que tem na criança e nos deveres para com esta. Não obstante, esta teoria parece-nos problemática. Desde logo porque faz radicar a parentalidade e o seu reconhecimento legal num processo contínuo associado a uma perspetiva de trabalho que é, para nós, avessa à natureza da própria gestação de substituição [1748], [1749]. Embora a gestante tenha um(a) filho/a de outros/as e por conta de outros/as, não significa que a sua colaboração reprodutiva não seja, ela própria, infungível e insuscetível de ser transmitida a outros.

[1748] Cuja atipicidade do negócio sufragamos, como tivemos oportunidade de referir.

[1749] Não obstante, a teoria — não o negamos — tem uma profunda relevância para aferir uma perspetiva social, ou exclusivamente social, da parentalidade. Aliás, conforme tivemos oportunidade de analisar, o TEDH tem uma perspetiva que aqui se poderia enquadrar associada ao reconhecimento da parentalidade através da formação e manutenção de laços afetivos fortes que permite ou pode permitir que seja reconhecida.

Por outro lado, deem-se as voltas que se derem, o que aqui está em causa é a apropriação de uma coisa considerando a medida do investimento e do trabalho, mesmo se realizado por outrem. Tipicamente, uma apropriação de uma coisa, tornando a criança o objeto do negócio e da sua apropriação [1750]. Ademais, implica a conceção de que a gestação é uma atividade mercantil, o que, para nós, implica que se ponha em causa não só a dignidade da gestante e da sua identidade-mulher-gestante, mas também da própria criança e da identidade desta. Por fim, sem dúvida que numa conceção tradicional o investimento sobre o nascimento e o desenvolvimento da criança coincide com o paradigma que se espera dos/as pais/mães. Mas e no caso de a criança ter sido concebida sem que os/as pais/mães assim o desejassem? *Acidentes* destes na história do mundo não são raros. Ou seja, imagine-se, por um exemplo, numa relação tradicional, com sexo, mas em que os pais da criança não tiveram intenção de a conceber. Pode sempre dizer-se, evidentemente, que a criança só nasceu porque, depois da conceção, os pais assim o decidiram e, portanto, investiram na sua existência. Mas e se criança nascer sem qualquer auxílio do pai durante a gestação? Ou se nascer com o auxílio de outro homem ou mulher que não é o pai ou segunda mãe? Seja porque não quer, seja porque não sabe, seja ainda porque a mãe-gestante não lho permite. O que permite distingui-lo do doador de gâmetas em termos de trabalho? E como se mede o trabalho? E qual o trabalho a considerar? Por exemplo, no âmbito da PMA, podemos concluir que o ato de conceber uma criança é muito mais intenso por parte dos médicos e outros profissionais de saúde. Millum responde que este trabalho não permite extrair os laços relacionais com a criança, ainda que seja relevante. Mas e no caso da gestação de substituição, em que a própria gestante, bem como o companheiro ou marido desta, pode desenvolver significativo trabalho neste estádio da vida do feto, incluindo a aludida relação? Sempre se pode dizer, como Millum faz, que esta relação é feita por procuração em prol e no interesse dos/as beneficiários/as, mas, na realidade, esta relação gestacional não é suscetível de ser exercida por interposta pessoa, nem considerando o que ela representa, incluindo a relevância do meio uterino para o desenvolvimento da criança e a infungibilidade da gestante ser transmitida para outrem. Há sempre o limite do possível. E esta dimensão gravídica é única e insuscetível de, mesmo que se quisesse, ser transmitida, negociada ou transacionada. Uma perspetiva dessas assume uma efetiva forma de alienação da mulher em relação ao *produto* do seu *trabalho*.

Por outro lado, desta teoria resulta, quanto a nós, uma certa aleatoriedade no estabelecimento da filiação, com a possibilidade de esta ser estabelecida quanto a um número indeterminado de sujeitos. Não vemos de que forma o número de pais/mães

[1750] Muito ao jeito do que muitas feministas dissertam, e que tivemos oportunidade de referir no capítulo IV, sobre a alienação da gestante em relação ao trabalho que executa, mas, sobretudo, em relação ao resultado do seu trabalho, isto é, em relação à própria criança, dando causa a um estranhamento, recorrendo aqui a uma ideia de Marx.

que a criança pode ter esteja pré-determinado — isto é, dependendo do trabalho de cada um(a), em cada caso, a criança pode ter mais do que dois/duas pais/mães [1751]. Ou, como faz Yehezkel Margalit, no limite, a própria parentalidade pode ser atribuída a quem demonstre ser o adulto que melhor assegure as necessidades da criança (Margalit, 2014). A posição parece aumentar ainda mais o nível de incerteza e arbitrariedade na decisão.

Como assumimos, no âmbito da gestação de substituição, situamos estas famílias num nível simbólico da parentalidade associado à relação gamética com a prole. Para nós, é particularmente relevante este exercício de mimetismo no que tange ao apelo da biologia. Por outro lado, mesmo garantindo a diversidade quanto à constituição das famílias e da existência de diversas famílias da mais diversa natureza, há, de facto, uma relevância social deste grupo que não existe nos outros grupos sociais. Na sociedade, a família é ela própria um sistema simbólico, ainda que nesta altura variável e altamente diverso, e nesta diversidade há também uma representação das mutações sociais a que o legislador não pode ser indiferente. Esta dimensão simbólica da família já não representa a parentalidade como a instituição que articula a diferença de sexos e a diferença de gerações (Théry, 1998, p. 21). Contudo, esta perspetiva não deixa de ser relevante e particularmente pertinente no sentido de demonstrar a relevância de diversas teias relacionais, incluindo as familiares, com a criança que se podem perspetivar ou — e nesse sentido aderimos — que se verificam de facto em relação a uma criança em concreto [1752] e se desenrolam ao longo do tempo.

[1751] Não aderimos a um modelo multidimensional de parentalidade em que, *ab initio*, a criança possa ter mais do que dois pais ou mães e adotar um/a ou manter alguns/umas ou todos/as (Payne, 2018, p. 74).

[1752] Nos casos de pluriparentalidade em que durante a vida das crianças diversos adultos, além daqueles que são legalmente os seus pais, assumem um papel de parentalidade de facto. Em casos de divórcio ou separação, por exemplo, em que madrastas e padrastos perdem o contacto com os/as enteados/as, ainda que, até então, tenham criados laços familiares fortes que ficam sem tutela jurídica. Mormente no que tange a própria criança, os seus melhores interesses podem ditar a manutenção de contactos, pelo menos, com este adulto de referência. Como já tivemos oportunidade de referir noutro trabalho, as relações de afeto que estão subjacentes às relações familiares encontram-se cada vez mais em movimento de expansão para realidades que, não sendo as tradicionais, são fonte das estruturas necessárias ao equilibrado desenvolvimento da personalidade e identidade das crianças nas suas mais variadas vertentes. O reconhecimento das *blended families* permite incluir dentro do sistema familiar um conjunto de relações típicas em famílias reconstituídas (Ferreira, 2011, pp. 86-87). V. Almeida Araújo, 2019. Esta análise permite perspetivar, nesse âmbito, as novas teias relacionais de natureza familiar, que podem criar um novo sistema relacional «*[...] created through stepfamily formation complicates traditional notions of who is in a "family," as blood and marriage lines often stretch across multiple households. A family systems approach suggests that interrelations between family members create boundaries for the family system, which are maintained by the individual perceptions of family members*» (Thorsen & King, 2016, p. 836). A ambiguidade sobre as fronteiras que cada membro da família se coloca na dinâmica familiar «*[...] may cause stress to this system and require a renegotiation of family roles*» (Thorsen & King, 2016, p. 836).

Por outro lado, resulta pertinente que a contribuição genética não é determinante por qualquer forma, já que, de todos/as os/as intervenientes, estes/as serão os/as que — não tendo qualquer outra atividade — menos trabalho têm (Millum, 2010, p. 124).

Esta teoria parece basear-se numa corrida em que todos os intervenientes partem em igualdade e têm a mesma oportunidade no acesso aos direitos e nas tomadas de posição, o que não é verdade. Richards, um dos críticos de Millum, defende que, por um lado, a contribuição genética é irrelevante, estabelecendo direitos parentais a partir da gestação. Ou seja, neste caso, a gestante adquire-os de imediato considerando o trabalho e esforço que leva a cabo, mas, depois, a partir daí — a não ser que seja uma situação de gravidez planeada —, quem adquire os direitos é, desde logo, quem a gestante quiser.

Depois, outra forma é através de quem ajudar a gestante durante a gravidez e, por fim, quem criar a criança depois do nascimento, ressalvada a situação de alguém, antes do nascimento, já ter adquirido esse direito. Contudo, mesmo assim, como enfatiza Richards, também só o adquire se a gestante admitir, ou porque informa o pai ou porque determina que um terceiro se comporte como tal (Richards, 2017, p. 271).

Para Richards, o elemento essencial não é o trabalho investido, mas sim um princípio «*morally innocent*» [1753] (Richards, 2017, p. 281). Com base neste princípio de inocência moral, a maternidade e a paternidade são inicialmente adquiridas da seguinte forma:

> «*1. Women acquire parental rights by becoming pregnant, regardless of whether that was their intention.*
>
> *2. Men acquire parental rights when they and their partners intentionally conceive a child of their own free will, as the first step in a morally innocent joint project of having "a child of their own". This is true regardless of whether the child is conceived trough coitus or through assisted reproductive technology.*
>
> *3. Men also acquire parental rights when a pregnancy was unintended, but only if there was a previous promise that if a child were to be conceived then they would be a father to that child, their sexual partner nourish reasonable expectations to that effect, or their history with that person made this a reasonable belief she did not discourage.*» (Richards, 2017, p. 281)

O autor ressalva que a situação de ausência do progenitor afasta os direitos como pai da criança, mas não o desobriga de suportar certos custos (Richards, 2017, p. 281). É certo que Richards esquematiza a questão relativa aos direitos parentais quando a criança é concebida com intenção, sem intenção e ainda com recurso

[1753] O autor refere-se a situações, por exemplo, de violação ou de adoção de um método contracetivo.

à PMA. Existindo intenção de conceber uma criança, os membros do casal adquirem os respetivos direitos parentais. Neste âmbito, Richards enfatiza o chamado esforço ou investimento conjunto de ambos os membros do casal, o que, *per se*, é suficiente para determinar quem tem os direitos parentais. O que seria insuficiente para Millum para quem conceber uma criança, ou a ascendência genética, sempre seria insuficiente para determinar os direitos sobre ela [1754].

Esta perspetiva do autor é particularmente relevante, quanto a nós, porquanto coloca a parentalidade numa dimensão associada à solidariedade quanto a um projeto parental, permitindo que os elementos de conexão entre as várias dimensões da parentalidade se comuniquem entre os membros do casal [havendo mais do que um(a) beneficiário/a]. Quando haja mais do que um(a) beneficiário/a, esta dimensão de esforço conjunto permite que as teias relacionais se solidarizem entre os seus membros, permitindo identificar os atores principais do projeto parental, independentemente da contribuição de cada um(a) e independentemente de outros/as participantes.

Já no caso da gravidez indesejada, Richards disserta sobre as situações em que promessas ou conversas entre o casal se projetam com uma eventual gravidez no futuro, próximo ou não, e enveredando por um caminho de «*reasonable understanding*» (Richards, 2017, p. 274). Quanto à mãe, a posição que esta assume quando decidir manter a gravidez, pelas consequências que gera, implica que adquire direitos parentais sobre a criança. Mas, no limite, o pai, quando não teve intenção nem se comprometeu com uma posição perante a mãe sobre ser um pai para o filho desta, será unicamente responsável por arcar com os custos, ou seja, «[...] *to pay half the costs of the pregnancy and childbirth and half the costs of being a parent to the child*» (Richards, 2017, p. 279).

Quanto à PMA, e mantendo um princípio de inocência moral, usando o critério da decisão, serão os pais da criança que terão os respetivos direitos sobre ela, quem tiver iniciado o respetivo projeto parental [1755], ou seja, aqueles que têm a autoridade de alterar o projeto, afastando desta forma aqueles que só contribuem para a utilização da técnica de PMA. Todavia, na gestação de substituição, a autoridade de alterar o projeto está também nas mãos da gestante, que o pode interromper através de uma IVG, por exemplo. Ademais, atendendo ao elemento relacional com a criança durante toda a gestação, esta mulher assume um conjunto de direitos e obrigações, colocando-se necessariamente sobre ela a tónica maternal durante a gestação, além da componente social associada à própria gestação [1756]. Considerando o que

[1754] «*The investment principle therefore implies that genetic relationships do not confer parental rights (or do so to an extent easily outweighed by most other caregiving actions)*» (Millum, 2010, p. 124).

[1755] Que é diferente de quem teve a ideia de o usar.

[1756] Que é sintomática na perspetiva do legislador quando, nos casos de PMA heteróloga, considera a gestante como mãe da criança, ainda que entre ambas não haja qualquer relação gamética. Da mesma forma, quanto ao marido da mãe, ainda que este não tenha essa relação, a perspetiva social associada ao casamento e a sua projeção determinam, quanto a este homem, que preste o seu consentimento, a relação filial.

acontece na gestação de substituição, qualquer um dos intervenientes tem originalmente direitos parentais e pode, por isso, reclamar o seu estatuto.

Nesta configuração, esta posição parece inaceitável. Por um lado, parece hierarquizar a parentalidade e, posteriormente, torna a escolha dos pais/mães da criança arbitrária, já que várias pessoas podem suscitar um princípio de inocência moral. Por outro lado, embora não haja essa inocência moral, isso não significa que não se identifique um pai ou uma mãe e não um mero participante nas despesas da criança — esta acabava por ser a mais prejudicada por se lhe negar a parentalidade. Uma solução destas, seja qual for o caminho, é para nós uma violação da identidade da própria criança, criando-se conjunturalmente relações de família. No entanto, tem uma inegável vantagem que para nós é essencial e que daqui extraímos: a demonstração de que a família é hoje também um conjunto de compromissos e negociações permanentes (Cadolle, 2000, p. 26) que tornaram os papéis que cada um(a) tem na família mais elásticos, com possibilidades de entrada e até de saída dos seus membros. O reconhecimento de relações parentais de facto que, *in extremis*, podem prevalecer sobre relações parentais legalmente reconhecidas é sintomático desta elasticidade de conceitos.

Se a gestação parece não ser critério adequado para responder às novas formas de exercício dos direitos reprodutivos, colocar a tónica unicamente em critérios genéticos ou intencionais também não parece ser suficiente. Embora não sufragando nenhuma das teorias indicadas por referência, estas têm a vantagem de demonstrar que a combinação de fatores pode ser necessária para estabelecer um critério em que todas as realidades tenham cabimento. O busílis da questão está agora em determinar qual ou quais destes critérios, quando desassociados e dispersos por várias pessoas, determinam a maternidade. Ou seja, o que faz uma mãe [1757]?

2.1. Posição Adotada

As mudanças que a biotecnologia tem implementado ao nível da autonomia têm marcado desenvolvimentos no âmbito da reprodução. Como a FIV de 1978, as disputas iniciais sobre a gestação de substituição em 1987, a terapia de substituição mitocondrial de 2016 e as mais recentes técnicas de *design* genético CRISPR/Cas9 vão alimentando as discussões e, admitindo pessoas razoáveis e informadas de «todos os lados», o consenso não existe — as posições vão desde a recusa absoluta até à liberalização do «mercado» da reprodução.

[1757] Se existir. Como referimos, para nós, na gestação de substituição, há uma neutralização do sexo e da gestação. Sendo em regime de *outsourcing*, permite, quanto a nós, que para a maternidade e paternidade seja usado um único critério e, no limite, pode concluir-se que não é estabelecida legalmente a maternidade.

No *Admirável Mundo Novo* de fazer crianças, outros assuntos se suscitam encaminhando para novos desenvolvimentos.

> «Se a ética moderna, sobretudo a kantiana, impõe o princípio da liberdade e do respeito pela dignidade do outro enquanto ser racional, o direito vai encarregar-se de delimitar e coordenar as liberdades, para que, na prática, nas interações, ações cooperativas e, de um modo geral, na vida em comunidade, os indivíduos e as suas liberdades individuais não entrem em conflito.» (Santos J. M., 2012)

Neste âmbito, em causa está não só a autonomia, mas também os direitos da criança e da própria sociedade, considerando a dimensão da mercantilização do corpo, da exploração e venda de crianças, ou uma legalização do abandono.

A gestação de substituição obriga-nos a questionar a parentalidade, a família, a liberdade pessoal, a sexualidade e o papel da mulher e, numa era de procriação pós-moderna, a redefinição da reprodução tem de ser apreciada nas suas variadas dimensões, sendo que a pessoa, as relações e a origem do ser humano são pontos críticos a serem redefinidos. Chegados a este ponto é inevitável perguntar, como Nietzsche faz, «[...] como se chega a ser o que se é. » (1999, p. 75) e, neste âmbito, o eu-pessoa não pode ser uma coisa e outra ao mesmo tempo.

Historicamente, os/as pais/mães de uma criança eram aquelas pessoas que lhe estavam ligadas por vínculos biológicos, ou seja, as pessoas que numa relação heterossexual concebiam a criança. No entanto, esta conceção de família nuclear mudou. A família baseada no casamento entre duas pessoas de sexos distintos deixou de existir e os modelos socialmente aceites e legalmente tutelados são agora mais variados; a família passou a ser uma conceção dinâmica e não unitária. Estão incluídas nestes modelos as famílias recompostas, monoparentais, LGBTI e também as famílias em que não existe relação genética ou biológica entre pais/mães e os/as seus/uas filhos/as. A verdade é que os avanços da ciência, incluindo as técnicas de reprodução assistida, têm dado novas oportunidades para criar ou aumentar uma família.

Independentemente da posição que assumimos quanto à determinação legal da parentalidade nos casos de gestação de substituição, não negamos, como não o fizemos, que as vicissitudes deste tipo de técnica e consequente relação jurídica que se assume daí em diante têm repercussões em terceiros e num terceiro particularmente relevante e altamente vulnerável — a criança a que se der causa.

Em 2016, o *Background Note for the Meeting of the Experts' Group on the Parentage/Surrogacy Project* sublinhou que o elemento internacional agrava a situação de incerteza em que as crianças nascidas por gestação de substituição se encontram. Por seu turno, o *Report of the January/February 2017 meeting of the Experts' Group on Parentage/Surrogacy* e as *Conclusions and Recommendations of the 2017 Council* também abordaram o assunto. A relação entre o estatuto da criança e o reconhecimento dos documentos relativos a esse estatuto eram importantes, tendo sido suscitada a necessidade de uma abordagem flexível para lidar com soluções estrangeiras distintas e manter o estatuto da criança, apesar de esta atravessar fronteiras. As crianças não podem ser discriminadas em razão da forma como foram concebidas, pelo que, seja qual for a posição assumida e a biopolítica dos Estados, o essencial é garantir que os melhores interesses da criança sejam acautelados, não sendo tal, com toda a certeza, a orfandade e a apatridia.

De facto, quanto a nós, a existência de intervenientes capazes, informados e esclarecidos que encetam uma negociação para a celebração do contrato de gestação de substituição permite concluir que cada um(a) cria as expectativas e se vincula às obrigações decorrentes da decisão que tomou e, portanto, das suas consequências, do risco da sua tomada de decisão e da fragmentariedade dos elementos típicos associados à paternidade e maternidade [1758]. Já dissertámos sobre isto e não nos vamos repetir, mas, como os concebemos, os direitos reprodutivos que visem a procriação implicam que o seu exercício seja direcionado para assumir o legítimo desejo de ter um(a) filho/a, com quem se tem necessariamente uma relação genética e em relação ao/à qual se assume a correspondente relação filial. Aliás, como referíamos, como resulta das decisões do TEDH, este desejo de ter um(a) filho/a, *per se*, não está abrangido no âmbito do art. 8.º da CEDH, nem poderia estar, já que consubstanciaria a reconfiguração dos direitos reprodutivos, passando a incluir-se o direito a um(a) filho/a.

Não olvidamos ser de assaz relevância que a gestação de substituição tem como escopo a criação de um ser de direito. Criamos um ser humano e não um qualquer; criou-se o/a filho/a de alguém, neste/a se centra necessariamente o nosso foco de atenção como elemento primordial. Trata-se de um terceiro que deve ser em qualquer caso protegido, acima de tudo e de todos/as — o único que, não participando no negócio, é a sua própria realização. Da forma como o concebemos e a que já aludimos, não aceitamos, por constituir uma irremediável forma de violação da dignidade da criança, que a gestação de substituição seja uma forma de orfandade programada, cuja progenitura está dependente ao longo do tempo da vontade de terceiros/as, e muito menos que esses/as sejam os pais/mães da criança, o que ainda a torna mais grave [1759].

[1758] No dizer de Rute Teixeira Pedro, verifica-se uma «[...] revolução no que concerne à conceção jurídica da filiação. Revolução que mais do que resultar do desprendimento do modelo biológico inspirado na natureza resulta de se fazer gravitar o regime jurídico em torno de um centro de interesses e de direitos diverso do que tradicionalmente constituíam o referencial nesta matéria» (Pedro, 2017, p. 166).

[1759] É neste aspeto que discordamos em absoluto de qualquer posição que implique que o consentimento prestado pelos outorgantes para a constituição da relação jurídica de gestação de substituição seja alterável ao longo do tempo. E muito menos concordamos com, por um lado, uma solução que atribua a filiação à gestante para que esta depois decida se dá, como prometido,

Temos obrigações para com os/as nossos/as filhos/as e, neste caso, temos obrigações para com aqueles/as que criamos e que são o resultado das nossas decisões e que existem por causa delas. Neste âmbito, Hubin disserta sobre um princípio a que chamou «*Responsibility for Dependent Life*» (RDLP) [1760]. Neste princípio, o agente atua voluntariamente e sabe ou tem obrigação de saber que vai produzir o seguinte:

> «*[...] a morally significant dependent life without wrongdoing of others that the agent can't reasonably be expected to anticipate and, in fact, these actions do produce such a dependent life without wrongful actions of others, then, in the absence of special arrangements or justified social conventions that impose this duty on others, the agent has a special duty to promote the well-being of that dependent life and,* a fortiori, *to prevent its suffering.*» [1761], [1762] (Hubin, 2017, p. 304)

O autor considera que o RDLP é uma obrigação de *prima facie*, no sentido em que há uma razão para acreditar que a obrigação existe, sendo, portanto, um princípio moral (Hubin, 2017, p. 304) do qual resulta a obrigação moral para o criador em relação à criatura. Trata-se da obrigação de garantir o seu bem-estar que resulta da ação do agente que participou de forma voluntária neste projeto criacionista.

o/a filho/a — o seu e que a lei assim considera — a outrem, tendo a criança sido gerada neste pressuposto. Trata-se de uma solução típica do ordenamento jurídico inglês. Esta solução acaba por representar uma solução que aceita que seja concebida uma criança órfã; um nado-órfão que aguarda que a gestante — que, assim sendo, é a sua mãe para todos os efeitos — decida se mantém a sua decisão de entregar a criança para adoção. Na realidade, esta orfandade é o efeito típico do negócio jurídico. Ademais, adota uma fungibilidade em relação à parentalidade. Isto implica a reconfiguração não só das relações familiares da criança, como da sua própria identidade pessoal. Este exercício é arbitrário e não corresponde, em nosso entender, à garantia de qualquer direito, sobretudo tendo em conta os melhores interesses da criança. Reconhecer o direito a recorrer a capacidades reprodutivas de terceira para constituir uma família e, depois, manter-se injustificadamente refém de critérios tradicionais não garante nada, nem resolve nada; pelo contrário: é levar ao extremo a gestação, fora dos pressupostos em que o legislador a considerou para reconhecer a maternidade a uma mulher em particular, de forma acrítica, sobretudo para o dever de garantir os direitos da criança gerada e nascida com recurso a uma técnica de PMA e gestação de substituição.

[1760] Princípio de Responsabilidade sobre a Vida Dependente (tradução livre).

[1761] Numa tradução livre, o RDLP, como é definido, significa: «Se um agente se envolve voluntariamente numa ação que sabe (ou deveria saber) que pode produzir uma vida dependente moralmente significativa, sem comportamento fraudulento de terceiros em que o agente não pode razoavelmente esperar ou antecipar e, de facto, essas ações produzem uma vida sem ações ilícitas dos outros, então, na ausência de arranjos especiais ou convenções sociais justificadas que imponham esse dever a outros, o agente tem o dever especial de promover o bem-estar daquela vida dependente e, *a fortiori*, impedir sofrimento.»

[1762] Hubin refere-se a esta obrigação moral como sendo aquela que existe na condição da ausência de qualquer «*wrongdoing by others that the agent cant't reasonably be expected to antecipate*» (2017, p. 305).

A questão sobre quem é o responsável pela vida da criança e pelo seu bem-estar, conforme colocado por Hubin, é uma temática, no âmbito da PMA, com intervenção de mais do que o estereótipo do casal heterossexual, e com a intervenção de várias pessoas, sobre cada uma das quais recai um dos elementos da determinação da parentalidade, independentemente do critério que a define, como já tivemos oportunidade de expor. Qual é a responsabilidade destas pessoas pela vida criada? Em que medida? Com que fundamento? Numa conceção tradicional, serão pais/mães da criança, com os respetivos direitos e obrigações, aqueles que participaram na atividade sexual que levou à reprodução. E na reprodução assexuada? Por outro lado, uma coisa são os deveres para com a criança que nasce em resultado de uma técnica de PMA; outra, diferente, é quem é ou deve ser reconhecido como pai e/ou mãe da criança, assumindo as responsabilidades parentais.

Noutra perspetiva, Machteld Vonk teoriza um novo conceito de «*procreational responsibility*» para a determinação da paternidade legal, fazendo uma delineação entre a biologia e a intenção, sendo que tanto os pais biológicos como os intencionais são responsáveis pela criança. A responsabilidade é vista antes da conceção e após a conceção (Vonk, 2007). Ambas são ou podem ser autónomas entre si, isto é, não é necessário que em algum momento haja interseção entre ambas, e qualquer uma delas pode ser a causa do reconhecimento legal da parentalidade, sendo que tal se verificará tendo em consideração *connecting factors*.

Seguindo esta linha de orientação e tendo em conta os diferentes fatores de conexão que podem ser relevantes em geral, podemos identificar pelo menos cinco fatores para estabelecer a parentalidade: a componente biológica, a intenção procriativa, as presunções decorrentes do casamento, a assunção de responsabilidades parentais e os contratos. A complexidade resulta no facto de, nos casos de PMA com recurso a terceiros, determinar quem tem ou em quem radica a identidade-parental. Partimos deste princípio, que, quanto a nós, é sintomático da demonstração da complexa realidade relativa à gestação de substituição e da necessidade de analisar em perspetiva as teias relacionais existentes, relevantes na dimensão parental, mas que as colocam em perspetiva, o que permite que se organizem, mas sem as hierarquizar.

As situações que envolvem vários adultos e em que cada um deles, por si ou em conjunto com outro(s), possa reclamar o vínculo parental, mormente o vínculo jurídico, são as mais comuns em matéria de PMA heteróloga, e concretamente em matéria de gestação de substituição. As diferentes soluções legais e a falta de consenso nesta matéria são sintomáticas da velha expressão «cada cabeça sua sentença». Tudo depende, desde logo, da forma como se encara a parentalidade e o que significa ser pai ou ser mãe.

Este pressuposto, considerando que os avanços técnicos da medicina fizeram alterar o paradigma da reprodução que prescinde da tradicional atividade sexual, coloca-nos no tempo da criação de famílias *in vitro* com o escopo de protelar a nossa herança genética para a geração seguinte [1763], considerando ainda que, de todas as técnicas de PMA, a gestação de substituição é a que neutraliza a gestação e a sua relevância ética fundamental da identidade materna. Assumimos que o critério do parto para o estabelecimento da maternidade está irremediavelmente afastado.

Contudo, a liberdade procriativa e o seu fundamento não resolvem as matérias relacionadas com a parentalidade e com a filiação. Para esta, existem, além dos intervenientes, outros interesses que é preciso considerar, nomeadamente os interesses da criança nascida em resultado daquela liberdade dos/as pais/mães (Storrow, 2016, pp. 196-197) e de terceiros que contribuíram para a sua existência [1764]. De facto, as tecnologias reprodutivas permitem-nos controlar a nossa reprodução, mas não respondem a quem integra ou pode vir a integrar a relação filio-parental, principalmente a decisão sobre quem poderá figurar, numa técnica laboratorial de reprodução, como pai/mãe da criança.

O conflito entre os interesses privados e as escolhas individuais e a grande permeabilidade que esta matéria tem para ser objeto de regulamentação legal [1765] — diga-se, limitações legais — tornam-na num duelo que, mais do que nunca, se mantém, já que, *in casu*, a temática suscita não só acesa controvérsia, mas também as sensibilidades de cada um(a). Desta forma, o contrato estabelece a estrutura destes acordos, sejam locais ou internacionais, fixando os termos do negócio, incluindo o pagamento, mas também o seguinte:

> «*[...] provisions to secure the intended parents' legal status, expectations about the conduct of the pregnancy, and governing documents to deal with the relationships not only between the prospective parents and the surrogate, but also with respect to the agencies and others involved in the birth.*» (Carbone & Miller, 2018, pp. 14-15)

Desta forma, uma coisa é certa: em matéria de PMA, não só os *acidentes* não são frequentes, como as crianças que nascem são fruto de um projeto parental bem delineado. Inegavelmente, o elemento volitivo tem um papel particularmente relevante e, quanto a nós, não pode ser desconsiderado, pelo contrário. Estas crianças

[1763] Ainda que nem sempre. Por exemplo, nos casos de PMA heteróloga com recurso a doação de gâmetas ou embriões, esta herança genética não é transmitida à geração seguinte por aqueles que serão os/as pais/mães da criança. Não obstante, neste caso, continua a haver, para nós, um fundamento ético-jurídico que a distingue da adoção de crianças, já que, por um lado, os doadores não são pais/mães da criança, pelo que esta não é órfã no sentido próprio do termo. Por outro lado, esta(s) pessoa(s) experimenta(m) uma parentalidade social com a gestação, além do respetivo processo biológico. Este momento e esta relação gestacional são relevantes e integram o âmbito, para nós, dos direitos reprodutivos.

[1764] Resta saber quem são uns/umas e outros/as.

[1765] Assente num exercício de participação democrática a que a temática deve estar sujeita.

nascem da vontade de os/as beneficiários/as procriarem e terem um(a) filho/a com quem visam que seja reconhecida a relação filial. Esta é, de facto, *conditio* — isto é, a intenção de procriar, assentando num fundamento biológico, encontra a dimensão ética, distinta da adoção, que consideramos legítima e integrada na sua liberdade procriativa.

A vontade de procriar e estabelecer a filiação afirma-se como um princípio de parentalidade que reflete, quanto a nós, a identidade-parental que é necessária ao procedimento. Ainda que radique num elemento biológico que também para nós é essencial, há um necessário fator multiplicante da filiação parental assexuada que resulta agora também de um processo de escolha, demonstrando que hoje — e aquela é a sua consequência — «[...] *places parentales ne sont pas forcément données dès la conception, que de plus em plus eles font objet d'une démarche d'affiliation solvente plus engageante que la plupart des conceptions ordinaires*» (Neyrand, 2001, p. 43).

Este critério de determinação da maternidade começou a ser esboçado no processo discutido no Supremo Tribunal da Califórnia no caso *Johnson v. Calvert*, sendo que a UPA reconhece a relação tanto genética como gestacional para determinar a maternidade (Dorfman, 2016, p. 409). O tribunal acabou por concluir que, quando estes critérios não coincidem na mesma mulher, a determinação da maternidade implica o recurso a um novo critério. A intenção passou a figurar na jurisprudência americana pelos tribunais californianos, abrindo caminho para ultrapassar o critério da *mater semper est quam gestatio demonstrat*[1766] e de alguma forma neutralizar o papel da gestante.

Foi, aliás, neste sentido e por causa disso que se elevou a voz dissidente da única mulher no tribunal. Justice Joyce Kenard alegou que, com a posição da maioria, há uma desvalorização completa da maternidade pela gestante e do papel desta, que passa a ser incluído no âmbito do direito comercial (Kimbrell, 1997, pp. 137-138). Com este critério, aludia à existência de uma desumanização, como refere, ou pelo menos de uma redução da gestante a um papel de produção fungível, desconsiderando a ligação intrauterina criada. Contudo, com a doutrina Calvert, o tribunal não viu qualquer estatuto especial na gestação, quando comparada com outros fatores e concordamos, de facto, com este sentido. Neste âmbito, estamos de acordo com a linha de raciocínio do tribunal americano e com a neutralidade que a gestação acaba por ter. Admitimos que seguimos, neste âmbito, com a maioria.

Todavia, a intenção ganhou novo ênfase no caso *Re Marriage of Buzzanca*. Neste caso, os *intended parents* não tinham ligação genética com a filha Jaycee. A menina nasceu quando os pais já estavam separados e o pai não queria ter qualquer relação com a filha. Contudo, como o tribunal enfatizou, ainda que nenhum dos pais tivesse

[1766] Ao contrário do que aconteceu no tribunal israelita no processo de Ora.

relação genética com a criança, a responsabilidade pela sua existência e por prover o seu sustento é de ambos, incluindo de John, o pai [1767].

O tribunal considerou, neste caso, que a criança nunca teria nascido se não fosse pelo acordo entre Luanne e John em implantar um óvulo fertilizado numa gestante. Por outras palavras, a intenção deu causa à criança, pelo que esse critério, *per se*, vertido no consentimento para o procedimento de PMA, é suficiente para estabelecer a parentalidade legal com a adoção do embrião.

No processo que se desenrolou no ano seguinte, o *re Marriage of Moschetta*, o tribunal norte-americano [1768], perante um contrato de gestação de substituição tradicional, estabeleceu que a gestante é a mãe natural da criança [1769]. Isto permite concluir que o critério da intenção é subsidiário quando em causa está a coincidência na mesma mulher do critério genético e gestacional (Payne, 2018, p. 69). Neste caso o tribunal considerou que, ao contrário da gestação de substituição total, «*[...] enforcement of a traditional surrogacy contract by itself is incompatible with the parentage and adoption statutes*» (re Marriage of Moschetta, 1994).

Seja como for e seja qual for o critério, a verdade é que na gestação de substituição, bem como noutras técnicas de PMA heterólogas [1770], há um facto inegável: a diferença no critério biológico — se a gestante é mãe, a beneficiária também é a

[1767] Na decisão do Court of Appeal of the State California. Em primeira instância, a criança foi considerada órfã pela inexistência de relação genética com qualquer uma das partes em litígio. Como tivemos oportunidade de referir no capítulo II, a criança foi concebida com recurso a doadores de gâmetas.

[1768] O California Court of Appeals.

[1769] Também na Pennsylvania uma gestante recusou entregar a criança a um casal com quem tinha celebrado um acordo de gestação de substituição (tradicional), acabando o tribunal por considerar a gestante a mãe da criança e o beneficiário o pai (Quinn, 2018, p. 809).

[1770] No Reino Unido, o AID (*Artificial Insemination Donor*) foi assumido pela ginecologista Mary Barton, que integrou um comité em 1960 — Feversham Committee —, que concluía o seguinte: «*[...] while AID might be an acceptable treatment for some couples, it should be generally discouraged*» (Frith, 2001, p. 820). Mas a técnica tinha sido implementada com sucesso e a procura por AID aumentava e aumenta. O Peel Committee do Reino Unido de 1973 assumia a técnica como tratamento médico. O *Warnock Report* acabou por dar uma resposta aos casais que recorriam a AID quanto ao reconhecimento do pai, sendo diferente do doador, desde que houvesse prestado consentimento no tratamento. Seja como for, a verdade é que a matéria não era socialmente bem vista, sendo assumida, geralmente, como matéria privada que havia de se resguardar e até esconder, seja por vergonha, seja por discriminação. Neste âmbito, a questão do anonimato do doador sempre se foi tolerando ao longo dos tempos — aliás, no *Relatório Warnock*, era uma verdadeira recomendação, mantendo o estatuto de família natural sem que terceiros se pudessem imiscuir. Do relatório resultava: «*Anonymity would give legal protection to the donor, but it would also have the effect of minimising the invasion of the third party into the family. Without anonymity, men would, it is argued, be less likely to become donors.*» Considerando a perspetiva da criança, a verdade é que o acesso à informação sobre as suas origens é determinante para a sua identidade, ainda que possa conflituar com os interesses dos pais e dos doadores (Frith, 2001, p. 818).

mãe (genética). Isto é, apesar de se continuar a recorrer à verdade biológica para determinar a maternidade, agora, esse critério, na gestação de substituição, está também ele disperso por mais do que uma mulher [1771]. Ainda que se diga que o critério prevalente e exclusivo é o do parto, não se pode dizer que o legislador o escolheu em detrimento do outro. O legislador escolheu o parto pelo seu caráter ostensivo e, até há cerca de um século, por não conseguir determinar a ascendência genética. Aliás, por esse motivo, o critério da paternidade é distinto e, uma vez mais, se faz pela relevância social daquela relação, mormente num critério tradicional, em relação ao casamento. Mas este critério assenta no pressuposto de que a maternidade é «*[...] [a] combination of genetic and gestational motherhood wherein a woman carries her own fertilized ovum*» (Feinberg & Feinberg, 2010, p. 434), já a gestação de substituição significa que a gestante está a ceder as suas capacidades reprodutivas em colaboração com outrem, para ter filhos/as de outrem e para outrem e não os seus próprios. Como a concebemos [1772], o exercício da liberdade procriativa por parte da gestante não visa, no quadro da gestação de substituição, a sua própria reprodução.

Seja como for, e admitindo-se ou não e em que termos a gestação de substituição, o elemento volitivo dos *intended parents* assumiu relevância no estabelecimento do vínculo [1773]. Deem-se as voltas que se der, em prol dos interesses do/a menor, impõe-se o estabelecimento da filiação ou o seu reconhecimento. O *favor minoris* [1774], prevalecendo sobre os interesses dos demais intervenientes, impõe que a filiação decalque a relação parental que constitui o requisito e o fundamento éticos da gestação de substituição — tal como na reprodução sexuada, a prévia existência da família em que se vai integrar, a família única, que é a sua. Como acontece na gestação de substituição, nem sempre é o laço gestacional que prevalece ou deve prevalecer sobre o elemento volitivo que representa o aludido *favor minoris* [1775], que constitui a aspiração daqueles/as que assumiram o projeto parental, ou seja, de todos aqueles a quem se reconhece o típico conteúdo ético da procriação.

[1771] E nos casos do método ROPA ainda é mais premente, já que a mãe-gestante engravida de óvulos fertilizados da companheira e mãe-genética da criança. Analisaremos esta situação na subsecção seguinte.

[1772] V. figura 2 do capítulo IV.

[1773] Luísa Neto afirma que na «[...] filiação carnal, a biologia não tem papel exclusivo, devendo referências estruturais à comunidade de vida e à posse de estado. A procriação assistida parece apontar para a constituição do grupo parental» (Neto, 2017, p. 89).

[1774] V. Cordiano, 2016, p. 752.

[1775] Guilherme de Oliveira refere-se ao crescente reconhecimento da «verdade afetiva», incluindo no direito da filiação. V. Oliveira, 2008, pp. 11-12, bem como a relevância da vontade no estabelecimento destas relações, como acontece com a PMA heteróloga por exemplo, além de outras situações. V. Oliveira G. d., 2020, p. 20.

Em Portugal, na própria LPMA, a intenção de assumir a paternidade é suficiente [1776]. Basta pensar no caso de FIV com recurso a doação de espermatozoides. Nos termos do art. 20.º da LPMA, se da inseminação vier a resultar o nascimento de uma criança, esta é tida como filho/a do marido ou daquele com quem a mãe viva em união de facto, tendo este prestado o seu consentimento. O doador de sémen não é considerado, por qualquer forma, o pai da criança, nos termos do art. 21.º da LPMA (Oliveira, 2016, p. 279) [1777].

Partimos para esta tomada de posição pelo princípio ditado pelo TEDH — qualquer posição a tomar implica a absoluta consideração pelos direitos das crianças, incluindo na perspetiva da criança que há de vir [1778]. Se estes ditaram, desde logo, os próprios limites à gestação de substituição, ditam agora o critério de determinação da parentalidade e da respetiva relação filial. Também nos termos da CDFUE, no seu art. 24.º, foi adotada:

> «[...] uma perspetiva dos direitos da criança centrada na própria criança ao erigir como critério orientador fundamental o melhor interesse da criança relativamente a todas as decisões e atos que lhe digam respeito e ao reconhecer-lhe o direito à proteção e aos cuidados necessários ao seu bem-estar [1779], o direito a exprimir livremente a sua opinião e a que esta seja tomada em consideração nos assuntos que lhe digam respeito e ao direito a manter relações pessoais e contactos diretos com ambos os progenitores.» (Martins R. C., 2013, p. 305)

A própria CDC contém várias disposições que podem ser usadas em matéria de gestação de substituição, como a não discriminação, os melhores interesses da criança, o registo de todas as crianças e o respeito pela nacionalidade da criança

[1776] Além dos casos de perfilhação em que a vontade do pai determina o estabelecimento da filiação, embora — não podemos negar — uma vez mais no pressuposto da existência da relação biológica.

[1777] A mesma solução em relação à doadora de ovócitos e aos doadores de embriões.

[1778] Em Portugal, o Instituto dos Registos e Notariado emitiu o parecer P.º CC.8/2017-STJSR-CC, de 23 de março de 2018, particularmente relevante quanto a matéria relativa a contratos nulos e principalmente quanto ao reconhecimento de contratos de gestação de substituição «[...] validamente celebrados no estrangeiro produzem efeitos em Portugal, no âmbito do estabelecimento da parentalidade no respetivo registo de nascimento, desde que respeitem os princípios estruturantes que presidem à admissibilidade da gestação de substituição no território nacional — artigos 41.º e 22.º do Código Civil e 8.º da Lei n.º 32/2006» (o texto do parecer está disponível em https://www.irn.mj.pt/sections/irn/doutrina/pareceres/civil/2018/pareceres-18-32-2018/downloadFile/attachedFile_4_f0/44_CC_2018-CC8_2017_STJSR-CC.pdf?nocache=1546873427.56 (consultado pela última vez em 21 de outubro de 2019).

[1779] Como refere a professora, neste campo, «[...] o direito à proteção e aos cuidados necessários ao seu bem-estar traduz uma representação social da criança como ser humano especialmente vulnerável» (Martins R. C., 2013, p. 308).

e conhecer e ser criada pelos seus pais (art. 7.º), o direito à identidade e às relações familiares (art. 8.º), bem como o direito a não ser separada dos seus pais (art. 9.º) e a proibição de venda das crianças (art 35.º).

Por sua vez, o Comité dos Direitos das Crianças, no seu Comentário de 2006, afirmou que os Estados devem monitorizar e combater qualquer forma de discriminação das crianças, incluindo discriminação indireta, que seja resultado de comportamentos discriminatórios contra os/as seus pais/mães. Ainda que o conceito não esteja definido em qualquer parte da Convenção, do *General Comment No 5* resulta que os Estados devem assumir um papel ativo para a sua implementação, impondo a obrigação de serem identificadas crianças ou grupos de crianças em relação às quais, para concretização dos seus direitos, seja necessário implementar medidas especiais (2003). Também a CDFUE estabelece, no art. 21.º[1780], a não discriminação[1781], bem como a CEDH no seu art. 14.º e ainda no seu Protocolo n.º 12. Em matéria de biotecnologia, o art. 11.º da Convenção dos Direitos Humanos e a Biomedicina

[1780] O art. 19.º, n.º 1, do Tratado sobre o Funcionamento da União Europeia «confere à União competências para adotar atos legislativos, incluindo no que se refere à harmonização das disposições legislativas e regulamentares dos Estados-Membros, a fim de combater determinadas formas de discriminação, exaustivamente enumeradas nesse artigo. Essa legislação pode abranger a ação das autoridades dos Estados-Membros (bem como as relações entre particulares) num dado domínio de responsabilidade da União. Pelo contrário, a disposição prevista no n.º 1 do artigo 21.º não cria qualquer competência para adotar leis de combate à discriminação nos referidos domínios de ação dos Estados-Membros ou de entidades privadas, nem prevê uma proibição abrangente da discriminação em áreas tão vastas. Ao invés, apenas diz respeito às discriminações praticadas pelas próprias instituições e órgãos da União, no exercício das competências que lhes são conferidas pelos Tratados, e pelos Estados-Membros apenas quando implementem legislação da União. Por conseguinte, o n.º 1 não altera o alcance das competências conferidas no âmbito do artigo 19.º nem a interpretação dada a esse artigo» (Parlamento Europeu, Conselho da União Europeia, Comissão Europeia, 2007).

[1781] Incluindo a denominada «discriminação por associação». No caso S. Coleman v. Attridge Law and Steve Law, o TJUE fez notar o seguinte: «*[the] Directive Employment Equality includes certain provisions designed to specifically accommodate the needs of persons with disabilities. This, however, does not lead to the conclusion that the principle of equal treatment enshrined in the directive must be interpreted strictly, as prohibiting only direct discrimination on the grounds of disability and relating exclusively to persons with disabilities. According to the CJEU, the directive applies not to a particular category of persons but to the very nature of the discrimination. An interpretation limiting its application to persons with disabilities would deprive the directive of an important element of its effectiveness and reduce the protection that it is intended to guarantee. The CJEU concluded that the directive must be interpreted as meaning that the prohibition of direct discrimination laid down therein is not limited to persons with disabilities. Consequently, where an employer treated an employee who did not have a disability less favorably than another employee in a comparable situation, based on the disability of the former employee's child, whose care was provided primarily by that employee, such treatment was contrary to the prohibition of direct discrimination laid down by the directive.*»

estabelece este princípio, concretamente no que respeita ao património genético[1782]. O Committee on the Rights of the Child identificou o seguinte:

> *«Assessing the child's best interests is a unique activity that should be undertaken in each individual case, in the light of the specific circumstances of each child or group of children or children in general. These circumstances relate to the individual characteristics of the child or children concerned, such as, inter alia, age, sex, level of maturity, experience, belonging to a minority group, having a physical, sensory or intellectual disability, as well as the social and cultural context in which the child or children find themselves, such as the presence or absence of parents, whether the child lives with them, quality of the relationships between the child and his or her family or caregivers, the environment in relation to safety, the existence of quality alternative means available to the family, extended family or caregivers, etc. Determining what is in the best interests of the child should start with an assessment of the specific circumstances that make the child unique. This implies that some elements will be used and others will not, and also influences how they will be weighted against each other. For children in general, assessing best interests involves the same elements.»* (General Comment No 14 on the right of the child to have her or his best interests taken as a primary consideration (2013), parag. 40, 48)

A necessidade de acomodar a diversidade cultural num contexto multicultural, que ao nível do TEDH se revê na doutrina da margem de apreciação, é relevante na interpretação da convenção, ainda que a delimitação das fronteiras não seja pacífica. De qualquer forma, o princípio é relevante, apesar do seguinte:

> *«This discretion accorded to states however is not without limits and there will remain an overarching requirement that the understanding of a right must be directed towards the effective realization of the object and purpose of the right in question. In other words, an approach to interpretation that is context-sensitive must also be consistent with the requirement that the interpretation offered is principled.»* (Tobin, 2019, p. 18)

[1782] Ademais, temos a Convenção Internacional sobre Eliminação de todas as formas de discriminação racial e a Convenção para a eliminação de todas as formas de discriminação contra mulheres. Em contextos específicos, encontramos ainda a Convenção n.º 111 da OIT, relacionada com a discriminação em contexto laboral.

No contexto do Direito Internacional, ao interpretar as normas, aplicando a regra geral ou regras especiais [1783], é necessário reconhecer que este processo, a este nível, é bem mais complexo, principalmente considerando que o labor interpretativo haverá, em última instância, de almejar a satisfação de cada um dos Estados, pelo que sempre importará um nível alargado de consenso. Isto nem sempre será fácil, especialmente tomando em consideração que as *agendas* locais podem ser díspares e «*[...] local actors appropriate and transform international human rights standards in ways to adapt and respond to local cultural considerations*» (Tobin, 2019, p. 19).

O Comité dos Direitos da Criança, no seu comentário geral n.º 7, estabelece que os direitos da criança têm de ser assegurados, incluindo as formas de discriminação que podem ser alvo indiretamente em relação aos/às seus/uas pais/mães (2004, parag. 12). A resolução do Parlamento Europeu de 2015 condena qualquer forma de discriminação, nomeadamente com base no nascimento (2015, parag. 92). Desta forma, qualquer interpretação de família (ainda que seja assumida uma definição

[1783] Além do contexto local e global, o princípio da coerência e a interpretação clara e prática. Quanto a este último, considerando o nível de abstração da Convenção, a interpretação deve dirigir-se no sentido de alcançar os níveis mais elevados na clareza do conteúdo dos direitos humanos. Quanto à interpretação coerente, esta inclui a coerência quanto às razões e quanto à interpretação dentro do sistema legal internacional — «*A coherence in reasoning essentially involves the provision of arguments to support premises*» (Tobin, 2019, p. 14). Quanto à *System Coherence*, «*[...] the International Court of Justice has also held that 'an international instrument has to be interpreted and applied within the framework of the entire legal system prevailing at the time of interpretation [...]. Internal coherence aligns with the requirement under article 31 (2) of the VCLT that the context in which a treaty is to be interpreted extends to a consideration of the text of the treaty itself. [...] External system coherence [...] there are however some principles outlined in the International Law Commission (ILC) Fragmentation Study that offer assistance. First, in international law there is strong presumption against normative conflict. The application of this presumption supports a preference for harmonization or systemic integration. [...] Unless there is evidence in the drafting history to suggest that an alternative meaning was intended, the interpretation of similar provisions in different human rights treaties should pursue harmonization. Harmonization cannot however resolve genuine conflicts between norms under international law. When this occurs with respect to a provision under the Convention two considerations are relevant. First, article 41 of the Convention provides that where a higher standard exists, this must prevail. Conversely, if the Convention offers the higher standard relative to another international standard, the standard under the Convention must prevail (Tobin, 2019, pp. 15-16). The second consideration involves the principle of lex specialis, (that special law derogates from general law) which is the 'accepted maxim of legal interpretation and technique for the resolution of normative conflicts'. [...] However, such a technique also indicates that there are limits with respect to the extent to which the interpretative process can expand the meaning and content under the Convention. This is because the coherence of the international legal system will be undermined if the interpretative process seeks to extent the boundaries of a right under the Convention beyond another special rule with a more precisely delimited scope of application. Care must therefore be taken to maintain the distinction between lex lata and lex ferenda when interpreting the Convention — the law as it is and the law as it might be*» (Tobin, 2019, pp. 14-16).

tradicional) deve ter em consideração estes princípios que impõem a adoção de medidas que afastem estruturas e decisões discriminatórias [1784].

A igualdade e a não-discriminação encontram-se como princípios morais fundamentais assentes na dignidade humana, qualidade inerente a todo o ser humano por o ser [1785]. Considerando sobretudo a vulnerabilidade associada às crianças, ainda que os documentos internacionais referidos se apliquem a elas, em relação a estas colocam-se desafios e particulares formas de discriminação associadas à idade e que implicam especiais medidas. De facto, as crianças podem ser também discriminadas:

> «*[...] because of actions of their parents or family members have engaged in, and hence in a way that is mediated through their parents* [1786]. *[...] This "double--jeopardy" weighing on children is difficult to handle merely through general guarantees of the principle of non-discrimination and needs to be addressed specifically.*» (Besson & Kleber, 2019, p. 48)

A garantia do princípio da não discriminação em matéria de gestação de substituição deve ser assegurada também tendo em conta os mesmos fatores, como «*gender, race, sexual orientation, religion or beliefs, cultural identity, marital status (of intended parents), nationality, class/caste, disability or other status*» (Boer-Buquicchio, 2019b, p. 20).

Por sua vez, nos termos do art. 23.º do Pacto Internacional sobre Direitos Civis e Políticos (PIDCP), a família é reconhecida como um grupo natural e fundamental da sociedade, e impõe-se aos Estados que tomem as medidas necessárias para assegurar a igualdade de direitos e responsabilidades dos cônjuges em relação ao casamento, e também durante o casamento e com a sua dissolução. No que toca às crianças, o preceito determina que os Estados devem assegurar a necessária proteção daquelas com a dissolução do casamento, e o art. 24.º estabelece a sua proteção como responsabilidade da família, da sociedade e do Estado. É assumido, desta forma, o papel central da família na sociedade e como aquela é a unidade natural da parentalidade e da proteção das crianças. Por sua vez, o Pacto Internacional dos Direitos Económicos, Sociais e Culturais (PIDESC) impõe também a proteção da família como instituição central da sociedade e da responsabilidade pelos cuidados

[1784] Atendendo a que, da PMA, principalmente da gestação de substituição, é possível encontrar diferentes conceções de família, como as monoparentais e as homoparentais, além de discriminação resultante da própria conceção das crianças.

[1785] Sobretudo depois da II Guerra Mundial, a matéria dos direitos humanos inclui-se na agenda mundial. O direito à igualdade e não discriminação assume-se como um verdadeiro princípio e, de acordo com o Inter-Am. CtHR (Juridical Condition of the Undocumented Migrants, Advisory Opinion OC-18/03 (2003) Series A No 18, paras 9 ff, 101), é uma verdadeira norma de *jus cogens* (Besson & Kleber, 2019, p. 42).

[1786] Incluindo as decisões, mormente judiciais, que são tomadas em relação às suas vidas sem que a sua opinião seja tomada em consideração.

e educação das crianças [1787], impondo o preceito que sejam adotadas medidas para a proteção das crianças e jovens de qualquer forma de discriminação em razão da parentalidade e de outras condições. Estes princípios foram reafirmados na Declaração dos Direitos das Crianças, na CDC, bem como na Convenção relativa à Proteção das Crianças e à Cooperação em Matéria de Adoção Internacional, reconhecendo que as crianças devem crescer num ambiente familiar harmonioso, em clima de felicidade, sendo estes elementos essenciais para o desenvolvimento harmonioso da personalidade. E cada Estado tem que assumir como prioritário manter a criança na sua família de origem. Para a proteção das crianças em associação com os/as pais/mães, os Estados têm obrigação de determinar quem são os adultos responsáveis pela educação da criança, incluindo o estabelecimento legal da filiação [1788]. Estes pressupostos são essenciais em matéria de gestação de substituição já que a colocação da criança num seio familiar que não é o seu implica uma clara violação destes pressupostos que ainda que descritos em matéria de adoção revelam uma necessária linha de orientação para, também, a matéria da gestação de substituição. Mas, então, quem são os/as pais/mães da criança?

Desta forma, numa perspetiva tradicional, mãe é aquela que vê integradas, quanto a si, as três dimensões — o elemento genético, gestacional e social —, sendo a esta mulher reconhecida a maternidade legal.

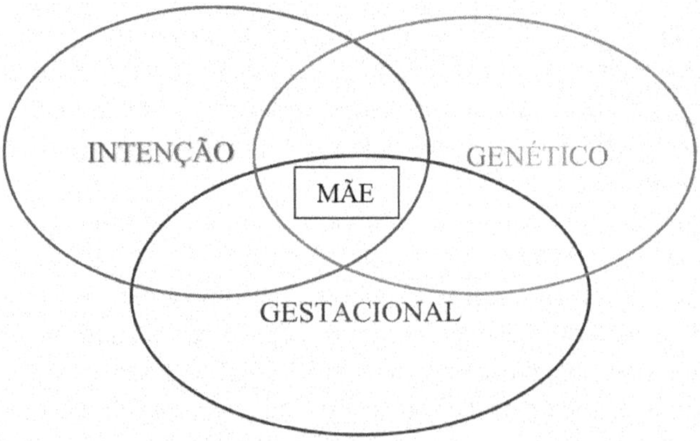

Figura 3: Os três critérios conjugados numa única mulher, estabelecendo-se a maternidade de acordo com um conceito tradicional que parte da conjugação de que a gestante é a ascendente genética da criança dando causa à gestação

[1787] Art. 10.º.

[1788] Esta filiação, como o TEDH revelou no caso Marckx, deve ser estabelecida desde o momento do nascimento da criança.

Uma premissa destas parte de uma presunção da ligação genética à gestante — uma presunção de ligação biológica a partir da qual a lei extrai a relação filial, excluindo relações alternativas fora do conceito tradicional de família nuclear.

Contudo, como assumimos, na gestação de substituição, o fundamento reside nos direitos reprodutivos, concretamente no direito à reprodução assexuada, incluindo com recurso a uma gestante, desde que este exercício implique a necessária relação gamética com a descendência. Desta forma, se o fundamento para recorrer à gestação de substituição é assegurar o direito a ter filhos/as biológicos/as, é imperativo assumir que, existindo essa relação, ela se projete no estabelecimento da filiação. Ademais, importa ainda assumir — e em relação ao qual somos consequentes — que, se considerarmos a neutralização da reprodução em matéria de gestação de substituição, a solução que dermos terá de ser consequente com essa neutralização. Isto é, o critério a apresentar não será para a maternidade em particular, mas para a parentalidade, haja ou não uma mãe, afinal.

A verdade é que a gestação de substituição parte de premissas distintas e a presunção tradicional da relação mãe-filho/a é desadequada nos casos de reprodução assexuada [1789]. O critério tradicional é desadequado, no sentido em que não considera direitos fundamentais das partes e da própria criança e acaba por — num exercício de subsunção forçado — colocar a gestação de substituição num quadro típico da adoção em que a gestante (e eventualmente o marido) cede os seus direitos parentais e a criança é *adotada* pelos/as beneficiários/as que assumem a posição daquela/es. Um exercício destes implica forçar a aplicação de um critério que, quando estabelecido, não conhecia a procriação assistida e, portanto, é desadequado face a esta realidade e à composição familiar que resulta da gestação de substituição, pelo que se impõe um novo modelo para o estabelecimento da filiação que, radicando na identidade-parental, não sofra da *arbitrariedade* que o critério tradicional acaba por impor.

A visão tradicional parte do pressuposto de que a mãe é um dado adquirido e, por mais difícil que seja assumir, a verdade é que não é. A PMA e a gestação de substituição em particular impõem uma leitura multidimensional da parentalidade e, portanto, a necessidade de uma nova matriz que responda à complexidade do processo procriativo, com direitos e obrigações distintos em relação a cada um dos outorgantes.

Desta forma, assumimos cinco fases deste processo procriativo no que tange à gestação de substituição. Como resulta da figura que se segue, e como temos vindo a assumir até agora, elas permitem demonstrar, sobretudo, uma visão multidimensional da procriação no que tange à gestação de substituição que transcende em absoluto qualquer forma natural de procriação. Neste caso, há camadas distintas de elementos biológicos, intencionais e sociais da parentalidade que um modelo tradicional, necessariamente reducionista, acaba por não ter em consideração.

1789 Em que pode nem existir uma mãe efetivamente, considerando a posição assumida em relação à neutralização do critério gestacional como o *dominus* da relação materna.

Tabela 2: Fases do processo procriativo

	Fase 1	Fase 2	Fase 3	Fase 4	Fase 5
	Projeto Parental	Contrato de gestação de substituição	Tratamento de fertilidade e implantação	Gestação e nascimento	Criar a criança
	Revogabilidade				Relação filial
Participantes	Beneficiários/as	Gestante e beneficiários/as	Beneficiários/as, Gestantes, Doador(es) e embrião	Gestante e feto	Beneficiários/as e criança
Critérios	Intenção	Intenção	Intenção, genético e gestacional	Gestacional	Social

Assumir estas dimensões e os/as diferentes participantes em cada uma das fases permite uma perspetiva sobre os direitos e deveres de cada um(a) e os/as que se assumem em cada uma das fases, o que, quanto a nós, é essencial para lidar com a complexidade do processo.

Desta forma, e como assumimos, no âmbito deste processo procriativo, existem diferentes intervenientes em cada momento, ou pelo menos com diferentes expressões de atividade, assumindo a neutralização da relevância gestacional. Este elemento torna-se, quanto a nós, mais um e não *o* critério de determinação da maternidade, visto que, considerando este processo multidimensional, era, como referimos, uma visão reducionista que não acautela e não considera toda a realidade.

Neste âmbito, o projeto parental é desencadeado pelos/as beneficiários/as, tendo estes o elemento intencional [1790], no sentido de darem causa ao processo, exercerem o seu direito à reprodução assexuada com o escopo de ter um(a) filho/a e o/a criarem. Este projeto parental dá causa ao processo, mas, na verdade, projeta-se em todas as fases, incluindo desde logo a intenção filial assente no próprio projeto. Veem assim reconhecida a relação filial respetiva que dá cobertura legal à família a que dão causa.

Um elemento comum que perpassa todo o processo é, de facto, a intenção dos/as beneficiários/as de terem um(a) filho/a e de o/a criarem, o que se revela na última fase. Este critério determina a causa do contrato de gestação de substituição, com

[1790] V. figura 2, no capítulo IV. Sendo verdade que a gestante também projeta uma intenção procriativa, também o é que, ao contrário dos/as beneficiários/as, aquela tem uma natureza distinta já que não revela a intenção de ter filhos/as, como assumimos.

o respetivo projeto parental — que iniciam e desenvolvem — e a existência da própria criança. Revela-se um processo psicológico que, tal como na reprodução natural, se desenvolve no sentido de as pessoas cumprirem o seu inato desejo de terem um(a) filho/a. Isto é, embora não tenha de existir, uma relação parental inicia-se com a manifestação desse desejo de ter um(a) filho/a, um processo mental e psicológico com elevado impacto na vida das pessoas quando o assumem, com as expectativas e frustrações típicas, tanto na reprodução sexuada como na assexuada.

Neste *iter*, a *mera* intenção não é *per se* tutelada [1791], sob pena de assumirmos um efetivo direito a ter um(a) filho/a. Contudo, mormente no âmbito dos negócios jurídicos, a vontade (particularmente a vontade funcional) é relevante e determina o âmbito e os efeitos negociais. A intenção que se manifesta numa declaração fornece a base de negócio coercivamente exigível, sendo o elemento subjetivo que essa intenção representa o elemento central na constituição e determinação dos efeitos legais. Desta forma, sendo a intenção que desencadeia o processo, tal como acontece nas mais diferentes soluções jurídicas, é na vontade do agente na produção dos efeitos jurídicos que radica o critério legitimador do próprio negócio no âmbito da liberdade procriativa — a vontade de ter um(a) filho/a e de o/a criar —, estabelecendo com ele/a os respetivos efeitos filiais, isto é, a intenção dos/as beneficiários que releva a causa, o negócio, a conceção e se materializa posteriormente com a efetiva integração da criança na família. Um projeto que representa a constituição da família da(quela) criança com os/as *seus/uas* pais/mães, ainda que estes não projetem a identidade-gravídica.

Assim, antes da própria conceção da criança, o projeto parental em que os/as beneficiários/as assumem a sua motivação representa o fundamento, a causa e, também, os efeitos do negócio. Neste âmbito, a expectativa da produção dos respetivos efeitos jurídicos deve ser salvaguardada em relação a estes/as, sob pena de se impor uma efetiva sanção jurídica aos/às beneficiários/as pelo exercício de um direito com o escopo de constituir uma família. A intenção de procriar, vertida no negócio, no âmbito do exercício da liberdade procriativa, deve ser tutelada, nomeadamente para o reconhecimento dos efeitos decorrentes dessa intenção na fase 5, ao contrário de uma falta de vontade quanto a esses efeitos ou de uma eventual vontade acidental da gestante.

Na fase 2 do contrato, enquanto expressão do exercício da liberdade procriativa, deve ser assegurado o consentimento de todos/as [1792], impondo-se, ante os efeitos

[1791] Como não o é tipicamente no direito em geral. Pensando, por exemplo, no *iter criminis*, a intenção, *per se*, não se manifestar pelo menos num ato de execução é irrelevante para o Direito. E o mesmo se pode dizer em relação a outras teorias da responsabilidade.

[1792] O consentimento releva, não obstante, intenções distintas no âmbito do exercício da liberdade procriativa de cada um(a) dos intervenientes. V. figura 2, no capítulo IV.

que extravasam a relação contratual e as garantias que têm de ser asseguradas, especiais cuidados quanto a este elemento negocial. Uma efetiva tramitação vertida num documento formalmente válido com o escopo de garantir que todas as partes assumem as suas posições e os efeitos destas.

Nesta fase 2 e também na fase 3, a gestante pode revogar o seu consentimento[1793]. Na fase 3, ainda que o contrato tenha sido outorgado até à implantação do embrião ou, podendo afigurar-se como tal, com a IVG, mormente nos casos em que é legalmente admissível. Ainda que a implantação esteja feita, a verdade é que a gestante é o *dominus* do processo, como qualquer outra mulher grávida, pelo que — tal como noutro caso — esta exerce a liberdade de interromper a gravidez, querendo, como expressão única da sua vontade. Esta posição garante à gestante a sua autonomia à posição que assumiu no projeto parental, mas, sobretudo, como uma participante essencial desse projeto que, não sendo seu, revela a sua identidade-mulher e, sobretudo, releva um elemento da identidade da própria criança.

Nas fases 3 e 4, e como referimos no capítulo IV, o processo entra num âmbito do domínio da gestante e da sua privacidade, independentemente da relação com os outorgantes e os efeitos negociais. A integridade e identidade da mulher-gestante impõem que, quanto a nós, nesta fase, a expressão gestacional significa que qualquer vicissitude inerente a esta fase não pode ser imposta à gestante contra a sua vontade. A autonomia da gestante e a sua forma de vida devem ser preservadas e respeitadas, incluindo o exercício dos seus direitos sem limitações por parte de quem quer que seja. Isto é, como referimos, sem qualquer admissibilidade coerciva de impor regras de conduta ou de censurar a gestante por não as cumprir. Trata-se de um risco do negócio que os/as beneficiários/as têm de assumir quando integram terceiros na sua reprodução.

[1793] Bem como os/as beneficiários/as. Neste caso até à implantação do embrião no útero da gestante.

Quanto à última fase, vamos esquematizar as diversas hipóteses que a PMA, com recurso à gestação de substituição [1794], permite [1795]:

Tabela 3: Combinações de relações gaméticas (ou ausências delas) entre os/as beneficiários/as e a criança

Fase 5	Beneficiários/as	Relação gamética
Opção 1	Casal heterossexual	Embrião de ambos
Opção 2	Casal heterossexual	Embrião com óvulo da beneficiária e sémen doado
Opção 3	Casal heterossexual	Embrião com óvulo doado e sémen do beneficiário
Opção 4	Casal heterossexual	Embrião doado/doação de gâmetas
Opção 5	Solteiro	Embrião com óvulo doado e sémen do beneficiário
Opção 6	Solteiro	Embrião doado/doação de gâmetas
Opção 7	Solteira	Embrião com sémen doado e óvulo da beneficiária
Opção 8	Solteira	Embrião doado/doação de gâmetas
Opção 9	Casal gay	Embrião com sémen de um dos beneficiários e óvulo doado
Opção 10	Casal *gay*	Embrião doado/doação de gâmetas
Opção 11	Casal de lésbicas	Embrião com óvulo de uma das beneficiárias e sémen doado
Opção 12	Casal de lésbicas	Embrião doado/ doação de gâmetas

1794 O raciocínio a expor exclui, como *infra* se explica, qualquer situação de gestação de substituição tradicional em que a gestante é também a doadora do ovócito, o que, para nós, neste caso, é uma situação em que a gestante é a mãe da criança, sendo, no limite, o caso de adoção subsequente.

1795 Não fica aqui tratada a situação de, por opção de identidade de género, alguém não querer — por não se identificar com o género feminino, ainda que seja do sexo feminino, mas sem patologias no útero que o impedissem de ser a gestante —, decidir que não quer/pode fazê-lo por não se identificar com essa capacidade, o que terá tratamento autónomo.

Como referimos *supra*, o elemento que representa a *ratio* da gestação de substituição é a relação gamética com pelo menos um(a) dos/as beneficiários/as. Desta forma, e considerando as diversas combinações que resultam do quadro anterior, as opções 4, 6, 8, 10 e 12 não se enquadram, para nós, no âmbito da gestação de substituição, no sentido que não relevam o respetivo fundamento da relação gamética. Nestes casos, não estando verificada a relação gamética entre pelo menos um(a) dos/as beneficiários/as, afigura-se-nos um caso que configuramos com uma natureza mais típica da adoção e não de gestação de substituição [1796]. Mas, para as restantes opções, a existência da relação gamética é suficiente?

Contudo, como também já tivemos oportunidade de referir, a mera ligação genética com a criança, sendo o pressuposto necessário, não é requisito suficiente para determinar quem é o pai e/ou a mãe desta criança. Há, quanto a nós, a necessidade de uma conexão que revele a identidade-parental. Deste ponto de vista parte o TEDH quando assume as relações biológicas [1797] como o ponto de partida para a determinação do âmbito do art. 8.º, isto é, a existência de uma família (ainda que potencial) é reconhecida a partir do momento em que há aquela relação. Não se mostra possível, desta forma, diminuir a importância daquela relação e muito menos não a considerar de todo (Aguirre, 2019, pp. 470-472), o que para nós sempre seria uma situação de absoluta confusão com a adoção. Esta sobreposição, a nosso ver, é inadmissível, como já tivemos oportunidade de assumir.

Contudo, ainda que quiséssemos atribuir um critério só para a gestação de substituição, não poderíamos deixar de considerar que, sem outro elemento que complemente aquela relação, somos inegavelmente confrontados com a seguinte questão: como desconsideramos a relação gestacional? Se em causa está a ligação biológica com a criança, este elemento está disperso por duas mulheres e, nos casos de PMA heteróloga, a relevância foi dada à gestante e não à ascendente genética, como resulta da figura seguinte.

[1796] Ainda que não o seja necessariamente. Será, de facto, nos casos de gestação de substituição tradicional, mas, caso a gestante não seja a ascendente genética da criança podemos admitir uma extensão da conceção de gestação de substituição em prol dos melhores interesses da criança. V. *infra* a "*wrongful surrogacy*".

[1797] Reconhecemos que o TEDH analisou os laços genéticos como o elemento que permite, *per se*, relevar a potencialidade da relação familiar e, portanto, dessa relação potencial se subsumir no âmbito do art. 8.º da CEDH (excluindo a mera intenção). Reconhecemos ainda que, sobretudo considerando os casos de gestação de substituição em que a beneficiária é a ascendente genética, o Tribunal admitiu a solução de esta mulher ser uma *mera* adotante do/a filho/a do marido — como resultou também, aliás, do Parecer Consultivo de 2019. Todavia, o que aqui queremos enfatizar é que, reconhecidamente, a ligação biológica — incluindo para este efeito e por maioria de razão a gestacional — é um elemento suficiente para que se considere a proteção prevista no art. 8.º, ainda que a relação familiar seja meramente potencial.

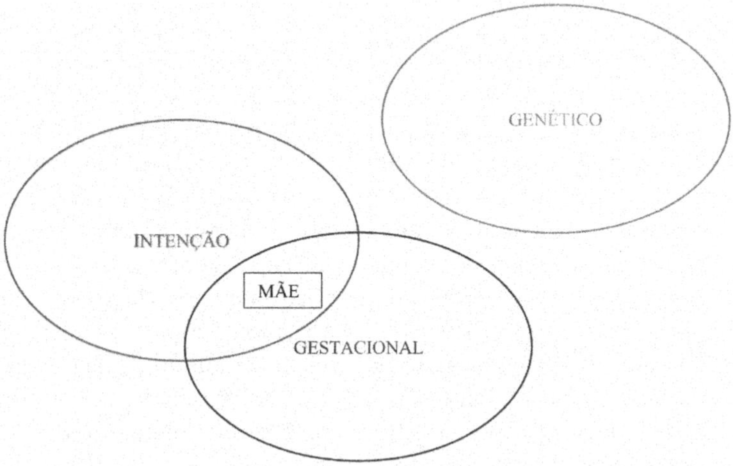

Figura 4: Determinação da maternidade com combinação do critério causal e gestacional

Numa primeira hipótese, temos a mulher que dá causa à gestação e ao processo médico causal da conceção, sendo a gestante a mãe da criança, ainda que não tenha qualquer relação genética com o/a descendente. Isto é, a mãe da criança, neste caso, será a gestante, que deu causa à gravidez. É o caso, fora da gestação de substituição, da FIV por exemplo, com recurso a doação de gâmetas ou de embrião.

Tendo isto em consideração, e embora a gestação de substituição seja diferente das outras técnicas de PMA heterólogas, não podemos desconsiderar a solução que é dada para as outras formas de reprodução assexuada em que, de alguma forma, mesmo que parcialmente, se está a fazer um exercício de mimetismo em relação à reprodução sexual no sentido de garantir a descendência biológica. E se é assim, como achamos que é de facto, colocadas todas as possibilidades em cima da mesa, qualquer uma das situações descritas implica necessariamente a existência de um critério complementar que desempate as relações biológicas entre quem tem a relação gamética e quem tem a relação gestacional.

Neste caso, e considerando o terreno em que nos colocamos e a relevância que damos à liberdade procriativa, no sentido de a entender como a legítima expectativa de ter um(a) filho/a biológico/a, esta intenção, ainda que só por si seja insuficiente[1798], como expusemos, representa aquele/a que dá causa ao projeto parental e, portanto, combinando com a relação gamética, relevará a identidade-parental. Para nós, em qualquer uma das situações, o pai e/ou a mãe da criança será/ão aquele(s) que

[1798] No sentido de ser suficiente para revelar o fundamento do recurso à gestação de substituição, como expusemos no capítulo III.

quis(eram) ter um(a) filho/a biológico/a e encetou/aram o processo baseado num projeto familiar que idealizou/aram.

Nas situações de doação de óvulos ou embriões, por exemplo, não há qualquer situação de ascendência genética com a mãe-gestante, mas o processo biológico da gestação será da mãe propriamente dita e, portanto, ainda que não tenha ligação genética, o facto de ser a gestante faz integrar a cumulação de dois dos critérios, pelo que só a combinação de ambos permite ultrapassar a inexistência de relação genética. E, de facto, é assim em nosso entender, ou seja, a combinação de outros critérios na mesma pessoa importa que a determinação do critério social se afasta por ser, neste caso, uma verdadeira situação de adoção. Referimo-nos concretamente às situações em que o critério genético e gestacional se cumulam na mesma mulher. Nestas situações, em que se inclui paradigmaticamente a gestação de substituição tradicional, o que está em causa é verdadeiramente um caso de adoção [1799] e não um caso de gestação de substituição.

Não sendo uma situação em que a quantidade prepondera sobre a qualidade, temos dificuldade em conceber que assim não seja ante, como temos vindo a analisar, a relação entre as situações de recurso a esta técnica de PMA e as situações que são e devem ser e manter-se no regime da adoção [1800]. É o caso que resulta da figura seguinte. A mulher concentra a relação biológica em si e, embora não tenha intenção de ficar com o/a filho/a, essa é a situação típica da mulher que entrega o filho para adoção, mas nem por isso deixa de ser considerada legalmente a mãe da criança. Aceitamos as eventuais reticências associadas a esta conclusão tendo em consideração o pressuposto de que partimos associado ao exercício da liberdade procriativa da mulher [1801], mas a intenção representa o possível. Ainda que a mulher não queira a criança, não significa que não seja seu/ua filho/a, já que a mulher está, ela própria, a reproduzir-se, pelo que a projeção da sua vontade não é suficiente para afastar a já constituída identidade-parental. Na gestação de substituição tradicional, a mulher-gestante-mãe estaria a conceber voluntariamente conceber um nado-órfão, o que para nós é inadmissível. Como assumimos anteriormente [1802], para nós é de primordial relevância que não se verifique uma sobreposição entre a adoção e a gestação

[1799] Ainda que possa haver, em determinadas situações, como *infra* veremos, algumas nuances a considerar neste eventual processo de adoção.

[1800] Querer ser mãe ou pai sem ter relação genética ou biológica com a criança é, paradigmaticamente, uma situação de adoção que — e por haver uma alternativa que cumpra exatamente os mesmos legítimos objetivos — não deve dar origem a um arbitrário processo de gestação de substituição. Assim sendo, no nosso entender, não faz qualquer sentido um regime de analogia com a adoção, que sempre implicaria — sendo todos os intervenientes conhecidos — estabelecer a maternidade em relação a algum deles e, depois, passar pelo procedimento da adoção. A medicina, neste caso, e as tecnologias de reprodução servem para isso mesmo: a reprodução.

[1801] V. figura 2, capítulo IV.

[1802] V. capítulo IV.

de substituição — no caso da gestação de substituição tradicional, é exatamente o que acontece na nossa perspetiva [1803]. Uma mulher-gestante-(que é mãe) tem um(a) filho/a com outrem, o que, assim sendo, ainda que diga que não, revela um projeto parental [1804]. Outra solução implicaria reconhecer, por outro lado, o direito a ter um(a) filho/a baseado na mera intenção o que, como também assumimos, não perfilhamos este entendimento.

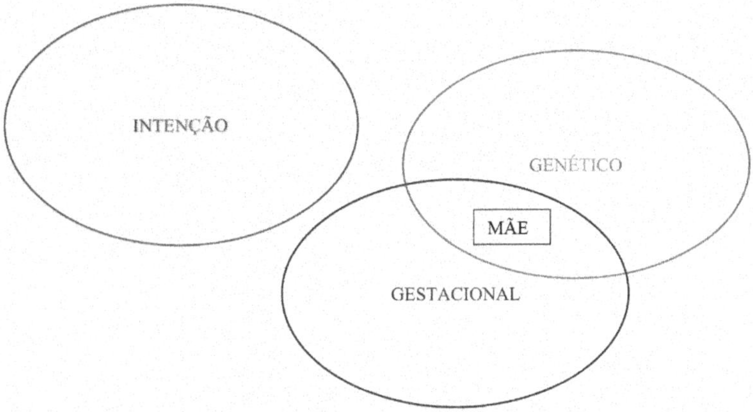

Figura 5: Determinação da maternidade com combinação do critério gestacional e genético. O caso típico da denominada gestação de substituição tradicional

Como expusemos, na gestação de substituição, o critério a usar, já que se neutraliza a gestação, quanto a nós, permite determinar a parentalidade, seja a mãe e/ou o pai. Desta forma, e conforme enunciamos, se o pressuposto da gestação de substituição é a relação genética com a criança e a intenção de ter um(a) filho/a biológico/a, a filiação deve ser, quanto a nós, estabelecida em relação ao homem e/ou mulher que combine aqueles dois elementos e permita desencadear, dessa forma, o respetivo critério para o reconhecimento legal da filiação. É relevante que, como fator de conexão, a gestante não tenha também intenção procriativa, isto é, não contribuindo com o seu material genético, exerça os seus direitos reprodutivos para ter uma criança que não é seu/ua filho/a.

[1803] Entendemos, aliás, que é por isso que solução legal da UPA 2017 em relação ao consentimento da gestante nos casos de gestação de substituição tradicional apresenta um figurino próximo da adoção.

[1804] Desta forma, nos termos da tabela 3, qualquer uma das opções que revele uma ausência parcial da relação gamética com a beneficiária, se esta existir, não pode implicar, quanto a nós, que essa ascendência genética se estabeleça com a gestante.

No âmbito da matriz referida está a liberdade de procriar, tanto da gestante como da beneficiária. Como assumimos, a gestante, ainda que no âmbito dos seus direitos reprodutivos, como o concebemos, está a exercê-los de forma negativa, não querendo ter um(a) filho/a e, portanto, sem intenção de ver estabelecida com a criança a respetiva relação filial, ao contrário do que acontece com a beneficiária, que exerce aquela liberdade com a intenção de ter um filho e de, portanto, estabelecer com ele a respetiva relação filial. Neste âmbito, o que se impõe ao Direito não é que assuma uma presunção — como acontece no critério tradicional — quando ela, de facto, não existe para estabelecer a maternidade, mas, ao contrário, que *persiga* a identidade-parental[1805].

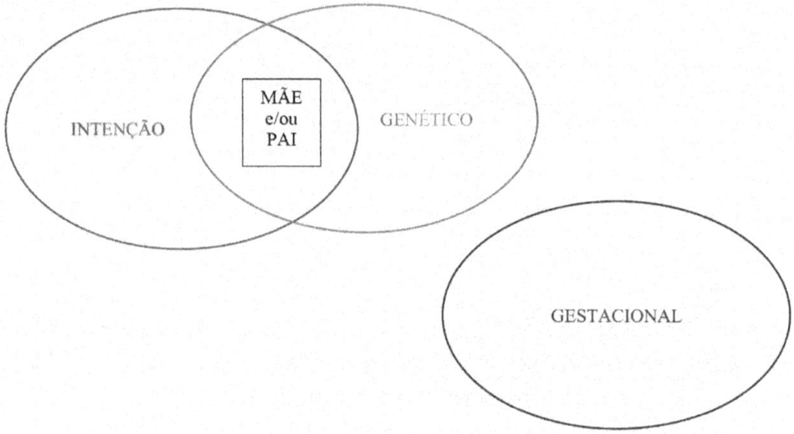

Figura 6: Determinação da parentalidade com combinação dos critérios genético e intencional

A identidade pessoal, o estatuto, a filiação e a própria autoridade parental são realidades intrincadas em matéria de gestação de substituição, porquanto a maior parte dos Estados mantém o parto como determinante para estabelecer a filiação materna. A parentalidade decorrente de um contrato de gestação de substituição é diferente do método natural, que envolve, desde logo, um projeto parental sem que a gestante sequer tenha sido equacionada e que entra no projeto num exercício de colaboração reprodutiva e, nesta posição, prestou o seu consentimento. Ao contrário, os/as beneficiários/as desenvolveram um projeto parental que, ainda que sem possibilidade de gravidez, foi por eles desenvolvido com as naturais expectativas

[1805] Seja com referência à identidade-materna, seja com referência à identidade-paterna que, no caso da gestação de substituição ela se revela da mesma forma, ante a neutralização do critério gestacional.

inerentes [1806]. Ponderando as posições, entendemos que não só não serem estes os pais da criança põe em causa a identidade-parental, como se afigura de uma violência sancionatória inexplicável à luz do quadro dos direitos fundamentais.

Se atendermos às orientações do TEDH [1807], o que podemos concluir é que, em matéria de parentalidade, há uma *perseguição* à relação familiar. Isto é, mesmo nos casos em que a criança tem a relação filial constituída, garante-se a proteção da *sua* família de facto. Esta posição tem sido sintomática, como descrevemos, em várias decisões do tribunal, que tem reconhecido situações familiares de facto em detrimento das relações jurídicas quando não estejam em sobreposição.

Ora, embora não se referindo concretamente à gestação de substituição, considerando o farol dos melhores interesses da criança, esta tem sido, sem dúvida, a orientação do TEDH. Contudo, além disso, e considerando esta mesma linha de orientação, esta perseguição permitiu, *in extremis*, alterar a própria relação filial — bastará recordar como o tribunal tutela situações familiares de facto por exemplo [1808].

Desta forma, parece-nos insustentável que qualquer legislador mantenha a relação gestacional como determinante para o estabelecimento da maternidade quando isso, no caso da gestação de substituição, não representa nem a presunção de que parte o legislador para assumir esta mulher como a mãe certa — isto é, a ascendência genética — nem, e isso para nós é o mais relevante, consubstancia a representação da relação parental que a relação filial deve reconhecer *ab initio* à revelia, quanto a nós, da doutrina de Estrasburgo [1809], que, mesmo em situações sem relação biológica, determina a efetividade da relação familiar, ainda que de facto como preponderante.

Ora, nesta situação de gestação de substituição, o que se impõe é que o legislador determine quem expressa a identidade-parental e, em relação a estes/as, estabelecer a filiação. Reconhecemos que a gestante pode revogar o seu consentimento, tratando-se de direitos de personalidade. Todavia, o que nos parece que aqui está em causa é algo diferente: a gestante não pode alterar a identidade-parental que, de facto, não integra o âmbito dos seus direitos, dos direitos que exerceu e em relação aos quais expressou o seu consentimento e que, portanto, está além dos efeitos de qualquer revogabilidade. A identidade-parental foi estabelecida e, embora se

[1806] Nas decisões que analisamos, mormente no Reino Unido, ainda que a filiação se mantenha com a gestante, por exemplo, as responsabilidades parentais são exercidas pelos beneficiários. O mesmo se verificou, desde logo, no caso do *Baby M*.

[1807] Ainda que não o faça claramente em matéria de gestação de substituição nem, muito menos, tenha alterado o critério gestacional para revelar a maternidade. V. capítulo III.

[1808] Ainda que quanto a estas estabeleça, nomeadamente, a imperativa necessidade dos laços familiares, fortes, se protelarem no tempo. V. capítulo III.

[1809] Ainda que, como já admitimos, não se tenha revelado, mormente nesta extensão que aqui sufragamos, ao nível da gestação de substituição. O que aqui queremos enfatizar é que, ainda que não tendo alterado qualquer critério de determinação da relação materna, a verdade é que a jurisprudência do TEDH tem-se mostrado particularmente criativa em matéria de relações familiares.

utilize o paradigma contratual, não se circunscreve aos limites das páginas em que os outorgantes apõem a sua assinatura; tem efeitos para lá do negócio, nomeadamente em relação à identidade da criança. Já o assumimos: a gestante não é *persona non grata* no processo; pelo contrário, colabora no processo procriativo, tendo uma das dimensões típicas da maternidade. Mas não só não é a única como, *in casu*, não exerceu qualquer direito para procriar. Desta forma, não se enquadra na sua liberdade procriativa a dimensão de se reproduzir no caso concreto.

Quando as pessoas se querem tornar mães ou pais, no âmbito do exercício do direito à reprodução, querem passar — pelo menos em parte — pelo processo de fazer nascer uma criança. Como animais que se pavoneiam para serem escolhidos e passarem a sua carga genética para a geração seguinte, tão inato, natural e, por isso, tão legítimo. O critério que permite, em nosso entender, almejar o cumprimento desse desejo está em balizá-lo com outras formas de cumprir o desejo de ter um(a) filho/a, como é o caso da adoção.

A reprodução através da PMA visa — ao contrário da adoção — recriar, na medida do possível, a relação natural entre pais/mães e filhos/as. No caso da gestação de substituição, essa relação implica a vontade, o desejo da continuidade da carga genética para a geração seguinte. A aceitação social de novas composições familiares é um sinal de progresso e o registo de nascimento reflete também esta realidade social (Swerdlow & Chavkin, 2017, p. 29).

Cremos que esta posição é aquela que acautela todos os direitos dos intervenientes e, sobretudo, a que melhor garante os direitos das crianças e os seus melhores interesses. Reconhece a importância do fundamento biológico que encontra assento na própria identidade da criança (26.º CRP) e garante a sua integridade pessoal, reconhecendo a historicidade de cada um(a), incluindo o direito a conhecer a identidade dos progenitores, nomeadamente o direito à «localização familiar» (Pereira Coelho & Oliveira, 2006, p. 51), que inclui a identificação dos parentes, mas também a sua origem geográfica e social. Este direito que, como chamam a atenção Pereira Coelho e Guilherme de Oliveira (2006, p. 51), consagra a autodeterminação e autonomia individuais tem especial relevância nas crianças e jovens [1810], sendo neste âmbito uma barreira no que tange à liberdade reprodutiva das pessoas, seja no mais tradicional aspeto da adoção, seja no que ao que aqui nos interessa — ao nível da inseminação heteróloga no âmbito da PMA [1811]. Esta determinação da identidade-parental impõe-se desde a fase 1 do processo procriativo e impõe-se também que, aquando da fase 5 e do estabelecimento da relação filial, esta seja um espelho

[1810] V. arts. 69.º, 70.º e 73.º, n.º 2, da CRP.

[1811] Quanto a princípios infraconstitucionais, encontramos o princípio da verdade biológica. Neste aspeto, temos o confronto com outros interesses, nomeadamente a estabilização de relações familiares não assentes na coincidência com o critério biológico, dando-se primado à «paz das famílias» (Pereira Coelho & Oliveira, 2006, p. 53).

daquela. Isto sem prejuízo de, nos termos do art. 8.º da CEDH, a importância da ascendência biológica resultar da expressão do direito ao conhecimento das origens genéticas [1812] e gestacional, que inclui uma obrigação positiva no sentido de facilitar o acesso a essas informações em prol dos melhores interesses da criança [1813].

Neste aspeto temos o confronto com outros interesses, nomeadamente a estabilização de relações familiares não assentes na coincidência com o critério biológico, dando-se primado à «paz das famílias» (Pereira Coelho & Oliveira, 2006, p. 53). Ademais, e nas palavras de Hill, a possibilidade de se litigar esta matéria daria causa às «*child-victims of the uncertainty*» (Hill, 1991, p. 417), o que afetaria seriamente os superiores interesses da criança, que se veria arrastada num processo judicial que tinha como objeto a determinação da sua filiação. O vínculo que liga a criança aos seus/uas pais/mães dita não só o estatuto legal da criança, incluindo a própria cidadania [1814], [1815], mas também o seu sentido de ligação social e afetivo.

Não obstante, a complexidade pelo número de pessoas envolvidas não significa — nem pode significar, de facto — que se desmaterialize a parentalidade; implica, isso sim, que se identifique quem continua ou vê constituída a identidade-parental, única e infungível. É certo que a escolha pode dar origem a consequências não alinhadas com a tradição sacralizada da maternidade, mas não significa que se desconsidere a maternidade. Implica, isso sim, reconhecer dinâmicas diferentes que resultam da reprodução com a colaboração de terceiros e assumir que as expectativas e o *iter* relacional decorrente do exercício das liberdades num determinado sentido é que permitem reconhecer o papel de cada um, incluindo dos pais/mães, que, por o serem, são infungíveis.

Além disso, a doutrina que saiu dos casos de gestação de substituição no TEDH é, quanto a nós, clara no sentido de assumir a relevância da relação biológica para ditar a filiação [1816] (European Centre for Law and Justice, 2019), o que sempre terá de se ter em linha de conta. Contudo, e por fim, considerando a forma como assumimos a liberdade procriativa quer dos *intended parents*, quer da gestante, só podemos concluir que a identidade-parental se reflete unicamente nos/as beneficiários/as dentro do pressuposto fixado e dos limites estabelecidos. Quanto a nós, um entendimento destes permite reconhecer, nos termos do art. 26.º, n.º 1, da CRP, a identidade pessoal de todos os intervenientes e sobretudo da criança. A expressão de

[1812] V. Phinikaridou v. Cyprus, n.º 23890/02, 20.12.2007, § 45.

[1813] V. Mikulić v. Croatia, n.º 53176/99, 4.09.2002, § 56 a 59.

[1814] Princípio *Ius Sanguinis* (Almeida Araújo, 2019)

[1815] A ciência, como abordamos no capítulo I, tem um profundo impacto nas opções políticas e no processo em curso denominado *democratization of science* (Hurlbut, 2017, p. 16). O denominado *repronationalism* «*[...], underlines how the rise of stem cell science is part of a country's national identity and political economy, shaped through reproductive policies and practice*» (Merleau-Ponty, Vertommen, & Pucéat, 2018, p. 354).

[1816] Como resulta da comparação entre o caso Mennesson v. e Paradiso and Campanelli v. Italy [GC].

que cada ser humano é infungível, singular e único. Esta singularidade exprime-se também numa vertente relacional(-familiar) que inclui a sua historicidade pessoal e que impõe ao legislador que identifique a *sua* família. Deste modo, e dando enfoque aos direitos da criança [1817] determinando a identidade-filial, entendemos que, se esta posição vela pelos melhores interesses da criança, garantindo que aquela relação se estabelece com aqueles/as que no âmbito familiar relacional veem emergir a identidade-parental em relação à criança e, portanto, existindo a relação parental, a criança tem o direito a manter-se com os/as pais/mães, ao nome e a nacionalidade — *in extremis*, a ver a *sua* família protegida sem qualquer discriminação decorrente das circunstâncias do seu nascimento.

Atendendo à complexidade deste *iter* e independentemente de a quem é reconhecida a relação filial, a criança terá o direito de conhecer como foi gerada e as suas origens genéticas [1818]. Nesta perspetiva relativa aos direitos da criança, o Ethics Committee da ASRM considera que a informação a prestar à criança sobre o facto de ter nascido com recurso a doador de gâmetas pode ser assumida nos melhores interesses desta (Ethics Committee of the American Society for Reproductive Medicine, 2018b, p. 601).

Os seres humanos têm o interesse legítimo em conhecer as suas origens, perceber a sua identidade, nomeadamente para se integrarem na sociedade e tomarem decisões sobre a sua vida. Cada criança, nos termos do art. 8.º da CEDH, tem direito a conhecer as suas origens e ao desenvolvimento da sua identidade e personalidade. Este é um afloramento do direito geral de personalidade; o direito à identidade pessoal integrado, também, pela historicidade pessoal, o que, neste sentido, incluiria, quanto a nós, o direito a ter conhecimento do percurso que originou o nascimento e a conhecer a gestante, além da identidade genética. Não vamos aprofundar esta questão, mas entendemos que o anonimato absoluto aniquila esta dimensão do direito à identidade, o que se mostra inadmissível, mas compreendemos que a abertura total pode conflituar com outros direitos. Seja como for, o acesso à informação deve estar acessível pelo facto de estar em causa o direito à identidade da criança [1819].

Contudo, se é verdade que a identidade pessoal inclui a identidade biológica, não significa isto o estabelecimento da filiação em relação aos ascendentes genéticos [1820],

[1817] O Conselho da Europa protege e promove os direitos das crianças, tendo estabelecido um conjunto de cinco prioridades para o período de 2016 a 2021: «*1. Equal opportunities for all children; 2. Participation of all children; 3. A life free from violence for all children; 4. Child-friendly justice for all children; 5. Rights of the child in the digital environment*» (Council of Europe, 2016, p. 4).

[1818] Resolução de 16 de março de 1989 relativamente à FIV e *in vivo* que defende a proibição de anonimato do doador.

[1819] Shilei Mota e Stela Barbas fazem uma interessante análise sobre a verdade biológica em relação às crianças nascidas por PMA, num estudo comparativo entre Portugal e o Brasil. V. (Mota & Barbas, 2021).

[1820] Em sentido oposto, v. Otero, 1999, p. 91 e ss.

tal como defende Oliveira Ascensão (Ascensão, 2000) [1821]. Sendo verdade que a biologia é relevante, a componente social e a projeção das relações, o afeto que se demonstra no dia a dia, bem como criar a criança correspondem também ao reconhecimento de que o ser humano nasce efetivamente inacabado. Sobretudo na raça humana, em que as crianças têm uma relação de dependência prolongada até se tornarem adultas, o processo de socialização é essencial. Neste aspeto, como refere Habermas, o processo de «*[i]ndividuation, as a part of life history, is an outcome of socialization*» (Habermas, 2008, p. 34). O ser humano nasce enquanto indivíduo, mas também se faz na sua individualidade e como membro da comunidade.

Reconhecemos, como o assumimos, que a relação biológica é essencial [1822] e o pressuposto e fundamento da gestação de substituição, mas, embora esta esteja também dispersa por mais do que uma pessoa, o elemento volitivo — considerando aquela dimensão do projeto parental que determina a existência da criança, mas também o seu crescimento e florescimento humanos — é essencial e, para nós, marcadamente onde radica a essência da parentalidade. Quem parte para este projeto com essa intenção, ainda que esta se encontre legitimada pela ligação genética que dá causa à gestação de substituição, é quem temos, efetivamente para nós, de reconhecer como a família da criança. Nestas pessoas radicará a identidade-parental.

Mesmo em situações em que a criança tem a filiação estabelecida, a paternidade pode ser impugnada por razões puramente biologistas. Pense-se, por exemplo, no caso de a filiação paterna ser estabelecida em relação ao marido da mãe, mas a criança ser filha de uma relação extraconjugal. O pai biológico da criança — por essa relação — pode impugnar a paternidade já estabelecida e um projeto parental que, *in extremis*, o marido da mãe pode ter assumido como seu também. Isto justifica-se por razões de verdade biológica e sobretudo de não discriminação em relação aos homens não casados. Da mesma forma, em relação à mãe, o mesmo princípio de verdade biológica se impõe, embora esta não assuma a identidade gravídica. Tal como os pais genéticos podem provar a relação parental por aquela relação, o mesmo se impõe agora em relação às mães. Tanto um como o outro são os pais naturais da criança considerando a replicação da identidade genética única de um indivíduo.

[1821] A identidade pessoal inclui a identidade genética. Não o negamos. Do que duvidamos é de que se imponha que o estabelecimento da filiação dependa necessariamente da relação biológica direta ou que este seja o seu critério exclusivo.

[1822] Numa visão mais estrita, Francisco Aguilar defende que o direito à família se encontra ligado a uma relação de consanguinidade necessária, não sendo «concebível a criação de uma família biologicamente disfuncional, a qual se encontraria na iminência de dissolução pelo simples exercício tanto do direito ao conhecimento e estabelecimento da ascendência biológica direta, como do direito ao conhecimento e estabelecimento da descendência biológica direta» (Aguilar, 2000, p. 673).

Isto não significa apagar a histórica da criança [1823]. Pelo contrário. O Estado tem o dever de garantir que a informação sobre doadores de gâmetas está acessível (Nuffield Council on Bioethics, 2013, p. 86 e ss.) [1824], devendo, todos nós aliás, tornar mais acessível a busca pela herança destas pessoas e a curiosidade (natural) em saber mais sobre as pessoas que contribuíram para a sua criação «*[...] and view the circumstances of their conception and gestation as an important part of their heritage*» (Dempsey & Kelly, 2017, p. 216).

O direito a ter informação sobre as origens integra a identidade da criança, pelo que a determinação da parentalidade importa que se assuma especial cuidado no estabelecimento desta, o que reconhecemos. Seja como for, o respeito pela vida privada e familiar da criança importa que esta tem o direito de saber todos os detalhes da sua identidade como ser humano individual e único, incluindo a relação filial.

No caso Odièvre v. France [GC], n.º 42326/98, de 13 de fevereiro de 2003, o tribunal reconheceu a relevância do acesso à informação sobre as origens como parte da identidade pessoal de cada um e, portanto, protegida nos termos do art. 8.º da Convenção [1825]. No caso Mikulić v. Croatia, o queixoso, filho de uma relação extraconjugal, foi deixado numa situação de incerteza na determinação da paternidade que o TEDH condenou, mormente considerando a falta de soluções domésticas na proteção de crianças em situações mais vulneráveis que são deixadas em situação

[1823] Como acontece em matéria de adoção. Nos termos do art. 22.º, n.º 3, da Convenção Europeia em Matéria de Adoção (revista), constitui uma previsão com significativo impacto sobre o direito da criança em aceder às informações sobre as suas origens. Também a Convenção de Haia em Matéria de Adoção estabelece esta matéria sobre a possibilidade de acesso a esta informação. É reconhecido o interesse da criança em conhecer as suas origens e, no caso da adoção, conhecer quem foi a sua mãe e o seu pai, ainda que o acesso a esta informação possa ser limitado, o que se reconhece, considerando outros interesses, nomeadamente públicos. Admite-se que se mantenha o acesso limitado tendo em conta outros interesses privados — por exemplo, para as mulheres grávidas que não optem por IVG ou pelo abandono da criança. No caso Godelli v. Italy, o TEDH conclui a importância de acesso à informação sobre as origens do queixoso.

[1824] Neste relatório, resulta que as crianças assimilam de forma positiva a informação, sendo a altura ideal o pré-escolar, já que adultos e adolescentes lidam com mais *stress* em relação à informação e à integração desta no seu desenvolvimento e identidade (Nuffield Council on Bioethics, 2013, p. 84). Além da informação em relação aos pais, «*Seventy-eight per cent of those participating in the 2010 DSR survey were also searching for their donor-conceived siblings. One third of these were successful, and almost all had subsequently been in contact. The main reasons given for searching for siblings were curiosity (for example about similarities in appearance and personality) and to know and understand a missing part of me', and as with the contact with donors, the majority describe their experience of contact with siblings as positive*» (Nuffield Council on Bioethics, 2013, p. 69). Aliás, um elevado número de pessoas que nasceu com recurso à contribuição de terceiros recorre a «*[...] DNA-based detective work, online donor registries and social media to find their donors and connect with donor siblings*» (Dempsey & Kelly, 2017, p. 214).

[1825] Também nos casos Gaskin v. the United Kingdom, que marcou a temática do direito ao conhecimento das origens genéticas. V. Çapin v. Turkey e Boljević v. Serbia.

de incerteza em relação à sua identidade [1826]. Os/as pais/mães têm a responsabilidade de garantir os direitos dos filhos e transmitir valores de confiança e verdade.

> «*[...] have a responsibility to avoid, where reasonably possible, any harmful consequences that may follow for their children from the fact that they were donor-conceived. Such responsibilities include a willingness both to take account of the evidence available regarding disclosure, and to engage as necessary with professional support, when determining what is likely to be best for their donor-conceived child in their particular circumstances.*» [1827] (Nuffield Council on Bioethics, 2013, p. 86)

As crianças têm direito a conhecer de forma precisa a sua informação legal, biológica e gestacional, o que o direito internacional enfatiza, especificamente a CDC de 1989, em especial os seus arts. 7.º e 8.º (Odze, 2018). Ainda que existam inúmeros fatores para esconder o assunto, como o estigma em relação à infertilidade ou estigma em relação às próprias crianças, a informação faz parte integrante da identidade das crianças e elas têm direito a saber da existência da gestante.

Deve haver um guia e acompanhamento dos pais para que entendam a importância de revelar a ascendência ou gestante ao filho. Odze recomenda, aliás, que a *parental order* inclua um *Parenting Information Programme* para abordar as complexidades em relação às necessidades das crianças que nasceram com recurso a uma gestante (Odze, 2018, p. 159). Impõe-se uma responsabilidade e um dever de verdade para com os/as filhos/as.

> «[O]s deveres parentais, o seu *modus faciendi*, seu exercício, neste caso, deveres naturais de responsabilidade parental pelo sentimento de dívida para com o outro (o filho), experiência fundadora na consciência moral: e um deles, certamente não dos menos importantes, até por uma questão de respeito próprio e respeito mútuo, é dizer a verdade às crianças, a começar por dizer a verdade aos seus próprios filhos sobre a história biológica, sejam eles genéticos, biológicos ou apenas sociais.» (Silva, 2017, p. 121)

O Nuffield Council on Bioethics abordou diretamente a questão de as crianças serem informadas sobre o facto de terem sido concebidas com recurso a doador de gâmetas. O Conselho inglês conclui que sim. No capítulo 4 do relatório de 2013,

[1826] «*The Court has also held that procedures must exist that allow particularly vulnerable children, such as those with disabilities, to access information about their paternity*» (A.M.M. v. Romania, § 58-65) (European Court of Human Rights, 2020, p. 56).

[1827] O mesmo se diga em relação aos doadores, que devem ponderar o que fazem e o papel que o ato implica na vida de outrem — não só na criança, mas também na sua própria família.

o Conselho conclui que as crianças cujos pais/ mães acabaram por lhes contar que haviam sido concebidas com recurso a gâmetas doados por um terceiro, desde tenra idade, em geral, integraram esta informação na sua própria consciência de si e da sua pessoa. Ao contrário, quando esta informação era conhecida durante a adolescência e idade adulta, criava mais pressão, levando a que haja maior fonte de arrependimento por esta revelação tardia, ainda que as famílias mantenham a sua estrutura relacional (The Nuffield Council on Bioethics, 2013, pp. 83-84).

O *European Study of Assisted Reproduction Families* concluiu que, dos 111 participantes (em relação aos anos de 1995 e 1996), nenhum havia contado aos seus filhos, durante a infância, que haviam sido concebidos com recurso a doação de gâmetas, menos de 10% contaram durante a adolescência (nos anos de 2002). Este estudo teve um *follow-up* no Reino Unido em 2009, em que se conclui que nesta amostra não foi comunicado a estes jovens — até aos 18 anos — que um(a) dos/as pais/ mães não tinha relação genética com o descendente (Golombok, 2015, pp. 98-99).

Não obstante, nos últimos anos, esta tendência tem um sentido decrescente, e cada vez mais os/as pais/mães informam os/as filhos/as de que a sua gestação implicou doação de gâmetas ou de embriões. No *Longitudinal Study of Assisted Reproduction Families*, realizado no Reino Unido em 2004, com referência a crianças nascidas no ano de 2000, 46% dos/as pais/mães que recorreram a doação de espermatozoides e 56% dos/as pais/mães que recorreram a doação de óvulos planeavam contar aos/às filhos/as (Golombok, 2015, p. 101).

Transmitir ou não aos/às filhos/as esta informação — ainda que se entenda essencial partilhá-la com a criança logo que possível — demonstra a importância e a ligação emocional que os/as pais/mães mantêm quanto a esta questão e a relevância que, inegavelmente, as considerações biológicas podem assumir (Nachtigall, Becker, Quiroga, & Tschann, 1998). Contudo, independentemente da curiosidade associada aos/às filhos/as de quererem ou poderem querer conhecer os seus ascendentes biológicos, este critério «perdeu» o monopólio para determinar quem é o pai ou a mãe.

Desta forma entendemos que o caminho será que a informação deva ser transmitida em devido tempo às crianças nascidas com recurso à gestação de substituição. Ainda que possamos concluir que esta não constitua uma obrigação legal dos/as pais/mães, estes/as devem ser aconselhados/as e apoiados/as para o fazerem em devido tempo, conforme o desenvolvimento de cada criança. O desejo que uma criança tenha em conhecer os/as seus/uas ascendentes genéticos/as e a gestante é defensável, no nosso entendimento, e inclui-se naquilo que é a identidade da criança. Não sendo aceitável o anonimato, deve haver pelo menos a possibilidade de estas crianças, querendo, acederem a esta informação. A existência de uma base de dados sobre estas técnicas e a ausência de anonimato são, no nosso entendimento, essenciais, e podem até justificar-se por razões de saúde, mormente mental, em que a criança careça em absoluto de aceder a esta informação.

A questão do anonimato é tratada de forma diversa nas legislações, mas entendemos que, ante o direito que lhe está subjacente, os pais devem esclarecer a criança sobre a forma como veio ao mundo, reconhecendo «*[t]he wish of the child to know its genetic origin should be taken into consideration by the parents in cases where donor gametes or the oocyte of the surrogate have been used*» (Shenfield, *et al.*, 2005).

Do relatório de 2016 da IFFS conclui-se o seguinte:

> «*Every European country which had a respondent who was surveyed, with the exception of Ireland, have national laws requiring potential disclosure of information regarding donors or offspring, although the situation is not homogeneous among all European countries with regard to the type of information disclosed and how it is implemented. [...] When asked if it is customary to disclose this information, regardless of the existence of laws or regulations, most of the respondents in these countries reported having laws that require disclosure as customary.*» (The International Federation of Fertility Societies, 2016, p. 43) [1828]

Um estudo conduzido entre casais heterossexuais e homossexuais que recorreram à gestação de substituição permitiu concluir que o país a que os/as pais/mães recorrerem tem relação com o contacto que aqueles têm ou mantêm com a gestante [1829]. Os/As pais/mães que recorreram a gestantes nos EUA ou no Reino Unido revelam maior contacto e relações positivas com as gestantes em comparação com aqueles que recorreram a países como Tailândia ou Índia, e os casais homossexuais apresentam maior intenção de contar aos/às filhos/as sobre a gestação de substituição em comparação com os casais heterossexuais (Jadva, Gamble, Prosser, B.Comm., & Imrie, 2019, p. 562).

Num inquérito de 2017:

> «*[c]hildren aged 4–12 years born through surrogacy to Italian gay couples have been reported to feel indifferent/uninterested in their birth and to show more interest in their surrogate than their egg donor. Adolescents born using surrogacy have been reported to feel either positive or indifferent about their surrogacy birth at age 14 years. However, this latter study found that approximately half of the adolescents who had no contact with their surrogate were interested in her, with the remainder being uninterested.*» (Jadva, Gamble, Prosser, B.Comm., & Imrie, 2019, pp. 568-569)

1828 A HFEAct de 1990 também assumiu a matéria relativa ao anonimato. Em 2005, o Parlamento aprovou que as crianças que nascessem com recurso a doadores de gâmetas tinham direito a aceder à informação sobre os seus ascendentes genéticos. Esta tendência, que Portugal também adotou, revela «*[...] increasing focus on the importance of children's rights has resulted in a greater awareness of the AID child's perspective on donor anonymity*» (Cohen S. R., 2004, p. 272). Os direitos da criança e o direito a conhecer a sua ascendência genética, como parte da sua identidade, revelaram-se primordiais.

1829 Uma das limitações é a representatividade da amostra.

Mas como se garante esta informação? Em Inglaterra, por exemplo, assim que tiver 18 anos [1830], a criança pode pedir o levantamento da informação ao General Register Office.

Seja como for, deve ser de todo relevante incluir formação aos/às pais/mães para que revelem a informação aos filhos e que aqueles tenham consciência da relevância da informação na identidade da própria criança, sendo elemento essencial na formação da própria família. Ademais, se a gestação foi no estrangeiro, é de todo relevante incluir o sentido de cultura da gestante e da sua família como parte integrante da sua história pessoal, ainda que novas dificuldades se suscitem, como a barreira da língua, cultura, distância e outras diferenças, principalmente socioeconómicas, de educação ou literacia (Crawshaw, Fronek, Blyth, & Elvin, 2017, p. 174).

Neste aspeto em específico, é particularmente agravado o risco de a criança não conseguir aceder a esta informação, nomeadamente em legislações com soluções distintas ou considerando o recurso a contratos internacionais de gestação de substituição [1831], se a criança foi concebida ou não com recurso a gâmetas de terceiros (Golombok, *et al.*, 1996, p. 2324). Como tivemos oportunidade de expor *supra* [1832], nestas situações há que reconhecer uma nova transição demográfica (Franklin, 2016) que a globalização [1833] também da reprodução trouxe. O denominado *biocrossing* de Aditya Bharadwaj reflete este fenómeno de passagem (Bharadwaj, 2008, p. 103) que poderá ter repercussões na própria criança [1834], já que , no que tange à sua historicidade, este *crossing* de participantes e material biológico necessário para a sua conceção integram essa identidade pessoal.

Já em 2016, quando tomou posição sobre a gestação de substituição, a British Association for Social Workers concluiu que «*[a] surrogate-born child has the right to know the identity of (i) the person who gave birth to them (ii) the person/s who donated gametes in order for them to be conceived and (iii) the person/s who are raising them in a parenting capacity*» (British Association for Social Workers, 2016).

Por outro lado, a CDC garante o direito das crianças a conhecerem e serem criadas pelos/as seus/uas pais/mães, constituindo uma obrigação dos Estados assegurar que não são separadas dos/as seus/uas pais/mães [1835]. Ademais, determinar os/as pais/mães, os/as seus/uas, e não outrem é, quanto a nós, essencial e não pode ser conjuntural e dependente de uma hierarquização de famílias.

[1830] Também em Gales e na Irlanda do Norte, e a partir dos 18 anos na Escócia (Crawshaw, Fronek, Blyth, & Elvin, 2017).

[1831] Para uma análise sobre a perspetiva internacional dos contratos de gestação de substituição, v. Ribeiro G. R., 2021 e Mota, 2017.

[1832] V. capítulo IV.

[1833] V. Glossário.

[1834] Ainda que se coloque de forma distinta em relação à adoção.

[1835] V. também *Para uma Estratégia para os Direitos da Criança* e *Uma Agenda Europeia para os Direitos da Criança*.

As relações biológicas — genéticas e gestacionais — continuam a manter a sua posição, sendo aliás o fundamento para a PMA como a entendemos. Porém, os fatores sociais e a formação familiar, ligada ou não pelo casamento, permitem — tal como acontece na parentalidade funcional, integrada naquela dimensão social de criar a criança como se de uma mãe ou de um pai se tratasse —, quando as dimensões apontam para pessoas diferentes, estabelecer a relação filial com quem, de facto, assumiu o projeto parental. Se o critério é casuístico? Entendemos que não. O que assumimos é que a PMA não está inserida na natureza natural da procriação e, ainda que reconheçamos que tenha um fundamento biológico, não significa que se subsuma no paradigma de sexualidade, heteronormativo e matrimonializado.

Entendemos, assim, que a tomada de posição não constitui uma renúncia a um direito de personalidade (o que seria um ato nulo nos termos do art. 280.º do CC) e, portanto, livremente revogável (nos termos do art. 81.º, n.º 2, do CC [1836]), considerando que a gestante, de facto, não é a mãe [1837] e não deve ser para ela, portanto, estabelecida a filiação [1838]. Não negando que há teias relacionais entre os/as diversos/as outorgantes entre si e com a criança que se tocam e interligam — o que se reconhece —, estas ligações podem revelar-se insuficientes ou concorrentes para determinar a parentalidade no âmbito da reprodução assexuada. Quanto a nós, o desempate, se quisermos, terá de se fazer por forma a garantir que o princípio a adotar assegure os direitos da CEDH de forma efetiva [1839], incluindo que se imponham aos Estados obrigações positivas que se mostrem necessárias.

Ora, nesta situação, e entendendo que a relação biológica está dispersa e, portanto, em abstrato, ambos incluídos no âmbito de proteção do art. 8.º por mais do que uma pessoa, determinar a primazia de uma em relação a outra sem outra explicação não assegura os direitos e as expectativas legítimas das partes que as colocaram no âmbito do próprio preceito. Não se venha dizer que, em relação aos outorgantes, a gestante é a pessoa mais vulnerável. Primeiro, o que está em causa é a proteção

[1836] Este regime prevalece sobre a máxima *pacta sunt servanda*, como assinalam Henrich Hörster e Eva Sónia, ficando protegida a posição do titular do direito «[...] constituindo a limitação ao seu exercício uma situação precária ou mesmo excecional» (Hörster & Silva, 2020, p. 292). Quanto aos poderes jurídicos do sujeito ativo dos direitos de personalidade, v. Sousa R. V., 2011, p. 406.

[1837] V. Duarte, 2003, p. 87.

[1838] Posição que tem, evidentemente, consequências ao nível da determinação do momento relevante para a prestação do consentimento e da sua necessária irrevogabilidade. V. posição adotada *infra*.

[1839] Um específico método de interpretação que implica que o tribunal assegure que os direitos e as liberdades são aplicados de forma prática e efetiva. Este princípio tem a sua génese no caso Marckx v. Belgium: «*[u]nderpinning this approach is the notion that simply prohibiting conduct that violates the Convention might not be enough for a State to be in full compliance with the ECHR. Rather, States may be compelled to take specific actions to protect rights or ensure that individuals can take advantage of their Convention rights. The Marckx case ultimately established the notion of "effectiveness" as a foundation for the subsequent development of many different positive obligations under the Convention*» (Rietiker, 2012, p. 95).

da vida familiar e, por outro lado, os/as beneficiários/as também estão em risco de exploração emocional considerando a sua ligação genética com a criança, cujo laço biológico pode ser preterido, o que não deve ser desconsiderado (Bromfield & Rotabi, 2014, p. 130), agravado com o facto de o projeto parental ser destes e não daquela.

A relevância da determinação da ascendência genética resulta também do caso Jäggi v. Switzerland [1840]. Neste caso, o tribunal considerou que a recusa das autoridades nacionais em recolher amostra de ADN de um cadáver para determinar a filiação do queixoso constituía uma violação ao art. 8.º da CEDH. O interesse do pretenso filho radicava na sua própria identidade e esta prevalecia sobre qualquer interesse da família do falecido que se oponha à recolha das amostras.

Há, neste aspeto, uma rutura que deve ser reconhecida, não se compadecendo com uma típica *epoché* académica da ética da placidez que não se pode fazer entre os parênteses da paz teórica [1841]. Deixar as coisas como estão é não só manter em aberto uma fonte de conflitos, que não são de menosprezar, como também introduzir uma aleatoriedade em relação à identidade da futura pessoa de direito que fica irremediavelmente comprometida, considerando as diversas soluções que se lhe podem apresentar. A resolução destas vicissitudes e o papel que jurídica e legalmente cada um(a) desempenha são essenciais para que todos e os seus legítimos interesses e expectativas sejam protegidos, e sobretudo para que a criança que nasça deste acordo não tenha um estatuto indeterminado aquando do seu nascimento, sendo por isso essencial estabelecer as obrigações e responsabilidades dos outorgantes.

A relação contratual entre as partes deve ser o elemento essencial para blindar ao máximo as situações indeterminadas que podem surgir desta relação, já que, em caso de disputa ou qualquer controvérsia, a consequência deve estar claramente determinada a montante, principalmente a determinação da filiação (Ethics Committee of the American Society for Reproductive Medicine, 2018a, pp. 1019-1020) [1842].

[1840] Quanto ao direito ao conhecimento das origens genéticas o tribunal pronunciou-se, por exemplo, no caso Mikulić v. Croatia, n.º 53176/99, de 4 de setembro de 2002, em que se estabeleceu que «*Birth, and in particular the circumstances in which a child is born, forms part of a child's, and subsequently the adult's, private life guaranteed by Article 8 of the Convention*». V. também Odièvre v. France [GC], n.º 42326/98, 13 de fevereiro de 2003; e Phinikaridou v. Cyprus, n.º 23890/02, 20 de dezembro de 2007, § 45.

[1841] Como Sloterdijk refere, atribuindo a expressão a Husserl (Sloterdijk, 2014, pp. 47-48).

[1842] «*Intended parents engage with gestational carriers in an attempt to achieve their personal reproductive goals. All gestational carriers have a right to be fully informed of the risks as well as the contractual and legal aspects of the gestational-carrier process. Gestational carriers have autonomy in making their own decisions regarding medical care and should be free from undue influences by the stakeholders involved. They should have free access to and receive psychological evaluation and counseling before, during, and after participating. Gestational carriers require independent legal counsel regarding the execution of contracts.*»

O CNECV considerou em 2012, e depois reiterou sucessivamente, que a criança é tida como filha da beneficiária. Não obstante, há vozes dissidentes — por exemplo, Rita Lobo Xavier entende:

> «[...] não ser eticamente aceitável interromper no momento do parto, em cumprimento de uma disposição contratual, muito embora livremente aceite, o vínculo biológico e afetivo construído ao longo do desenvolvimento intrauterino e cuja manutenção e aperfeiçoamento a ciência demonstra ser benéfica para o recém-nascido, no seu processo de crescimento e de afirmação bio-psico-social. Finalmente, considero não ser eticamente aceitável fazer prevalecer totalmente o interesse da mulher-autora-do-projeto-maternal sobre os direitos da gestante e do/a filho/a que virá a nascer.» (Xavier, 2016a)

Compreendemos a preocupação, mas, por um lado, não desconsideramos o papel da gestante e da sua relevância e infungível posição em relação à criança e, por outro, uma visão que mantenha a tónica na gestação sobre qualquer outra é uma visão tradicional de parentalidade inerente a princípios de ordem natural, ou divina, ou seja, pré-jurídicos e, portanto, e por isso, subtraídos necessariamente a qualquer acordo ou negócio. Ou seja, uma conceção em que a lei pressupõe a relação e não a cria. A natureza cria o laço familiar e a lei reconhece a parentalidade a quem a natureza, ou Deus, distinguiu com aquela qualidade. Desta forma, uma visão destas torna-se imune aos contextos e evoluções sociais.

Na gestação de substituição, embora não haja, quanto a nós, uma pluriparentalidade, cada adulto que assume uma relação biológica com a criança determina uma não exclusividade, dado que existe uma pluri-relação-biológica. Assim, nesta conceção, o pressuposto do qual parte a lei não existe, já que nessa situação e naquele pressuposto a parentalidade seria exclusiva. Uma conceção natural deste tipo só contribui para não assegurar as relações de família da criança, visto que manter que as relações entre pais/mães-filhos/as se mantêm num conceito de família natural não é verdadeiro nem justo para com estas pessoas, e sobretudo com estas crianças, mormente em casos de disputa entre os adultos a concurso pela posição de pais e mães. Estes sim tornam-se fungíveis e tornam fungível a identidade necessariamente única da criança.

A flexibilidade de assumir a existência de outras formas de família, incluindo as nascidas *in vitro,* com as suas concretas especificidades, permite garantir a — essa sim — típica e necessária natureza infungível sobre quem é quem e quem deve ser o quê e acomodar mais tipos de famílias, todas legítimas e dignas de proteção, ainda que não se subsumam no estereótipo tradicional e natural de família.

Por outro lado, o princípio fundamental da filiação legal é a proteção da família existente ou potencial e, nesta altura, assim sendo, tanto a gestante como pelo menos um(a) dos/as beneficiários/as está abrangido/a pelo art. 8.º da CEDH. Se é verdade que a relação da gestante com o feto é relevante e tem projeção na vida da criança e na sua identidade, também a tem a ligação genética.

No caso *Kroon and Others v. the Netherlands* a que já aludimos, o tribunal analisou a presunção inilidível de paternidade em relação ao marido da mãe, impossibilitando o pai genético de ser reconhecido como o pai da criança (Kroon and Others v. the Netherlands, 1994). O tribunal considerou que, de acordo com o *case-law*, os princípios estabelecidos radicam na existência de uma relação familiar com a criança, devendo o Estado atuar de maneira a salvaguardar esta relação. A vida familiar e o respeito por esta implicam uma representação de realidade biológica e social que deve prevalecer sobre qualquer presunção legal, como a que existia no caso Kroon. Tal como acontece na manutenção de um dos critérios biológicos em detrimento de outros, é um exercício fechado às novas realidades e afloramentos dos direitos que, tal como na presunção legal inilidível, não protege de forma efetiva os direitos de ninguém, nem beneficia, de facto, ninguém, muito menos a criança e a sua identidade, que fica sujeita às contingências e à vontade das partes mutáveis ao longo do tempo. Para nós, isto será sempre uma violação do art. 8.º.

Além disso, a identificação dos melhores interesses da criança não pode radicar no estabelecimento legal da filiação em relação a uma mulher que não deve ser e não é a *sua* mãe. É uma filiação materna enganosa e sujeita a alteração de vontade das partes. Entendemos, aliás, que esta é a posição do tribunal, ainda que o faça em relação ao pai por reconhecer neste homem a ascendência genética. Sendo certo que não o tenha feito em relação à mãe genética, concluindo que os interesses da criança se podem salvaguardar pela adoção por parte desta mulher, esta solução de compromisso tem permitido ao tribunal manter para todos os efeitos o critério gestacional. Não obstante, a verdade é que nunca o tribunal foi confrontado com uma situação de conflito entre estas duas mulheres. Ademais, uma solução destas implica que a criança não tenha mãe e que fique, a partir do momento em que nasça, dependente da vontade de outros para ver a maternidade reconhecida — tanto da gestante, como também do próprio marido ou companheiro da beneficiária, o que nos parece inadmissível.

Neste panorama, a jurisprudência que referimos no contexto da análise da orientação do tribunal em Inglaterra é de lapidar valência. Em diversos casos, conforme os que tivemos oportunidade de indicar, embora os *commissioning parents* não tivessem cumprido as regras para obter uma *parental order* e a gestante seja considerada para todos os efeitos mãe da criança, nos casos em concreto, a necessidade de resolver o problema da incerteza legal em que as crianças estavam colocadas e de as manter no seu contexto familiar dita soluções *ad hoc* que resolvem inegavelmente esses problemas, mas não só constrangem as famílias, como mantêm vínculos legais desasados da realidade socio-afetiva e biológica.

A título meramente exemplificativo, no caso AB v CD ETC (2018), o tribunal atribuiu a custódia da criança aos beneficiários — a mãe genética e o marido desta.

No caso Re X (A Child) 2014, garantiram-se as relações familiares da criança com os *intended parents*, ainda que se não tivessem cumprido os requisitos da *parental order* conforme resultam da Secção 54(1)(c) da HFEAct 2008 [1843].

Além do mais, uma visão destas é aquela que é, quanto a nós, consentânea com o reconhecimento de relações familiares além da família nuclear, e essas relações podem manifestar-se com vários adultos além dos pais/mães biológicos/as. Portanto, pode concluir-se que também estas relações podem ser merecedoras de tutela considerando sobretudo que os interesses do/a menor determinam que as mesmas sejam preservadas por se apresentarem altamente significativas (Haya, 2009, p. 46) [1844].

A linearidade aparente na determinação da maternidade e da paternidade só existe porque a lei se limita a reconhecer o que a natureza permite e está marcadamente assente numa leitura ocidental — a parentalidade resulta da tradição sociocultural da relação sexual entre duas pessoas, de sexos diferentes, heterossexuais; a família tradicional, mormente matrimonializada. Por outro lado, se pensarmos, por exemplo, na adoção, vemos desde logo um dos mais paradigmáticos desafios a uma conceção de relação genética com a prole.

Contudo, mesmo considerando um conceito tradicional de família, a verdade é que, além da componente biológica de ligação entre pais/mães e filhos/as, existe uma componente social no estabelecimento da relação de filiação. Esta componente está presente e impregna a conceção de paternidade. Se considerarmos a tradicional relação entre pais e filhos/as, a paternidade — ainda que pressupondo um determinado *status quo* que permite que se desenvolva uma conceção social — é estabelecida por presunção. O *pater est quem nuptiae demonstrant* resulta de uma determinada perceção social sobre a família e quem a integra. Isto é, tradicionalmente, o homem e a mulher, casados entre si, têm filhos/as e, em relação ao pai, não existindo o facto ostensivo do parto, presume-se, considerando aquela conceção e perceção sociais, que o pai é o marido da mãe. Esta presunção resulta de que, em princípio, as relações sexuais são exclusivamente entre cônjuges e, portanto, o pai haverá de ser aquele com quem a mãe está casada e com quem exclusivamente tem relações sexuais, sendo, portanto, o ascendente biológico da criança. Contudo, seja como for, esta presunção radica na construção social sobre o que é a família e quem a integra.

[1843] Entre outras referências jurisprudenciais, além destas, que tivemos oportunidade de analisar no capítulo II.

[1844] Relações estas que têm marcado os casos, a que já aludimos, de pluriparentalidade. A autora norte-americana Katharine T. Bartlett analisa modelos sobre a não exclusividade da parentalidade para assegurar a necessidade e o direito da criança à continuidade das relações íntimas com outras pessoas, como cuidadores, padrastos ou madrastas que assumiram, de facto, relações de pai/mãe-filho/filha (Bartlett, 1984, p. 944 e ss.), bem como nos casos em que o tempo de duração das relações de afeto em detrimento das relações biológicas vai dando prevalência a estas à medida que o tempo passa. E como tem sido a doutrina do TEDH.

Na primeira decisão do SH and Others v. Austria [1845], o TEDH conclui que o legislador austríaco foi conduzido, na sua tomada de posição, pelos princípios *mater semper certa est* e *pater est quem nuptiae demonstrant*, e que estes se deviam manter para evitar disputas entre a mãe gestacional e a mãe genética. Não obstante, como refere o próprio tribunal, as relações familiares não comuns não são novas nem excecionais, nem exclusivas da PMA. Basta pensar nos casos de adoção. Assim, entendemos que manter aqueles princípios a qualquer custo, seja para proibir a gestação de substituição, seja para limitar o estabelecimento da relação filial com base naqueles princípios, desconsiderando a realidade biológica e social das famílias criadas *in vitro*, é considerar estas famílias ilegítimas e criar obstáculos para a legalização das relações familiares que não encontra justificação nos quadros legais dos direitos humanos.

Desta forma, se é verdade que os critérios de determinação da paternidade e maternidade partem de uma relação biológica entre ascendentes e descendentes, não é menos verdade que a construção para o estabelecimento da paternidade está também impregnada de um critério sociocultural sobre a conceção de família da qual, e a partir da qual, permite erigir uma presunção face à típica realidade e perceção social da instituição familiar.

Com o desenvolvimento das técnicas de PMA e gestação de substituição, as relações contratuais colocaram-se lado a lado com as relações biológicas para o estabelecimento da maternidade e/ou paternidade e também elas com impacto sociocultural na leitura que é e deve ser feita daquelas realidades que a sociedade acolhe no sentido de se integrarem na essência da parentalidade e na identidade-mãe/pai a par da identidade-mulher-gestante. O que aqui entendemos é que não há razão, pelo contrário, para que a identidade-filial não acompanhe a identidade-parental, embora represente, como no caso da gestação de substituição, uma alteração da *ratio* natural que a lei adotou até agora.

Numa perspetiva como esta, que assumimos, o projeto parental e a reprodução passam a ser projetos também individuais dependentes da vontade de procriar, embora também dependentes da colaboração e solidariedade (reprodutivas) de terceiros, mantendo uma racionalidade de solidariedade típica das relações familiares com relevância ético-jurídica, não só na sua dimensão individual, mas também na dimensão relacional com a criança, ainda que nem todos/as, vejam estabelecida a respetiva relação filial. A identidade-filio-parental é, portanto, neutra e dependente do elemento volitivo de querer criar descendentes com quem se tenha relação biológica.

Compreendemos assim que isso implica que o género não seja relevante nessa configuração da identidade nem — no que tange à mulher, se existir — uma coincidência com o seu eu-gravídico. Portanto, isto implica que as distinções baseadas no género sejam unificadas em torno de critérios neutros e o estabelecimento da parentalidade em matéria de gestação de substituição seja concentrado num

[1845] Relativamente à procriação por FIV heteróloga com recurso à doação de óvulos.

único [1846]. Entendemos que um princípio de neutralidade no estabelecimento da parentalidade é não só uma consequência do reconhecimento da gestação de substituição como técnica reprodutiva assistida [1847] como uma efetiva necessidade de garantia contra soluções discriminatórias. Impedir a ascendente genética de ver estabelecida a maternidade consubstancia, em nosso entender, uma discriminação em razão do sexo, uma vez que esta mulher é impedida de ver reconhecida a relação biológica com o/a filho/a. Não lhe reconhecer a liberdade procriativa e, não sendo casada com o pai da criança, tal como os pais heterossexuais não são casados, impedir que reconheça o/a filho/a é impedir esta mulher de ser *a* mãe, tal como se impediria o pai, não casado com a mãe, de ser pai caso não pudesse reconhecer o/a filho/a como tal. Entendemos que, estando a gestação de substituição em regime de *outsourcing*, só um princípio *gender neutral* pode garantir uma resposta não só à parentalidade, mas também ao estabelecimento da filiação.

Entendemos que, desta forma, se acautela um importante afloramento dos direitos reprodutivos que inclui não só o direito a conceber uma criança — ainda que com recurso a uma gestante —, mas também o direito a criar essa criança, sendo esta uma expressão, recorrendo à decisão do Supremo Tribunal norte-americano que, na década de 1970, conclui que «*[t]he rights to conceive and to raise one's children have been deemed "essential", "basic civil rights of man"*» (Noble-Allgire, 1999, p. 524) [1848], [1849].

Uma perspetiva destas assenta, o que reconhecemos, na UPA 2017 [1850], que adotou uma linguagem neutra em comparação com a sua antecessora de 2002. Uma visão destas está, quanto a nós, de acordo com a necessidade de eliminar formas de discriminação em relação também à família, que nos EUA tem como grandes marcos os casos Obergefell v. Hodges [1851], Pavan v. Smith [1852] e Sessions v. Morales-Santana [1853], que seguiram o caminho da eliminação de quaisquer distinções baseadas no género. Um princípio neutro terá como vantagem promover a igualdade no estabelecimento da parentalidade eliminando a replicação de teorias tradicionais que, numa PMA e concretamente na gestação de substituição, não refletem a natureza, mas sim, quanto

[1846] Esta é a solução que resulta da UPA (2017). V. capítulo II.

[1847] E, para nós, seja qual for a fundamentação ou justificação que se adote.

[1848] Citando o texto da decisão proferida no âmbito do processo Stanley v. Illinois, 405 U.S. 645, 651 (1972).

[1849] Neste caso, o tribunal referia-se aos direitos do pai em particular.

[1850] Arts. 7.º e 8.º da UPA 2017, em que os *intended parents* podem ser quaisquer pessoas independentemente do sexo, orientação sexual ou estado civil.

[1851] Que já tivemos oportunidade de referir *supra*. O caso refere-se ao casamento e reconhecimento do casamento entre pessoas do mesmo sexo.

[1852] Pavan v. Smith, 137 S. Ct. 2075, 2079 (2017), relativo à recusa de estabelecer a filiação de uma criança em relação à mulher da mãe.

[1853] Sessions v. Morales-Santana, 137 S. Ct. 1678, 1689 (2017), relativo ao reconhecimento de direitos em relação às crianças dependendo o sexo dos pais.

a nós, reproduções daquela conceção natural que imprimem uma injustificada distinção entre pais e mães que se perspetivam, neste âmbito, como discriminatórias.

Ademais, uma visão destas permite dar maior assento e proteção à parentalidade social. Embora, ao contrário da UPA 2017, não cheguemos ao ponto de a intenção, ou um princípio baseado no consentimento (Joslin, 2018), ser por si só suficiente para justificar, ou melhor, fundamentar, o acesso à gestação de substituição, este princípio permite enfatizar a relevância das relações sociais da parentalidade. Como refere Joslin no seu artigo de 2018, um princípio de consentimento permite reconhecer e proteger relações pais/mães-filhos/as não baseadas em relações biológicas, como acontece nos casos em que a *intended mother* de uma criança nascida com recurso a uma gestante pode ver reconhecida a filiação em relação a si, ainda que não tenha relação genética ou gestacional com a criança (Joslin, 2018). Esta solução é, de facto, consentânea com a UPA 2017, que permite que os tribunais, em casos de disputa, protejam as relações parentais das crianças, permitindo que, de acordo com um conjunto de fatores de conexão, os tribunais decidam entre a parentalidade biológica ou afetiva nas situações *de facto parents*, podendo, para o efeito, ponderar uma série de fatores de conexão como a duração da relação, a natureza desta e o impacto que o não reconhecimento tem na própria criança. Permite, assim, que esta veja asseguradas e protegidas legalmente as relações que tem com aqueles/as que reconhece como pais e/ou mães.

Tirando o caso da adoção, as relações entre um adulto e uma criança, se desacompanhadas de um vínculo biológico prévio, não tinham qualquer influência para sustentar uma relação jurídica parental, porquanto comprovadamente não coincidiam com a verdade biológica (Oliveira, 2016, p. 273). Contudo, agora não é assim, como acontece nos casos de PMA heteróloga, desde logo.

De facto, como referimos, impor um modelo tradicional assente numa racionalidade heteronormativa não salvaguarda os direitos da criança. Quando muito, protege os adultos e os mais displicentes em relação à própria criança, assumindo que pode haver conexões mais importantes do que a biologia para estabelecer a parentalidade. Com isto concordamos em absoluto, mas já não podemos concordar com a extensão do princípio que Joslin assume. Apesar de também assumirmos, desde logo, uma visão neutra em relação ao estabelecimento da filiação, fazê-la depender unicamente da intenção não nos parece suficiente [1854] quando a própria UPA continua a manter a relação biológica com algum destaque, como é sintomático nos casos de gestação de substituição tradicional. Ainda que admita esta forma como um caso de efetiva gestação de substituição [1855], o regime do consentimento é totalmente distinto, o que revela a importância da coincidência da relação genética e gestacional na mesma mulher, já que a gestante se pode retratar quanto ao consentimento

[1854] Ainda que seja neste sentido que a UPA 2017 segue em relação à gestação de substituição.

[1855] O que, para nós, é de recusar, como tivemos oportunidade de expor no capítulo IV.

que prestou para a gestação de substituição. Assim, coloca esta figura num campo típico, para nós, da adoção.

A posição que adotamos — assumimos — não é fácil, sob pena de, num esforço de encontrar um único critério que traga segurança jurídica que se impõe nesta matéria, corremos, de facto, o risco de sermos simplistas num assunto tridimensional que nos impõe que consideremos todas as variantes, fluindo a nossa posição de acordo com estas.

De facto, para nós, e assumindo a gestação de substituição, como assumimos, como um projeto familiar, mesmo que monoparental, numa perspetiva moderna de reprodução não sexual e, portanto, retirando-a do contexto metafísico em que sempre andou, o critério para o estabelecimento da filiação passa a ser racional [1856] e não mero assento das relações da natureza. Isto ainda que necessariamente esteja assente no fundamento que lhe dá causa e que é inerente à própria natureza humana: o desejo de ter um(a) filho/a assegurando com a gestação de substituição a proximidade genética à social. Ou seja, os/as beneficiários/as serão os pais/mães genéticos/as da criança — o fundamento da família, ligada por laços de sangue, estará assegurado (Oultram, Jones, & Frith, 2016, p. 18), permitindo encontrar, quanto a nós, a *ratio* da identidade-parental que a relação filial deve reproduzir.

Só assim conseguimos conceber a necessidade de recurso a esta técnica de PMA ante os interesses que se visam salvaguardar, principalmente os da criança. Quanto a nós, não se mostra concebível outra solução, sob pena de tornar a criança numa mera *mercadoria*, numa adoção por encomenda. Não podemos aceitar que haja uma aproximação desta forma alternativa de constituição da família como uma aparente *adoção* em qualquer caso e, nesse aspeto, não é assim que deve ser tratada com outra natureza distinta da reprodução assistida. Uma leitura que não seja esta implica que a criança que nasce com recurso à gestação de substituição não tem as linhas da filiação determinadas e, *in extremis*, são-lhe negadas, assumindo deliberadamente que está numa situação de abandono planeado e de manipulação do seu estatuto e, consequentemente, da sua identidade.

Compreendemos que este critério não tem aparentemente associada a certeza do parto na determinação da maternidade. Contudo, quanto a nós, forçar a aplicação deste fator por forma a dar a aparência de uma certa segurança e certeza no estabelecimento da relação filial é desconsiderar a identidade-parental que aquele estabelecimento deve replicar. Insistimos: «*[...] [la] mère porteuse, c'est-à-dire la mère certaine [...]*» (European Centre for Law and Justice, 2019). Contudo, no paradigma da gestação de substituição, essa busca de certeza radica numa conceção de maternidade artificial, no sentido de falsa. Além disso, permitir a mutação da relação filial de modo que esta acompanhe critérios tradicionais não é mais do que uma forma de mutação da própria identidade da criança e necessariamente uma forma de comodificação desta,

[1856] Como o é em relação à FIV com doação de óvulos, espermatozoides ou embriões.

que se torna objeto do negócio. Um negócio em que, ainda que gratuito, uma mãe dá um(a) filho/a a outrem. Esta seria a expressão de dispor de um(a) filho/a como se de uma coisa se tratasse; a expressão acabada de uma moderna forma de escravatura em que um ser humano é objeto de negócio.

O recurso a modelos convencionais de famílias tradicionais (Thompson, 2005, p. 141) podia até ser uma estratégia de segurança, mas implica a criação de novas famílias ilegítimas e hierarquizadas de acordo com critérios de preferência, não reconhecendo um processo de normalização das relações familiares criadas na dinâmica biotecnológica. Além do mais, recusamos a alegada insegurança ou indeterminabilidade. A ciência permite que a realidade biogenética seja reconhecida sem qualquer necessidade do facto ostensivo do parto para garantir a certeza das relações filiais. Com isto, e insistimos, não estamos a negar a relevância da gestante e da relação uterina nem da sua ligação biológica; não podemos é concordar que esta ligação, por representar uma manifestação sacrossanta da maternidade, perpasse e se mantenha numa imposição legislativa que desconsidera a relevância de outros igualmente relevantes critérios com expressão biológica e social.

Se a procriação deixou o paradigma da sexualidade, deixou, em definitivo, quanto a nós também, que se mantenham barreiras de um discurso homogéneo baseado na heterossexualidade, e o momento do *baby boom* científico fora do *mainstream* do paradigma do casal heterossexual — que se iniciou com a FIV — impõe-se na gestação de substituição, não fazendo, quanto a nós, sentido limitá-lo, constituindo a manutenção da família tradicional uma forma de discriminação em razão da orientação sexual.

A extensão da liberdade procriativa e do desejo de querer ser mãe e/ou pai, assente num natural desejo de experienciar a parentalidade, não é algo que possa ou deva ser mediado por escolhas de outrem, seja de quem for, pelo que «*[...] achieving motherhood implies movement from the marginal status of a nonmother to a more natural or normal status than that which a lesbian* [1857] *can ordinarily hope to experience*» (Lewin, 1995, p. 113). Uma solução que não trata estas pessoas da mesma forma no estabelecimento das relações filiais representa uma forma de estratificação parental e uma nova forma de famílias ilegítimas.

Esta posição manifesta, o que se assume, a diferença entre a parentalidade e a procriação, sendo que estas garantem, pelo menos em parte, causa biológica da existência da criança (e nada mais). Sendo relevante a procriação, a verdade é que não podemos concluir, para a determinação da parentalidade, que ela seja suficiente, bastando pensar nos casos de doação de gâmetas. Isto não significa que para a própria criança estas pessoas não sejam relevantes e não se quer com isto criar um conceito ética ou juridicamente neutro — não o é e, para nós, como o assumimos,

[1857] Neste caso Lewis, referia-se a lésbicas ou casais de lésbicas, mas esta aproximação das margens ao centro pode ser usada para todos/as os/as beneficiários/as da gestação de substituição.

é um critério que cria até deveres em relação aos próprios, mormente quando dirigido à criança e o que lhe é devido no âmbito da garantia que todos devem assumir para a formação e integralidade da sua identidade.

Também entendemos que uma solução destas permite a elasticidade necessária para acolher os conceitos de família existente e outros que possam emergir. O conceito não é estanque, estando sujeito a interpretações culturais, históricas e opções legais, sendo que pode incluir ainda, para lá da denominada família nuclear, arranjos familiares com avós, irmãos ou outros [1858]. Ademais, o tribunal de Estrasburgo assume que a vida familiar nos termos do art. 8.º da CEDH está além das relações biológicas de um conceito tradicional, por exemplo, além da adoção [1859]. O tribunal já assumiu posição neste sentido no que tange a famílias recompostas e em relação a enteados [1860] e mesmo em situações, independentemente de questões de ordem pública que se suscitaram, de poligamia [1861].

O caminho que o tribunal vem fazendo em relação a esta questão — que subsume tradicionalmente no art. 8.º da CEDH, a que já tivemos oportunidade de aludir — não está dependente da relação biológica com a criança [1862] nem do reconhecimento de qualquer estatuto legal-parental em relação a ela, mas sim da relação social de facto [1863] que o adulto tem com a criança [1864].

O TEDH assume que a *mera* ligação biológica entre ascendente e descendente, em situações de confronto com relação de facto parentais, pode não ser suficiente para determinar quem é o pai ou a mãe da criança. A maternidade e paternidade assentam, de facto, num pressuposto biologista, mas, com as técnicas de PMA heterólogas, tal não se verifica. O pai não é o ascendente genético, mas, embora não tenha qualquer relação biológica com a criança, é em relação a este que se estabelece a filiação. Há um critério volitivo concorrente com a filiação natural e o biologismo que se assume como seu pressuposto. Impõe-se, como máxima de igual proteção, que o estabelecimento da paternidade biológica se faça através da prova da ascendência genética. Neste campo em que a gestação se desmaterializa do projeto parental, o mesmo direito deve ser reconhecido às mães genéticas.

[1858] O TEDH assume esta posição alargada e para lá do núcleo familiar, como resulta, desde logo, no caso Marckx v. Belgium.

[1859] Wagner and JMWL v. Luxembourg.

[1860] Söderback v. Sweden.

[1861] EA and AA v. The Netherlands.

[1862] Por exemplo, no caso Chavdarov v. Bulgaria.

[1863] Por exemplo, nos casos Yousef v. The Netherland, Marckx v. Belgium, Merger and Cross v. France, em que o tribunal considerou essencial o elemento coabitação para determinar a existência de vida familiar.

[1864] Ainda que a vida familiar potencial se inclua também no âmbito de proteção do art. 8.º, por exemplo nos casos Pini and Bertani v. Romania, Keegan v. Ireland, Kearns v. France ou Gas and Dubois v. France.

Nos casos de procriação heteróloga com recurso a um doador de sémen, o pai que tenha consentido no procedimento é considerado o pai da criança, não podendo posteriormente impugnar a paternidade, nos termos do n.º 3 do art. 1839.º do CC [1865], [1866]. Quanto à maternidade, esta é, ao contrário da *geratrix*, a mãe da criança (Ascensão, 1991, p. 457). A esta se aplicam todas as regras e consequências da maternidade numa «derivação biológica», como o Professor se lhe refere [1867]. Concordamos que assim seja em situações em que a mãe intencional não é a doadora de gâmetas. Neste caso, e não sendo a gestante a ascendente genética da criança, o critério do art. 1796.º não é aplicável, porquanto tem como pressuposto a relação genética com a criança, pelo que a criança seria órfã [1868]. Não concordamos com esta conclusão. Desde logo e nesta altura, nem sempre a mulher que dá à luz tem relação genética com a criança nos casos de recurso a doadoras de ovócitos, pelo que não há sempre aquela coincidência genética.

Seja como for, e como põe em relevo o Professor, o diálogo entre a verdade biológica e a filiação legal tem agora novos aspetos. O elemento identitário da maternidade que é/era o parto tinha como pressuposto — tal como a presunção de paternidade a favor do marido da mãe — o *favor veritatis* que recolhia da biologia e que agora não é possível manter *qua tale*. De qualquer forma, entende que, ainda que não acompanhada da gestação, a determinação da maternidade se faz pela componente biológica.

Assim, continuará a biologia a ser a bitola para a determinação da filiação quando, não obstante, há vários intervenientes que de alguma forma assumem um dos papéis típicos da maternidade, podendo, numa perspetiva moderna e fora do alcance do paradigma tradicional, mais do que uma mulher assumir legal e factualmente o papel de mãe?

Há, evidentemente, questões práticas a considerar, principalmente a dificuldade que se pode criar e o (aparente) eventual conflito entre as várias mulheres, além do próprio interesse da criança, com a gestão conjunta das responsabilidades parentais (Oultram, Jones, & Frith, 2016, p. 20). A heterogeneidade das relações familiares deve ser reconhecida e, quanto a nós, não se compadece em forçar a identificação

[1865] Imporia questionar se o que o homem está a consentir é para o procedimento ou para o vínculo da filiação. O Professor considera que, mais do que consentir no procedimento, o homem consente também o estabelecimento do vínculo de filiação. Há, portanto, um critério jurídico, assente na vontade, a par do critério natural. V., a este respeito Ascensão (1991, p. 454).

[1866] Neste âmbito, o Professor entende que não é concebível a figura do abuso de direito para obstar a o pai impugnar a paternidade, considerando incompatível com a natureza do direito (Ascensão, 1991, p. 455).

[1867] No conflito entre a mãe biológica e a mãe portadora, como se lhes refere, «[a] chave genética é o elemento de imputação essencial» (Ascensão, 2000, p. 668).

[1868] Para esta situação, bem como para os casos em que a mulher tem um/a filho/a com recurso a um doador de espermatozoides, ou quando a gestante recorra a doação de óvulos, o Professor hipnotiza a figura da adoção uterina (Ascensão, 2000, p. 670).

da «verdadeira mãe», que neste contexto não deixa de ser uma escolha artificial, tal qual o método de conceber a criança. Se isto é uma alteração à identidade-parental? Entendemos que não. O que implica é que se faça, de entre as várias pessoas que colaboram no projeto reprodutivo, determinar a nova medida jurídica sobre a qual assenta a parentalidade para lá do adágio *mater est quam gestatio demonstrat*. Se isto significa ambiguidade? Também não. Este princípio deixa de ser único para a determinação da maternidade, se a houver, pelo simples facto de que a realidade biotecnológica imprimiu uma alteração à estrutura natural sobre o qual aquele assenta. Mas não significa isso que esta estrutura deixe de existir; ela deixa é de ser dado adquirido como a conhecíamos para precisar de ser racionalmente encontrada [1869].

Na sua declaração conjunta, um grupo de conselheiros do CNECV referia:

> «[...] juridicamente, a mãe é, até à entrega da criança, a grávida que tem o parto e se esta grávida tem um marido ou companheiro, este deve ser considerado como o pai do nascituro; portanto, no caso da gestação de substituição, o marido ou companheiro da mãe está implicado na determinação legal da filiação. É por isso que a figura jurídica da adoção é em geral invocada, pelos partidários da gestação de substituição, em vista a determinar o estatuto jurídico do casal beneficiário.» (Renaud, *et al.*, 2012)

Contudo, como referem os conselheiros, e como já expusemos [1870], a adoção é outra coisa — implica acolher uma criança que já existe, cuja filiação biológica, conhecida ou não, vai ser assumidamente alterada em prol dos melhores interesses da criança. Na gestação de substituição, assumir uma coisa destas seria aceitar uma «[...] adoção pré-natal de um ser humano intencionalmente concebido (por PMA) para ser adotado pelos seus pais genéticos. Na verdade, já não se trata da situação ética contemplada pela definição da "adoção"» (Renaud, *et al.*, 2012) [1871]. Não concordamos com esta conclusão como assumimos.

[1869] Tal como aconteceu no processo Calvert, em que o Supremo Tribunal considerou que os pais naturais são aqueles que contribuíram com o seu material genético tendo em conta o fator de desempate da intenção. Trata-se de um fator de conexão que é para nós essencial, como já tivemos oportunidade de expor. Não negamos que pode haver problemas quanto a este critério da intenção, como se revelou, por exemplo, no caso Malahoff v. Striver, que analisaremos *infra*.

[1870] V. capítulos II e IV.

[1871] Não queremos com isto dizer que estes conselheiros consideram a beneficiária a mãe da criança. Os conselheiros consideram que, na gestação de substituição, «o aparecimento do filho acaba por ser objeto de um contrato ou de uma negociação intencional, que se realiza fora do contexto do núcleo familiar. Por outro lado, considerar como mãe legal a mulher que recorreu à GDS aparece como um subterfúgio, que faz com que a gestação seja secundarizada e objetivada à maneira de um mero processo fisiológico» (Renaud, *et al.*, 2012).

Desta forma o que concluímos, e é a nossa posição, é que é possível estabelecer um contrato de gestação de substituição em que, nos termos deste, a parentalidade seja dos *intended parents* e não da gestante. Repudiamos um modelo em que a gestante seja a mãe da criança e o contrato não tem qualquer força vinculativa. Os/as pais/mães da criança estarão determinados e a álea da mudança de posição é, quanto a nós, totalmente atentatória dos direitos da própria criança, principalmente quanto à sua identidade, que fica sujeita a um conjunto de externalidades que são inadmissíveis, nomeadamente no que tange ao papel e à intenção da gestante.

As famílias *in vitro* não resultam de meros:

> «*[...] container[s] in which it is now possible to force a new form of biological fertilization into existence. Instead, it provides a new model of viable reproduction for which relationality must remain both the smallest and the largest unit of analysis in order to understand how technologies make people, how people make technology, and why neither process is, in any simple sense, ever only a before or after at all.*» (Franklin, 2013, p. 309)

Estes direitos [1872], bem como outros, assumem-se como verdadeiros direitos fundamentais [1873].

A integração do indivíduo enquanto ser social e de grupo revela-se desde logo no seio da «sua» família. Esta é o primeiro e principal grupo de proteção da criança, em que esta se desenvolve e desenvolve a sua personalidade [1874]. Assume-se como um verdadeiro direito fundamental [1875] integrado no art. 26.º da Lei Fundamental. As famílias são grupos em que a complexa intersubjectividade é uma expressão que lhe é característica. As pessoas:

> «*[...] are bound by law and custom, but more importantly they are bound by shared routines of caring, feeding, sleeping, parenting, and the like, which give form to intimacy, meaning to closeness, and authority when it comes to claiming to know the wishes, desires, and intentions of another person without them having to be made explicit continually.*» (Simpson, 2001, p. 8)

[1872] São também direitos de personalidade.

[1873] Ainda que sejam também direitos de personalidade, a CRP acolhe-os, porquanto são direitos fundamentais, ainda que a categorização dos direitos fundamentais possa ser mais ampla. Para uma evolução da tendência legislativa portuguesa quanto à tipificação dos direitos de personalidade, v. António Menezes Cordeiro (Os direitos de personalidade na civilística portuguesa, 2001).

[1874] Na quarta revisão, de 1997, a Constituição integrou no catálogo dos direitos, liberdades e garantias o «direito ao desenvolvimento da personalidade».

[1875] Gomes Canotilho e Vital Moreira enfatizam que esta foi uma das mais significativas inovações, das quais destacamos a positivação da constituição biomédica (2007, p. 36).

A expressão social da intenção reprodutiva traduz aqueles laços cujo potencial, tal como acontece no casamento e nos respetivos efeitos que se lhe extraem, também a intenção vertida no contrato de gestação de substituição permite encontrar. Muitas vezes, «*[...] [le] beau-père gardien assume parfois une fonction nourricière et educative de type paternal à l'égard de son bel-enfant qu'il partage em principe avec le père et la mère*» (Fine, 2001, p. 77). Contudo, ainda que este, ao contrário daquele, desenvolva os laços considerando o papel que assume e a relevância parental desse lugar que ocupa, naquele, esses laços encontram-se no projeto parental a que dão causa, assente na sua liberdade reprodutiva e que lhe deve desde esse momento ser reconhecida. O estabelecimento da filiação é a expressão primeira de reconhecer um(a) filho/a como «seu/sua» filho/a (Cadoret, 2001, p. 101) e é essa expressão, sob pena de ser artificial, que o legislador deve reconhecer.

No acórdão n.º 2790/16.0T8VFX.L1.S1, de 6 de novembro de 2019, o Supremo Tribunal de Justiça (STJ) pronunciou-se sobre a falta de consentimento do marido da mulher que se submeteu a uma técnica de PMA heteróloga. Concluíram os conselheiros nos termos da LPMA que o marido poderia impugnar a paternidade. Contudo, por outro lado, o tribunal considerou a existência de uma efetiva *possession d'état*, já que o homem esteve com a mulher durante a gravidez, registou a criança e acompanhou-a. Posto isto, é inaceitável vir depois impugnar a paternidade, já que o vínculo estava criado.

As famílias assumem agora diferentes configurações, bem como os projetos familiares e parentais que lhes dão causa. Impõe-se uma manifestação de tolerância e respeito pelas opções pessoais de cada um(a), especificamente reconhecendo os direitos procriativos nas suas *novas* dimensões, incluindo com acesso às técnicas de PMA quando necessário. Entendemos que esta solução é a que melhor reflete o que significa a gestação de substituição. Ademais, reflete e respeita — quer a montante com a admissibilidade da liberdade para cooperação reprodutiva, quer a jusante quanto aos efeitos dessa liberdade — a decisão autónoma da mulher e o que significa ser-mulher-não-definida-pela-biologia. Esta decisão reflete o altruísmo de decidir cooperar num projeto parental que, não sendo o seu, não pode ver *sancionado* o exercício da sua liberdade por soluções que teimam em não refletir o que significa a gestação de substituição e o desejo de alguém constituir a sua família, com os seus/suas filhos/as, tão legítima como as outras, e não a vontade de criar filhos/as que eram de outros/as. Assim, é nosso entendimento que a única solução que salvaguarda a natureza da gestação de substituição e dos direitos de todos/as os/as envolvidos/as é que a filiação se estabeleça em quem se reconhecer como aqueles que têm a identidade-parental, isto é, os/as beneficiários/as.

Um estudo recente da Universidade de Georgetown avaliou o desenvolvimento de 253 adolescentes que haviam sido concebidos com recurso a técnicas de PMA e um grupo semelhante com adolescentes concebidos naturalmente. Das conclusões do relatório resulta que «*no differences were detected in general and mental health of ART adolescents or cognitive ability, compared with the reference group*» (Kennedy Institute of Ethics, Georgetown University, 2017). Há necessariamente que deixar de estigmatizar a gestação de substituição e assumir as famílias e as suas crianças, ainda que concebidas por técnicas de produção assistida que impliquem a colaboração reprodutiva de terceiros.

Além disso, no que tange às crianças, a unidade, estabilidade e continuidade do seu estatuto são dimensões primordiais da sua identidade. Apesar das severas diferenças no que toca a aceitação ou não da gestação de substituição e na determinação da filiação, como tem resultado dos casos julgados no TEDH, denota-se a importante mensagem de ver garantida esta continuidade no que se refere à criança. É sintomática a vulnerabilidade da criança e da situação em que fica colocada e do inerente preconceito em relação à forma como é concebida. O direito das crianças à sua história como parte da sua identidade pessoal e desenvolvimento da própria personalidade, mas também o direito a desenvolver laços com as pessoas e com o mundo, é a consequência de se descobrirem a elas próprias, como seres humanos infungíveis e únicos que são, e como se projetam no mundo e o mundo as recebe e interage. A relevância no que diz respeito a esta matéria é sintomática no sucesso dos *direct-to-consumer (DTC) genetic testing*, que permite encontrar familiares genéticos através de bases de dados genéticas. As árvores de família de ADN são oferecidas por plataformas comerciais de «*Y-DNA matching*» que têm cerca de:

> «*[...] 550 000 Y-DNA records in their global database, with representation from nearly 400 000 unique surnames. The company also hosts a Donor--Conceived Project. Family Tree DNA also sponsors Y search, a free publicly available Y-DNA database which is estimated to contain around 95 000 Y-DNA haplotypes.*» (Gymrek, McGuire, Golan, Halperin, & Erlich, 2013, p. 321)

As origens da criança têm ainda impacto noutros aspetos, como seja o próprio nome [1876] e a nacionalidade, mormente quando derivam de um princípio de *ius sanguinis* [1877]. No caso da gestação de substituição, o problema coloca-se na questão de saber quem é a mãe para determinar a própria nacionalidade da criança. Trata-se de uma questão de elevada importância, já que, além do direito à nacionalidade, é obrigação dos Estados evitar a apatridia das crianças, como salientou o United Nations High Commissioner for Refugees (UNHCR), dando causa à inexistência de procedimentos que garantam a cidadania das crianças (Wedeł-Domaradzka, 2019, p. 617). Esta consequência afigura-se inaceitável, já que, como refere o Comissário

[1876] A proteção do direito ao nome deriva do próprio impacto da desumanização da inexistência de um nome (Buck, 2014, p. 155).
[1877] Além da regra do *ius soli*.

nas *Dakar Conclusions*, a *Convention and Preventing Statelessness* tem de ser interpretada à luz de outros textos de direitos humanos, nomeadamente da CDC.

O TEDH reconheceu que a nacionalidade é subsumida nos termos do art. 8.º no âmbito da vida privada, como aconteceu no caso Genovese v. Malta. No entanto, o direito a adquirir a nacionalidade não é garantido pela Convenção.

Contudo, a perda da cidadania já adquirida tem também interferência na vida privada, como mostram os casos Ramadan v. Malta, K2 v. the United Kingdom (dec.), e Ghoumid and Others v. France (European Court of Human Rights, 2020, p. 62). Enfatizando que a nacionalidade [1878] faz parte da identidade das pessoas [1879] e que as crianças, nomeadamente nos países das suas residências, onde têm mais facilidade de integração, conhecendo a cultura e a língua e fomentando as suas relações, o Conselho da Europa emitiu em 2009 uma recomendação na rubrica relativa à nacionalidade como consequência da relação parental em que os Estados deviam:

> «*1. Provide that children whose parentage is established by recognition, by court or similar procedures acquire the nationality of the parent concerned, subject only to a procedure determined by their internal law;*
> *2. apply to children their provision on acquisition of nationality by right of blood if, as a result of a birth conceived through medically assisted reproductive techniques, a child-parent relationship is established or recognized by law;*» (Council of Europe, 2009, p. 10)

Não reconhecer a nacionalidade destas crianças [1880] consubstancia uma sanção punitiva que, mais do que os pais, afeta sobretudo um terceiro que não violou qualquer norma, jamais se concebendo que negar a nacionalidade possa consubstanciar uma medida em prol dos melhores interesses destas crianças. Este princípio resultou desde logo do caso Mennesson e Labassee, em que o tribunal de Estrasburgo enfatizou que todos no âmbito da sua identidade devem ver estabelecida a sua nacionalidade.

Não obstante, no caso D. and others v. Belgium, enfatizou-se outro aspeto — o direito do Estado em verificar o procedimento que ocorreu na Ucrânia com

[1878] Recomendação n.º R (99) 18 para evitar e reduzir a apatridia do Conselho da Europa.

[1879] Além da CDC, a Convenção Relativa à Solução de Conflitos entre a Lei da Nacionalidade e a Lei do Domicílio; a Convenção sobre o Estatuto dos Apátridas; a Convenção para a Redução dos Casos de Apatridia; PIDCP, DUDH, a CEDAW; a Convenção Europeia de 1997 sobre a nacionalidade.

[1880] No estudo de 2014 apresentado pelo European Parliament's Policy Department for Citizens' Rights and Constitutional Affairs, a pedido do Comité LIBE, descrevem-se as práticas dos Estados da UE para prevenir e erradicar a apatridia

a gestação de substituição, ainda que, neste caso, ao contrário dos anteriores [1881], a criança fosse apátrida [1882], [1883].

Uma situação que gera a apatridia é assumidamente problemática, deixando a criança num estado de maior vulnerabilidade. Ademais, é contrária à Convenção da ONU de 1961 para a Redução da Apatridia [1884] e à CDC de 1989 [1885]:

> «*1961 Convention (CRS 2) and the European Convention on Nationality (ECN 6(1)b) provide that these children shall, in the absence of proof to the contrary, be considered to have been born within that territory to parents possessing the citizenship of that country. The UNHCR Guidelines No 4 underpin that Contracting States to the 1961 Convention should apply Art. 2 CRS to all young children who are not yet able to communicate accurately information pertaining to the identity of their parents or their place of birth.*» (Groot, Swider, & Vonk, 2015, p. 29)

Por sua vez, a regra Rottman do TJUE prevê o seguinte:

> «*[...] deprivation of nationality with statelessness as a consequence is only allowed after the application of a proportionality test. [...] A child acquired the nationality of an EU Member State ex lege, but fails to benefit from that nationality due to an administrative hurdle The Rottmann ruling does not only have relevance for deprivation of nationality, but also for the recovery of an old nationality (see par. 60ff of the ruling) and for the acquisition of nationality in general. The relevance for the acquisition of nationality becomes particularly apparent if an otherwise stateless child is born on the territory of a Member State where (s)he or he is entitled to an automatic ex lege acquisition of nationality aimed at protecting the child against statelessness. If the application of this default ius soli rule is refused with the argument that the child is not "otherwise stateless", the statelessness*

[1881] Nos casos franceses, foi concedida a nacionalidade norte-americana às crianças em prol do *jus soli*.

[1882] O mesmo se verificou com um casal *gay* belga que recorreu a uma gestante na Ucrânia em 2008. Apesar de um dos homens ser o doador de esperma, a Bélgica não reconheceu a criança como cidadã do país, nem a Ucrânia, tendo a criança permanecido neste país, incluindo num orfanato quando os pais começaram a ficar sem recursos, até que um tribunal belga acabou por decidir em favor dos pais. Haviam passado dois anos e três meses após o nascimento da criança, Samuel (Darling, 2017, p. 194).

[1883] No caso de 1958 Trop v. Dulles, o Supremo Tribunal norte-americano concluiu que a perda da nacionalidade violava a dignidade humana — «*[...] respect for human dignity is incompatible with the creation of this sort of vulnerability*» (Waldron, 2013, p. 337).

[1884] De acordo com a Convenção de 1954 sobre o Estatuto dos Apátridas, um apátrida é alguém que não é considerado nacional de nenhum Estado.

[1885] «*The child's right to a nationality is further protected under Article 15 UDHR, Article 24(2) ICCPR, and Articles 3 and 7 of the CRC.*»

determination can be the subject of a preliminary ruling procedure. This is also the case if a child of two Latvian non-citizens is born on the territory of a Member State where (s)he would acquire the nationality of that Member State if (s)he had to be classified as (otherwise) stateless under international and European law. Therefore the CJEU can be approached to answer the question whether they are stateless or citizens.» (Groot, Swider, & Vonk, 2015, p. 55)

As crianças são muitas vezes apanhadas em situações em que as leis dos Estados as impedem de ver reconhecidas as suas relações de parentalidade e, consequentemente, a sua nacionalidade e, por isso, são suscitados diversos obstáculos ao exercício dos seus direitos legítimos.

A questão da nacionalidade integra a competência dos Estados, incluindo na UE [1886], mas quer o reconhecimento da nacionalidade, quer a aquisição da nacionalidade integram o âmbito do art. 8.º da CEDH (por exemplo, no caso Mennesson, a questão foi abordada diretamente, bem como no caso Genovese), constituindo um direito das crianças à sua identidade legal [1887].

As noções tradicionais de parentalidade ficam em crise com a gestação de substituição no que tange à nacionalidade. As crianças nascidas através destes negócios podem ter três mães e três pais [1888] quando os critérios de atribuição de nacionalidade

[1886] O TJUE, no caso Rottman, considerou que os Estados-Membros devem considerar o Direito da UE nas questões de atribuição e perda da nacionalidade.

[1887] Também o Comité das Nações Unidas para os Direitos Humanos se pronunciou recentemente e considerou que os Países Baixos violaram os direitos da criança quando registaram uma criança com «nacionalidade desconhecida» (e não como apátrida, o que a deixou sem a proteção internacional da criança apátrida, nos termos da lei nacional, uma vez que a mãe não conseguiu fazer prova de que a criança não era apátrida. O caso é particularmente delicado considerando que a mãe da criança, Denny, havia sido objeto de tráfico de pessoas em 2004, desde a China, e forçada a prostituir-se. Tinha então 15 anos. D.Z. já havia sido abandonada pelos pais e o seu nascimento não foi registado na China, pelo que foi atribuída a anotação de «nacionalidade desconhecida» pelo Dutch Municipal Personal Records Database e a sua residência classificada como «*ilegal alien*». Ambos vivem num abrigo. O comité concluiu que os Estados têm a responsabilidade de assegurar que as crianças sem nacionalidade sob a sua jurisdição e sem possibilidade de adquirir nacionalidade não são deixadas sem proteção legal. A nacionalidade assegura uma proteção efetiva, concluindo que o Estado Parte violou os direitos da criança no seu art. 24.º, por si e em conjugação com os n.ºs 2 e 3 do art. 2.º do PIDCP (UN Human Rights Committee, 2021). Mas poderia ter ido mais longe, ainda que concordando com a maioria o membro do Comité Yadh Ben Achour considerou como se segue: «*[t]he State party's behaviour in the present case is of such gravity as to fall within the scope of article 16 of the Covenant, for it amounts almost to denial of recognition as a person before the law.*» Bem como Hélène Tigroudja, também membro do Comité, que lamentou que «*[...] the majority did not elaborate on the other breaches of the Covenant caused by the situation of the author, and more precisely on article 16 (recognition of legal personality) and on article 7 (humane treatment) which are implicitly raised*» (UN Human Rights Committee, 2021).

[1888] Sem considerarmos as novas técnicas em estudo, como a Terapia de Substituição Mitocondrial.

se baseiam no *jus soli* ou *jus sanguinis*[1889]. Nos ISA, as crianças, ainda que adquiram a nacionalidade no Estado em que nascem[1890], podem não adquirir a nacionalidade dos pais ou, como acontece na maior parte dos países europeus, nem sequer do Estado em que nasceram. A este propósito, a European Network on Statelessness, no seu relatório, concluía que «*regulatory solutions for nationality issues in surrogacy cases are largely absent across Europe and the matter is further complicated by the fact that surrogacy is prohibited in many domestic legal systems*» (European Network on Statelessness, 2015, p. 24). Em julho de 2015, Thorbjørn Jagland, Secretário-Geral do Conselho da Europa, comentava:

> «*[d]evelopments in technology have also created major new challenges for the law. Exactly one year ago, for example, the Court published its judgment on a controversial case regarding surrogacy. The case concerned two French couples who had recourse to surrogate pregnancy in the United States, which is prohibited under French law. The applicants, relying on Article 8, complained about the fact that the French authorities had refused to legally recognise the parent-child relationship under French law. While the Court recognised France's right to declare surrogacy illegal, it ruled that the French decision to refuse child-recognition was an infringement of their right to respect for private life. I was pleased to learn that, last Friday, the French Court of Cassation ruled, in light of the Court judgment, that while surrogacy remains banned in France, children born abroad would now be granted birth certificates and immediate means to prove their French citizenship.*» (Jagland, 2015)[1891]

Contudo, no que tange à gestação de substituição, o direito internacional ainda não regulou esta questão em matéria de nacionalidade das crianças[1892]. Ademais, há desafios especiais no que toca às pessoas LGBTI e ao crescimento das famílias não tradicionais, considerando que a legislação ainda não é neutra, o que pode levar a condições desiguais de acesso à nacionalidade dos filhos destas pessoas (Darling, 2017).

A criança tem direito à nacionalidade, como resulta, desde logo, da CDC. No caso X & Y (Foreign Surrogacy), de 2008, tornou-se uma saga. Trata-se do caso de um casal inglês que recorreu a uma gestante, casada, na Ucrânia, com recurso

[1889] Sendo que, neste caso, é necessário demonstrar a ascendência genética com a criança ou, no caso da mãe, o parto.

[1890] Como acontece nos EUA.

[1891] O discurso completo está disponível em https://www.coe.int/en/web/secretary-general/speeches-2015-thorbjorn-jagland/-/asset_publisher/TQ9ylWpDFtLP/content/46th-annual-study-session-of-the-iidh-children-and-international-human-rights-law-?inheritRedirect=false (consultado em 2 de fevereiro de 2021).

[1892] *Council of Europe, Recommendation CM/Rec (2009) 13 of the Committee of Ministers to member states on the nationality of children, 9 December 2009, principle 12.*

a uma doadora de óvulos fertilizados com espermatozoides do beneficiário. Deste contrato nasceram gémeos sobre os quais, nos termos da lei ucraniana, a gestante e o marido não tinham qualquer direito ou responsabilidade, nem os gémeos tinham direito à nacionalidade ucraniana. Já no Reino Unido, as crianças eram tidas como filhas da gestante e do seu marido e foi negada a *parental order*, bem como a emissão do passaporte inglês. Como resultado, e como referimos na análise do caso na jurisprudência inglesa, as crianças ficaram órfãs e apátridas. Esta situação só terminou com o deferimento da *parental order* considerando os melhores interesses das crianças.

A mesma situação se verificou no também já referido caso Jan Baloz v. Anand Municipality de 2009. Também estas crianças, nascidas na Índia, ficaram durante dois anos órfãs e apátridas, já que nem a Índia nem a Alemanha as reconheciam como cidadãs, uma vez que a Alemanha não reconhece a gestação de substituição (Deharo & Madanamoothoo, 2020, pp. 358-359).

Nunca decorrerá do melhor interesse da criança deixá-la apátrida. De acordo com as *Guidelines on Statelessness* da UNHRC (UN High Commissioner for Refugees, 2012), considerando o art. 7.º da CRC, existe uma ligação direta com a Convenção da ONU de 1961 e, por isso, no n.º 2 do preceito, estabelece-se que os Estados devem garantir a implementação dos direitos, incluindo a nacionalidade, e o art. 2.º estabelece um princípio geral de não discriminação, incluindo os arts. 7.º e 8.º, nomeadamente de forma expressa a proteção contra a discriminação em relação ao estatuto dos pais da criança, enfatizando-se que as crianças não devem ser deixadas apátridas por longos períodos de tempo.

Embora a CEDH não garanta o direito à nacionalidade, a recusa em concedê-la quando se afigure arbitrária pode enquadrar-se no âmbito do art. 8.º, como parece resultar do caso Genovese v. Malta. Por outro lado, além da CDC e do PIDCP, a Convenção Europeia sobre a Nacionalidade e a Convenção para evitar a Apatridia impõe a obrigação para evitar a apatridia à nascença, conforme resulta do art. 10.º. Também a Convenção Europeia em matéria de adoção suscita a preocupação impondo aos Estados que facilitem a aquisição da nacionalidade.

A PMA assume uma natureza distinta da reprodução natural humana, pelo que o seu fundamento e limites são distintos (Kimbrell, 1997) e, ainda que dependendo da técnica de PMA, a criança pode ter direito «*[...] to the citizenship egg donor or the sperm donor or the surrogate mother, as well as to the citizenship of those who intend to raise the child*» (Tanasoca, 2015, p. 40). A verdade é que pode ficar sem nenhuma, dependendo das soluções biopolíticas dos Estados em matéria de produção. «*[...] [T]he modern semantics of human rights are employed to reshape the way in which persons are understood by authorities and the public*» (Korolczuk, 2017, p. 5), mas a regulação da reprodução humana não serve só para regular a produção de novos membros da sociedade; serve também para regular o acesso desses novos membros à tribo (Dumbrava, 2016, p. 1492), pelo que a reconfiguração do estereótipo parental é essencial para acomodar a diversidade (Merleau-Ponty, Vertommen, & Pucéat, 2018, p. 355). Esta desconstrução estende-se à cidadania, ao aludido acesso à tribo «*[...] by examining the relationship between reproduction, sexuality and entitlement*» (Richardson & Turner, 2010, pp. 336-337).

A história do ser humano é complexa e representa uma narrativa com diversos ramos que liga a identidade da pessoa. Quanto a esta questão em particular, já tivemos oportunidade de nos pronunciar noutro lugar, pelo que não vamos desenvolver a temática sobre o desafio que a cidadania reprodutiva impõe ao critério *ius sanguinis*. Ana Tanasoca identifica três grandes aspetos no que tange à manutenção de critérios tradicionais [1893]:

> «*[...] first because it would create great inequalities; second, because it would end up trivializing citizenship if all types of parenthood (e.g., the relationships the surrogate mother, the egg donor or the sperm donor, and the intended parents have with the child) would be treated as equally morally relevant and therefore worthy of state recognition.*» (Tanasoca, 2015, p. 40)

A nacionalidade é reconhecida como um direito humano, ainda que a CEDH não o assuma formalmente. Contudo, como expusemos, o TEDH refere que negar ou retirar arbitrariamente a nacionalidade a alguém viola a vida privada nos termos do art. 8.º da Convenção. Em matéria de gestação de substituição, o tribunal, nos casos Mennesson e Labassee, considerou que recusar a nacionalidade à criança era discriminatório em razão do método da sua conceção. Trata-se de um problema associado à aplicação do *ius sanguinis* e às «*[...]consequences of outdated family law or of international conflict-of-law issues where relevant jurisdictions define parentage differently*» (Titshaw, 2015, p. 16) [1894]. Contudo, ser cidadão/ã é parte da identidade de cada um(a) e, numa perspetiva de Hannah Arendt, o direito a ter direitos e, por isso, independentemente da forma como os Estados lidam com a matéria da gestação de substituição, recusar a nacionalidade a uma criança, ainda que invocando alegados argumentos de ordem pública, não é a forma de lidar com a questão. A verdade é que a desconstrução dos elementos da parentalidade se estende à cidadania também. No dizer de Richardson e Turner:

[1893] Bem como a um novo fundamento de dupla cidadania sendo o caso. Rubenstein e Adler aludem ao seguinte: «*[...] (1) an increasing willingness in international treaty law to acknowledge and encourage dual and multiple nationality; (2) a dilution of the centrality of allegiance and the consequences of nationality in domestic and international case law; (3) a movement away from the centrality of the State in international law*» (Rubenstein & Adler, 2000, pp. 545-546). No caso da gestação de substituição, bem como noutras técnicas de PMA, é possível que a criança adquira diferentes cidadanias? (Bauböck, 2015, pp. 7-8)

[1894] «*In order to achieve a compromise about the recognition of a parent-child relationship [...], states should engage in international cooperation while willing to adopt common guidelines — as they have done in adoption matters*» (Ersbøll, 2015, p. 38).

> «*[...] parenthood in 'normal' families [...] and [t]he manner in which governments respond to the technical and social challenges that NRTs [new reproductive technologies] present reveals the moral assumptions of the state towards parents and families, namely, the system of reproductive values prevalent in society.*» (Richardson & Turner, 2010, p. 337)

O Conselho da Europa recomendou aos Estados a aplicação dos protocolos de *ius sanguinis* para aquisição de cidadania [1895] às crianças nascidas por técnicas de PMA — «*[...] Member states should apply to children their provisions on acquisition of nationality by right of blood if, as a result of a birth conceived through medically assisted reproductive techniques, a child-parent family relationship is established or recognised by law*» (Ersbøll, 2015, p. 35). O *ius sanguinis* promove uma solução estável, particularmente para a criança (Titshaw, 2015, p. 16). Mas como é possível em matéria de gestação de substituição? Sobretudo considerando que é necessário assegurar que a criança não fica apátrida e «*[...] that children are not caught between conflicting legal norms and can develop stable relations to their countries of citizenship, it is important that their citizenship status does not change automatically when they become part of a new family*» (Bauböck, 2015, pp. 7-8).

O autor desenvolve uma versão modificada do *ius sanguinis*, o *ius filiationis* (Bauböck, 2015, pp. 9-10) que «*[...] refers to social rather than biological parenthood (as it already does in several jurisdictions)*» (Bauböck, 2015, p. 8). Um exemplo é a solução dinamarquesa, que, desde 2014, admite «*[...] [the] automatic acquisition of citizenship by birth by children with "a Danish father, mother or co-mother". This is an example of citizenship acquisition based on ius filiationis as advanced by Rainer Bauböck*» (Ersbøll, 2015, p. 36).

Compreendemos, e isto sufragamos, que a liberdade procriativa tem como expressão o acesso à gestação de substituição e o que é relevante agora é que a ordem jurídica reconheça a relação filial a quem é, de facto, o pai e/ou a mãe daquela criança, impondo-se em prol dos melhores interesses desta que seja reconhecida a relação pai/mãe-filho/a. Compreendemos que «*[...] this desire to have a child is not, in itself, a guarantee that the best interests of the child will be the guideline according to which the parents will act. It only tells us that someone wants to have a child*» (International Bioethics Committee, 2018). Contudo, se isto pode ser assim, também entendemos que em lado nenhum há a garantia de que a gestante ou qualquer outro que colabore neste projeto parental seja um melhor pai ou mãe, mormente assumindo que nunca quiseram ter um(a) filho/a, ainda que a gestante possa ter mudado de ideias posteriormente.

Nesta posição encontra-se Millbank, que defende que a condição ética da gestação de substituição é o consentimento informado da gestante (Millbank, 2015, p. 488). Segundo a nossa perceção esta é, de facto, a pedra de toque, mas, ao contrário

[1895] *Recommendation CM/REC (2009)13 and explanatory memorandum* (disponível em https://rm.coe.int/16807096bf).

do que a autora sufraga, este consentimento — num princípio de ponderação que se impõe em relação a todas as partes envolvidas e relativamente à criança — não é continuado, embora se admita que este contrato é um ser vivo que, ao longo da sua duração, sofre várias metamorfoses. Quer isto dizer que o consentimento relativo à entrega da criança se forma no momento da celebração do contrato e não com o nascimento da criança.

Entendemos que nos seja suscitado o argumento de que, ao contrário da IVG, no caso da gestação de substituição, a decisão é tomada, mas as consequências não são (só) imediatas. A decisão não implica só aceitar ser gestante, mas, e além dos meses que se seguem, também entregar a criança no final. Ora, neste caso, e em caso de a gestante se «arrepender», a decisão final não é (só) sua, mas também de terceiros. Isto é, enquanto na IVG a decisão é livre e esclarecida, tomada unicamente pela mulher, isto também se pode verificar no caso da gestação de substituição, mas unicamente no momento em que decide participar no «negócio», já que, no final, a decisão que tome em não entregar a criança lhe poderá ser coercivamente imposta por terceiros, o que demonstra que, ao contrário da IVG, a decisão não é — ou pode não ser — só da mulher. Compreendemos o argumento e somos-lhe altamente sensíveis, já que entendemos que a decisão da gestante é imutável com o nascimento da criança. Todavia, tal como assumimos, a autonomia implica não só decidir, mas também assumir as consequências da sua decisão.

A CDC, no seu art. 16.º, estabelece que as crianças têm o direito de ser protegidas contra intromissões na sua vida privada, na sua família, residência e correspondência, e contra ofensas ilegais à sua honra e reputação. O Tribunal de Estrasburgo não define propositadamente a vida familiar [1896], mas deve ser entendida como um conceito amplo que inclua as relações pessoais e sociais, bem como a integridade física e moral, a identidade pessoal, incluindo a vida sexual. No âmbito do art. 24.º da CDFUE, o n.º 3:

> «[...] tem em conta o facto de, no âmbito do estabelecimento de um espaço de liberdade, segurança e justiça, a legislação da União nas matérias civis com incidência transfronteiras, para as quais o artigo 81.º do Tratado sobre o Funcionamento da União Europeia confere competências, poder incluir, nomeadamente, direitos de visita que garantam que as crianças possam manter regularmente contactos pessoais e diretos com ambos os progenitores.» (Parlamento Europeu, Conselho da União Europeia, Comissão Europeia, 2007)

O direito da criança à vida familiar inclui o direito a ser criada pelos pais, a manter o contacto com estes, a não ser separada deles exceto quando por motivos

[1896] V. Decisão do TEDH, Niemietz v. Germany.

relacionados com os seus interesses e o direito à reunificação familiar [1897], [1898]. Implica também necessariamente o reconhecimento dos contratos internacionais de gestação de substituição, como resulta dos casos resolvidos em Estrasburgo numa perspetiva assente na existência da relação parental.

2.1.1. A Identidade-Parental Solidária

A complexidade da reprodução que envolva a colaboração reprodutiva de terceiros implica alinhar as expectativas e reconhecer a diferente dinâmica que existe em relação a casais homossexuais ou transexuais. A liberdade procriativa assexuada, como a assumimos, tem como fundamento a relação gamética com pelo menos um(a) dos/as beneficiários/as, havendo mais do quem um(a). Como se estabelece a relação filial em relação ao/à beneficiário/a que não tem aquela relação genética, nomeadamente se esta ausência de vínculo biológico for em relação à beneficiária, já que, nesta situação, a gestante, mas também a doadora de óvulos, tem com o nascituro uma relação biológica? Neste caso, se considerarmos os critérios dispersos por diversos sujeitos, nenhum deles vê a combinação do pressuposto da relação biológica com a intenção de procriar.

Figura 7: O/a beneficiário/a sem relação gamética (nem gestacional) com a criança

[1897] *«In Paradiso and Campanelli v. Italy [GC] the Court examined a couple's immediate and irreversible separation from a child born abroad under a surrogacy agreement, and its impact on their right to respect for their private life. The Court balanced the general interest at stake against the applicants' interest in ensuring their personal development by continuing their relationship with the child and held that the Italian courts, in separating the applicants from the child, had struck a fair balance between the competing interests at stake (§ 215)»* (European Court of Human Rights, 2020, p. 55).

[1898] Como resulta do caso R.M.S. v. Spain, o TEDH enfatizou que a obrigação do Estado é não interferir na vida familiar.

É certo que, tal como expusemos, se a gestante vir coincidir o critério da intenção, mesmo que não seja a ascendente genética da criança, ou mantiver todos os elementos biológicos, gestacional e genético, ainda que sem intenção, como acontece na gestação de substituição tradicional, o que temos não é um caso de gestação de substituição, mas sim, *in extremis*, de adoção. A gestante terá o/a seu/ua filho/a, podendo consentir que seja adotado/a pela mulher do pai, ao não ter intenção de o/a integrar na sua família. Mas não se trata disso. O que aqui queremos analisar é o que acontece em relação ao/à beneficiário/a — não tendo relação gamética com a criança [1899], como se determina a parentalidade para esta pessoa? Como referimos, concluímos que o recurso à gestação de substituição tem o escopo de pelo menos um dos membros do casal [1900] manter a continuidade genética. Mas que acontece ao/à beneficiário/a nas situações de FIV com recurso a doadores de óvulos ou espermatozoides? Neste caso, haverá uma adoção pelo/a companheiro/a ou marido/mulher do pai/mãe da criança?

De facto, entendemos que não é esta a solução, ressaltando neste caso todas as objeções que assumimos em relação à delimitação da gestação de substituição como técnica reprodutiva e não como processo que se deve aproximar da adoção. Mas como ser coerente em relação ao critério que estabelecemos? Como justificar que, neste caso, este adulto que não tem qualquer relação biológica com a criança possa ser considerado/a seu/sua pai/mãe em detrimento daqueles/as que têm aquela relação?

Em primeiro lugar, de facto, este adulto não se está a reproduzir no sentido efetivo/natural do termo. Mas, tal como acontece, por exemplo, nos casos de PMA heteróloga em relação ao pai, não tendo qualquer ligação biológica com a criança, está a exercer a sua liberdade de constituir uma família tendo intenção de ter filhos/as, tal como numa situação de adoção em que integra a criança na família sem que tenha com esta uma relação biológica e ainda que o faça em relação ao/à filho/a do/a companheiro/a ou marido/mulher. Contudo, nestes casos, há algo substancialmente diferente para nós. É que nos casos de adoção a criança já tem um pai ou uma mãe e a sua identidade filial vai ser alterada em prol dos seus interesses. Não é isto

[1899] Nem a gestante tem esta relação, e consentiu no exercício dos seus direitos reprodutivos no sentido da colaboração reprodutiva para terceiros. O mesmo acontecendo com a doadora de óvulos que cedeu o seu material genético sem intenção de procriar. A gestação de substituição tradicional, como tivemos oportunidade de assumir, não é mais do que uma adoção pela mulher do pai do filho deste, com uma verdadeira renúncia encapotada dos direitos parentais da mãe, que é a gestante, sem, uma vez mais, os constrangimentos legais de um processo de adoção, que o é no final das contas. Isto porque a gestante encerra em si dois dos critérios que definem a maternidade: a ascendência genética e biológica. Não há, nesta situação, nada de diferente — que não seja a criação artificial de um embrião pelas técnicas de PMA, mormente a FIV — entre a dita gestação de substituição tradicional e qualquer situação de conceção natural de uma criança.

[1900] Quando exista casal, podendo tratar-se de uma situação de monoparentalidade.

que acontece na gestação de substituição, mesmo em relação ao/à beneficiário/a com quem não haja essa relação biológica. Por um lado, estando neutralizada, quanto a nós, a gestação, esta sempre estaria em concorrência com a ascendência genética, sem que nenhuma destas pessoas tivesse o fator de conexão — a intenção — que lhes permitisse ver a filiação estabelecida. Por outro lado, como refere Levinas:

> «[...] a filialidade biológica é apenas a figura primeira da filialidade; mas pode perfeitamente conceber-se a filialidade como uma relação entre os seres humanos sem laço de parentesco biológico. Pode ter-se, a respeito de outrem, uma atitude paternal. Considerar outrem como seu filho é precisamente estabelecer com ele as relações que designo "para além do possível".» (Levinas, 2018, pp. 55-56)

Neste âmbito, em nosso entender, não tendo as relações biológicas com a criança sido exercidas também elas com intenção de procriar, a identidade-parental deve ser encontrada em quem desenvolveu o projeto parental, isto é, o beneficiário que, ao contrário do que acontece com a gestante e com a doadora, exerceu, de facto, o seu direito a constituir família. Neste quadro, a identidade filial deve voltar a acompanhar aquela identidade-parental. Cremos que uma solução assente neste elemento volitivo não põe em causa o que assumimos até agora, porquanto o fundamento da gestação de substituição está garantido, uma vez que um(a) dos/as beneficiários/as garante o cumprimento daquela *ratio* ético-jurídica. A partir daí, o critério da intenção manifesta-se, como refere John Hill (1991), através da conceção social da parentalidade, ou seja, daquele ou daqueles que desenvolveram o projeto parental que deu causa à procriação e ao nascimento daquela criança, cabendo a estes e ao seu natural desejo de ter um(a) filho/a a primazia na determinação da filiação sobre os critérios genéticos ou biológicos. Como acontece com todos os homens que, não gerando a criança, e passando por técnicas de PMA heterólogas com recurso à doação de sémen, veem reconhecida a filiação pela expressão do consentimento prestado, sendo, no que tange à beneficiária não ascendente genética, uma expressão *gender neutral* que se impõe.

Esta parece, em nosso entender, ser a melhor forma de garantir o cumprimento de direitos das pessoas, mormente a constituir família, das diversas possibilidades que a ciência põe à sua disposição e dentro dos limites legais previstos e, considerando o procedimento e a intervenção dos terceiros que dele façam parte — e ainda que estes terceiros tenham, em relação à criança, ligações que a esta são essenciais, não só na sua existência e gestação, como elementos da sua identidade pessoal — dar cumprimento às legítimas expectativas de cada um. No que ao estabelecimento legal da maternidade e da paternidade diz respeito, essa legítima expectativa, no nosso entender, está numa única esfera jurídica — a dos/as beneficiários/as do procedimento.

Como já tivemos oportunidade de assumir neste ponto em concreto, parece-nos que o limite da gestação de substituição, sob pena de se tornar uma verdadeira «adoção por encomenda» estará na absoluta necessidade de, além desta ligação social que resulta, a montante, de um projeto de parentalidade que lhe dá causa — e por isso já com ligação emocional à criança desde momento anterior ao seu nascimento — implicar que o/a beneficiário/a tenha, por si ou através do outro membro do casal, ligação genética com a criança.

Se um casal, com o escopo de ter um(a) filho/a, de entre a sua liberdade reprodutiva, considerando o contexto familiar próprio, ou seja, assumindo o projeto de parentalidade como uma decisão conjugal [1901], e dentro dos limites legais existentes, escolhe uma técnica de PMA, nomeadamente a gestação de substituição, significa que tem como escopo *criar* descendência com a qual tenha ligação de sangue, ou seja, de entre as legítimas expectativas ter um(a) filho/a com o/a qual tenha afinidade genética, seja de um dos membros do casal, seja de ambos.

Neste âmbito, Richards refere o esforço ou investimento conjunto de ambos os membros do casal, o que, *per se*, é suficiente para determinar quem tem os direitos parentais [1902]. Para nós, esta perspetiva de Richards é particularmente relevante, já que coloca a parentalidade numa grandeza associada a uma dimensão de solidariedade quanto ao projeto parental (Richards, 2017). Quando haja mais do que um(a) beneficiário/a, esta dimensão de esforço conjunto permite que as teias relacionais se solidarizem entre os seus membros, permitindo identificar os atores principais do projeto parental, independentemente da contribuição de cada um(a). Uma expressão e um reconhecimento da liberdade procriativa como um projeto relacional e solidário. Um investimento conjunto de ambos os membros do casal permitindo que os elementos de conexão entre as várias dimensões da parentalidade se comuniquem, revelando a expressão relacional que se impõe.

Considerando o princípio da igualdade no acesso ao casamento e da igualdade dos cônjuges, entendemos que não haverá outro caminho que não seja assumir a parentalidade em relação ao/à cônjuge/companheiro/a do/a ascendente biológico da criança. Isto é, tal como o pai numa técnica de PMA heteróloga é determinado pelo consentimento que reflete o projeto parental, assim o será em relação à mãe na gestação de substituição, ainda que não tenha vínculo gestacional nem genético. É, de facto — e não o negamos —, um afloramento da neutralização da maternidade que, como defendemos, se impõe. Uma solução distinta implica concluir que ao nível da PMA o legislador continuasse a basear-se em princípios associados ao sexo para estabelecer quadros normativos relativos a uma reprodução assexuada, além de manter

1901 Sem desconsiderar as situações de união de facto em relação às quais se aplica sem distinção.

1902 O que seria insuficiente para Millum, já que «*The investment principle therefore implies that genetic relationships do not confer parental rights (or do so to an extent easily outweighed by most other caregiving actions)*» (Millum, 2010, p. 124).

um padrão heterossexual em relação à própria reprodução e à família. Desta forma, há que assumir, quanto a nós, que a PMA se desenvolva por princípios de natureza de igualdade entre sexos e orientações sexuais. Com a possibilidade de recorrer às técnicas de PMA com recurso a doadores de gâmetas, principalmente a FIV heteróloga com doadores de espermatozoides, o legislador [1903] imprimiu a suscetibilidade da parentalidade social, quer dentro do casamento quer em relações de facto análogas às dos cônjuges. Há uma expressiva manifestação da prevalência da identidade-parental numa conceção social que é, desta forma, suficiente para estabelecer as relações filiais, mesmo sem a ascendência genética.

No que toca à mulher, caso esta tenha relação genética com a criança e, portanto, radique em si esse fundamento, não há motivo para que haja um critério distinto em relação ao estabelecimento da maternidade e reconhecimento da respetiva relação legal com a criança como assumimos. Mas e caso não tenha? A verdade é que, se relativamente ao homem este tem a ascendência genética e não tem outro a concorrer consigo em relação ao elemento biológico da relação com a criança, a beneficiária não tem esta componente, pelo contrário — terá duas concorrentes que podem invocar tal elemento. Será que a intenção é suficiente para a determinação do vínculo? Não será uma solução destas exatamente aquilo que temos vindo enfaticamente a contrariar, ou seja, uma orfandade programada em relação à mãe? Entendemos que não.

A beneficiária ou o beneficiário, no caso de casais homossexuais, num princípio de neutralidade quanto ao género em matéria de gestação de substituição, tem o seu elemento volitivo tão digno de proteção quanto os homens que consentem no tratamento de FIV, por exemplo, com recurso a um doador de sémen. É certo que a intenção, por si só, não é suficiente para o exercício dos direitos reprodutivos, mas estão na mesma posição daquele que consente este tratamento, que, sendo casado, se presume o pai da criança e, não sendo, tendo consentido no tratamento, será, para todos os efeitos, considerado o pai. Nesta perspetiva, a mulher ou o homem, num casal homossexual, que não tenha relação biológica com a criança, e mantendo a coerência do sistema, deve manter a relação filial de acordo com a expressão do consentimento para o tratamento, como acontece com os homens nas FIV com doador de espermatozoides. A reprodução já não justifica uma diferença de tratamento baseada no sexo — isto é, não se justifica um tratamento discriminatório.

Mas não fará esta posição radicar a parentalidade unicamente na intenção e, portanto, numa orfandade programada, pelo menos parcial? Entendemos que não. Embora esta mulher ou o homem, num casal homossexual ou não, não tenha relação biológica com a criança, o companheiro ou companheira tem-na, pelo que há a manutenção do fundamento da gestação de substituição. A intenção manifesta a demonstração do desejo de constituir família em que o projeto parental continua também a assentar numa realidade biológica, ainda que só em relação a um dos

[1903] Incluindo o legislador português no âmbito da LPMA.

progenitores. A não ser assim, o que se verifica é que continua a insistir-se, para uma realidade substancialmente distinta, num paradigma de família em torno da mulher que dá à luz, mantendo o pressuposto de que esta é a ascendente da criança e a sua família é a família da criança, o que não é verdade.

Os tempos da PMA são tempos de neutralidade reprodutiva e os pressupostos heteronormativos e as replicações biológicas implicam assumir a igualdade que deriva da neutralidade.

Sempre se pode dizer que a presunção de paternidade deriva do pressuposto da existência de laços biológicos, o que não deixa de ser verdade. No entanto, como acontece na LPMA, o legislador continua a manter o princípio mesmo quando sabe que tal não é verdade, afastando a paternidade do ascendente genético. Ou seja, não tendo o beneficiário qualquer relação biológica com a criança, será, tendo prestado o seu consentimento, o pai da criança para todos os efeitos, mesmo quando em conflito com o efetivo ascendente biológico.

Por exemplo, no caso Chavdarov v. Bulgaria, o TEDH concluiu que não havia violação do art. 8.º por a lei búlgara não ter um mecanismo que permitisse o reconhecimento dos três filhos que o queixoso tinha tido com uma mulher casada com quem viveu. O tribunal teve em consideração que o queixoso e os filhos formavam uma família, mas em momento algum a integridade familiar havia sido posta em causa, quer pelas autoridades, quer pela mãe das crianças ou pelo ainda marido desta. Nesse aspeto, considerou a margem de apreciação dos Estados tendo em conta o estabelecimento das relações filiais, bem como a falta de consenso europeu em relação à possibilidade de a presunção de paternidade ser afastada pelo pai biológico e, ainda assim, o queixoso não ficava impedido de adotar os filhos.

Há uma efetiva marca da projeção social da paternidade decorrente da relação matrimonializada neste caso. Desta forma, mesmo que a gestante tenha, ao contrário da beneficiária, uma relação gestacional com a criança, tal como no caso anterior, não se justifica, quanto a nós, uma diferença de tratamento. Impor, por exemplo, que a beneficiária tenha de adotar o/a filho/a do marido ou da mulher não é uma solução aceitável, uma vez que o que faz é, de forma injustificada, manter discriminações desnecessárias e aumentar os ónus a que estas famílias estão sujeitas e, sobretudo, a que as crianças destas famílias estão sujeitas. É, quanto a nós, a expressão de novas famílias ilegítimas. Isto porque, por um lado, a filiação não é estabelecida ou, sendo-o, faz-se na contingência de processos judiciais, ou ainda está dependente de fatores estranhos, como a vontade daquele que tem a relação genética ou da gestante. Sem o reconhecimento da relação filial relativamente a quem desenvolve o projeto parental, as relações familiares com a criança podem estar irremediavelmente comprometidas. Por exemplo, no caso norte-americano Russell v. Pasik, um casal de lésbicas teve quatro filhos [1904] com recurso a doadores de espermatozoides. Com a separa-

[1904] Cada uma delas teve dois filhos.

ção do casal, cada uma manteve as relações familiares em relação aos filhos que cada uma deu à luz, apesar de terem constituído a família e esta estrutura em conjunto.

Também num outro caso norte-americano no Estado do Connecticut, o caso Doe v. Doe, o casal desavindo discutia a maternidade do filho. O marido alegava que a mulher não era legalmente a mãe da criança, já que nunca a chegou a adotar depois de a criança ter nascido por contrato de gestação de substituição. Que aconteceria se esta/e beneficiária/o mudasse de ideias ou se morresse? Uma vez mais, a relação filial e a identidade da criança estavam sujeitas a critérios mutáveis e a aplicações arbitrárias, sendo que é no interesse do próprio menor que deve, *in extremis*, residir a justificação para a determinação do critério para o estabelecimento da filiação (Lanzarot, 2016, p. 790).

Além disso, há outras consequências. Por exemplo, no caso Hallier v. France, o TEDH pronunciou-se sobre um caso de atribuição de licenças parentais. Neste caso, o tribunal concluiu que a licença é atribuída a quem seja o pai e/ou a mãe e não à pessoa que teria de passar por um processo de adoção depois de a criança nascer. Contudo, se pudesse funcionar, como acontece para o homem, a presunção de maternidade, este tratamento materialmente discriminatório já não se verificaria em relação à mulher.

A presunção de paternidade é específica quanto ao género, mas, numa técnica em que a reprodução é neutra e assexuada, a manutenção desta especificidade torna-se, quanto a nós, discriminatória. Foi neste caminho que seguiu a UPA 2017 [1905], eliminando discriminações desnecessárias e atribuindo maior certeza à parentalidade na gestação de substituição, e sobretudo ao pai ou mãe que não tenha relação biológica com a criança. A UPA 2017 aplica-se indistintamente quer a homens quer a mulheres cônjuges da mulher que dá à luz. A legislação americana acaba por ultrapassar a barreira da definição tradicional da reprodução em matéria de procriação, aplicando uma presunção marital de maternidade ou paternidade a quem quer se seja casado com a mãe [1906]. Uma visão que retrata a maternidade assente na biolo-

[1905] A secção 301 refere-se ao estabelecimento da relação parental nos casos de PMA incluindo o reconhecimento pelo «*presumed parent*» (podendo ser um homem ou uma mulher).

[1906] Questão diferente dos denominados «*de facto parent*» («*that person who, on a day-to-day basis, assumes the role of parent, seeking to fulfil both the child's physical needs and his psychological need for affection and care*») ou *in loco parentis* («*a person who has put himself in a situation of a lawful parent by assuming the obligations incident to the parental relationship, without growing through the formalities necessary to legal adoption, does stand in locus parentis, and the rights, duties and liabilities of such person are the same as those of a lawful parent*»), relacionada com a temática, mormente no âmbito de relações homossexuais, em que o companheiro ou companheira da mãe ou do pai não têm relação de adoção ou filiação com a criança e, em caso de separação do casal, ficam sem qualquer acesso à criança (Dalton, 2000, p. 203). Um dos casos mais conhecidos nos EUA em relação ao *locus parentis* é o Loomis v. State of California da década de 1960. Esta temática também se coloca em relação às denominadas famílias recombinadas e à pluriparentalidade, isto é, no caso das madrastas e padrastos em relações aos

gia reproduz estereótipos em relação à mulher-identidade ligando-a a uma visão sacrossanta da maternidade e coloca a paternidade num papel secundário que não se justifica quanto a nós.

Por outro lado, uma solução que não seja neutra e reproduza critérios associados à reprodução sexual é também discriminatória no sentido em que, no que tange à paternidade, a dimensão masculina dita a identidade da criança. A autora Dumbrava apresenta a seguinte constatação: se uma criança vê a paternidade reconhecida através de um teste de ADN que o beneficiário faça provando a ascendência biológica, é fixada a paternidade e este é imediatamente reconhecido como o pai, sendo concedida à criança a nacionalidade deste. Porém, se a beneficiária tiver a mesma ligação genética, não é reconhecida como a mãe da criança [1907], uma vez que a maternidade é estabelecida em relação a outra mulher, o que significa que a parentalidade e a nacionalidade da criança seguem os espermatozoides, mas não o óvulo (Dumbrava, 2015, p. 4).

A autora Katherine Wade explica que um dos cuidados na regulação da gestação de substituição é assumir e considerar a criança pessoa autónoma e independente, titular de direitos que devem ser protegidos contra qualquer forma de discriminação (Wade, 2017). Impõe-se assim uma especial aproximação ao princípio da precaução.

Das decisões do TEDH podemos concluir que o respeito pela vida familiar impõe que a realidade, seja ela biológica ou de facto, tenha prevalência sobre as presunções legais dos Estados [1908]. O caso paradigmático é o caso Marckx [1909]. Mas será isto que acontece na gestação de substituição? A reprodução assexuada comprometeu a típica assunção das relações biológicas entre pais e filhos, quer no âmbito das relações heterossexuais, quer sobretudo nas relações homossexuais, em que a ficção associada à presunção de paternidade está irremediavelmente comprometida, não se afigurando possível reproduzir esta ficção, vista nesta aceção, nas relações entre pessoas do mesmo sexo.

Mas as relações sociais de parentalidade, as recomposições familiares e as técnicas de PMA ganharam relevância e introduziram uma heteronormatividade à maneira de «ver» as relações entre pais/ mães e filhos/ filhas. Não obstante, no âmbito da PMA, as relações de filiação ficam estabelecidas sempre que o critério

filhos do ou da cônjuge com quem foram criando relações próximas da parentalidade de facto. Os tribunais norte-americanos foram recusando esta conceção funcional de parentalidade e a manutenção dos laços após a separação com quem não tinha legalmente um vínculo com a criança, alegando que, se assim não fosse, qualquer um poderia reclamar direitos a visitas ou custódia, pondo em causa a unidade familiar.

1907 Mesmo se estiver casada com o *intended father*.

1908 V. Almeida, 2008, p. 185, no que tange à análise da jurisprudência do TEDH em matéria de estabelecimento da filiação.

1909 Mas também os casos a que tivemos oportunidade de aludir no capítulo II, como o caso Keegan ou o caso Kroon.

é suscetível de ser replicado. Isto é, em todas as situações em que um casal heterossexual recorre a uma das técnicas de PMA [1910] mantém-se o paradigma, uma vez mais assente numa perspetiva de normalização e de replicação da relação sexual que o casal podia ter dando causa à gestação. Como refere Nejaime, «*[i]f the biology of reproduction can be detached from the social role of motherhood, it is difficult to maintain distinctions between the two forms of gestational surrogacy*» (Nejaime, 2017, p. 2327).

Tradicionalmente, a mulher que dá à luz é a mãe da criança e, se casada, o marido presume-se o pai, embora não seja o ascendente biológico da criança. Esta perspetiva de família tradicional, heterossexual e matrimonializada é usada na PMA como um legado da reprodução sexual que, nesta, não existe. A mulher que dá à luz é logicamente a mãe da criança na reprodução natural e o tratamento diferençado de homens e mulheres na PMA, em que a reprodução não é natural nem a lógica é a mesma, é um problema de discriminação. Não ver um problema quando se reconhece um pai por ser o ascendente genético da criança, mas não o fazer com a mãe é problemático e consubstancia a perpetuação de um estereótipo de heteronormatividade e da definição da mulher pela biologia. Mas as relações de maternidade, no que tange à gestação de substituição, desafiam ainda mais esta conceção. A mulher que dá à luz não é (ou não será) a mãe da criança e o marido desta não será o pai, ou deixará de o ser.

Foi o que aconteceu no caso Buzzanca v. Buzzanca. O tribunal de recurso «*[...] recognize a social mother by all accounts has no biological, adoptive, or stepparent relation to a child*» (Dalton, 2000, pp. 223-224). Neste caso, além da intenção como fator para determinação da parentalidade, o tribunal aplicou o mesmo princípio à mãe e ao pai, concluindo que não há razão para distinção. Concordamos com esta posição. Se é verdade que a reprodução biológica se faz entre duas pessoas de sexos diferentes, férteis, a parentalidade tem outras nuances que, embora tradicionalmente acompanhem aquela conceção biologista, não a acompanhando, resta saber se faz sentido manter esse critério para a determinação da parentalidade.

A paternidade está ligada a uma componente social de que resulta a presunção de paternidade. A maternidade, distanciando-se da gestação, não altera a sua natureza; neutraliza-se, tal como a paternidade, dando por isso relevo àquela componente marcadamente social.

Os casos Francine Bonnaud and Patricia Lecoq v. France e X and Others v. Austria referem-se à noção de parentalidade social (Brunet, *et al.*, 2013, pp. 149-150). Todavia, a doutrina do TEDH, embora tenha dado algumas respostas, não deu ainda uma posição e uma reflexão suficientes sobre o fenómeno da gestação de substituição (González, 2019). A verdade é que há que assumir o papel das mulheres, neste caso, tal qual o dos homens inférteis ou estéreis na reprodução. Também estes não têm qualquer papel ativo na reprodução, mas mantêm a sua relação com a criança baseada

[1910] Com exceção da gestação de substituição.

no consentimento, assente numa perspetiva social da paternidade [1911]. Assim, nos termos do art. 8.º da CEDH, não podemos assumir a leitura de que a relação genética associada ao pai é suficiente para garantir o direito da criança à identidade — se estivermos a considerar a ascendência genética —, nem a leitura do preceito pode implicar uma espécie de privilégio masculino, no nosso entendimento.

Como refere Nejaime, uma leitura em que são eliminadas as diferenças quanto ao género:

> «*[...] requires treating those traditionally excluded from the parentage regime as full participants. What does it mean in the law of parental recognition to treat those who break from conventional norms of gender and sexuality as belonging from the outset? In practical terms, equality requires law to value social as well as biological contributions in recognizing parents -and to do so in more transparent and evenhanded ways. Proceeding in this way is necessary to ensure that women engaged in nontraditional acts of parenting and gays and lesbians forming families with children-both of whom ground parental claims in social contributions – have their parent-child relationships recognized and respected.*» (Nejaime, 2017, pp. 2332-2333)

Não negamos — nem o podíamos fazer — que não é este o caminho do TEDH. Por um lado, mesmo no caso de a beneficiária ser a ascendente genética, admite que os Estados reconheçam a relação com a criança através de um processo de adoção, admitindo para o homem a demonstração da relação genética para estabelecer a filiação. Por outro lado, tradicionalmente, o *pater est quem nuptiae demonstrant* é limitado a relações matrimonializadas. Nos casos Boeckel and Gessner-Boeckel v. Germany e Bonnaud and Lecoq v. France, o tribunal admitiu que o princípio não tem de ser estendido a situações de união de facto.

O Bundesverfassungsgericht alemão acabou por interpretar este princípio considerando o *case-law* do TEDH restritivamente a relações matrimonializadas heterossexuais não as estendendo a casais homossexuais, ainda que unidos pelo casamento (Groot D. A., 2021, p. 4). O tribunal europeu fez notar que, no caso dos casais homossexuais, não é possível estabelecer esta presunção, uma vez que não há um pressuposto factual que permita concluir que este casal pudesse procriar, sendo que aquela presunção é relevante para que, nos casos em que o marido da mãe não é o pai, este possa demonstrar que não existe relação genética com o filho, o que sempre seria irrazoável, se considerássemos só esta perspetiva. Como se poderia assumir que uma criança foi concebida por duas mulheres ou por dois homens? Mas como responder

[1911] Que se inicia nas fases 1, 2 e 3 do processo procriativo e se reflete na última fase com a integração da criança no seu núcleo familiar — núcleo único e infungível que encontra o seu fundamento nas fases iniciais que lhe deram causa. V. tabela 3.

a esta questão sem assumir, como temos vindo a fazer e é sintomático dos casos de PMA, que a sexualidade está secundarizada e ser pai e/mãe não é mais uma questão de sexo, nem das escolhas sexuais, mas sim da liberdade procriativa com recurso às técnicas biocientíficas de procriação? Não é um fatalismo não reconduzir todos estes aspetos num discurso binário de homens e mulheres, já que não só não é necessário, como a definição da parentalidade numa sociedade plural não depende dele. A construção de uma nova parentalidade nas sociedades contemporâneas faz-se através de uma neutralidade parental em que não radica uma dimensão tradicional de homem e mulher (Singly, 1993).

Embora possamos concordar em relação ao pressuposto do casamento, temos algumas reservas quanto à não atribuição desta prerrogativa em relação a casais homossexuais. Pode sempre alegar-se que nestes casos é evidente que um(a) deles/as nunca poderia ser o pai ou a mãe da criança. É verdade como também não o pode ser, assim sendo, no caso de PMA heteróloga, ainda que num casal heterossexual. Reivindicar uma solução de compromisso que implique a igualdade neste caso é essencial, dado que, como assumimos, a neutralidade da gestação assim o impõe, e implica reconhecer todas as novas dimensões sociais da parentalidade e sobretudo da integralidade da vida familiar, incluindo os projetos parentais desenvolvidos pelo casal, mesmo que só um deles tenha a legítima aspiração de conseguir reproduzir-se. Mas também o quer fazer, nesta altura, recorrendo em conjunto à gestação de substituição, considerando quem vai ser o pai ou a mãe do/a seu/sua filho/a e não para assumir uma parentalidade singular ou com uma mulher que, não sendo da sua família, nem querendo procriar, veria estabelecida a filiação.

O reconhecimento da relação familiar e da inserção dos seus membros representa o necessário compromisso com o reconhecimento e a proteção da integralidade familiar. E não se pense que isto é despiciendo. Este elemento da unidade familiar e da integralidade que representa está quanto a nós incluído no próprio *case-law* do TEDH sempre que, nas relações familiares de facto, o tribunal permite que os laços familiares fortes que se geraram entre as crianças e os adultos revelem relações parentais e que, ainda que não haja qualquer ligação biológica, aquelas relações devem ser tuteladas em prol da integralidade e da unidade familiar [1912]. Por exemplo, como tivemos oportunidade de referir, no caso Wagner and JMWL v. Luxembourg, o Luxemburgo recusou a adoção plena de uma criança peruana por uma mulher luxemburguesa. O tribunal, além da questão da discriminação, concluiu como se segue:

[1912] No caso X. v. Switzerland (n.º 8257/78, 10 de julho de 1978), o TEDH admitiu que as relações emocionais entre adultos e crianças fazem parte da própria identidade da criança, mesmo sem a relação biológica.

> *«[...] the right of the child to have formal legal ties with the person whom she was now treating as her parent. The Court held that the Peruvian judgment resulted in a complete break from the family of origin, however, because of the decision of the Luxembourg authorities, no alternative legal link had been forged with the adoptive mother, leaving the child in a legal vacuum. As such, there was a violation of the child's rights under the European Convention.»* (Cabeza, Fenton-Glynn, & Boiché, 2016, p. 46)

Também se recordarmos os casos Costa and Pavan v. Italy, e S.H. and others v. Austria, temos de admitir que o tribunal considera que o art. 8.º deve ser interpretado de forma ampla, incluindo a autonomia, a autodeterminação, o desenvolvimento pessoal e o estabelecimento de relações com outras pessoas. Neste âmbito da PMA, como assumimos, inclui-se também o direito a decidir se alguém quer ser pai ou mãe, incluindo o reconhecimento a ter um(a) filho/a através do recurso à capacidade reprodutiva de outrem, mas também a vertente negativa como a questão da IVG, também como resultou do caso irlandês. Desta forma, ainda que titubeante, o TEDH já reconheceu uma amplitude quanto ao âmbito do art. 8.º, que agora precisa de assumir as devidas consequências.

Por outro lado, também não se pode dizer que nas relações homossexuais não se verifique sempre a relação biológica relativamente a ambos os membros do casal. Da mesma forma, com o método ROPA (*Reception of oocytes from partner*), o critério biológico fica disperso por mais do que uma mulher [1913]. Neste método, a mulher gera um(a) filho/a com os óvulos da companheira. Assim, como refere Guilherme de Oliveira, há dois vínculos biológicos concorrentes — o vínculo genético e o vínculo gestacional[1914]. (Oliveira, 2016, p. 276). Esta questão é particularmente relevante, pois implica considerar que a conceção de família homossexual pode, também ela, reproduzir conceções sociais de família biológica.

Um caso de ROPA foi recentemente julgado no TEDH — R.F. and Others v. Germany. Os tribunais alemães consideraram que não era possível o reconhecimento voluntário por parte da mulher que não havia dado à luz a criança como sendo sua filha, impondo a necessidade de recorrer a um processo de adoção. Este caso, não havendo sequer situação de gestação de substituição, sendo a gestante também ela a mulher com intenção de ter uma filha, assemelha-se aos casos Mennesson e Labassee. Em relação a estes, o tribunal considerou que recusar o estabelecimento da filiação ia contra os interesses da criança, que não veria estabelecida a relação

[1913] Em Portugal, no caso de casais de lésbicas, o Decreto Regulamentar n.º 6/2016, de 29 de dezembro, estabelece os critérios para a determinação da escolha da mulher que vai ser submetida à técnica de PMA, exceto nos casos em que a uma dessas mulheres não seja aconselhada a gravidez ou submeter-se a uma técnica de PMA.

[1914] Embora, neste caso, a ambas as mulheres seja reconhecido o vínculo jurídico de maternidade.

biológica com o seu pai, pondo em causa o seu direito à identidade pessoal, reconhecida nesta relação biológica com o pai.

O que há de diferente neste caso em relação a esta mulher? Se usarmos neste âmbito o recurso ao critério que estabelecemos, tanto uma como outra são as mães da criança. Aliás, a mulher que só contribuiu com o seu material genético com intenção de procriar é tanto mãe da criança como, num caso de reprodução sexual, o pai seria. Há, neste caso, claramente para nós, uma prevalência da ascendência paterna que não se justifica, sendo que, neste caso, nem se pode dizer que se desconsidera o papel da gestante, já que esta também é mãe desta criança.

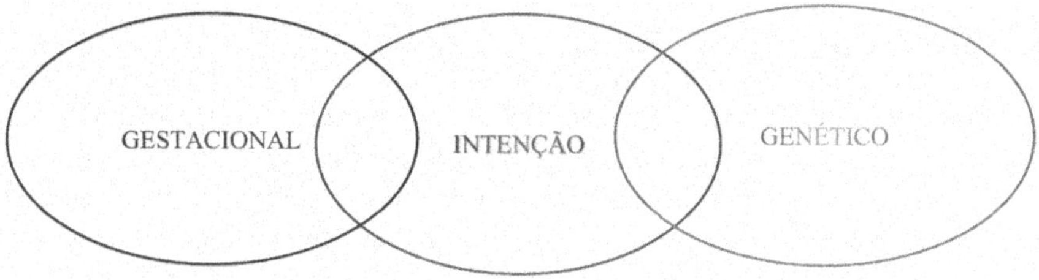

Figura 8: Estabelecimento da relação filial nos casos ROPA

Como já havia resultado do caso X, Y and Z v. United Kingdom, o tribunal já havia concluído que o facto de não se reconhecer a paternidade ao homem (transexual) não implica uma violação do art. 8.º. O mesmo resulta do caso SH and Others v. Austria, em que a Grand Chamber acabou por aceitar as justificações do Estado em relação à não admissão da separação de dois critérios da maternidade que sejam concorrentes entre si, levando a que ambas as mulheres possam litigar.

Por outro lado, o que também parece evidenciar-se, o tribunal, ao não reconhecer a filiação em relação a estas duas mulheres, tal como não fez nos casos de gestação de substituição em relação às mães genéticas parece querer demonstrar que não legitima que uma criança seja concebida e não tenha um pai, assumindo, portanto, o direito a ter filhos/as sem pai.

Ainda que sem ligação biológica, o casamento, e até mesmo a união de facto, tem uma leitura social nas relações entre pais e filhos/as. Se esta projeção social era heteronormativa, agora não o é, nem pode ser, como se impõe numa sociedade que sufraga a igualdade. Se é assim, como achamos ser, a leitura social desta ligação entre pessoas do mesmo sexo implica também que a leitura que se faz das relações parentais se atualize em função deste reconhecido afloramento. Ademais, implicará sempre que a gestante aceite, assim, *post facto*, que o/a seu/sua filho/a seja adotado/a por outrem. Caso não aceite a filiação, fica estabelecida e é irreversível.

O TEDH, por exemplo, no caso Görgülü v. Germany, é claro no sentido em que, a não ser em circunstâncias excecionais, a adoção de uma criança tem de ficar sujeita ao consentimento dos pais, uma vez que há interferência no direito à vida familiar.

Temos dificuldade em perceber a solução, já que neste caso reconhecer o vínculo materno à ascendente genética, tal como ao homem, é garantir a parentalidade biológica e o legítimo interesse de a criança conhecer as suas origens. As mães não estão a privar a criança do que quer que seja; pelo contrário, neste caso garantem a dual ascendência biológica. Quanto ao pai, não se pode dizer que existiu no caso. É evidente que a criança deve saber informações sobre a sua origem, mas não entendemos que deve ser a expensas de uma hétero-interpretação dos preceitos que não nos parece admissível.

O direito à identidade, à historicidade e ao ambiente familiar são essenciais para cada criança pelo que é necessário o seguinte:

> «*(c) Ensure that judicial decisions, laws, policies and practices in relation to surrogate-born children respect their right to identity and are duly taken into consideration in assessing the child's best interests; (d) Preserve, in all cases, all pertinent information, and establish and maintain registers and national records containing information about the genetic and gestational origins of surrogate-born children, through which children can seek to access, in line with their evolving capacity and maturity and subject to the cultural context of the country, in particular with regard to the use of donor gametes.*» (Boer-Buquicchio, 2019b, p. 20)

Desta forma, numa abordagem neutral que a PMA para nós impõe, há duas presunções: a pessoa casada com a mulher que dá à luz é presumida pai/mãe da criança e, na gestação de substituição, a pessoa casada com o ascendente genético da criança é presumida pai/mãe da criança se estas pessoas tiverem integrado o projeto parental daquele que exerce os seus direitos reprodutivos, uma vez que tanto um(a) como outro/a o fazem dentro do quadro do direito à constituição da família.

Não obstante, como chamam à atenção Paula Geber e Katie O'Byrne, a família que a Convenção usa, no singular, «*[...] is based on a philosophy that there is only one family structure and fails to recognize the diversity of family forms including same sex parents who have children via surrogacy*» (Gerber & O'Byrne, 2016a, p. 88) [1915].

Como resultou desde a doutrina Obergefell, os casais homossexuais podem criar famílias num ambiente de amor, saudável e harmonioso, não sendo concebível — tal como acontece em relação às mulheres nos casos de gestação de substituição, sobretudo quando são também as ascendentes genéticas — processos desajustados de exclusão e do estigma do pressuposto que as suas famílias são menos do que as outras.

[1915] As autoras referem que a resolução foi apresentada por países hostis aos direitos sexuais de minorias, como Angola, Egipto, Líbano, Nigéria [Human Rights Council, *Protection of the Family*, UN Doc A/HRC/26/L.20/Ver. 1 (2014)]. As tentativas para emendar a resolução foram derrotadas na *Joint Statement: Discussion of 'protection of the family' at Human Rights Council* (1 de julho de 2014).

A igualdade impõe que se reavaliem, quanto a nós, os regimes de estabelecimento da filiação que tratem de forma igual e justa as crianças desta família.

Há inegavelmente uma tensão entre o conceito tradicional e um conceito baseado na autonomia e autodeterminação, mas, como a entendemos, a intenção, ainda que com fundamento num aspeto biológico, é um critério de determinação da relação de filiação. Estamos cientes de que esta matéria está tipicamente subtraída à vontade das partes, não sendo esta que determina o estado civil das pessoas, mas, com os contratos, incluindo de gestação de substituição, não podemos negar que há uma assunção voluntária em assumir, por um lado, e não assumir, por outro, a relação parental. Se isto a torna pantanosa? Entendemos que não, já que o que se passa a admitir, na nossa conceção, é que a autonomia da vontade, expressa no contrato de gestação de substituição, dentro dos limites da autonomia reprodutiva, não tem qualquer influência nas origens da criança e na identidade-parental. Desta forma, o reconhecimento da parentalidade, expresso *ex ante* no consentimento para o tratamento e transferência do óvulo fecundado, é, tal como acontece na perfilhação, a consequência daquele/a que vê na sua esfera jurídica aquela identidade, resultando a autonomia da expressão do reconhecimento de um(a) filho/a.

Opomo-nos, neste caso, à adoção ou a uma figura que se lhe assemelhe [1916], isto é, que implique a alteração do estatuto da criança. Isto porque, por um lado, como assumimos, a comparação entre as duas é para nós inadmissível, mas, e sobretudo, recorrer a uma forma de adoção é aceitar uma orfandade programa que, quanto a nós, põe em causa a própria dignidade da criança. Um procedimento que implique a alteração da relação filial implica desconsiderar a família existente em prol de uma realidade familiar meramente aparente. Elizabeth Bartholet enquadra a PMA heteróloga e a gestação de substituição como natureza de adoção, parcial ou total [1917], nos casos em que não há ligação gamética com um ou ambos os beneficiários (Bartholet, 1999, p. 220). Como já tivemos oportunidade de expor, para nós, não é nem pode ser essa a natureza jurídica.

Aqueles/as que são os/as pais/mães (mormente biológicos) da criança não são reconhecidos/as como tal em prol de uma conceção tradicional que não encontra fundamento na gestação de substituição. Uma posição destas implica dar causa a uma classe de potenciais substitutos dos/as pais/mães que vão ser colocados no lugar de quem foi reconhecido como tal. Como resulta do caso re Marriage of Buzzanca, recorrer a mecanismos de adoção ou similar é impor o reconhecimento de que os/as filhos/as que se têm por quem recorre à gestação de substituição são de outra pessoa e não seus/suas.

[1916] Há quem considere que, não obstante e em sentido contrário, não se deve recusar o estabelecimento da filiação em relação aos beneficiários, bem como recusar a própria adoção, já que estes procedimentos contrariam os interesses da criança e o seu direito a conhecer as suas origens e a sua historicidade (European Centre for Law and Justice, 2019).

[1917] Numa alusão à adoção de embriões.

Como refere Elizabeth Bartholet (Bartholet, 1999) [1918], a adoção e os seus procedimentos, pela sua natureza e considerando a ausência da relação biológica, expressam mecanismos de controlo dos adotantes, uma vez que são estranhos em relação à criança. Na gestação de substituição, ao contrário do que acontece nas técnicas de PMA heterólogas [1919], impor aos/às pais/mães que passem por este procedimento é fazer recair sobre estes aquela mesma suspeição, ainda que tenham relação biológica com a criança, mas não sobre a gestante e o seu marido, por exemplo.

Na adoção, justificam-se procedimentos garantísticos para integrar uma criança numa *nova* família, incluindo a participação dos pais e da própria criança, sendo possível, já que o objetivo é garantir que a criança tenha uma família e não que uma família tenha direito a uma criança [1920]. Assim sendo, entendemos que o consentimento — que expressa o elemento volitivo — quer da gestante, quer dos/as beneficiários/as é essencial para estabelecer um regime legal que abra a possibilidade de pais/mães não adotivos verem estabelecida a relação filial dentro do quadro da gestação de substituição.

Entendemos, desta forma, que uma solução destas permite promover a igualdade, nomeadamente em relação às novas formas de família, mas também o respeito pela orientação sexual e pelo estado civil, exatamente como acontece nos casos de PMA heteróloga adotada pelo legislador português na LPMA.

Compreendemos que uma visão destas se possa assumir no âmbito das teorias liberais [1921] que são acusadas de mercantilizar a dimensão familiar. Contudo, na nossa conceção, ainda que inegavelmente assumamos uma dimensão de autonomia privada em matéria familiar, não o assumirmos é manter uma, agora nesta vertente, instituição familiar historicamente dominada por uma essência patriarcal.

Seja como for, a vida familiar existe, ainda que não haja ligação biológica entre os/as pais/mães e a criança, ainda que dependa de outras circunstâncias para que a relação se manifeste. Por isso, o que podemos concluir é que, de acordo com as orientações de Estrasburgo, a realidade familiar tem uma dimensão mais social do que meramente biológica.

[1918] Não queremos com isto afirmar que a autora aceite a gestação de substituição, muito menos na sua vertente comercial. Na realidade, Bartholet pondera até os riscos e benefícios dos próprios tratamentos de fertilidade e da forma como se assumem como uma nova metodologia para lidar com problemas de fertilidade, considerando, nomeadamente, que «*[...] we must list the immediate burden of the processo on women, and to a lesser degree on their male partners [...] [besides] health risks [since] women's bodies are bombarded with hormones throughout the treatment cycle*» (Bartholet, 1999, p. 204).

[1919] Em que os beneficiários não têm, pelo menos em relação a um deles, relação biológica com a criança, e não têm de passar pelo procedimento de adoção ou similar.

[1920] V. Pini and Bertani v. Romania.

[1921] Um afloramento do neoliberalismo enquanto «*[...] model citizen-subject based on a marketized society: The neoliberal subject is a rational actor, homo economicus, who engages in cost-benefit analysis to make choices and is then responsible for those choices*» (Harbach, 2019, p. 471).

2.1.2. O Direito ao Arrependimento

De entre as várias situações podemos, pela ordem de grandeza que se impõe, identificar dois grupos. Por um lado, a gestante quer manter, para si e para ser reconhecida legalmente como sua filha, a criança que fez nascer; em sentido oposto, os *intended parents* rejeitam a criança ou ainda os beneficiários e a gestante rejeitam a criança. Conforme resulta da tabela 2 qualquer um(s) dos outorgantes pode revogar o consentimento até à fase 3, concretamente até à implantação do embrião no útero [1922]. Quanto aos/às beneficiários, que dão causa ao processo, incluindo a produção dos efeitos decorrentes da relação filial fazem impender sobre si a impossibilidade de revogar efeitos que, pela sua natureza decorrente da identidade-parental, já se manifestam na sua esfera jurídica.

A questão é, não obstante mais delicada no que toca à gestante. Pela natureza do negócio, encontra-se uma série de argumentos contra o *enforcement* destes contratos (Cohen & Kraschel, 2016), nomeadamente imposição de cooperação da gestante contra a sua vontade, podendo levar a situações análogas à coação. Compreendemos os muitos argumentos que se elevam em sentido contrário à posição que aqui assumimos. A voz da resistência feminina [1923] impele a que uma das partes (alegadamente) mais vulneráveis neste processo mantenha o domínio, o controlo e a decisão e fá-lo se tiver esta espada sobre a cabeça dos/as beneficiários/as.

Há uma experiência física e emocional que pode conduzir, como muitas das feministas que analisamos referem, a processos em que a mulher se separa do seu trabalho, num exercício de alienação estratégica para vencer sentimentos negativos associados à separação. Contudo, isto não é a realidade; é uma fantasia. Compreendemos que empoderar esta mulher possa passar pela tentação de lhe manter a identidade materna, mas que ela, de facto, e quanto a nós, não tem. Não negamos que a gestação para outrem pode ser um processo traumático, incluindo

[1922] Momento até ao qual todo o processo, sendo reversível, conduz a esta possibilidade de interromper o processo causal.

[1923] É particularmente interessante a questão da voz como linguagem. No seu trabalho, Habermas refere que «[a] institucionalização da reciprocidade realizada na troca consegue-se pelo facto de a palavra pronunciada adquirir força normativa» (Habermas, 2015, p. 32). Neste âmbito, Habermas compara o «eu» de Kant e de Hegel e a relevância da linguagem. Enquanto Kant parte da identidade do «eu» como um dado originário, para Hegel o «eu» é levado pela sua experiência, enquanto identidade do universal e do particular. «Estas identidades constituem-se na dialética da representação, do trabalho e da luta pelo reconhecimento e desmentem assim aquelas unidades abstratas da vontade prática, da vontade técnica e da inteligência, com que começam a Crítica da Razão Prática e a Crítica da Razão Pura de Kant» (Habermas, 2015, p. 29). É uma renúncia a um ser pronto. Sob a linguagem, Hegel introduz com razão a utilização de símbolos representativos como primeira determinação do espírito abstrato: «a linguagem adquire existência como sistema de uma determinada tradição cultural: a linguagem como sistema de uma determinada linguagem de um povo» (Habermas, 2015, p. 30) e como ação comunicativa com significância recíproca.

a separação da criança, mas isso é uma consequência da decisão que se tomou, isto é, ter um(a) filho/a não só para outrem, como de outrem.

No modelo que perfilhamos [1924], a determinação da filiação na gestação de substituição afasta-se do paradigma da adoção e centra-se numa nova conceção legal que estabelece a linha da parentalidade. Neste caso, fica afastado — depois da celebração do contrato de gestação de substituição — qualquer exercício de declaração negocial por parte da gestante, seja revogando o consentimento prestado, seja aceitando a adoção por parte dos/as beneficiários/as.

Perfilhando um modelo de combinação entre a biologia e a intenção de procriar como o assumimos para determinar a parentalidade, concluímos que a alegada viciação do consentimento por parte da gestante não é mais do que um falso problema. A gestação é tradicionalmente entendida como a bênção da maternidade, considerando a ligação umbilical, mas não pode servir de argumento que se apresente como o lugar etéreo que, só por o ser, supere todos os outros critérios. Ademais, o endeusamento da ligação com a criança não pode servir de argumento para que, tendo a mulher prestado o seu consentimento de forma livre e esclarecida para assumir a sua posição de gestante, veja coartada a sua liberdade e autonomia em prol de juízos de valor tradicionais e enraizados que se lhes quer, a elas, e como argumento ditado a toda a sociedade, sobre estereótipos familiares. Famílias, sejam elas quais forem, que desejam ter um filho desenvolvem a ideia, inerente ao próprio ser humano, investem nessa ideia e desencadeiam os meios para concretizar esses fins; não têm menos valor do que a gestante e a sua posição não é menos importante do que a eventual ligação emocional desta. Se a gestante pode desenvolver uma ligação emocional com a criança, também os beneficiários a podem desenvolver e é natural que isso aconteça.

Se a gestante formou a sua vontade livremente, de forma esclarecida e sem intenção de estabelecer qualquer relação filial e se lhe for garantido, como deve ser, acompanhamento à saúde física e psicológica (Ethics Committee of the American Society for Reproductive Medicine, 2013, pp. 1840-1841), não nos parece que haja justificação ética e, por maioria de razão, jurídica que justifique que os pais — aqueles que entendemos como tal — sejam legalmente reconhecidos como tal.

Este consentimento, por este motivo, sendo a expressão da autonomia da vontade e impondo-se quanto a nós, como requisito na identidade-parental, tem de ser manifestado *ex ante* e, após a fecundação, é insuscetível de ser revogado, já que os efeitos que visa produzir se constituem imediatamente, isto é, a identidade-parental essencial à identidade da própria criança que, tal como nos casos de reprodução sexual, fica determinada pela ascendência biológica, independentemente da vontade dos/as pais/mães [1925].

[1924] Na esteira de Zyl & Walker, 2015.

[1925] Sem prejuízo dos casos de IVG eletiva.

Quanto a nós, desta forma, afasta-se o problema da revogação quando em causa está uma qualquer limitação a direitos de personalidade [1926]. Pelo contrário, admitir uma solução destas é admitir que o Direito deixa de perseguir a identidade-parental para estabelecer a relação filial, mantendo um critério tradicional que não só desconsidera a complexidade das relações, como é arbitrário em relação à determinação da família daquela criança, tornando-a num elemento fungível da sua própria identidade. Além do mais, é desconsiderar em absoluto uma das dimensões da liberdade procriativa — a oportunidade de procriar.

Nas suas diversas dimensões, a dimensão negativa de não procriar foi a que teve mais ênfase, mormente com os movimentos pró-escolha. Além disso, como foi sintomático desde o caso Skinner v. Oklahoma, foi ainda reconhecido o potencial procriativo (Stumpf, 1986, p. 198). Mas a oportunidade de procriar, isto é, do reconhecimento da liberdade fundamental em recorrer a técnicas que permitam suprir a infertilidade, é um daqueles afloramentos e que, portanto, se deve incluir — como assumimos — no âmbito do próprio direito. Admitir, depois, que quem tem um(a) filho/a não o pode criar e não vai ver estabelecida a relação filial é, quanto a nós, a violação do próprio direito fundamental que, neste campo e ao contrário da gestante, tem uma expressão axiológica que aquela não tem, já que não teve a vontade funcional relativamente à produção dos efeitos jurídicos da relação filial, uma vez que, de facto, não teve intenção de ter um(a) filho/a. A eventual alteração da sua vontade não altera a identidade-parental e, portanto, a filialidade correspondente, quanto a nós.

É verdade que há interesses em conflito quando a gestante quer posteriormente *ficar* com a criança, mas na realidade a expressão axiológica da beneficiária é indubitavelmente superior, já que, ainda que não negando a relação que a gestante tem com a criança — e que assumimos e reiteramos —, também não deixa de ser verdade, por um lado, que a beneficiária a tenha e, por outro, que o exercício dos seus direitos se subsumem no âmbito da oportunidade procriativa, isto é, a oportunidade de ter um(a) filho/a, incluindo com recurso a meios que lhe permitem ter um(a) filho/a. Daí, nesse âmbito, o reconhecimento do direito a criá-lo e com ele constituir família em relação à qual se impõe a proteção legal, sob pena de se constituir uma sanção em relação à beneficiária.

Este novo afloramento dos direitos procriativos teve, quanto a nós, uma expressão reveladora no recente caso de abril de 2020 julgado no Reino Unido (Whittington Hospital NHS Trust (Appellant) v. XX (Respondent) [2020] UK Supreme Court 14, 2020) e que é, para nós, sintomático. Neste caso, o tribunal decidiu, por maioria, um caso de responsabilidade civil por prática médica negligente que deixou uma mulher incapaz de procriar e, portanto, totalmente dependente do recurso a uma gestante para constituir família. Neste processo, o tribunal não só admitiu a pretensão, como

[1926] Como acontece no caso da adoção, que permite o arrependimento da mulher.

admitiu que os custos inerentes ao procedimento de gestação de substituição fossem incluídos [1927] no âmbito da indemnização peticionada [1928]. No âmbito do recurso para o Supremo Tribunal suscitaram-se três questões distintas. Por um lado:

> «*[...] can damages to fund surrogacy arrangements using the claimant's own eggs be recovered? Second, if so, can damages to fund arrangements using donor eggs be recovered? Third, in either event, can damages to fund the cost of commercial surrogacy arrangements in a country where this is not unlawful be recovered?*» (Press Summary Whittington Hospital NHS Trust (Appellant) v XX (Respondent) [2020] UKSC 14, 2020)

O Tribunal considerou que nos termos da lei inglesa os contratos de gestação de substituição não são coercivamente exigíveis, sendo a gestante sempre considerada a mãe da criança, e não podem ter natureza comercial. Contudo, por um lado, assumiu que é razoável que a lesada procure soluções para ter um filho, neste caso, através da gestação de substituição, incluindo na Califórnia, ainda que, neste local, a gestante seja paga pelo serviço que presta. O supremo tribunal inglês considerou que essa gestação de substituição pode ser comercial e que não ofende princípios de ordem pública. A formação de famílias é distinta e a opinião pública tem assumido essas novas formações familiares, pelo que, em casos adequados, é possível assumir contratos de gestação de substituição comerciais [1929].

Neste âmbito, o reconhecimento judicial destes contratos, como refere Lady Hale, está dependente da demonstração de que não há situações de exploração ou abuso de qualquer uma das partes e da criança e que esta não é assumida como

[1927] A mulher queria recorrer a uma gestante para ter dois filhos usando os óvulos que havia crioconservado e os espermatozoides do marido, bem como recorrer a uma doadora de óvulos. Com os gâmetas do marido, o casal queria ter mais dois filhos. Para o efeito, a mulher queria recorrer a uma gestante nos EUA, no Estado da Califórnia, para cumprir o seu objetivo, ainda que neste Estado o contrato tivesse natureza comercial.

[1928] Em primeira instância, o tribunal não admitiu esta pretensão. O hospital assumiu a responsabilidade em relação à gestação de substituição, seguindo o precedente Briody v St Helen's & Knowsley Area Health Authority [2000] EWCA Civ 1010; [2002] QB 856 («Briody») conforme resulta da decisão. Não foi procedente esta pretensão, tendo o tribunal considerado que a gestação de substituição comercial feria princípios de ordem pública internacional. Ademais, a gestação de substituição comercial no Reino Unido tem expressão criminal. Por outro lado, o tribunal considerou que recorrer a uma gestante para ter filhos, incluindo filhos com quem tenha relação genética, não constituía uma forma de restaurar a sua fertilidade. No recurso, a mulher viu a sua pretensão considerada procedente, tendo o tribunal de recurso considerado a mutabilidade do âmbito da ordem pública e a efetiva tolerância da opinião pública em relação a esta técnica, bem como a sua vertente comercial.

[1929] Tendo sido celebrados no estrangeiro, não têm relevância penal no ordenamento interno inglês, nos termos da *Act* de 1985.

o objeto do negócio sendo mercantilizada. Além do mais, a própria lei inglesa está em mutação, estando em curso um processo para alteração da legislação em matéria de gestação de substituição, o que é sintomático da menor hostilidade em relação a estas formas de constituição de famílias, incluindo o caminho que se tem trilhado, como resulta da proposta da Law Commission para a revisão da lei em matéria de gestação de substituição (Law Commission, 2019).

A decisão do Supremo Tribunal marca uma posição notável em matéria de gestação de substituição. Acomoda a possibilidade de, em prol da oportunidade procriativa, assumir a reparação dos danos através do acesso à gestação de substituição, tendo concluído que já não é «*[...] contrary to public policy to award damages for the costs of a foreign commercial surrogacy*» (Whittington Hospital NHS Trust (Appellant) v. XX (Respondent) [2020] UK Supreme Court 14, 2020, p. 17).

Conforme referido por Lady Hale, a aceitação pública em relação à gestação de substituição deve prevalecer sobre ambientes hostis anteriores que deram origem à atual lei em vigor e, ainda que com cautelas [1930], a aceitação de contratos internacionais de gestação de substituição, ainda que comerciais, denota um momento de reforço no próprio processo legislativo inglês (Dickens, 2020).

Por outro lado, nem sequer podemos conceber que o consentimento seja prestado depois de a criança nascer e findo um período de reflexão [1931], já que, por um lado, voltamos ao problema que um procedimento similar ao da adoção nos coloca e, por outro lado, também nesta versão estaríamos a admitir que o consentimento, ou a sua revogação, é fundamento para a dissolução do vínculo parental. Além disso, que acontece se os beneficiários/as não iniciarem o procedimento, como acontece no Reino Unido, por se terem arrependido? Que acontece se um(a) dos/as beneficiários/as morrer? O marido da gestante passa a figurar como o pai da criança, mas este pode sempre opor-se ao procedimento e, portanto, afastar eventual presunção que recaia sobre si. Mas e considerando os casos em que o beneficiário

[1930] Lady Hale indica três fatores condicionantes. «*First, the proposed programme of treatments must be reasonable. There may be good reasons to think that, but for the negligence, the claimant would have had the number of children now proposed, but there may not. Second, it must be reasonable for the claimant to seek the foreign commercial arrangements proposed rather than to make arrangements within the UK. This is unlikely to be reasonable unless the foreign country has a well-established system in which the interests of all involved, the surrogate, the commissioning parents and any resulting child, are properly safeguarded. Unregulated systems where both surrogate and commissioning parents are at the mercy of unscrupulous agents and providers and children may be bought and sold should not be funded by awards of damages in the UK. This has not been explored in this case, but it should not be concluded that, even in California, all is always well (as the Report of the United Nations Special Rapporteur shows). Third, the costs involved must be reasonable. This too has not been put in issue in this case, which has been argued as a matter of principle, but it should certainly not be taken for granted that a court would always sanction the sorts of sums of money which have been claimed here*» [Whittington Hospital NHS Trust (Appellant) v. XX (Respondent) [2020] UK Supreme Court 14, 2020, p. 18].

[1931] Como é típico nos casos de adoção.

é o ascendente genético? Passa a ser tratado como doador de gâmetas? Ao contrário deste, o consentimento prestado foi para ter um(a) filho/a seu/sua e não para que outros/as o/a tivessem para si. A aleatoriedade de situações que podem determinar quem são os/as pais/mães da criança torna a sua identidade pessoal altamente permeável a fatores que lhe são e devem ser estranhos e que não a podem influenciar.

Mantendo uma perspetiva tradicional em relação à maternidade, e por mais que se queira acautelar ou manter a filiação fora da autonomia privada, crivando a gestação de substituição com estereótipos da reprodução sexual, estamos a dar causa à *filius nullius*, o que para nós é inadmissível.

Por outro lado, uma solução destas — pondo em causa a própria identidade da cainça, quanto a nós — traduz outras situações de severa incerteza que estão dependentes da identidade-parental. Ainda que não seja nosso objetivo desenvolver este argumento, não podemos deixar de fazer referência, por exemplo, às situações em que um ou os dois beneficiários morrem. Os descendentes são herdeiros e titulares de eventuais pretensões indemnizatórias, nos casos de *wrongful death*. A inexistência de relação filial constituída ou a constituir em relação a estas crianças — seja porque depende de um ato de vontade dos/as beneficiários/as após o nascimento da criança, seja porque a gestante revoga o consentimento ou não o presta após o nascimento — significa que estas veem excluídos os direitos sucessórios e indemnizatórios a que tinham direito. E tinham, de facto, já que, ainda que se diga que esse direito estaria dependente de uma futura relação filial — e eventual, já que dependente da gestante —, a verdade é que, quanto a nós, a identidade-parental, que fundamenta aqueles direitos, está verificada, apesar da inexistência da verificação dos respetivos efeitos jurídicos por ausência do estabelecimento da filiação em relação aos/às beneficiários/as [1932].

Na mesma temática, ainda que com um enfoque distinto, estão também os casos denominados de *wrongful birth* ou *wrongful death* pré-natal [1933]. Nestas ações, as pretensões indemnizatórias pelo nascimento indevido ou pelo nascimento de um nado-morto são, desde logo, dos pais/mães da criança ou do feto. Ora, nestes casos, a determinação desta relação filial é, também ela, essencial para determinar quem tem o direito a esta indemnização. Uma vez mais, se a gestante é, para qualquer efeito, considerada a mãe da criança, a eventual indemnização é-lhe devida.

Do relatório de 2018 apresentado sobre a reforma à HFEAct em matéria de gestação de substituição resulta, aliás, que o inquérito feito sobre o estabelecimento da filiação em matéria de gestação de substituição no Reino Unido devia ser alterado.

[1932] Quanto a esta temática, embora num âmbito distinto, v. Mabry, 1999-2000. Neste artigo, Mabry analisa os direitos de crianças, ainda que não trate de qualquer matéria relativa à PMA, e à gestação de substituição em particular, mas dos casos de crianças que são trocadas na maternidade, suscitando-se um conflito entre a parentalidade biológica e social.

[1933] A que aludiremos na subsecção seguinte.

A maioria das pessoas inquiridas admitia que o contrato devia ser coercivamente imposto, incluindo para a gestante, havendo uma ideia clara que a maioria expressou de que «*[...] strong support for the idea that a surrogate must not be able to renege on the agreement to give the child to the IPs after birth, and for the idea that IPs must not be able to refuse to take the child*» (Horsey K. a., 2018, pp. 63-64).

Em relação a isto, resulta uma ideia de que as gestantes também não se reveem como mães da criança (Horsey K. a., 2018, pp. 63-64), sendo-lhes este estado imposto pela lei no pressuposto de que o são pelo simples facto de terem dado à luz aquela criança. Isto ao contrário dos/as beneficiários, pelo que o legislador tem o dever de refletir e assegurar essas expectativas e, por outro lado, assegurar os direitos das crianças, bem como dos seus pais/mães.

O direito ao arrependimento, seja de quem for [1934], implica efeitos colaterais bem mais complicados de resolver e que, *in extremis*, podem ser altamente lesivos para a criança. Não pode ser razoável admitir que a criança seja concebida e nasça num estado de absoluta incerteza sobre quem são e vão ser os seus pais/mães. Isto é não só admitir uma orfandade programada, como admitir que a identidade-parental da criança não está sequer determinada e a família desta criança, que podiam ser várias, no limite, não é de nenhuma, ficando em *standby* até verificação de um acontecimento futuro, seja uma *parental order*, como caso inglês, seja até revogação do consentimento no caso português.

De facto, há uma hiperbolização da posição da gestante, assumindo-a diminuída na sua capacidade para assumir todas as vicissitudes que do processo resultam, como, e se não mais importante, o devido acompanhamento psicológico [1935], seja a montante para aferir da capacidade psicológica dos intervenientes — principalmente da gestante, que, entre o mais, passa por um processo médico com alterações hormonais decorrentes não só da própria gravidez, se existir, mas dos próprios tratamentos a que se sujeita e com repercussões na sua saúde e bem-estar. O mesmo se aplica em relação à sua capacidade para lidar com a tramitação do procedimento e respetivas consequências, ou seja, tudo correndo como se espera, uma gravidez da qual nasça uma criança dos beneficiários.

Ora, nesta perspetiva, e admitindo o contrato de gestação de substituição, a coercibilidade em relação a este torna-se evidente. Consideremos um contrato de

[1934] Em 2014, a comediante americana Sherri Shepherd e o agora ex-marido envolveram-se numa batalha judicial, uma vez que a atriz não queria pagar a pensão de alimentos ao filho de ambos. A criança nasceu depois de o casal se ter separado, como consequência de um acordo de *surrogacy* em que o óvulo, de uma doadora, foi fertilizado *in vitro* (Giacomo & DiBiasi, 2015, p. 250).

[1935] V. exemplificativamente o relatório realizado no Canadá que concluía pela existência de uma série de procedimentos relativos à gestação de substituição, não tradicional, dando especial nota do necessário trabalho multidisciplinar que a questão suscita e que se mostra essencial, principalmente ao nível de aconselhamento, não só legal, mas psicológica com equipas especialmente preparadas para o efeito (Dar, *et al.*, 2015).

gestação de substituição completa ou gestacional em que a gestante, com o parto, revoga o consentimento. Imagine-se que o óvulo usado é da beneficiária. Neste caso, a maternidade mantém-se na gestante, porque parturiente, dando-se primazia a este critério biológico sem qualquer justificação. A mãe desta criança é a parturiente, com quem a criança não tem ligação genética, nem foi aquela que deu causa ao projeto parental. Esta mulher, deem-se as voltas que se der, é a «mãe» mais afastada daquela criança. E o pai? De duas uma — ou é o marido desta, por presunção de paternidade, ou o beneficiário (admita-se até que este é ascendente genético da criança). Numa perspetiva de repristinação da «família natural» — assente na primazia do critério biologista —, o marido da gestante será o pai da criança, com quem esta não tem qualquer relação genética ou causal.

De entre todos, este casal é o que está mais «afastado» da criança. Não se nega o contributo essencial da gestante — e a relevância desta para a identidade da criança, como o assumimos —, mas, de entre todos os que contribuem para a existência daquela criança, a gestante, neste caso, não é a que está mais próxima no âmbito relacional para recompor a relação familiar contemporânea criada pela gestação de substituição. Ademais, também não podemos afastar, de todo, o critério gestacional dos beneficiários. Estes passam também por um processo emocional que não é de desconsiderar, já que vivem aquele período como, de acordo com padrões médios, futuros pais, construindo ao longo daquele período uma teia emocional e relacional que se projeta também durante a gravidez. Tal como acontece com qualquer pai, que não experiencia a gravidez. Neste espetro relacional complexo, introduzindo agora o interesse da criança que norteia esta discussão, os beneficiários serão os mais bem colocados para levar em diante o projeto parental.

Carole Pateman, por exemplo, discute que o trabalho da gestante, ligado de forma intrínseca à sua identidade, constitui uma nova forma de alienação e exploração da mulher, concluindo que os negócios jamais poderiam ser coercivamente impostos. Rothman enfatiza que a gestante é indubitavelmente a mãe da criança, podendo retratar-se da autorização concedida no âmbito do contrato [1936]. A verdade é que, em nosso entender, a alteração da vontade da gestante não só põe em causa o fundamento do contrato como expusemos, como leva a situações de incerteza contrárias à defesa dos interesses da criança e da sua identidade. A ponderação dos interesses legítimos dos contraentes e dos direitos da criança conduz-nos àquela solução como sendo a que melhor se adequa ao cumprimento das expectativas, causa e fundamento que dá origem ao contrato e, *in extremis*, à existência da própria criança.

Não negamos o problema que a solução coloca, sendo o mais difícil de ultrapassar o argumento suscitado por Paulo Otero, a que já aludimos [1937], que radica na ideia de conceber e gerar um(a) filho/a para o abandonar e, por outro lado, desconsiderar

[1936] V. capítulo IV.
[1937] *Idem.*

a relação única que a gestante tem com o feto, negando o reconhecimento do caráter único da gestação. Mas estamos em crer que as vantagens são, numa ponderação dos interesses e no contexto contemporâneo em que nos inserimos, superiores aos danos que existem e que causam — não o negamos.

O contrato inicia um processo que cria relações muito além dos efeitos jurídicos entre a gestante e os/as pais/mães e imediatamente com a criança concebida no âmbito daquele negócio. Conceber a gestante como meramente a incubadora da criança parece desconsiderar o papel daquela e o impacto na identidade da própria criança. Esta mulher é o processo, mas também a manifestação da liberdade reprodutiva, e se é o processo, a sua liberdade também importa a conceção da sua intenção de autonomamente se separar da tradicional relação que vai ter com a criança que está a gerar e com aqueles que assume como sendo os pais dela.

Se seguirmos a assunção de Beauvoir, e se uma mulher não nasce mulher, mas torna-se numa mulher [1938], poderíamos dizer o mesmo de uma mãe. Será este o caminho? Em vários aspetos, incluindo legais, mantém-se o paradigma do determinismo biológico, e a noção da predestinação das mulheres para a maternidade determina um certo estereótipo sobre o papel biológico, entenda-se gestacional, das mulheres na reprodução (Gailey, 2000, p. 18). Uma criança nascida por gestação de substituição não deixa de ser uma criança do/a(s) pais/mães que contrataram o seu nascimento, a quiseram e encetaram os esforços tendentes à sua existência e que, por qualquer ilegalidade ou alteração da vontade não passa a ser da gestante ou de quem tenha ligação genética (Millbank, 2015, p. 477). Assumir nesta situação unicamente o critério gestacional parece, em nosso entender, colocar novamente as mulheres à mercê da biologia e das contingências de não a conseguir controlar. Em causa não está a reprodução natural, sexual, dependente de um casal heterossexual; em causa está a procriação artificial, que, por mais que se mude o *nomem* para assistida [1939], não deixa de ser artificial no sentido de que não tem comparação com o coito. É uma procriação colaborativa, que depende de terceiros, e o exercício de normalização, aqui no sentido de «naturalização», é impossível.

Se nos parece que a maternidade é também a capacidade biológica de gerar um(a) filho/a, também não podemos negar que é uma construção social, histórica, religiosa, política — e está impregnada de todas essas nuances — e jurídica. Reduzi-la a uma essência, que não negamos, evidentemente, parece elevá-la a uma conceção mística, mas altamente redutora, em nosso entendimento, e imutável, despregando-a da sua componente social.

[1938] Em *O Segundo Sexo*.

[1939] Parece que a etiquetagem conduz a uma assimilação de normalização do processo, de o aproximar da reprodução sexuada e do estereótipo da família tradicional.

A maternidade é, além de biológica, um processo relacional [1940], e a fragmentação da parentalidade derivada de um processo de procriação biotecnológica, ainda que não seja um processo de perda destes elementos — essenciais para a criança e a sua identidade —, também não significa um processo de multiplicação de pais e/ou mães. Tal como um(a) doador(a) de gâmetas, a gestante está a colaborar para a procriação de outros/as, uma vez que, ainda que exercendo os seus direitos reprodutivos, não tem intenção de procriar. A relação da gestante com a criança é inegável, infungível e não pode ser desconsiderada para a própria e sobretudo para a criança. Contudo, quanto a nós e considerando o fundamento da gestação de substituição, também a carga genética relava a ligação biológica e a intenção de procriar impõe o reconhecimento do elemento relacional associado à linhagem hereditária e, *in extremis*, todas estas pessoas acabam por reconhecer que a intenção é primordial no projeto parental e, portanto, para determinar a filiação.

No relatório de 2018 *The Special Rapporteur on the Sale and Sexual Exploitation of Children*, prevê-se que deve ser garantida a proteção das mulheres e, caso o contrato tenha natureza comercial, o pagamento não pode constituir de alguma forma a venda da criança. Quanto a isto concordamos em absoluto [1941]. Todavia, já não podemos assumir que «*[...] [a] surrogate mother should be considered the mother at the time of childbirth, and have the parental right to keep her child after birth, with no contractual penalties under the surrogacy arrangement*» (Czubik, 2019, p. 523) [1942].

Compreendemos que o relatório estivesse preocupado em garantir que os direitos das mulheres sejam cabalmente reconhecidos, mas uma solução destas parece-nos inaceitável. Se o Estado não consegue garantir os direitos humanos dos seus/uas cidadãos/ãs, a solução não passa, quanto a nós, por impor a maternidade a quem, de facto, não é a mãe daquela criança. Isto não só não garante os direitos desta mulher, como, no nosso entender, se faz a expensas dos direitos das crianças, que ficam irremediavelmente postos em causa. O art. 7.º da CDC especifica que toda a criança tem o direito a ser registada aquando do nascimento sem discriminação. Nos termos do art. 8.º da CEDH pode também extrair-se tal princípio e os efeitos modificativos da relação filial, no caso de gestação de substituição, revela a aludida orfandade programada que, para nós, é inadmissível como temos vindo a sufragar.

Reconhecemos que o art. 2.º da *European Convention on the Legal Status of Children born out of Wedlock* afirma o seguinte: «*Maternal affiliation of every child born out of wedlock shall be based solely on the fact of the birth of the child.*» Também o *Report on principles concerning the establishment and legal consequences of parentage — «the white paper»*

[1940] Como acontece desde logo com a adoção.

[1941] A que tivemos oportunidade de aludir no capítulo IV.

[1942] Admitindo que qualquer pagamento seja feito, caso o contrato tenha natureza comercial, antes de a criança ser entregue ou não, e de forma que não haja qualquer obrigação de devolução, mesmo que a gestante acabe por decidir que não quer entregar a criança depois do seu nascimento.

indica que o «*Principle 1 regarding the establishment of the maternal filiation*» estabelece que «*The woman who gives birth to the child shall be considered as the mother*» [1943]. O *Principle 1* «*follows the wording of paragraph 1 of Principle 14 of the general conditions for the use of artificial procreation techniques as contained in the "White Paper" on "Human artificial procreation" prepared by the Council of Europe's* ad hoc *Committee of experts on progress in the biomedical sciences (CAHBI)*».

Ademais, em linha com a interpretação do TEDH, no caso Marckx resulta que uma criança tem o direito a ver estabelecida a filiação desde o momento do nascimento, incluindo nas técnicas de PMA:

> «*[...] it was agreed that Principle 1 concerns the legal situation at the time of birth... In other words, all previous circumstances concerning the conception and pregnancy (e.g. cases of surrogacy) and any subsequent modification of the legal parentage (e.g. adoption by another person) will not affect the legal maternal affiliation at the moment of birth.*» (European Centre for Law and Justice, 2017) [1944], [1945]

Reconhecer o que são os efeitos da liberdade de todos os outorgantes é o reconhecimento da aceitação da parentalidade também assente em construções sociais que resultam da consideração de novas realidades familiares e, na PMA, da possibilidade de separar os elementos naturais por várias pessoas. Impor soluções legais arcaicas não faz mais do que reproduzir o que agora se entende como estereótipos inaceitáveis ou, resolver problemas, como reconhecemos, que o contrato pode suscitar a expensas da identidade-parental e, sobretudo, da identidade da criança e dos seus melhores interesses.

2.2. As *Wrongful Surrogacy Claims*

A era da biotecnologia e dos diagnósticos preditivos de doenças genéticas abriu caminho para novas formas de responsabilidade civil médica. As denominadas

[1943] European Committee on Legal Co-operation of the Council of Europe, *Report on principles concerning the establishment and legal consequences of parentage — «the white paper»*, May 2004, CJ-FA (2006) 4 f, p. 7.

[1944] V. Comité directeur de bioéthique du Conseil de l'Europe, *Réponses des États membres au questionnaire sur l'accès à la procréation médicalement assistée (PMA) et sur le droit à la reconnaissance de ses origines pour les enfants nés après PMA*, 9 de fevereiro de 2012, CDBI/INF7FEV2, p. 54. 43. V, em particular, a Conferência de Haia de Direito Internacional Privado, *A study of legal parentage and the issues arising from international surrogacy arrangements*, março de 2014, Prel. Doc. No 3C (The Study), p. 8.

[1945] Quanto ao direito ao nome e registo de nascimento, v. Johansson v. Finland, n.º 10163/02, 2007.

wrongful actions[1946] são ações de responsabilidade médica [1947] por violação da *legis artis medicinae*. Nesta matéria, são, desde logo, conhecidas as *wrongful birth e as wrongful life claims*[1948], [1949], [1950]. Nas primeiras, a ação é baseada na ausência de testes genéticos de diagnóstico ou ecográficos do feto e baseiam-se na omissão da transmissão de informação [1951] à mãe sobre possíveis doenças congénitas de que o feto seja portador. Assim, a mãe perde a oportunidade de, licitamente [1952], interromper a gravidez, uma vez que, por causa daquela omissão, não conseguiu formar a sua vontade corretamente — ou seja, o consentimento não é, por isso, informado.

Também neste campo se pode questionar a emergência das *wrongful genetic makeup*:

> «[...] nesta sede, irá colocar-se a questão de saber se os progenitores ou a própria criança podem ser indemnizados caso os primeiros tenham sido impedidos de recorrer a técnicas de edição genética germinal disponíveis de forma a garantir que a sua descendência nasça saudável (principalmente naqueles casos em que a transmissão da enfermidade aos descendentes não constitui uma mera probabilidade, mas antes uma verdadeira certeza...), ou, tendo recorrido a elas, devido a uma qualquer falha (bio)médica (scilicet, uma mala praxis do médico na execução do procedimento), a criança acabe por nascer com as doenças ou malformações genéticas que se pretendiam justamente evitar.» (Figueiredo, 2020, pp. 20-21)

[1946] Que já tivemos oportunidade de analisar noutro lugar; aqui, só lhe fazemos referência por dever de enquadramento da questão. V. Almeida Araújo, 2016.

[1947] Contratual ou extracontratual.

[1948] A expressão *wrongful life* encontra-se pela primeira vez na decisão do tribunal americano do Estado do Illinois, no caso Zepeda v. Zepeda, ainda que não diretamente relacionado com esta temática. Tornou-se uma expressão corrente para este tipo de ações em contraposição com as *wrongful death claims*.

[1949] Sobre a temática, para mais desenvolvimentos, v. exemplificativamente, Pinto, 2018 ou González J. A., 2014.

[1950] V., nomeadamente Acs. do STJ de 19 de junho de 2001, 17 de janeiro de 2013.

[1951] Seja por ausência da realização dos testes que a *legis artis* impunha, por interpretação errónea dos resultados dos testes realizados ou por não transmissão de informação ou transmissão de informação errada sobre o resultado desses testes.

[1952] V. art. 142.º do Código Penal.

Neste âmbito, Vera Lúcia Raposo, partindo da ideia da *Procreative Beneficence* de Savulescu [1953], alude a uma ideia de «eugenia privada»:

> «[...] não visa apenas satisfazer a pretensão dos pais quanto ao «filho ideal», mas também — e até sobretudo, pelo menos na perspectiva dos deveres reprodutivos — evitar doenças e malformações suscetíveis de causar in- tenso sofrimento físico e emocional aos filhos que irão nascer e, em última instância, às gerações futuras. Por conseguinte, não se trata de «apuramento da raça» ou de agravar discriminações entre pessoas doentes e pessoas saudáveis, mas de evitar a doença e a dor, com base numa premissa que, de tão simples, tem sido esquecida: estar saudável é melhor do que estar doente.» (Raposo, 2019, p. 479)

Por seu turno, nas *wrongful life claims*, a indemnização é peticionada pela própria criança contra os médicos por ter nascido com a patologia que lhe causa danos [1954]. Trata-se de uma ação proposta pelas «*[...] disabled children against the people, especially doctors, for being born. Courts around the world are reluctant to acknowledge such claims due to the ethical and legal implications they have*» (Evgenia, 2012, p. 107). Nestas ações, as reações negativas suscitam-se desde logo com a pretensão indemnizatória associada a um *dano vida*. Neste argumento, como refere Carneiro da Frada o «dano vida» (Frada, 2008) encontra a pedra de toque das ações da chamada vida indevida, a vida encarada como dano suscetível de ser compensado pela violação do direito a não nascer [1955], [1956]. Como resulta do caso McKay v. Essex Area Health Authority

[1953] Como já tivemos oportunidade de analisar no capítulo I. A *procreative beneficence* traduz-se na seguinte obrigação: «*[...] couples (or single reproducers) should select the child, of the possible children they could have, who is expected to have the best life, or at least as good a life as the others, based on the relevant, available information*» (Savulescu, 2001, p. 414).

[1954] Em fevereiro de 2016, o Tribunal Constitucional pronunciou-se pela admissibilidade constitucional destas ações (Acórdão n.º 55/2016 publicado no Diário da República, 2.ª série, n.º 51, de 14 de março de 2016).

[1955] Não é esse o enfoque que entendemos que as ações devem ter, mas, como referimos, não é este o momento para analisar estas ações.

[1956] Neste campo desenvolveu-se a argumentação do *Arrête Perruche* [L'Arrêt Perruche a Cour de Cassation, Assemblée plénière, du 17 Novembre de 2000, 99-13. 701, Publié au bulletin, in www.legifrance.gouv.fr (consultado em 26 de maio de 2016)]. A decisão tem sido objeto de diversos estudos, exemplificativamente, Marta de Sousa Nunes Vicente (2009): *Algumas reflexões sobre as ações de wrongful life: a jurisprudência Perruche, in Lex Medicinae*, Ano 6, n.º 11, pp. 117-141. Sumariamente, em 14 de janeiro de 1983, nasceu, em França, Nicolas Perruche. Nasceu com severos problemas físicos e neurológicos decorrentes da exposição, *in utero*, ao vírus da rubéola contraído pela mãe, designado síndrome de *Gregg*, e que não foi detetado pelos profissionais médicos que a acompanharam durante a gravidez, como o atual estado da ciência médica permitiria, atendendo aos meios de diagnóstico pré-natais existentes e protocolados. Foi proposta ação judicial contra

and Another (Caulfield, 2001, p. 144), e que tem vindo a ser usado como argumento, admitir estas ações seria um menosprezo em relação à vida deficiente, isto é, que a criança portadora de uma patologia é menos valiosa do que uma criança saudável, o que poria irremediavelmente em causa a dignidade daquela considerando a estratificação.

Por sua vez, nos *wrongful conceptions*[1957] *cases*, podemos ter várias hipóteses:

> «*[e]n la primera, se ha producido la concepción y, posteriormente el nacimiento de un menor, el que es saludable tanto física como psicológicamente, producto del fallo de un método anticonceptivo aplicado directamente por los padres, sin intervención de galeno alguno. Pero también se incluye aquella situación en la que se ha acudido a una esterilización practicada por un médico, a fin de impedir la concepción, y no obstante los procedimientos adoptados, ésta, de todas formas, se produce. Lo erróneo radica en el negligente resultado de una intervención quirúrgica de esterelidad, la que no ha cumplido con el objetivo previsto.*» (Miranda, Barrena, & Vega, 2015, p. 19)

Neste âmbito, a questão que se pode suscitar é se existe um efetivo dano, já que em causa está o nascimento de uma criança — saudável, nomeadamente — e se essa existência pode ser encarada como um dano. A verdade é que, maioritariamente, se admitem estas pretensões com o fundamento de que «*[...] cause of action is that a person has attempted to avoid pregnancy itself. The injury that is alleged in the claim is the pregnancy itself, and that the physician's negligence is the cause of that pregnancy*» (Sullivan, 2000, p. 111).

os médicos e o laboratório que realizou os exames pelos pais de Nicolas e por aqueles em representação do filho, cumulando pretensões indemnizatórias dos progenitores — por incumprimento das obrigações dos profissionais de saúde, que deram causa a que os pais levassem a gravidez até termo, na expectativa do nascimento de um filho saudável —, e do filho, pelo sofrimento a que as patologias de que padece dão causa e pelas despesas acrescidas que a deficiência acarreta. Apesar de ter sido demonstrado o erro médico e laboratorial no diagnóstico nos exames realizados pela mãe, que na sua pretensão viu procedente a sua *wrongful birth claim*, a verdade é que foi sendo sucessivamente negada a pretensão a, *per se*, Nicolas ter direito a uma indemnização. Certo é que corria o ano de 2000 quando, em 17 de novembro, o Supremo Tribunal francês acabou, ao contrário das instâncias inferiores, por conceder ao próprio Nicolas Perruche o direito a uma indemnização pelo sofrimento de que padece decorrente da deficiência e dos custos acrescidos que esta causa. A decisão lançou na sociedade francesa um aceso debate em torno do tema, o que levou inclusivamente a alterações legais, atendendo ao seu impacto, dando origem à designada lei *anti-perruche*. Com vestes de diploma legal, acabou-se com a jurisprudência Perruche, bem como se restringiu o próprio âmbito do direito indemnizatório dos pais, nas *wrongful birth claims*, cingindo-os quase exclusivamente aos danos morais, remetendo os encargos acrescidos resultantes da deficiência da criança para a segurança social. V. Almeida Araújo, 2016.

[1957] Ou *wrongful pregnancies*.

Noutra perspetiva, existem ainda as situações das *wrongful surrogacy*. Nesta situação, há uma troca de gâmetas ou embriões que eram destinados a uma mulher e são transferidos para outra. Antes do advento da PMA, como é evidente, esta questão não se colocava. Não havia dúvidas sobre quem eram os pais da criança, sobretudo a mãe, estabelecendo-se este vínculo através da máxima *mater est quam gestation demonstrat*. Atualmente, como se pode admitir, a possibilidade da negligência médica em matéria de PMA é efetiva. Por exemplo, porque os gâmetas ou embriões selecionados — por exemplo, para uma FIV heteróloga — não são usados e, em vez disso, é usado outro material biológico, mas neste caso os gâmetas ou embriões efetivamente usados provêm de doadores. Por outro lado, e é neste âmbito que colocamos o nosso enfoque, existem situações em que os gâmetas ou embriões usados são de pessoas que queriam que estes fossem usados para produzir a sua própria descendência, mas acabam implantados no útero de uma mulher que não tem qualquer intenção de ser gestante para outrem e dos/as filhos/as de outrem.

Um caso de *wrongful surrogacy* suscitou-se em 1998 nos EUA quando nasceu Vincent Fasano e Akeil Richard Rogers. A primeira criança é branca e a segunda negra, mas eram gémeos. A clínica de fertilidade onde Deborah Perry Rogers e Robert Rogers, bem como os Fasanos, se submetiam a tratamentos de fertilidade enganou-se na manipulação dos embriões e transferiu um dos embriões daqueles para a Senhora Fasano [Perry-Rogers v. Fasano, 715 N.Y.S.2d 19 (2000)]. O caso foi revelado pela clínica, o que conduziu a um processo judicial em que os Rogers queriam ver declarada a custódia do seu filho [1958] e terminar com o direito de visitas acordado, bem como a alteração do registo de nascimento da criança. Os Fasanos eram estranhos genéticos em relação àquela criança, sendo a mulher assumida, e que *in extremis* também se assumiu como *mera* gestante.

Em 2003, também nos EUA, no caso Robert B. v. Susan B., 109 Cal. App. 4th 1109 (2003), também se colocou um problema de implantação errada de embriões de um casal noutra pessoa. Neste caso, Robert e Denise recorreram a uma clínica de fertilidade para contratar a fertilização de um óvulo de uma doadora anónima com o esperma de Robert, o que acabou por acontecer, mas três destes óvulos acabaram transferidos para Susan, uma mulher que havia contratado a mesma clínica para que lhe fossem implantados óvulos fecundados de doadores anónimos. Susana teve Daniel, e Denise deu à luz Madeline em 2001, ambos tendo Robert como ascendente genético. O caso foi levado a tribunal, que considerou que Robert era o pai de ambas as crianças e, no caso de Susan, esta era a mãe, apesar de não ser a ascendente genética. Denise invocou os casos Calvert e Buzzanca para ver reconhecida a sua qualidade de mãe recorrendo ao critério da intenção, o que foi negado, porquanto, neste caso, ao contrário daqueles, por um lado, Denise não tinha qualquer ligação genética

[1958] Os casais haviam assinado um acordo previamente em que a criança era entregue aos Rogers, mas era garantido o direito de visita aos Fasanos.

com a criança, mas Susan tinha a ligação gestacional, pelo que não era possível recorrer ao elemento de desempate, ou seja, a intenção. Por outro lado, ainda que no caso Buzzanca só tenha funcionado o critério da intenção, nem a gestante nem a doadora invocavam esta ligação para estabelecer a maternidade. Também Susan não queria que Robert fosse considerado o pai da criança, já que isso implicava uma alteração no seu direito a ter uma família monoparental e a filiação paterna punha em causa a integridade da sua família. O tribunal considerou que, ao contrário do que acontecia nos casos de doação de sémen, Robert não consentiu que o seu material biológico fosse usado com aquele fim, mas sim para produzir um filho seu e, portanto, tem o direito a ser reconhecido como o pai da criança.

Já em 2009, também nos EUA, foi decidido o caso Savage — «*In February of 2009, Sean and Carolyn Savage received amazing news: Through in vitro fertilization, they were pregnant with their fourth child. In a devastating turn of events, they also discovered that the child Carolyn was carrying was not biologically theirs*» (Vangessel, 2015, p. 681).

Numa outra perspetiva, mas considerando especificamente um caso de gestação de substituição, o processo Malahoff v. Striver revela um acordo de gestação de substituição que acabou por não se concretizar na realidade. Neste caso de gestação de substituição tradicional, Malahoff contratou uma gestante, casada, para ter um filho, para o qual pagou 8 500,00 $. A mulher foi inseminada e ficou grávida, tendo a criança nascido com uma microcefalia [1959]. O *intended father* não queria que a criança fosse tratada, o que foi recusado, e uma ordem judicial garantiu que os cuidados eram prestados. O homem recusou pagar à gestante, bem como ficar com a criança, tendo contestado a paternidade. Contudo, de facto, testes de sangue demonstraram que a criança era filha do marido da gestante. Por outro lado, ficou demonstrado que o que causou a patologia à criança foi um vírus presente no sémen do *intended father*. Os Striver queriam agora ser indemnizados tendo proposto uma ação contra Malahoff, bem como restantes intervenientes no processo, incluindo os médicos, advogados e intermediário, peticionando uma indemnização para si e para a criança. O tribunal concluiu pela improcedência da ação e chamou a atenção para o facto de a criança ser responsabilidade dos pais (Deharo & Madanamoothoo, 2020, pp. 362-364). A liberdade procriativa dos pais foi exercida e o risco associado, incluindo o que acabou por se verificar no caso concreto, associado a um processo reprodutivo, que implica assumir as consequências de um processo falível. Uma posição destas reconhece a dignidade da criança e a vida que merece ser protegida (Soniewicka, 2019, p. 84).

Também num caso de gestação de substituição que ocorreu em 2005, um casal canadiano deslocou-se à Índia para contratar uma gestante. O objetivo era ser usado esperma do marido e um óvulo de uma doadora anónima, o que aconteceu, tendo nascido um casal de gémeos um ano mais tarde. Quando o casal recorreu ao

[1959] A criança padecia de surdez, deficiência metal e problemas neuromusculares.

Canadian High Commission em Nova Deli para requerer a nacionalidade dos filhos, os testes de ADN revelaram que a menina era filha do beneficiário, mas o rapaz não era. Não foi concedida a cidadania ao filho e a família permaneceu na Índia durante cinco anos, quando em 2011 foi emitido o cartão de identidade canadiano para a filha e autorização para viajar com o filho. No Canadá, os pais requereram judicialmente a concessão da nacionalidade com fundamento humanitário para o filho (Darling, 2017, p. 195). Nestes casos, o que se verifica é um erro que dá origem a que os gâmetas ou embriões de uma pessoa sejam usados noutra. Quem devem ser os/as pais/mães da criança [1960]?

De facto, a reprodução assexuada implica que seja realizado um conjunto de procedimentos médicos que implicam a manipulação de material biológico e a transferência de óvulos fertilizados para o útero das mulheres. A possibilidade de erro médico coloca-se também a este nível — desde uma manipulação errada dos gâmetas e/ou embriões, que pode levar à sua destruição, bem como a utilização de espermatozoides, óvulos ou embriões que hajam sido trocados e são usados nos beneficiários errados. Não só os beneficiários *legítimos* perdem o material biológico e embriões, como se pode suscitar o caso de eventuais disputas sobre a parentalidade da criança. A seleção exemplificativa dos casos que selecionamos pode agrupar-se da seguinte forma: os casos em que os *intended parents* recorrem a um contrato de gestação de substituição, mas os gâmetas usados não correspondiam àqueles que deviam ter sido usados levando a que as crianças nasçam sem a relação genética com pelo menos um dos beneficiários, ou nos casos em que os gâmetas ou embriões de uns são usados noutrem, acabando a mulher por ter filhos/as geneticamente de outra(s) pessoa(s) que não teve qualquer intenção de ser doador dos gâmetas, mas sim de procriar, mas a gestante também nunca teve intenção de o ser efetivamente, mas sim de procriar filhos/as seus/uas.

Nesta matéria, a Ethics Committee of the American Society for Reproductive Medicine entende que a melhor prática é aquela que garante que há procedimentos rigorosos para prevenir erros, sendo que, além do princípio do consentimento informado, a necessidade de revelar os erros cometidos é reconhecida como um princípio ético pela American Medical Association, American College of Physicians, American Congress of Obstetricians and Gynecologists, Joint Commission e outras ordens de profissionais (Ethics Committee of the American Society for Reproductive Medicine, 2016a), recomendando que as clínicas tenham políticas escritas e procedimentos sobre as formas para reduzir, mas também detetar e comunicar os eventuais erros que se possam verificar.

[1960] O que também pode incluir as situações em que se recorre a um banco de gâmetas. Contudo, aqueles que foram selecionados não foram os usados, mas sim outros. Neste caso, a criança não terá as características que foram escolhidas, considerando o erro na seleção dos gâmetas ou embriões.

Seja como for, a verdade é que, acontecendo, e além da responsabilidade das clínicas, médicos e outros profissionais que possam estar envolvidos no descaminho dos gâmetas ou embriões, coloca-se, de facto, o problema de saber quem são os pais/mães da criança [1961]. Esta questão em particular merece maior desenvolvimento, mas, assumindo-a além do âmbito do nosso trabalho, entendemos que devemos dar nota da posição que assumimos.

Por um lado, num primeiro grupo de situações, temos os casos em que uma mulher engravida com gâmetas ou embriões que não são os seus ou os que escolheu. O que entendemos é que, em princípio, esta mulher e, se casada, o seu marido serão os pais daquela criança. Ainda que assumindo que estes recorreram a um tratamento de PMA para poderem ter filhos/as seus, a manifestação do elemento volitivo como critério e fator de conexão continua a manifestar-se unicamente na sua esfera jurídica. É verdade que não existe a eventual ligação genética que queriam com a criança, mas não só foram eles que deram causa ao processo, como foram os únicos que manifestaram a vontade de ter um(a) filho/a, que, apesar de não ter essa ligação, não deixa de o ser [1962].

A liberdade procriativa é a liberdade de recorrer, dentro de determinado fundamento, a técnicas de PMA para ter filhos/as, mas não é um direito a um(a) filho/a, muito menos o direito a um(a) filho/a em particular. Além do mais, assumindo situações de eventuais erros, o risco associado tem de ser distribuído por entre aqueles/as que participaram no processo e que viram, ainda antes de a criança nascer, a identidade-parental-filial que lhes é reconhecida para o estabelecimento da relação parental e, neste caso, apesar do erro, ela continua a manifestar-se na esfera dos/as beneficiários/as, além da responsabilidade que aquele que exerce aquele direito reprodutivo tem em relação à vida a que está a dar causa. A este propósito, refere-se, por exemplo, Hubin no seu princípio pela vida dependente (Hubin, 2017).

Nestes casos, independentemente da origem dos gâmetas ou do embrião, a mulher-gestante que manifesta a intenção de ter filhos/as e inicia, por isso, o respetivo processo causal, apesar de não ser a ascendente genética vê radicar em si a identidade-materna. Tal como nos casos de FIV heteróloga por exemplo com recurso à doação de gâmetas ou embriões. Como resulta da figura que se segue a manifestação

[1961] O que é diferente e independente disso é saber quem deve ficar com a guarda da criança. Situações de trocas de crianças não são novas e não dependem de qualquer técnica de PMA. Em geral, as pretensões dos pais biológicos são superiores às de terceiros, exceto se razões houver para que assim não seja, nomeadamente por existir em relação a esses terceiros e em relação à criança uma relação familiar de facto que, sendo desfeita, pode pôr em causa os melhores interesses da criança. Nestes casos, não obstante, não há dúvidas de quem são, pelo menos *ab initio*, os pais da criança. Não obstante, nos casos de troca de embriões ou gâmetas, estabelecem-se relações biológicas com a criança e expressões de vontade distintas em relação ao exercício da liberdade procriativa de cada um dos intervenientes.

[1962] Como acontece no caso de FIV heteróloga.

da identidade-parental implica reconhecer a identidade-mulher-mãe, sob pena de se impor coercivamente uma gestação de substituição a uma mulher que nunca assumiu a posição de colaboradora reprodutiva.

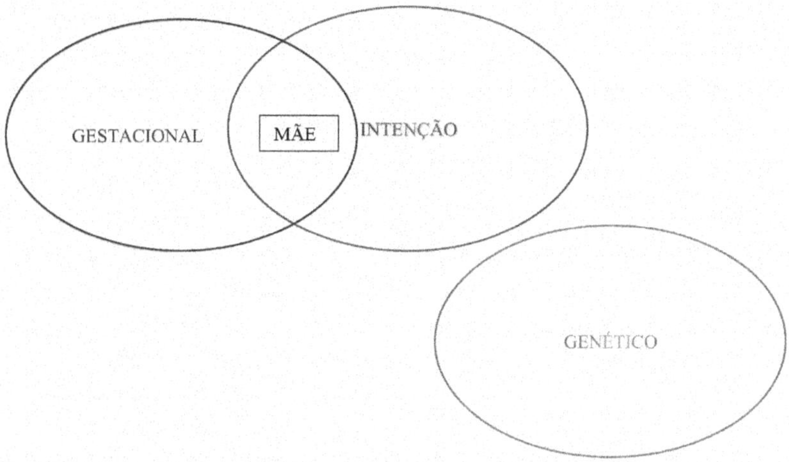

Figura 9: A determinação da filiação nos casos de erro na transferência de gâmetas ou embriões provindos de doadores

Ainda que se possa dizer que, neste caso, não há intenção de ter aquele/a filho/a, a gestante tem intenção de ter um(a) filho/a e é isto que está em causa e não o/a filho/a. Significa isto que, para nós, estando em causa a dignidade da própria criança, não é concebível avaliar a intenção de acordo com a criança determinada e por esta ter nascido de acordo com uma imagem criada pelos pais/mães.

No outro grupo temos as situações em que os ascendentes genéticos também têm a intenção de ter um(a) filho/a e, nessa esteira, cederam o seu material genético. Isto é, não atuaram como meros colaboradores no processo procriativo de outrem. Neste caso, quem devem ser os pais da criança?

Tomemos em conta as referências seguintes. No já aludido caso Evans v. The United Kingdom, o TEDH analisou, nos termos do art. 8.º da CEDH, o direito a decidir se se quer ter filhos/as ou não ao nível da PMA. Neste caso, o tribunal considerou o exercício do direito à procriação depois de os futuros progenitores terem crioconservado embriões, mas o marido acabou por recusar a sua utilização mais tarde, tendo o tribunal considerado que a liberdade reprodutiva de quem não quer ter filhos/as deve prevalecer sobre quem os quer ter, visto que, de outra forma, se impunha a parentalidade a quem não a quer. O tribunal considerou que impor a parentalidade a quem não a quer punha em causa a sua liberdade procriativa.

Este caso é relevante no sentido em que desenvolve uma perceção de que o material biológico tem uma especial posição, considerando o impacto que deste, ou da utilização deste, resulta em relação à liberdade procriativa dos seus *produtores*. O tribunal assumiu a especial relevância que a carga genética tem em relação à identidade-parental, já que o grande enfoque foi no reforço daquela identidade em relação ao homem que recusou a sua utilização. Este enfoque é, para nós, particularmente relevante, porquanto, por um lado, representa o que é para nós o fundamento da própria gestação de substituição e a solução quanto à relação filial a estabelecer. Por outro, porque marca a teoria da intenção neste âmbito — o exercício da liberdade de procriar, isto é, a intenção de colaborar no projeto procriativo de outrem.

Nos casos de *wrongful surrogacy*, a mulher engravida com embriões que não são seus e/ou do seu marido, mas de outro casal. Nesta situação, há de facto uma coincidência entre as componentes biológicas e a intenção, o que significa que, no que tange às mulheres, qualquer uma delas se pode arrogar como mãe da criança. Mas qual delas?

Por um lado, neste âmbito, falha em absoluto a base negocial associada à gestação de substituição. Isto porque, nestes casos, não há qualquer negócio que as partes tenham celebrado entre si e do qual possa radicar qualquer acordo de gestação de substituição. Por outro lado, também não podemos assumir, *per se*, mormente quando temos neste âmbito uma perspetiva neutra, que o elemento gestacional prevalece sobre a ascendência genética. Neste conflito, não se perceciona qualquer forma de *acessão* em relação ao material gamético de outra ou um maior reconhecimento face ao trabalho desenvolvido pela gestante que importe um reconhecimento de maior qualidade da relação gestacional sobre a genética.

Tal como assumimos, a identidade-parental pode existir em relação a estas duas mulheres. Qualquer uma delas tem uma relação biológica com a criança e, da mesma forma, qualquer uma delas quer ter um(a) filho/a. Ademais, tal como resultou dos casos referidos, essa identidade-parental é reconhecida em relação a qualquer um dos titulares do material genético que foi colhido com intenção de ser usado para terem um filho/a seu/sua. Por outro lado, também assumimos que a gestante, tendo a intenção de estabelecer a relação filial com a criança e de a criar, exerce os seus direitos reprodutivos com o escopo de constituir família, como resultou, aliás, do caso Johnson, em que o concurso das relações biológicas foi resolvido com recurso a um critério de desempate — a intenção.

Tal como resulta dos casos referidos, impõe-se uma teoria baseada na intenção das partes. E não poderia ser de outra forma. No que tange particularmente à nossa conceção, há que ter em conta exatamente aquele elemento que tanto num caso como no outro os tribunais referiram. Mas se ambas as mulheres têm intenção de ter um(a) filho/a, como se usa este critério? Sendo verdade que a ascendente genética nunca se assumiu como doadora de óvulos, a gestante também nunca se assumiu como tal, tendo exercido os seus direitos reprodutivos no sentido de ela própria ser mãe. Mas qual o fundamento para preterir aquela em detrimento desta? É que, como assumimos, para se exercer, no quadro da gestação de substituição — que seria, de facto, o que aqui estaria em causa, ainda que informalmente — a identidade--parental-filial, isso depende não só do fundamento de acesso, isto é, a perpetuação da carga genética, como também de requisitos e dos fatores de conexão. Ou seja, a intenção de os beneficiários terem um(a) filho/a com recurso a uma gestante e com intenção de com ele/a estabelecer a relação filial e criar a criança, mas, também como fator de conexão, de a gestante atuar no âmbito da sua liberdade procriativa como colaboradora no projeto parental de outrem. Tal não é o caso, pelo que, nesse âmbito, não existe de facto qualquer substituição de quem quer que seja.

Entendemos que, neste caso, a verdade é que a beneficiária também não atuou como mera doadora, mas o que está em causa é o conflito entre a intenção de uma e de outra mulher. Se seguirmos o sentido interpretativo, a intenção é a causa de desempate — como acontece na esteira de interpretação dos casos americanos da Califórnia — que neste caso não funciona, já que ambas as mulheres têm a intenção de procriar. Assim sendo, não há de facto qualquer gestação de substituição, pelo que nos mantemos no único critério, o tradicional, já que não há a verificação dos requisitos e do fator de conexão.

Além do mais, encarar a mãe como gestante neste caso é, assumidamente, e neste caso concordamos, uma forma de aniquilar a sua identidade-mulher-mãe, que é diferente da identidade-mulher-gestante, como já tivemos oportunidade de expor. Trata-se de um processo de reprodução que explora aquela identidade como trabalhadora para outrem e contra a sua vontade, tratando-a como uma coisa, ao serviço de outrem, e que culmina num processo forçado de alineação do trabalho e do produto do trabalho. Uma incubadora de um filho de outrem contra a sua vontade e sem possibilidade de o fazer cessar. Uma forma de tratamento absolutamente indigna de exploração do ser-mulher-mãe, o que para nós é inadmissível, como referimos[1963].

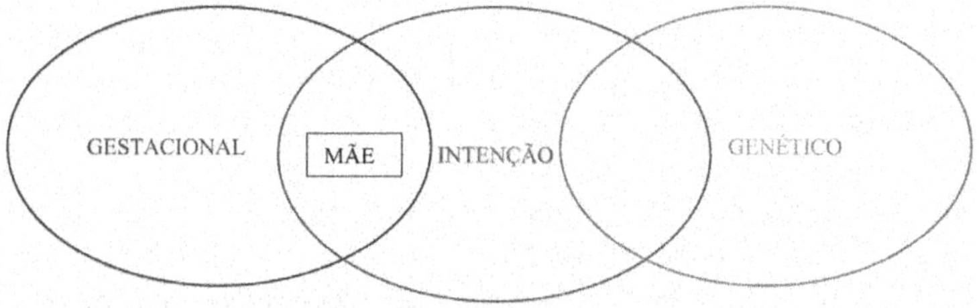

Figura 10: A determinação da filiação nos casos de erro na transferência de gâmetas ou embriões provindos de terceiros com intenção de os usar

[1963] A PMA não consentida constitui crime nos termos do art. 168.º do Código Penal. Na incriminação está em causa o direito de a mulher ter a liberdade de ser ou não ser mãe, mas, neste caso, a mulher submeteu-se ao tratamento de fertilidade. V. também os arts. 150.º, 156.º e 157.º e, no regime civil, os arts. 70.º, 81.º e 340.º do CC. A expressão do consentimento é um exercício de autodeterminação no que concerne à sua vida e integridade.

Compreendemos que uma situação destas é limite. A relevância da relação genética e gestacional, como assumimos, é determinante para a própria identidade da criança e, tendo estas duas mulheres intenção de ter um(a) filho/a, escolher de entre as duas é particularmente difícil e doloroso para quem seja preterida. Como aconteceu nos casos referidos, a identidade-parental está estabelecida em relação à mãe-genética. Mas, de facto, não conseguimos a partir daqui preterir a gestante — também ela, no exercício da sua liberdade procriativa, assumiu a intenção de ter um filho e de o criar. Isto não significa que não se possa considerar, mormente tendo em consideração os melhores interesses da criança, que a família genética não seja tida em conta ou assumida numa solução *ad hoc* em relação àquela criança, como seja o direito de visitas, por exemplo. Com o crescente número de famílias recompostas e da pluriparentalidade, seria uma medida draconiana e que em nada salvaguardaria os melhores interesses da criança eliminar a existência da mãe genética, ainda que não fosse reconhecida como a mãe legal. Reconhecendo que se impõe a certeza da relação filial, esta em nada fica em perigo, admitindo soluções *ad hoc* considerando os melhores interesses da criança.

Neste caso reconhecemos que, e aqui sim, a criança tem duas mães biológicas [1964], e qualquer uma delas é elegível para o estabelecimento da relação filial. Não podendo dividir a criança em duas, o critério da intenção permite, quanto a nós, estabelecer a relação filial preferencialmente em relação à gestante [1965].

Por outro lado, e por fim, teríamos um outro grupo de casos em que, recorrendo à gestação de substituição, a criança concebida não é geneticamente relacionada com os beneficiários ou com o beneficiário. Para estas situações, a UPA 2017, nos termos da secção 809 da UP 2017, alínea d), afirma:

> «*[...] due to a clinical or laboratory error, a child conceived by assisted reproduction under a gestational surrogacy agreement is not genetically related to an intended parent or a donor who donated to the intended parent or parents, each intended parent, and not the gestational surrogate and the surrogate's spouse or former spouse, if any, is a parent of the child, subject to any other claim of parentage.*»

Aderimos a esta posição, tal como compatibilizamos isto em relação à posição que adotamos sobre a necessidade de relação gamética entre a criança e, pelo menos, um dos beneficiários. Por um lado, este é o fundamento para recorrer à gestação de substituição. Ou seja, como referimos, esta ligação biológica com a criança fundamenta

[1964] Como acontece nas situações de ROPA em relação a casais de lésbicas.

[1965] Em nada nos causando qualquer forma de repúdio que a relação filial fosse estabelecida em relação às duas mulheres caso a gestante assim o admitisse e não houvesse em relação à ascendência biológica uma situação de conflito com outro ascendente genético. Não vamos desenvolver esta temática, mas a admissibilidade de mais do que dois pais ou mães poderia ser uma solução em que os interesses conflituantes se apresentam em níveis semelhantes.

o acesso à gestação de substituição, principalmente quando comparada com a adoção, e a razão pela qual consideramos que não só as duas realidades não são sobrepostas como, pelo contrário, não se devem sobrepor. O que é requisito, para nós, é a intenção de que os beneficiários partem para recorrer à gestação de substituição, sendo certo que querem ter um(a) filho/a e com ele/a estabelecer a respetiva relação de filiação, além de o fator de conexão da gestante expressar exatamente a intenção contrária, bem como os doadores.

Desta forma, e assim sendo, tal como expusemos *supra*, o que está em causa é determinar quem mantém, de qualquer forma, a identidade-parental, apesar do erro, e quem deve assumir o risco de o projeto parental não corresponder ao que era o desejo dos pais. Mas o desejo dos pais é, *in extremis*, ter um filho/a e não o/a filho/a. Bem compreendemos que a mera intenção não é tutelável nos termos do art. 8.º da CEDH. Contudo, ao contrário dos casos que foram decididos pelo TEDH, o que aqui está em causa não é, com o critério da intenção, estabelecer um direito, mas sim assumir uma responsabilidade pela vida a que se deu causa e, ainda que não corresponda ao ideal do projeto parental que se gizou, tal como na reprodução sexual, há riscos a assumir. Esses riscos são daqueles que assumiram o projeto parental e, também como naquela, de o processo não ser ideal nem o idealizado.

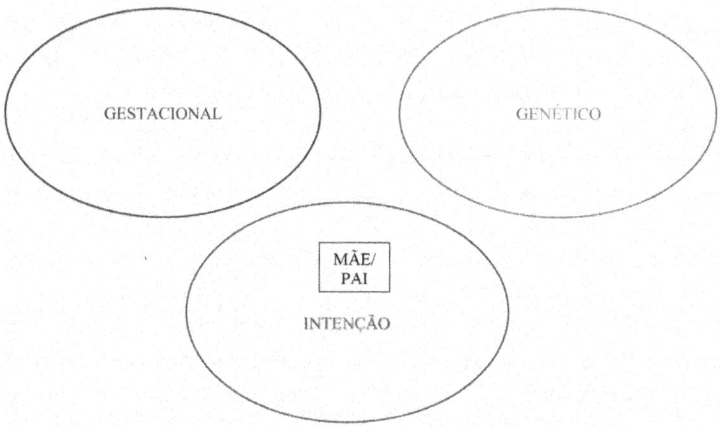

Figura 11: Gestação de substituição sem ligação gamética com qualquer um(a) dos/as beneficiários/as

Apesar das relações contratuais e do que integram, ou do que nelas não consta, ou ainda que constando, o balanço dos direitos e obrigações de cada um(a) supera os termos que qualquer contrato possa estabelecer. *In extremis*, a decisão haverá de ser sempre garantir a integridade da criação humana, ainda que dispersa por várias pessoas, e a identidade-parental que, em muitos casos, como se faz referência, não se consegue confinar à página de papel que os outorgantes assinaram.

2.2.1. As *Wrongful Death* Pré-Natais

Em matéria neonatal suscitam-se normalmente dois tipos de responsabilidade médica que se enquadram nas omissões ou erros de diagnóstico relativamente a patologias congénitas do feto e relativamente às quais se desenvolvem as pretensões indemnizatórias do denominado nascimento indevido e vida indevida. Além dessa, existe ainda a responsabilidade médica fundada numa atuação sobre o próprio feto que, sendo saudável, passou a revelar alguma patologia. Seja como for, tanto num caso como no outro, a criança nasceu com patologias e existem, por isso, pretensões indemnizatórias a considerar, seja pela perda de chance associada à omissão de diagnóstico, seja por terem sido causadas as patologias pela ação, positiva ou negativa, sobre o próprio feto.

Nas ações denominadas *wrongful birth*, os titulares da indemnização devida são, desde logo, os pais da criança, mormente a mãe, que se viu coartada da perda de chance de fazer uma IVG. Mas quem são os/as pais/mãe, no caso de gestação de substituição, para efeitos destas pretensões indemnizatórias?

Ante a posição que assumimos, a identidade-parental é determinada *ab initio*, pelo que, para nós, só os/as beneficiários/as podem ser os/as pais/mães e, portanto, os titulares dessa pretensão. No primeiro grupo, embora possa estar em causa a perda de oportunidade de recorrer a uma IVG e quem o poderia fazer era a gestante, como já tivemos oportunidade de referir [1966], o que se quer garantir, quanto a nós, é que seja assegurado aos pais, cuidadores da criança em vida, que os danos que decorrem da atuação do médico sejam ressarcidos. Reconhecemos que a IVG não seria uma opção dos/as beneficiários/as, mas sim da gestante. Contudo, ainda que assim seja — e independentemente da posição dos beneficiários —, o que se está a ressarcir corresponde sobretudo aos danos decorrentes daquela falta de opção, independentemente de quem pudesse exercê-la e se ela seria exercida ou não. Por isso, entendemos que a indemnização acompanha a parentalidade.

Por outro lado, há outro tipo de pretensões indemnizatórias. Nos EUA, no início da década de 1970, iniciou-se um momento jurisprudencial em que situações que dessem causa à insusceptibilidade de uma criança nascer com vida eram causa de responsabilidade. No caso O'Neill v. Morse, o tribunal considerou como se segue:

> *«In a five-to-two decision, the O'Neill court held that there was a cause of action for the unborn child wrongfully killed, [...]. The majority perceived in the wrongful death act a purpose to provide an action for death "whenever, if death had not ensued, there would have been an action for damages," and found the statutory wrongful death action "co-extensive with the common law right of action for damages." Womack provided an action for damages, it would be anomalous*

[1966] V. capítulo IV.

not to allow an action for prenatal wrongful death.» (Michigan Law Review, 1972, p. 731) [1967]

Na *wrongful death* pré-natal [1968], [1969], a supressão da vida de um filho nascituro é um dano autónomo e indemnizável nos termos do art. 496.º do CC. Reconhecem-se danos não patrimoniais decorrentes do desgosto e sofrimento da perda da criança de forma inesperada, desfazendo-se o projeto parental que é esbulhado com a atuação sobre a sua vida, ainda que intrauterina [1970].

Nestas pretensões, tal como nas anteriores, o dano em causa corresponde à morte do filho por nascer. Embora a relação gravídica seja ainda existente, a gestante, assumindo uma das dimensões da maternidade, não teve qualquer perda de um(a) filho/a, pelo que, nos termos assumidos, os/as beneficiários/as, tendo a identidade--parental, serão os titulares da eventual indemnização decorrente desta conduta.

2.3. Assumindo uma Posição em Contramão

Em Portugal, a legislação geral sobre a PMA foi publicada em 2006, sendo que só em 2016 [1971] o diploma foi alterado e passou, ainda que de forma limitada, a admitir a gestação de substituição, que anteriormente proibia em absoluto [1972]. O caminho para a legalização da gestação de substituição em Portugal iniciou-se em finais de 2011, tendo sido apresentadas à Assembleia da República propostas [1973] de lei que

[1967] No caso de Verkennes v. Corniea, de 1949, o Supremo Tribunal do Minnesota admitiu a pretensão indemnizatória em relação a um feto viável.

[1968] No caso das *wrongful deaths*, em Inglaterra, o Parlamento aprovou em 1846 o Lord Campbell's Act «*[...] to remedy this situation. In the United States, state legislatures followed the British example, and today every state has some form of wrongful death statute. Most state wrongful death statutes are modeled after Lord Campbell's Act and create a new cause of action for the death of the victim." The action can be brought by the victim's personal representative for the benefit of statutorily designated beneficiaries*» (Symonds, 1984, p. 105).

[1969] Diferente dos casos em que, mormente por negligência médica, a criança nasce com patologias. Nos EUA, o caso que arcou estas ações foi julgado em 1946 no Federal District Court for the District of Columbia, o caso Bonbrest v. Kotz — «*In Bonbrest, an infant sued through its father for injuries sustained during delivery*» (Symonds, 1984, p. 106).

[1970] V. Ac. do STJ de 3 de setembro de 2008, proferido no âmbito do processo n.º 2389/08 — 3.ª Secção. Sumário do acórdão disponível em http://www.pgdlisboa.pt/jurel/stj_mostra_doc.php?nid=27102&codarea=2 (consultado pela última vez em 12 de setembro de 2020).

[1971] Com a Lei n.º 25/2016, de 22 de agosto.

[1972] O art. 8.º da LPMA foi alterado pelo art. 2.º da Lei n.º 25/2016, de 22 de agosto.

[1973] Pelo BE, as propostas 122/XII e 127/XII; pelo PS, as propostas 131/XII e 137/XII; e, pelo PSD, as propostas 138/XII. Só as propostas 131/XII e 138/XII passaram e foram enviadas ao CNECV. O CNECV aprovou e votou favoravelmente à gestação de substituição em março de 2012.

visavam esta técnica. Contudo, só em maio de 2016 foi o projeto de lei da gestação de substituição aprovado [1974].

A legalização do acesso à gestação de substituição para mulheres sem útero ou com lesões acabou por ser aprovada por larga maioria na Assembleia da República em 13 de maio de 2016, mas acabou por não ser promulgada pelo Presidente da República. Mais tarde, com nova aprovação na Assembleia, promulgada em 31 de julho de 2016, o diploma acabou por entrar em vigor e, um ano depois, entrou em vigor a respetiva regulamentação [1975], [1976].

Nos termos do art. 8.º da LPMA [1977], Portugal passou a admitir a gestação de substituição de forma excecional e de forma gratuita [1978] por contrato outorgado por escrito entre as partes supervisionado pelo CNPMA. Deste devem constar obrigatoriamente, em conformidade com a legislação em vigor, as disposições a observar em caso de ocorrência de malformações ou doenças fetais e em caso de eventual IVG (n.º 10), exclusivamente com fundamento em incapacidade de gestação decorrente de «[...] ausência de útero, de lesão ou de doença deste órgão que impeça de forma absoluta e definitiva a gravidez da mulher ou em situações clínicas que o justifiquem» (n.º 2). A criança que nasce com recurso à gestação de substituição é tida como filha dos respetivos beneficiários (n.º 7).

Para cabal consentimento prestado pelas partes, estas deverão ser informadas por escrito — além do demais previsto no art. 14.º da LPMA — do significado da influência da gestante de substituição no desenvolvimento embrionário e fetal (n.º 6).

Este contrato não admite a imposição de restrições de comportamentos à gestante de substituição nem de normas que atentem contra os seus direitos, liberdade e dignidade (art. 8.º, n.º 11).

A técnica está limitada a recurso a gâmetas de no máximo um dos beneficiários, ou seja, terá de ser utilizado um ovócito ou espermatozoide de um ou de ambos os membros do casal beneficiário, mas, em caso de doação de ovócitos, estes jamais poderão ser da gestante (n.º 3). O legislador português limita — e em nosso entender bem — a utilização da técnica com a perspetiva de o casal beneficiário, ou um dos seus membros, ter como escopo estabelecer uma relação genética com a criança e proíbe — também bem, a nosso ver — a gestação de substituição tradicional.

[1974] A versão final foi alterada à última hora em relação ao direito à retratação da gestante, como era proposto pelo CNECV nos seus Pareceres 63/CNECV/2012 e 87/CNECV/2016.

[1975] Decreto-Regulamentar n.º 6/2017, publicado no Diário da República n.º 146/2017, Série I de 31.7.2017.

[1976] O TC acabou por declarar inconstitucional algumas normas deste diploma.

[1977] Lei n.º 32/2006, de 26 de julho.

[1978] Sem prejuízo do pagamento do valor correspondente a despesas de acompanhamento de saúde efetivamente prestado, incluindo, nos termos da lei, transportes, desde que devidamente tituladas por documento próprio (art. 8.º, n.º 5), estando proibida qualquer outra espécie de pagamento ou doação de bem ou quantia dos beneficiários à gestante.

Impõe ainda que o negócio seja precedido de autorização do CNPMA, que acompanhará o procedimento, antecedida de audição da Ordem dos Médicos (n.º 4). Ademais, importa que se verifique qualquer inexistência de relação de subordinação económica, nomeadamente de natureza laboral ou de prestação de serviços, entre as partes envolvidas (n.º 6).

A violação de qualquer um dos pressupostos implica a nulidade do negócio jurídico de gestação de substituição (n.º 12), além da responsabilidade criminal prevista nos arts. 34.º e 39.º da LPMA. O art. 34.º prevê pena de prisão até três anos para quem aplicar técnicas de PMA, incluindo no âmbito das situações de gestação de substituição, fora de centros autorizados. Já o art. 39.º prevê censura penal — incluindo a prática do crime na forma tentada (n.º 7) — para quem celebrar contratos de gestação de substituição a título oneroso. O beneficiário é punido com pena até dois anos ou pena de multa até 240 dias, já a gestante, para a mesma factualidade típica, é punida com pena de multa até 240 dias (n.ºs 1 e 2). Para os contratos de gestação de substituição, ainda que gratuitos, celebrados fora do cumprimento dos requisitos do art. 8.º (n.ºs 2 a 6), a pena de prisão é de até um ano para os beneficiários, ou pena de multa até 120 dias, e para a gestante, aplica-se pena de multa até 120 dias. Terceiros que promovam por qualquer forma a celebração de gestação de substituição — nomeadamente, convite direto ou por interposta pessoa, ou anúncio público — fora dos casos previstos no art. 8.º (n.ºs 2 a 6) são punidos com pena de prisão até dois anos (n.º 5). Já quem, por qualquer circunstância, retirar benefício económico da celebração de contratos de gestação de substituição ou da sua promoção, por qualquer meio, nomeadamente por convite direto ou por interposta pessoa ou anúncio público, é punido com pena de prisão até cinco anos.

Com a última alteração legislativa à LPMA, não podemos deixar de pensar que, além dos destinatários originais, o leque só se alargou às mulheres solteiras e a lésbicas, o que fará — como faz — que muitos, sobretudo homens, recorram ao estrangeiro para ter um(a) filho/a. No *New York Times*, fez manchete a notícia de dois homens portugueses que rumaram aos EUA para contratar uma gestante [1979].

No Direito da Família, a mãe é a que gera. Aliás, este é o grande problema que se revela no contrato de gestação de substituição, porquanto a maternidade é estabelecida pelo facto ostensivo do parto. A paternidade é também estabelecida ao pai biológico da criança. Ao lado da filiação natural, o legislador passou a admitir a adoção como fonte de relações familiares. Contudo, no que àquela tange, o critério da maternidade sempre se manteve estanque. O facto ostensivo do parto é o indicador da maternidade, e o critério gestacional, no que à filiação natural diz respeito, mantém-se determinante, ao contrário da adoção, em que, para o pai e a mãe, a vontade prevalece como elemento essencial, já que este vínculo se encontra desacompanhado

[1979] V. https://www.nytimes.com/2014/07/06/us/foreign-couples-heading-to-america-for-surrogate-pregnancies.html (consultado em 18 de agosto de 2020).

de qualquer relação biológica entre ambos, por não assentar na verdade biológica, como se lhe refere Guilherme de Oliveira (2016, p. 273). O art. 1882.º do CC estabelece que os pais não podem renunciar às responsabilidades parentais, bem como a qualquer direito, sem prejuízo da adoção.

Contudo, desde a LPMA, este modelo sofreu alterações. Por um lado, os casais que recorram a doação de gâmetas ou embriões são considerados os/as pais/mães da criança, incluindo o pai, ainda que não tenha qualquer relação gamética com a criança. Por outro, os beneficiários foram alargados, incluindo agora solteiras ou casais de lésbicas e, por fim, o recurso à gestação de substituição.

A LPMA, tal como acontece com as suas congéneres, impôs-se com o desenvolvimento das técnicas de PMA. Isto coloca inegavelmente em crise o critério da verdade biológica, desde logo pela inseminação de sémen na mulher casada, situação em que o doador de sémen não é pai jurídico, apesar de ser nele que reside o critério biológico [1980] (Oliveira, 2016, p. 274).

Com a gestação de substituição também se suscitam novos desafios ao critério gestacional relativo ao estabelecimento da maternidade pela identificação da mulher que passa pelo parto. Tipicamente, na gestação de substituição, a mulher suporta a gravidez e o parto por «contra de outrem», mas com o escopo de a maternidade ser estabelecida em relação a outra.

Se, até agora, a gestação e o parto mantinham o critério do estabelecimento da maternidade intocado, esta técnica — mormente com doação de óvulos da beneficiária ou até de uma doadora «estranha» ao processo — agudiza a manutenção daquele critério. Suscita-se, assim, a questão sobre a manutenção do fundamento gestacional — «[f]oram certamente razões estranhas ao "biologismo" puro que fizeram prevalecer o critério do parto» (Oliveira, 2016, p. 275).

A relação causal que dá origem à existência da criança e os laços afetivos passam a ter influência face ao critério biologista:

> «Para além de alguma perturbação que pode causar na definição do que é o «interesse do filho» por causa da sua vocação totalitária que pode fazer obnubilar os outros fatores relevantes, este caráter pedocêntrico do amor teve consequências no critério emergente que se insinua para definir a parentalidade.» (Oliveira, 2016, p. 278)

O critério da verdade biológica não consegue disciplinar as novas realidades contemporâneas decorrentes, nomeadamente, da PMA. A reprodução sexuada perdeu o monopólio e a biotecnologia e a recomposição das relações familiares [1981]. O critério está em crise. A *concorrência dos afetos*, ainda que de forma muito limitada,

[1980] Arts. 20.º e 21.º da Lei n.º 32/2006, de 26 de julho.

[1981] A multiparentalidade, como refere Guilherme de Oliveira (2016).

foi impregnando o Direito da Família [1982]. Além do mais, a permeabilidade do legislador à sedutora ciência e às novas técnicas de PMA implica reposicionar o critério dentro do quadro do Direito da Família.

Se a constituição da filiação assenta num estereotipo resultante da procriação com base numa relação sexual [1983], com o desenvolvimento das técnicas de PMA, o ato sexual deixa de ter o monopólio [1984]. Com a PMA, a declaração de vontade passa a ter o papel central para a constituição do vínculo parental. Aliás, neste caso, a ligação genética entre ascendente e descendente é irrelevante para o estabelecimento da filiação. Considerando o disposto no art. 1839.º do CC, no seu n.º 3, o consentimento prestado pelo cônjuge da mãe para IA não é fundamento de impugnação da paternidade, não distinguindo o legislador se estamos perante uma técnica de procriação homóloga ou heteróloga [1985]. Desta forma, uma vez que a sua natureza é diferente, temos duas conceções distintas para o estabelecimento da parentalidade: o critério biológico e o critério causal, assente na expressão de vontade [1986].

Em matéria de gestação de substituição, a Lei n.º 25/2016, publicada em 22 de agosto de 2016, alterou o art. 8.º da LPMA e legalizou a gestação de substituição sob certas condições. O negócio celebrado entre os outorgantes determina o estatuto da criança (Carbone & Miller, 2018, pp. 14-15).

A legislação portuguesa admite unicamente os contratos na sua forma altruísta, negando qualquer forma comercial ou forma de pagamento que extravase o valor da compensação das despesas suportadas pela gestante e comprovadas por documento, incluindo despesas de transporte. A gestação de substituição é total e pelo menos um dos beneficiários tem de assegurar a relação gamética com o feto. Além disso,

[1982] O Professor Guilherme de Oliveira referia a importância crescente dos afetos em detrimento da família consanguínea apontando, nomeadamente, os seguintes exemplos: a crescente relevância do laço matrimonial (como é exemplo o cônjuge ter ascendido na classe de sucessíveis, estando na primeira, segunda e terceira classes), a tutela da união de facto, doação de gâmetas, restrições à impugnação da paternidade e a crescente formação de *famílias recombinadas* (Oliveira, G. d., 2008, pp. 9-13). Numa interessante posição sobre a ação de impugnação da paternidade — e para o que aqui é relevante em matéria dos direitos fundamentais e identidade pessoal e integridade pessoal — v. Guilherme de Oliveira, *A jurisprudência constitucional portuguesa e o direito das pessoas e da família*, 2009, *Caducidade das ações de investigação ou caducidade do dever de perfilhar, a pretexto do acórdão n.º 401/2011 do Tribunal Constitucional*, 2012 e *Direitos fundamentais à constituição da Família e ao desenvolvimento da personalidade*, 2012. Neste último texto, o Professor de Coimbra chama a atenção quanto à introdução da averiguação oficiosa da paternidade, o que revela o interesse público quanto à constituição dos vínculos da relação de parentesco (pp. 6-7).

[1983] O critério do nosso legislador é «biologista».

[1984] Ainda que não seja de todo verdade, admitimos, a filiação adotiva não resulta de um ato sexual, mas sim de uma declaração de vontade do candidato.

[1985] V. Pinheiro (Pinheiro, 2018, p. 168).

[1986] Francisco Aguilar opõe-se a um critério «volitivo». Neste âmbito, acompanhamos a posição de Jorge Duarte Pinheiro (Pinheiro, 2018, p. 168).

entre a gestante e os beneficiários não pode haver qualquer forma de subordinação económica, incluindo relações de trabalho.

O Decreto Regulamentar n.º 6/2017 estabelece todos os procedimentos e cláusulas, pelo que o contrato é, neste aspeto, típico (Decreto Regulamentar n.º 6/2017). O contrato tem de ser autorizado pelo CNPMA, que supervisiona o acordo, mediante prévia audição à Ordem dos Médicos.

O pedido de autorização prévio é submetido, nos termos do n.º 2 do art. 2.º, com a seguinte informação:

a) Identificação do casal beneficiário e da gestante de substituição, escolhida por aquele casal;
b) Aceitação das condições previstas no contrato-tipo de gestação de substituição por parte do casal beneficiário e da gestante de substituição;
c) Documentação médica, com origem no centro de PMA no qual a(s) técnica(s) de PMA necessária(s) à concretização da gestação de substituição será/ão efetuada(s), destinada a comprovar que a mulher elemento do casal beneficiário se encontra nas condições previstas nos n.os 2 e 3 do art. 8.º da Lei n.º 32/2006, de 26 de julho, alterada pelas Leis n.os 59/2007, de 4 de setembro, 17/2016, de 20 de junho, e 25/2016, de 22 de agosto;
d) Declaração de psiquiatra ou psicólogo favorável à celebração do contrato de gestação de substituição;
e) Declaração do Diretor do centro de PMA no qual a(s) técnica(s) de PMA necessária(s) à concretização da gestação de substituição será/ão efetuada(s), aceitando a concretização nesse centro do(s) tratamento(s) a realizar.»

O acordo tem de ser formalizado por escrito e o procedimento só pode ser desencadeado em centros médicos autorizados. O contrato-tipo prevê ainda o seguinte, entre outras cláusulas, nos termos do n.º 3 do art. 3.º:

a) As obrigações da gestante de substituição no que respeita ao cumprimento das orientações médicas do obstetra que segue a gravidez e a realização dos exames e atos terapêuticos por este considerados indispensáveis ao correto acompanhamento clínico da gravidez, tendo em vista assegurar a evolução normal da gravidez e o bem-estar da criança;
b) Os direitos da gestante de substituição na participação nas decisões referentes à escolha do obstetra que segue a gravidez, do tipo de parto e do local onde este decorrerá;
c) O direito da gestante de substituição a um acompanhamento psicológico antes e após o parto;
d) As obrigações e os direitos da gestante de substituição, tais como a possibilidade de recusa de se submeter a exames de diagnóstico, como a

amniocentese, ou a possibilidade de realizar viagens em determinados meios de transporte ou fora do país no terceiro trimestre de gestação;

e) A prestação de informação completa e adequada sobre as técnicas clínicas e os seus potenciais riscos para a saúde;
f) A prestação de informação ao casal beneficiário e à gestante de substituição sobre o significado e as consequências da influência do estilo de vida da gestante no desenvolvimento embrionário e fetal;
g) As disposições a observar sobre quaisquer intercorrências de saúde ocorridas na gestação, quer a nível fetal, quer a nível da gestante de substituição;
h) As disposições a observar em caso de eventual IVG em conformidade com a legislação em vigor;
i) A possibilidade de denúncia do contrato por qualquer das partes, no caso de se vir a verificar um determinado número de tentativas de gravidez falhadas e em que termos tal denúncia pode ter lugar;
j) Os termos de revogação do consentimento ou do contrato e as suas consequências;
k) A gratuitidade do negócio jurídico e a ausência de qualquer tipo de imposição, pagamento ou doação por parte do casal beneficiário a favor da gestante de substituição por causa da gestação da criança, além do valor correspondente às despesas decorrentes do acompanhamento de saúde efetivamente prestado, incluindo em transportes;
l) Os subsistemas ou seguros de saúde que podem estar associados ao objeto de contrato;
m) A forma de resolução de conflitos a adotar pelas partes em caso de divergência que se suscite sobre a interpretação ou execução do negócio jurídico.»

Este contrato não pode impor quaisquer regras de comportamento em relação à gestante nem pode constituir, por qualquer forma, a violação de direitos da mulher e da sua dignidade. Em situação de violação dos requisitos, o contrato é nulo (art. 8.º, n.º 12, da LPMA) e pode gerar situações de responsabilidade criminal, como referido.

A criança é tida como filha dos beneficiários, renunciando a gestante a todos os poderes e deveres próprios da maternidade (art. 8.º, n.º 1, da LPMA), embora esta questão tenha sido uma das mais sérias suscitadas pelo TC, que considera a necessidade de garantir que a gestante pode revogar o seu consentimento até depois de a criança nascer.

Em 2018, pelo Acórdão 255/2018, de 24 de abril de 2018, o TC declarou inconstitucional, com força obrigatória geral, o art. 8.º, nos seus n.ºs 2, 3, 4, 7, 8, 10, 11 e 12, da LPMA na versão original da Lei n.º 25/2016, de 22 de agosto[1987]. Os juízes identificaram

[1987] Até essa data foram aprovados dois pedidos para a gestação de substituição em Portugal, mas nenhum deles deu causa a uma gravidez evolutiva (Silva M. O., 2018, p. 57).

problemas [1988]. Por um lado, a questão da confidencialidade em relação à identidade dos doadores de gâmetas e embriões e, por outro lado, a impossibilidade de a gestante revogar o consentimento depois da TE, e sobretudo depois do nascimento da criança.

Por outro lado, o tribunal não considerou, *per se*, a gestação de substituição inconstitucional e decidiu que a proteção da criança deve ter em consideração uma solução equilibrada e de compromisso entre os diversos interesses (Acórdão do Tribunal Constitucional n.º 225/2018, 2018). Não obstante, embora o tribunal tenha assumido a posição descrita, os juízes não deixaram de manifestar as suas posições, que demonstram a sensibilidade ético-jurídica que se reflete na sociedade em geral quanto a este assunto. Por exemplo, se o Conselheiro João Pedro Caupers entendeu que a própria gestação de substituição é uma violação da dignidade humana, o Conselheiro Gonçalo Almeida Ribeiro manifestou-se de forma enfática quanto à sua admissibilidade.

Em relação à temática da confidencialidade, o tribunal considerou — e bem, em nosso entender — que o art. 15.º da LPMA violava o direito à identidade pessoal da criança previsto no art. 26.º, n.º 1, da CRP e o dever do Estado de proteger a infância, nos termos do n.º 2 do art. 69.º.

Como já tivemos oportunidade de referir, a identidade pessoal inclui a historicidade pessoal (Otero, 1999). Os constitucionalistas Gomes Canotilho e Vital Moreira referem que a identidade pessoal deve ser interpretada como o direito de cada um à sua individualidade singular, incluindo a sua história pessoal (Canotilho & Moreira, 2007). Como refere Rafael Vale e Reis, o art. 15.º da LPMA [1989] constituía uma verdadeira limitação ao direito ao conhecimento das origens genéticas (Reis, 2008), pelo que qualquer solução que inclua a possibilidade de uma cláusula de confidencialidade deve ser declarada inconstitucional (Duarte, 2003), posição [1990] que agora encontra respaldo no Acórdão do TC n.º 225/2018.

A atribuição da filiação aos beneficiários foi apreciada e considerou-se o exercício do direito ao arrependimento. Seguiu o modelo britânico *mutatis mutandis* usando o modelo equiparado do consentimento para adoção. Quanto a esta solução,

[1988] A lei da gestação de substituição e a sua regulamentação suscitavam algumas fragilidades. Margarida Silvestre enfatiza ainda a questão associada à necessidade de acautelar o rigoroso cumprimento dos compromissos legais do contrato e os princípios éticos fundamentais. Entende que os candidatos deviam ser cidadãos residente, bem como «a própria gestante deveria residir em Portugal e o parto ocorrer obrigatoriamente em território nacional» (Silvestre, 2018, p. 47).

[1989] Num modelo denominado do anonimato mitigado em que era possível afastar o anonimato no caso de razões ponderosas, sendo que, num modelo do anonimato absoluto, não é possível aceder a essa informação, ou num modelo *double track*, em que se permite que o doador escolha entre o anonimato e a identificação (Loureiro, 2018, p. 81).

[1990] Num modelo do direito, *prima facie*, ao conhecimento da ascendência genética defendido por Rafael Vale e Reis, admitindo que excecionalmente não se verifique.

não podíamos estar em maior desacordo. Embora a possibilidade de a gestante exercer um direito ao arrependimento depois de iniciado o procedimento e com o nascimento da criança confira um elevado grau de controlo sobre o procedimento, tal posição parece-nos ao arrepio da natureza que concebemos para a gestação de substituição, sendo até um exercício de um verdadeiro terrorismo para com os pais da criança que passam, dessa forma, meses a fio sujeitos a uma ameaça constante de ficarem sem o seu/sua filho/a. Se é certo que, por um lado, este paradigma concebe um elevado grau de garantia sobre as intenções da gestante e a situação de exploração a que pode estar sujeita, a verdade é que lhe conceder a si, e ao marido eventualmente, direitos parentais sobre uma criança que, de facto, não quiseram é, no nosso entender, um absurdo. Como refere Sousa Ribeiro:

> «O critério jurídico de paternidade que fora adotado é o que mais longe e consequentemente leva o acolhimento pleno da natureza e do fim da gestação de substituição, que é o de se gerar uma criança, com gâmetas de ambos ou, pelo menos, de um dos pais intencionais, com o único desígnio de constituir uma relação de parentalidade protagonizada por estes.» (Ribeiro, 2018, p. 28)

O direito de arrependimento da gestante — que em nosso entender é ainda *pior* do que estabelecer a maternidade a favor da gestante — «[...] permite um volte-face que anula e reverte aquela dissociação, repondo em vigor o padrão normalizado de que uma mãe é a mulher que gerou e deu à luz a criança» (Ribeiro, 2018, p. 28).

Quanto ao arrependimento, o que temos de facto, e para o qual chama a atenção Sousa Ribeiro (Ribeiro, 2018, p. 29) de forma lapidar, é que a revogação do consentimento da gestante depois de a criança nascer elimina o critério de estabelecimento da filiação produzido com o nascimento a favor dos beneficiários e leva a que a vontade individual altere os princípios em matéria de filiação, que, submetida a um regime de ordem pública, se subtrai à autonomia da vontade. O problema que aqui está é que não há meio termo e esta volatilidade do regime faz com que se satisfaça a vontade «de um lado ou de outro».

De facto, conforme indicado pelo referido acórdão do TC de 2018, como fundamento da revogabilidade do consentimento invoca-se a regra da voluntariedade do cumprimento em matéria de disposição contratual de um bem da personalidade (Ribeiro, 2018, p. 30). Assim, garante-se nesta zona a identidade e a autonomia em todas as fases da vida da pessoa, pelo que a vontade de não cumprir deve prevalecer sobre a vontade pretérita.

Contudo, como suscita o Professor de Coimbra, neste contexto específico, esta regra suscita questões particulares. Desde logo, «[...] o cumprimento por parte da gestante ser de execução continuada, se prolongar no tempo, não representando uma prestação instantânea». O arrependimento até ao início do processo é uma coisa, mas o problema «[é] antes de saber se esse direito deve ser exercitável, após o início e em todo o decurso desse processo, até ao momento final da entrega da criança» (Ribeiro, 2018, p. 30), até porque os pais já contribuíram com o seu material genético e a sua prestação está cumprida, não sendo possível excecionar ou voltar atrás, sobretudo se considerarmos situações em que a IVG deixa de ser possível, sem ser criminalizada, levando a um processo sem retorno. Mas o Professor acrescenta com argúcia: «[t]anto mais que o que a gestante pretende, em caso de arrependimento, não é apenas deixar de cumprir: é aproveitar-se das prestações da contraparte para realizar um fim exclusivamente próprio, contrário ao fim negocialmente ajustado» (Ribeiro, 2018, p. 31). Ademais:

> «Não pode também ignorar-se que o contrato de gestação de substituição não é um negócio jurídico *a se stante*, como pura manifestação da autonomia privada. É antes um elemento volitivo de um complexo programa de gestação legalmente fixado, com requisitos apertados, autorização prévia e sujeição a um contrato-tipo e a um enquadramento institucional por uma entidade de direito público. A questão não é simplesmente a de execução de um contrato, estritamente privado, de "limitação voluntária dos direitos de personalidade" — é para esses negócios que o legislador previu o regime especial do artigo 81.º, n.º 2, do Código Civil — mas de cumprimento de um programa legalmente instituído, controlado e supervisionado, para dar oportunidade de realização a um projecto parental, com material genético próprio, a pessoas impossibilitadas e o concretizar de outro modo.» (Ribeiro, 2018, p. 31)

Se é certo que em relação à gestante estamos no campo de incidência de direitos fundamentais, como resulta do acórdão de 2018, o mesmo se aplica em relação aos beneficiários.

> «A alienação que recaía sobre a gestante, mas em que esta livremente consentira, inverte-se e passa a incidir sobre os que intencionavam tornar-se pais, com a agravante de que a apropriação por outrem não se cinge àqueles elementos (refere-se ao material genético), mas abrange uma opção de vida que tinham pessoalmente formado, sob chancela pública, e que, na ordem dos fatores, já se consubstanciara com o nascimento da criança.» (Ribeiro, 2018, p. 32)

De pais/mães, os/as beneficiários/as passam a doadores de gâmetas e, ainda que haja a possibilidade de alteração judicial subsequente, o critério tradicional prevaleceu. Quanto ao mais e nesta altura, a dúvida e a incerteza serão exponenciais. O modelo que saiu do TC é o puramente gestacional, pondo em causa o direito a constituir família que a admissibilidade da gestação de substituição parece querer conceder.

A lei voltou ao Parlamento, tendo sido aprovada a Lei n.º 48/2019, de 8 de julho, 2019 (Lei n.º 48/2019). Esta lei é a sexta alteração à LPMA e alterou o aludido art. 15.º da LPMA, terminando com a confidencialidade. O novo art. 15.º estabelece agora que qualquer pessoa que tenha nascido com recurso a técnicas de PMA relacionadas com doadores de gâmetas ou embriões pode obter a sua informação genética incluindo, quando perfaça 16 anos, obter através do CNPMA informações quanto à identidade dos doadores, bem como qualquer informação relativa a impedimentos matrimoniais.

Contudo, uma nova decisão do TC (Acórdão do Tribunal Constitucional n.º 465/2019, 2019) voltou a enfatizar a violação dos direitos fundamentais da gestante. O tribunal considerou que a possibilidade de revogação do consentimento só até ao início do procedimento constituía uma violação ao direito ao livre desenvolvimento da personalidade, interpretado de acordo com a dignidade humana, e ao direito a constituir família e levava a uma restrição excessiva destes direitos. Todavia, como refere o Professor González, «[a] lei não exige a prática de um ato especificamente destinado a constituir as responsabilidades parentais a cargo dos beneficiários da gestação como sucede ante a adoção propriamente dita» (González, 2019, p. 155). Esta solução do TC conduz a elevados níveis de incerteza e mitiga a necessária distinção entre a gestação de substituição e a adoção. Além disso, se em causa estão direitos fundamentais da gestante, estão também direitos fundamentais dos beneficiários.

Compreendemos o argumento do tribunal de que a gravidez é um processo dinâmico, complexo e único e a relação entre a gestante e o feto é particularmente relevante, como resulta do relatório do CNECV sobre a relação única e simbiótica entre a gestante e o feto (CNECV, 2012). Porém, a gestação de substituição tem uma natureza e expressão únicas que não se compadecem, em nosso entender, com uma posição destas. O fundamento, causa e razão da sua existência implicam que haja consequências que acomodem as expectativas de todas as partes, «*[...] as well as removing responsibilities from the surrogate (such as the need to give her consent to medical treatment for the infant) and ensuring that the correct inheritance pathway for the child*» (Horsey, 2018, pp. 63-64).

A filiação propugnada pelo TC conduz a uma filiação *ex nihilo* que revela um *déficit*, já que ignora a incerteza e a efetiva situação parental de cada um dos outorgantes. A criança está colocada entre duas famílias e a sua identidade fica marcada por uma inscrição arbitrária que altera a filiação a bel-prazer da vontade de quem não é, de facto, a sua mãe. A maternidade não é aleatória e a identidade da criança reclama a sua historicidade, reclama um nome e um pai e/ou uma mãe que sejam seus e estes efetivam-se, considerando o fundamento da gestação de substituição na família que ditou a sua conceção e que o acolhe de acordo com um projeto parental do qual se erigiu a identidade-parental. A filiação é uma história de transmissão, uma história de amor típica das relações parentais, e não uma história de gâmetas ou de gestações. Se é uma filiação construída? É inegável. Mas não deixa de representar a identidade-parental que só os beneficiários têm.

Trata-se de outra solução, decalcada do modelo da adoção, que gera resultados que não nos parecem aceitáveis, quer quanto à natureza da gestação de substituição, quer quanto às indesejáveis consequências a que dá causa (Zyl & Walker, 2015, p. 385). A conceção, seja natural, seja através de técnicas de PMA, radica numa distinta natureza em relação à adoção e, sem mais, assumi-las no mesmo figurino é uma forma de desconsideração da identidade da própria criança.

3. Conclusões

I. A gestação de substituição implica que elementos típicos da maternidade se dividam por mais do que uma pessoa. Contudo, isso não significa necessariamente uma multiplicação de pais e/ou mães nem, sob pena de pôr em causa a identidade da própria criança, que a escolha de quem serão os pais/mães da criança se torne aleatória de entre um conjunto de possíveis candidatos/as. Quanto a nós, uma opção que radique por qualquer forma numa solução que dê azo a uma indefinição quanto à parentalidade é inaceitável.

II. Tornou-se lugar-comum assumir que a gestação de substituição constitui um ataque à parentalidade, sobretudo à maternidade. O endeusamento da gravidez e uma exacerbada proteção da gestante — uma proteção dela mesma na realidade — levam, a nosso ver, a uma desconsideração, ou melhor, a uma verdadeira negação da maternidade, atacando a dignidade daqueles que são os/as pais/mães e da própria criança, cuja parentalidade é fungível e insuscetível de respeitar as circunstâncias da sua existência e do seu nascimento. O que mais nos preocupa é que, num esforço de levar ao extremo uma exacerbada proteção da gestante, se conduz à instrumentalização da criança e a uma efetiva situação de abandono relacional. Em matéria de gestação de substituição, o que está em causa é, de facto, um problema de direitos, uma vez que diferentes pessoas com diferentes posições assumem partes do mesmo papel que, na gestação dita natural, está entregue a uma única pessoa (Millum, 2010, p. 122). No entanto, a definição da relação parental é um imperativo e elemento essencial da identidade da criança e dos seus/suas pais/mães, de onde florescem laços e vínculos essenciais ao desenvolvimento de todos/as, em especial da criança para quem se cria um sentimento de pertença.

III. Se com a introdução da ciência no processo procriativo a identidade-parental parece ter-se tornado uma questão dúbia, quanto a nós, esta cortina de fumo não é mais do que meramente aparente, sendo certo que a ligação genética, gestacional e intencional com a criança pode estar dispersa por várias pessoas, o que faz suscitar a questão de quem é a mãe «verdadeira» (Soniewicka, 2019, p. 67). Também, quanto a nós, este pânico associado à maternidade na gestação de substituição resulta de um pré-conceito decorrente da necessidade de fazer incluir no âmbito típico da reprodução sexual algo que não tem a mesma natureza. Ultrapassada que esteja a barreira entre uma conceção natural e algo que é artificial de facto, passamos a considerar as concretas vicissitudes da gestação de substituição, a sua concreta natureza e fundamentos e, dessa forma, encontrar nesta distinta realidade para a reprodução o necessário vínculo relacional que se impõe numa relação parental sem pré-conceitos que limitem o raciocínio.

IV. Como assumimos, para nós, considerando o fundamento da gestação de substituição que adotamos, a determinação da identidade-parental é um pressuposto da gestação de substituição e não um efeito que depende da álea ou de elementos volitivos mutáveis ao longo do processo, ainda que a identidade-parental possa depender do acento tónico nos diferentes vínculos (genético, gestacional ou intencional). A verdade é que esse exercício se impõe e, quanto a nós, é a *conditio* para garantir que qualquer criança que nasça com recurso a uma gestante não veja perigar aquele sentimento de pertença. Por isso, entendemos que se impõe desviar as técnicas de PMA da necessidade de uma mímica da reprodução sexual heterossexual. A reprodução assexuada tem natureza e conceções distintas e resulta de um desenvolvimento de direitos reprodutivos que não se subsumem nem devem subsumir-se naquele estereótipo. A verdade é que «*[...] sheer diversity of ways in which people can now come about is unprecedented*» (Holland, 2017, p. 197), e isso, no que tange à gestação de substituição, bem como a outras temáticas, não é uma ameaça a conceitos tradicionais, mas uma pressão sobre os limites do até agora possível, trazendo à gravidez uma miríade de consequências, mas sobretudo do que representa a identidade gravídica para a mulher, como já tivemos oportunidade de analisar.

V. A gestação de substituição tem de ser considerada pela sua especialidade, sendo que, independentemente da posição que os Estados adotam quanto à sua admissibilidade ou não, as crianças que nasçam com recurso a esta técnica têm de ver assegurados os seus melhores interesses. Se a família não é um conceito fechado, seja historicamente, sociologicamente ou até legalmente (Marckx v. Belgium), e ainda que não exista nenhum instrumento internacional que se dedique expressamente à gestação de substituição, a verdade é que esta questão é essencial. Hoje em dia muitas famílias iniciam-se com recurso a esta técnica e os/as pais/mães e as crianças enfrentam sérias dificuldades. Questões éticas, morais e legais são levadas ao extremo e as posições não podiam ser mais assimétricas, deixando muitas famílias em situações dúbias. Compreendem-se as preocupações sobre tráfico de pessoas, exploração, comodificação das mulheres e das suas capacidades reprodutivas, venda de crianças, que constituem algumas das preocupações que os Estados têm em consideração. Todavia, estas preocupações não se resolvem a expensas da dignidade dos pais/mães e sobretudo da criança. Se isto é uma *race to the bottom*, admitindo que a gestante e a sua posição fiquem depauperadas? Entendemos que não. A posição da gestante é altamente relevante nesta tríade, como já reconhecemos, mas não como mãe ou possível mãe, ou mãe se se arrepender, da criança. A possibilidade de a gestante se retratar e ver para si estabelecida a maternidade ou ser, *ab initio*, considerada a mãe da criança não só não acautela eventuais riscos associados à gestação de substituição como gera indeterminação e fungibilidade daqueles que devem ser reconhecidos como pais/mães da criança, tornando a parentalidade arbitrária e ignorando o investimento afetivo que é essencial à própria identidade da criança.

Deste reconhecimento do eu, não definir a montante quem serão os/as pais/mães da criança e negar a maternidade e/ou a paternidade é uma afronta aos sentimentos e à dignidade dos/as pais/mães, da criança e ao sentido de família que o legislador deve salvaguardar. Compreendemos que o próprio significado da gravidez — pessoal, social, cultural e legal — revela uma especial dificuldade em não adotar uma posição garantística relativamente à grávida e às suas mudanças de posição em relação à gestação de substituição e à maternidade. Contudo, sucumbir a esta pressão constitui não só uma efetiva forma de discriminação, mas também uma nova fonte de efetivas famílias ilegítimas ameaçadas por pré-conceitos socioculturais que definem *a* família. Assumimos igualmente que o paradigma contratual nesta matéria também, em abono da verdade, se revela problemático, considerando que o contexto das relações familiares e os direitos em causa são tipicamente avessos à autonomia privada subjacentes às relações contratuais que aqui se moldam, além da coercibilidade (Brandel, 1995, pp. 502-503). Este paradigma conduz, de facto, a mulher e a reprodução no contexto biopolítico, as ansiedades emergem e a lei passou a regular a reprodução num contexto negocial. Porém, entendemos que isto não só não tem de ser problemático, como não tem de colocar a família em crise — pelo contrário, é uma forma de a garantir [1991].

VI. No que tange à definição da parentalidade, sobretudo da maternidade, o que está em causa não é mais do que assumir o fundamento prévio que lhe dá causa. O que nos parece relevante é assumir que, neste fundamento, além

[1991] Neste âmbito, já o assumimos, o próprio TEDH tem perdido oportunidades de delinear alguns dos princípios, nomeadamente a posição das gestantes em matéria de gestação de substituição, sendo esta de primordial importância nesta tríade (Bala, 2014).

da exclusiva identidade biológica, além da vontade individual egoísta, o que está em causa é assumir e garantir a realidade intrínseca do ser humano e o que define a sua identidade. No que tange à relação filial, o que para nós está em causa é a definição da identidade-parental. Assumindo-a, a montante, o fenómeno jurídico deve moldar-se a garanti-la e o que concluímos é que as relações constituídas com as crianças e os/as beneficiários/as impõem uma proteção fazendo coincidir a identidade filial com a identidade-parental em prol dos melhores interesses da criança. Como confirma o TEDH, o âmbito do art. 8.º extravasa a família tradicional ligada pelo casamento, assumindo uma posição mais de relação socio-afetiva do que a protegida pelo art. 12.º, como resulta do caso que marca esta tendência Marckx v. Belgium [1992].

VII. Assim, impõe-se que as crianças que nascem por qualquer via de PMA, incluindo a gestação de substituição, têm de ver garantidos todos os seus direitos e, de acordo com o comentário do Committee on the Rights of the Child, qualquer interpretação sobre os melhores interesses da criança nunca pode ultrapassar o respeito pelos seus direitos. Ademais: «*[...] recalls that there is no hierarchy of rights in the Convention; all the rights provided for therein are in the "child's best interests" and no right could be compromised by a negative interpretation of the child's best interests*» (Committee on the Rights of the Children, 2013, p. 3). No contexto da gestação de substituição, o direito à família importará uma interpretação ampla no sentido de incluir «*[...] biological, adoptive or foster parents or, where applicable, the members of the extended family or community as provided for by local custom*» (Committee on the Rights of the Children, 2013, p. 14). Assume-se que a vida familiar não é homogénea, existindo uma diversidade ampla de contextos familiares e que todos esses contextos são relevantes, particularmente considerando que as próprias crianças não são um grupo homogéneo e apresentam particularidades que tornam cada uma única [1993]. Cada decisão deve ser tomada considerando os melhores interesses da criança, incluindo a garantia — seja qual for a causa da sua existência e as decisões tomadas pelos pais e outros — de cumprimento de todos os seus direitos, nomeadamente o reconhecimento

[1992] Do art. 31.º da Convenção de Viena sobre a Interpretação dos Tratados resulta a regra básica de interpretação que, além do texto, sentido comum e integração, resulta ainda no elemento teleológico associado ao objetivo e propósito. Além disso, o recurso a outros instrumentos em vigor entre as partes deve ser tido em consideração. Contudo, os tribunais internacionais, especificamente o TEDH, introduzem elementos que vão além das regras interpretativas. O caso mais citado é de 1979, Marckx v. Belgium, em que o tribunal refere instrumentos que não estão em vigor na maior parte dos Estados sob a jurisdição do tribunal, referindo-se a eles como «*common ground in this area amongst modern societies*» (Fitzmaurice, 2013, p. 751).

[1993] Aliás, o comité enfatiza que, no âmbito da determinação dos melhores interesses da criança, se devem estabelecer critérios, não hierarquizados e não exaustivos para determinar casuisticamente estes interesses (Committee on the Rights of the Children, 2013, p. 12).

da relação parental considerando o que deve ser interpretado como família, isto é, a ou as pessoas que estão em condições efetivas de garantir à criança os seus direitos no dia a dia, o seu bem-estar, o seu crescimento sadio e desenvolvimento emocional, incluindo, por outro lado, a obrigação do Estado, em qualquer caso, de garantir que a criança não termina órfã e apátrida.

VIII. Embora o art. 3.º, n.º 2 da CDC não estabeleça nenhum princípio para o reconhecimento das relações de filiação com os/as beneficiários/as nos casos de gestação de substituição, impõe-se ao Estado que tome a decisão, no que à criança diz respeito, considerando os seus melhores interesses e a garantia de cumprimento de todos os seus direitos. Nos termos do art. 20.º, os Estados têm de garantir proteção à criança que esteja privada do seu ambiente familiar e não permitir que se mantenha nesse estado. Desta forma, o não reconhecimento da filiação da criança importará a violação dos arts. 8.º e 20.º da CRC. Além do mais, nos termos do art. 7.º, o Estado está obrigado a assegurar a implementação do direito da criança a ser criada pelos/as pais/mães. Este artigo, lido em conjunto com o art. 3.º, deve ser interpretado no sentido de que ser criado pelos/as pais/mães constitui um afloramento dos melhores interesses da criança, incluindo, neste caso, o direito a ver o registo de nascimento com a filiação preenchida [1994].

IX. Ligar a parentalidade exclusivamente à genética ou gestação é não compreender a complexidade da matéria relativa à identidade da criança. Como Appiah refere, a identidade é também um fenómeno social (Appiah, 2014). O autor disserta sobre este afloramento da identidade numa visão não só individual, mas também coletiva na esteira do que havia feito no seu livro *The Ethics of Identity*. Não querendo fazer uma análise da obra, o que aqui nos chama a atenção é a dimensão mais complexa da identidade, que nos é particularmente relevante, neste caso. Appiah refere que a utilização contemporânea de identidade se refere também a características como a raça, etnia, nacionalidade, género, religião ou sexualidade [1995] (Appiah K. A., 2007b, p. 65) e esta expressão implica reconhecer as diferenças.

[1994] A inexistência de registo tem impacto negativo na criança, especificamente no direito à educação, direito à saúde, nacionalidade e cidadania, trabalho infantil, casamentos forçados, venda das crianças e tráfico de seres humanos (UN Human Rights Council, 2012). Esta posição, alinhada com as *Guidelines for the Alternative Care of Children*, visa assegurar que as crianças não são colocadas em situação de cuidados alternativos desnecessariamente (UN General Assembly, 2010).

[1995] Estas dimensões coletivas criam uma série de «etiquetas» (em alguns casos estereótipos também) que determinam «tipos de pessoas», tornando as ações moldadas conceptualmente, como refere Elizabeth Anscombe, citada por Appiah neste contexto — «*What I do intentionally is dependent on what I think I'm doing*» (Appiah K. A., 2007b, p. 65).

X. Na nossa conceção, manter um critério tradicional associado à genética e/ou gestação é desconsiderar este fenómeno social e a complexidade da temática querendo, sem conseguir, subsumi-la em conceitos cujos pressupostos não são compatíveis. Desvalorizar a vontade dos pais e/ou mães de terem um(a) filho/a é desconsiderar um elemento importante da vida destas pessoas, uma vida completa e realizada na construção de uma vida familiar que a ciência lhes permite.

XI. Portanto, qualquer solução deve, sob pena de discriminação, tratar ambos/as os/as beneficiários/as da mesma forma. Por este motivo, cremos que a solução baseada na intenção — quer da mãe, quer do pai —, ainda que com um pressuposto de relação genética com pelo menos um(a) dos/as beneficiários/as, é a solução que melhor permite abarcar a realidade da reprodução assexuada e reconhece o necessário âmbito relacional entre pais/mães e filhos/as. O estabelecimento da relação filial, de acordo com a identidade-parental, reconhecida aos/às beneficiários/as sem alteração no estatuto da criança ou um efeito transformativo é o que melhor garante a sua integridade pessoal e a sua identidade. Há um projeto parental como qualquer outro na gestação de substituição, embora, neste caso, aquele implique uma não correspondência entre a realidade biológica e a realidade social associadas à parentalidade. Contudo, os novos projetos parentais existem, são dignos e devem ser tutelados. Há que os assumir e assumir, por isso, a reprodução assexuada que lhes está subjacente, reconhecendo a existência destas diversas pessoas que, sendo relevantes para a identidade da criança e para a sua história de vida, não são todas seus/suas pais/mães, nem significa que qualquer um(a) deles/as o possa ser.

XII. Não determinar de forma infungível quem é o pai e/ou a mãe de criança e deixar a maternidade e a paternidade fluir ao sabor das conveniências é admitir um vazio legar e negar ou impor um desnecessário impacto negativo na formação da identidade da criança e não garantir os seus melhores interesses.

XIII. Impõe-se coerência no estabelecimento da relação filial, que, *in extremis*, só terá de coincidir sobre aqueles/as que desenvolveram para a criança em particular a identidade-parental, reconhecida sem pré-conceitos e de acordo com uma conceção ampla de família que acolha todas as relações familiares. Há reconhecidamente uma tensão nesta matéria claramente *non liquet*, mas família é um conceito amplo, contínuo e em mutação constante, sendo que o princípio orientador a ter em consideração é o melhor interesse da criança, tendo esta direito a ver reconhecido legalmente o seu estatuto e o estabelecimento da relação com os/as pais/mães, impondo-se a eliminação de todas as formas de discriminação. Ainda que não seja reconhecido nenhum direito a ter uma criança e, portanto, o recurso a uma gestante, o nascimento daquela implica o reconhecimento da relação familiar que se estabelece sob pena de ser violado o seu direito à identidade (arts. 7.º e 8.º CDC e art. 8.º CEDH), bem como o respeito pela vida familiar (arts. 8.º e 16.º CDC e 8.º CEDH), bem como uma violação do art. 18.º CRC. Embora as diferenças culturais possam condicionar a interpretação dos direitos das crianças na esteira do relativismo cultural [1996], essas diferenças não podem ser uma desculpa para aceitar uma solução que fique abaixo dos *standards* exigíveis no âmbito da proteção dos direitos das crianças. Isto porque, além da questão principal da determinação da parentalidade, a relação filial deve ser reconhecida independentemente da posição dos Estados em matéria de gestação de substituição. Como resultou da sessão do Human Rights Council de 6 de março de 2018, mostra-se imperativo «*[...] develop international law — both public and private — that would regulate surrogacy issues*» [1997] (Czubik, 2019, p. 522).

XIV. Entendemos que o estabelecimento da relação filial considerando a natureza própria da gestação de substituição permite acautelar — numa tensão entre eventuais interesses em conflito, não o negamos — os direitos dos/as pais/mães e das crianças em particular. Negar este reconhecimento e impor outra posição, ligada a conceções puramente biologistas, não só implica negar as circunstâncias concretas do nascimento de cada um(a), como tem um claro efeito dominó, sobretudo nos contratos internacionais, como resultou claro nos casos Mennesson e Labassee e, mais tarde, como afirmado nos casos Foulon e Bouvet, nos termos da decisão D. v. Belgium, bem como no caso Paradiso e Campanelli [1998]. A relação legal de filiação é um aspeto essencial da identidade da criança. E com este enfoque o TEDH impulsiona a sua posição jurisprudencial desde os Mennesson e Labassee e, talvez propositadamente, não se pronuncia em relação ao pagamento à gestante, sobretudo como sendo uma situação potencial de tráfico de crianças. Assim, a mãe da criança é a beneficiária do contrato de gestação de substituição, não existindo qualquer momento, durante ou após o nascimento, em que haja transferência ou alteração da posição. Os/As beneficiários/as dos contratos de gestação de substituição é/são, desde logo, os pais psicossociais da criança nascida de uma gestante (Ethics Committee of the American Society for Reproductive Medicine, 2013, p. 1838).

XV. Na ponderação de todos os direitos e interesses impõe-se que não haja alterações a esta posição. Na ótica da criança, constitui uma arbitrariedade em relação a quem são os/as pais/mães. Nascendo ou não por gestação de

[1996] Uma das críticas mais comuns aos textos de direito internacional é a imposição de uma determinada visão cultural, associada a países sobrerrepresentados na sua negociação.

[1997] Por isso, deve ser assegurado o seguinte: «*[...] issuance of a permit for the child to enter the country, transcription of the foreign civil status records that indicate as a parent one or both intended parents, confirmation that a child is a citizen of the home country based on the filiation with the intended parent established abroad and the issuance of a passport*» (Bobrzyńska, 2019, p. 653).

[1998] Mesmo que os beneficiários não tivessem qualquer relação genética com a criança.

substituição, as crianças têm direito a ver a determinação da parentalidade não associada a escolhas de terceiros. A questão não nos parece despicienda, quer para os contraentes, quer para a criança. Uma coisa é alguém ser mãe e ceder a sua posição; outra é não ser legalmente reconhecida como tal. O exercício de reconhecimento é aqui, como em muitos aspetos do exercício da individualidade que tem também dimensão social, é bilateral, mormente associada à identidade de cada um e aquilo que cada um assume na sua vida, particularmente numa dimensão coletiva. Tal como na obra de Hegel do amo e do escravo, a atuação de cada um está condicionada ao reconhecimento que o outro faz dessa atuação. Adotar uma posição que não reconheça estas diferenças é colocar determinadas pessoas em situação de desvantagem. A atuação legal não pode permitir esta desvantagem — se há neutralidade, esta tem de ser de respeito igual para com as diferenças, o que Appiah refere como «*neutrality as equal respect*» (Appiah K. A., 2007b).

XVI. Quanto à determinação da parentalidade, temos de considerar que a base que lhe está subjacente — tal como esteve até agora quando definia critérios tradicionais associados a esta determinação — é a família e, nesta altura, não há um tipo de famílias; há várias formas de família e também várias formas de a constituir. Usar critérios tradicionais para definir a nova família — ainda que se usem bastiões de contemporaneidade na forma como se encaram e admitem — não só é impossível, como é desadequado e discriminatório. Assim, se o pressuposto de que partimos é a família e a constituição desta fora de um contexto meramente tradicional, o mecanismo da sua constituição há de ser necessariamente diferente.

XVII. Desta forma, e por tudo isto, aproximamo-nos de um modelo de estabelecimento da filiação, admitimos, próximo da UPA 2017. Nesta perspetiva e como assumimos, importa remover as distinções entre os diferentes géneros no que tange à parentalidade (UPA (2017), § 609; Article 3), incluindo tornar a presunção de parentalidade neutra quanto ao género (UPA (2017), § 204) e desenvolver a determinação da filiação, identificando a montante a identidade-parental através de critérios combinados (UPA (2017), § 613). (American Bar Association, 2018, pp. 1-2). Nesta perspetiva, é importante que haja diferentes critérios para o estabelecimento da filiação que consubstancia o imperativo do reconhecimento das diferentes formas de constituir família (UPA (2017), § 201). Importa também eliminar qualquer limitação quanto à orientação sexual, sexo ou estado civil, sendo pai e/ou mãe quem consentir na gestação de substituição tendo em vista constituir família (UPA (2017), § 102).

XVIII. Ante o exposto, são os seguintes os princípios que entendemos primordiais quanto ao modelo de gestação de substituição centrado na criança:

Tabela 4: Princípios do biocontrato de gestação de substituição

GESTAÇÃO DE SUBSTITUIÇÃO
1. A gestação de substituição total constitui uma forma de exercício de direitos reprodutivos.
2. A gestação de substituição tem como pressuposto o direito a constituir família, distinto da adoção, impondo-se a ligação genética com pelo menos um(a) dos beneficiários/as.
3. O acesso à gestação de substituição é possível para qualquer pessoa, independentemente do sexo, orientação, estado civil ou idade.
4. O biocontrato, considerando os efeitos e uma dimensão também pública, deve ser típico e formal, ainda que não careça de declaração judicial prévia ou posterior para a produção dos respetivos efeitos.
5. O biocontrato não tem natureza mercantil, mas as despesas são asseguradas pelos/as beneficiários/as.
6. Não se admitem cláusulas de conduta, embora as vicissitudes da gravidez devam ser explicadas.
7. Os procedimentos devem ser assegurados por centro médico autorizado e credenciado para o efeito.
8. Não se admitem intermediários.
9. Os/As pais/mães da criança devem ser aconselhados/as a revelar as origens à criança, devendo constar de registo público a que aquela possa aceder.
10. Deve ser garantido o reconhecimento de contratos internacionais de gestação de substituição, ainda que distintos quanto aos pressupostos da lei do foro.
11. Os/As beneficiários/as são, desde o nascimento, os/as pais mães da criança, reconhecendo-se e estabelecendo-se quanto a estes/as a respetiva relação filial.
12. A idade da gestante, o seu estado de saúde, incluindo psicológico.
13. A gestante não pode estar em qualquer situação de subordinação, incluindo no caso da gestação de substituição intrafamiliar.
14. É admissível a gestação de substituição depois do falecimento de qualquer um(a) dos/as beneficiários/as, desde que tenha sido prestado consentimento nesse sentido e o/a outro/a seja sobrevivo/a
15. A beneficiária, se existir, deve ter indicação médica para não poder engravidar ou não lhe ser aconselhada uma gravidez.

CONSIDERAÇÕES FINAIS

«De tudo ficaram três coisas...
A certeza de que estamos sempre a começar...
A certeza de que é preciso continuar...
A certeza de que podemos ser interrompidos
antes de terminar...
Façamos da interrupção um caminho novo.»
(Fernando Sabino)

Chegados a este ponto, constatamos que só começámos, e damos conta da nossa incapacidade de abordar todas as dimensões da temática e, por maioria de razão, de lhes dar resposta. Ao longo deste trabalho e a cada análise, estudo ou conclusão, constatámos a complexa teia de filigrana em que a questão se coloca. Este estudo é, como o assumimos, uma parte de um todo complexo. Contudo, chegou o momento de o dar por terminado, mas sobretudo de reconhecer que, afinal, só agora começámos.

Nas considerações finais, gostaríamos especialmente de falar de responsabilidade, da nossa, pelo que escrevemos e pela posição assumida, mas também da de todos nós e daquilo que aceitamos, toleramos ou legitimamos. Aquilo que são as nossas decisões hoje, mas cujo primordial impacto se manifestará na geração de amanhã, o que serão como pessoas e, neste campo em concreto, os laços relacionais que lhes garantimos.

A conhecida artista americana conceptual Jenny Holzer formula o paradoxo que usamos aqui porque reflete o atual momento do desenvolvimento sedutor das novas biotecnologias «*Protect me from what I want*» [1999]. A justiça intergeracional ganha particular relevância, já que as decisões de hoje, nos tempos atuais, têm cada vez mais a capacidade de se projetar em larga medida no futuro — o porvir é alcançável no presente. Mas as consequências dessas decisões refletem-se hoje principalmente nas gerações vindouras, mas também num tempo que pluralizou (Innerarity, 2011, p. 105). Assim sendo, o princípio da precaução é também para o nosso tempo. Se a construção das teorias de responsabilidade está principalmente virada para o passado e para a reparação de danos a que seu deu causa, neste campo e neste tempo,

[1999] «Protege-me daquilo que eu quero.»

a responsabilidade há de ser também ela prospetiva — a responsabilidade que vise garantir o futuro para quem há de vir [2000].

Uma alteração da própria natureza da ação humana introduzida pela tecnologia que representa, segundo Hans Jonas, um triunfo do *homo faber* sobre o *homo sapiens*, colocando o ser humano como objeto da ciência, passando esta a ser capaz de controlar o ser humano que há de vir [2001], assumindo o processo da criação (Jonas, 1984, p. 9). Numa teia de responsabilidade, nomeadamente na relação única de pais/mãe-filhos/as, há também uma dimensão que a transcende (Jonas, 1984, p. 134), tornando a responsabilidade um contínuo em que todos/as estamos envolvidos/as, particularmente no Direito da sociedade de risco. Maria Margarida Pereira refere a este respeito:

> «[...] risco que atinge o desenvolvimento da espécie humana através de uma política cada vez mais favorecedora da separação entre o ser humano e a identidade genética dos progenitores, abrindo caminho a experimentalismos cujas consequências são inimagináveis, tanto no plano afetivo [...] como no plano da identidade pessoal.» (Pereira, 2018, p. 784) [2002]

A evolução científica mudou a relação do ser humano consigo mesmo, nas suas relações com os outros e com a sociedade, mas, sendo um instrumento de autorrealização, como enfatiza Rui Nunes, a «tecnociência deve então construir a autonomia da pessoa e não a sua instrumentalização» (Nunes, 2017, p. 138). Assume, assim, a dignidade humana como o fundamento da ética, a qualidade universal e universalizando que aglutina todos os valores, ainda que com contingências locais, culturais, religiosas ou políticas.

Se a proteção da liberdade de reprodução de cada indivíduo deve ser garantida impondo uma obrigação *non facere* ao Estado, também não é menos verdade que esta temática não se reduz à esfera de liberdade de cada um(a); um núcleo pessoalíssimo dos direitos que introduz a expressão da dignidade humana, seja do próprio titular, seja na sua relação com outros. É também uma perspetiva relacional que se impõe,

[2000] Neste âmbito, atente-se na interessante análise de Helena Pereira de Melo que propõe que «[...] o quadro das incapacidades legalmente fixado inclua um novo caso: o das gerações futuras» (Melo, 2008a, p. 191).

[2001] Particularmente no âmbito da engenharia genética.

[2002] A autora é crítica em relação à gestação de substituição: «[...] a infixidez dos casos de permissão, longe de criar uma consciência proibicionista ou de contribuir para uma visão antiética da maternidade de substituição mais alargada, ou favorece a revolta pelas limitações legais, ou deixa indiferente quem pretenda aceder a meios científicos que continuam, como é inevitável, a estar disponíveis — e que o desenvolvimento das ciências médicas apenas pode incrementar» (Pereira M. M., 2017, p. 25).

incluindo da dignidade dos/das que hão de vir, que não são uma subespécie menor da existente, mas a renovação da humanidade que herdamos.

Assim sendo, e nos conflitos de interesses que se colocam, o maior desafio está em garantir que todos/as, sobretudo as crianças, seja qual for o método que levou à sua existência, gozam sem discriminação de todos os seus direitos, não se criando novos refugiados, perdidos num limbo legal em que, de seis potenciais pais/mães, ficam órfãos e apátridas, criando-se novas famílias ilegítimas e os novos *homo sacer*.

As posições e as sensibilidades para esta questão são polarizadas e estamos cientes de que a posição que assumimos sempre pecará por excesso ou por defeito. Nem sempre é possível encontrar consensos, e um pluralismo cultural embate de forma estrondosa numa teorização, mormente ética, baseada em princípios de caráter universal mas, como *Ensinava Zaratrusta* «cada provo fala uma língua particular em matéria de bem e de mal: o seu vizinho não a compreende.» (Nietzsche, 2000, p. 76) pelo que o concreto contexto de cada um(a) e as suas vicissitudes não podem ser desconsideradas.

Considerando o fundamento da PMA, a narrativa de uma conceção social de parentalidade emerge de forma particular, ainda que a expensas da relativização da gestação, que é inegável nesse caso, assumimos. Nas palavras de Sarah Franklin, «*[i]n these multilayered representational sequences, "nature" and its replication merge: simulated nature "bridges the gap" in natural sequences, just as the technologies of assistance are themselves inserted into natural sequences to provide a "bridge to a new life"*» (Franklin, 1995, p. 333). De facto, a tecnologia é uma resposta à necessidade, ao desejo e à vontade. Podemos compreender, empatizar ou assumir por experiência pessoal que uma existência sem filhos/as pode conduzir a uma existência incompleta, incapaz de cumprir as expectativas pessoais que se idealizaram para si e a família que se deseja, o que pode ser desolador. Seja por infertilidade, médica ou social, doença ou deficiência, há quem não consiga ter filhos/as pelo meio convencional. Sendo a adoção uma opção, ela é isso mesmo: uma opção. Mas há outras opções, nomeadamente para quem deseja perpetuar a sua carga genética para a geração seguinte, desejo legítimo não alcançável com a adoção.

Como deixamos expresso ao longo deste estudo, compreendemos a tensão existente em afastar conceções tradicionais de parentalidade e uma certa perspetiva de contratualização da maternidade, como é muitas vezes assumida. O que assumimos *ab initio* é que a «regra de dois» pais da família tradicional já há muito foi desafiada, e mesmo nesta perspetiva não se pode dizer que o biologismo atuava em monopólio para determinar as relações filiais. Contudo, como noutros domínios, há um desafio constante das regras sociais que pressionam os avanços legais, e estes têm impacto nas instituições, neste caso, familiares (Abraham, 2017, p. 445).

Dos dados que temos e que recolhemos, importa chegar a uma importante conclusão: a gestação de substituição é um fenómeno global, não circunscrito e impossível ou dificilmente suscetível de se limitar às tradicionais fronteiras de um

Estado, a leis proibicionistas ou a ameaças de sanções. O que está em causa é o desejo de ter um(a) filho/a e, como resulta evidente pelo crescimento do fenómeno, haverá poucas coisas que consigam limitar os/as futuros pais/mães de concretizarem o desejo de constituir família. Proibir a gestação de substituição não impede a existência do fenómeno e não resolve os problemas e as ansiedades, sejam éticas, legais ou até sociais, que a técnica coloca. Pessoas com dinheiro e vontade de pagar por ela e de viajar até onde seja preciso para encontrar solução para a sua vontade de ter um(a) filho/a, mulheres dispostas a ceder, a troco de dinheiro ou não, a sua capacidade reprodutiva, e outros *stakeholders* com interesse em que o objetivo seja atingido constituem terreno fértil para garantir que esta prática se mantenha e tendencialmente cresça.

O direito a procriar é um direito humano correspondente ao inato desejo de produzir descendência, sendo que a PMA permite que se lhe dê integral conteúdo. O direito de a mulher dispor das suas capacidades reprodutivas constitui uma manifestação da sua autonomia como centro de decisões, empoderando-a na sua autodeterminação e individualidade. Contudo, esta autonomia importa o reconhecimento de um âmbito relacional que dota a gestação de substituição de especiais características, como tivemos oportunidade de analisar, associada à confluência de direitos, particularmente dos/as beneficiários/as e da própria criança.

Esta tese é sobretudo sobre isto mesmo, uma autonomia relacional que permite identificar em cada um dos atores um papel associado à sua própria identidade de acordo com os direitos que cada um exerce. É, por isso, sobre a responsabilidade ética, desde logo, que cada um(a) assume neste âmbito da autonomia relacional. Os direitos da gestante e dos/as beneficiário(s)/a(s) como os configuramos não são absolutos e podem implicar limitações, mormente no que tange à criança, *objeto* deste contrato.

O contrato não pode implicar a venda da criança e os interesses desta devem nortear não só as decisões que casuisticamente se coloquem em relação às concretas vicissitudes da sua existência e contexto, mas também a decisões biopolíticas que permitem a sua existência. A miríade de problemas que a gestação de substituição suscita terá de ser, em primeira e última instância, norteada pelos interesses da criança a que o negócio visa dar causa.

Estamos cientes de que a colocação da reprodução no mercado passará a incluir que a tomada de decisão em relação a esse aspeto seja também ela contingente com aqueles constrangimentos. Se é isso que queremos? Idealmente, não. Porém, o mundo ideal e livre daqueles constrangimentos não existe, e é tão utópico quanto os contos de Huxley ou Atwood, e tão distópico quanto eles em relação à liberdade e emancipação da mulher para tomar as decisões que entender sobre o seu corpo.

A liberdade procriativa, incluindo, quanto a nós, a possibilidade de procriar sem ter filhos/as é um sinal — mais um — de emancipação da mulher. Seja qual for o motivo, uma visão paternalista que a protege das suas decisões em razão seja de que contexto for é, para nós, de rejeitar. O respeito pela autonomia impõe uma atitude de tolerância.

REFERÊNCIAS BIBLIOGRÁFICAS

Abraham, H. (2017). A family is what you make it? *Journal of Gender, Social Policy & the Law*, 25, pp. 405-444.

Adams, D. H. (2013). Conceptualising a Child Centric Paradigm: Do we have freedom of choice in donor conception reproduction? *Bioethical Inquiry*, 369-381. Retrieved from DOI: 10.1007/s11673-013-9454-7

Adams, P. (2015, June 1). The Bad Mother: Stigma, Abortion and Surrogacy. *Journal of Law, Medicine and Ethics, 43 (2)*, pp. 179-191. Retrieved from Journal of Law, Medicine and Ethics: doi:http://dx.doi.org/10.1111/jlme.12231

Agamben, G. [1998 (originally published in 1995)]. *Homo Sacer: Sovereign Power and Bare Life* (2.ª Reimpressão ed.). (D. Heller-Roazen, Trans.) USA: Stanford University Press.

Agar, N. (2013). *Truly Human Enhancement: A Philosophical Defense of Limits.* Cambridge, Massachusetts: MIT Press.

Agar, N. (2014). There is a Legitimate Place for Human Genetic Enhancement. In A. L. Caplan, & R. Arp, *Contemporary Debates in Bioethics* (pp. 343-352). Wes Sussex: Wiley Blackwell.

Aguilar, F. M. (2000). O Princípio da Dignidade da Pessoa Humana e a Determinação da Filiação em sede de Procriação Medicamente Assistida. *Revista da Faculdade de Direito da Universidade de Lisboa, XLI (2)*, 655-677.

Aguirre, C. M. (2019). International surrogacy arrangements: a global «Handmaid's Tale»? Em P. Mostowik, *Fundamental legal problems of surrogate motherhood Global perspective* (pp. 451-482). Warszawa: Instytut Wymiaru Sprawiedliwości.

Ahluwalia, U., & Arora, M. (2011). *Posthumous Reproduction and Its Legal Perspective.* Retrieved March 1, 2019, from International Journal of Infertility and Fetal Medicine: https://www.ijifm.com/doi/IJIFM/pdf/10.5005/jp-journals-10016-1010

Ainsworth, S. (2014). Bearing Children, Bearing Risks: Feminist Leadership for Progressive Regulation of Compensated Surrogacy in the United States. *Seattle University School of Law Digital Commons, 89*, pp. 1077-1123. Retrieved october 23, 2018, from http://digitalcommons.law.seattleu.edu/faculty

Alexandrino, J. d. (2011). *Direitos Fundamentais: Introdução Geral* (2.ª ed.). Cascais: Princípia Editora.

Alison, B. (2011). Reconceiving surrogacy: Toward a reproductive justice account of Indian surrogacy. *Hypatia, 26 (4)*, pp. 714–741. doi: https://doi.org/10.1111/j.1527-2001.2011.01168.x

Allan, S. (2014, April 30). Commercial Surrogate and Child: Ethical Issues, Regulatory Approaches, and Suggestions for Change (Working Paper). http://ssrn.com/abstract=2431142

Allan, S. (2016). The Surrogate in Commercial Surrogacy: Legal and Ethical Considerations. In P. Gerber, & K. O'Byrne, *Surrogacy, Law and Human Rights* (pp. 113-143). New York: Routledge.

Allan, S. (2017). Governing Transnacional Surrogacy Practices: What Role Can National and International Regulation Play? In M. Davies, *Babies for Sale?* (pp. 344-375). London: Zed Books.

Allan, S. (2019, May 31). *Inputs — Special Rapporteur on the sale and sexual exploitation of children, including child prostitution, child pornography and other child sexual abuse.* Retrieved March 3, 2020, from https://www.ohchr.org/Documents/Issues/Children/SR/Surrogacy/Academic Institutions/SoniaAllanOAM_CF_DeakinUniversity.pdf

Almeida Araújo, M. (2016). Os direitos humanos no nascimento. *Lusíada. Revista de Direito, 16*, 115-135.

Almeida Araújo, M. (2016). Ser ou não Ser? As Wrongful Life Claims. *Revista de Direito da Universidade Lusíada, 16*, 91-133.

Almeida Araújo, M. (2018, December 20). *Genome Editing. The New Eugenics?* Retrieved from RAIS Conference Proceedings — The 11th International RAIS Conference on Social Sciences. Retrieved April 4, 2020, from: https://papers.ssrn.com/sol3/papers.cfm?abstract_id=3303531

Almeida Araújo, M. (2019). A Pluriparentalidade — O Direito à Convivência. *Lex Familiae. Revista Portuguesa de Direito da Família, 31-32*, 119-142.

Almeida Santos, T., & Moura Ramos, M. (2010). *Esterilidade e Procriação Medicamente Assistida.* Coimbra: Imprensa da Universidade de Coimbra.

Almeida, S. (2008). *O Respeito pela Vida (Privada e) Familiar na Jurisprudência do Tribunal Europeu dos Direitos do Homem: A Tutela das Novas Formas de Família.* Coimbra: Almedina.

American Bar Association (2008, February). *American Bar Association Model Act Governing Assisted Reproductive Technology.* Retrieved April 1, 2019, from https://www.lcc.leg.mn/lcs/meetings/10112016/artmodelact_snyder.pdf

American Bar Association. (2018, May 18). *Uniform Parentage Act (2017): An Overview.* Retrieved January 2, 2020, from https://www.americanbar.org/digital-asset-abstract.html/content/dam/aba/events/family_law/2018/16uniformparentage.pdf

Anderson, E. (1990). Is Women's labor a commodity? *Philosophy & Public Affairs, 19 (1)*, 71-92.

Andrade, J. C. (2012). *Os Direitos Fundamentais na Constituição Portuguesa de 1976* (5.ª ed.). Coimbra: Almedina.

Andrews, L. (1988). Surrogate Motherhood: The Challenge for Feminists. *Journal of Law, Medicine and Ethics, 16 (1-2)*, 72-80.

Angwin, J., Larson, J., Mattu, S., & Kirchner, L. (2016, May 23). *ProPublica.* Retrieved January 23, 2019, from Machine Bias: There's software used across the country to predict future criminals. And it's biased against blacks: https://www.propublica.org/article/machine-bias-risk-assessments-in-criminal-sentencing

Annas, G. (2014). Crimes against the human species ('type II crimes against humanity' explained). In B. v. Beers, L. Corrias, & W. Werner, *Humanity across International Law and Biolaw* (pp. 115-131). Cambridge: Cambridge University Press.

Annas, G. (2018). Beyond Nazi War Crimes Experiments: The Voluntary Consent Requirement of the Nuremberg Code at 70. Am J Public Health. 108 (1). doi: 10.2105/AJPH.2017.304103

Antunes Varela, J. d. (1999). *Direito da Família* (5.ª ed., Vol. 1). Lisboa: Livraria Petrony.

Aparicio, P. I. (outubro de 2017). *Algunas Reflexiones Feministas Sobre la «Maternidad Subrogada», Un Nuevo Rostro del Contrato Sexual y la Explotación de las Mujeres.* obtido em 31 de agosto de 2020 de file:///Users/marisaaraujo/Downloads/ALGUNAS_REFLEXIONES_FEMINISTAS_SOBRE_LA.pdf

Appiah, K. A. (2007a). *Cosmopolitanism: Ethics in a World of Strangers.* New York: Norton Paperback.

Appiah, K. A. (2007b). *The Ethics of Identity.* New Jersey: Princeton Paperbacks.

Appiah, K. A. (2014). *Lines of descent: W.E.B du Bois and the emergence identity.* Cambridge: Harvard University Press.

Aragão, A. (2010). Dimensões Europeias do Princípio da Precaução. *Revista da Faculdade de Direito da Universidade do Porto, 7*, 245-291.

Aranzadi, L. I. (2018). *No se alquila un vientre se adquiere un hijo (La llamada gestación por substitución)*. Thomson Reuters.

Arendt, H. [1998 (first published 1958)]. *The Human Condition* (Second ed.). Chicago: The University of Chicago Press.

Arendt, H. (2007). *A Promessa da Política*. (M. S. Pereira, Trad.) Relógio D'Água.

Aristóteles. (2015). *Ética a Nicómaco* (5.ª ed.). (A. d. Caeiro, Trad.) Lisboa: Quetzal.

Arneson, R. J. (1992). Commodification and Commercial Surrogacy. *Philosophy & Public Affairs, 21 (2)*, 132-164.

Ascensão, J. d. (1991). *Direito e Bioética*. Obtido em 13 de agosto de 2020 de Ordem dos Advogados: https://portal.oa.pt/upl/%7Ba1e12138-8cf5-4a8d-96c7-65a4bfbb9ab2%7D.pdf

Ascensão, J. d. (2000). Procriação Assistida e Direito. Em *Estudos em Homenagem ao Professor Doutor Pedro Soares Martínez* (Vol. I, pp. 645-676). Coimbra: Almedina.

Ascensão, J. d. (2007). A Lei N.º 32/06, sobre a procriação medicamente assistida. Em J. d. Ascensão, *Estudos de Direito da Bioética* (Vol. III, pp. 25-50). Coimbra: Almedina. Obtido em 13 de agosto de 2020 de Ordem dos Advogados: www.oa.pt

Ascensão, J. d. (2008). O início da vida. Em J. d. Ascensão, *Estudos de Direito da Bioética* (Vol. II, pp. 9-28). Coimbra: Almedina.

Ascensão, J. O. (2008). *A dignidade da pessoa e o fundamento dos direitos humanos*. Obtido em 13 de agosto de 2020 de Ordem dos Advogados: www.oa.pt

Assche, K. v., & Sterckx, S. (2014). Research Involving Human Body Material. Em B. v. Beers, L. Corrias, & W. Werner, *Humanity across International Law and Biolaw* (pp. 265-287). Cambridge: Cambridge University Press.

Atkinson, J. (2013). Shifts in the Law Regarding the Rights of Third Parties to Seek Visitation and Custody of Children. *Family Law Quarterly, 47*(1), 1-34.

Atwood, M. [2010 (first published in 1985)]. *The Handmaid's Tale*. London: Vintage Books.

Baker, H. (2013). A Possible Future Instrument on International Surrogacy Arrangements: Are There 'Lessons' to be Learnt from 1993 Hague Intercountry Adoption Convention? In K. Trimmings, & P. Beaumont, *International Surrogacy Arrangements* (pp. 411-426). Oxford: Hart Publishing.

Bala, N. (2014). *The Hidden Costs of the European Court of Human Rights' Surrogacy Decision*. Retrieved October 3, 2019, from The Yale Journal of International Law Online: https://cpb-us-w2.wpmucdn.com/campuspress.yale.edu/dist/8/1581/files/2016/09/bala-proof-v-1-pdf-xqn5h2.pdf

Balaguer, M. L. (2017). *Hij@s del Mercado: La maternidad subrogada en un Estado Social*. Madrid: Cátedra.

Balbo, N., Billari, F. & Mills, M. (2013). Fertility in Advanced Societies: A Review of Research. European Journal of Population. 29 (1). DOI: 10.1007/s10680-012-9277-y

Ballard, R. L., Goodno, N. H., Cochran, R. F., & Milbrandt, J. A. (Eds.). (2015). *The intercountry adoption debate: Dialogues across disciplines*. Cambridge Scholars Publishing.

Ballester, B. (2013). *Cost of Non-Europe Report (CONE 3/2013) European Code on Private International Law*. Obtido de European Parliament: https://www.europarl.europa.eu/RegData/etudes/STUD/2013/504468/IPOL-JOIN_ET(2013)504468_EN.pdf

Bandelli, D., & Corradi, C. (May 2019). *Inputs on gestational surrogacy for the OHCHR Special Rapporteur on the sale and sexual exploitation of children*. Obtido em 3 de março de 2020 de https://www.ohchr.org/Documents/Issues/Children/SR/Surrogacy/AcademicInstitutions/DanielaBandelli_ConsueloCorradiLUMSA.pdf

Barreto, C. I. (2010). *A Convenção Europeia dos Direitos do Homem Anotada* (4.ª ed. revista e atualizada). Coimbra: Coimbra Editora.

Bartholet, E. (1999). *Family Bonds: Adoption, Infertility, and the New World of Child Production* Boston: Beacon Press.

Bartholet, E. (2010). International Adoption: The Human Rights Issue. In M. B. Goodwin, *Baby Markets* (pp. 94-117). New York: Cambridge University Press.

Bartlett, K. T. (1984). Rethinking Parenthood as an Exclusive Status: The Need for Legal Alternatives When the Premise of the Nuclear Family has Failed. *Virginia Law Review, 7*, 879-963.

Bauböck, R. (2015). Ius filiationis: a defence of citizenship by descent. In C. Dumbrava, & R. Bauböck (Eds.), *Bloodlines and belonging: Time to abandon ius sanguinis?* (pp. 6-10). European University Institute. European Union Democracy Observatory on Citizenship. Retrieved September 2019, from https://cadmus.eui.eu/bitstream/handle/1814/37578/RSCAS_2015_80.pdf?sequence=1&isAllowed=y

Beattie, T. (2013). The Vanishing Absolute and the Deconsecrated God: A Theological Reflection on Revelation, Law, and Human Dignity. In C. McCrudden, *Understanding Human dignity: Proceedings of the British Academy* (pp. 259-274). The British Academy.

Beauchamp, T. L. (2010). *Standing on Principles. Collected Essays.* Oxford: Oxford University Press.

Beauchamp, T. L., & Childress, J. F. (2019). *Principles of Biomedical Ethics* (Eighth ed.). Oxford: Oxford University Press.

Beers, B. v., Corrias, L., & Werner, W. (2014). Probing the Boundaries of Humanity. Em B. v. Beers, L. Corrias, & W. Werner, *Humanity across International Law and Biolaw* (pp. 1-21). Cambridge: Cambridge University Press.

Bergelson, V. (2010). Consent to harm. In F. G. Miller, & A. Wertheimer, *The Ethics of Consent* (pp. 163-192). New York: Oxford University Press.

Berkowitz, D., & Marsiglio, W. (2007, April 8). *Gay Men: Negotiating Procreative, Father, and Family Identities.* Retrieved from Journal of Marriage and Family: https://doi.org/10.1111/j.1741-3737.2007.00371.x

Bertolino, E. R. (2018). *Adriana Cavarero: Resistance and the Voice of Law.* New York: Routledge.

Bessa, M. R. (2014). A Densificação dos Princípios da Biotética em Portugal. Estudo de Caso: a atuação do CNECV. *Faculdade de Direito da Universidade do Porto, XI*, 273-324.

Besson, D., & Lippman, A. (2017). Gestational Surrogacy: How Safe? In M. Davis, *Babies for Sale?* (pp. 82-104). London: Zed Books.

Besson, S., & Kleber, E. (2019). The Right to Non-Discrimination. In J. Tobin, *The UN Convention on the Rights of the Child.* Oxford, UK: Oxford University Press.

Beyleveld, D., & Brownsword, R. (2001). *Human Dignity in Bioethics and Biolaw.* New York: Oxford University Press.

Bharadwaj, A. (2008). Biosociality and biocrossing: Encounters with assisted conception and embryonic stem cells in India. In S. Gibbon, & C. Novas, *Biosocialities, Genetics and the Social Sciences: Making Biologies and Identities* (pp. 98-116). London: Routledge.

Black, E. (2014). There is No Place for Human Enhancement. In A. L. Caplan, & R. Arp, *Contemporary Debates in Bioethics* (pp. 353-362). West Sussex: Wiley Blackwell.

Blake, L., Carone, N., Slutsky, J., Raffanello, E., Ehrhardt, A. A., & Golombok, S. (2016, November 6). Gay father surrogacy families: relationships with surrogates and egg donors and parental disclosure of children's origins. *Fertility and Sterility, 106 (6)*, pp. 1503-1509. doi: http://dx.doi.org/10.1016/j.fertnstert.2016.08.013

Blanco, M. C., & Bernáldez, M. I. (2013). Reflexiones legales y éticas en torno a la maternidad subrogada. *Revista Española de Medicina Legal, 40 (2)*, pp. 59-62. doi: https://doi.org/10.1016/j.reml.2013.06.008

Blazier, J., & Janssens, R. (2020, September 14). Regulating the international surrogacy market: the ethics of commercial surrogacy in the Netherlands and India. *Medicine, Health Care and Philosophy, 23*, 621–630.

Blumberg-Mokri, M. (1996). *Les Instruments Juridiques Européens en Matière de Bioétique.* Retrieved June 2, 2020, from https://archivos.juridicas.unam.mx/www/bjv/libros/6/2673/9.pdf

Blumberg-Mokri, M. (1999, Février). Vers un droit européen de la bioéthique ? *Appel d'offres de la MIRE «Ethique médicale».*

Blyth, E., & Farrand, A. (2005). Reproductive Tourism: A Price Worth Paying for Reproductive Autonomy? *Critical Social Policy, 25 (1)*, pp. 91-114. doi:https://doi.org/10.1177/0261018305048969

Blyth, E., Crawshaw, M., & Akker, O. v. (2014, February 17). *What are the best interests of the child in international surrogacy?* Retrieved March 2, 2019, from Bio News: https://www.bionews.org.uk/page_94488

Bobrzyńska, O. (2019). Surrogate motherhood: current trends and the comparative perspective. Em P. Mostowik, *Fundamental legal problems of surrogate motherhood Global perspective* (pp. 645-657). Warszawa: Instytut Wymiaru Sprawiedliwości.

Boer-Buquicchio, M. d. (2018). *Report of the Special Rapporteur on the sale and sexual exploitation of children, including child prostitution, child pornography and other child sexual abuse material (A/HRC/37/60).* Retrieved March 2, 2020, from Human Rights Council Thirty-seventh session 26 February–23 March 2018: https://undocs.org/A/HRC/37/60

Boer-Buquicchio, M. d. (2019a, October 8). Retrieved March 2, 2020, from 74th session of the General Assembly Third Committee Item 66 (a & b): http://statements.unmeetings.org/media2/21998019/sr-on-sale-and-sexual-exploitation-of-children-ga74-statement.pdf

Boer-Buquicchio, M. d. (2019b, July 15). *Sale and sexual exploitation of children, including child prostitution, child pornography and other child sexual abuse material A/74/162.* Retrieved March 2, 2020, from Seventy-fourth session Item 68 (a) of the preliminary list: https://undocs.org /A/74/162

Boonin-Vail, D. (1997, January). A Defense of 'A Defense of Abortion': On the Responsibility Objection to Thomson's Argument. *Ethics, 19 (2)*, pp. 345-358.

Borges, A. (2012). Cristianismo e Bioética. Em C. FLAD, *Bioética & Religiões* (pp. 121-131). Lisboa: Bioética 16 www.cnecv.pt

Bostrom, N. (2003). *The Transhumanist FAQ — A General Introduction — Version 2.1.* Retrieved September 9, 2020, from World Transhumanist Association: https://www.nickbostrom.com/views/transhumanist.pdf

Bostrom, N., & Sandberg, A. (2013). The Wisdom of Nature: An Evolutionary Heuristic for Human Enhancement. In J. Savulescu, & N. Bostrom, *Human Enhancement* (pp. 375-416). New York: Oxford University Press.

Bot, C. L. (29 mai 2019). *Village de la Justice.* Obtido em 2 de novembro de 2020 de https://www.village-justice.com/articles/gestation-pour-autrui-enfin-une-reconnaissance-mere-intention,31629.html

Botelho, C. S. (2011). Quo Vadis «doutrina da margem nacional de apreciação»? — O amparo internacional dos direitos do homem face à universalização da justiça constitucional. Em *Estudos dedicados ao Professor Doutor Luís Alberto Carvalho Fernandec* (pp. 341-376). Lisboa: Faculdade de Direito da Universidade Católica Portuguesa.

Brandel, A. (1995). Legislating Surrogacy: A Partial Answer to Feminist Criticism. *Maryland Law Review, 54 (2)*, pp. 488-527.

Brazier, M. (1998). Reproductive Rights: Feminism or Patriarchy. In J. Harris, & S. Holm, *The Future of Human Reproduction* (pp. 66-76). New York: Oxford University Press.

Brazier, M., Golombok, S., & Campbell, A. (1998). Surrogacy: review for the UK Health Ministers of current arrangements for payments and regulation. *Human Reproduction Update 1997, 3 (N.º 6)*, pp. 623-628. Retrieved May 2020.

Brinsden, P. R. (2016). Surrogacy's Past, Present, and Future. In E. S. Sills (Ed.), *Handbook of Gestational Surrogacy: International Clinical Practice and Policy Issues* (pp. 1-8). Cambridge, UK: Cambridge University Press.

British Association for Social Workers. (2016, December 14). *BASW Position Statement: Surrogacy — 14th December 2016.* Retrieved October 3, 2019, from British Association for Social Workers: https://www.basw.co.uk/resources/basw-position-statement-surrogacy-14th-december-2016

Brock, G. (2011). How does Equality Matter? *Journal of Social Philosophy.* 40 (2), pp. 76-87.

Brokowski, C., Pollack, M., & Pollack, R. (2015). Cutting Eugenics Out of CRISPR-Cas9. *Ethics in Biology, Engineering & Medicine — An International Journal, 6 (3-4)*, pp. 263-279.

Bromfield, N. F., & Rotabi, K. S. (2014, July 1). Global Surrogacy, Exploitation, Human Rights and International Private Law: A Pragmatic Stance and Policy Recommendations. *Global Social Welfare, 1*, pp. 123-135. doi:10.1007/s40609-014-0019-4

Brower, C. H., & Sargent, C. F. (2011). *Reproduction, Globalization, and the State.* Durham and London: Duke University Press.

Brunet, L., Carruthers, J., Davaki, K., King, D., Marzo, C., & McCandless, J. (2013). *A Comparative Study on the Regime of Surrogacy in EU Member States.* Retrieved March 3, 2019, from https://www.europarl.europa.eu/RegData/etudes/STUD/2013/474403/IPOL-JURI_ET(2013)474403_EN.pdf

Brusorio-Aillaud, M. (2019). *La filiation de la mère d'intention en droit positif.* Obtido em 22 de julho de 2020, de Revue générale du droit on line: https://www.revuegeneraledudroit.eu/blog/2019/12/30/la-filiation-de-la-mere-dintention-en-droit-positif/

Buchanan, A. (2011a). *Better than Human: The Promise and Perils of Biomedical Enhancement.* UK: Oxford University Press.

Buchanan, A. (2011b). *Beyond Humanity?* UK: Oxford University Press.

Buchanan, A., Brock, D. W., Daniels, N., & Wilker, D. (2000). *From Chance to Choice: Genetics & Justice.* UK: Cambridge University Press.

Buck, T. (2014). *International Child Law* (Third ed.). New York: Routledge.

Bueren, G. V. (1994). Child Sexual Abuse and Exploitation: A Suggested Human Rights Approach. *International Journal of Children's Rights, 2 (1)*, 45-59.

Burrell, C. & Edozien, L. (2016). The Ideal Surrogate. Santa Claus, Easter Bunny, or Tooth Fairy? . In E. S. Sills (Ed.), *Handbook of Gestational Surrogacy: International Clinical Practice and Policy Issues* (pp. 9-16). Cambridge, UK: Cambridge University Press.

Butler, J. [2007 (first published in 1990)]. *Gender Trouble.* New York: Routledge.

Butler, J. [2011 (first published in 1993)]. *Bodies That Matter: On the Discursive Limits of «Sex».* New York: Routledge.

Buyers, J. (2018). *Artificial Intelligence: The Practical Legal Issues.* Somerset: Law Brief Publishing.

C. Calhaz-Jorge, C. D. (2020). Survey on ART and IUI: legislation, regulation, funding and registries in European countries. *Human Reproduction Open*, 1-15.

Caballero, S. M. (2016). Gestational Surrogacy in California. In E. S. Sills, *Handbook of Gestational Surrogacy* (pp. 296-303). Cambridge: Cambridge University Press.

Cabeza, R. (2018a). Parental Orders. In R. Cabeza, E. P. Victoria Flowers, A. Rao, B. O'Leary, & L. Odze, *Surrogacy. Law, Practice and Policy in England and Wales* (pp. 47-70). Bristol: LexisNexis.

Cabeza, R. (2018b). The Case For Surrogacy Law Reform. In R. Cabeza, V. Flowers, E. Pierrot, A. Rao, B. O'Leary, & L. Odze, *Surrogacy. Law, Practice and Policy in England and Wales* (pp. 161-183). Bristol: LexisNexis.

Cabeza, R., Fenton-Glynn, C., & Boiché, A. (2016). *Cross-border recognition of adoptions Annex I — Research paper.* Retrieved January 6, 2019 from European Parliament: https://www.europarl.europa.eu/RegData/etudes/STUD/2016/581384/EPRS_STU(2016)581384_EN.pdf

Cabeza, R., Flowers, V., Pierrot, E., Rao, A., O'Leary, B., & Odze, L. (2018). *Surrogacy: Law, Practice and Policy in England and Wales*. Bristol, UK: LexisNexis.

Cabral, P. (2021, February 3). *Protecting the right to a nationality for children of same-sex couples in the EU – A key issue before the CJEU in V.M.A. v Stolichna Obsthina (C-490/20)*. Retrieved February 20, 2021, from European Network on Statlessness: https://www.statelessness.eu/updates/blog/protecting-right-nationality-children-same-sex-couples-eu-key-issue-cjeu-vma-v

Cadolle, S. (2000). *Être Parent, Être Beau-Parent. La Recomposition de la Famille*. Paris: Editions Odile Jacob.

Cadoret, A. (2001). Placement d'enfants et appartenance familiale. Em D. l. Gall, & Y. Bettahar, *La Pluriparentalité* (pp. 95-111). Paris: Presses Universitaires de France.

Cahill, A. (2011). *Overcoming Objectification: A Carnal Ethics*. New York: Routledge.

Callaghan, S., & Newson, A. (2014, August 11). *Surrogacy, Motherhood and baby Gammy*. Retrieved May 18, 2019, from The University of Sidney: http://www.bionews.org.uk/page_444683.asp

Callahan, D. (2012). *In Search of the Good: A Life in Bioethics*. Cambridge, Massachusetts: The MIT Press.

Campbell, A. V. (2014). Human Dignity and commodification in bioethics. In M. Düwell, J. Braarvig, R. Brownsword, & D. Mieth, *The Cambridge Handbook of Human Dignity: Interdisciplinary Perspectives* (pp. 535-540). Cambridge: Cambridge University Press.

Campos, A. L. (2015). *A situação jurídica das crianças que vivem com pessoas do mesmo sexo casadas ou em união de facto*. Obtido em 18 de maio de 2017, de Universidade Católica Portuguesa: http://www.repositorio.ucp.pr

Campos, D. L. (2008). A procriação medicamente assistida heteróloga e o sigilo sobre o dador — ou a omnipotência do sujeito. Em J. d. Ascensão, *Estudos de Direito da Bioética* (Vol. II, pp. 73-86). Coimbra: Almedina. Obtido em 13 de agosto de 2020 de Ordem dos Advogados: www.oa.pt

Campos, D. L., & Campos, M. M. (2016). A Comunidade Familiar. Em G. d. Oliveira, *Textos de Direito da Família para Francisco Pereira Coelho* (pp. 9-29). Coimbra: Imprensa da Universidade de Coimbra.

Candal, L. M. (November 2018). La «maternidad intervenida». Reflexiones en torno a la maternidad subrogada. *Revista Redbioética/UNESCO, Vol. 1, Nº 1 pp.., 1 (1)*, pp. 174-188. Obtido em 15 de setembro de 2020 de http://www.unesco.org.uy/ci/fileadmin/shs/redbioetica/revista_1/Leila.pdf

Canotilho, J. J., & Moreira, V. (2007). *Constituição da República Portuguesa Anotada (artigos 1.º a 107.º)* (4.ª Edição Revista ed., Vol. I). Coimbra: Coimbra Editora.

Cantwell, N. (2017). Are 'Best Interest' a Pillar or a Problem for Implementing the Human Rights of Children? In T. Liefaard, & J. Sloth-Nielson, *The United Nations Convention on the Rights of the Child: Taking Stock after 25 Years and Looking Ahead* (pp. 61-72). Leiden: Brill | Nijhoff.

Caplan, A. L., & Arp, R. (2014). *Contemporary Debates in Bioethics*. West Sussex: Wiley Blackwell.

Carbone, J., & Miller, C. O. (2018, September 24). Surrogacy Professionalism. *J. Am. Acad. Matrimonial Law, 31*, 1-54.

Cardinal Joseph Ratzinger. (1990). Concerning the notion of person in theology. *Communio: International Catholic Review, 17*, 439-454.

Cardoso, A. L. (1991). *Procriação Humana Assistida: Alguns Aspetos Jurídicos*. Obtido em 1 de março de 2020 de Revista da Ordem dos Advogados: https://portal.oa.pt/publicacoes/revista/ano-1991/ano-51-vol-i-abr-1991/doutrina/

Carlson, L. M., & Vora, N. L. (2017). Prenatal Diagnosis: Screening and Diagnostic Tools. *Obstet Gynecol Clin North Am., 44 (2)*, 245-256.

Carozza, P. G. (2013). Human Dignity. In D. Shelton, *The Oxford Handbook of International Human Rights Law* (pp. 345-359). Oxford: Oxford University Press.

Carr, M., & Chen, M. (2017). Globalization, social exclusion and gender. Em *Women, Gender and Work. Social choices and inequalities* (Vol. 2, pp. 147-175). Geneva, https://www.ilo.org/wcmsp5/groups/public/---dgreports/---dcomm/---publ/documents/publication/wcms_488475.pdf: International Labour Organization.

Carta Apostólica Mulieris Dignitatem do Sumo Pontífice João Paulo II sobre a Dignidade e a Vocação da Mulher por Ocasião do Ano Mariano (15 de agosto de 1988). Obtido em 12 de janeiro de 2019, de https://www.vatican.va/content/john-paul-ii/pt/apost_letters/1988/documents/hf_jp-ii_apl_19880815_mulieris-dignitatem.html

Carta Encíclica Humanae Vitae de Sua Santidade Papa Paulo VI. (25 de julho de 1968). Obtido em 19 de fevereiro de 2019 de https://www.vatican.va/content/paul-vi/pt/encyclicals/documents/hf_p-vi_enc_25071968_humanae-vitae.html

Carvalho, O. d. (2012). Os Direitos do Homem no Código Civil Português. Em F. L. Fernandes, M. R. Guimarães, & M. R. Redinha, *Teoria Geral do Direito Civil* (3.ª ed., pp. 223-243). Coimbra: Coimbra Editora.

Carvalho, O. d. (2012). Para uma Teoria da Pessoa Humana (Reflexões para uma Desmistificação Necessária). Em F. L. Fernandes, M. R. Guimarães, & M. R. Redinha, *Teoria Geral do Direito Civil* (3.ª ed., pp. 247-267). Coimbra: Coimbra Editora.

Caulfield, T. (2001). Liability in the Genetic Era: Wrongful Birth and Wrongful Lawsuits. *J Soc Obstet Gynaecol*(23 (2)], 143-147. Retrieved April 17, 2019 from Ethics and Law: https://www.jogc.com/article/S0849-5831(16)30157-4/pdf

CDBI (2010). *CDBI Background document on preimplantation and prenatal genetic testing.* Retrieved June 2, 2019, from https://www.coe.int/t/dg3/healthbioethic/Activities/07_Human_genetics_en/INF(2010)6%20e%20dpi%20dpn.pdf

Cecchini, S. (2019). *Il Divieto di Maternità Surrogata Osservato da una Prospettiva Costituzionale.* Retrieved December 26, 2020, from Rivista di BioDiritto: https://www.biodiritto.org/ocmultibinary/download/3455/33961/5/423abf78ea397e4ccce5118aa94ba03f.pdf/file/Cecchini.pdf

Chaltiel, F. (15 avril 2020). *La gestation pour autrui de nouveau devant la Cour de cassation ou l'équilibre précaire entre prohibition et protection.* Obtido em 14 de agosto de 2020 de Actu-juridique.fr: https://www.actu-juridique.fr/sante-droit-medical/bioethique/la-gestation-pour-autrui-de-nouveau-devant-la-cour-de-cassation-ou-lequilibre-precaire-entre-prohibition-et-protection/

Chatterjee, A., Whelan, S., & Our bodies, O. (2017). Frequently Unasked Questions: Understanding and Responding to Gaps in Public Knowledge of International Surrogacy Worldwide. In M. Davies, *Babies for Sale?* (pp. 221-244). London: Zed Books.

Cherry, A. L. (2014, August). The Rise of the Reproductive Brothel in the Global Economy: Some thoughts on reproductive tourism, autonomy, and justice. *Univ. of Pennsylvania Journal of Law and Social Change, 17 (3)*, pp. 257-289.

Chika, Y., Kotaro, S., Yukihiro, Y., Yoji, K., Nakamura, T., Okamoto, I., Mitinori, S. (2018, September 20). Generation of human oogonia from induced pluripotent stem cells in vitro. *Science.* doi:DOI: 10.1126/science.aat1674

Christiansen, K. (2017, November 14). Genome editing: Are we opening a back door to eugenics? *ScienceNordic.* Retrieved September 14, 2018, from http://sciencenordic.com/genome-editing-are-we-opening-back-door-eugenics

Cid, N. d. (1998). Direitos humanos e família: quando os homossexuais querem casar. *Revista Economia e Sociologia, 66*, 189-235.

Cid, N. d. (2005). *A comunhão de vida à margem do casamento: entre o facto e o direito.* Coimbra: Almedina.

Clune-Taylor, C. (2021). Is Sex Socially Constructed? In S. Crasnow, & K. Intemann, *The Routledge Handbook of Feminist Philosophy of Science* (pp. 187-200). New York: Routledge.

CNECV (3/CNE/93). (1993). *Relatório — Parecer sobre Reprodução Medicamente Assistida (3/CNE/93) (in Documentação, CNECV, vol. I, (1991-1993),* pp. 75-103.

CNECV (2012). *Parecer sobre Procriação Medicamente Assistida e Gestação de Substituição.* Obtido em 16 de abril de 2020 de 63/CNECV/2012: https://www.cnecv.pt/pt/pareceres/parecer-sobre-procriacao-medicamente-assistida-e-gestacao-de-sub

CNECV (14 de abril de 2019). *Parecer N.° 104/CNECV/2019 sobre a alteração ao regime jurídico da gestação de substituição.* Obtido em 16 de abril de 2020 de CNECV: https://www.cnecv.pt/pt/pareceres/parecer-n-o-104-cnecv-2019-sobre-a-alteracao-ao-regime-juridico

Coelho, F. P., & Oliveira, G. d. (2016). *Curso de Direito da Família: Introdução. Direito Matrimonial* (5.ª ed., Vol. I). Coimbra: Imprensa da Universidade de Coimbra.

Cohen, B. (1984). Surrogate Mothers: Whose Baby is it? *American Journal of Lae & Medicine, 10 (3),* pp. 243-285.

Cohen, G., & Kraschel, K. L. (2016). Gestational Surrogacy Agreements: Enforcement and Breach. Em E. S. Sills, *Handbook of Gestational surrogacy: International Clinical Practice and Policy Issues* (pp. 85-92). UK: Cambridge University Press.

Cohen, M. L. (1977). General Electric Company v. Gilbert: The Plight of the Working Woman, 11 J. Marshall J. Prac. & Proc. 215 (1977). *The John Marshall Journal of Practice and Procedure, 11,* pp. 215-230.

Cohen, S. R. (2004, October). The invisible man. Artificial insemination by donor and legislation on donor anonymity: a review. *Journal of Family Planning and Reproductive Health Care,* pp. 270-273. doi:10.1783/0000000042177090

Coleman, C. H., Menikoff, J. A., Goldner, J. A., & Parasidis, E. (2015). *The Ethics and Regulation of Search with Human Subjects* (Second Edition ed.). USA: LexisNexis.

Colen, S. (1995). «Like a Mother to Them». Stratified Reproduction and West Indian Childcare Workers and Employers in New York. In F. D. Ginsburg, & R. Rapp, *Conceiving the New World Order. The Global Politics of Reproduction* (pp. 78-102). California: University of California Press.

Comité Consultatif National d'Éthique pour les Sciences de la Vie et de la Santé. (1 avril 2010). *Avis n°110 Problèmes éthiques soulevés par la gestation pour autrui (GPA).* Obtido em 4 de janeiro de 2020, de https://www.ccne-ethique.fr/sites/default/files/publications/avis_110.pdf

Comité Consultatif National d'Éthique (23 octobre 1984). *Avis sur les problèmes éthiques nés des techniques de reproduction artificielle. Rapport.* Obtido em 5 de janeiro de 2020, de https://www.ccne-ethique.fr/sites/default/files/publications/avis003.pdf

Comité Consultatif National d'Étique (juin 2018). *Rapport de Synthèse.* Obtido em 4 de janeiro de 2020 de https://www.ccne-ethique.fr/sites/default/files/rapport_de_synthese_ccne_bat.pdf

Comité Consultatif National d'Éthique. (2018). *Contribution du Comité consultatif national d'éthique à la révision de la loi de bioéthique 2018-2019 Avis 129.* Obtido em 5 de janeiro de 2020 de https://www.ccne-ethique.fr/sites/default/files/publications/avis_129_vf.pdf

Comité Consultatif National d'Éthique pour les Sciences de la Vie et de la Santé. (15 juin 2017). *Avis du CCNE sur les demandes sociétales de recours à l'assistance médicale à la procréation (AMP).* Obtido em 5 de janeiro de 2020 de https://www.ccne-ethique.fr/sites/default/files/publications/ccne_avis_ndeg126_amp_version-def.pdf

Commission des Lois Constitutionnelles (19 décembre 2007). *Rapport, N.° 145 Sénat.* Obtido em 5 de janeiro de 2020 de https://www.senat.fr/rap/l07-145/l07-1451.pdf

Commission des lois et de la commission des affaires sociales (25 juin 2008). *Contribution à la réflexion sur la maternité pour autrui.* Obtido de Rapport d'information de Mme Michèle ANDRÉ, MM. Alain MILON et Henri de Richemont, fait au nom de la commission des lois et de la commission des affaires sociales n.° 421 (2007-2008): Obtido em 29 de junho de 2019 de http://www.senat.fr/notice-rapport/2007/r07-421-notice.html

Committee on Bioethics (DH-BIO) (2021, June 14). *Addendum to the Replies to questionnaire on access to medically assisted procreation (MAP), on right to know about their origin for children born after MAP.* Retrieved August 18, 2021, from https://rm.coe.int/inf-2016-4-addendum-update-june-2021-e/1680a3229f

Committee on Bioethics. (2018). *Guide for the implementation of the principle of prohibition of financial gain with respect to the human body and its parts from living or deceased donors.* Retrieved October 1, 2020, from https://rm.coe.int/guide-financial-gain/16807bfc9a

Committee on Social Affairs, Health and Sustainable Development. (2016, September 23). *Children's rights related to surrogacy.* Retrieved October 1, 2020 from Council of Europe: https://assembly.coe.int/nw/xml/XRef/Xref-XML2HTML-en.asp?fileid=23015&lang=en

Committee on the Rights of the Child. (2006, September 20). *General comment No. 7 (2005): Implementing Child Rights in Early Childhood,* 20 September 2006, CRC/C/GC/7/Rev.1, Retrieved January 3, 2020 from https://www.refworld.org/docid/460bc5a62.html

Committee on the Rights of the Child. (2014, July 7). *Concluding observations on the report submitted by India under article 12, paragraph 1, of the Optional Protocol to the Convention on the Rights of the Child on the sale of children, child prostitution and child pornography.* Retrieved January 3, 2020, from CRC/C/OPSC/IND/CO/1: https://tbinternet.ohchr.org/_layouts/15/treatybodyexternal/Download.aspx?symbolno=CRC/C/OPSC/IND/CO/1&Lang=En

Committee on the Rights of the Children. (2013, May 29). *General comment No. 14 (2013) on the right of the child to have his or her best interests taken as a primary consideration (art. 3, para. 1).* Retrieved December 25, 2020, from https://www.refworld.org/docid/51a84b5e4.html

Compêndio da Doutrina Social da Igreja (s.d.). Obtido em 13 de janeiro de 2019 de https://www.vatican.va/roman_curia/pontifical_councils/justpeace/documents/rc_pc_justpeace_doc_20060526_compendio-dott-soc_po.html#Criatura%20%C3%A0%20imagem%20de%20Deus

Congregação para a Doutrina da Fé Instrução Dignitas Personae Sobre Algumas Questões de Bioética (20 de junho de 2008). Obtido em 14 de janeiro de 2019 de https://www.vatican.va/roman_curia/congregations/cfaith/documents/rc_con_cfaith_doc_20081208_dignitas-personae_en.html

Conseil d'État (28 juin 2018). *Révision de la loi de bioéthique: quelles options pour demain ?* Obtido em 5 de janeiro de 2020 de https://www.vie-publique.fr/sites/default/files/rapport/pdf/184000450.pdf

Conseil d'État (22 janvier 1988). *Conseil d'État, Assemblée, 80936.* Obtido em 6 de janeiro de 2020 de https://www.legifrance.gouv.fr/ceta/id/CETATEXT000007738485/

Conseil d'État. (2018). *Étude annuelle 2018 du Conseil d'État — La citoyenneté. Être (un) citoyen aujourd'hui.* Obtido em 4 de janeiro de 2020 de https://www.vie-publique.fr/rapport/37660-etude-annuelle-2018-du-conseil-detat

Conselho Nacional de Ética para as Ciências da Vida. (1994). *Parecer sobre a Protecção Jurídica das Invenções Biotecnológicas (7/CNE/94).* Obtido em 25 de abril de 2018 de http://www.cnecv.pt/admin/files/data/docs/1273059197_P018_InvencoesBiotecnologicas.pdf

Conselho Nacional de Ética para as Ciências da Vida. (24 de abril de 1997). *Parecer sobre o Projecto de Proposta de Lei relativa à Procriação Medicamente Assistida (23/CNECV/97).* Obtido em 4 de março de 2018 de Conselho Nacional de Ética para as Ciências da Vida: https://www.cnecv.pt/pt/pareceres/parecer-sobre-o-projecto-de-proposta-de-lei-relativa-a-procriaca

Conselho Nacional de Ética para as Ciências da Vida (julho de 2004). *44/CNECV/04 Parecer N.º 44 do Conselho Nacional de Ética para as Ciências da Vida.* Obtido em 3 de março de 2018 de Conselho Nacional de Ética para as Ciências da Vida de http://www.cnecv.pt

Conselho Nacional de Ética para as Ciências da Vida (março de 2012). *63/CNECV/2012 Parecer n.º 63 do Conselho Nacional de Ética para as Ciências da Vida.* Obtido em 4 de março de 2018, de Conselho Nacional de Ética para as Ciências da Vida: http://materiais.dbio.uevora.pt/MA/Modulo2/Artigos/PMA2-CNECV.pdf?download

Conselho Nacional de Ética para as Ciências da Vida (1 de abril de 2012). *Parecer sobre Procriação Medicamente Assistida e Gestação de Substituição (63/CNECV/2012).* Obtido em 3 de março de 2017 de Conselho Nacional de Ética para as Ciências da Vida: https://www.cnecv.pt/pt/pareceres/relatorio-de-parecer-sobre-pma-e-gestacao-de-substituicao

Conselho Nacional de Ética para as Ciências da Vida (17 de março de 2016). *Parecer N.º 87/CNECV/2016 sobre os Projetos de Lei n.os 6/XIII (1ª) PS, 29/XIII (1.ª) PAN, 36/XIII (1ª) BE e 51/XIII (1.ª) PEV em matéria de Procriação Medicamente Assistida (PMA) e 36/XIII (1ª) BE em matéria de Gestação de Substituição (GDS).* Obtido em 5 de março de 2018 de https://www.cnecv.pt/pt/pareceres/parecer-n-o-87-cnecv-2016-sobre-os-projetos-de-lei-n-os-6-xiii-1

Conselho Nacional de Procriação Medicamente Assistida (11 de outubro de 2019). *Deliberação n.º 5-III/2019.* Obtido em 5 de março de 2020, de Conselho Nacional de Procriação Medicamente Assistida: https://www.cnpma.org.pt/destaques/Documents/Deliberacao05-III.pdf

Conselho Nacional de Procriação Medicamente Assistida (26 de junho de 2020). *Prolongamento por 6 meses do limite de idade das beneficiárias com tratamentos programados.* Obtido em 5 de setembro de 2020 de https://www.cnpma.org.pt/destaques/Paginas/limite-idade.aspx

Constandinidou-Stavropoulou, H., & Stavropoulos, K. (2020, November 1). *Family law in Greece: overview.* Retrieved December 14, 2020, from Thomson Reuters Practical Law: https://uk.practicallaw.thomsonreuters.com/3-571-0094?transitionType=Default&contextData=(sc.Default)&firstPage=true#co_anchor_a971788

Constituição Pastoral Gaudium Et Spes Sobre a Igreja no Mundo Actual (7 de dezembro de 1965).

Cook, M. L. (2021, August 22). *Massachusetts begins to issue 3-parent birth certificates.* Retrieved August 22, 2021, from BioEdge: https://www.bioedge.org/bioethics/massachusetts-begins-to-issue-3-parent-birth-certificates/13876

Cook, M. L. (n.d.). *Reproductive Technologies and the Vatican.* Retrieved November 4, 2020, from Santa Clara University: https://www.scu.edu/mcae/publications/iie/v1n3/homepage.html

Cordeiro, A. M. (dezembro de 2001). Os direitos de personalidade na civilística portuguesa. *Revista da Ordem dos Advogados, III (Ano 61)*, pp. 1229-1256.

Cordeiro, A. M. (2019). *Tratado de Direito Civil IV: Parte Geral, Pessoas* (5.ª ed. revista e atualizada. Coimbra: Almedina.

Cordiano, A. (2016). La tutela dell'interesse del nato da maternitá surrogata fra (in)disponibilitá del corpo e aspirazioni genitoriali. Em H. Mota, & M. R. Guimarães, *Autonomia e Heteronomia no Direito da Família e no Direito das Sucessões* (pp. 739-757). Coimbra: Almedina.

Corte-Real, C. P. (2002). Os efeitos familiares e sucessórios da procriação medicamente assistida: P.M.A. In A. M. Cordeiro, L. M. Leitão, & J. d. Gomes, *Estudos em homenagem ao Prof. Doutor Inocêncio Galvão Telles* (pp. 347-366). Coimbra: Almedina.

Costa, J.-P. (2013). Jean-Paul Costa, Human Dignity in the Jurisprudence of the European Court of Human Rights. In C. McCrudden, *Understanding Human Dignity: Proceedings of the British Academy* (pp. 393-402). Oxford: The British Academy.

Costa, M., & Lima, C. S. (2012). A maternidade de substituição à luz dos direitos fundamentais de personalidade. *Revista de Direito da Universidade Lusíada, 10*, 237-289.

Council for International Organizations of Medical Sciences (CIOMS) in collaboration with the World Health Organization (WHO). (2016). *International Ethical Guidelines for Health-related Research Involving Humans.* Retrieved May 18, 2020, from https://cioms.ch/wp-content/uploads/2017/01/WEB-CIOMS-EthicalGuidelines.pdf

Council of Europe (2009, December 9). *Recomendation CM/Rec(2009) 13 adopted by the Committee of Ministers of the Council of Europe on 9 December 2009 and explanatory memorandum.* Retrieved May 2, 2019, from https://rm.coe.int/16807096bf

Council of Europe (2011, October 12-14). *Draft recommendation on the rights and legal status of children and parental responsibilities and Draft explanatory memorandum.* Retrieved May 15, 2020 from https://7676076fde29cb34e26d-759f611b127203e9f2a0021aa1b7da05.ssl.cf2.rackcdn.com/eclj/Draft-recommendation-rights-legal-status-children-CDCJ-2011-15.pdf

Council of Europe (2016, March). *Council of Europe Strategy for the Rights of the Child (2016-2021).* Retrieved May 15, 2020 from www.coe.int/children

Council of the European Union. (2013, June 24). Retrieved November 3, 2019, from https://www.consilium.europa.eu/uedocs/cms_data/docs/pressdata/en/foraff/137584.pdf

Cour de cassation. (2017). *Gestation pour autrui (GPA) réalisée à l'étranger, transcription d'acte de naissance et adoption simple.* Retrieved November 7, 2019, from https://www.courdecassation.fr/communiques_4309/gpa_realisee_37266.html

Court of Appeals, I. (Spring 2009). Non Biological Stepfather's Visitation Upheld. *American Journal of Family Law, 23*(1), pp. 48-49.

Coutinho, D. (2019, July 22). *Surrogacy in the light of European Union law: brief considerations.* Retrieved August 4, 2020, from EU Law Journal: https://officialblogofunio.com/2019/07/22/surrogacy-in-the-light-of-european-union-law-brief-considerations/

Coutts, M. C., & MacCarrick, P. M. (junho de 1995). Eugenics. (T. J. Press, Ed.) *Bioethics Research Library at Georgetown University, 5 (2)*, 163-178.

Crawshaw, M. (2019, September 30). *PROGAR response to surrogacy law reform consultation.* Retrieved June 2, 2020, from British Association of Social Workers: https://www.basw.co.uk/system/files/resources/progar-consultation-response-to-surrgacy-law-reform.pdf

Crawshaw, M., Fronek, P., Blyth, E., & Elvin, A. (2014, April). *What are children's 'best interests' in international surrogacy?* Retrieved June 13, 2020, from British Association of Social Workers: https://www.basw.co.uk/system/files/resources/basw_123433-9_0.pdf

Crawshaw, M., Fronek, P., Blyth, E., & Elvin, A. (2017). What are Children's 'Best Interests' in International Surrogacy? A Social Work Perspective from the UK. In M. Davis, *Babies for Sale?* (pp. 163-184). London: Zed Books.

Cuthbert, D., & Fronek, P. (2014). Perfecting adoption? Reflections on the rise of commercial offshore surrogacy and family formation in Australia. In A. Hayes, & D. J. Higgins, *Families, policy and the law: Selected essays on contemporary issues for Australia* (pp. 55-66). https://papers.ssrn.com/sol3/papers.cfm?abstract_id=2461602

Cyranoski, D. (2018, October 03). Japan set to allow gene editing in human embryos. *Nature.* doi:doi: 10.1038/d41586-018-06847-7

Cyranoski, D., & Ledford, H. (2018, November 26). Genome-edited baby claim provokes international outcry. *Nature, 563*, pp. 607-608. doi: 10.1038/d41586-018-07545-0

Czubik, A. (2019). Protection of women's rights and health in international law versus «surrogacy business». In P. Mostowik, *Fundamental legal problems of surrogate motherhood Global perspective* (pp. 509-525). Warszawa: Instytut Wymiaru Sprawiedliwości.

Düwell, M. (2014). Human Dignity and the Future Generations. In M. Düwell, J. Braarvig, R. Brownsword, & D. Mieth, *The Cambridge Handbook of Human Dignity: Interdisciplinary Perspectives* (pp. 551-562). Cambridge: Cambridge University Press.

Daar, J. (2007a). *Accessing Reproductive Technologies: Invisible Barriers, Indelible Harms.* Retrieved September 17, 2020, from http://www.law.uh.edu/news/additional/daar.pdf

Daar, J. (2017a). *The New Eugenics: Selective Breeding in an Era of Reproductive Technologies.* USA: Yale University Press.

Daar, J. (2017b). The Role of Providers in Assisted Reproduction: Potential Conflicts, Professional Conscience and Personal Choice. In L. Francis, *The Oxford Handbook of Reproductive Ethics* (pp. 226-250). Oxford: Oxford University Press.

Daar, J., Benward, J., Collins, L., Westphal, L. m., & al, e. (2017, December). *Child-rearing ability and the provision of fertility services: an Ethics Committee opinion.* Retrieved from American Society for Reproductive Medicine: DOI: 10.1016/j.fertnstert.2017.10.006

Dagan, H. & Heller, M. (2017). *The Choice Theory of Contracts.* Cambridge: Cambridge University Press.

Dalal, A. R. (2015, June 24). Philosophy of organ donation: Review of ethical facets. *World J Transplant, 5 (2),* 44-51.

Dalton, S. (2000). Nonbiological Mothers and the Legal Boundaries of Motherhood. An Analysis of California Law. In H. Ragoné, & F. W. Twine, *Ideologies and Technologies of Motherhood* (pp. 191-232). New York: Routledge.

Damelio, J., & Sorensen, K. (2008). Enhancing Autonomy in Paid Surrogacy. *Bioethics, 22 (5),* pp. 269-277. doi:doi:10.1111/j.1467-8519.2008.00629.x

Danish Council on Ethics. (2016). *Statement from the Danish Council on Ethics on genetic modification of future humans: in response to advances in the CRISPR technology.* Denmark. Retrieved September 7, 2018, from http://www.etiskraad.dk/~/media/Etisk-Raad/en/Publications/Statement-on-genetic-modification-of-future-humans-2016.pdf

Darling, M. T. (2017). What About the Children? Citizenship, Nationality and the Perils of Statelessness. In M. Davies, *Babies for Sale? Transnational Surrogacy, Human Rights and the Politics of Reproduction* (pp. 185-203). London: Zed Books.

Darnovksky, M. (2011, August 23). Surrogacy and Baby-Selling: Another Fertility Industry Scandal. *Psychology Today.* Retrieved October 12, 2018, from https://www.psychologytoday.com/us/blog/genetic-crossroads/201108/surrogacy-and-baby-selling-another-fertility-industry-scandal

Darnovsky, M., & Norsigian, J. (2014). US Feminists and the Fertility Industry. In S. N, & V. Marwah, *Reconfiguring Reproduction* (pp. 141-168). New Delhi: Zubaan.

Davaki, K. (2017). Surrogacy Arrangements in Austerity Greece: Policy Considerations in a Permissive Regime. In M. Davis, *Babies for Sale?* (pp. 142-159). London: Zed Books.

Declaração Dignitatis Humanae sobre a Liberdade Religiosa (7 de dezembro de 1965). Obtido em 23 de agosto de 2019 de https://www.vatican.va/archive/hist_councils/ii_vatican_council/documents/vat-ii_decl_19651207_dignitatis-humanae_po.html

Deharo, G., & Madanamoothoo, A. (2020). Is International Surrogacy the Lark's Glimmer?: When Covid-19 Reveals the Legal Insecurity of Surrogacy Use. *European Journal of Health Law, 27,* pp. 345-367. doi:10.1163/15718093-bja10025

Deleuze, G. (2017). *A Filosofia Crítica de Kant.* (G. Franco, Trad.) Lisboa: Edições 70.

Dellavalle, S. (2013). From Imago Dei to Mutual Recognition: The Evolution of the Concept of Human Dignity in the Light of the Defence of Religious Freedom. Em C. McCrudden, *Understanding Human Dignity: Proceedings of the British Academy* (pp. 435-449). Oxford: The British Academy.

Dempsey, D., & Kelly, F. (2017). Transnational Third-Party Assisted Conception: Pursuing the Desire for 'Origins' Information in the Internet Era. In M. Davies, *Babies for Sale?* (pp. 204-217). London: Zed Books.

Depadt-Sebag, V. (Lisboa). *Direito e Bioética.* 2012: Edições Piaget.

Department of Health & Social Security. (1984 de July). *Report of the Committee of Inquiry Into Human Fertilisation and Embriology.* Obtido em 1 de março de 2018 de HFEA: https://www.hfea.gov.uk/media/2608/warnock-report-of-the-committee-of-inquiry-into-human-fertilisation-and-embryology-1984.pdf

Dickens, B. M. (2020, May 13). *Paid surrogacy abroad does not violate public policy: UK Supreme Court.* Retrieved June 5, 2020 from Ethical and Legal Issues in Reproductive Health: https://doi.org/10.1002/ijgo.13197

Dickenson, D. (2017). The Commodification of Women's Reproductive Tissue and Services. In L. Francis, *The Oxford Handbook of Reproductive Ethics* (pp. 118-140). Oxford: Oxford University Press.

Divisão de Informação Legislativa e Parlamentar — DILP (março de 2017). *Porcesso de Adoção*. Obtido em 14 de dezembro de 2019 de Assembleia da República: https://www.parlamento.pt/Arquivo Documentacao/Documents/Processo_Adocao.pdf

Dorfman, D. (2016, May 31). Surrogate Parenthood: Between Genetics and Intent. *Journal of Law and the Biosciences*, 404-412.

Douglas, T., & Devolder, K. (2013). Procreative Altruism: Beyond Individualism in Reproductive Selection. *Journal of Medicine and Philosophy*, 400-419. doi:doi:10.1093/jmp/jht022

Douzinas, C. (2019). *The Radical Philosophy of Rights*. New York: Routledge.

Draghici, C. (2017). *The Legitimacy of Family Rights in Strasbourg Case Law: 'Living Instrument' or Extinguished Sovereignty?* Oxford: Hart Publishing.

Duarte, T. (2003). *In Vitro Veritas? A Procriação Medicamente Assistida na Constituição e na Lei*. Coimbra: Almedina.

Dumbrava, C. (2015). Bloodlines and belonging: Time to abandon ius sanguinis? In C. Dumbrava, & R. Bauböck (Eds.), *Kick off contribution. Bloodlines and belonging: Time to abandon ius sanguinis?* (pp. 1-5). European University Institute. European Union Democracy Observatory on Citizenship. Retrieved September 30, 2019, from https://cadmus.eui.eu/bitstream/handle/1814/37578/RSCAS_2015_80.pdf?sequence=1&isAllowed=y

Dumbrava, C. (2016, August 24). Reproducing the nation: reproduction, citizenship and ethno--demographic survival in post-communist Romania. *Journal of Ethnic and Migration, 43:9*, pp. 1490-1507. doi:https://doi.org/10.1080/1369183X.2016.1221335

Durfy, S. J., & Grotevant, A. E. (1991). The Human Genome Project. (T. J. Press, Ed.) *Bioethics Research Library at Georgetown University, 1 (4)*, 347-362.

Dworkin, R. (1993). *Life's Domination: An Argument about Abortion, Euthanasia, and Individual Freedom*. New York: Alfred A. Knopf, Inc.

Dworkin, R. (1997). *Taking Rights Seriously*. Cambridge: Harvard University Press.

Dzehtsiarou, K. (2011). European Consensus & the ECHR's Evolutive Interpretation. *German Law Journal, 12 (10)*, 1730-1745.

Ekman, K. E. (2017). The Story of the Happy Breeder (Swedish Feminists against Surrogacy). In M. Davies, *Babies for Sale* (pp. 298-303). London: Zed Books.

Emanuel, E. J., Wendler, D., & Grady, C. (2011). An Ethical Framework for Biomedical Research. In E. J. Emanuel, C. Grady, R. A. Crouch, R. K. Lie, F. G. Miller, & D. Wendler, *The Oxford Textbook of Clinical Research Ethics* (pp. 123-135). New York: Oxford University Press.

Employment Tribunal, Newcastle upon Tyne — Reino Unido) — C. D./S. T, Processo C-167/12 (Tribunal de Justiça da União Europeia 18 de março de 2014).

Encyclopaedia Britannica (2015, June 26). *Obergefell v. Hodges*. Retrieved December 5, 2019, from https://www.britannica.com/event/Obergefell-v-Hodges

Engeli, I., & Allison, C. R. (2019). Governing New Reproductive Technologies Across Western Europe. Em M. Lie, & N. Lykke, *Assisted Reproduction Across Borders: Feminist Perspectives on Normalizations, Disruptions and Transmissions* (pp. 87-99). New York: Routledge.

Engels, F. [2021 (first published 1884)]. *The Origin of the Family, Private Property and the State and Others Works*. (E. Untermann, Trans.) Coppell: Graphyco Editions.

Ergas, Y. (2013). Thinking 'Through' Human Rights: The Need for a Human Rights Perspective with Respect to the Regulation of Cross-border Reproductive Surrogacy. In K. Trimmings, & P. Beaumont, *International Surrogacy Arrangements* (p. 427435). Oxford: Hart Publishing.

Erikson, S. L. (2011). Global Ethnography. Problems of Theory and Method. In C. H. Browner, & C. F. Sargent, *Reproduction, Globalization, and the State* (pp. 23-37). Durham and London: Duke University Press.

Erny, I. (1995). L'Europe de la bioéthique. *Actualité et dossier en santé publique, 13.*

Ersbøll, E. (2015). Retain ius sanguinis, but don't take it literally! In C. D. Bauböck (Ed.), *Bloodlines and belonging: Time to abandon ius sanguinis?* (pp. 35-38). European University Institute. European Union Democracy Observatory on Citizenship. Retrieved September 30, 2019, from https://cadmus.eui.eu/bitstream/handle/1814/37578/RSCAS_2015_80.pdf?sequence=1&isAllowed=y

Ethics Committee of the American Society for Reproductive Medicine (2013, June). Consideration of the gestational carrier: a committee opinion. *American Society for Reproductive Medicine, 99 (7),* pp. 1838-1841. doi:https://doi.org/10.1016/j.fertnstert.2013.02.042

Ethics Committee of the American Society for Reproductive Medicine (June 2015). *Use of reproductive technology for sex selection for nonmedical reasons.* Obtido em 5 de janeiro de 2018 de American Society for Reproductive Medicine: https://www.asrm.org/globalassets/asrm/asrm-content/news-and-publications/ethics-committee-opinions/use_of_reproductive_technology_for_sex_selection_for_nonmedical_reasons-pdfmembers.pdf

Ethics Committee of the American Society for Reproductive Medicine (2016a, March 7). *Disclosure of medical errors involving gametes and embryos: an Ethics Committee opinion.* Retrieved April 25, 2020, from American Society for Reproductive Medicine: https://www.sart.org/globalassets/asrm/asrm-content/news-and-publications/ethics-committee-opinions/disclosure_of_medical_erros_involving_gametes_and_embryos_an_ethics_committee_opinion.pdf

Ethics Committee of the American Society for Reproductive Medicine (2016b, December). Financial compensation of oocyte donors: an Ethics Committee opinion. *American Society for Reproductive Medicine,* pp. e15-e19. doi:https://doi.org/10.1016/j.fertnstert.2016.09.040

Ethics Committee of the American Society for Reproductive Medicine (2018a, November). Consideration of the gestational carrier: an Ethics Committee opinion. *American Society for Reproductive Medicine, 110 (6),* pp. 1017-1021. doi:https://doi.org/10.1016/j.fertnstert.2018.08.029

Ethics Committee of the American Society for Reproductive Medicine (2018b, April). Informing offspring of their conception by gamete or embryo donation: an Ethics Committee opinion. *American Society for Reproductive Medicine, 109 (4),* pp. 601-605. doi:https://doi.org/10.1016/j.fertnstert.2018.01.001

Ethics Committee of the American Society for Reproductive Medicine (2018c, August 8). *Planned oocyte cryopreservation for women seeking to preserve future reproductive potential: an Ethics Committee opinion.* Retrieved December 5, 2019, from American Society for Reproductive Medicine: https://www.asrm.org/globalassets/asrm/asrm-content/news-and-publications/ethics-committee-opinions/planned_oocyte_cryopreservation_for_women_seeking_to_preserve-pdfmembers.pdf

Ethics Committee of the American Society for Reproductive Medicine (2018d). *Posthumous retrieval and use of gametes or embryos: an Ethics Committee opinion.* Retrieved February 8, 2020, from American Society for Reproductive Medicine: https://doi.org/10.1016/j.fertnstert.2018.04.002

Ethics Committee of the American Society for Reproductive Medicine (2021a, abril). *Access to fertility services by transgender and nonbinary persons: an Ethics Committee opinion.* Obtido em 1 de setembro de 2021 de American Society for Reproductive Medicine: https://www.asrm.org/globalassets/asrm/asrm-content/news-and-publications/ethics-committee-opinions/access_to_care_for_transgender_persons.pdf

Ethics Committee of the American Society for Reproductive Medicine (2021b, August). *Access to fertility treatment irrespective of marital status, sexual orientation, or gender identity: an Ethics Committee opinion.* Retrieved September 1, 2021, from American Society for Reproductive Medicine:

https://www.asrm.org/globalassets/asrm/asrm-content/news-and-publications/ethics-committee-opinions/access_to_fertility_treatment_by_gays_lesbians_and_unmarried_persons-pdfmembers.pdf

European Data Journalism Network. (2019). Asssisted reproductive technology across Europe. Retrieved November 13, 2020 from https://www.europeandatajournalism.eu/eng

European Commission (2020). *EU strategy on the rights of the child (2021-24).* Retrieved February 21, 2021, from https://ec.europa.eu/info/law/better-regulation/have-your-say/initiatives/12454-Delivering-for-children-an-EU-strategy-on-the-rights-of-the-child

European Centre for Law and Justice (2017, April 13). *Written Observations submitted to the European Court of Human Rights in the case R.F. and others v. Germany (nº 46808/16).* Retrieved September 23, 2019, from http://media.aclj.org/pdf/R.F.-and-others-v.-Germany,-Written-Observations,-European-Centre-for-Law-and-Justice,-April-2017.pdf

European Centre for Law and Justice (31 mai 2019). *Contribution au Rapport de la Rapporteuse spéciale sur la vente et l'exploitation sexuelle d'enfants, y compris la prostitution des enfants et la pornographie mettant en scène des enfants et autres contenus montrant des violences sexuelles sur enfant.* Obtido em 2 de março de 2020 de https://www.ohchr.org/EN/Issues/Children/Pages/ChildrenBornSurrogacyArrangements.aspx

European Commission (2020). *EU Citizenship Report 2020.* Retrieved February 19, 2021, from https://ec.europa.eu/info/sites/info/files/eu_citizenship_report_2020_-_empowering_citizens_and_protecting_their_rights_en.pdf

European Commission (2020, November 2020). *LGBTIQ Equality Strategy 2020-2025.* Retrieved February 20, 2021, from https://ec.europa.eu/info/sites/info/files/lgbtiq_strategy_2020-2025_en.pdf

European Court of Human Rights (2019, April 10). *Advisory Opinion Protocol 16, concerning the recognition in domestic law of a legal parent-child relationship between a child born through a gestational surrogacy arrangement abroad and the intended mother.* Retrieved January 28, 2020, from ECHR: https://hudoc.echr.coe.int/eng#{%22itemid%22:[%22003-6380464-8364383%22]}

European Court of Human Rights (2020, August 31). *Guide on Article 8 of the European Convention on Human Rights.* Retrieved February 25, 2021, from https://www.echr.coe.int/documents/guide_art_8_eng.pdf

European Group on Ethics in Science and New Technologies (4 February 2003). *Opinion Nr 17 on ethical aspects of clinical research in developing countries.* Obtido em 3 de fevereiro de 2021, de Publications Office of the EU: https://op.europa.eu/en/publication-detail/-/publication/6339dcbf-c156-4e7f-9e43-9928acf82118/language-en/format-PDF/source-77404483

European Network on Statelessness (2015, September 18). *No Child Should Be Stateless.* Retrieved July 18, 2020, from https://www.statelessness.eu/sites/www.statelessness.eu/files/ENS_NoChildStateless_final.pdf

European Parliament (2015, December 17). *European Parliament resolution of 17 December 2015 on the Annual Report on Human Rights and Democracy in the World 2014 and the European Union's policy on the matter.* Retrieved May 7, 2020, from https://www.europarl.europa.eu/doceo/document/TA-8-2015-0470_EN.html?redirect

European Parliament (2016, August 30). *Regulating International Surrogacy Arrangements — State of Play.* Retrieved November 12, 2019, from European Parliament Think Tank: https://www.europarl.europa.eu/RegData/etudes/BRIE/2016/571368/IPOL_BRI(2016)571368_EN.pdf

European Parliament's Policy Department for Citizens' Rights and Constitutional Affairs (2021, March). *Obstacles to the Free Movement of Rainbow Families in the EU.* Retrieved April 5, 2021, from https://www.europarl.europa.eu/RegData/etudes/STUD/2021/671505/IPOL_STU(2021)671505_EN.pdf

European Society of Human Reproduction and Embryology (2009). *Comparative Analysis of Medically Assisted Reproduction in the EU: Regulation and Technologies (SANCO/2008/C6/051)*. Retrieved November 25, from https://ec.europa.eu/health//sites/health/files/blood_tissues_organs/docs/study_eshre_en.pdf

European Society of Human Reproduction and Embryology (2018, July 19). ART in Europe, 2014: results generated from European registries by ESHRE. *33 N.º 9*, 1586-1601.

European Society of Human Reproduction and Embryology (2020, December 31). *Legislation and reimbursement of ART and IUI treatments in Europe*. Retrieved January 3, 2021 from https://www.eshre.eu/Data-collection-and-research/Consortia/EIM/Legislation-for-ART-and-IUI-treatments

European Union Agency for Fundamental Rights and Council of Europe (2015, June). *Handbook on European law relating to the rights of the child*. Retrieved May 18, 2019, from https://fra.europa.eu/sites/default/files/fra_uploads/fra-ecthr-2015-handbook-european-law-rights-of-the-child_en.pdf

Europeu, P. (17 de dezembro de 2015). *Resolução do Parlamento Europeu, de 17 de dezembro de 2015, sobre o Relatório Anual sobre os Direitos Humanos e a Democracia no Mundo (2014) e a política da União nesta matéria [2015/2229(INI)]*. Obtido em 13 de fevereiro 2020 de Parlamento Europeu: https://www.europarl.europa.eu/doceo/document/TA-8-2015-0470_PT.html

Evas, T. (November 2016). *The European added value of an EU legal instrument on the cross-border recognition of adoptions*. Retrieved May 18, 2020 from European Parliament: https://www.europarl.europa.eu/RegData/etudes/STUD/2016/581384/EPRS_STU(2016)581384_EN.pdf

Evgenia, S. (2012). Wrongful life and birth. *Law and Medicine, 31 (1)*, 97-118.

Exortação Apostólica Familiaris Consortio de Sua Santidade João Paulo II ao Episcopado ao Clero e aos Fiéis de Toda a Igreja Católica Sobre a Função da Família Cristã No Mundo de Hoje (22 de novembro de 1981). Obtido em 14 de julho 2019, de https://www.vatican.va/content/john-paul-ii/pt/apost_exhortations/documents/hf_jp-ii_exh_19811122_familiaris-consortio.html

Eyal, H. (2014). Feminist Action and the Legislation on Egg Donation in Israel. In S. N, & V. Marwah, *Reconfiguring Reproduction* (pp. 124-140). New Delhi: Zubaan.

Førde, K. E. (2019). Fair Play in a Dirty Field? The Ethical Work of Commissioning Surrogacy in India. In M. Lie, & N. Lykke, *Assisted Reproduction Across Borders: Feminist Perspectives on Normalizations, Disruptions and Transmissions* (pp. 37-48). New York: Routledge.

Family Procedure Rules (2010). Legislation. UK. Retrieved October 18, 2017, from https://www.legislation.gov.uk/uksi/2010/2955/contents/made

Fang, J., Tang, S., Tan, X., & Tolhurst, R. (2020, June 1). *Achieving SDG related sexual and reproductive health targets in China: what are appropriate indicators and how we interpret them?* Retrieved November 2, 2020, from Reproductive Health: https://reproductive-health-journal.biomedcentral.com/articles/10.1186/s12978-020-00924-9

Farese, K. (2017, December 15). *The Bun's in the Oven, Now What?: How Pre-Birth Orders Promote Clarity in Surrogacy Law*. Retrieved November 22, 2018, from https://ssrn.com/abstract=3088710 or http://dx.doi.org/10.2139/ssrn.3088710

Fassin, D. (2011). The Mystery Children and the Politics of Reproduction. Between National Imaginaries and Transnational Confrontations. In C. H. Browner, & C. F. Sargent, *Reproduction, Globalization, and the State* (pp. 239-248). Durham and London: Duke University Press.

Fawcett, J. J., Shúilleabháin, M. N., & Shah, S. (2016). *Human Rights and Private International Law*. Oxford: Oxford University Press.

Federal Bureau of Investigation (2011, august 9). Baby-Selling Ring Busted. *U.S. Attorney's Office*. Southern District of California, USA. Retrieved January 12, 2018, from https://archives.fbi.gov/archives/sandiego/press-releases/2011/baby-selling-ring-busted

Feinberg, J. (1980). The Child's Right to an Open Future. In W. Aiken, & H. LaFollette, *Whose Child* (pp. 124-153). Rowan & Littlefield.

Feinberg, J. (1986). *Harm to Self. The Moral Limits of Criminal Law.* New York: Oxford University Press.

Feinberg, J. S., & Feinberg, P. D. (2010). *Ethics for a Brave New World* (2nd (Updated and Expanded) ed.). USA: Crossway.

Feltz, B. (2015). *A Ciência e o Ser Vivo. Filosofia das Ciências e Modernidade Crítica.* (F. Duarte, Trad.) Lisboa: Edições Piaget.

Ferreira, S. A. (2011). *A Parentalidade em Contexto de Recomposição Familiar: O Caso do Padrasto.* Obtido em 3 de maio de 2017, de Instituto de Ciências Sociais da Universidade de Lisboa: http://www.repositorio.ul.pt

Figueiredo Dias, J. d. (1999). Homicídio Qualificado. In J. d. Figueiredo Dias, *Comentário Conimbricense do Código Penal (Parte Especial. Artigos 131º a 201º)* (Vol. I, pp. 24-46). Coimbra: Coimbra Editora.

Figueiredo Marcos, R. (2014). Oscilações Histórico-Jurídicas em Torno das Segundas Núpcias. *Revista da Faculdade de Direito da Universidade do Porto*(XI), 233-247.

Figueiredo, E. A. (maio de 2020). *Believe me, we have enough imperfection built-in already. Breves reflexões sobre as denominadas ações de «wrongful genetic makeup».* Obtido em 14 de setembro de 2020 de Julgar Online: http://julgar.pt/wp-content/uploads/2020/05/20200525-JULGAR-A%C3%A7%C3%B5es-de-wrongful-genetic-makeup-Eduardo-Anto%CC%81nio-da-Silva-Figueiredo.pdf

Figueiredo, E. A. (2021). *Direito e Nanobiotecnociência: Reflexões na Encruzilhada da Inovação, do Risco e da Crise do(s) Direito(s).* Coimbra: Almedina.

Figura-Góralczyk, E. (2019). Remarks about Judgement of Bundesgerichtshof of 20 March 2019 (XII ZB 530/17). Em P. Mostowik, *Fundamental legal problems of surrogate motherhood Global perspective* (pp. 857-866). Warszawa: Instytut Wymiaru Sprawiedliwości.

Fine, A. (2001). Pluriparentalités et système de filiation dans les sociétés occidentales. Em D. L. Gall, & Y. Bettahar, *La Pluriparentalité* (pp. 69-93). Paris: Press Universitaires de France.

Fitzmaurice, M. (2013). Interpretation of Human Rights Treaties. Em D. Shelton, *The Oxford Handbook of International Human Rights Law* (pp. 739-771). Oxford: Oxford University Press.

Flory, J. H., Wendler, D., & Emanuel, E. J. (2011). Empirical Issues in Informed Consent for Research. In E. J. Emanuel, C. Grady, R. A. Crouch, R. K. Lie, F. G. Miller, & D. Wendler, *The Oxford Handbook of Clinical Research Ethics* (pp. 645-660). New York: Oxford University Press.

Flowers, V. (2018). When Surrogacy Agreements Break Down. Em R. Cabeza, E. P. Victoria Flowers, A. Rao, B. O'Leary, & L. Odze, *Surrogacy. Law, Practice and Policy in England and Wales* (pp. 71-91). Bristol: LexisNexis.

Fogarty, N. M., McCarthy, A., Snijders, K. E., Powell, B. E., Kubikova, N., Blakeley, P., Niakan, K. K. (2017, September 20). Genome editing reveals a role for OCT4 in human embryogenesis. *Nature, 550*, 67-73. doi:http://dx.doi.org/10.1038/nature24033

Foucault, M. [1994 (First published 1976)]. *História da Sexualidade — I: a vontade de saber* (13.ª ed., Vol. I). (M. T. Costa, & J. A. Albuquerque, Trads.) Lisboa: Relógio d'Água Editores.

Foucault, M. (2013). *Vigiar e Punir.* (P. E. Duarte, Trad.) Lisboa: Edições 70.

Fox, D. (2019). *Birth Rights and Wrongs: How Medicine and Technology are Remaking Reproduction and the Law.* Oxford: Oxford University Press.

Frada, M. C. (2008). A própria vida como um dano? Dimensões civis e constitucionais de uma questão-limite2008. *Revista da Ordem dos Advogados, Ano 68, Vol. I.*

Francis, L. (2017). Is Surrogacy Ethically Problematic? In L. Francis, *The Oxford Handbook of Reproductive Ethics* (pp. 388-406). Oxford: Oxford University Press.

Franklin, S. (1995). Postmodern Procreation: A Cultural Account of Assisted Reproduction. In F. D. Ginsburg, & R. Rapp, *Conceiving the New World Order* (pp. 323-345). California: University California Press.

Franklin, S. (2013). *Biological Relatives: IVF, Stem Cells, and the Future of Kinship*. Durham and London: Duke university Press.

Franklin, S. (2016, May). Changing Global Fertilities: a third demographic transition? *The Reproductive Sociology Research Group*. Retrieved January 15, 2019, from https://www.reprosoc.sociology.cam.ac.uk/documents/changing-global-fertilities-pdf

Freitas, J. L. (2 de abril de 2012). *Declaração Conselheiro José Lebre de Freitas «Parecer sobre Procriação Medicamente Assistida e Gestação de Substituição (63/CNECV/2012)»*. Obtido em 3 de março de 2018, de Conselho Nacional de Ética para as Ciências da Vida: https://www.cnecv.pt/pt/pareceres/declaracao-conselheiro-jose-lebre-de-freitas

Friederich, N. (2002). *A Genealogia da Moral.* Portugal: Europa-América.

Frith, L. (2001, June). Gamete donation and anonymity — The ethical and legal debate. *Human Reproduction, 16 (5)*, pp. 818-824.

Fukuyama, F. (1996). *Trust. The Social Virtues and the Creation of Prosperity*. New York: Free Press Paperbacks Book.

Fukuyama, F. (2002). *Our Posthuman Future. Consequences of the biotechnology revolution.* New York, NY: Picador.

Fukuyama, F. (2006). *The End of History and the Last Man.* New York: Free Press

Fukuyama, F. (2018). *Identidades. A Exigência de Dignidade e a Política do Ressentimento.* (M. Costa, Trad.) Portugal: D. Quixote.

Fumero, K. (17 de outubro de 2016). *Vientres de alquiler: desigualdad y derechos vulnerados.* Obtido em 3 de julho de 2020, de Tribuna Feminista: https://tribunafeminista.elplural.com/2016/10/vientres-de-alquiler-desigualdad-y-derechos-vulnerados/

G. De Wert, W. D. (22 de July de 2014). ESHRE Task Force on Ethics and Law 23: medically assisted reproduction in singles, lesbian and gay couples, and transsexual people. *Human Reproduction, 29 n.º 9*, 1859 –186.

Galvão, P. (2018). Ética. In G. Pedro (Coord.). *Filosofia. Uma Introdução por Disciplinas.* Lisboa: Edições 70, pp. 143-174.

Gaspar, A. H. (2009). A Influência da CEDH no Diálogo Interjurisdicional. A Perspectiva Nacional ou o Outro Lado do Espelho. *Julgar, 7*, pp. 3-27.

Gilligan, C. (1982). In A Different Voice: Psychological Theory and Women's Development. Harvard University Press, Cambridge, Massachusetts, pp. 24-39.

Gös, S. L. (2015, October). The recognition of a «judgment of paternity» in a case of cross-border surrogacy under German law. Commentary to BGH, 10 December 2014, AZ. XII ZB 463/13. *Cuadernos de Derecho Transnacional, 7 (2)*, 448-465.

Gailey, C. W. (2000). Ideologies of Motherhood and Kinship in U.S. Adoption. In H. Ragoné, & F. W. Twine, *Ideologies and Technologies of Motherhood* (pp. 11- 55). New York: Routledge.

Galloway, K. (2016). Theoretical Approaches to Human Dignity, Human Rights and Surrogacy. Em P. Gerber, & K. O'Byrne (Edits.), *Surrogacy, Law and Human Rights* (pp. 13-29). New York, NY: Routledge.

García, E. C. (2016). Saying No to Surrogacy: A European View. Em E. S. Sills (Ed.), *Handbook of Gestational Surrogacy: International clinical Practice and Policy Issues* (pp. 78-84). UK: Cambridge: Cambridge University Press.

Generations Ahead. (2017). A Reproductive Justice Analysis of Genetic Technologies: Report of a National Convening of Women of Colour and Indigenous Women. In M. Davies, *Babies for Sale?* (pp. 276-291). London: Zed Books.

Gerber, P., & O'Byrne, K. (2016a). Souls in the House of Tomorrow: The Rights of Children Born via Surrogacy. In P. Gerber, & K. O'Byrne, *Surrogacy, Law and Human Rights* (pp. 81-112). New York: Routledge.

Gerber, P., & O'Byrne, K. (2016b). Surrogacy and Human Rights: Contemporary, Complex, Contested and Controversial. Em P. Gerber, & K. O'Byrne (Edits.), *Surrogacy, Law and Human Rights* (pp. 1-7). New York, NY: Routledge.

Gesley, J. (2019, April 29). *Germany: Federal Court of Justice Rules on Legal Motherhood of Surrogate.* Retrieved April 30, 2020, from Library of Congress: https://www.loc.gov/law/foreign-news/article/germany-federal-court-of-justice-rules-on-legal-motherhood-of-surrogate/

Giacomo, W. J., & DiBiasi, A. (2015, September). Mommy Dearest: Determining Parental Rights and Enforceability of Surrogacy Agreements. *Pace Law Review, 36 (1)*, pp. 250-261. Retrieved October 13, 2017, from Pace Law Review: http://digitalcommons.pace.edu/plr/vol36/iss1/7

Gibbon, S., & Novas, C. (2008). *Biosocialities, Genetics and the Social Sciences: Making Biologies and Identities.* London: Routledge.

Ginsburg, F. D., & Rapp, R. (1995). *Conceiving The New World Order.* California: University of California Press.

Giovanni Pico Della Mirandola. [1989 (original de 1480)]. Discurso sobre a Dignidade do Homem. M. Ganho (Trad.). Edição bilingue. Lisboa: Edições 70.

Glover, J. (1998). Eugenics. In J. Harris, & S. Holm, *The Future of Human Reproduction* (pp. 55-65). New York: Oxford University Press.

Glover, J., *et al.* (1989). *Ethics of New Reproductive Technologies: The Glover Report to the European Commission.* Illinois: Northern Illinois University Press.

Golombok, S. (2015). *Modern Families. Parents and Children in New Family Forms.* United Kingdom: Cambridge University Press.

Golombok, S., Ilioi, E., Blake, L., Roman, G., & Jadva, V. (2017, July 31). A longitudinal study of families formed through reproductive donation: Parent-adolescent relationships and adolescent adjustment at age 14. *Dev Psychol, 53 (10)*, 1966-1977. Retrieved from doi: 10.1037/dev0000372

Gomes Canotilho, J., & Moreira, V. (2007). *Constituição da República Portuguesa Anotada* (4.ª edição revista, Vol. I). Coimbra: Coimbra Editora.

Gomes, C. A. (2007). *Risco e modificação do ato autorizativo concretizador do dever de proteção do ambiente.* Lisboa: Faculdade de Direito da Universidade de Lisboa.

Gomez, V. R., & Unisa, S. (2014). Surrogacy from a reproductive rights perspective: the case of India. *Autrepart, 2014/2 (N.º 70)*, 185-203.

Gonçalves, A. S. (2016). Cooperação Judiciária em Matéria Civil. Em A. Silveira, M. Canotilho, & P. M. Froufe, *Direito da União Europeia: Elementos de Direito e Políticas da União* (pp. 339-391). Coimbra: Almedina.

González, J. A. (2014). *Wrongful Birth, Wrongful Life: O conceito de dano em responsabilidade civil.* Lisboa: Quid Juris.

González, J. A. (2019). Contrato de Surrogacy: gestação de substituição. *Lusíada Law Review, 21/22*, pp. 139-181.

González, S. Á. (2014). Surrogacy: balance de cuatro años de práctica judicial y administrativa. Em C. Pellisé (Ed.), *La unificación convencional y regional del Derecho internacional privado* (pp. 61-74). Madrid: Marcial Pons.

González, S. Á. (2019). Nuevas y viejas reflexiones sobre la gestación por sustitución. *Mujer, maternidad y Derecho, V Congreso sobre la feminización del Derecho Privado*, pp. 613-647.

Goodin, R. E. (2008). Women's Work: Its Irreplaceability and Exploitability. In D. O'Neill, M. Shanley, I. Young (Ed.). *Illusion of Consent. Engaging with Carole Pateman.* (pp. 119-138). Pennsylvania: Penn State Press.

Goody, E. (2007). *Parenthood and Reproduction: Fostering and Occupational Roles in West Africa.* Cambridge: Cambridge Studies in Social and Cultural Anthropology.

Gray, J. [2017 (original de 2002)]. *Sobre Humanos e outros Animais* (3.ª ed., reimpressão). (M. S. Pereira, Trad.) Alfragide: Lua de Papel.

Green, M. C., & John Witte, J. (2013). Religion. In D. Shelton, *The Oxford Handbook of International Human Rights Law* (pp. 9-31). Oxford: Oxford University Press.

Green, R. M. (2007). *Babies by Design: The Ethics of Genetic Choice.* USA: Yale University Press.

Groot, D. A. (2021, January). *Special Report: EU law and the mutual recognition of parenthood between Member States: the case of V.M.A. v Stolichna Obsthina.* Retrieved February 20, 2021, from European University Institute: https://cadmus.eui.eu/bitstream/handle/1814/69731/RSCAS_GLOBALCIT_SR_2021_1.pdf?sequence=1&isAllowed=y

Groot, D. d. (2015). Law by blood or blood by law? In C. Dumbrava, & R. Bauböck (Eds.), *Bloodlines and belonging: Time to abandon ius sanguinis?* (pp. 30-31). European University Institute. European Union Democracy Observatory on Citizenship. Retrieved September 30, 2019, from https://cadmus.eui.eu/bitstream/handle/1814/37578/RSCAS_2015_80.pdf?sequence=1&isAllowed=y

Groot, G. R. D., Swider, K., & Vonk, O. (2015). *Practices and Approaches in EU Member States to Prevent and End Statelessness.* Retrieved from European Parliament: https://www.europarl.europa.eu/RegData/etudes/STUD/2015/536476/IPOL_STU(2015)536476_EN.pdf

Guimarães, M. R. (2017). Subitamente no Verão Passado. Em L. Neto, & R. T. Pedro, *Debatendo a Procriação Medicamente Assistido* (pp. 107-126). Porto: CIJE.

Gómez, L. N. (2016, julio-diciembre). Una nueva cláusula del Contrato Sexual: vientres de alquiler. *ISEGORÍA. Revista de Filosofía Moral y Política, 55*, pp. 683-700. doi:10.3989/isegoria.2016.055.15

Gupta, J. A. (2012). Reproductive Biocrossings: Indian Egg Donors and Surrogates in the Globalized Fertility Market. *International Journal of Feminist Approaches to Biothics, 5:1*, 25-51.

Gupta, J. A. (2014). Biocrossing and the Global Fertility Market. In S. N, & V. Marwah, *Reconfiguring Reproduction* (pp. 177-204). New Delhi: Zubaan.

Gupta, K., & Rubin, D. A. (2021). Queer Science Studies/ Queer Science. In S. Crasnow, & K. Intemann, *The Routledge Handbook of Feminist Philosophy of Science* (pp. 131-143). New York: Routledge.

Gupta, M., & Chaturvedi, S. (2020, June 19). The Indian Ban on Commercial Surrogacy. *Women's Policy Journal.* Retrieved September 9, 2020, from https://wpj.hkspublications.org/2020/06/19/the-indian-ban-on-commercial-surrogacy/#mc_signup

Gymrek, M., McGuire, A. L., Golan, D., Halperin, E., & Erlich, Y. (2013, January 18). Identifying Personal Genomes by Surname Inference. *Science, 339*, pp. 321-324. doi: 10.1126/science.1229566

Gyngell, C. (April 2017). Gene editing and the health of future generations. *Journal of the Royal Society of Medicine, 110 (7)*, p. author's copy. doi:DOI: 10.1177/0141076817705616

Gyngell, C., & Selgelid, M. J. (2017). Twenty-First Century Eugenics. In L. Francis (Ed.), *The Oxford Handbook of Reproductive Ethics* (pp. 139-158). Oxford, UK: Oxford University Press.

Gyngell, C., Douglas, T., & Savulescu, J. (2017, August). The Ethics of Germline Gene Editing. *Journal of Applied Philosophy, 34 (4)*, pp. 498-513. doi:doi: 10.1111/japp.12249

Harbach, M. J. (2019). Childcare, Vulnerability, and Resilience. *Yale Law and Policy Review, 37*, 459-526.H v S (Surrogacy Agreement) [2015] EWFC 36.

H. Tristram Engelhardt, J. (2012). Bioethics in a Post-Christian Age: The Importance of a God's--Eye Perspective. Em CNECV/FDLA, *Bioética & Religiões* (pp. 103-120). Lisboa: Bioética 16 www.cnecv.pt

Hörster, H. E., & Silva, E. S. (2020). *A Parte Geral do Código Civil Português* (2.ª ed. totalmente revista e atualizada). Coimbra: Almedina.

Habermas, J. (2008). *The Future of Human Nature.* Cambridge, UK: Polity Press (First Published in 2003).

Habermas, J. (2012). *Um Ensaio Sobre a Constituição Europeia.* Lisboa, Portugal: Edições 70 (Edição original 2011).

Habermas, J. (2015). *Técnica e Ciência como «Ideologia»* (Publicado originalmente em 1968). (A. Morão, Trad.) Lisboa, Portugal: Edições 70.

Hague Conference on Private International Law (1993). The Implementation and Operation of the 1993 Hague Intercountry Adoption Convention: Guide to Good Practice. Retrieved August 10, 2019, from https://assets.hcch.net/docs/bb168262-1696-4e7f-acf3-fbbd85504af6.pdf

Hague Conference on Private International Law (1993). *Convenção sobre a Proteção de Menores e a Cooperação em matéria de Adoção Internacional.* Haia. Obtido em 23 de abril de 2018, de https://www.hcch.net/pt/instruments/conventions/specialised-sections/intercountry-adoption

Hague Conference on Private International Law (2008). *The Implementation and Operation of the: Guide to Good Practice (Guide No 1).* Bristol, UK: Family Law.

Hague Conference on Private International Law (2011). *Private International Law Issues Surrounding the Status of Children, including issues arising from International Surrogacy Arrangements.* Retrieved September 7, 2018, from https://assets.hcch.net/docs/f5991e3e-0f8b-430c-b030-ca93c8ef1c0a.pdf

Hague Conference on Private International Law (2012). *A Preliminary Report on the Issues Arising from International Surrogacy Arrangements (Prel. Doc. n.º 10).* Council on General Affairs and Policy of the Conference, Hague. Retrieved April 22, 2018, from https://assets.hcch.net/docs/d4ff8ecd-f747-46da-86c3-61074e9b17fe.pdf

Hague Conference on Private International Law (2018). *25 Years of Protecting Children in Intercountry Adoption.* Retrieved August 12, 2019, from https://assets.hcch.net/docs/ccbf557d-d5d2-436d-88d6-90cddbe78262.pdf

Hall, B. (1999, January). The Origin of Parental Rights. *Public Affairs Quarterly, 13 (1),* pp. 73-82.

Han, B.-C. [2014 (original publicado em 2010)]. *A Sociedade do Cansaço* (G. L. Encarnação, Trad.). Lisboa: Relógio D'Água.

Han, B.-C. [2014 (original publicado em 2012)]. *A Agonia de Eros* (M. S. Pereira, Trad.). Lisboa: Relógio D'Água.

Hanvey, J. (2013). Dignity, Person, and Imago Trinitatis. In C. McCrudden, *Understanding Human Dignity: Proceedings of the British Academy* (pp. 209-229). Oxford: The British Academy.

Harari, Y. N. (2015). *Homo Deus.* London: Penguin.

Harari, Y. N. (2018). *21 Lições para o Século XXI* (4.ª ed.). (R. C. Mendes, Trad.) Lisboa, Amadora: Elsinore.

Harbach, M. J. (2019). Childcare, Vulnerability, and Resilience. *Yale Law and Policy Review, 37,* 459-526.

Harper, J. C., Kennett, D., & Reisel, D. (2016, April 12). The end of donor anonymity: how genetic testing is likely to drive anonymous gamete donation out of business. *Human Reproduction,* pp. 1135-1140. doi:10.1093/humrep/dew065

Harris, J. (1998). Rights and Reproductive Choice. Em J. Harris, & S. Holm, *The Future of Human Reproduction* (pp. 5-37). New York: Oxford University Press.

Harris, J. (2009). Enhancing Evolution: The Ethical Case for Making Better People. *Human Reproduction & Genetic Ethics, 15:1.* doi:10.1558/hrge.v15i1.41

Harris, J. (2013). Enhancements are Moral Obligations. In J. Savulescu, & N. Bostrom, *Human Enhancement* (pp. 131-154). New York: Oxford University Press.

Hartmann, B. (2014). The Gene Express. Speeding Towards What Future?. In S. N, & V. Marwah, *Reconfiguring Reproduction* (pp. 22-31). New Delhi: Zubaan.

Hashiloni-Dolev, Y., & Schicktanz, S. (2017). A cross-cultural analysis of posthumous reproduction: The significance of the gender and margins-of-life perspectives. *Reproductive BioMedicine and Society Online, 4,* 21-32.

Hawking, S. (2018). *Brief Answers to the Big Questions.* New York: Bantam Books.

Haya, S. T. (2009). *El estatuto jurídico de los padrastos. Nuevas perspectivas jurídicas.* Madrid: Colección Scientia Iuridica.

Heidegger, M. [2018 (publicado originalmente em 1987)]. *O que é uma coisa?* Lisboa: Edições 70.

Heinig, M. (1 February 2019). *What Is the Legal Definition of a Parent Under the Uniform Parentage Act?* Obtido em 27 de maio de 2020 de https://www.lawyers.com/legal-info/family-law/paternity/legal-definition-parent-under-uniform-parentage-act.html

Hellerström, Linn; Swedish Women's Loby. (2017). A Feminist 'No' to Surrogate Motherhood. In M. Davies, *Babies for Sale?* (pp. 304-309). London: Zed Books.

Henaghan, M. (2013). International Surrogacy Trends: How Family Law is Coping. *7 (3)*. Retrieved September 16, 2020, from https://www.coursehero.com/file/15494401/International-Surrogacy-TrendsHow-Family-Law-is-Coping/

Herrnsteins, R. J., & Murray, C. (1994). *The Bell Curve: Intelligence and Class Structure in Amarican Life.* New York: Free Press Paperbacks.

Hildebrandt, C. C., & Marron, J. (2018, September). Justice in CRISPR/Cas9: Research and Clinical Applications. *AMA J Ethics, 20 (9)*, 826-833. doi:10.1001/amajethics.2018.826

Hill, J. L. (1991, May). What Does it Mean to be a «Parent»? The Claims of Biology as the Basis for Parental Rights. *353*, pp. 388-417.

Hochschild, A. (2009). Childbirth at the Global Crossroads. *The American*. Retrieved September 16, 2020, from https://prospect.org/features/childbirth-global-crossroads/?pico_new_user=true&pico_ui=login_link

Holland, S. (2017). *Bioethics: a Philosophical Introduction* (Second ed.). Cambridge: Polity.

Hollenbach, D. (2014). Human dignity in Catholic thought. In J. B. Marcus Düwell, *The Cambridge Handbook of Human Dignity. Interdisciplinary Perspectives* (pp. 250-259). Cambridge: Cambridge University Press.

Horsey, K. (2018). The History and Potential Future of UK Surrogacy Laws. Em

Human Fertilisation and Embryology Act (2008). Legislation. UK. Retrieved October 17, 2017, from https://www.legislation.gov.uk/ukpga/2008/22/contents

Humbyrd, C. (2009). Fair Trade International Surrogacy. Developing World Bioethics. 9 (3), pp. 111–118. doi:10.1111/j.1471-8847.2009.00257.

M. J. Antunes, & M. Silvestre, *Que futuro para a gestação de substituição em Portugal* (pp. 11-24). Coimbra, Portugal: Instituto Jurídico Faculdade de Direito da Universidade de Coimbra.

Horsey, K. (2018). *Further evidence for reform Surrogacy in the UK: Second Report of the Surrogacy UK Working Group on Surrogacy Law Reform.* Surrogacy UK Information Support Community. UK: Kent Academic Repository.

Hostmaelingen, N. (2016). *Direitos Humanos num Relance.* (E. Sílabo, Ed.) Lisboa.

Hovav, A. (2019, April). Producing Moral Palatability. *Gender &society, 33, N.º 2*, pp. 273–295. https://doi.org/10.1177/0891243218823344

Hubin, D. (2017). Procreators' Duties: Sexual Asymmetries. In L. Francis (Ed.), *The Oxford Handbook of Reproductive Ethics* (pp. 301-324). Oxford, UK: Oxford University Press.

Human Rights Council (2018). *United Nations Digital Library*. Retrieved February 17, 2019, from Report of the Special Rapporteur on the Sale and Sexual Exploitation of Children, including Child Prostitution, Child Pornography and Other Child Sexual Abuse Material: https://digitallibrary.un.org/record/1473378#record-files-collapse-header

Huntington, S. P. (2009). O Choque das Civilizações e a Mudança na Ordem Mundial. (H. Ribeiro, Trad.) 4.ª Ed. Lisboa: Gradiva.

Hurlbut, B., & Robert, J. S. (2018, December 6). What the CRISPR babies can teach us about the failings of ethical oversight. *Genetic Literacy Project.* Retrieved December 7, 2018, from https://geneticliteracyproject.org/2018/12/06/what-the-crispr-babies-can-teach-us-about-the-failings-of-ethical-oversight/?mc_cid=a777585b6d&mc_eid=b4ddf9f50e

Hurlbut, B. (2017). *Experiments in Democracy: Human Embryo Research and Politics of Bioethics.* New York: Columbia University Press.

Huxley, A. (2001). *Admirável Mundo Novo* (M. H. Leiria, Trad.). Lisboa: Livros do Brasil.

INCADAT comment. (2002). *HC/E/UKe 470.* Retrieved September 3, 2018, from W. and B. v. H. (Child Abduction: Surrogacy) [2002] 1 FLR 1008: https://www.incadat.com/en/case/470

Indian Council of Medical Research (2016). *Ethical Guidelines for Medical Research on Human Participants.* Retrieved October 5, 2018, from https://nischennai.org/uploaded/pdf/ICMR%20 ethical_guidelines.pdf

Inhorn, M. C. (2000). Missing Motherhood. Infertility, Technology, and Poverty in Egyptian Women's Lives. In H. Ragoné, & F. W. Twine, *Ideologies and Technologies of Motherhood* (pp. 139-168). New York: Routledge.

Inhorn, M. C. (2011). Globalization and Gametes. Islam, Assisted Reproductive Technologies, and the Middle Eastern State. In C. H. Browner, & C. F. Sargent, *Reproduction, Globalization, and the State* (pp. 126-137). Durham and London: Duke University Press.

Innerarity, D. [2011 (original publicado em 2009)]. *O Futuro e os seus Inimigos: uma defesa da esperança política.* (M. Ruas, Trad.) Alfragide: Teorema.

Institut Thomas More (2016). *L'enfant oublié. Propositions pour la famille de demain.* Paris: Les éditions du cerf.

Instituto Nacional de Estatística. (20 de novembro de 2013). *Famílias nos Censos 2011: Diversidade e Mudança.* Obtido em 13 de novembro de 2019 de file:///Users/marisaaraujo/Downloads/ 20FamiliasCensos2011.pdf

Intemann, K. (2021). Feminist Perspectives on Values in Science. In S. Crasnow, & K. Intemann, *The Routledge Handbook of Feminist Philosophy of Science* (pp. 201-215). New York: Routledge.

International Bioethics Committee (2018, June 15). *Preliminary Draft Report of The IBC on Modern Parenthood.* Retrieved October 23, 2019, from UNESDOC Digital Library: https://unesdoc.unesco.org/ark:/48223/pf0000265333

International Commission on Civil Status (2014). *Surrogacy and the Civil Status of The Child in ICCS Member States.* Retrieved November 13, 2018, from http://www.ciecl.org/SITECIEC/PAGE_Etudes/ ACMAAIn2aMBEbHZoRHVaWXdQBgg

International Conference on Population and Development (1994). *Programme of Action adopted at the International Conference on Population and Development.* Retrieved January 8, 2018, from https:// www.unfpa.org/sites/default/files/pub-pdf/programme_of_action_Web%20ENGLISH.pdf

International Conference on Population and Development (5-13 September 1994). Cairo: United Nations Population Fund 2004. Retrieved September 4, 2018, from https://www.unfpa.org/ sites/default/files/event-pdf/PoA_en.pdf

International Federation of Fertility Societies' Surveillance (2019, July). Global Trends in Reproductive Policy and Practice, 8th Edition. *Global Reproductive Health, 4 (1).* doi:10.1097/ GRH.0000000000000029

International Labor Organization (2017). *Global Estimates of Modern Slavery: forced labour and forced marriage.* Retrieved April 7, 2019, from https://www.ilo.org/global/topics/forced-labour/ statistics/lang--en/index.htm

International Labor Organization (2020). *Empowering Women at Work – Company Policies and Practices for Gender Equality.* Retrieved April 7, 2019, from https://www.ilo.org/wcmsp5/groups/public/--- ed_emp/---emp_ent/---multi/documents/publication/wcms_756721.pdf

Ives, J. (2018, December 5). First baby born following uterus transplantation from deceased donor. *Lancet.* Retrieved December 10, 2018, from: https://www.news-medical.net/news/20181205/ The-Lancet-study-First-baby-born-following-uterus-transplantatio

Jaggar, A. M. (1983). *Feminist Polictics & Human Nature*. New York: Rowman & Littlefield Publishers, Inc.

Jacobson, H. (2018, November 18). *A limited market: the recruitment of gay men as surrogacy clients by the infertility industry in the USA*. Retrieved from Reproductive Biomedicine & Society Online: 10.1016/j.rbms.2018.10.019

Jadva, V., & Murray, C. (2014). Children of Surrogate Mothers: psychological well-being, family relationships and experiences of surrogacy. *Human Reproduction, 29 (1)*, 90-96.

Jadva, V., Gamble, N., Prosser, H., B.Comm., & Imrie, S. (2019, March). Parents' relationship with their surrogate in cross-border and domestic surrogacy arrangements: comparisons by sexual orientation and location. *Fertility and Sterility, 111 (3)*, 562-570.

Jadva, V., Murray, C., Lycett, E., MacCallum, F., & Golombok, S. (2003, October). *Surrogacy: the experiences of surrogate mothers*. Retrieved from Human Reproduction: https://doi.org/10.1093/humrep/deg397

Jagland, T. (2015, July 6). *46th Annual Study Session of the IIDH «Children and International Human Rights Law»*. Retrieved July 22, 2019, from Council of Europe: https://www.coe.int/en/web/secretary-general/speeches-2015-thorbjorn-jagland/-/asset_publisher/TQ9ylWpDFtLP/content/46th-annual-study-session-of-the-iidh-children-and-international-human-rights-law-?inheritRedirect=false

Jagland, T. (2019, April). *Report by the Secretary General for the Ministerial Session in Helsinki*. Retrieved February 14, 2020, from European Council: https://rm.coe.int/168093af03

Jenny Gunnarsson Payne, E. K. (2020, February 19). Surrogacy relationships: a critical interpretative review. *Upsala Journal of Medical Sciences*, 1-9.

Jonas, H. (1984). *The Imperative of Responsibility: In Search of an Ethics for the Technological Age*. Chicago: The University of Chicago Press.

Jonas, H. [1995 (édition originale de 1979)]. *Le Principe Responsabilité: Une éthique pour la civilisation technologique* (troisième ed.). (J. Greisch, Trad.) Flammarion.

Joslin, C. G. (2018, January 7). Nurturing Parenthood Through the UPA (2017). *The Yale Law Journal, 127*.

Kant, I. (1994). *Crítica da Razão Prática*. (A. Morão, Trad.) Lisboa: Edições 70.

Kant, I. (2005). *Fundamentação da Metafísica dos Costumes*. (P. Quintela, Trad.) Lisboa: Edições 70.

Kass, L. (1997, June 1). The wisdom of repugnance: why we should ban the cloning of humans. *New Republic, 22*, 17-26.

Katz, A. J. (2012). Sessão de Abertura. Em CNECV/FLAD, *Bioética e Religião* (pp. 13-15). Lisboa: Coleção bioética | 16 — CNECV (https://www.cnecv.pt).

Kaufmann, A. (2015). Filosofia do Direito, teoria do direito, dogmática jurídica. In A. Kaufmann, & W. Hassemer, *Introdução à Filosofia do Direito e à Teoria do Direito Contemporâneas* (M. Keel, M. Seca de Oliveira, & A. M. Hespanha, Trans., 3.ª Edição ed., pp. 21-53). Lisboa, Portugal: Fundação Calouste Gulbenkian.

Keen, J. (2007, January 23). Surrogate relishes unique role. *USA Today*. Retrieved December 20, 2018, from https://usatoday30.usatoday.com/news/health/2007-01-22-surrogate-role_x.htm

Kennedy Institute of Ethics, Georgetown University. (2017, January 2017). *Recent findings. Children conceived through assisted reproduction, now adolescents, have more medical problems*. Retrieved February 27, 2019 from Bioethics Research Library: https://bioethics.georgetown.edu/2017/07/recent-findings-children-conceived-through-assisted-reproduction-now-adolescents-have-more-medical-problems/

Kim, H., & Kim, J.-S. (2014). A guide to genome engineering with programmable nucleases. *Nature Reviews Genetics, 15*, 321-334.

Kimbrell, A. (1997). *The Human Body Shop: The Cloning, Engineering, and Marketing of Life* (2.ª ed.). Washington, D.C.: Gateway.

Kipouridou, K., & Milapidou, M. (2019). Surrogacy in Greece. The legal framework: a viable model. In *Journal international de bioéthique et d'éthique des sciences* (Vol. 30, pp. 117-132).

Klein, R. (2014). From the Cutting Edge to 'Business as Usual'. What does the Future Hold for Women in Australia's Mainstreaming of Reprogenetic Technologies? In S. N, & V. Marwah, *Reconfiguring Reproduction* (pp. 69-91). New Delhi: Zubaan.

Klein, R. (2017). *Surrogacy: A Human Rights Violation*. Victoria: Pinifex.

Knoppers, B. M., & Özdemir, V. (2014). The Concept of Humanity and Biogenetics. In B. v. Beers, L. Corrias, & W. Werner, *Humanity across International Law and Biolaw* (pp. 223-243). Cambridge: Cambridge University Press.

Kohm, L. M. (2014). Rethinking Mom and Dad. *Capital University Law Review, 42*, pp. 441-490.

Kokott, J. (26 de setembro de 2013). *Conclusões da Advogada Geral (Processo C-167/12)*. Obtido em 29 de setembro de 2020 de InfoCuria Jurisprudência: https://curia.europa.eu/juris/document/document.jsf?docid=142184&mode=req&pageIndex=3&dir=&occ=first&part=1&text=m%25C3%25A3e%2Bintencional&doclang=PT&cid=3342160#ctx1

Korolczuk, E. (2017). 'The purest citizens' and 'IVF children'. Reproductive citizenship in contemporary Poland. *Reprod. BioMed. Soc. Online*. doi:http://dx.doi.org/10.1016/j.rbms.2016.12.006

Kroløkke, C. H., & Pant, S. (2012, December 17). No seu artigo, «I only need her uterus»: Neo-liberal Discourses on Transnational Surrogacy. *NORA — Nordic Journal of Feminist and Gender Research, 20 (4)*, 233-248.

Kuhn, T. S. (2009). *A Estrutura das Revoluções Científicas*. (C. Marques, Trad.) Lisboa: Guerra e Paz.

Kulczyk, P. (2018). *The ECHR rejects the application for a «right to a fatherless child»*. Retrieved January 2, 2020, from European Centre for Law & Justice: https://eclj.org/family/echr/la-cedh-rejette-la-demande-de-droit--lenfant-sans-pre

Kulczyk, P. (2019). *A New Pro Surrogacy Offensive*. Retrieved February 6, 2021, from European Center for Law and Justice: https://eclj.org/surrogacy/echr/nouvelle-offensive-pro-gpa

Lança, H. C. (2016). Procriação Medicamente Assistida. *Data Venia: Revista Jurídica Digital*.

Lança, H. C. (2018). *Cartografia do Direito das Famílias, Crianças e Adolescentes*. Lisboa: Edições Sílabo.

Landau, R. (2004). Posthumous sperm retrieval for the purpose of later insemination or IVF in Israel: an ethical and psychosocial critique. *Human Reproduction, 19 (9)*, 1952–1956.

Lang, G. (2008). Nudging the Responsibility Objection. *Journal of Applied Philosophy, 25 (1)*, pp. 56-71.

Langer, R. (1993). Silverstein and the «Responsibility Objection». *Social Therapy and Practice, 19 (3)*, pp. 345-358.

Lansky, M., Ghosh, J., Méda, D., & Rani, U. (2017). Social changes and inequalities. In J. G. Mark Lansky, *Women, Gender and Work. Social changes and inequalities* (Vol. 2, pp. 3-43). Geneva, International Labour Office: https://www.ilo.org/wcmsp5/groups/public/---dgreports/---dcomm/---publ/documents/publication/wcms_488475.pdf

Lanzarot, A. I. (2016). La gestación por substitución en España: un debate abierto. Em H. Mota, *Autonomia e heteronomia no Direito da Família e no Direito das Sucessões* (pp. 759-790). Coimbra: Almedina.

Larenz, K. (1983). *Metodologia da Ciência do Direito*. (2.ª ed.). Lisboa: Fundação Calouste Gulbenkian.

Larson, J., Mattu, S., Kirchner, L., & Angwin, J. (23 May 2016). *ProPublica*. Obtido em 22 de janeiro de 2019, de How We Analyzed the COMPAS Recidivism Algorithm: https://www.propublica.org/article/how-we-analyzed-the-compas-recidivism-algorithm

Laufer-Ukeles, P. (2002). Gestation: work for hire or the essence of motherhood? A comparative legal analysis. *Duke journal of gender law & policy, 9:91*, 91-134.

Laufer-Ukeles, P. (2013). Mothering for Money: Regulating Commercial Intimacy. *Indiana Law Journal, 88 (1)*, 1-57.

Law Commission. (2019, June 6). *Building families through surrogacy: a new law A joint consultation paper.* Retrieved November 22, 2020 from https://s3-eu-west-2.amazonaws.com/lawcom-prod-storage-11jsxou24uy7q/uploads/2019/06/Surrogacy-consultation-paper.pdf

Leão, A. C. (2017). O Contributo do Tribunal Europeu dos Direitos do Homem. Em L. Neto, & R. T. Pedro, *Debatendo a Procriação Medicamente Assistida* (pp. 23-40). Porto: CIJE.

Lee, M. S., Farland, L. V., Thomas, A. M., & Ginsburg, E. S. (2 January 2019). *Public perspectives on placing age limits on men and women seeking fertility treatment.* Obtido de American Society for Reproductive Medicine: DOI:https://doi.org/10.1016/j.fertnstert.2018.11.019

Legal Professional Group of the American Society for Reproductive Medicine. (n.d.). *Surrogacy Laws By State.* Retrieved November 9, 2020 from https://connect.asrm.org/lpg/resources/surrogacy-by-state?ssopc=1

Leibowitz-Dori, I. (1997). Womb for Rent: The Future of International Trade in Surrogacy. *Minnesota Journal of International Law, 6*, pp. 329-354.

Levi, P. (s.d.). *Se isto é um Homem.* (S. C. Neto, Trad.) Lisboa: Editorial Teorema.

Levinas, E. [2014 (Original de 1979)]. *Le Temps et L'autre* (11e édition (3e tirage) ed.). Paris: Puf.

Levinas, E. [2018 (original publicado em 1982)]. *Ética e Infinito* (J. Gama, Trad.) Lisboa: Edições 70.

Lewin, E. (1995). On the Outside Looking In: The Politics of Lesbian Motherhood. In F. D. Ginsburg, & R. Rapp, *Conceiving the New World Order* (pp. 103-121). California: University of California Press.

Lewis, S. (2019). *Full Surrogacy Now.* London: Verso.

Liang, P., Xu, Y., Zhang, X., Ding, C., Huang, R., Zhang, Z., Huang, J. (2015). CRISPR/Cas9-mediated gene editing in human tripronuclear zygotes. *Protein& Cel, 6 85)*, pp. 363-372.

Lie, M., & Lykke, N. (2017). *Assisted Reproduction Across Borders: Feminists Perspectives on Normalizations, Disruptions and Transmissions.* New York: Routledge.

L'Equality Law Clinic de L'Université Libre de Bruxelles; Human Rights Centre de l' Université de Gand. (2021, février 24). *Affaire M. c. France (req. nº 42.821/18) Observations écrites en qualité de tiers-intervenants.* Retrieved August 2, 2021, from Equality Law Clinic: https://equalitylawclinic.ulb.be/images/documents/Tierce-intervention_M_c._France_24_fe%CC%81vrier.pdf

Lightman, N. (2017). Discounted labour? Disaggregating care work in comparative perspective. In M. Lansky, J. Ghosh, D. Méda, & U. Rani, *Women, Gender and Work. Social Choices and inequalities* (Vol. 2, pp. 439-463). Geneva, https://www.ilo.org/wcmsp5/groups/public/---dgreports/---dcomm/---publ/documents/publication/wcms_488475.pdf: International Labour Office.

Lippman, A. (1991). Prenatal Genetic Testing and Screening: Constructing Needs and Reinforcing Inequities. *American Journal of Law & Medicine, 17 (1 — 2)*, pp. 15-50.

Lis, W. (2019). Surrogate birth in light of the fundamental principles of family law.

Lobo Antunes, J. (2010). *Inquietação Interminável: Ensaios sobre Ética das Ciências da Vida* (2.ª ed.). Lisboa: Gradiva.

Loon, H. v. (2017). Protecting Children Across Borders: The Interaction between the CRC and the Hague Children's Conventions. In T. Liefaard, & J. Sloth-Nielsen, *The United Nations Convention on the Rights of the Child: Taking Stock after 25 Years and Looking Ahead* (pp. 31-46). Leiden: Brill | Nijhoff.

Lopes, D. (2011). A Jurisprudência do Tribunal Europeu dos Direitos do Homem vista à Luz do Princípio da Não Discriminação. *Julgar*, 47-75.

Lorberbaum, Y. (2014). Human Dignity in the Jewish tradition. In M. Duwell, J. Braarvig, R. Brownsword, & D. Mieth, *The Cambridge Handbook of Human Dignity* (pp. 135-144). Cambridge: Cambridge University Press.

Loureiro, J. C. (2018). «Quis saber quem sou»: direito à identidade pessoal e procriação medicamente assistida entre a ocultação mimética e a revelação aletéica. Em diálogo com Miguel Oliveira da Silva. Em M. J. Antunes, & M. Silvestre, *Que futuro para a gestação de substituição em Portugal?* (pp. 63-106). Coimbra: Instituto Jurídico da Faculdade de Direito da Universidade de Coimbra.

Luna, Z. (2020). *Reproductive Rights as Human Rights: Women of Color and the Fight for Reproductive Justice.* New York: New York University Press.

Mabry, C. R. (1999-2000). The Tragic and Chaotic Aftermath of a Baby Switch: Should Policy and Common Law, Blood Ties, or Psychological Bonds Prevail. *Wm. & Mary J. Women & L., 6 (1),* 1-51.

MacKellar, C., & Bechtel, C. (2014). *The Ethics of the New Eugenics.* New York: Berghan Books.

Magnúsdóttir, E., & Surani, M. A. (2014). How to make a primordial germ cell. *Development 141,* pp. 245-252. doi:doi:10.1242/dev.098269

Mahowald, M. (1996). On Treatment of Myopia: Feminist Standpoint Theory and Bioethics In S. Wolf (Eds.), *Feminism & Bioethics. Beyond Reproduction.* (pp. 95-115). Oxford: Oxford University Press.

Majumdar, A. (2018, December 24). *What is altruistic surrogacy?* Retrieved October 3, 2019, from The Hindu: https://www.thehindu.com/opinion/op-ed/what-is-altruistic-surrogacy/article25814445.ece

Malm, H. (1989). Paid Surrogacy: Arguments and Responses. Public Affairs Quarterley. 3 (2): pp. 57-66.

Maniere, E. (2017). Mapping Feminist Views on Commercial Surrogacy. In M. Davies, *Babies for Sale?* (pp. 313-327). London: Zed Books.

Maradudina, V. A. (2016, April 26). *Overview of European Court of Human Rights case-law in the sphere of organ transplants.* Retrieved August 27, 2020 from Council of Europe: https://rm.coe.int/CoERM PublicCommonSearchServices/DisplayDCTMContent?documentId=09000016806b8198#_ European_Human_Rights

Margalit, Y. (2014). In defense of surrogacy arrangements: A modern contract law perspective. *William & Mary Journal of Women and the Law, 20 (2),* 423-468.

Margaria, A. (2019). *The Construction of Fatherhood: The Jurisprudence of the European Court of Human Rights.* Cambridge: Cambridge University Press.

Mariano, J. C. (2013). O Direito da Familia na Jurisprudência do Tribunal Constitucional Português. Uma Breve Crónica. *Julgar, 21,* pp. 24-45. Consultado em 14 de março de 2019.

Mariano, J. C. (2013). O Direito da Família na Jurisprudência do Tribunal Constitucional Português. Uma Breve Crónica. *Julgar, 21,* pp. 24-45.

Maritain, J. (1947). *Communication with regard to the Draft World Declaration on the Rights of Man.* Retrieved March 27, 2018 from Unesco Digital Library: https://unesdoc.unesco.org/ark:/48223/pf00 00124341?posInSet=1&queryId=N-EXPLORE-ba57a5dd-9a38-4

Maritain, J. (n.d.). Introduction. In S. a. United Nations Educational, *Human Rights: Comments and Interpretations* (p. 9). Greenwood Press.

Markens, S. (Fall 2010/ Spring 2011). Interrogating Narratives About the Global Surrogacy Market. (R. Jordan-Young, Ed.) *The Sholar and Feminist Online, 9.1-9.2.* Retrieved november 19, 2018, from http://sfonline.barnard.edu/reprotech/markens_04.htm

Martins, A. M. (2019). *Estudos de Direito Internacional e da União Europeia.* Coimbra: almedina.

Martins, R. A. (2020). *A Família entre o Público e o Privado: A proposta metodológica da autonomia relacional na análise do regime jurídico do casamento.* Coimbra: Almedina.

Martins, R. C. (2013). Direitos das Crianças. Art. 24º. Em A. VV., A. Coord. Silveira, & M. Canotilho (Edits.), *Carta dos Direitos Fundamentais da União Europeia Comentada* (pp. 298-311). Almedina.

Martins, R. C. (2016). A morte do Casamento: mito ou realidade? Em G. d. Oliveira, *Textos de Direito da Família para Francisco Pereira Coelho* (pp. 219-233). Coimbra: Imprensa da Universidade de Coimbra.

Martins, R., & Vítor, P. T. (2010). O Direito dos Avós às Relações Pessoais com os Netos na Jurisprudência Recente. *Julgar, 10*, pp. 59-75.

Martínez-Mora, L. (2015, December 1). *Recognition of Intercountry Adoptions — Practical Operation of the 1993 Hague Convention.* Retrieved from Workshop on Adoption: Cross-border legal issues: Recognition of Intercountry Adoptions — Practical Operation of the 1993 Hague Convention: Retrieved May 24, https://www.europarl.europa.eu/RegData/etudes/STUD/2015/536477/IPOL_STU(2015)536477_EN.pdf

Marwah, V. (2014). How Surrogacy is Challenging and Changing Our Feminisms. In S. N, & V. Marwah, *Reconfiguring Reproduction* (pp. 266-303). New Delhi: Zubaan.

Marwah, V., Venkatachalam, D., & Nayak, P. (2014). How Bodies Gender. Examining Infertility and Assisted Reproductive Technologies. In S. N, & V. Marwah, *Reconfiguring Reproduction* (pp. 218-245). New Delhi: Zubaan.

Marway, H. (2012). La gestation pour autrui commerciale: droit et éthique. *Travail, genre et sociétés, 2012/2 (n.º 28)*, 173-181.

Marzano, M. (2002). *Penser le corps.* Paris: Puf.

McCandless, J., & Sheldon, S. (2010, March). The Human Fertilisation and EmbryologyAct (2008) and theTenacity of the Sexual Family Form. *The Modern Law Review, 72 (2)*, pp. 175-207. doi:doi.org/10.1111/j.1468-2230.2010.00790.x

McDonnell, O. (2019). The Veto of Moral Politics: The Catholic Church and ARTs in Ireland. Em M. Lie, & N. Lykke, *Assisted Reproduction Across Borders: Feminist Perspectives on Normalizations, Disruptions and Transmissions* (pp. 152-163). New York: Routledge.

McGuinness, S., & Widdows, H. (2017). Access to Basic Reproductive Rights: Global Challenges. In L. Francis (Ed.), *The Oxford Handbook of Reproductive Ethics* (pp. 58-77). UK: Oxford University Press.

Meireis, A., & Almeida Araújo, M. (2019). Understanding Dignity (of Workers) Across the Catholic Thought. *Minerva: Revista de Estudos Laborais, 4.ª Série — N.º 2*, 2762.

Melo, H. P. (2008). *Manual de Biodireito.* Coimbra: Almedina.

Melo, H. P. (2019). *A Clonagem Humana Reprodutiva.* Coimbra: Almedina.

Melo, H. P. (2020). *O Consentimento Esclarecido na Prestação de Cuidados de Saúde no Direito Português.* Coimbra: Almedina.

Melo-Martín, I. d. (2021). The Gendered Nature of Reprogenetic Technologies. In S. Crasnow, & K. Intemann, *The Routledge Handbook of Feminist Philosophy of Science* (pp. 289-299). New York: Routledge.

Merchant, J., & Parizer-Krief, K. (2018). A Baby's Citizenship and Kinship Ties after Surrogate Birth. In E. S. Sills, *Handbook of Gestational Surrogacy* (pp. 131-138). Cambridge: Cambridge University Press.

Merleau-Ponty, N., Vertommen, S., & Pucéat, M. (2018, December 2). I6 passages: on the reproduction of a human embryonic stem cell line from Israel to France. *New Genetics and Society. Critical Studies of Contemporary Biosciences, 37 (4)*, pp. 338-361. doi:DOI: 10.1080/14636778.2018.1548269

Meroño, E. S. (2016). Reflexiones en torno a la maternidad subrogada. Em H. Mota, & M. R. Guimarães, *Autonomia e heteronomia no Direito da Família e no Direito das Sucessões* (pp. 807-821). Coimbra: Almedina.

Michel Renaud, Carvalho, A. S., Santos, A. A., Guerra, F. C., Sousa, J. G., & Neves, M. D. (1 de abril de 2012). *Declaração Conjunta «Parecer sobre Procriação Medicamente Assistida e Gestação de Substituição (63/CNECV/2012)».* Obtido em 14 de março de 2017 de Conselho Nacional de Ética para as Ciências da Vida: file:///Users/marisaaraujo/Downloads/declaracao-conjunta.pdf

Miguens, S. (2019). *Uma leitura da filosofia contemporânea. Figuras e Movimentos.* Lisboa: Edições 70.

Mill, J. S. [1997 (publicado originalmente em 1859)]. *Sobre a Liberdade.* (I. Sequeira, Trad.) Portugal: Publicações Europa-América.

Mill, J. S. [2006 (publicado originalmente em 1869)]. *A Sujeição das Mulheres.* (B. Bettencourt, Trad.) Coimbra: Almedina.

Millbank, J. (2015). Rethinking «Commercial» Surrogacy in Australia. *Bioethical Inquiry, 12 (3),* pp. 477-490. doi:DOI 10.1007/s11673-014-9557-9

Mills, C. W. (2000). Race and the Social Contract Tradition, *Social Identities, Journal for the Study of Race, Nation and Culture.* 6:4, 441-462, DOI: 10.1080/13504630020026404

Mills, C. (2007). The Domination Contract. In C. Pateman & C. Mills (Ed.), *Contract & Domination* (pp. 79-105). Cambridge: Polity.

Mills, C. (2007). Contract of Breach: Repairing the Racial Contract. In C. Pateman & C. Mills (Ed.), *Contract & Domination* (pp. 106-133). Cambridge: Polity.

Millum, J. (2008, January). How do we Acquire Parental Responsibilities? *Social Theory and Practice, 34 (1),* pp. 71-93.

Millum, J. (2010, January). How Do We Acquire Parental Rights?. *Social Theory and Practice, 36 (1),* pp. 112-132.

Millum, J. (2018). *The Moral Foundations of Parenthood.* Oxford: Oxford University Press.

Ministry of Health and Family Welfare Government of India. (2005). *National Guidelines for Accreditation, Supervision and Regulation of ART Clinics in India.* Retrieved October 5, 2018, from https://main.icmr.nic.in/sites/default/files/art/ART_Pdf.pdf

Miranda, A. M., Barrena, C. A., & Vega, L. C. (2015). Panorama comparado del wrongful life, wrongful birth y wrongful conception: Su posible aplicación en el Derecho chileno. *Revista Ius et Praxis, Año 21, Nº 1,* 19 — 56.

Miranda, J. (1998). *Manual de Direito Constitucional* (2.ª ed., reimpressão, vol. IV). Coimbra: Coimbra Editora.

Miranda, J. (2008). *Manual de Direito Constitucional — Tomo IV* (4.ª ed.). Coimbra: Coimbra Editora.

Miranda, J. (2014). Sobre a Relevância Constitucional da Família. (A. Correia, C. M. Agra, C. Antunes, C. Queiroz, G. A. Teixeira, J. Miranda, S. Monteiro, Edits.) *Revista Faculdade de Direito da Universidade do Porto*(XI), 77-93.

Miranda, J. (2016). A relevância constitucional da Família. Em H. Coord. Rebelo Pinto, & J. M. Sardica, *Família: Essência e Multidisciplinariedade* (pp. 87-102). Lisboa: Universidade Católica Editora.

Miranda, J. (2017). *Direitos Fundamentais.* Coimbra: Almedina.

Miranda, J., & Medeiros, R. (2005). *Constituição da República Portuguesa Anotada — Tomo I.* Coimbra: Coimbra Editora.

Mirkovic, A. (2013). *L'essentiel de la Bioéthique.* Paris: Lextenso Éditions.

Mirkovic, A. (2018). *La PMA: un Enjeu de Société.* Paris: Artège.

Mirocha, Ł. (2019). Dark side of diversity. Actions undertaken in the system of the Council of Europe with regard to the issue of surrogate motherhood. Em P. Mostowik, *Fundamental legal problems of surrogate motherhood Global perspective* (pp. 527-558). Warszawa: Instytut Wymiaru Sprawiedliwości.

Moedas, C. (2018). Ciência, Inovação e Sociedade. Em C. M. PatrãoNeves, & M. d. Carvalho (Edits.), *Ética Aplicada: Novas Tecnologias* (pp. 29-48). Lisboa: Edições 70.

Mohapatra, S. (2012). Achieving Reproductive Justice in the International Surrogacy Market. *Annals of Health Law, 21 (1),* 191-200.

Monteiro, A. P., & Pinto, P. M. (2005). *Teoria Geral do Direito Civil* (4.ª ed.). Coimbra: Coimbra Editora.

Moreira, A. J. (2021). *Escravidão, Dignidade, Trabalho.* Coimbra: Almedina.

Morujão, C. (1998). Ética e Direitos Humanos. *Philosophica, 12,* 37-51.

Morujão, C. (2018). Racionalidade Prática. Em M. d. Neves, *Ética. dos Fundamentos às Práticas* (pp. 63-81). Lisboa: Edições 70.

Mota, H. (2017). A Gestação de Substituição no Direito Internacional Privado Português. Em L. Neto, & R. T. Pedro, *Debatendo a Procriação Medicamente Assistida* (pp. 63-81). Porto: CIJE.

Mota, S. & Barbas, S. (2021). Direito à Não Discriminação e à Verdade Biológica dos Nascidos por PMA em Portugal e no Brasil. Revista Internacional Consinter de Direito. Ano VII. Número 13. DOI: 10.19135/revista.consinter.00013.18

Moura Ramos, R. M. (2016a). O direito internacional privado da família nos inícios do Século XXI: uma perspectiva europeia. Em G. d. Oliveira, *Textos de Direito da Família para Francisco Pereira Coelho* (pp. 367-427). Coimbra: Imprensa da Universidade de Coimbra.

Moura Ramos, R. M. (2016b). *Estudos de Direito Internacional Privado da União Europeia*. Coimbra: Imprensa da Universidade de Coimbra.

Moura Ramos, R. M. (2019). *Estudos de Direito da União Europeia* (2.ª ed.). Coimbra: Gestlegal.

Mullins, L. (1995). Households Headed by Women: The Politics of Race, Class, and Gender. In F. D. Ginsburg, & R. Rapp, *Conceiving the New World Order* (pp. 122-139). California: University of California Press.

Murphy, D. A. (2013, April 29). *The Desire for Parenthood: Gay Men Choosing to Become Parents Through Surrogacy*. Retrieved from Journal of Family Issues: https://doi.org/10.1177/0192513X13484272

Mutcherson, K. M. (2013). Transformative Reproduction. *The Journal of Gender, Race & Justice, 16, No. 1*, pp. 187-233.

Mutherson, K. M. (2017). Procreative Rights in a Postcoital World. In L. Francis (Ed.), *The Oxford Handbook of Reproductive Ethics* (pp. 159-181). Oxford, UK.

N, S. (2014). Unravelling the Fertility Industry. ARTs in the Indian Context. In S. N, & V. Marwah, *Reconfiguring Reproduction* (pp. 92-121). New Delhi: Zubaan.

N, S., & Marwah, V. (2014). *Reconfiguring Reproduction*. New Delhi: Zubaan.

N, S., Mahajan, T., & Shenoi, A. (2014). Accessing Reproduction, Reproduction Access. (Re)Creating 'Family' through Reproductive Technologies. In S. N, & V. Marwah, *Reconfiguring Reproduction* (pp. 246-265). New Delhi: Zubaan.

Nachtigall, R. D., Becker, G., Quiroga, S. S., & Tschann, J. M. (1998, June). The disclosure decision: Concerns and issues of parents of children conceived through donor insemination. *Am J Obstet Gynecol, 178*, pp. 1165-1170.

Nadimpally, S., & Majumdar, A. (2017). Recruiting to give Birth: Agent-Facilitators and the Commercial Surrogacy Arrangement in India. In M. Davis, *Babies for Sale?* (pp. 65-71). London: Zed Books.

Nadimpally, S., Banerjee, S., & Venkatachalam, D. (2016). *Commercial Surrogacy: A Contested Terrain in the Realm of Rights and Justice*. Retrieved April 7, 2019 from Sama Resource Group for Women and Health: http://arrow.org.my/wp-content/uploads/2016/12/Commercial-Surrogacy_Thematic-Paper.pdf

Nahman, M. (2006, September). Materializing Israeliness: Difference and Mixture in Transnational Ova Donation. *Science as Culture, 15 (3)*, 199-213.

Nahman, M. (2008). Synecdochic ricochets: Biosocialities in a Jerusalem IVF clinic. In S. Gibbon, & C. Novas, *Biosocialities, Genetics and the Social Sciences* (pp. 117-135). London: Routledge.

National Commission for the Protection of Human Subjects of Biomedical and Behavioral Research (1979, April 18). *Belmont Report*. Retrieved December 2, 2020, from U.S. Department of Health & Human Services: https://www.hhs.gov/ohrp/regulations-and-policy/belmont-report/read-the-belmont-report/index.html#toc

National Human Genome Research Institute (2017, August 3). *What are the Ethical Concerns of Genome Editing?* Retrieved October 2, 2019, from NHGRI: https://www.genome.gov/about-genomics/policy-issues/Genome-Editing/ethical-concerns#3

National Human Genome Research Institute (2017, August 3). What is genome editing? Retrieved 2 March, 2019 from https://www.genome.gov/dna-day/15-ways/genome-editing

National Human Genome Research Institute (s.d.), Retrieved 15 november, 2021 from https://www.genome.gov/genetics-glossary/Mitochondrial-DNA

National Rapporteur on Trafficking in Human Beings (2012). *Human trafficking For the purpose of the removal of organs and forced commercial surrogacy*. Retrieved November 29, 2020 from European Commission: https://ec.europa.eu/anti-trafficking/sites/defaut/files/trafficking_in_human_beings_for_the_purpose_of_the_removal_of_organs_and_forced_commercial_surrogacy_2012_1.pdf

Nazaré, M. H. (2018). Big Data e desafios éticos. Em M. d. Neves, & M. d. Carvalho, *Ética Aplicada. Novas Tecnologias* (pp. 313-331). Lisboa: Edições 70.

Nejaime, D. (2016, March). Marriage Equality and The New Parenthood Douglas Nejaime. *Harvard Law Review, 129 (5)*, pp. 1187-1266.

Nejaime, D. (2017). The Nature of Parenthood. *The Yale Law Journal, 126*, 2260-2381.

Neto, L. (2004). *O direito Fundamental à Disposição sobre o Próprio Corpo (A Relevância da Vontade na Configuração do Seu Regime)*. Coimbra: Coimbra Editora.

Neto, L. (2010). *Novos Direitos ou Novo(s) Objeto(s) para o direito?*. Porto: U. Porto Editorial.

Neto, L. (2017). O (Novo) Regime da Procriação Medicamente Assistida: Possibilidades e Restrições. Em L. Neto, & R. T. Pedro, *Debatendo a Procriação Medicamente Assistida* (pp. 83-91). Porto: CIJE.

Neves, A. C. (2002). A Crise Atual da Filosofia do Direito no Contexto da Crise Global da Filosofia. Tópicos para a Possibilidade de uma Reflexiva Reabilitação. Em *Estudos Dedicados ao Prof. Doutor Mário Júlio de Almeida Costa* (pp. 147-280). Lisboa: Universidade Católica Editora.

Newton, L. (2013). *Ethical Decision Making: Introduction to Cases and Concepts in Ethics*. London: Springer.

Neyrand, G. (2001). Mutations sociales et renversement des perspectives sur la parentalité. Em D. L. Gall, & Y. Bettahar, *La Pluriparentalité* (pp. 21-46). Paris: Press Universitaires de France.

Nicolussi, A. (2019). The ban on surrogate motherhood in Italy and the challenge of unlimited regulatory competition. Em P. Mostowik, *Fundamental legal problems of surrogate motherhood Global perspective* (pp. 291-320). Warszawa: Instytut Wymiaru Sprawiedliwości.

Niderberger, A. (2014). Are Human Rights Moral Rights? In M. Lutz-Bachmann, & A. Nascimento, *Human Rights, Human Dignity and Cosmopolitan Ideals* (pp. 75-92). New York: Routledge.

Nietzsche. F. [2000 (original publicado em 1883)]. *Assim Falava Zaratrusta*. 12.ª Ed. A. Margarido (Trad.). Guimarães: Guimarães.

Nietzsche, F. [1990 (original publicado em 1886)]. *Além do Bem e do Mal*. P.E.A. (Trad.). Mem-Martins: Edições Europa-América.

Nietzsche. F. [2002 (original publicado em 1887)]. *A Genealogia da Moral*. P.E.A. (Trad.). Mem-Martins: Edições Europa-América.

Nietzsche, F. [1999 (original publicado em 1908)]. *Ecce Homo*. 3.ª Ed. P.E.A. (Trad.). Mem-Martins: Edições Europa-América.

Niu, Y., Shen, B., Cui, Y., Chen, Y., Wang, J., Wang, L., Sha, J. (2014, February 13). Generation of Gene-Modified Cynomolgus Monkey via Cas9/RNA-Mediated Gene Targeting in One-Cell Embryos. *Cell, 156*, pp. 836-843.

Noble-Allgire, A. M. (1999). Switched at the Fertility Clinic: Determining Maternal Rights When a Child Is Born from Stolen or Misdelivered Genetic Material. *MO. L. REV., 64 (3)*, 517-594.

Novais, J. R. (2 de abril de 2012). *Declaração Conselheiro Jorge Reis Novais «Parecer sobre Procriação Medicamente Assistida e Gestação de Substituição (63/CNECV/2012)»*. Obtido em 3 de março de 2018, de Conselho Nacional de Ética para as Ciências da Vida: https://www.cnecv.pt/pt/pareceres/declaracao-conselheiro-jorge-reis-novais

Novais, J. R. (2015). *A Dignidade da Pessoa Humana. Dignidade e Direitos Fundamentais* (Vol. I). Coimbra, Portugal: Almedina.

Nozick, R. (2009). *Anarquia, Estado e Utopia*. (V. Guerreiro, Trad.) Lisboa: Edições 70.

Nuffield Council on Bioethics (2002, April 24). *The ethics of research related to healthcare in developing countries.* Retrieved May 18, 2020, from Nuffield Council on Bioethics: https://www.nuffieldbioethics.org/publications/research-in-developing-countries

Nuffield Council on Bioethics (2013, April). *Donor conception: ethical aspects of information sharing.* Retrieved April 2, 2019, from https://www.nuffieldbioethics.org/publications/donor-conception

Nuffield Council on Bioethics (2016, September 30). Genome editing: an ethical review. Retrieved July 16, 2018, from http://nuffieldbioethics.org/project/genome-editing/ethical-review-published-september-2016

Nuffield Council on Bioethics (2018, July 17). Genome editing and human reproduction: social and ethical issues. Retrieved July 31, 2018, from http://nuffieldbioethics.org/project/genome-editing

Nunes, R. (2017). A Liberdade Ética da Pessoa Humana. Em L. Neto, & R. T. Pedro, *Debatendo a Procriação Medicamente Assistida* (pp. 137-148). Porto: CIJE.

Nunes, R., & Melo, H. (2005). Relatório/ Parecer N.º P/03/APB/05 sobre Procriação Medicamente Assistida. *Associação Portuguesa de Bioética.*

Obelar, S. M. (2014 de Noviembre). Maternidad subrogada: no es tan sencillo descartarla como posibilidad. *Afin, 66*, pp. 1-15.

O'Byrne, K., & Gerber, P. (2016). Surrogacy and Human Rights: Contemporary, Complex, Contested and Controversial. In P. Gerber, & K. O'Byrne, *Surrogacy, Law and Human Rights* (pp. 1-9). New York, NY: Routledge.

Odze, L. (2018). Surrogacy and Risks of Family Secrets. in R. Cabeza, V. Flowers, E. Pierrot, A. Rao, B. O'Leary, & L. Odze, *Surrogacy. Law, Practice and Policy in England and Wales* (pp. 133-159). Bristol: LexisNexis.

Ogunrin, O., Taiwo, F., & Frith, L. (2018). Genomic Literacy and Awareness of Ethical Guidance for Genomic Research in Sub-Saharan Africa: How Prepared Are Biomedical Researchers? *Journal of Empirical Research on Human Research Ethics.* doi:https://doi.org/10.1177/1556264618805194

Okin, S. M. (1989). *Justice, Gender and the Family.* United States: Basic Books, Inc.

O'Leary, B. (2018). International Surrogacy and British Nationality and Immigration Law. In R. Cabeza, V. Flowers, E. Pierrot, A. Rao, B. O'Leary, & L. Odze, *Surrogacy. Law, Practice and Policy in England and Wales* (pp. 115-132). Bristol: LexisNexis.

Oliva Teles, N. (2011). Diagnóstico Genético Pré-Implantação: Aspetos Técnicos e Considerações Éticas. Acta Med Port, 24: 987-996.

Oliveira Martins, M. S. (2003). *O princípio da subsidariedade em perspetiva jurídico-política.* Coimbra: Coimbra Editora.

Oliveira, E. D. (2019). *A Gestação de Substituição e o Direito Internacional Privado. A Realidade Portuguesa.* Obtido de Cuadernos de Derecho Transnacional: DOI: https://doi.org/10.20318/cdt.2019.4949

Oliveira, G. d. (1989). *Aspectos Jurídicos da Procriação Assistida.* Obtido em 14 de maio de 2020 de http://www.guilhermedeoliveira.pt/resources/Aspectos-juri%CC%81dicos-da-Procriac%CC%A7a%CC%83o-Assistida.pdf

Oliveira, G. d. (1992). *Mãe há só Uma (Duas): O Contrato de Gestação.* Coimbra: Coimbra Editora.

Oliveira, G. d. (1993). Legislar sobre a Procriação Assistida. Em *Colóquio interdisciplinar sobre Procriação Assistida, 12-13 de dezembro de 1991* (pp. 73-97). Coimbra: Centro de Direito Biomédico.

Oliveira, G. d. (1993). Legislar sobre Procriação Assistida. *Centro de Direito Biomédico*, 73-97. Obtido de in Colóquio interdisciplinar sobre Procriação Assistida, em 12-13 de dezembro de 1991: http://www.guilhermedeoliveira.pt/resources/Legislar-sobre-a-Procriacao-Assistida.pdf

Oliveira, G. d. (1993). Mães «hospedeiras». Tópicos para uma intervenção. Em *Colóquio interdisciplinar sobre Procriação Assistida, 12-13 de dezembro de 1991* (pp. 67-72). Coimbra: Centro de Direiro Biomédico.

Oliveira, G. d. (2004). Transformações do direito da família. Em *Comemorações dos 35 anos do Código Civil e dos 25 anos da Reforma de 1977* (Vol. I, pp. 763-779). Coimbra: Coimbra Editora.

Oliveira, G. d. (2008). O sangue, os afectos e a imitação da natureza. *«Lex Familiae» Revista Portuguesa de Direito da Família., Ano 5, n.º 10*, 5-16.

Oliveira, G. d. (2009). A jurisprudência constitucional portuguesa e o direito das pessoas e da família. Em *XXV anos de jurisprudência constitucional portuguesa* (pp. 193-207). Coimbra: Coimbra Editora.

Oliveira, G. d. (2012). Caducidade das ações de investigação ou caducidade do dever de perfilhar, a pretexto do acórdão n.º 401/2011 do Tribunal Constitucional. (C. d. Família, Ed.) *«Lex Familiae» Revista Portuguesa de Direito da Família, IX, n.os 17 e 18*, pp. 107 e ss.

Oliveira, G. d. (2012). Direitos fundamentais à constituição da Família e ao desenvolvimento da personalidade. *«Lex Familiae» Revista Portuguesa de Direito da Família, IX, n.os 17 e 18*, pp. 5-14.

Oliveira, G. d. (2016). Critérios jurídicos da parentalidade. Em G. d. Oliveira, *Textos de Direito da Família para Francisco Pereira Coelho* (pp. 271-306). Coimbra: Imprensa da Universidade de Coimbra.

Oliveira, G. d. (2019). *Adoção e Apadrinhamento Civil.* Coimbra: Petrony.

Oliveira, G. d. (2020). Novas manifestações da vontade no casamento e na parentalidade. *«Lex Famíliæ», Revista Portuguesa de Direito da Família, Ano 17, n.º 34*, 5-24.

Ong, A. (1999). *Flexible Citizenship: The Cultural Logics of Transnationality.* Durham: Duke University Press.

Organização Mundial da Saúde (2018). *Guia de Implantação dos Critérios Médicos de Elegibilidade e das Recomendações da OMS para o Uso de Contracepção.* Obtido em 12 de outubro de 2020 de http://apps.who.int/iris/bitstream/handle/10665/272758/9789247513573-por.pdf?ua=1

Ormond, K. E., Mortlock, D. P., Scholes, D. T., Bombard, Y., Brody, L. C., Faucett, W. A., Young, C. E. (2017, August 3). Human Germline Genome Editing. *The American Journal of Human Genetics, 101 (2)*, pp. 167-176. doi:https://doi.org/10.1016/j.ajhg.2017.06.012

Otero, P. (1999). *Personalidade e Identidade Pessoal e Genética do Ser Humano: Um perfil constitucional da bioética.* Coimbra: Almedina.

Otero, P. (2012). A dimensão ética da maternidade de substituição. *Direito & Política, 01*, 82-91.

Oultram, S. J., Jones, C., & Frith, L. (2016). Gestational Surrogacy, Ethics and the Family. In E. S. Sills (Ed.), *Handbook of Gestational Surrogacy: International Clinical Practice and Policy Issues* (pp. 17-24). Cambridge, UK: Cambridge University Press.

Oxford Medical (Sixth ed.). (2015). UK: Oxford University Press.

Oyez. (s.d.). *Obergefell v. Hodges.* Obtido em 5 de outubro de 2020 de https://www.oyez.org/cases/2014/14-556

Palriwala, R., & Neetha, N. (2017). Care arrangements and bargains: Anganwadi and paid domestic workers in India. In *Women, Gender and Work. Social choices and inequalities* (Vol. 2, pp. 497-513). Geneva, https://www.ilo.org/wcmsp5/groups/public/---dgreports/---dcomm/---publ/documents/publication/wcms_488475.pdf: International Labour Office.

Pande, A. (2009, October 25). Not an 'Angel', not a 'Whore': Surrogates as 'Dirty' Workers in India. *Indian Journal of Gender Studies, 16*, pp. 141-173. doi:10.1177/097152150901600201

Pande, A. (2010, June). Commercial Surrogacy in India: Manufacturing a Perfect Mother-Worker. *Signs Journal of Women in Culture and Society, 45 (4)*, 969-992.

Pande, A. (2011). Transnational commercial surrogacy in India: gifts for global sisters? *Reproductive BioMedicine Online, 23*, pp. 618–625. doi:http://dx.doi.org/10.1016/j.rbmo.2011.07.007

Pande, A. (2014). *Wombs in Labor: Transnational Commercial Surrogacy in India.* New York, USA: Columbia University Press.

Pande, A. (2016). Cross-Border Reproductive Surrogacy in India. In E. S. Sills, *Handbook of Gestational Surrogacy* (pp. 143-148). Cambridge: Cambridge University Press.

Pande, A. (2017). Transnational Commercial Surrogacy in India: To Ban or Not To Ban. In M. Davies?, *Babies for Sale?* (pp. 328-343). London: Zed Books.

Parlamentary Assembly (2014, July 1). *Human Rights and ethical issues related to surrogacy*. Retrieved August 5, 2019 from Council of Europe: https://pace.coe.int/en/files/21092

Parlamento Europeu (1989). *Acta da sessão de quinta-feira, 16 de março de 1989 (89/C 96/04)*. Obtido de Jornal Oficial das Comunidades Europeias N.º C 96/127: Obtido 13 de março de 2019 de https://eur-lex.europa.eu/legal-content/PT/TXT/PDF/?uri=OJ:JOC_1989_096_R_0127_01&from=PT

Parlamento Europeu (10 de março de 2005). *Resolução do Parlamento Europeu sobre o comércio de óvulos (P6_TA(2005)0074)*. Obtido em 1 de fevereiro de 2019 de https://op.europa.eu/en/publication-detail/-/publication/11a7f604-03c4-4b94-946e-540c00160440/language-pt

Parlamento Europeu (5 de abril de 2011). *Resolução do Parlamento Europeu, de 5 de abril de 2011, sobre prioridades e definição de um novo quadro político comunitário em matéria de combate à violência contra as mulheres [2010/2209(INI)]*. Obtido em 8 de setembro de 2019 de Eur-Lex: https://eur-lex.europa.eu/legal-content/PT/ALL/?uri=CELEX%3A52011IP0127

Parlamento Europeu, Conselho da União Europeia, Comissão Europeia (14 de dezembro de 2007). *Anotações relativas à Carta dos Direitos Fundamentais (2007/C 303/02)*. Obtido em 15 de janeiro de 2019, de Jornal Oficial da União Europeia C 303/17: https://eur-lex.europa.eu/legal-content/PT/ALL/?uri=CELEX%3A32007X1214%2801%29

Parliamentary Assembly (10 October 2018). *Resolution 2239 (2018) Private and family life: achieving equality regardless of sexual orientation*. Retrieved March 12, 2020 from https://assembly.coe.int/nw/xml/XRef/Xref-XML2HTML-en.asp?fileid=25166&lang=en

Parness, J. (1 April 2016). Third Party Stepparent Childcare. *Mercer Law Review, 67*, 383-404.

Parr, T., & Slavny, A. (2019). *What's Wrong with Risk?* Retrieved June 2, 2020, from https://www.academia.edu/38127628/Whats_Wrong_with_Risk?email_work_card=view-paper

Parry, B., & Ghoshal, R. (2018, October 8). Regulation of Surrogacy in India: whenceforth now? *BMJ Global Health, 3 (5)*.

Partridge, E., Davey, M., Hornick, M., McGovern, P., Mejaddam, A., Vrecenak, J., Flake, A. (2017, April 25). An extra-uterine system to physiologically support the extreme premature lamb. *Nat Commun, 8*.

Pascoe, J. (2018). Sleepwalking through the Minefield: Legal and Ethical Issues in Surrogacy. *20*, pp. 455-483.

Pateman, C. (2007). Race, Sex, and Indifference. In C. Pateman & C. Mills (Ed.), *Contract & Domination* (pp. 134-164). Cambridge: Polity.

Pateman, C. (2007). On Critics and Contract. In C. Pateman & C. Mills (Ed.), *Contract & Domination* (pp. 200-229). Cambridge: Polity.

Pateman, C. [2018 (first published in 1988)]. *The Sexual Contract*. USA: Stanford University Press.

Pateman, C., Mills, C. (2007). A Contract and Social Change. Dialogue between Carole Pateman and Cherles W. Mills. In C. Pateman & C. Mills (Ed.), *Contract & Domination* (pp. 10-34). Cambridge: Polity.

Patterson, O. (1982). *Slavery and Social Death*. Cambridge: Harvard University Press.

Payne, J. G. (2018). Autonomy in altruistic surrogacy, conflicting kinship grammars and intentional multilinear kinship. *Reproductive Biomedicine & Society Online, 7*, 66-75.

Pedro, R. T. (2017). Uma Revolução na Conceção Jurídica de Parentalidade? Em L. Neto, & R. T. Pedro, *Debatendo a Procriação Medicamente Assistida* (pp. 149-167). Porto: CIJE.

Pennings, G., Wert, G. d., Shenfield, F., Cohen, J., Devroey, P., & Tarlatzis, B. (2006). ESHRE Task Force on Ethics and Law 11: Posthumous assisted reproduction. *Human Reproduction, 21 (12)*, 3050-3053.

Peña-Guzman, D. M., & Crozier, G. (2016). Surrogacy as Medical Tourism: Philosofical Issues. In S. Sills (Ed.), *Handbook of Gestational Surrogacy. International Clinical Practice and Policy Issues* (pp. 46-54). Cambridge: UK, United Kingdom: Cambridge University Press.

Pereira Coelho, F., & Oliveira, G. (2006). *Curso de Direito da Família: Direito da Filiação* (Vol. II Tomo I). Coimbra: Coimbra Editora.

Pereira, A. G. (2017). Filhos de Pai Anónimo no Século XXI!. Em L. Neto, & R. T. Pedro, *Debatendo a Procriação Medicamente Assistida* (pp. 41-54). Porto: CIJE.

Pereira, M. M. (2017). O conceito de vida familiar na jurisprudência do Tribunal Europeu dos direitos do homem face a turismo reprodutivo e maternidade de substituição (a propósito da decisão do Tribunal Pleno de 24 de janeiro de 2017, Paradiso et Campanelli c. Italie, queix. *Julgar, 32*, 261-287.

Pereira, M. M. (2017). Uma gestação inconstitucional: o descaminho da Lei da Gestação de Substituição. *Julgar Online*.

Pereira, M. M. (2018). *Direito da Família* (2.ª ed. revista e atualizada). Lisboa: AAFDL.

Perreau-Saussine, L., & Sauvage, N. (2013). France. In K. Trimmings, & P. Beaumont, *International Surrogacy Arrangements* (pp. 119-130). Oxford: Hart Publishing.

Peverelli, G. (2017). *La Corte d'Appello di Trento riconosce i due papà: dettagli e conseguenze di una decisione storica.* Retrieved February 22, 2021, from Vox Osservatorio Italiano sui Diritti: http://www.voxdiritti.it/corte-di-trento-riconosce-due-padri-decisione-storica/

Phillips, A. (2008). Free to Decide for Oneself. In D. O'Neill, M. Shanley, I. Young (Ed.). *Illusion of Consent. Engaging with Carole Pateman*. (pp. 99-117). Pennsylvania: Penn State Press.

Phillips, A. (2011). It's My Body and I'll Do What I Like With It: Bodies as Objects and Property. *Political Theory*. 39 (6), pp. 724–748. Retrieved December 13, 2020 from http://www.jstor.org/stable/41502590

Photopoulos, J. (18 April 2016). *Judge: 'Baby Gammy' was not abandoned and sister can stay with parents.* Retrieved June 15, 2020 BioNews: https://www.bionews.org.uk/page_95472

Pinheiro, J. D. (2016). Perspectivas de evolução do direito da família em Portugal. Em G. d. Oliveira, *Textos de Direito da Família para Francisco Pereira Coelho* (pp. 347-366). Coimbra: Imprensa da Universidade de Coimbra.

Pinheiro, J. D. (2018). *O Direito da Família Contemporâneo* (6.ª ed.). Lisboa: AAFDL.

Pinheiro, J. D. (2020). *Limites ao Exercício das Responsabilidades Parentais em Matéria de Saúde da Criança.* Coimbra: Gestlegal.

Pinsart, M.-G. (2009). *La Bioétique.* Paris: Le Cavalier Bleu.

Pinto, P. M. (1993). O Direito à Reserva sobre a Intimidade da Vida Privada. *Boletim da Faculdade de Direito, LXIX*, 479-586.

Pinto, P. M. [2018 (publicado pela primeira vez em 2000)]. O Direito ao Livre Desenvolvimento da Personalidade. Em P. M. Pinto, *Direitos de Personalidade e Direitos Fundamentais. Estudos* (pp. 7-122). Coimbra: Gestlegal.

Pinto, P. M. [2018 (publicado originalmente em 2003)]. Direitos de Personalidade no Código Civil Português e no Novo Código Civil Brasileiro. Em P. M. Pinto, *Direitos de Personalidade e Direitos Fundamentais. Estudos* (pp. 321-407). Coimbra: Gestlegal.

Pinto, P. M. (2018). Indemnização em caso de «nascimento indevido» e de «vida indevida» («wrongful birth» e «wrongful life»). Em P. M. Pinto, *Direitos de Personalidade e Direitos Fundamentais* (Vols. Ano 4, n.º 7, pp. 735-772). Coimbra: Gestlegal.

Platão (s.d.). *A República* (9.ª ed.). (M. H. Pereira, Trad.) Fundação Calouste Gulbenkian.

Points, K. (2009). Commercial Surrogacy and Fertility Tourism in India: The Case of Baby Manji. *The Kenan Institute for Ethics at Duke University*. Retrieved July 19, 2018, from https://web.duke.edu/kenanethics/casestudies/babymanji.pdf

Pollack, R. (2015, May). Eugenics lurk in the shadow of CRISPR. *Science*. doi:DOI: 10.1126/science.348.6237.871-a

Pontifical Commission «Iustitia et Pax». (2011). *The Church and Human Rights* (2nd ed., Vol. Working Paper No. 1). Vatican City.

Popper, K. (1999). *O Mito do Contexto. Em defesa da ciência e da racionalidade.* (P. Taipas, Trad.) Lisboa: Edições 70.

Popper, K. (2001). *A Vida é Aprendizagem. Epistemologia evolutiva e Sociedade aberta.* (P. Taipas, Trad.) Lisboa: Edições 70.

Popper, K. (2003). *Conjecturas e Refutações.* (B. Bettencourt, Trad.) Coimbra: Almedina.

Popper, K. (2007). *A Pobreza do Historicismo.* (M. P. Monteiro, Trad.) Lisboa: Esfera do Caos.

Portuguese Platform for Women's Rights recommendations to the legislative initiative on preventing and combatting violence against women and domestic violence (s.d.). Obtido em 6 de dezembro 2020 de European Commission: https://ec.europa.eu/search/?queryText=surrogacy&query_source=europa_default&page=1&filter=&swlang=en&filterSource=europa_default&more_options_date=*&more_options_language=en&more_options_f_formats=*

Posne, R. A. (1989). The Ethics and Economics of Enforcing Contracts of Surrogate Motherhood. *Journal of Contemporary Health Law & Policy, 5 (1)*, pp. 21-31. Retrieved December 18, 2018, from http://scholarship.law.edu/jchlp/vol5/iss1/5

Practice Committee of the American Society for Reproductive Medicine and Practice Committee of the Society for Assisted Reproductive Technology (February 2017). *Recommendations for practices utilizing gestational carriers: a committee opinion.* Obtido em 2 de janeiro de American Society for Reproductive Medicine: https://www.asrm.org/globalassets/asrm/asrm-content/news-and-publications/practice-guidelines/for-non-members/recs_for_practices_utlizing_gestational_carriers.pdf

Preisler, A. (2015, October). Assisted Reproductive Technology: The Dangers of an Unregulated Market and the Need for Reform. *Depaul Journal of Health Care Law, 15 (2)*, 213-236.

Presidential Commission for the Study of Bioethical Issues (March 2015). *Gray Matters: Topics at the Intersection of Neuroscience, Ethics, and Society.* Retrieved October 20, 2020 from https://www.bioethics.gov

Presidential Commission for the Study of Bioethical Issues (2010). *New Directions: Te Ethics of Synthetic Biology and and Emerging Technologies.* Washington DC. Retrieved November 15, 2018, from https://bioethicsarchive.georgetown.edu/pcsbi/sites/default/files/PCSBI-Synthetic-Biology-Report-12.16.10_0.pdf

President's Commission for the Study of Ethical Problems in Medicine, Biomedical and Behavioral Research (1982, November). *Slicing Life: The Social and Ethical Issue of Genetic Engineering with Human Beings.* National Information Resource on Ethics and Human Genetics. Washington, DC: Georgetown University. Retrieved March 6, 2017, from http://bioethics.georgetown.edu/documents/pcemr/splicinglife.pdf

Press Unit European Court of Human Rights (2021, February). *European Court of Human Rights.* Retrieved March 1, 2021, from Factsheet — Reproductive rights: https://www.echr.coe.int/documents/fs_reproductive_eng.pdf

Press Summary Whittington Hospital NHS Trust (Appellant) v XX (Respondent) [2020] UKSC 14. (2020, April 1). *Supreme Court.* Retrieved 15 December, 2020 from https://www.supremecourt.uk/cases/docs/uksc-2019-0013-press-summary.pdf

Programme of Action adopted at the International Conference on Population and Development Cairo, 5–13 September 1994 (5-13 September de 1994). Obtido em 8 de setembro de 2018 de https://www.unfpa.org/sites/default/files/pub-pdf/programme_of_action_Web%20ENGLISH.pdf

Pullman, D. (2014). There are Universal Ethical Principles That Should Govern the Conduct of Medicine and Research Worldwide. In A. L. Caplan, & R. Arp, *Contemporary Debates in Bioethics* (pp. 15-26). West Sussex: Wiley Blackwell.

Puppinck, G. (2019). *ART & Surrogacy: What role will the ECHR play?* Obtido em 2 de janeiro de 2020 de European Centre for Law & Justice: https://eclj.org/surrogacy/echr/pma-gpa--quel-rle-va-jouer-la-cedh-

Purdy, L. (2014). In Vitro Fertilization Should be an Option for a Woman. In A. L. Caplan, & r. Arp, *Contemporary Debates in Bioethics* (pp. 441-450). West Sessuex: Wiley Blackwell.

Purdy, L. (2016). A Feminist View of Health. In S. Wolf (Eds.), *Feminism & Bioethics. Beyond Reproduction.* (pp. 163-183). Oxford: Oxford University Press.

Quinn, D. (2018, August 5). Her Belly, Their Baby: A Contract Solution for Surrogacy Agreements. *Journal of Law and Policy, 26 (2)*, 805-846.

Rachels, J., & Rachels, S. (2015). *The Elements of Moral Philosophy* (Eight ed.). New York, USA: McGraw Hill.

Radin, M. J. (1982, May). Property and Personhood. *Stanford Law Review, 34*, pp. 957-1015.

Radin, M. J. (1987). Market-inalienability. *Harvard Law Review*, 1849-1937.

Radin, M. J. (1992). Market-Inalienability. In K. D. Alpern (Ed.), *The Ethics of Reproductive Technology* (pp. 174-194). New York: Oxford University Press.

Ragoné, H. (2000). Of Likeness and Difference. How Race is Being Transfigured by Gestational Surrogacy. In I. a. Motherhood, *Heléna Ragoné; France Winddance Twine* (pp. 56-75). New York: Routledge.

Ragoné, H. (2004). Surrogate Motherhood and American Kinship. Em P. &. Stone, *Kinship and family; an anthropological reader* (pp. 342-361). Blackwell.

Ragoné, H., & Twine, F. W. (2000). Motherhood on the Fault Lines. In H. Ragoné, & F. W. Twine, *Ideologies and Technologies of Motherhood* (pp. 1- 8). New York: Routledge.

Rainbow, P. (2008). Concept Work. In S. Gibbon, & C. Novas, *Biosocialities, Genetics and the Social Sciences: Making Biologies and Identities* (pp. 188-192). London: Routledge.

Rao, A. (2018). Parenthood in the Context of Assisted Reproductive Treatment. In R. Cabeza, V. Flowers, E. Pierrot, A. Rao, B. O'Leary, & L. Odze, *Surrogacy. Law, Practice and Policy in Egland and Wales* (pp. 11-34). Bristol: LexisNexis.

Raposo, V. L. (2005a). *De Mãe para Mãe: Questões Legais e Éticas Suscitadas pela Maternidade de Substituição.* Coimbra: Coimbra Editora.

Raposo, V. L. (2005b). Direitos Reprodutivos. *Lex medicinae: revista portuguesa de direito da saúde, A. 2 n. 3*, 111-131.

Raposo, V. L. (março de 2012). *Maternidade de Substituição: Quando a cegonha chega por contrato.* Obtido em 16 de março de 2020 de Ordem dos Advogados: www.oa.pt

Raposo, V. L. (2014). *O Direito à Imortalidade: o exercício de direitos reprodutivos mediante as técnicas de reprodução assistida e o estatuto jurídico do embrião in vitro.* Coimbra: Almedina.

Raposo, V. L. (2015). Is Three a Crowd in Reproduction? (The Authorization of Mitochondrial Donation in the UK). *JBRA Assisted Reproduction, 19 (4)*, 252-258.

Raposo, V. L. (2017). «A Parte Gestante Está Proibida de Pintar as Unhas»: Direito Contratual e Contratos de Gestação. Em L. Neto, & R. T. Pedro, *Debatendo a Procriação Medicamente Assistida* (pp. 169-188). Porto: CIJE.

Raposo, V. L. (2019). Bons Pais, Bons Genes? Deveres Reprodutivos no Domínio da Saúde e Procreative Beneficence. *Cadernos da Lex Medicinae — Saúde, Novas Tecnologias e Responsabilidades — Nos 30 anos do Centro De Direito Biomédico, II (4)*, 471-483.

Raposo, V. L. (maio-ago de 2019). «Dá-me licença que tenha filhos?»: restrições legais no acesso às técnicas de reprodução assistida. *Revista Direito GV, 15 (2)*.

Ravn, M. N. (2019). Naturalization and Un-Naturalization: ARTs, Childlessness and Choice. Em M. Lie, & n. Likke, *Assisted Reproduction Across Borders: Feminist Perspectives on Normalizations, Disruptions and Transmissions* (pp. 263-274). New York: Routledge.

Raymond, J. G. (1988). The Spermatic Market: Surrogate Stock and Liquid Assets. *Reproductive and Genetic Engineering: Journal of International Feminist Analysis, 1 (1).*

Raymond, J. G. (1989). At Issue the International Traffic in Women: Women Used in Systems of Surrogacy and Reproduction. *Reproductive and Genetic Engineering, 2 (1)*, 51-57.

Razavi, S., & Staab, S. (2017). Underpaid and overworked: A cross-national perspective on care workers. In M. Lansky, J. Ghosh, D. Méda, & U. Rani, *Women, Gender and Work: Social choices and inequalities* (Vol. 2, pp. 400-418). Geneva, https://www.ilo.org/wcmsp5/groups/public/---dgreports/---dcomm/---publ/documents/publication/wcms_488475.pdf: International Labour Organization.

Real, C. P. (2016). Relance crítico sobre o direito de família português. Em G. d. Oliveira, *Textos de Direito da Família para Francisco Pereira Coelho* (pp. 107-130). Coimbra: Imprensa da Universidade de Coimbra.

Réaume, D. (2013). Dignity, Choice, and Circumstances. In C. McCrudden, *Understanding Human Dignity* (pp. 539-558). Oxford: The British Academy.

Regalado, A. (2018, November 2018). Chinese scientists are creating CRISPR babies. *MIT Technology Review*. Retrieved December 05, 2018, from https://www.technologyreview.com/s/612458/exclusive-chinese-scientists-are-creating-crispr-babies/?utm_source=newsletter&utm_medium=enail&utm_content=11.26&utm_campaign=the_download.unpaid.engagement&utm_source=MIT+Technology+Review&utm_campaign=d039264ad

Regalado, A. (2018, November 29). Despite CRISPR baby controversy, Harvard University will begin gene-editing sperm. *MIT Technology Review*. Retrieved November 5, 2018, from https://www.technologyreview.com/s/612494/despite-crispr-baby-controversy-harvard-university-will-begin-gene-editing-sperm/?utm_source=newsletter&utm_medium=email&utm_content=12.3&utm_campaign=+the_download.unpaid.engagement&utm_source=MIT+Technology+Revi

Reimão, C. (2018). A ética no contexto das Ciências Humanas. Em M. d. Neves, *Ética. dos Fundamentos às Práticas* (pp. 245-283). Lisboa: Edições 70.

Reis, R. V. (2008). *O Direito ao Conhecimento das Origens Genéticas*. Coimbra: Coimbra Editora.

Reis, R. V. (2021). Gestação de Substituição: Soluções Portuguesas numa Perspectiva Transnacional. Em M. J. Antunes, & D. Lopes, *Gestação de Substituição: Perspetivas Internacionais* (pp. 1-15). https://doi.org/10.47907/clq2021_1: Instituto Jurídico da Faculdade de Direito da Universidade de Coimbra.

Remédio Marques, J. P. (2000). Algumas Notas sobre Alimentos (Devidos a Menores) versus o Dever de Assistência dos Pais Para com os Filhos (em Especial Filhos Menores). Em *Centro de Direito da Família. Faculdade de Direito da Universidade de Coimbra* (Vol. 2). Coimbra: Coimbra Editora.

Remédio Marques, J. P. (2007). Biotecnologia(s) e Propriedade Intelectual, Vol. I e Vol II. Coimbra: Almedina.

Renaud, I., & Renaud, M. (2018). A Teoria da Ação. Em M. d. Neves, *Ética. dos Fundamentos às Práticas* (pp. 45-61). Lisboa: Edições 70.

Renaud, M. (21 de janeiro de 2015). *Ciclo de Conferências «ÁGORA — Ciência e Sociedade» — Ética. Bioética e Investigação.* Obtido em 14 de fevereiro de 2020, de Universidade de Lisboa: https://www.ulisboa.pt/wp-content/uploads/MRenaud_AGORA_Etica-Investigacao_23-01-2015.pdf

Renaud, M. (2018). A evolução histórica da Ética. Em M. d. Neves, *Ética. Dos Fundamentos às Práticas* (pp. 123-143). Lisboa: Edições 70.

Rendtorff, J. D. (2002). Basic ethical principles in European bioethics and biolaw: Autonomy, dignity, integrity and vulnerability — Towards a foundation of bioethics and biolaw. *Medicine, Health Care and Philosophy*, 5, pp. 235–244.

Report of the Committee of Inquiry into Human Fertilisation and Embryology. (1984). Department of Health & Social Security (Cmnd. 9314), London. Retrieved February 27, 2017, from https://www.bioeticacs.org/iceb/documentos/Warnock_Report_of_the_Committee_of_Inquiry_into_Human_Fertilisation_and_Embryology_1984.pdf

Report of the Select Committee on the Surrogacy (Regulation) Bill, 2019. (2020, February 5). Retrieved May 18, 2020, from Presented to the Rajya Sabha on 5th February, 2020: https://prsindia.org/files/bills_acts/bills_parliament/Select%20Comm%20Report-%20Surrogacy%20Bill.pdf

Ribeiro, G. R. (2021). Gestação de Substituição: por uma teoria a favor do reconhecimento da maternidade na defesa dos direitos fundamentais. Em M. J. Antunes, & D. Pereira, *Gestação de Substituição: Perspetivas Internacionais* (pp. 73-167). https://doi.org/10.47907/clq2021_1: Instituto Jurídico Faculdade de Direito da Universidade de Coimbra.

Ribeiro, J. d. (2018). Breve Análise de Duas Questões Problemáticas: o direito ao arrependimento da gestante de substituição e o anonimato dos dadores. Em M. J. Antunes, & M. Silvestre, *Que futuro para a gestação de substituição em Portugal?* (pp. 25-42). Coimbra, Portugal: Instituto Jurídico Faculdade de Direito da Universidade de Coimbra.

Richards, J. R. (2010). Consent With Inducements: The Case of Body Part and Services. In F. G. Miller, & A. Wertheimer, *The Ethics of Consent* (pp. 281-303). New York: Oxford University Press.

Richards, N. (2017). How we Acquire Parental Rights. In L. Francis (Ed.), *The Oxford Handbook of Reproductive Ethics.* Oxford, 265-284, UK: Oxford university Press.

Richards, S. (2015, December). *International Forum on Intercountry Adoption & Global Surrogacy.* Retrieved May 27, 2020 from Afin N.º 78: http://oars.uos.ac.uk/624/3/AFIN%2078%20eng.pdf

Richardson, E. H., & Turner, B. S. (2010, July 1). Sexual, Intimate or Reproductive Citizenship? *Citizenship Studies, 5:3,* pp. 329-338. doi:10.1080/13621020120085289

Rietiker, D. (2012). From Prevention to Facilitation? Suicide in the Jurisprudence of the ECtHR in the Light of the Recent Haas v. Switzerland Judgment. *Harvard Human Rights Journal, 25,* 85-126.

Riggs, D. W., & Due, C. (2017). Constructions of Gay Men's Reproductive Desires on Commercial Surrogacy Clinic Websites. In M. Davies, *Babies Sale?* (pp. 33-45). London: Zed Books.

Roberts, D. E. [2017 (first published in 1997)]. *Killing the Black Body: Race, Reproduction and the Meaning of Liberty.* New York: Vintage Books.

Roberts, D. E. (2009). Race, Gender, and Genetic Technologies: A New Reproductive Dystopia? *Faculty Scholarship at Penn Law,* pp. 783-804.

Roberts, D. E. (2016). Reconstructing the Patient: starting with Women of Color. In S. Wolf (Eds.), *Feminism & Bioethics. Beyond Reproduction.* (pp. 116-143). Oxford: Oxford University Press.

Roberts, M. A. (1993). Good Intentions and a Great Divide: Having Babies by Intending Them. *Law and Philosophy, 12,* pp. 287-317.

Robertson, J. A. (1983). Procreative Liberty and the Control of Conception, Pregnancy, and Childbirth. *Virginia Law Review, 69 (3),* 405-464.

Robertson, J. A. (1995). Liberalism and the Limits of Procreative Liberty: A Response to My Critics. *Washington and Lee Law Review, 52 (1),* 233-269.

Rodrigues, L. B. (2002). A Interpretação dos Tratados Internacionais. (2.ª Ed.). Lisboa: AAFDL.

Rodziewicz, P. (2019). International surrogacy — conflict-of-laws and procedural issues of judicial cooperation in civil matters. In P. Mostowik, *Fundamental legal problems of surrogate motherhood Global perspective* (pp. 899-934). Warszawa: Instytut Wymiaru Sprawiedliwości.

Rokas, K. A. (2013). Greece. In K. Trimmings, & P. Beaumont, *International Surrogacy Arrangements* (pp. 143-166). Oxford: Hart Publishing.

Romano, G. P. (2015, December 1). *Workshop on Adoption: Cross-border legal issues: Conflicts and Coordination of Family Statuses: Towards their Recognition within the EU?.* Retrieved September 7, 2019 from

European Parliament: https://www.europarl.europa.eu/RegData/etudes/STUD/2015/536477/IPOL_STU(2015)536477_EN.pdf

Rose, N., & Novas, C. (2003). *Biological Citizenship*. Blackwell. Retrieved September 12, 2018, from file:///C:/Users/gab5/Downloads/RoseandNovasBiologicalCitizenship2002.pdf

Ross, L. J., & Solinger, R. (2017). *Reproductive Justice: an Introduction*. California: University of California Press.

Rotabi, K. S., & Bromfield, N. F. (2012). The Decline in Intercountry Adoptions and New Practices of Global Surrogacy: Global Exploitation and Human Rights Concerns. *Journal of Women and Social Work, 27 (2)*, 129-141.

Rotabi, K. S., & Bromfield, N. F. (2017). *From Intercountry Adoption to Global Surrogacy: A Human Rights History and New Fertility Frontiers*. NY, USA: Routledge.

Rotabi, K. S., Bromfield, N. F., & Fronek, P. (2015). International private law to regulate commercial global surrogacy practices: Just what are social work's practical policy recommendations? *International Social Work*, 1-7.

Rotabi, K. S., Mapp, S., Cheney, K., Fong, R., & McRoy, R. (2017, June 10). Regulating Commercial Global Surrogacy: The Best Interests of the Child. *J. Hum. Rights Soc. Work, 2*, 64-73.

Rothman, B. K. [2000 (first published in 1989)]. *Recreating Motherhood*. New Jersey: Rutgers University Press.

Rozée, V., Unisa, S., & Rochebrochard, E. d. (2020). The social paradoxes of commercial surrogacy in developing countries: India before the new law of 2018. *BMC Women's Health*, 1-14.

Rubenstein, K., & Adler, D. (2000). International Citizenship: The Future of Nationality in a Globalized World. *Indiana Journal of Global Legal Studies, 7 (2)*, 519-548.

Russell, C. (28 November 2015). The Race Idea in Reproductive Technologies: Beyond Epistemic Scientism and Technological Mastery. *Journal of Bioethical Inquiry, 12*, 601-612.

Sánchez, E. S. (2019). La Instrucción de 5 octobre 2010. Em F. L. Yagüe, M. P. Vanrrell, I. B. Ortúzar, C. O. Marieta, & Ó. M. Balmaseda, *Gestación Subrogada: Principales cuestiones civiles, penales, registrales y médicas* (pp. 347-377). Madrid: Dykinson, S. L.

Sachs, S. E., & Sanders, S. (s.d.). Retrieved November 3, 2020 from https://constitutioncenter.org/interactive-constitution/interpretation/article-iv/clauses/44

Sachs, Serr, & Danon. (1956). Analysis of Amniotic Fluid Cells for Diagnosis of Foetal Sex. *Br Med J* 1956; 2 doi: https://doi.org/10.1136/bmj.2.4996.795

Sadhu, M. J., Bloom, J. S., Day, L., Siegel, J. J., & Kosuri, S. (2018, April 9). Highly parallel genome variant engineering with CRISPR–Cas9. *Nature Genetics, 50*, 510-514. Retrieved September 12, 2018, from https://www.nature.com/articles/s41588-018-0087-y

Sagrada Congregação para a Doutrina da Fé — Instrução sobre o Respeito à Vida Humana Nascente e a Dignidade da Procriação — Resposta a Algumas Questões Atuais (22 de fevereiro de 1987). Obtido em 12 de janeiro de 2019 de https://www.vatican.va/roman_curia/congregations/cfaith/documents/rc_con_cfaith_doc_19870222_respect-for-human-life_po.html

Sales, M. G., Ferreira, E. C., & Reis, M. A. (2018). Biotecnologias. Em *Ética Aplicada. Novas Tecnologias* (pp. 51-86). Lisboa: Edições 70.

Salter Cid, N. (2005). *A Comunhão de Vida à Margem do Casamento: Entre o Facto e o Direito*. Almedina.

Sample, R. J. (2003). *Exploitation: What It Is and Why It's Wrong?* Oxford: Rowman & Littlefield Publishers, Inc.

Sandel, M. J. (2007). *The Case against Perfection: Ethics in the Age of Genetic Engineering*. USA: Harvard University Press.

Sandel, M. J. (2013). The case against perfection. Em J. Savulescu, & N. Bostrom, *Human Enhancement* (pp. 71-89). New York: Oxford University Press.

Sanger, C. (2007). Developing Markets in Baby-Making: In the Matter of Baby M. *Harvard Journal of Law and Gender, 30*, 67-97.

Santo Agostinho, S. [2018(do original de 386)]). *Diálogo Sobre a Felicidade*. M. Carvalho (Trad.). Edição Bilingue, Lisboa: Edições 70.

Santos, A. d., Renaud, M., & Cabral, R. A. (julho de 2004). *Parecer sobre a Procriação Medicamente Assistida (44/CNECV/2004)*. Obtido em 17 de março de 2020 de CNECV: https://www.cnecv.pt/pt/pareceres/relatorio5

Santos, H. G., & Pereira, A. D. (2019). *Genética para Todos*. Gradiva.

Santos, J. M. (2012). *Introdução à Ética*. Lisboa: Documenta.

Saravanan, S. (2016). Addressing Global Inequalities in Surrogacy. Em E. S. Sills, *Handbook of Gestational Surrogacy* (pp. 41-45). Cambridge: Cambridge University Press.

Saravanan, S. (2019). UN Special Rapporteur on Surrogacy Arrangements and the Sale and Sexual Exploitation of Children. Retrieved October 3, 2020 from https://www.ohchr.org/EN/Issues/Children/Pages/ChildrenBornSurrogacyArrangements.aspx

Satz, D. (2010). *Why Some Things Should not be for Sale*. Oxford: Oxford University Press.

Savio, L. D., & Cavaliere, G. (2016). The problem with commercial surrogacy. A reflection on reproduction, markets and labour. *Biolaw Journal — Rivista di BioDiritto, 12*, 73-91.

Savulescu, J., & Bostrom, N. (2009). *Human enhancement*. Oxford: Oxford University Press.

Savulescu, J. (2001). Procreative Beneficence: Why we should Select the Best Children. *Bioethics, 15: 5/6*, 413-426.

Savulescu, J. (2018, November 26). Monstrous Gene Editing Experiment. *Oxford Uehiro Centre for Practical Ethics*. Retrieved February 1, 2019, from http://blog.practicalethics.ox.ac.uk/2018/11/press-statement-monstrous-gene-editing-experiment/

Savulescu, J., & Kahane, G. (2009). The Moral Obligation to Create Children with the Best Chance of the Best Life. *Bioethics, 23:5*, 274-290.

Savulescu, J., & Kahane, G. (2017). Understanding Procreative Beneficence. Em L. Francis, *The Oxford Handbook of Reproductive Ethics* (p. 592). Oxford: Oxford University Press.

Schmidt, C. W. (2008, December). The Yuck Factor When Disgust Meets Discovery. *Environ Health Perspect, 116(12)*, A524–A527.

Schnably, S. J. (1993, January). Property and Pragmatism: A Critique of Radin's Theory of Property and Personhood. *Stanford Law Review*, pp. 347-407.

Schutter, O. d. (2015). *International Human Rights Law* (Second ed.). Cambridge: Cambridge University Press.

Schwartz, E. F. (2016). LGBT Issues in Surrogacy. In E. S. Sills, *Handbook of Gestational Surrogacy* (pp. 55-61). Cambridge: Cambridge University Press.

Scott, E. S. (2009). Surrogacy and the Politics of Commodification. *Law and Contemporary Problems, 72*, 109-146.

Scott, E. S. (2009). Surrogacy and the Politics of Commodification. *Law and Contemporary Problems, 72*, pp. 109-146.

Scutt, J. A. (1991). At Issue Whose Surrogate? Surrogacy, Ethics, and the Law. *Issues in Reproductive and Genetic Engineering, 4 (2)*, 93-107.

Searle, J. [2018 (original publicado em 1984)]. *Mente, Cérebro e Ciência*. Lisboa: Edições 70.

Secretariat of the Commission of the Bishops' Conferences of the European Community. (2015, February). Opinion of the reflection group on Bioethics on gestational surrogacy: The question of European and international rules. Retrieved March 1, 2020 from https://www.bioeticaweb.com/wp-content/uploads/2015/05/Surrogacy_EN_WEB.pdf

Secretariat of the Commission of the Bishops' Conferences of the European Community. (2015, February). *Opinion of the Reflection Group on Bioethics on Gestational Surrogacy — The question of*

European and international rules. Retrieved October 2, 2019, from http://www.comece.eu/dl/nLpuJKJnmLLJqx4KJK/Surrogacy_EN_WEB.pdf

Sedmak, C. (2013). Human Dignity, Interiority, and Poverty. In C. McCrudden, *Understanding Human Dignity* (pp. 557-571). Oxford: The British Academy.

Selgelid, M. J. (2014). Moderate eugenics and human enhancement. *Med Health Care and Philos, 17*, pp. 3-12. doi:DOI 10.1007/s11019-013-9485-1

Sen, A. (2012). *A Ideia de Justiça*. Coimbra: Almedina.

Sénat (s.d.). *Contribution à la réflexion sur la maternité pour autrui*. Obtido de https://www.senat.fr/rap/r07-421/r07-4214.html

Sénat (31 juillet 2012). *Session Extraordinaire de 2011-2012 n.º 736*. Obtido em 4 de fevereiro 2020 de http://www.senat.fr/leg/ppl11-736.html

Serra, T. (2003). *Homicídio Qualificado. Tipo de Culpa e Medida da Pena* (4.ª Reimpressão da Edição de 1995). Coimbra: Almedina.

Sève, L. (2006). *Qu'est-ce que la personne humaine?* Paris: La Dispute.

Sexton, S. (2014). Patents and Property, Speculation and Services. Regulation in ARTs and Financial Markets. In S. N, & V. Marwah, *Reconfiguring Reproduction* (pp. 32-68). New Delhi: Zubaan.

Shahi, A. (2020). *Surrogacy and Legal Framework in India*. Notion Press.

Shalev, C., Eyal, H., & Samama, E. (2017). Transnational Surrogacy and the Earthquake in Nepal: A Case Study from Israel. Em M. Davis, *Babies for Sale?* (pp. 49-64). London: Zed Books.

Shanley, M. L. (2018). Surrogacy: Reconceptualizing Family Relationships in an Age of Reproductive Technologies. In E. Brake, & L. Ferguson, *Philosophical Foundations of Children's and Family Law* (pp. 293-312). Oxford: Oxford University Press.

Shenfield, F., Pennings, G., Cohen, J., Devroey, P., Wert, G. d., & Tarlatzis, B. (2005, June 24). ESHRE Task Force on Ethics and Law 10: Surrogacy. *Human Reproduction, 20 (10)*, pp. 2705–2707. doi:doi:10.1093/humrep/dei147

Sherwin, S. (1994). No Longer a Patient: Feminist Ethics and Health Care. Canadian Journal of Philosophy. 24 (1), pp. 135-154. DOI: https://doi.org/10.1080/00455091.1994.10717363

Sherwin, S. (2008). Whither Bioethics? How Feminism Can Help Reorient Bioethics. International Journal of Feminist Approaches to Bioethics. 1 (1). Pp. 7-27. Retrieved 5 November, 2020 from https://www.jstor.org/stable/40339210

Sidhu, S. G. (2015). *Commercial Surrogacy and Lack of Regulations: A comparative study*. Lambert Academic Publishing.

Sifris, R. (2015). Commercial Surrogacy and the Human Rights to Autonomy. *Journal of Law and Medicine, 23*, 365-377.

Silva, M. O. (2012). Sessão de abertura. Em C. FLAD, *Biotética & Religiões* (pp. 21-23). Lisboa: Coleção Biotética | 16 www.cnecv.pt

Silva, M. O. (2017). *Eutanásia, Suicídio Ajudado, Barrigas de Aluguer*. Alfragide: Caminho.

Silva, M. O. (2018). Que futuro para a gestação de substituição em Portugal? Um olhar bioético. Em M. J. Antunes, & M. Silvestre, *Que futuro para a Gestação de Substituição em Portugal?* (pp. 49-61). Coimbra: Instituto Jurídico da Faculdade de Direito da Universidade de Coimbra.

Silva, S. T. (2014). *Direitos Fundamentais na Arena Global* (2.ª ed.). Coimbra: Imprensa da Universidade de Coimbra.

Silver, M. L. [2007 (First Published 1997)]. *Remaking Eden: How Genetic Engineering and Cloning will Transform The American Family*. USA: Ecco.

Silverstein, H. S. (1987). On a Woman's «Responsibility» for the Fetus. *Social Theory and Practice, 13 (1)*, pp. 103-119.

Silvestre, M. (2018). Que Futuro para a Gestação de Substituição em Portugal? Um Comentário. Em M. J. Antunes, & M. Silvestre, *Que Futuro para a Gestação de Substituição em Portugal?* (pp. 43-48). Coimbra: Instituto Jurídico da Faculdade de Direito da Universidade de Coimbra.

Simmons, A. J. (2010). Political Obligation and Consent. In F. G. Miller, & A. Wertheimer, *The Ethics of Consent* (pp. 305-328). New York: Oxford University Press.

Simpson, B. (2001). Making 'Bad' Deaths 'Good': The Kinship Consequences of Posthumous Conception. *Royal Anthropological Institute, 7*, 1-19.

Singer, P. [2009 (Reprinted 2013)]. Parental Choice and Human Improvement. In J. Savulescu, & N. Bostrom, *Human Enhancement* (pp. 277-289). UK: Oxford University Press.

Singly, F. d. (1993). La construction sociale d'une nouvelle identité paternelle. *Actes du Colloque Le père dans la famille de demain*. Danemark: Ministère Danois des Affaires Sociales.

Sir, M. R. (2015). Commercial Gestational Surrogacy on The Biopolitcal Horizon. *Tapestries: Interwoven voices of local and global identities, 4 (1)*, 2-7.

Sloterdijk, P. (2000). *Regras para o parque humano. Uma resposta à carta de Heidegger sobre o humanismo.* São Paulo, Brasil: Estação Liberdade.

Sloterdijk, P. [2014 (originalmente publicado em 2010)]. *Morte Aparente no Pensamento: da filosofia e da ciência como prática.* (C. Leite, Trad.) Lisboa: Relógio D'Água.

Smerdon, U. R. (2013). India. In K. Timmings, & P. Beaumont, *International Surrogacy Arrangements* (pp. 187-218). Oxford: Hart Publishing.

Snyder, S. H. (2013). United States of America. In K. Trimmings, & P. Beaumont, *International surrogacy Arrangements* (pp. 387-396). Oxford: Hart Publishing.

Sokołowski, M. (2019). Surrogate motherhood in legal and political activities of the institutions of the European Union. Em P. Mostowik, *Fundamental legal problems of surrogate motherhood Global perspective* (pp. 589-605). Warszawa: Instytut Wymiaru Sprawiedliwości.

Soniewicka, M. (2019). Ethical and philosophical issues arising from surrogate motherhood. In P. Mostowik, *Fundamental legal problems of surrogate motherhood Global perspective* (pp. 45-97). Warszawa: Instytut Wymiaru Sprawiedliwości.

Sottomayor, M. C. (2004). A Nova Lei da Adoção. *Direito e Justiça, XVIII (II)*, 241-258.

Sottomayor, M. C. (2016). *Temas de Direito das Crianças* (Reimpressão de 2014 ed.). Almedina.

Sousa, R. C. (2016). As Alterações Legislativas Familiares Recentes e a Sociedade Portuguesa. Em G. d. Oliveira, *Textos de Direito da Família para Francisco Pereira Coelho* (pp. 523-551). Coimbra: Imprensa da Universidade de Coimbra.

Sousa, R. V. [2011 (Reimpressão)]. *O Direito Geral de Personalidade.* Coimbra: Coimbra Editora.

Spar, D. (2006). *The Baby Business. How Money, Science, and Politics Drive the Commerce of Conception.* Boston: Harvard Business School Press.

Spar, D. (2012, March 29). *For love and money: the political economy of commercial surrogacy.* Retrieved September 7, 2019 from Review of International Political Economy: https://doi.org/10.1080/09692290500105615

Sparrow, R. (2007). Procreative Beneficence, Obligation, and Eugenics. *Genomics, Society and Policy, 3 (3)*, 43-59. Retrieved September 17, 2018, from https://pdfs.semanticscholar.org/50c5/f528dff06f5b542e8e6f7102a15bb10a7d22.pdf

Special Rapporteur on the sale and sexual exploitation of children. (2019). Report on safeguards for the protection of the rights of children born from surrogacy arrangements. Retrieved September 3, 2020 from https://www.ohchr.org/EN/Issues/Children/Pages/ChildrenBornSurrogacyArrangements.aspx

Srivastava, A. (2021, February). The Surrogacy Regulation (2019) Bill of India: A Critique. *Journal of International Women's Studies, 22 (1)*, 140-151. Retrieved March 2, 2021, from Journal of International Women's Studies: https://vc.bridgew.edu/cgi/viewcontent.cgi?article=2364&context=jiws

Stacey, J. (2018). Queer reproductive justice? *Reproductive BioMedicine and Society Online, 7*, 4-7.

Stark, B. (2011-2012). Transnational Surrogacy and International Human Rights. *ILSA Journal of International & Comparative Law, 18 (2)*, pp. 369-386.

Stefano, A. D. (2012, September 20). *Bio-ethics under Human Rights Scrutiny: Toward a Right to Pre--implantation Genetic Testing under the ECHR?* Retrieved December 2, 2020, from Strasburg Observers: https://strasbourgobservers.com/2012/09/20/bio-ethics-under-human-rights-scrutiny-toward-a-right-to-pre-implantation-genetic-testing-under-the-echr/#more-1782

Storrow, R. F. (2011). Assisted reproduction on treacherous terrain: the legal hazards of cross-border reproductive travel. *Reproductive BioMedicine Online, 23 (5)*, pp. 538-545. doi:https://doi.org/10.1016/j.rbmo.2011.07.008

Storrow, R. F. (2016). Surrogacy: American Style. Em P. Gerber, & K. O'Byrne (Edits.), *Surrogacy, Law and Human Rights* (pp. 193-216). New York, NY: Routledge.

Storrow, R. F. (2018, June 30). International Surrogacy in the European Court of Human Rights. *North Carolina Journal of International Law and Commercial Regulation, 43*, 38-68.

Strathern, M. (2002, June 17). Still Giving Nature a Helping Hand? Surrogacy: A Debate About Technology and Society. *Journal of Molecular Biology, 319 (4)*, pp. 985-993. doi:doi:10.1016/S0022-2836(02)00352-2

Stumpf, A. E. (1986). Redefining Mother: A Legal Matrix for New Reproductive Technologies. *The Yale Law Journal, 96*, 187-208.

Stuvøy, I. (2019). Governing Parental Desires and Parental Desires and Vulnerabilities: Affective Biopolitics in the Context of Norwegian Citizens' Repro-Migration. Nordic Journal of Migration Report. 9 (4), pp. 461-479. DOI: 10.2478/njmr-2019-0037

Sullivan, M. B. (2000). Wrongful Birth and Wrongful Conception: A Parent's Need for a s Need for a Cause of Action. *Journal of Law and Health, 15 (1)*, 105-120.

Sulmasy, D. P. (2012). Religion and Bioethics: Towards Pluralistic Democratic Deliberation. Em C. FLAD, *Bioética & Religiões* (pp. 27-43). Lisboa: Coleção Bioética | 16 www.cnecv.pt

Supreme Court of New Jersey (3 February 1988). *Justitia US Law*. Obtido em 6 de outubro de 2017 de http://law.justia.com/cases/new-jersey/supreme-court/1988/109-n-j-396-1.html

Swedish Women's Lobby. (2019). *Input to the Report of the Special Rapporteur on the sale and sexual exploitation of children, including child prostitution, child pornography and other child sexual abuse material.* Retrieved March 2, 2020, from https://www.ohchr.org/EN/Issues/Children/Pages/ChildrenBornSurrogacyArrangements.aspx

Swerdlow, L., & Chavkin, W. (2017). Motherhood in Fragments: The Disaggregation of Biology and Care. In M. Davis, *Babies for Sale?* (pp. 19-32). London: Zed Books.

Symonds, S. A. (1984). Wrongful Death of the Fetus: Viability Is Not a Viable Distinction. *University of Puget Sound Law Review, 8*, 103-122.

Tadao Maruko contra Versorgungsanstalt der deutschen Bühnen., Processo C-267/0 (Tribunal de Justiça da União Europeia abril 1, 2008).

Tanasoca, A. (2015). Distributing Some, but Not All, Rights of Citizenship According to Ius Sanguinis. In C. Dumbrava, & R. Bauböck (Eds.), *Bloodlines and belonging: Time to abandon ius sanguinis?* (pp. 39-42). European University Institute. European Union Democracy Observatory on Citizenship. Retrieved September 29, 2019 from https://cadmus.eui.eu/bitstream/handle/1814/37578/RSCAS_2015_80.pdf?sequence=1&isAllowed=y

Tedesco, F. (2019). *Sovereign Excess, Legitimacy and Resistance.* New York: Routledge.

Teman, E. (2008). The social construction of surrogacy research: An anthropological critique of the psychosocial scholarship on surrogate motherhood. *Social Science & Medicine, 67*, pp. 1104-1112. doi:doi:10.1016/j.socscimed.2008.05.026

Teman, E. (2010). *Birthing a Mother. The Surrogate Body and the Pregnant Self.* California: University of California Press.

Terence, M. (2016). *Le Transhumanisme est un Intégrisme.* Paris: Les Éditions du Cerf.

Testard, J. (2000). *Des Grenouilles et les Hommes. Conversations avec Jean Rostand.* Paris: Inédit.

Testart, J. (2014). *Faire des Enfants Demain.* Paris: Seuil.

The Belmont Report. (18 de April de 1978). *Ethical Principles and Guidelines for the Protection of Human Subjects of Research.* Obtido de The National Commission for the Protection of Human Subjects of Biomedical and Behavioral Research: https://www.hhs.gov/ohrp/regulations-and-policy/belmont-report/read-the-belmont-report/index.html

The Centre for Social Research. (2017). Surrogate Motherhood: Ethical or Commercial? In M. Davies, *Babies for Sale?* (pp. 245-261). London: Zed Books.

The Editors of Encyclopaedia Britannica. (2018, September 14). Francis Galton: Advocacy of Eugenics. *Encyclopædia Britannica.* Retrieved December 7, 2018, from https://www.britannica.com/biography/Francis-Galton

The Ethics Committee of the American Society for Reproductive Medicine. (2004, September). Family members as gamete donors and surrogates. *82, Suppl. 1,* S217-S223.

The International Federation of Fertility Societies. (2016, September). IFFS Surveillance 2016. *1 (1e),* pp. 1-143. doi:doi: 10.1097/GRH.0000000000000001

The Permanent Mission of the United States of America To the United Nations and other international organizations In Geneva (21 June 2019). Obtido em 3 de março de 2020 de https://www.ohchr.org/Documents/Issues/Children/SR/Surrogacy/States/USA.pdf

Théry, I. (1998). *Couple, Filiation et Parenté Aujourd'hui: Le droit face aux mutations de la famille et de la vie privée.* Paris: Editions Odile Jacob.

Thompson, C. (2005). *Making Parents the Ontological Choreography of Reproductive Technologies.* Cambridge, Massachusetts: The MIT Press.

Thompson, C. (2016). IVF global histories, USA: between Rock and a marketplace. *Reprodutive BioMedicine & Society Online, 2,* 128-135.

Thomson, C. (2009). Skin Tone and the Persistence of Biological Race in Egg Donation for Assisted Reproduction. In E. N. Glenn, *Shades of Difference* (pp. 131-147). Stanford University Press.

Thomson, J. J. (1971). A Defense of Abortion. *Philosophy and Public Affairs, 1 (1),* pp. 47-66. Retrieved September 28, 2017, from http://www.jstor.org/stable/2265091

Thorsen, M., & King, V. (2016). My mother's husband. Factors associated how adolescents label their stepfathers. *Journal of Social and Personal Relationship, 33*(6), pp. 835-851.

Timms, O. (2018, March 5). *Ending commercial surrogacy in India: significance of the Surrogacy (Regulation) Bill, 2016.* Retrieved from Indian J Med Ethics: DOI: 10.20529/IJME.2018.019

Titshaw, S. (2015). Family matters: Modernise, don't abandon, jus sanguinis. In C. Dumbrava, & R. Bauböck (Eds.), *Bloodlines and belonging: Time to abandon ius sanguinis?* (pp. 14-16). European University Institute. European Union Democracy Observatory on Citizenship. Retrieved September 30, 2019, from https://cadmus.eui.eu/bitstream/handle/1814/37578/RSCAS_2015_80.pdf?sequence=1&isAllowed=y

Tobin, J. (2014). To Prohibit or Permit: What is the (Human) Rights Response to the Practice of International Commercial Surrogacy? *International & Comparative Law Quarterly, 63 (2).*

Tobin, J. (2019). *The UN Convention on the Rights of the Child.* Oxford, UK: Oxford University Press.

Todorova, V. (2010, October). Recognition of parental responsibility: biological parenthood v. legal parenthood, i.e. mutual recognition of surrogacy agreements: What is the current situation in the MS? Need for EU action?. *Directorate General for Internal Policies Policy Department C: Citizens' Rights and Constitutional Affairs.* Brussels. Retrieved December 2, 2019, from www.europarl.europa.eu/studies

Tollefsen, C. (2014). In Vitro Fertilization Should not Be an Option for a Woman. In A. L. Caplan, & R. Arp, *Contemporary Debates in Bioethics* (pp. 451-459). West Sussex: Wiley Blackwell.

Tolstói, L. (2007). *A Morte de Ivan Iliitch.* (N. Guerra, & F. Guerra, Trads.) Relógio D'Água.

Tomás, C. (2011). *«Há muitos mundos no mundo»: Cosmopolitismo, participação e direitos da criança.* Porto: Edições Afrontamento.

Tomé, M. R. (2004). Qualidade de Vida: Conciliação entre o Trabalho e a Família. *Lex Familiae. Revista Portuguesa de Direito da Família, 1*(1), 51-64.

Tong, R. (2016). Feminist Approaches to Bioethics. In S. Wolf (Eds.), *Feminism & Bioethics. Beyond Reproduction.* (pp. 67-94). Oxford: Oxford University Press.

Tremellen, K., & Savulescu, J. (2015). A discussion supporting presumed consent forposthumous sperm procurement and conception. *Reproductive BioMedicine Online, 30*, 6-13.

Trimming, K., & Beaumont, P. (2013). General Report on Surrogacy. In K. Trimming, & P. Beaumont, *International Surrogacy Arrangements* (pp. 439-549). Oxford: Hart Publishing.

Trimmings, K., & Beaumont, P. (2013). *International Surrogacy Arrangements. Legal Regulation at the International Level.* UK: Hart Publishing.

Twine, F. W. (2015). *Outsourcing the Womb. Race, Class, and Gestational Surrogacy in a Global Market* (Second ed.). London: Routledge.

Twine, F. W. (2017). The Fertility Continuum: Racism, Bio-Capitalism and Post-Colonialism in Transnational Surrogacy Industry. In M. Davis, *Babies for Sale?* (pp. 105-122). London: Zed Books.

UN Committee on the Elimination of Discrimination against Women (1999). *CEDAW General Recommendation No. 24: Article 12 of the Convention (Women and Health).* Retrieved December 9, 2019 from (Contained in Document A/54/38/Rev.1, chap. I): https://www.refworld.org/docid/453882a73.html

UN Committee on the Rights of the Child (2003). General Comment no. 5: General Measures of Implementation of the Convention on the Rights of the Child. Retrieved 17 March, 2018 from https://www.refworld.org/docid/4538834f11.html

UN General Assembly (2010, February 24). *Guidelines for the Alternative Care of Children.* Retrieved May 15, 2020 from https://www.refworld.org/docid/4c3acd162.html

UN High Commissioner for Refugees (2012, December 21). *UNHCR Handbook on the Determination of Statelessness.* Retrieved October 12, 2020, from HCR/GS/12/04: https://www.refworld.org/docid/50d460c72.html

UN Human Rights Committee (2021, January 20). *Zhao v Netherlands.* Retrieved February 21, 2021, from UN Human Rights Treaty Bodies: https://tbinternet.ohchr.org/_layouts/15/treatybodyexternal/Download.aspx?symbolno=CCPR/C/130/D/2918/2016&Lang=en

UN Human Rights Council (2012, March 16). *Birth registration and the right of everyone to recognition everywhere as a person before the law.* Retrieved October 23, 2019 from https://digitallibrary.un.org/record/725301?ln=zh_CN

UNFPA (2010, update 2016). *Sexual and Reproducitve Health.* Retrieved July 4, 2020 from https://www.unfpa.org/sexual-reproductive-health

United Kingdom (2019). *Response of the Government of the United Kingdom of Great Britain and Northern Ireland to the request for information from the Special Rapporteur on the sale and sexual exploitation of children, including child prostitution, child pornography and other...* Obtido em 3 de março de 2020, de https://www.ohchr.org/EN/Issues/Children/Pages/ChildrenBornSurrogacyArrangements.aspx

United Nations General Assembly (5 April 2011). *A/RES/65/234.* Obtido em 4 de maio de 2020 de https://www.unfpa.org/sites/default/files/resource-pdf/ungass_res_65_243.pdf

United Nations Office on Drugs and Crime (2003). *Model Law against Trafficking in Persons.* Retrieved December 25, 2019, from https://www.unodc.org/documents/human-trafficking/UNODC_Model_Law_on_Trafficking_in_Persons.pdf

United Nations Population Fund; The Danish Institute for Human Rights; United Nations High Commissioner for Human Rights. (2014). *Reproductive Rights Are Human Rights: A Handbook.* Retrieved June 22, 2019, from https://www.ohchr.org/documents/publications/nhrihandbook.pdf

United States Census Bureau [2015 (revised in 2020)]. *Custodial Mothers and Fathers and Their Child Support: 2015.* Retrieved February 20, 2020, from https://www.census.gov/content/dam/Census/library/publications/2020/demo/p60-262.pdf

United States Conference of Catholic Bishops (17 November 2009). *Life-Giving Love in an Age of Technology.* Obtido em 12 de janeiro de 2019, de https://www.usccb.org/upload/lifegiving-love-age-technology-2009.pdf

United States District Court, 11cr3247 (United States District Court Southern District of California July 28, 2011). Retrieved November 16, 2018, from http://poundpuplegacy.org/files/usa-v-hilary-neiman.pdf

US Census Bureau. (2012). *Births, Deaths, Marriages, and Divorces.* Retrieved December 3, 2019 from https://www2.census.gov/library/publications/2011/compendia/statab/131ed/tables/vitstat.pdf

Valdivieso-López, E. (7 de setembro de 2018). *Vientre De Alquiler: Presupuestos De Su Antijuridicidad.* Obtido em 2 de janeiro de 2020 de https://legis.pe/vientre-alquiler-presupuestosantijuridicidad/

Van Loon Report. (1990). *Report on Intercountry Adoption (Prel. Doc. No 1 of April 1990).* Retrieved from HCCH: Retrieved March 21, 2019 from https://assets.hcch.net/upload/adoption_rpt1990vloon.pdf

Vangessel, M. (2015). Wrongful Surrogacy: The Need for a Right of Action in Cases of Clear Negligence vol. 46 no. 3, p. 681-705. *University of Toledo Law Review, 46 (3)*, 681-705.

Vasconcelos, P. P., & Vasconcelos, P. L. (2019). *Teoria Geral do Direito Civil* (9.ª ed.). Coimbra: Almedina.

Vega, P. F. (2019). La gestación subrogada y la jurisprudencia del Tribunal Europeo de Derechos Humanos. Em F. L. Yagüe, M. P. Vanrrell, I. B. Ortúzar, C. O. Marieta, & Ó. M. Balmaseda, *Gestación Subrogada: Principales cuestiones civiles, penales, registrales y médicas* (pp. 369-377). Madrid: Dykinson, S.L.

Venditti, V. (2019). *The Law and Politics of Inclusion.* New York: Routledge.

Vertommen, S. (2019). Babies from Behind Bars: Stratified Assisted Reproduction in Palestine/Israel. Em M. Lie, & N. Lykke, *Assisted Reproduction Across Borders: Feminist Perspectives on Normalizations, Disruptions and Transmissions* (pp. 207-218). New York: Routledge.

Viau-Colindres, J., Axelrad, M., & Karaviti, L. P. (2017, November 5). Bringing Back the Term «Intersex». *Pediatrics, 140 (5): e20170505.*

Vicente, M. de S. N. (2009): *Algumas reflexões sobre as ações de wrongful life: a jurisprudência Perruche, in Lex Medicinae,* 6 (11), pp. 117-14.

Vicente, D. M. (2018). *Direito Internacional Privado: Ensaios* (Vol. IV). Coimbra: Almedina.

Vie Publique (1 décembre 2018). *Gestation pour autrui: quelles sont les évolutions du droit ?* Obtido em 13 de julho de 2020 de https://www.vie-publique.fr/eclairage/18636-gestation-pour-autrui-quelles-sont-les-evolutions-du-droit

Vonk, M. (2007). *Children and their parents: A Comparative Study of the Legal Position of Children with Regard to their Intentional and Biological Parents in English and Dutch Law.* Antwerp — Oxford: Intersentia.

Vora, K. (2009, September 1). Indian transnational surrogacy and the commodification of vital energy. *Subjectivity, 28*, 266–278.

Vora, K., & Iyengar, M. M. (2019). Citizenship, Subject, Property: Indian Surrogacy and The Global Fertility Market. In M. Lie, & N. Lykke, *Assisted Reproduction Across Borders: Feminist Perspectives on Normalizations, Disruptions and Transmissions* (pp. 25-36). New York: Routledge.

Wałachowska, M. (2019). Surrogate motherhood under different laws and federal issues – the case of the USA. Em P. Mostowik, *Fundamental legal problems of surrogate motherhood Global perspective* (pp. 399-420). Warszawa: Instytut Wymiaru Sprawiedliwości.

Wade, K. (2017, June 29). The regulation of surrogacy: a children's rights perspective. *Child Fam Law Q, 29(2)*, pp. 113-131. Retrieved September 19, 2019

Wade, K. (2019). *Call for Input-Report of the Special Rapporteur on the Sale and Sexual Exploitation of Children Including Child Prostitution, Child Pornography and Other Child Sexual Abuse Material: Safeguards for the Protection of the Rights of Children Born from Surrog.* Obtido em 3 de março de 2020, de https://www.ohchr.org/EN/Issues/Children/Pages/ChildrenBornSurrogacyArrangements.aspx

Waldron, J. (2013). Citizenship and Dignity. In C. McCrudden, *Understanding Human Dignity* (pp. 327-343). Oxford: The British Academy.

Walker, R., & Zyl, L. v. (2017). *Towards a Professional Model of Surrogate Motherhood.* London: Palgrave Macmillan.

Walzer, M. (1983). *Spheres of Justice. A Defense of Pluralism and Equality.* USA: Basic Books, Inc.

Warnock, HM; Committee of Inquiry into Human Fertilisation and Embryology. (1984). *The Report of the Committee of Inquiry into Human Fertilisation and Embryology.* Retrieved February 5, 2019 from https://www.hfea.gov.uk/media/2608/warnock-report-of-the-committee-of-inquiry-into-human-fertilisation-and-embryology-1984.pdf

Warnock, M. [2002 (Reprinted 2011)]. *Making Babies. Is there a right to have children?* New York: Oxford University Press.

Washington, T. (2015, December 18). *Private: Were Justice Scalia's Remarks in Fisher v. Texas Racist?* Retrieved September 1, 2019, from American Constitution Society: https://www.acslaw.org/?post_type=acsblog&p=11268

Wedeł-Domaradzka, A. (2019). Surrogacy — a solution that brings new problems. International organizations and surrogate motherhood. Em P. Mostowik, *Fundamental legal problems of surrogate motherhood Global perspective* (pp. 607-641). Warszawa: Instytut Wymiaru Sprawiedliwości.

Weinbaum, A. E. (2019). *The Afterlife of Reproductive Slavery.* Durham and London: Duke University Press.

Weiner, A. B. (1995). Reassessing Reproduction in Social Theory. In F. D. Ginsburg, & R. Rapp, *Conceiving the New World Order* (pp. 407-424). California: University of California Press.

Weldon-Johns, M. (2020). *Assisted Reproduction, Discrimination, and the Law.* New York: Routledge Focus.

Wells-Greco, M. (2013). United Kingdom. In K. Trimmings, & P. Beaumont, *International Surrogacy Arrangements: Legal Regulation at the International Level* (pp. 367-386). Oxford and Portland, Oregon: Hart Publishing.

Wells-Greco, M. (2016). *The Status of Children Arising from Inter-Country Surrogacy Arrangements.* The Netherlands: Eleven International Publishing.

Wells-Greco, Michael; Speechlys, Charles Russell; Maastricht University. (2019). *Questionnaire on Safeguards for the protection of the rights of children born from surrogacy arrangements.* (3, Ed.) Retrieved November 17, 2020 https://www.ohchr.org/EN/Issues/Children/Pages/ChildrenBornSurrogacyArrangements.aspx

Wertheimer, A. (1996). *Exploitation.* Princeton, New Jersey: Princeton University Press.

Wertheimer, A. (2011). Exploitation in Clinical Research. Em E. J. Emanuel, C. Grady, R. A. Crouch, R. K. Lie, F. G. Miller, & D. Wendler, *The Oxford Textbook of Clinical Research Ethics* (pp. 201-210). New York: Oxford University Press.

Wet, E. d. (2013). Jus Cogens and Obligations Erga Omnes. In D. Shelton, *The Oxford Handbook of International Human Rights Law* (pp. 541-561). Oxford: Oxford University Press.

Whetstine, L. M., & Beach, B. G. (2016). Surrogacy's Changing Social Profile. In E. S. Sills (Ed.), *Handbook of Gestational Surrogacy. International Clinical Practice and Policy Issues* (pp. 33-40). Cambridge, UK: Cambridge University Press.

WHO (2019). *ICD-10 Version:2019.* Retrieved September 19, 2020 from World Health Organization: https://icd.who.int/browse10/2019/en#/F64.0

Whyte, K. (2021). Indigenous Knowledge, Governance Value, and Responsability. In S. Crasnow, & K. Intemann, *The routledge Handbook of Feminist Philosophy of Science* (pp. 117-130). New York: Routledge.

Wierckx, E. V. K. (2012, November 28). Reproductive wish in transsexual men. *Human Reproduction, 27 n.º 2,* 483–487.

Wilkinson, S. (2003). The exploitation argument against commercial surrogacy. *Bioethics, 17 (2),* 169–187.

Wilkinson, S. (2008, May). "Eugenics talk" and the language of bioethics. *Journal of Medical Ethics, 34,*467-471.

Wilkinson, S. (2015, July 14). *Exploitation in International Paid Surrogacy Arrangements.* Retrieved from Journal of Applied Philosophy: doi: 10.1111/japp.12138

Wilkinson, S. (2016, May). Exploitation in International Paid Surrogacy Arrangements. *Journal of Applied Philosophy, 33 (2),* pp. 125-145. doi:10.1111/japp.12138

Wilkinson, S., & Garrard, E. (2013). *Eugenics and the Ethics of Selective Reproduction.* Staffordshire, UK: Keele University.

Williams, B. (1981). *Moral Luck: Philosophical Papers 1973—1980.* Cambridge: Cambridge University Press.

Williams-Jones, B. (2002, February). Commercial Surrogacy and the Redefinition of Motherhood. *The Journal of Philosophy, Science & Law, 2 (2),* pp. 1-16. Doi: 10.5840/jpsl2002222

Williams, B. (2017). *A Ética e os Limites da Filosofia.* (A. Morão, & D. G. Santos, Trads.) Documenta.

Witchel, S. F. (2018, April). Disorders of sex development. *Best Pract Res Clin Obstet Gynaecol., 48,* pp. 90-102.

Witzleb, N., & Chawla, A. (2016). Surrogacy in India: Strong Demand, Weak Laws. In P. Gerber, & K. O'Byrne, *Surrogacy, Law and Human Rights* (pp. 167-191). New York: Routledge.

WMA. (1948). Declaration of Geneva. Retrieved 14 April, 2018 from https://www.wma.net/policies-post/wma-declaration-of-geneva/

Women by the Permanent Delegation of Kingdom of the Netherlands to UNESCO, and the United Nations Educational, Scientific and Cultural Organization. (26 November 2012). *Trafficking of women: Exploring effective policies and mechanisms to prevent it through education.* Retrieved March 3, 2020 from UNESCO: http://www.unesco.org/new/fileadmin/MULTIMEDIA/HQ/BSP/GENDER/PDF/Trafficking_of_women_conference_nov_2012_01.pdf

Wood, A. (2016). Surrogacy: A Personal Perspective. In P. Gerber, & K. O'Byrne, *Surrogacy, Law and Human Rights* (pp. 9-12). New York, NY: Routledge.

Utian, W., Sheean, L., Goldfarb, J., Kiwi, R. (1985). Successful pregnancy after in vitro fertilization and embryo transfer from an infertile woman to a surrogate. N Engl J Med; 313(21): 1351-2. doi: 10.1056/nejm198511213132112.

Workman, C. (2019). Comment, The 2017 Uniform Parentage Act: A Response to the Changing Definition of Family? *Journal of the American Academy of Matrimonial Lawyers, 32,* 233-250.

World Conference of the International Women's Year. (1975, 19 June-2 July 1975). *Conference Report E/CONF.66/34.* Retrieved November 3, 2018, from https://undocs.org/E/CONF.66/34

World Health Organization. (1948, April 7). *Constitution.* Retrieved February 19, 202 from https://www.who.int/about/governance/constitution

Xavier, J. P. (jul./dez. 2020). Biomedicina reproductiva e direitos humanos. *Revista Ibérica do Direito, 1 (2)*, 19-28.

Xavier, R. L. (2016a). *Declaração Conselheira Rita Lobo Xavier «Parecer n.º 87/CNECV/2016 sobre os projetos de lei n.os 6/XIII (1ª) ps, 29/XIII (1.ª) PAN, 36/XIII (1ª) be e 51/XIII (1.ª) PEV em matéria de procriação medicamente assistida (PMA) e 36/XIII (1ª) BE em matéria de GE»*. Obtido em 5 de março de 2018, de Conselho Nacional de Ética para as Ciências da Vida: https://www.cnecv.pt/pt/pareceres/declaracao-conselheira-rita-lobo-xavier

Xavier, R. L. (2016b). O impacto da retórica da igualdade de direitos de pessoas com orientação homossexual nas leis relativas à família. Em H. Mota, & M. R. Guimarães, *Autonomia e heteronomia no direito da Família e no Direito das Sucessões* (pp. 841-860). Coimbra: Almedina.

Xavier, R. L. (2016c). Questões Actuais de Direito da Família. Em H. Coord. Rebelo Pinto, & J. M. Sardica, *Família: Essência e Multidisciplinariedade* (pp. 103-119). Lisboa: Universidade Católica Editora.

Yang, H., Wang, H., Shivalila, C. S., Cheng, A. W., Shi, L., & Jaenisch, R. (2013, September 12). One-Step Generation of Mice Carrying Reporter and Conditional Alleles by CRISPR/Cas-Mediated Genome Engineering. *Cell, 154*, pp. 1370-1379.

Župan, M. (2017). The Best Interest of the Child: A Guiding Principle in Administering Cross-Border Child-Related Matters? In T. Liefaard, & J. Sloth-Nielsen, *The United Nations Convention on the Rights of the Child: Taking Stock after 25 Years and Looking Ahead* (pp. 213-229). Leiden: Brill | Nijhoff.

Zegers-Hochschild, F., Adamson, G. D., Mansour, R., Nygren, K., Sullivan, E., & Poel, S. v. (2009, October 4). The International Committee for Monitoring Assisted Reproductive Technology and World Health Organization Revised Glossary on ART Terminology. *24 (11)*, pp. 2683–2687. Retrieved September 7, 2018, from https://www.who.int/reproductivehealth/publications/infertility/art_terminology.pdf

Zehelein, E.-S. (2018, December). Reproductive Justice and (the Politics of) Transnational Gestational Surrogacy. *70 (4)*, 889-901.

Zeng, Y., Li, J., Li, G., Huang, S., Yu, W., Zhang, Y., Huang, X. (2018)., Correction of the Marfan Syndrome Pathogenic FBN1 Mutation by Base Editing in Human Cells and Heterozygous Embryos. *Molecular Therapy, 26 (1)*.

Zhao, Y.-Y., Yu, Y., & Zhang, X.-W. (5 June 2018). *Overall Blastocyst Quality, Trophectoderm Grade, and Inner Cell Mass Grade Predict Pregnancy Outcome in Euploid Blastocyst Transfer Cycles*. Obtido de Chinese Medical Journal: doi: 10.4103/0366-6999.232808

Zoloth, L. (2012). The Ethic of the Chimeric World: Religion and Science in Basic Research. Em CNECV/FLAD, *Bioética & Religiões* (pp. 61-84). Lisboa: Bioética 16 www.cnecv.pt

Zweifel, J., Woodward, J., Rebar, R., & Sauer, M. (2019, December 17). *Is it time to establish age restrictions in ART?* Retrieved from Journal of Assisted Reproduction and Genetics: DOI: 10.1007/s10815-019-01649-w

Zwiefka, T. (5 May 2016). *Draft Report with recommendations to the Commission on cross-border aspects of adoptions [2015/2086(INL)]*. Retrieved October 3, 2020 from European Parliament: https://www.europarl.europa.eu/doceo/document/JURI-PR-582107_EN.pdf?redirect

Zyl, L. v., & Walker, R. (2015, July 2). Surrogacy, Compensation, and Legal Parentage: Against the Adoption Model. *Bioethical Inquiry, 12*, pp. 383–387. doi:DOI 10.1007/s11673-015-9646-4

JURISPRUDÊNCIA

A, B, and C v. Ireland, Application no. 25579/05 (European Court of Human Rights December 16, 2010).

A.D.T. v. the United Kingdom, Application no. 35765/97 (European Court of Human Rights 31 October 2000).

A.L. v. France, Application no. 13344/20 (European Court of Human Rights).

AB v CD ETC [2018] EWHC 1590 (Fam) (2018).

Abdulaziz, Cabales and Balkandali v. the United Kingdom, Application nos. 9214/80; 9473/81; 9474/81 (European Court of Human Rights May 28, 1985)

Acmanne and others v. Belgium, Application no. 10435/83 (European Court of Human Rights 10 de December de 1984)

Acórdão do Supremo Tribunal de Justiça de 3 de setembro de 2008, processo n.º 2389/08

Acórdão do Supremo Tribunal de Justiça de 17 de Janeiro de 2013, proc. n.º 9434/06.6TBMTS.P1.S1

Acórdão do Supremo Tribunal de Justiça de 6 de novembro de 2019, proc. n.º 2790/16.0T8VFX.L1.S1

Acórdão do Tribunal Constitucional n.º 288/98 (1998). *Diário da República Eletrónico.* Obtido de Diário da República n.º 91/1998, Série I de 1998-04-18

Acórdão do Tribunal Constitucional n.º 401/2011. *Diário da República Eletrónico.* Obtido de Diário da República n.º 211/2011, Série II de 2011-11-03

Acórdão do Tribunal Constitucional n.º 55/2016. Diário da República Eletrónico. Obtido de Diário da República n.º 51, II Série, de 2016-03-14

Acórdão do Tribunal Constitucional n.º 225/2018 (2018). *Diário da República Eletrónico.* Obtido de Diário da República n.º 87/2018, Série I de 2018-05-07

Acórdão do Tribunal Constitucional n.º 465/2019 (2019). *Diário da República Eletrónico.* Obtido de Diário da República n.º 201/2019, Série I de 2019-10-18

Acórdão do Tribunal Constitucional n.º 123/2021 (2021). *Diário da República Eletrónico.* Obtido de Diário da República n.º 70/2021, Série I de 2021-04-12.

Anayo v. Germany, Application no. 20578/07 (European Court of Human Rights March 21, 2011).

Arrêt nº 824 du 05 juillet 2017 (15-28.597) — Cour de cassation — Première chambre civile — ECLI:FR:CCASS:2017:C100824 (5 juillet 2017).

Arrêt nº 825 (16-16.901 ; 16-50.025) — Cour de cassation — Première chambre civile — ECLI:FR: CCASS:2017:C100825 (5 juillet 2017).

Arrêt nº 826 (16-16.455) — Cour de cassation — Première chambre civile — ECLI:FR: CCASS:2017:C100826 (5 juillet 2017).

Arrêt nº 827 (16-16.495) — Cour de cassation — Première chambre civile — ECLI:FR: CCASS:2017:C100827 (5 juillet 2017).

Arrêt nº 1091 du 13 septembre 2013 (12-30.138) — Cour de cassation — Première chambre civile.
Arrêt Perruche a Cour de Cassation, Assemblée plénière, du 17 Novembre de 2000
Artavia Murillo *et al.* v. Costa Rica (Inter-American Court of Human Rights November 28, 2012).
B. v. UK (European Court of Human Rights September 14, 1999).
Babiarz v. Poland, Application no. 1955/10 (European Court of Human Rights April 10, 2017).
Buck v. Bell, 274 U.S. 200 (US Supreme Court May 2, 1927).
C et E c. France, Requêtes nos 1462/18 et 17348/18 1462/18 and 17348/18 (Cour Européenne des Droits d'Homme 19 novembre, 2019).
C. and L.M. v. UK, Application No. 14753/89 (European Court of Human Rights 9 de October de 1989).
Carlos Garcia Avello contra Estado Belga, Processo C-148/02 (Tribunal de Justiça da União Europeia 2 de outubro de 2003).
CC v DD [2014] EWHC 1307 (Fam).
Chavdarov v. Bulgaria. Application no. 3465/03 (European Court of Human Rights 21 december, 2010).
Christine Goodwin v. the United Kingdom, Application no. 28957/95 (European Court of Human Rights July 11, 2002).
Coman e o., C-673/16 EU:C:2018:385 (TJUE 5 de junho de 2018).
Costa and Pavan v. Italy, Application no. 54270/10 (European Court of Human Rights August 28, 2012).
Cour d'appel de Rennes nº 13/08461 (16 décembre 2014).
Cour de Cassation Assemblée Plénière nº 14-21323 (3 juillet 2015).
Cour de Cassation Assemblée Plénière nº 15-50002 (3 juillet 2015).
Cour de Cassation, Assemblée Plénière, 10-19.053 (4 octobre 2019).
Cour de Cassation, Assemblée Plénière, 90-20.105 (31 mai 1991).
Cour de Cassation, Chambre civile 1, 09-66.486 (6 avril 2011).
Cour de Cassation, Chambre civile 1, 10-19.053 (6 avril 2011).
Cour de Cassation, civile, Chambre civile 1, 12-18.315 (13 septembre 2013).
Cour de Cassation, civile, Chambre civile 1, 12-30.138 (13 septembre 2013).
Cour de Cassation, civile, Chambre civile 1, 13-50.005 (19 mars 2014).
Cour de Cassation, civile, Chambre civile 1, 09-17.130. (6 avril 2011).
D and L (Surrogacy) [2012] EWHC 2631 (Fam).
D c. France, Requête no 11288/18 (Cour Européenne des Droits d'Homme 16 octobre 2020).
Davis v. Davis, 842 S.W.2d 588 (Tennessee Supreme Court June 1, 1992).
Demir and Baykara v. Turkey, Application no. 34503/97 (European Court of Human Rights November 12, 2008).
Dickson v. The United Kingdom, Application no. 44362/04 (European Court of Human Rights December 4, 2007).
Doe v Doe (1998). 244 Conn. 403. USA.
Dudgeon v. United Kingdom, Application no. 7525/76 (European Court of Human Rights October 22, 1981).
EA and AA v The Netherlands. Application No. 14501/89. (European Court of Human Rights 6 January 1992).
E.B. and Others v. Austria, Applications no. 31913/07, 38357/07, 48098/07, 48777/07 and 48779/07 (European Court of Human Rights November 7, 2013).
E.B. v. France, Application no. 43546/02 (European Court of Human Rights 22 January 2008).
Evans v. The United Kingdom (Application no. 6339/05), Application no. 6339/05 (European Court of Human Rights April 10, 2007).
Fisher v. University of Texas at Austin, 579 U.S. (Supreme Court of the United States June 23, 2016).
Fisher v. University of Texas at Austin *et al.*, 570 U.S. 297 (Supreme Court of the United States 2013).

Fretté v. France, Application no. 36515/97 (European Court of Human Rights February 26, 2002).
Gard and others v UK, Application No 39793/17 (European Court of Human Rights 5 July 2017).
Gas and Dubois v. France, Application no. 25951/07) (European Court of Human Rights June 15, 2012).
General Elec. Co. v. Gilbert, 429 U.S. 125 (1976) (US Supreme Court).
Genovese v. Malta. Application no. 53124/09 (European Court of Human rights 11 January 2012).
Görgülü v Germany. Application no. 74969/01, (European Court of Human rights 26 February 2004).
Gross v. Switzerland Application no. 67810/10, (European Court of Human rights 30 September 2014).
Haas v. Switzerland, App no 31322/07 (European Court of Human Rights 20 January 2011).
Hallier and others v. France. Application no. 46386/10. (European Court of Human rights 18 January 2018).
Handyside v United Kingdom, Application No. 5493/72 (European Court of Human Rights December 7, 1976).
Hecht v. Superior Court (Kane). [No. B073747. Second Dist., Div. Seven. June 17, 1993.]
I.G., M.K. and R.H. v. Slovakia, Application no. 15966/04 (European Court of Human Rights 13 November 2012).
IJ (A Child) [2011] EWHC 921.
Janko Rottman contra Freistaat Bayern. Tribunal de Justiça (Grande Secção) de 2 de Março de 2010
Jehovah's Witnesses of Moscow v Russia, App no 302/02 (European Court of Human Rights 10 June 2010).
Johnson v. Calvert (Supreme Court of California 20 de May de 1993).
K. B. contra National Health Service Pensions Agency, Secretary of State for Health, Processo C-117/01 (Tribunal de Justiça da União Europeia 7 de janeiro de 2004).
K.H. and Others v. Slovakia, Application no. 32881/04 (European Court of Human Rights 28 April 2009).
Karner v. Austria, Application no. 40016/98 (European Court of Human Rights October 24, 2003).
Kearns v. France. Application no. 35991/04 (European Court of Human Rights 10 January, 2008).
Keegan v. Ireland, 16/1993/411/490 (European Court of Human Rights May 26, 1994).
Keenan v. the United Kingdom, Application no. 27229/95 (European Court of Human Rights 3 April 2001).
KL v. Perú, CCPR/C/85/D/1153/2003 (UNHRC November 17, 2005).
Kneecht v. Romania, Application no. 10048/10 (European Court of Human Rights February 11, 2013).
Kopf and Liberda v. Austria, Application no. 1598/06 (European Court of Human Rights 17 January 2012).
Kosaitė — Čypienė and Others v. Lithuania, Application no. 69489/12 (European Court of Human Rights 4 June 2019).
Kroon and Others v. the Netherlands, Application no. 18535/91 (European Court of Human Rights October 27, 1994).
Labassee v. France, 64941/11 (ECtHR June 26, 2014).
Lambert v France, Application no. 46043/14 (European Court of Human Rights 5 June 2015).
Laskey, Jaggard and Brown v. the United Kingdom, Application no. 21627/93; 21628/93; 21974/93 (European Court of Human Rights February 17, 1997).
Lavisse v France, Application no. 14223/88 (European Court of Human Rights, 5 of June of 1991).
Lawless v Ireland, Application no 332/57 (A/3) (European Court of Human Rights July 1, 1961).
Lazoriva v. Ukraine, Application no. 6878/14 (European Court of Human Rights April 17, 2018).
Loomis v. State of California. Civ. No. 21819. First Dist., Div. Three. July 31, 1964
M contre la France, Requête no 42821/18 (Cour Européenne des Droits de L'Homme Communiquée le 22 septembre 2020 Publié le 12 octobre 2020, Introduite le 4 septembre 2018).

Malahoff v. Striver. [Judy M. Stiver and Ray E. Stiver, Cross Plaintiffs-appellants, v. Philip J. Parker, M.d.; John R. Hayes; W.j. Ringold, M.d.; l.c. Jorge, M.d.; C.m. Decespedes, M.d.; Andnoel P. Keane, Third-party Defendants-appellees,alexander Malahoff, Counter Defendant-appellee], 975 F.2d 261 (6th Cir. 1992). U.S. Court of Appeals for the Sixth Circuit

Marckx v. Belgium, Application no. 6833/74 (European Court of Human Rights June 13, 1979).

Marie Charron et Ewenne Merle-Montet contre la France, Requête no 22612/15 (Cour européenne des droits de l'homme 16 janvier 2018).

Mata Estevez v Spain, Application No. 11313/02 (European Court of Human Rights 10 May 2001).

Matter of Baby M., 537 A.2d 1227 (1988).

Mennesson v. France, Application no. 65192/11 (European Court of Human Rights June 26, 2014).

Merger and Cross v France. Application no. 68864/01 (European Court of Human Rights 22 December 2004)

Metock e o., C-127/08 EU:C:2008:449 (TJUE 25 de julho de 2008).

Michigan Law Review (1972). Torts—Wrongful Death—Unborn Child—The Estate of an Unborn Child Has a Cause of Action for Wrongful Death—O'Neill v. Morse. *70 (4)*, 729-756.

Mikulić v. Croatia, Application no. 53176/99 (European Court of Human Rights 7 February 2002).

Minister for Justice and Equality, Commissioner of An Garda Síochána contra Workplace Relations Commission, Processo C-378/17 (Tribunal de Justiça da União Europeia 4 de dezembro de 2018).

Modinos v. Cyprus, Application No. 15070/89 (European Court of Human Rights 22 April 1993).

Moretti and Benedetti v. Italy, Application no. 16318/07 (European Court of Human Rights April 27, 2010).

N (A Child) [2007] EWCA Civ 1053.

N.B. v. Slovakia, Application no. 29518/10 (European Court of Human Rights 12 June 2012).

Nazarenko v Russia, Application No. 39438/13 (European Court of Human Rights July 16, 2015).

Nedescu v. Romania, Application no. 70035/10 (European Court of Human Rights January 16, 2018).

Negrepontis-Giannisis v. Greece, Application no. 56759/08 (European Court of Human Rights May 3, 2011).

Nevmerzhitsky v. Ukraine, Application no. 54825/00 (European Court of Human rights 5 April 2005).

Niemietz v. Germany, 72/1991/324/396 (European Court of Human Rights December 16, 1992).

O'Neill v. Morse. No. 16 January Term 1971, Docket No. 52,693. Supreme Court of Michigan

Obergefell v. Hodges (Supreme Court of the United States June 26, 2015).

Oliari and Others v. Italy, Applications nos. 18766/11 and 36030/11 (European Cour of Human Rights 21 October 2015).

Organisation internationale du Travail. Judgment No. 4250 (10 février 2020).

Osman v. the United Kingdom, Application no. 23452/94 (European court of Human Rights 28 de October de 1998).

P. and S. v. Poland, Application no. 57375/08 (European Court of Human Rights January 30, 2013).

P.B. and J.S. v. Austria, Application no. 18984/02 (European Court of Human Rights 10 October 2010).

Paradiso and Campanelli v. Italy, Application no. 25358/12 (European Court of human rights January 27, 2015).

Paradiso and Campanelli v. Italy, Application no. 25358/12 (European Court of Human Rights January 24, 2017).

Pavan v. Smith, 137 S. Ct. 2075, 2079 (2017) (US Supreme Court)

Perry-Rogers v. Fasano, 715 N.Y.S.2d 19 (2000) (New York Supreme Court)

Petithory Lanzmann v. France, Application no. 23038/19 (European Court of Human Rights November 12, 2019).

Pini and Bertani v Romania. Applications nos. 78028/01 and 78030/01 (European Court of Human Rights 22 September, 2004).
Pretty v. the United Kingdom, Application no. 2346/02 (European Court of Human Rights July 29, 2002).
R.R. v. Poland, Application no. 27617/04 (European Court of Human Rights 26 May 2011).
Rasmussen v. Denmark, Application No. 8777/79 (European Court of Human Rights 28 de November de 1984).
Re AB (Surrogacy: Consent) [2016] EWHC 2643 (Fam).
Re A and B (Parental Order: Domicile) [2013] EWHC 426 (Fam)
Re an Adoption Application (Surrogacy) (High Court of Justice, Family Division March 2, 1987).
Re C (a minor) (Wardship: Surrl2ogacy) (Family Division January 14, 1985).
Re G (Surrogacy: Foreign Domicile) [2007] EWHC 2814 (Fam).
re Marriage of Buzzanca (California Court of Appeal. March 10, 1998).
re Marriage of Moschetta (Court of Appeal California, Fourth District, Division 3 June 10, 1994).
Re K (Minors) (Foreign Surrogacy) [2010] EWHC 1180
Re Z (A Child: Human Fertilisation and Embryology Act: Parental Order) [2015] EWFC 73, ZC15P00214 (Family Court September 7, 2015).
Robert B. v. Susan B., 109 Cal. App. 4th 1109 (2003) (Court of Appeal of California)
Roe v. Wade, 410 U.S. 113 (1973) (US Supreme Court).
Russell v. Pasik. Case No. 2D14-5540 (Florida Supreme Court)
S.H. and Others v. Austria, Application no. 57813/00 (European Court of Human Rights November 3, 2011).
Salgueiro da Silva Mouta v. Portugal, Application no. 33290/96 (European Court of Human Rights December 21, 1999).
Schalk and Koft v. Austria, Application no. 30141/04 (European Court of Human Rights June 26, 2010).
Schlittner-Hay v. Poland, Applications nos. 56846/15 and 56849/15 (European Court of Human Rights).
Schwizgebel v. Switzerland, Application no. 25762/07 (European Court of Human Rights September 10, 2010).
Servet Gündüz and Others v. Turkey, App. No. 4611/05 (European Court of Human Rights 11 January 2011).
Sherwyn v. Department of Social Services, [173 Cal. App. 3d 54] (Court of Appeals of California, Second Appellate District, Division Seven October 9, 1985).
Sessions v. Morales-Santana, 137 S. Ct. 1678, 1689 (2017) (US Supreme Court)
Skinner v. Oklahoma 316 U.S. 535 (US Supreme Court June 1, 1942).
S.L. v. Austria, Application No. 45330/99 (European Court of Human Rights January 9, 2003).
Sociedade Fratelli Costanzo SpA contra Comuna de Milão, Processo 103/88 (Tribunal de Justiça da União Europeia 22 de junho de 1989).
Söderbäck v. Sweden, 113/1997/897/1109 (European Court of Human Rights 28 de October de 1998).
Solomon, S. B. (2012). Bethany vs. Jones and the Visitation Rights of Nonbiological Parent. *Arkansas Law Review*, *65*(3), pp. 687-722.
Stefan Grunkin e Dorothee Regina Paul contra Alemanha, Processo C-353/06 (Tribunal de Justiça da União Europeia 14 de outubro de 2008).
Storck v Germany, App no 61603/00 (European Court of Human Rights 16 June 2005).
Surrogacy: Re A and B (Parental Order: Domicile) [2013] EWHC 426 (Fam).
Taddeucci and McCall v. Italy, Application No. 51362/09 (European Court of Human Rights 30 June 2016).

Ternovsky v. Hungary, Application no. 67545/09 (European Court of Human Rights December 14, 2010).

The Equality Tribunal — Irlanda - Z/A Government Department, the Board of Management of a Community School, Processo C-363/12 (Tribunal de Justiça da União Europeia 18 de março de 2014).

Tribunal de grande instance de Lille, 22 mars 2007.

Tribunal de grande instance de Nantes, 18/00222 (Tribunal de grande instance de Nantes 23 mai 2019).

Tribunal de Grande Instance de Nantes, n.º 16/04096 (14 décembre 2017).

Tribunal de Justiça da União Europeia, C-673/16 (5 de junho de 2018).

Tyrer v. the United Kingdom, Application No. 5856/72 (European Court of Human Rights April 25, 1978).

Tysiąc v. Poland, Application no. 5410/03 (European Court of Human Rights September 24, 2007).

V.C. v. Slovakia, Application no. 18968/07 (European Court of Human Rights 8 November 2011).

V.M.A. v. Stolichna obshtina, rayon «Pancharevo», Processo C-490/20 (Tribunal de Justiça da União Europeia).

Valdís Fjölnisdóttir and Others v. Iceland, Application no. 71552/17 (European Court of Human Rights August 18, 2021).

Vallianatos and Others v. Greece, Applications nos. 29381/09 and 32684/09 (European Court of Human Rights November 7, 2013).

Verkennes v. Corniea. (19 August, 1949). Supreme Court of Minnesota.

W. and B. v. H. (Child Abduction: Surrogacy) [2002].

Wagner and J.M.W.L. v. Luxembourg, Application no. 76240/01 (European Court of Human Rights September 28, 2007).

Whittington Hospital NHS Trust (Appellant) v. XX (Respondent) [2020] UK Supreme Court 14 (April 1, 2020).

X & Y (Foreign Surrogacy) [2008] EWHC 3030 (Fam).

X and Others v. Austria, Application no. 19010/07 (European Court of Human Rights 19 February 2013).

X and Y v. the Netherlands, Application no. 8978/80 (European Court of Human Rights March 26, 1985).

X, Y and Z v. UK, 75/1995/581/667 (European Court of Human Rights April 22, 1997).

X. v. Belgium and Netherland, Application no. 6482/74 (European Court of Human Rights July 10, 1975).

Y. Iida, C-40/11 EU:C:2012:691 (TJUE 8 de novembro de 2012).

Yousef v The Netherland. Application no. 33711/96 (European Court of Human Rights 31 December, 2002).

Z (A Child) (No 2) (High Court of Justice, Family Division May 16, 2016).

Zhu e Chen, C-200/02 EU:C:2004:639 (TJUE 19 de outubro de 2004).

APÊNDICE A

Tabela 5: Comparação da permissão do recurso das técnicas de PMA em diversos países

País	Legislação		
	Técnicas permitidas (1)	Recurso a terceiros	Destinatários (2)
Albânia	• FIV • ICSI • Transferência embriões	• Doação de gâmetas • Doação de embriões • Gestação de substituição Anonimato	Casais heterossexuais inférteis
Alemanha	• FIV • ICSI • Transferência embriões	• Doação de gâmetas • Doação de embriões Anonimato	• Casais heterossexuais inférteis • Casais de lésbicas • Solteiras
Áustria	• FIV • ICSI	Doação de gâmetas Sem anonimato	• Casais heterossexuais inférteis • Casais de lésbicas
Bélgica	• FIV • ICSI • Transferência embriões	• Doação de gâmetas • Doação de embriões • Gestação de substituição Anonimato	• Casais heterossexuais inférteis • Casais de lésbicas • Casais homossexuais • Solteiras
Bielorrússia	• FIV • ICSI	• Doação de gâmetas • Gestão de substituição	• Casais heterossexuais inférteis • Solteiras
Bósnia e Herzegovina	• FIV • ICSI		Casais heterossexuais inférteis
Bulgária	• FIV • ICSI	Doação de gâmetas Anonimato	• Casais heterossexuais inférteis • Casais de lésbicas • Solteiras
Cazaquistão	• FIV • ICSI	Doação de gâmetas Anonimato	• Casais heterossexuais inférteis • Solteiras
Croácia	• FIV • ICSI • Transferência embriões	• Doação de gâmetas • Doação de embriões Anonimato	• Casais heterossexuais inférteis • Solteiras
Dinamarca	• FIV • ICSI	Doação de gâmetas	• Casais heterossexuais inférteis • Solteiras • Casais de lésbicas

Eslováquia	• FIV • ICSI • Transferência embriões	• Doação de gâmetas • Doação de embriões Anonimato	Casais heterossexuais inférteis
Eslovénia	• FIV • ICSI	• Doação de gâmetas Anonimato	Casais heterossexuais inférteis
Espanha	• FIV • ICSI • Transferência embriões	• Doação de gâmetas • Doação de embriões Anonimato	• Casais heterossexuais inférteis • Casais de lésbicas • Solteiras
Estónia	• FIV • ICSI • Transferência embriões	• Doação de gâmetas • Doação de embriões Anonimato	• Casais heterossexuais inférteis • Casais de lésbicas • Solteiras
Finlândia	• FIV • ICSI • Transferência embriões	• Doação de gâmetas • Doação de embriões Sem anonimato	• Casais heterossexuais inférteis • Casais de lésbicas • Solteiras
França	• FIV • ICSI • Transferência embriões	• Doação de gâmetas • Doação de embriões Anonimato	Casais heterossexuais
Grécia	• FIV • ICSI • Transferência embriões	• Doação de gâmetas • Doação de embriões • Gestação de substituição Anonimato	• Casais heterossexuais inférteis • Solteiras
Hungria	• FIV • ICSI • Transferência embriões	• Doação de gâmetas • Doação de embriões Anonimato	• Casais heterossexuais inférteis • Solteiras
Irlanda	• FIV • ICSI • Transferência embriões	• Doação de gâmetas • Doação de embriões • Gestação de substituição Anonimato	• Casais heterossexuais inférteis • Casais de lésbicas • Solteiras
Islândia	• FIV • ICSI	Doação de gâmetas	• Casais heterossexuais inférteis • Casais de lésbicas • Solteiras
Itália	• FIV • ICSI	Doação de gâmetas Anonimato	Casais heterossexuais inférteis
Letónia	• FIV • ICSI • Transferência embriões	• Doação de gâmetas • Doação de embriões Anonimato	• Casais heterossexuais inférteis • Casais de lésbicas • Solteiras

Lituânia	• FIV • ICSI • Transferência embriões	• Doação de gâmetas • Doação de embriões Sem anonimato	• Casais heterossexuais inférteis
Macedónia	• FIV • ICSI • Transferência embriões	• Doação de gâmetas • Doação de embriões • Gestação de substituição Anonimato	• Casais heterossexuais inférteis • Solteiras
Moldávia	• FIV • ICSI • Transferência embriões	• Doação de gâmetas • Doação de embriões Anonimato	• Casais heterossexuais inférteis • Solteiras
Montenegro	• FIV • ICSI • Transferência embriões	• Doação de gâmetas • Doação de embriões Anonimato	• Casais heterossexuais inférteis • Solteiras
Noruega	• FIV • ICSI	• Doação de gâmetas Sem anonimato	• Casais heterossexuais inférteis • Casais de lésbicas • Solteiras
Países Baixos	• FIV • ICSI • Transferência embriões	• Doação de gâmetas • Doação de embriões • Gestação de substituição Sem anonimato	• Casais heterossexuais inférteis • Casais de lésbicas • Casais homossexuais • Solteiras
Polónia	• FIV • ICSI • Transferência embriões	• Doação de gâmetas • Doação de embriões Anonimato	Casais heterossexuais inférteis
Portugal	• FIV • ICSI • Transferência embriões	• Doação de gâmetas • Doação de embriões • Gestação de substituição Sem anonimato	• Casais heterossexuais inférteis • Casais de lésbicas Solteiras
Reino Unido	• FIV • ICSI • Transferência embriões	• Doação de gâmetas • Doação de embriões • Gestação de substituição Sem anonimato	• Casais heterossexuais inférteis • Casais de lésbicas • Casais homossexuais • Solteiros/as
República Checa	• FIV • ICSI • Transferência embriões	• Doação de gâmetas • Doação de embriões • Gestação de substituição Anonimato	Casais heterossexuais inférteis

Roménia	• FIV • ICSI • Transferência embriões	• Doação de gâmetas • Doação de embriões • Gestação de substituição (*) Sem anonimato	• Casais heterossexuais inférteis • Casais de lésbicas • Casais homossexuais • Solteiras
Rússia	• FIV • ICSI • Transferência embriões	• Doação de gâmetas • Doação de embriões • Gestação de substituição Anonimato	• Casais heterossexuais inférteis • Solteiras
Sérvia	• FIV • ICSI • Transferência embriões	• Doação de gâmetas • Doação de embriões Anonimato	• Casais heterossexuais inférteis • Solteiras
Suécia	• FIV • ICSI • Transferência embriões	• Doação de gâmetas • Doação de embriões Sem anonimato	• Casais heterossexuais inférteis • Casais de lésbicas • Solteiras
Suíça	• FIV • ICSI	• Doação de gâmetas Sem anonimato	Casais heterossexuais inférteis
Turquia	• FIV • ICSI		Casais heterossexuais inférteis
Ucrânia	• FIV • ICSI • Transferência embriões	• Doação de gâmetas • Doação de embriões • Gestação de substituição Anonimato	• Casais heterossexuais inférteis • Solteiras

([1]) As técnicas aqui indicadas são as que nos parece adequado apresentar, considerando o objeto do nosso trabalho. Não permite isto concluir que não sejam admitidas outras.
([2]) Apesar das listas de beneficiários/as em cada país, dos dados da tabela não constam os elementos que permitem concluir se todas as técnicas de PMA admissíveis são extensíveis a todos/as os/as beneficiários.

Fonte: European Society of Human Reproduction and Embryology, 2018, European Society of Human Reproduction and Embryology, 2020 e C. Calhaz-Jorge, 2020

APÊNDICE B

Tabela 6: Da admissibilidade (ou da verificação) da gestação de substituição

País	Gestação de substituição
África do Sul	Permitida
Alemanha	Proibida
Argentina	Permitida
Arménia	Permitida
Austrália	Permitida
Áustria	Permitida
Bélgica	Permitida
Bielorrússia	Permitida
Bolívia	Permitida
Botswana	Permitida
Brasil	Permitida
Bulgária	Desconhecido
Burkina Faso	Desconhecido
Camarões	Desconhecido
Canadá	Permitida
Cazaquistão	Permitida
China	Desconhecido
Chipre	Permitida
Colômbia	Verificada
Coreia do Sul	Verificada
Costa do Marfim	Desconhecido
Croácia	Proibida
Dinamarca	Permitida
El Salvador	Verificada
Equador	Verificada

Espanha	Proibida
EUA	Permitida
Federação Russa	Permitida
Filipinas	Desconhecido
Finlândia	Proibida
França	Proibida
Gana	Permitida
Geórgia	Permitida
Grécia	Permitida
Guatemala	Verificada
Hong Kong (China)	Permitida
Hungria	Proibida
Índia (1)	Permitida
Irlanda	Proibida
Israel	Permitida
Itália	Proibida
Jordânia	Desconhecido
Lituânia	Permitida
Luxemburgo	Permitida
México	Permitida
Mongólia	Permitida
Montenegro	Proibida
Namíbia	Desconhecido
Nigéria	Verificado
Noruega	Proibida
Nova Zelândia	Permitida
Países Baixos	Permitida
Panamá	Desconhecido
Paraguai	Desconhecido
Peru	Desconhecido

Polónia	Desconhecido
Portugal	Permitida
Quénia	Verificada
Reino Unido	Permitida
República Checa	Verificada
Roménia	Verificada
Senegal	Desconhecido
Sri Lanka	Verificada
Suécia	Proibida
Suíça	Proibida
Turquia	Proibida
Ucrânia	Permitida
Uganda	Verificada
Uruguai	Permitida
Venezuela	Desconhecido
Vietname	Permitida
Zimbabué	Verificada

([1]) Nesta altura, foi proibida a gestação de substituição a estrangeiros, estando o país em processo de regulamentação quanto às novas condições de acesso.

Fonte: International Federation of Fertility Societies' Surveillance, 2019, p. 116, e Committee on Bioethics, 2021, p. 10

APÊNDICE C

Tabela 7: Frequência de casos de gestação de substituição

País	Gestação de substituição total	Gestação de substituição tradicional
África do Sul	Pouco frequente	Nunca
Alemanha	Desconhecido	Desconhecido
Arábia Saudita (*)	Nunca	Nunca
Argentina	Pouco frequente	Pouco frequente
Arménia	Pouco frequente	Nunca
Austrália	Frequente	Pouco frequente
Áustria	Nunca	Nunca
Bangladesh (*)	Nunca	Nunca
Barbados	Nunca	Nunca
Bélgica (*)	Pouco frequente	Pouco frequente
Bielorrússia	Pouco frequente	Nunca
Bolívia	Pouco frequente	Pouco frequente
Botswana	Nunca	Nunca
Brasil	Pouco frequente	Pouco frequente
Bulgária	Nunca	Nunca
Camarões	Nunca	Nunca
Canadá	Frequente	Pouco frequente
Cazaquistão	Frequente	Desconhecido
Chile	Nunca	Nunca
China	Nunca	Nunca
Colômbia	Pouco frequente (*)	Pouco frequente
Coreia do Sul	Pouco frequente	Desconhecido (*)
Costa do Marfim	Desconhecido	Desconhecido
Egito	Nunca	Nunca
El Salvador	Desconhecido	Desconhecido
Equador	Frequente	Pouco frequente

Eslováquia (*)	Nunca	Nunca
Eslovénia	Nunca	Nunca
Espanha	Nunca	Nunca
Estónia (*)	Nunca	Nunca
EUA	Frequente	Pouco frequente
Federação Russa	Frequente	Nunca
Filipinas	Pouco frequente	Pouco frequente
Finlândia	Nunca	Nunca
França (*)	Nunca	Nunca
Gana	Frequente	Pouco frequente
Geórgia	Frequente	Nunca
Grécia	Frequente	Frequente
Guatemala	Frequente	Frequente
Honduras (*)	Nunca	Pouco frequente
Hong Kong (China)	Nunca	Nunca
Hungria	Nunca	Nunca
Índia	Frequente	Desconhecido
Irão (*)	Pouco frequente	Nunca
Irlanda	Nunca	Nunca
Islândia	Nunca	Nunca
Israel (*)	Pouco frequente	Nunca
Itália	Desconhecido	Desconhecido
Japão	Nunca	Nunca
Jordânia	Nunca	Nunca
Lituânia	Nunca	Nunca
Malásia (*)	Desconhecido	Desconhecido
Mali	Nunca	Nunca
México	Pouco frequente	Pouco frequente
Mongólia	Desconhecido	Desconhecido
Namíbia	Desconhecido	Desconhecido

Nicarágua	Nunca	Nunca
Nigéria	Frequente	Frequente
Noruega (*)	Nunca	Nunca
Países Baixos (*)	Pouco frequente	Nunca
Panamá	Desconhecido	Desconhecido
Paraguai	Nunca	Nunca
Peru (*)	Pouco frequente	Pouco frequente
Portugal	Pouco frequente	Pouco frequente
Quénia	Desconhecido	Desconhecido
Reino Unido	Pouco frequente	Pouco frequente
República Checa	Pouco frequente	Nunca
Roménia	Desconhecido	Desconhecido
Senegal	Nunca	Nunca
Singapura	Nunca	Nunca
Sri Lanka	Pouco frequente	Pouco frequente
Suécia (*)	Nunca	Nunca
Suíça	Nunca	Nunca
Tailândia	Pouco frequente	Nunca
Taiwan (China)	Nunca	Nunca
Togo	Nunca	Nunca
Trinidad e Tobago	Nunca	Nunca
Turquia (*)	Nunca	Nunca
Uganda	Frequente	Pouco frequente
Uruguai	Pouco frequente	Pouco frequente
Venezuela	Desconhecido	Desconhecido
Vietname	Pouco frequente	Desconhecido
Zimbabué	Pouco frequente	Pouco frequente

(*) Dados do relatório da IFFS de 2016.

Fonte: International Federation of Fertility Societies' Surveillance, 2019, pp. 116-117 e The International Federation of Fertility Societies, 2016, p. 74

APÊNDICE D

Tabela 8: Da regulamentação da gestação de substituição

País	Regulamentação
África do Sul	Sim
Alemanha	Sim
Andorra	Não
Arábia Saudita	Não
Argentina	Não
Arménia	Sim
Austrália	Sim
Áustria	Sim
Bangladesh (*)	Não
Barbados	Não
Bélgica	Não
Bielorrússia	Sim
Bolívia	Não
Botswana	Não
Brasil	Sim
Bulgária	Sim
Burkina Faso	Não
Camarões	Não
Canadá	Sim
Cazaquistão	Sim
Chile	Sim
China	Não
Chipre	Sim
Colômbia	Não
Coreia do Sul	Sim
Costa do Marfim	Desconhecido

Croácia	Sim
Dinamarca	Sim
El Salvador	Não
Emirados Árabes Unidos	Sim
Equador	Não
Eslováquia (*)	Sim
Eslovénia	Não
Espanha	Não
Estónia (*)	Sim
EUA	Sim
Federação Russa	Sim
Filipinas	Sim
Finlândia	Sim
França	Sim
Gana	Não
Geórgia	Sim
Grécia	Sim
Guatemala	Não
Honduras (*)	Não
Hong Kong (China)	Sim
Hungria	Não
Índia (**)	Sim
Irão (*)	Não
Irlanda	Não
Islândia	Não
Israel	Sim
Itália	Não
Japão	Sim
Jordânia	Não
Letónia	Não

Lituânia	Não
Luxemburgo	Não
Malásia (*)	Não
Mali	Não
México	Sim
Mongólia	Desconhecido
Namíbia	Desconhecido
Nicarágua	Sim
Nigéria	Desconhecido
Noruega	Não
Nova Zelândia	Sim
Países Baixos	Não
Panamá	Não
Paraguai	Não
Peru	Não
Polónia	Não
Portugal	Sim
Quénia	Não
Reino Unido	Sim
República Checa	Sim
Roménia	Não
San Marino	Não
Senegal	Não
Singapura	Sim
Sri Lanka	Não
Suécia	Não
Suíça	Não
Tailândia	Sim
Tailândia	Sim
Taiwan (China)	Não

Togo	Não
Trinidad e Tobago	Não
Tunísia (*)	Não
Turquia	Não
Ucrânia	Não
Uganda	Não
Uruguai	Sim
Venezuela	Desconhecido
Vietname	Sim
Zimbabué	Não

(*) Dados de 2016.
(**) Nesta altura, foi proibida a gestação de substituição a estrangeiros, estando o país em processo de regulamentação quanto às novas condições de acesso.

Fonte: The International Federation of Fertility Societies, 2016, p. 72, International Federation of Fertility Societies' Surveillance, 2019, p. 113, e Committee on Bioethics, 2021, p. 5

APÊNDICE E

Tabela 9: Da compensação da gestação de substituição total ou parcial

País	Gestação de substituição total	Gestação de substituição parcial
África do Sul	Reembolso de tempo e despesas	Não (*)
Alemanha	Desconhecido	Desconhecido
Arábia Saudita (*)	Não	Não
Argentina	Desconhecido	Desconhecido
Arménia		Reembolso de tempo e despesas
Austrália	Reembolso de tempo e despesas	Reembolso de tempo e despesas
Bangladesh (*)	Desconhecido	Desconhecido
Barbados (*)	Não	Não
Bélgica (*)	Reembolso de tempo e despesas	Reembolso de tempo e Despesas
Bielorrússia	Compensação para além de reembolso	
Bolívia	Compensação para além de reembolso	Compensação para além de reembolso
Brasil	Reembolso de tempo e despesas	Reembolso de tempo e despesas
Bulgária	Não	Não
Camarões	Não	Não
Canadá	Não	Não
Cazaquistão	Não	Não
Chile	Desconhecido	Desconhecido
China	Não	Não
Colômbia	Compensação para além de reembolso	Compensação para além de reembolso
Coreia do Sul	Reembolso de tempo e despesas	
Costa do Marfim	Não	Não
El Salvador	Desconhecido	Desconhecido
Equador	Compensação para além de reembolso	Desconhecido
Eslováquia (*)	Não	Não
Espanha	Não	Não
EUA	Compensação para além de reembolso	Compensação para além de reembolso

Federação Russa	Compensação para além de reembolso	Não
Filipinas	Desconhecido	Desconhecido
Finlândia	Não	Não
França (*)	Não	Não
Gana	Reembolso de tempo e despesas	Reembolso de tempo e despesas
Grécia	Reembolso de tempo e despesas	Reembolso de tempo e despesas
Guatemala	Reembolso de tempo e despesas	Reembolso de tempo e despesas
Honduras (*)		Desconhecido
Hong Kong (China)	Não	Não
Hungria (*)	Não	Não
India	Compensação para além de reembolso	Desconhecido
Irão (*)	Desconhecido	Desconhecido
Irlanda (*)	Não	Não
Israel (*)	Reembolso de tempo e despesas	
Itália	Desconhecido	
Jordânia	Não	Não
Malásia (*)	Desconhecido	Desconhecido
Mali	Não	Não (*)
México	Reembolso de tempo e despesas	Reembolso de tempo e despesas
Mongólia	Desconhecido	Desconhecido
Namíbia	Desconhecido	Desconhecido
Nigéria (*)	Compensação para além de reembolso	Compensação para além de reembolso
Nova Zelândia	Reembolso de tempo e despesas	Reembolso de tempo e despesas
Países Baixos (*)	Desconhecido	Desconhecido
Panamá	Desconhecido	Desconhecido
Paraguai	Não	Não
Peru (*)	Desconhecido	Desconhecido
Portugal	Reembolso de tempo e despesas	Reembolso de tempo e despesas
Quénia	Desconhecido	Desconhecido
Reino Unido	Reembolso de tempo e despesas	Reembolso de tempo e despesas

República Checa	Reembolso de tempo e despesas	Não
Roménia (*)	Não	Não
Senegal	Desconhecido	Desconhecido
Sri Lanka	Reembolso de tempo e despesas	Reembolso de tempo e despesas
Tailândia	Não	Não
Taiwan (China) (*)	Não	Não
Trinidad e Tobago (*)	Desconhecido	Desconhecido
Uganda	Compensação para além de reembolso	Compensação para além de reembolso
Uruguai	Não	Não
Venezuela	Desconhecido	Desconhecido
Vietname	Não	Desconhecido
Zimbabué	Reembolso de tempo e despesas	Reembolso de tempo e despesas

(*) Dados do relatório de 2016.

Fonte: International Federation of Fertility Societies' Surveillance, 2019, p. 119, e The International Federation of Fertility Societies, 2016, p. 75

Dos países que admitem a compensação à gestante além do reembolso de despesas e da informação constante do relatório de 2016 da IFFS quanto aos montantes admissíveis, resulta a seguinte informação:

Tabela 10: Montantes de compensação da gestante

País	Gestação de substituição total	Montantes mínimo e máximo	Gestação de substituição tradicional
Bielorrússia	Compensação com limites estabelecidos	De 10 000 a 50 000	
Equador	Compensação com limites estabelecidos	10 000	
EUA	Compensação sem limites estabelecidos		Compensação sem limites estabelecidos
Federação Russa	Compensação sem limites estabelecidos		
Índia	Compensação sem limites estabelecidos		
Nigéria	*Não indicou valores*		Desconhecido

Fonte: The International Federation of Fertility Societies, 2016, p. 75

Em matéria de reembolso, outras compensações ou remunerações, a tabela seguinte especifica a respetiva natureza, entre os quais:

a) Reembolso de despesas médicas;
b) Reembolso de outras despesas;
c) Compensação por perda de rendimentos;
d) Outras compensações, incluindo não pecuniárias;
e) Remuneração ou vantagem pecuniária similar.

Tabela 11: Natureza dos montantes pagos à gestante

País	a)	b)	c)	d)	e)
Alemanha	N/A	N/A	N/A	N/A	N/A
Áustria	N/A	N/A	N/A	N/A	N/A
Bélgica	Sim	Não	Não	Não	Não
Bielorrússia	Pagamentos acordados de acordo com os termos do contrato				
Bósnia e Herzegovina	N/A	N/A	N/A	N/A	N/A
Chipre	Sim	Sim	Não		Não
Croácia	N/A				
Dinamarca	N/A	N/A	N/A	N/A	N/A
Espanha	N/A				
Federação Russa	Sim	Sim	Sim	Sim	Sim
Finlândia	N/A				
França	N/A	N/A	N/A	N/A	N/A
Geórgia	Não há regulamentação em matéria de pagamentos				
Grécia	Sim	Sim	Sim	Sim	Não
Hungria	N/A	N/A	N/A	N/A	N/A
Irlanda					
Islândia	N/A				
Itália					
Lituânia	N/A	N/A	N/A	N/A	N/A
Luxemburgo					
Montenegro					
Noruega	N/A				
Países Baixos	Ainda não há regulamentação em matéria de pagamentos				
Portugal	Sim	Sim	Não	Sim	Não

Reino Unido	Admite o pagamento de despesas razoáveis, de acordo com o regime previsto na Human Fertilisation & Embryology Act 2008 (*).				
República Checa	Sim	Sim	Sim	Não	Não
Roménia	Não	Não	Não	Não	Não
Suécia	N/A	N/A	N/A	N/A	N/A
Suíça					
Turquia	N/A	N/A	N/A	N/A	N/A
Ucrânia	Sim	Sim	Sim	Sim	Sim

(*) O que se considera «despesas» não resulta dos termos da lei, mas os montantes pagos e outros benefícios são sindicados pelo tribunal aquando da *parental order.*

Fonte: Committee on Bioethics (DH-BIO), 2021

APÊNDICE F

Tabela 12: As soluções legais nos países da UE

País	Proibição Geral	Proibição da Gestação de Substituição Altruísta	Proibição da Gestação de Substituição Comercial	Regulamentação	Observações
Alemanha	Sim				
Áustria	Proibição de doação de óvulos e da gestação de substituição total.	Sem legislação específica.	Sem legislação específica.	Idade da gestante inferior a 35 anos. Pelo menos mãe de uma criança saudável.	
Bélgica	Não	Sim	Sem legislação específica.		Os contratos não podem ser coercivamente exigidos. Admite-se a possibilidade de adoção.
Bulgária	Sim				
Chipre	Não	Não	Não	Tem de ser aprovada pelo conselho de reprodução assistida, com licença judicial e altruísta.	
Croácia	Sim				
Dinamarca	Não	Não	Sim		Os contratos não podem ser coercivamente exigidos. Admite-se a possibilidade de adoção.
Eslovénia	Sim				
Eslováquia	Não	Não	Não		
Espanha	Sim				
Estónia	Não	Não	Não		

Finlândia	Proibição da gestação de substituição com recurso a tratamentos de fertilidade	Sem legislação específica.	Sem legislação específica.		
França	Sim				
Grécia	Não	Admite-a de acordo com o respetivo regime legal.	Sim	O tribunal tem de aprovar.	
Hungria	Não	Sem legislação específica.	Sim		
Irlanda	Não	Sem legislação específica.	Sim		Os contratos não podem ser coercivamente exigidos. Admite-se a possibilidade de adoção, ainda que haja decisões em que os pais biológicos da criança figurassem no registo de nascimento.
Itália	Sim				
Letónia	Não	Sem legislação específica.	Sim		
Lituânia	Não	Não	Não		
Luxemburgo	Não	Não	Não		
Malta	Sim				
Países Baixos	Não	Admite-a de acordo com o respetivo regime legal.	Sim		Não há legislação sobre o estabelecimento da filiação, sendo necessário recorrer à adoção.
Polónia	Não	Não	Não		
Portugal	Não	Admite-a de acordo com o respetivo regime legal.	Sim		

Reino Unido ([1])	Não	Admite-a de acordo com o respetivo regime legal.	Sim		É necessário recorrer à *parental order.*
República Checa	Não	Não	Não		
Roménia	Não	Não	Não		
Suécia	É ilegal as clínicas de fertilidade mediarem os contratos.	Não	Não		Não há referência aos contratos privados, sendo necessária a subsequente adoção.

([1]) Apesar de nesta data o Reino Unido já não integrar a UE, manteve-se a sua integração no quadro, já que, quando foi elaborado, ainda fazia parte da União. Além disso, é um dos ordenamentos jurídicos de estudo para efeitos de análise comparativa.

Fonte: Brunet, *et al.*, 2013, C. Calhaz-Jorge, 2020 e European Society of Human Reproduction and Embryology, 2020

APÊNDICE G

Tabela 13: As (diferentes) soluções legais nos Estados Federados dos EUA

Estado	Legislação	Jurisprudência
Alabama	Não existe referência aos contratos de gestação de substituição.	De forma geral, os tribunais reconhecem os contratos de gestação de substituição.
Alasca	Não existe referência aos contratos de gestação de substituição ([1]).	De forma geral, os tribunais são favoráveis ao reconhecimento dos contratos, equiparando a gestação de substituição à adoção. Só admitida para casais heterossexuais em que tenham sido usados os seus gâmetas. Em 2014, foram admitidas *pre-birth parentage orders* para os beneficiários que tenham relação genética com a criança.
Arcansas	A lei reconhece e admite os contratos de gestação de substituição, incluindo para casais que não sejam casados e solteiros, ainda que sejam mais favoráveis a casais que estejam casados e que usem os seus gâmetas, nos termos do Arkansas Code §9-10-201.	Em matéria de estabelecimento da filiação, os tribunais tendem a decidir a favor dos beneficiários através das *pre-birth orders.*
Arizona	A lei proíbe expressamente os contratos de gestação de substituição, sejam tradicionais ou gestacionais, compensados ou não, nos termos do Arizona Revised Statute §25-218.	A gestante é considerada a mãe da criança. Em 1994, um tribunal de recurso ([2]) admitiu a possibilidade de ilidir a presunção de parentalidade à gestante.
Califórnia	A lei reconhece e admite os contratos de gestação de substituição, incluindo na sua vertente comercial e ainda que os beneficiários não tenham relação genética com a criança.	Favorável aos contratos de gestação de substituição para casais heterossexuais, homossexuais ou solteiros/as.
Carolina do Norte	Não existe regulamentação.	Não se encontraram casos.
Carolina do Sul	Não existe regulamentação.	Os tribunais tendem a ser favoráveis a estes contratos.
Colorado	Não existe legislação em matéria de gestação de substituição.	De forma geral, os tribunais são favoráveis aos contratos de gestação de substituição.
Connecticut	Nos termos da Conn.Gen.Stat.§7-48ª, permite-se a gestação de substituição.	Favorável aos contratos de gestação de substituição.

Dakota do Norte	O código N.D.Cent.Code 14-18 permite os contratos de gestação de substituição gestacionais.	As *pre-birth orders* podem ser emitidas e não há restrições quanto ao estado civil ou orientação sexual.
Dakota do Sul	Não existe regulamentação.	Os tribunais tendem a ser favoráveis a estes contratos.
Delaware	A legislação de 2013 admite a gestação de substituição gestacional e respetiva tramitação, nos termos do Delaware Code §8-801 a 8-810.	Através de *pre-birth orders* que são possíveis para casais e solteiros, independentemente da orientação sexual, sejam ou não geneticamente relacionados com a criança.
Distrito da Columbia	Em 7 de abril de 2017, o novo estatuto da gestação de substituição entrou em vigor. Foi legalizada a gestação de substituição com compensação da gestante.	
Florida	A legislação admite tanto a gestação de substituição tradicional como a gestacional para casais, casados entre si, e o acordo só é possível depois de a criança nascer, nos termos da Florida Ch. 742.15 FL Stat.	As *pre-birth orders* são recomendadas, mas não são necessárias.
Geórgia	Não existe regulamentação.	Por regra, os tribunais são favoráveis.
Havai	Não existe regulamentação.	Por regra, os tribunais são favoráveis para aqueles que usam os seus próprios gâmetas.
Idaho	Não existe regulamentação.	Uma decisão de 2016 decidiu que a um *intended parent* que não tenha ligação genética com a criança não é concedida uma *post-birth parentage order*, mas pode adotar a criança.
Ilinóis	A legislação de 2004 ([3]) admite os contratos de gestação de substituição gestacional e regulamenta o processo até à emissão do certificado de nascimento. Aplica-se a solteiros, desde que usem o seu próprio gâmeta, e a casais heterossexuais ou homossexuais, desde que pelo menos um deles forneça o seu gâmeta ([4]).	Não são necessárias *pre-birth* ou *post-birth parentage orders*.
Indiana	Os contratos são nulos e não são coercivamente exigíveis, nos termos do Indiana Code 31-20-1-1.	Em algumas situações são emitidas *pre-birth orders*, desde que ambos os *intended parents* tenham ligação genética com a criança.
Iowa	O Iowa Code 710.11 e 641-99.15 permite implicitamente a gestação de substituição, uma vez que a exceciona da criminalização na «venda de seres humanos».	Em geral, os tribunais são favoráveis, mas as *pre-birth orders* só estão disponíveis para os pais e não para a mãe e desde que aqueles tenham relação genética com a criança.

Kansas	Não existe regulamentação, mas, caso sejam usados gâmetas dos beneficiários, pode ser emitida uma *pre-birth order*.	Aquele que não tem relação genética com a criança só poderá adotá-la.
Kentucky	Não existe regulamentação.	A possibilidade de emissão das *pre-birth orders* varia de tribunal para tribunal ([5]).
Louisiana	Uma lei de 2016 (Louisiana Surrogacy Bill HB 1102) admite a gestação de substituição gestacional a casais heterossexuais que usem os seus gâmetas e sejam residentes no Estado.	Não se encontraram casos.
Maine	Uma lei de 2016 ([6]) admite a gestação de substituição e permite as *pre-birth orders*.	Não se encontraram casos.
Maryland	Não existe regulamentação.	O caso re Roberto d.B., permite-se implicitamente a gestação de substituição e os tribunais admitem as *pre-birth orders*.
Massachusetts	Não existe regulamentação.	Nos termos dos casos Hodas v. Morin, Culliton v. Beth Israel Deaconess Med. Ct. e R.R. v. M.H., a gestação de substituição é permitida e são emitidas *pre-birth parentage orders* em que pelo menos um dos beneficiários tenha ligação genética com a criança.
Michigan	O Estado proíbe a gestação de substituição compensada, criminalizando-a nos termos da Michigan Surrogate Parenting Act MCL Section 722.851.	Os tribunais podem emitir *pre-birth orders* desde que não haja compensação paga à gestante.
Minnesota	Não existe regulamentação.	Alguns tribunais têm emitido *pre-birth orders*.
Mississípi	Não existe regulamentação.	Em geral, os tribunais são favoráveis.
Missouri	Não existe regulamentação.	Em geral, os tribunais são favoráveis, mas o mais comum é que as declarações de parentalidade só sejam emitidas após o nascimento da criança.
Montana	Não existe regulamentação.	Em geral, os tribunais emitem as *post-birth parentage orders*.
Nebrasca	A lei R.R.S. Neb. 25-21, 200 refere que os contratos são nulos e não são coercivamente exigíveis.	As *pre-birth parentage orders* estão proibidas, mas há tribunais que admitem a *post-birth orders* em relação aos pais biológicos.
Nevada	A Lei Nev. Revised Statutes 126.500-126.810 permite a gestação de substituição total.	As *pre-birth orders* podem ser emitidas e não há restrições quanto ao estado civil, orientação sexual ou relação genética com a criança.

New Hampshire	A lei N.H.Rev.Stat.Ann. 168-B admite o contrato de gestação de substituição.	As *pre-birth orders* podem ser emitidas e não há restrições quanto ao estado civil, orientação sexual ou relação genética com a criança.
Nova Iorque	Em abril de 2020, foi aprovada a lei (7) que permite a gestação de substituição compensada, que entrará em vigor em 15 de fevereiro de 2021.	
Nova Jersey	Em maio de 2018 (8) entrou em vigor a lei que admite o contrato de gestação de substituição.	As *pre-birth orders* podem ser emitidas e não há restrições quanto ao estado civil, orientação sexual ou relação genética com a criança.
Novo México	A lei N.M.Stat.Ann.40-11A-801 não permite nem proíbe os contratos de gestação de substituição.	As *pre-birth orders* podem ser emitidas independentemente da orientação sexual ou relação genética com a criança. Os solteiros podem ter entraves neste âmbito.
Ohio	Não existe regulamentação.	O caso J.F. v. D.B., 879 N.E.2d 740 (2007) admitiu a gestação de substituição e os juízes são favoráveis aos contratos de gestação de substituição, incluindo a gestação de substituição compensada. As *pre-birth orders* podem ser emitidas e não há restrições quanto ao estado civil, orientação sexual nem relação genética com a criança.
Oklahoma	O Oklahoma Gestational Agreement Act (House Bill 2468), que entrou em vigor em 15 de maio de 2019, legalizou a gestação de substituição. Os contratos têm de ser validos antes da TE.	As *pre-birth orders* podem ser emitidas a solteiros ou casados, mesmo que não tenham relação genética com a criança.
Oregon	Não existe regulamentação.	Os tribunais tendem a reconhecer os contratos e a admitir as *pre-birth order* pelo menos em relação aos beneficiários com quem a criança partilha a carga genética.
Pennsylvania	Não existe regulamentação.	Não existe posição homogénea. Alguns tribunais tendem a admitir os contratos, desde que não compensados, como tramitação típica da adoção.
Rhode Island	Não existe regulamentação.	Os tribunais tendem a ser favoráveis a estes contratos.
Tenessi	O Tenn. Code Ann. 36-1-102(48) não proíbe nem permite a gestação de substituição.	As *pre-birth orders* são possíveis quando pelo menos um dos beneficiários tenha relação genética com a criança.

Texas	Admitem-se os contratos de gestação de substituição total nos termos do Tex. Fam. Code 160-751 a 160-763 sendo coercivamente exigíveis.	As *pre-birth orders* são admissíveis desde que o contrato seja previamente validade judicialmente. A lei só se refere a casados, mas podem ser emitidas *pre-birth orders* sem restrições quanto ao estado civil, orientação sexual ou relação genética com a criança.
Utah	Admitem-se os contratos de gestação de substituição total, nos termos do Utah Code Ann. 78B-15-801 (2008)	As *pre-birth orders* são emitidas a casais tenham ou não relação genética com a criança.
Vermont	O Vermont Parentage Act 2018 permite a gestação de substituição total.	As *pre-birth orders* podem ser emitidas e não há restrições quanto ao estado civil, orientação sexual ou relação genética com a criança.
Virgínia	Admitem-se os contratos de gestação de substituição nos termos da Virginia's Assisted Conception Statute e os contratos são coercivamente exigíveis.	Os beneficiários podem usar um contrato-modelo pré-aprovado pelo tribunal antes do ciclo de FIV e, caso não recorram a esta via, utilizarão o formulário *Surrogate Consent and Report* nos três meses seguintes ao nascimento da criança.
Washington	Admitem-se os contratos de gestação de substituição não compensada. A Washington Uniform Parentage Act, que entrou em vigor em 1 de janeiro de 2019, descriminalizou a gestação de substituição comercial.	As *pre-birth orders* podem ser emitidas e não há restrições quanto ao estado civil, orientação sexual ou relação genética com a criança.
West Virgínia	Nos termos do W. Va. Code 61-2-14h(e)(3), os contratos de gestação de substituição são permitidos.	As *pre-birth orders* podem ser emitidas e não há restrições quanto ao estado civil, orientação sexual ou relação genética com a criança.
Wisconsin	O Paternity of F.T.R., Rosecky v. Schissel (2003) permite expressamente os contratos de gestação de substituição.	Os tribunais são favoráveis aos contratos desde que não sejam contrários aos interesses da criança.
Wyoming	A WY Stat 14-2-403(d) não proíbe nem permite os contratos de gestação de substituição.	Não se encontraram casos.

(1) Em 1989, o Supremo Tribunal do Alasca comparou a gestação de substituição com a adoção desde que as *pre-birth orders* tenham sido concedidas a casais — casados — heterossexuais, caso tenham sido usados os seus gâmetas. V. https://www.thesurrogacyexperience.com/u-s-surrogacy-law-by-state.html

(2) Ariz. Ver. Stat. Ann. §25-218 (2017).

(3) Gestacional Surrogacy Act, 750 ILCS 47/1 — 47/75.

(4) Em 2004, o Gestational Surrogacy Act, a pedido do Supremo Tribunal do Illinois em prol da salvaguarda dos interesses da criança, prevê o *enforcement* do *gestational surrogacy*, em vez do tradicional, e os *intended parents* passam a constar como pais das certidões de nascimento, criando um estado de pré-registo de nascimento, em vez do mais complexo e dispendioso processo judicial subsequente (Scott, 2009, p. 123). O recurso a esta técnica importa que a *surrogate* já tenha sido mãe anteriormente e os *intended parents* careçam em absoluto desta técnica atendendo a problemas de foro médico (Scott, 2009, p. 123).
(5) *No Kentucky v. Surrogate Parenting Associates, Inc.* O tribunal considerou que o pagamento do pai à gestante não consubstanciava uma forma de venda da criança. Contudo, mais tarde, o Estado alterou a lei e proibiu qualquer pagamento à gestante, considerando-a um pagamento para cessarem direitos parentais, sendo neste Estado considerado uma forma de aquisição da criança.
(6) Maine Parentage Act Title 19A Chapter 61.
(7) The Child Parent Security Act (CPSA), com inclusão da Surrogates Bill of Rights.
(8) New Jersey Gestational Carrier Agreement Act (A-1704).

Fonte: Sidhu, 2015, Legal Professional Group of the American Society for Reproductive Medicine e https://www.thesurrogacyexperience.com/u-s-surrogacy-law-by-state.html (consultado pela última vez em 12 de maio de 2020).

APÊNDICE H

Tabela 14: Número de *parental orders* em Inglaterra e País de Gales

Ano	Número de *parental orders* que deram entrada em tribunal em Inglaterra e País de Gales
2011	121
2012	190
2013	162
2014	243
2015	331
2016	407
2017	332
2018 (primeiros 6 meses do ano)	176

Fonte: United Kingdom, 2019

APÊNDICE I

Tabela 15: Países visitados por estrangeiros para recorrer à gestação de substituição

País	Custos baixos PMA	Qualidade dos serviços médicos PMA	Gestação de substituição total	Gestação de substituição parcial
Bélgica	Sim		Desconhecido	
Bielorrússia	Sim	Sim	Sim	Não
Bolívia	Sim	Sim	Sim	Sim
Brasil	Sim	Sim	Sim	Sim
Camarões	Sim	Sim	Não	Desconhecido
Canadá	Sim	Sim	Desconhecido	Desconhecido
Cazaquistão	Sim	Sim	Sim	Sim
Colômbia	Sim	Sim	Sim	Sim
Coreia do Sul	Sim	Sim	Sim	Desconhecido
El Salvador	Sim	Não	Sim	Sim
Equador	Sim	Sim	Sim	
EUA	Sim	Sim	Sim	Sim
Federação Russa	Sim	Sim	Sim	Não
Filipinas	Sim	Desconhecido	Desconhecido	Desconhecido
Geórgia	Sim	Sim	Sim	Não
Grécia	Sim	Não	Não	Não
Guatemala	Sim	Sim	Sim	Sim
India	Sim		Sim	
México	Sim	Sim	Sim	Sim
Mongólia	Sim	Sim	Sim	Sim
Nigéria	Desconhecido	Não	Desconhecido	Desconhecido
Panamá	Sim	Sim	Desconhecido	Desconhecido
Quénia	Sim	Sim	Sim	Sim
Reino Unido	Sim	Sim	Sim	Sim

República Checa	Sim	Sim	Sim	Não
Sri Lanka	Sim	Sim	Desconhecido	Desconhecido
Tailândia	Sim	Sim	Desconhecido	Desconhecido
Uganda	Sim	Sim	Sim	Sim
Venezuela	Desconhecido	Desconhecido	Desconhecido	Desconhecido
Vietname	Sim	Sim	Desconhecido	Desconhecido

Fonte: International Federation of Fertility Societies' Surveillance, 2019, p. 121

Tabela 16: Saída do país para procurar serviços de gestação de substituição

País	Custos baixos PMA	Qualidade dos serviços médicos PMA	Gestação de substituição total	Gestação de substituição parcial
Argentina	Não	Sim	Sim	Sim
Austrália	Sim	Não	Sim	Sim
Áustria	Sim	Não	Sim	Sim
Bangladesh		Sim	Sim	
Barbados	Desconhecido	Desconhecido	Sim	Sim
Bélgica	Desconhecido	Desconhecido	Sim	Desconhecido
Bolívia	Sim	Sim	Sim	Sim
Botswana	Sim	Sim	Sim	Sim
Brasil	Não	Sim	Sim	Não
Bulgária		Não	Sim	Sim
Burkina Faso	Sim	Sim	Sim	Sim
Canadá	Sim	Desconhecido	Sim	Desconhecido
Cazaquistão	Não	Sim	Sim	
Chile	Desconhecido	Não	Sim	Sim
China	Desconhecido	Sim	Sim	Sim
Colômbia	Não	Sim	Sim	Sim
El Salvador	Não	Sim	Sim	Sim

Emirados Árabes Unidos	Sim	Não	Sim	Sim
Finlândia	Sim	Não	Sim	Sim
Grécia	Sim	Sim	Sim	Não
Guatemala	Não	Sim	Sim	Sim
Hong Kong (China)	Sim	Sim	Não	Desconhecido
Irlanda	Sim	Sim	Sim	Sim
Japão	Não		Sim	Não
Montenegro	Não	Não	Sim	Sim
Noruega	Desconhecido	Desconhecido	Sim	Sim
Nova Zelândia	Não	Não	Sim	Não
Reino Unido	Sim	Desconhecido	Sim	Sim
República Checa	Não	Desconhecido	Não	Sim
Sri Lanka	Sim	Sim	Sim	Sim
Suíça	Sim	Não	Sim	Sim
Taiwan (China)	Desconhecido	Desconhecido	Sim	Sim
Togo	Desconhecido	Sim	Sim	Sim
Trinidad e Tobago	Não	Sim	Sim	Sim
Turquia	Não	Sim	Sim	Sim
Uganda	Sim	Sim	Sim	Sim
Uruguai	Sim	Sim	Sim	Sim
Vietname	Desconhecido	Sim	Sim	Sim
Zimbabué	Não	Sim	Sim	Sim

Fonte: International Federation of Fertility Societies' Surveillance, 2019, p. 123

APÊNDICE J

Tabela 17: Medidas de criopreservação na Europa

Countries	*Medical situations*					
	Gametes			*Embryos*		
	Allowed?	*No specific legislation and performed*	*No specific legislation and not performed*	*Allowed?*	*No specific legislation and performed*	*No specific legislation and not performed*
Albania		x			x	
Armenia		x			x	
Austria	x			x		
Belarus		x			x	
Belgium		x			x	
Bosnia and Herzegovina — Fed		x			x	
Bosnia and Herzegovina — Rep		x			x	
Bulgaria	x			x		
Croatia		x			x	
Cyprus	x			x		
Czech Republic	x			x		
Denmark	x			x		
Estonia	**x**			x		
goodwin		x			x	
France	x			x		
Georgia		x			x	
Germany		x		No		
Greece	x			x		
Hungary	x			x		
Iceland	x			x		
Ireland		x			x	

Italy		*x*		*No*		
Kazakhstan	*x*			*x*		
Latvia		*x*			*x*	
Lithuania	*x*			*x*		
Macedonia		*x*			*x*	
Malta	*x*			*x*		
Moldova	*x*			*x*		
Montenegro	*x*			*x*		
Norway	*x*				*x*	
Poland	*x*			*x*		
Portugal		*x*		*No*		
Republic of Serbia	*x*			*x*		
Romania	*x*			*x*		
Russia		*x*			*x*	
Slovakia	*x*			*x*		
Slovenia	*x*			*x*		
Spain	*x*			*x*		
Sweden		*x*		*x*		
Switzerland	*x*			*x*		
The Netherlands	*x*			*x*		
Turkey	*x*			*x*		
UK	*x*			*x*		
Ukraine	*x*			*x*		

Fonte: C. Calhaz-Jorge, 2020

Tabela 18: Criopreservação por motivos não médicos

Countries	*Non-medical oocyte freezing*		
	Allowed?	*No specific legislation and performed*	*No specific legislation and not performed*
Albania		*x*	
Armenia		*x*	
Austria	*No*		
Belarus		*x*	
Belgium		*x*	
Bosnia and Herzegovina — Fed			*x*
Bosnia and Herzegovina — Rep			*x*
Bulgaria	*x*		
Croatia		*x*	
Cyprus	*x*		
Czech Republic	*x*		
Denmark		*x*	
Estonia	*x*		
Finland		*x*	
France	*No*		
Georgia		*x*	
Germany		*x*	
Greece	*x*		
Hungary	*No*		
Iceland	*x*		
Ireland		*x*	
Italy		*x*	
Kazakhstan	*x*		
Latvia		*x*	

Lithuania	*No*		
Macedonia	*x*		
Malta	*No*		
Moldova			*x*
Montenegro	*x*		
Norway	*No*		
Poland	*x*		
Portugal		*x*	
Republic of Serbia	*No*		
Romania	*x*		
Russia		*x*	
Slovakia	*x*		
Slovenia	*No*		
Spain	*x*		
Sweden		*x*	
Switzerland	*x*		
The Netherlands	*x*		
Turkey	*x*		
UK	*x*		
Ukraine	*x*		

Fonte: C. Calhaz-Jorge, 2020

APÊNDICE K

Tabela 19: Países em que a PMA é acessível a casais de lésbicas

Albania	
Andorra	
Armenia	
Austria	x
Azerbaijan	
Belarus	
Belgium	x
Bosnia & Herzegovina	
Bulgaria	
Croatia	
Cyprus	
Czech Republic	
Denmark	x
Estonia	
Finland	x
France	
Georgia	
Germany	
Greece	
Hungary	
Iceland	x
Ireland	x
Italy	
Kosovo	
Latvia	
Liechtenstein	

Lithuania	
Luxembourg	x
Malta	x
Moldova	
Monaco	
Montenegro	
Netherlands	x
North Macedonia	
Norway	x
Poland	
Portugal	x
Romania	
Russia	
San Marino	
Serbia	
Slovakia	
Slovenia	
Spain	x
Sweden	x
Switzerland	
Turkey	
Ukraine	
United Kingdom	x

Fonte: ILGA-Europe — the European Region of the International Lesbian, Gay, Bisexual, Trans and Intersex Association, 2020

Tabela 20: Países em que a PMA é acessível a solteiras

Albania	Não
Andorra	Não
Armenia	X
Austria	
Azerbaijan	
Belarus	X
Belgium	X
Bosnia & Herzegovina	
Bulgaria	X
Croatia	X
Cyprus	X
Czech Republic	
Denmark	X
Estonia	X
Finland	X
France	
Georgia	X
Germany	
Greece	X
Hungary	X
Iceland	X
Ireland	X
Italy	
Kosovo	
Latvia	X
Liechtenstein	
Lithuania	
Luxembourg	X

Malta	X
Moldova	X
Monaco	
Montenegro	X
Netherlands	X
North Macedonia	
Norway	
Poland	
Portugal	X
Romania	
Russia	X
San Marino	
Serbia	
Slovakia	
Slovenia	
Spain	X
Sweden	X
Switzerland	
Turkey	
Ukraine	X
United Kingdom	X

Fonte: ILGA-Europe — the European Region of the International Lesbian, Gay, Bisexual, Trans and Intersex Association, 2020

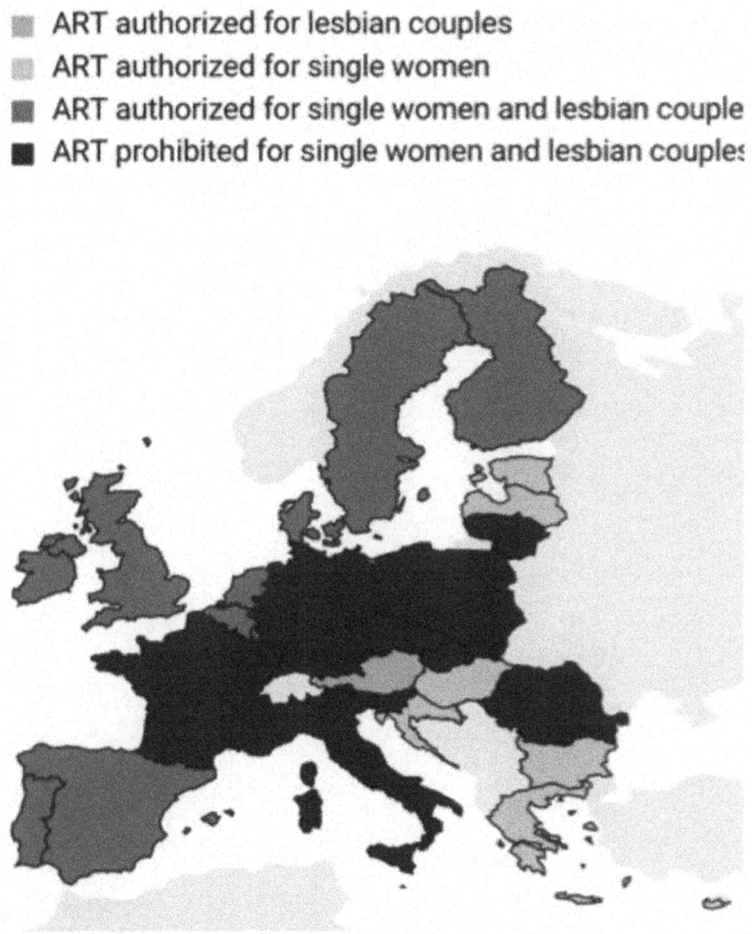

Figura 12: Informação compilada pela European Data Journalism Network apresentada esquematicamente no mapa da Europa.

Fonte: European Data Journalism Network, 2019

APÊNDICE L

Tabela 21: Gestação de substituição intrafamiliar na gestação de substituição tradicional

Traditional surrogacy	
Sister-for-sister	*Social maternal aunt is genetic & gestational mother; social cousins are half-siblings; most other relationships unchanged*
Sister-for-brother	*Social aunt is gestational and genetic mother*
Daughter-for-mother	*Rearing mother is genetic grandmother; half-sister is genetic and gestational mother*
Mother-for-daughter	*Social grandmother would be genetic and gestational mother; offspring is rearing mother's half-sibling*
Daughter-for-father	*Genetic relationships unchanged; social half-sister is gestational mother*

Fonte: The Ethics Committee of the American Society for Reproductive Medicine, 2004

Tabela 22: Gestação de substituição intrafamiliar na gestação de substituição total

Gestational surrogacy		
Sister-for-sister	*Genetic relationships unchanged; social maternal aunt is gestational mother*	*One of first reported cases of gestational surrogacy*
Sister-for-brother	*Social aunt is gestational mother. Genetic relationships unchanged.*	*Gives impression of incest, but gametes are not from consanguineous relationship.*
Mother-for-daughter	*Genetic relationships unchanged; social maternal grandmother is gestational mother.*	*Health of older mother should be considered; should ensure daughter is not obligated to mother.*
Daughter-for-mother	*Genetic relationships unchanged; social half-sister is gestational mother.*	*Not reported; age of mother would make success unlikely.*
Daughter-for-father	*Genetic relationships unchanged; social half-sister is gestational mother.*	*Not reported; gives impression of incest.*

Fonte: The Ethics Committee of the American Society for Reproductive Medicine, 2004

APÊNDICE M

Tabela 23: Resultados do relatório do Committee on Bioethics publicado em 2021

País	Gestante	Doadora de oócitos	Doador de esperma	Beneficiária	Beneficiário
Alemanha	Sim	Não	Sim/não (no caso de a gestante não ser casada, pode reconhecer a paternidade)	Não	Sim/não (no caso de a gestante não ser casada, pode reconhecer a paternidade)
Áustria	Sim	Não	Não	Não	Sim
Bélgica	Sim	Não	Não	Não	Sim (caso a gestante não seja casada)
Bielorrússia	Não	Não	Não	Sim	Sim
Bósnia e Herzegovina	N/A				
Chipre	Não	Não	Não	Sim	Sim
Croácia	N/A				
Dinamarca	Sim	Não	Sim	Não	Não
Espanha					Sim
Federação Russa	Sim	Não	Não	Sim	Sim
Finlândia	Sim	Não	Sim (no caso de a gestante não ser casada e o doador não provir de um centro autorizado)	Não	Não

França	Sim	Não	Não	Não	Sim — (1st Civil Chamber, 3 July 2015, No. 14-21.32; JurisData No. 2015-01587) *that foreign birth certificates indicating the paternal and maternal filiations, in respect of the mother who gave birth to the child and the intended father, entered on the birth certificate and presumed to be the biological father, may be transcribed in French civil status registers.*
Grécia				Sim	Sim
Hungria	N/A				
Irlanda	Sim	Não	Não	Não	Sim
Islândia	Sim	Não	Não	Não	Não
Itália	N/A				
Lituânia	Sim	Não	Não	Não	Não
Luxemburgo	N/A				
Noruega	Sim	Não	Não	Não	
Países Baixos (1)	Sim	Não	Não	Não	Não
Portugal	Sim	Não	Não	Não	Não
Reino Unido	Sim				
República Checa	Sim	Não	Não	Não	Sim (caso a gestante não seja casada)
Roménia	Sim	Não	Não	Não	Não
Suécia	Sim	Não	Não	Não	Não
Suíça	Sim	Não	Sim/Não	Não	Não
Turquia	Não	Não	Não	Não	Não
Ucrânia	Não	Não	Não	Sim	Sim

(1) A nova lei prevê que os *intended parents* passarão a ser os pais da criança.

Fonte: Committee on Bioethics, 2021

GLOSSÁRIO

O texto apresentado constitui um estudo assente em termos técnicos relativos à procriação humana, muitos dos quais com diferentes definições ou conteúdos. Desta forma, torna-se necessário que se estabeleça a definição que seguimos quando nos referimos a cada um deles ao longo do nosso estudo.

Termo	Definição
Blastocyst	«*An embryo, 5 or 6 days after fertilization, with an inner cell mass, outer layer of trophectoderm, and a fluid-filled blastocele cavity.*» (Zegers-Hochschild, *et al.*, 2009)
Chromosome	«*One of the threadlike structures in a cell nucleus that carry the genetic information in the form of genes. It is composed of a long double filament of DNA coiled into a helix together with associated proteins, with genes arranged in a linear manner along its length.*» (Oxford Medical, 2015)
Cryopreservation	«*The freezing or vitrification and storage of gametes, zygotes, embryos, or gonadal tissue.*» (Zegers-Hochschild, *et al.*, 2009)
DNA	«*The genetic material of nearly all living organisms, which controls heredity and is located in the cell nucleus.*» (Oxford Medical, 2015)
Embryo	«*[T]he product of the division of the zygote to the end of the embryonic stage, eight weeks after fertilization. (This definition does not include either parthenotes — generated through parthenogenesis – nor products of somatic cell nuclear transfer.)*» (Zegers-Hochschild, *et al.*, 2009)
Embryo Donation	«*[T]he transfer of an embryo resulting from gametes (spermatozoa and oocytes) that did not originate from the recipient and her partner.*» (Zegers-Hochschild, *et al.*, 2009)
Embryo transfer	«*[T]he procedure in which one or more embryos are placed in the uterus or Fallopian tube.*» (Zegers-Hochschild, *et al.*, 2009)
Fertilization	«*[T]he penetration of the ovum by the spermatozoon and combination of their genetic material resulting in the formation of a zygote.*» (Zegers-Hochschild, *et al.*, 2009)
Fetus	«*[T]he product of fertilization from completion of embryonic development, at eight completed weeks after fertilization, until abortion or birth.*» (Zegers-Hochschild, *et al.*, 2009).

Gamete	«*[A] reproductive cell, egg in females and sperm in males.*» (Todorova, 2010)
Gamete (egg) donor	«*The woman who provides her eggs to be used by other person(s) to conceive a child. In some States, such "donors" may receive compensation beyond their expenses. The question of the anonymity of "donors" also varies among States.*» (Hague Conference on Private International Law, 2012)
Gamete (sperm) donor	«*The man who provides his sperm to be used by other person(s) to conceive a child. In some States, such "donors" may receive compensation beyond their expenses. The question of anonymity of "donors" also varies among States.*» (Hague Conference on Private International Law, 2012).
Gender	«*Refers to a socially constructed roles, behaviours, activities, and attributes that a given community or society considers appropriate for men and women, e.g. masculine/feminine.*» (Wells-Greco, 2016)
Gender Identity	«*Refers to each person's deeply felt internal and individual experience of gender, which may or may not correspond with the sex assigned at birth.*» (Council of the European Union, 2013)
Gene	«*The basic unit of the genetic material, which is carried at a particular place on a chromosome.*» (Oxford Medical, 2015)
Genetic code	«*The code in which genetic information is carried by DNA and messenger RNA.*» (Oxford Medical, 2015)
Genetic engineering (recombinant DNA technology)	«*The techniques involved in altering the characteristics of an organism by inserting genes from another organism into its DNA. [...].*» (Oxford Medical, 2015)
Genome	«*The total of genetic material of an organism, comprising the genes contained in its chromosomes. The human genome compromises 23 pairs of chromosomes.*» (Oxford Medical, 2015)
Genotype	«*The genetic constitution of an individual or group, as determined by the particular set of genes possesses.*» (Oxford Medical, 2015)
Germ Cell (gonocyte)	«*Any of the embryonic cells that have the potential to develop into spermatozoa or ova.*» (Oxford Medical, 2015)
Gestation	«*The period during which fertilized egg cell develops into a baby that is ready to be delivered.*» (Oxford Medical, 2015)
Globalization	«*Is the term conventionally used to describe the movements — or flows — of information, products, commodities, capital, and people across national boundaries.*» (Brower & Sargent, 2011, p. 6)
Implantation	«*The attachment and subsequent penetration by the zona-free blastocyst (usually in the endometrium) that starts 5 to 7 days after fertilization.*» (Zegers-Hochschild, *et al.*, 2009)
Infertility	«*[A] disease of the reproductive system defined by the failure to achieve a clinical pregnancy after 12 months or more of regular unprotected sexual intercourse.*» (Zegers-Hochschild, *et al.*, 2009)

LGBTI	*«LGBTI describes a diverse group of persons who do not conform to conventional or traditional notions of male and female gender roles. LGBTI people are also sometimes referred to as "sexual, gender and bodily minorities". A lesbian is a woman whose enduring physical, romantic and/or emotional attraction is to other women. Gay is often used to describe a man whose enduring physical, romantic and/or emotional attraction is to other men, although the term can be used to describe both gay men and lesbians. Bisexual describes an individual who is physically, romantically and/or emotionally attracted to both men and women. Transgender describes people whose gender identity and/or gender expression differs from the sex they were assigned at birth. The term intersex covers bodily variations in regard to culturally established standards of maleness and femaleness, including variations at the level of chromosomes, gonads and genitals.»* (Council of the European Union, 2013)
Messenger RNA	*«A type of RNA that carries the information of the genetic code of the DNA from the cell nucleus to the ribosomes, where the code is translated into protein.»* (Oxford Medical, 2015)
Mithocondrial DNA	*«Is the small circular chromosome found inside mitochondria. The mitochondria are organelles found in cells that are the sites of energy production. The mitochondria, and thus mitochondrial DNA, are passed from mother to offspring.»* (National Human Genome Research Institute, s.d.)
Mitochondrial Replacement Therapy	*«New form of reproductive invitro fertilization (IVF) which works on the principle of replacing a women's abnormal mitochondrial DNA (mt-DNA) with the donor's healthy one.»* (Sharma, *et al.*, 2020)
Morula	*«An early stage of embryonic development formed by cleavage of fertilized ovum. It consists of a solid ball of cells and is an intermediate stage between the zygote and blastocyst.»* (Oxford Medical, 2015)
Ovulation	*«The process by which an ovum is released from a mature Graafian follicle.»* (Oxford Medical, 2015)
Ovum	*«The mature female sex cell.»* (Oxford Medical, 2015)
RNA	*«A nucleid acid, occurring in the nucleus and cytoplasm of cells, that is concerned with synthesis of proteins.»* (Oxford Medical, 2015)
Recombinant DNA	*«DNA that contains genes from different sources that have been combined by the techniques of genetic engineering rather than by breeding experiments.»* (Oxford Medical, 2015)
Sex	*«Refers to person's biological status ad is typically categorised as male, female, or intersex.»* (Wells-Greco, 2016)
Sexual Orientation	*«Refers to each person's capacity for emotional, affective and sexual attraction to, and intimate and sexual relations with, individuals of a different or the same gender or more than one gender.»* (Council of the European Union, 2013)
Sperm	*«A mature male sex cell.»* (Oxford Medical, 2015)

Transgender	«*Term used to describe people whose gender identity — that is, their inner sense of being male, female, or nonbinary gender — differs from the gender they were assigned at birth.*» (Ross & Solinger, 2017, p. 196) «*A desire to live and be accepted as a member of the opposite sex, usually accompanied by a sense of discomfort with, or inappropriateness of, one's anatomic sex, and a wish to have surgery and hormonal treatment to make one's body as congruent as possible with one's preferred sex.*» (WHO, 2019)
Zygote	«*[A] diploid cell resulting from the fertilization of an oocyte by a spermatozoon, which subsequently divides to form an embryo*» (Zegers-Hochschild, *et al.*, 2009)